国家哲学社会科学基金重点项目
"加快建设世界重要人才中心和创新高地研究"（项目号：23AZD039）

中国基础研究人才

指数报告

（2024）

CHINA'S BASIC RESEARCH TALENT
INDEX REPORT (2024)

柳学智　苗月霞　刘晔　等　著

社会科学文献出版社
SOCIAL SCIENCES ACADEMIC PRESS (CHINA)

专家指导委员会

序

当前，新一轮科技革命和产业变革蓬勃兴起，科学探索加速演进，学科交叉日益紧密，一些基本科学问题孕育重大突破。世界主要发达国家普遍强化基础研究，全球科技竞争不断向基础研究前移。

基础研究是创新的源头，人才是基础研究的主要驱动因素。了解和评估基础研究人才的分布和发展趋势，是政策制定和理论研究的重要依据。从微观层面看，对个体、团队、组织等进行人才评估，评估的范围相对较小，评估的内容相对确定，评估的方法易于选择；从宏观层面看，在区域层面上评估一个国家或地区的基础研究人才，或者在研究领域层面上评估一个学科或学科大类的基础研究人才，评估范围广，评估内容多，文献计量评估是一种比较客观、准确的评估方法。本报告基于基础研究文献大数据，构建基础研究人才指数，对中国 31 个省份基础研究人才的分布和发展趋势进行评估。

对基础研究人才进行文献计量评估，必须划分研究领域。当前，研究领域的划分没有公认的标准，考虑到对中国基础研究的针对性，本报告参照中国自然科学基金委员会学科组分类，从学科、学科组、总体三个层面对研究领域进行划分，以学科为基本单元，构建指数，评估学科层面的基础研究人才；汇总学科层面的统计结果，评估学科组层面的基础研究人才；汇总学科组层面的统计结果，评估总体层面的基础研究人才。这样在评估基础研究人才时，既能体现研究领域的整体性，又具有学科针对性。

考虑到不同学科的文献类型有所不同，本报告在选取数据时，涵盖每一学科的主要文献类型，避免基于一种或几种文献类型进行学科比较而产生针对性不足、偏颇等问题。

考虑到基础研究的动态性，本报告针对最近 10 年各年度及年度合计基础研究文献分别计算指数。年度指数反映年度变化趋势，年度合计指数更为全面地反映一个省份的整体水平，作为人才比较的主要指数。

本报告基于文献被引频次分布的特点，截取被引频次的累计百分比处于前 10% 的优秀人才，并且依据 1‰、1%、10% 标线对优秀人才进行了更细致的分层，据此提出了中国基础研究人才指数，并运用科睿唯安大数据进行了实证，全面、客观、准确地反映中国基础研究人才的分布和发展趋势，为政策制定和理论研究提供实证参考。

柳学智

2025 年 2 月

目 录

第一章　中国基础研究人才指数

本报告基于基础研究文献大数据，构建中国基础研究人才指数，对中国31个省份各领域基础研究人才发展状况进行评估。

第一节　考量因素

本报告的数据来源于科睿唯安的 InCites 数据库，数据更新时间为 2024 年 12 月 12 日。

科睿唯安遵循客观性、选择性和动态性的文献筛选原则，将文献被引频次作为主要影响力指标，筛选每一个研究领域中最有影响力的期刊等文献，确保文献的代表性。

经过数据清洗，最后纳入统计分析的文献数据共 14479288 篇。

一　基础研究领域的划分

本报告以科睿唯安 Web of Science 学科分类为基础，选择了 198 个 Web of Science 学科，并根据中国国家自然科学基金委员会关于学科组的划分，将其归入相应的学科组，最终形成 8 个学科组和 1 个交叉学科，进一步将各学科组和交叉学科归为自然科学总体，这样，就将自然科学基础研究领域划分为学科、学科组、总体三个层次。

表 1-1　基础研究领域的划分

学科组	Web of Science 学科
数学与物理学	数学（Mathematics）
	数学物理（Physics，Mathematical）

学科组	Web of Science 学科
数学与物理学	统计学和概率论（Statistics & Probability）
	应用数学（Mathematics，Applied）
	逻辑学（Logic）
	跨学科应用数学（Mathematics，Interdisciplinary Applications）
	力学（Mechanics）
	天文学和天体物理学（Astronomy & Astrophysics）
	凝聚态物理（Physics，Condensed Matter）
	热力学（Thermodynamics）
	原子、分子和化学物理（Physics，Atomic，Molecular & Chemical）
	光学（Optics）
	光谱学（Spectroscopy）
	声学（Acoustics）
	粒子物理学和场论（Physics，Particles & Fields）
	核物理（Physics，Nuclear）
	核科学和技术（Nuclear Science & Technology）
	流体物理和等离子体物理（Physics，Fluids & Plasmas）
	应用物理学（Physics，Applied）
	多学科物理（Physics，Multidisciplinary）
化学	有机化学（Chemistry，Organic）
	高分子科学（Polymer Science）
	电化学（Electrochemistry）
	物理化学（Chemistry，Physical）
	分析化学（Chemistry，Analytical）
	晶体学（Crystallography）
	无机化学和核化学（Chemistry，Inorganic & Nuclear）
	纳米科学和纳米技术（Nanoscience & Nanotechnology）
	化学工程（Engineering，Chemical）
	应用化学（Chemistry，Applied）
	多学科化学（Chemistry，Multidisciplinary）

续表

学科组	Web of Science 学科
生命科学	生物学（Biology）
	微生物学（Microbiology）
	病毒学（Virology）
	植物学（Plant Sciences）
	生态学（Ecology）
	湖沼学（Limnology）
	进化生物学（Evolutionary Biology）
	动物学（Zoology）
	鸟类学（Ornithology）
	昆虫学（Entomology）
	制奶和动物科学（Agriculture，Dairy & Animal Science）
	生物物理学（Biophysics）
	生物化学和分子生物学（Biochemistry & Molecular Biology）
	生物化学研究方法（Biochemical Research Methods）
	遗传学和遗传性（Genetics & Heredity）
	数学生物学和计算生物学（Mathematical & Computational Biology）
	细胞生物学（Cell Biology）
	免疫学（Immunology）
	神经科学（Neurosciences）
	心理学（Psychology）
	应用心理学（Psychology，Applied）
	生理心理学（Psychology，Biological）
	临床心理学（Psychology，Clinical）
	发展心理学（Psychology，Developmental）
	教育心理学（Psychology，Educational）
	实验心理学（Psychology，Experimental）
	数学心理学（Psychology，Mathematical）
	多学科心理学（Psychology，Multidisciplinary）
	心理分析（Psychology，Psychoanalysis）
	社会心理学（Psychology，Social）
	行为科学（Behavioral Sciences）
	生物材料学（Materials Science，Biomaterials）
	细胞和组织工程学（Cell & Tissue Engineering）
	生理学（Physiology）

学科组	Web of Science 学科
生命科学	解剖学和形态学（Anatomy & Morphology）
	发育生物学（Developmental Biology）
	生殖生物学（Reproductive Biology）
	农学（Agronomy）
	多学科农业（Agriculture, Multidisciplinary）
	生物多样性保护（Biodiversity Conservation）
	园艺学（Horticulture）
	真菌学（Mycology）
	林学（Forestry）
	兽医学（Veterinary Sciences）
	海洋生物学和淡水生物学（Marine & Freshwater Biology）
	渔业学（Fisheries）
	食品科学和技术（Food Science & Technology）
	生物医药工程（Engineering, Biomedical）
	生物技术和应用微生物学（Biotechnology & Applied Microbiology）
地球科学	地理学（Geography）
	自然地理学（Geography, Physical）
	遥感（Remote Sensing）
	地质学（Geology）
	古生物学（Paleontology）
	矿物学（Mineralogy）
	地质工程（Engineering, Geological）
	地球化学和地球物理学（Geochemistry & Geophysics）
	气象学和大气科学（Meteorology & Atmospheric Science）
	海洋学（Oceanography）
	环境科学（Environmental Sciences）
	土壤学（Soil Science）
	水资源（Water Resources）
	环境研究（Environmental Studies）
	多学科地球科学（Geosciences, Multidisciplinary）
工程与材料科学	冶金和冶金工程（Metallurgy & Metallurgical Engineering）
	陶瓷材料（Materials Science, Ceramics）
	造纸和木材（Materials Science, Paper & Wood）
	涂料和薄膜（Materials Science, Coatings & Films）

学科组	Web of Science 学科
工程与材料科学	纺织材料（Materials Science, Textiles）
	复合材料（Materials Science, Composites）
	材料检测和鉴定（Materials Science, Characterization & Testing）
	多学科材料（Materials Science, Multidisciplinary）
	石油工程（Engineering, Petroleum）
	采矿和矿物处理（Mining & Mineral Processing）
	机械工程（Engineering, Mechanical）
	制造工程（Engineering, Manufacturing）
	能源和燃料（Energy & Fuels）
	电气和电子工程（Engineering, Electrical & Electronic）
	建筑和建筑技术（Construction & Building Technology）
	土木工程（Engineering, Civil）
	农业工程（Agricultural Engineering）
	环境工程（Engineering, Environmental）
	海洋工程（Engineering, Ocean）
	船舶工程（Engineering, Marine）
	交通（Transportation）
	交通科学和技术（Transportation Science & Technology）
	航空和航天工程（Engineering, Aerospace）
	工业工程（Engineering, Industrial）
	设备和仪器（Instruments & Instrumentation）
	显微镜学（Microscopy）
	绿色和可持续科学与技术（Green & Sustainable Science & Technology）
	人体工程学（Ergonomics）
	多学科工程（Engineering, Multidisciplinary）
信息科学	电信（Telecommunication）
	影像科学和照相技术（Imaging Science & Photographic Technology）
	计算机理论和方法（Computer Science, Theory & Methods）
	软件工程（Computer Science, Software Engineering）
	计算机硬件和体系架构（Computer Science, Hardware & Architecture）
	信息系统（Computer Science, Information Systems）
	控制论（Computer Science, Cybernetics）
	计算机跨学科应用（Computer Science, Interdisciplinary Applications）
	自动化和控制系统（Automation & Control Systems）
	机器人学（Robotics）
	量子科学和技术（Quantum Science & Technology）
	人工智能（Computer Science, Artificial Intelligence）

续表

学科组	Web of Science 学科
管理科学	运筹学和管理科学（Operations Research & Management Science）
	管理学（Management）
	商学（Business）
	经济学（Economics）
	金融学（Business，Finance）
	人口统计学（Demography）
	农业经济和政策（Agricultural Economics & Policy）
	公共行政（Public Administration）
	卫生保健科学和服务（Health Care Sciences & Services）
	医学伦理学（Medical Ethics）
	区域和城市规划（Regional & Urban Planning）
	信息学和图书馆学（Information Science & Library Science）
医学	呼吸系统（Respiratory System）
	心脏和心血管系统（Cardiac & Cardiovascular Systems）
	周围血管疾病学（Peripheral Vascular Disease）
	胃肠病学和肝脏病学（Gastroenterology & Hepatology）
	产科医学和妇科医学（Obstetrics & Gynecology）
	男科学（Andrology）
	儿科学（Pediatrics）
	泌尿学和肾脏学（Urology & Nephrology）
	运动科学（Sport Sciences）
	内分泌学和新陈代谢（Endocrinology & Metabolism）
	营养学和饮食学（Nutrition & Dietetics）
	血液学（Hematology）
	临床神经学（Clinical Neurology）
	药物滥用医学（Substance Abuse）
	精神病学（Psychiatry）
	敏感症学（Allergy）
	风湿病学（Rheumatology）
	皮肤医学（Dermatology）
	眼科学（Ophthalmology）
	耳鼻喉学（Otorhinolaryngology）
	听觉学和言语病理学（Audiology & Speech-Language Pathology）
	牙科医学、口腔外科和口腔医学（Dentistry，Oral Surgery & Medicine）

续表

学科组	Web of Science 学科
医学	急救医学(Emergency Medicine)
	危机护理医学(Critical Care Medicine)
	整形外科学(Orthopedics)
	麻醉学(Anesthesiology)
	肿瘤学(Oncology)
	康复医学(Rehabilitation)
	医学信息学(Medical Informatics)
	神经影像学(Neuroimaging)
	传染病学(Infectious Diseases)
	寄生物学(Parasitology)
	医学化验技术(Medical Laboratory Technology)
	放射医学、核医学和影像医学(Radiology, Nuclear Medicine & Medical Imaging)
	法医学(Medicine, Legal)
	老年病学和老年医学(Geriatrics & Gerontology)
	初级卫生保健(Primary Health Care)
	公共卫生、环境卫生和职业卫生(Public, Environmental & Occupational Health)
	热带医学(Tropical Medicine)
	药理学和药剂学(Pharmacology & Pharmacy)
	医用化学(Chemistry, Medicinal)
	毒理学(Toxicology)
	病理学(Pathology)
	外科学(Surgery)
	移植医学(Transplantation)
	护理学(Nursing)
	全科医学和内科医学(Medicine, General & Internal)
	综合医学和补充医学(Integrative & Complementary Medicine)
	研究和实验医学(Medicine, Research & Experimental)
交叉学科	交叉学科(Multidisciplinary Science)

二 文献类型的选择

基础研究成果的主要形式是在期刊、报纸、图书等各种媒介上或者在会议、研讨、论坛等各种活动中发表的论文、综述、评论等各种文献。

考虑到学科之间文献类型存在差异，本报告选择了多种文献类型，涵盖了所研究学科的主要文献类型。

表 1-2　文献类型

中文名称	英文名称
期刊论文	Article
会议论文	Proceedings Paper
综述	Review
会议摘要	Meeting Abstract
编辑材料	Editorial Material
快报	Letter
更正	Correction
图书章节	Book Chapter
数据论文	Data Paper
新闻条目	News Item
图书综述	Book Review
传记	Biographical-Item
转载	Reprint
参考书目	Bibliography
软件评论	Software Review
数据库评论	Database Review
硬件评论	Hardware Review

三　人才活跃期的界定

基础研究成果随着时间连续累积，基础研究人才也随着时间连续分布，只有"活跃的"基础研究人才才有可比性。

考虑到基础研究的长期性，本报告以 10 年作为基础研究人才的活跃期，基于 10 年数据进行统计分析，评估在这一活跃期内某一省份某一研究领域中基础研究人才的分布和发展趋势，以更为合理地反映该省份该研究领域的人才发展状况。

考虑到基础研究的动态性，本报告还以 1 年为活跃期，对活跃期内各年度数据进行统计分析，以及时反映基础研究人才的年度变化情况。

第二节　指数设计

本报告基于对基础研究文献大数据的计量分析，划分基础研究人才层次，构建基础研究人才指数，评估各省份各领域的基础研究人才发展状况。

一　文献计量方法

一篇文献可能有一个或多个作者，作者可能来自一个或多个省份，甚至一篇文献可能属于一个或多个学科。在本报告中，如果一篇文献有多个作者，且来自同一个省份，视为一个作者；如果一篇文献的作者来自多个省份，视为作者所在的每一省份都拥有该篇文献，例如，某篇文献有三个北京作者、两个上海作者，那么北京和上海各自计量为一篇文献；如果一篇文献属于多个学科，视为文献所属的每一学科都拥有该篇文献，例如，某篇文献既属于有机化学，又属于高分子科学，那么有机化学和高分子科学各自计量为一篇文献。

二　基础研究人才层次划分

本报告将基础研究人才界定为，在全球某一学科某一年度的文献中，被引频次的累计百分比处于前10%的作者。

为了对基础研究人才进行更细致的区分，本报告继续以1‰、1%、10%为标线，将基础研究人才划分为 A、B、C 三个层次。

表 1-3　基础研究人才层次划分

人才层次	累计百分比（p）
A	p≤1‰
B	1‰<p≤1%
C	1%<p≤10%

三　中国基础研究人才指数界定

学科是基础研究领域划分的基本单元，也是基础研究人才划分的基本单元，本报告以学科为基本单元构建指数，进行学科层面的指数计算；在学科分析的基础上，根据学科组的划分，对应汇总相应学科的指数，形成学科组的指数；进一步汇总学科组的指数，形成自然科学总体的指数。

根据学科、学科组、总体三个研究领域层面和 A、B、C 三个人才层次，构建某一省份某一研究领域某一活跃期内某一人才层次的人才指数，具体指数如下。

A 层人才人次数：某省份某研究领域某活跃期内 A 层人才的人次数。

A 层人才占比：某省份某研究领域某活跃期内 A 层人才人次数占全球相应研究领域相应活跃期内 A 层人才人次数的百分比。

B 层人才人次数：某省份某研究领域某活跃期内 B 层人才的人次数。

B 层人才占比：某省份某研究领域某活跃期内 B 层人才人次数占全球相应研究领域相应活跃期内 B 层人才人次数的百分比。

C 层人才人次数：某省份某研究领域某活跃期内 C 层人才的人次数。

C 层人才占比：某省份某研究领域某活跃期内 C 层人才人次数占全球相应研究领域相应活跃期内 C 层人才人次数的百分比。

为了比较各省份各领域基础研究人才的发展情况，本报告选择 A、B、C 层人才占比作为比较的主要指数。

第三节　指数计算与结果呈现

本报告从以下三个层面进行指数计算和结果呈现。

一　学科层面

根据数学与物理学、化学、生命科学、地球科学、工程与材料科学、信息科学、管理科学、医学 8 个学科组，计算和呈现每一学科组下每一学科每一省份 A、B、C 层人才在 2014~2023 年各年度及其合计的全球占比。

将交叉学科视为 1 个学科组，其下只有 1 个学科，进行学科层面的指数计算和结果呈现。

二 学科组层面

以数学与物理学、化学、生命科学、地球科学、工程与材料科学、信息科学、管理科学、医学 8 个学科组为单元，在学科层面指数计算的基础上，汇总每个学科组中各个学科的计算结果，呈现每一学科组每一省份 A、B、C 层人才在 2014~2023 年各年度及其合计的全球占比。

三 总体层面

以自然科学总体为单元，在数学与物理学、化学、生命科学、地球科学、工程与材料科学、信息科学、管理科学、医学 8 个学科组和交叉学科组指数计算的基础上，汇总各个学科组的计算结果，呈现自然科学总体每一省份 A、B、C 层人才在 2014~2023 年各年度及其合计的全球占比。

第二章　数学与物理学

数学与物理学是自然科学中的基础科学，是当代科学发展的先导和基础。其研究进展和重大突破，不仅推动自身的发展，也为其他学科的发展提供理论、思想、方法和手段。

第一节　学科

数学与物理学学科组包括以下学科：数学，数学物理，统计学和概率论，应用数学，逻辑学，跨学科应用数学，力学，天文学和天体物理学，凝聚态物理，热力学，原子、分子和化学物理，光学，光谱学，声学，粒子物理学和场论，核物理，核科学和技术，流体物理和等离子体物理，应用物理学，多学科物理，共计20个。

一　数学

数学A层人才最多的是湖南，世界占比为5.10%；浙江的A层人才比较多，世界占比为4.73%；山东、江苏、上海、北京、天津也有相当数量的A层人才，世界占比在3%~1%[①]；黑龙江、安徽、湖北、云南、江西、辽宁、陕西、四川、广东、新疆、重庆、福建、贵州、河南、吉林、山西有一定数量的A层人才，世界占比均超过0.1%。

B层人才最多的是浙江，世界占比为3.10%；北京、湖南、上海、山东、江苏、广东、湖北、四川也有相当数量的B层人才，世界占比在3%~1%；

[①] 为了和表中数据从大到小的顺序对照，全书此类数据按从大到小的写法呈现，如3%~1%，特此说明。

黑龙江、天津、安徽、河南、重庆、云南、广西、甘肃、江西、吉林、陕西、福建、辽宁、山西、贵州、宁夏有一定数量的 B 层人才，世界占比均超过 0.1%；海南、河北、内蒙古、青海、新疆 B 层人才的世界占比均低于 0.1%。

C 层人才最多的是北京，世界占比为 2.54%；江苏、上海、广东、山东、浙江、湖北、湖南也有相当数量的 C 层人才，世界占比在 2%~1%；天津、河南、四川、安徽、福建、重庆、黑龙江、甘肃、陕西、吉林、江西、辽宁、广西、云南、贵州、山西、河北、内蒙古、新疆有一定数量的 C 层人才，世界占比均超过 0.1%；海南、宁夏、青海 C 层人才的世界占比均低于 0.1%。

表 2-1　数学 A 层人才的世界占比

单位：%

省　份	2014 年	2015 年	2016 年	2017 年	2018 年	2019 年	2020 年	2021 年	2022 年	2023 年	合计
湖　南	2.22	0.00	6.38	2.00	0.00	7.14	11.67	3.08	3.28	14.00	5.10
浙　江	0.00	0.00	0.00	0.00	10.42	3.57	10.00	9.23	6.56	4.00	4.73
山　东	0.00	2.13	2.13	0.00	8.33	3.57	3.33	1.54	1.64	2.00	2.46
江　苏	0.00	4.26	0.00	2.00	2.08	5.36	0.00	0.00	1.64	4.00	1.89
上　海	0.00	2.13	2.13	2.00	8.33	1.79	0.00	0.00	1.64	2.00	1.70
北　京	0.00	0.00	2.13	4.00	2.08	1.79	0.00	0.00	1.64	4.00	1.51
天　津	0.00	4.26	2.13	0.00	4.17	1.79	1.67	0.00	0.00	0.00	1.32
黑龙江	0.00	2.13	6.38	0.00	0.00	1.79	0.00	0.00	0.00	0.00	0.95
安　徽	0.00	2.13	2.13	0.00	0.00	3.57	0.00	0.00	0.00	0.00	0.76
湖　北	2.22	4.26	0.00	0.00	0.00	1.79	0.00	0.00	0.00	0.00	0.76
云　南	0.00	2.13	2.13	0.00	0.00	0.00	1.67	0.00	0.00	2.00	0.76
江　西	0.00	0.00	0.00	0.00	2.08	0.00	0.00	0.00	1.64	2.00	0.57
辽　宁	0.00	2.13	2.13	0.00	2.08	0.00	0.00	0.00	0.00	0.00	0.57
陕　西	0.00	2.13	2.13	0.00	0.00	0.00	0.00	0.00	1.64	0.00	0.57
四　川	0.00	0.00	0.00	2.00	2.08	1.79	0.00	0.00	0.00	0.00	0.57
广　东	0.00	0.00	0.00	2.00	0.00	0.00	0.00	1.54	0.00	0.00	0.38
新　疆	0.00	0.00	0.00	2.00	0.00	0.00	0.00	0.00	0.00	2.00	0.38
重　庆	2.22	0.00	0.00	0.00	0.00	0.00	0.00	0.00	0.00	0.00	0.19

续表

省份	2014年	2015年	2016年	2017年	2018年	2019年	2020年	2021年	2022年	2023年	合计
福建	0.00	0.00	2.13	0.00	0.00	0.00	0.00	0.00	0.00	0.00	0.19
贵州	0.00	0.00	2.13	0.00	0.00	0.00	0.00	0.00	0.00	0.00	0.19
河南	0.00	0.00	0.00	0.00	0.00	0.00	0.00	0.00	0.00	2.00	0.19
吉林	0.00	0.00	0.00	0.00	0.00	0.00	0.00	0.00	0.00	2.00	0.19
山西	0.00	0.00	0.00	0.00	0.00	0.00	0.00	0.00	0.00	2.00	0.19

表 2-2　数学 B 层人才的世界占比

单位：%

省份	2014年	2015年	2016年	2017年	2018年	2019年	2020年	2021年	2022年	2023年	合计
浙江	0.74	1.43	1.85	2.74	3.18	4.63	4.04	4.29	2.46	4.48	3.10
北京	3.70	4.04	3.46	3.65	3.64	3.02	2.57	2.23	1.94	1.56	2.89
湖南	0.74	2.38	1.62	1.14	3.41	2.82	5.51	1.89	2.46	1.75	2.44
上海	1.73	2.38	1.39	1.60	1.82	2.62	1.65	2.06	1.23	0.97	1.73
山东	0.99	1.43	1.62	2.51	2.50	2.01	1.65	0.86	1.58	1.56	1.65
江苏	1.98	1.19	1.39	1.14	2.73	2.21	1.10	2.06	0.88	1.75	1.63
广东	0.74	1.90	1.15	0.46	1.59	1.41	2.39	1.20	1.76	0.39	1.32
湖北	1.98	2.38	0.46	0.23	2.05	1.41	1.29	1.03	1.23	0.97	1.28
四川	1.23	0.24	2.31	1.83	2.95	1.61	0.37	0.69	0.70	1.36	1.28
黑龙江	0.49	0.95	1.39	1.60	0.45	1.41	1.10	0.86	0.18	0.19	0.85
天津	0.74	1.19	1.15	1.60	0.91	1.01	0.55	0.69	0.35	0.19	0.81
安徽	0.00	0.71	0.69	0.91	0.45	0.60	0.18	0.51	0.53	0.58	0.52
河南	0.99	0.48	0.46	0.46	0.91	0.40	0.55	0.00	0.18	0.78	0.50
重庆	0.99	0.48	0.69	0.23	0.68	1.21	0.00	0.17	0.00	0.39	0.45
云南	1.48	0.24	0.23	0.46	0.23	0.40	0.74	0.34	0.53	0.00	0.45
广西	0.00	0.00	0.69	0.46	0.68	0.60	0.55	0.17	0.70	0.19	0.41
甘肃	0.25	0.48	0.00	0.23	0.68	0.40	0.92	0.00	0.18	0.19	0.31
江西	0.25	0.00	0.69	0.00	0.00	0.20	0.55	0.17	0.70	0.19	0.29
吉林	0.49	0.00	0.00	0.00	0.00	0.20	0.55	0.34	0.88	0.19	0.29
陕西	0.25	0.00	0.23	0.23	0.23	0.40	0.18	0.34	0.35	0.39	0.27
福建	0.25	0.24	0.46	0.00	0.23	0.20	0.00	0.17	0.70	0.19	0.25
辽宁	0.25	0.71	0.00	0.00	0.23	0.00	0.18	0.34	0.18	0.19	0.21
山西	0.25	0.24	0.23	0.00	0.00	0.40	0.00	0.17	0.35	0.39	0.21
贵州	0.25	0.24	0.23	0.23	0.00	0.60	0.00	0.00	0.18	0.19	0.19

省　份	2014 年	2015 年	2016 年	2017 年	2018 年	2019 年	2020 年	2021 年	2022 年	2023 年	合计
宁　夏	0.00	0.00	0.00	0.00	0.23	0.20	0.00	0.34	0.18	0.19	0.12
海　南	0.00	0.00	0.00	0.00	0.00	0.20	0.00	0.17	0.35	0.00	0.08
河　北	0.25	0.00	0.23	0.00	0.00	0.00	0.18	0.00	0.00	0.00	0.06
内蒙古	0.00	0.00	0.23	0.00	0.00	0.20	0.00	0.00	0.00	0.00	0.04
青　海	0.00	0.24	0.00	0.00	0.00	0.00	0.00	0.17	0.00	0.00	0.04
新　疆	0.00	0.00	0.00	0.00	0.00	0.00	0.00	0.17	0.18	0.00	0.04

表 2-3　数学 C 层人才的世界占比

单位：%

省　份	2014 年	2015 年	2016 年	2017 年	2018 年	2019 年	2020 年	2021 年	2022 年	2023 年	合计
北　京	2.81	2.78	2.79	2.57	3.12	2.53	2.37	2.20	2.26	2.22	2.54
江　苏	1.57	1.36	1.53	1.71	1.94	2.08	1.99	1.98	1.84	1.99	1.81
上　海	1.13	1.61	1.42	1.64	1.23	1.44	1.73	1.56	1.28	1.27	1.44
广　东	0.67	1.07	1.23	1.31	1.51	1.11	1.69	1.05	1.61	1.90	1.33
山　东	0.95	0.79	1.19	1.68	2.18	1.89	1.31	1.02	1.04	1.18	1.32
浙　江	1.03	0.55	0.81	0.77	1.23	1.48	1.85	1.36	1.33	1.56	1.22
湖　北	1.00	0.94	0.98	1.05	1.54	1.05	1.17	1.09	1.06	0.93	1.08
湖　南	0.88	0.64	0.60	0.65	0.78	1.36	2.01	0.77	1.24	1.16	1.03
天　津	0.75	0.69	1.07	0.75	0.71	0.82	0.78	0.70	0.39	0.70	0.73
河　南	0.72	0.82	1.05	0.49	0.88	0.49	0.68	0.58	0.80	0.61	0.71
四　川	0.49	0.55	0.63	0.58	0.88	0.84	0.82	0.58	0.89	0.52	0.69
安　徽	0.41	0.57	0.74	0.51	0.95	0.84	0.80	0.62	0.65	0.50	0.67
福　建	0.51	0.59	0.77	0.63	0.80	0.84	0.80	0.53	0.56	0.54	0.66
重　庆	0.41	0.52	0.44	0.58	0.54	0.64	0.46	0.41	0.46	0.34	0.48
黑龙江	0.41	0.45	0.16	0.37	0.52	0.58	0.54	0.49	0.50	0.32	0.44
甘　肃	0.46	0.45	0.37	0.49	0.54	0.68	0.52	0.34	0.24	0.23	0.43
陕　西	0.31	0.30	0.12	0.19	0.36	0.33	0.48	0.30	0.67	0.50	0.36
吉　林	0.15	0.35	0.44	0.21	0.40	0.39	0.42	0.32	0.33	0.45	0.35
江　西	0.05	0.32	0.30	0.33	0.40	0.25	0.36	0.21	0.24	0.23	0.27
辽　宁	0.31	0.17	0.23	0.12	0.24	0.16	0.24	0.17	0.43	0.41	0.25
广　西	0.13	0.07	0.07	0.09	0.19	0.25	0.16	0.26	0.41	0.52	0.22

续表

省　份	2014 年	2015 年	2016 年	2017 年	2018 年	2019 年	2020 年	2021 年	2022 年	2023 年	合计
云　南	0.28	0.27	0.40	0.26	0.17	0.33	0.20	0.09	0.11	0.11	0.22
贵　州	0.13	0.15	0.14	0.23	0.40	0.21	0.12	0.23	0.13	0.25	0.20
山　西	0.26	0.17	0.28	0.26	0.17	0.14	0.14	0.13	0.11	0.25	0.19
河　北	0.18	0.12	0.02	0.09	0.28	0.23	0.26	0.23	0.22	0.16	0.18
内蒙古	0.08	0.12	0.14	0.14	0.17	0.27	0.16	0.21	0.11	0.16	0.16
新　疆	0.21	0.07	0.07	0.21	0.14	0.06	0.08	0.11	0.19	0.32	0.14
海　南	0.03	0.05	0.02	0.00	0.05	0.00	0.00	0.11	0.13	0.27	0.07
宁　夏	0.03	0.00	0.02	0.05	0.02	0.14	0.06	0.09	0.02	0.14	0.06
青　海	0.03	0.02	0.05	0.00	0.07	0.04	0.04	0.02	0.00	0.09	0.04

二　数学物理

数学物理 A、B、C 层人才最多的均为北京，世界占比分别为 5.30%、3.54%、3.63%。

江苏 A 层人才的世界占比为 2.65%；重庆、湖北、江西 A 层人才的世界占比均为 1.32%；福建、甘肃、广东、黑龙江、湖南、内蒙古、辽宁、陕西、山东、上海、浙江 A 层人才的世界占比均为 0.66%。

江苏的 B 层人才比较多，世界占比为 3.42%；浙江、湖北、上海、山东、湖南、广东也有相当数量的 B 层人才，世界占比在 3%～1%；辽宁、陕西、重庆、山西、甘肃、河南、天津、安徽、福建、四川、黑龙江、广西、河北、江西、贵州、吉林、云南有一定数量的 B 层人才，世界占比均超过 0.1%；海南 B 层人才的世界占比为 0.06%。

江苏、上海、广东、浙江、湖北、山东、四川有相当数量的 C 层人才，世界占比在 3%～1%；湖南、陕西、安徽、重庆、河南、黑龙江、辽宁、甘肃、天津、福建、广西、江西、吉林、山西、河北、云南、贵州、新疆、内蒙古有一定数量的 C 层人才，世界占比超过或等于 0.1%；宁夏、海南、青海 C 层人才的世界占比均低于 0.1%。

表 2-4　数学物理 A 层人才的世界占比

单位：%

省　份	2014 年	2015 年	2016 年	2017 年	2018 年	2019 年	2020 年	2021 年	2022 年	2023 年	合计
北　京	0.00	0.00	0.00	5.88	12.50	7.14	0.00	6.25	5.56	11.76	5.30
江　苏	0.00	0.00	0.00	0.00	6.25	0.00	0.00	0.00	5.56	11.76	2.65
重　庆	0.00	0.00	0.00	0.00	0.00	0.00	0.00	6.25	0.00	5.88	1.32
湖　北	0.00	0.00	0.00	0.00	0.00	0.00	0.00	0.00	5.56	5.88	1.32
江　西	0.00	0.00	0.00	0.00	0.00	0.00	0.00	0.00	5.56	5.88	1.32
福　建	0.00	0.00	0.00	0.00	0.00	0.00	0.00	0.00	5.56	0.00	0.66
甘　肃	0.00	0.00	0.00	0.00	0.00	0.00	0.00	0.00	0.00	5.88	0.66
广　东	0.00	0.00	0.00	0.00	0.00	0.00	0.00	6.25	0.00	0.00	0.66
黑龙江	0.00	0.00	0.00	0.00	0.00	0.00	0.00	6.25	0.00	0.00	0.66
湖　南	0.00	0.00	0.00	0.00	0.00	0.00	0.00	0.00	0.00	5.88	0.66
内蒙古	0.00	0.00	0.00	0.00	0.00	0.00	0.00	0.00	5.56	0.00	0.66
辽　宁	0.00	0.00	0.00	0.00	0.00	0.00	0.00	0.00	5.56	0.00	0.66
陕　西	0.00	0.00	0.00	0.00	0.00	0.00	0.00	6.25	0.00	0.00	0.66
山　东	0.00	0.00	0.00	0.00	0.00	0.00	0.00	0.00	0.00	5.88	0.66
上　海	0.00	0.00	0.00	0.00	0.00	0.00	0.00	0.00	0.00	5.88	0.66
浙　江	0.00	0.00	0.00	0.00	0.00	0.00	0.00	6.25	0.00	0.00	0.66

表 2-5　数学物理 B 层人才的世界占比

单位：%

省　份	2014 年	2015 年	2016 年	2017 年	2018 年	2019 年	2020 年	2021 年	2022 年	2023 年	合计
北　京	2.76	2.74	3.59	3.16	1.99	2.58	3.83	6.36	5.88	2.00	3.54
江　苏	3.45	2.05	2.99	3.80	3.31	1.94	0.55	2.31	6.54	8.00	3.42
浙　江	2.07	0.68	1.20	0.00	1.99	0.65	2.73	4.05	1.96	4.67	2.02
湖　北	1.38	2.05	0.00	1.90	2.65	1.29	1.09	2.89	2.61	1.33	1.71
上　海	0.69	0.68	1.80	1.90	1.99	1.29	1.09	1.73	2.61	2.00	1.58
山　东	0.00	0.68	0.00	0.00	1.99	1.29	0.55	1.16	3.27	4.00	1.27
湖　南	0.69	0.00	0.00	1.90	0.66	0.65	1.09	2.31	1.96	2.00	1.14
广　东	0.69	0.68	0.00	0.63	0.66	0.65	1.09	1.73	1.96	2.00	1.01
辽　宁	0.00	1.37	0.00	0.63	0.00	0.00	0.00	1.73	2.61	2.67	0.89
陕　西	0.69	0.68	1.20	0.00	0.66	0.65	0.55	0.00	1.31	2.00	0.76
重　庆	0.69	0.00	0.60	0.63	0.00	0.00	0.00	2.31	0.00	1.33	0.57
山　西	0.00	0.00	0.60	1.27	0.00	0.00	0.55	1.16	0.00	2.00	0.57

续表

省　份	2014 年	2015 年	2016 年	2017 年	2018 年	2019 年	2020 年	2021 年	2022 年	2023 年	合计
甘　肃	0.00	0.00	0.00	1.27	1.32	0.00	0.00	1.16	0.00	1.33	0.51
河　南	0.00	0.00	0.00	0.00	1.32	0.00	0.00	1.73	0.65	1.33	0.51
天　津	0.69	0.00	0.00	0.63	0.66	0.00	0.00	0.58	1.96	0.67	0.51
安　徽	0.00	0.68	0.00	0.63	0.00	0.65	0.55	0.58	0.65	0.67	0.44
福　建	0.00	0.68	0.60	0.00	0.66	0.65	0.55	0.58	0.00	0.67	0.44
四　川	0.00	0.68	0.00	1.27	0.66	0.65	0.00	0.00	0.00	1.33	0.44
黑龙江	0.00	0.68	0.00	0.63	1.32	0.65	0.00	0.00	0.67		0.38
广　西	0.69	0.00	0.00	0.63	0.00	0.65	0.00	0.58	0.00	0.67	0.32
河　北	0.00	0.00	0.00	0.63	0.00	0.00	0.55	0.58	0.00	0.67	0.25
江　西	0.00	0.68	0.00	0.00	0.66	0.00	0.55	0.00	0.65	0.00	0.25
贵　州	0.00	0.00	0.00	0.00	0.00	0.00	0.00	0.58	1.31	0.00	0.19
吉　林	0.00	0.00	0.60	0.00	0.00	0.00	0.00	0.58	0.00	0.67	0.19
云　南	0.00	0.00	0.00	0.00	0.00	0.65	0.55	0.00	0.00	0.00	0.13
海　南	0.00	0.00	0.00	0.63	0.00	0.00	0.00	0.00	0.00	0.00	0.06

表 2-6　数学物理 C 层人才的世界占比

单位：%

省　份	2014 年	2015 年	2016 年	2017 年	2018 年	2019 年	2020 年	2021 年	2022 年	2023 年	合计
北　京	2.55	3.98	4.34	4.97	3.53	3.20	3.17	3.53	3.28	3.76	3.63
江　苏	1.24	1.45	1.58	1.89	2.97	3.06	2.94	2.76	3.34	3.56	2.50
上　海	1.45	1.59	1.38	1.95	1.34	1.09	1.33	1.47	2.10	2.12	1.58
广　东	0.69	0.87	0.99	0.82	1.20	1.09	1.79	1.82	2.90	2.19	1.46
浙　江	0.69	0.80	1.18	0.94	0.85	0.82	1.38	2.41	2.29	2.80	1.44
湖　北	0.90	0.43	0.79	0.76	1.06	1.16	1.44	1.23	1.36	1.98	1.12
山　东	0.48	0.58	0.53	0.76	0.92	1.16	1.15	0.94	2.16	1.98	1.08
四　川	0.83	1.38	1.05	1.07	1.13	1.22	0.58	0.65	1.11	1.30	1.02
湖　南	0.69	0.65	0.39	0.88	0.49	1.22	0.98	1.65	1.11	1.57	0.98
陕　西	0.41	0.58	1.38	1.32	0.64	0.95	0.81	1.23	0.80	1.44	0.96
安　徽	0.55	0.65	0.79	0.38	0.71	0.61	0.58	0.59	0.87	1.37	0.70
重　庆	0.62	0.51	0.46	0.44	0.78	0.68	0.46	0.65	1.05	1.23	0.68
河　南	0.14	0.07	0.20	0.31	0.42	0.14	0.52	0.71	1.24	1.78	0.56
黑龙江	0.28	0.36	0.59	0.44	0.35	1.02	0.35	0.71	0.49	0.89	0.55
辽　宁	0.28	0.43	0.26	0.57	0.28	0.41	0.46	0.65	1.24	0.62	0.53
甘　肃	0.48	0.51	0.26	0.88	0.71	0.20	0.23	0.88	0.37	0.41	0.50

续表

省　份	2014 年	2015 年	2016 年	2017 年	2018 年	2019 年	2020 年	2021 年	2022 年	2023 年	合计
天　津	0.21	0.22	0.46	0.25	0.56	0.34	0.75	0.35	0.43	0.82	0.44
福　建	0.07	0.43	0.26	0.63	0.21	0.61	0.29	0.12	0.43	0.34	0.34
广　西	0.07	0.07	0.20	0.13	0.14	0.14	0.35	0.29	0.49	1.23	0.31
江　西	0.14	0.22	0.07	0.25	0.42	0.48	0.23	0.24	0.37	0.62	0.30
吉　林	0.07	0.22	0.26	0.31	0.21	0.20	0.17	0.29	0.31	0.62	0.27
山　西	0.28	0.22	0.13	0.13	0.14	0.14	0.29	0.12	0.25	0.82	0.25
河　北	0.14	0.00	0.07	0.13	0.21	0.41	0.12	0.49	0.34	0.22
云　南	0.07	0.00	0.33	0.06	0.14	0.14	0.29	0.18	0.25	0.34	0.18
贵　州	0.00	0.07	0.00	0.06	0.42	0.07	0.17	0.06	0.43	0.41	0.17
新　疆	0.14	0.00	0.13	0.13	0.00	0.07	0.12	0.24	0.25	0.48	0.16
内蒙古	0.00	0.07	0.00	0.06	0.07	0.14	0.17	0.29	0.06	0.07	0.10
宁　夏	0.00	0.00	0.20	0.19	0.00	0.00	0.00	0.00	0.00	0.21	0.06
海　南	0.07	0.00	0.07	0.00	0.00	0.00	0.00	0.00	0.00	0.00	0.01
青　海	0.00	0.00	0.00	0.00	0.00	0.07	0.00	0.00	0.00	0.00	0.01

三　统计学和概率论

统计学和概率论 A 层人才最多的是广东，世界占比为 3.55%；北京、湖北也有相当数量的 A 层人才，世界占比分别为 2.96%、1.18%；黑龙江、湖南、辽宁、陕西、天津有一定数量的 A 层人才，世界占比均为 0.59%。

湖南、广东、上海、北京、四川、湖北、江苏、浙江有相当数量的 B 层人才，世界占比在 3%~1%；天津、辽宁、黑龙江、山东、福建、河南、新疆、陕西、江西、安徽、贵州、吉林、海南、云南有一定数量的 B 层人才，世界占比均超过 0.1%；重庆、广西、河北、山西 B 层人才的世界占比均为 0.06%。

C 层人才最多的为北京，世界占比为 2.82%；上海、广东、江苏也有相当数量的 C 层人才，世界占比在 2%~1%；湖南、浙江、湖北、山东、天津、四川、安徽、辽宁、陕西、福建、吉林、黑龙江、河南、云南、重庆、江西、广西、甘肃、河北、新疆有一定数量的 C 层人才，世界占比均超过

0.1%；贵州、山西、海南、内蒙古、宁夏、青海C层人才的世界占比均低于0.1%。

表2-7　统计学和概率论A层人才的世界占比

单位：%

省　份	2014年	2015年	2016年	2017年	2018年	2019年	2020年	2021年	2022年	2023年	合计
广　东	0.00	0.00	0.00	0.00	5.88	0.00	0.00	10.00	0.00	23.08	3.55
北　京	0.00	6.67	0.00	0.00	0.00	0.00	7.69	0.00	5.56	15.38	2.96
湖　北	0.00	6.67	0.00	0.00	0.00	0.00	0.00	5.00	0.00	0.00	1.18
黑龙江	0.00	0.00	0.00	0.00	0.00	0.00	7.69	0.00	0.00	0.00	0.59
湖　南	0.00	0.00	0.00	0.00	0.00	0.00	0.00	5.00	0.00	0.00	0.59
辽　宁	0.00	0.00	0.00	0.00	0.00	0.00	0.00	0.00	0.00	7.69	0.59
陕　西	0.00	0.00	0.00	0.00	0.00	0.00	0.00	0.00	0.00	7.69	0.59
天　津	0.00	0.00	0.00	0.00	0.00	0.00	0.00	0.00	5.56	0.00	0.59

表2-8　统计学和概率论B层人才的世界占比

单位：%

省　份	2014年	2015年	2016年	2017年	2018年	2019年	2020年	2021年	2022年	2023年	合计
湖　南	0.65	0.65	0.61	0.59	2.41	2.49	2.86	3.78	3.95	4.29	2.29
广　东	1.31	1.96	1.82	1.18	1.81	1.49	0.48	2.70	2.82	4.91	2.01
上　海	1.31	0.65	0.61	1.76	2.41	1.99	2.38	1.62	3.95	1.84	1.89
北　京	0.65	0.00	1.21	0.59	1.81	1.49	2.86	3.24	2.26	3.68	1.84
四　川	1.31	0.00	0.61	1.76	2.41	2.49	2.86	2.16	0.56	3.68	1.84
湖　北	0.00	1.31	0.61	0.59	1.81	0.50	1.43	3.24	2.26	3.07	1.49
江　苏	0.00	0.00	1.21	1.18	1.20	0.00	1.43	2.70	2.82	3.68	1.43
浙　江	0.00	0.00	0.00	0.59	1.81	1.00	0.48	0.54	1.69	6.75	1.26
天　津	0.00	0.00	0.00	1.18	1.81	2.49	0.00	1.08	0.56	1.23	0.86
辽　宁	1.31	0.00	0.00	1.76	1.20	0.50	0.00	0.54	1.13	1.23	0.75
黑龙江	0.00	0.00	0.00	0.00	1.20	0.50	0.48	2.16	2.26	0.00	0.69
山　东	0.00	0.00	0.00	0.00	1.20	1.00	1.43	0.54	1.13	1.23	0.69
福　建	0.00	0.00	0.00	1.18	0.60	1.00	2.38	0.00	0.00	0.00	0.57
河　南	0.00	0.00	0.61	0.00	1.81	0.50	0.48	1.08	0.56	0.61	0.57
新　疆	0.00	0.00	0.00	0.59	0.60	0.00	0.48	1.62	0.56	1.23	0.52
陕　西	0.00	0.00	0.00	0.00	0.00	0.50	0.48	1.08	1.13	0.61	0.40

省　份	2014 年	2015 年	2016 年	2017 年	2018 年	2019 年	2020 年	2021 年	2022 年	2023 年	合计
江　西	0.00	0.00	0.61	1.76	0.00	0.00	0.00	0.54	0.56	0.00	0.34
安　徽	0.00	0.00	0.00	0.59	0.00	1.00	0.48	0.00	0.00	0.61	0.29
贵　州	0.00	0.00	0.00	0.00	0.00	0.00	0.00	0.54	1.13	0.61	0.23
吉　林	0.00	0.00	0.00	0.59	0.00	0.00	0.00	0.54	0.56	0.00	0.17
海　南	0.00	0.00	0.00	0.00	0.00	0.00	0.00	0.00	0.00	1.23	0.11
云　南	0.00	0.00	0.00	0.00	0.00	0.00	0.48	0.00	0.56	0.00	0.11
重　庆	0.00	0.00	0.00	0.00	0.00	0.00	0.48	0.00	0.00	0.00	0.06
广　西	0.00	0.00	0.00	0.00	0.00	0.00	0.00	0.00	0.56	0.00	0.06
河　北	0.00	0.00	0.00	0.00	0.00	0.00	0.00	0.00	0.00	0.61	0.06
山　西	0.00	0.65	0.00	0.00	0.00	0.00	0.00	0.00	0.00	0.00	0.06

表 2-9　统计学和概率论 C 层人才的世界占比

单位：%

省　份	2014 年	2015 年	2016 年	2017 年	2018 年	2019 年	2020 年	2021 年	2022 年	2023 年	合计
北　京	1.97	2.62	2.06	2.46	2.51	2.86	2.95	3.41	2.71	4.54	2.82
上　海	1.78	1.48	1.70	1.44	1.83	1.20	1.95	2.12	1.29	2.74	1.75
广　东	0.79	1.21	0.67	0.78	1.41	1.25	1.40	1.73	2.22	3.11	1.46
江　苏	0.86	0.74	0.79	1.02	1.16	1.20	1.15	1.56	1.60	2.74	1.28
湖　南	0.72	0.67	0.24	0.48	0.61	0.80	0.95	1.51	1.36	1.56	0.90
浙　江	0.72	0.67	0.73	0.48	0.37	0.90	1.05	0.95	1.42	1.62	0.90
湖　北	0.72	0.60	0.55	0.66	0.80	0.85	1.35	0.84	0.92	1.06	0.85
山　东	0.20	0.54	0.36	0.60	0.31	1.10	0.55	0.95	1.29	1.31	0.73
天　津	0.39	0.60	0.55	0.48	0.37	0.55	0.90	0.84	0.55	1.43	0.67
四　川	0.39	0.27	0.24	0.66	0.92	0.45	0.55	0.84	0.80	1.18	0.63
安　徽	0.39	0.60	0.42	0.24	0.49	0.50	0.70	0.62	0.62	0.75	0.56
辽　宁	0.39	0.54	0.48	0.54	0.37	0.30	0.55	0.39	0.68	1.24	0.54
陕　西	0.20	0.13	0.24	0.18	0.43	0.30	0.50	0.67	0.49	1.18	0.44
福　建	0.13	0.27	0.30	0.12	0.31	0.20	0.45	0.95	0.43	0.75	0.39
吉　林	0.00	0.13	0.18	0.30	0.31	0.25	0.60	0.67	0.43	0.62	0.36
黑龙江	0.13	0.47	0.42	0.36	0.24	0.15	0.35	0.34	0.18	0.68	0.33
河　南	0.00	0.20	0.12	0.12	0.24	0.20	0.05	0.45	0.18	1.00	0.25
云　南	0.13	0.20	0.12	0.18	0.24	0.35	0.30	0.34	0.18	0.31	0.24

续表

省　份	2014年	2015年	2016年	2017年	2018年	2019年	2020年	2021年	2022年	2023年	合计
重　庆	0.13	0.07	0.24	0.12	0.31	0.30	0.25	0.22	0.25	0.44	0.24
江　西	0.00	0.13	0.24	0.18	0.24	0.25	0.25	0.28	0.18	0.19	0.20
广　西	0.20	0.00	0.00	0.06	0.24	0.10	0.10	0.28	0.06	0.37	0.14
甘　肃	0.07	0.00	0.06	0.06	0.31	0.10	0.05	0.22	0.18	0.31	0.14
河　北	0.07	0.07	0.00	0.06	0.00	0.10	0.10	0.22	0.12	0.44	0.12
新　疆	0.00	0.00	0.12	0.06	0.18	0.00	0.20	0.00	0.37	0.25	0.12
贵　州	0.07	0.00	0.00	0.00	0.12	0.00	0.20	0.06	0.12	0.12	0.09
山　西	0.07	0.07	0.00	0.00	0.06	0.05	0.05	0.06	0.00	0.25	0.06
海　南	0.07	0.00	0.00	0.06	0.00	0.05	0.05	0.00	0.06	0.19	0.05
内蒙古	0.00	0.00	0.06	0.12	0.00	0.05	0.00	0.06	0.00	0.00	0.03
宁　夏	0.00	0.00	0.00	0.00	0.00	0.00	0.00	0.00	0.00	0.06	0.01
青　海	0.00	0.00	0.00	0.00	0.00	0.00	0.05	0.00	0.00	0.00	0.01

四　应用数学

应用数学 A 层人才最多的是山东，世界占比为 3.83%；北京、浙江、江苏的 A 层人才比较多，世界占比分别为 3.45%、3.26%、3.07%；湖南、广东、四川、辽宁、天津也有相当数量的 A 层人才，世界占比在 3%～1%；湖北、上海、贵州、安徽、福建、甘肃、新疆、黑龙江、陕西、重庆、广西、河南、内蒙古、江西、山西、云南有一定数量的 A 层人才，世界占比均超过 0.1%。

B 层人才最多的是江苏，世界占比为 4.31%；山东、北京、浙江的 B 层人才比较多，世界占比在 4%～3%；上海、湖南、四川、广东、湖北、天津、辽宁也有相当数量的 B 层人才，世界占比在 3%～1%；黑龙江、重庆、河南、陕西、安徽、山西、广西、福建、甘肃、云南、贵州、河北、宁夏、吉林、江西、内蒙古、新疆有一定数量的 B 层人才，世界占比均超过 0.1%；海南、青海 B 层人才的世界占比均低于 0.1%。

C 层人才最多的是北京，世界占比为 3.72%；江苏的 C 层人才比较多，世界占比为 3.39%；山东、上海、浙江、广东、湖南、湖北、四川也有相当数量的 C 层人才，世界占比在 3%~1%；辽宁、河南、重庆、黑龙江、天津、陕西、安徽、福建、甘肃、吉林、广西、江西、山西、云南、河北、贵州、新疆、内蒙古有一定数量的 C 层人才，世界占比均超过 0.2%；宁夏、海南、青海 C 层人才的世界占比均低于 0.1%。

表 2-10　应用数学 A 层人才的世界占比

单位：%

省　份	2014 年	2015 年	2016 年	2017 年	2018 年	2019 年	2020 年	2021 年	2022 年	2023 年	合计
山　东	0.00	0.00	0.00	0.00	4.00	8.62	5.00	1.56	5.08	11.11	3.83
北　京	4.55	0.00	0.00	2.08	4.00	3.45	6.67	3.13	6.78	1.85	3.45
浙　江	0.00	0.00	0.00	0.00	4.00	0.00	8.33	6.25	8.47	1.85	3.26
江　苏	0.00	0.00	2.38	2.08	8.00	8.62	0.00	0.00	1.69	7.41	3.07
湖　南	0.00	2.33	0.00	0.00	0.00	1.72	6.67	4.69	1.69	3.70	2.30
广　东	0.00	0.00	2.38	2.08	0.00	1.72	1.67	0.00	1.69	5.56	1.53
四　川	0.00	0.00	0.00	2.08	4.00	1.72	3.33	0.00	0.00	1.85	1.34
辽　宁	0.00	0.00	0.00	0.00	0.00	0.00	0.00	3.13	3.39	3.70	1.15
天　津	0.00	2.33	2.38	0.00	2.00	1.72	0.00	0.00	1.69	1.85	1.15
湖　北	0.00	0.00	0.00	0.00	2.00	1.72	0.00	0.00	0.00	5.56	0.96
上　海	0.00	2.33	0.00	0.00	4.00	1.72	0.00	0.00	1.69	0.00	0.96
贵　州	0.00	0.00	0.00	0.00	0.00	0.00	0.00	0.00	0.00	7.41	0.77
安　徽	0.00	2.33	2.38	0.00	0.00	0.00	0.00	0.00	0.00	1.85	0.57
福　建	0.00	0.00	0.00	0.00	0.00	1.72	0.00	1.56	0.00	1.85	0.57
甘　肃	0.00	2.33	0.00	0.00	0.00	1.72	0.00	0.00	0.00	1.85	0.57
新　疆	0.00	2.33	0.00	2.08	0.00	0.00	0.00	0.00	0.00	1.85	0.57
黑龙江	0.00	2.33	2.38	0.00	0.00	0.00	0.00	0.00	0.00	0.00	0.38
陕　西	0.00	0.00	0.00	0.00	2.00	0.00	0.00	0.00	1.69	0.00	0.38
重　庆	0.00	0.00	0.00	0.00	0.00	0.00	0.00	0.00	0.00	1.85	0.19
广　西	0.00	0.00	0.00	0.00	0.00	1.72	0.00	0.00	0.00	0.00	0.19
河　南	0.00	0.00	0.00	0.00	0.00	0.00	0.00	0.00	0.00	1.85	0.19
内蒙古	0.00	0.00	0.00	0.00	0.00	0.00	0.00	1.56	0.00	0.00	0.19
江　西	0.00	0.00	0.00	0.00	0.00	1.72	0.00	0.00	0.00	0.00	0.19
山　西	0.00	0.00	0.00	0.00	0.00	0.00	0.00	0.00	0.00	1.85	0.19
云　南	0.00	2.33	0.00	0.00	0.00	0.00	0.00	0.00	0.00	0.00	0.19

表 2-11　应用数学 B 层人才的世界占比

单位：%

省　份	2014 年	2015 年	2016 年	2017 年	2018 年	2019 年	2020 年	2021 年	2022 年	2023 年	合计
江　苏	4.19	3.12	3.42	4.48	6.37	5.34	2.95	4.24	5.09	3.57	4.31
山　东	1.72	1.30	2.44	3.14	5.49	5.73	3.87	3.23	4.15	3.57	3.57
北　京	2.22	3.64	3.42	2.91	4.18	4.20	3.32	5.26	2.64	3.13	3.55
浙　江	1.23	1.56	1.96	2.47	4.18	4.39	4.06	3.74	2.83	3.79	3.13
上　海	1.97	3.12	2.93	3.14	3.96	2.86	0.92	2.55	2.83	2.01	2.60
湖　南	1.23	0.78	0.49	2.47	1.32	2.86	3.69	1.70	3.40	1.34	2.03
四　川	0.49	0.52	0.98	3.14	3.30	2.86	2.58	1.87	1.13	0.89	1.84
广　东	0.74	0.78	1.96	1.57	1.32	1.34	2.03	3.74	1.51	0.45	1.63
湖　北	0.99	1.30	0.98	3.14	0.66	1.34	1.66	2.21	1.51	1.34	1.54
天　津	0.25	1.56	1.71	1.12	2.64	1.72	1.48	1.02	0.94	0.22	1.27
辽　宁	0.99	1.82	1.22	0.45	1.32	0.95	0.55	1.19	2.08	1.56	1.20
黑龙江	0.99	0.78	0.49	0.67	0.88	0.95	0.92	0.85	1.13	1.12	0.89
重　庆	0.49	0.26	0.98	1.12	0.66	1.34	0.74	0.51	1.32	1.12	0.87
河　南	0.25	0.78	0.24	0.22	0.88	0.76	1.29	1.19	1.13	0.89	0.80
陕　西	0.99	0.78	0.24	0.00	0.44	1.15	1.29	0.17	1.32	0.89	0.74
安　徽	0.25	0.26	1.22	0.67	0.22	0.95	0.37	0.68	0.57	0.67	0.59
山　西	0.49	1.04	0.24	0.45	0.88	0.19	0.18	0.34	0.75	0.89	0.53
广　西	0.25	0.52	0.00	0.22	0.66	0.38	0.37	0.68	0.94	0.67	0.49
福　建	0.25	0.26	1.22	0.00	0.66	0.57	0.37	0.34	0.38	0.00	0.40
甘　肃	1.23	0.26	0.00	0.45	0.00	0.76	0.37	0.00	0.19	0.89	0.40
云　南	0.74	0.26	0.00	0.22	0.44	0.57	0.92	0.17	0.57	0.00	0.40
贵　州	0.25	0.26	0.49	0.22	0.44	0.19	0.00	0.68	0.94	0.22	0.38
河　北	0.99	0.00	0.00	0.00	0.22	0.00	0.37	0.68	0.19	0.45	0.30
宁　夏	0.00	0.00	0.00	0.00	0.22	0.38	0.74	0.51	0.38	0.22	0.27
吉　林	0.49	0.00	0.00	0.45	0.00	0.38	0.00	0.68	0.00	0.22	0.23
江　西	0.00	0.00	0.00	0.22	0.22	0.00	0.18	0.51	0.57	0.00	0.19
内蒙古	0.25	0.52	0.00	0.00	0.00	0.19	0.18	0.17	0.19	0.00	0.15
新　疆	0.00	0.00	0.24	0.00	0.00	0.19	0.18	0.17	0.38	0.22	0.15
海　南	0.00	0.00	0.00	0.00	0.00	0.22	0.00	0.00	0.19	0.00	0.04
青　海	0.00	0.00	0.00	0.00	0.00	0.00	0.00	0.17	0.00	0.00	0.02

表 2-12　应用数学 C 层人才的世界占比

单位：%

省　份	2014 年	2015 年	2016 年	2017 年	2018 年	2019 年	2020 年	2021 年	2022 年	2023 年	合计
北　京	3.87	3.79	3.82	4.01	5.00	4.28	3.11	3.25	3.18	3.10	3.72
江　苏	2.73	2.70	3.32	3.21	3.79	3.95	3.48	3.81	3.31	3.22	3.39
山　东	1.62	2.07	2.12	2.86	3.88	3.77	2.88	2.47	2.64	2.13	2.68
上　海	2.19	2.18	2.12	2.18	2.41	2.61	2.37	2.19	2.41	2.11	2.29
浙　江	1.18	1.01	1.53	1.37	1.66	2.01	2.70	2.08	2.26	2.11	1.84
广　东	1.01	1.43	1.08	1.76	1.59	1.93	1.89	1.83	2.18	1.82	1.68
湖　南	1.33	1.12	1.35	1.47	1.32	1.99	2.55	1.63	1.21	1.48	1.58
湖　北	1.23	1.24	1.45	1.26	1.68	1.88	1.63	1.38	1.21	1.31	1.44
四　川	0.76	1.01	1.16	1.28	1.84	1.72	1.40	1.40	1.63	1.09	1.35
辽　宁	1.03	0.80	0.71	0.94	0.98	1.24	0.97	0.65	1.15	0.80	0.93
河　南	0.96	0.73	0.84	0.96	1.18	0.70	0.74	1.05	1.13	0.94	0.92
重　庆	0.76	0.91	0.81	1.05	0.95	0.79	0.91	0.82	0.94	0.82	0.88
黑龙江	0.71	0.86	0.81	0.73	0.77	0.93	0.78	0.87	0.67	0.75	0.79
天　津	0.79	0.78	0.57	0.80	0.95	0.79	0.89	0.63	0.73	0.61	0.76
陕　西	0.47	0.41	0.69	0.69	0.61	0.93	0.72	0.78	0.98	0.82	0.72
安　徽	0.47	0.62	0.62	0.73	0.77	0.75	0.64	0.82	0.65	0.70	0.68
福　建	0.66	0.44	0.66	0.62	0.61	0.81	0.72	0.53	0.63	0.48	0.62
甘　肃	0.66	0.54	0.57	0.64	0.59	0.66	0.54	0.44	0.38	0.29	0.53
吉　林	0.42	0.44	0.59	0.50	0.64	0.31	0.47	0.25	0.25	0.41	0.42
广　西	0.15	0.26	0.27	0.14	0.52	0.35	0.45	0.42	0.63	0.70	0.39
江　西	0.12	0.34	0.44	0.27	0.50	0.41	0.43	0.40	0.29	0.39	0.36
山　西	0.42	0.23	0.39	0.60	0.23	0.39	0.41	0.33	0.25	0.36	0.36
云　南	0.44	0.31	0.32	0.27	0.25	0.48	0.45	0.36	0.31	0.34	0.36
河　北	0.39	0.26	0.10	0.21	0.39	0.41	0.33	0.31	0.54	0.39	0.34
贵　州	0.22	0.31	0.20	0.37	0.45	0.29	0.16	0.20	0.25	0.27	0.27
新　疆	0.10	0.21	0.00	0.16	0.18	0.27	0.10	0.00	0.36	0.46	0.21
内蒙古	0.10	0.16	0.15	0.25	0.20	0.23	0.25	0.34	0.21	0.15	0.21
宁　夏	0.00	0.03	0.07	0.05	0.00	0.06	0.06	0.13	0.06	0.22	0.07
海　南	0.00	0.00	0.02	0.05	0.09	0.02	0.00	0.00	0.13	0.05	0.04
青　海	0.02	0.03	0.00	0.02	0.00	0.00	0.00	0.02	0.00	0.07	0.02

五　逻辑学

各省份均无逻辑学 A 层人才。

B 层人才仅分布在北京、广东、湖南；其中，B 层人才最多的是北京，世界占比为 1.80%；广东、湖南 B 层人才的世界占比分别为 0.90%、0.45%。

C 层人才最多的是北京，世界占比为 1.05%；广东、上海、浙江、安徽、重庆、江苏有一定数量的 C 层人才，世界占比均超过 0.1%；吉林、陕西、福建、湖南、山东、山西 C 层人才的世界占比均低于 0.1%。

表 2-13　逻辑学 B 层人才的世界占比

单位：%

省　份	2014 年	2015 年	2016 年	2017 年	2018 年	2019 年	2020 年	2021 年	2022 年	2023 年	合计
北　京	0.00	0.00	8.70	0.00	0.00	4.17	0.00	3.70	0.00	0.00	1.80
广　东	0.00	0.00	0.00	0.00	0.00	4.17	0.00	0.00	0.00	7.69	0.90
湖　南	0.00	0.00	0.00	0.00	0.00	4.17	0.00	0.00	0.00	0.00	0.45

表 2-14　逻辑学 C 层人才的世界占比

单位：%

省　份	2014 年	2015 年	2016 年	2017 年	2018 年	2019 年	2020 年	2021 年	2022 年	2023 年	合计
北　京	0.35	2.68	0.89	1.24	1.49	0.00	1.03	0.75	1.80	0.00	1.05
广　东	0.00	0.00	0.00	0.83	1.00	0.43	1.54	0.00	0.00	0.72	0.41
上　海	0.00	0.00	0.45	0.00	0.00	0.43	0.00	0.38	0.00	1.45	0.23
浙　江	0.00	0.00	0.00	0.41	1.00	0.00	1.03	0.00	0.00	0.00	0.23
安　徽	0.35	0.00	0.45	0.00	0.50	0.00	0.00	0.00	0.00	0.00	0.14
重　庆	0.35	0.34	0.00	0.00	0.50	0.00	0.00	0.00	0.00	0.00	0.14
江　苏	0.00	0.00	0.00	0.00	0.50	0.00	0.51	0.00	0.00	0.72	0.14
吉　林	0.00	0.00	0.45	0.00	0.00	0.00	0.38	0.00	0.00	0.00	0.09
陕　西	0.00	0.00	0.00	0.00	0.00	0.43	0.38	0.00	0.00	0.00	0.09
福　建	0.00	0.00	0.45	0.00	0.00	0.00	0.00	0.00	0.00	0.00	0.05
湖　南	0.00	0.34	0.00	0.00	0.00	0.00	0.00	0.00	0.00	0.00	0.05
山　东	0.00	0.34	0.00	0.00	0.00	0.00	0.00	0.00	0.00	0.00	0.05
山　西	0.00	0.00	0.00	0.00	0.00	0.00	0.38	0.00	0.00	0.00	0.05

六　跨学科应用数学

跨学科应用数学 A、B、C 层人才最多的均为江苏，世界占比分别为 3.59%、3.60%、3.92%。

浙江的 A 层人才比较多，世界占比为 3.08%；上海、四川、广东、湖南、湖北、陕西也有相当数量的 A 层人才，世界占比在 3%~1%；安徽、北京、福建、贵州、河北、内蒙古、辽宁有一定数量的 A 层人才，世界占比均为 0.51%。

北京的 B 层人才比较多，世界占比为 3.17%；湖北、广东、浙江、山东、湖南、辽宁、上海、四川也有相当数量的 B 层人才，世界占比在 3%~1%；河南、陕西、安徽、天津、江西、重庆、河北、福建、贵州、黑龙江、山西、甘肃、广西、云南、吉林有一定数量的 B 层人才，世界占比均超过 0.1%；宁夏、青海、新疆 B 层人才的世界占比均低于 0.1%。

北京的 C 层人才比较多，世界占比为 3.88%；上海、湖北、湖南、山东、广东、辽宁、浙江、四川、陕西、河南也有相当数量的 C 层人才，世界占比在 3%~1%；重庆、安徽、黑龙江、天津、甘肃、福建、河北、广西、山西、江西、贵州、云南、吉林、新疆、内蒙古有一定数量的 C 层人才，世界占比均超过 0.1%；宁夏、海南、青海 C 层人才的世界占比均低于 0.1%。

表 2-15　跨学科应用数学 A 层人才的世界占比

单位：%

省　份	2014 年	2015 年	2016 年	2017 年	2018 年	2019 年	2020 年	2021 年	2022 年	2023 年	合计
江　苏	0.00	6.67	0.00	0.00	6.25	0.00	0.00	0.00	4.00	18.18	3.59
浙　江	0.00	0.00	0.00	5.88	0.00	0.00	0.00	4.17	12.00	4.55	3.08
上　海	0.00	0.00	7.14	5.88	6.25	0.00	4.76	0.00	0.00	4.55	2.56
四　川	0.00	0.00	0.00	0.00	0.00	0.00	4.00	0.00	0.00	13.64	2.05
广　东	0.00	0.00	0.00	0.00	0.00	0.00	0.00	8.33	0.00	4.55	1.54
湖　南	0.00	0.00	0.00	0.00	0.00	4.76	0.00	4.17	0.00	4.55	1.54

续表

省　份	2014 年	2015 年	2016 年	2017 年	2018 年	2019 年	2020 年	2021 年	2022 年	2023 年	合计
湖　北	0.00	0.00	0.00	0.00	0.00	0.00	0.00	8.33	0.00	0.00	1.03
陕　西	0.00	0.00	7.14	0.00	0.00	0.00	0.00	0.00	0.00	4.55	1.03
安　徽	0.00	0.00	0.00	0.00	0.00	0.00	0.00	0.00	4.00	0.00	0.51
北　京	0.00	0.00	0.00	0.00	0.00	4.76	0.00	0.00	0.00	0.00	0.51
福　建	0.00	0.00	0.00	0.00	0.00	0.00	0.00	0.00	4.00	0.00	0.51
贵　州	0.00	0.00	0.00	0.00	0.00	0.00	0.00	0.00	0.00	4.55	0.51
河　北	0.00	0.00	0.00	0.00	0.00	0.00	0.00	4.17	0.00	0.00	0.51
内蒙古	0.00	0.00	0.00	0.00	0.00	0.00	0.00	0.00	4.00	0.00	0.51
辽　宁	0.00	0.00	0.00	0.00	0.00	0.00	0.00	0.00	4.00	0.00	0.51

表 2-16　跨学科应用数学 B 层人才的世界占比

单位：%

省　份	2014 年	2015 年	2016 年	2017 年	2018 年	2019 年	2020 年	2021 年	2022 年	2023 年	合计
江　苏	4.14	0.00	1.50	5.30	2.96	2.60	2.19	4.03	6.64	4.93	3.60
北　京	0.69	1.97	1.50	2.65	1.18	1.56	3.07	4.84	4.56	6.90	3.17
湖　北	0.69	0.00	1.50	1.32	4.73	2.60	2.19	4.44	3.73	1.48	2.47
广　东	1.38	0.00	0.75	0.66	2.37	0.52	2.19	2.02	4.56	2.96	1.93
浙　江	1.38	0.66	0.00	0.66	1.78	1.56	0.44	3.23	3.73	3.94	1.93
山　东	1.38	0.66	0.00	0.66	1.78	2.08	1.75	2.42	2.07	2.96	1.72
湖　南	0.00	0.00	0.75	1.32	1.78	1.56	0.88	2.82	1.24	4.43	1.61
辽　宁	1.38	0.66	1.50	2.65	0.59	0.52	0.88	0.81	2.49	4.43	1.61
上　海	1.38	1.97	2.26	3.31	0.59	1.56	0.88	0.81	1.24	1.97	1.50
四　川	0.00	0.00	0.00	0.66	0.00	1.04	0.44	0.81	2.90	2.96	1.02
河　南	0.00	0.00	0.00	0.00	0.00	2.08	0.44	2.42	1.66	1.48	0.97
陕　西	0.00	0.00	0.00	0.00	1.18	0.00	0.88	0.40	3.73	0.99	0.86
安　徽	1.38	0.00	0.00	0.00	0.59	2.08	0.44	0.40	0.83	1.48	0.75
天　津	0.00	0.00	0.00	1.99	0.00	1.56	0.00	1.61	0.41	0.99	0.70
江　西	0.00	0.00	0.00	0.66	1.18	0.00	1.32	0.00	1.66	0.99	0.64
重　庆	0.69	0.00	0.75	0.00	0.00	1.04	0.44	0.81	0.83	0.49	0.54
河　北	0.00	0.00	0.00	0.00	0.59	0.00	0.88	0.81	0.41	1.48	0.48
福　建	1.38	0.00	0.00	1.32	0.00	0.52	0.88	0.00	0.00	0.49	0.43
贵　州	0.00	0.00	0.75	0.00	0.00	0.00	0.00	0.00	0.41	2.46	0.38
黑龙江	0.00	1.32	0.00	0.66	0.00	0.52	0.00	0.40	0.83	0.00	0.38

续表

省　份	2014 年	2015 年	2016 年	2017 年	2018 年	2019 年	2020 年	2021 年	2022 年	2023 年	合计
山　西	0.00	0.00	0.00	0.66	0.00	0.00	0.44	0.00	0.83	1.48	0.38
甘　肃	0.00	0.00	0.00	0.00	0.59	0.00	0.00	0.40	0.00	0.99	0.21
广　西	0.00	0.00	0.00	0.00	0.00	0.00	0.00	0.00	0.83	0.49	0.16
云　南	0.00	0.00	0.00	0.00	0.00	0.00	0.52	0.44	0.00	0.49	0.16
吉　林	0.69	0.00	0.00	0.00	0.00	0.00	0.00	0.40	0.00	0.00	0.11
宁　夏	0.00	0.00	0.00	0.00	0.00	0.00	0.00	0.44	0.00	0.00	0.05
青　海	0.00	0.00	0.00	0.00	0.00	0.00	0.00	0.40	0.00	0.00	0.05
新　疆	0.00	0.00	0.00	0.00	0.00	0.00	0.44	0.00	0.00	0.00	0.05

表 2-17　跨学科应用数学 C 层人才的世界占比

单位：%

省　份	2014 年	2015 年	2016 年	2017 年	2018 年	2019 年	2020 年	2021 年	2022 年	2023 年	合计
江　苏	2.34	2.47	2.51	3.58	5.26	4.49	3.69	4.66	4.62	4.22	3.92
北　京	3.31	4.01	4.26	4.04	4.05	4.43	3.65	4.07	3.65	3.53	3.88
上　海	2.34	2.87	2.51	2.78	2.60	2.19	2.42	1.82	2.56	2.43	2.42
湖　北	1.52	1.67	1.90	2.05	2.18	2.88	2.37	2.54	2.35	2.43	2.25
湖　南	1.79	1.34	1.37	1.59	2.18	2.30	2.86	2.58	2.60	2.04	2.16
山　东	0.83	1.14	1.60	2.52	2.78	2.67	2.59	2.03	2.27	2.09	2.11
广　东	0.62	1.74	1.44	1.46	1.75	1.01	1.85	2.50	3.19	2.48	1.91
辽　宁	1.45	1.20	1.22	1.52	1.63	2.03	1.63	1.91	2.56	2.04	1.78
浙　江	1.10	1.34	1.60	1.26	1.27	1.44	1.63	2.16	1.93	2.48	1.68
四　川	0.62	0.67	0.84	1.19	1.45	2.08	1.93	1.36	1.68	1.94	1.45
陕　西	0.96	1.00	1.29	0.93	1.03	0.80	1.32	1.48	1.55	1.74	1.25
河　南	0.62	0.40	0.15	0.53	0.73	1.01	1.01	1.61	1.97	1.79	1.09
重　庆	0.62	0.80	0.76	0.73	1.57	0.91	0.92	0.89	0.97	1.19	0.95
安　徽	0.41	0.60	0.68	0.73	0.66	1.18	0.97	1.02	1.30	1.34	0.94
黑龙江	0.55	0.87	0.91	1.13	0.66	0.75	1.10	0.80	0.88	1.24	0.90
天　津	0.55	0.40	1.14	0.79	0.85	0.91	1.06	1.06	1.09	0.84	0.89
甘　肃	0.34	0.40	0.53	1.13	0.91	0.32	0.40	0.76	0.17	0.30	0.51
福　建	0.83	0.33	0.46	0.33	0.42	0.64	0.48	0.64	0.46	0.40	0.50
河　北	0.41	0.33	0.30	0.33	0.54	0.37	0.40	0.76	0.63	0.45	0.47
广　西	0.07	0.33	0.30	0.40	0.42	0.43	0.48	0.72	0.46	0.70	0.46
山　西	0.48	0.20	0.38	0.20	0.18	0.59	0.31	0.21	0.46	0.65	0.37

续表

省　份	2014 年	2015 年	2016 年	2017 年	2018 年	2019 年	2020 年	2021 年	2022 年	2023 年	合计
江　西	0.21	0.40	0.30	0.46	0.42	0.16	0.35	0.30	0.29	0.65	0.35
贵　州	0.14	0.13	0.00	0.07	0.30	0.37	0.22	0.25	0.59	0.35	0.27
云　南	0.34	0.27	0.23	0.13	0.12	0.16	0.31	0.25	0.25	0.30	0.24
吉　林	0.21	0.47	0.08	0.40	0.18	0.05	0.18	0.25	0.25	0.30	0.23
新　疆	0.07	0.07	0.30	0.33	0.12	0.05	0.26	0.38	0.25	0.35	0.23
内蒙古	0.00	0.00	0.00	0.07	0.06	0.11	0.31	0.21	0.13	0.15	0.12
宁　夏	0.00	0.00	0.23	0.20	0.00	0.00	0.04	0.04	0.00	0.20	0.07
海　南	0.00	0.00	0.08	0.07	0.00	0.00	0.00	0.00	0.08	0.25	0.05
青　海	0.00	0.07	0.00	0.00	0.00	0.11	0.04	0.00	0.00	0.00	0.02

七　力学

力学 A 层人才最多的是江苏，世界占比为 3.53%；北京的 A 层人才比较多，世界占比为 3.02%；湖南、辽宁、广东、上海、浙江、湖北、四川、河南也有相当数量的 A 层人才，世界占比在 3%~1%；福建、甘肃、山东、河北、黑龙江、江西、陕西、天津、重庆、海南有一定数量的 A 层人才，世界占比均超过 0.2%。

B 层人才最多的是北京，世界占比为 4.88%；上海、江苏的 B 层人才比较多，世界占比分别为 3.60%、3.41%；广东、湖南、湖北、浙江、山东、重庆、辽宁、四川也有相当数量的 B 层人才，世界占比在 3%~1%；天津、黑龙江、陕西、河南、安徽、福建、河北、吉林、广西、山西、甘肃、贵州、江西、云南、海南有一定数量的 B 层人才，世界占比均超过 0.1%；内蒙古、青海、新疆 B 层人才的世界占比均低于 0.1%。

C 层人才最多的是北京，世界占比为 5.97%；江苏、上海的 C 层人才比较多，世界占比分别为 3.62%、3.25%；广东、湖北、湖南、辽宁、浙江、四川、黑龙江、山东、陕西、天津、重庆也有相当数量的 C 层人才，世界占比在 3%~1%；安徽、河南、福建、河北、广西、吉林、山西、甘肃、江西、贵州、云南、内蒙古有一定数量的 C 层人才，世界占比超过或等于 0.1%；新疆、宁夏、海南、青海、西藏 C 层人才的世界占比均低于 0.1%。

表 2-18　力学 A 层人才的世界占比

单位：%

省　份	2014 年	2015 年	2016 年	2017 年	2018 年	2019 年	2020 年	2021 年	2022 年	2023 年	合计
江　苏	2.33	9.68	2.86	5.26	7.89	0.00	2.22	0.00	4.35	2.22	3.53
北　京	2.33	0.00	5.71	0.00	0.00	0.00	6.67	5.41	0.00	8.89	3.02
湖　南	0.00	0.00	0.00	0.00	5.26	2.56	2.22	0.00	4.35	11.11	2.77
辽　宁	2.33	0.00	2.86	2.63	2.63	2.56	0.00	0.00	8.70	4.44	2.77
广　东	0.00	6.45	0.00	2.63	2.63	7.69	2.22	2.70	0.00	0.00	2.27
上　海	0.00	3.23	0.00	2.63	0.00	0.00	4.44	5.41	6.52	2.22	2.27
浙　江	0.00	3.23	0.00	0.00	2.63	0.00	2.22	2.70	2.17	4.44	1.76
湖　北	0.00	0.00	0.00	0.00	0.00	0.00	2.22	2.70	0.00	8.89	1.51
四　川	2.33	0.00	0.00	0.00	2.63	0.00	0.00	0.00	2.17	4.44	1.51
河　南	0.00	0.00	0.00	2.63	2.63	2.56	0.00	0.00	2.17	2.22	1.26
福　建	0.00	0.00	0.00	0.00	0.00	0.00	0.00	0.00	4.35	2.22	0.76
甘　肃	0.00	0.00	2.86	0.00	0.00	0.00	0.00	0.00	2.17	0.00	0.76
山　东	0.00	0.00	0.00	0.00	0.00	2.56	0.00	2.70	2.17	0.00	0.76
河　北	0.00	0.00	0.00	0.00	0.00	0.00	2.22	2.70	0.00	0.00	0.50
黑龙江	0.00	0.00	0.00	0.00	0.00	0.00	0.00	0.00	0.00	4.44	0.50
江　西	0.00	0.00	0.00	0.00	2.63	0.00	0.00	0.00	2.17	0.00	0.50
陕　西	0.00	0.00	0.00	0.00	5.26	0.00	0.00	0.00	0.00	0.00	0.50
天　津	0.00	0.00	0.00	0.00	0.00	0.00	2.22	0.00	0.00	2.22	0.50
重　庆	0.00	0.00	0.00	0.00	0.00	0.00	0.00	0.00	2.17	0.00	0.25
海　南	0.00	0.00	0.00	0.00	0.00	0.00	0.00	0.00	0.00	2.22	0.25

表 2-19　力学 B 层人才的世界占比

单位：%

省　份	2014 年	2015 年	2016 年	2017 年	2018 年	2019 年	2020 年	2021 年	2022 年	2023 年	合计
北　京	2.06	3.94	6.53	3.44	3.77	6.63	3.67	4.33	7.16	6.85	4.88
上　海	3.86	3.23	2.67	3.72	3.48	3.69	2.93	3.42	4.44	4.31	3.60
江　苏	1.80	5.38	2.08	1.72	2.90	3.93	2.93	4.10	4.44	4.82	3.41
广　东	1.29	2.15	0.59	2.58	2.90	4.18	3.42	3.42	1.48	3.81	2.64

续表

省　份	2014 年	2015 年	2016 年	2017 年	2018 年	2019 年	2020 年	2021 年	2022 年	2023 年	合计
湖　南	1.03	1.79	0.59	0.86	4.06	2.95	2.69	2.05	1.98	3.55	2.18
湖　北	1.54	1.43	1.78	2.87	2.32	2.70	2.44	1.14	2.22	3.05	2.16
浙　江	0.51	1.43	0.59	1.15	1.74	2.95	1.71	3.64	2.47	3.30	2.03
山　东	0.51	0.72	0.30	0.57	1.74	1.72	1.22	1.59	1.48	3.30	1.36
重　庆	0.26	0.72	0.30	1.15	0.87	1.47	1.71	1.37	1.23	3.30	1.28
辽　宁	0.51	0.36	1.19	2.01	0.87	0.98	0.49	2.28	1.48	2.28	1.28
四　川	0.51	0.36	0.00	0.86	0.58	1.23	0.49	0.91	1.73	4.06	1.12
天　津	0.26	0.36	0.00	1.43	0.87	0.98	0.73	0.91	2.47	0.51	0.88
黑龙江	0.26	1.43	0.59	0.86	0.29	0.49	0.73	0.68	1.48	1.78	0.85
陕　西	0.26	1.08	0.59	0.86	0.29	0.49	0.49	1.14	0.99	2.03	0.83
河　南	0.26	0.72	0.00	0.00	0.87	0.49	0.98	1.14	0.99	1.52	0.72
安　徽	1.54	0.00	0.00	0.00	0.58	0.98	0.73	0.46	0.25	0.76	0.56
福　建	0.26	0.36	0.59	0.00	1.16	0.74	0.24	0.46	0.99	0.51	0.53
河　北	0.00	0.00	0.59	0.00	0.29	0.74	0.49	0.00	0.49	0.76	0.35
吉　林	0.26	0.36	0.30	0.57	0.00	0.49	0.24	0.68	0.25	0.25	0.35
广　西	0.00	0.00	0.30	0.00	0.87	0.25	0.24	0.46	0.00	0.51	0.27
山　西	0.00	0.00	0.30	0.00	0.00	0.00	0.73	0.00	0.49	1.02	0.27
甘　肃	0.51	0.00	0.00	0.57	0.00	0.00	0.24	0.46	0.00	0.51	0.24
贵　州	0.26	0.00	0.00	0.00	0.29	0.00	0.49	0.23	0.74	0.25	0.24
江　西	0.00	0.00	0.00	0.00	0.00	0.49	0.24	0.23	0.25	0.25	0.19
云　南	0.00	0.00	0.30	0.29	0.00	0.25	0.24	0.00	0.00	0.51	0.16
海　南	0.00	0.00	0.00	0.00	0.00	0.25	0.00	0.00	0.00	0.76	0.11
内蒙古	0.00	0.00	0.00	0.00	0.00	0.25	0.00	0.00	0.00	0.25	0.05
青　海	0.00	0.00	0.00	0.00	0.00	0.25	0.00	0.00	0.00	0.00	0.03
新　疆	0.00	0.00	0.00	0.00	0.00	0.00	0.00	0.00	0.00	0.25	0.03

表 2-20　力学 C 层人才的世界占比

单位：%

省　份	2014 年	2015 年	2016 年	2017 年	2018 年	2019 年	2020 年	2021 年	2022 年	2023 年	合计
北　京	4.60	4.90	4.95	5.12	6.63	6.29	5.91	6.83	6.53	7.47	5.97
江　苏	1.59	2.25	2.29	3.67	3.29	4.10	4.25	3.97	4.67	5.61	3.62
上　海	2.49	2.65	2.77	3.09	3.40	3.43	3.52	3.22	4.06	3.64	3.25
广　东	0.67	1.52	1.75	1.75	2.84	3.32	2.87	3.39	3.88	4.03	2.65

续表

省　　份	2014 年	2015 年	2016 年	2017 年	2018 年	2019 年	2020 年	2021 年	2022 年	2023 年	合计
湖　北	1.57	1.81	2.08	1.78	2.53	2.94	2.26	3.05	2.83	3.53	2.47
湖　南	1.03	1.42	1.45	2.13	3.01	2.57	3.07	2.86	3.33	3.03	2.43
辽　宁	1.34	1.09	1.51	1.63	1.55	2.10	1.69	1.99	2.14	2.42	1.77
浙　江	1.03	1.05	0.93	0.93	1.35	1.53	1.76	2.28	2.50	2.97	1.67
四　川	0.59	1.05	0.93	1.34	1.52	1.77	2.09	1.84	2.57	2.25	1.63
黑龙江	1.08	1.31	1.00	1.46	1.57	1.71	1.56	1.75	1.99	2.14	1.57
山　东	0.72	0.76	0.75	0.84	1.04	1.77	1.66	1.82	2.02	2.36	1.41
陕　西	0.39	0.98	0.78	1.08	1.07	1.43	1.51	1.67	2.50	2.17	1.38
天　津	0.54	0.87	0.75	0.84	1.24	1.32	1.89	1.67	1.69	2.05	1.31
重　庆	0.67	0.62	0.51	0.38	1.15	1.17	1.33	1.31	1.99	1.94	1.14
安　徽	0.72	0.69	0.97	0.76	0.93	0.88	0.83	0.92	1.16	1.28	0.95
河　南	0.15	0.29	0.42	0.49	0.62	0.52	0.60	0.95	1.19	1.08	0.65
福　建	0.33	0.29	0.39	0.35	0.42	0.47	0.78	0.58	0.28	0.47	0.44
河　北	0.26	0.00	0.03	0.29	0.31	0.44	0.40	0.73	0.83	0.61	0.41
广　西	0.03	0.15	0.12	0.15	0.17	0.31	0.45	0.34	0.50	1.19	0.35
吉　林	0.15	0.25	0.15	0.15	0.34	0.21	0.30	0.36	0.71	0.81	0.35
山　西	0.36	0.25	0.15	0.38	0.31	0.47	0.30	0.24	0.35	0.50	0.33
甘　肃	0.26	0.29	0.30	0.23	0.42	0.16	0.25	0.29	0.35	0.44	0.30
江　西	0.08	0.11	0.18	0.17	0.28	0.23	0.30	0.36	0.23	0.61	0.26
贵　州	0.03	0.00	0.03	0.09	0.11	0.03	0.13	0.12	0.30	0.47	0.13
云　南	0.15	0.04	0.15	0.06	0.17	0.13	0.15	0.22	0.13	0.11	0.13
内蒙古	0.00	0.07	0.06	0.06	0.14	0.00	0.13	0.02	0.13	0.28	0.10
新　疆	0.05	0.11	0.09	0.03	0.06	0.08	0.00	0.10	0.10	0.14	0.08
宁　夏	0.00	0.00	0.06	0.00	0.00	0.03	0.00	0.05	0.15	0.19	0.05
海　南	0.00	0.00	0.00	0.03	0.00	0.00	0.05	0.05	0.13	0.11	0.04
青　海	0.00	0.00	0.00	0.06	0.00	0.05	0.13	0.00	0.00	0.03	0.03
西　藏	0.03	0.00	0.03	0.03	0.00	0.00	0.00	0.00	0.00	0.00	0.01

八　天文学和天体物理学

天文学和天体物理学 A、B、C 层人才最多的均为北京，世界占比分别为 2.20%、2.47%、2.12%。

江苏、上海有相当数量的 A 层人才，世界占比均为 1.28%；云南、安徽、广东、湖北、广西、辽宁、陕西、天津、新疆、浙江有一定数量的 A

层人才，世界占比均超过 0.1%。

上海有相当数量的 B 层人才，世界占比为 1.09%；江苏、安徽、湖北、云南、广东、新疆有一定数量的 B 层人才，世界占比均超过 0.1%；辽宁、广西、河北、河南、陕西、山东、四川、西藏、浙江、福建、甘肃、湖南、吉林 B 层人才的世界占比均低于 0.1%。

江苏、上海、安徽、广东、湖北、浙江、云南、山东、湖南、甘肃有一定数量的 C 层人才，世界占比超过或等于 0.1%；广西、辽宁、四川、新疆、天津、重庆、河南、河北、福建、贵州、陕西、江西、吉林、山西、黑龙江、青海 C 层人才的世界占比均低于 0.1%。

表 2-21 天文学和天体物理学 A 层人才的世界占比

单位：%

省 份	2014 年	2015 年	2016 年	2017 年	2018 年	2019 年	2020 年	2021 年	2022 年	2023 年	合计
北 京	0.00	3.70	1.85	2.08	3.51	3.23	0.00	0.00	2.17	4.92	2.20
江 苏	0.00	0.00	0.00	2.08	0.00	1.61	3.17	0.00	4.35	1.64	1.28
上 海	0.00	0.00	1.85	2.08	1.75	1.61	0.00	0.00	2.17	3.28	1.28
云 南	0.00	0.00	0.00	2.08	0.00	1.61	0.00	0.00	2.17	1.64	0.73
安 徽	0.00	0.00	0.00	0.00	0.00	1.61	0.00	0.00	2.17	0.00	0.37
广 东	0.00	0.00	0.00	0.00	0.00	1.61	0.00	0.00	0.00	1.64	0.37
湖 北	0.00	0.00	0.00	0.00	0.00	1.61	0.00	0.00	2.17	0.00	0.37
广 西	0.00	0.00	0.00	2.08	0.00	0.00	0.00	0.00	0.00	0.00	0.18
辽 宁	0.00	0.00	0.00	0.00	0.00	0.00	0.00	1.75	0.00	0.00	0.18
陕 西	0.00	0.00	0.00	0.00	0.00	0.00	0.00	0.00	0.00	1.64	0.18
天 津	0.00	0.00	0.00	0.00	2.08	0.00	0.00	0.00	0.00	0.00	0.18
新 疆	0.00	0.00	0.00	0.00	0.00	0.00	0.00	0.00	0.00	1.64	0.18
浙 江	0.00	0.00	0.00	0.00	0.00	0.00	0.00	0.00	0.00	1.64	0.18

表 2-22 天文学和天体物理学 B 层人才的世界占比

单位：%

省 份	2014 年	2015 年	2016 年	2017 年	2018 年	2019 年	2020 年	2021 年	2022 年	2023 年	合计
北 京	1.62	2.01	0.74	3.15	2.85	2.61	2.15	3.96	2.60	2.80	2.47
上 海	0.81	1.00	0.55	0.74	0.71	1.86	0.89	1.55	1.79	0.87	1.09

续表

省　份	2014 年	2015 年	2016 年	2017 年	2018 年	2019 年	2020 年	2021 年	2022 年	2023 年	合计
江　苏	0.41	0.40	0.37	0.74	0.71	1.49	0.54	1.03	1.14	0.35	0.73
安　徽	0.41	0.60	0.00	0.37	0.00	0.93	0.18	1.03	1.46	0.52	0.56
湖　北	0.41	0.00	0.18	0.19	0.00	1.49	0.18	1.03	0.81	0.35	0.47
云　南	0.00	0.40	0.00	0.00	0.00	1.12	0.00	0.69	0.97	0.17	0.35
广　东	0.00	0.20	0.37	0.00	0.00	0.19	0.36	0.34	0.32	0.17	0.20
新　疆	0.00	0.20	0.18	0.19	0.18	0.19	0.00	0.34	0.49	0.00	0.18
辽　宁	0.00	0.00	0.00	0.00	0.18	0.00	0.00	0.52	0.16	0.00	0.09
广　西	0.20	0.00	0.00	0.00	0.00	0.00	0.00	0.00	0.16	0.17	0.07
河　北	0.00	0.00	0.00	0.00	0.00	0.00	0.00	0.34	0.16	0.17	0.07
河　南	0.00	0.00	0.00	0.00	0.00	0.00	0.00	0.17	0.00	0.17	0.04
陕　西	0.00	0.20	0.00	0.00	0.00	0.19	0.00	0.00	0.00	0.00	0.04
山　东	0.00	0.00	0.00	0.00	0.00	0.00	0.00	0.17	0.00	0.17	0.04
四　川	0.00	0.00	0.00	0.00	0.00	0.00	0.00	0.17	0.00	0.17	0.04
西　藏	0.00	0.00	0.00	0.00	0.00	0.00	0.00	0.00	0.00	0.17	0.04
浙　江	0.00	0.20	0.00	0.00	0.00	0.00	0.00	0.00	0.16	0.00	0.04
福　建	0.20	0.00	0.00	0.00	0.00	0.00	0.00	0.00	0.00	0.00	0.02
甘　肃	0.00	0.00	0.00	0.19	0.00	0.00	0.00	0.00	0.00	0.00	0.02
湖　南	0.00	0.00	0.00	0.00	0.00	0.00	0.00	0.17	0.00	0.00	0.02
吉　林	0.00	0.00	0.00	0.00	0.00	0.00	0.00	0.17	0.00	0.00	0.02

表 2-23　天文学和天体物理学 C 层人才的世界占比

单位：%

省　份	2014 年	2015 年	2016 年	2017 年	2018 年	2019 年	2020 年	2021 年	2022 年	2023 年	合计
北　京	1.18	1.77	1.66	1.94	2.20	2.41	2.32	2.34	2.45	2.77	2.12
江　苏	0.37	0.64	0.48	0.53	0.72	0.85	0.60	0.86	0.65	0.76	0.65
上　海	0.43	0.45	0.50	0.39	0.50	0.59	0.58	1.12	0.79	0.83	0.63
安　徽	0.26	0.37	0.31	0.39	0.54	0.43	0.49	0.62	0.79	0.59	0.49
广　东	0.14	0.14	0.15	0.17	0.29	0.36	0.42	0.43	0.38	0.61	0.31
湖　北	0.10	0.16	0.28	0.28	0.23	0.36	0.36	0.34	0.38	0.33	0.29
浙　江	0.00	0.02	0.02	0.04	0.04	0.14	0.24	0.34	0.61	0.57	0.21
云　南	0.12	0.06	0.15	0.08	0.14	0.20	0.24	0.22	0.40	0.41	0.20
山　东	0.10	0.10	0.09	0.15	0.21	0.16	0.14	0.12	0.13	0.07	0.13
湖　南	0.02	0.08	0.04	0.13	0.07	0.23	0.14	0.07	0.07	0.22	0.11

续表

省　份	2014 年	2015 年	2016 年	2017 年	2018 年	2019 年	2020 年	2021 年	2022 年	2023 年	合计
甘　肃	0.04	0.02	0.07	0.13	0.05	0.14	0.11	0.14	0.13	0.15	0.10
广　西	0.02	0.04	0.04	0.02	0.05	0.05	0.02	0.17	0.18	0.33	0.09
辽　宁	0.02	0.00	0.04	0.08	0.04	0.14	0.11	0.14	0.05	0.04	0.07
四　川	0.02	0.00	0.02	0.06	0.02	0.05	0.04	0.24	0.07	0.13	0.07
新　疆	0.02	0.02	0.06	0.02	0.04	0.02	0.07	0.12	0.11	0.17	0.06
天　津	0.00	0.00	0.06	0.11	0.02	0.07	0.09	0.09	0.07	0.02	0.05
重　庆	0.02	0.00	0.07	0.04	0.05	0.02	0.02	0.12	0.07	0.06	0.04
河　南	0.00	0.00	0.06	0.02	0.00	0.04	0.00	0.05	0.07		0.04
河　北	0.02	0.00	0.04	0.00	0.05	0.02	0.00	0.09	0.02	0.00	0.03
福　建	0.00	0.02	0.02	0.02	0.05	0.04	0.00	0.02	0.05	0.00	0.03
贵　州	0.00	0.00	0.00	0.00	0.00	0.00	0.04	0.00	0.09	0.06	0.03
陕　西	0.00	0.00	0.00	0.00	0.00	0.04	0.05	0.09	0.00	0.06	0.03
江　西	0.02	0.02	0.00	0.04	0.00	0.02	0.03	0.02	0.02	0.02	0.02
吉　林	0.00	0.00	0.00	0.00	0.00	0.02	0.04	0.07	0.00	0.04	0.02
山　西	0.00	0.00	0.02	0.00	0.00	0.05	0.00	0.03	0.02	0.02	0.02
黑龙江	0.00	0.00	0.00	0.02	0.04	0.00	0.00	0.00	0.02	0.00	0.01
青　海	0.00	0.00	0.00	0.00	0.00	0.00	0.05	0.00	0.00	0.02	0.01

九　凝聚态物理

凝聚态物理 A、B、C 层人才最多的均为北京，世界占比分别为 9.21%、12.20%、10.26%，均显著高于其他省份。

广东、上海、湖北、浙江、山东、江苏的 A 层人才比较多，世界占比在 5%～3%；河南、安徽、天津、辽宁、陕西、湖南、吉林、黑龙江、四川也有相当数量的 A 层人才，世界占比在 3%～1%；福建、甘肃、江西、山西、贵州、重庆、河北、内蒙古、青海有一定数量的 A 层人才，世界占比均超过 0.1%。

江苏、广东、上海、湖北、浙江的 B 层人才比较多，世界占比在 8%～4%；天津、安徽、山东、吉林、陕西、湖南、河南、辽宁、四川、福建、黑龙江也有相当数量的 B 层人才，世界占比在 3%～1%；重庆、山西、河北、江西、广西、甘肃、云南、贵州、海南、新疆有一定数量的 B 层人才，世界占比均超过 0.1%；内蒙古、青海 B 层人才的世界占比均低于 0.1%。

江苏、广东、上海、湖北、浙江的 C 层人才比较多，世界占比在 7%～3%；天津、安徽、山东、四川、湖南、福建、吉林、辽宁、陕西、河南也有相当数量的 C 层人才，世界占比在 3%～1%；黑龙江、重庆、江西、甘肃、山西、广西、河北、云南、海南、内蒙古、新疆、贵州有一定数量的 C 层人才，世界占比均超过 0.1%；宁夏、青海、西藏 C 层人才的世界占比均低于 0.1%。

表 2-24　凝聚态物理 A 层人才的世界占比

单位：%

省　份	2014 年	2015 年	2016 年	2017 年	2018 年	2019 年	2020 年	2021 年	2022 年	2023 年	合计
北　京	4.76	6.38	12.50	9.62	7.14	10.00	8.77	12.50	9.68	9.09	9.21
广　东	2.38	2.13	2.08	3.85	0.00	5.00	3.51	6.25	9.68	4.55	4.15
上　海	0.00	2.13	2.08	0.00	5.36	1.67	0.00	3.13	8.06	12.12	3.79
湖　北	2.38	2.13	2.08	3.85	7.14	3.33	1.75	6.25	4.84	1.52	3.61
浙　江	0.00	0.00	4.17	1.92	1.79	0.00	3.51	3.13	11.29	7.58	3.61
山　东	0.00	0.00	4.17	0.00	3.57	0.00	3.51	3.13	8.06	7.58	3.25
江　苏	2.38	6.38	2.08	0.00	1.79	5.00	1.75	4.69	1.61	4.55	3.07
河　南	0.00	0.00	0.00	1.92	0.00	0.00	5.26	3.13	4.84	4.55	2.17
安　徽	0.00	0.00	0.00	0.00	1.79	0.00	0.00	1.56	3.23	9.09	1.81
天　津	0.00	2.13	2.08	0.00	3.57	1.67	3.51	1.56	1.61	1.52	1.81
辽　宁	0.00	0.00	0.00	1.92	0.00	1.67	1.75	0.00	4.84	4.55	1.62
陕　西	0.00	0.00	0.00	0.00	0.00	5.00	0.00	3.13	3.23	3.03	1.62
湖　南	0.00	0.00	0.00	1.92	0.00	0.00	5.26	4.69	1.61	0.00	1.44
吉　林	0.00	0.00	4.17	1.92	1.79	1.67	1.75	0.00	1.61	1.52	1.44
黑龙江	2.38	0.00	0.00	1.92	0.00	0.00	3.51	1.56	0.00	1.52	1.08
四　川	0.00	0.00	0.00	0.00	0.00	0.00	1.75	3.13	3.23	1.52	1.08
福　建	0.00	0.00	0.00	0.00	0.00	0.00	0.00	3.13	0.00	4.55	0.90
甘　肃	0.00	0.00	0.00	0.00	0.00	0.00	0.00	1.56	0.00	4.55	0.72
江　西	0.00	0.00	0.00	0.00	0.00	0.00	0.00	1.56	1.61	3.03	0.72
山　西	0.00	0.00	2.08	0.00	1.79	0.00	0.00	0.00	0.00	1.52	0.54
贵　州	0.00	0.00	0.00	0.00	0.00	0.00	0.00	0.00	0.00	3.03	0.36

省　份	2014 年	2015 年	2016 年	2017 年	2018 年	2019 年	2020 年	2021 年	2022 年	2023 年	合计
重　庆	0.00	0.00	0.00	0.00	0.00	0.00	0.00	0.00	1.61	0.00	0.18
河　北	0.00	0.00	0.00	0.00	0.00	0.00	0.00	0.00	0.00	1.52	0.18
内蒙古	0.00	0.00	0.00	0.00	0.00	0.00	0.00	0.00	0.00	1.52	0.18
青　海	0.00	0.00	0.00	0.00	0.00	0.00	0.00	0.00	0.00	1.52	0.18

表 2-25　凝聚态物理 B 层人才的世界占比

单位：%

省　份	2014 年	2015 年	2016 年	2017 年	2018 年	2019 年	2020 年	2021 年	2022 年	2023 年	合计
北　京	9.61	7.58	10.80	12.90	14.23	12.84	10.99	16.27	11.91	12.73	12.20
江　苏	2.86	5.21	5.06	6.67	7.71	6.79	4.26	9.59	8.76	12.22	7.19
广　东	2.08	1.66	3.22	4.73	4.55	7.71	7.62	10.96	12.96	10.87	7.13
上　海	3.12	4.03	2.53	4.52	6.72	5.50	6.38	7.19	7.18	6.96	5.63
湖　北	2.08	2.84	3.22	4.09	4.15	3.30	4.26	4.79	7.36	4.92	4.24
浙　江	2.08	1.90	1.61	3.23	2.57	2.02	3.72	6.16	6.48	7.98	4.01
天　津	0.78	3.79	2.07	3.23	2.37	4.04	3.37	2.57	3.33	2.89	2.90
安　徽	2.08	0.95	2.30	1.94	4.15	4.59	2.13	2.23	2.63	4.24	2.80
山　东	0.52	1.18	0.23	1.08	2.37	2.02	1.77	3.77	5.43	4.41	2.47
吉　林	1.04	0.95	1.61	3.01	1.98	1.83	2.48	2.91	3.15	2.72	2.25
陕　西	0.00	0.95	0.23	0.43	2.17	1.10	1.95	3.77	4.90	4.41	2.19
湖　南	0.52	0.95	0.00	1.94	1.98	1.83	1.60	3.94	2.63	4.07	2.09
河　南	0.26	0.95	0.00	0.65	0.99	2.57	3.19	3.42	3.68	2.89	2.03
辽　宁	0.52	1.42	2.07	1.08	1.98	2.39	2.13	2.23	3.15	2.21	1.99
四　川	0.00	0.24	0.92	1.94	1.58	1.47	1.95	1.88	4.20	3.06	1.86
福　建	1.30	0.47	1.15	0.86	0.79	1.65	1.60	2.40	3.15	2.72	1.70
黑龙江	0.00	0.24	0.23	0.86	0.59	0.92	2.13	1.54	2.45	1.53	1.14
重　庆	0.00	0.71	0.00	0.65	0.59	0.55	0.71	1.54	1.23	2.04	0.87
山　西	0.52	0.00	0.46	0.43	0.59	0.00	0.53	1.03	0.18	1.19	0.51
河　北	0.00	0.00	0.23	0.22	0.79	0.55	0.53	0.51	0.35	1.02	0.45
江　西	0.52	0.00	0.00	0.22	0.20	0.00	0.18	0.86	0.35	1.70	0.43
广　西	0.00	0.00	0.23	0.00	0.20	0.18	0.18	1.20	0.70	0.85	0.39
甘　肃	0.26	0.47	0.23	0.22	0.00	0.55	0.00	0.51	0.18	0.85	0.34
云　南	0.00	0.00	0.00	0.00	0.00	0.00	0.86	0.35	0.17	0.18
贵　州	0.00	0.00	0.23	0.00	0.20	0.00	0.18	0.00	0.18	0.34	0.12

续表

省　份	2014 年	2015 年	2016 年	2017 年	2018 年	2019 年	2020 年	2021 年	2022 年	2023 年	合计
海　南	0.00	0.00	0.00	0.22	0.20	0.00	0.00	0.17	0.18	0.34	0.12
新　疆	0.00	0.00	0.00	0.22	0.00	0.18	0.00	0.34	0.18	0.17	0.12
内蒙古	0.00	0.00	0.00	0.00	0.00	0.18	0.18	0.00	0.18	0.17	0.08
青　海	0.00	0.00	0.00	0.00	0.00	0.00	0.00	0.00	0.00	0.17	0.02

表 2-26　凝聚态物理 C 层人才的世界占比

单位：%

省　份	2014 年	2015 年	2016 年	2017 年	2018 年	2019 年	2020 年	2021 年	2022 年	2023 年	合计
北　京	6.71	7.44	9.41	9.97	11.21	12.16	9.94	10.12	11.79	11.61	10.26
江　苏	2.62	3.52	4.99	5.74	5.96	6.90	6.24	6.77	7.55	8.03	6.03
广　东	1.53	1.83	2.73	3.92	5.35	6.57	6.77	7.62	9.02	9.78	5.87
上　海	3.11	3.09	3.72	3.77	4.35	5.67	4.95	6.38	6.40	7.10	5.03
湖　北	1.32	1.83	2.15	2.96	3.78	3.51	3.74	3.32	3.72	4.67	3.22
浙　江	1.09	1.05	1.71	2.49	2.53	2.63	2.96	4.31	5.14	6.38	3.21
天　津	0.65	1.02	1.22	2.04	2.78	2.76	2.74	3.03	3.03	3.01	2.34
安　徽	1.22	1.24	1.55	1.86	2.04	2.47	2.39	2.42	3.00	3.22	2.22
山　东	0.62	0.67	0.83	1.29	1.63	2.54	2.16	2.91	3.81	4.25	2.22
四　川	0.57	0.67	0.90	1.24	1.76	1.86	2.05	2.23	2.78	3.11	1.82
湖　南	0.47	0.71	0.95	1.07	1.45	1.86	1.83	2.11	2.52	2.85	1.67
福　建	0.65	0.69	0.62	0.96	1.33	1.56	1.52	2.47	2.61	2.66	1.60
吉　林	1.14	1.24	0.99	1.35	1.82	1.99	1.98	1.55	1.67	1.85	1.60
辽　宁	0.80	0.69	0.76	1.14	1.43	1.93	1.63	1.79	2.18	2.17	1.52
陕　西	0.21	0.31	0.51	0.62	1.49	1.86	1.78	1.93	2.55	2.80	1.52
河　南	0.31	0.40	0.51	0.49	0.88	1.42	2.12	2.70	2.91	2.20	1.51
黑龙江	0.57	0.59	0.67	0.86	1.16	0.55	1.12	1.17	1.24	1.66	0.99
重　庆	0.26	0.48	0.51	0.47	0.78	0.85	0.74	1.03	1.91	1.64	0.92
江　西	0.16	0.24	0.12	0.39	0.29	0.50	0.62	0.77	0.94	1.00	0.54
甘　肃	0.26	0.33	0.18	0.43	0.55	0.31	0.45	0.50	0.82	0.84	0.49
山　西	0.21	0.21	0.46	0.26	0.53	0.44	0.58	0.57	0.67	0.73	0.49
广　西	0.00	0.02	0.14	0.17	0.29	0.53	0.51	0.80	0.94	1.00	0.48
河　北	0.13	0.17	0.28	0.19	0.35	0.46	0.44	0.40	0.78	0.68	0.41

续表

省　份	2014 年	2015 年	2016 年	2017 年	2018 年	2019 年	2020 年	2021 年	2022 年	2023 年	合计
云　南	0.08	0.05	0.12	0.09	0.18	0.17	0.16	0.40	0.32	0.70	0.24
海　南	0.03	0.00	0.00	0.04	0.10	0.13	0.11	0.17	0.39	0.49	0.16
内蒙古	0.00	0.05	0.05	0.06	0.12	0.09	0.09	0.17	0.30	0.40	0.15
新　疆	0.03	0.02	0.09	0.11	0.10	0.09	0.15	0.14	0.18	0.28	0.13
贵　州	0.03	0.05	0.00	0.04	0.04	0.11	0.13	0.14	0.12	0.37	0.11
宁　夏	0.00	0.02	0.00	0.06	0.12	0.00	0.09	0.02	0.07	0.10	0.05
青　海	0.00	0.00	0.00	0.02	0.00	0.04	0.02	0.03	0.05	0.09	0.03
西　藏	0.00	0.00	0.02	0.02	0.00	0.00	0.00	0.02	0.04	0.05	0.02

十　热力学

热力学 A 层人才最多的是北京、江苏，世界占比均为 3.90%；湖北、浙江、四川、广东、湖南、上海也有相当数量的 A 层人才，世界占比在 3%~1%；河南、江西、陕西、安徽、重庆、福建、甘肃、海南、河北、黑龙江、辽宁、山西有一定数量的 A 层人才，世界占比均超过 0.4%。

B 层人才最多的是北京，世界占比为 5.83%；江苏的 B 层人才比较多，世界占比为 3.09%；上海、湖北、广东、山东、浙江、湖南、河南、天津、辽宁也有相当数量的 B 层人才，世界占比在 3%~1%；安徽、四川、重庆、福建、陕西、黑龙江、吉林、广西、江西、云南、河北、甘肃、贵州、山西有一定数量的 B 层人才，世界占比均超过 0.1%；海南、内蒙古、西藏、新疆 B 层人才的世界占比均为 0.04%。

C 层人才最多的是北京，世界占比为 6.53%；江苏的 C 层人才比较多，世界占比为 3.18%；上海、广东、湖北、山东、湖南、浙江、天津、安徽、四川、重庆、辽宁、陕西也有相当数量的 C 层人才，世界占比在 3%~1%；黑龙江、福建、河南、河北、吉林、广西、江西、云南、山西、甘肃、新疆、贵州有一定数量的 C 层人才，世界占比均超过 0.1%；内蒙古、青海、宁夏、海南、西藏 C 层人才的世界占比均低于 0.1%。

表 2-27　热力学 A 层人才的世界占比

单位：%

省　份	2014 年	2015 年	2016 年	2017 年	2018 年	2019 年	2020 年	2021 年	2022 年	2023 年	合计
北　京	0.00	0.00	4.55	8.33	8.70	0.00	8.00	0.00	3.85	5.00	3.90
江　苏	0.00	11.11	4.55	0.00	4.35	0.00	0.00	3.45	7.69	10.00	3.90
湖　北	0.00	0.00	0.00	4.17	0.00	0.00	0.00	0.00	11.54	10.00	2.60
浙　江	0.00	5.56	0.00	4.17	0.00	3.70	4.00	0.00	0.00	10.00	2.60
四　川	0.00	0.00	0.00	4.17	0.00	0.00	0.00	0.00	3.85	15.00	2.16
广　东	0.00	0.00	0.00	0.00	0.00	11.11	4.00	0.00	0.00	0.00	1.73
湖　南	0.00	0.00	4.55	0.00	0.00	3.70	0.00	0.00	0.00	10.00	1.73
上　海	0.00	0.00	0.00	0.00	4.35	0.00	4.00	0.00	0.00	10.00	1.73
河　南	0.00	0.00	0.00	0.00	4.35	0.00	0.00	3.45	0.00	0.00	0.87
江　西	0.00	0.00	0.00	0.00	4.35	0.00	0.00	0.00	3.85	0.00	0.87
陕　西	0.00	0.00	0.00	0.00	4.35	0.00	0.00	0.00	0.00	5.00	0.87
安　徽	0.00	0.00	0.00	0.00	0.00	3.70	0.00	0.00	0.00	0.00	0.43
重　庆	0.00	0.00	0.00	0.00	0.00	0.00	0.00	3.45	0.00	0.00	0.43
福　建	0.00	0.00	0.00	0.00	0.00	0.00	0.00	0.00	0.00	0.00	0.43
甘　肃	0.00	0.00	0.00	0.00	0.00	0.00	0.00	0.00	0.00	5.00	0.43
海　南	0.00	0.00	0.00	0.00	0.00	0.00	0.00	0.00	3.85	0.00	0.43
河　北	0.00	0.00	0.00	0.00	0.00	0.00	4.00	0.00	0.00	0.00	0.43
黑龙江	0.00	0.00	0.00	0.00	0.00	0.00	0.00	3.45	0.00	0.00	0.43
辽　宁	0.00	0.00	0.00	0.00	0.00	0.00	0.00	0.00	0.00	0.00	0.43
山　西	0.00	0.00	0.00	0.00	0.00	0.00	0.00	3.45	0.00	0.00	0.43

表 2-28　热力学 B 层人才的世界占比

单位：%

省　份	2014 年	2015 年	2016 年	2017 年	2018 年	2019 年	2020 年	2021 年	2022 年	2023 年	合计
北　京	0.59	6.74	7.18	5.43	5.12	4.83	7.69	5.51	7.32	6.67	5.83
江　苏	1.78	2.25	4.10	3.17	3.72	3.35	3.64	2.21	2.85	3.51	3.09
上　海	4.14	1.12	3.08	2.26	2.79	3.72	2.43	2.94	2.44	1.05	2.57
湖　北	0.59	1.69	1.03	3.62	1.86	2.97	2.83	1.84	2.03	3.86	2.35
广　东	0.59	2.25	1.54	1.81	3.26	2.97	4.05	2.57	2.44	0.70	2.26
山　东	0.00	0.56	0.51	0.90	2.33	3.72	2.83	2.94	1.22	3.51	2.05
浙　江	0.59	0.00	0.51	0.45	2.33	0.74	2.02	2.94	2.44	2.81	1.61
湖　南	0.59	1.12	0.00	0.00	3.72	1.86	2.02	0.74	1.22	3.16	1.52

续表

省　份	2014 年	2015 年	2016 年	2017 年	2018 年	2019 年	2020 年	2021 年	2022 年	2023 年	合计
河　南	0.59	1.12	0.00	0.90	0.93	2.23	0.81	1.10	1.63	2.11	1.22
天　津	0.59	1.69	0.00	1.36	1.86	1.12	0.81	0.37	2.03	1.40	1.13
辽　宁	0.00	0.56	1.54	1.81	0.93	1.49	0.40	1.47	0.41	1.05	1.00
安　徽	0.59	0.56	0.00	0.00	1.40	1.12	0.00	1.10	1.63	1.75	0.87
四　川	0.00	0.56	0.00	0.00	0.00	0.74	1.62	0.74	2.03	2.11	0.87
重　庆	0.00	0.00	0.00	0.45	0.00	1.12	1.21	1.10	1.22	1.75	0.78
福　建	0.00	0.56	1.03	0.00	0.93	1.12	0.40	0.37	1.22	0.70	0.65
陕　西	0.00	0.56	1.03	0.00	0.47	0.00	0.00	1.10	1.63	1.05	0.61
黑龙江	0.00	1.12	0.51	0.45	0.47	0.37	0.40	0.74	0.81	0.70	0.57
吉　林	0.00	0.56	0.00	0.45	0.00	0.37	0.40	0.74	1.63	0.00	0.44
广　西	0.00	0.00	0.51	0.00	0.93	0.00	0.00	0.74	0.81	0.70	0.39
江　西	0.00	0.56	0.51	0.00	0.47	0.74	0.40	0.00	0.81	0.35	0.39
云　南	1.18	0.00	1.03	0.45	0.00	0.37	0.40	0.00	0.41	0.35	0.39
河　北	0.00	0.00	0.51	0.00	0.00	0.74	0.81	0.00	0.81	0.35	0.35
甘　肃	0.59	0.56	0.00	0.45	0.00	0.37	0.00	0.74	0.00	0.35	0.30
贵　州	0.00	0.00	0.51	0.00	0.47	0.00	0.40	0.00	0.81	0.35	0.26
山　西	0.00	0.00	0.00	0.00	0.00	0.00	0.40	0.37	0.41	0.00	0.13
海　南	0.00	0.00	0.00	0.00	0.00	0.37	0.00	0.00	0.00	0.00	0.04
内蒙古	0.59	0.00	0.00	0.00	0.00	0.00	0.00	0.00	0.00	0.00	0.04
西　藏	0.00	0.00	0.00	0.00	0.00	0.00	0.00	0.40	0.00	0.00	0.04
新　疆	0.00	0.00	0.00	0.00	0.00	0.00	0.00	0.00	0.00	0.35	0.04

表 2-29　热力学 C 层人才的世界占比

单位：%

省　份	2014 年	2015 年	2016 年	2017 年	2018 年	2019 年	2020 年	2021 年	2022 年	2023 年	合计
北　京	5.86	6.27	6.40	6.09	7.48	6.94	5.22	6.86	7.29	6.52	6.53
江　苏	1.69	1.73	2.22	3.39	2.81	3.45	3.43	3.43	4.09	4.38	3.18
上　海	2.11	2.47	2.67	2.62	2.62	3.04	2.84	2.80	3.05	2.13	2.66
广　东	1.09	1.61	1.41	1.81	3.13	3.41	2.30	3.25	3.13	3.26	2.56
湖　北	1.81	1.90	1.76	2.08	2.81	2.78	2.26	2.39	3.01	3.30	2.47
山　东	0.73	0.92	0.76	1.08	1.78	2.14	2.42	2.61	3.09	3.30	2.00
湖　南	0.36	0.86	0.76	1.26	2.25	1.80	1.63	2.13	2.00	2.25	1.61
浙　江	0.91	0.92	0.45	0.86	1.26	1.39	1.46	2.31	1.76	2.48	1.45

省　份	2014 年	2015 年	2016 年	2017 年	2018 年	2019 年	2020 年	2021 年	2022 年	2023 年	合计
天　津	1.03	1.09	1.21	1.13	1.36	1.43	1.63	1.49	1.52	1.71	1.39
安　徽	0.79	1.21	1.46	1.04	1.36	1.31	1.25	1.27	1.40	1.32	1.26
四　川	0.54	0.63	0.76	1.26	1.12	1.16	1.17	1.60	1.68	1.79	1.23
重　庆	0.36	0.63	0.55	0.72	1.12	1.46	1.55	1.49	1.92	1.59	1.21
辽　宁	0.91	1.15	0.86	1.49	1.22	1.28	0.71	1.01	1.48	1.67	1.19
陕　西	0.42	0.35	0.45	1.08	1.03	1.16	1.00	1.12	1.68	1.55	1.04
黑龙江	0.66	0.69	0.35	1.04	1.17	0.86	0.79	0.56	1.16	1.09	0.85
福　建	0.66	0.35	0.20	0.50	0.61	0.45	1.17	0.86	0.64	0.81	0.64
河　南	0.24	0.12	0.20	0.50	0.51	0.75	0.67	0.82	0.80	1.16	0.62
河　北	0.06	0.17	0.30	0.18	0.33	0.75	0.58	1.04	1.20	0.89	0.60
吉　林	0.12	0.23	0.40	0.32	0.37	0.41	0.42	0.45	0.88	0.62	0.44
广　西	0.06	0.12	0.15	0.23	0.23	0.26	0.46	0.37	0.64	0.54	0.33
江　西	0.00	0.17	0.05	0.23	0.47	0.38	0.17	0.37	0.40	0.31	0.27
云　南	0.06	0.06	0.30	0.09	0.23	0.15	0.38	0.41	0.48	0.39	0.27
山　西	0.30	0.29	0.15	0.27	0.19	0.41	0.29	0.20	0.40	0.39	0.27
甘　肃	0.18	0.46	0.25	0.45	0.42	0.15	0.13	0.26	0.24	0.16	0.26
新　疆	0.00	0.06	0.10	0.09	0.09	0.19	0.21	0.26	0.20	0.27	0.16
贵　州	0.12	0.00	0.05	0.14	0.05	0.08	0.04	0.11	0.32	0.23	0.12
内蒙古	0.00	0.12	0.05	0.09	0.14	0.11	0.04	0.15	0.08	0.04	0.08
青　海	0.06	0.00	0.10	0.05	0.09	0.04	0.21	0.11	0.04	0.04	0.08
宁　夏	0.00	0.00	0.05	0.05	0.00	0.04	0.04	0.11	0.08	0.08	0.05
海　南	0.00	0.06	0.00	0.00	0.00	0.00	0.00	0.00	0.16	0.16	0.04
西　藏	0.06	0.00	0.05	0.00	0.00	0.00	0.00	0.00	0.04	0.00	0.01

十一　原子、分子和化学物理

原子、分子和化学物理 A 层人才最多的是湖北，世界占比为 3.51%；北京、福建、湖南、四川 A 层人才的世界占比均为 2.19%；山西 A 层人才的世界占比为 1.75%；江苏、上海、浙江、安徽、重庆、甘肃、广东、广西、黑龙江、江西有一定数量的 A 层人才，世界占比均超过 0.4%。

B 层人才最多的是北京，世界占比为 3.32%；上海、浙江、湖北、四川、江苏、山东、广东也有相当数量的 B 层人才，世界占比在 2%～1%；辽宁、安徽、湖南、福建、重庆、吉林、天津、陕西、贵州、黑龙江、河南、甘肃、广西、山西、江西有一定数量的 B 层人才，世界占比均超过 0.1%；河北、海南、青海、云南 B 层人才的世界占比均低于 0.1%。

C 层人才最多的是北京，世界占比为 3.76%；江苏、上海、广东、山东、湖北、安徽也有相当数量的 C 层人才，世界占比在 2%～1%；浙江、辽宁、吉林、四川、湖南、河南、福建、陕西、重庆、天津、黑龙江、山西、江西、甘肃、贵州、广西、河北、云南有一定数量的 C 层人才，世界占比均超过 0.1%；新疆、内蒙古、青海、海南、宁夏 C 层人才的世界占比均低于 0.1%。

表 2-30　原子、分子和化学物理 A 层人才的世界占比

单位：%

省　份	2014 年	2015 年	2016 年	2017 年	2018 年	2019 年	2020 年	2021 年	2022 年	2023 年	合计
湖　北	8.33	0.00	0.00	7.41	0.00	0.00	0.00	0.00	18.75	4.55	3.51
北　京	0.00	0.00	4.00	0.00	0.00	0.00	0.00	20.00	6.25	9.09	2.19
福　建	0.00	3.70	0.00	0.00	0.00	0.00	0.00	0.00	18.75	4.55	2.19
湖　南	0.00	0.00	0.00	3.70	0.00	0.00	0.00	0.00	18.75	4.55	2.19
四　川	0.00	0.00	4.00	0.00	0.00	0.00	0.00	0.00	18.75	4.55	2.19
山　西	0.00	0.00	0.00	0.00	0.00	0.00	0.00	0.00	18.75	0.00	1.75
江　苏	0.00	0.00	4.00	0.00	0.00	0.00	3.45	0.00	0.00	0.00	0.88
上　海	0.00	3.70	0.00	0.00	0.00	0.00	0.00	0.00	0.00	4.55	0.88
浙　江	0.00	0.00	4.00	0.00	0.00	0.00	0.00	0.00	0.00	4.55	0.88
安　徽	4.17	0.00	0.00	0.00	0.00	0.00	0.00	0.00	0.00	0.00	0.44
重　庆	0.00	0.00	0.00	0.00	0.00	0.00	0.00	0.00	0.00	4.55	0.44
甘　肃	0.00	0.00	0.00	0.00	0.00	0.00	0.00	0.00	6.25	0.00	0.44
广　东	0.00	0.00	0.00	0.00	0.00	0.00	0.00	20.00	0.00	0.00	0.44
广　西	0.00	0.00	0.00	0.00	0.00	0.00	0.00	0.00	0.00	4.55	0.44
黑龙江	0.00	0.00	0.00	0.00	0.00	0.00	0.00	0.00	6.25	0.00	0.44
江　西	0.00	0.00	0.00	0.00	0.00	0.00	0.00	0.00	6.25	0.00	0.44

表 2-31　原子、分子和化学物理 B 层人才的世界占比

单位：%

省　份	2014 年	2015 年	2016 年	2017 年	2018 年	2019 年	2020 年	2021 年	2022 年	2023 年	合计
北　京	1.76	5.81	2.90	4.53	3.86	3.29	1.92	2.61	3.81	2.73	3.32
上　海	1.76	0.83	1.24	1.65	1.29	2.88	0.77	1.49	2.97	2.73	1.74
浙　江	0.88	0.83	0.83	0.41	2.15	1.23	1.53	5.22	0.85	1.36	1.57
湖　北	2.20	0.41	0.83	1.65	0.43	2.06	1.53	2.24	1.27	1.82	1.45
四　川	0.00	1.66	0.00	1.23	0.43	1.23	1.92	2.24	2.12	1.36	1.24
江　苏	1.76	0.00	0.83	0.82	0.43	2.47	1.15	0.75	2.12	1.82	1.20
山　东	0.88	0.41	0.83	1.23	1.72	0.41	0.77	0.75	2.97	1.82	1.16
广　东	0.44	0.41	0.00	2.88	0.00	1.23	1.92	0.75	2.54	0.45	1.08
辽　宁	0.44	1.66	0.41	1.23	0.43	0.41	0.00	1.12	0.85	3.18	0.95
安　徽	1.32	0.83	2.90	0.41	0.86	0.82	0.38	0.37	0.42	0.91	0.91
湖　南	0.00	0.41	0.41	0.00	0.43	0.00	1.53	2.61	1.69	1.82	0.91
福　建	1.32	0.83	0.41	0.00	0.00	0.00	0.38	1.12	0.42	1.36	0.58
重　庆	0.00	0.00	0.41	0.00	0.43	0.00	0.77	1.87	0.85	0.45	0.50
吉　林	0.88	0.00	0.41	1.23	0.00	0.82	0.00	0.75	0.42	0.00	0.46
天　津	0.00	0.41	0.41	0.82	0.43	0.00	0.00	0.00	2.12	0.45	0.46
陕　西	0.00	0.00	0.00	0.41	0.86	1.23	0.00	0.37	0.85	0.45	0.41
贵　州	0.00	0.00	0.41	0.00	0.86	0.41	0.38	0.75	0.85	0.00	0.37
黑龙江	0.00	0.00	0.00	0.41	1.29	0.00	0.00	0.00	0.42	1.36	0.33
河　南	0.00	0.41	0.00	0.41	0.00	0.41	0.00	0.75	0.85	0.00	0.29
甘　肃	0.00	0.00	0.00	0.41	0.00	0.00	0.00	0.00	0.85	0.91	0.21
广　西	0.00	0.00	0.00	0.00	0.00	0.00	0.38	1.12	0.00	0.45	0.21
山　西	0.00	0.00	0.00	0.00	0.43	0.00	0.38	0.37	0.00	0.91	0.21
江　西	0.00	0.00	0.00	0.00	0.00	0.41	0.00	0.37	0.00	0.45	0.12
河　北	0.00	0.00	0.00	0.41	0.43	0.00	0.00	0.00	0.00	0.00	0.08
海　南	0.00	0.00	0.00	0.00	0.00	0.00	0.00	0.00	0.42	0.00	0.04
青　海	0.00	0.00	0.00	0.00	0.00	0.00	0.00	0.00	0.42	0.00	0.04
云　南	0.00	0.00	0.00	0.00	0.00	0.00	0.00	0.37	0.00	0.00	0.04

表 2-32 原子、分子和化学物理 C 层人才的世界占比

单位：%

省　份	2014 年	2015 年	2016 年	2017 年	2018 年	2019 年	2020 年	2021 年	2022 年	2023 年	合计
北 京	3.98	3.95	3.71	3.59	3.66	3.62	3.88	3.51	4.24	3.35	3.76
江 苏	0.92	1.14	1.51	1.48	2.45	2.30	1.98	1.92	2.25	2.67	1.85
上 海	1.66	1.10	1.60	1.56	1.42	1.56	1.36	1.83	1.41	1.73	1.52
广 东	0.35	0.61	0.95	0.97	1.63	1.81	2.21	2.16	2.29	1.47	1.46
山 东	0.87	0.57	0.73	0.97	1.08	1.28	1.94	1.71	2.25	1.89	1.33
湖 北	0.79	0.77	0.99	1.22	1.29	1.60	0.89	1.06	0.92	1.41	1.09
安 徽	0.87	0.98	0.86	0.93	0.95	1.19	1.36	1.30	0.87	0.94	1.03
浙 江	0.48	0.57	0.60	0.84	0.56	0.99	1.12	1.67	1.29	1.68	0.97
辽 宁	0.57	0.73	0.65	0.80	0.95	0.78	0.89	1.10	0.71	1.31	0.84
吉 林	0.79	0.90	0.60	0.93	1.16	0.78	1.05	0.53	0.96	0.63	0.84
四 川	0.26	0.57	0.43	0.89	0.95	0.86	0.74	1.10	1.00	1.05	0.78
湖 南	0.57	0.45	0.43	0.72	0.82	0.82	0.70	0.94	0.87	1.41	0.76
河 南	0.35	0.65	0.47	0.55	0.73	0.62	1.12	0.69	0.96	1.15	0.73
福 建	0.52	0.61	0.69	0.46	0.22	0.58	0.81	0.98	0.58	0.84	0.63
陕 西	0.09	0.28	0.26	0.38	0.73	0.58	0.74	0.94	0.71	1.05	0.57
重 庆	0.22	0.33	0.22	0.46	0.17	0.37	0.89	0.98	1.21	0.58	0.55
天 津	0.00	0.41	0.43	0.38	0.65	0.33	0.58	0.77	0.79	0.73	0.51
黑龙江	0.39	0.45	0.39	0.42	0.56	0.33	0.62	0.57	0.71	0.52	0.50
山 西	0.17	0.16	0.35	0.38	0.43	0.41	0.47	0.53	0.37	0.42	0.37
江 西	0.04	0.28	0.13	0.13	0.26	0.21	0.27	0.57	0.54	0.52	0.29
甘 肃	0.44	0.12	0.26	0.08	0.22	0.21	0.31	0.16	0.12	0.52	0.24
贵 州	0.09	0.08	0.09	0.08	0.13	0.08	0.43	0.61	0.33	0.10	0.21
广 西	0.09	0.08	0.13	0.00	0.09	0.16	0.35	0.33	0.37	0.37	0.20
河 北	0.04	0.04	0.09	0.21	0.04	0.12	0.16	0.29	0.42	0.16	0.16
云 南	0.09	0.00	0.04	0.04	0.17	0.04	0.08	0.24	0.42	0.42	0.15
新 疆	0.00	0.00	0.00	0.00	0.04	0.00	0.16	0.21	0.10	0.07
内蒙古	0.00	0.08	0.04	0.00	0.00	0.00	0.12	0.04	0.04	0.21	0.06
青 海	0.04	0.08	0.04	0.00	0.00	0.08	0.08	0.00	0.04	0.10	0.05
海 南	0.00	0.04	0.00	0.00	0.00	0.00	0.08	0.04	0.12	0.16	0.04
宁 夏	0.00	0.00	0.00	0.00	0.00	0.12	0.00	0.00	0.04	0.00	0.02

十二　光学

光学 A 层人才最多的是广东，世界占比为 4.83%；江苏、北京、上海的 A 层人才比较多，世界占比分别为 4.68%、4.52%、3.32%；浙江、四川、安徽、湖北、湖南、福建、黑龙江、山东也有相当数量的 A 层人才，世界占比在 3%～1%；吉林、天津、广西、河南、江西、陕西、重庆、辽宁、山西、新疆有一定数量的 A 层人才，世界占比均超过 0.1%。

B 层人才最多的是北京，世界占比为 5.82%；广东、江苏、上海的 B 层人才比较多，世界占比在 5%～3%；浙江、湖北、四川、湖南、吉林、山东、安徽、陕西、福建也有相当数量的 B 层人才，世界占比在 3%～1%；天津、黑龙江、山西、辽宁、重庆、河南、江西、广西、河北、甘肃、新疆、云南有一定数量的 B 层人才，世界占比超过或等于 0.1%；贵州、内蒙古、青海、海南、西藏 B 层人才的世界占比均低于 0.1%。

C 层人才最多的是北京，世界占比为 5.73%；广东、上海、江苏的 C 层人才比较多，世界占比在 5%～3%；浙江、湖北、四川、山东、湖南、安徽、天津、陕西、黑龙江、吉林也有相当数量的 C 层人才，世界占比在 3%～1%；福建、辽宁、山西、重庆、河南、江西、河北、广西、甘肃、云南有一定数量的 C 层人才，世界占比均超过 0.1%；新疆、贵州、内蒙古、海南、青海、宁夏 C 层人才的世界占比均低于 0.1%。

表 2-33　光学 A 层人才的世界占比

单位：%

省　　份	2014 年	2015 年	2016 年	2017 年	2018 年	2019 年	2020 年	2021 年	2022 年	2023 年	合计
广　东	1.52	7.81	0.00	1.39	1.37	8.33	4.29	7.46	6.56	12.50	4.83
江　苏	3.03	1.56	4.29	1.39	5.48	6.94	4.29	2.99	4.92	14.58	4.68
北　京	1.52	0.00	1.43	1.39	2.74	12.50	5.71	4.48	4.92	12.50	4.52
上　海	3.03	3.13	0.00	2.78	0.00	2.78	4.29	4.48	6.56	8.33	3.32
浙　江	0.00	0.00	1.43	0.00	0.00	4.17	5.71	2.99	6.56	2.08	2.26
四　川	1.52	1.56	1.43	2.78	0.00	1.39	0.00	2.99	1.64	6.25	1.81

续表

省　份	2014 年	2015 年	2016 年	2017 年	2018 年	2019 年	2020 年	2021 年	2022 年	2023 年	合计
安　徽	0.00	0.00	0.00	0.00	0.00	1.39	2.86	5.97	1.64	2.08	1.36
湖　北	0.00	3.13	1.43	1.39	0.00	0.00	0.00	2.99	1.64	2.08	1.21
湖　南	1.52	3.13	1.43	0.00	0.00	0.00	2.86	0.00	1.64	2.08	1.21
福　建	0.00	0.00	0.00	0.00	1.37	1.39	0.00	2.99	3.28	2.08	1.06
黑龙江	0.00	0.00	0.00	0.00	0.00	1.39	1.43	2.99	0.00	6.25	1.06
山　东	0.00	0.00	1.43	0.00	0.00	0.00	0.00	2.99	0.00	8.33	1.06
吉　林	0.00	0.00	0.00	0.00	1.37	0.00	2.86	1.49	3.28	0.00	0.90
天　津	1.52	1.56	0.00	1.39	0.00	0.00	0.00	1.49	1.64	2.08	0.90
广　西	0.00	0.00	0.00	0.00	0.00	0.00	1.43	0.00	0.00	2.08	0.30
河　南	0.00	0.00	0.00	0.00	0.00	1.39	0.00	0.00	0.00	2.08	0.30
江　西	0.00	0.00	0.00	1.39	0.00	0.00	0.00	0.00	1.64	0.00	0.30
陕　西	0.00	0.00	0.00	0.00	1.37	0.00	0.00	0.00	0.00	2.08	0.30
重　庆	0.00	0.00	0.00	1.39	0.00	0.00	0.00	0.00	0.00	0.00	0.15
辽　宁	0.00	0.00	0.00	0.00	0.00	0.00	0.00	1.49	0.00	0.00	0.15
山　西	0.00	0.00	0.00	0.00	0.00	0.00	1.43	0.00	0.00	0.00	0.15
新　疆	0.00	0.00	0.00	0.00	0.00	0.00	0.00	0.00	0.00	2.08	0.15

表 2-34　光学 B 层人才的世界占比

单位：%

省　份	2014 年	2015 年	2016 年	2017 年	2018 年	2019 年	2020 年	2021 年	2022 年	2023 年	合计
北　京	4.01	5.18	3.86	5.40	6.30	7.41	5.45	6.22	7.66	7.16	5.82
广　东	3.01	2.34	2.32	3.55	4.10	4.48	4.33	6.87	5.11	6.04	4.15
江　苏	2.01	2.50	3.25	3.55	3.51	4.78	4.65	5.24	5.84	2.24	3.78
上　海	0.50	3.01	3.25	2.93	3.37	3.70	3.37	5.24	4.56	6.49	3.55
浙　江	1.51	1.00	0.77	2.16	1.32	2.16	1.92	3.44	4.93	5.15	2.31
湖　北	0.84	1.50	1.08	1.39	2.49	2.78	2.88	3.93	3.28	2.91	2.28
四　川	1.17	2.50	1.85	1.23	0.59	2.01	0.96	1.96	2.37	1.34	1.59
湖　南	1.84	0.83	1.39	1.08	1.46	2.47	1.44	1.15	1.28	0.00	1.34
吉　林	1.51	1.00	0.77	0.46	1.02	1.23	1.60	1.80	2.55	1.34	1.31
山　东	0.33	0.50	0.93	0.31	1.61	0.62	1.92	2.62	2.74	1.79	1.31
安　徽	0.67	1.00	0.93	0.93	0.88	1.54	1.92	1.31	1.64	1.34	1.21
陕　西	0.84	1.34	1.08	0.15	0.44	1.85	0.80	1.80	1.09	1.12	1.04
福　建	0.84	0.50	0.93	0.77	1.02	0.46	1.28	1.64	2.01	0.89	1.02

续表

省份	2014 年	2015 年	2016 年	2017 年	2018 年	2019 年	2020 年	2021 年	2022 年	2023 年	合计
天　津	0.84	1.34	0.93	0.15	1.17	0.77	1.12	0.98	1.46	0.89	0.96
黑龙江	0.00	0.17	0.00	0.62	1.32	0.46	1.28	1.15	2.01	2.91	0.93
山　西	0.33	0.17	0.77	0.31	1.02	0.46	1.28	0.98	1.09	1.34	0.76
辽　宁	0.00	0.50	0.46	0.31	0.73	0.31	1.28	0.98	1.09	0.45	0.61
重　庆	0.17	0.00	0.77	0.62	0.15	0.15	0.80	0.65	0.73	1.34	0.51
河　南	0.00	0.17	0.15	0.31	0.44	0.77	0.80	0.16	0.55	1.34	0.45
江　西	0.17	0.17	0.31	0.31	0.00	0.93	0.48	0.49	0.91	0.67	0.43
广　西	0.00	0.17	0.46	0.31	0.15	0.15	0.16	0.00	0.18	0.67	0.23
河　北	0.00	0.00	0.15	0.00	0.15	0.00	0.32	0.33	0.91	0.67	0.23
甘　肃	0.00	0.00	0.00	0.00	0.00	0.15	0.32	0.49	0.73	0.22	0.18
新　疆	0.17	0.00	0.31	0.00	0.00	0.00	0.16	0.00	0.36	0.22	0.12
云　南	0.00	0.00	0.00	0.15	0.00	0.15	0.16	0.33	0.18	0.00	0.10
贵　州	0.00	0.00	0.15	0.00	0.00	0.15	0.00	0.00	0.18	0.45	0.08
内蒙古	0.00	0.00	0.00	0.00	0.00	0.00	0.00	0.16	0.00	0.22	0.03
青　海	0.00	0.00	0.00	0.00	0.00	0.00	0.00	0.16	0.16	0.00	0.03
海　南	0.00	0.00	0.00	0.00	0.00	0.00	0.00	0.00	0.00	0.22	0.02
西　藏	0.00	0.00	0.00	0.00	0.00	0.00	0.00	0.00	0.18	0.00	0.02

表 2-35　光学 C 层人才的世界占比

单位：%

省份	2014 年	2015 年	2016 年	2017 年	2018 年	2019 年	2020 年	2021 年	2022 年	2023 年	合计
北　京	4.38	4.82	4.43	5.02	5.71	6.41	6.29	6.87	7.07	6.75	5.73
广　东	1.70	2.51	2.26	2.74	3.63	4.23	5.54	5.59	6.88	6.38	4.03
上　海	2.19	2.88	2.55	2.85	3.35	3.48	3.59	4.70	4.58	4.60	3.42
江　苏	1.88	2.29	2.50	2.96	3.41	3.62	3.48	4.15	4.92	4.70	3.33
浙　江	1.59	1.46	1.62	1.74	2.02	2.23	2.36	3.15	4.12	4.23	2.36
湖　北	1.27	1.66	2.23	2.44	2.88	2.57	2.33	2.26	3.04	2.82	2.34
四　川	0.91	1.17	1.32	1.41	1.64	1.65	1.99	2.01	2.00	2.10	1.60
山　东	0.65	1.21	0.96	1.17	1.13	1.44	1.65	2.19	2.06	2.52	1.45
湖　南	0.94	1.22	0.97	1.19	1.46	1.44	1.67	1.58	1.74	1.61	1.37
安　徽	0.82	1.31	0.92	1.16	1.02	1.36	1.30	1.59	1.52	1.90	1.26
天　津	0.51	1.07	1.10	1.16	1.08	1.18	1.57	1.32	1.74	1.98	1.24
陕　西	0.62	0.84	0.86	0.84	0.98	1.57	1.40	1.29	1.54	1.56	1.13

续表

省　份	2014 年	2015 年	2016 年	2017 年	2018 年	2019 年	2020 年	2021 年	2022 年	2023 年	合计
黑龙江	0.69	0.85	0.83	0.89	1.19	1.21	1.46	1.39	1.04	0.99	1.06
吉　林	0.67	0.72	0.59	0.78	0.98	1.18	1.17	1.08	1.50	1.61	1.00
福　建	0.58	0.65	0.57	0.63	0.82	0.88	1.12	1.32	1.21	1.24	0.88
辽　宁	0.41	0.60	0.57	0.70	0.78	0.89	1.16	1.27	1.04	1.19	0.85
山　西	0.21	0.22	0.37	0.59	0.88	1.03	1.12	1.34	1.00	1.53	0.80
重　庆	0.29	0.34	0.49	0.59	0.44	0.55	0.67	0.84	0.91	0.91	0.59
河　南	0.27	0.17	0.24	0.36	0.47	0.49	0.69	0.87	0.76	0.96	0.51
江　西	0.21	0.32	0.32	0.22	0.40	0.50	0.66	0.69	0.52	0.72	0.44
河　北	0.22	0.20	0.29	0.16	0.34	0.42	0.27	0.62	0.65	0.89	0.38
广　西	0.15	0.18	0.19	0.25	0.26	0.36	0.30	0.39	0.63	0.84	0.34
甘　肃	0.15	0.13	0.10	0.08	0.19	0.17	0.19	0.31	0.37	0.49	0.21
云　南	0.09	0.02	0.11	0.10	0.12	0.11	0.29	0.15	0.33	0.27	0.15
新　疆	0.05	0.07	0.05	0.05	0.01	0.11	0.13	0.15	0.06	0.17	0.08
贵　州	0.00	0.03	0.02	0.03	0.06	0.08	0.16	0.14	0.07	0.22	0.08
内蒙古	0.05	0.08	0.00	0.02	0.04	0.09	0.08	0.12	0.13	0.12	0.07
海　南	0.00	0.00	0.00	0.00	0.00	0.00	0.03	0.14	0.20	0.17	0.05
青　海	0.00	0.00	0.02	0.03	0.01	0.00	0.00	0.05	0.02	0.02	0.02
宁　夏	0.00	0.00	0.00	0.00	0.00	0.02	0.00	0.02	0.07	0.05	0.01

十三　光谱学

光谱学 A 层人才最多的是重庆、甘肃、山西，世界占比均为 2.50%；安徽、北京、广东、广西、河南、江苏、青海、陕西、四川、天津也有相当数量的 A 层人才，世界占比均为 1.25%。

江苏、广东、北京、湖北、浙江、安徽、吉林、上海有相当数量的 B 层人才，世界占比在 3%～1%；甘肃、山东、福建、陕西、山西、黑龙江、河南、天津、贵州、江西、新疆、四川、云南、重庆、海南、河北、湖南、辽宁、青海有一定数量的 B 层人才，世界占比均超过 0.1%。

C 层人才最多的是北京，世界占比为 3.34%；江苏、山东、广东、湖北、河南、上海、浙江、辽宁、安徽、四川、重庆也有相当数量的 C 层人才，世界占比在 3%~1%；陕西、吉林、湖南、福建、黑龙江、山西、天津、甘肃、江西、云南、河北、广西、贵州、新疆、海南、内蒙古、青海有一定数量的 C 层人才，世界占比超过或等于 0.1%；宁夏 C 层人才的世界占比为 0.09%。

表 2-36　光谱学 A 层人才的世界占比

单位：%

省　份	2014 年	2015 年	2016 年	2017 年	2018 年	2019 年	2020 年	2021 年	2022 年	2023 年	合计
重　庆	0.00	0.00	0.00	0.00	0.00	0.00	0.00	0.00	0.00	25.00	2.50
甘　肃	0.00	0.00	0.00	0.00	0.00	0.00	0.00	0.00	25.00	0.00	2.50
山　西	0.00	0.00	0.00	0.00	0.00	0.00	0.00	0.00	0.00	25.00	2.50
安　徽	0.00	0.00	0.00	0.00	0.00	0.00	0.00	0.00	12.50	0.00	1.25
北　京	0.00	0.00	0.00	0.00	0.00	0.00	0.00	0.00	0.00	12.50	1.25
广　东	0.00	0.00	0.00	0.00	0.00	0.00	0.00	0.00	12.50	0.00	1.25
广　西	0.00	0.00	0.00	0.00	0.00	0.00	0.00	0.00	0.00	12.50	1.25
河　南	0.00	0.00	0.00	0.00	0.00	0.00	0.00	0.00	12.50	0.00	1.25
江　苏	0.00	0.00	0.00	0.00	0.00	0.00	0.00	0.00	0.00	12.50	1.25
青　海	0.00	0.00	0.00	0.00	0.00	0.00	0.00	0.00	0.00	12.50	1.25
陕　西	0.00	0.00	0.00	0.00	0.00	0.00	0.00	0.00	0.00	12.50	1.25
四　川	0.00	0.00	0.00	0.00	0.00	0.00	0.00	0.00	0.00	12.50	1.25
天　津	0.00	0.00	0.00	0.00	0.00	0.00	0.00	0.00	0.00	12.50	1.25

表 2-37　光谱学 B 层人才的世界占比

单位：%

省　份	2014 年	2015 年	2016 年	2017 年	2018 年	2019 年	2020 年	2021 年	2022 年	2023 年	合计
江　苏	0.00	0.00	2.20	1.09	1.16	1.11	2.06	7.37	5.63	4.76	2.36
广　东	0.00	0.92	0.00	0.00	1.16	2.22	1.03	2.11	14.08	1.59	2.03
北　京	2.13	0.92	0.00	0.00	3.49	4.44	0.00	3.16	1.41	1.59	1.69
湖　北	0.00	0.00	0.00	0.00	2.33	1.11	3.09	1.05	5.63	3.17	1.46
浙　江	0.00	1.83	2.20	1.09	0.00	1.11	1.03	2.11	4.23	0.00	1.35
安　徽	0.00	0.00	1.10	0.00	1.16	3.33	0.00	1.05	1.41	4.76	1.13
吉　林	0.00	0.92	1.10	0.00	2.33	2.22	1.03	0.00	1.41	1.59	1.01
上　海	0.00	0.92	0.00	1.09	2.33	2.22	1.03	2.11	0.00	0.00	1.01
甘　肃	0.00	0.00	0.00	0.00	0.00	1.11	3.09	0.00	0.00	6.35	0.90

续表

省　份	2014 年	2015 年	2016 年	2017 年	2018 年	2019 年	2020 年	2021 年	2022 年	2023 年	合计
山　东	0.00	0.00	0.00	0.00	0.00	2.22	2.06	3.16	0.00	1.59	0.90
福　建	3.19	0.92	0.00	0.00	0.00	0.00	0.00	0.00	1.41	1.59	0.68
陕　西	0.00	0.00	0.00	2.17	0.00	1.11	0.00	2.11	1.41	0.00	0.68
山　西	0.00	0.00	0.00	0.00	0.00	2.22	1.03	2.11	0.00	1.59	0.68
黑龙江	0.00	0.00	0.00	0.00	1.16	0.00	1.03	2.11	1.41	0.00	0.56
河　南	0.00	0.00	0.00	0.00	0.00	1.11	0.00	2.11	0.00	3.17	0.56
天　津	0.00	0.00	0.00	2.17	0.00	0.00	1.03	0.00	1.41	1.59	0.56
贵　州	0.00	0.00	0.00	1.09	0.00	0.00	0.00	0.00	2.82	0.00	0.34
江　西	0.00	0.00	0.00	0.00	1.16	0.00	0.00	1.05	1.41	0.00	0.34
新　疆	0.00	0.00	0.00	0.00	0.00	0.00	1.03	0.00	2.82	0.00	0.34
四　川	0.00	0.00	0.00	0.00	0.00	0.00	0.00	0.00	1.41	1.59	0.23
云　南	0.00	0.00	0.00	0.00	1.16	0.00	0.00	0.00	1.59		0.23
重　庆	1.06	0.00	0.00	0.00	0.00	0.00	0.00	0.00	0.00	0.00	0.11
海　南	0.00	0.00	0.00	0.00	0.00	0.00	0.00	0.00	1.41	0.00	0.11
河　北	0.00	0.00	0.00	0.00	0.00	0.00	0.00	0.00	1.59		0.11
湖　南	0.00	0.00	0.00	0.00	0.00	0.00	0.00	1.05	0.00	0.00	0.11
辽　宁	0.00	0.00	0.00	0.00	0.00	0.00	1.03	0.00	0.00	0.00	0.11
青　海	0.00	0.00	0.00	0.00	0.00	0.00	0.00	0.00	1.41	0.00	0.11

表 2-38　光谱学 C 层人才的世界占比

单位：%

省　份	2014 年	2015 年	2016 年	2017 年	2018 年	2019 年	2020 年	2021 年	2022 年	2023 年	合计
北　京	2.47	1.90	2.80	2.05	2.07	2.94	4.39	4.64	4.80	6.74	3.34
江　苏	1.61	0.76	1.40	2.05	2.07	3.38	1.76	4.64	5.55	5.50	2.70
山　东	0.43	1.04	0.70	0.86	2.19	2.40	2.20	3.30	3.90	3.71	1.96
广　东	1.40	0.66	0.82	0.65	1.50	1.31	2.41	2.08	3.45	3.03	1.64
湖　北	1.07	1.14	0.93	1.19	1.96	1.09	2.31	1.83	2.10	3.16	1.62
河　南	0.32	0.76	0.70	0.97	1.84	2.07	2.09	2.32	2.85	1.93	1.52
上　海	1.29	0.66	0.70	0.86	1.38	1.31	2.09	1.95	2.85	1.93	1.44
浙　江	0.75	0.09	0.93	0.75	2.07	1.64	2.09	1.71	1.80	2.75	1.39
辽　宁	0.97	1.23	0.35	0.32	0.69	1.42	1.32	2.08	2.55	1.65	1.21
安　徽	0.86	0.38	0.47	0.75	1.15	1.31	1.76	1.95	2.10	1.65	1.19
四　川	0.86	0.66	0.58	0.54	1.27	1.20	1.54	1.83	2.25	1.10	1.14

省　份	2014 年	2015 年	2016 年	2017 年	2018 年	2019 年	2020 年	2021 年	2022 年	2023 年	合计
重　庆	0.54	0.76	0.47	0.22	1.04	1.64	2.20	1.34	1.80	0.83	1.06
陕　西	0.54	0.76	0.47	0.65	0.69	1.09	1.10	1.95	1.35	1.65	0.99
吉　林	0.86	0.57	0.35	0.75	1.50	0.87	0.33	1.71	1.80	1.24	0.96
湖　南	0.54	0.57	0.47	0.65	0.81	0.87	0.88	1.83	0.75	1.65	0.88
福　建	0.43	0.76	0.70	0.32	0.69	0.98	0.99	1.10	1.95	0.96	0.85
黑龙江	0.11	0.66	0.35	0.54	0.81	1.53	1.32	0.98	1.50	0.83	0.84
山　西	0.21	0.28	0.35	0.00	1.04	1.85	0.77	1.95	1.05	1.10	0.83
天　津	0.32	0.47	0.58	0.54	0.46	1.31	1.21	1.34	1.20	0.96	0.82
甘　肃	0.64	0.57	0.35	0.54	1.15	0.65	0.66	1.10	0.00	1.24	0.69
江　西	0.21	0.19	0.70	0.00	0.35	0.22	0.88	2.08	1.50	0.69	0.63
云　南	0.11	0.28	0.35	0.32	0.69	0.44	0.33	1.22	0.90	0.69	0.51
河　北	0.11	0.19	0.12	0.32	0.35	0.65	0.55	0.49	0.90	1.65	0.50
广　西	0.11	0.28	0.12	0.00	0.23	0.76	0.66	0.98	0.45	1.38	0.47
贵　州	0.11	0.19	0.12	0.22	0.58	0.87	0.22	0.12	0.90	1.24	0.43
新　疆	0.00	0.00	0.12	0.11	0.23	0.11	0.22	0.61	0.75	0.55	0.24
海　南	0.00	0.00	0.00	0.00	0.12	0.00	0.33	0.24	0.30	0.14	0.10
内蒙古	0.11	0.09	0.12	0.11	0.12	0.22	0.00	0.12	0.00	0.14	0.10
青　海	0.00	0.00	0.12	0.11	0.12	0.00	0.11	0.00	0.30	0.41	0.10
宁　夏	0.00	0.09	0.00	0.00	0.12	0.00	0.00	0.12	0.15	0.55	0.09

十四　声学

声学 A 层人才最多的是北京、江苏，世界占比均为 3.37%；黑龙江、陕西、浙江的 A 层人才比较多，世界占比均为 2.25%；安徽、重庆、广东、广西、湖北、辽宁、山东、上海也有相当数量的 A 层人才，世界占比均为 1.12%。

B 层人才最多的是江苏，世界占比为 4.07%；北京的 B 层人才比较多，世界占比为 3.24%；浙江、上海、黑龙江、广东、湖北、陕西也有相当数量的 B 层人才，世界占比在 3%~1%；重庆、山东、辽宁、四川、安徽、河南、天津、福建、湖南、山西、甘肃、广西、河北、新疆、云南有一定数量的 B 层人才，世界占比均超过 0.1%；内蒙古、江西、吉林、宁夏有一定数量的 B 层人才，世界占比均为 0.09%。

C 层人才最多的是北京，世界占比为 4.13%；江苏的 C 层人才比较多，世界占比为 3.68%；上海、广东、黑龙江、浙江、湖北、四川、辽宁、陕西、湖南、山东也有相当数量的 C 层人才，世界占比在 3%~1%；重庆、安徽、天津、河南、福建、山西、河北、江西、吉林、广西、新疆、甘肃、云南、海南、内蒙古、贵州有一定数量的 C 层人才，世界占比均超过 0.1%；宁夏、青海 C 层人才的世界占比均低于 0.1%。

表 2-39　声学 A 层人才的世界占比

单位：%

省　　份	2014 年	2015 年	2016 年	2017 年	2018 年	2019 年	2020 年	2021 年	2022 年	2023 年	合计
北　京	0.00	0.00	8.33	0.00	14.29	0.00	0.00	7.14	0.00	0.00	3.37
江　苏	0.00	0.00	0.00	0.00	0.00	0.00	0.00	7.14	0.00	25.00	3.37
黑龙江	0.00	0.00	0.00	0.00	0.00	0.00	0.00	7.14	0.00	12.50	2.25
陕　西	0.00	0.00	0.00	0.00	14.29	0.00	0.00	0.00	20.00	0.00	2.25
浙　江	0.00	0.00	0.00	0.00	0.00	0.00	11.11	0.00	20.00	0.00	2.25
安　徽	0.00	25.00	0.00	0.00	0.00	0.00	0.00	0.00	0.00	0.00	1.12
重　庆	0.00	0.00	0.00	0.00	0.00	0.00	0.00	0.00	0.00	12.50	1.12
广　东	0.00	0.00	0.00	0.00	0.00	0.00	0.00	0.00	0.00	12.50	1.12
广　西	0.00	0.00	0.00	0.00	0.00	0.00	0.00	0.00	0.00	12.50	1.12
湖　北	0.00	0.00	0.00	0.00	0.00	0.00	0.00	0.00	0.00	12.50	1.12
辽　宁	0.00	0.00	0.00	0.00	0.00	0.00	0.00	0.00	0.00	12.50	1.12
山　东	0.00	0.00	0.00	0.00	0.00	0.00	11.11	0.00	0.00	0.00	1.12
上　海	0.00	0.00	0.00	0.00	0.00	0.00	0.00	7.14	0.00	0.00	1.12

表 2-40　声学 B 层人才的世界占比

单位：%

省　　份	2014 年	2015 年	2016 年	2017 年	2018 年	2019 年	2020 年	2021 年	2022 年	2023 年	合计
江　苏	2.60	2.73	4.59	3.09	5.05	5.61	2.73	3.70	5.51	4.59	4.07
北　京	2.60	0.00	1.83	1.03	1.01	0.93	2.73	5.93	8.66	5.50	3.24
浙　江	1.30	0.91	0.92	1.03	2.02	0.00	2.73	5.19	3.94	6.42	2.59
上　海	2.60	2.73	1.83	1.03	2.02	1.87	2.73	2.96	4.72	1.83	2.50
黑龙江	0.00	0.00	0.92	0.00	0.00	0.93	1.82	2.22	6.30	1.83	1.57

续表

省　份	2014 年	2015 年	2016 年	2017 年	2018 年	2019 年	2020 年	2021 年	2022 年	2023 年	合计
广　东	1.30	1.82	1.83	0.00	0.00	0.00	1.82	0.74	4.72	1.83	1.48
湖　北	1.30	0.91	1.83	1.03	1.01	0.00	2.73	0.00	0.00	3.67	1.20
陕　西	0.00	0.91	0.92	0.00	0.00	0.93	0.91	3.70	1.57	1.83	1.20
重　庆	0.00	0.91	0.00	2.06	0.00	0.00	0.00	0.74	0.00	5.50	0.93
山　东	0.00	0.00	0.00	0.00	0.00	0.00	0.91	0.74	2.36	4.59	0.93
辽　宁	0.00	0.00	0.00	0.00	0.00	0.00	0.91	0.74	2.36	2.75	0.74
四　川	0.00	0.00	0.00	0.00	1.01	0.00	1.48	1.57	2.75		0.74
安　徽	1.30	0.91	0.00	0.00	0.00	0.93	0.00	1.48	0.00	1.83	0.65
河　南	0.00	0.00	0.92	3.09	1.01	0.00	0.00	0.00	0.79	0.00	0.56
天　津	0.00	0.91	0.00	0.00	0.00	0.00	0.91	0.00	1.57	0.00	0.37
福　建	0.00	0.00	0.00	0.00	0.00	0.00	0.74	0.79	0.92		0.28
湖　南	0.00	0.91	0.00	0.00	0.00	0.00	0.00	0.79	0.92		0.28
山　西	0.00	0.00	0.00	0.00	1.01	0.00	1.48	0.00	0.00		0.28
甘　肃	0.00	0.00	0.00	0.00	0.00	0.00	0.74	0.79	0.00		0.19
广　西	0.00	0.00	0.00	0.00	0.00	0.00	0.00	0.00	1.83		0.19
河　北	0.00	0.00	0.00	0.00	0.00	0.00	0.00	0.00	1.83		0.19
新　疆	0.00	0.00	0.00	0.00	0.00	0.00	0.74	0.00	0.92		0.19
云　南	0.00	0.00	0.00	0.00	0.00	0.00	0.00	0.00	1.83		0.19
内蒙古	0.00	0.00	0.00	0.00	0.00	0.00	0.74	0.00	0.00		0.09
江　西	0.00	0.00	0.00	0.00	0.00	0.00	0.00	0.79	0.00		0.09
吉　林	0.00	0.00	0.00	0.00	0.00	0.00	0.00	0.79	0.00		0.09
宁　夏	0.00	0.00	0.00	0.00	0.00	0.00	0.00	0.00	0.92		0.09

表 2-41　声学 C 层人才的世界占比

单位：%

省　份	2014 年	2015 年	2016 年	2017 年	2018 年	2019 年	2020 年	2021 年	2022 年	2023 年	合计
北　京	3.24	2.89	3.85	3.56	4.52	2.72	5.48	4.58	5.59	4.29	4.13
江　苏	2.40	1.89	2.44	2.24	3.26	3.85	5.01	4.88	4.42	5.56	3.68
上　海	1.92	1.69	1.78	1.83	3.36	2.91	2.55	3.76	4.17	3.02	2.77
广　东	1.56	0.80	1.03	1.02	0.95	1.41	4.16	4.36	5.42	4.58	2.66
黑龙江	0.60	1.50	1.13	1.02	1.89	0.66	1.51	2.18	2.50	4.29	1.77
浙　江	0.72	0.30	0.75	1.12	1.47	1.03	1.89	2.48	2.50	3.12	1.60
湖　北	1.08	0.50	0.47	1.32	1.47	0.56	1.80	1.43	1.92	2.73	1.34

省　份	2014 年	2015 年	2016 年	2017 年	2018 年	2019 年	2020 年	2021 年	2022 年	2023 年	合计
四　川	0.84	0.90	1.69	1.22	1.37	0.85	1.89	1.28	1.25	2.05	1.34
辽　宁	0.48	1.00	0.94	0.81	1.05	0.66	1.23	1.58	2.00	2.14	1.23
陕　西	0.84	0.20	0.84	0.61	0.63	0.94	1.42	1.50	2.09	2.34	1.18
湖　南	0.96	0.90	0.75	0.61	1.37	0.75	0.95	0.98	2.50	1.36	1.13
山　东	0.36	0.10	0.75	0.20	0.84	1.03	1.32	1.80	1.42	2.14	1.05
重　庆	0.96	0.60	0.38	0.30	0.63	0.66	0.85	0.68	1.00	2.44	0.85
安　徽	0.24	0.60	1.22	0.30	0.95	0.66	0.47	1.43	0.83	1.17	0.82
天　津	0.12	0.20	0.09	0.61	0.42	0.75	0.95	0.90	0.92	1.75	0.69
河　南	0.12	0.50	0.94	0.81	0.42	0.56	0.66	0.38	0.50	1.36	0.63
福　建	0.00	0.20	0.19	0.10	0.74	0.28	0.85	0.90	0.67	1.36	0.55
山　西	0.00	0.00	0.00	0.20	0.11	0.19	0.47	0.98	0.50	0.78	0.35
河　北	0.12	0.10	0.19	0.20	0.21	0.28	0.38	0.08	0.67	0.49	0.28
江　西	0.12	0.00	0.38	0.00	0.00	0.00	0.47	0.53	0.58	0.39	0.27
吉　林	0.12	0.00	0.00	0.30	0.32	0.09	0.19	0.45	0.08	0.39	0.20
广　西	0.00	0.00	0.00	0.10	0.11	0.00	0.09	0.08	0.67	0.58	0.18
新　疆	0.36	0.20	0.00	0.10	0.11	0.00	0.19	0.30	0.08	0.49	0.18
甘　肃	0.12	0.00	0.09	0.41	0.11	0.09	0.09	0.08	0.33	0.39	0.17
云　南	0.12	0.00	0.00	0.10	0.32	0.00	0.00	0.08	0.25	0.39	0.16
海　南	0.12	0.00	0.00	0.10	0.00	0.00	0.19	0.15	0.25	0.39	0.12
内蒙古	0.00	0.00	0.00	0.30	0.11	0.09	0.38	0.15	0.08	0.10	0.12
贵　州	0.12	0.00	0.00	0.00	0.00	0.00	0.28	0.08	0.17	0.39	0.11
宁　夏	0.00	0.00	0.00	0.10	0.00	0.09	0.00	0.00	0.00	0.29	0.05
青　海	0.00	0.00	0.09	0.00	0.00	0.00	0.00	0.08	0.00	0.00	0.02

十五　粒子物理学和场论

粒子物理学和场论 A、B、C 层人才最多的均为北京，世界占比分别为
3.19%、2.66%、2.72%。

甘肃、广东有相当数量的 A 层人才，世界占比均为 1.06%；上海、江
苏、辽宁、山东有一定数量的 A 层人才，世界占比均超过 0.3%。

上海、广东有相当数量的 B 层人才，世界占比分别为 1.14%、1.02%；

安徽、湖北、江苏、山东、浙江、湖南、甘肃、四川、辽宁、天津、广西有
一定数量的 B 层人才，世界占比均超过 0.1%；重庆、河南、吉林、福建、
河北、黑龙江、新疆、云南、江西、山西 B 层人才的世界占比均低
于 0.1%。

上海、江苏有相当数量的 C 层人才，世界占比分别为 1.21%、1.02%；
安徽、广东、山东、湖北、浙江、甘肃、湖南、天津、四川、河南、辽宁、
重庆、广西、河北有一定数量的 C 层人才，世界占比均超过 0.1%；山西、
吉林、云南、江西、贵州、陕西、福建、青海、新疆、黑龙江、内蒙古 C
层人才的世界占比均低于 0.1%。

表 2-42　粒子物理学和场论 A 层人才的世界占比

单位：%

省　份	2014 年	2015 年	2016 年	2017 年	2018 年	2019 年	2020 年	2021 年	2022 年	2023 年	合计
北　京	6.45	3.33	0.00	3.57	2.78	4.17	2.78	5.71	0.00	0.00	3.19
甘　肃	0.00	0.00	0.00	3.57	0.00	4.17	0.00	2.86	0.00	0.00	1.06
广　东	0.00	0.00	0.00	0.00	0.00	8.33	0.00	2.86	0.00	0.00	1.06
上　海	0.00	0.00	0.00	0.00	0.00	0.00	2.78	0.00	0.00	10.00	0.71
江　苏	0.00	0.00	0.00	0.00	2.78	0.00	0.00	0.00	0.00	0.00	0.35
辽　宁	0.00	0.00	0.00	0.00	0.00	0.00	0.00	2.86	0.00	0.00	0.35
山　东	0.00	0.00	0.00	0.00	0.00	4.17	0.00	0.00	0.00	0.00	0.35

表 2-43　粒子物理学和场论 B 层人才的世界占比

单位：%

省　份	2014 年	2015 年	2016 年	2017 年	2018 年	2019 年	2020 年	2021 年	2022 年	2023 年	合计
北　京	1.89	2.39	1.93	2.45	1.82	2.85	2.38	4.20	2.52	3.84	2.66
上　海	0.00	0.34	1.10	0.92	1.52	1.42	1.36	1.50	2.20	0.82	1.14
广　东	0.00	0.00	1.10	0.61	1.52	0.85	1.02	1.20	1.26	2.19	1.02
安　徽	0.38	0.34	0.83	0.61	0.91	1.14	1.02	1.20	1.26	1.64	0.96
湖　北	1.13	0.68	1.38	0.92	0.00	0.57	0.00	1.50	1.26	0.27	0.86
江　苏	0.00	0.00	1.38	0.61	1.21	1.14	0.68	0.90	0.94	1.10	0.83
山　东	0.00	0.00	1.10	0.61	0.91	0.57	0.68	0.94	0.94	0.55	0.56
浙　江	0.00	0.00	0.00	0.00	0.00	0.28	0.34	0.00	0.63	1.92	0.34

省　份	2014 年	2015 年	2016 年	2017 年	2018 年	2019 年	2020 年	2021 年	2022 年	2023 年	合计
湖　南	0.00	0.00	0.00	0.00	0.30	0.00	0.68	0.30	0.94	0.82	0.31
甘　肃	0.00	0.00	0.00	0.61	0.00	0.00	0.34	0.60	0.31	0.55	0.25
四　川	0.00	0.00	0.28	0.00	0.00	0.00	0.34	0.00	0.31	1.10	0.22
辽　宁	0.00	0.00	0.00	0.00	0.30	0.00	0.34	1.20	0.00	0.00	0.19
天　津	0.00	0.00	0.28	0.00	0.00	0.28	0.34	0.00	0.31	0.27	0.15
广　西	0.38	0.00	0.28	0.00	0.00	0.00	0.34	0.00	0.31	0.00	0.12
重　庆	0.00	0.00	0.28	0.00	0.00	0.00	0.00	0.30	0.31	0.00	0.09
河　南	0.00	0.00	0.00	0.00	0.00	0.00	0.34	0.00	0.31	0.27	0.09
吉　林	0.00	0.00	0.28	0.00	0.00	0.00	0.00	0.00	0.31	0.27	0.09
福　建	0.00	0.00	0.28	0.00	0.00	0.00	0.00	0.00	0.31	0.00	0.06
河　北	0.00	0.00	0.28	0.00	0.00	0.00	0.00	0.00	0.31	0.00	0.06
黑龙江	0.00	0.00	0.28	0.00	0.00	0.00	0.00	0.00	0.31	0.00	0.06
新　疆	0.00	0.00	0.28	0.00	0.00	0.00	0.00	0.30	0.00	0.00	0.06
云　南	0.00	0.00	0.00	0.00	0.00	0.00	0.00	0.60	0.00	0.00	0.06
江　西	0.00	0.00	0.00	0.00	0.00	0.00	0.00	0.00	0.00	0.27	0.03
山　西	0.00	0.00	0.00	0.00	0.00	0.00	0.34	0.00	0.00	0.00	0.03

表 2-44　粒子物理学和场论 C 层人才的世界占比

单位：%

省　份	2014 年	2015 年	2016 年	2017 年	2018 年	2019 年	2020 年	2021 年	2022 年	2023 年	合计
北　京	2.04	2.12	2.38	2.53	2.50	2.41	2.90	3.29	3.52	3.40	2.72
上　海	1.02	1.05	1.18	1.11	1.03	0.84	0.97	1.57	1.76	1.55	1.21
江　苏	0.80	0.91	0.77	0.63	0.84	1.08	1.06	1.14	1.47	1.40	1.02
安　徽	0.73	0.78	0.80	0.70	0.97	1.11	1.09	1.20	1.22	1.25	0.99
广　东	0.77	0.74	0.83	0.51	0.78	0.78	0.90	0.89	1.09	1.31	0.86
山　东	0.66	0.71	0.66	0.51	0.56	0.69	0.54	0.46	0.64	0.69	0.61
湖　北	0.26	0.40	0.60	0.51	0.34	0.42	0.51	0.89	0.93	0.57	0.55
浙　江	0.00	0.10	0.03	0.06	0.09	0.30	0.63	1.04	1.54	1.55	0.55
甘　肃	0.11	0.10	0.14	0.32	0.16	0.33	0.30	0.49	0.67	0.54	0.32
湖　南	0.00	0.13	0.06	0.28	0.06	0.36	0.27	0.31	0.45	0.45	0.24
天　津	0.00	0.03	0.14	0.19	0.06	0.09	0.24	0.46	0.54	0.24	0.20
四　川	0.00	0.03	0.09	0.13	0.03	0.12	0.06	0.46	0.61	0.36	0.19
河　南	0.00	0.10	0.11	0.09	0.03	0.06	0.09	0.46	0.38	0.48	0.18

省　份	2014 年	2015 年	2016 年	2017 年	2018 年	2019 年	2020 年	2021 年	2022 年	2023 年	合计
辽　宁	0.04	0.03	0.11	0.13	0.06	0.27	0.18	0.37	0.32	0.21	0.18
重　庆	0.04	0.00	0.11	0.16	0.09	0.06	0.18	0.31	0.26	0.09	0.13
广　西	0.00	0.03	0.14	0.03	0.00	0.09	0.00	0.28	0.38	0.21	0.12
河　北	0.07	0.00	0.06	0.06	0.00	0.03	0.12	0.34	0.13	0.36	0.12
山　西	0.00	0.07	0.03	0.09	0.00	0.09	0.00	0.09	0.22	0.21	0.08
吉　林	0.00	0.00	0.00	0.00	0.00	0.00	0.03	0.12	0.29	0.27	0.08
云　南	0.00	0.00	0.00	0.00	0.00	0.13	0.00	0.03	0.16	0.15	0.05
江　西	0.00	0.00	0.00	0.00	0.03	0.00	0.09	0.09	0.06	0.15	0.04
贵　州	0.00	0.00	0.00	0.00	0.00	0.00	0.00	0.03	0.03	0.18	0.03
陕　西	0.00	0.00	0.00	0.03	0.00	0.03	0.09	0.03	0.00	0.03	0.02
福　建	0.00	0.00	0.03	0.00	0.03	0.00	0.00	0.09	0.03	0.00	0.02
青　海	0.00	0.00	0.00	0.00	0.00	0.00	0.12	0.00	0.03	0.00	0.02
新　疆	0.00	0.00	0.00	0.00	0.00	0.06	0.03	0.00	0.03	0.00	0.01
黑龙江	0.00	0.00	0.00	0.00	0.00	0.00	0.00	0.06	0.03	0.00	0.01
内蒙古	0.00	0.00	0.00	0.00	0.00	0.03	0.00	0.00	0.00	0.06	0.01

十六　核物理

核物理 A 层人才最多的是甘肃，世界占比为 7.58%；北京、广东、湖北、山东的 A 层人才比较多，世界占比在 7%~3%；安徽、上海也有相当数量的 A 层人才，世界占比均为 1.52%。

B 层人才最多的是北京，世界占比为 3.07%；湖北、上海、安徽、山东、江苏也有相当数量的 B 层人才，世界占比在 2%~1%；甘肃、广东、天津、浙江、河南、四川、广西、重庆、湖南、辽宁、福建、河北、黑龙江、吉林、山西有一定数量的 B 层人才，世界占比均超过 0.1%；西藏、新疆、云南 B 层人才的世界占比均为 0.07%。

C 层人才最多的是北京，世界占比为 3.63%；上海、湖北、安徽、江苏、甘肃、广东也有相当数量的 C 层人才，世界占比在 2%~1%；山东、浙江、湖南、四川、河南、广西、天津、河北、重庆、辽宁、山西、吉林有一定数量的 C 层人才，世界占比均超过 0.1%；陕西、贵州、云南、福建、黑龙江、江西、新疆、内蒙古 C 层人才的世界占比均低于 0.1%。

表 2-45　核物理 A 层人才的世界占比

单位：%

省　份	2014 年	2015 年	2016 年	2017 年	2018 年	2019 年	2020 年	2021 年	2022 年	2023 年	合计
甘　肃	0.00	0.00	0.00	12.50	0.00	5.26	0.00	16.67	0.00	0.00	7.58
北　京	0.00	0.00	0.00	6.25	0.00	5.26	0.00	16.67	0.00	0.00	6.06
广　东	0.00	0.00	0.00	0.00	0.00	5.26	0.00	16.67	0.00	0.00	4.55
湖　北	0.00	0.00	0.00	6.25	0.00	5.26	0.00	0.00	0.00	0.00	3.03
山　东	0.00	0.00	0.00	6.25	0.00	5.26	0.00	0.00	0.00	0.00	3.03
安　徽	0.00	0.00	0.00	6.25	0.00	0.00	0.00	0.00	0.00	0.00	1.52
上　海	0.00	0.00	0.00	6.25	0.00	0.00	0.00	0.00	0.00	0.00	1.52

表 2-46　核物理 B 层人才的世界占比

单位：%

省　份	2014 年	2015 年	2016 年	2017 年	2018 年	2019 年	2020 年	2021 年	2022 年	2023 年	合计
北　京	2.92	2.42	2.22	2.42	2.21	2.76	3.64	3.64	4.63	4.63	3.07
湖　北	2.19	2.42	2.22	2.42	1.47	0.00	1.82	2.73	2.78	0.93	1.87
上　海	0.00	0.00	1.11	0.81	2.21	2.07	1.82	0.91	3.70	3.70	1.57
安　徽	0.00	0.00	1.11	2.42	2.21	0.69	1.21	2.73	4.63	0.93	1.50
山　东	0.00	0.00	1.67	0.81	2.21	1.38	0.61	0.91	2.78	0.93	1.12
江　苏	0.00	0.00	1.11	0.00	1.47	0.69	0.61	2.73	2.78	1.85	1.05
甘　肃	0.00	0.00	1.11	2.42	0.74	0.00	0.61	0.91	3.70	0.93	0.97
广　东	0.00	0.00	1.11	0.00	1.47	1.38	0.61	1.82	2.78	0.93	0.97
天　津	0.00	0.00	1.11	0.00	0.00	0.00	1.82	1.82	0.93	0.93	0.67
浙　江	0.00	0.00	1.11	0.00	0.00	0.00	0.61	1.82	1.85	1.85	0.67
河　南	0.00	0.00	0.56	0.00	0.00	0.00	0.61	1.82	2.78	0.00	0.52
四　川	0.00	0.00	1.11	0.00	0.00	0.00	0.61	0.91	1.85	0.93	0.52
广　西	0.73	0.00	1.11	0.00	0.00	0.00	0.61	0.91	0.93	0.00	0.45
重　庆	0.00	0.00	0.56	0.00	0.00	0.00	0.00	0.00	1.85	0.00	0.30
湖　南	0.00	0.00	0.56	0.00	0.00	0.00	0.61	0.00	1.85	0.00	0.30
辽　宁	0.00	0.00	0.56	0.00	0.00	0.00	0.61	0.91	0.93	0.00	0.30
福　建	0.00	0.00	0.56	0.00	0.00	0.00	0.00	0.91	0.93	0.00	0.22

续表

省 份	2014 年	2015 年	2016 年	2017 年	2018 年	2019 年	2020 年	2021 年	2022 年	2023 年	合计
河 北	0.00	0.00	0.56	0.00	0.00	0.00	0.00	0.91	0.93	0.00	0.22
黑龙江	0.00	0.00	0.56	0.00	0.00	0.00	0.00	0.00	0.93	0.00	0.15
吉 林	0.00	0.00	0.56	0.00	0.00	0.00	0.00	0.00	0.93	0.00	0.15
山 西	0.00	0.00	0.56	0.00	0.00	0.00	0.61	0.00	0.00	0.00	0.15
西 藏	0.00	0.00	0.00	0.00	0.00	0.00	0.00	0.91	0.00	0.00	0.07
新 疆	0.00	0.00	0.00	0.00	0.00	0.00	0.00	0.00	0.93	0.00	0.07
云 南	0.00	0.00	0.00	0.00	0.00	0.00	0.00	0.91	0.00	0.00	0.07

表 2-47 核物理 C 层人才的世界占比

单位：%

省 份	2014 年	2015 年	2016 年	2017 年	2018 年	2019 年	2020 年	2021 年	2022 年	2023 年	合计
北 京	2.30	2.51	3.39	3.35	3.01	3.08	3.43	5.60	6.22	5.15	3.63
上 海	0.68	1.60	1.23	1.14	1.40	1.42	2.29	2.40	2.68	2.66	1.67
湖 北	1.08	1.18	1.23	1.14	1.03	1.31	1.07	2.13	2.04	1.41	1.32
安 徽	0.41	0.70	0.99	0.67	0.66	1.20	1.50	2.22	2.25	1.83	1.17
江 苏	0.61	0.56	0.80	0.87	0.81	1.03	1.29	1.69	1.82	1.99	1.09
甘 肃	0.47	0.77	0.99	1.14	0.59	0.51	0.93	1.87	2.47	1.58	1.04
广 东	0.47	0.42	0.74	0.60	0.66	0.68	1.14	2.31	1.71	2.07	1.00
山 东	0.54	0.63	0.68	0.67	0.44	1.03	0.93	1.33	1.29	1.58	0.88
浙 江	0.00	0.14	0.12	0.13	0.15	0.28	0.57	2.04	1.61	1.74	0.58
湖 南	0.00	0.14	0.25	0.34	0.15	0.46	0.21	1.24	1.07	1.00	0.43
四 川	0.07	0.14	0.25	0.40	0.22	0.28	0.29	0.89	1.18	0.91	0.41
河 南	0.00	0.14	0.43	0.40	0.15	0.00	0.36	0.71	1.29	0.50	0.35
广 西	0.07	0.07	0.43	0.20	0.15	0.11	0.21	0.80	1.07	0.66	0.33
天 津	0.07	0.07	0.25	0.40	0.15	0.17	0.21	0.80	1.29	0.41	0.33
河 北	0.07	0.07	0.00	0.13	0.15	0.06	0.43	0.71	0.43	0.50	0.22
重 庆	0.07	0.14	0.18	0.34	0.00	0.23	0.29	0.44	0.43	0.17	0.22
辽 宁	0.00	0.21	0.12	0.27	0.15	0.00	0.07	0.62	0.64	0.41	0.22
山 西	0.00	0.07	0.18	0.00	0.00	0.07	0.07	0.53	0.75	0.33	0.20
吉 林	0.00	0.00	0.00	0.00	0.07	0.00	0.07	0.53	0.75	0.25	0.13
陕 西	0.00	0.00	0.00	0.07	0.00	0.06	0.00	0.18	0.21	0.33	0.07
贵 州	0.00	0.00	0.00	0.00	0.07	0.06	0.00	0.09	0.21	0.33	0.07
云 南	0.00	0.00	0.00	0.00	0.00	0.00	0.00	0.00	0.43	0.25	0.05
福 建	0.00	0.00	0.00	0.00	0.00	0.00	0.07	0.27	0.21	0.21	0.04
黑龙江	0.00	0.00	0.06	0.00	0.00	0.00	0.00	0.18	0.11	0.08	0.04

续表

省　份	2014 年	2015 年	2016 年	2017 年	2018 年	2019 年	2020 年	2021 年	2022 年	2023 年	合计
江　西	0.00	0.00	0.00	0.00	0.00	0.00	0.07	0.00	0.11	0.17	0.03
新　疆	0.00	0.00	0.00	0.00	0.00	0.06	0.00	0.09	0.00	0.00	0.01
内蒙古	0.00	0.00	0.00	0.00	0.07	0.00	0.00	0.00	0.00	0.00	0.01

十七　核科学和技术

核科学和技术 A 层人才最多的是北京，世界占比为 2.82%；广东、湖北 A 层人才的世界占比均为 2.11%；上海、浙江 A 层人才的世界占比均为 1.41%；安徽、湖南、山东、四川有一定数量的 A 层人才，世界占比均为 0.70%。

B 层人才最多的是北京，世界占比为 3.29%；上海、广东、安徽、四川也有相当数量的 B 层人才，世界占比在 2%～1%；江苏、辽宁、山东、湖南、湖北、浙江、重庆、陕西、黑龙江、甘肃、吉林、天津、福建、河北、河南有一定数量的 B 层人才，世界占比均超过 0.1%；广西、江西、山西 B 层人才的世界占比均为 0.07%。

C 层人才最多的是北京，世界占比为 3.91%；四川、上海、安徽、江苏、广东也有相当数量的 C 层人才，世界占比在 3%～1%；湖南、黑龙江、湖北、辽宁、甘肃、浙江、江西、山东、重庆、陕西、福建、天津、河南、吉林、河北有一定数量的 C 层人才，世界占比均超过 0.1%；广西、山西、新疆、云南、贵州、宁夏、内蒙古、青海、海南、西藏 C 层人才的世界占比均低于 0.1%。

表 2-48　核科学和技术 A 层人才的世界占比

单位：%

省　份	2014 年	2015 年	2016 年	2017 年	2018 年	2019 年	2020 年	2021 年	2022 年	2023 年	合计
北　京	0.00	0.00	0.00	5.56	0.00	0.00	0.00	0.00	7.69	16.67	2.82
广　东	0.00	0.00	0.00	5.56	0.00	0.00	0.00	6.25	7.69	0.00	2.11

续表

省 份	2014 年	2015 年	2016 年	2017 年	2018 年	2019 年	2020 年	2021 年	2022 年	2023 年	合计
湖 北	0.00	0.00	0.00	5.56	0.00	0.00	0.00	0.00	7.69	8.33	2.11
上 海	6.25	0.00	0.00	0.00	0.00	0.00	0.00	0.00	0.00	8.33	1.41
浙 江	0.00	0.00	0.00	0.00	0.00	0.00	5.88	6.25	0.00	0.00	1.41
安 徽	0.00	0.00	0.00	5.56	0.00	0.00	0.00	0.00	0.00	0.00	0.70
湖 南	0.00	0.00	0.00	0.00	0.00	0.00	0.00	0.00	7.69	0.00	0.70
山 东	0.00	0.00	0.00	0.00	0.00	0.00	0.00	6.25	0.00	0.00	0.70
四 川	0.00	0.00	0.00	0.00	0.00	0.00	5.88	0.00	0.00	0.00	0.70

表 2-49 核科学和技术 B 层人才的世界占比

单位：%

省 份	2014 年	2015 年	2016 年	2017 年	2018 年	2019 年	2020 年	2021 年	2022 年	2023 年	合计
北 京	2.70	2.17	2.82	4.19	1.92	2.63	5.13	4.17	3.25	3.70	3.29
上 海	0.68	2.90	2.82	1.80	1.92	1.32	2.56	0.00	1.63	1.48	1.71
广 东	0.68	0.72	0.70	0.60	0.64	2.63	5.13	1.39	1.63	0.00	1.44
安 徽	2.03	1.45	2.11	1.80	0.00	1.32	1.92	0.69	0.81	0.00	1.23
四 川	0.68	0.00	0.70	1.80	0.64	0.66	1.28	3.47	0.81	2.22	1.23
江 苏	0.00	0.72	1.41	0.00	0.64	1.32	0.00	1.39	1.63	2.22	0.89
辽 宁	0.00	0.72	0.00	1.20	1.28	1.32	0.00	1.39	1.63	0.00	0.75
山 东	0.00	0.00	0.70	0.60	0.00	0.66	2.56	0.69	2.44	0.00	0.75
湖 南	0.00	0.00	2.11	0.00	0.00	1.32	0.64	0.69	1.63	0.74	0.68
湖 北	0.00	0.00	0.00	0.00	0.00	1.32	1.92	1.39	0.81	0.74	0.62
浙 江	0.00	0.00	0.00	0.60	0.64	0.66	0.00	1.39	2.44	0.74	0.62
重 庆	0.00	0.00	0.70	0.60	0.64	0.00	0.00	0.69	1.63	0.74	0.48
陕 西	0.00	0.00	0.00	0.60	0.64	0.00	0.64	1.39	0.81	0.00	0.41
黑龙江	0.00	0.00	0.00	0.00	0.64	0.00	0.00	0.00	0.00	2.22	0.27
甘 肃	0.00	0.00	0.70	0.00	0.00	0.00	0.00	1.39	0.00	0.00	0.21
吉 林	0.00	0.00	0.00	0.00	1.28	0.66	0.00	0.00	0.00	0.00	0.21
天 津	0.00	0.00	0.70	0.00	0.64	0.66	0.00	0.00	0.00	0.00	0.21
福 建	0.00	0.00	0.00	0.00	0.00	0.00	0.64	0.69	0.00	0.00	0.14
河 北	0.00	0.00	0.00	0.00	0.00	0.00	0.00	0.69	0.00	0.74	0.14
河 南	0.00	0.00	0.00	0.00	0.00	0.00	0.64	0.00	0.00	0.74	0.14
广 西	0.00	0.00	0.00	0.00	0.00	0.00	0.00	0.69	0.00	0.00	0.07
江 西	0.00	0.00	0.00	0.00	0.00	0.00	0.64	0.00	0.00	0.00	0.07
山 西	0.00	0.00	0.70	0.00	0.00	0.00	0.00	0.00	0.00	0.00	0.07

表 2-50　核科学和技术 C 层人才的世界占比

单位：%

省　份	2014 年	2015 年	2016 年	2017 年	2018 年	2019 年	2020 年	2021 年	2022 年	2023 年	合计
北　京	3.08	4.10	4.26	3.01	4.56	3.69	4.60	3.66	4.42	3.93	3.91
四　川	1.37	1.73	1.77	1.69	2.07	2.57	2.93	2.69	2.92	2.99	2.25
上　海	1.30	1.65	1.77	2.23	2.14	1.74	2.07	2.54	2.17	3.08	2.05
安　徽	2.05	1.50	1.99	1.75	1.38	1.67	1.67	1.27	1.08	1.28	1.58
江　苏	0.68	0.87	0.92	0.78	1.31	2.23	2.87	0.90	1.42	1.88	1.38
广　东	0.27	0.39	0.14	0.66	0.90	1.53	2.40	1.57	1.42	2.05	1.12
湖　南	0.34	0.63	0.14	0.30	0.90	1.04	1.60	0.90	0.83	2.48	0.89
黑龙江	0.68	0.47	0.71	0.48	1.17	0.70	0.93	0.82	0.67	1.63	0.81
湖　北	0.62	0.63	0.35	0.48	0.55	0.83	0.67	1.05	0.75	0.94	0.68
辽　宁	0.55	0.47	0.43	0.72	0.35	0.90	0.93	0.60	0.92	0.60	0.65
甘　肃	0.55	0.00	0.43	0.36	0.76	0.42	0.47	0.60	0.42	1.20	0.51
浙　江	0.14	0.47	0.28	0.30	0.21	0.49	0.87	0.52	0.50	0.68	0.44
江　西	0.21	0.39	0.85	0.12	0.55	0.42	0.47	0.22	0.42	0.51	0.41
山　东	0.21	0.24	0.21	0.24	0.07	0.63	0.67	0.97	0.50	0.43	0.41
重　庆	0.14	0.08	0.14	0.30	0.28	0.83	0.73	0.45	0.25	0.68	0.39
陕　西	0.21	0.24	0.35	0.24	0.41	0.70	0.27	0.07	0.58	0.26	0.33
福　建	0.21	0.24	0.14	0.18	0.21	0.21	0.73	0.75	0.08	0.26	0.30
天　津	0.07	0.24	0.14	0.30	0.28	0.28	0.73	0.45	0.17	0.26	0.30
河　南	0.07	0.08	0.07	0.18	0.07	0.21	0.53	0.37	0.42	0.43	0.24
吉　林	0.00	0.08	0.00	0.06	0.00	0.07	0.33	0.07	0.17	0.43	0.12
河　北	0.00	0.00	0.00	0.00	0.14	0.14	0.07	0.15	0.25	0.43	0.11
广　西	0.07	0.00	0.00	0.12	0.07	0.00	0.20	0.07	0.08	0.34	0.09
山　西	0.00	0.00	0.07	0.06	0.14	0.07	0.27	0.07	0.00	0.26	0.09
新　疆	0.00	0.08	0.07	0.06	0.14	0.00	0.13	0.00	0.17	0.00	0.06
云　南	0.00	0.00	0.00	0.00	0.00	0.21	0.20	0.07	0.08	0.09	0.06
贵　州	0.00	0.00	0.00	0.00	0.07	0.00	0.07	0.15	0.08	0.26	0.06
宁　夏	0.00	0.00	0.00	0.00	0.00	0.00	0.13	0.07	0.17	0.09	0.04
内蒙古	0.00	0.00	0.00	0.00	0.00	0.00	0.00	0.07	0.08	0.09	0.02
青　海	0.00	0.08	0.00	0.06	0.00	0.07	0.00	0.00	0.00	0.00	0.02
海　南	0.00	0.00	0.00	0.00	0.00	0.00	0.13	0.00	0.00	0.00	0.01
西　藏	0.00	0.00	0.00	0.00	0.00	0.00	0.07	0.00	0.00	0.09	0.01

十八　流体物理和等离子体物理

流体物理和等离子体物理 A、B、C 层人才最多的均为北京，世界占比分别为 3.23%、4.45%、4.15%。

黑龙江、安徽、河南、陕西、山东、四川有相当数量的 A 层人才，世界占比在 2%~1%；重庆、海南、湖北、江苏、吉林、辽宁、山西、浙江有一定数量的 A 层人才，世界占比均为 0.65%。

江苏、上海、四川、安徽、湖北、广东、浙江、陕西有相当数量的 B 层人才，世界占比在 2%~1%；黑龙江、山东、辽宁、湖南、重庆、山西、甘肃、河北、天津、广西、河南有一定数量的 B 层人才，世界占比均超过 0.1%；福建、贵州、江西、吉林、新疆 B 层人才的世界占比均为 0.07%。

上海、广东、江苏、四川、安徽、浙江有相当数量的 C 层人才，世界占比在 2%~1%；湖北、黑龙江、陕西、辽宁、湖南、山东、重庆、天津、甘肃、河北、福建、河南、广西、吉林有一定数量的 C 层人才，世界占比均超过 0.1%；山西、内蒙古、江西、云南、海南、新疆、青海、贵州、宁夏、西藏 C 层人才的世界占比均低于 0.1%。

表 2-51　流体物理和等离子体物理 A 层人才的世界占比

单位：%

省　份	2014 年	2015 年	2016 年	2017 年	2018 年	2019 年	2020 年	2021 年	2022 年	2023 年	合计
北　京	0.00	0.00	0.00	6.25	0.00	5.88	0.00	0.00	0.00	17.65	3.23
黑龙江	0.00	0.00	0.00	0.00	0.00	0.00	0.00	0.00	0.00	17.65	1.94
安　徽	0.00	0.00	0.00	6.25	0.00	5.88	0.00	0.00	0.00	0.00	1.29
河　南	0.00	0.00	0.00	0.00	0.00	0.00	0.00	0.00	0.00	11.76	1.29
陕　西	0.00	0.00	0.00	0.00	6.67	5.88	0.00	0.00	0.00	0.00	1.29
山　东	0.00	0.00	0.00	0.00	0.00	0.00	0.00	0.00	0.00	11.76	1.29
四　川	0.00	0.00	0.00	6.25	0.00	5.88	0.00	0.00	0.00	0.00	1.29
重　庆	0.00	0.00	0.00	0.00	0.00	0.00	0.00	0.00	0.00	5.88	0.65
海　南	0.00	0.00	0.00	0.00	0.00	0.00	0.00	0.00	0.00	5.88	0.65
湖　北	0.00	0.00	0.00	6.25	0.00	0.00	0.00	0.00	0.00	0.00	0.65
江　苏	0.00	0.00	0.00	0.00	6.67	0.00	0.00	0.00	0.00	0.00	0.65

续表

省　份	2014 年	2015 年	2016 年	2017 年	2018 年	2019 年	2020 年	2021 年	2022 年	2023 年	合计
吉　林	0.00	0.00	0.00	0.00	0.00	5.88	0.00	0.00	0.00	0.00	0.65
辽　宁	0.00	0.00	0.00	0.00	0.00	0.00	0.00	0.00	0.00	5.88	0.65
山　西	0.00	0.00	0.00	0.00	0.00	0.00	0.00	0.00	0.00	5.88	0.65
浙　江	0.00	0.00	0.00	0.00	0.00	5.88	0.00	0.00	0.00	0.00	0.65

表 2-52　流体物理和等离子体物理 B 层人才的世界占比

单位：%

省　份	2014 年	2015 年	2016 年	2017 年	2018 年	2019 年	2020 年	2021 年	2022 年	2023 年	合计
北　京	3.76	2.11	5.13	1.16	1.85	4.52	4.93	6.41	6.80	8.57	4.45
江　苏	3.01	1.41	0.64	1.74	1.85	1.29	1.41	1.92	2.04	4.29	1.93
上　海	0.75	0.70	0.00	1.74	3.09	1.94	2.82	1.28	1.36	0.00	1.40
四　川	0.00	1.41	0.64	1.74	0.00	1.29	0.70	2.56	2.72	2.86	1.40
安　徽	1.50	1.41	0.64	2.33	0.62	0.65	2.11	0.64	0.68	1.43	1.20
湖　北	0.75	1.41	0.00	0.00	0.62	1.94	1.41	2.56	1.36	2.14	1.20
广　东	0.00	0.00	0.00	0.00	3.70	0.00	2.11	3.85	0.68	0.71	1.13
浙　江	0.75	0.70	1.28	0.00	1.85	1.94	1.41	0.64	0.00	2.86	1.13
陕　西	0.00	0.70	1.28	1.16	0.62	0.65	1.41	0.00	0.00	5.00	1.06
黑龙江	0.00	1.41	0.64	0.00	1.23	1.29	0.00	3.21	0.68	0.71	0.93
山　东	0.00	0.70	0.00	0.00	1.23	1.29	0.70	1.28	1.36	1.43	0.80
辽　宁	0.00	0.00	0.64	0.00	1.23	1.29	0.00	1.28	0.00	2.86	0.73
湖　南	0.75	0.70	0.00	1.16	0.62	0.00	2.11	0.64	0.68	0.00	0.66
重　庆	0.75	0.00	0.00	0.00	0.00	0.00	0.00	0.00	2.04	2.86	0.53
山　西	0.00	0.00	0.00	0.64	1.16	0.00	0.00	0.00	0.00	2.86	0.47
甘　肃	0.00	0.00	1.28	0.58	0.00	0.00	0.00	0.00	0.00	2.14	0.40
河　北	0.00	0.00	0.00	0.00	0.00	0.00	0.00	1.92	0.68	0.71	0.33
天　津	0.00	0.70	0.00	0.00	0.00	0.00	0.00	0.64	0.68	0.71	0.27
广　西	0.00	0.00	0.00	0.00	0.00	0.00	0.00	0.00	0.00	1.43	0.13
河　南	0.00	0.00	0.00	0.00	0.00	0.00	0.00	0.00	0.00	1.43	0.13
福　建	0.00	0.00	0.00	0.00	0.00	0.65	0.00	0.00	0.00	0.00	0.07
贵　州	0.00	0.00	0.00	0.00	0.00	0.00	0.00	0.68	0.00	0.00	0.07
江　西	0.00	0.00	0.00	0.00	0.00	0.00	0.70	0.00	0.00	0.00	0.07
吉　林	0.00	0.00	0.00	0.00	0.00	0.00	0.00	0.00	0.71	0.00	0.07
新　疆	0.00	0.00	0.00	0.00	0.00	0.00	0.00	0.00	0.71	0.00	0.07

表 2-53 流体物理和等离子体物理 C 层人才的世界占比

单位：%

省　份	2014 年	2015 年	2016 年	2017 年	2018 年	2019 年	2020 年	2021 年	2022 年	2023 年	合计
北　京	2.07	2.52	3.26	3.73	3.11	3.36	4.69	5.87	5.81	6.94	4.15
上　海	1.08	0.89	1.29	0.89	0.83	1.55	1.46	2.30	3.05	2.83	1.61
广　东	0.84	0.20	1.02	0.59	1.02	1.61	1.90	2.49	2.90	3.02	1.55
江　苏	0.92	0.75	0.75	0.47	1.14	0.97	1.83	2.30	2.25	4.05	1.54
四　川	0.92	1.77	0.75	1.12	1.21	1.61	0.95	1.53	2.69	1.99	1.45
安　徽	1.23	1.91	1.02	1.72	1.65	1.81	1.17	0.96	1.45	1.09	1.41
浙　江	0.69	0.61	0.88	0.47	0.25	1.03	1.39	1.59	2.47	2.63	1.19
湖　北	0.77	0.41	0.95	0.47	0.83	0.84	0.73	1.15	1.52	1.67	0.93
黑龙江	0.08	0.14	0.48	0.89	0.57	0.90	0.66	1.47	1.31	2.57	0.92
陕　西	0.38	0.20	0.48	1.01	0.83	0.97	0.81	1.53	1.16	1.67	0.92
辽　宁	0.46	0.27	0.61	0.83	0.51	0.97	1.02	1.02	0.87	1.54	0.82
湖　南	0.23	0.34	0.48	0.47	0.57	0.78	0.37	0.45	0.94	1.99	0.67
山　东	0.15	0.14	0.48	0.24	0.13	0.39	0.95	0.45	1.02	2.31	0.62
重　庆	0.46	0.14	0.07	0.24	0.44	0.26	0.22	0.70	0.73	0.83	0.41
天　津	0.00	0.20	0.20	0.06	0.06	0.19	0.81	0.26	0.51	0.83	0.31
甘　肃	0.23	0.27	0.07	0.47	0.19	0.13	0.22	0.26	0.19	0.19	0.21
河　北	0.00	0.07	0.07	0.06	0.13	0.00	0.15	0.32	0.58	0.71	0.21
福　建	0.08	0.27	0.07	0.24	0.25	0.13	0.07	0.13	0.29	0.45	0.20
河　南	0.08	0.07	0.07	0.12	0.25	0.00	0.51	0.19	0.36	0.26	0.19
广　西	0.08	0.07	0.07	0.12	0.00	0.06	0.15	0.19	0.15	0.26	0.11
吉　林	0.08	0.07	0.14	0.12	0.06	0.00	0.15	0.13	0.07	0.32	0.11
山　西	0.23	0.07	0.14	0.00	0.06	0.13	0.07	0.00	0.15	0.13	0.09
内蒙古	0.00	0.00	0.00	0.06	0.00	0.13	0.07	0.26	0.07	0.13	0.07
江　西	0.08	0.07	0.00	0.00	0.13	0.13	0.00	0.13	0.15	0.00	0.07
云　南	0.08	0.00	0.07	0.00	0.00	0.00	0.22	0.06	0.00	0.19	0.06
海　南	0.00	0.00	0.07	0.00	0.00	0.00	0.00	0.06	0.07	0.32	0.05
新　疆	0.00	0.00	0.00	0.00	0.00	0.00	0.07	0.06	0.00	0.26	0.04
青　海	0.00	0.07	0.00	0.00	0.00	0.00	0.00	0.00	0.00	0.13	0.02
贵　州	0.00	0.07	0.00	0.00	0.00	0.00	0.00	0.00	0.00	0.06	0.01
宁　夏	0.00	0.00	0.07	0.06	0.00	0.00	0.00	0.00	0.00	0.00	0.01
西　藏	0.00	0.00	0.00	0.00	0.00	0.00	0.00	0.00	0.00	0.06	0.01

十九 应用物理学

应用物理学 A、B、C 层人才最多的均为北京，世界占比分别为 9.45%、11.48%、8.93%，均显著高于其他省份。

广东、上海、江苏、湖北的 A 层人才比较多，世界占比在 6%~3%；浙江、山东、安徽、湖南、辽宁、河南、陕西、天津、四川、吉林也有相当数量的 A 层人才，世界占比在 3%~1%；福建、黑龙江、江西、重庆、山西、甘肃、河北、贵州、广西、云南有一定数量的 A 层人才，世界占比均超过 0.1%；内蒙古、青海、新疆 A 层人才的世界占比均为 0.07%。

江苏、广东、上海、湖北、浙江的 B 层人才比较多，世界占比在 7%~3%；天津、山东、安徽、湖南、陕西、河南、辽宁、四川、吉林、福建、黑龙江也有相当数量的 B 层人才，世界占比在 3%~1%；重庆、山西、广西、河北、江西、甘肃、云南、贵州、海南、新疆、内蒙古有一定数量的 B 层人才，世界占比超过或等于 0.1%；宁夏、西藏、青海 B 层人才的世界占比均低于 0.1%。

江苏、广东、上海的 C 层人才比较多，世界占比在 6%~4%；湖北、浙江、山东、四川、天津、安徽、湖南、河南、陕西、吉林、辽宁、福建、黑龙江也有相当数量的 C 层人才，世界占比在 3%~1%；重庆、山西、甘肃、广西、江西、河北、云南、海南、新疆、内蒙古、贵州有一定数量的 C 层人才，世界占比均超过 0.1%；宁夏、青海、西藏 C 层人才的世界占比均低于 0.1%。

表 2-54　应用物理学 A 层人才的世界占比

单位：%

省　份	2014 年	2015 年	2016 年	2017 年	2018 年	2019 年	2020 年	2021 年	2022 年	2023 年	合计
北　京	5.04	2.61	7.03	11.54	8.82	10.95	10.81	12.82	9.46	12.84	9.45
广　东	3.36	0.87	2.34	1.54	1.47	5.11	6.08	10.90	9.46	8.11	5.20
上　海	2.52	2.61	0.78	4.62	5.15	1.46	4.73	5.13	8.78	8.11	4.54
江　苏	5.04	4.35	3.13	3.08	3.68	3.65	4.05	4.49	4.05	6.76	4.25

续表

省　份	2014 年	2015 年	2016 年	2017 年	2018 年	2019 年	2020 年	2021 年	2022 年	2023 年	合计
湖　北	2.52	1.74	1.56	6.15	4.41	2.92	2.70	4.49	4.05	2.70	3.37
浙　江	0.84	0.87	2.34	2.31	2.94	1.46	2.70	2.56	6.76	5.41	2.93
山　东	0.00	0.00	1.56	0.00	3.68	0.73	2.03	2.56	4.05	6.76	2.27
安　徽	0.00	0.87	0.78	0.77	2.94	0.73	0.00	1.28	3.38	7.43	1.90
湖　南	0.00	0.87	0.78	2.31	0.00	0.73	4.05	1.92	3.38	2.03	1.68
辽　宁	0.00	1.74	0.00	0.77	0.74	2.19	2.03	2.56	3.38	2.03	1.61
河　南	0.00	0.00	0.00	0.77	0.00	0.00	4.05	1.92	4.05	3.38	1.54
陕　西	0.00	0.00	0.00	0.74	2.92	0.68	1.92	4.05	3.38	1.47
天　津	0.00	0.87	1.56	0.77	2.94	0.73	2.03	0.64	1.35	2.70	1.39
四　川	0.00	0.00	0.78	0.00	1.47	0.00	1.35	3.21	1.35	3.38	1.25
吉　林	0.00	0.87	1.56	1.54	0.74	0.73	1.35	0.00	2.03	1.35	1.03
福　建	0.84	0.00	0.00	0.00	0.74	0.00	0.68	3.21	0.00	2.03	0.81
黑龙江	0.84	0.00	0.78	0.77	0.00	0.00	2.03	1.28	1.35	0.68	0.81
江　西	0.00	0.00	0.00	0.77	0.00	0.00	0.00	1.28	1.35	1.35	0.51
重　庆	0.00	0.87	0.00	0.77	0.00	0.73	0.00	0.00	1.35	0.00	0.37
山　西	0.00	0.00	0.78	0.00	0.74	0.00	0.00	0.64	0.68	0.68	0.37
甘　肃	0.00	0.00	0.00	0.00	0.00	0.00	0.00	0.64	0.00	2.03	0.29
河　北	0.00	0.00	0.00	0.00	0.74	0.73	0.00	0.64	0.00	0.68	0.29
贵　州	0.00	0.00	0.00	0.00	0.74	0.00	0.00	0.00	0.00	1.35	0.22
广　西	0.00	0.00	0.00	0.00	0.00	0.00	0.00	0.64	0.00	0.68	0.15
云　南	0.00	0.00	0.00	0.00	0.00	0.00	0.00	0.00	0.00	1.35	0.15
内蒙古	0.00	0.00	0.00	0.00	0.00	0.00	0.00	0.00	0.00	0.68	0.07
青　海	0.00	0.00	0.00	0.00	0.00	0.00	0.00	0.00	0.00	0.68	0.07
新　疆	0.00	0.00	0.00	0.00	0.00	0.00	0.00	0.00	0.00	0.68	0.07

表 2-55　应用物理学 B 层人才的世界占比

单位：%

省　份	2014 年	2015 年	2016 年	2017 年	2018 年	2019 年	2020 年	2021 年	2022 年	2023 年	合计
北　京	8.95	9.01	10.69	11.89	13.22	13.24	9.86	13.33	11.26	12.47	11.48
江　苏	2.70	4.32	5.04	6.24	6.37	6.78	5.05	8.03	7.88	10.82	6.45
广　东	1.68	1.88	3.21	4.64	5.71	6.38	7.98	9.32	9.31	10.20	6.27
上　海	3.26	3.10	3.65	4.38	4.57	6.30	5.87	6.31	6.31	6.67	5.14
湖　北	1.68	2.25	2.95	3.29	3.92	3.55	3.69	4.44	5.18	5.49	3.72

省　份	2014 年	2015 年	2016 年	2017 年	2018 年	2019 年	2020 年	2021 年	2022 年	2023 年	合计
浙　江	2.33	1.78	1.48	2.78	2.20	2.42	3.09	4.73	6.16	7.29	3.53
天　津	1.03	2.53	1.56	3.04	2.78	3.55	3.16	2.37	2.78	2.67	2.58
山　东	0.56	0.84	0.78	1.69	2.37	2.58	2.18	3.58	4.73	5.33	2.57
安　徽	1.58	1.03	2.00	1.94	2.45	3.47	2.64	2.01	2.18	3.53	2.31
湖　南	0.37	0.66	0.61	1.69	1.96	1.94	1.51	3.37	2.55	3.69	1.91
陕　西	0.37	0.47	0.70	0.67	2.37	1.37	1.66	2.80	3.75	3.92	1.89
河　南	0.28	0.47	0.26	0.76	1.47	2.34	2.71	3.23	3.38	2.67	1.85
辽　宁	0.75	1.13	1.56	1.69	1.80	2.50	1.88	2.01	2.18	2.20	1.80
四　川	0.47	0.66	0.87	1.52	1.63	1.53	1.73	1.79	3.90	3.06	1.78
吉　林	1.30	1.03	1.48	1.94	1.39	1.61	2.18	2.01	2.18	1.73	1.71
福　建	1.03	0.94	0.87	0.84	1.22	1.69	1.51	2.44	3.08	2.67	1.68
黑龙江	0.56	0.66	0.52	0.67	0.73	0.81	1.36	1.43	2.03	1.88	1.10
重　庆	0.19	0.56	0.26	0.59	0.65	0.73	0.90	1.43	1.35	1.73	0.87
山　西	0.37	0.00	0.52	0.25	0.41	0.16	0.45	0.65	0.68	1.33	0.50
广　西	0.00	0.00	0.09	0.08	0.08	0.48	0.53	1.22	0.83	1.25	0.49
河　北	0.00	0.28	0.17	0.17	0.49	0.65	0.45	0.72	0.68	1.02	0.48
江　西	0.19	0.19	0.35	0.17	0.16	0.32	0.53	0.86	0.53	1.33	0.48
甘　肃	0.37	0.47	0.17	0.25	0.16	0.32	0.30	0.36	0.68	0.71	0.38
云　南	0.00	0.00	0.00	0.08	0.08	0.08	0.08	0.65	0.15	0.71	0.20
贵　州	0.09	0.09	0.17	0.08	0.08	0.00	0.30	0.07	0.38	0.55	0.19
海　南	0.09	0.00	0.00	0.08	0.41	0.00	0.08	0.22	0.15	0.31	0.14
新　疆	0.00	0.00	0.00	0.25	0.16	0.32	0.00	0.07	0.15	0.08	0.11
内蒙古	0.00	0.09	0.17	0.00	0.00	0.00	0.08	0.00	0.23	0.24	0.10
宁　夏	0.00	0.00	0.00	0.08	0.08	0.00	0.00	0.07	0.00	0.08	0.03
西　藏	0.00	0.00	0.00	0.00	0.00	0.00	0.00	0.00	0.15	0.00	0.02
青　海	0.00	0.00	0.00	0.00	0.00	0.00	0.00	0.00	0.00	0.08	0.01

表 2-56　应用物理学 C 层人才的世界占比

单位：%

省　份	2014 年	2015 年	2016 年	2017 年	2018 年	2019 年	2020 年	2021 年	2022 年	2023 年	合计
北　京	6.23	7.38	8.32	9.08	9.80	10.09	8.45	8.88	10.14	10.11	8.93
江　苏	2.91	3.78	4.25	5.19	5.67	5.94	5.50	5.93	6.30	7.13	5.36
广　东	1.73	1.85	2.61	3.62	4.36	6.07	6.27	6.34	7.87	8.05	5.07

省　份	2014 年	2015 年	2016 年	2017 年	2018 年	2019 年	2020 年	2021 年	2022 年	2023 年	合计
上　海	3.14	2.90	3.34	3.63	3.69	4.56	4.22	5.26	5.31	5.87	4.27
湖　北	1.24	1.79	2.17	2.60	3.36	3.22	3.40	3.27	3.38	3.68	2.87
浙　江	1.32	1.38	1.70	2.00	2.33	2.56	2.75	3.68	4.15	5.06	2.79
山　东	0.69	1.03	0.86	1.42	1.77	2.41	2.54	2.86	3.60	3.86	2.19
四　川	0.83	0.95	1.16	1.53	1.94	2.31	2.13	2.14	2.48	3.11	1.91
天　津	0.80	0.96	1.30	1.45	2.13	2.22	2.13	2.37	2.23	2.44	1.85
安　徽	1.19	1.36	1.34	1.68	1.81	1.94	1.82	1.99	2.33	2.71	1.85
湖　南	0.91	0.86	1.17	1.19	1.48	1.98	1.86	1.93	2.29	2.37	1.63
河　南	0.30	0.52	0.56	0.82	0.98	1.58	1.86	2.35	2.53	2.12	1.43
陕　西	0.44	0.51	0.77	0.89	1.33	1.73	1.71	1.75	2.19	2.41	1.43
吉　林	1.16	1.25	0.96	1.32	1.57	1.45	1.67	1.40	1.51	1.79	1.42
辽　宁	0.68	0.80	0.82	1.12	1.48	1.66	1.63	1.73	1.73	1.97	1.40
福　建	0.59	0.79	0.82	1.02	1.22	1.45	1.49	1.77	2.07	2.14	1.38
黑龙江	0.58	0.85	0.75	0.90	1.20	0.79	1.13	1.03	1.24	1.41	1.00
重　庆	0.32	0.52	0.57	0.75	1.00	1.03	0.76	1.16	1.57	1.56	0.96
山　西	0.19	0.29	0.29	0.44	0.67	0.59	0.73	0.60	0.66	0.81	0.54
甘　肃	0.39	0.45	0.37	0.52	0.59	0.44	0.55	0.59	0.70	0.66	0.53
广　西	0.08	0.14	0.24	0.21	0.27	0.54	0.65	0.90	1.00	0.98	0.53
江　西	0.15	0.32	0.15	0.36	0.36	0.47	0.65	0.58	0.78	0.90	0.49
河　北	0.21	0.21	0.20	0.28	0.43	0.45	0.51	0.45	0.61	0.78	0.42
云　南	0.14	0.09	0.13	0.11	0.23	0.16	0.23	0.32	0.37	0.62	0.25
海　南	0.04	0.00	0.03	0.09	0.12	0.09	0.13	0.17	0.31	0.46	0.15
新　疆	0.06	0.09	0.10	0.11	0.11	0.15	0.16	0.14	0.18	0.27	0.14
内蒙古	0.06	0.09	0.02	0.11	0.12	0.09	0.15	0.14	0.22	0.32	0.14
贵　州	0.03	0.04	0.04	0.06	0.09	0.11	0.09	0.13	0.13	0.36	0.11
宁　夏	0.01	0.03	0.01	0.05	0.05	0.03	0.05	0.09	0.08	0.08	0.05
青　海	0.02	0.01	0.01	0.03	0.05	0.03	0.01	0.05	0.07	0.09	0.04
西　藏	0.00	0.00	0.01	0.01	0.00	0.02	0.01	0.01	0.01	0.03	0.01

二十　多学科物理

多学科物理 A、B、C 层人才最多的均为北京，世界占比分别为 5.61%、4.82%、4.20%。

上海有相当数量的 A 层人才，世界占比为 2.02%；广东、安徽、湖北、江苏、辽宁、陕西、云南有一定数量的 A 层人才，世界占比均超过 0.2%。

上海、江苏、广东、安徽有相当数量的 B 层人才，世界占比在 3% ~ 1%；湖北、浙江、山东、四川、湖南、天津、陕西、甘肃、黑龙江、河南、吉林、山西、江西有一定数量的 B 层人才，世界占比均超过 0.1%；重庆、福建、辽宁、新疆、广西、河北、内蒙古、云南 B 层人才的世界占比均低于 0.1%。

上海、江苏、广东、安徽、浙江、湖北有相当数量的 C 层人才，世界占比在 3% ~ 1%；山东、湖南、四川、天津、河南、甘肃、辽宁、陕西、山西、重庆、吉林、黑龙江、江西、福建、广西、河北有一定数量的 C 层人才，世界占比均超过 0.1%；云南、新疆、贵州、内蒙古、海南、宁夏、西藏、青海 C 层人才的世界占比均低于 0.1%。

表 2-57　多学科物理 A 层人才的世界占比

单位：%

省　份	2014 年	2015 年	2016 年	2017 年	2018 年	2019 年	2020 年	2021 年	2022 年	2023 年	合计
北　京	7.32	10.26	2.63	4.55	4.44	6.38	7.32	4.08	5.88	3.92	5.61
上　海	0.00	0.00	2.63	0.00	0.00	0.00	9.76	2.04	1.96	3.92	2.02
广　东	0.00	0.00	2.63	0.00	0.00	2.13	2.44	2.04	0.00	0.00	0.90
安　徽	0.00	0.00	0.00	0.00	0.00	0.00	7.32	0.00	0.00	0.00	0.67
湖　北	0.00	0.00	2.63	0.00	0.00	0.00	0.00	0.00	0.00	3.92	0.67
江　苏	0.00	0.00	2.63	0.00	0.00	0.00	0.00	0.00	0.00	0.00	0.22
辽　宁	0.00	0.00	0.00	0.00	0.00	0.00	0.00	2.04	0.00	0.00	0.22
陕　西	0.00	0.00	0.00	0.00	0.00	0.00	0.00	0.00	1.96	0.00	0.22
云　南	0.00	0.00	0.00	0.00	0.00	0.00	0.00	0.00	1.96	0.00	0.22

表 2-58　多学科物理 B 层人才的世界占比

单位：%

省　份	2014 年	2015 年	2016 年	2017 年	2018 年	2019 年	2020 年	2021 年	2022 年	2023 年	合计
北　京	2.70	3.08	4.55	4.19	3.94	4.11	3.61	6.83	6.67	7.76	4.82
上　海	2.16	1.54	1.87	1.97	2.09	2.28	1.91	3.08	2.22	2.22	2.15

续表

省　份	2014 年	2015 年	2016 年	2017 年	2018 年	2019 年	2020 年	2021 年	2022 年	2023 年	合计
江　苏	0.81	0.77	1.34	2.22	1.39	1.83	0.64	3.30	2.89	4.21	1.98
广　东	0.81	0.51	0.53	0.74	0.23	2.05	1.27	2.20	4.00	4.43	1.75
安　徽	1.35	1.03	1.07	1.72	0.93	0.68	1.06	2.64	1.78	3.10	1.56
湖　北	0.81	0.26	1.07	0.74	0.46	0.91	0.85	0.66	1.78	1.33	0.90
浙　江	0.27	0.51	0.80	0.49	0.46	0.46	0.64	0.66	1.56	2.66	0.87
山　东	0.54	0.26	1.07	0.25	0.46	0.00	0.42	1.32	0.89	0.89	0.61
四　川	0.00	0.00	0.53	0.99	0.46	0.23	0.42	0.66	0.44	1.33	0.52
湖　南	0.00	0.00	0.27	0.25	0.70	0.23	0.00	0.66	0.67	1.33	0.42
天　津	0.27	0.51	0.27	0.00	0.00	0.46	0.21	1.10	0.44	0.00	0.33
陕　西	0.27	0.00	0.27	0.74	0.70	0.00	0.00	0.44	0.22	0.00	0.26
甘　肃	0.27	0.00	0.27	0.00	0.00	0.23	0.00	0.44	0.22	0.89	0.24
黑龙江	0.27	0.26	0.27	0.00	0.23	0.00	0.42	0.00	0.44	0.22	0.21
河　南	0.27	0.00	0.00	0.49	0.00	0.00	0.21	0.66	0.22	0.22	0.21
吉　林	0.27	0.00	0.27	0.25	0.00	0.00	0.00	0.22	0.67	0.44	0.21
山　西	0.00	0.00	0.00	0.00	0.00	0.00	0.64	0.00	0.44	0.22	0.14
江　西	0.00	0.00	0.27	0.00	0.00	0.00	0.00	0.00	0.67	0.00	0.12
重　庆	0.00	0.00	0.00	0.00	0.00	0.00	0.44	0.00	0.44	0.00	0.09
福　建	0.00	0.00	0.00	0.00	0.00	0.00	0.42	0.00	0.22	0.00	0.09
辽　宁	0.00	0.00	0.00	0.00	0.00	0.00	0.00	0.44	0.22	0.22	0.09
新　疆	0.00	0.00	0.00	0.74	0.23	0.00	0.00	0.00	0.00	0.00	0.09
广　西	0.00	0.00	0.00	0.00	0.00	0.00	0.00	0.22	0.00	0.00	0.05
河　北	0.27	0.00	0.00	0.00	0.00	0.00	0.00	0.00	0.00	0.00	0.05
内蒙古	0.00	0.00	0.00	0.00	0.00	0.00	0.00	0.00	0.22	0.00	0.02
云　南	0.00	0.00	0.00	0.25	0.00	0.00	0.00	0.00	0.00	0.00	0.02

表 2-59　多学科物理 C 层人才的世界占比

单位：%

省　份	2014 年	2015 年	2016 年	2017 年	2018 年	2019 年	2020 年	2021 年	2022 年	2023 年	合计
北　京	3.61	3.73	3.46	3.85	3.99	4.10	3.84	4.97	5.20	4.89	4.20
上　海	1.57	1.91	1.81	1.76	1.90	2.08	2.36	2.05	2.30	2.25	2.02
江　苏	0.80	1.67	1.51	1.64	1.76	1.99	2.21	2.42	2.60	2.50	1.95
广　东	0.52	0.29	0.62	0.79	0.95	2.01	1.72	2.40	2.26	2.84	1.50
安　徽	1.19	1.33	0.97	1.07	0.85	1.36	1.29	1.48	1.35	1.86	1.29

续表

省 份	2014 年	2015 年	2016 年	2017 年	2018 年	2019 年	2020 年	2021 年	2022 年	2023 年	合计
浙 江	0.50	0.50	0.41	0.74	0.59	1.10	1.42	1.79	2.12	2.36	1.20
湖 北	0.58	0.89	0.95	0.89	0.97	1.08	1.35	1.26	1.60	1.86	1.17
山 东	0.74	0.37	0.22	0.42	0.52	0.61	0.64	0.96	1.00	1.11	0.67
湖 南	0.17	0.29	0.30	0.55	0.50	0.52	0.79	1.18	1.00	0.98	0.65
四 川	0.39	0.31	0.46	0.55	0.52	0.82	0.54	0.81	0.87	0.91	0.63
天 津	0.36	0.52	0.27	0.30	0.47	0.28	0.26	0.35	0.59	0.59	0.40
河 南	0.17	0.23	0.11	0.15	0.14	0.14	0.34	0.52	0.59	0.98	0.35
甘 肃	0.47	0.44	0.16	0.30	0.07	0.33	0.26	0.61	0.32	0.50	0.35
辽 宁	0.28	0.21	0.24	0.25	0.24	0.19	0.28	0.52	0.55	0.55	0.34
陕 西	0.08	0.16	0.19	0.27	0.17	0.40	0.30	0.46	0.62	0.55	0.33
山 西	0.25	0.26	0.19	0.22	0.14	0.37	0.47	0.50	0.30	0.39	0.32
重 庆	0.08	0.13	0.14	0.20	0.19	0.12	0.21	0.39	0.46	0.59	0.26
吉 林	0.08	0.21	0.11	0.17	0.14	0.19	0.21	0.26	0.32	0.45	0.22
黑龙江	0.06	0.08	0.05	0.07	0.12	0.19	0.26	0.15	0.25	0.43	0.17
江 西	0.06	0.10	0.03	0.17	0.14	0.07	0.32	0.11	0.27	0.36	0.17
福 建	0.06	0.03	0.03	0.20	0.07	0.19	0.15	0.20	0.23	0.45	0.17
广 西	0.17	0.21	0.05	0.07	0.05	0.05	0.15	0.31	0.18	0.39	0.17
河 北	0.11	0.10	0.03	0.10	0.05	0.12	0.04	0.11	0.16	0.27	0.11
云 南	0.03	0.03	0.05	0.02	0.00	0.07	0.15	0.11	0.16	0.11	0.08
新 疆	0.00	0.03	0.05	0.05	0.02	0.07	0.06	0.09	0.07	0.09	0.06
贵 州	0.00	0.05	0.00	0.00	0.02	0.00	0.02	0.04	0.14	0.11	0.04
内蒙古	0.00	0.03	0.00	0.02	0.07	0.02	0.02	0.04	0.05	0.02	0.03
海 南	0.03	0.00	0.00	0.00	0.02	0.00	0.00	0.00	0.09	0.07	0.02
宁 夏	0.00	0.00	0.00	0.00	0.02	0.00	0.04	0.02	0.02	0.02	0.01
西 藏	0.00	0.00	0.00	0.00	0.00	0.00	0.00	0.04	0.00	0.05	0.01
青 海	0.00	0.00	0.00	0.00	0.00	0.05	0.00	0.02	0.00	0.00	0.01

第二节　学科组

在数学与物理学各学科人才分析的基础上，按照 A、B、C 三个人才层次，对各学科人才进行汇总分析，可以从学科组层面揭示人才的分布特点和发展趋势。

一 A 层人才

数学与物理学 A 层人才最多的是北京，世界占比为 4.96%；江苏、广东、上海、浙江、湖北、湖南、山东、四川也有相当数量的 A 层人才，世界占比在 3%～1%；安徽、辽宁、天津、陕西、河南、黑龙江、福建、吉林、甘肃、江西、山西、重庆、云南、贵州、广西、河北、新疆有一定数量的 A 层人才，世界占比均超过 0.1%；内蒙古、海南、青海 A 层人才的世界占比均低于 0.1%。

在发展趋势上，各省份数学与物理学 A 层人才的世界占比总体上呈现相对上升的趋势，其中，北京、山东、上海、江苏、广东、浙江、湖南的增幅相对较大。

表 2-60　数学与物理学 A 层人才的世界占比

单位：%

省　份	2014 年	2015 年	2016 年	2017 年	2018 年	2019 年	2020 年	2021 年	2022 年	2023 年	合计
北　京	2.77	2.32	3.83	4.96	4.49	5.80	5.31	5.87	5.23	8.31	4.96
江　苏	1.63	2.81	2.07	1.46	3.33	2.96	1.90	1.87	2.83	5.79	2.66
广　东	0.98	1.49	0.96	1.31	0.72	3.77	2.45	5.20	3.82	4.45	2.59
上　海	0.98	1.66	0.96	1.90	2.75	1.21	2.45	2.27	4.10	5.19	2.37
浙　江	0.16	0.50	1.12	0.87	1.88	1.21	3.40	2.93	4.95	3.56	2.12
湖　北	1.14	1.32	0.80	2.48	1.59	1.35	0.82	2.27	2.69	3.12	1.77
湖　南	0.33	0.66	0.96	0.87	0.29	1.21	3.13	1.73	2.26	3.41	1.52
山　东	0.00	0.17	0.96	0.15	1.88	1.48	1.50	1.60	2.26	4.30	1.46
四　川	0.33	0.17	0.48	1.02	0.72	0.54	1.09	1.20	1.41	2.97	1.01
安　徽	0.16	0.66	0.48	0.58	0.72	0.94	0.68	0.93	1.56	2.82	0.97
辽　宁	0.16	0.50	0.32	0.44	0.43	0.67	0.68	1.33	2.26	1.93	0.89
天　津	0.16	0.99	0.80	0.44	1.30	0.54	0.95	0.40	0.85	1.34	0.78
陕　西	0.00	0.17	0.32	0.00	1.16	1.08	0.14	0.80	1.70	1.93	0.75
河　南	0.00	0.00	0.00	0.44	0.29	0.27	1.22	0.80	1.56	2.08	0.69
黑龙江	0.33	0.33	0.80	0.29	0.00	0.27	0.95	1.07	0.42	1.63	0.61
福　建	0.16	0.17	0.16	0.00	0.29	0.27	0.14	1.33	1.27	1.63	0.56
吉　林	0.00	0.17	0.64	0.44	0.43	0.40	0.68	0.13	0.85	0.59	0.44
甘　肃	0.00	0.17	0.16	0.44	0.00	0.40	0.00	0.67	0.57	1.48	0.40

续表

省　份	2014 年	2015 年	2016 年	2017 年	2018 年	2019 年	2020 年	2021 年	2022 年	2023 年	合计
江　西	0.00	0.00	0.00	0.29	0.43	0.13	0.00	0.40	1.27	0.89	0.35
山　西	0.00	0.00	0.48	0.00	0.29	0.00	0.14	0.27	0.57	1.04	0.28
重　庆	0.16	0.17	0.00	0.29	0.00	0.13	0.00	0.27	0.57	1.04	0.26
云　南	0.00	0.33	0.16	0.15	0.00	0.13	0.14	0.00	0.28	0.59	0.18
贵　州	0.00	0.00	0.16	0.00	0.14	0.00	0.00	0.00	0.00	1.34	0.16
广　西	0.00	0.00	0.00	0.15	0.00	0.13	0.14	0.13	0.00	0.74	0.13
河　北	0.00	0.00	0.00	0.00	0.14	0.13	0.27	0.40	0.00	0.30	0.13
新　疆	0.00	0.00	0.17	0.00	0.00	0.29	0.00	0.00	0.00	0.74	0.12
内蒙古	0.00	0.00	0.00	0.00	0.00	0.00	0.00	0.13	0.28	0.30	0.07
海　南	0.00	0.00	0.00	0.00	0.00	0.00	0.00	0.00	0.14	0.30	0.04
青　海	0.00	0.00	0.00	0.00	0.00	0.00	0.00	0.00	0.00	0.45	0.04

二　B 层人才

数学与物理学 B 层人才最多的是北京，世界占比为 5.85%；江苏、广东的 B 层人才比较多，世界占比分别为 3.50%、3.01%；上海、浙江、湖北、山东、湖南、安徽、四川、天津也有相当数量的 B 层人才，世界占比在 3%~1%；辽宁、陕西、河南、吉林、福建、黑龙江、重庆、山西、甘肃、广西、江西、河北、云南、贵州、新疆有一定数量的 B 层人才，世界占比均超过 0.1%；海南、内蒙古、宁夏、青海、西藏 B 层人才的世界占比均低于 0.1%。

在发展趋势上，各省份数学与物理学 B 层人才的世界占比总体上呈现相对上升的发展趋势，其中，江苏、广东、浙江的增幅相对较大。

表 2-61　数学与物理学 B 层人才的世界占比

单位：%

省　份	2014 年	2015 年	2016 年	2017 年	2018 年	2019 年	2020 年	2021 年	2022 年	2023 年	合计
北　京	4.11	4.65	5.17	5.69	6.16	6.36	5.28	7.22	6.44	6.88	5.85

续表

省　份	2014 年	2015 年	2016 年	2017 年	2018 年	2019 年	2020 年	2021 年	2022 年	2023 年	合计
江　苏	1.93	2.27	2.72	3.21	3.64	3.79	2.67	4.42	4.61	5.27	3.50
广　东	1.15	1.26	1.61	2.17	2.66	3.17	3.68	4.48	4.68	4.44	3.01
上　海	1.92	2.20	2.21	2.65	3.06	3.44	2.95	3.54	3.71	3.48	2.95
浙　江	1.08	1.02	0.99	1.53	1.75	1.91	2.12	3.26	3.31	4.31	2.18
湖　北	1.21	1.40	1.43	1.89	2.04	2.11	2.24	2.64	2.93	2.71	2.09
山　东	0.50	0.61	0.78	1.01	1.84	1.76	1.62	2.07	2.66	2.75	1.60
湖　南	0.56	0.68	0.56	1.00	1.54	1.58	1.75	1.92	1.83	2.15	1.39
安　徽	0.96	0.72	1.08	1.07	1.22	1.76	1.20	1.27	1.39	1.93	1.27
四　川	0.41	0.60	0.76	1.23	1.10	1.23	1.13	1.31	1.96	2.05	1.20
天　津	0.46	1.21	0.81	1.28	1.26	1.50	1.27	1.14	1.49	1.10	1.17
辽　宁	0.38	0.70	0.75	0.83	0.90	0.95	0.81	1.27	1.35	1.40	0.95
陕　西	0.29	0.48	0.45	0.37	0.88	0.78	0.78	1.33	1.73	1.72	0.91
河　南	0.21	0.34	0.16	0.39	0.68	1.00	1.13	1.38	1.40	1.37	0.84
吉　林	0.62	0.41	0.57	0.78	0.58	0.71	0.82	1.00	1.15	0.80	0.76
福　建	0.56	0.39	0.57	0.36	0.58	0.69	0.74	0.96	1.27	1.01	0.73
黑龙江	0.24	0.48	0.37	0.51	0.62	0.56	0.82	0.89	1.26	1.08	0.70
重　庆	0.24	0.26	0.35	0.45	0.35	0.53	0.56	0.84	0.80	1.23	0.58
山　西	0.19	0.12	0.32	0.22	0.32	0.14	0.43	0.43	0.42	0.81	0.35
甘　肃	0.26	0.19	0.14	0.31	0.14	0.25	0.27	0.35	0.36	0.63	0.29
广　西	0.09	0.05	0.21	0.11	0.21	0.22	0.25	0.58	0.49	0.59	0.29
江　西	0.10	0.09	0.21	0.16	0.14	0.23	0.32	0.38	0.50	0.57	0.28
河　北	0.10	0.05	0.16	0.08	0.23	0.23	0.29	0.39	0.37	0.60	0.26
云　南	0.19	0.07	0.06	0.12	0.08	0.25	0.24	0.37	0.27	0.27	0.20
贵　州	0.07	0.05	0.16	0.06	0.12	0.09	0.13	0.14	0.40	0.32	0.16
新　疆	0.02	0.02	0.08	0.14	0.08	0.10	0.07	0.16	0.21	0.15	0.11
海　南	0.02	0.00	0.00	0.05	0.11	0.04	0.01	0.07	0.11	0.18	0.06
内蒙古	0.03	0.05	0.05	0.00	0.00	0.07	0.04	0.05	0.09	0.09	0.05
宁　夏	0.00	0.00	0.00	0.02	0.05	0.04	0.07	0.08	0.04	0.06	0.04
青　海	0.00	0.02	0.00	0.00	0.00	0.01	0.01	0.05	0.03	0.03	0.02
西　藏	0.00	0.00	0.00	0.00	0.00	0.00	0.01	0.03	0.04	0.02	0.01

三　C 层人才

数学与物理学 C 层人才最多的是北京，世界占比为 5.37%；江苏的 C 层人才比较多，世界占比为 3.15%；广东、上海、湖北、浙江、山东、四川、安徽、湖南、天津也有相当数量的 C 层人才，世界占比在 3%~1%；辽宁、陕西、河南、黑龙江、福建、吉林、重庆、甘肃、山西、广西、江西、河北、云南、贵州、新疆有一定数量的 C 层人才，世界占比均超过 0.1%；内蒙古、海南、宁夏、青海、西藏 C 层人才的世界占比均低于 0.1%。

在发展趋势上，各省份数学与物理学 C 层人才的世界占比总体上呈现相对上升的趋势，其中，广东的增幅相对较大。

表 2-62　数学与物理学 C 层人才的世界占比

单位：%

省　份	2014 年	2015 年	2016 年	2017 年	2018 年	2019 年	2020 年	2021 年	2022 年	2023 年	合计
北　京	4.01	4.48	4.81	5.13	5.76	5.78	5.24	5.70	6.16	6.26	5.37
江　苏	1.73	2.08	2.38	2.83	3.23	3.51	3.36	3.67	3.95	4.34	3.15
广　东	1.01	1.26	1.48	1.87	2.47	3.02	3.33	3.53	4.26	4.39	2.72
上　海	1.97	2.05	2.17	2.30	2.48	2.77	2.75	3.23	3.33	3.47	2.68
湖　北	1.01	1.19	1.42	1.59	2.02	1.98	1.98	1.99	2.14	2.39	1.79
浙　江	0.87	0.83	1.01	1.15	1.35	1.57	1.86	2.34	2.66	3.12	1.71
山　东	0.67	0.81	0.80	1.10	1.37	1.73	1.66	1.82	2.15	2.32	1.47
四　川	0.59	0.73	0.81	1.02	1.25	1.37	1.36	1.43	1.68	1.78	1.22
安　徽	0.82	0.98	0.98	1.05	1.16	1.30	1.25	1.36	1.50	1.67	1.22
湖　南	0.67	0.72	0.74	0.92	1.15	1.38	1.52	1.48	1.63	1.74	1.22
天　津	0.47	0.64	0.75	0.85	1.08	1.11	1.24	1.27	1.29	1.41	1.03
辽　宁	0.57	0.57	0.58	0.76	0.84	1.02	0.97	1.08	1.22	1.27	0.90
陕　西	0.33	0.40	0.51	0.60	0.76	0.99	0.98	1.08	1.34	1.43	0.86
河　南	0.29	0.36	0.41	0.47	0.60	0.70	0.92	1.18	1.31	1.24	0.77
黑龙江	0.45	0.57	0.52	0.64	0.79	0.67	0.81	0.82	0.87	1.03	0.72
福　建	0.40	0.44	0.45	0.52	0.63	0.73	0.82	0.95	0.97	1.04	0.70
吉　林	0.47	0.55	0.45	0.58	0.74	0.68	0.77	0.69	0.80	0.92	0.67
重　庆	0.33	0.40	0.41	0.49	0.63	0.67	0.66	0.79	1.05	1.01	0.65
甘　肃	0.32	0.31	0.28	0.40	0.41	0.34	0.37	0.46	0.45	0.50	0.39
山　西	0.20	0.19	0.23	0.30	0.36	0.42	0.44	0.45	0.42	0.55	0.36
广　西	0.08	0.12	0.15	0.14	0.21	0.30	0.35	0.48	0.58	0.70	0.32
江　西	0.10	0.22	0.18	0.22	0.29	0.30	0.40	0.41	0.44	0.53	0.32

续表

省　份	2014 年	2015 年	2016 年	2017 年	2018 年	2019 年	2020 年	2021 年	2022 年	2023 年	合计
河　北	0.16	0.13	0.13	0.17	0.26	0.31	0.30	0.39	0.50	0.53	0.29
云　南	0.14	0.09	0.15	0.11	0.17	0.17	0.23	0.24	0.29	0.37	0.20
贵　州	0.05	0.06	0.04	0.08	0.13	0.11	0.12	0.14	0.18	0.27	0.12
新　疆	0.05	0.06	0.07	0.09	0.08	0.10	0.11	0.15	0.17	0.24	0.11
内蒙古	0.03	0.06	0.04	0.08	0.09	0.09	0.11	0.13	0.13	0.17	0.09
海　南	0.02	0.01	0.01	0.03	0.04	0.03	0.05	0.08	0.17	0.22	0.07
宁　夏	0.00	0.01	0.02	0.03	0.02	0.03	0.03	0.05	0.05	0.09	0.04
青　海	0.01	0.01	0.02	0.02	0.02	0.03	0.04	0.03	0.03	0.05	0.03
西　藏	0.00	0.00	0.01	0.00	0.00	0.00	0.00	0.01	0.01	0.02	0.01

第三章　化学

化学是研究物质的组成、结构、性质和反应及物质转化的一门科学，是创造新分子和构建新物质的根本途径，是与其他学科密切交叉和相互渗透的中心科学。

第一节　学科

化学学科组包括以下学科：有机化学、高分子科学、电化学、物理化学、分析化学、晶体学、无机化学和核化学、纳米科学和纳米技术、化学工程、应用化学、多学科化学，共计11个。

一　有机化学

有机化学A层人才最多的是上海，世界占比为3.59%；天津的A层人才比较多，世界占比为3.14%；江苏、北京、广东、黑龙江、湖北、山东也有相当数量的A层人才，世界占比在3%~1%；吉林、浙江、安徽、福建、甘肃、广西、江西、辽宁、陕西、山西、新疆有一定数量的A层人才，世界占比均超过0.4%。

B层人才最多的是江苏，世界占比为6.03%；广东、浙江、上海、山东、北京的B层人才比较多，世界占比在5%~3%；湖北、四川、天津、河南、辽宁、湖南、江西、安徽也有相当数量的B层人才，世界占比在3%~1%；福建、广西、黑龙江、陕西、吉林、重庆、甘肃、海南、河北、山西、云南、宁夏、新疆、贵州、内蒙古、青海有一定数量的B层人才，世界占比超过或等于0.1%。

C 层人才最多的是江苏，世界占比为 6.13%；上海、北京、广东、浙江的 C 层人才比较多，世界占比在 6%～3%；山东、湖北、天津、河南、四川、安徽、甘肃、福建、湖南、辽宁、江西、陕西也有相当数量的 C 层人才，世界占比在 3%～1%；黑龙江、重庆、吉林、云南、广西、贵州、新疆、山西、河北、海南、青海有一定数量的 C 层人才，世界占比均超过 0.1%；宁夏、内蒙古、西藏 C 层人才的世界占比均低于 0.1%。

表 3-1　有机化学 A 层人才的世界占比

单位：%

省　份	2014 年	2015 年	2016 年	2017 年	2018 年	2019 年	2020 年	2021 年	2022 年	2023 年	合计
上　海	0.00	4.55	0.00	4.17	0.00	0.00	8.70	4.17	10.53	5.56	3.59
天　津	0.00	0.00	0.00	0.00	0.00	13.04	0.00	4.17	0.00	16.67	3.14
江　苏	4.35	0.00	4.17	0.00	0.00	0.00	0.00	4.17	5.26	11.11	2.69
北　京	0.00	0.00	0.00	4.17	0.00	0.00	0.00	8.33	0.00	0.00	1.35
广　东	0.00	0.00	0.00	0.00	8.70	0.00	0.00	0.00	5.26	0.00	1.35
黑龙江	0.00	0.00	0.00	0.00	0.00	4.35	0.00	0.00	0.00	11.11	1.35
湖　北	0.00	0.00	4.17	0.00	0.00	0.00	4.35	0.00	0.00	5.56	1.35
山　东	0.00	0.00	0.00	0.00	0.00	0.00	4.35	0.00	10.53	0.00	1.35
吉　林	0.00	0.00	0.00	4.17	0.00	0.00	0.00	0.00	5.26	0.00	0.90
浙　江	0.00	4.55	0.00	0.00	0.00	0.00	0.00	0.00	0.00	5.56	0.90
安　徽	0.00	0.00	0.00	0.00	0.00	0.00	0.00	0.00	0.00	5.56	0.45
福　建	4.35	0.00	0.00	0.00	0.00	0.00	0.00	0.00	0.00	0.00	0.45
甘　肃	0.00	4.55	0.00	0.00	0.00	0.00	0.00	0.00	0.00	0.00	0.45
广　西	0.00	0.00	0.00	0.00	0.00	0.00	0.00	0.00	0.00	5.56	0.45
江　西	0.00	0.00	0.00	0.00	0.00	4.35	0.00	0.00	0.00	0.00	0.45
辽　宁	4.35	0.00	0.00	0.00	0.00	0.00	0.00	0.00	0.00	0.00	0.45
陕　西	0.00	0.00	0.00	0.00	0.00	0.00	4.35	0.00	0.00	0.00	0.45
山　西	0.00	0.00	0.00	0.00	0.00	0.00	0.00	0.00	0.00	5.56	0.45
新　疆	0.00	0.00	0.00	0.00	0.00	4.35	0.00	0.00	0.00	0.00	0.45

表 3-2 有机化学 B 层人才的世界占比

单位：%

省　份	2014 年	2015 年	2016 年	2017 年	2018 年	2019 年	2020 年	2021 年	2022 年	2023 年	合计
江　苏	2.71	5.78	3.79	6.36	6.67	6.28	7.80	8.29	6.32	6.47	6.03
广　东	0.90	2.22	3.32	1.82	6.19	5.83	2.75	6.91	6.32	4.71	4.04
浙　江	0.90	3.11	2.37	2.27	1.43	4.04	3.67	4.61	8.42	10.00	3.90
上　海	4.52	4.44	3.32	3.64	2.38	2.24	3.21	2.30	4.74	8.24	3.80
山　东	0.45	2.22	2.37	1.36	3.81	2.69	5.05	6.91	5.79	7.06	3.66
北　京	4.52	2.22	1.90	7.73	3.33	1.79	1.38	4.15	5.79	2.94	3.56
湖　北	1.36	1.78	0.47	1.36	3.33	3.59	4.13	1.84	5.79	5.29	2.80
四　川	0.90	0.89	1.90	0.91	0.00	0.45	1.38	2.30	3.68	7.06	1.81
天　津	0.45	0.89	2.37	2.27	1.43	0.45	2.75	3.23	2.63	0.59	1.71
河　南	1.36	0.89	0.47	1.36	1.90	1.35	0.92	1.38	1.58	2.94	1.38
辽　宁	0.45	1.33	2.37	2.27	2.38	0.45	0.46	1.38	0.53	1.76	1.33
湖　南	0.90	0.89	0.95	0.91	0.95	1.79	0.46	2.30	0.00	2.35	1.14
江　西	0.45	0.44	0.00	0.45	1.43	1.35	2.29	1.84	1.58	1.18	1.09
安　徽	0.90	1.33	0.00	0.00	0.95	1.35	1.38	0.92	0.00	4.12	1.05
福　建	0.45	0.89	0.47	0.45	0.48	1.35	1.38	0.46	2.11	1.76	0.95
广　西	0.00	0.00	0.00	0.00	0.48	1.35	2.75	1.38	1.05	2.35	0.90
黑龙江	0.45	0.44	0.95	0.91	0.48	0.45	1.38	0.92	2.63	0.59	0.90
陕　西	0.90	0.44	0.00	0.91	0.48	0.90	0.92	0.46	1.05	1.76	0.76
吉　林	0.45	0.89	0.00	0.00	0.48	0.90	0.00	1.38	1.05	1.18	0.62
重　庆	1.36	0.00	0.00	0.91	0.95	0.45	0.46	0.46	0.53	0.59	0.57
甘　肃	0.90	0.44	0.95	0.00	0.00	0.00	0.00	0.00	1.05	1.18	0.43
海　南	0.00	0.00	0.00	0.45	0.00	0.00	0.00	0.92	0.53	1.18	0.29
河　北	0.45	0.00	0.00	0.00	0.00	0.00	0.46	0.00	1.05	1.18	0.29
山　西	0.45	0.00	0.00	0.91	0.00	0.45	0.46	0.00	0.00	0.59	0.29
云　南	0.00	0.00	0.47	0.45	0.00	0.00	0.46	0.92	0.00	0.00	0.24
宁　夏	0.00	0.00	0.00	0.00	0.00	0.00	0.46	0.46	1.05	0.00	0.19
新　疆	0.00	0.00	0.00	0.45	0.00	0.00	0.46	0.92	0.00	0.00	0.19
贵　州	0.00	0.00	0.47	0.00	0.00	0.00	0.46	0.00	0.00	0.00	0.10
内蒙古	0.00	0.00	0.00	0.00	0.00	0.00	0.46	0.00	0.00	0.59	0.10
青　海	0.00	0.00	0.00	0.00	0.48	0.00	0.46	0.00	0.00	0.00	0.10

表3-3 有机化学C层人才的世界占比

单位：%

省　份	2014 年	2015 年	2016 年	2017 年	2018 年	2019 年	2020 年	2021 年	2022 年	2023 年	合计
江　苏	4.11	5.07	6.26	6.33	6.03	5.85	5.60	5.78	8.10	9.42	6.13
上　海	5.26	6.32	5.89	4.88	5.52	5.05	4.44	3.52	4.53	5.24	5.08
北　京	4.34	4.57	5.41	5.15	4.68	4.26	3.42	3.48	5.38	3.62	4.44
广　东	2.83	2.44	3.56	3.48	4.77	3.93	4.95	6.31	5.89	5.36	4.28
浙　江	2.56	2.35	2.37	2.62	2.39	3.13	3.93	4.70	4.82	6.05	3.39
山　东	1.37	1.57	1.85	1.85	2.62	3.46	3.56	3.87	4.76	4.12	2.83
湖　北	1.69	1.94	1.80	2.62	3.32	3.32	2.92	2.94	3.23	2.50	2.62
天　津	2.56	1.61	1.90	2.22	2.15	2.20	2.45	2.45	1.81	2.00	2.14
河　南	1.37	1.11	1.23	1.45	2.10	1.92	1.94	2.35	3.91	4.18	2.07
四　川	1.19	1.61	1.04	1.72	1.87	1.82	1.90	2.25	3.29	3.49	1.95
安　徽	1.42	1.48	1.66	1.49	1.36	1.68	1.53	1.71	2.04	1.68	1.59
甘　肃	1.55	1.89	1.95	1.67	1.50	1.31	1.39	0.93	1.08	0.81	1.43
福　建	0.82	1.15	1.80	1.45	1.82	1.26	1.39	1.37	1.53	1.62	1.41
湖　南	0.82	1.15	0.95	0.77	1.31	2.10	1.30	1.13	1.87	2.50	1.35
辽　宁	1.19	1.11	1.71	1.31	1.17	1.08	0.88	0.98	1.47	1.81	1.25
江　西	0.50	0.74	0.81	0.90	0.94	1.08	1.57	1.27	1.59	2.62	1.15
陕　西	0.87	0.69	0.66	0.45	0.94	1.82	1.43	1.13	1.53	1.56	1.09
黑龙江	0.27	0.92	0.57	0.72	0.65	0.80	0.83	0.78	0.62	0.94	0.71
重　庆	0.41	0.60	0.62	0.54	0.75	0.84	0.97	0.39	1.19	0.75	0.70
吉　林	0.69	0.46	0.43	0.86	0.75	0.94	0.65	0.64	0.85	0.56	0.68
云　南	0.46	0.78	0.38	0.27	0.47	0.51	0.74	0.49	0.74	1.25	0.59
广　西	0.18	0.14	0.09	0.23	0.42	0.75	1.11	0.69	1.30	1.25	0.58
贵　州	0.23	0.28	0.24	0.32	0.56	0.47	0.65	0.39	0.34	0.94	0.43
新　疆	0.23	0.14	0.24	0.14	0.09	0.28	0.23	0.44	0.40	0.75	0.28
山　西	0.23	0.18	0.28	0.27	0.14	0.23	0.14	0.20	0.17	0.44	0.22
河　北	0.05	0.09	0.00	0.09	0.33	0.23	0.28	0.29	0.40	0.56	0.22
海　南	0.05	0.09	0.09	0.09	0.23	0.28	0.32	0.24	0.34	0.25	0.19
青　海	0.09	0.05	0.09	0.09	0.14	0.19	0.14	0.24	0.17	0.06	0.12
宁　夏	0.05	0.09	0.00	0.05	0.05	0.00	0.19	0.00	0.11	0.25	0.07
内蒙古	0.05	0.05	0.05	0.05	0.05	0.00	0.05	0.15	0.11	0.19	0.07
西　藏	0.00	0.00	0.00	0.00	0.00	0.00	0.05	0.00	0.06	0.00	0.01

二 高分子科学

高分子科学 A 层人才最多的是江苏、天津，世界占比均为 2.16%；广东、北京、黑龙江、山东、上海、浙江、河南、湖北、陕西也有相当数量的 A 层人才，世界占比在 2%~1%；吉林、辽宁、山西、四川、安徽、重庆、福建、河北、江西、宁夏、云南有一定数量的 A 层人才，世界占比均超过 0.3%。

B 层人才最多的是江苏，世界占比为 3.85%；北京的 B 层人才比较多，世界占比为 3.42%；山东、浙江、上海、广东、湖北、天津、四川、黑龙江也有相当数量的 B 层人才，世界占比在 3%~1%；河南、安徽、吉林、重庆、陕西、广西、辽宁、湖南、江西、山西、福建、河北、新疆、甘肃、海南、宁夏、云南有一定数量的 B 层人才，世界占比均超过 0.1%；贵州、青海 B 层人才的世界占比均低于 0.1%。

C 层人才最多的是江苏，世界占比为 4.74%；北京、广东的 C 层人才比较多，世界占比分别为 4.65%、3.43%；山东、浙江、上海、天津、四川、湖北、安徽、陕西、辽宁、河南、吉林、黑龙江、福建也有相当数量的 C 层人才，世界占比在 3%~1%；重庆、江西、广西、湖南、山西、河北、甘肃、云南、海南、新疆、贵州、内蒙古有一定数量的 C 层人才，世界占比均超过 0.1%；宁夏、青海、西藏 C 层人才的世界占比均低于 0.1%。

表 3-4　高分子科学 A 层人才的世界占比

单位：%

省　份	2014 年	2015 年	2016 年	2017 年	2018 年	2019 年	2020 年	2021 年	2022 年	2023 年	合计
江　苏	0.00	0.00	0.00	0.00	3.23	0.00	2.63	0.00	5.00	7.50	2.16
天　津	0.00	0.00	0.00	0.00	0.00	8.57	0.00	5.00	0.00	5.00	2.16
广　东	4.35	0.00	0.00	3.70	3.23	2.86	2.63	0.00	2.50	0.00	1.85
北　京	0.00	0.00	0.00	0.00	0.00	2.86	0.00	2.50	2.50	5.00	1.54
黑龙江	0.00	0.00	0.00	0.00	0.00	5.71	0.00	0.00	2.50	0.00	1.54
山　东	0.00	0.00	0.00	0.00	0.00	5.71	0.00	0.00	7.50	0.00	1.54

续表

省　份	2014 年	2015 年	2016 年	2017 年	2018 年	2019 年	2020 年	2021 年	2022 年	2023 年	合计
上　海	0.00	4.00	4.00	3.70	0.00	0.00	2.63	0.00	0.00	2.50	1.54
浙　江	0.00	4.00	0.00	0.00	3.23	0.00	0.00	5.00	2.50	0.00	1.54
河　南	0.00	0.00	0.00	0.00	0.00	2.86	0.00	0.00	5.00	2.50	1.23
湖　北	0.00	0.00	4.00	0.00	0.00	2.86	2.63	0.00	0.00	2.50	1.23
陕　西	0.00	0.00	4.00	0.00	0.00	0.00	0.00	0.00	7.50	0.00	1.23
吉　林	0.00	0.00	0.00	0.00	0.00	2.86	0.00	0.00	2.50	0.00	0.62
辽　宁	4.35	0.00	0.00	0.00	3.23	0.00	0.00	0.00	0.00	0.00	0.62
山　西	0.00	0.00	0.00	0.00	0.00	2.86	0.00	0.00	2.50	0.00	0.62
四　川	0.00	0.00	0.00	0.00	0.00	2.86	0.00	0.00	2.50	0.00	0.62
安　徽	0.00	0.00	0.00	3.70	0.00	0.00	0.00	0.00	0.00	0.00	0.31
重　庆	0.00	0.00	4.00	0.00	0.00	0.00	0.00	0.00	0.00	0.00	0.31
福　建	0.00	0.00	0.00	0.00	0.00	2.86	0.00	0.00	0.00	0.00	0.31
河　北	0.00	0.00	0.00	0.00	0.00	0.00	0.00	0.00	2.50	0.00	0.31
江　西	0.00	0.00	0.00	0.00	3.23	0.00	0.00	0.00	0.00	0.00	0.31
宁　夏	0.00	0.00	0.00	0.00	0.00	0.00	0.00	0.00	2.50	0.00	0.31
云　南	0.00	0.00	0.00	0.00	0.00	0.00	0.00	2.50	0.00	0.00	0.31

表 3-5　高分子科学 B 层人才的世界占比

单位：%

省　份	2014 年	2015 年	2016 年	2017 年	2018 年	2019 年	2020 年	2021 年	2022 年	2023 年	合计
江　苏	3.13	2.67	3.42	1.19	5.47	4.75	4.05	6.13	2.67	3.96	3.85
北　京	2.23	4.00	2.99	3.57	4.01	4.11	2.60	5.29	2.67	2.64	3.42
山　东	0.45	1.78	0.85	2.38	3.28	3.16	3.18	3.06	4.00	4.22	2.85
浙　江	1.34	2.22	1.28	0.79	3.28	2.22	2.02	4.18	2.93	3.17	2.48
上　海	2.23	0.44	1.28	1.98	2.92	1.58	1.16	2.51	2.93	4.22	2.25
广　东	0.89	2.22	1.71	1.19	2.92	3.16	1.73	2.23	2.40	2.37	2.14
湖　北	0.00	0.89	1.28	1.59	2.92	0.63	2.02	1.11	2.13	3.43	1.71
天　津	0.45	1.78	1.71	1.59	1.46	2.53	0.29	1.95	0.80	2.11	1.47
四　川	1.34	0.89	0.43	0.40	1.09	1.27	0.00	2.23	1.60	2.64	1.27
黑龙江	0.89	0.44	1.71	1.19	2.19	1.27	0.29	0.84	1.33	2.11	1.24
河　南	0.00	0.44	0.00	0.00	2.19	1.58	0.87	0.84	0.27	1.58	0.84
安　徽	0.00	0.44	1.28	0.79	0.36	0.63	1.45	1.11	0.80	0.26	0.74
吉　林	0.00	0.89	1.28	0.79	0.73	0.95	1.16	0.00	0.00	1.06	0.67

续表

省　份	2014 年	2015 年	2016 年	2017 年	2018 年	2019 年	2020 年	2021 年	2022 年	2023 年	合计
重　庆	0.45	0.00	0.00	0.79	2.92	0.63	0.29	0.28	0.27	0.79	0.64
陕　西	0.45	0.00	0.00	0.40	0.36	0.63	1.16	0.56	0.53	1.58	0.64
广　西	0.00	0.00	0.43	0.00	0.36	0.00	1.16	0.28	1.33	1.58	0.60
辽　宁	0.45	0.00	0.43	0.79	0.73	0.32	0.29	0.56	0.27	1.58	0.57
湖　南	0.00	0.00	0.00	0.40	0.00	1.58	0.00	0.84	0.27	1.58	0.54
江　西	0.45	0.00	0.85	0.40	0.36	0.00	1.16	0.28	0.53	0.53	0.47
山　西	0.00	0.44	0.00	0.00	0.73	0.63	0.29	0.84	0.00	1.06	0.44
福　建	0.00	0.44	0.43	0.00	0.36	0.32	0.00	1.11	0.27	0.53	0.37
河　北	0.00	0.00	0.00	0.00	0.00	0.00	0.29	0.00	0.27	1.06	0.20
新　疆	0.00	0.00	0.43	0.00	0.00	0.00	0.29	1.11	0.00	0.26	0.20
甘　肃	0.00	0.00	0.00	0.00	0.00	0.32	0.29	0.28	0.27	0.26	0.17
海　南	0.00	0.00	0.00	0.40	0.00	0.00	0.00	0.28	0.00	0.79	0.17
宁　夏	0.00	0.00	0.00	0.00	0.00	0.32	0.29	0.56	0.27	0.00	0.17
云　南	0.00	0.00	0.00	0.00	0.00	0.00	0.58	0.28	0.27	0.26	0.17
贵　州	0.00	0.00	0.00	0.00	0.00	0.00	0.00	0.00	0.27	0.26	0.07
青　海	0.00	0.00	0.00	0.00	0.00	0.00	0.00	0.28	0.00	0.00	0.03

表 3-6　高分子科学 C 层人才的世界占比

单位：%

省　份	2014 年	2015 年	2016 年	2017 年	2018 年	2019 年	2020 年	2021 年	2022 年	2023 年	合计
江　苏	3.06	3.12	3.77	3.98	4.45	4.86	5.45	5.37	5.36	6.10	4.74
北　京	4.79	4.80	4.16	4.55	4.93	4.89	3.93	4.28	5.81	4.23	4.65
广　东	1.73	2.22	2.43	2.56	3.69	4.83	4.19	4.40	3.85	2.98	3.43
山　东	1.20	1.27	1.69	1.58	3.15	2.81	3.08	3.08	4.19	3.56	2.74
浙　江	1.33	2.26	2.38	2.36	2.28	2.84	2.52	3.08	3.21	3.59	2.68
上　海	1.82	2.44	2.60	2.92	2.64	2.68	2.49	2.43	3.05	2.20	2.54
天　津	1.86	1.49	1.95	1.99	2.32	2.22	2.05	2.40	1.88	1.81	2.01
四　川	2.04	0.91	1.43	1.58	1.92	2.22	1.61	2.14	2.55	2.39	1.95
湖　北	1.20	1.54	1.56	1.99	1.85	2.58	1.82	1.77	2.52	1.98	1.93
安　徽	1.24	1.04	0.95	1.02	1.30	1.24	1.05	1.54	1.19	1.89	1.28
陕　西	0.71	0.45	0.69	0.73	1.01	1.63	1.49	1.29	1.67	1.56	1.20
辽　宁	0.62	0.45	0.35	0.93	1.09	1.17	1.14	1.17	1.51	1.50	1.06
河　南	0.40	0.50	0.78	0.65	0.94	1.40	1.58	1.03	1.22	1.28	1.04

省　份	2014 年	2015 年	2016 年	2017 年	2018 年	2019 年	2020 年	2021 年	2022 年	2023 年	合计
吉　林	0.98	0.63	0.74	1.06	1.27	1.08	1.03	1.23	1.11	1.03	1.04
黑龙江	0.71	1.18	0.78	1.26	1.01	1.04	1.11	0.74	1.14	1.25	1.03
福　建	0.40	0.45	0.82	0.89	1.09	0.78	0.97	1.14	1.67	1.28	1.01
重　庆	0.09	0.27	0.30	0.61	0.62	1.21	0.70	0.34	1.01	0.70	0.62
江　西	0.49	0.63	0.39	0.65	0.58	0.46	1.11	0.46	0.58	0.72	0.62
广　西	0.18	0.23	0.09	0.16	0.47	0.69	1.14	0.71	0.85	0.89	0.60
湖　南	0.44	0.45	0.30	0.32	0.36	1.01	0.38	0.54	0.72	1.11	0.60
山　西	0.09	0.05	0.22	0.24	0.51	0.72	0.32	0.63	0.40	0.70	0.42
河　北	0.09	0.09	0.17	0.00	0.22	0.29	0.32	0.31	0.58	0.67	0.31
甘　肃	0.18	0.27	0.52	0.24	0.29	0.26	0.23	0.29	0.27	0.19	0.27
云　南	0.00	0.05	0.09	0.04	0.18	0.23	0.38	0.26	0.32	0.47	0.23
海　南	0.09	0.14	0.13	0.12	0.18	0.23	0.12	0.26	0.45	0.36	0.22
新　疆	0.13	0.00	0.17	0.08	0.04	0.16	0.23	0.26	0.11	0.42	0.17
贵　州	0.04	0.00	0.09	0.04	0.18	0.29	0.26	0.20	0.08	0.31	0.16
内蒙古	0.00	0.05	0.04	0.00	0.14	0.13	0.09	0.09	0.13	0.39	0.12
宁　夏	0.00	0.05	0.00	0.00	0.04	0.03	0.12	0.03	0.16	0.28	0.08
青　海	0.00	0.00	0.04	0.00	0.00	0.03	0.00	0.00	0.11	0.08	0.03
西　藏	0.00	0.00	0.00	0.00	0.04	0.00	0.06	0.00	0.03	0.00	0.01

三　电化学

电化学 A、B、C 层人才最多的均为北京，世界占比分别为 3.45%、6.82%、6.17%。

湖南、广东、江苏、天津有相当数量的 A 层人才，世界占比在 3% ~ 1%；福建、河北、吉林、上海、安徽、重庆、广西、湖北、山东、浙江有一定数量的 A 层人才，世界占比均超过 0.4%。

广东的 B 层人才比较多，世界占比为 3.18%；山东、上海、浙江、江苏、天津、湖北、福建、河南、湖南、辽宁、重庆、四川、陕西、吉林也有相当数量的 B 层人才，世界占比在 3% ~ 1%；安徽、甘肃、黑龙江、江西、山西、云南、广西、河北、海南、新疆、宁夏、青海有一定数量的 B 层人才，世界占比超过或等于 0.1%；贵州 B 层人才的世界占比为 0.05%。

江苏、广东、山东、上海的 C 层人才比较多，世界占比在 5%~3%；浙江、湖北、吉林、湖南、四川、天津、辽宁、河南、福建、安徽、重庆、陕西、黑龙江也有相当数量的 C 层人才，世界占比在 3%~1%；江西、山西、广西、甘肃、河北、云南、新疆、海南、贵州、宁夏、内蒙古、青海有一定数量的 C 层人才，世界占比超过或等于 0.1%；西藏 C 层人才的世界占比为 0.03%。

表 3-7　电化学 A 层人才的世界占比

单位：%

省　份	2014 年	2015 年	2016 年	2017 年	2018 年	2019 年	2020 年	2021 年	2022 年	2023 年	合计
北　京	15.79	0.00	5.00	0.00	9.09	0.00	0.00	0.00	4.55	0.00	3.45
湖　南	0.00	6.25	0.00	0.00	4.55	0.00	0.00	12.50	0.00	4.35	2.46
广　东	0.00	0.00	0.00	0.00	0.00	4.55	4.76	0.00	4.55	4.35	1.97
江　苏	0.00	0.00	0.00	0.00	4.55	0.00	0.00	0.00	0.00	13.04	1.97
天　津	0.00	0.00	0.00	0.00	4.55	0.00	0.00	6.25	9.09	0.00	1.97
福　建	0.00	0.00	0.00	0.00	0.00	0.00	0.00	6.25	4.55	0.00	0.99
河　北	0.00	0.00	0.00	0.00	4.55	0.00	0.00	0.00	0.00	4.35	0.99
吉　林	5.26	0.00	0.00	0.00	0.00	0.00	0.00	0.00	4.55	0.00	0.99
上　海	0.00	0.00	0.00	0.00	0.00	0.00	4.76	0.00	4.55	0.00	0.99
安　徽	0.00	0.00	0.00	0.00	0.00	0.00	0.00	0.00	4.55	0.00	0.49
重　庆	0.00	0.00	0.00	0.00	4.55	0.00	0.00	0.00	0.00	0.00	0.49
广　西	0.00	0.00	0.00	0.00	4.55	0.00	0.00	0.00	0.00	0.00	0.49
湖　北	0.00	0.00	0.00	0.00	0.00	0.00	0.00	0.00	0.00	4.35	0.49
山　东	0.00	0.00	0.00	0.00	0.00	0.00	0.00	0.00	0.00	4.35	0.49
浙　江	0.00	0.00	0.00	0.00	0.00	0.00	4.76	0.00	0.00	0.00	0.49

表 3-8　电化学 B 层人才的世界占比

单位：%

省　份	2014 年	2015 年	2016 年	2017 年	2018 年	2019 年	2020 年	2021 年	2022 年	2023 年	合计
北　京	4.14	6.75	4.35	6.67	10.89	7.43	5.58	8.13	8.25	5.26	6.82
广　东	1.78	1.84	1.63	3.33	3.96	1.98	3.05	3.35	6.80	3.35	3.18
山　东	2.37	0.61	2.17	1.43	4.46	3.96	2.03	3.83	4.85	2.87	2.92

续表

省份	2014 年	2015 年	2016 年	2017 年	2018 年	2019 年	2020 年	2021 年	2022 年	2023 年	合计
上 海	2.37	0.61	2.72	0.95	4.95	2.48	4.06	4.31	2.43	3.35	2.87
浙 江	1.78	1.23	2.72	2.38	0.99	2.48	3.55	3.35	1.94	3.35	2.41
江 苏	3.55	0.61	2.17	1.90	2.48	2.97	1.52	2.87	2.91	2.39	2.36
天 津	1.18	3.07	1.63	0.95	1.49	2.48	1.52	3.83	1.46	2.39	2.00
湖 北	2.37	0.61	2.17	1.43	1.98	0.50	1.02	2.87	1.94	3.83	1.90
福 建	0.59	1.84	1.09	0.48	2.97	4.46	1.52	0.48	1.94	2.87	1.85
河 南	1.78	1.23	1.09	0.95	0.99	2.97	1.52	2.87	0.49	3.83	1.79
湖 南	2.37	2.45	0.54	1.43	1.49	2.97	1.02	0.96	1.94	0.96	1.59
辽 宁	0.00	1.84	2.17	1.90	2.48	1.49	0.51	3.35	1.46	0.48	1.59
重 庆	1.78	0.61	1.63	0.95	0.99	0.99	3.05	1.44	2.91	0.48	1.49
四 川	0.59	1.23	0.54	0.48	0.99	1.98	1.52	1.44	2.91	1.91	1.38
陕 西	0.00	1.84	1.09	0.48	0.99	1.98	1.02	0.48	2.43	1.91	1.23
吉 林	2.96	1.23	1.09	0.48	1.98	0.99	1.02	0.96	0.49	0.96	1.18
安 徽	0.00	0.00	0.00	0.00	1.49	1.98	0.00	1.91	1.94	1.91	0.97
甘 肃	0.00	0.00	1.09	0.95	1.49	0.00	0.51	0.00	0.49	1.91	0.67
黑龙江	1.18	0.61	0.00	0.48	1.98	0.00	0.51	0.00	0.49	0.96	0.62
江 西	0.59	0.00	1.09	0.00	0.99	0.00	1.02	0.00	0.00	0.48	0.41
山 西	0.00	0.61	0.54	0.95	0.00	0.50	0.00	0.00	0.97	0.48	0.41
云 南	0.00	0.00	1.09	0.48	0.00	0.00	1.02	0.48	0.00	0.48	0.36
广 西	0.00	0.61	0.00	0.00	0.00	0.00	0.00	0.48	1.46	0.48	0.31
河 北	0.00	0.61	0.00	0.00	0.00	0.50	0.51	0.96	0.00	0.48	0.31
海 南	0.00	0.00	0.00	0.00	0.00	0.50	0.51	0.00	0.49	0.48	0.21
新 疆	0.00	0.00	0.00	0.00	0.00	0.50	0.00	0.48	0.00	0.48	0.15
宁 夏	0.00	0.00	0.00	0.00	0.00	0.00	0.00	0.00	0.97	0.00	0.10
青 海	0.00	0.00	0.00	0.00	0.00	0.50	0.00	0.00	0.49	0.00	0.10
贵 州	0.00	0.00	0.00	0.00	0.00	0.50	0.00	0.00	0.00	0.00	0.05

表 3-9 电化学 C 层人才的世界占比

单位：%

省 份	2014 年	2015 年	2016 年	2017 年	2018 年	2019 年	2020 年	2021 年	2022 年	2023 年	合计
北 京	7.19	6.65	5.74	5.69	6.27	5.29	5.82	6.80	6.85	5.69	6.17
江 苏	3.60	3.76	3.09	4.64	4.73	5.24	5.82	5.20	7.00	4.97	4.86
广 东	3.83	2.82	2.44	2.63	3.29	4.75	4.21	5.70	5.37	4.35	3.97

续表

省　份	2014年	2015年	2016年	2017年	2018年	2019年	2020年	2021年	2022年	2023年	合计
山　东	2.54	2.38	2.92	3.87	4.08	4.80	4.31	4.30	4.73	3.68	3.82
上　海	2.89	3.89	3.09	4.25	3.68	3.57	3.58	4.00	4.58	3.49	3.72
浙　江	2.18	2.95	1.95	1.63	2.29	2.35	3.01	3.20	3.40	3.54	2.65
湖　北	2.48	2.45	2.54	2.72	2.49	2.50	2.28	2.70	2.61	2.25	2.50
吉　林	2.24	2.76	1.89	2.20	1.99	2.10	2.08	2.20	2.17	1.87	2.14
湖　南	2.95	2.70	2.60	1.43	2.09	2.59	2.28	1.45	2.37	1.20	2.13
四　川	1.30	1.57	2.27	1.86	2.04	2.64	2.08	2.45	2.46	2.39	2.13
天　津	2.18	1.69	1.52	1.24	1.49	2.06	2.02	3.70	2.56	1.96	2.05
辽　宁	1.59	1.32	1.46	1.29	1.59	1.91	1.66	2.35	2.76	1.72	1.78
河　南	1.71	2.01	1.14	1.43	1.89	2.45	2.02	1.95	1.97	1.20	1.77
福　建	1.83	2.01	1.25	1.86	1.29	1.42	1.92	1.30	1.43	1.77	1.60
安　徽	1.18	1.76	1.25	1.05	1.24	1.57	1.09	1.85	2.37	1.82	1.52
重　庆	0.94	1.69	1.25	1.82	1.29	1.32	1.45	1.70	1.28	1.72	1.45
陕　西	0.35	0.82	0.97	0.96	1.64	1.57	1.61	1.70	1.58	1.67	1.31
黑龙江	1.30	1.57	1.19	1.05	1.19	1.08	1.14	0.90	1.23	1.05	1.16
江　西	0.77	0.75	0.76	0.57	0.85	0.78	0.67	0.85	0.99	1.00	0.80
山　西	0.65	0.44	0.43	0.72	0.80	0.78	0.88	1.15	1.18	0.86	0.80
广　西	0.24	0.44	0.60	0.62	0.50	1.27	0.62	0.60	1.18	0.72	0.69
甘　肃	1.12	1.19	0.97	0.72	0.55	0.64	0.62	0.60	0.49	0.19	0.69
河　北	0.41	0.69	0.32	0.33	0.55	0.49	0.67	0.90	1.03	0.77	0.62
云　南	0.35	0.44	0.54	0.24	0.30	0.29	0.47	0.75	0.54	0.57	0.45
新　疆	0.24	0.38	0.49	0.14	0.15	0.29	0.10	0.65	0.44	0.48	0.34
海　南	0.06	0.19	0.05	0.24	0.05	0.34	0.26	0.35	0.30	0.29	0.22
贵　州	0.06	0.00	0.05	0.14	0.20	0.10	0.31	0.20	0.20	0.53	0.19
宁　夏	0.12	0.00	0.11	0.05	0.10	0.00	0.10	0.30	0.30	0.29	0.14
内蒙古	0.24	0.06	0.16	0.05	0.15	0.15	0.05	0.15	0.15	0.14	0.13
青　海	0.00	0.06	0.16	0.05	0.05	0.10	0.21	0.05	0.25	0.05	0.10
西　藏	0.00	0.00	0.05	0.00	0.00	0.00	0.10	0.00	0.10	0.00	0.03

四　物理化学

物理化学 A、B、C 层人才最多的均为北京，世界占比分别为 9.73%、10.99%、10.16%，均显著高于其他省份。

上海、广东、江苏、湖北的 A 层人才比较多，世界占比在 5%～3%；浙江、山东、安徽、河南、天津、湖南、辽宁、陕西、福建、吉林、四川也有相当数量的 A 层人才，世界占比在 3%～1%；江西、山西、甘肃、黑龙江、重庆、广西、海南、河北、内蒙古有一定数量的 A 层人才，世界占比均超过 0.1%；贵州、青海、云南 A 层人才的世界占比均为 0.09%。

江苏、广东、上海、湖北、浙江的 B 层人才比较多，世界占比在 7%～3%；天津、山东、湖南、安徽、辽宁、四川、陕西、河南、福建、吉林、黑龙江也有相当数量的 B 层人才，世界占比在 3%～1%；重庆、山西、广西、江西、甘肃、河北、云南、新疆、贵州、海南、宁夏有一定数量的 B 层人才，世界占比超过或等于 0.1%；内蒙古、青海 B 层人才的世界占比均低于 0.1%。

江苏、广东、上海、湖北、浙江的 C 层人才比较多，世界占比在 6%～3%；山东、天津、安徽、辽宁、四川、湖南、福建、河南、陕西、吉林、黑龙江、重庆也有相当数量的 C 层人才，世界占比在 3%～1%；甘肃、山西、江西、广西、河北、云南、新疆、贵州、海南、内蒙古、宁夏有一定数量的 C 层人才，世界占比超过或等于 0.1%；青海、西藏 C 层人才的世界占比均低于 0.1%。

表 3-10　物理化学 A 层人才的世界占比

单位：%

省　份	2014 年	2015 年	2016 年	2017 年	2018 年	2019 年	2020 年	2021 年	2022 年	2023 年	合计
北　京	5.95	8.14	10.99	11.88	12.38	9.43	5.56	12.14	10.37	9.56	9.73
上　海	2.38	2.33	3.30	2.97	5.71	1.89	0.79	5.71	7.41	9.56	4.50
广　东	1.19	1.16	1.10	1.98	0.95	8.49	3.97	6.43	11.85	2.94	4.41
江　苏	3.57	3.49	1.10	0.99	1.90	2.83	4.76	2.14	5.93	5.88	3.42
湖　北	1.19	4.65	1.10	5.94	3.81	3.77	3.17	2.86	4.44	0.74	3.15
浙　江	0.00	0.00	2.20	2.97	1.90	0.00	1.59	2.14	7.41	7.35	2.88
山　东	0.00	0.00	2.20	0.00	2.86	0.00	2.38	4.29	3.70	4.41	2.25
安　徽	0.00	1.16	1.10	0.00	1.90	1.89	0.79	1.43	2.22	5.88	1.80
河　南	0.00	0.00	0.00	0.99	0.00	0.00	3.17	2.86	5.19	2.94	1.80

续表

省　份	2014 年	2015 年	2016 年	2017 年	2018 年	2019 年	2020 年	2021 年	2022 年	2023 年	合计
天　津	0.00	1.16	1.10	0.99	1.90	2.83	1.59	0.00	2.22	4.41	1.71
湖　南	0.00	0.00	0.00	2.97	1.90	1.89	0.79	3.57	3.70	0.00	1.62
辽　宁	0.00	1.16	0.00	1.98	1.90	0.94	0.79	0.71	3.70	2.94	1.53
陕　西	0.00	0.00	0.00	0.00	0.00	2.83	0.00	0.71	6.67	2.21	1.44
福　建	0.00	1.16	1.10	0.00	0.00	0.00	1.59	1.43	0.74	5.15	1.26
吉　林	0.00	1.16	2.20	0.99	1.90	0.94	0.79	0.00	1.48	1.47	1.08
四　川	0.00	0.00	1.10	0.00	0.95	0.00	0.79	2.86	1.48	2.21	1.08
江　西	0.00	0.00	0.00	0.00	0.00	0.00	0.00	0.71	1.48	2.21	0.54
山　西	0.00	0.00	2.20	0.99	0.95	0.00	0.00	0.00	0.00	1.47	0.54
甘　肃	0.00	0.00	0.00	0.00	0.00	0.00	0.00	0.71	0.00	2.94	0.45
黑龙江	1.19	0.00	0.00	0.99	0.95	0.00	0.79	0.71	0.00	0.00	0.45
重　庆	0.00	0.00	0.00	0.99	0.95	0.00	0.00	0.00	0.74	0.00	0.27
广　西	0.00	0.00	0.00	0.00	0.00	0.00	0.00	0.71	0.00	0.74	0.18
海　南	0.00	0.00	0.00	0.00	0.00	0.00	0.00	0.00	0.00	1.47	0.18
河　北	0.00	0.00	0.00	0.00	0.00	0.00	0.00	0.00	0.00	1.47	0.18
内蒙古	0.00	0.00	0.00	0.00	0.00	0.00	0.00	0.71	0.00	0.74	0.18
贵　州	0.00	0.00	0.00	0.00	0.00	0.00	0.00	0.00	0.00	0.74	0.09
青　海	0.00	0.00	0.00	0.00	0.00	0.00	0.00	0.00	0.00	0.74	0.09
云　南	0.00	0.00	0.00	0.00	0.00	0.00	0.00	0.00	0.74	0.00	0.09

表 3-11　物理化学 B 层人才的世界占比

单位：%

省　份	2014 年	2015 年	2016 年	2017 年	2018 年	2019 年	2020 年	2021 年	2022 年	2023 年	合计
北　京	8.99	8.55	10.42	11.32	13.36	12.08	8.62	13.90	10.36	10.90	10.99
江　苏	3.04	4.03	4.97	5.93	6.36	6.18	4.31	8.70	8.18	9.52	6.43
广　东	1.98	1.38	3.27	3.52	4.56	5.90	5.80	8.62	11.34	9.19	6.10
上　海	2.12	3.02	3.27	4.18	5.51	5.26	5.10	7.07	6.64	5.61	5.04
湖　北	2.91	2.14	3.27	4.95	4.56	3.23	4.13	5.28	5.75	4.72	4.24
浙　江	1.98	1.89	1.94	2.42	2.44	2.31	3.25	4.97	6.40	6.18	3.65
天　津	0.79	2.52	1.58	2.42	2.86	3.23	2.81	2.87	2.75	3.42	2.63
山　东	0.53	1.26	0.73	0.77	1.80	3.04	1.85	4.11	5.02	4.39	2.62
湖　南	0.53	1.26	0.36	2.09	3.18	2.31	2.90	3.42	4.05	3.66	2.58
安　徽	1.72	0.63	2.42	1.76	3.39	4.15	2.02	1.94	2.83	3.91	2.57

续表

省 份	2014 年	2015 年	2016 年	2017 年	2018 年	2019 年	2020 年	2021 年	2022 年	2023 年	合计
辽 宁	0.40	1.64	1.82	2.20	2.12	2.31	1.85	2.33	2.67	2.77	2.10
四 川	0.40	0.63	0.73	1.32	1.59	1.20	2.46	2.48	3.81	3.58	2.01
陕 西	0.66	0.75	0.36	0.33	1.80	1.38	1.41	3.11	3.24	3.66	1.86
河 南	0.26	0.50	0.24	0.44	1.27	1.94	2.02	3.42	3.24	2.77	1.82
福 建	1.59	0.50	1.45	0.77	1.27	1.48	1.58	2.33	3.24	2.03	1.73
吉 林	1.32	1.13	1.33	2.09	1.59	1.48	1.41	1.94	1.70	1.87	1.62
黑龙江	0.26	1.01	0.73	1.10	0.85	0.65	1.32	1.71	2.11	1.71	1.23
重 庆	0.13	0.88	0.73	0.77	0.53	0.46	1.06	1.24	1.05	1.55	0.89
山 西	0.13	0.13	0.61	0.33	0.85	0.28	0.53	1.32	1.05	1.79	0.77
广 西	0.00	0.00	0.12	0.22	0.32	0.28	0.62	0.93	1.13	1.46	0.59
江 西	0.40	0.13	0.00	0.22	0.21	0.28	0.62	0.93	0.81	1.46	0.57
甘 肃	0.26	0.50	0.36	0.22	0.21	0.37	0.00	0.70	0.89	1.22	0.51
河 北	0.00	0.00	0.12	0.22	0.64	0.46	0.44	0.70	0.81	0.90	0.48
云 南	0.13	0.00	0.00	0.11	0.00	0.37	0.18	0.39	0.40	0.24	0.21
新 疆	0.00	0.13	0.24	0.11	0.00	0.18	0.00	0.23	0.16	0.33	0.15
贵 州	0.00	0.13	0.12	0.00	0.11	0.00	0.09	0.00	0.40	0.33	0.13
海 南	0.00	0.00	0.00	0.11	0.11	0.00	0.09	0.16	0.16	0.33	0.11
宁 夏	0.00	0.00	0.00	0.00	0.00	0.00	0.00	0.16	0.49	0.16	0.10
内蒙古	0.00	0.13	0.00	0.00	0.00	0.00	0.09	0.08	0.16	0.24	0.09
青 海	0.00	0.00	0.00	0.00	0.00	0.00	0.00	0.00	0.00	0.08	0.01

表 3-12 物理化学 C 层人才的世界占比

单位：%

省 份	2014 年	2015 年	2016 年	2017 年	2018 年	2019 年	2020 年	2021 年	2022 年	2023 年	合计
北 京	7.63	8.80	8.77	9.92	11.41	11.15	10.27	10.32	11.44	10.37	10.16
江 苏	2.83	3.71	4.40	5.57	5.73	6.55	6.07	6.73	7.80	7.41	5.94
广 东	2.04	2.42	2.95	4.06	5.10	6.31	6.85	7.68	8.59	8.53	5.88
上 海	3.92	3.79	3.91	4.27	4.59	5.53	5.19	5.91	5.99	5.91	5.05
湖 北	1.67	2.33	2.64	3.30	4.04	3.83	3.91	3.65	4.27	4.17	3.51
浙 江	1.48	1.54	1.85	2.27	2.87	2.97	3.13	4.34	4.70	5.63	3.30
山 东	0.91	1.22	1.17	1.93	2.46	3.05	2.91	3.83	4.56	4.31	2.86
天 津	1.16	1.41	1.53	2.21	2.84	3.03	3.03	3.19	3.02	2.98	2.56
安 徽	1.36	1.35	1.58	1.78	2.06	2.49	2.25	2.39	2.78	3.14	2.21

省　份	2014 年	2015 年	2016 年	2017 年	2018 年	2019 年	2020 年	2021 年	2022 年	2023 年	合计
辽　宁	1.35	1.23	1.31	1.83	2.01	2.53	2.20	2.60	2.47	2.43	2.08
四　川	0.80	0.84	1.10	1.46	1.86	2.24	2.11	2.37	2.82	3.23	2.02
湖　南	1.01	1.01	1.06	1.30	1.73	2.52	2.19	2.37	2.64	2.57	1.96
福　建	1.16	1.24	0.97	1.37	1.73	1.89	2.10	2.50	2.68	2.78	1.95
河　南	0.49	0.76	0.72	0.75	1.10	1.97	2.59	3.42	3.13	2.31	1.91
陕　西	0.36	0.48	0.72	0.68	1.50	1.99	1.77	2.32	2.54	2.80	1.67
吉　林	1.17	1.32	0.95	1.33	1.59	1.85	1.89	1.51	1.74	1.65	1.54
黑龙江	1.01	1.01	0.83	1.08	1.40	1.16	1.40	1.44	1.72	1.58	1.31
重　庆	0.41	0.70	0.57	0.77	1.00	1.03	1.13	1.18	1.66	1.63	1.07
甘　肃	0.60	0.54	0.51	0.61	0.55	0.58	0.65	0.77	1.17	1.02	0.73
山　西	0.35	0.52	0.42	0.42	0.65	0.73	0.80	0.82	0.80	0.87	0.67
江　西	0.23	0.38	0.31	0.38	0.56	0.63	0.64	0.83	1.04	0.96	0.64
广　西	0.13	0.11	0.16	0.28	0.38	0.55	0.66	0.78	1.16	1.11	0.60
河　北	0.27	0.24	0.32	0.31	0.27	0.52	0.56	0.65	0.76	0.78	0.50
云　南	0.16	0.06	0.07	0.22	0.26	0.21	0.22	0.48	0.48	0.71	0.32
新　疆	0.08	0.15	0.12	0.22	0.17	0.17	0.13	0.25	0.23	0.33	0.19
贵　州	0.08	0.05	0.05	0.10	0.12	0.09	0.18	0.26	0.23	0.47	0.18
海　南	0.03	0.08	0.05	0.12	0.15	0.12	0.12	0.17	0.41	0.39	0.18
内蒙古	0.04	0.04	0.05	0.09	0.12	0.09	0.11	0.18	0.30	0.37	0.15
宁　夏	0.01	0.01	0.01	0.07	0.06	0.07	0.14	0.18	0.20	0.16	0.10
青　海	0.00	0.01	0.01	0.02	0.07	0.04	0.04	0.03	0.07	0.07	0.04
西　藏	0.00	0.00	0.01	0.01	0.00	0.00	0.01	0.05	0.07	0.03	0.02

五　分析化学

分析化学 A 层人才最多的是福建，世界占比为 4.11%；北京的 A 层人才比较多，世界占比为 3.62%；山东、广东、江苏、上海、浙江、四川、辽宁也有相当数量的 A 层人才，世界占比在 3%～1%；重庆、湖北、湖南、河南、吉林、陕西、海南、黑龙江、江西、天津、安徽、甘肃、广西、贵州、云南有一定数量的 A 层人才，世界占比均超过 0.2%。

B 层人才最多的是北京，世界占比为 4.60%；山东、江苏的 B 层人才比较多，世界占比分别为 4.01%、3.34%；广东、上海、浙江、湖北、湖南、吉林、福建、重庆、四川、辽宁、天津、河南、安徽也有相当数量的 B 层人才，世界占比在 3%~1%；广西、陕西、山西、江西、黑龙江、甘肃、河北、云南、新疆、海南、青海有一定数量的 B 层人才，世界占比均超过 0.1%；贵州、内蒙古、宁夏 B 层人才的世界占比均为 0.03%。

C 层人才最多的是北京，世界占比为 5.12%；江苏、山东、广东的 C 层人才比较多，世界占比在 5%~3%；上海、湖北、浙江、吉林、湖南、重庆、辽宁、河南、福建、安徽、天津、四川、陕西也有相当数量的 C 层人才，世界占比在 3%~1%；江西、甘肃、黑龙江、广西、山西、河北、云南、新疆、贵州、海南、青海、内蒙古有一定数量的 C 层人才，世界占比均超过 0.1%；宁夏、西藏 C 层人才的世界占比均低于 0.1%。

表 3-13　分析化学 A 层人才的世界占比

单位：%

省　份	2014 年	2015 年	2016 年	2017 年	2018 年	2019 年	2020 年	2021 年	2022 年	2023 年	合计
福　建	0.00	0.00	0.00	0.00	0.00	2.27	8.33	0.00	13.73	10.20	4.11
北　京	3.23	0.00	0.00	5.71	5.13	2.27	2.08	6.12	0.00	10.20	3.62
山　东	0.00	0.00	2.86	0.00	0.00	4.55	2.08	4.08	0.00	12.24	2.90
广　东	0.00	3.03	0.00	2.86	5.13	4.55	2.08	2.04	1.96	4.08	2.66
江　苏	0.00	0.00	5.71	5.71	5.13	0.00	2.08	6.12	1.96	0.00	2.66
上　海	0.00	0.00	2.86	2.56	2.27	2.08	2.04	0.00	4.08	1.69
浙　江	0.00	0.00	2.86	5.71	0.00	0.00	0.00	6.12	0.00	2.04	1.69
四　川	0.00	0.00	0.00	0.00	0.00	0.00	2.08	4.08	1.96	4.08	1.45
辽　宁	0.00	0.00	0.00	0.00	5.13	2.27	4.17	0.00	0.00	0.00	1.21
重　庆	0.00	0.00	0.00	0.00	2.86	2.56	0.00	0.00	3.92	0.00	0.97
湖　北	0.00	0.00	0.00	0.00	0.00	0.00	0.00	0.00	5.88	2.04	0.97
湖　南	0.00	0.00	0.00	0.00	0.00	2.27	0.00	0.00	1.96	4.08	0.97
河　南	0.00	0.00	0.00	0.00	0.00	2.27	2.08	0.00	0.00	2.04	0.72
吉　林	3.23	0.00	0.00	0.00	2.56	0.00	0.00	2.04	0.00	0.00	0.72
陕　西	0.00	0.00	0.00	0.00	0.00	2.27	0.00	2.04	0.00	2.04	0.72
海　南	0.00	0.00	0.00	0.00	0.00	2.27	2.08	0.00	0.00	0.00	0.48
黑龙江	0.00	0.00	0.00	2.86	0.00	0.00	0.00	0.00	0.00	2.04	0.48

续表

省　份	2014 年	2015 年	2016 年	2017 年	2018 年	2019 年	2020 年	2021 年	2022 年	2023 年	合计
江　西	0.00	0.00	0.00	0.00	0.00	0.00	0.00	0.00	0.00	4.08	0.48
天　津	0.00	0.00	0.00	2.86	0.00	0.00	0.00	0.00	1.96	0.00	0.48
安　徽	0.00	0.00	0.00	0.00	0.00	2.27	0.00	0.00	0.00	0.00	0.24
甘　肃	0.00	0.00	0.00	0.00	0.00	0.00	0.00	0.00	1.96	0.00	0.24
广　西	0.00	0.00	0.00	0.00	0.00	0.00	0.00	0.00	0.00	2.04	0.24
贵　州	0.00	0.00	0.00	0.00	0.00	2.27	0.00	0.00	0.00	0.00	0.24
云　南	0.00	0.00	0.00	0.00	0.00	0.00	0.00	2.04	0.00	0.00	0.24

表 3-14　分析化学 B 层人才的世界占比

单位：%

省　份	2014 年	2015 年	2016 年	2017 年	2018 年	2019 年	2020 年	2021 年	2022 年	2023 年	合计
北　京	3.58	4.78	3.26	6.96	5.54	6.31	4.90	4.07	4.03	2.94	4.60
山　东	2.51	1.02	2.93	3.16	3.60	3.03	4.20	5.88	5.08	6.33	4.01
江　苏	3.58	1.37	1.63	1.58	3.88	3.28	2.80	4.30	4.87	4.52	3.34
广　东	1.79	1.02	1.63	1.27	2.22	3.79	3.73	4.75	4.66	2.71	2.97
上　海	2.51	0.00	0.98	2.53	1.94	2.02	2.80	4.07	3.81	3.62	2.60
浙　江	0.36	1.02	1.63	2.53	2.22	3.03	1.86	1.81	1.91	3.85	2.11
湖　北	0.72	0.68	2.28	1.27	1.66	3.03	2.10	2.94	2.12	2.04	1.98
湖　南	1.08	2.73	2.28	1.58	1.94	2.78	0.93	2.04	1.48	2.94	1.98
吉　林	1.43	1.71	1.63	2.22	2.22	2.02	0.70	2.71	2.12	1.81	1.87
福　建	3.23	1.37	2.28	2.22	3.05	2.02	0.70	1.13	1.48	1.58	1.82
重　庆	1.08	0.68	1.30	1.58	0.83	1.26	1.86	2.26	1.48	2.94	1.61
四　川	1.08	0.34	0.33	0.63	1.39	1.01	1.17	2.26	2.54	3.85	1.61
辽　宁	0.72	1.02	1.30	1.27	1.66	1.52	0.47	1.58	1.91	2.04	1.39
天　津	0.72	0.34	1.30	1.90	1.11	1.52	1.40	2.26	1.48	0.68	1.31
河　南	0.36	0.68	0.65	0.63	1.39	2.27	0.23	1.36	0.85	2.71	1.12
安　徽	0.72	0.34	0.65	0.95	0.28	1.01	0.93	1.13	1.06	2.49	1.02
广　西	0.00	0.34	0.33	0.63	0.00	0.51	0.23	0.68	1.27	2.26	0.70
陕　西	0.00	0.68	0.98	0.63	0.83	0.76	0.47	0.45	0.64	1.36	0.70
山　西	0.00	0.68	0.65	1.27	0.83	0.51	0.23	0.90	0.42	0.68	0.62
江　西	0.72	0.34	1.30	0.32	0.55	0.00	0.47	0.45	0.42	1.36	0.59
黑龙江	0.00	0.68	0.33	0.95	1.11	0.51	0.00	0.45	0.85	0.45	0.54
甘　肃	0.36	0.00	0.33	1.58	0.28	0.25	0.23	0.45	0.42	0.90	0.48

续表

省 份	2014 年	2015 年	2016 年	2017 年	2018 年	2019 年	2020 年	2021 年	2022 年	2023 年	合计
河 北	0.00	0.34	0.00	0.00	0.28	0.00	0.23	0.90	0.85	0.68	0.37
云 南	0.36	0.00	0.98	0.63	0.28	0.00	0.23	0.00	0.42	0.23	0.29
新 疆	0.00	0.00	0.00	0.00	0.28	0.51	0.00	0.23	0.42	0.68	0.24
海 南	0.36	0.00	0.00	0.00	0.00	0.00	0.23	0.23	0.21	0.68	0.19
青 海	0.00	0.00	0.33	0.32	0.00	0.51	0.00	0.00	0.00	0.23	0.13
贵 州	0.00	0.00	0.00	0.00	0.00	0.25	0.00	0.00	0.00	0.00	0.03
内蒙古	0.00	0.00	0.00	0.32	0.00	0.00	0.00	0.00	0.00	0.00	0.03
宁 夏	0.00	0.00	0.00	0.00	0.00	0.00	0.00	0.00	0.00	0.23	0.03

表 3-15 分析化学 C 层人才的世界占比

单位：%

省 份	2014 年	2015 年	2016 年	2017 年	2018 年	2019 年	2020 年	2021 年	2022 年	2023 年	合计
北 京	5.74	5.24	5.66	5.89	5.69	4.90	4.81	4.88	4.78	4.38	5.12
江 苏	4.19	3.87	4.40	4.32	5.08	4.64	4.43	4.77	6.12	5.31	4.80
山 东	2.13	2.30	2.83	3.59	4.67	4.04	3.70	4.35	4.48	4.75	3.82
广 东	1.95	1.85	2.06	2.52	2.34	3.70	2.86	3.57	4.57	4.03	3.09
上 海	2.63	1.99	2.76	2.39	2.94	3.05	2.58	2.54	3.55	3.12	2.80
湖 北	1.77	2.43	2.31	3.40	2.77	2.42	2.02	2.36	2.96	2.97	2.56
浙 江	1.66	1.82	1.67	1.61	2.31	1.98	2.53	2.96	3.09	3.21	2.39
吉 林	2.09	1.75	1.83	2.08	2.39	1.95	1.74	1.99	2.21	1.91	2.00
湖 南	1.95	1.54	2.03	2.02	1.68	2.19	1.95	1.51	1.82	2.06	1.87
重 庆	1.34	1.68	1.51	1.98	2.06	1.51	1.64	1.72	1.82	1.76	1.71
辽 宁	1.59	1.44	1.32	1.42	1.81	1.35	1.38	1.63	1.86	1.67	1.56
河 南	0.69	1.03	1.09	1.32	1.57	1.88	1.36	1.86	1.71	1.95	1.51
福 建	1.52	1.37	1.51	1.51	1.24	1.59	1.38	1.08	1.60	1.71	1.45
安 徽	0.87	1.03	1.06	1.13	1.37	1.54	1.15	1.49	2.06	1.56	1.37
天 津	1.12	1.20	1.09	0.91	1.02	1.38	1.27	1.60	1.67	1.34	1.29
四 川	0.58	0.89	0.93	1.07	0.99	1.30	1.36	1.35	1.99	1.56	1.26
陕 西	0.58	0.48	0.55	0.98	1.13	1.38	1.13	1.33	1.54	1.54	1.13
江 西	0.65	1.10	0.64	0.60	0.74	0.83	0.82	0.78	0.80	0.89	0.79
甘 肃	0.51	1.06	0.84	0.54	0.74	0.78	0.94	0.80	0.69	0.59	0.75
黑龙江	0.51	0.72	0.39	0.60	0.80	0.63	0.70	0.73	0.87	0.89	0.70
广 西	0.29	0.48	0.42	0.44	0.49	0.68	0.49	0.73	0.95	1.13	0.65

续表

省　份	2014 年	2015 年	2016 年	2017 年	2018 年	2019 年	2020 年	2021 年	2022 年	2023 年	合计
山　西	0.36	0.48	0.55	0.76	0.69	0.76	0.45	0.66	0.61	0.63	0.60
河　北	0.32	0.27	0.23	0.38	0.41	0.42	0.45	0.55	0.50	0.82	0.46
云　南	0.51	0.38	0.42	0.22	0.27	0.36	0.30	0.30	0.41	0.46	0.36
新　疆	0.11	0.21	0.35	0.19	0.19	0.29	0.16	0.23	0.39	0.41	0.26
贵　州	0.29	0.14	0.10	0.19	0.08	0.10	0.23	0.25	0.39	0.39	0.23
海　南	0.00	0.17	0.03	0.06	0.19	0.26	0.16	0.37	0.56	0.22	0.23
青　海	0.00	0.10	0.19	0.09	0.27	0.31	0.14	0.11	0.19	0.11	0.16
内蒙古	0.11	0.10	0.10	0.13	0.16	0.13	0.12	0.09	0.11	0.04	0.11
宁　夏	0.07	0.10	0.06	0.06	0.08	0.05	0.07	0.09	0.15	0.13	0.09
西　藏	0.00	0.00	0.00	0.03	0.03	0.00	0.02	0.02	0.00	0.04	0.02

六　晶体学

晶体学 A 层人才最多的是河南、上海，世界占比均为 3.45%；广东、湖北、宁夏、北京、湖南、江苏、江西、陕西也有相当数量的 A 层人才，世界占比在 3%~1%。

B 层人才最多的是北京，世界占比为 3.93%；江苏、山东、四川、上海、广东、甘肃、福建、河南、陕西、湖北、山西、浙江、辽宁、天津也有相当数量的 B 层人才，世界占比在 3%~1%；安徽、重庆、吉林、云南、广西、湖南、江西、黑龙江、海南、内蒙古、宁夏、贵州、河北、青海、西藏、新疆有一定数量的 B 层人才，世界占比超过或等于 0.1%。

C 层人才最多的是北京，世界占比为 3.61%；江苏、山东、广东、福建、吉林、上海、天津、浙江、辽宁、河南、安徽、陕西、湖北也有相当数量的 C 层人才，世界占比在 3%~1%；四川、山西、黑龙江、甘肃、江西、湖南、广西、河北、重庆、云南、新疆、内蒙古、贵州、海南有一定数量的 C 层人才，世界占比均超过 0.1%；宁夏、青海、西藏 C 层人才的世界占比均低于 0.1%。

表 3-16　晶体学 A 层人才的世界占比

单位：%

省　份	2014 年	2015 年	2016 年	2017 年	2018 年	2019 年	2020 年	2021 年	2022 年	2023 年	合计
河　南	0.00	0.00	0.00	0.00	0.00	0.00	0.00	0.00	37.50	0.00	3.45
上　海	0.00	0.00	0.00	0.00	12.50	0.00	22.22	0.00	0.00	0.00	3.45
广　东	0.00	0.00	0.00	0.00	0.00	0.00	0.00	0.00	25.00	0.00	2.30
湖　北	0.00	0.00	0.00	0.00	0.00	0.00	11.11	0.00	12.50	0.00	2.30
宁　夏	0.00	0.00	0.00	0.00	0.00	0.00	0.00	0.00	25.00	0.00	2.30
北　京	0.00	0.00	0.00	8.33	0.00	0.00	0.00	0.00	0.00	0.00	1.15
湖　南	0.00	0.00	0.00	0.00	0.00	0.00	0.00	0.00	12.50	0.00	1.15
江　苏	0.00	0.00	0.00	8.33	0.00	0.00	0.00	0.00	0.00	0.00	1.15
江　西	0.00	0.00	0.00	0.00	0.00	0.00	8.33	0.00	0.00	0.00	1.15
陕　西	0.00	0.00	0.00	0.00	0.00	0.00	0.00	0.00	12.50	0.00	1.15

表 3-17　晶体学 B 层人才的世界占比

单位：%

省　份	2014 年	2015 年	2016 年	2017 年	2018 年	2019 年	2020 年	2021 年	2022 年	2023 年	合计
北　京	1.63	3.00	2.15	8.33	6.12	3.88	4.30	1.89	5.77	2.20	3.93
江　苏	3.25	1.00	2.15	1.85	1.02	1.94	1.08	1.89	11.54	3.30	2.94
山　东	0.00	1.00	1.08	0.93	3.06	4.85	2.15	2.83	5.77	5.49	2.65
四　川	2.44	0.00	0.00	0.00	4.08	4.85	2.15	2.83	2.88	1.10	2.06
上　海	1.63	2.00	3.23	2.78	4.08	1.94	1.08	0.94	0.96	1.10	1.96
广　东	0.00	0.00	2.15	0.93	2.04	2.91	3.23	2.83	1.92	2.20	1.77
甘　肃	0.00	0.00	1.08	2.78	1.02	4.85	0.00	2.83	2.88	1.10	1.67
福　建	0.81	2.00	0.00	0.93	1.02	0.97	1.08	1.89	2.88	4.40	1.57
河　南	1.63	1.00	0.00	3.70	2.04	3.88	0.00	0.00	0.96	1.10	1.47
陕　西	2.44	0.00	2.15	0.93	2.04	2.91	0.00	0.94	2.88	0.00	1.47
湖　北	0.00	0.00	2.15	2.78	0.00	0.00	0.00	0.00	2.88	4.40	1.18
山　西	0.81	0.00	0.00	0.00	1.02	1.94	2.15	3.77	0.96	1.10	1.18
浙　江	1.63	1.00	1.08	1.85	2.04	0.00	0.00	0.00	0.96	3.30	1.18
辽　宁	2.44	1.00	1.08	0.93	1.02	0.97	1.08	0.94	0.96	0.00	1.08
天　津	1.63	1.00	1.08	0.93	0.00	1.94	1.08	0.94	0.00	2.20	1.08
安　徽	0.81	1.00	0.00	0.93	0.00	0.00	0.00	0.00	1.92	1.10	0.59
重　庆	0.81	0.00	0.00	0.00	0.00	1.94	0.00	0.00	1.92	0.00	0.49
吉　林	1.63	0.00	2.15	0.93	0.00	0.00	0.00	0.00	0.00	0.00	0.49

续表

省　份	2014 年	2015 年	2016 年	2017 年	2018 年	2019 年	2020 年	2021 年	2022 年	2023 年	合计
云　南	0.00	0.00	0.00	0.93	0.00	0.00	1.08	1.89	0.96	0.00	0.49
广　西	0.00	0.00	0.00	0.00	1.02	0.97	0.00	0.94	0.00	1.10	0.39
湖　南	0.81	0.00	0.00	0.00	0.00	0.97	0.00	0.00	0.96	1.10	0.39
江　西	0.00	0.00	1.08	0.00	1.02	0.00	1.08	0.00	0.96	0.00	0.39
黑龙江	0.81	0.00	0.00	0.00	0.00	0.97	0.00	0.00	0.96	0.00	0.29
海　南	0.00	0.00	0.00	0.00	0.00	0.97	0.00	0.00	0.96	0.00	0.20
内蒙古	0.00	0.00	0.00	0.00	0.00	0.00	0.00	0.00	1.92	0.00	0.20
宁　夏	0.00	0.00	0.00	0.00	0.00	0.97	1.08	0.00	0.00	0.00	0.20
贵　州	0.00	0.00	0.00	0.00	0.00	0.00	0.00	0.00	0.00	1.10	0.10
河　北	0.00	0.00	0.00	0.00	0.00	0.97	0.00	0.00	0.00	0.00	0.10
青　海	0.00	0.00	0.00	0.00	0.00	0.00	1.08	0.00	0.00	0.00	0.10
西　藏	0.00	0.00	0.00	0.00	0.00	0.00	1.08	0.00	0.00	0.00	0.10
新　疆	0.00	1.00	0.00	0.00	0.00	0.00	0.00	0.00	0.00	0.00	0.10

表 3-18　晶体学 C 层人才的世界占比

单位：%

省　份	2014 年	2015 年	2016 年	2017 年	2018 年	2019 年	2020 年	2021 年	2022 年	2023 年	合计
北　京	3.87	3.42	3.08	3.19	4.21	3.30	3.17	3.96	4.20	3.55	3.61
江　苏	3.71	3.11	3.08	2.25	2.38	3.30	3.06	2.64	2.73	3.32	2.97
山　东	2.34	2.07	1.43	2.25	2.27	3.10	3.49	3.15	2.63	1.90	2.47
广　东	1.45	0.93	1.10	1.50	2.16	2.50	2.73	1.93	3.02	3.44	2.05
福　建	2.10	1.97	1.87	1.13	2.38	1.40	2.18	1.83	1.66	1.66	1.81
吉　林	2.91	3.11	1.87	1.41	1.94	1.40	1.20	1.42	0.98	0.71	1.73
上　海	2.26	2.07	1.98	1.50	1.40	1.70	1.42	1.73	1.85	1.18	1.73
天　津	0.89	0.73	1.21	1.22	2.27	1.90	2.07	2.64	2.24	2.13	1.70
浙　江	1.05	0.52	1.32	1.41	1.51	0.80	1.20	0.81	2.15	2.25	1.29
辽　宁	0.56	1.24	0.44	0.85	1.30	1.40	1.64	1.12	1.37	1.78	1.14
河　南	1.05	1.35	0.77	0.85	1.51	1.20	0.87	1.12	1.56	0.83	1.11
安　徽	1.21	1.35	0.77	1.50	1.19	1.00	0.98	0.71	0.98	1.07	1.08
陕　西	0.97	0.83	0.44	1.13	1.19	1.10	0.76	1.02	1.56	1.78	1.07
湖　北	0.97	0.73	1.10	0.85	1.62	0.90	0.76	0.61	1.85	1.18	1.05
四　川	0.24	0.73	0.55	0.47	1.73	1.00	1.20	0.61	1.56	1.54	0.93
山　西	0.32	0.62	0.33	0.94	1.30	0.80	1.20	0.61	1.07	1.66	0.86

省　份	2014 年	2015 年	2016 年	2017 年	2018 年	2019 年	2020 年	2021 年	2022 年	2023 年	合计
黑龙江	1.29	0.83	0.88	0.85	0.22	0.70	0.44	1.02	0.49	0.24	0.72
甘　肃	0.24	0.31	0.88	1.22	1.40	0.80	0.22	0.30	0.59	0.59	0.65
江　西	0.32	0.41	0.66	0.47	0.65	0.30	0.44	1.12	0.98	0.59	0.59
湖　南	0.40	0.10	0.22	0.66	0.65	0.70	0.11	0.81	1.07	0.71	0.55
广　西	0.16	0.10	0.22	0.38	0.11	0.60	0.33	0.61	0.78	0.71	0.39
河　北	0.24	0.10	0.44	0.28	0.65	0.30	0.55	0.51	0.29	0.71	0.39
重　庆	0.32	0.21	0.11	0.19	0.43	0.70	0.33	0.30	0.39	0.71	0.36
云　南	0.40	0.10	0.33	0.28	0.11	0.20	0.44	0.41	0.59	0.71	0.29
新　疆	0.08	0.00	0.11	0.56	0.32	0.30	0.44	0.30	0.10	0.36	0.25
内蒙古	0.16	0.41	0.00	0.09	0.22	0.40	0.11	0.10	0.10	0.59	0.21
贵　州	0.08	0.31	0.00	0.09	0.32	0.20	0.22	0.41	0.20	0.00	0.18
海　南	0.00	0.10	0.11	0.00	0.00	0.00	0.00	0.30	0.39	0.24	0.12
宁　夏	0.00	0.10	0.00	0.00	0.00	0.00	0.00	0.10	0.10	0.12	0.05
青　海	0.00	0.00	0.00	0.00	0.00	0.00	0.11	0.00	0.00	0.10	0.02
西　藏	0.00	0.00	0.00	0.00	0.00	0.00	0.00	0.00	0.10	0.00	0.01

七　无机化学和核化学

无机化学和核化学 A 层人才最多的是北京，世界占比为 5.68%；浙江、广东、江苏、山东、福建、河南的 A 层人才比较多，世界占比在 5%～3%；四川、安徽、湖南、湖北、天津、陕西、上海、山西也有相当数量的 A 层人才，世界占比在 3%～1%；重庆、甘肃、广西、河北、吉林、辽宁、宁夏有一定数量的 A 层人才，世界占比均为 0.57%。

B 层人才最多的是江苏，世界占比为 5.91%；北京 B 层人才的世界占比为 5.43%；广东、河南、浙江的 B 层人才比较多，世界占比在 4%～3%；山东、福建、湖北、吉林、湖南、上海、天津、陕西、安徽、四川、辽宁、甘肃也有相当数量的 B 层人才，世界占比在 3%～1%；山西、江西、黑龙江、广西、宁夏、新疆、河北、重庆、内蒙古、贵州、海南、青海、云南有一定数量的 B 层人才，世界占比均超过 0.1%；西藏 B 层人才的世界占比为 0.06%。

C 层人才最多的是北京，世界占比为 4.65%；江苏的 C 层人才比较多，世界占比为 4.54%；广东、山东、吉林、福建、浙江、河南、上海、天津、甘肃、安徽、辽宁、四川、湖北、陕西、黑龙江、湖南也有相当数量的 C 层人才，世界占比在 3%~1%；江西、山西、广西、河北、重庆、云南、新疆、宁夏、内蒙古、贵州、海南有一定数量的 C 层人才，世界占比均超过 0.1%；青海 C 层人才的世界占比为 0.07%。

表 3-19　无机化学和核化学 A 层人才的世界占比

单位：%

省　份	2014 年	2015 年	2016 年	2017 年	2018 年	2019 年	2020 年	2021 年	2022 年	2023 年	合计
北　京	0.00	0.00	11.76	5.56	0.00	5.56	5.88	5.26	11.11	11.11	5.68
浙　江	5.26	0.00	0.00	0.00	0.00	11.11	5.88	5.26	11.11	5.56	4.55
广　东	0.00	0.00	0.00	0.00	11.76	0.00	11.76	0.00	16.67	0.00	3.98
江　苏	0.00	0.00	5.88	11.11	5.88	5.56	5.88	5.26	0.00	0.00	3.98
山　东	0.00	0.00	0.00	0.00	5.88	5.56	5.88	5.26	0.00	16.67	3.98
福　建	0.00	6.67	0.00	5.56	0.00	11.11	11.76	0.00	0.00	0.00	3.41
河　南	0.00	0.00	0.00	0.00	0.00	0.00	11.76	5.26	16.67	0.00	3.41
四　川	0.00	6.67	0.00	0.00	0.00	0.00	0.00	5.26	5.56	11.11	2.84
安　徽	0.00	0.00	0.00	0.00	5.88	0.00	5.88	0.00	5.56	5.56	2.27
湖　南	0.00	0.00	0.00	0.00	5.88	0.00	0.00	5.26	5.56	5.56	2.27
湖　北	0.00	0.00	5.88	0.00	0.00	5.56	0.00	0.00	5.56	0.00	1.70
天　津	0.00	6.67	0.00	0.00	0.00	0.00	5.56	0.00	5.56	0.00	1.70
陕　西	0.00	0.00	0.00	0.00	0.00	5.56	0.00	0.00	5.56	0.00	1.14
上　海	5.26	0.00	0.00	0.00	0.00	0.00	0.00	5.26	0.00	0.00	1.14
山　西	0.00	0.00	0.00	0.00	0.00	0.00	0.00	0.00	5.56	5.56	1.14
重　庆	0.00	0.00	0.00	0.00	0.00	0.00	0.00	5.26	0.00	0.00	0.57
甘　肃	0.00	0.00	0.00	0.00	0.00	0.00	0.00	5.26	0.00	0.00	0.57
广　西	0.00	0.00	0.00	0.00	0.00	5.56	0.00	0.00	0.00	0.00	0.57
河　北	0.00	0.00	0.00	0.00	0.00	0.00	0.00	0.00	0.00	5.56	0.57
吉　林	0.00	0.00	5.88	0.00	0.00	0.00	0.00	0.00	0.00	0.00	0.57
辽　宁	0.00	0.00	0.00	0.00	0.00	0.00	0.00	0.00	0.00	5.56	0.57
宁　夏	0.00	0.00	0.00	0.00	0.00	0.00	0.00	0.00	5.56	0.00	0.57

表 3-20　无机化学和核化学 B 层人才的世界占比

单位：%

省　份	2014 年	2015 年	2016 年	2017 年	2018 年	2019 年	2020 年	2021 年	2022 年	2023 年	合计
江　苏	2.33	2.48	5.00	2.52	6.79	6.55	7.10	6.36	10.06	9.76	5.91
北　京	8.14	6.21	2.50	3.14	8.02	7.74	4.14	5.78	5.33	3.05	5.43
广　东	1.74	2.48	1.25	2.52	2.47	4.76	5.33	4.05	6.51	4.88	3.62
河　南	0.00	0.62	1.88	3.77	2.47	5.95	5.33	3.47	2.96	6.10	3.26
浙　江	2.91	0.00	1.88	1.26	4.32	4.17	2.96	2.89	4.73	7.32	3.26
山　东	1.16	0.00	0.00	1.89	3.09	0.60	3.55	6.36	5.92	6.10	2.90
福　建	2.33	3.11	3.13	1.89	4.94	4.76	1.78	2.89	2.37	1.22	2.84
湖　北	2.33	1.86	3.13	2.52	5.56	1.79	1.78	2.31	1.78	2.44	2.53
吉　林	3.49	4.35	0.63	1.26	1.85	2.38	3.55	2.31	2.37	1.83	2.41
湖　南	0.00	0.00	1.25	0.00	2.47	3.57	4.14	4.62	5.33	1.83	2.35
上　海	0.58	1.86	1.25	1.26	1.85	2.98	2.37	3.47	1.78	6.10	2.35
天　津	1.16	1.86	3.75	2.52	3.70	5.36	1.18	1.73	1.18	0.61	2.29
陕　西	2.33	1.86	1.88	0.63	2.47	2.38	3.55	1.73	0.59	4.27	2.17
安　徽	3.49	1.24	1.88	0.00	0.62	2.38	2.37	0.58	2.37	2.44	1.75
四　川	1.74	0.00	0.00	1.26	2.47	0.60	1.78	2.89	4.14	2.44	1.75
辽　宁	0.58	1.24	0.63	1.89	1.85	0.60	0.59	1.16	1.18	1.83	1.15
甘　肃	0.58	0.62	1.25	1.89	0.62	1.19	0.59	0.00	0.59	3.05	1.03
山　西	0.00	0.00	0.63	0.63	0.00	0.60	0.59	1.16	1.18	4.88	0.97
江　西	0.00	0.62	0.63	0.00	0.00	1.19	2.37	0.58	1.18	1.22	0.78
黑龙江	0.00	0.62	0.00	0.63	0.62	1.19	0.59	1.16	1.78	0.61	0.72
广　西	0.58	1.86	0.00	0.00	0.00	0.00	0.59	0.58	0.00	1.22	0.48
宁　夏	0.00	0.00	0.63	0.00	1.23	0.60	0.00	0.58	0.59	0.61	0.42
新　疆	0.00	0.00	0.63	0.00	1.23	0.00	0.00	0.59	1.22	0.36
河　北	0.00	0.00	0.63	0.63	0.62	0.00	0.00	1.16	0.00	0.00	0.30
重　庆	0.00	0.00	0.00	0.00	0.00	0.00	0.00	0.00	1.18	0.61	0.18
内蒙古	0.00	0.00	0.00	0.63	0.00	0.60	0.00	0.00	0.00	0.61	0.18
贵　州	0.00	0.00	0.63	0.00	0.00	0.00	0.00	0.00	0.00	0.61	0.12
海　南	0.00	0.00	0.00	0.00	0.00	0.00	0.00	0.00	1.18	0.00	0.12
青　海	0.00	0.00	0.00	0.00	0.00	1.19	0.00	0.00	0.00	0.00	0.12
云　南	0.00	0.00	5.00	0.00	0.62	0.00	0.59	0.00	10.06	9.76	0.12
西　藏	0.00	0.00	0.00	0.00	0.00	0.00	0.00	0.58	0.00	0.00	0.06

表 3-21 无机化学和核化学 C 层人才的世界占比

单位：%

省 份	2014 年	2015 年	2016 年	2017 年	2018 年	2019 年	2020 年	2021 年	2022 年	2023 年	合计
北 京	4.01	4.69	4.05	3.84	5.07	6.29	5.08	4.75	4.17	4.56	4.65
江 苏	2.36	3.40	3.54	4.16	5.57	5.07	3.99	4.64	7.42	5.39	4.54
广 东	1.53	1.03	1.71	2.33	2.57	3.18	3.81	3.71	4.66	4.22	2.87
山 东	1.06	1.28	1.83	1.89	2.69	2.44	3.02	2.90	3.19	3.87	2.41
吉 林	2.60	2.05	1.64	2.39	2.76	2.93	2.72	2.14	2.02	1.73	2.31
福 建	1.59	2.18	2.21	2.46	2.57	2.14	2.30	2.20	2.21	2.49	2.23
浙 江	1.42	1.09	1.33	1.83	1.88	2.69	2.48	2.78	3.00	2.90	2.14
河 南	1.53	1.03	1.64	1.13	2.00	2.38	2.84	2.49	2.70	2.00	1.99
上 海	1.89	2.25	2.47	2.27	2.13	1.89	1.81	1.62	1.66	1.66	1.96
天 津	1.24	1.60	1.39	1.51	2.32	2.75	1.87	1.74	1.59	1.94	1.79
甘 肃	1.24	1.16	1.39	1.39	1.38	1.65	1.45	1.16	2.70	1.59	1.51
安 徽	1.24	0.83	1.08	1.01	2.00	1.65	1.33	1.57	1.78	1.94	1.44
辽 宁	1.00	1.09	0.70	0.94	1.38	1.53	1.81	1.97	1.23	1.45	1.32
四 川	0.29	0.45	0.76	0.94	1.69	1.71	1.63	1.74	1.59	2.14	1.29
湖 北	0.83	0.51	0.32	0.82	1.38	1.28	1.57	1.68	2.21	2.00	1.26
陕 西	0.59	0.96	0.89	0.82	1.19	1.47	1.39	1.33	1.66	1.31	1.16
黑龙江	1.12	0.77	0.57	1.20	1.31	1.34	1.15	1.10	0.80	1.17	1.06
湖 南	0.41	0.26	0.57	0.57	1.06	1.22	1.21	1.39	1.90	1.52	1.01
江 西	0.18	0.51	0.57	0.57	0.81	1.28	0.91	1.33	1.41	1.66	0.92
山 西	0.29	0.64	0.32	0.50	0.31	0.98	0.85	0.81	1.16	0.69	0.66
广 西	0.06	0.32	0.19	0.13	0.38	0.79	1.15	1.16	0.92	1.24	0.63
河 北	0.18	0.39	0.13	0.31	0.31	0.49	0.67	0.70	0.86	0.90	0.49
重 庆	0.29	0.26	0.25	0.13	0.56	0.73	0.67	0.29	0.67	0.97	0.48
云 南	0.18	0.19	0.13	0.13	0.25	0.37	0.42	0.52	0.43	0.83	0.34
新 疆	0.06	0.39	0.19	0.25	0.13	0.24	0.48	0.17	0.25	0.55	0.27
宁 夏	0.18	0.19	0.00	0.19	0.25	0.55	0.36	0.23	0.18	0.35	0.25
内蒙古	0.06	0.06	0.06	0.13	0.31	0.43	0.24	0.35	0.31	0.28	0.22
贵 州	0.00	0.13	0.00	0.13	0.13	0.12	0.18	0.35	0.55	0.55	0.21
海 南	0.00	0.13	0.06	0.00	0.13	0.12	0.48	0.35	0.43	0.00	0.17
青 海	0.00	0.00	0.00	0.06	0.13	0.12	0.18	0.12	0.06	0.07	0.07

八 纳米科学和纳米技术

纳米科学和纳米技术 A、B、C 层人才最多的均为北京，世界占比分别为 10.96%、11.42%、11.22%。

广东、湖北、上海的 A 层人才比较多，世界占比在 5%~3%；江苏、山东、浙江、陕西、河南、辽宁、湖南、安徽、天津、吉林也有相当数量的 A 层人才，世界占比在 3%~1%；福建、黑龙江、甘肃、山西、四川、重庆、贵州、江西、广西、河北、海南、内蒙古、青海有一定数量的 A 层人才，世界占比均超过 0.1%。

江苏、广东、上海、浙江、湖北的 B 层人才比较多，世界占比在 8%~3%；山东、天津、安徽、湖南、陕西、河南、吉林、辽宁、四川、福建、黑龙江也有相当数量的 B 层人才，世界占比在 3%~1%；重庆、山西、广西、江西、河北、甘肃、云南、贵州、海南、内蒙古有一定数量的 B 层人才，世界占比均超过 0.1%；新疆、青海 B 层人才的世界占比均低于 0.1%。

广东、江苏、上海、湖北、浙江的 C 层人才比较多，世界占比在 7%~3%；山东、天津、安徽、四川、湖南、河南、吉林、福建、辽宁、陕西、黑龙江、重庆也有相当数量的 C 层人才，世界占比在 3%~1%；广西、山西、甘肃、江西、河北、云南、海南、新疆、内蒙古、贵州有一定数量的 C 层人才，世界占比均超过 0.1%；宁夏、青海、西藏 C 层人才的世界占比均低于 0.1%。

表 3-22 纳米科学和纳米技术 A 层人才的世界占比

单位：%

省　份	2014 年	2015 年	2016 年	2017 年	2018 年	2019 年	2020 年	2021 年	2022 年	2023 年	合计
北　京	3.85	7.27	13.11	13.85	8.70	10.39	8.54	17.65	7.32	15.48	10.96
广　东	1.92	0.00	0.00	3.08	0.00	7.79	4.88	3.53	8.54	7.14	4.07
湖　北	1.92	5.45	0.00	7.69	4.35	5.19	3.66	3.53	3.66	2.38	3.79
上　海	1.92	0.00	4.92	1.54	1.45	5.19	1.22	3.53	4.88	8.33	3.51
江　苏	1.92	1.82	1.64	1.54	2.90	5.19	2.44	2.35	3.66	4.76	2.95

续表

省　份	2014 年	2015 年	2016 年	2017 年	2018 年	2019 年	2020 年	2021 年	2022 年	2023 年	合计
山　东	0.00	0.00	1.64	0.00	1.45	0.00	3.66	4.71	3.66	10.71	2.95
浙　江	0.00	0.00	0.00	4.62	0.00	0.00	0.00	2.35	9.76	7.14	2.67
陕　西	0.00	0.00	0.00	0.00	0.00	3.90	1.22	2.35	8.54	4.76	2.39
河　南	0.00	0.00	0.00	1.54	0.00	0.00	4.88	3.53	3.66	5.95	2.25
辽　宁	0.00	0.00	1.64	1.54	1.45	1.30	3.66	1.18	4.88	4.76	2.25
湖　南	0.00	0.00	1.64	3.08	1.45	1.30	3.66	3.53	4.88	0.00	2.11
安　徽	1.92	0.00	0.00	0.00	1.45	0.00	1.22	1.18	2.44	9.52	1.97
天　津	0.00	1.82	1.64	1.54	2.90	1.30	1.22	0.00	2.44	4.76	1.83
吉　林	0.00	1.82	3.28	1.54	1.45	2.60	2.44	0.00	2.44	1.19	1.69
福　建	0.00	0.00	3.28	0.00	0.00	0.00	1.22	0.00	1.22	2.38	0.84
黑龙江	0.00	0.00	0.00	1.54	0.00	1.30	2.44	1.18	0.00	1.19	0.84
甘　肃	0.00	0.00	0.00	0.00	0.00	0.00	0.00	1.18	0.00	4.76	0.70
山　西	0.00	0.00	1.64	0.00	0.00	0.00	1.22	0.00	0.00	3.57	0.70
四　川	0.00	0.00	0.00	0.00	0.00	0.00	0.00	2.35	2.44	0.00	0.56
重　庆	0.00	1.82	0.00	1.54	0.00	0.00	0.00	0.00	1.22	0.00	0.42
贵　州	0.00	0.00	0.00	0.00	0.00	0.00	0.00	0.00	1.22	2.38	0.42
江　西	0.00	0.00	0.00	0.00	0.00	0.00	0.00	1.18	1.22	1.19	0.42
广　西	0.00	0.00	0.00	0.00	0.00	0.00	0.00	1.18	0.00	1.19	0.28
河　北	0.00	0.00	0.00	0.00	0.00	0.00	0.00	0.00	0.00	2.38	0.28
海　南	0.00	0.00	0.00	1.54	0.00	0.00	0.00	0.00	0.00	0.00	0.14
内蒙古	0.00	0.00	0.00	0.00	0.00	0.00	0.00	0.00	0.00	1.19	0.14
青　海	0.00	0.00	0.00	0.00	0.00	0.00	0.00	0.00	0.00	1.19	0.14

表 3-23　纳米科学和纳米技术 B 层人才的世界占比

单位：%

省　份	2014 年	2015 年	2016 年	2017 年	2018 年	2019 年	2020 年	2021 年	2022 年	2023 年	合计
北　京	8.86	8.40	10.93	13.95	12.21	12.66	10.06	15.16	9.66	10.94	11.42
江　苏	2.32	4.69	4.94	7.65	7.04	5.97	5.37	9.41	7.65	11.96	7.03
广　东	2.11	0.98	3.00	4.25	4.85	6.40	7.02	9.67	11.41	10.81	6.58
上　海	2.53	3.71	2.82	5.27	6.26	6.11	6.34	7.71	6.44	6.11	5.56
浙　江	1.90	2.15	2.82	2.89	2.97	3.35	3.58	4.71	6.31	6.62	3.95
湖　北	2.53	1.56	2.82	4.93	4.07	2.91	3.31	4.18	4.30	4.07	3.56
山　东	0.63	1.17	0.53	1.36	1.72	2.33	2.75	4.58	5.50	5.09	2.82

续表

省　份	2014 年	2015 年	2016 年	2017 年	2018 年	2019 年	2020 年	2021 年	2022 年	2023 年	合计
天　津	1.05	3.52	1.94	2.55	2.97	3.35	3.58	2.48	2.95	2.67	2.76
安　徽	2.11	1.17	2.29	2.04	3.60	3.93	1.93	1.05	2.28	3.56	2.43
湖　南	0.63	0.98	0.00	1.87	2.50	2.77	2.75	3.14	2.42	4.45	2.33
陕　西	0.21	0.78	0.35	0.34	1.56	1.46	2.34	3.66	5.10	4.45	2.27
河　南	0.42	0.39	0.53	0.17	1.25	2.62	2.48	4.05	3.89	3.05	2.10
吉　林	1.90	1.37	1.41	2.38	2.50	1.75	2.34	2.61	1.74	2.16	2.05
辽　宁	0.42	1.56	2.12	1.36	2.03	2.04	2.62	1.96	2.28	1.91	1.90
四　川	0.84	0.20	0.71	1.02	1.10	0.87	1.93	2.88	3.36	3.94	1.85
福　建	1.27	0.59	0.88	1.02	1.10	1.75	2.20	2.75	2.82	2.16	1.76
黑龙江	0.42	0.98	0.71	0.68	1.10	0.58	1.52	1.70	2.15	1.91	1.25
重　庆	0.00	0.39	0.53	0.68	0.94	0.87	0.55	0.92	1.07	1.65	0.82
山　西	0.21	0.20	0.18	0.34	0.47	0.00	0.28	0.65	1.88	1.53	0.63
广　西	0.00	0.00	0.18	0.34	0.00	0.29	0.83	1.05	0.94	1.53	0.59
江　西	0.21	0.39	0.35	0.34	0.31	0.29	0.41	1.05	0.54	1.53	0.59
河　北	0.00	0.00	0.18	0.17	0.94	0.44	0.41	0.65	0.94	0.64	0.48
甘　肃	0.42	0.39	0.18	0.51	0.00	0.15	0.41	0.26	0.67	1.02	0.42
云　南	0.00	0.00	0.18	0.00	0.00	0.00	0.28	0.52	0.13	0.51	0.18
贵　州	0.00	0.00	0.18	0.00	0.00	0.16	0.00	0.14	0.40	0.25	0.12
海　南	0.00	0.00	0.00	0.17	0.16	0.00	0.00	0.28	0.26	0.13	0.13	0.12
内蒙古	0.00	0.00	0.00	0.00	0.00	0.29	0.14	0.00	0.13	0.38	0.11
新　疆	0.00	0.00	0.18	0.34	0.00	0.29	0.00	0.00	0.13	0.00	0.09
青　海	0.00	0.00	0.00	0.00	0.00	0.00	0.00	0.00	0.00	0.13	0.02

表 3-24　纳米科学和纳米技术 C 层人才的世界占比

单位：%

省　份	2014 年	2015 年	2016 年	2017 年	2018 年	2019 年	2020 年	2021 年	2022 年	2023 年	合计
北　京	8.51	10.12	10.23	11.22	11.96	12.53	11.42	11.04	12.19	11.60	11.22
广　东	1.94	2.25	3.27	4.45	5.92	7.05	8.24	9.38	10.13	9.78	6.72
江　苏	3.62	4.53	5.42	6.47	6.69	6.89	6.70	7.46	8.04	8.54	6.66
上　海	3.85	4.29	4.09	4.78	4.91	5.89	5.53	7.34	7.62	7.47	5.78
湖　北	1.70	2.47	2.70	3.51	3.99	3.85	3.78	4.34	4.48	4.59	3.68
浙　江	1.32	1.49	1.85	2.42	2.86	3.13	3.52	5.07	5.72	6.70	3.66
山　东	0.83	1.24	1.28	2.01	2.40	2.94	2.88	3.97	4.70	4.63	2.89

省　份	2014 年	2015 年	2016 年	2017 年	2018 年	2019 年	2020 年	2021 年	2022 年	2023 年	合计
天　津	1.04	1.45	1.72	2.27	2.84	3.10	2.97	3.36	3.28	3.08	2.63
安　徽	1.64	1.35	1.53	1.86	2.29	2.65	2.73	2.74	2.96	3.14	2.38
四　川	1.06	1.08	1.40	1.64	2.38	2.37	2.61	2.72	2.94	3.59	2.31
湖　南	0.77	1.00	1.35	1.47	1.86	2.71	2.22	2.72	2.72	3.11	2.11
河　南	0.43	0.67	0.76	0.77	1.26	2.11	2.85	3.58	3.53	2.79	2.05
吉　林	1.62	1.76	1.58	1.89	2.08	2.23	2.35	1.71	2.02	1.90	1.94
福　建	1.34	0.98	1.10	1.38	1.61	1.95	2.05	2.38	2.65	2.80	1.92
辽　宁	1.02	1.04	1.19	1.76	1.61	2.16	1.90	2.29	2.03	2.22	1.79
陕　西	0.34	0.63	0.78	0.89	1.75	2.16	2.11	2.28	2.56	2.93	1.78
黑龙江	0.98	1.02	0.91	0.92	1.33	1.16	1.47	1.32	1.70	1.60	1.28
重　庆	0.47	0.84	0.76	0.78	0.80	0.90	1.13	1.37	1.66	1.68	1.09
广　西	0.09	0.08	0.21	0.26	0.36	0.67	0.73	1.21	1.50	1.25	0.71
山　西	0.21	0.29	0.39	0.34	0.58	0.48	0.70	0.54	1.24	1.11	0.63
甘　肃	0.45	0.57	0.53	0.43	0.54	0.56	0.77	0.58	0.83	0.74	0.61
江　西	0.26	0.27	0.25	0.29	0.43	0.64	0.72	0.75	0.92	0.93	0.58
河　北	0.26	0.27	0.48	0.32	0.39	0.54	0.48	0.63	0.78	0.74	0.51
云　南	0.15	0.10	0.11	0.15	0.24	0.13	0.23	0.42	0.41	0.80	0.30
海　南	0.11	0.04	0.02	0.12	0.14	0.13	0.14	0.18	0.36	0.53	0.19
新　疆	0.06	0.05	0.11	0.12	0.11	0.19	0.17	0.09	0.21	0.32	0.15
内蒙古	0.13	0.02	0.05	0.09	0.06	0.07	0.06	0.11	0.37	0.40	0.15
贵　州	0.04	0.04	0.07	0.05	0.08	0.12	0.14	0.18	0.23	0.32	0.14
宁　夏	0.00	0.00	0.00	0.03	0.05	0.01	0.04	0.05	0.05	0.09	0.04
青　海	0.00	0.00	0.00	0.02	0.06	0.09	0.04	0.01	0.05	0.04	0.03
西　藏	0.00	0.00	0.00	0.02	0.02	0.01	0.01	0.03	0.04	0.01	0.02

九　化学工程

化学工程 A、B、C 层人才最多的均为北京，世界占比分别为 6.81%、8.73%、8.90%。

广东、江苏、湖北、湖南、浙江、上海的 A 层人才比较多，世界占比在 5%～3%；河南、天津、山东、辽宁、四川、安徽也有相当数量的 A 层人才，世界占比在 3%～1%；黑龙江、河北、吉林、陕西、福建、重庆、广西、江西、宁夏、山西有一定数量的 A 层人才，世界占比均超过 0.3%。

江苏、广东、上海、湖北、浙江、山东、湖南的 B 层人才比较多，世界占比在 7%～3%；四川、天津、河南、辽宁、黑龙江、安徽、福建、重庆、陕西也有相当数量的 B 层人才，世界占比在 3%～1%；吉林、河北、广西、江西、甘肃、山西、云南、宁夏、海南、贵州、内蒙古有一定数量的 B 层人才，世界占比均超过 0.1%；新疆、青海、西藏 B 层人才的世界占比均低于 0.1%。

江苏、广东、上海、山东、浙江、湖北的 C 层人才比较多，世界占比在 7%～3%；天津、湖南、辽宁、四川、黑龙江、福建、河南、安徽、陕西、重庆、吉林也有相当数量的 C 层人才，世界占比在 3%～1%；山西、江西、广西、甘肃、河北、云南、新疆、贵州、海南、宁夏、内蒙古、青海有一定数量的 C 层人才，世界占比超过或等于 0.1%；西藏 C 层人才的世界占比为 0.04%。

表 3-25 化学工程 A 层人才的世界占比

单位：%

省 份	2014 年	2015 年	2016 年	2017 年	2018 年	2019 年	2020 年	2021 年	2022 年	2023 年	合计
北 京	2.50	9.09	2.00	5.77	9.26	4.69	7.58	9.21	7.79	7.59	6.81
广 东	2.50	0.00	2.00	1.92	3.70	9.38	6.06	7.89	5.19	6.33	4.98
江 苏	0.00	2.27	0.00	3.85	3.70	4.69	0.00	1.32	18.18	7.59	4.82
湖 北	2.50	2.27	0.00	11.54	1.85	3.13	7.58	2.63	6.49	0.00	3.82
湖 南	0.00	0.00	4.00	5.77	1.85	6.25	6.06	2.63	3.90	5.06	3.82
浙 江	0.00	0.00	0.00	1.92	3.70	3.13	3.03	2.63	10.39	7.59	3.82
上 海	2.50	0.00	4.00	0.00	0.00	3.13	1.52	3.95	7.79	5.06	3.16
河 南	0.00	2.27	0.00	0.00	0.00	0.00	7.58	3.95	9.09	1.27	2.82
天 津	2.50	2.27	2.00	1.92	1.85	3.13	0.00	1.32	2.60	6.33	2.49
山 东	0.00	0.00	0.00	0.00	4.69	1.52	1.32	6.49	3.80	2.16
辽 宁	5.00	2.27	2.00	3.85	1.85	1.56	1.52	1.32	1.30	1.27	1.99
四 川	0.00	0.00	0.00	0.00	1.85	0.00	3.03	1.32	5.19	5.06	1.99
安 徽	2.50	0.00	2.00	1.92	3.70	4.69	0.00	0.00	0.00	0.00	1.33
黑龙江	2.50	0.00	2.00	0.00	0.00	0.00	1.52	1.32	0.00	1.27	0.83
河 北	0.00	0.00	0.00	0.00	0.00	1.56	0.00	1.32	1.30	1.27	0.66

续表

省　份	2014 年	2015 年	2016 年	2017 年	2018 年	2019 年	2020 年	2021 年	2022 年	2023 年	合计
吉　林	0.00	2.27	0.00	1.92	0.00	1.56	0.00	0.00	1.30	0.00	0.66
陕　西	0.00	0.00	2.00	1.92	0.00	1.56	0.00	0.00	0.00	1.27	0.66
福　建	0.00	0.00	0.00	0.00	0.00	1.56	0.00	0.00	1.30	1.27	0.50
重　庆	0.00	0.00	0.00	0.00	0.00	0.00	1.52	0.00	1.30	0.00	0.33
广　西	0.00	0.00	0.00	0.00	0.00	1.56	1.52	0.00	0.00	0.00	0.33
江　西	0.00	0.00	2.00	0.00	0.00	0.00	0.00	0.00	1.30	0.00	0.33
宁　夏	0.00	0.00	0.00	0.00	0.00	0.00	0.00	0.00	2.60	0.00	0.33
山　西	0.00	0.00	0.00	0.00	0.00	0.00	0.00	0.00	1.30	1.27	0.33

表 3-26　化学工程 B 层人才的世界占比

单位：%

省　份	2014 年	2015 年	2016 年	2017 年	2018 年	2019 年	2020 年	2021 年	2022 年	2023 年	合计
北　京	10.58	5.96	8.71	9.17	8.87	11.23	9.51	8.07	8.37	7.29	8.73
江　苏	2.65	0.99	4.69	5.00	7.46	8.12	10.00	6.57	8.94	8.27	6.75
广　东	1.06	2.48	3.57	6.88	4.64	5.01	5.90	8.07	6.67	5.89	5.39
上　海	2.65	1.49	3.35	4.17	4.03	3.97	5.41	4.79	6.38	5.05	4.38
湖　北	2.12	1.74	2.68	4.17	3.63	5.18	3.93	4.65	5.25	4.77	4.04
浙　江	1.32	2.23	2.01	2.92	2.62	2.25	3.11	4.79	4.54	5.47	3.39
山　东	1.06	0.99	1.12	1.67	1.61	3.28	2.95	4.65	5.39	5.61	3.21
湖　南	0.79	1.74	1.34	2.71	4.64	3.80	4.43	3.97	2.98	2.66	3.07
四　川	0.26	0.50	0.67	1.46	2.02	3.45	3.44	2.05	3.55	2.81	2.24
天　津	0.53	0.99	1.34	2.08	1.81	2.59	2.62	1.50	2.55	2.95	2.02
河　南	0.79	0.25	0.45	0.83	1.21	2.76	2.79	3.69	2.55	1.96	1.95
辽　宁	1.59	1.99	2.68	1.25	1.61	1.38	1.48	1.64	2.70	2.10	1.86
黑龙江	0.00	0.99	1.12	1.67	2.02	1.38	1.97	2.46	2.41	2.38	1.79
安　徽	2.91	1.24	0.45	0.83	2.02	2.25	2.46	1.23	2.27	1.54	1.73
福　建	1.06	1.74	1.56	1.04	1.01	1.73	2.62	1.92	1.70	2.10	1.71
重　庆	0.00	0.00	0.45	1.25	0.60	1.21	2.30	1.09	1.56	1.40	1.10
陕　西	0.00	0.99	0.45	0.42	0.40	0.35	2.62	1.92	0.99	1.54	1.08
吉　林	0.53	0.74	0.45	0.42	0.40	0.86	1.15	0.68	1.28	1.12	0.81
河　北	0.00	0.00	0.00	0.42	0.40	1.04	1.31	0.82	0.99	0.84	0.67
广　西	0.00	0.25	0.22	0.00	0.40	0.35	0.98	0.96	0.99	1.40	0.65
江　西	0.26	0.25	0.00	0.42	0.40	0.69	0.98	0.55	0.71	1.54	0.65

续表

省　份	2014 年	2015 年	2016 年	2017 年	2018 年	2019 年	2020 年	2021 年	2022 年	2023 年	合计
甘　肃	0.26	0.25	0.67	0.42	0.60	0.35	0.66	0.41	0.99	0.84	0.58
山　西	0.00	0.50	0.45	0.00	0.60	0.17	0.49	0.96	0.57	0.56	0.47
云　南	0.00	0.00	0.00	0.63	0.40	0.52	0.16	0.41	0.43	0.56	0.34
宁　夏	0.26	0.00	0.00	0.21	0.00	0.00	0.33	0.27	0.43	0.42	0.22
海　南	0.00	0.00	0.22	0.21	0.00	0.00	0.16	0.14	0.28	0.28	0.14
贵　州	0.00	0.00	0.00	0.00	0.00	0.00	0.16	0.27	0.43	0.14	0.13
内蒙古	0.00	0.00	0.00	0.00	0.20	0.00	0.00	0.00	0.14	0.56	0.11
新　疆	0.00	0.00	0.22	0.00	0.00	0.00	0.00	0.14	0.00	0.42	0.09
青　海	0.00	0.00	0.00	0.00	0.00	0.17	0.00	0.14	0.00	0.14	0.05
西　藏	0.00	0.00	0.00	0.00	0.00	0.17	0.00	0.00	0.00	0.14	0.04

表 3-27　化学工程 C 层人才的世界占比

单位：%

省　份	2014 年	2015 年	2016 年	2017 年	2018 年	2019 年	2020 年	2021 年	2022 年	2023 年	合计
北　京	6.79	7.61	7.74	8.86	9.42	9.83	8.81	8.96	9.82	9.52	8.90
江　苏	2.88	3.15	4.38	5.29	5.47	5.85	7.07	7.35	8.10	7.74	6.10
广　东	1.91	2.15	2.34	3.24	4.09	5.06	5.77	6.16	6.78	6.14	4.73
上　海	2.59	2.90	3.25	3.32	3.57	3.90	4.43	4.81	4.68	3.96	3.88
山　东	1.29	1.18	2.29	1.84	3.39	4.07	4.19	4.30	5.17	5.40	3.61
浙　江	1.43	1.60	1.98	2.38	2.48	3.06	3.26	4.08	4.53	5.34	3.27
湖　北	1.64	1.80	2.31	2.74	3.23	3.17	3.59	3.46	3.65	3.70	3.07
天　津	1.91	1.88	1.76	2.19	2.22	2.91	3.01	2.78	3.54	2.62	2.58
湖　南	0.54	0.83	1.31	1.78	2.28	3.06	3.14	2.46	3.15	3.01	2.33
辽　宁	1.16	1.15	1.56	1.63	2.18	2.20	2.57	2.57	2.74	2.82	2.18
四　川	0.57	0.95	0.87	1.55	2.34	2.11	2.46	2.85	2.86	2.85	2.11
黑龙江	0.73	0.93	1.07	1.65	1.72	2.04	2.29	1.87	2.38	2.05	1.77
福　建	0.94	0.85	1.02	1.32	1.50	1.87	1.91	2.39	2.23	1.99	1.71
河　南	0.81	0.73	0.65	0.75	1.02	1.47	2.24	2.50	2.51	2.15	1.63
安　徽	1.27	0.70	1.09	1.36	1.54	1.44	1.77	2.01	2.02	1.98	1.60
陕　西	0.40	0.53	0.51	0.82	1.42	1.70	1.80	2.49	2.22	2.14	1.56
重　庆	0.38	0.35	0.65	0.63	1.28	1.59	1.70	1.36	1.60	1.67	1.22
吉　林	0.62	0.75	0.47	0.65	0.94	1.26	1.22	1.36	1.73	1.30	1.10
山　西	0.24	0.80	0.58	0.61	0.96	1.13	1.02	0.94	1.07	1.09	0.89

续表

省　份	2014 年	2015 年	2016 年	2017 年	2018 年	2019 年	2020 年	2021 年	2022 年	2023 年	合计
江　西	0.40	0.48	0.49	0.56	0.90	0.83	0.87	1.00	1.44	1.16	0.87
广　西	0.11	0.10	0.18	0.31	0.38	0.55	0.67	0.96	1.19	1.35	0.67
甘　肃	0.27	0.28	0.62	0.63	0.32	0.76	0.89	0.87	0.81	0.71	0.66
河　北	0.22	0.30	0.09	0.46	0.62	0.59	0.62	0.77	0.91	1.06	0.62
云　南	0.13	0.20	0.24	0.27	0.26	0.31	0.45	0.44	0.69	0.77	0.41
新　疆	0.22	0.13	0.13	0.40	0.28	0.35	0.18	0.30	0.40	0.47	0.30
贵　州	0.13	0.03	0.13	0.10	0.26	0.21	0.32	0.31	0.48	0.47	0.27
海　南	0.05	0.03	0.11	0.04	0.08	0.03	0.17	0.25	0.50	0.48	0.20
宁　夏	0.00	0.05	0.00	0.06	0.00	0.23	0.23	0.22	0.44	0.23	0.18
内蒙古	0.05	0.05	0.18	0.04	0.08	0.03	0.08	0.18	0.29	0.23	0.14
青　海	0.00	0.05	0.04	0.19	0.18	0.19	0.05	0.08	0.15	0.06	0.10
西　藏	0.00	0.00	0.00	0.00	0.00	0.05	0.10	0.06	0.06	0.04	0.04

十　应用化学

应用化学 A、B、C 层人才最多的均为江苏，世界占比分别为 5.20%、6.75%、7.54%。

广东、河南、上海、湖北、天津的 A 层人才比较多，世界占比在 4% ~ 3%；北京、黑龙江、湖南、辽宁、山东、浙江、江西、宁夏、四川也有相当数量的 A 层人才，世界占比在 3% ~ 1%；河北、山西、安徽、福建、广西、吉林有一定数量的 A 层人才，世界占比超过或等于 0.4%。

北京、广东、湖北、浙江的 B 层人才比较多，世界占比在 5% ~ 3%；山东、湖南、四川、辽宁、上海、安徽、黑龙江、陕西、天津、江西、河南、福建、吉林也有相当数量的 B 层人才，世界占比在 3% ~ 1%；河北、广西、重庆、宁夏、山西、海南、云南、新疆、甘肃、贵州有一定数量的 B 层人才，世界占比均超过 0.1%；内蒙古 B 层人才的世界占比为 0.04%。

北京、广东、浙江、山东的 C 层人才比较多，世界占比在 6% ~ 3%；湖北、上海、陕西、辽宁、天津、四川、河南、福建、江西、黑龙江、安徽、湖南、重庆也有相当数量的 C 层人才，世界占比在 3%~1%；吉林、广西、云南、山西、海南、河北、甘肃、贵州、新疆、宁夏、内蒙古、青海有一定数量的 C 层人才，世界占比均超过 0.1%；西藏 C 层人才的世界占比为 0.03%。

表 3-28 应用化学 A 层人才的世界占比

单位：%

省　份	2014 年	2015 年	2016 年	2017 年	2018 年	2019 年	2020 年	2021 年	2022 年	2023 年	合计
江　苏	0.00	5.26	5.00	0.00	0.00	7.69	0.00	3.03	16.67	9.38	5.20
广　东	0.00	5.26	0.00	0.00	5.00	0.00	3.33	12.12	6.67	3.13	4.00
河　南	0.00	0.00	0.00	0.00	0.00	3.85	3.33	9.09	10.00	6.25	4.00
上　海	0.00	0.00	5.00	4.76	0.00	0.00	3.33	9.09	6.67	3.13	3.60
湖　北	10.53	0.00	0.00	4.76	5.00	0.00	6.67	3.03	3.33	0.00	3.20
天　津	0.00	0.00	0.00	0.00	5.00	7.69	0.00	3.03	0.00	12.50	3.20
北　京	5.26	0.00	0.00	0.00	15.00	0.00	3.33	6.06	0.00	0.00	2.80
黑龙江	0.00	0.00	0.00	0.00	0.00	3.85	0.00	0.00	3.33	6.25	1.60
湖　南	5.26	0.00	0.00	0.00	0.00	0.00	3.33	3.03	3.33	0.00	1.60
辽　宁	0.00	0.00	0.00	4.76	5.00	0.00	0.00	0.00	3.33	3.13	1.60
山　东	0.00	0.00	0.00	0.00	0.00	7.69	0.00	0.00	3.33	3.13	1.60
浙　江	0.00	0.00	0.00	0.00	0.00	0.00	0.00	0.00	3.33	9.38	1.60
江　西	0.00	0.00	0.00	0.00	5.00	0.00	0.00	3.03	0.00	3.13	1.20
宁　夏	0.00	0.00	0.00	0.00	0.00	0.00	0.00	0.00	6.67	3.13	1.20
四　川	0.00	0.00	0.00	0.00	0.00	0.00	0.00	3.03	3.33	3.13	1.20
河　北	0.00	0.00	0.00	0.00	0.00	0.00	0.00	0.00	3.33	3.13	0.80
山　西	0.00	0.00	0.00	0.00	0.00	0.00	0.00	0.00	0.00	6.25	0.80
安　徽	0.00	0.00	0.00	0.00	0.00	0.00	0.00	0.00	0.00	3.13	0.40
福　建	0.00	0.00	0.00	0.00	0.00	3.85	0.00	0.00	0.00	0.00	0.40
广　西	0.00	0.00	0.00	0.00	0.00	3.85	0.00	0.00	0.00	0.00	0.40
吉　林	0.00	0.00	0.00	0.00	0.00	0.00	0.00	0.00	3.33	0.00	0.40

表 3-29 应用化学 B 层人才的世界占比

单位：%

省　份	2014 年	2015 年	2016 年	2017 年	2018 年	2019 年	2020 年	2021 年	2022 年	2023 年	合计
江　苏	4.14	3.61	3.21	3.13	7.21	8.08	7.22	9.93	9.26	7.12	6.75
北　京	1.78	3.01	4.28	5.73	3.15	5.38	3.97	7.95	7.41	4.63	4.99
广　东	1.18	4.82	4.81	1.56	5.86	5.38	4.69	6.95	7.41	3.91	4.90
湖　北	1.18	0.00	2.67	2.60	2.25	1.92	2.89	4.30	6.67	6.05	3.35
浙　江	1.78	1.20	1.60	2.08	3.15	1.92	3.25	3.31	5.56	5.34	3.14
山　东	1.18	1.20	1.07	3.13	1.35	0.38	3.61	4.97	5.56	3.91	2.88
湖　南	1.18	0.60	1.07	1.04	1.35	1.15	1.81	2.98	1.48	4.27	1.85
四　川	0.00	1.20	0.00	1.04	0.45	1.92	1.08	2.32	2.96	5.34	1.85
辽　宁	0.59	0.60	0.53	2.08	1.35	1.15	2.17	2.32	1.85	3.91	1.81
上　海	1.78	0.60	0.53	0.00	1.80	0.77	2.17	2.65	3.33	2.49	1.76
安　徽	0.59	1.20	1.07	1.56	2.25	1.54	1.44	2.98	1.85	1.78	1.72
黑龙江	0.59	0.00	2.67	1.04	1.35	1.92	1.81	1.99	2.22	1.78	1.63
陕　西	1.18	0.00	0.00	0.52	1.35	1.92	1.44	2.65	1.85	1.07	1.33
天　津	0.59	1.20	1.07	0.00	0.90	1.92	1.44	1.32	0.74	3.20	1.33
江　西	1.18	1.81	4.28	0.52	0.90	2.31	1.08	0.33	0.74	0.71	1.29
河　南	0.00	0.60	0.00		1.35	0.38	1.44	2.98	0.74	2.49	1.16
福　建	0.59	0.60	1.07	0.00	0.90	0.00	2.17	1.32	1.85	1.42	1.07
吉　林	0.00	1.20	0.00	1.56	0.45	0.38	1.81	1.66	1.11	1.42	1.03
河　北	0.59	0.60	0.53	0.00	0.45	0.77	1.44	1.99	0.00	2.49	0.99
广　西	0.00	0.00	0.53	0.00	0.00	0.38	2.17	0.33	1.85	2.14	0.86
重　庆	0.00	0.00	0.53	0.00	2.25	0.00	0.36	0.99	1.11	2.14	0.82
宁　夏	0.00	0.00	0.00	0.00	0.00	1.54	1.08	1.32	0.37	0.00	0.52
山　西	1.18	0.00	0.00	0.52	1.35	0.77	0.36	0.00	0.00	1.07	0.52
海　南	0.00	0.00	0.00	0.52	0.45	0.38	0.00	0.99	0.74	1.07	0.47
云　南	0.59	0.00	0.00	0.52	0.00	0.38	0.72	0.33	0.74	0.36	0.39
新　疆	0.00	0.00	0.00	0.00	0.00	0.38	0.72	0.99	0.00	0.00	0.26
甘　肃	0.00	0.00	0.53	0.00	0.00	0.00	0.00	0.33	0.74	0.00	0.17
贵　州	0.00	0.00	0.00	0.00	0.00	0.00	0.00	0.66	0.74	0.00	0.17
内蒙古	0.00	0.00	0.00	0.00	0.00	0.00	0.00	0.00	0.00	0.36	0.04

表 3-30　应用化学 C 层人才的世界占比

单位：%

省　份	2014 年	2015 年	2016 年	2017 年	2018 年	2019 年	2020 年	2021 年	2022 年	2023 年	合计
江　苏	5.65	4.57	5.12	5.86	7.39	8.24	7.58	9.23	9.92	8.57	7.54
北　京	4.70	3.75	3.59	4.40	5.87	6.71	5.97	7.49	8.64	6.16	6.00
广　东	3.27	3.28	4.14	4.34	4.57	6.79	5.97	6.04	6.12	5.84	5.26
浙　江	1.72	2.35	2.23	2.51	3.23	4.34	3.44	4.52	4.92	5.02	3.64
山　东	1.55	1.70	1.63	1.88	2.82	3.34	4.21	3.86	5.48	5.45	3.46
湖　北	1.90	1.70	2.01	3.24	2.45	2.89	3.41	2.94	4.24	3.55	2.95
上　海	1.61	2.29	1.74	2.67	2.22	2.25	2.64	2.51	3.79	2.54	2.49
陕　西	1.07	1.11	1.25	1.20	1.80	2.05	2.45	2.80	2.48	2.58	2.01
辽　宁	1.01	0.39	0.87	1.32	1.37	1.61	2.64	2.54	2.52	2.26	1.85
天　津	1.19	1.41	1.14	2.09	1.80	1.81	1.79	2.28	2.29	2.04	1.83
四　川	1.13	0.59	1.20	1.15	0.69	1.53	1.50	2.74	2.55	3.48	1.80
河　南	0.42	0.47	0.71	0.99	1.25	1.49	2.12	2.64	2.52	2.29	1.65
福　建	0.59	0.76	0.98	1.15	1.43	1.65	1.65	2.08	2.18	2.33	1.59
江　西	1.01	1.29	1.36	1.10	1.39	1.45	2.38	1.72	1.62	1.61	1.55
黑龙江	0.54	0.82	0.87	0.94	1.06	1.29	1.61	1.68	2.14	2.94	1.50
安　徽	0.65	0.82	0.71	0.78	1.39	2.05	1.43	1.81	1.47	2.54	1.47
湖　南	0.48	0.70	0.54	0.63	0.79	1.53	0.99	1.52	1.92	1.86	1.19
重　庆	0.59	0.29	0.38	0.58	0.88	1.33	1.17	1.15	1.28	1.79	1.03
吉　林	0.48	0.47	0.60	0.58	0.74	1.13	0.62	1.19	1.73	1.61	0.98
广　西	0.42	0.06	0.11	0.21	0.42	0.84	1.14	0.86	1.13	1.61	0.77
云　南	0.36	0.18	0.33	0.26	0.32	0.60	0.62	0.73	0.71	0.93	0.55
山　西	0.48	0.47	0.33	0.26	0.60	0.52	0.51	0.56	0.53	0.75	0.52
海　南	0.24	0.23	0.38	0.42	0.23	0.48	0.33	0.53	0.86	0.86	0.49
河　北	0.06	0.41	0.22	0.16	0.32	0.36	0.37	0.63	0.86	0.86	0.47
甘　肃	0.36	0.65	0.33	0.47	0.46	0.36	0.40	0.46	0.64	0.43	0.46
贵　州	0.00	0.06	0.11	0.21	0.32	0.36	0.51	0.73	0.34	0.90	0.40
新　疆	0.12	0.12	0.22	0.37	0.14	0.36	0.26	0.30	0.45	0.36	0.28
宁　夏	0.00	0.12	0.05	0.05	0.18	0.08	0.04	0.30	0.53	0.54	0.21
内蒙古	0.00	0.06	0.05	0.00	0.23	0.12	0.04	0.10	0.08	0.47	0.13
青　海	0.00	0.00	0.00	0.21	0.18	0.12	0.07	0.07	0.23	0.14	0.11
西　藏	0.00	0.00	0.00	0.00	0.00	0.00	0.04	0.07	0.08	0.04	0.03

十一 多学科化学

多学科化学 A、B、C 层人才最多的均为北京，世界占比分别为 8.80%、10.57%、8.83%。

广东、上海、湖北、江苏、浙江的 A 层人才比较多，世界占比在 5% ~ 3%；安徽、天津、福建、辽宁、山东、河南、吉林、湖南、陕西也有相当数量的 A 层人才，世界占比在 3% ~ 1%；四川、重庆、甘肃、黑龙江、河北、江西、山西、广西、贵州、内蒙古有一定数量的 A 层人才，世界占比均超过 0.1%；海南、青海、西藏、新疆 A 层人才的世界占比均为 0.07%。

江苏、广东、上海、湖北、浙江的 B 层人才比较多，世界占比在 6% ~ 3%；安徽、天津、辽宁、山东、福建、吉林、湖南、河南、四川、陕西也有相当数量的 B 层人才，世界占比在 3% ~ 1%；黑龙江、重庆、江西、山西、甘肃、河北、广西、新疆、云南、内蒙古、贵州有一定数量的 B 层人才，世界占比均超过 0.1%；海南、宁夏、青海 B 层人才的世界占比均低于 0.1%。

江苏、上海、广东的 C 层人才比较多，世界占比在 6% ~ 5%；浙江、湖北、天津、安徽、山东、福建、吉林、四川、辽宁、河南、湖南、陕西也有相当数量的 C 层人才，世界占比在 3% ~ 1%；黑龙江、重庆、甘肃、江西、山西、广西、河北、云南、新疆、海南、贵州、内蒙古有一定数量的 C 层人才，世界占比均超过 0.1%；宁夏、青海、西藏 C 层人才的世界占比均低于 0.1%。

表 3-31 多学科化学 A 层人才的世界占比

单位：%

省　份	2014 年	2015 年	2016 年	2017 年	2018 年	2019 年	2020 年	2021 年	2022 年	2023 年	合计
北　京	1.87	7.89	10.57	10.16	6.62	10.32	7.33	10.37	9.88	10.47	8.80
广　东	1.87	0.88	1.63	3.91	3.68	5.16	4.67	5.49	7.56	6.98	4.50
上　海	4.67	2.63	7.32	3.13	4.41	4.52	1.33	2.44	5.23	4.65	4.01
湖　北	2.80	2.63	1.63	4.69	2.94	2.58	2.67	3.66	5.81	3.49	3.38

续表

省　份	2014 年	2015 年	2016 年	2017 年	2018 年	2019 年	2020 年	2021 年	2022 年	2023 年	合计
江　苏	0.93	2.63	0.81	4.69	2.21	3.87	2.67	3.66	5.23	5.23	3.38
浙　江	0.00	2.63	0.81	3.13	0.00	1.94	2.00	3.66	7.56	5.81	3.03
安　徽	1.87	0.00	1.63	3.13	2.94	3.87	2.00	1.22	1.74	6.98	2.67
天　津	0.93	2.63	4.07	0.78	3.68	1.29	4.67	1.22	2.91	2.91	2.53
福　建	0.93	0.88	0.81	2.34	2.21	0.65	1.33	3.05	2.33	2.91	1.83
辽　宁	1.87	0.88	0.00	1.56	2.94	1.29	2.67	1.22	3.49	1.74	1.83
山　东	0.00	0.00	3.25	0.78	1.47	2.58	1.33	1.83	2.33	2.33	1.69
河　南	0.00	0.00	0.00	0.78	0.74	0.65	4.00	2.44	1.74	4.07	1.62
吉　林	1.87	1.75	2.44	0.78	0.74	2.58	1.33	0.00	2.91	1.74	1.62
湖　南	0.00	0.00	0.81	1.56	0.00	1.94	4.00	0.61	3.49	1.74	1.55
陕　西	0.93	0.00	0.00	0.00	0.00	1.94	0.00	2.44	2.91	2.91	1.27
四　川	0.00	0.00	0.00	0.00	0.74	0.65	0.67	1.83	3.49	1.16	0.99
重　庆	0.00	1.75	0.81	0.78	0.00	0.65	0.67	0.00	1.74	0.00	0.63
甘　肃	0.00	0.00	0.00	0.00	0.74	0.00	0.00	0.61	0.00	3.49	0.56
黑龙江	1.87	0.00	0.00	0.78	0.00	0.65	0.00	1.22	0.00	1.16	0.56
河　北	0.00	0.00	0.00	0.78	0.00	0.00	0.67	0.61	0.00	1.74	0.42
江　西	0.00	0.00	0.00	0.00	0.74	0.00	0.67	0.61	0.58	1.16	0.42
山　西	0.00	0.00	0.00	0.00	0.00	0.65	0.00	0.00	0.00	1.74	0.28
广　西	0.00	0.00	0.00	0.00	0.00	0.65	0.00	0.00	0.00	0.58	0.14
贵　州	0.00	0.00	0.00	0.00	0.00	0.00	0.00	0.00	0.00	1.16	0.14
内蒙古	0.00	0.00	0.00	0.00	0.00	0.00	0.00	0.61	0.00	0.58	0.14
海　南	0.00	0.00	0.00	0.00	0.00	0.65	0.00	0.00	0.00	0.00	0.07
青　海	0.00	0.00	0.00	0.00	0.00	0.00	0.00	0.00	0.58	0.00	0.07
西　藏	0.00	0.00	0.00	0.00	0.00	0.00	0.00	0.00	0.58	0.00	0.07
新　疆	0.00	0.00	0.00	0.00	0.00	0.00	0.00	0.61	0.00	0.00	0.07

表 3-32　多学科化学 B 层人才的世界占比

单位：%

省　份	2014 年	2015 年	2016 年	2017 年	2018 年	2019 年	2020 年	2021 年	2022 年	2023 年	合计
北　京	7.30	6.63	9.51	11.52	11.91	11.33	9.59	12.20	12.02	11.36	10.57
江　苏	2.84	3.27	3.91	5.07	6.19	5.38	6.25	6.77	7.50	9.12	5.91
广　东	1.42	1.83	2.84	3.78	4.91	5.67	5.28	7.51	10.81	8.69	5.72
上　海	3.65	3.37	3.11	5.07	5.63	6.03	5.13	6.23	7.50	6.46	5.42

续表

省 份	2014 年	2015 年	2016 年	2017 年	2018 年	2019 年	2020 年	2021 年	2022 年	2023 年	合计
湖 北	1.42	1.92	1.69	3.70	3.78	2.58	3.12	3.49	4.70	4.22	3.20
浙 江	1.01	1.92	2.13	2.15	2.09	2.73	3.12	3.95	5.15	5.15	3.15
安 徽	1.83	1.92	1.96	2.49	3.86	3.80	3.42	2.41	3.12	4.10	2.98
天 津	0.91	2.60	2.22	2.15	2.82	2.87	4.09	2.95	3.88	3.79	2.94
辽 宁	0.91	1.63	1.69	1.89	2.74	2.01	2.83	2.28	3.05	2.73	2.26
山 东	0.91	0.87	0.44	0.95	1.93	1.43	1.71	3.08	4.20	4.10	2.15
福 建	1.12	1.44	1.16	1.98	1.53	2.15	2.53	2.75	3.12	2.55	2.13
吉 林	2.64	1.83	1.51	1.81	2.01	1.65	1.93	2.08	2.48	2.67	2.08
湖 南	0.30	0.77	0.44	1.38	2.01	1.94	1.78	2.68	2.92	2.79	1.84
河 南	0.51	0.29	0.36	0.34	0.80	1.72	2.53	3.28	3.05	2.86	1.75
四 川	0.61	0.38	0.36	1.03	0.97	1.43	1.41	2.14	2.80	2.55	1.50
陕 西	0.10	0.48	0.62	0.34	1.21	0.93	1.86	2.14	2.86	2.86	1.49
黑龙江	0.51	0.29	0.80	0.52	1.13	0.57	1.12	1.14	1.53	1.55	0.97
重 庆	0.00	0.38	0.27	0.26	0.56	0.57	0.67	1.01	1.08	1.74	0.72
江 西	0.20	0.10	0.18	0.34	0.48	0.36	0.67	0.60	0.95	1.30	0.58
山 西	0.30	0.19	0.18	0.52	0.32	0.29	0.52	0.54	0.38	0.99	0.45
甘 肃	0.10	0.29	0.18	0.43	0.40	0.22	0.30	0.27	0.51	0.68	0.35
河 北	0.10	0.10	0.09	0.09	0.56	0.22	0.37	0.47	0.32	0.81	0.34
广 西	0.00	0.00	0.18	0.17	0.08	0.07	0.15	0.40	0.83	0.81	0.31
新 疆	0.00	0.10	0.09	0.43	0.40	0.14	0.07	0.20	0.25	0.19	0.19
云 南	0.10	0.00	0.00	0.00	0.16	0.00	0.45	0.27	0.19	0.31	0.17
内蒙古	0.00	0.00	0.00	0.00	0.00	0.07	0.22	0.27	0.32	0.43	0.15
贵 州	0.00	0.10	0.09	0.00	0.08	0.07	0.22	0.13	0.13	0.25	0.12
海 南	0.00	0.00	0.00	0.09	0.00	0.00	0.07	0.13	0.19	0.19	0.09
宁 夏	0.00	0.10	0.00	0.09	0.00	0.00	0.07	0.00	0.06	0.06	0.04
青 海	0.00	0.00	0.00	0.00	0.00	0.00	0.00	0.00	0.00	0.12	0.02

表 3-33　多学科化学 C 层人才的世界占比

单位：%

省 份	2014 年	2015 年	2016 年	2017 年	2018 年	2019 年	2020 年	2021 年	2022 年	2023 年	合计
北 京	6.50	7.09	7.66	8.41	8.90	9.95	9.04	9.13	9.87	9.98	8.83
江 苏	2.42	3.53	3.95	5.01	5.30	6.00	5.50	5.76	6.56	7.33	5.35
上 海	3.84	4.05	3.81	4.10	4.73	5.45	5.17	6.10	6.42	6.60	5.19

续表

省　份	2014 年	2015 年	2016 年	2017 年	2018 年	2019 年	2020 年	2021 年	2022 年	2023 年	合计
广　东	1.57	1.75	2.55	3.61	4.54	5.58	6.11	6.84	7.62	7.78	5.14
浙　江	1.35	1.43	1.57	2.03	2.28	2.44	2.82	3.73	4.57	5.48	2.97
湖　北	1.28	1.46	1.91	2.37	2.68	2.69	2.84	2.82	3.14	3.72	2.60
天　津	1.12	1.65	1.67	2.05	2.60	3.00	2.73	2.87	3.21	3.04	2.50
安　徽	1.46	1.48	1.72	1.77	1.99	2.10	2.14	2.41	2.72	3.02	2.16
山　东	0.75	0.80	0.93	1.31	1.98	2.49	2.17	2.45	2.85	3.26	2.03
福　建	1.13	1.21	1.13	1.55	1.79	2.05	2.05	2.62	2.49	2.76	1.97
吉　林	1.56	1.57	1.34	1.37	1.76	1.82	1.96	1.51	1.77	1.77	1.66
四　川	0.63	0.77	0.86	1.20	1.60	1.95	1.85	1.79	2.12	2.50	1.62
辽　宁	1.05	1.01	1.03	1.24	1.37	1.75	1.67	1.81	1.87	2.16	1.55
河　南	0.33	0.41	0.45	0.67	0.77	1.56	2.12	2.41	2.54	2.38	1.50
湖　南	0.61	0.72	0.88	1.14	1.55	1.70	1.46	1.66	1.94	2.38	1.48
陕　西	0.30	0.35	0.51	0.61	1.15	1.41	1.42	1.38	1.81	1.86	1.17
黑龙江	0.46	0.58	0.65	0.65	0.90	0.71	1.04	0.78	0.96	1.06	0.80
重　庆	0.29	0.60	0.43	0.53	0.62	0.64	0.73	0.89	1.08	1.23	0.74
甘　肃	0.45	0.62	0.54	0.40	0.52	0.56	0.45	0.56	0.68	0.74	0.56
江　西	0.24	0.32	0.23	0.35	0.43	0.58	0.61	0.64	0.79	0.92	0.54
山　西	0.23	0.25	0.29	0.39	0.49	0.52	0.42	0.46	0.55	0.57	0.43
广　西	0.05	0.11	0.08	0.13	0.32	0.37	0.39	0.44	0.73	0.68	0.36
河　北	0.10	0.17	0.14	0.16	0.35	0.37	0.40	0.38	0.48	0.47	0.32
云　南	0.06	0.08	0.14	0.16	0.17	0.15	0.19	0.27	0.25	0.53	0.21
新　疆	0.04	0.09	0.11	0.16	0.10	0.19	0.13	0.14	0.29	0.30	0.17
海　南	0.04	0.03	0.04	0.07	0.12	0.17	0.13	0.18	0.28	0.40	0.16
贵　州	0.05	0.05	0.09	0.04	0.09	0.09	0.17	0.20	0.17	0.39	0.15
内蒙古	0.03	0.08	0.06	0.07	0.05	0.09	0.10	0.10	0.20	0.30	0.12
宁　夏	0.00	0.03	0.04	0.03	0.06	0.05	0.06	0.05	0.06	0.08	0.05
青　海	0.00	0.00	0.00	0.04	0.07	0.04	0.03	0.02	0.05	0.06	0.03
西　藏	0.00	0.00	0.00	0.02	0.01	0.03	0.04	0.03	0.03	0.04	0.02

第二节　学科组

在化学各学科人才分析的基础上，按照 A、B、C 三个人才层次，对各学科人才进行汇总分析，可以从学科组层面揭示人才的分布特点和发展趋势。

一 A层人才

化学A层人才最多的是北京，世界占比为7.24%；广东、上海、江苏的A层人才比较多，世界占比在4%～3%；湖北、浙江、山东、天津、河南、湖南、安徽、辽宁、福建、陕西、吉林、四川也有相当数量的A层人才，世界占比在3%～1%；黑龙江、江西、重庆、山西、甘肃、河北、广西、宁夏、贵州、海南有一定数量的A层人才，世界占比均超过0.1%；内蒙古、云南、青海、新疆、西藏A层人才的世界占比均低于0.1%。

在发展趋势上，多数省份化学A层人才的世界占比总体上呈现相对上升的趋势，其中，浙江、北京、山东、江苏、天津、安徽、广东、上海的增幅相对较大。

表3-34 化学A层人才的世界占比

单位：%

省　份	2014年	2015年	2016年	2017年	2018年	2019年	2020年	2021年	2022年	2023年	合计
北　京	3.50	5.45	7.45	8.32	7.63	6.88	5.41	9.88	7.19	9.06	7.24
广　东	1.40	0.91	0.85	2.38	3.05	5.68	4.26	4.86	7.80	4.76	3.89
上　海	2.33	1.59	4.04	2.38	2.86	2.75	2.13	3.65	5.20	5.68	3.39
江　苏	1.40	2.05	1.70	2.97	2.67	3.27	2.46	2.74	6.57	5.84	3.35
湖　北	1.86	2.50	1.28	4.75	2.48	2.75	3.44	2.43	4.59	2.00	2.86
浙　江	0.23	1.14	0.85	2.57	0.95	1.20	1.48	2.89	6.57	5.84	2.61
山　东	0.00	0.00	1.70	0.20	1.34	2.58	1.80	2.58	3.52	5.07	2.08
天　津	0.47	1.59	1.70	0.99	2.29	2.93	1.64	1.22	2.45	4.45	2.06
河　南	0.00	0.23	0.00	0.59	0.19	0.69	3.77	2.74	4.74	3.23	1.85
湖　南	0.23	0.23	0.85	1.98	1.15	1.89	2.46	2.28	3.36	1.69	1.74
安　徽	0.93	0.23	0.85	1.19	1.91	2.07	0.98	0.76	1.53	4.76	1.61
辽　宁	1.40	0.68	0.43	1.58	2.29	1.03	1.80	0.76	2.60	2.15	1.52
福　建	0.47	0.68	0.85	0.79	0.57	1.20	1.80	1.22	2.29	3.07	1.39
陕　西	0.23	0.00	0.43	0.20	0.00	2.07	0.33	1.22	3.98	2.15	1.20
吉　林	0.93	1.14	1.70	0.99	0.95	1.55	0.82	0.15	2.14	0.92	1.12
四　川	0.00	0.23	0.21	0.00	0.57	0.34	0.82	2.13	2.75	2.15	1.05

省 份	2014 年	2015 年	2016 年	2017 年	2018 年	2019 年	2020 年	2021 年	2022 年	2023 年	合计
黑龙江	0.93	0.00	0.21	0.79	0.19	1.03	0.66	0.76	0.31	1.69	0.69
江 西	0.00	0.00	0.21	0.00	0.76	0.00	0.16	0.76	0.76	1.38	0.45
重 庆	0.00	0.68	0.43	0.79	0.57	0.17	0.33	0.15	1.22	0.00	0.43
山 西	0.00	0.00	0.64	0.20	0.19	0.34	0.16	0.00	0.31	2.15	0.43
甘 肃	0.00	0.23	0.00	0.00	0.19	0.00	0.00	0.61	0.15	2.15	0.38
河 北	0.00	0.00	0.00	0.20	0.19	0.17	0.16	0.30	0.46	1.69	0.36
广 西	0.00	0.00	0.00	0.00	0.19	0.69	0.16	0.30	0.00	0.77	0.24
宁 夏	0.00	0.00	0.00	0.00	0.00	0.00	0.00	0.00	1.07	0.31	0.16
贵 州	0.00	0.00	0.00	0.00	0.00	0.17	0.00	0.00	0.15	0.77	0.13
海 南	0.00	0.00	0.00	0.20	0.00	0.34	0.16	0.00	0.00	0.31	0.11
内蒙古	0.00	0.00	0.00	0.00	0.00	0.00	0.00	0.30	0.00	0.46	0.09
云 南	0.00	0.00	0.00	0.00	0.00	0.00	0.00	0.30	0.15	0.00	0.05
青 海	0.00	0.00	0.00	0.00	0.00	0.00	0.00	0.00	0.00	0.46	0.05
新 疆	0.00	0.00	0.00	0.00	0.00	0.17	0.00	0.15	0.00	0.00	0.04
西 藏	0.00	0.00	0.00	0.00	0.00	0.00	0.00	0.00	0.15	0.00	0.02

二 B 层人才

化学 B 层人才最多的是北京，世界占比为 8.72%；江苏、广东、上海、湖北、浙江的 B 层人才比较多，世界占比在 6%～3%；山东、天津、安徽、湖南、辽宁、四川、河南、福建、吉林、陕西、黑龙江也有相当数量的 B 层人才，世界占比在 3%～1%；重庆、江西、山西、广西、甘肃、河北、云南、新疆、海南、宁夏、贵州、内蒙古有一定数量的 B 层人才，世界占比超过或等于 0.1%；青海、西藏 B 层人才的世界占比均低于 0.1%。

在发展趋势上，多数省份化学 B 层人才的世界占比总体上呈现相对上升的趋势，其中，广东、江苏、浙江、山东的增幅相对较大。

表 3-35 化学 B 层人才的世界占比

单位：%

省 份	2014 年	2015 年	2016 年	2017 年	2018 年	2019 年	2020 年	2021 年	2022 年	2023 年	合计
北 京	6.91	6.39	7.76	9.79	9.94	9.77	7.64	10.44	8.93	8.46	8.72
江 苏	2.94	3.16	4.03	4.78	6.08	5.76	5.62	7.25	7.35	8.35	5.79
广 东	1.52	1.79	2.86	3.48	4.41	5.23	5.10	7.20	8.80	7.19	5.11
上 海	2.68	2.50	2.70	3.83	4.60	4.40	4.47	5.49	5.77	5.40	4.36
湖 北	1.80	1.57	2.33	3.55	3.57	2.81	3.15	3.78	4.48	4.21	3.25
浙 江	1.47	1.84	2.07	2.31	2.45	2.66	3.03	4.09	5.01	5.48	3.23
山 东	0.94	1.10	0.97	1.44	2.27	2.42	2.60	4.22	4.93	4.74	2.78
天 津	0.84	2.13	1.84	2.04	2.31	2.75	2.74	2.48	2.60	2.86	2.33
安 徽	1.62	1.13	1.54	1.52	2.60	2.94	2.13	1.69	2.32	3.06	2.12
湖 南	0.63	1.10	0.65	1.57	2.33	2.38	2.22	2.84	2.66	3.05	2.07
辽 宁	0.73	1.45	1.73	1.72	2.06	1.68	1.80	1.97	2.30	2.32	1.83
四 川	0.73	0.51	0.55	1.02	1.30	1.53	1.82	2.33	3.14	3.28	1.76
河 南	0.53	0.49	0.39	0.65	1.28	2.16	2.06	3.02	2.51	2.75	1.73
福 建	1.27	1.15	1.27	1.17	1.51	1.81	1.86	2.10	2.48	2.07	1.73
吉 林	1.65	1.42	1.17	1.57	1.59	1.40	1.55	1.76	1.69	1.88	1.58
陕 西	0.48	0.69	0.55	0.43	1.24	1.16	1.69	2.17	2.50	2.73	1.48
黑龙江	0.40	0.64	0.83	0.87	1.20	0.78	1.15	1.40	1.79	1.60	1.12
重 庆	0.30	0.39	0.51	0.67	0.85	0.70	1.01	1.05	1.17	1.56	0.87
江 西	0.35	0.29	0.51	0.30	0.47	0.46	0.83	0.69	0.76	1.27	0.63
山 西	0.23	0.24	0.32	0.46	0.56	0.35	0.45	0.82	0.73	1.23	0.58
广 西	0.03	0.15	0.18	0.17	0.19	0.28	0.70	0.72	1.03	1.37	0.54
甘 肃	0.25	0.29	0.41	0.54	0.33	0.35	0.27	0.41	0.71	0.94	0.47
河 北	0.08	0.10	0.12	0.15	0.52	0.37	0.52	0.67	0.60	0.86	0.44
云 南	0.10	0.00	0.18	0.22	0.12	0.15	0.38	0.38	0.30	0.33	0.23
新 疆	0.00	0.07	0.16	0.20	0.16	0.18	0.09	0.30	0.17	0.26	0.17
海 南	0.03	0.00	0.02	0.15	0.12	0.04	0.13	0.23	0.26	0.36	0.15
宁 夏	0.03	0.02	0.02	0.04	0.04	0.15	0.14	0.20	0.28	0.13	0.12
贵 州	0.00	0.05	0.12	0.00	0.06	0.06	0.11	0.12	0.26	0.23	0.11
内蒙古	0.00	0.02	0.00	0.04	0.02	0.09	0.11	0.08	0.18	0.33	0.10
青 海	0.00	0.00	0.02	0.02	0.02	0.11	0.04	0.03	0.02	0.10	0.04
西 藏	0.00	0.00	0.00	0.00	0.00	0.02	0.02	0.02	0.00	0.02	0.01

三 C层人才

化学C层人才最多的是北京，世界占比为8.25%；江苏、广东、上海、浙江的C层人才比较多，世界占比在6%~3%；湖北、山东、天津、安徽、四川、福建、辽宁、湖南、河南、吉林、陕西、黑龙江也有相当数量的C层人才，世界占比在3%~1%；重庆、江西、甘肃、山西、广西、河北、云南、新疆、贵州、海南、内蒙古、宁夏有一定数量的C层人才，世界占比超过或等于0.1%；青海、西藏C层人才的世界占比均低于0.1%。

在发展趋势上，各省份化学C层人才的世界占比总体上呈现相对上升的趋势，其中，广东、江苏、浙江的增幅相对较大。

表3-36 化学C层人才的世界占比

单位：%

省　份	2014年	2015年	2016年	2017年	2018年	2019年	2020年	2021年	2022年	2023年	合计
北　京	6.48	7.13	7.29	8.00	8.73	9.07	8.23	8.44	9.28	8.72	8.25
江　苏	3.17	3.78	4.39	5.22	5.57	6.04	5.89	6.35	7.24	7.25	5.68
广　东	2.01	2.11	2.70	3.52	4.42	5.51	5.89	6.61	7.20	7.00	4.99
上　海	3.34	3.60	3.56	3.82	4.08	4.61	4.40	5.04	5.40	5.20	4.41
浙　江	1.51	1.66	1.82	2.16	2.51	2.78	3.03	3.95	4.43	5.18	3.07
湖　北	1.54	1.89	2.16	2.77	3.08	3.05	3.08	3.11	3.53	3.59	2.87
山　东	1.17	1.30	1.55	1.96	2.72	3.14	3.09	3.54	4.15	4.17	2.84
天　津	1.36	1.53	1.59	1.98	2.39	2.70	2.58	2.82	2.85	2.63	2.32
安　徽	1.32	1.26	1.40	1.54	1.81	2.01	1.92	2.16	2.39	2.60	1.90
四　川	0.84	0.91	1.09	1.38	1.80	2.03	1.99	2.21	2.51	2.80	1.85
福　建	1.17	1.19	1.18	1.44	1.65	1.80	1.89	2.20	2.30	2.40	1.79
辽　宁	1.14	1.08	1.16	1.46	1.64	1.91	1.87	2.10	2.11	2.18	1.72
湖　南	0.88	0.93	1.11	1.24	1.59	2.15	1.83	1.91	2.23	2.38	1.70
河　南	0.64	0.74	0.76	0.86	1.18	1.78	2.22	2.64	2.64	2.26	1.69
吉　林	1.43	1.42	1.18	1.40	1.66	1.76	1.74	1.53	1.76	1.62	1.57
陕　西	0.47	0.55	0.67	0.77	1.36	1.71	1.65	1.88	2.07	2.19	1.43

续表

省　份	2014 年	2015 年	2016 年	2017 年	2018 年	2019 年	2020 年	2021 年	2022 年	2023 年	合计
黑龙江	0.76	0.88	0.78	0.96	1.15	1.08	1.30	1.18	1.41	1.43	1.12
重　庆	0.45	0.69	0.62	0.76	0.93	1.02	1.09	1.09	1.38	1.45	0.99
江　西	0.37	0.50	0.43	0.48	0.63	0.72	0.84	0.85	1.01	1.04	0.72
甘　肃	0.56	0.68	0.68	0.60	0.60	0.65	0.67	0.67	0.84	0.74	0.68
山　西	0.29	0.41	0.38	0.45	0.61	0.67	0.63	0.66	0.78	0.81	0.59
广　西	0.14	0.16	0.18	0.25	0.38	0.59	0.67	0.77	1.05	1.04	0.57
河　北	0.19	0.25	0.23	0.26	0.38	0.45	0.48	0.56	0.67	0.72	0.45
云　南	0.19	0.17	0.19	0.20	0.24	0.25	0.32	0.41	0.44	0.66	0.32
新　疆	0.10	0.12	0.16	0.21	0.15	0.23	0.18	0.23	0.29	0.37	0.21
贵　州	0.09	0.07	0.09	0.10	0.16	0.15	0.24	0.27	0.26	0.44	0.20
海　南	0.05	0.08	0.07	0.11	0.14	0.17	0.17	0.24	0.41	0.41	0.20
内蒙古	0.06	0.06	0.07	0.07	0.11	0.10	0.09	0.14	0.23	0.31	0.13
宁　夏	0.02	0.04	0.02	0.05	0.07	0.08	0.11	0.13	0.18	0.17	0.10
青　海	0.01	0.02	0.03	0.06	0.10	0.09	0.06	0.05	0.10	0.07	0.06
西　藏	0.00	0.00	0.00	0.01	0.01	0.01	0.04	0.03	0.04	0.03	0.02

第四章　生命科学

生命科学是研究生命现象、揭示生命活动规律和生命本质的科学，其研究对象包括动物、植物、微生物及人类本身，研究层次涉及分子、细胞、组织、器官、个体、群体及群落和生态系统。生命科学既是一门基础科学，又与国民经济和社会发展密切相关。它既探究生命起源、进化等重要理论问题，又有助于解决人口健康、农业、生态环境等国家重大需求问题。

第一节　学科

生命科学学科组包括以下学科：生物学、微生物学、病毒学、植物学、生态学、湖沼学、进化生物学、动物学、鸟类学、昆虫学、制奶和动物科学、生物物理学、生物化学和分子生物学、生物化学研究方法、遗传学和遗传性、数学生物学和计算生物学、细胞生物学、免疫学、神经科学、心理学、应用心理学、生理心理学、临床心理学、发展心理学、教育心理学、实验心理学、数学心理学、多学科心理学、心理分析、社会心理学、行为科学、生物材料学、细胞和组织工程学、生理学、解剖学和形态学、发育生物学、生殖生物学、农学、多学科农业、生物多样性保护、园艺学、真菌学、林学、兽医学、海洋生物学和淡水生物学、渔业学、食品科学和技术、生物医药工程、生物技术和应用微生物学，共计49个。

一　生物学

生物学 A 层人才最多的是广东，世界占比为 2.93%；北京、浙江 A 层人才的世界占比均为 2.61%；上海也有相当数量的 A 层人才，世界占比为

1.95%；安徽、重庆、湖北、湖南、四川、云南、福建、江苏、陕西、天津、甘肃、广西、海南、河南、江西、山东、山西有一定数量的 A 层人才，世界占比均超过 0.3%。

B 层人才最多的是北京，世界占比为 2.49%；广东、上海、浙江也有相当数量的 B 层人才，世界占比在 2%~1%；湖北、江苏、四川、湖南、辽宁、陕西、云南、山东、安徽、福建、河南、吉林、黑龙江、天津、重庆、江西、甘肃、海南有一定数量的 B 层人才，世界占比均超过 0.1%；广西、河北、内蒙古、宁夏、山西、贵州 B 层人才的世界占比均低于 0.1%。

C 层人才最多的是北京，世界占比为 1.90%；广东、上海也有相当数量的 C 层人才，世界占比分别为 1.43%、1.32%；浙江、江苏、湖北、山东、四川、湖南、安徽、河南、辽宁、陕西、天津、福建、重庆、云南、吉林、黑龙江、广西、河北、江西、甘肃有一定数量的 C 层人才，世界占比超过或等于 0.1%；海南、山西、新疆、内蒙古、贵州、宁夏、青海、西藏 C 层人才的世界占比均低于 0.1%。

表 4-1　生物学 A 层人才的世界占比

单位：%

省　份	2014 年	2015 年	2016 年	2017 年	2018 年	2019 年	2020 年	2021 年	2022 年	2023 年	合计
广　东	0.00	4.00	0.00	3.13	4.35	0.00	5.00	0.00	8.57	3.23	2.93
北　京	0.00	0.00	0.00	3.13	0.00	0.00	5.00	0.00	11.43	3.23	2.61
浙　江	0.00	0.00	0.00	6.25	0.00	0.00	2.50	0.00	8.57	6.45	2.61
上　海	0.00	0.00	0.00	6.25	0.00	0.00	2.50	0.00	5.71	3.23	1.95
安　徽	0.00	0.00	0.00	0.00	0.00	0.00	2.50	0.00	2.86	3.23	0.98
重　庆	0.00	0.00	3.45	0.00	0.00	0.00	0.00	0.00	2.86	3.23	0.98
湖　北	0.00	0.00	0.00	0.00	0.00	0.00	2.50	0.00	2.86	3.23	0.98
湖　南	0.00	4.00	0.00	3.13	0.00	0.00	0.00	0.00	0.00	3.23	0.98
四　川	0.00	0.00	0.00	0.00	0.00	0.00	0.00	0.00	5.71	3.23	0.98
云　南	0.00	0.00	0.00	0.00	0.00	0.00	2.50	0.00	2.86	3.23	0.98
福　建	0.00	0.00	0.00	3.13	0.00	0.00	0.00	0.00	0.00	3.23	0.65
江　苏	0.00	0.00	0.00	3.13	0.00	0.00	2.50	0.00	0.00	0.00	0.65
陕　西	0.00	0.00	0.00	0.00	0.00	0.00	0.00	0.00	0.00	6.45	0.65

续表

省　份	2014 年	2015 年	2016 年	2017 年	2018 年	2019 年	2020 年	2021 年	2022 年	2023 年	合计
天　津	0.00	0.00	0.00	0.00	0.00	0.00	0.00	0.00	0.00	6.45	0.65
甘　肃	0.00	0.00	0.00	0.00	0.00	0.00	0.00	0.00	2.86	0.00	0.33
广　西	0.00	0.00	0.00	0.00	0.00	0.00	0.00	2.63	0.00	0.00	0.33
海　南	0.00	0.00	0.00	0.00	0.00	0.00	0.00	0.00	0.00	3.23	0.33
河　南	0.00	0.00	0.00	0.00	0.00	0.00	0.00	0.00	0.00	3.23	0.33
江　西	0.00	0.00	0.00	0.00	0.00	0.00	0.00	0.00	2.86	0.00	0.33
山　东	0.00	0.00	0.00	0.00	0.00	0.00	2.50	0.00	0.00	0.00	0.33
山　西	0.00	0.00	0.00	0.00	0.00	0.00	0.00	0.00	0.00	3.23	0.33

表 4-2　生物学 B 层人才的世界占比

单位：%

省　份	2014 年	2015 年	2016 年	2017 年	2018 年	2019 年	2020 年	2021 年	2022 年	2023 年	合计
北　京	2.24	1.56	3.00	1.68	2.61	2.88	3.17	2.37	1.86	3.38	2.49
广　东	0.90	0.00	0.37	1.01	1.30	1.44	2.88	0.89	2.17	2.36	1.40
上　海	0.45	0.00	1.87	0.67	0.87	2.16	1.44	0.59	1.24	2.70	1.23
浙　江	0.45	0.78	0.37	0.00	0.43	0.72	0.86	0.30	4.04	2.03	1.05
湖　北	0.00	0.78	0.00	0.00	0.43	1.44	0.58	0.89	2.48	1.69	0.88
江　苏	0.00	0.00	1.12	0.34	0.43	0.72	0.86	1.78	0.62	1.69	0.81
四　川	0.00	0.00	0.75	0.00	0.43	0.00	0.58	0.00	1.55	1.35	0.49
湖　南	0.00	0.00	0.00	0.00	0.43	0.36	0.86	0.30	0.62	1.69	0.46
辽　宁	0.00	0.39	0.37	0.00	0.00	0.00	0.29	0.59	0.93	1.69	0.46
陕　西	0.00	0.39	0.00	0.00	0.87	0.00	0.00	0.30	1.24	1.69	0.46
云　南	0.00	0.00	1.12	0.34	0.43	0.00	0.29	1.48	0.00	0.68	0.46
山　东	0.00	0.39	0.00	0.00	0.43	0.00	1.15	0.30	1.24	0.34	0.42
安　徽	0.45	0.00	0.00	0.34	0.43	0.00	0.58	0.59	0.31	0.68	0.35
福　建	0.00	0.00	0.37	0.00	0.43	0.00	0.29	0.30	1.24	0.68	0.35
河　南	0.00	0.00	0.00	0.00	0.00	0.00	0.86	0.59	0.62	0.68	0.32
吉　林	0.45	0.00	0.00	0.00	0.00	0.36	0.00	0.30	1.55	0.34	0.32
黑龙江	0.00	0.00	0.00	0.00	0.87	0.36	0.29	0.30	0.31	0.34	0.25
天　津	0.45	0.39	0.00	0.00	0.43	0.00	0.00	0.30	0.62	0.34	0.25
重　庆	0.00	0.39	0.37	0.34	0.00	0.36	0.00	0.00	0.00	0.34	0.18
江　西	0.00	0.39	0.75	0.00	0.43	0.00	0.00	0.30	0.00	0.00	0.18
甘　肃	0.00	0.39	0.37	0.00	0.00	0.00	0.29	0.00	0.00	0.00	0.11

续表

省　份	2014 年	2015 年	2016 年	2017 年	2018 年	2019 年	2020 年	2021 年	2022 年	2023 年	合计
海　南	0.00	0.00	0.00	0.00	0.00	0.00	0.29	0.00	0.31	0.34	0.11
广　西	0.00	0.00	0.00	0.00	0.00	0.00	0.29	0.30	0.00	0.00	0.07
河　北	0.00	0.00	0.00	0.00	0.00	0.00	0.29	0.00	0.31	0.00	0.07
内蒙古	0.00	0.00	0.00	0.00	0.00	0.00	0.36	0.00	0.30	0.00	0.07
宁　夏	0.00	0.00	0.00	0.00	0.00	0.00	0.00	0.00	0.31	0.34	0.07
山　西	0.00	0.00	0.00	0.00	0.00	0.00	0.00	0.30	0.00	0.34	0.07
贵　州	0.00	0.00	0.00	0.00	0.00	0.00	0.00	0.30	0.00	0.00	0.04

表 4-3　生物学 C 层人才的世界占比

单位：%

省　份	2014 年	2015 年	2016 年	2017 年	2018 年	2019 年	2020 年	2021 年	2022 年	2023 年	合计
北　京	1.00	0.88	1.19	2.17	1.88	2.23	2.33	2.06	2.22	2.57	1.90
广　东	0.44	0.48	0.46	1.12	0.83	1.64	1.91	1.44	2.65	2.57	1.43
上　海	0.48	0.68	0.81	1.19	0.96	1.38	1.49	1.33	1.94	2.49	1.32
浙　江	0.44	0.36	0.31	0.78	0.61	0.97	1.21	1.21	1.66	1.71	0.97
江　苏	0.39	0.56	0.42	0.68	1.01	0.93	1.15	0.97	1.51	1.46	0.94
湖　北	0.13	0.44	0.35	0.44	0.79	0.78	0.76	0.94	1.17	1.28	0.73
山　东	0.13	0.20	0.19	0.44	0.74	0.48	0.78	1.12	0.92	1.18	0.65
四　川	0.04	0.16	0.19	0.24	0.44	0.37	0.50	0.41	0.77	0.78	0.41
湖　南	0.09	0.08	0.08	0.17	0.22	0.26	0.34	0.44	0.68	0.89	0.34
安　徽	0.04	0.16	0.08	0.41	0.31	0.37	0.36	0.24	0.59	0.53	0.32
河　南	0.00	0.12	0.15	0.31	0.26	0.33	0.39	0.44	0.46	0.57	0.32
辽　宁	0.04	0.12	0.15	0.14	0.17	0.30	0.22	0.32	0.65	0.71	0.30
陕　西	0.13	0.04	0.08	0.24	0.26	0.26	0.50	0.18	0.43	0.50	0.28
天　津	0.09	0.04	0.12	0.20	0.13	0.33	0.36	0.38	0.34	0.50	0.26
福　建	0.09	0.12	0.04	0.31	0.22	0.22	0.22	0.35	0.43	0.43	0.25
重　庆	0.04	0.08	0.00	0.07	0.17	0.22	0.25	0.24	0.49	0.64	0.23
云　南	0.09	0.08	0.12	0.20	0.22	0.37	0.31	0.27	0.09	0.53	0.23
吉　林	0.04	0.20	0.12	0.14	0.22	0.15	0.17	0.27	0.40	0.50	0.23
黑龙江	0.09	0.20	0.04	0.10	0.22	0.22	0.25	0.29	0.28	0.39	0.22
广　西	0.00	0.04	0.12	0.07	0.09	0.07	0.22	0.29	0.22	0.25	0.15
河　北	0.00	0.16	0.12	0.07	0.09	0.07	0.25	0.09	0.15	0.21	0.13
江　西	0.00	0.04	0.00	0.10	0.04	0.07	0.08	0.09	0.31	0.32	0.11

续表

省 份	2014 年	2015 年	2016 年	2017 年	2018 年	2019 年	2020 年	2021 年	2022 年	2023 年	合计
甘 肃	0.04	0.00	0.00	0.00	0.04	0.07	0.08	0.24	0.22	0.21	0.10
海 南	0.00	0.00	0.00	0.03	0.00	0.07	0.08	0.09	0.15	0.25	0.07
山 西	0.00	0.08	0.04	0.00	0.09	0.07	0.08	0.18	0.09	0.07	0.07
新 疆	0.04	0.00	0.04	0.00	0.09	0.04	0.06	0.12	0.15	0.14	0.07
内蒙古	0.00	0.04	0.04	0.07	0.09	0.11	0.03	0.09	0.09	0.04	0.06
贵 州	0.00	0.00	0.00	0.00	0.04	0.00	0.06	0.06	0.03	0.14	0.04
宁 夏	0.00	0.04	0.00	0.00	0.00	0.00	0.03	0.06	0.06	0.11	0.03
青 海	0.00	0.00	0.04	0.00	0.00	0.00	0.00	0.03	0.00	0.04	0.01
西 藏	0.00	0.00	0.00	0.00	0.00	0.04	0.00	0.03	0.00	0.04	0.01

二 微生物学

微生物学 A、B、C 层人才最多的均为北京，世界占比分别为 2.04%、2.54%、2.80%。

湖北、浙江、广东、上海有相当数量的 A 层人才，世界占比在 2%～1%；江苏、福建、辽宁、安徽、贵州、黑龙江、河南、吉林、山东、四川、新疆有一定数量的 A 层人才，世界占比超过或等于 0.2%。

广东 B 层人才的世界占比为 2.03%；上海、江苏、浙江也有相当数量的 B 层人才，世界占比在 2%～1%；湖北、福建、山东、四川、湖南、河南、黑龙江、陕西、辽宁、天津、吉林、安徽、重庆、海南、江西、云南、甘肃有一定数量的 B 层人才，世界占比均超过 0.1%；贵州、河北、新疆、内蒙古、山西、广西 B 层人才的世界占比均低于 0.1%。

广东、江苏、上海、浙江有相当数量的 C 层人才，世界占比在 2%～1%；湖北、山东、四川、福建、河南、湖南、重庆、黑龙江、天津、云南、辽宁、甘肃、安徽、吉林、江西、陕西、海南、河北、广西、新疆、贵州有一定数量的 C 层人才，世界占比均超过 0.1%；内蒙古、山西、青海、宁夏、西藏 C 层人才的世界占比均低于 0.1%。

表 4-4　微生物学 A 层人才的世界占比

单位：%

省　份	2014 年	2015 年	2016 年	2017 年	2018 年	2019 年	2020 年	2021 年	2022 年	2023 年	合计
北　京	0.00	0.00	7.14	4.44	0.00	0.00	3.51	4.69	0.00	0.00	2.04
湖　北	0.00	0.00	2.38	2.22	0.00	2.04	5.26	3.13	0.00	0.00	1.64
浙　江	0.00	0.00	2.38	2.22	2.38	0.00	0.00	0.00	5.00	0.00	1.23
广　东	0.00	2.44	2.38	0.00	0.00	0.00	1.75	1.56	0.00	1.92	1.02
上　海	0.00	0.00	0.00	0.00	0.00	2.04	0.00	3.13	3.33	0.00	1.02
江　苏	0.00	0.00	2.38	2.22	2.38	0.00	0.00	1.56	0.00	0.00	0.82
福　建	0.00	0.00	0.00	0.00	0.00	0.00	0.00	3.13	0.00	0.00	0.41
辽　宁	0.00	0.00	0.00	4.44	0.00	0.00	0.00	0.00	0.00	0.00	0.41
安　徽	0.00	0.00	2.38	0.00	0.00	0.00	0.00	0.00	0.00	0.00	0.20
贵　州	0.00	0.00	0.00	2.22	0.00	0.00	0.00	0.00	0.00	0.00	0.20
黑龙江	0.00	0.00	0.00	0.00	0.00	0.00	0.00	0.00	1.67	0.00	0.20
河　南	0.00	0.00	0.00	0.00	0.00	0.00	0.00	1.56	0.00	0.00	0.20
吉　林	0.00	0.00	0.00	0.00	0.00	0.00	0.00	1.56	0.00	0.00	0.20
山　东	0.00	0.00	0.00	0.00	0.00	2.04	0.00	0.00	0.00	0.00	0.20
四　川	0.00	0.00	0.00	0.00	0.00	0.00	0.00	1.56	0.00	0.00	0.20
新　疆	0.00	0.00	2.38	0.00	0.00	0.00	0.00	0.00	0.00	0.00	0.20

表 4-5　微生物学 B 层人才的世界占比

单位：%

省　份	2014 年	2015 年	2016 年	2017 年	2018 年	2019 年	2020 年	2021 年	2022 年	2023 年	合计
北　京	0.59	2.16	1.03	1.20	2.68	1.80	4.08	3.39	3.13	3.63	2.54
广　东	0.59	0.27	1.03	0.96	1.46	1.58	4.85	1.86	2.08	4.02	2.03
上　海	0.88	1.62	0.51	0.96	1.22	0.90	2.72	0.85	1.22	3.63	1.51
江　苏	0.29	1.08	1.00	0.24	1.71	1.58	0.97	1.19	2.26	2.49	1.27
浙　江	0.00	0.54	0.51	0.72	0.73	0.68	1.94	1.02	1.56	1.91	1.05
湖　北	0.88	0.00	0.00	0.96	0.00	0.23	5.24	0.68	0.52	0.57	0.98
福　建	0.29	0.54	0.26	0.72	1.46	0.68	0.97	0.68	0.35	0.96	0.70
山　东	0.88	0.00	0.51	0.48	0.49	0.45	0.58	0.34	0.52	1.34	0.57
四　川	0.00	0.27	0.00	0.00	0.24	0.90	0.39	0.17	1.04	0.76	0.42
湖　南	0.00	0.00	0.26	0.24	0.49	0.45	0.97	0.34	0.69	0.19	0.39
河　南	0.00	0.00	0.00	0.00	0.00	0.45	0.19	0.68	0.35	0.57	0.26
黑龙江	0.00	0.00	0.00	0.24	0.00	0.45	0.39	0.34	0.17	0.57	0.24

续表

省　份	2014 年	2015 年	2016 年	2017 年	2018 年	2019 年	2020 年	2021 年	2022 年	2023 年	合计
陕　西	0.00	0.00	0.00	0.24	0.24	0.00	0.39	0.00	0.17	0.96	0.22
辽　宁	0.00	0.00	0.00	0.24	0.00	0.23	0.19	0.34	0.17	0.57	0.20
天　津	0.00	0.27	0.26	0.00	0.00	0.00	0.58	0.51	0.00	0.19	0.20
吉　林	0.00	0.27	0.00	0.00	0.49	0.23	0.19	0.00	0.17	0.38	0.17
安　徽	0.00	0.00	0.00	0.24	0.00	0.23	0.78	0.17	0.00	0.00	0.15
重　庆	0.00	0.00	0.26	0.00	0.24	0.45	0.39	0.17	0.00	0.00	0.15
海　南	0.00	0.27	0.00	0.00	0.00	0.00	0.78	0.00	0.35	0.00	0.15
江　西	0.00	0.00	0.00	0.00	0.49	0.00	0.19	0.34	0.00	0.19	0.13
云　南	0.00	0.00	0.00	0.00	0.00	0.00	0.39	0.34	0.00	0.38	0.13
甘　肃	0.00	0.00	0.00	0.00	0.00	0.23	0.00	0.00	0.17	0.57	0.11
贵　州	0.00	0.00	0.00	0.00	0.00	0.00	0.19	0.17	0.17	0.19	0.09
河　北	0.00	0.00	0.00	0.24	0.00	0.23	0.00	0.17	0.00	0.19	0.09
新　疆	0.00	0.00	0.00	0.00	0.00	0.68	0.00	0.17	0.00	0.00	0.09
内蒙古	0.00	0.54	0.00	0.00	0.00	0.00	0.00	0.00	0.00	0.19	0.07
山　西	0.00	0.00	0.00	0.00	0.00	0.00	0.00	0.39	0.00	0.00	0.04
广　西	0.00	0.00	0.00	0.00	0.24	0.00	0.00	0.00	0.00	0.00	0.02

表 4-6　微生物学 C 层人才的世界占比

单位：%

省　份	2014 年	2015 年	2016 年	2017 年	2018 年	2019 年	2020 年	2021 年	2022 年	2023 年	合计
北　京	1.55	2.06	2.37	1.98	2.89	3.12	3.26	2.80	3.69	3.52	2.80
广　东	0.56	0.60	0.89	1.21	1.95	2.13	2.35	2.10	2.78	3.12	1.88
江　苏	0.53	0.96	1.12	1.38	1.01	1.50	1.88	1.57	2.12	2.98	1.57
上　海	0.70	0.63	0.81	1.11	1.04	1.21	1.75	1.40	1.83	1.76	1.28
浙　江	0.73	0.66	0.91	0.94	0.99	1.08	1.14	1.25	1.86	1.78	1.18
湖　北	0.26	0.33	0.47	0.58	0.54	0.94	1.57	1.16	1.48	1.43	0.94
山　东	0.38	0.44	0.34	0.41	0.72	0.58	0.90	0.84	1.22	1.27	0.75
四　川	0.23	0.27	0.29	0.39	0.49	0.43	0.82	0.84	1.07	1.27	0.65
福　建	0.23	0.41	0.34	0.46	0.62	0.70	0.63	0.48	0.68	0.85	0.55
河　南	0.12	0.08	0.13	0.17	0.35	0.34	0.43	0.46	0.70	0.91	0.40
湖　南	0.12	0.22	0.13	0.14	0.22	0.31	0.69	0.43	0.52	0.67	0.37
重　庆	0.00	0.05	0.18	0.29	0.40	0.09	0.55	0.39	0.52	0.49	0.32
黑龙江	0.18	0.11	0.18	0.07	0.40	0.43	0.33	0.36	0.42	0.49	0.31

省　份	2014 年	2015 年	2016 年	2017 年	2018 年	2019 年	2020 年	2021 年	2022 年	2023 年	合计
天　津	0.06	0.19	0.21	0.12	0.15	0.36	0.27	0.29	0.55	0.49	0.29
云　南	0.15	0.11	0.18	0.19	0.17	0.22	0.31	0.36	0.50	0.38	0.27
辽　宁	0.12	0.19	0.16	0.19	0.27	0.36	0.29	0.26	0.30	0.47	0.27
甘　肃	0.23	0.00	0.10	0.10	0.12	0.27	0.33	0.27	0.52	0.42	0.25
安　徽	0.12	0.19	0.10	0.10	0.17	0.11	0.18	0.20	0.39	0.56	0.22
吉　林	0.06	0.00	0.10	0.17	0.12	0.13	0.24	0.27	0.35	0.49	0.21
江　西	0.00	0.03	0.08	0.14	0.25	0.13	0.22	0.27	0.30	0.38	0.19
陕　西	0.03	0.08	0.13	0.24	0.10	0.13	0.24	0.26	0.26	0.36	0.19
海　南	0.00	0.03	0.03	0.05	0.10	0.13	0.14	0.26	0.42	0.36	0.17
河　北	0.03	0.05	0.05	0.05	0.20	0.13	0.29	0.10	0.20	0.24	0.14
广　西	0.06	0.05	0.10	0.07	0.10	0.18	0.10	0.22	0.28	0.16	0.14
新　疆	0.00	0.05	0.08	0.10	0.15	0.11	0.14	0.09	0.26	0.36	0.14
贵　州	0.00	0.00	0.05	0.02	0.12	0.04	0.08	0.12	0.28	0.33	0.11
内蒙古	0.06	0.00	0.03	0.05	0.07	0.04	0.14	0.03	0.17	0.27	0.09
山　西	0.00	0.00	0.03	0.07	0.02	0.13	0.04	0.09	0.11	0.20	0.07
青　海	0.03	0.00	0.10	0.00	0.07	0.09	0.02	0.02	0.06	0.07	0.05
宁　夏	0.03	0.00	0.03	0.00	0.00	0.04	0.04	0.02	0.09	0.09	0.04
西　藏	0.00	0.00	0.00	0.02	0.02	0.02	0.02	0.00	0.07	0.07	0.02

三　病毒学

病毒学 A 层人才最多的是湖北，世界占比为 5.45%；北京、广东的 A 层人才比较多，世界占比均为 4.55%；福建、黑龙江、河南、上海、浙江有一定数量的 A 层人才，世界占比均为 0.91%。

B 层人才最多的是北京，世界占比为 3.23%；广东、湖北、上海也有相当数量的 B 层人才，世界占比在 3%~1%；浙江、江苏、四川、山东、重庆、广西、福建、黑龙江、河南、湖南、辽宁、云南、安徽、河北、江西、天津有一定数量的 B 层人才，世界占比均超过 0.1%；甘肃、贵州、吉林、陕西、新疆 B 层人才的世界占比均低于 0.1%。

C 层人才最多的是北京，世界占比为 2.80%；湖北、广东、上海也有相当数量的 C 层人才，世界占比在 2%~1%；江苏、浙江、山东、黑龙江、福建、吉林、湖南、河南、四川、安徽、重庆、云南、甘肃、天津、陕西、江西、辽宁、广西有一定数量的 C 层人才，世界占比均超过 0.1%；河北、海南、贵州、新疆、内蒙古、宁夏、山西、西藏 C 层人才的世界占比均低于 0.1%。

表 4-7　病毒学 A 层人才的世界占比

单位：%

省份	2014 年	2015 年	2016 年	2017 年	2018 年	2019 年	2020 年	2021 年	2022 年	2023 年	合计
湖 北	0.00	0.00	0.00	9.09	0.00	0.00	38.46	0.00	0.00	0.00	5.45
北 京	0.00	0.00	0.00	0.00	0.00	8.33	30.77	0.00	0.00	0.00	4.55
广 东	0.00	9.09	7.14	0.00	0.00	0.00	23.08	0.00	0.00	0.00	4.55
福 建	0.00	0.00	0.00	0.00	0.00	0.00	0.00	0.00	12.50	0.00	0.91
黑龙江	0.00	0.00	0.00	0.00	0.00	0.00	0.00	0.00	12.50	0.00	0.91
河 南	0.00	0.00	0.00	0.00	0.00	0.00	7.69	0.00	0.00	0.00	0.91
上 海	0.00	0.00	0.00	0.00	0.00	0.00	7.69	0.00	0.00	0.00	0.91
浙 江	0.00	0.00	0.00	0.00	0.00	0.00	0.00	0.00	12.50	0.00	0.91

表 4-8　病毒学 B 层人才的世界占比

单位：%

省份	2014 年	2015 年	2016 年	2017 年	2018 年	2019 年	2020 年	2021 年	2022 年	2023 年	合计
北 京	1.59	1.65	1.60	1.87	3.88	3.77	10.32	2.92	2.34	2.26	3.23
广 东	0.00	0.00	2.40	1.87	3.10	0.00	10.32	1.46	0.00	2.26	2.18
湖 北	0.00	0.83	0.80	0.00	3.88	1.89	11.90	1.46	0.00	0.00	2.10
上 海	0.00	0.00	0.80	0.00	0.78	1.89	2.38	1.46	1.56	3.01	1.21
浙 江	0.79	0.00	1.60	1.87	0.78	0.00	2.38	0.00	0.00	0.75	0.81
江 苏	0.00	0.00	0.00	0.00	2.33	0.94	2.38	0.00	0.00	0.75	0.65
四 川	0.00	0.00	0.00	0.00	0.93	0.78	0.00	2.38	0.00	1.50	0.57
山 东	0.00	0.83	0.00	0.00	0.78	0.00	1.59	0.73	0.78	0.00	0.48
重 庆	0.00	0.00	0.00	0.93	0.78	0.00	2.38	0.00	0.00	0.00	0.40
广 西	0.00	0.00	0.00	0.00	0.00	0.00	2.38	0.73	0.00	0.00	0.32
福 建	0.00	0.00	0.00	0.00	0.00	0.94	1.59	0.00	0.00	0.00	0.24
黑龙江	0.00	0.00	0.00	0.00	0.78	0.00	0.79	0.00	0.00	0.75	0.24

续表

省　份	2014 年	2015 年	2016 年	2017 年	2018 年	2019 年	2020 年	2021 年	2022 年	2023 年	合计
河　南	0.00	0.00	0.00	0.00	0.78	0.00	1.59	0.00	0.00	0.00	0.24
湖　南	0.00	0.00	0.00	0.00	0.78	0.00	1.59	0.00	0.00	0.00	0.24
辽　宁	0.00	0.00	0.00	0.93	0.00	0.00	1.59	0.00	0.00	0.00	0.24
云　南	0.00	0.00	0.00	0.93	0.78	0.00	0.79	0.00	0.00	0.00	0.24
安　徽	0.00	0.00	0.00	0.00	0.00	0.00	0.79	0.00	0.78	0.00	0.16
河　北	0.00	0.00	0.00	0.00	0.00	0.00	0.00	0.73	0.78	0.00	0.16
江　西	0.79	0.00	0.00	0.00	0.00	0.00	0.79	0.00	0.00	0.00	0.16
天　津	0.00	0.00	0.80	0.93	0.00	0.00	0.00	0.00	0.00	0.00	0.16
甘　肃	0.00	0.00	0.00	0.00	0.00	0.00	0.79	0.00	0.00	0.00	0.08
贵　州	0.00	0.00	0.00	0.00	0.78	0.00	0.00	0.00	0.00	0.00	0.08
吉　林	0.00	0.00	0.00	0.00	0.00	0.00	0.79	0.00	0.00	0.00	0.08
陕　西	0.00	0.00	0.00	0.00	0.00	0.00	0.79	0.00	0.00	0.00	0.08
新　疆	0.00	0.00	0.00	0.00	0.00	0.94	0.00	0.00	0.00	0.00	0.08

表 4-9　病毒学 C 层人才的世界占比

单位：%

省　份	2014 年	2015 年	2016 年	2017 年	2018 年	2019 年	2020 年	2021 年	2022 年	2023 年	合计
北　京	2.54	2.27	2.74	3.13	2.85	2.36	3.91	2.11	2.83	3.40	2.80
湖　北	1.11	1.43	1.69	2.11	1.62	1.54	5.22	1.13	1.88	1.70	1.94
广　东	0.56	0.84	0.72	1.01	1.23	1.45	2.69	1.88	2.74	3.58	1.66
上　海	0.79	0.93	1.21	0.92	1.16	1.54	1.87	1.81	1.80	1.97	1.40
江　苏	0.95	0.67	0.64	1.01	0.85	0.72	1.39	1.13	1.11	1.34	0.98
浙　江	1.03	0.50	0.72	0.83	1.08	0.63	2.36	0.75	0.94	0.63	0.96
山　东	0.24	0.34	0.08	0.18	0.23	0.63	1.30	0.75	0.60	0.72	0.51
黑龙江	0.16	0.25	0.40	0.46	0.62	0.45	0.33	0.60	1.11	0.63	0.50
福　建	0.40	0.08	0.40	0.18	0.46	0.27	0.57	0.30	0.77	0.45	0.39
吉　林	0.24	0.00	0.16	0.18	0.15	0.36	0.49	0.68	0.60	0.72	0.36
湖　南	0.08	0.34	0.32	0.28	0.62	0.09	0.65	0.38	0.09	0.63	0.35
河　南	0.08	0.17	0.24	0.28	0.15	0.36	0.65	0.08	0.86	0.54	0.33
四　川	0.08	0.00	0.24	0.37	0.31	0.36	0.57	0.38	0.17	0.45	0.29
安　徽	0.48	0.17	0.00	0.18	0.31	0.36	0.65	0.15	0.26	0.18	0.27
重　庆	0.08	0.08	0.00	0.18	0.00	0.18	0.81	0.30	0.34	0.45	0.24
云　南	0.32	0.00	0.32	0.00	0.23	0.18	0.49	0.15	0.17	0.54	0.24

省　份	2014 年	2015 年	2016 年	2017 年	2018 年	2019 年	2020 年	2021 年	2022 年	2023 年	合计
甘　肃	0.32	0.00	0.24	0.09	0.08	0.00	0.24	0.38	0.43	0.27	0.21
天　津	0.08	0.08	0.24	0.18	0.23	0.27	0.41	0.08	0.26	0.09	0.19
陕　西	0.00	0.00	0.08	0.18	0.15	0.09	0.24	0.08	0.17	0.54	0.15
江　西	0.00	0.00	0.00	0.18	0.08	0.09	0.16	0.23	0.34	0.36	0.14
辽　宁	0.16	0.00	0.00	0.09	0.00	0.36	0.49	0.15	0.00	0.18	0.14
广　西	0.00	0.08	0.24	0.18	0.23	0.00	0.24	0.00	0.00	0.00	0.11
河　北	0.00	0.00	0.00	0.18	0.15	0.00	0.16	0.00	0.17	0.27	0.09
海　南	0.00	0.08	0.00	0.18	0.00	0.09	0.08	0.00	0.17	0.18	0.07
贵　州	0.00	0.00	0.00	0.18	0.00	0.00	0.16	0.08	0.09	0.09	0.06
新　疆	0.00	0.00	0.00	0.00	0.08	0.00	0.24	0.00	0.09	0.18	0.06
内蒙古	0.00	0.00	0.00	0.00	0.00	0.00	0.08	0.00	0.00	0.36	0.04
宁　夏	0.00	0.08	0.00	0.00	0.00	0.00	0.08	0.08	0.00	0.00	0.04
山　西	0.00	0.00	0.08	0.00	0.00	0.09	0.08	0.00	0.00	0.09	0.03
西　藏	0.00	0.00	0.00	0.00	0.00	0.00	0.00	0.00	0.00	0.09	0.01

四　植物学

植物学 A、B、C 层人才最多的均为北京，世界占比分别为 6.44%、5.88%、6.95%。

广东的 A 层人才比较多，世界占比为 3.03%；湖北、江苏、上海、浙江、山东、云南、福建、河南也有相当数量的 A 层人才，世界占比在 3% ~ 1%；湖南、安徽、重庆、黑龙江、江西、四川、海南、河北、吉林、陕西、甘肃、贵州、辽宁、宁夏、天津、新疆有一定数量的 A 层人才，世界占比均超过 0.1%。

江苏、浙江、广东、湖北、上海、山东、四川有相当数量的 B 层人才，世界占比在 3% ~ 1%；河南、福建、陕西、云南、海南、安徽、广西、黑龙江、重庆、湖南、吉林、江西、辽宁、甘肃、河北、天津、新疆、贵州、内蒙古、山西有一定数量的 B 层人才，世界占比超过或等于 0.1%；宁夏、青海 B 层人才的世界占比均低于 0.1%。

江苏的 C 层人才比较多，世界占比为 3.28%；湖北、广东、浙江、上海、山东、河南、四川、陕西也有相当数量的 C 层人才，世界占比在 3%～1%；福建、云南、安徽、黑龙江、湖南、海南、辽宁、甘肃、河北、吉林、重庆、广西、新疆、江西、天津、贵州、山西、内蒙古、宁夏有一定数量的 C 层人才，世界占比超过或等于 0.1%；青海、西藏 C 层人才的世界占比均低于 0.1%。

表 4-10　植物学 A 层人才的世界占比

单位：%

省　份	2014 年	2015 年	2016 年	2017 年	2018 年	2019 年	2020 年	2021 年	2022 年	2023 年	合计
北　京	2.38	6.67	2.08	4.88	4.17	10.71	6.90	12.12	9.23	1.69	6.44
广　东	2.38	2.22	2.08	2.44	4.17	0.00	5.17	3.03	1.54	6.78	3.03
湖　北	0.00	2.22	0.00	2.44	0.00	5.36	3.45	3.03	3.08	5.08	2.65
江　苏	2.38	2.22	2.08	0.00	0.00	0.00	1.72	1.52	7.69	3.39	2.27
上　海	0.00	2.22	0.00	0.00	2.08	0.00	6.90	4.55	1.54	3.39	2.27
浙　江	0.00	0.00	0.00	2.44	0.00	1.79	1.72	1.52	3.08	6.78	1.89
山　东	0.00	0.00	0.00	2.44	0.00	1.79	1.72	3.03	1.54	3.39	1.52
云　南	0.00	0.00	0.00	0.00	2.08	5.36	1.72	1.52	1.54	0.00	1.33
福　建	0.00	0.00	0.00	0.00	0.00	0.00	3.45	1.52	1.54	3.39	1.14
河　南	0.00	0.00	0.00	0.00	0.00	0.00	6.90	1.52	0.00	1.69	1.14
湖　南	0.00	0.00	0.00	0.00	0.00	0.00	1.72	1.52	1.54	1.69	0.76
安　徽	0.00	0.00	0.00	0.00	2.08	0.00	0.00	1.52	0.00	1.69	0.57
重　庆	0.00	0.00	0.00	2.08	0.00	1.79	0.00	1.52	0.00	0.00	0.57
黑龙江	0.00	0.00	0.00	2.44	0.00	0.00	0.00	1.52	0.00	1.69	0.57
江　西	0.00	0.00	0.00	0.00	0.00	0.00	0.00	1.52	0.00	3.39	0.57
四　川	0.00	0.00	0.00	0.00	0.00	0.00	0.00	0.00	1.54	3.39	0.57
海　南	0.00	0.00	0.00	0.00	0.00	0.00	0.00	0.00	0.00	3.39	0.38
河　北	0.00	0.00	0.00	0.00	0.00	0.00	0.00	3.03	0.00	0.00	0.38
吉　林	0.00	0.00	0.00	0.00	2.08	0.00	0.00	0.00	0.00	1.69	0.38
陕　西	0.00	2.22	0.00	0.00	0.00	1.79	0.00	0.00	0.00	0.00	0.38
甘　肃	0.00	0.00	0.00	0.00	0.00	0.00	0.00	0.00	1.54	0.00	0.19
贵　州	0.00	0.00	0.00	0.00	0.00	0.00	0.00	0.00	1.54	0.00	0.19
辽　宁	0.00	0.00	0.00	0.00	0.00	0.00	0.00	1.52	0.00	0.00	0.19
宁　夏	0.00	0.00	0.00	0.00	0.00	0.00	0.00	0.00	0.00	1.69	0.19
天　津	0.00	0.00	0.00	0.00	0.00	0.00	0.00	1.52	0.00	0.00	0.19
新　疆	0.00	0.00	0.00	0.00	0.00	0.00	0.00	0.00	0.00	1.69	0.19

表 4-11 植物学 B 层人才的世界占比

单位：%

省　份	2014 年	2015 年	2016 年	2017 年	2018 年	2019 年	2020 年	2021 年	2022 年	2023 年	合计
北　京	3.30	4.38	4.91	7.27	5.58	4.09	6.03	5.56	6.86	9.23	5.88
江　苏	0.51	1.22	1.64	2.73	1.34	1.75	2.26	3.37	3.59	4.36	2.44
浙　江	1.78	1.95	1.87	2.05	1.34	2.34	1.32	2.69	3.27	3.19	2.25
广　东	1.52	0.73	1.40	2.05	2.01	1.95	1.51	1.68	3.59	4.70	2.23
湖　北	1.27	1.95	1.87	1.36	0.89	1.56	1.88	1.68	4.08	3.52	2.11
上　海	1.78	0.73	2.10	1.14	2.46	1.75	2.07	2.02	2.61	2.68	1.99
山　东	0.25	0.49	0.47	0.23	1.56	0.78	1.51	1.35	1.63	2.18	1.13
四　川	0.25	0.73	0.47	0.23	0.67	0.78	1.32	1.18	1.63	2.01	1.01
河　南	0.25	0.24	0.23	0.23	0.45	1.17	0.75	1.35	1.47	1.85	0.89
福　建	0.25	0.00	0.23	1.14	0.22	0.58	1.32	0.67	1.47	0.84	0.72
陕　西	0.25	0.49	0.23	1.14	0.22	0.39	0.56	0.67	1.31	1.51	0.72
云　南	0.51	0.00	0.70	0.68	0.89	0.39	1.13	0.51	0.98	1.17	0.72
海　南	0.00	0.00	0.23	0.00	0.00	0.39	0.00	0.34	1.63	2.52	0.60
安　徽	0.00	0.00	0.47	0.23	0.67	0.58	0.56	0.17	0.33	1.34	0.46
广　西	0.25	0.00	0.93	0.00	0.22	0.19	0.19	0.67	0.65	0.67	0.40
黑龙江	0.00	0.24	0.23	0.00	0.22	0.00	0.75	0.51	0.65	1.01	0.40
重　庆	0.25	0.00	0.00	0.45	0.67	0.19	0.19	0.51	0.49	0.67	0.36
湖　南	0.25	0.00	0.00	0.23	0.45	0.58	0.56	0.34	0.49	0.17	0.32
吉　林	0.00	0.00	0.00	0.00	0.22	0.00	0.19	0.34	0.65	1.34	0.32
江　西	0.00	0.24	0.00	0.00	0.22	0.19	0.00	0.17	1.14	0.50	0.30
辽　宁	0.25	0.49	0.00	0.23	0.00	0.19	0.19	0.34	0.16	0.50	0.24
甘　肃	0.51	0.49	0.00	0.00	0.00	0.00	0.00	0.51	0.49	0.17	0.22
河　北	0.00	0.00	0.23	0.00	0.67	0.19	0.19	0.00	0.49	0.34	0.22
天　津	0.00	0.49	0.00	0.23	0.45	0.00	0.00	0.17	0.49	0.34	0.22
新　疆	0.00	0.00	0.23	0.00	0.00	0.39	0.00	0.33	1.01	0.22
贵　州	0.25	0.00	0.00	0.00	0.00	0.19	0.00	0.00	0.49	0.34	0.14
内蒙古	0.25	0.00	0.00	0.00	0.22	0.00	0.00	0.00	0.00	0.34	0.10
山　西	0.00	0.24	0.00	0.45	0.00	0.19	0.00	0.00	0.00	0.17	0.10
宁　夏	0.00	0.00	0.00	0.00	0.00	0.19	0.19	0.17	0.00	0.00	0.06
青　海	0.00	0.24	0.23	0.00	0.00	0.00	0.00	0.00	0.00	0.00	0.04

表 4-12　植物学 C 层人才的世界占比

单位：%

省份	2014 年	2015 年	2016 年	2017 年	2018 年	2019 年	2020 年	2021 年	2022 年	2023 年	合计
北　京	5.26	5.89	5.40	5.54	6.37	7.26	7.37	7.76	8.59	8.30	6.95
江　苏	1.88	2.34	2.23	2.64	2.80	3.14	3.77	4.04	4.37	4.25	3.28
湖　北	1.52	2.19	2.30	2.78	2.41	3.00	3.09	3.12	2.99	2.99	2.71
广　东	0.90	0.84	1.24	1.67	1.93	2.56	3.09	3.04	3.76	4.16	2.48
浙　江	1.57	1.48	1.60	2.17	2.11	2.69	2.69	2.90	2.80	3.40	2.43
上　海	1.37	1.48	1.64	1.82	1.97	1.99	2.10	2.36	2.05	2.59	1.98
山　东	0.98	0.67	0.89	0.83	1.35	1.50	1.68	1.94	2.40	2.52	1.56
河　南	0.39	0.47	0.61	0.87	1.08	1.56	1.77	1.66	1.80	2.09	1.32
四　川	0.31	0.44	0.77	0.68	0.94	1.07	1.31	1.43	1.90	1.51	1.11
陕　西	0.75	0.91	0.94	0.71	0.85	1.07	1.14	1.04	1.32	1.76	1.08
福　建	0.39	0.32	0.49	0.83	0.76	0.84	1.03	0.98	1.41	1.31	0.88
云　南	0.44	0.57	0.54	0.64	0.87	0.62	0.87	1.05	1.03	1.22	0.82
安　徽	0.28	0.32	0.38	0.42	0.62	0.66	0.83	0.80	1.24	1.19	0.72
黑龙江	0.34	0.44	0.45	0.52	0.34	0.62	0.81	0.76	1.09	1.03	0.68
湖　南	0.41	0.39	0.49	0.52	0.48	0.70	0.70	0.53	0.76	0.86	0.60
海　南	0.08	0.17	0.35	0.26	0.18	0.20	0.55	0.66	1.39	1.39	0.58
辽　宁	0.36	0.34	0.33	0.57	0.48	0.51	0.59	0.75	0.83	0.77	0.58
甘　肃	0.15	0.27	0.35	0.24	0.39	0.47	0.53	0.70	0.88	0.81	0.51
河　北	0.31	0.32	0.21	0.26	0.48	0.55	0.59	0.49	0.81	0.81	0.51
吉　林	0.18	0.22	0.28	0.24	0.34	0.39	0.66	0.66	0.78	0.90	0.50
重　庆	0.13	0.32	0.28	0.47	0.30	0.41	0.64	0.56	0.76	0.76	0.49
广　西	0.10	0.25	0.14	0.14	0.32	0.25	0.50	0.46	0.68	0.81	0.40
新　疆	0.05	0.12	0.26	0.24	0.23	0.27	0.41	0.44	0.51	0.74	0.35
江　西	0.10	0.07	0.16	0.14	0.18	0.31	0.26	0.48	0.78	0.40	0.32
天　津	0.15	0.12	0.14	0.17	0.25	0.18	0.24	0.56	0.41	0.58	0.30
贵　州	0.08	0.05	0.07	0.12	0.07	0.20	0.22	0.31	0.45	0.83	0.26
山　西	0.03	0.05	0.09	0.19	0.21	0.16	0.11	0.15	0.23	0.34	0.16
内蒙古	0.03	0.05	0.09	0.07	0.18	0.08	0.24	0.15	0.18	0.25	0.14
宁　夏	0.08	0.02	0.00	0.07	0.05	0.16	0.11	0.07	0.15	0.20	0.10
青　海	0.03	0.07	0.02	0.12	0.07	0.04	0.07	0.07	0.10	0.11	0.07
西　藏	0.00	0.05	0.00	0.02	0.02	0.04	0.02	0.02	0.12	0.02	0.03

五　生态学

生态学 A、B、C 层人才最多的均为北京，世界占比分别为 3.72%、2.34%、3.00%。

福建、上海、广东、河南、湖北、湖南、陕西、云南、浙江有一定数量的 A 层人才，世界占比均超过 0.2%。

江苏有相当数量的 B 层人才，世界占比为 1.04%；广东、浙江、辽宁、上海、云南、山东、四川、福建、甘肃、湖北、吉林、陕西、湖南、江西、广西、海南、河南、青海、安徽、新疆有 定数量的 B 层人才，世界占比超过或等于 0.1%；重庆、黑龙江、贵州、河北、内蒙古、宁夏、天津 B 层人才的世界占比均低于 0.1%。

江苏、广东、上海、浙江、湖北、云南、四川、福建、辽宁、甘肃、陕西、山东、吉林、湖南、河南、黑龙江、海南、安徽、重庆有一定数量的 C 层人才，世界占比超过或等于 0.1%；江西、内蒙古、河北、青海、天津、新疆、广西、贵州、山西、西藏、宁夏 C 层人才的世界占比均低于 0.1%。

表 4-13　生态学 A 层人才的世界占比

单位：%

省　份	2014 年	2015 年	2016 年	2017 年	2018 年	2019 年	2020 年	2021 年	2022 年	2023 年	合计
北　京	3.13	0.00	0.00	0.00	0.00	7.41	6.98	1.89	8.33	18.18	3.72
福　建	0.00	0.00	0.00	0.00	0.00	3.70	2.33	1.89	0.00	0.00	0.86
上　海	0.00	0.00	0.00	0.00	0.00	0.00	0.00	0.00	4.17	0.00	0.57
广　东	0.00	0.00	0.00	0.00	0.00	0.00	0.00	0.00	0.00	9.09	0.29
河　南	0.00	0.00	0.00	0.00	0.00	0.00	2.33	0.00	0.00	0.00	0.29
湖　北	0.00	0.00	0.00	0.00	0.00	3.70	0.00	0.00	0.00	0.00	0.29
湖　南	0.00	0.00	0.00	0.00	0.00	0.00	2.33	0.00	0.00	0.00	0.29
陕　西	0.00	0.00	0.00	0.00	0.00	0.00	0.00	1.89	0.00	0.00	0.29
云　南	0.00	0.00	0.00	0.00	0.00	0.00	0.00	0.00	2.08	0.00	0.29
浙　江	3.13	0.00	0.00	0.00	0.00	0.00	0.00	0.00	0.00	0.00	0.29

表 4-14 生态学 B 层人才的世界占比

单位：%

省　份	2014 年	2015 年	2016 年	2017 年	2018 年	2019 年	2020 年	2021 年	2022 年	2023 年	合计
北　京	1.29	1.78	1.65	2.38	2.64	2.28	1.78	2.65	4.00	2.37	2.34
江　苏	0.32	0.30	0.55	1.59	1.68	1.04	0.44	1.22	1.56	1.29	1.04
广　东	0.00	0.30	0.28	0.79	0.96	0.62	0.67	0.41	2.00	0.65	0.70
浙　江	0.00	0.00	0.28	0.26	0.96	0.21	0.67	1.02	0.22	0.65	0.46
辽　宁	0.32	0.00	0.00	0.53	0.72	0.41	0.22	1.02	0.22	0.00	0.36
上　海	0.32	0.30	0.00	0.53	0.96	0.62	0.00	0.61	0.22	0.00	0.36
云　南	0.32	0.00	0.28	0.26	0.48	0.41	0.67	0.41	0.44	0.22	0.36
山　东	0.00	0.00	0.00	0.00	0.24	0.62	0.00	0.82	0.22	0.65	0.29
四　川	0.00	0.30	0.00	0.26	0.48	0.41	0.22	0.00	0.67	0.43	0.29
福　建	0.00	0.30	0.28	0.00	0.24	0.41	0.22	0.61	0.44	0.00	0.27
甘　肃	0.32	0.00	0.00	0.00	0.24	0.21	0.22	0.61	0.89	0.00	0.27
湖　北	0.00	0.00	0.00	0.00	0.72	0.00	0.00	0.41	0.67	0.65	0.27
吉　林	0.00	0.30	0.28	0.00	0.48	0.21	0.00	0.20	0.44	0.22	0.22
陕　西	0.32	0.00	0.00	0.26	0.24	0.00	0.22	0.41	0.44	0.00	0.19
湖　南	0.00	0.00	0.00	0.26	0.24	0.21	0.22	0.20	0.22	0.22	0.17
江　西	0.00	0.00	0.00	0.26	0.72	0.00	0.00	0.00	0.44	0.00	0.14
广　西	0.00	0.00	0.00	0.00	0.00	0.62	0.00	0.20	0.00	0.22	0.12
海　南	0.00	0.00	0.00	0.00	0.00	0.21	0.00	0.00	0.22	0.65	0.12
河　南	0.00	0.00	0.00	0.26	0.00	0.21	0.00	0.20	0.22	0.22	0.12
青　海	0.00	0.30	0.00	0.26	0.48	0.00	0.00	0.20	0.00	0.00	0.12
安　徽	0.00	0.00	0.00	0.00	0.00	0.21	0.22	0.20	0.22	0.00	0.10
新　疆	0.00	0.00	0.00	0.00	0.24	0.21	0.00	0.00	0.22	0.00	0.10
重　庆	0.00	0.00	0.00	0.00	0.24	0.00	0.00	0.00	0.00	0.43	0.07
黑龙江	0.00	0.00	0.00	0.26	0.00	0.00	0.22	0.20	0.00	0.00	0.07
贵　州	0.00	0.00	0.00	0.00	0.00	0.00	0.00	0.00	0.22	0.05	
河　北	0.00	0.00	0.00	0.00	0.00	0.21	0.00	0.00	0.00	0.00	0.02
内蒙古	0.00	0.00	0.00	0.26	0.00	0.00	0.00	0.00	0.00	0.00	0.02
宁　夏	0.00	0.00	0.00	0.00	0.24	0.00	0.00	0.00	0.00	0.00	0.02
天　津	0.00	0.00	0.00	0.00	0.00	0.00	0.22	0.00	0.00	0.00	0.02

表 4-15 生态学 C 层人才的世界占比

单位：%

省 份	2014 年	2015 年	2016 年	2017 年	2018 年	2019 年	2020 年	2021 年	2022 年	2023 年	合计
北 京	1.78	2.59	1.98	2.38	2.50	2.67	3.43	3.47	3.98	4.64	3.00
江 苏	0.32	0.71	0.50	0.59	0.53	0.64	0.94	1.18	1.48	1.68	0.88
广 东	0.22	0.41	0.39	0.54	0.63	0.82	0.94	1.23	1.36	1.42	0.83
上 海	0.29	0.29	0.36	0.35	0.33	0.47	0.50	0.54	0.92	0.98	0.51
浙 江	0.22	0.18	0.31	0.40	0.38	0.40	0.70	0.48	0.64	1.21	0.50
湖 北	0.03	0.26	0.00	0.27	0.13	0.44	0.46	0.73	0.85	0.93	0.43
云 南	0.32	0.24	0.20	0.29	0.30	0.29	0.28	0.50	0.61	0.67	0.38
四 川	0.13	0.06	0.11	0.24	0.48	0.24	0.31	0.37	0.56	0.59	0.32
福 建	0.29	0.24	0.17	0.13	0.23	0.27	0.39	0.48	0.35	0.57	0.32
辽 宁	0.22	0.12	0.11	0.29	0.25	0.29	0.33	0.35	0.47	0.59	0.31
甘 肃	0.13	0.18	0.11	0.08	0.18	0.27	0.33	0.31	0.52	0.57	0.28
陕 西	0.06	0.18	0.31	0.21	0.15	0.22	0.42	0.37	0.26	0.34	0.26
山 东	0.16	0.12	0.08	0.16	0.08	0.13	0.35	0.29	0.56	0.54	0.26
吉 林	0.10	0.06	0.03	0.11	0.18	0.18	0.33	0.27	0.33	0.44	0.21
湖 南	0.06	0.15	0.03	0.08	0.15	0.18	0.24	0.37	0.35	0.36	0.21
河 南	0.00	0.03	0.08	0.11	0.08	0.07	0.26	0.27	0.21	0.41	0.16
黑龙江	0.00	0.03	0.00	0.05	0.08	0.09	0.11	0.19	0.26	0.49	0.14
海 南	0.00	0.06	0.00	0.08	0.08	0.09	0.00	0.29	0.42	0.23	0.13
安 徽	0.03	0.00	0.08	0.05	0.13	0.04	0.07	0.19	0.21	0.34	0.12
重 庆	0.00	0.03	0.06	0.08	0.08	0.02	0.11	0.10	0.26	0.26	0.10
江 西	0.00	0.00	0.00	0.05	0.00	0.13	0.07	0.12	0.07	0.34	0.09
内蒙古	0.00	0.06	0.06	0.03	0.05	0.07	0.13	0.12	0.16	0.10	0.08
河 北	0.06	0.03	0.03	0.03	0.00	0.11	0.07	0.08	0.16	0.21	0.08
青 海	0.06	0.03	0.03	0.03	0.03	0.07	0.11	0.07	0.16	0.18	0.08
天 津	0.03	0.03	0.03	0.05	0.03	0.04	0.22	0.06	0.12	0.15	0.08
新 疆	0.00	0.03	0.06	0.05	0.00	0.02	0.09	0.17	0.19	0.08	0.08
广 西	0.06	0.06	0.03	0.00	0.03	0.00	0.07	0.04	0.10	0.21	0.07
贵 州	0.03	0.00	0.00	0.03	0.10	0.04	0.15	0.06	0.14	0.13	0.07
山 西	0.00	0.03	0.00	0.00	0.00	0.02	0.00	0.04	0.12	0.03	0.03
西 藏	0.00	0.00	0.00	0.00	0.03	0.00	0.00	0.06	0.02	0.03	0.02
宁 夏	0.00	0.00	0.00	0.00	0.00	0.00	0.02	0.02	0.02	0.03	0.01

六　湖沼学

湖沼学 A 层人才仅分布在贵州、四川、浙江、上海，其中，贵州、四川、浙江 A 层人才的世界占比均为 10.00%，上海 A 层人才的世界占比为 5.00%。

B 层人才最多的是北京，世界占比为 4.63%；江苏、广东也有相当数量的 B 层人才，世界占比分别为 1.78%、1.07%；甘肃、天津、安徽、重庆、湖北、吉林、青海、山东、浙江有一定数量的 B 层人才，世界占比均超过 0.3%。

C 层人才最多的是北京，世界占比为 3.83%；江苏、湖北、广东也有相当数量的 C 层人才，世界占比在 3%～1%；山东、上海、甘肃、浙江、福建、天津、四川、河南、辽宁、重庆、湖南、江西、新疆、云南、广西、吉林有一定数量的 C 层人才，世界占比超过或等于 0.1%；安徽、海南、河北、内蒙古、青海、黑龙江、陕西 C 层人才的世界占比均低于 0.1%。

表 4-16　湖沼学 A 层人才的世界占比

单位：%

省份	2014 年	2015 年	2016 年	2017 年	2018 年	2019 年	2020 年	2021 年	2022 年	2023 年	合计
贵　州	0.00	0.00	0.00	0.00	0.00	0.00	0.00	0.00	50.00	50.00	10.00
四　川	0.00	0.00	0.00	0.00	0.00	0.00	0.00	0.00	50.00	50.00	10.00
浙　江	0.00	0.00	0.00	0.00	0.00	0.00	0.00	0.00	50.00	50.00	10.00
上　海	0.00	0.00	0.00	0.00	0.00	0.00	50.00	0.00	0.00	0.00	5.00

表 4-17　湖沼学 B 层人才的世界占比

单位：%

省份	2014 年	2015 年	2016 年	2017 年	2018 年	2019 年	2020 年	2021 年	2022 年	2023 年	合计
北　京	0.00	7.41	7.14	3.23	0.00	6.06	2.78	8.57	8.70	0.00	4.63
江　苏	0.00	0.00	0.00	0.00	3.33	0.00	0.00	8.57	4.35	0.00	1.78
广　东	0.00	0.00	0.00	0.00	0.00	0.00	0.00	2.86	8.70	0.00	1.07
甘　肃	0.00	0.00	0.00	0.00	0.00	0.00	0.00	0.00	4.35	7.14	0.71

续表

省份	2014年	2015年	2016年	2017年	2018年	2019年	2020年	2021年	2022年	2023年	合计
天津	0.00	0.00	0.00	0.00	0.00	0.00	2.78	0.00	4.35	0.00	0.71
安徽	0.00	0.00	0.00	0.00	0.00	0.00	0.00	2.86	0.00	0.00	0.36
重庆	0.00	0.00	0.00	0.00	0.00	0.00	2.78	0.00	0.00	0.00	0.36
湖北	0.00	0.00	0.00	0.00	0.00	0.00	0.00	2.86	0.00	0.00	0.36
吉林	0.00	0.00	0.00	0.00	0.00	0.00	0.00	0.00	4.35	0.00	0.36
青海	0.00	0.00	3.57	0.00	0.00	0.00	0.00	0.00	0.00	0.00	0.36
山东	0.00	0.00	0.00	0.00	0.00	0.00	2.78	0.00	0.00	0.00	0.36
浙江	0.00	0.00	0.00	0.00	0.00	0.00	0.00	0.00	0.00	7.14	0.36

表4-18　湖沼学C层人才的世界占比

单位：%

省份	2014年	2015年	2016年	2017年	2018年	2019年	2020年	2021年	2022年	2023年	合计
北京	2.29	3.28	1.38	1.97	4.35	4.01	4.95	3.45	6.23	6.19	3.83
江苏	1.91	1.09	1.03	1.32	1.45	2.47	3.02	3.45	3.66	2.41	2.22
湖北	0.38	0.36	0.34	1.32	1.09	0.93	1.37	2.19	3.30	1.72	1.31
广东	0.00	0.00	0.69	0.33	1.45	0.93	2.20	1.88	1.83	3.09	1.28
山东	0.00	0.36	0.00	0.00	0.72	0.62	1.37	1.57	0.73	1.03	0.67
上海	0.00	0.00	0.34	0.00	0.72	0.31	0.82	1.88	1.10	1.37	0.67
甘肃	1.15	0.36	0.69	0.00	0.72	0.62	0.82	0.63	0.73	0.69	0.64
浙江	0.38	0.36	0.34	0.66	0.72	0.00	1.65	0.63	1.10	0.34	0.64
福建	0.38	0.36	0.00	0.00	1.09	0.00	1.37	0.31	0.73	0.69	0.50
天津	0.00	0.00	0.00	0.66	0.00	0.62	0.27	0.00	0.73	1.03	0.40
四川	0.00	0.00	0.34	0.00	0.00	0.00	0.55	0.94	0.73	1.03	0.37
河南	0.00	0.00	0.00	0.00	0.00	0.00	0.27	0.63	0.00	1.03	0.20
辽宁	0.00	0.36	0.00	0.00	0.00	0.31	0.00	0.63	0.00	0.34	0.17
重庆	0.00	0.00	0.34	0.00	0.00	0.31	0.00	0.00	0.73	0.00	0.13
湖南	0.00	0.00	0.00	0.33	0.00	0.00	0.00	0.00	0.00	1.03	0.13
江西	0.00	0.36	0.00	0.00	0.36	0.31	0.00	0.37	0.00	0.00	0.13
新疆	0.00	0.36	0.00	0.00	0.00	0.00	0.00	0.31	0.37	0.34	0.13
云南	0.00	0.00	0.00	0.33	0.00	0.62	0.00	0.00	0.00	0.34	0.13
广西	0.00	0.00	0.00	0.00	0.00	0.31	0.27	0.00	0.37	0.00	0.10
吉林	0.00	0.00	0.00	0.00	0.00	0.31	0.00	0.31	0.37	0.00	0.10
安徽	0.38	0.00	0.00	0.00	0.00	0.00	0.00	0.00	0.00	0.34	0.07

续表

省　份	2014 年	2015 年	2016 年	2017 年	2018 年	2019 年	2020 年	2021 年	2022 年	2023 年	合计
海　南	0.00	0.00	0.00	0.00	0.00	0.00	0.00	0.00	0.00	0.69	0.07
河　北	0.00	0.00	0.00	0.00	0.36	0.00	0.00	0.00	0.00	0.34	0.07
内蒙古	0.00	0.00	0.00	0.00	0.00	0.00	0.00	0.31	0.37	0.00	0.07
青　海	0.38	0.00	0.00	0.00	0.00	0.00	0.27	0.00	0.00	0.00	0.07
黑龙江	0.00	0.00	0.00	0.00	0.00	0.00	0.31	0.00	0.00	0.00	0.03
陕　西	0.00	0.00	0.00	0.00	0.00	0.27	0.00	0.00	0.00	0.00	0.03

七　进化生物学

进化生物学 A、B、C 层人才最多的均为北京，世界占比分别为 2.52%、2.28%、2.03%。

福建、广东、河北、湖北、江苏、浙江有一定数量的 A 层人才，世界占比均为 0.84%。

广东有相当数量的 B 层人才，世界占比为 1.62%；江苏、山东、云南、辽宁、四川、新疆、湖北、上海、安徽、福建、海南、湖南、内蒙古、浙江有一定数量的 B 层人才，世界占比均超过 0.1%；甘肃、广西、河北、黑龙江、河南、江西、吉林、宁夏、陕西、天津 B 层人才的世界占比均为 0.07%。

广东、云南、江苏、湖北、浙江、上海、山东、四川、福建、重庆、湖南、海南、甘肃、河南有一定数量的 C 层人才，世界占比超过或等于 0.1%；江西、陕西、广西、辽宁、吉林、安徽、青海、天津、新疆、河北、内蒙古、贵州、黑龙江、宁夏、西藏、山西 C 层人才的世界占比均低于 0.1%。

表 4-19　进化生物学 A 层人才的世界占比

单位：%

省　份	2014 年	2015 年	2016 年	2017 年	2018 年	2019 年	2020 年	2021 年	2022 年	2023 年	合计
北　京	0.00	0.00	0.00	0.00	0.00	10.00	0.00	0.00	0.00	28.57	2.52
福　建	0.00	0.00	0.00	0.00	0.00	10.00	0.00	0.00	0.00	0.00	0.84

续表

省　份	2014 年	2015 年	2016 年	2017 年	2018 年	2019 年	2020 年	2021 年	2022 年	2023 年	合计
广　东	7.14	0.00	0.00	0.00	0.00	0.00	0.00	0.00	0.00	0.00	0.84
河　北	0.00	0.00	0.00	0.00	0.00	0.00	0.00	0.00	9.09	0.00	0.84
湖　北	0.00	0.00	0.00	0.00	0.00	10.00	0.00	0.00	0.00	0.00	0.84
江　苏	0.00	0.00	0.00	0.00	0.00	0.00	0.00	0.00	9.09	0.00	0.84
浙　江	0.00	0.00	0.00	0.00	0.00	0.00	0.00	8.33	0.00	0.00	0.84

表 4-20　进化生物学 B 层人才的世界占比

单位：%

省　份	2011 年	2015 年	2016 年	2017 年	2018 年	2019 年	2020 年	2021 年	2022 年	2023 年	合计
北　京	2.38	0.00	1.49	2.92	2.14	3.76	0.64	2.96	3.68	2.99	2.28
广　东	0.79	0.00	0.00	1.46	2.14	3.76	1.28	0.74	3.68	2.24	1.62
江　苏	0.00	0.00	1.49	0.00	0.00	0.00	0.00	0.74	1.47	2.24	0.59
山　东	0.00	0.00	0.75	0.73	1.43	0.75	0.00	0.00	0.74	0.75	0.52
云　南	0.79	0.00	1.49	0.73	0.00	0.00	0.00	0.74	0.74	0.00	0.44
辽　宁	0.00	0.00	0.00	1.46	0.00	0.00	0.00	0.74	0.74	0.00	0.29
四　川	0.00	0.79	0.75	0.73	0.00	0.00	0.64	0.00	0.00	0.00	0.29
新　疆	0.00	0.00	1.49	0.00	0.00	0.00	0.00	0.74	0.75	0.00	0.29
湖　北	0.00	0.00	0.00	0.00	0.00	0.00	0.00	0.74	1.49	0.00	0.22
上　海	0.00	0.00	0.75	0.00	0.71	0.75	0.00	0.00	0.00	0.00	0.22
安　徽	0.00	0.00	0.75	0.00	0.00	0.00	0.00	0.74	0.00	0.00	0.15
福　建	0.00	0.00	0.00	0.00	0.00	0.75	0.64	0.00	0.00	0.00	0.15
海　南	0.00	0.00	0.00	0.00	0.71	0.00	0.00	0.00	0.75	0.00	0.15
湖　南	0.00	0.00	0.00	0.73	0.00	0.00	0.00	0.00	0.75	0.00	0.15
内蒙古	0.00	0.00	0.75	0.00	0.00	0.00	0.00	0.74	0.00	0.00	0.15
浙　江	0.00	0.00	0.00	0.00	0.00	0.00	0.64	0.00	0.74	0.00	0.15
甘　肃	0.00	0.00	0.00	0.00	0.00	0.00	0.00	0.00	0.74	0.00	0.07
广　西	0.00	0.00	0.75	0.00	0.00	0.00	0.00	0.00	0.00	0.00	0.07
河　北	0.00	0.00	0.00	0.00	0.00	0.75	0.00	0.00	0.00	0.00	0.07
黑龙江	0.00	0.00	0.00	0.73	0.00	0.00	0.00	0.00	0.00	0.00	0.07
河　南	0.00	0.00	0.00	0.00	0.00	0.75	0.00	0.00	0.00	0.00	0.07
江　西	0.00	0.00	0.00	0.73	0.00	0.00	0.00	0.00	0.00	0.00	0.07
吉　林	0.00	0.00	0.00	0.00	0.00	0.00	0.00	0.00	0.75	0.00	0.07
宁　夏	0.00	0.00	0.00	0.00	0.00	0.00	0.00	0.74	0.00	0.00	0.07
陕　西	0.79	0.00	0.00	0.00	0.00	0.00	0.00	0.00	0.00	0.00	0.07
天　津	0.00	0.00	0.75	0.00	0.00	0.00	0.00	0.00	0.00	0.00	0.07

表 4-21　进化生物学 C 层人才的世界占比

单位：%

省 份	2014 年	2015 年	2016 年	2017 年	2018 年	2019 年	2020 年	2021 年	2022 年	2023 年	合计
北 京	0.96	1.93	1.28	2.06	2.25	2.57	2.25	2.19	1.93	2.74	2.03
广 东	0.32	0.40	0.30	0.89	1.12	0.84	1.19	1.72	1.09	1.29	0.93
云 南	0.88	0.40	0.68	0.89	0.91	0.97	0.66	0.86	0.42	1.11	0.78
江 苏	0.16	0.32	0.23	0.62	0.49	0.32	0.66	0.73	1.09	0.77	0.54
湖 北	0.16	0.32	0.38	0.34	0.14	0.39	0.26	0.79	0.50	0.51	0.38
浙 江	0.16	0.08	0.15	0.28	0.42	0.32	0.66	0.46	0.42	0.51	0.35
上 海	0.08	0.00	0.23	0.48	0.42	0.45	0.26	0.13	0.42	0.94	0.34
山 东	0.16	0.16	0.08	0.34	0.14	0.19	0.26	0.60	0.50	0.60	0.30
四 川	0.08	0.24	0.30	0.07	0.14	0.06	0.40	0.53	0.42	0.34	0.26
福 建	0.08	0.24	0.08	0.07	0.07	0.19	0.26	0.33	0.25	0.26	0.18
重 庆	0.00	0.08	0.08	0.14	0.07	0.06	0.20	0.20	0.25	0.34	0.14
湖 南	0.08	0.16	0.08	0.14	0.07	0.19	0.33	0.07	0.17	0.09	0.14
海 南	0.00	0.00	0.08	0.14	0.00	0.06	0.07	0.20	0.50	0.26	0.12
甘 肃	0.08	0.16	0.08	0.07	0.00	0.19	0.20	0.13	0.00	0.09	0.10
河 南	0.00	0.16	0.08	0.00	0.00	0.13	0.13	0.26	0.08	0.17	0.10
江 西	0.00	0.00	0.08	0.14	0.21	0.06	0.07	0.13	0.00	0.17	0.09
陕 西	0.08	0.08	0.08	0.14	0.07	0.06	0.20	0.00	0.08	0.09	0.09
广 西	0.00	0.00	0.00	0.07	0.07	0.00	0.07	0.20	0.00	0.34	0.07
辽 宁	0.00	0.00	0.00	0.07	0.14	0.06	0.13	0.07	0.08	0.17	0.07
吉 林	0.08	0.00	0.00	0.00	0.00	0.06	0.13	0.07	0.25	0.09	0.07
安 徽	0.08	0.00	0.00	0.07	0.00	0.06	0.07	0.07	0.00	0.17	0.05
青 海	0.16	0.00	0.00	0.00	0.00	0.13	0.07	0.00	0.00	0.09	0.05
天 津	0.00	0.08	0.08	0.14	0.07	0.06	0.00	0.00	0.08	0.00	0.05
新 疆	0.00	0.08	0.08	0.14	0.00	0.00	0.00	0.07	0.00	0.00	0.05
河 北	0.00	0.00	0.08	0.00	0.07	0.00	0.00	0.07	0.08	0.17	0.04
内蒙古	0.00	0.08	0.00	0.07	0.00	0.06	0.07	0.00	0.00	0.17	0.04
贵 州	0.00	0.00	0.00	0.00	0.00	0.00	0.07	0.07	0.00	0.17	0.04
黑龙江	0.00	0.08	0.00	0.00	0.00	0.00	0.00	0.07	0.00	0.26	0.04
宁 夏	0.00	0.08	0.00	0.07	0.00	0.06	0.00	0.13	0.00	0.00	0.04
西 藏	0.00	0.08	0.00	0.07	0.00	0.06	0.00	0.07	0.00	0.09	0.04
山 西	0.00	0.00	0.00	0.00	0.00	0.00	0.00	0.00	0.00	0.09	0.01

八 动物学

动物学 A、B、C 层人才最多的均为北京,世界占比分别为 1.81%、1.52%、1.74%。

湖北有相当数量的 A 层人才,世界占比为 1.36%;广东、江苏、辽宁、四川、浙江、安徽、上海、云南有一定数量的 A 层人才,世界占比均超过 0.4%。

广东、山东、上海、浙江、江苏、云南、湖北、重庆、辽宁、福建、广西、黑龙江、天津、安徽、海南、河北、河南、内蒙古、青海、四川有一定数量的 B 层人才,世界占比均超过 0.1%;湖南、吉林、陕西、甘肃、贵州、江西、山西 B 层人才的世界占比均低于 0.1%。

广东有相当数量的 C 层人才,世界占比为 1.18%;山东、江苏、浙江、湖北、上海、陕西、四川、云南、湖南、重庆、福建、黑龙江、安徽、河南、辽宁、海南、甘肃、吉林、贵州、内蒙古、江西、广西、河北、天津有一定数量的 C 层人才,世界占比均超过 0.1%;山西、新疆、青海、宁夏、西藏 C 层人才的世界占比均低于 0.1%。

表 4-22 动物学 A 层人才的世界占比

单位:%

省 份	2014 年	2015 年	2016 年	2017 年	2018 年	2019 年	2020 年	2021 年	2022 年	2023 年	合计
北 京	8.70	4.35	0.00	0.00	0.00	0.00	0.00	0.00	3.70	0.00	1.81
湖 北	4.35	0.00	0.00	0.00	0.00	3.57	0.00	0.00	0.00	4.55	1.36
广 东	0.00	0.00	0.00	0.00	9.09	3.57	0.00	0.00	0.00	0.00	0.90
江 苏	0.00	0.00	4.17	0.00	0.00	0.00	3.33	0.00	0.00	0.00	0.90
辽 宁	0.00	0.00	0.00	0.00	9.09	0.00	14.29	0.00	0.00	0.00	0.90
四 川	0.00	0.00	0.00	0.00	0.00	0.00	3.33	0.00	0.00	4.55	0.90
浙 江	0.00	0.00	0.00	0.00	0.00	3.57	0.00	0.00	0.00	4.55	0.90
安 徽	0.00	0.00	0.00	0.00	0.00	0.00	3.33	0.00	0.00	0.00	0.45
上 海	0.00	0.00	0.00	0.00	0.00	3.57	0.00	0.00	0.00	0.00	0.45
云 南	0.00	0.00	0.00	0.00	0.00	3.57	0.00	0.00	0.00	0.00	0.45

表 4-23 动物学 B 层人才的世界占比

单位：%

省　份	2014 年	2015 年	2016 年	2017 年	2018 年	2019 年	2020 年	2021 年	2022 年	2023 年	合计
北　京	0.47	0.89	0.44	1.73	0.40	1.54	2.38	1.86	3.72	1.26	1.52
广　东	0.00	0.89	0.00	1.30	0.80	0.39	1.02	1.55	1.24	1.26	0.88
山　东	0.00	0.00	0.88	0.43	0.00	0.00	0.68	1.86	0.83	1.26	0.64
上　海	0.00	0.00	0.88	0.00	0.40	0.39	0.34	0.93	0.83	1.26	0.52
浙　江	0.00	0.00	0.88	0.87	0.80	0.39	0.00	0.93	0.83	0.42	0.52
江　苏	0.00	0.45	0.00	0.87	0.00	0.77	0.68	0.31	1.24	0.42	0.48
云　南	0.00	0.00	0.00	0.87	0.40	0.00	1.36	0.31	0.41	0.42	0.40
湖　北	0.00	0.00	0.00	0.00	0.00	0.00	0.34	1.24	0.41	0.84	0.32
重　庆	0.00	0.00	0.00	0.43	0.00	0.39	0.34	0.31	0.83	0.42	0.28
辽　宁	0.00	0.00	0.00	0.43	0.00	0.39	0.00	0.93	0.83	0.00	0.28
福　建	0.00	0.45	0.00	0.00	0.40	0.00	0.68	0.31	0.41	0.00	0.24
广　西	0.00	0.00	0.44	0.00	0.00	0.00	0.00	0.31	0.00	1.26	0.20
黑龙江	0.00	0.00	0.44	0.00	0.00	0.00	0.68	0.00	0.00	0.84	0.20
天　津	0.00	0.00	0.00	0.00	0.40	0.00	0.34	0.00	0.83	0.42	0.20
安　徽	0.00	0.00	0.44	0.00	0.40	0.00	0.00	0.00	0.00	0.42	0.12
海　南	0.00	0.00	0.44	0.00	0.40	0.00	0.00	0.00	0.00	0.42	0.12
河　北	0.00	0.00	0.00	0.00	0.00	0.39	0.00	0.00	0.00	0.84	0.12
河　南	0.00	0.00	0.00	0.00	0.00	0.77	0.00	0.00	0.41	0.00	0.12
内蒙古	0.00	0.00	0.00	0.00	0.00	0.00	0.34	0.00	0.41	0.42	0.12
青　海	0.00	0.00	0.00	0.00	0.00	0.39	0.00	0.31	0.41	0.00	0.12
四　川	0.00	0.00	0.00	0.00	0.00	0.00	0.00	0.62	0.41	0.00	0.12
湖　南	0.00	0.00	0.00	0.00	0.00	0.00	0.00	0.00	0.41	0.42	0.08
吉　林	0.00	0.00	0.00	0.00	0.00	0.00	0.34	0.31	0.00	0.00	0.08
陕　西	0.00	0.00	0.00	0.00	0.00	0.00	0.34	0.00	0.42	0.08	0.08
甘　肃	0.00	0.00	0.00	0.00	0.00	0.39	0.00	0.00	0.00	0.04	0.04
贵　州	0.00	0.00	0.00	0.00	0.00	0.00	0.00	0.31	0.00	0.00	0.04
江　西	0.00	0.00	0.00	0.00	0.00	0.00	0.00	0.00	0.41	0.00	0.04
山　西	0.00	0.00	0.00	0.43	0.00	0.00	0.00	0.00	0.00	0.00	0.04

表 4-24　动物学 C 层人才的世界占比

单位：%

省　份	2014 年	2015 年	2016 年	2017 年	2018 年	2019 年	2020 年	2021 年	2022 年	2023 年	合计
北　京	1.15	1.34	0.93	0.96	1.53	1.96	2.54	2.44	2.08	2.18	1.74
广　东	0.57	0.83	0.60	0.78	1.10	1.43	1.55	1.50	1.61	1.71	1.18
山　东	0.48	1.06	0.74	0.65	1.02	0.65	1.07	1.35	1.61	1.30	0.99
江　苏	0.57	0.74	0.32	0.17	0.59	1.00	0.70	0.97	1.33	1.30	0.76
浙　江	0.24	0.32	0.46	0.52	0.34	0.50	0.88	0.79	1.09	1.00	0.61
湖　北	0.53	0.69	0.37	0.57	0.55	0.54	0.63	0.56	0.71	0.83	0.59
上　海	0.19	0.28	0.37	0.44	0.64	0.46	0.48	0.49	0.99	0.83	0.51
陕　西	0.48	0.19	0.23	0.13	0.21	0.54	0.63	0.56	0.66	0.65	0.43
四　川	0.29	0.14	0.19	0.31	0.25	0.50	0.48	0.64	0.71	0.71	0.42
云　南	0.10	0.14	0.19	0.44	0.30	0.46	0.44	0.64	0.62	0.53	0.39
湖　南	0.10	0.09	0.09	0.04	0.34	0.23	0.33	0.49	0.52	0.41	0.27
重　庆	0.14	0.23	0.23	0.09	0.17	0.27	0.18	0.49	0.28	0.53	0.26
福　建	0.10	0.19	0.19	0.26	0.25	0.23	0.33	0.30	0.28	0.24	0.24
黑龙江	0.05	0.14	0.05	0.09	0.08	0.08	0.29	0.49	0.62	0.41	0.23
安　徽	0.05	0.14	0.14	0.22	0.30	0.15	0.18	0.22	0.38	0.47	0.21
河　南	0.05	0.00	0.09	0.09	0.17	0.04	0.48	0.15	0.47	0.47	0.20
辽　宁	0.05	0.14	0.37	0.22	0.13	0.23	0.22	0.15	0.24	0.24	0.18
海　南	0.05	0.05	0.14	0.13	0.13	0.15	0.15	0.26	0.28	0.53	0.18
甘　肃	0.10	0.00	0.00	0.00	0.04	0.15	0.40	0.22	0.47	0.35	0.18
吉　林	0.05	0.00	0.09	0.04	0.04	0.00	0.15	0.34	0.43	0.29	0.16
贵　州	0.05	0.00	0.05	0.17	0.08	0.08	0.11	0.22	0.28	0.41	0.14
内蒙古	0.00	0.00	0.00	0.04	0.00	0.08	0.18	0.22	0.38	0.53	0.14
江　西	0.00	0.05	0.00	0.09	0.17	0.23	0.11	0.11	0.28	0.29	0.13
广　西	0.10	0.00	0.00	0.13	0.13	0.08	0.04	0.30	0.14	0.41	0.13
河　北	0.00	0.00	0.05	0.00	0.04	0.00	0.18	0.15	0.24	0.65	0.12
天　津	0.05	0.05	0.14	0.04	0.13	0.19	0.15	0.07	0.19	0.12	0.11
山　西	0.10	0.05	0.00	0.00	0.00	0.00	0.04	0.00	0.14	0.29	0.06
新　疆	0.00	0.05	0.00	0.00	0.04	0.08	0.07	0.15	0.09	0.12	0.06
青　海	0.00	0.05	0.00	0.00	0.00	0.08	0.15	0.00	0.09	0.12	0.05
宁　夏	0.05	0.00	0.00	0.00	0.00	0.04	0.07	0.00	0.05	0.06	0.03
西　藏	0.00	0.05	0.00	0.04	0.04	0.00	0.04	0.00	0.05	0.00	0.02

九　鸟类学

各省份均无鸟类学 A 层人才。

B 层人才最多的是江苏，世界占比为 1.84%；广东、河北、上海也有相当数量的 B 层人才，世界占比均为 1.23%；安徽、北京、福建、广西、湖北、辽宁、山东、天津有一定数量的 B 层人才，世界占比均为 0.61%。

C 层人才最多的是北京，世界占比为 1.38%；安徽、上海、广东、江苏、海南、江西、湖南、云南、贵州、河北、辽宁、四川、新疆有一定数量的 C 层人才，世界占比均超过 0.1%；重庆、甘肃、广西、黑龙江、河南、吉林、陕西、山东、西藏、浙江 C 层人才的世界占比均为 0.06%。

表 4-25　鸟类学 B 层人才的世界占比

单位：%

省　份	2014 年	2015 年	2016 年	2017 年	2018 年	2019 年	2020 年	2021 年	2022 年	2023 年	合计
江　苏	0.00	5.56	0.00	0.00	0.00	0.00	5.88	0.00	5.56	0.00	1.84
广　东	0.00	5.56	0.00	0.00	5.56	0.00	0.00	0.00	0.00	0.00	1.23
河　北	0.00	5.56	0.00	0.00	0.00	0.00	0.00	5.00	0.00	0.00	1.23
上　海	0.00	5.56	0.00	0.00	5.56	0.00	0.00	0.00	0.00	0.00	1.23
安　徽	0.00	0.00	0.00	0.00	0.00	0.00	0.00	0.00	5.56	0.00	0.61
北　京	0.00	0.00	0.00	0.00	5.56	0.00	0.00	0.00	0.00	0.00	0.61
福　建	0.00	5.56	0.00	0.00	0.00	0.00	0.00	0.00	0.00	0.00	0.61
广　西	0.00	5.56	0.00	0.00	0.00	0.00	0.00	0.00	0.00	0.00	0.61
湖　北	0.00	0.00	0.00	9.09	0.00	0.00	0.00	0.00	0.00	0.00	0.61
辽　宁	0.00	5.56	0.00	0.00	0.00	0.00	0.00	0.00	0.00	0.00	0.61
山　东	0.00	5.56	0.00	0.00	0.00	0.00	0.00	0.00	0.00	0.00	0.61
天　津	0.00	5.56	0.00	0.00	0.00	0.00	0.00	0.00	0.00	0.00	0.61

表 4-26　鸟类学 C 层人才的世界占比

单位：%

省　份	2014 年	2015 年	2016 年	2017 年	2018 年	2019 年	2020 年	2021 年	2022 年	2023 年	合计
北　京	0.00	1.84	1.03	1.91	1.55	2.21	1.04	1.95	0.91	0.71	1.38
安　徽	0.00	0.61	0.51	0.00	0.00	1.10	1.55	0.98	0.91	2.14	0.75

续表

省 份	2014 年	2015 年	2016 年	2017 年	2018 年	2019 年	2020 年	2021 年	2022 年	2023 年	合计
上 海	0.00	1.23	0.51	1.44	0.52	0.00	0.52	0.49	0.00	0.71	0.58
广 东	0.00	1.23	0.00	0.00	0.00	0.00	1.04	0.00	0.00	0.71	0.29
江 苏	0.00	0.00	0.00	0.48	0.00	0.55	0.52	0.00	0.00	1.43	0.29
海 南	0.00	0.00	0.00	0.00	0.52	0.00	0.00	0.98	0.91	0.00	0.23
江 西	0.00	0.00	0.51	0.96	0.00	0.00	0.52	0.00	0.00	0.00	0.23
湖 南	0.00	0.00	0.51	0.00	0.00	0.55	0.52	0.00	0.00	0.00	0.17
云 南	0.00	0.00	0.51	0.00	0.00	1.10	0.00	0.00	0.00	0.00	0.17
贵 州	0.00	0.00	0.00	0.00	0.00	0.00	1.04	0.00	0.00	0.00	0.12
河 北	0.00	0.00	0.00	0.48	0.00	0.00	0.00	0.49	0.00	0.00	0.12
辽 宁	0.00	0.00	0.00	0.00	0.52	0.00	0.00	0.00	0.00	0.71	0.12
四 川	0.00	0.61	0.00	0.00	0.00	0.00	0.52	0.00	0.00	0.00	0.12
新 疆	0.00	0.00	0.00	0.48	0.00	0.55	0.00	0.00	0.00	0.00	0.12
重 庆	0.00	0.00	0.00	0.00	0.00	0.00	0.00	0.49	0.00	0.00	0.06
甘 肃	0.00	0.00	0.00	0.00	0.00	0.00	0.00	0.49	0.00	0.00	0.06
广 西	0.00	0.61	0.00	0.00	0.00	0.00	0.00	0.00	0.00	0.00	0.06
黑龙江	0.00	0.00	0.00	0.00	0.00	0.00	0.00	0.00	0.00	0.71	0.06
河 南	0.00	0.00	0.00	0.00	0.00	0.00	0.52	0.00	0.00	0.00	0.06
吉 林	0.00	0.00	0.00	0.00	0.00	0.00	0.52	0.00	0.00	0.00	0.06
陕 西	0.00	0.00	0.00	0.00	0.00	0.00	0.00	0.00	0.91	0.00	0.06
山 东	0.00	0.00	0.00	0.48	0.00	0.00	0.00	0.00	0.00	0.00	0.06
西 藏	0.00	0.00	0.00	0.00	0.00	0.55	0.00	0.00	0.00	0.00	0.06
浙 江	0.00	0.61	0.00	0.00	0.00	0.00	0.00	0.00	0.00	0.00	0.06

十 昆虫学

昆虫学 A 层人才最多的是北京、福建，世界占比均为 3.19%；江苏 A 层人才的世界占比为 2.13%；广东、湖南、吉林、山东、上海、山西、浙江也有相当数量的 A 层人才，世界占比均为 1.06%。

B 层人才最多的是北京，世界占比为 2.96%；江苏也有相当数量的 B 层人才，世界占比为 1.25%；广东、福建、云南、湖北、山西、新疆、贵州、山东、上海、浙江有一定数量的 B 层人才，世界占比均超过 0.1%；安徽、重庆、河北、辽宁、陕西、四川 B 层人才的世界占比均为 0.09%。

C 层人才最多的是北京，世界占比为 4.46%；江苏、广东、浙江、湖北也有相当数量的 C 层人才，世界占比在 3%~1%；重庆、贵州、陕西、山东、河南、安徽、福建、上海、吉林、云南、黑龙江、湖南、辽宁、新疆、河北、江西、海南、山西、四川、天津、甘肃、广西有一定数量的 C 层人才，世界占比均超过 0.1%；内蒙古、宁夏、西藏 C 层人才的世界占比均低于 0.1%。

表 4-27　昆虫学 A 层人才的世界占比

单位：%

省　份	2014 年	2015 年	2016 年	2017 年	2018 年	2019 年	2020 年	2021 年	2022 年	2023 年	合计
北　京	0.00	0.00	0.00	0.00	0.00	7.69	0.00	16.67	0.00	0.00	3.19
福　建	0.00	0.00	0.00	10.00	0.00	0.00	7.69	8.33	0.00	0.00	3.19
江　苏	0.00	0.00	0.00	0.00	0.00	7.69	0.00	8.33	0.00	0.00	2.13
广　东	0.00	0.00	0.00	0.00	0.00	7.69	0.00	0.00	0.00	0.00	1.06
湖　南	0.00	0.00	0.00	0.00	0.00	7.69	0.00	0.00	0.00	0.00	1.06
吉　林	0.00	0.00	0.00	0.00	0.00	0.00	0.00	8.33	0.00	0.00	1.06
山　东	0.00	0.00	0.00	0.00	0.00	0.00	7.69	0.00	0.00	0.00	1.06
上　海	0.00	0.00	0.00	10.00	0.00	0.00	0.00	0.00	0.00	0.00	1.06
山　西	0.00	0.00	0.00	0.00	0.00	7.69	0.00	0.00	0.00	0.00	1.06
浙　江	0.00	0.00	0.00	0.00	0.00	0.00	0.00	8.33	0.00	0.00	1.06

表 4-28　昆虫学 B 层人才的世界占比

单位：%

省　份	2014 年	2015 年	2016 年	2017 年	2018 年	2019 年	2020 年	2021 年	2022 年	2023 年	合计
北　京	0.00	1.05	2.20	0.97	5.50	2.48	3.76	3.01	3.15	6.03	2.96
江　苏	0.00	0.00	1.10	0.00	3.67	1.65	0.00	0.75	2.36	2.59	1.25
广　东	1.14	0.00	2.20	0.00	0.00	1.65	0.00	0.75	0.79	0.86	0.72
福　建	0.00	1.05	1.10	0.00	0.00	0.00	0.00	0.75	0.79	0.86	0.45
云　南	0.00	1.05	0.00	0.00	0.92	0.83	0.00	0.75	0.79	0.00	0.45
湖　北	0.00	0.00	0.00	0.97	0.00	0.00	0.00	1.50	0.00	0.86	0.36
山　西	0.00	0.00	1.10	0.97	0.00	0.00	0.75	0.00	0.00	0.00	0.27
新　疆	0.00	0.00	0.00	0.00	0.92	0.83	0.00	0.75	0.00	0.00	0.27

续表

省 份	2014 年	2015 年	2016 年	2017 年	2018 年	2019 年	2020 年	2021 年	2022 年	2023 年	合计
贵 州	0.00	0.00	0.00	0.00	0.00	0.00	0.00	0.00	0.79	0.86	0.18
山 东	0.00	1.05	0.00	0.00	0.00	0.00	0.00	0.00	0.00	0.86	0.18
上 海	1.14	0.00	0.00	0.00	0.92	0.00	0.00	0.00	0.00	0.00	0.18
浙 江	0.00	0.00	1.10	0.00	0.00	0.00	0.00	0.00	0.79	0.00	0.18
安 徽	0.00	0.00	0.00	0.00	0.92	0.00	0.00	0.00	0.00	0.00	0.09
重 庆	1.14	0.00	0.00	0.00	0.00	0.00	0.00	0.00	0.00	0.00	0.09
河 北	0.00	0.00	0.00	0.00	0.00	0.00	0.00	0.00	0.79	0.00	0.09
辽 宁	0.00	0.00	0.00	0.00	0.00	0.00	0.00	0.75	0.00	0.00	0.09
陕 西	0.00	0.00	0.00	0.00	0.00	0.00	0.00	0.00	0.86	0.00	0.09
四 川	0.00	0.00	0.00	0.00	0.00	0.00	0.75	0.00	0.00	0.00	0.09

表 4-29 昆虫学 C 层人才的世界占比

单位：%

省 份	2014 年	2015 年	2016 年	2017 年	2018 年	2019 年	2020 年	2021 年	2022 年	2023 年	合计
北 京	4.43	3.84	4.04	3.81	3.60	4.89	4.34	5.08	5.97	4.37	4.46
江 苏	1.40	1.24	2.69	2.25	2.37	3.17	2.89	2.93	4.99	3.11	2.75
广 东	0.47	0.90	0.73	0.68	1.04	1.46	1.53	1.59	2.94	2.76	1.42
浙 江	1.17	0.56	0.41	0.88	0.95	1.20	1.20	1.59	1.47	1.73	1.13
湖 北	0.70	0.79	0.73	0.78	0.85	1.54	1.29	0.87	1.57	1.38	1.06
重 庆	0.82	0.56	0.62	0.59	0.57	0.94	1.20	1.19	1.08	1.96	0.96
贵 州	0.12	0.11	0.21	0.20	0.57	0.34	0.96	1.43	1.57	2.42	0.80
陕 西	0.47	0.68	0.93	0.39	0.38	0.17	1.29	0.71	1.08	0.81	0.70
山 东	0.82	0.45	0.41	0.39	0.19	0.26	0.88	1.19	0.98	0.69	0.64
河 南	0.12	0.45	0.41	0.39	0.38	0.34	0.80	0.79	1.66	0.46	0.60
安 徽	0.47	0.68	0.41	0.59	0.47	0.34	0.48	0.32	1.17	1.04	0.58
福 建	0.12	0.56	0.62	0.98	0.28	1.03	0.48	0.71	0.29	0.46	0.57
上 海	0.70	0.56	0.83	0.59	0.28	0.43	0.72	0.08	0.78	0.58	0.54
吉 林	0.58	0.11	0.31	0.20	0.47	0.34	0.48	0.71	0.49	0.58	0.43
云 南	0.23	0.45	0.31	0.39	0.19	0.26	0.56	0.40	0.39	1.27	0.43
黑龙江	0.12	0.11	0.10	0.00	0.09	0.26	0.80	0.71	0.49	1.38	0.42
湖 南	0.12	0.23	0.00	0.20	0.38	0.43	0.32	0.32	0.39	1.04	0.34
辽 宁	0.12	0.34	0.10	0.29	0.19	0.26	0.32	0.40	0.68	0.58	0.33
新 疆	0.23	0.23	0.31	0.10	0.38	0.26	0.32	0.32	0.10	0.81	0.30

省　份	2014 年	2015 年	2016 年	2017 年	2018 年	2019 年	2020 年	2021 年	2022 年	2023 年	合计
河　北	0.23	0.34	0.10	0.10	0.28	0.34	0.40	0.40	0.20	0.46	0.29
江　西	0.47	0.00	0.00	0.00	0.09	0.17	0.40	0.40	0.59	0.81	0.29
海　南	0.00	0.11	0.10	0.00	0.19	0.26	0.24	0.48	0.59	0.81	0.28
山　西	0.12	0.11	0.10	0.39	0.28	0.60	0.32	0.08	0.29	0.46	0.28
四　川	0.47	0.00	0.00	0.10	0.28	0.17	0.24	0.32	0.39	0.81	0.27
天　津	0.23	0.56	0.41	0.00	0.19	0.00	0.16	0.16	0.59	0.23	0.24
甘　肃	0.23	0.00	0.00	0.10	0.28	0.09	0.16	0.24	0.39	0.46	0.19
广　西	0.12	0.11	0.00	0.10	0.19	0.17	0.16	0.00	0.78	0.35	0.19
内蒙古	0.00	0.00	0.00	0.10	0.00	0.09	0.00	0.08	0.20	0.12	0.06
宁　夏	0.00	0.00	0.00	0.00	0.00	0.00	0.00	0.00	0.10	0.00	0.01
西　藏	0.00	0.00	0.00	0.00	0.00	0.00	0.00	0.00	0.00	0.12	0.01

十一　制奶和动物科学

制奶和动物科学 A、B、C 层人才最多的均为北京，世界占比分别为 3.75%、3.66%、3.64%。

湖北、江苏 A 层人才的世界占比均为 1.88%；广东、湖南也有相当数量的 A 层人才，世界占比均为 1.25%；安徽、广西、内蒙古、陕西、四川、浙江有一定数量的 A 层人才，世界占比为 0.63%。

广东、湖北、江苏有相当数量的 B 层人才，世界占比在 2%~1%；浙江、陕西、湖南、黑龙江、四川、重庆、河南、内蒙古、江西、吉林、山东、上海、甘肃、福建、广西、安徽、河北、天津、云南有一定数量的 B 层人才，世界占比均超过 0.1%；贵州、辽宁、青海、西藏、新疆 B 层人才的世界占比为 0.07%。

江苏、广东、四川有相当数量的 C 层人才，世界占比在 3%~1%；浙江、湖南、陕西、山东、黑龙江、湖北、河南、内蒙古、江西、甘肃、上海、吉林、河北、安徽、重庆、海南、辽宁、福建、云南、广西、天津、新疆、贵州、青海有一定数量的 C 层人才，世界占比均超过 0.1%；宁夏、西藏、山西 C 层人才的世界占比均低于 0.1%。

表 4-30 制奶和动物科学 A 层人才的世界占比

单位：%

省　份	2014 年	2015 年	2016 年	2017 年	2018 年	2019 年	2020 年	2021 年	2022 年	2023 年	合计
北　京	12.50	10.00	0.00	7.14	0.00	0.00	4.55	0.00	4.76	6.67	3.75
湖　北	0.00	0.00	0.00	0.00	0.00	0.00	0.00	4.76	4.76	6.67	1.88
江　苏	0.00	0.00	7.14	0.00	6.67	0.00	0.00	4.76	0.00	0.00	1.88
广　东	0.00	0.00	0.00	7.14	0.00	0.00	4.55	0.00	0.00	0.00	1.25
湖　南	0.00	0.00	0.00	0.00	0.00	0.00	9.09	0.00	0.00	0.00	1.25
安　徽	0.00	0.00	0.00	7.14	0.00	0.00	0.00	0.00	0.00	0.00	0.63
广　西	0.00	0.00	0.00	0.00	0.00	0.00	0.00	4.76	0.00	0.00	0.63
内蒙古	0.00	0.00	0.00	0.00	6.67	0.00	0.00	0.00	0.00	0.00	0.63
陕　西	0.00	0.00	0.00	0.00	6.67	0.00	0.00	0.00	0.00	0.00	0.63
四　川	0.00	0.00	0.00	0.00	0.00	0.00	0.00	4.76	0.00	0.00	0.63
浙　江	12.50	0.00	0.00	0.00	0.00	0.00	0.00	0.00	0.00	0.00	0.63

表 4-31 制奶和动物科学 B 层人才的世界占比

单位：%

省　份	2014 年	2015 年	2016 年	2017 年	2018 年	2019 年	2020 年	2021 年	2022 年	2023 年	合计
北　京	1.03	3.00	2.92	3.73	2.04	3.24	5.08	5.32	4.30	3.75	3.66
广　东	1.03	0.00	0.00	0.75	0.00	2.16	2.03	3.19	1.08	3.13	1.50
湖　北	0.00	1.00	1.46	0.75	0.00	1.08	0.00	1.06	3.76	1.88	1.18
江　苏	0.00	0.00	0.00	0.75	0.68	1.08	0.51	2.66	3.23	1.25	1.18
浙　江	0.00	0.00	0.73	1.49	0.00	0.54	0.51	1.60	0.54	2.50	0.85
陕　西	0.00	0.00	0.00	0.00	0.00	0.54	1.02	0.53	1.08	1.88	0.59
湖　南	2.06	0.00	0.00	0.75	0.00	0.54	1.02	0.00	0.54	0.63	0.52
黑龙江	1.03	0.00	0.00	0.00	0.68	0.00	0.51	0.00	0.54	1.25	0.39
四　川	1.03	0.00	0.00	0.00	0.00	0.54	0.00	0.53	1.61	0.00	0.39
重　庆	0.00	0.00	0.00	0.75	0.00	0.00	1.02	0.53	0.54	0.00	0.33
河　南	0.00	0.00	0.00	0.00	0.00	0.54	0.00	0.53	0.54	1.25	0.33
内蒙古	0.00	0.00	0.00	0.00	0.00	0.00	1.02	1.06	0.54	0.00	0.33
江　西	1.03	0.00	0.00	1.49	0.00	0.00	0.00	0.00	0.00	1.25	0.33
吉　林	0.00	0.00	1.46	0.00	0.00	0.54	0.51	0.53	0.00	0.00	0.33
山　东	0.00	0.00	0.73	0.00	0.00	0.00	0.51	0.53	0.54	0.63	0.33
上　海	0.00	0.00	0.00	0.75	0.68	0.00	0.51	0.53	0.54	0.00	0.33
甘　肃	0.00	0.00	0.00	0.00	0.00	0.00	0.51	0.53	1.08	0.00	0.26
福　建	0.00	0.00	0.00	0.00	0.00	0.00	0.00	1.06	0.54	0.00	0.20

省　份	2014年	2015年	2016年	2017年	2018年	2019年	2020年	2021年	2022年	2023年	合计
广　西	0.00	0.00	0.00	0.00	0.00	0.54	0.00	1.06	0.00	0.00	0.20
安　徽	0.00	0.00	0.00	0.75	0.00	0.00	0.00	0.00	0.00	0.63	0.13
河　北	0.00	0.00	0.00	0.00	0.00	0.00	1.02	0.00	0.00	0.00	0.13
天　津	0.00	0.00	0.00	0.00	0.00	0.00	1.02	0.00	0.00	0.00	0.13
云　南	0.00	0.00	0.00	0.00	0.00	0.54	0.00	0.00	0.54	0.00	0.13
贵　州	0.00	0.00	0.00	0.00	0.00	0.00	0.00	0.53	0.00	0.00	0.07
辽　宁	0.00	0.00	0.00	0.00	0.00	0.00	0.00	0.00	0.00	0.63	0.07
青　海	0.00	0.00	0.00	0.00	0.00	0.00	0.00	0.00	0.54	0.00	0.07
西　藏	0.00	0.00	0.00	0.00	0.00	0.00	0.51	0.00	0.00	0.00	0.07
新　疆	0.00	0.00	0.00	0.00	0.00	0.00	0.00	0.00	0.54	0.00	0.07

表4-32　制奶和动物科学C层人才的世界占比

单位：%

省　份	2014年	2015年	2016年	2017年	2018年	2019年	2020年	2021年	2022年	2023年	合计
北　京	1.74	2.54	2.11	3.67	3.67	4.21	4.59	4.05	4.38	3.57	3.64
江　苏	1.12	1.32	1.82	2.14	1.80	2.24	2.29	2.33	2.67	1.97	2.07
广　东	0.20	0.51	0.51	0.77	1.22	1.12	1.33	2.00	2.21	1.90	1.29
四　川	0.10	0.41	0.51	0.61	0.50	1.57	1.39	1.44	1.96	1.75	1.14
浙　江	0.61	0.30	0.80	0.92	0.72	1.12	0.85	1.00	1.31	1.24	0.94
湖　南	0.51	0.61	0.36	0.38	1.01	0.90	1.07	1.33	1.46	1.02	0.93
陕　西	0.41	0.30	0.51	0.99	0.86	1.18	0.75	0.72	0.86	1.39	0.83
山　东	0.20	0.10	0.07	0.23	0.43	0.45	0.91	0.94	1.91	1.68	0.78
黑龙江	0.20	0.10	0.36	0.15	0.58	0.79	1.12	1.28	0.81	0.73	0.69
湖　北	0.41	0.61	0.36	0.61	0.65	0.56	0.64	0.72	1.06	1.02	0.69
河　南	0.00	0.41	0.15	0.46	0.43	0.62	0.69	0.33	1.26	0.88	0.57
内蒙古	0.41	0.10	0.29	0.38	0.43	0.34	0.64	0.61	0.81	0.51	0.48
江　西	0.31	0.41	0.65	0.61	0.07	0.62	0.48	0.56	0.65	0.29	0.48
甘　肃	0.10	0.30	0.22	0.31	0.43	0.45	0.53	0.67	0.65	0.51	0.45
上　海	0.00	0.41	0.51	0.08	0.14	0.39	0.53	0.22	0.55	0.88	0.39
吉　林	0.10	0.00	0.29	0.00	0.43	0.79	0.27	0.39	0.81	0.22	0.38
河　北	0.00	0.20	0.00	0.08	0.43	0.28	0.43	0.39	0.81	0.58	0.36
安　徽	0.00	0.61	0.29	0.38	0.29	0.39	0.11	0.17	0.30	0.73	0.32
重　庆	0.00	0.10	0.00	0.15	0.00	0.45	0.16	0.44	0.35	0.80	0.27
海　南	0.31	0.00	0.15	0.23	0.07	0.06	0.11	0.11	0.30	0.73	0.20
辽　宁	0.00	0.10	0.07	0.00	0.29	0.22	0.48	0.06	0.40	0.15	0.20

续表

省　份	2014 年	2015 年	2016 年	2017 年	2018 年	2019 年	2020 年	2021 年	2022 年	2023 年	合计
福　建	0.10	0.10	0.07	0.15	0.00	0.17	0.05	0.28	0.35	0.29	0.17
云　南	0.00	0.00	0.00	0.08	0.00	0.34	0.16	0.11	0.45	0.29	0.17
广　西	0.10	0.00	0.00	0.00	0.14	0.22	0.16	0.17	0.35	0.29	0.16
天　津	0.20	0.00	0.07	0.23	0.07	0.00	0.11	0.11	0.20	0.36	0.13
新　疆	0.00	0.10	0.00	0.08	0.07	0.17	0.16	0.17	0.15	0.29	0.13
贵　州	0.00	0.00	0.00	0.00	0.00	0.17	0.16	0.17	0.35	0.15	0.12
青　海	0.00	0.00	0.00	0.08	0.14	0.11	0.11	0.06	0.25	0.29	0.11
宁　夏	0.00	0.00	0.07	0.00	0.07	0.06	0.11	0.06	0.10	0.22	0.07
西　藏	0.00	0.00	0.00	0.08	0.00	0.17	0.05	0.17	0.05	0.15	0.07
山　西	0.10	0.00	0.00	0.08	0.00	0.00	0.00	0.00	0.15	0.29	0.06

十二　生物物理学

生物物理学 A 层人才最多的是广东，世界占比为 2.97%；江苏、上海 A 层人才的世界占比均为 2.12%，北京、吉林、浙江也有相当数量的 A 层人才，世界占比在 2%~1%；安徽、陕西、山东、天津、福建、河北、湖北、辽宁、四川有一定数量的 A 层人才，世界占比均超过 0.4%。

北京、广东、山东、上海、江苏、浙江、湖北有相当数量的 B 层人才，世界占比在 3%~1%；天津、福建、湖南、重庆、河南、吉林、辽宁、陕西、四川、安徽、河北、山西、广西、黑龙江、江西、云南、海南有一定数量的 B 层人才，世界占比均超过 0.1%；甘肃、青海、新疆、内蒙古 B 层人才的世界占比均低于 0.1%。

C 层人才最多的是江苏，世界占比为 3.55%；北京的 C 层人才比较多，世界占比为 3.51%；上海、山东、广东、浙江、湖北、重庆、四川、湖南也有相当数量的 C 层人才，世界占比在 3%~1%；河南、吉林、福建、陕西、天津、安徽、辽宁、江西、黑龙江、广西、云南、山西、甘肃、河北、新疆、海南、贵州有一定数量的 C 层人才，世界占比均超过 0.1%；内蒙古、青海、宁夏 C 层人才的世界占比均低于 0.1%。

表 4-33　生物物理学 A 层人才的世界占比

单位：%

省　份	2014 年	2015 年	2016 年	2017 年	2018 年	2019 年	2020 年	2021 年	2022 年	2023 年	合计
广　东	0.00	0.00	4.55	0.00	0.00	4.00	12.50	0.00	6.25	4.76	2.97
江　苏	0.00	3.70	4.55	3.85	0.00	0.00	0.00	4.35	0.00	4.76	2.12
上　海	0.00	0.00	4.55	0.00	8.00	0.00	8.33	0.00	0.00	0.00	2.12
北　京	3.70	3.70	0.00	0.00	4.00	4.00	0.00	0.00	0.00	0.00	1.69
吉　林	7.41	0.00	4.55	0.00	0.00	0.00	0.00	0.00	0.00	0.00	1.27
浙　江	0.00	0.00	4.55	3.85	0.00	0.00	0.00	4.35	0.00	0.00	1.27
安　徽	0.00	3.70	0.00	0.00	0.00	0.00	4.17	0.00	0.00	0.00	0.85
陕　西	3.70	0.00	0.00	0.00	0.00	0.00	0.00	0.00	0.00	4.76	0.85
山　东	0.00	0.00	4.55	0.00	0.00	0.00	0.00	0.00	0.00	4.76	0.85
天　津	0.00	0.00	0.00	0.00	0.00	0.00	0.00	0.00	6.25	4.76	0.85
福　建	0.00	0.00	0.00	0.00	0.00	0.00	0.00	0.00	6.25	0.00	0.42
河　北	0.00	0.00	0.00	0.00	4.00	0.00	0.00	0.00	0.00	0.00	0.42
湖　北	0.00	3.70	0.00	0.00	0.00	0.00	0.00	0.00	0.00	0.00	0.42
辽　宁	0.00	0.00	0.00	0.00	0.00	4.00	0.00	0.00	0.00	0.00	0.42
四　川	0.00	0.00	0.00	0.00	0.00	0.00	0.00	4.35	0.00	0.00	0.42

表 4-34　生物物理学 B 层人才的世界占比

单位：%

省　份	2014 年	2015 年	2016 年	2017 年	2018 年	2019 年	2020 年	2021 年	2022 年	2023 年	合计
北　京	0.82	2.49	2.27	3.27	2.18	4.35	3.43	4.93	3.50	1.44	2.84
广　东	2.06	0.00	0.91	1.63	2.18	3.91	3.00	3.45	6.50	4.31	2.71
山　东	1.23	0.41	2.73	1.22	1.75	2.61	2.58	5.91	3.00	4.78	2.53
上　海	1.65	1.24	0.45	2.45	1.75	1.74	2.15	6.40	4.00	3.83	2.49
江　苏	1.65	1.24	1.82	1.63	2.62	2.17	1.72	3.45	4.00	1.44	2.13
浙　江	0.00	0.41	0.45	1.63	0.87	2.61	2.58	2.46	3.50	2.87	1.69
湖　北	0.00	0.41	1.82	1.63	0.00	0.87	1.29	2.96	1.50	1.91	1.20
天　津	0.00	0.83	1.36	0.00	0.87	0.87	1.72	1.48	2.00	0.96	0.98
福　建	1.23	0.83	0.45	2.04	0.87	0.43	0.43	0.00	1.00	1.44	0.89
湖　南	0.41	0.41	0.91	0.00	0.87	2.61	0.86	0.99	1.50	0.48	0.89
重　庆	0.41	0.41	0.91	0.82	0.00	0.43	0.86	1.97	1.50	1.44	0.84
河　南	0.41	0.83	0.00	1.22	0.87	2.61	0.00	0.49	1.00	0.48	0.80
吉　林	0.00	1.24	1.36	0.41	0.44	1.74	0.86	0.49	0.00	0.96	0.75

续表

省份	2014 年	2015 年	2016 年	2017 年	2018 年	2019 年	2020 年	2021 年	2022 年	2023 年	合计
辽　宁	0.00	0.83	1.82	1.63	0.44	0.00	0.43	0.49	1.00	0.96	0.75
陕　西	0.41	1.24	0.00	0.82	0.44	1.30	0.86	0.00	1.00	1.44	0.75
四　川	0.00	0.00	0.45	0.00	0.44	0.43	0.43	1.48	2.50	0.96	0.62
安　徽	0.00	0.00	0.45	0.41	0.44	0.87	0.86	0.00	1.00	0.96	0.49
河　北	0.00	0.41	0.00	0.00	0.00	0.00	0.43	0.49	1.50	0.48	0.31
山　西	0.00	0.41	0.45	0.41	0.44	0.00	0.43	0.00	1.00	0.00	0.31
广　西	0.41	0.00	0.00	0.00	0.00	0.00	0.00	0.49	1.50	0.48	0.27
黑龙江	0.00	0.41	0.00	0.00	0.87	0.00	0.00	0.00	0.50	0.48	0.22
江　西	0.00	0.00	0.91	0.00	0.44	0.00	0.43	0.00	0.00	0.48	0.22
云　南	0.00	0.00	0.91	0.00	0.00	0.43	0.00	0.00	0.50	0.00	0.18
海　南	0.00	0.00	0.00	0.00	0.00	0.00	0.43	0.49	0.00	0.48	0.13
甘　肃	0.00	0.41	0.00	0.00	0.00	0.00	0.43	0.00	0.00	0.00	0.09
青　海	0.00	0.00	0.00	0.00	0.00	0.87	0.00	0.00	0.00	0.00	0.09
新　疆	0.00	0.00	0.00	0.00	0.44	0.43	0.00	0.00	0.00	0.00	0.09
内蒙古	0.00	0.00	0.00	0.00	0.00	0.00	0.00	0.49	0.00	0.00	0.04

表 4-35　生物物理学 C 层人才的世界占比

单位：%

省份	2014 年	2015 年	2016 年	2017 年	2018 年	2019 年	2020 年	2021 年	2022 年	2023 年	合计
江　苏	2.27	2.96	2.81	3.36	4.72	3.90	2.89	3.56	6.02	3.55	3.55
北　京	2.56	3.38	3.96	3.72	4.01	3.42	2.33	4.20	4.43	3.28	3.51
上　海	2.15	2.17	2.24	3.11	2.51	3.42	2.50	3.36	3.96	2.89	2.80
山　东	1.57	1.96	2.24	2.99	3.17	3.51	2.16	2.87	3.60	3.72	2.73
广　东	1.03	1.59	1.63	1.76	2.47	2.89	2.11	3.06	4.17	3.50	2.35
浙　江	0.74	1.59	0.88	1.76	2.38	1.67	1.64	2.77	3.24	2.94	1.90
湖　北	1.07	1.59	1.05	1.96	1.90	2.10	1.55	1.78	2.78	1.67	1.73
重　庆	0.99	1.13	1.01	1.19	1.63	1.49	1.12	0.94	1.44	1.39	1.23
四　川	0.41	0.38	0.44	0.90	1.06	1.05	1.25	1.73	1.85	2.05	1.06
湖　南	0.83	0.83	1.05	1.23	1.06	1.01	0.95	1.19	0.93	1.05	1.01
河　南	0.33	0.54	0.84	1.11	1.28	1.40	0.60	1.14	1.49	0.78	0.94
吉　林	0.54	0.83	0.66	1.06	0.75	0.79	0.65	0.99	1.24	1.61	0.89
福　建	0.66	0.67	0.88	1.27	0.79	1.01	0.73	0.49	1.03	1.05	0.86
陕　西	0.62	0.83	0.53	0.74	1.06	0.79	0.86	1.19	1.29	0.78	0.86

续表

省　份	2014 年	2015 年	2016 年	2017 年	2018 年	2019 年	2020 年	2021 年	2022 年	2023 年	合计
天　津	0.54	0.92	0.70	0.70	0.66	0.88	0.56	1.48	0.67	0.89	0.79
安　徽	0.41	0.38	0.44	0.61	0.97	0.88	0.73	0.99	1.44	1.11	0.77
辽　宁	0.45	0.46	0.48	0.94	1.01	0.70	0.65	1.09	0.62	0.94	0.73
江　西	0.29	0.63	0.44	0.49	0.40	0.61	0.43	0.49	0.67	0.78	0.51
黑龙江	0.37	0.42	0.31	0.29	0.84	0.79	0.39	0.30	0.46	0.50	0.46
广　西	0.17	0.21	0.13	0.29	0.22	0.35	0.13	0.54	0.67	0.78	0.33
云　南	0.33	0.25	0.22	0.33	0.31	0.44	0.26	0.25	0.31	0.22	0.29
山　西	0.21	0.04	0.09	0.37	0.22	0.35	0.22	0.44	0.41	0.50	0.28
甘　肃	0.29	0.42	0.44	0.41	0.09	0.22	0.13	0.10	0.21	0.11	0.25
河　北	0.08	0.08	0.09	0.20	0.22	0.44	0.30	0.44	0.26	0.17	0.23
新　疆	0.08	0.04	0.18	0.29	0.13	0.26	0.09	0.20	0.15	0.44	0.18
海　南	0.00	0.04	0.00	0.04	0.09	0.09	0.13	0.25	0.46	0.33	0.14
贵　州	0.00	0.17	0.09	0.08	0.04	0.09	0.17	0.20	0.26	0.28	0.13
内蒙古	0.00	0.04	0.04	0.16	0.18	0.09	0.04	0.00	0.10	0.06	0.07
青　海	0.00	0.00	0.00	0.00	0.09	0.13	0.04	0.05	0.21	0.06	0.06
宁　夏	0.08	0.04	0.00	0.00	0.00	0.04	0.04	0.05	0.10	0.00	0.04

十三　生物化学和分子生物学

生物化学和分子生物学 A、B、C 层人才最多的均为北京，世界占比分别为 3.18%、3.15%、3.23%。

上海、广东、浙江、湖南有相当数量的 A 层人才，世界占比在 3% ~ 1%；湖北、四川、江苏、重庆、河南、天津、黑龙江、甘肃、陕西、山东、安徽、海南、辽宁有一定数量的 A 层人才，世界占比均超过 0.1%；福建、广西、吉林、云南 A 层人才的世界占比为 0.08%。

广东、上海、江苏、浙江、湖北、四川有相当数量的 B 层人才，世界占比在 3% ~ 1%；湖南、河南、山东、重庆、天津、安徽、辽宁、黑龙江、云南、陕西、福建、吉林、河北、贵州、海南、广西有一定数量的 B 层人才，世界占比超过或等于 0.1%；甘肃、山西、江西、新疆、内蒙古、宁夏、西藏 B 层人才的世界占比均低于 0.1%。

上海、广东、江苏、浙江、湖北、山东有相当数量的 C 层人才，世界占比在 3%~1%；四川、湖南、河南、陕西、天津、辽宁、安徽、重庆、黑龙江、福建、吉林、云南、江西、广西、河北、海南、甘肃、山西、贵州有一定数量的 C 层人才，世界占比均超过 0.1%；新疆、内蒙古、宁夏、青海、西藏 C 层人才的世界占比均低于 0.1%。

表 4-36　生物化学和分子生物学 A 层人才的世界占比

单位：%

省　份	2014 年	2015 年	2016 年	2017 年	2018 年	2019 年	2020 年	2021 年	2022 年	2023 年	合计
北　京	1.85	1.87	4.50	5.31	2.75	2.29	4.90	2.10	2.74	3.45	3.18
上　海	0.93	2.80	1.80	1.77	4.59	1.53	3.50	1.40	2.74	2.07	2.31
广　东	0.93	0.93	3.60	0.88	1.83	0.76	3.50	1.40	1.37	5.52	2.15
浙　江	0.00	0.93	0.90	0.00	0.00	0.76	1.40	1.40	3.42	2.76	1.27
湖　南	0.00	0.00	0.90	0.00	0.00	0.00	0.70	1.40	2.74	3.45	1.04
湖　北	0.00	0.93	0.90	0.00	0.00	0.76	2.80	0.00	2.74	0.69	0.96
四　川	0.00	0.00	0.90	0.00	0.92	0.76	0.70	1.40	2.05	1.38	0.88
江　苏	0.00	0.00	0.90	0.00	0.00	0.00	0.00	0.00	2.74	1.38	0.56
重　庆	0.00	0.00	0.00	0.00	0.00	0.00	1.40	1.40	0.00	0.00	0.40
河　南	0.00	0.00	0.00	0.00	0.00	0.76	0.00	0.70	1.37	0.69	0.40
天　津	0.00	0.93	0.00	0.00	0.92	0.00	2.10	0.00	0.00	0.00	0.40
黑龙江	0.00	0.00	0.00	0.00	0.00	0.00	0.00	0.00	1.37	1.38	0.32
甘　肃	0.00	0.00	0.00	0.00	0.00	0.00	0.00	0.00	1.37	0.69	0.24
陕　西	0.00	0.00	0.00	0.00	0.00	0.00	0.00	0.00	0.68	1.38	0.24
山　东	0.00	0.00	0.00	0.00	0.00	0.00	0.70	0.00	0.68	0.69	0.24
安　徽	0.00	0.93	0.00	0.00	0.00	0.00	0.70	0.00	0.00	0.00	0.16
海　南	0.00	0.00	0.00	0.00	0.00	0.00	0.00	0.00	0.00	1.38	0.16
辽　宁	0.00	0.00	0.00	0.00	0.92	0.00	0.00	0.00	0.00	0.69	0.16
福　建	0.00	0.00	0.00	0.00	0.00	0.76	0.00	0.00	0.00	0.00	0.08
广　西	0.00	0.00	0.00	0.00	0.00	0.00	0.70	0.00	0.00	0.00	0.08
吉　林	0.00	0.00	0.00	0.00	0.00	0.00	0.70	0.00	0.00	0.00	0.08
云　南	0.00	0.00	0.00	0.00	0.00	0.00	0.70	0.00	0.00	0.00	0.08

表 4-37　生物化学和分子生物学 B 层人才的世界占比

单位：%

省　份	2014 年	2015 年	2016 年	2017 年	2018 年	2019 年	2020 年	2021 年	2022 年	2023 年	合计
北　京	2.07	1.95	2.50	3.13	2.39	3.23	4.61	3.66	3.59	3.47	3.15
广　东	0.83	1.13	1.40	1.96	1.89	2.30	3.75	2.13	3.36	3.24	2.30
上　海	0.62	1.23	1.20	2.15	1.40	3.15	3.28	2.97	2.75	2.85	2.27
江　苏	0.72	0.62	0.60	0.49	1.00	1.45	1.88	1.29	2.44	2.23	1.35
浙　江	0.21	0.62	0.60	0.88	0.90	1.19	1.56	1.98	1.53	1.77	1.19
湖　北	0.31	0.41	0.50	0.78	0.80	1.11	1.49	0.91	1.38	2.23	1.05
四　川	0.41	0.31	0.40	0.49	0.20	1.02	1.33	1.75	2.14	1.54	1.04
湖　南	0.31	0.51	0.10	0.78	0.50	0.77	0.55	1.07	1.07	1.54	0.76
河　南	0.00	0.00	0.10	0.00	0.50	1.02	0.63	0.61	0.69	1.46	0.55
山　东	0.00	0.21	0.70	0.10	0.50	0.34	0.94	0.46	0.84	0.92	0.53
重　庆	0.21	0.00	0.40	0.20	0.40	0.34	0.86	0.15	0.61	1.00	0.44
天　津	0.52	0.00	0.20	0.20	0.10	0.77	0.63	0.53	0.53	0.62	0.43
安　徽	0.21	0.00	0.10	0.20	0.00	0.43	0.70	0.30	0.46	0.69	0.35
辽　宁	0.00	0.10	0.10	0.39	0.10	0.34	0.08	0.30	0.46	1.00	0.31
黑龙江	0.00	0.10	0.10	0.39	0.10	0.51	0.39	0.46	0.38	0.46	0.30
云　南	0.21	0.21	0.10	0.20	0.00	0.00	0.55	0.38	0.38	0.54	0.27
陕　西	0.21	0.10	0.00	0.20	0.20	0.17	0.39	0.30	0.23	0.39	0.23
福　建	0.00	0.10	0.10	0.49	0.20	0.51	0.00	0.08	0.23	0.39	0.21
吉　林	0.00	0.00	0.30	0.49	0.00	0.09	0.00	0.08	0.46	0.39	0.19
河　北	0.00	0.00	0.00	0.10	0.20	0.09	0.08	0.46	0.15	0.23	0.15
贵　州	0.00	0.00	0.00	0.00	0.00	0.17	0.16	0.23	0.08	0.46	0.12
海　南	0.00	0.00	0.00	0.00	0.10	0.09	0.08	0.08	0.31	0.31	0.11
广　西	0.00	0.00	0.00	0.00	0.10	0.00	0.23	0.23	0.08	0.15	0.10
甘　肃	0.00	0.00	0.00	0.00	0.00	0.09	0.00	0.08	0.23	0.31	0.08
山　西	0.00	0.00	0.00	0.00	0.00	0.00	0.31	0.00	0.23	0.15	0.08
江　西	0.00	0.00	0.10	0.00	0.00	0.00	0.00	0.08	0.23	0.15	0.07
新　疆	0.00	0.00	0.10	0.10	0.00	0.26	0.00	0.08	0.00	0.08	0.07
内蒙古	0.00	0.00	0.00	0.00	0.00	0.00	0.08	0.00	0.15	0.08	0.04
宁　夏	0.00	0.00	0.00	0.00	0.00	0.09	0.00	0.08	0.00	0.15	0.04
西　藏	0.00	0.00	0.00	0.00	0.00	0.00	0.08	0.00	0.00	0.08	0.02

表 4-38 生物化学和分子生物学 C 层人才的世界占比

单位：%

省　份	2014 年	2015 年	2016 年	2017 年	2018 年	2019 年	2020 年	2021 年	2022 年	2023 年	合计
北　京	2.16	2.31	2.58	3.08	3.04	3.46	3.26	3.58	4.19	3.98	3.23
上　海	1.41	1.58	1.72	2.12	2.47	2.55	2.00	2.44	2.76	2.53	2.19
广　东	0.90	0.88	1.13	1.64	1.81	2.47	2.61	2.83	3.52	3.15	2.19
江　苏	0.94	1.07	1.21	1.42	2.14	2.28	2.12	2.15	2.80	3.04	1.98
浙　江	0.60	0.74	0.86	1.07	1.33	1.48	1.67	1.85	2.17	2.31	1.46
湖　北	0.57	0.79	0.76	1.17	1.05	1.25	1.27	1.42	1.71	1.77	1.21
山　东	0.55	0.53	0.47	0.86	0.99	1.26	1.14	1.33	1.76	1.86	1.12
四　川	0.37	0.36	0.43	0.52	0.52	0.88	0.89	0.87	1.44	1.40	0.81
湖　南	0.30	0.26	0.41	0.54	0.58	0.72	0.70	0.66	0.83	1.08	0.63
河　南	0.14	0.21	0.25	0.39	0.57	0.71	0.85	0.64	0.93	0.99	0.60
陕　西	0.43	0.40	0.25	0.47	0.55	0.61	0.74	0.52	0.72	0.95	0.58
天　津	0.32	0.32	0.36	0.62	0.58	0.64	0.41	0.55	0.60	0.76	0.52
辽　宁	0.18	0.22	0.34	0.45	0.42	0.47	0.51	0.55	0.63	0.74	0.47
安　徽	0.20	0.31	0.27	0.33	0.50	0.43	0.43	0.59	0.64	0.77	0.46
重　庆	0.18	0.32	0.34	0.30	0.42	0.51	0.45	0.42	0.70	0.70	0.45
黑龙江	0.19	0.23	0.26	0.32	0.45	0.47	0.48	0.41	0.79	0.69	0.45
福　建	0.19	0.21	0.22	0.42	0.32	0.42	0.51	0.45	0.68	0.70	0.43
吉　林	0.26	0.29	0.27	0.30	0.38	0.48	0.39	0.40	0.48	0.57	0.39
云　南	0.16	0.15	0.14	0.31	0.32	0.36	0.32	0.41	0.47	0.49	0.32
江　西	0.09	0.16	0.13	0.23	0.34	0.28	0.24	0.30	0.43	0.44	0.27
广　西	0.07	0.06	0.08	0.08	0.16	0.19	0.32	0.28	0.39	0.45	0.22
河　北	0.06	0.08	0.11	0.11	0.11	0.16	0.21	0.29	0.31	0.31	0.18
海　南	0.04	0.04	0.02	0.08	0.05	0.09	0.15	0.21	0.35	0.47	0.16
甘　肃	0.06	0.14	0.10	0.04	0.12	0.17	0.18	0.18	0.25	0.29	0.16
山　西	0.03	0.04	0.05	0.10	0.08	0.09	0.08	0.20	0.18	0.23	0.12
贵　州	0.00	0.07	0.04	0.01	0.10	0.08	0.11	0.18	0.19	0.32	0.12
新　疆	0.03	0.04	0.02	0.08	0.04	0.04	0.10	0.06	0.16	0.16	0.09
内蒙古	0.05	0.06	0.04	0.04	0.08	0.10	0.09	0.06	0.14	0.21	0.09
宁　夏	0.04	0.03	0.00	0.07	0.03	0.08	0.03	0.10	0.09	0.15	0.07
青　海	0.00	0.00	0.00	0.01	0.02	0.01	0.02	0.02	0.02	0.03	0.01
西　藏	0.00	0.00	0.00	0.01	0.01	0.01	0.02	0.00	0.02	0.04	0.01

十四　生物化学研究方法

生物化学研究方法 A 层人才最多的是北京、广东，世界占比均为 1.26%；上海 A 层人才的世界占比为 0.84%；安徽、福建、黑龙江、湖北、四川、浙江有一定数量的 A 层人才，世界占比均为 0.42%。

B 层人才最多的是北京，世界占比为 2.72%；广东 B 层人才的世界占比为 2.21%；上海、江苏、浙江、湖北也有相当数量的 B 层人才，世界占比在 2%~1%；湖南、四川、天津、山东、辽宁、福建、河南、陕西、新疆、海南、黑龙江、安徽、云南有一定数量的 B 层人才，世界占比均超过 0.1%；重庆、甘肃、吉林、广西、江西、青海、山西 B 层人才的世界占比均低于 0.1%。

C 层人才最多的是北京，世界占比为 3.41%；上海、广东、江苏、浙江、湖北也有相当数量的 C 层人才，世界占比在 3%~1%；山东、四川、湖南、天津、辽宁、福建、安徽、陕西、黑龙江、河南、吉林、重庆、广西、河北、江西、甘肃、新疆、云南、海南、内蒙古有一定数量的 C 层人才，世界占比超过或等于 0.1%；贵州、山西、宁夏、青海、西藏 C 层人才的世界占比均低于 0.1%。

表 4-39　生物化学研究方法 A 层人才的世界占比

单位：%

省　份	2014 年	2015 年	2016 年	2017 年	2018 年	2019 年	2020 年	2021 年	2022 年	2023 年	合计
北　京	0.00	4.00	0.00	0.00	0.00	0.00	0.00	5.00	4.76	0.00	1.26
广　东	0.00	4.00	0.00	0.00	3.57	0.00	0.00	5.00	0.00	0.00	1.26
上　海	0.00	0.00	0.00	3.57	3.57	0.00	0.00	0.00	0.00	0.00	0.84
安　徽	0.00	0.00	0.00	0.00	0.00	0.00	0.00	0.00	4.76	0.00	0.42
福　建	0.00	0.00	0.00	0.00	0.00	0.00	0.00	0.00	4.76	0.00	0.42
黑龙江	0.00	0.00	0.00	0.00	0.00	0.00	0.00	0.00	4.76	0.00	0.42
湖　北	0.00	0.00	4.00	0.00	0.00	0.00	0.00	0.00	0.00	0.00	0.42
四　川	0.00	0.00	0.00	0.00	0.00	0.00	0.00	0.00	4.76	0.00	0.42
浙　江	0.00	0.00	0.00	0.00	0.00	0.00	0.00	0.00	4.76	0.00	0.42

表 4-40 生物化学研究方法 B 层人才的世界占比

单位：%

省 份	2014 年	2015 年	2016 年	2017 年	2018 年	2019 年	2020 年	2021 年	2022 年	2023 年	合计
北 京	1.25	1.36	1.64	2.34	2.81	2.94	2.89	1.86	6.28	4.66	2.72
广 东	1.25	1.36	0.41	1.95	2.41	0.74	1.24	4.83	4.35	4.15	2.21
上 海	0.42	0.90	0.82	0.78	3.21	1.84	1.24	2.23	3.38	1.55	1.63
江 苏	0.42	0.00	0.00	1.56	2.81	0.37	0.41	2.97	0.97	1.55	1.13
浙 江	0.42	0.00	0.41	1.17	0.40	0.74	1.24	1.86	2.90	1.55	1.04
湖 北	0.00	0.45	0.82	0.39	1.20	0.00	2.48	2.97	0.97	0.52	1.00
湖 南	0.42	0.45	0.41	1.17	0.80	1.10	0.83	1.12	1.93	1.55	0.96
四 川	1.25	0.45	0.41	0.39	1.61	0.00	1.24	0.74	1.93	1.04	0.88
天 津	0.00	0.45	0.00	0.39	1.61	0.37	0.83	1.86	1.93	1.04	0.84
山 东	0.00	0.00	0.41	0.39	0.80	0.74	0.41	1.12	1.45	1.04	0.63
辽 宁	0.00	0.00	0.00	0.39	1.20	0.37	0.00	0.74	1.93	1.55	0.54
福 建	0.00	0.00	0.82	0.39	0.40	0.37	0.41	0.74	0.97	0.52	0.46
河 南	0.00	0.00	0.41	0.00	0.80	0.74	0.41	0.00	0.48	0.52	0.33
陕 西	0.00	0.00	0.00	0.00	0.00	0.00	0.41	0.74	0.97	0.00	0.29
新 疆	0.00	0.00	0.00	0.39	0.40	0.00	0.00	0.00	1.93	0.52	0.29
海 南	0.00	0.00	0.00	0.39	0.00	0.00	0.00	0.74	0.00	1.55	0.25
黑龙江	0.00	0.00	0.00	0.00	0.80	0.00	0.41	0.37	0.48	0.00	0.21
安 徽	0.42	0.00	0.00	0.00	0.00	0.00	0.41	0.00	0.00	0.52	0.13
云 南	0.42	0.00	0.00	0.00	0.00	0.37	0.41	0.00	0.00	0.00	0.13
重 庆	0.00	0.00	0.00	0.00	0.00	0.00	0.41	0.00	0.00	0.52	0.08
甘 肃	0.00	0.00	0.00	0.00	0.00	0.00	0.00	0.00	0.37	0.48	0.08
吉 林	0.00	0.00	0.00	0.00	0.00	0.37	0.00	0.37	0.00	0.00	0.08
广 西	0.00	0.00	0.00	0.00	0.00	0.00	0.00	0.00	0.48	0.00	0.04
江 西	0.00	0.00	0.41	0.00	0.00	0.00	0.00	0.00	0.00	0.00	0.04
青 海	0.00	0.00	0.00	0.00	0.00	0.00	0.00	0.00	0.48	0.00	0.04
山 西	0.00	0.00	0.00	0.00	0.00	0.37	0.00	0.00	0.00	0.00	0.04

表 4-41 生物化学研究方法 C 层人才的世界占比

单位：%

省 份	2014 年	2015 年	2016 年	2017 年	2018 年	2019 年	2020 年	2021 年	2022 年	2023 年	合计
北 京	2.22	2.32	2.56	3.52	3.47	3.41	3.58	4.48	4.46	4.32	3.41
上 海	1.54	1.36	1.81	1.98	2.60	1.82	1.81	3.21	2.25	2.63	2.10

续表

省　份	2014 年	2015 年	2016 年	2017 年	2018 年	2019 年	2020 年	2021 年	2022 年	2023 年	合计
广　东	1.02	0.96	1.13	1.74	1.65	1.67	2.15	3.17	3.74	3.23	1.99
江　苏	0.60	0.48	1.72	1.11	1.46	1.55	1.73	2.38	3.02	2.35	1.60
浙　江	0.77	0.52	0.84	0.91	1.26	1.09	1.73	1.66	2.72	2.79	1.37
湖　北	0.55	0.74	0.80	1.03	0.79	1.12	1.22	1.31	1.43	1.31	1.02
山　东	0.17	0.22	0.76	0.63	0.83	0.62	1.22	1.55	1.90	1.53	0.91
四　川	0.26	0.13	0.21	0.79	0.79	1.09	1.14	1.66	2.05	1.20	0.91
湖　南	0.26	0.31	0.17	0.44	0.59	0.81	1.01	1.70	2.20	1.75	0.88
天　津	0.26	0.44	0.38	0.67	0.63	1.05	1.26	1.19	1.18	1.09	0.81
辽　宁	0.81	0.61	0.46	0.63	0.87	0.66	0.67	0.79	1.33	0.99	0.77
福　建	0.38	0.44	0.67	0.28	0.83	0.50	0.55	0.55	0.97	1.04	0.60
安　徽	0.26	0.13	0.29	0.44	0.51	0.47	0.55	0.71	0.77	0.55	0.46
陕　西	0.13	0.13	0.29	0.32	0.28	0.58	0.67	0.59	0.77	0.66	0.43
黑龙江	0.34	0.44	0.25	0.28	0.32	0.50	0.38	0.87	0.61	0.27	0.43
河　南	0.17	0.09	0.08	0.08	0.43	0.35	0.63	0.59	0.82	0.82	0.39
吉　林	0.17	0.17	0.29	0.36	0.32	0.39	0.46	0.63	0.41	0.31	0.36
重　庆	0.17	0.26	0.17	0.08	0.12	0.43	0.42	0.32	0.51	0.27	0.27
广　西	0.13	0.13	0.21	0.04	0.20	0.19	0.25	0.48	0.72	0.33	0.26
河　北	0.21	0.04	0.13	0.20	0.16	0.19	0.34	0.44	0.20	0.38	0.23
江　西	0.09	0.04	0.42	0.24	0.20	0.27	0.20	0.28	0.31	0.38	0.23
甘　肃	0.09	0.09	0.13	0.08	0.24	0.12	0.25	0.28	0.51	0.38	0.21
新　疆	0.00	0.00	0.13	0.12	0.12	0.12	0.25	0.32	0.51	0.27	0.18
云　南	0.13	0.09	0.04	0.16	0.39	0.16	0.08	0.12	0.31	0.22	0.17
海　南	0.04	0.00	0.00	0.12	0.00	0.08	0.08	0.28	0.20	0.27	0.10
内蒙古	0.04	0.09	0.08	0.04	0.00	0.19	0.04	0.28	0.10	0.11	0.10
贵　州	0.00	0.04	0.00	0.00	0.12	0.12	0.13	0.08	0.31	0.11	0.09
山　西	0.13	0.09	0.08	0.00	0.16	0.04	0.08	0.12	0.00	0.16	0.09
宁　夏	0.00	0.00	0.00	0.00	0.00	0.04	0.13	0.16	0.10	0.11	0.05
青　海	0.00	0.09	0.00	0.04	0.00	0.00	0.13	0.08	0.00	0.05	0.04
西　藏	0.00	0.00	0.00	0.08	0.04	0.04	0.04	0.00	0.05	0.00	0.03

十五　遗传学和遗传性

遗传学和遗传性 A、B、C 层人才最多的均为北京，世界占比分别为 1.21%、2.23%、2.57%。

广东、云南、上海、四川、浙江、河北、江苏、山东有一定数量的 A 层人才，世界占比均超过 0.2%。

广东、上海有相当数量的 B 层人才，世界占比分别为 1.54%、1.15%；浙江、湖北、江苏、山东、福建、云南、河南、四川、湖南、辽宁、重庆、安徽、陕西、新疆、广西、黑龙江、海南、吉林有一定数量的 B 层人才，世界占比均超过 0.1%；河北、天津、甘肃、内蒙古、江西、山西、宁夏、西藏 B 层人才的世界占比均低于 0.1%。

广东、上海、江苏、湖北有相当数量的 C 层人才，世界占比在 2%～1%；浙江、山东、四川、河南、云南、湖南、重庆、陕西、福建、安徽、辽宁、天津、吉林、黑龙江、广西、江西、甘肃、河北、新疆、海南、贵州有一定数量的 C 层人才，世界占比超过或等于 0.1%；内蒙古、山西、宁夏、青海、西藏 C 层人才的世界占比均低于 0.1%。

表 4-42　遗传学和遗传性 A 层人才的世界占比

单位：%

省　份	2014 年	2015 年	2016 年	2017 年	2018 年	2019 年	2020 年	2021 年	2022 年	2023 年	合计
北　京	2.33	0.00	0.00	0.00	0.00	0.00	0.00	7.32	2.56	0.00	1.21
广　东	0.00	2.56	0.00	0.00	2.44	0.00	0.00	0.00	2.56	0.00	0.73
云　南	0.00	2.56	0.00	0.00	0.00	0.00	3.85	0.00	2.56	0.00	0.73
上　海	0.00	0.00	0.00	0.00	0.00	0.00	0.00	2.44	2.56	0.00	0.48
四　川	2.33	0.00	2.27	0.00	0.00	0.00	0.00	0.00	0.00	0.00	0.48
浙　江	0.00	2.56	0.00	0.00	0.00	0.00	0.00	0.00	2.56	0.00	0.48
河　北	0.00	0.00	0.00	0.00	0.00	0.00	0.00	2.44	0.00	0.00	0.24
江　苏	0.00	0.00	0.00	2.27	0.00	0.00	0.00	0.00	0.00	0.00	0.24
山　东	0.00	0.00	0.00	0.00	0.00	0.00	0.00	0.00	2.56	0.00	0.24

表 4-43　遗传学和遗传性 B 层人才的世界占比

单位：%

省　份	2014 年	2015 年	2016 年	2017 年	2018 年	2019 年	2020 年	2021 年	2022 年	2023 年	合计
北　京	2.54	3.04	1.59	1.24	0.70	1.66	2.33	2.39	3.10	3.73	2.23
广　东	2.03	1.17	0.45	0.50	1.16	1.29	1.75	1.59	1.86	3.73	1.54

续表

省　份	2014 年	2015 年	2016 年	2017 年	2018 年	2019 年	2020 年	2021 年	2022 年	2023 年	合计
上　海	0.51	1.17	1.36	1.00	0.93	1.48	0.97	1.59	1.03	1.24	1.15
浙　江	0.25	0.47	0.45	0.00	0.93	0.37	0.39	1.59	1.03	2.49	0.79
湖　北	1.02	0.00	0.45	0.25	0.47	0.74	0.78	0.80	0.62	2.24	0.73
江　苏	0.00	0.00	0.23	0.25	0.23	0.37	0.58	0.60	1.24	2.49	0.59
山　东	0.25	0.23	0.23	0.25	0.00	1.11	0.78	0.60	0.41	1.24	0.53
福　建	0.25	0.23	0.00	0.25	0.70	0.55	0.58	0.60	0.41	0.75	0.44
云　南	1.02	0.00	0.00	0.00	0.23	0.55	0.39	0.20	0.41	1.49	0.42
河　南	0.25	0.47	0.23	0.00	0.47	0.37	0.19	0.20	0.00	1.24	0.33
四　川	0.00	0.23	0.45	0.00	0.23	0.18	0.19	0.40	0.21	1.49	0.33
湖　南	0.51	0.47	0.00	0.25	0.47	0.18	0.19	0.40	0.00	0.50	0.29
辽　宁	0.25	0.47	0.00	0.00	0.47	0.00	0.00	0.60	0.00	0.50	0.22
重　庆	0.25	0.23	0.00	0.25	0.47	0.00	0.00	0.00	0.00	1.00	0.20
安　徽	0.00	0.23	0.00	0.00	0.00	0.18	0.39	0.20	0.00	0.75	0.18
陕　西	0.25	0.00	0.00	0.00	0.00	0.37	0.19	0.40	0.00	0.50	0.18
新　疆	0.25	0.00	0.00	0.00	0.00	0.00	0.00	0.00	0.00	1.24	0.15
广　西	0.00	0.00	0.00	0.00	0.00	0.18	0.00	0.20	0.21	0.75	0.13
黑龙江	0.25	0.00	0.23	0.00	0.00	0.18	0.19	0.00	0.00	0.50	0.13
海　南	0.00	0.00	0.00	0.00	0.00	0.00	0.00	0.20	0.41	0.50	0.11
吉　林	0.00	0.00	0.00	0.00	0.00	0.18	0.19	0.00	0.00	0.75	0.11
河　北	0.25	0.00	0.00	0.00	0.00	0.18	0.19	0.00	0.00	0.50	0.09
天　津	0.25	0.00	0.00	0.00	0.23	0.18	0.00	0.00	0.00	0.25	0.09
甘　肃	0.00	0.00	0.00	0.00	0.00	0.00	0.00	0.20	0.00	0.50	0.07
内蒙古	0.00	0.00	0.00	0.00	0.00	0.00	0.19	0.00	0.00	0.25	0.04
江　西	0.00	0.00	0.00	0.00	0.23	0.00	0.00	0.20	0.00	0.00	0.04
山　西	0.00	0.00	0.00	0.00	0.00	0.00	0.00	0.00	0.00	0.50	0.04
宁　夏	0.00	0.00	0.00	0.00	0.00	0.00	0.00	0.00	0.00	0.25	0.02
西　藏	0.25	0.00	0.00	0.00	0.00	0.00	0.00	0.00	0.00	0.00	0.02

表 4-44　遗传学和遗传性 C 层人才的世界占比

单位：%

省　份	2014 年	2015 年	2016 年	2017 年	2018 年	2019 年	2020 年	2021 年	2022 年	2023 年	合计
北　京	2.10	1.92	2.07	1.79	2.41	2.55	2.70	3.26	3.37	3.45	2.57
广　东	1.04	0.99	1.11	1.14	1.40	1.63	2.01	2.52	2.67	3.08	1.76

续表

省　份	2014 年	2015 年	2016 年	2017 年	2018 年	2019 年	2020 年	2021 年	2022 年	2023 年	合计
上　海	1.25	1.28	1.61	1.24	1.95	1.70	1.80	2.00	2.06	2.62	1.75
江　苏	0.36	0.83	0.73	1.00	0.99	1.39	1.58	1.98	1.80	1.81	1.26
湖　北	0.44	0.50	0.73	0.77	0.94	1.22	1.27	1.47	1.71	1.43	1.06
浙　江	0.26	0.40	0.50	0.60	0.83	1.01	1.04	1.71	1.49	1.70	0.96
山　东	0.29	0.33	0.30	0.42	0.64	0.54	0.84	1.04	1.40	1.13	0.70
四　川	0.31	0.33	0.34	0.45	0.55	0.60	0.57	0.90	1.01	1.00	0.61
河　南	0.21	0.17	0.18	0.25	0.46	0.60	0.55	0.68	0.72	0.92	0.48
云　南	0.36	0.21	0.27	0.32	0.28	0.54	0.74	0.43	0.59	0.86	0.46
湖　南	0.18	0.12	0.43	0.17	0.28	0.36	0.51	0.62	0.79	0.78	0.45
重　庆	0.13	0.31	0.34	0.27	0.21	0.28	0.45	0.38	0.68	0.67	0.37
陕　西	0.13	0.14	0.16	0.25	0.21	0.36	0.59	0.53	0.68	0.59	0.37
福　建	0.05	0.28	0.30	0.15	0.23	0.32	0.45	0.68	0.48	0.65	0.36
安　徽	0.13	0.26	0.34	0.17	0.21	0.32	0.37	0.43	0.48	0.76	0.35
辽　宁	0.10	0.28	0.30	0.30	0.30	0.24	0.31	0.32	0.42	0.27	0.29
天　津	0.23	0.19	0.20	0.12	0.37	0.26	0.20	0.32	0.37	0.40	0.27
吉　林	0.10	0.09	0.05	0.22	0.14	0.24	0.35	0.28	0.37	0.27	0.22
黑龙江	0.23	0.14	0.14	0.15	0.16	0.17	0.20	0.28	0.35	0.27	0.21
广　西	0.03	0.19	0.14	0.10	0.07	0.19	0.18	0.28	0.39	0.43	0.20
江　西	0.03	0.09	0.00	0.22	0.21	0.22	0.29	0.11	0.31	0.32	0.18
甘　肃	0.00	0.07	0.14	0.02	0.18	0.17	0.23	0.21	0.18	0.49	0.17
河　北	0.13	0.05	0.09	0.15	0.11	0.19	0.18	0.28	0.24	0.22	0.17
新　疆	0.08	0.07	0.16	0.17	0.09	0.11	0.06	0.13	0.24	0.30	0.14
海　南	0.00	0.02	0.02	0.05	0.00	0.09	0.08	0.32	0.28	0.49	0.13
贵　州	0.03	0.02	0.02	0.00	0.09	0.06	0.10	0.23	0.20	0.19	0.10
内蒙古	0.08	0.07	0.05	0.02	0.00	0.07	0.08	0.06	0.09	0.11	0.06
山　西	0.03	0.07	0.09	0.00	0.02	0.04	0.10	0.06	0.00	0.11	0.05
宁　夏	0.03	0.07	0.00	0.02	0.05	0.02	0.06	0.06	0.04	0.03	0.04
青　海	0.03	0.00	0.02	0.02	0.02	0.04	0.00	0.02	0.11	0.13	0.04
西　藏	0.03	0.02	0.00	0.02	0.07	0.04	0.04	0.02	0.00	0.13	0.04

十六　数学生物学和计算生物学

数学生物学和计算生物学 A 层人才最多的是北京、广东，世界占比均为 2.67%；浙江、湖北、四川也有相当数量的 A 层人才，世界占比在 2%～1%；重庆、福建、黑龙江、辽宁、山东有一定数量的 A 层人才，世界占比均为 0.67%。

B 层人才最多的是北京，世界占比为 3.93%；广东、浙江、江苏、上海、四川、辽宁、山东、湖北、湖南也有相当数量的 B 层人才，世界占比在 3%～1%；福建、天津、安徽、陕西、河南、重庆、吉林、新疆、云南、黑龙江、广西、海南、江西有一定数量的 B 层人才，世界占比均超过 0.1%；甘肃、贵州、河北、青海、山西 B 层人才的世界占比为 0.07%。

C 层人才最多的是北京，世界占比为 3.17%；广东、上海、浙江、江苏、湖南、四川、山东、湖北也有相当数量的 C 层人才，世界占比在 3%～1%；天津、辽宁、陕西、黑龙江、福建、安徽、河南、吉林、重庆、江西、广西、甘肃、云南、河北、新疆、海南、山西、内蒙古、贵州有一定数量的 C 层人才，世界占比均超过 0.1%；宁夏、青海、西藏 C 层人才的世界占比均低于 0.1%。

表 4-45　数学生物学和计算生物学 A 层人才的世界占比

单位：%

省　份	2014 年	2015 年	2016 年	2017 年	2018 年	2019 年	2020 年	2021 年	2022 年	2023 年	合计
北　京	0.00	7.69	0.00	0.00	0.00	5.88	0.00	0.00	9.09	0.00	2.67
广　东	0.00	7.69	0.00	0.00	7.14	5.88	0.00	0.00	4.55	0.00	2.67
浙　江	0.00	0.00	0.00	0.00	0.00	0.00	0.00	0.00	4.55	14.29	2.00
湖　北	0.00	7.69	0.00	0.00	0.00	0.00	0.00	0.00	4.55	0.00	1.33
四　川	0.00	0.00	0.00	0.00	0.00	0.00	0.00	0.00	9.09	0.00	1.33
重　庆	0.00	0.00	0.00	0.00	0.00	0.00	0.00	0.00	0.00	7.14	0.67
福　建	0.00	0.00	0.00	0.00	0.00	0.00	0.00	0.00	4.55	0.00	0.67
黑龙江	0.00	0.00	0.00	0.00	0.00	0.00	0.00	0.00	4.55	0.00	0.67
辽　宁	0.00	0.00	0.00	0.00	0.00	0.00	0.00	0.00	0.00	7.14	0.67
山　东	0.00	0.00	0.00	0.00	0.00	0.00	0.00	0.00	0.00	7.14	0.67

表 4-46　数学生物学和计算生物学 B 层人才的世界占比

单位：%

省　份	2014 年	2015 年	2016 年	2017 年	2018 年	2019 年	2020 年	2021 年	2022 年	2023 年	合计
北　京	0.83	0.85	3.33	6.20	4.20	5.10	5.03	1.20	6.31	4.62	3.93
广　东	0.83	1.69	0.83	4.65	3.36	0.64	1.26	4.19	2.43	5.38	2.52
浙　江	0.00	0.00	0.00	3.10	0.00	1.91	1.26	1.20	6.80	5.38	2.24
江　苏	0.00	0.00	0.83	1.55	4.20	1.91	0.63	3.59	0.97	5.38	1.89
上　海	0.83	0.85	0.00	3.10	4.20	1.27	1.26	1.80	1.94	1.54	1.68
四　川	1.65	0.00	0.00	0.78	1.68	3.82	1.89	0.60	1.94	1.54	1.47
辽　宁	0.00	0.85	0.00	0.00	1.68	0.64	0.00	1.80	3.40	3.85	1.33
山　东	0.00	0.85	0.83	0.78	1.68	0.64	2.52	0.00	2.91	1.54	1.26
湖　北	0.00	0.85	0.00	0.78	0.84	2.55	2.52	1.20	1.46	0.77	1.19
湖　南	0.83	1.69	0.83	0.00	0.00	0.64	0.63	1.20	2.43	2.31	1.12
福　建	0.00	0.85	0.83	0.78	0.00	0.64	0.63	0.60	1.46	2.31	0.84
天　津	0.00	0.85	0.00	0.78	1.68	1.27	1.26	1.20	0.97	0.00	0.84
安　徽	0.83	0.00	0.00	0.78	0.00	0.64	0.00	1.20	0.97	2.31	0.70
陕　西	0.00	0.00	0.00	0.00	0.00	0.64	0.63	1.20	0.97	1.54	0.56
河　南	0.00	0.00	0.83	0.00	0.84	0.64	0.00	0.00	0.49	2.31	0.49
重　庆	0.00	0.00	0.00	0.00	0.00	1.27	1.26	0.00	0.49	0.77	0.42
吉　林	0.00	0.00	0.00	0.00	0.00	0.64	0.00	0.60	1.46	0.77	0.42
新　疆	0.00	0.00	0.00	0.78	0.84	0.00	0.00	0.00	0.97	0.77	0.35
云　南	0.83	0.00	0.00	0.00	0.00	0.00	1.26	0.00	0.00	0.77	0.28
黑龙江	0.83	0.00	0.00	0.00	0.00	0.00	0.63	0.00	0.00	0.00	0.21
广　西	0.00	0.00	0.00	0.00	0.00	0.00	0.00	0.00	0.49	0.77	0.14
海　南	0.00	0.00	0.00	0.00	0.00	0.00	0.00	0.00	0.00	1.54	0.14
江　西	0.00	0.00	0.83	0.00	0.00	0.00	0.00	0.00	0.49	0.00	0.14
甘　肃	0.00	0.00	0.00	0.00	0.00	0.00	0.00	0.60	0.00	0.00	0.07
贵　州	0.00	0.00	0.00	0.00	0.00	0.00	0.00	0.00	0.77	0.00	0.07
河　北	0.00	0.00	0.00	0.00	0.00	0.00	0.00	0.00	0.49	0.00	0.07
青　海	0.00	0.00	0.00	0.00	0.00	0.00	0.00	0.00	0.49	0.00	0.07
山　西	0.00	0.00	0.00	0.00	0.84	0.00	0.00	0.00	0.00	0.00	0.07

表 4-47　数学生物学和计算生物学 C 层人才的世界占比

单位：%

省　份	2014 年	2015 年	2016 年	2017 年	2018 年	2019 年	2020 年	2021 年	2022 年	2023 年	合计
北　京	2.02	1.82	1.37	2.69	2.63	2.59	3.50	3.30	5.09	5.32	3.17
广　东	0.84	1.39	1.20	1.90	2.15	2.02	3.69	3.42	4.13	4.86	2.70
上　海	1.34	1.65	1.97	2.38	2.39	2.02	2.73	3.17	2.75	3.62	2.46
浙　江	0.50	0.61	0.51	0.32	1.12	0.89	2.03	2.74	3.11	3.47	1.66
江　苏	0.59	0.78	1.46	1.19	0.96	1.20	1.53	1.87	3.31	2.39	1.63
湖　南	0.34	0.52	0.26	0.55	0.96	1.58	1.46	2.49	2.95	2.39	1.49
四　川	0.17	0.26	0.51	0.79	1.52	1.14	1.46	2.05	2.19	1.46	1.25
山　东	0.50	0.26	0.34	0.63	0.88	0.82	1.21	1.43	2.60	2.62	1.22
湖　北	0.34	0.61	0.43	0.95	0.64	0.89	1.34	1.24	1.43	1.77	1.01
天　津	0.17	0.43	0.69	0.24	0.80	0.70	1.08	1.18	0.76	1.46	0.78
辽　宁	0.17	0.26	0.43	0.40	0.80	0.32	0.83	0.68	1.63	1.70	0.77
陕　西	0.08	0.09	0.51	0.08	0.72	0.70	0.95	0.50	1.32	1.62	0.70
黑龙江	0.00	0.78	0.43	0.48	0.64	0.70	0.57	1.24	1.02	0.62	0.68
福　建	0.42	0.17	0.51	0.16	0.72	0.32	0.83	0.68	1.27	0.93	0.64
安　徽	0.08	0.09	0.34	0.87	0.48	0.51	1.08	0.87	0.71	0.69	0.61
河　南	0.00	0.09	0.09	0.16	0.48	0.57	0.64	0.75	0.61	1.16	0.48
吉　林	0.00	0.26	0.26	0.24	0.24	0.51	0.57	0.75	0.76	0.93	0.48
重　庆	0.00	0.00	0.00	0.24	0.24	0.13	0.70	0.37	0.76	1.16	0.39
江　西	0.00	0.26	0.34	0.71	0.32	0.38	0.06	0.37	0.51	0.77	0.38
广　西	0.08	0.09	0.17	0.16	0.24	0.19	0.13	0.75	0.66	0.62	0.33
甘　肃	0.00	0.09	0.00	0.16	0.40	0.13	0.19	0.50	0.41	0.62	0.26
云　南	0.08	0.09	0.09	0.16	0.24	0.32	0.19	0.12	0.46	0.62	0.25
河　北	0.34	0.17	0.09	0.08	0.32	0.13	0.13	0.37	0.36	0.31	0.23
新　疆	0.00	0.00	0.00	0.08	0.32	0.06	0.38	0.25	0.46	0.39	0.21
海　南	0.08	0.00	0.00	0.00	0.08	0.06	0.06	0.31	0.46	0.46	0.17
山　西	0.00	0.00	0.00	0.08	0.40	0.13	0.25	0.06	0.31	0.31	0.16
内蒙古	0.00	0.09	0.00	0.00	0.08	0.25	0.06	0.44	0.10	0.15	0.14
贵　州	0.08	0.00	0.00	0.00	0.16	0.13	0.06	0.12	0.31	0.31	0.13
宁　夏	0.00	0.09	0.00	0.00	0.00	0.00	0.13	0.12	0.20	0.31	0.09
青　海	0.00	0.00	0.00	0.00	0.00	0.00	0.00	0.06	0.00	0.08	0.01
西　藏	0.00	0.00	0.00	0.00	0.00	0.00	0.06	0.00	0.00	0.00	0.01

十七　细胞生物学

细胞生物学 A 层人才最多的是广东，世界占比为 2.55%；北京 A 层人才的世界占比为 2.38%；上海、浙江、湖北、江苏也有相当数量的 A 层人才，世界占比 2%~1%；重庆、湖南、安徽、福建、甘肃、河南、辽宁、四川、天津、黑龙江、陕西、山东、广西、海南、江西、吉林有一定数量的 A 层人才，世界占比均超过 0.1%。

北京、上海、广东、浙江有相当数量的 B 层人才，世界占比在 3%~1%；四川、湖北、江苏、湖南、山东、河南、重庆、天津、安徽、福建、辽宁、黑龙江、吉林、云南、广西、陕西、贵州、河北、江西有一定数量的 B 层人才，世界占比均超过 0.1%；海南、山西、新疆、甘肃、宁夏、西藏 B 层人才的世界占比均低于 0.1%。

C 层人才最多的是北京，世界占比为 3.59%；上海的 C 层人才比较多，世界占比为 3.06%；广东、江苏、浙江、湖北也有相当数量的 C 层人才，世界占比在 3%~1%；山东、四川、湖南、天津、重庆、河南、安徽、辽宁、陕西、吉林、黑龙江、福建、云南、江西、河北、广西、山西、甘肃有一定数量的 C 层人才，世界占比超过或等于 0.1%；贵州、海南、新疆、内蒙古、宁夏、青海、西藏 C 层人才的世界占比均低于 0.1%。

表 4-48　细胞生物学 A 层人才的世界占比

单位：%

省　份	2014 年	2015 年	2016 年	2017 年	2018 年	2019 年	2020 年	2021 年	2022 年	2023 年	合计
广　东	0.00	0.00	2.82	1.32	2.22	1.59	6.85	0.00	3.51	5.00	2.55
北　京	0.00	1.54	1.41	2.63	2.22	0.00	5.48	0.00	7.02	1.67	2.38
上　海	0.00	0.00	2.82	2.63	0.00	0.00	4.11	0.00	0.00	3.33	1.53
浙　江	0.00	0.00	1.41	2.63	2.22	0.00	1.37	0.00	3.51	3.33	1.53
湖　北	0.00	1.54	1.41	0.00	0.00	1.59	2.74	0.00	1.75	1.67	1.19
江　苏	0.00	0.00	1.41	2.63	0.00	0.00	0.00	0.00	3.51	3.33	1.19
重　庆	0.00	0.00	1.41	0.00	0.00	0.00	2.74	5.00	0.00	0.00	0.68
湖　南	0.00	0.00	2.82	0.00	0.00	0.00	0.00	5.00	1.75	0.00	0.68

省 份	2014 年	2015 年	2016 年	2017 年	2018 年	2019 年	2020 年	2021 年	2022 年	2023 年	合计
安 徽	0.00	1.54	1.41	0.00	0.00	0.00	1.37	0.00	0.00	0.00	0.51
福 建	0.00	0.00	1.41	0.00	2.22	0.00	0.00	0.00	0.00	1.67	0.51
甘 肃	0.00	0.00	1.41	0.00	0.00	0.00	0.00	0.00	1.75	1.67	0.51
河 南	0.00	0.00	1.41	0.00	0.00	0.00	0.00	0.00	1.75	1.67	0.51
辽 宁	0.00	0.00	1.41	1.32	0.00	0.00	0.00	0.00	0.00	1.67	0.51
四 川	0.00	0.00	1.41	0.00	0.00	0.00	1.37	0.00	0.00	1.67	0.51
天 津	0.00	0.00	1.41	0.00	0.00	0.00	1.37	0.00	1.75	0.00	0.51
黑龙江	0.00	0.00	1.41	0.00	0.00	0.00	1.37	0.00	0.00	0.00	0.34
陕 西	0.00	0.00	1.41	0.00	0.00	0.00	0.00	0.00	0.00	1.67	0.34
山 东	0.00	0.00	1.41	0.00	0.00	0.00	0.00	0.00	1.75	0.00	0.34
广 西	0.00	0.00	1.41	0.00	0.00	0.00	0.00	0.00	0.00	0.00	0.17
海 南	0.00	0.00	1.41	0.00	0.00	0.00	0.00	0.00	0.00	0.00	0.17
江 西	0.00	0.00	1.41	0.00	0.00	0.00	0.00	0.00	0.00	0.00	0.17
吉 林	0.00	0.00	1.41	0.00	0.00	0.00	0.00	0.00	0.00	0.00	0.17

表 4-49　细胞生物学 B 层人才的世界占比

单位：%

省 份	2014 年	2015 年	2016 年	2017 年	2018 年	2019 年	2020 年	2021 年	2022 年	2023 年	合计
北 京	0.95	1.51	2.32	1.74	2.54	2.49	4.92	3.75	4.04	3.57	2.80
上 海	1.51	2.17	1.55	0.87	2.36	3.37	4.61	2.66	3.70	3.57	2.62
广 东	0.57	1.00	0.93	1.02	2.18	1.78	4.76	3.13	3.70	3.57	2.27
浙 江	0.19	0.50	0.62	0.44	1.63	1.24	1.69	2.03	3.03	2.26	1.35
四 川	0.19	0.17	0.15	0.29	0.54	0.18	1.54	1.88	2.19	2.44	0.95
湖 北	0.00	0.67	0.62	0.29	0.73	0.36	1.54	1.25	1.35	0.94	0.78
江 苏	0.19	0.33	0.77	0.44	0.91	0.53	1.23	1.25	1.35	0.75	0.78
湖 南	0.19	0.17	0.15	0.29	0.36	0.53	1.08	0.94	1.35	1.88	0.68
山 东	0.00	0.33	0.00	0.15	0.36	0.53	0.46	0.47	1.35	0.75	0.43
河 南	0.00	0.00	0.15	0.15	0.00	0.89	0.31	0.47	0.67	1.50	0.40
重 庆	0.19	0.17	0.00	0.00	0.18	0.36	0.77	0.78	0.51	0.94	0.38
天 津	0.57	0.33	0.31	0.15	0.00	0.00	0.77	0.47	0.51	0.75	0.38
安 徽	0.38	0.17	0.46	0.00	0.00	0.18	0.77	0.47	0.84	0.38	0.37
福 建	0.19	0.17	0.46	0.29	0.36	0.53	0.31	0.31	0.51	0.38	0.35
辽 宁	0.00	0.00	0.31	0.29	0.91	0.18	0.15	0.31	0.67	0.56	0.33

续表

省　份	2014 年	2015 年	2016 年	2017 年	2018 年	2019 年	2020 年	2021 年	2022 年	2023 年	合计
黑龙江	0.00	0.00	0.00	0.15	0.36	0.53	0.46	0.47	0.51	0.56	0.30
吉　林	0.00	0.00	0.15	0.29	0.00	0.53	0.31	0.16	0.17	0.75	0.23
云　南	0.19	0.17	0.00	0.00	0.00	0.00	0.46	0.47	0.34	0.38	0.20
广　西	0.00	0.17	0.15	0.00	0.00	0.18	0.46	0.47	0.17	0.00	0.17
陕　西	0.19	0.00	0.15	0.00	0.00	0.18	0.46	0.16	0.17	0.38	0.17
贵　州	0.00	0.00	0.00	0.00	0.00	0.18	0.00	0.31	0.00	0.94	0.13
河　北	0.00	0.00	0.00	0.00	0.00	0.00	0.00	0.31	0.51	0.56	0.13
江　西	0.00	0.00	0.15	0.00	0.00	0.00	0.00	0.31	0.34	0.38	0.12
海　南	0.00	0.00	0.00	0.00	0.18	0.00	0.15	0.16	0.00	0.38	0.08
山　西	0.00	0.00	0.00	0.00	0.00	0.00	0.15	0.00	0.34	0.19	0.07
新　疆	0.00	0.00	0.00	0.00	0.00	0.18	0.00	0.00	0.00	0.38	0.05
甘　肃	0.00	0.00	0.00	0.00	0.00	0.00	0.00	0.16	0.00	0.19	0.03
宁　夏	0.00	0.00	0.00	0.00	0.00	0.00	0.00	0.00	0.00	0.19	0.02
西　藏	0.00	0.00	0.00	0.00	0.00	0.00	0.00	0.00	0.00	0.19	0.02

表 4-50　细胞生物学 C 层人才的世界占比

单位：%

省　份	2014 年	2015 年	2016 年	2017 年	2018 年	2019 年	2020 年	2021 年	2022 年	2023 年	合计
北　京	2.13	2.11	2.42	3.30	3.33	3.60	4.66	4.37	5.49	4.61	3.59
上　海	1.77	2.03	2.18	2.74	3.03	2.95	3.54	4.03	4.06	4.48	3.06
广　东	1.15	1.12	1.41	1.85	2.04	2.51	3.68	3.98	4.17	4.12	2.58
江　苏	0.79	1.07	1.24	1.74	1.80	1.79	2.18	2.07	2.69	2.36	1.77
浙　江	0.45	0.75	0.81	1.28	0.96	1.63	2.23	1.89	2.46	2.38	1.48
湖　北	0.30	0.52	0.54	1.12	0.96	1.36	1.92	1.97	1.80	2.40	1.28
山　东	0.40	0.44	0.36	0.59	0.56	0.73	1.27	1.22	1.42	1.47	0.84
四　川	0.38	0.33	0.64	0.82	0.49	0.48	1.01	1.19	1.53	1.51	0.83
湖　南	0.28	0.30	0.30	0.63	0.60	0.90	1.28	1.05	1.32	1.05	0.77
天　津	0.30	0.35	0.48	0.49	0.43	0.68	0.82	0.77	0.80	0.95	0.60
重　庆	0.30	0.28	0.47	0.46	0.54	0.43	0.51	0.69	1.02	0.87	0.55
河　南	0.11	0.25	0.12	0.50	0.51	0.81	0.88	0.70	0.64	0.87	0.54
安　徽	0.36	0.27	0.23	0.46	0.26	0.48	0.56	0.70	0.93	0.83	0.50
辽　宁	0.21	0.28	0.14	0.52	0.45	0.45	0.67	0.60	0.77	0.81	0.49
陕　西	0.23	0.30	0.19	0.56	0.45	0.48	0.57	0.49	0.53	0.48	0.43

省　份	2014 年	2015 年	2016 年	2017 年	2018 年	2019 年	2020 年	2021 年	2022 年	2023 年	合计
吉　林	0.21	0.25	0.14	0.40	0.37	0.39	0.42	0.42	0.48	0.44	0.35
黑龙江	0.15	0.17	0.28	0.30	0.22	0.48	0.45	0.38	0.53	0.46	0.34
福　建	0.11	0.10	0.22	0.29	0.19	0.25	0.39	0.54	0.66	0.65	0.34
云　南	0.13	0.08	0.12	0.14	0.22	0.25	0.39	0.59	0.52	0.51	0.29
江　西	0.02	0.12	0.14	0.17	0.15	0.16	0.25	0.23	0.28	0.28	0.18
河　北	0.13	0.07	0.09	0.13	0.07	0.20	0.20	0.30	0.28	0.16	0.16
广　西	0.11	0.10	0.08	0.16	0.09	0.20	0.29	0.18	0.18	0.18	0.16
山　西	0.02	0.10	0.00	0.07	0.07	0.05	0.19	0.18	0.27	0.20	0.11
甘　肃	0.02	0.00	0.09	0.04	0.06	0.07	0.19	0.13	0.21	0.20	0.10
贵　州	0.02	0.03	0.06	0.06	0.02	0.11	0.14	0.10	0.23	0.18	0.09
海　南	0.00	0.00	0.03	0.03	0.02	0.04	0.17	0.15	0.23	0.28	0.09
新　疆	0.00	0.00	0.02	0.09	0.04	0.09	0.09	0.03	0.11	0.12	0.06
内蒙古	0.02	0.02	0.05	0.07	0.00	0.07	0.05	0.08	0.05	0.10	0.05
宁　夏	0.02	0.02	0.02	0.03	0.04	0.00	0.03	0.10	0.05	0.04	0.03
青　海	0.00	0.00	0.00	0.01	0.02	0.00	0.00	0.02	0.04	0.02	0.01
西　藏	0.00	0.00	0.00	0.00	0.02	0.02	0.03	0.00	0.00	0.00	0.01

十八　免疫学

免疫学 A、B、C 层人才最多的均为北京，世界占比分别为 1.37%、2.12%、2.08%。

广东、江苏、上海 A 层人才的世界占比均为 0.76%；湖北、安徽、重庆、河北、湖南、浙江、福建、吉林有一定数量的 A 层人才，世界占比均超过 0.1%。

上海、广东有相当数量的 B 层人才，世界占比分别为 1.74%、1.39%；湖北、江苏、浙江、湖南、山东、安徽、四川、重庆、天津、河南、福建、黑龙江、辽宁、云南有一定数量的 B 层人才，世界占比均超过 0.1%；江西、吉林、广西、贵州、甘肃、海南、山西、内蒙古、陕西、新疆 B 层人才的世界占比均低于 0.1%。

广东、上海、江苏、湖北、浙江有相当数量的 C 层人才，世界占比在 2%~1%；山东、四川、湖南、安徽、河南、重庆、天津、福建、吉林、辽宁、黑龙江、江西、陕西、云南、广西、河北、甘肃、贵州、山西有一定数量的 C 层人才，世界占比超过或等于 0.1%；海南、新疆、内蒙古、宁夏、青海、西藏 C 层人才的世界占比均低于 0.1%。

表 4-51　免疫学 A 层人才的世界占比

单位：%

省份	2014 年	2015 年	2016 年	2017 年	2018 年	2019 年	2020 年	2021 年	2022 年	2023 年	合计
北京	0.00	2.22	0.00	1.69	1.54	0.00	2.78	3.85	1.33	0.00	1.37
广东	0.00	0.00	0.00	0.00	0.00	1.47	1.39	2.56	1.33	0.00	0.76
江苏	1.67	0.00	1.56	0.00	0.00	0.00	0.00	1.28	2.67	0.00	0.76
上海	0.00	0.00	1.56	0.00	0.00	1.47	0.00	1.28	2.67	0.00	0.76
湖北	0.00	0.00	0.00	0.00	0.00	4.17	1.28	0.00	0.00	0.00	0.61
安徽	0.00	0.00	0.00	0.00	0.00	0.00	1.39	1.28	1.33	0.00	0.46
重庆	0.00	0.00	0.00	0.00	0.00	0.00	1.39	0.00	1.33	0.00	0.31
河北	0.00	2.22	0.00	0.00	0.00	0.00	1.39	0.00	0.00	0.00	0.31
湖南	0.00	0.00	0.00	0.00	1.54	0.00	0.00	1.28	0.00	0.00	0.31
浙江	0.00	2.22	0.00	0.00	0.00	0.00	0.00	0.00	1.33	0.00	0.31
福建	0.00	0.00	1.56	0.00	0.00	0.00	0.00	0.00	0.00	0.00	0.15
吉林	0.00	0.00	0.00	0.00	0.00	0.00	0.00	1.28	0.00	0.00	0.15

表 4-52　免疫学 B 层人才的世界占比

单位：%

省份	2014 年	2015 年	2016 年	2017 年	2018 年	2019 年	2020 年	2021 年	2022 年	2023 年	合计
北京	0.56	0.99	1.73	1.15	2.23	1.85	4.83	2.56	2.27	2.20	2.12
上海	0.37	0.40	1.39	0.58	1.72	3.24	3.02	1.28	2.87	1.73	1.74
广东	0.00	0.20	0.87	0.58	1.03	1.08	4.08	1.56	2.42	1.26	1.39
湖北	0.00	0.00	0.69	0.58	0.34	0.62	4.68	1.00	0.45	0.63	0.96
江苏	0.19	0.00	0.52	0.38	1.54	0.77	1.21	0.28	1.06	1.41	0.76
浙江	0.37	0.20	0.35	0.19	0.17	0.93	1.96	1.14	0.91	0.47	0.71
湖南	0.00	0.00	0.17	0.38	0.69	0.46	0.60	0.28	1.21	0.63	0.46
山东	0.00	0.20	0.35	0.00	0.17	0.46	0.60	1.00	0.15	0.47	0.36

续表

省 份	2014 年	2015 年	2016 年	2017 年	2018 年	2019 年	2020 年	2021 年	2022 年	2023 年	合计
安 徽	0.00	0.00	0.00	0.58	0.17	0.31	1.36	0.28	0.30	0.31	0.35
四 川	0.00	0.20	0.17	0.19	0.00	0.31	0.15	0.43	0.76	1.10	0.35
重 庆	0.00	0.00	0.35	0.00	0.34	0.31	0.30	0.28	0.76	0.78	0.33
天 津	0.00	0.00	0.35	0.38	0.17	0.62	0.60	0.28	0.00	0.47	0.30
河 南	0.19	0.00	0.00	0.00	0.17	0.15	0.45	0.57	0.30	0.47	0.25
福 建	0.00	0.00	0.00	0.38	0.51	0.15	0.45	0.00	0.15	0.31	0.20
黑龙江	0.00	0.00	0.00	0.19	0.00	0.15	0.30	0.14	0.45	0.47	0.18
辽 宁	0.00	0.00	0.00	0.19	0.00	0.15	0.15	0.28	0.30	0.47	0.17
云 南	0.00	0.00	0.00	0.17	0.00	0.00	0.00	0.30	0.28	0.15	0.16	0.12
江 西	0.00	0.00	0.00	0.19	0.00	0.17	0.00	0.15	0.00	0.15	0.16	0.08
吉 林	0.00	0.00	0.00	0.00	0.17	0.15	0.15	0.00	0.15	0.16	0.08
广 西	0.00	0.00	0.00	0.00	0.19	0.34	0.00	0.00	0.00	0.16	0.07
贵 州	0.00	0.00	0.00	0.00	0.00	0.00	0.15	0.00	0.15	0.31	0.07
甘 肃	0.00	0.00	0.00	0.00	0.00	0.00	0.00	0.00	0.15	0.31	0.05
海 南	0.00	0.00	0.00	0.00	0.00	0.00	0.45	0.00	0.00	0.00	0.05
山 西	0.00	0.00	0.00	0.00	0.00	0.00	0.45	0.00	0.00	0.00	0.05
内蒙古	0.00	0.00	0.00	0.00	0.17	0.00	0.00	0.14	0.00	0.00	0.03
陕 西	0.19	0.00	0.00	0.00	0.00	0.00	0.15	0.00	0.00	0.00	0.03
新 疆	0.00	0.00	0.00	0.00	0.00	0.00	0.15	0.00	0.00	0.16	0.03

表 4-53　免疫学 C 层人才的世界占比

单位：%

省 份	2014 年	2015 年	2016 年	2017 年	2018 年	2019 年	2020 年	2021 年	2022 年	2023 年	合计
北 京	1.32	1.30	1.40	1.51	1.67	1.57	2.61	2.68	3.20	3.15	2.08
广 东	0.59	0.67	0.85	1.19	1.67	1.67	2.50	2.63	3.09	3.04	1.85
上 海	1.15	1.04	1.32	1.32	1.62	1.46	1.94	2.05	3.00	2.90	1.81
江 苏	0.72	1.02	0.73	0.69	1.17	0.98	1.41	1.27	1.86	2.41	1.24
湖 北	0.35	0.51	0.50	0.69	0.84	0.75	1.79	1.26	1.54	1.72	1.03
浙 江	0.48	0.37	0.69	0.80	0.72	0.79	1.21	1.13	1.99	1.81	1.03
山 东	0.39	0.49	0.38	0.42	0.58	0.68	0.80	0.77	1.20	1.32	0.72
四 川	0.17	0.37	0.33	0.31	0.41	0.30	0.55	0.91	1.49	1.54	0.65
湖 南	0.22	0.16	0.33	0.33	0.46	0.35	0.58	0.76	1.23	1.04	0.56
安 徽	0.22	0.30	0.24	0.42	0.26	0.35	0.67	0.64	0.76	1.23	0.52

省　份	2014 年	2015 年	2016 年	2017 年	2018 年	2019 年	2020 年	2021 年	2022 年	2023年	合计
河　南	0.11	0.10	0.12	0.17	0.34	0.35	0.52	0.60	0.95	0.79	0.42
重　庆	0.17	0.24	0.28	0.44	0.57	0.38	0.35	0.53	0.64	0.54	0.42
天　津	0.15	0.20	0.26	0.29	0.26	0.37	0.35	0.53	0.68	0.70	0.39
福　建	0.22	0.20	0.09	0.29	0.38	0.30	0.24	0.26	0.61	0.59	0.32
吉　林	0.24	0.20	0.17	0.13	0.33	0.25	0.27	0.42	0.37	0.59	0.30
辽　宁	0.11	0.12	0.19	0.21	0.27	0.29	0.35	0.26	0.48	0.70	0.30
黑龙江	0.20	0.12	0.10	0.15	0.12	0.22	0.29	0.28	0.59	0.55	0.27
江　西	0.02	0.06	0.09	0.08	0.15	0.13	0.20	0.26	0.40	0.41	0.19
陕　西	0.15	0.10	0.17	0.17	0.15	0.13	0.29	0.23	0.26	0.11	0.18
云　南	0.09	0.14	0.05	0.04	0.10	0.08	0.17	0.15	0.34	0.30	0.15
广　西	0.13	0.08	0.03	0.10	0.09	0.08	0.12	0.15	0.37	0.21	0.14
河　北	0.09	0.08	0.07	0.02	0.05	0.10	0.11	0.15	0.19	0.39	0.13
甘　肃	0.02	0.02	0.02	0.04	0.12	0.10	0.09	0.25	0.19	0.29	0.12
贵　州	0.02	0.00	0.02	0.02	0.00	0.08	0.08	0.20	0.25	0.38	0.11
山　西	0.00	0.06	0.02	0.00	0.07	0.11	0.05	0.15	0.28	0.16	0.10
海　南	0.02	0.02	0.03	0.00	0.05	0.08	0.14	0.09	0.19	0.09	0.08
新　疆	0.04	0.06	0.00	0.02	0.10	0.03	0.05	0.10	0.14	0.14	0.07
内蒙古	0.00	0.02	0.02	0.02	0.02	0.02	0.05	0.07	0.05	0.11	0.04
宁　夏	0.04	0.00	0.03	0.04	0.02	0.00	0.03	0.03	0.06	0.07	0.03
青　海	0.02	0.00	0.02	0.02	0.05	0.00	0.00	0.04	0.00	0.05	0.02
西　藏	0.00	0.00	0.00	0.02	0.00	0.00	0.00	0.00	0.02	0.02	0.01

十九　神经科学

神经科学 A、B、C 层人才最多的均为北京，世界占比分别为 1.43%、1.62%、1.74%。

上海有相当数量的 A 层人才，世界占比为 1.12%；浙江、重庆、广东、湖北、江苏、天津、安徽、河南、山东、四川、广西、河北、黑龙江、辽宁、陕西、山西、云南有一定数量的 A 层人才，世界占比超过或等于 0.1%。

上海有相当数量的 B 层人才，世界占比为 1.27%；广东、江苏、浙江、湖北、四川、山东、湖南、重庆、河南、辽宁、安徽、天津、福建、陕西、贵州、吉林有一定数量的 B 层人才，世界占比超过或等于 0.1%；山西、云南、海南、黑龙江、广西、江西、甘肃、河北、新疆、宁夏、西藏 B 层人才的世界占比均低于 0.1%。

上海、广东、江苏有相当数量的 C 层人才，世界占比分别为 1.33%、1.10%、1.02%；浙江、湖北、四川、山东、重庆、湖南、辽宁、河南、天津、安徽、福建、陕西、吉林、江西、黑龙江、云南、河北、山西有一定数量的 C 层人才，世界占比均超过 0.1%；广西、贵州、甘肃、海南、新疆、内蒙古、宁夏、青海、西藏 C 层人才的世界占比均低于 0.1%。

表 4-54　神经科学 A 层人才的世界占比

单位：%

省　份	2014 年	2015 年	2016 年	2017 年	2018 年	2019 年	2020 年	2021 年	2022 年	2023 年	合计
北　京	0.00	3.53	3.23	0.00	1.05	1.80	0.96	0.88	2.78	0.00	1.43
上　海	0.00	1.18	2.15	1.08	1.05	0.90	0.96	0.00	3.70	0.00	1.12
浙　江	0.00	2.35	1.08	1.08	1.05	0.00	0.96	0.00	0.93	1.05	0.82
重　庆	0.00	0.00	1.08	0.00	0.00	0.00	0.96	0.88	2.78	0.00	0.61
广　东	0.00	0.00	0.00	0.00	0.00	0.00	0.96	0.88	1.85	0.00	0.41
湖　北	0.00	0.00	0.00	0.00	0.00	0.00	2.88	0.00	0.93	0.00	0.41
江　苏	0.00	0.00	0.00	0.00	0.00	0.00	1.92	0.00	0.00	1.05	0.31
天　津	0.00	0.00	1.08	0.00	2.11	0.00	0.00	0.00	0.00	0.00	0.31
安　徽	0.00	0.00	0.00	0.00	0.00	0.00	1.92	0.00	0.00	0.00	0.20
河　南	0.00	0.00	0.00	0.00	0.00	0.00	0.96	0.00	0.93	0.00	0.20
山　东	0.00	0.00	0.00	0.00	0.00	0.00	0.00	0.00	1.85	0.00	0.20
四　川	0.00	0.00	1.08	0.00	0.00	0.00	0.00	0.00	0.93	0.00	0.20
广　西	0.00	0.00	0.00	0.00	0.00	0.00	0.00	0.00	0.93	0.00	0.10
河　北	0.00	1.18	0.00	0.00	0.00	0.00	0.00	0.00	0.00	0.00	0.10
黑龙江	0.00	0.00	0.00	0.00	0.00	0.00	0.00	0.00	0.00	1.05	0.10
辽　宁	0.00	0.00	1.08	0.00	0.00	0.00	0.00	0.00	0.00	0.00	0.10
陕　西	0.00	0.00	0.00	0.00	0.00	0.90	0.00	0.00	0.00	0.00	0.10
山　西	0.00	0.00	0.00	0.00	0.00	0.00	0.96	0.00	0.00	0.00	0.10
云　南	0.00	0.00	0.00	0.00	0.00	0.00	0.00	0.93	0.00	0.10	

表 4-55　神经科学 B 层人才的世界占比

单位：%

省　份	2014 年	2015 年	2016 年	2017 年	2018 年	2019 年	2020 年	2021 年	2022 年	2023 年	合计
北　京	0.93	0.89	1.07	1.20	1.17	2.01	2.59	2.12	2.26	1.43	1.62
上　海	0.53	0.77	1.07	0.44	1.52	1.21	1.62	1.44	2.06	1.76	1.27
广　东	0.40	0.13	0.24	0.76	0.82	0.81	2.16	1.25	0.88	1.54	0.93
江　苏	0.40	0.38	0.12	0.33	0.93	0.50	1.29	1.06	0.98	1.54	0.77
浙　江	0.13	0.13	0.12	0.22	0.35	0.60	1.08	1.25	1.57	0.88	0.67
湖　北	0.26	0.13	0.12	0.33	0.12	0.60	0.97	0.67	0.59	1.10	0.51
四　川	0.00	0.26	0.00	0.33	0.35	0.40	0.75	0.67	0.88	0.88	0.48
山　东	0.40	0.00	0.00	0.11	0.00	0.10	0.65	0.87	0.79	0.55	0.37
湖　南	0.00	0.00	0.00	0.11	0.23	0.30	0.43	0.38	0.59	0.99	0.32
重　庆	0.13	0.00	0.24	0.11	0.70	0.20	0.32	0.58	0.29	0.44	0.31
河　南	0.00	0.00	0.00	0.00	0.23	0.10	0.32	0.38	0.59	0.88	0.27
辽　宁	0.26	0.13	0.12	0.11	0.35	0.50	0.22	0.38	0.29	0.22	0.27
安　徽	0.13	0.13	0.00	0.00	0.00	0.40	0.43	0.67	0.39	0.22	0.25
天　津	0.00	0.13	0.00	0.22	0.00	0.10	0.22	0.77	0.29	0.22	0.21
福　建	0.26	0.13	0.00	0.11	0.47	0.20	0.22	0.10	0.00	0.33	0.18
陕　西	0.13	0.00	0.00	0.11	0.12	0.20	0.11	0.38	0.00	0.22	0.13
贵　州	0.00	0.00	0.00	0.00	0.00	0.00	0.22	0.19	0.20	0.44	0.11
吉　林	0.00	0.13	0.12	0.22	0.12	0.00	0.22	0.10	0.10	0.00	0.10
山　西	0.00	0.00	0.00	0.00	0.12	0.00	0.11	0.19	0.10	0.22	0.09
云　南	0.00	0.00	0.00	0.11	0.12	0.20	0.00	0.10	0.10	0.22	0.09
海　南	0.00	0.00	0.00	0.00	0.00	0.00	0.11	0.29	0.10	0.22	0.08
黑龙江	0.00	0.00	0.00	0.11	0.23	0.00	0.43	0.00	0.00	0.00	0.08
广　西	0.00	0.00	0.00	0.11	0.12	0.10	0.00	0.00	0.00	0.00	0.06
江　西	0.00	0.00	0.00	0.00	0.00	0.00	0.11	0.10	0.00	0.22	0.04
甘　肃	0.00	0.00	0.00	0.00	0.00	0.00	0.00	0.00	0.00	0.22	0.03
河　北	0.00	0.00	0.00	0.00	0.12	0.00	0.00	0.00	0.00	0.11	0.02
新　疆	0.00	0.00	0.00	0.11	0.00	0.00	0.11	0.00	0.00	0.00	0.02
宁　夏	0.00	0.00	0.00	0.00	0.00	0.00	0.00	0.10	0.00	0.00	0.01
西　藏	0.00	0.00	0.00	0.00	0.00	0.00	0.00	0.00	0.00	0.11	0.01

表 4-56 神经科学 C 层人才的世界占比

单位：%

省 份	2014 年	2015 年	2016 年	2017 年	2018 年	2019 年	2020 年	2021 年	2022 年	2023 年	合计
北 京	1.04	1.38	0.99	1.31	1.64	1.76	1.81	1.85	2.35	3.02	1.74
上 海	0.83	0.83	0.93	0.98	1.10	1.40	1.40	1.83	1.86	1.87	1.33
广 东	0.35	0.49	0.49	0.90	0.83	1.10	1.21	1.53	1.52	2.26	1.10
江 苏	0.72	0.83	0.93	0.90	0.84	1.03	1.02	1.10	1.27	1.51	1.02
浙 江	0.41	0.30	0.49	0.49	0.62	0.67	0.90	0.91	1.19	1.30	0.74
湖 北	0.25	0.28	0.31	0.50	0.54	0.65	0.56	0.63	0.80	1.10	0.58
四 川	0.24	0.28	0.32	0.37	0.32	0.57	0.52	0.73	0.75	0.92	0.52
山 东	0.39	0.38	0.29	0.35	0.43	0.49	0.51	0.66	0.66	0.81	0.50
重 庆	0.27	0.40	0.39	0.48	0.62	0.34	0.39	0.39	0.54	0.57	0.44
湖 南	0.13	0.16	0.17	0.31	0.39	0.41	0.45	0.38	0.57	0.70	0.38
辽 宁	0.15	0.28	0.35	0.27	0.20	0.32	0.29	0.33	0.58	0.51	0.33
河 南	0.12	0.06	0.08	0.16	0.29	0.34	0.36	0.50	0.42	0.51	0.29
天 津	0.33	0.17	0.12	0.26	0.25	0.20	0.41	0.34	0.28	0.55	0.29
安 徽	0.04	0.18	0.10	0.18	0.16	0.18	0.31	0.31	0.45	0.36	0.23
福 建	0.16	0.14	0.16	0.20	0.18	0.18	0.24	0.18	0.34	0.38	0.22
陕 西	0.20	0.25	0.27	0.18	0.15	0.14	0.29	0.18	0.25	0.23	0.21
吉 林	0.05	0.08	0.10	0.08	0.16	0.16	0.18	0.17	0.21	0.20	0.14
江 西	0.03	0.00	0.06	0.09	0.09	0.07	0.12	0.23	0.18	0.36	0.13
黑龙江	0.03	0.05	0.07	0.10	0.12	0.16	0.08	0.15	0.19	0.21	0.12
云 南	0.04	0.09	0.06	0.08	0.04	0.11	0.10	0.16	0.25	0.24	0.12
河 北	0.09	0.09	0.07	0.09	0.12	0.10	0.09	0.07	0.17	0.23	0.11
山 西	0.03	0.12	0.04	0.08	0.15	0.07	0.09	0.17	0.14	0.17	0.11
广 西	0.05	0.06	0.04	0.04	0.09	0.06	0.06	0.13	0.15	0.18	0.09
贵 州	0.03	0.00	0.04	0.04	0.04	0.09	0.11	0.09	0.10	0.15	0.07
甘 肃	0.00	0.01	0.00	0.00	0.07	0.09	0.04	0.04	0.10	0.15	0.06
海 南	0.00	0.06	0.01	0.01	0.04	0.02	0.10	0.04	0.13	0.13	0.05
新 疆	0.03	0.05	0.00	0.00	0.02	0.04	0.05	0.02	0.08	0.09	0.04
内蒙古	0.00	0.00	0.05	0.00	0.00	0.02	0.02	0.03	0.02	0.04	0.02
宁 夏	0.01	0.03	0.01	0.02	0.00	0.01	0.02	0.02	0.02	0.04	0.02
青 海	0.00	0.00	0.00	0.00	0.01	0.02	0.02	0.00	0.01	0.04	0.01
西 藏	0.00	0.00	0.00	0.00	0.01	0.00	0.00	0.00	0.03	0.01	0.01

二十 心理学

心理学 A、B、C 层人才最多的均为北京，世界占比分别为 2.36%、1.35%、0.96%。

广东、湖北、四川、浙江有一定数量的 A 层人才，世界占比均为 0.79%。

上海、四川、广东、浙江、福建、湖北、江苏有一定数量的 B 层人才，世界占比均超过 0.1%；安徽、湖南、山东、天津 B 层人才的世界占比均为 0.07%。

广东、上海、四川、浙江、重庆、江苏、湖南、天津、山东、湖北、河南、福建有一定数量的 C 层人才，世界占比超过或等于 0.1%；辽宁、安徽、河北、江西、吉林、陕西、黑龙江、广西、海南、云南、山西、甘肃、贵州、内蒙古、宁夏 C 层人才的世界占比均低于 0.1%。

表 4-57 心理学 A 层人才的世界占比

单位：%

省　份	2014 年	2015 年	2016 年	2017 年	2018 年	2019 年	2020 年	2021 年	2022 年	2023 年	合计
北　京	0.00	6.25	0.00	0.00	0.00	0.00	7.14	5.88	0.00	0.00	2.36
广　东	0.00	0.00	0.00	0.00	0.00	0.00	0.00	5.88	0.00	0.00	0.79
湖　北	0.00	0.00	0.00	0.00	0.00	0.00	7.14	0.00	0.00	0.00	0.79
四　川	0.00	0.00	0.00	0.00	0.00	0.00	7.14	0.00	0.00	0.00	0.79
浙　江	0.00	6.25	0.00	0.00	0.00	0.00	0.00	0.00	0.00	0.00	0.79

表 4-58 心理学 B 层人才的世界占比

单位：%

省　份	2014 年	2015 年	2016 年	2017 年	2018 年	2019 年	2020 年	2021 年	2022 年	2023 年	合计
北　京	2.10	0.69	0.60	0.66	1.88	1.21	0.78	2.47	1.39	1.79	1.35
上　海	0.70	0.00	0.00	0.66	1.88	0.00	0.00	0.62	1.39	0.00	0.54
四　川	0.00	0.00	0.00	0.00	0.00	1.21	0.00	1.23	0.69	1.79	0.47
广　东	0.70	0.00	0.00	0.00	0.63	0.00	0.00	0.00	0.69	1.79	0.34

续表

省　份	2014 年	2015 年	2016 年	2017 年	2018 年	2019 年	2020 年	2021 年	2022 年	2023 年	合计
浙　江	0.00	0.00	0.00	0.00	0.63	0.61	0.00	0.00	0.69	0.00	0.20
福　建	0.00	0.00	0.00	0.00	0.63	0.00	0.00	0.00	0.00	0.89	0.14
湖　北	0.00	0.00	0.00	0.00	0.00	0.00	0.00	0.00	1.39	0.00	0.14
江　苏	0.00	0.00	0.00	0.00	0.00	0.00	0.00	1.23	0.00	0.00	0.14
安　徽	0.00	0.00	0.00	0.00	0.00	0.00	0.00	0.00	0.00	0.89	0.07
湖　南	0.00	0.00	0.00	0.00	0.00	0.00	0.00	0.62	0.00	0.00	0.07
山　东	0.00	0.69	0.00	0.00	0.00	0.00	0.00	0.00	0.00	0.00	0.07
天　津	0.00	0.00	0.00	0.00	0.00	0.00	0.00	0.00	0.69	0.00	0.07

表 4-59　心理学 C 层人才的世界占比

单位：%

省　份	2014 年	2015 年	2016 年	2017 年	2018 年	2019 年	2020 年	2021 年	2022 年	2023 年	合计
北　京	0.39	0.70	1.19	0.82	0.69	0.55	1.39	1.32	1.44	1.27	0.96
广　东	0.20	0.28	0.13	0.48	0.42	0.55	0.77	0.75	0.84	1.45	0.56
上　海	0.13	0.14	0.26	0.20	0.21	0.43	0.35	0.38	0.84	0.45	0.33
四　川	0.13	0.14	0.00	0.34	0.07	0.25	0.42	0.19	0.84	0.36	0.26
浙　江	0.33	0.07	0.07	0.27	0.28	0.31	0.07	0.19	0.84	0.27	0.26
重　庆	0.07	0.14	0.07	0.07	0.28	0.12	0.14	0.06	0.38	0.45	0.17
江　苏	0.20	0.00	0.07	0.07	0.00	0.25	0.14	0.25	0.38	0.09	0.15
湖　南	0.13	0.07	0.07	0.00	0.14	0.12	0.07	0.19	0.15	0.55	0.14
天　津	0.07	0.00	0.13	0.07	0.07	0.25	0.28	0.06	0.15	0.27	0.13
山　东	0.00	0.00	0.13	0.07	0.21	0.18	0.14	0.13	0.23	0.18	0.12
湖　北	0.00	0.00	0.13	0.20	0.00	0.06	0.14	0.38	0.15	0.09	0.12
河　南	0.07	0.00	0.07	0.07	0.14	0.12	0.14	0.19	0.08	0.27	0.11
福　建	0.00	0.14	0.00	0.07	0.00	0.18	0.07	0.00	0.08	0.55	0.10
辽　宁	0.07	0.00	0.00	0.14	0.07	0.12	0.07	0.00	0.15	0.18	0.08
安　徽	0.00	0.00	0.00	0.07	0.00	0.06	0.14	0.06	0.08	0.27	0.06
河　北	0.00	0.00	0.00	0.00	0.07	0.06	0.07	0.00	0.08	0.18	0.04
江　西	0.00	0.00	0.00	0.00	0.00	0.00	0.07	0.13	0.15	0.09	0.04
吉　林	0.07	0.00	0.07	0.00	0.07	0.00	0.00	0.00	0.08	0.09	0.04
陕　西	0.07	0.00	0.07	0.00	0.00	0.00	0.00	0.00	0.15	0.18	0.04
黑龙江	0.00	0.00	0.00	0.00	0.07	0.00	0.00	0.06	0.08	0.18	0.03
广　西	0.00	0.00	0.00	0.00	0.07	0.00	0.06	0.00	0.06	0.09	0.03
海　南	0.00	0.00	0.00	0.00	0.07	0.00	0.00	0.07	0.06	0.08	0.00	0.03

省　份	2014 年	2015 年	2016 年	2017 年	2018 年	2019 年	2020 年	2021 年	2022 年	2023 年	合计
云　南	0.00	0.00	0.00	0.07	0.00	0.00	0.07	0.06	0.00	0.09	0.03
山　西	0.00	0.07	0.00	0.00	0.00	0.00	0.00	0.00	0.08	0.09	0.02
甘　肃	0.00	0.00	0.07	0.00	0.00	0.00	0.00	0.00	0.00	0.00	0.01
贵　州	0.00	0.00	0.00	0.00	0.00	0.00	0.06	0.00	0.00	0.00	0.01
内蒙古	0.00	0.00	0.00	0.00	0.00	0.00	0.00	0.06	0.00	0.00	0.01
宁　夏	0.00	0.00	0.00	0.00	0.00	0.06	0.00	0.00	0.00	0.00	0.01

二十一　应用心理学

应用心理学 A 层人才仅分布在北京、上海，世界占比均为 1.23%。

B 层人才最多的是北京，世界占比为 1.52%；上海、广东、浙江、湖北、江苏、江西、山东、四川有一定数量的 B 层人才，世界占比均超过 0.1%。

C 层人才最多的是北京，世界占比为 2.04%；上海、广东、浙江、湖北、江苏、四川、天津、山东、重庆、福建、湖南、辽宁、安徽有一定数量的 C 层人才，世界占比均超过 0.1%；黑龙江、广西、河南、河北、江西、陕西、山西、云南、甘肃、吉林 C 层人才的世界占比均低于 0.1%。

表 4-60　应用心理学 A 层人才的世界占比

单位：%

省　份	2014 年	2015 年	2016 年	2017 年	2018 年	2019 年	2020 年	2021 年	2022 年	2023 年	合计
北　京	0.00	0.00	0.00	0.00	0.00	0.00	10.00	0.00	0.00	0.00	1.23
上　海	0.00	0.00	0.00	0.00	0.00	0.00	10.00	0.00	0.00	0.00	1.23

表 4-61　应用心理学 B 层人才的世界占比

单位：%

省　份	2014 年	2015 年	2016 年	2017 年	2018 年	2019 年	2020 年	2021 年	2022 年	2023 年	合计
北　京	0.00	1.41	0.00	1.23	2.56	1.11	3.06	3.64	0.00	1.28	1.52

续表

省 份	2014年	2015年	2016年	2017年	2018年	2019年	2020年	2021年	2022年	2023年	合计
上 海	0.00	0.00	3.75	0.00	1.28	1.11	0.00	0.00	0.00	0.00	0.58
广 东	0.00	0.00	0.00	1.23	0.00	0.00	1.02	0.00	1.12	0.00	0.35
浙 江	1.22	0.00	0.00	0.00	0.00	0.00	1.02	0.00	0.00	0.00	0.23
湖 北	0.00	0.00	0.00	0.00	0.00	0.00	1.02	0.00	0.00	0.00	0.12
江 苏	0.00	0.00	0.00	0.00	0.00	0.00	1.02	0.00	0.00	0.00	0.12
江 西	0.00	0.00	0.00	0.00	0.00	0.00	0.00	0.91	0.00	0.00	0.12
山 东	0.00	0.00	0.00	0.00	0.00	0.00	0.00	0.91	0.00	0.00	0.12
四 川	0.00	0.00	0.00	0.00	0.00	0.00	0.00	0.91	0.00	0.00	0.12

表 4-62　应用心理学 C 层人才的世界占比

单位：%

省 份	2014年	2015年	2016年	2017年	2018年	2019年	2020年	2021年	2022年	2023年	合计
北 京	1.56	2.82	1.23	1.88	1.42	2.88	2.11	1.78	2.41	2.31	2.04
上 海	0.39	1.27	0.61	0.38	1.16	1.22	0.95	0.66	0.92	1.16	0.87
广 东	0.26	0.42	1.10	0.38	0.26	1.00	0.95	1.03	1.38	1.16	0.82
浙 江	0.39	0.14	0.37	0.38	0.13	0.88	0.21	0.94	0.69	0.64	0.50
湖 北	0.13	0.42	0.49	0.50	0.26	0.66	0.53	0.38	0.57	0.39	0.44
江 苏	0.39	0.00	0.12	0.38	0.39	0.22	0.21	0.66	0.69	0.51	0.37
四 川	0.00	0.14	0.12	0.38	0.26	0.55	0.63	0.09	0.11	0.51	0.28
天 津	0.13	0.14	0.37	0.00	0.39	0.00	0.21	0.28	0.23	0.13	0.19
山 东	0.26	0.00	0.00	0.13	0.00	0.22	0.32	0.09	0.11	0.39	0.15
重 庆	0.00	0.28	0.00	0.25	0.00	0.33	0.00	0.19	0.23	0.00	0.13
福 建	0.00	0.14	0.00	0.13	0.00	0.11	0.32	0.28	0.00	0.26	0.13
湖 南	0.00	0.00	0.00	0.00	0.13	0.11	0.11	0.09	0.34	0.39	0.13
辽 宁	0.00	0.00	0.00	0.13	0.00	0.00	0.00	0.09	0.57	0.39	0.12
安 徽	0.13	0.00	0.00	0.00	0.13	0.33	0.21	0.09	0.00	0.13	0.11
黑龙江	0.00	0.00	0.00	0.00	0.13	0.11	0.00	0.00	0.00	0.26	0.06
广 西	0.00	0.00	0.00	0.00	0.00	0.11	0.11	0.00	0.23	0.00	0.05
河 南	0.00	0.00	0.00	0.00	0.00	0.00	0.21	0.09	0.00	0.00	0.04
河 北	0.00	0.14	0.00	0.00	0.13	0.00	0.00	0.00	0.00	0.00	0.02
江 西	0.13	0.00	0.00	0.00	0.00	0.00	0.00	0.00	0.00	0.13	0.02
陕 西	0.00	0.00	0.00	0.13	0.00	0.00	0.00	0.00	0.00	0.13	0.02
山 西	0.00	0.00	0.00	0.00	0.00	0.00	0.21	0.00	0.00	0.00	0.02

续表

省　份	2014 年	2015 年	2016 年	2017 年	2018 年	2019 年	2020 年	2021 年	2022 年	2023 年	合计
云　南	0.00	0.00	0.00	0.00	0.00	0.00	0.11	0.00	0.00	0.13	0.02
甘　肃	0.00	0.00	0.00	0.00	0.00	0.00	0.00	0.00	0.00	0.13	0.01
吉　林	0.00	0.00	0.00	0.00	0.00	0.00	0.11	0.00	0.00	0.00	0.01

二十二　生理心理学

生理心理学 A 层人才仅分布在黑龙江、浙江，世界占比均为 4.00%。

B 层人才最多的是北京，世界占比为 1.44%；上海、广东、广西、黑龙江、山东有一定数量的 B 层人才，世界占比均超过 0.2%。

C 层人才最多的是北京，世界占比为 0.99%；上海、江苏、广东、辽宁、浙江、河南、天津、四川有一定数量的 C 层人才，世界占比均超过 0.1%；安徽、重庆、湖南、山东、湖北、陕西、云南、福建、甘肃、河北、吉林 C 层人才的世界占比均低于 0.1%。

表 4-63　生理心理学 A 层人才的世界占比

单位：%

省　份	2014 年	2015 年	2016 年	2017 年	2018 年	2019 年	2020 年	2021 年	2022 年	2023 年	合计
黑龙江	0.00	0.00	0.00	0.00	0.00	0.00	0.00	0.00	25.00	4.00
浙　江	0.00	0.00	0.00	0.00	0.00	0.00	0.00	0.00	25.00	4.00

表 4-64　生理心理学 B 层人才的世界占比

单位：%

省　份	2014 年	2015 年	2016 年	2017 年	2018 年	2019 年	2020 年	2021 年	2022 年	2023 年	合计
北　京	0.00	0.00	0.00	0.00	0.00	5.26	4.88	0.00	2.38	0.00	1.44
上　海	0.00	0.00	0.00	0.00	0.00	2.63	2.44	0.00	2.38	0.00	0.86
广　东	3.03	0.00	0.00	0.00	0.00	2.63	0.00	0.00	0.00	0.00	0.58
广　西	0.00	0.00	0.00	0.00	0.00	2.63	0.00	0.00	0.00	0.00	0.29
黑龙江	0.00	0.00	0.00	0.00	2.22	0.00	0.00	0.00	0.00	0.00	0.29
山　东	0.00	0.00	0.00	0.00	0.00	0.00	2.44	0.00	0.00	0.00	0.29

表 4-65 生理心理学 C 层人才的世界占比

单位：%

省 份	2014 年	2015 年	2016 年	2017 年	2018 年	2019 年	2020 年	2021 年	2022 年	2023 年	合计
北 京	0.31	1.60	1.10	0.76	0.75	0.60	0.81	2.24	0.59	0.81	0.99
上 海	0.00	0.64	0.00	1.02	0.25	0.60	0.81	0.90	0.00	1.35	0.58
江 苏	0.31	0.96	0.82	1.02	0.25	0.00	0.00	0.22	0.29	0.27	0.41
广 东	0.31	0.32	0.27	0.25	0.00	0.00	0.00	0.90	0.29	1.08	0.36
辽 宁	0.31	0.32	0.00	1.02	0.25	0.30	0.00	0.22	0.00	0.00	0.25
浙 江	0.00	0.96	0.00	0.00	0.00	0.30	0.00	0.45	0.00	0.54	0.22
河 南	0.00	0.32	0.27	0.25	0.25	0.00	0.00	0.22	0.00	0.27	0.16
天 津	0.31	0.00	0.27	0.25	0.00	0.00	0.27	0.22	0.00	0.00	0.14
四 川	0.00	0.00	0.00	0.00	0.00	0.00	0.00	0.45	0.29	0.27	0.11
安 徽	0.00	0.00	0.00	0.00	0.00	0.00	0.27	0.00	0.00	0.54	0.08
重 庆	0.00	0.00	0.00	0.25	0.25	0.30	0.00	0.00	0.00	0.00	0.08
湖 南	0.00	0.32	0.00	0.00	0.00	0.00	0.27	0.00	0.00	0.27	0.08
山 东	0.00	0.32	0.00	0.00	0.00	0.00	0.00	0.45	0.00	0.00	0.08
湖 北	0.00	0.00	0.00	0.00	0.00	0.25	0.00	0.22	0.00	0.00	0.05
陕 西	0.31	0.00	0.27	0.00	0.00	0.00	0.00	0.00	0.00	0.00	0.05
云 南	0.00	0.00	0.00	0.00	0.00	0.00	0.27	0.00	0.00	0.27	0.05
福 建	0.00	0.00	0.00	0.25	0.00	0.00	0.00	0.00	0.00	0.00	0.03
甘 肃	0.00	0.00	0.00	0.00	0.00	0.30	0.00	0.00	0.00	0.00	0.03
河 北	0.31	0.00	0.00	0.00	0.00	0.00	0.00	0.00	0.00	0.00	0.03
吉 林	0.00	0.00	0.00	0.00	0.25	0.00	0.00	0.00	0.00	0.00	0.03

二十三 临床心理学

临床心理学 A 层人才仅分布在北京、广东，世界占比均为 0.79%。

B 层人才最多的是北京，世界占比为 1.19%；广东、上海、湖北、山东、四川、重庆、湖南、江苏、天津、浙江有一定数量的 B 层人才，世界占比均超过 0.1%；安徽、河北、河南、江西、吉林、辽宁 B 层人才的世界占比均为 0.07%。

C 层人才最多的是广东，世界占比为 0.61%；北京、四川、浙江、上

海、湖北、重庆、湖南、江苏、山东、安徽、河南、天津有一定数量的 C
层人才，世界占比超过或等于 0.1%；福建、江西、河北、辽宁、陕西、广
西、吉林、甘肃、贵州、海南、黑龙江、内蒙古、山西、宁夏、青海、云南
C 层人才的世界占比均低于 0.1%。

表 4-66　临床心理学 A 层人才的世界占比

单位：%

省　份	2014 年	2015 年	2016 年	2017 年	2018 年	2019 年	2020 年	2021 年	2022 年	2023 年	合计
北　京	0.00	0.00	0.00	0.00	0.00	0.00	0.00	5.26	0.00	0.00	0.79
广　东	0.00	0.00	0.00	0.00	0.00	0.00	0.00	5.26	0.00	0.00	0.79

表 4-67　临床心理学 B 层人才的世界占比

单位：%

省　份	2014 年	2015 年	2016 年	2017 年	2018 年	2019 年	2020 年	2021 年	2022 年	2023 年	合计
北　京	1.60	0.83	1.41	1.38	0.80	0.58	0.00	1.55	2.20	1.36	1.19
广　东	0.80	0.00	0.00	0.00	0.80	0.00	0.00	2.59	1.65	1.36	0.79
上　海	0.80	0.00	0.00	0.00	1.60	0.00	0.00	1.55	1.65	0.68	0.66
湖　北	0.00	0.00	0.00	0.00	0.00	0.00	0.00	1.04	0.55	0.00	0.20
山　东	0.00	0.83	0.00	0.00	0.00	0.00	0.00	0.52	0.55	0.00	0.20
四　川	0.00	0.00	0.00	0.00	0.00	0.00	0.00	1.55	0.00	0.00	0.20
重　庆	0.00	0.00	0.00	0.00	0.00	0.00	0.00	0.52	0.55	0.00	0.13
湖　南	0.00	0.00	0.00	0.00	0.00	0.00	0.00	0.00	1.10	0.00	0.13
江　苏	0.00	0.00	0.00	0.00	0.00	0.00	0.00	0.00	1.10	0.00	0.13
天　津	0.00	0.00	0.00	0.00	0.00	0.58	0.00	0.00	0.55	0.00	0.13
浙　江	0.00	0.00	0.00	0.00	0.00	0.00	0.00	0.00	0.55	0.68	0.13
安　徽	0.00	0.00	0.00	0.00	0.00	0.00	0.00	0.00	0.68	0.00	0.07
河　北	0.00	0.00	0.00	0.00	0.00	0.00	0.00	0.00	0.55	0.00	0.07
河　南	0.00	0.00	0.00	0.00	0.00	0.00	0.00	0.00	0.68	0.00	0.07
江　西	0.00	0.00	0.00	0.00	0.00	0.00	0.00	0.00	0.55	0.00	0.07
吉　林	0.00	0.00	0.00	0.00	0.00	0.00	0.00	0.00	0.55	0.00	0.07
辽　宁	0.00	0.00	0.00	0.00	0.00	0.00	0.00	0.00	0.68	0.00	0.07

表 4-68　临床心理学 C 层人才的世界占比

单位：%

省　份	2014 年	2015 年	2016 年	2017 年	2018 年	2019 年	2020 年	2021 年	2022 年	2023 年	合计
广　东	0.08	0.17	0.16	0.37	0.22	0.54	0.98	0.75	1.38	1.06	0.61
北　京	0.32	0.33	0.31	0.45	0.37	0.72	0.37	0.69	1.12	0.73	0.56
四　川	0.32	0.33	0.00	0.30	0.15	0.30	0.18	0.21	0.66	0.79	0.33
浙　江	0.16	0.08	0.00	0.00	0.07	0.24	0.24	0.48	1.05	0.73	0.33
上　海	0.00	0.33	0.08	0.07	0.07	0.30	0.49	0.37	0.59	0.53	0.30
湖　北	0.08	0.08	0.00	0.22	0.15	0.06	0.24	0.32	0.33	0.40	0.20
重　庆	0.00	0.33	0.16	0.07	0.07	0.06	0.12	0.32	0.26	0.40	0.18
湖　南	0.08	0.08	0.08	0.00	0.15	0.12	0.12	0.32	0.33	0.46	0.18
江　苏	0.08	0.08	0.08	0.07	0.15	0.06	0.06	0.27	0.26	0.26	0.14
山　东	0.08	0.08	0.00	0.07	0.00	0.12	0.00	0.37	0.20	0.13	0.12
安　徽	0.08	0.08	0.08	0.00	0.07	0.06	0.18	0.05	0.07	0.33	0.10
河　南	0.00	0.00	0.00	0.00	0.07	0.06	0.00	0.11	0.26	0.46	0.10
天　津	0.00	0.08	0.00	0.07	0.07	0.06	0.37	0.00	0.20	0.07	0.10
福　建	0.00	0.00	0.00	0.00	0.00	0.00	0.00	0.21	0.00	0.33	0.06
江　西	0.00	0.00	0.00	0.00	0.00	0.00	0.00	0.00	0.26	0.26	0.06
河　北	0.00	0.08	0.00	0.00	0.07	0.06	0.12	0.11	0.00	0.07	0.05
辽　宁	0.08	0.00	0.00	0.00	0.00	0.18	0.00	0.11	0.07	0.00	0.05
陕　西	0.00	0.00	0.08	0.00	0.00	0.00	0.06	0.05	0.07	0.13	0.04
广　西	0.00	0.00	0.08	0.07	0.00	0.06	0.00	0.00	0.07	0.07	0.03
吉　林	0.00	0.00	0.08	0.00	0.00	0.00	0.00	0.00	0.07	0.13	0.03
甘　肃	0.00	0.08	0.00	0.00	0.00	0.00	0.06	0.00	0.07	0.00	0.02
贵　州	0.00	0.00	0.00	0.00	0.00	0.00	0.00	0.11	0.07	0.00	0.02
海　南	0.00	0.00	0.00	0.00	0.07	0.00	0.06	0.00	0.05	0.00	0.02
黑龙江	0.00	0.00	0.00	0.00	0.00	0.00	0.00	0.00	0.13	0.07	0.02
内蒙古	0.00	0.00	0.00	0.00	0.00	0.00	0.00	0.11	0.00	0.07	0.02
山　西	0.00	0.00	0.00	0.00	0.00	0.00	0.00	0.06	0.05	0.00	0.02
宁　夏	0.00	0.00	0.00	0.00	0.00	0.06	0.00	0.05	0.00	0.00	0.01
青　海	0.00	0.00	0.00	0.00	0.00	0.00	0.00	0.05	0.00	0.07	0.01
云　南	0.00	0.00	0.00	0.00	0.00	0.00	0.00	0.00	0.00	0.13	0.01

二十四 发展心理学

发展心理学 A 层人才仅分布在北京、河北、山东、天津，世界占比均为 0.98%。

B 层人才最多的是北京，世界占比为 0.68%；湖北、广东、江苏、上海、安徽、重庆、福建、河北、湖南、吉林、辽宁、山东、山西、四川、天津、浙江有一定数量的 B 层人才，世界占比超过或等于 0.1%。

C 层人才最多的是北京，世界占比为 0.80%；上海、广东、山东、四川、浙江、江苏有一定数量的 C 层人才，世界占比超过或等于 0.1%；安徽、重庆、湖北、湖南、河南、福建、黑龙江、吉林、山西、天津、甘肃、贵州、河北、陕西、辽宁、云南、广西、海南、宁夏 C 层人才的世界占比均低于 0.1%。

表 4-69　发展心理学 A 层人才的世界占比

单位：%

省　份	2014 年	2015 年	2016 年	2017 年	2018 年	2019 年	2020 年	2021 年	2022 年	2023 年	合计
北　京	0.00	0.00	0.00	0.00	0.00	0.00	7.69	0.00	0.00	0.00	0.98
河　北	0.00	0.00	0.00	0.00	0.00	0.00	7.69	0.00	0.00	0.00	0.98
山　东	0.00	0.00	0.00	0.00	0.00	0.00	7.69	0.00	0.00	0.00	0.98
天　津	0.00	0.00	0.00	0.00	0.00	0.00	7.69	0.00	0.00	0.00	0.98

表 4-70　发展心理学 B 层人才的世界占比

单位：%

省　份	2014 年	2015 年	2016 年	2017 年	2018 年	2019 年	2020 年	2021 年	2022 年	2023 年	合计
北　京	2.86	0.00	0.00	0.00	0.00	1.64	0.85	0.87	0.90	0.00	0.68
湖　北	0.00	0.00	0.00	0.00	0.00	0.82	0.85	0.00	0.90	0.93	0.39
广　东	0.00	0.00	0.00	0.00	0.00	0.00	0.85	0.00	0.00	0.93	0.20
江　苏	0.00	0.00	0.00	0.00	0.96	0.00	0.00	0.87	0.00	0.00	0.20
上　海	0.00	0.00	0.00	0.00	0.00	0.00	0.00	0.87	0.93	0.00	0.20
安　徽	0.00	0.00	0.00	0.00	0.00	0.82	0.00	0.00	0.00	0.00	0.10
重　庆	0.00	0.00	0.00	0.00	0.00	0.00	0.00	0.87	0.00	0.00	0.10

省　份	2014 年	2015 年	2016 年	2017 年	2018 年	2019 年	2020 年	2021 年	2022 年	2023 年	合计
福　建	0.00	0.00	0.00	0.00	0.00	0.00	0.00	0.00	0.90	0.00	0.10
河　北	0.00	0.00	0.00	0.00	0.00	0.00	0.85	0.00	0.00	0.00	0.10
湖　南	0.00	0.00	0.00	0.00	0.00	0.00	0.00	0.87	0.00	0.00	0.10
吉　林	0.00	0.00	0.00	0.00	0.00	0.00	0.00	0.00	0.90	0.00	0.10
辽　宁	0.00	0.00	0.00	0.00	0.00	0.00	0.00	0.00	0.90	0.00	0.10
山　东	0.00	0.00	0.00	0.00	0.00	0.00	0.85	0.00	0.00	0.00	0.10
山　西	0.00	0.00	0.00	0.00	0.00	0.00	0.00	0.00	0.90	0.00	0.10
四　川	0.00	0.00	0.00	0.00	0.00	0.00	0.00	0.87	0.00	0.00	0.10
天　津	0.00	0.00	0.00	0.00	0.00	0.00	0.00	0.00	0.00	0.93	0.10
浙　江	1.43	0.00	0.00	0.00	0.00	0.00	0.00	0.00	0.00	0.00	0.10

表 4-71　发展心理学 C 层人才的世界占比

单位：%

省　份	2014 年	2015 年	2016 年	2017 年	2018 年	2019 年	2020 年	2021 年	2022 年	2023 年	合计
北　京	0.28	0.48	0.65	0.41	0.49	0.94	0.75	0.90	1.10	1.77	0.80
上　海	0.56	0.24	0.22	0.20	0.69	0.43	0.91	0.49	0.30	0.98	0.52
广　东	0.14	0.00	0.43	0.20	0.39	0.26	0.50	0.57	0.40	1.08	0.42
山　东	0.14	0.00	0.22	0.20	0.29	0.26	0.25	0.16	0.10	0.10	0.18
四　川	0.00	0.12	0.11	0.31	0.10	0.17	0.17	0.25	0.10	0.29	0.17
浙　江	0.00	0.12	0.22	0.00	0.20	0.00	0.17	0.25	0.30	0.39	0.17
江　苏	0.14	0.00	0.00	0.20	0.10	0.00	0.08	0.00	0.10	0.39	0.10
安　徽	0.00	0.36	0.11	0.20	0.00	0.09	0.00	0.00	0.00	0.20	0.09
重　庆	0.00	0.00	0.00	0.00	0.00	0.17	0.00	0.08	0.00	0.29	0.09
湖　北	0.00	0.00	0.11	0.00	0.20	0.09	0.17	0.00	0.10	0.10	0.08
湖　南	0.00	0.00	0.22	0.10	0.10	0.00	0.08	0.08	0.00	0.20	0.08
河　南	0.00	0.00	0.00	0.10	0.00	0.10	0.00	0.08	0.16	0.00	0.06
福　建	0.00	0.00	0.00	0.00	0.00	0.00	0.09	0.25	0.00	0.10	0.05
黑龙江	0.00	0.00	0.00	0.00	0.00	0.10	0.00	0.16	0.00	0.00	0.04
吉　林	0.00	0.00	0.11	0.00	0.00	0.20	0.00	0.08	0.00	0.00	0.04
山　西	0.00	0.00	0.00	0.10	0.00	0.09	0.08	0.00	0.10	0.00	0.04
天　津	0.00	0.00	0.00	0.10	0.10	0.00	0.00	0.08	0.00	0.00	0.04
甘　肃	0.00	0.00	0.00	0.00	0.00	0.00	0.00	0.00	0.00	0.10	0.03
贵　州	0.00	0.00	0.11	0.00	0.00	0.00	0.17	0.00	0.00	0.00	0.03

续表

省　份	2014 年	2015 年	2016 年	2017 年	2018 年	2019 年	2020 年	2021 年	2022 年	2023 年	合计
河　北	0.00	0.00	0.00	0.00	0.00	0.00	0.08	0.08	0.10	0.00	0.03
陕　西	0.00	0.00	0.00	0.00	0.00	0.26	0.00	0.00	0.00	0.00	0.03
辽　宁	0.00	0.00	0.00	0.10	0.00	0.00	0.00	0.00	0.10	0.00	0.02
云　南	0.00	0.00	0.00	0.00	0.10	0.00	0.00	0.08	0.00	0.00	0.02
广　西	0.00	0.00	0.00	0.00	0.00	0.00	0.08	0.00	0.00	0.00	0.01
海　南	0.00	0.00	0.00	0.00	0.10	0.00	0.00	0.00	0.00	0.00	0.01
宁　夏	0.00	0.00	0.00	0.00	0.00	0.00	0.00	0.00	0.00	0.10	0.01

二十五　教育心理学

教育心理学 A 层人才仅分布在湖北，世界占比为 2.38%。

B 层人才最多的是北京，世界占比为 1.10%；上海、广东、重庆、湖北、浙江有一定数量的 B 层人才，世界占比均超过 0.2%。

C 层人才最多的是北京，世界占比为 1.08%；广东、上海、湖北、山东、浙江、江苏、吉林有一定数量的 C 层人才，世界占比均超过 0.1%；重庆、湖南、四川、安徽、海南、黑龙江、河南、福建、天津、云南、江西、辽宁、陕西、山西、新疆 C 层人才的世界占比均低于 0.1%。

表 4-72　教育心理学 A 层人才的世界占比

单位：%

省　份	2014 年	2015 年	2016 年	2017 年	2018 年	2019 年	2020 年	2021 年	2022 年	2023 年	合计
湖　北	0.00	0.00	0.00	0.00	0.00	0.00	0.00	0.00	25.00	0.00	2.38

表 4-73　教育心理学 B 层人才的世界占比

单位：%

省　份	2014 年	2015 年	2016 年	2017 年	2018 年	2019 年	2020 年	2021 年	2022 年	2023 年	合计
北　京	0.00	0.00	0.00	2.50	2.13	1.52	1.96	1.67	0.00	0.00	1.10
上　海	0.00	0.00	0.00	0.00	4.26	0.00	0.00	0.00	2.27	2.17	0.88

续表

省　份	2014 年	2015 年	2016 年	2017 年	2018 年	2019 年	2020 年	2021 年	2022 年	2023 年	合计
广　东	0.00	0.00	0.00	0.00	0.00	0.00	0.00	1.67	2.27	0.00	0.44
重　庆	0.00	0.00	0.00	0.00	0.00	0.00	0.00	1.67	0.00	0.00	0.22
湖　北	0.00	0.00	0.00	0.00	0.00	0.00	0.00	0.00	2.27	0.00	0.22
浙　江	0.00	0.00	0.00	0.00	0.00	0.00	1.96	0.00	0.00	0.00	0.22

表 4-74　教育心理学 C 层人才的世界占比

单位：%

省　份	2014 年	2015 年	2016 年	2017 年	2018 年	2019 年	2020 年	2021 年	2022 年	2023 年	合计
北　京	0.25	0.61	0.79	1.03	0.86	0.96	1.23	1.41	1.31	2.32	1.08
广　东	0.25	0.00	0.26	0.00	0.22	0.64	0.20	1.24	1.31	0.87	0.53
上　海	0.25	0.00	0.26	0.26	1.08	0.32	0.41	0.35	1.05	1.16	0.50
湖　北	0.00	0.31	0.26	0.26	0.65	0.64	0.20	0.53	0.26	0.00	0.34
山　东	0.00	0.31	0.26	0.26	0.22	0.48	0.20	0.18	0.00	0.58	0.25
浙　江	0.25	0.00	0.52	0.00	0.00	0.32	0.00	0.35	0.00	0.87	0.23
江　苏	0.25	0.00	0.00	0.00	0.22	0.00	0.41	0.53	0.52	0.00	0.21
吉　林	0.00	0.00	0.00	0.26	0.00	0.16	0.20	0.18	0.00	0.58	0.14
重　庆	0.00	0.00	0.00	0.00	0.00	0.16	0.20	0.00	0.00	0.58	0.09
湖　南	0.00	0.00	0.00	0.00	0.22	0.00	0.20	0.18	0.26	0.00	0.09
四　川	0.00	0.00	0.00	0.00	0.22	0.16	0.20	0.00	0.00	0.29	0.09
安　徽	0.00	0.00	0.00	0.00	0.22	0.00	0.00	0.52	0.00	0.00	0.07
海　南	0.00	0.00	0.00	0.26	0.00	0.00	0.18	0.26	0.00	0.00	0.07
黑龙江	0.00	0.00	0.00	0.26	0.22	0.00	0.00	0.00	0.29	0.00	0.07
河　南	0.00	0.00	0.00	0.00	0.00	0.16	0.00	0.18	0.26	0.00	0.07
福　建	0.00	0.00	0.00	0.00	0.00	0.16	0.20	0.00	0.00	0.00	0.05
天　津	0.00	0.00	0.00	0.00	0.22	0.00	0.00	0.00	0.00	0.29	0.05
云　南	0.25	0.00	0.26	0.00	0.00	0.00	0.00	0.00	0.00	0.00	0.05
江　西	0.00	0.00	0.00	0.00	0.00	0.16	0.00	0.00	0.00	0.00	0.02
辽　宁	0.00	0.00	0.00	0.00	0.00	0.00	0.00	0.00	0.29	0.00	0.02
陕　西	0.00	0.00	0.00	0.00	0.00	0.00	0.18	0.00	0.00	0.00	0.02
山　西	0.00	0.00	0.00	0.00	0.00	0.00	0.20	0.00	0.00	0.00	0.02
新　疆	0.00	0.00	0.00	0.00	0.00	0.00	0.18	0.00	0.00	0.00	0.02

二十六　实验心理学

实验心理学 A 层人才仅分布在北京、黑龙江、河南、江苏、山东、浙江，世界占比均为 0.81%。

B 层人才最多的是北京，世界占比为 0.89%；上海、广东、湖北、安徽、天津、浙江有一定数量的 B 层人才，世界占比均超过 0.1%；福建、广西、贵州、黑龙江、湖南、江苏、江西、辽宁、山东、四川 B 层人才的世界占比均为 0.07%。

C 层人才最多的是北京，世界占比为 1.33%；广东、上海、湖北、浙江、重庆、四川、天津、江苏、辽宁、安徽、山东、福建有一定数量的 C 层人才，世界占比均超过 0.1%；河南、黑龙江、湖南、云南、吉林、陕西、山西、江西、广西、甘肃、贵州、河北、海南、内蒙古 C 层人才的世界占比均低于 0.1%。

表 4-75　实验心理学 A 层人才的世界占比

单位：%

省　份	2014 年	2015 年	2016 年	2017 年	2018 年	2019 年	2020 年	2021 年	2022 年	2023 年	合计
北　京	0.00	0.00	0.00	0.00	0.00	0.00	7.69	0.00	0.00	0.00	0.81
黑龙江	0.00	0.00	0.00	0.00	0.00	0.00	0.00	0.00	0.00	7.69	0.81
河　南	0.00	0.00	0.00	0.00	0.00	0.00	0.00	0.00	0.00	7.69	0.81
江　苏	0.00	0.00	0.00	0.00	0.00	0.00	0.00	0.00	0.00	7.69	0.81
山　东	0.00	0.00	7.69	0.00	0.00	0.00	0.00	0.00	0.00	0.00	0.81
浙　江	0.00	0.00	0.00	0.00	0.00	0.00	0.00	0.00	0.00	7.69	0.81

表 4-76　实验心理学 B 层人才的世界占比

单位：%

省　份	2014 年	2015 年	2016 年	2017 年	2018 年	2019 年	2020 年	2021 年	2022 年	2023 年	合计
北　京	2.38	0.00	0.75	0.79	0.00	1.31	0.76	0.69	1.35	0.76	0.89
上　海	0.79	0.81	0.75	1.59	0.00	0.65	0.76	0.69	0.68	0.00	0.66
广　东	0.00	0.81	0.00	0.00	0.72	0.65	0.76	1.39	0.00	0.00	0.37

续表

省　份	2014 年	2015 年	2016 年	2017 年	2018 年	2019 年	2020 年	2021 年	2022 年	2023 年	合计
湖　北	0.00	0.00	0.00	1.59	0.00	0.00	0.76	0.00	0.00	0.76	0.30
安　徽	0.00	0.00	0.75	0.79	0.72	0.00	0.00	0.00	0.00	0.00	0.22
天　津	0.00	0.00	0.00	0.79	0.00	0.00	0.00	0.69	0.00	0.00	0.15
浙　江	0.00	0.00	0.00	0.00	0.00	0.65	0.00	0.00	0.68	0.00	0.15
福　建	0.00	0.00	0.00	0.00	0.00	0.00	0.76	0.00	0.00	0.00	0.07
广　西	0.00	0.00	0.00	0.00	0.00	0.65	0.00	0.00	0.00	0.00	0.07
贵　州	0.00	0.00	0.00	0.00	0.00	0.00	0.00	0.00	0.00	0.76	0.07
黑龙江	0.00	0.00	0.00	0.00	0.00	0.72	0.00	0.00	0.00	0.00	0.07
湖　南	0.00	0.00	0.00	0.00	0.00	0.00	0.76	0.00	0.00	0.00	0.07
江　苏	0.00	0.00	0.00	0.00	0.00	0.00	0.00	0.00	0.68	0.00	0.07
江　西	0.00	0.00	0.00	0.00	0.00	0.00	0.00	0.00	0.76	0.00	0.07
辽　宁	0.00	0.00	0.00	0.00	0.00	0.00	0.00	0.69	0.00	0.00	0.07
山　东	0.00	0.00	0.00	0.00	0.00	0.00	0.76	0.00	0.00	0.00	0.07
四　川	0.00	0.00	0.00	0.00	0.00	0.00	0.00	0.00	0.68	0.00	0.07

表 4-77　实验心理学 C 层人才的世界占比

单位：%

省　份	2014 年	2015 年	2016 年	2017 年	2018 年	2019 年	2020 年	2021 年	2022 年	2023 年	合计
北　京	0.80	1.33	1.51	1.12	0.88	1.35	1.09	1.65	1.62	1.88	1.33
广　东	0.48	0.39	0.30	0.64	0.56	0.68	0.62	0.82	0.97	1.25	0.67
上　海	0.00	0.08	0.30	0.56	0.48	0.74	0.78	0.76	0.65	1.33	0.57
湖　北	0.16	0.24	0.30	0.40	0.48	0.61	0.39	0.51	0.24	0.47	0.39
浙　江	0.16	0.00	0.30	0.00	0.24	0.14	0.00	0.57	0.89	0.86	0.32
重　庆	0.32	0.31	0.08	0.08	0.24	0.34	0.39	0.06	0.24	0.31	0.23
四　川	0.00	0.08	0.23	0.08	0.08	0.20	0.08	0.51	0.16	0.55	0.20
天　津	0.16	0.16	0.30	0.16	0.16	0.27	0.31	0.25	0.00	0.08	0.19
江　苏	0.00	0.00	0.30	0.32	0.16	0.27	0.08	0.13	0.24	0.23	0.17
辽　宁	0.16	0.00	0.08	0.32	0.24	0.34	0.16	0.13	0.08	0.16	0.17
安　徽	0.00	0.00	0.15	0.40	0.24	0.07	0.31	0.06	0.16	0.23	0.16
山　东	0.00	0.00	0.08	0.16	0.24	0.07	0.16	0.44	0.08	0.23	0.15
福　建	0.00	0.00	0.08	0.24	0.08	0.20	0.08	0.13	0.24	0.39	0.12
河　南	0.16	0.00	0.08	0.00	0.00	0.07	0.00	0.13	0.08	0.16	0.07
黑龙江	0.00	0.16	0.00	0.00	0.16	0.00	0.00	0.19	0.08	0.00	0.06

省　份	2014 年	2015 年	2016 年	2017 年	2018 年	2019 年	2020 年	2021 年	2022 年	2023 年	合计
湖　南	0.00	0.00	0.00	0.08	0.16	0.00	0.00	0.06	0.16	0.08	0.05
云　南	0.00	0.00	0.00	0.08	0.00	0.00	0.16	0.06	0.00	0.23	0.05
吉　林	0.08	0.00	0.15	0.00	0.00	0.00	0.00	0.13	0.00	0.08	0.05
陕　西	0.00	0.08	0.08	0.08	0.00	0.07	0.00	0.00	0.08	0.00	0.04
山　西	0.00	0.00	0.00	0.08	0.00	0.07	0.00	0.00	0.08	0.16	0.04
江　西	0.00	0.00	0.00	0.00	0.00	0.00	0.00	0.00	0.00	0.08	0.03
广　西	0.00	0.00	0.00	0.08	0.00	0.00	0.00	0.06	0.00	0.08	0.02
甘　肃	0.00	0.00	0.00	0.00	0.00	0.08	0.00	0.00	0.00	0.08	0.02
贵　州	0.00	0.00	0.08	0.00	0.00	0.00	0.00	0.06	0.00	0.00	0.02
河　北	0.00	0.00	0.08	0.00	0.00	0.00	0.00	0.00	0.08	0.00	0.02
海　南	0.00	0.00	0.00	0.00	0.00	0.07	0.00	0.00	0.00	0.00	0.01
内蒙古	0.00	0.00	0.00	0.00	0.00	0.00	0.00	0.00	0.00	0.08	0.01

二十七　数学心理学

各省份均无数学心理学 A 层人才和 B 层人才。

C 层人才最多的是北京，世界占比为 0.71%；广东、江苏、上海、浙江、重庆、山东有一定数量的 C 层人才，世界占比超过或等于 0.1%。

表 4-78　数学心理学 C 层人才的世界占比

单位：%

省　份	2014 年	2015 年	2016 年	2017 年	2018 年	2019 年	2020 年	2021 年	2022 年	2023 年	合计
北　京	0.00	0.00	0.00	1.00	1.01	0.00	0.00	1.06	1.69	1.89	0.71
广　东	0.00	1.20	0.00	0.00	1.01	0.00	0.00	0.00	0.00	0.00	0.20
江　苏	0.00	0.00	0.00	0.00	0.00	0.00	0.00	0.00	0.85	0.94	0.20
上　海	0.00	0.00	0.00	0.00	0.00	0.00	1.06	0.00	0.00	0.94	0.20
浙　江	0.00	0.00	0.00	0.00	0.00	0.91	0.00	0.00	0.85	0.00	0.20
重　庆	0.00	0.00	0.00	0.00	0.00	0.00	0.00	0.00	0.00	0.94	0.10
山　东	0.00	0.00	0.00	0.00	0.00	0.00	0.88	0.00	0.00	0.00	0.10

二十八　多学科心理学

多学科心理学 A 层人才仅分布在北京、江苏、浙江、安徽、河南，其中，北京、江苏、浙江 A 层人才的世界占比均为 0.77%，安徽、河南 A 层人才的世界占比均为 0.38%。

B 层人才最多的是北京，世界占比为 0.95%；上海、浙江、广东、江苏、河南、山东、安徽、黑龙江、湖北、湖南、天津、重庆、辽宁、四川、福建有一定数量的 B 层人才，世界占比均超过 0.1%；河北、新疆、甘肃、广西、贵州、内蒙古、江西、吉林、宁夏、青海、山西 B 层人才的世界占比均低于 0.1%。

C 层人才最多的是北京，世界占比为 1.71%；广东也有相当数量的 C 层人才，世界占比为 1.06%；上海、浙江、江苏、湖北、四川、山东、重庆、河南、安徽、湖南、福建、天津、辽宁、黑龙江、江西、吉林、广西有一定数量的 C 层人才，世界占比均超过 0.1%；河北、贵州、陕西、甘肃、云南、山西、内蒙古、新疆、海南 C 层人才的世界占比均低于 0.1%。

表 4-79　多学科心理学 A 层人才的世界占比

单位：%

省　份	2014 年	2015 年	2016 年	2017 年	2018 年	2019 年	2020 年	2021 年	2022 年	2023 年	合计
北　京	0.00	0.00	0.00	0.00	0.00	3.85	3.70	0.00	0.00	0.00	0.77
江　苏	0.00	0.00	0.00	0.00	0.00	0.00	0.00	0.00	0.00	5.88	0.77
浙　江	0.00	0.00	0.00	0.00	0.00	3.85	0.00	0.00	2.94	0.00	0.77
安　徽	0.00	0.00	0.00	0.00	0.00	0.00	0.00	0.00	2.94	0.38
河　南	0.00	0.00	0.00	0.00	0.00	0.00	0.00	3.03	0.00	0.00	0.38

表 4-80　多学科心理学 B 层人才的世界占比

单位：%

省　份	2014 年	2015 年	2016 年	2017 年	2018 年	2019 年	2020 年	2021 年	2022 年	2023 年	合计
北　京	0.57	0.00	0.00	0.49	0.96	1.67	0.80	1.37	2.22	0.63	0.95
上　海	0.57	0.00	0.39	0.49	0.48	0.00	0.40	0.34	2.85	0.95	0.74

续表

省　份	2014 年	2015 年	2016 年	2017 年	2018 年	2019 年	2020 年	2021 年	2022 年	2023 年	合计
浙　江	0.00	0.00	0.39	0.00	0.48	1.26	0.40	0.68	0.95	1.90	0.70
广　东	0.00	0.58	0.00	0.00	0.48	0.00	0.80	1.02	1.58	0.95	0.62
江　苏	0.00	0.00	0.00	0.00	0.00	0.00	0.80	0.68	2.53	0.00	0.49
河　南	0.00	0.00	0.00	0.00	0.00	0.00	0.40	1.02	0.95	0.32	0.33
山　东	0.00	0.00	0.39	0.00	0.00	0.00	0.00	0.34	0.63	0.95	0.29
安　徽	0.00	0.00	0.39	0.49	0.48	0.00	0.40	0.00	0.32	0.32	0.25
黑龙江	0.00	0.00	0.00	0.00	0.00	0.00	0.00	0.68	1.27	0.00	0.25
湖　北	0.00	0.00	0.00	0.97	0.00	0.00	0.80	0.00	0.32	0.32	0.25
湖　南	0.00	0.00	0.00	0.00	0.00	0.00	0.80	0.00	0.95	0.32	0.25
天　津	0.00	0.00	0.00	0.00	0.48	0.42	0.40	0.68	0.00	0.32	0.25
重　庆	0.57	0.00	0.00	0.00	0.00	0.42	0.40	0.00	0.00	0.63	0.21
辽　宁	0.00	0.00	0.00	0.00	0.00	0.00	0.00	0.34	0.63	0.63	0.21
四　川	0.00	0.00	0.00	0.00	0.00	0.00	0.40	0.34	0.63	0.32	0.21
福　建	0.00	0.00	0.00	0.00	0.48	0.42	0.40	0.00	0.00	0.32	0.16
河　北	0.00	0.00	0.00	0.00	0.00	0.00	0.00	0.00	0.00	0.63	0.08
新　疆	0.00	0.00	0.00	0.00	0.00	0.00	0.00	0.34	0.32	0.00	0.08
甘　肃	0.00	0.00	0.00	0.00	0.00	0.00	0.00	0.00	0.32	0.00	0.04
广　西	0.00	0.00	0.00	0.00	0.00	0.00	0.00	0.00	0.32	0.00	0.04
贵　州	0.00	0.00	0.00	0.00	0.00	0.00	0.00	0.00	0.32	0.00	0.04
内蒙古	0.00	0.00	0.00	0.00	0.00	0.00	0.40	0.00	0.00	0.00	0.04
江　西	0.00	0.00	0.00	0.00	0.00	0.00	0.00	0.00	0.32	0.00	0.04
吉　林	0.00	0.00	0.00	0.00	0.00	0.00	0.00	0.00	0.32	0.00	0.04
宁　夏	0.00	0.00	0.00	0.00	0.00	0.00	0.00	0.00	0.32	0.00	0.04
青　海	0.00	0.00	0.00	0.00	0.00	0.00	0.40	0.00	0.00	0.00	0.04
山　西	0.00	0.00	0.00	0.00	0.00	0.00	0.40	0.00	0.00	0.00	0.04

表 4-81　多学科心理学 C 层人才的世界占比

单位：%

省　份	2014 年	2015 年	2016 年	2017 年	2018 年	2019 年	2020 年	2021 年	2022 年	2023 年	合计
北　京	0.63	0.65	1.17	1.29	1.01	1.35	1.67	2.12	2.82	3.14	1.71
广　东	0.17	0.18	0.44	0.60	0.77	0.80	1.50	1.44	1.63	2.17	1.06
上　海	0.11	0.12	0.40	0.45	0.68	0.76	0.69	0.93	1.59	1.31	0.78
浙　江	0.17	0.12	0.16	0.20	0.29	0.38	0.45	1.01	2.16	1.79	0.77

省　份	2014 年	2015 年	2016 年	2017 年	2018 年	2019 年	2020 年	2021 年	2022 年	2023 年	合计
江　苏	0.17	0.12	0.20	0.20	0.34	0.63	0.73	0.90	1.66	1.76	0.76
湖　北	0.17	0.18	0.28	0.45	0.72	0.68	0.61	0.90	0.96	1.23	0.67
四　川	0.00	0.00	0.16	0.10	0.24	0.17	0.41	.0.83	0.93	1.12	0.45
山　东	0.06	0.06	0.04	0.25	0.39	0.30	0.16	0.83	0.83	1.12	0.45
重　庆	0.17	0.12	0.24	0.30	0.05	0.42	0.37	0.47	0.50	0.90	0.38
河　南	0.06	0.00	0.04	0.00	0.05	0.13	0.20	0.39	1.03	1.08	0.35
安　徽	0.00	0.00	0.20	0.30	0.34	0.17	0.16	0.25	0.63	0.79	0.31
湖　南	0.11	0.00	0.04	0.05	0.10	0.13	0.16	0.57	0.83	0.67	0.31
福　建	0.00	0.00	0.04	0.15	0.05	0.21	0.32	0.50	0.63	0.67	0.30
天　津	0.06	0.12	0.20	0.10	0.19	0.17	0.20	0.18	0.36	0.49	0.22
辽　宁	0.06	0.00	0.04	0.05	0.19	0.21	0.04	0.22	0.46	0.52	0.20
黑龙江	0.00	0.18	0.08	0.00	0.10	0.00	0.08	0.22	0.33	0.37	0.15
江　西	0.00	0.00	0.00	0.00	0.05	0.13	0.16	0.11	0.27	0.34	0.12
吉　林	0.00	0.00	0.04	0.00	0.05	0.04	0.04	0.32	0.27	0.26	0.12
广　西	0.00	0.00	0.04	0.05	0.00	0.08	0.08	0.07	0.33	0.30	0.11
河　北	0.00	0.00	0.00	0.00	0.00	0.00	0.08	0.18	0.27	0.19	0.09
贵　州	0.00	0.00	0.00	0.00	0.10	0.00	0.04	0.18	0.20	0.11	0.07
陕　西	0.06	0.06	0.00	0.20	0.00	0.04	0.00	0.04	0.20	0.04	0.06
甘　肃	0.00	0.00	0.00	0.00	0.00	0.00	0.16	0.04	0.13	0.19	0.06
云　南	0.06	0.00	0.00	0.00	0.05	0.00	0.00	0.07	0.13	0.22	0.06
山　西	0.00	0.00	0.08	0.05	0.00	0.08	0.00	0.07	0.10	0.07	0.05
内蒙古	0.00	0.00	0.00	0.00	0.00	0.00	0.00	0.00	0.17	0.15	0.04
新　疆	0.00	0.00	0.00	0.00	0.00	0.04	0.00	0.04	0.10	0.11	0.03
海　南	0.00	0.00	0.00	0.00	0.00	0.04	0.04	0.04	0.07	0.00	0.02

二十九　心理分析

各省份均无心理分析 A 层人才和 B 层人才。

C 层人才仅分布在北京、天津、重庆，世界占比分别为 0.25%、0.16%、0.08%。

表 4-82　心理分析 C 层人才的世界占比

单位：%

省　份	2014 年	2015 年	2016 年	2017 年	2018 年	2019 年	2020 年	2021 年	2022 年	2023 年	合计
北　京	0.00	0.00	0.00	0.64	0.00	0.00	0.00	0.74	1.06	0.00	0.25
天　津	0.00	0.00	0.00	0.00	0.00	0.00	0.83	0.00	1.06	0.00	0.16
重　庆	0.00	0.00	0.00	0.00	0.00	0.00	0.00	0.00	1.06	0.00	0.08

三十　社会心理学

各省份均无社会心理学 A 层人才。

B 层人才最多的是广东，世界占比为 0.55%；北京、湖南 B 层人才的世界占比均为 0.28%；重庆、上海、四川、天津、浙江有一定数量的 B 层人才，世界占比均为 0.14%。

C 层人才最多的是北京，世界占比为 1.34%；广东、上海、浙江、湖北、重庆、江苏、四川、福建、湖南、山东、山西有一定数量的 C 层人才，世界占比超过或等于 0.1%；安徽、天津、贵州、河南、江西、吉林、甘肃、黑龙江、辽宁、广西、河北、内蒙古、宁夏、陕西、新疆、云南 C 层人才的世界占比均低于 0.1%。

表 4-83　社会心理学 B 层人才的世界占比

单位：%

省　份	2014 年	2015 年	2016 年	2017 年	2018 年	2019 年	2020 年	2021 年	2022 年	2023 年	合计
广　东	0.00	1.59	0.00	0.00	0.00	0.00	0.00	1.12	2.33	0.00	0.55
北　京	0.00	1.59	0.00	1.28	0.00	0.00	0.00	0.00	0.00	0.00	0.28
湖　南	0.00	0.00	0.00	0.00	0.00	1.28	0.00	0.00	0.00	1.59	0.28
重　庆	0.00	1.59	0.00	0.00	0.00	0.00	0.00	0.00	0.00	0.00	0.14
上　海	0.00	0.00	0.00	0.00	1.79	0.00	0.00	0.00	0.00	0.00	0.14
四　川	0.00	0.00	0.00	0.00	0.00	0.00	0.00	1.12	0.00	0.00	0.14
天　津	0.00	0.00	0.00	0.00	0.00	0.00	0.00	0.00	1.16	0.00	0.14
浙　江	0.00	0.00	0.00	0.00	0.00	0.00	0.00	1.12	0.00	0.00	0.14

表 4-84 社会心理学 C 层人才的世界占比

单位：%

省份	2014年	2015年	2016年	2017年	2018年	2019年	2020年	2021年	2022年	2023年	合计
北京	1.21	1.64	0.75	1.29	1.75	1.13	1.17	1.28	1.63	1.58	1.34
广东	0.17	0.16	0.60	0.52	0.27	0.50	0.39	0.46	0.68	0.29	0.41
上海	0.17	0.82	0.15	0.26	0.27	0.38	0.26	0.35	1.09	0.29	0.40
浙江	0.00	0.00	0.15	0.00	0.00	0.38	0.52	0.46	1.22	0.43	0.33
湖北	0.00	0.00	0.60	0.52	0.27	0.13	0.26	0.12	0.68	0.29	0.29
重庆	0.00	0.16	0.00	0.26	0.27	0.38	0.13	0.12	0.27	0.29	0.19
江苏	0.17	0.16	0.15	0.26	0.00	0.13	0.26	0.00	0.27	0.29	0.17
四川	0.00	0.00	0.00	0.00	0.27	0.13	0.26	0.23	0.41	0.00	0.14
福建	0.00	0.16	0.15	0.00	0.13	0.00	0.13	0.35	0.00	0.00	0.10
湖南	0.00	0.00	0.00	0.00	0.00	0.00	0.13	0.35	0.27	0.14	0.10
山东	0.17	0.33	0.15	0.00	0.13	0.00	0.00	0.00	0.14	0.14	0.10
山西	0.17	0.00	0.00	0.13	0.13	0.00	0.26	0.00	0.00	0.14	0.10
安徽	0.00	0.00	0.00	0.13	0.00	0.13	0.13	0.00	0.27	0.14	0.08
天津	0.00	0.00	0.00	0.00	0.00	0.00	0.13	0.00	0.54	0.14	0.08
贵州	0.00	0.00	0.00	0.00	0.13	0.13	0.00	0.23	0.14	0.00	0.07
河南	0.00	0.00	0.00	0.26	0.00	0.13	0.26	0.00	0.00	0.00	0.07
江西	0.00	0.16	0.00	0.00	0.00	0.13	0.00	0.00	0.14	0.14	0.06
吉林	0.00	0.00	0.00	0.00	0.40	0.00	0.00	0.00	0.00	0.00	0.04
甘肃	0.00	0.00	0.00	0.00	0.00	0.00	0.00	0.00	0.27	0.00	0.03
黑龙江	0.00	0.00	0.00	0.13	0.00	0.00	0.00	0.12	0.00	0.00	0.03
辽宁	0.00	0.00	0.00	0.00	0.13	0.00	0.13	0.00	0.00	0.00	0.03
广西	0.00	0.00	0.00	0.00	0.00	0.13	0.00	0.00	0.00	0.00	0.01
河北	0.00	0.00	0.00	0.00	0.00	0.00	0.13	0.00	0.00	0.00	0.01
内蒙古	0.00	0.00	0.00	0.00	0.00	0.00	0.00	0.12	0.00	0.00	0.01
宁夏	0.00	0.00	0.00	0.00	0.00	0.13	0.00	0.00	0.00	0.00	0.01
陕西	0.00	0.16	0.00	0.00	0.00	0.00	0.00	0.00	0.00	0.00	0.01
新疆	0.17	0.00	0.00	0.00	0.00	0.00	0.00	0.00	0.00	0.00	0.01
云南	0.00	0.00	0.00	0.00	0.00	0.00	0.12	0.00	0.00	0.00	0.01

三十一 行为科学

行为科学 A 层人才仅分布在广东，世界占比为 0.99%。

B 层人才最多的是北京，世界占比为 0.95%；浙江、辽宁、重庆、上海、四川、福建、广东有一定数量的 B 层人才，世界占比均超过 0.1%；贵州、黑龙江、山东、天津 B 层人才的世界占比均为 0.09%。

C 层人才最多的是北京，世界占比为 0.93%；上海、江苏、广东、四川、浙江、重庆、辽宁、山东、天津、湖北、河南、安徽、福建、湖南、陕西有一定数量的 C 层人才，世界占比超过或等于 0.1%；吉林、河北、广西、江西、云南、甘肃、贵州、山西、黑龙江、内蒙古、宁夏、新疆、海南 C 层人才的世界占比均低于 0.1%。

表 4-85　行为科学 A 层人才的世界占比

单位：%

省　份	2014 年	2015 年	2016 年	2017 年	2018 年	2019 年	2020 年	2021 年	2022 年	2023 年	合计
广　东	0.00	0.00	0.00	0.00	7.69	0.00	0.00	0.00	0.00	0.00	0.99

表 4-86　行为科学 B 层人才的世界占比

单位：%

省　份	2014 年	2015 年	2016 年	2017 年	2018 年	2019 年	2020 年	2021 年	2022 年	2023 年	合计
北　京	1.98	0.00	0.00	0.85	0.87	1.53	0.00	1.48	1.77	1.11	0.95
浙　江	0.00	0.00	0.00	0.85	0.00	0.00	0.87	0.74	1.77	0.00	0.43
辽　宁	0.00	0.00	0.00	0.00	0.00	1.53	0.87	0.00	0.88	0.00	0.35
重　庆	0.00	0.00	0.00	0.00	1.74	0.00	0.00	0.74	0.00	0.00	0.26
上　海	0.00	0.00	0.00	0.00	0.00	0.76	0.00	0.74	0.00	1.11	0.26
四　川	0.00	0.00	0.00	0.00	0.00	0.00	0.87	0.74	0.00	1.11	0.26
福　建	0.00	0.00	0.00	0.00	0.00	0.00	0.00	0.00	0.88	1.11	0.17
广　东	0.00	0.00	0.00	0.00	0.00	0.00	1.74	0.00	0.00	0.00	0.17
贵　州	0.00	0.00	0.00	0.00	0.00	0.87	0.00	0.00	0.00	0.00	0.09
黑龙江	0.00	0.00	0.00	0.00	0.00	0.00	0.00	0.00	0.88	0.00	0.09
山　东	0.00	0.00	0.00	0.00	0.00	0.00	0.00	0.74	0.00	0.00	0.09
天　津	0.00	0.00	0.00	0.00	0.00	0.00	0.00	0.74	0.00	0.00	0.09

表 4-87　行为科学 C 层人才的世界占比

单位：%

省　份	2014 年	2015 年	2016 年	2017 年	2018 年	2019 年	2020 年	2021 年	2022 年	2023 年	合计
北　京	0.72	0.86	0.87	0.92	0.95	1.38	1.07	0.88	0.56	1.03	0.93
上　海	0.10	0.52	0.61	0.67	0.69	0.61	0.54	0.97	0.66	0.77	0.62
江　苏	0.41	0.60	0.43	0.84	0.17	0.77	0.36	0.44	0.47	0.39	0.50
广　东	0.31	0.09	0.26	0.92	0.52	0.61	0.45	0.62	0.19	0.90	0.48
四　川	0.20	0.00	0.26	0.50	0.17	0.46	0.18	0.53	0.66	0.64	0.35
浙　江	0.31	0.26	0.35	0.17	0.17	0.54	0.63	0.35	0.47	0.26	0.35
重　庆	0.10	0.43	0.09	0.42	0.35	0.46	0.45	0.26	0.38	0.52	0.34
辽　宁	0.10	0.00	0.09	0.25	0.09	0.31	0.45	0.26	0.38	0.26	0.22
山　东	0.41	0.00	0.09	0.00	0.09	0.31	0.18	0.26	0.09	0.77	0.20
天　津	0.20	0.17	0.26	0.25	0.26	0.15	0.09	0.09	0.09	0.26	0.18
湖　北	0.00	0.00	0.09	0.08	0.26	0.38	0.18	0.26	0.19	0.26	0.17
河　南	0.20	0.09	0.09	0.25	0.17	0.08	0.09	0.18	0.09	0.13	0.14
安　徽	0.10	0.00	0.17	0.00	0.00	0.23	0.09	0.00	0.38	0.39	0.13
福　建	0.00	0.00	0.00	0.08	0.09	0.23	0.00	0.00	0.38	0.52	0.12
湖　南	0.10	0.00	0.00	0.08	0.00	0.00	0.18	0.00	0.19	0.26	0.10
陕　西	0.10	0.09	0.17	0.00	0.00	0.31	0.00	0.00	0.09	0.26	0.10
吉　林	0.00	0.00	0.00	0.25	0.00	0.00	0.18	0.18	0.09	0.00	0.09
河　北	0.00	0.00	0.09	0.08	0.09	0.08	0.09	0.09	0.19	0.13	0.08
广　西	0.00	0.00	0.09	0.08	0.00	0.08	0.00	0.09	0.19	0.13	0.06
江　西	0.00	0.00	0.09	0.00	0.00	0.08	0.00	0.18	0.00	0.39	0.06
云　南	0.00	0.00	0.00	0.00	0.00	0.08	0.00	0.09	0.19	0.13	0.06
甘　肃	0.00	0.09	0.09	0.00	0.00	0.08	0.09	0.00	0.00	0.26	0.05
贵　州	0.00	0.00	0.00	0.00	0.00	0.00	0.09	0.18	0.09	0.13	0.05
山　西	0.00	0.09	0.00	0.08	0.00	0.00	0.09	0.18	0.00	0.13	0.05
黑龙江	0.00	0.00	0.00	0.00	0.00	0.00	0.00	0.09	0.00	0.00	0.03
内蒙古	0.00	0.09	0.00	0.00	0.00	0.00	0.00	0.09	0.00	0.00	0.02
宁　夏	0.10	0.00	0.09	0.00	0.00	0.00	0.00	0.00	0.00	0.00	0.02
新　疆	0.00	0.00	0.00	0.08	0.09	0.00	0.00	0.00	0.00	0.00	0.02
海　南	0.00	0.00	0.00	0.00	0.00	0.00	0.00	0.00	0.00	0.13	0.01

三十二　生物材料学

生物材料学 A 层人才最多的是广东，世界占比为 9.72%，显著高于其他省份；北京、湖南、陕西、四川 A 层人才的世界占比均为 4.17%；上海的 A 层人才比较多，世界占比为 3.47%；江苏、浙江、吉林、辽宁、湖北也有相当数量的 A 层人才，世界占比在 3%~1%；安徽、重庆、福建、广西、河南、江西、宁夏、山西有一定数量的 A 层人才，世界占比均为 0.69%。

B 层人才最多的是北京，世界占比为 7.19%；广东、上海、江苏、浙江、四川的 B 层人才比较多，世界占比在 7%~3%；湖北、山东、天津、陕西、重庆、湖南、辽宁、福建、吉林也有相当数量的 B 层人才，世界占比在 3%~1%；河南、广西、黑龙江、安徽、江西、山西、云南、宁夏、河北、海南有一定数量的 B 层人才，世界占比均超过 0.1%；内蒙古、青海、西藏、新疆 B 层人才的世界占比均为 0.07%。

C 层人才最多的是上海，世界占比为 6.23%；北京 C 层人才的世界占比为 6.15%；广东、江苏、浙江的 C 层人才比较多，世界占比在 6%~3%；四川、湖北、天津、山东、吉林、重庆、辽宁、陕西、安徽、湖南、河南也有相当数量的 C 层人才，世界占比在 3%~1%；福建、黑龙江、江西、广西、河北、山西、贵州、甘肃、海南、新疆、云南有一定数量的 C 层人才，世界占比均超过 0.1%；内蒙古、宁夏、西藏、青海 C 层人才的世界占比均低于 0.1%。

表 4-88　生物材料学 A 层人才的世界占比

单位：%

省　份	2014 年	2015 年	2016 年	2017 年	2018 年	2019 年	2020 年	2021 年	2022 年	2023 年	合计
广　东	0.00	0.00	0.00	15.38	8.33	0.00	28.57	12.50	0.00	26.32	9.72
北　京	7.69	0.00	0.00	0.00	0.00	6.25	14.29	6.25	5.56	0.00	4.17
湖　南	0.00	0.00	0.00	0.00	0.00	6.25	7.14	12.50	11.11	0.00	4.17
陕　西	0.00	0.00	0.00	7.69	0.00	0.00	0.00	0.00	16.67	10.53	4.17

续表

省 份	2014 年	2015 年	2016 年	2017 年	2018 年	2019 年	2020 年	2021 年	2022 年	2023 年	合计
四 川	0.00	0.00	0.00	0.00	0.00	0.00	7.14	6.25	11.11	10.53	4.17
上 海	0.00	0.00	0.00	0.00	0.00	0.00	0.00	12.50	11.11	5.26	3.47
江 苏	0.00	0.00	0.00	0.00	8.33	0.00	7.14	12.50	0.00	0.00	2.78
浙 江	0.00	0.00	0.00	0.00	0.00	6.25	7.14	6.25	5.56	0.00	2.78
吉 林	7.69	0.00	0.00	0.00	0.00	0.00	0.00	6.25	5.56	0.00	2.08
辽 宁	0.00	0.00	0.00	7.69	0.00	0.00	0.00	12.50	0.00	0.00	2.08
湖 北	0.00	7.69	0.00	0.00	0.00	0.00	7.14	0.00	0.00	0.00	1.39
安 徽	0.00	0.00	0.00	0.00	0.00	0.00	0.00	6.25	0.00	0.00	0.69
重 庆	0.00	0.00	0.00	0.00	0.00	0.00	0.00	0.00	5.56	0.00	0.69
福 建	0.00	0.00	0.00	10.00	0.00	0.00	0.00	0.00	0.00	0.00	0.69
广 西	0.00	0.00	0.00	0.00	0.00	0.00	0.00	0.00	5.56	0.00	0.69
河 南	0.00	7.69	0.00	0.00	0.00	0.00	0.00	0.00	0.00	0.00	0.69
江 西	0.00	0.00	0.00	0.00	0.00	0.00	0.00	6.25	0.00	0.00	0.69
宁 夏	0.00	0.00	0.00	0.00	0.00	0.00	0.00	0.00	5.56	0.00	0.69
山 西	0.00	0.00	0.00	0.00	0.00	0.00	0.00	0.00	5.56	0.00	0.69

表 4-89　生物材料学 B 层人才的世界占比

单位：%

省 份	2014 年	2015 年	2016 年	2017 年	2018 年	2019 年	2020 年	2021 年	2022 年	2023 年	合计
北 京	6.09	5.83	8.00	5.26	3.33	4.86	4.29	14.00	6.51	11.43	7.19
广 东	2.61	2.50	1.60	1.50	5.00	4.17	4.29	16.67	11.24	10.86	6.54
上 海	1.74	4.17	4.00	3.76	3.33	4.17	5.00	10.00	10.65	8.00	5.82
江 苏	4.35	1.67	3.20	2.26	3.33	4.86	4.29	4.00	7.10	9.14	4.67
浙 江	0.87	1.67	1.60	0.00	1.67	3.47	2.14	8.00	7.69	7.43	3.81
四 川	0.87	4.17	0.80	0.75	1.67	0.69	2.14	3.33	6.51	6.86	3.02
湖 北	0.00	0.00	2.40	1.50	1.67	0.69	1.43	4.67	6.51	3.43	2.44
山 东	0.00	0.00	0.80	0.75	0.83	0.00	1.43	5.33	2.96	4.00	1.80
天 津	3.48	0.00	0.80	0.75	0.83	0.00	0.71	3.33	4.14	2.29	1.73
陕 西	1.74	0.00	0.00	0.00	0.00	2.08	0.00	2.67	2.37	5.71	1.65
重 庆	0.00	0.83	0.80	1.50	2.50	1.39	0.71	2.67	1.18	2.86	1.51
湖 南	0.00	0.83	0.00	0.00	0.83	0.69	2.14	3.33	1.78	2.86	1.37
辽 宁	0.87	1.67	0.00	1.50	0.00	0.69	0.00	2.00	3.55	1.71	1.29
福 建	0.87	0.00	0.00	0.75	0.83	0.00	0.00	0.67	2.37	3.43	1.01

续表

省　份	2014 年	2015 年	2016 年	2017 年	2018 年	2019 年	2020 年	2021 年	2022 年	2023 年	合计
吉　林	0.87	1.67	0.80	0.75	0.83	1.39	0.71	2.00	1.18	0.00	1.01
河　南	0.00	0.00	0.00	0.00	0.00	0.00	3.57	2.00	1.18	1.71	0.93
广　西	0.00	0.00	0.00	0.00	0.83	0.00	0.71	1.33	0.59	0.57	0.43
黑龙江	0.00	0.83	0.00	0.00	0.83	1.39	0.00	0.67	0.00	0.57	0.43
安　徽	0.00	0.00	0.00	0.00	0.00	0.69	0.00	1.33	1.18	0.00	0.36
江　西	0.00	0.83	0.00	0.00	0.83	0.00	0.00	0.67	0.59	0.57	0.36
山　西	0.87	0.00	0.00	0.00	0.00	0.00	0.71	1.33	0.00	0.57	0.36
云　南	0.00	0.00	0.00	0.00	0.00	0.00	0.00	0.00	1.78	1.14	0.36
宁　夏	0.00	0.00	0.00	0.00	0.00	0.00	0.71	0.67	0.00	1.14	0.29
河　北	0.00	0.00	0.00	0.00	0.00	0.00	0.71	0.00	0.59	0.57	0.22
海　南	0.00	0.00	0.00	0.00	0.00	0.00	0.00	0.00	0.59	0.57	0.14
内蒙古	0.00	0.00	0.00	0.00	0.00	0.00	0.00	0.00	0.00	0.57	0.07
青　海	0.00	0.00	0.00	0.00	0.00	0.69	0.00	0.00	0.00	0.00	0.07
西　藏	0.00	0.00	0.00	0.00	0.00	0.00	0.00	0.67	0.00	0.00	0.07
新　疆	0.00	0.00	0.00	0.00	0.00	0.00	0.00	0.00	0.00	0.57	0.07

表 4-90　生物材料学 C 层人才的世界占比

单位：%

省　份	2014 年	2015 年	2016 年	2017 年	2018 年	2019 年	2020 年	2021 年	2022 年	2023 年	合计
上　海	6.23	4.87	5.08	4.41	4.75	4.71	5.18	8.26	8.40	8.65	6.23
北　京	5.97	5.61	4.59	5.08	6.31	4.35	6.25	7.45	6.80	8.08	6.15
广　东	2.34	2.48	3.44	4.33	4.42	5.48	7.17	8.59	8.88	8.54	5.88
江　苏	3.55	5.12	3.44	4.48	4.26	5.48	4.97	5.91	7.81	7.29	5.41
浙　江	1.47	0.99	1.06	2.32	2.78	2.67	3.69	4.50	5.80	6.37	3.41
四　川	1.99	1.57	0.90	1.87	1.23	2.60	3.48	4.09	4.14	3.47	2.67
湖　北	1.65	1.57	1.56	1.57	2.05	2.46	2.49	2.42	3.25	3.07	2.28
天　津	0.61	0.33	1.80	1.87	2.21	2.25	2.77	1.81	2.49	2.50	1.93
山　东	0.61	1.16	0.66	0.97	1.31	1.76	2.63	2.42	2.25	3.76	1.87
吉　林	1.56	1.57	1.23	1.57	0.98	1.62	2.06	1.14	1.89	1.31	1.50
重　庆	0.69	0.99	0.66	0.82	1.23	1.54	1.63	1.28	2.37	2.11	1.40
辽　宁	0.69	0.99	1.56	1.19	1.23	1.19	1.99	1.68	1.78	1.31	1.39
陕　西	0.87	0.74	0.66	0.67	1.39	1.47	1.85	1.68	1.78	1.94	1.36
安　徽	0.61	0.66	0.82	0.52	1.06	1.12	1.85	1.01	1.95	1.76	1.19

续表

省　份	2014 年	2015 年	2016 年	2017 年	2018 年	2019 年	2020 年	2021 年	2022 年	2023 年	合计
湖　南	0.87	0.66	0.25	0.97	1.56	0.98	1.70	0.87	1.48	1.82	1.16
河　南	0.43	0.25	0.57	0.60	0.41	0.98	1.85	1.74	1.89	1.37	1.08
福　建	0.69	0.50	0.57	1.12	0.98	1.05	1.42	0.60	1.18	1.31	0.97
黑龙江	0.78	1.32	0.49	0.37	0.33	0.42	0.64	0.67	0.47	0.68	0.61
江　西	0.26	0.33	0.16	0.67	0.49	0.56	0.36	0.40	0.71	0.46	0.45
广　西	0.17	0.25	0.00	0.22	0.25	0.35	0.43	0.34	1.12	0.63	0.41
河　北	0.17	0.17	0.25	0.37	0.41	0.49	0.21	0.54	0.47	0.46	0.37
山　西	0.17	0.08	0.16	0.52	0.41	0.28	0.21	0.34	0.36	0.68	0.34
贵　州	0.00	0.17	0.16	0.00	0.08	0.14	0.21	0.20	0.30	0.51	0.19
甘　肃	0.26	0.00	0.16	0.22	0.00	0.07	0.14	0.34	0.18	0.23	0.17
海　南	0.00	0.00	0.16	0.07	0.08	0.07	0.14	0.20	0.53	0.23	0.17
新　疆	0.00	0.00	0.08	0.07	0.00	0.28	0.14	0.20	0.06	0.34	0.13
云　南	0.00	0.08	0.00	0.00	0.08	0.21	0.28	0.20	0.12	0.06	0.11
内蒙古	0.09	0.00	0.00	0.00	0.08	0.07	0.00	0.20	0.06	0.06	0.06
宁　夏	0.00	0.00	0.00	0.00	0.00	0.00	0.07	0.07	0.12	0.11	0.04
西　藏	0.00	0.00	0.00	0.00	0.08	0.00	0.00	0.00	0.06	0.06	0.02
青　海	0.00	0.00	0.00	0.00	0.00	0.00	0.00	0.00	0.00	0.06	0.01

三十三　细胞和组织工程学

细胞和组织工程学 A 层人才最多的是上海，世界占比为 7.02%；湖南、江苏的 A 层人才比较多，世界占比均为 3.51%；安徽、广东、湖北、山东、四川也有相当数量的 A 层人才，世界占比均为 1.75%。

B 层人才最多的是北京、上海，世界占比均为 4.59%；广东的 B 层人才比较多，世界占比为 3.67%；江苏、四川、湖北、浙江、山东也有相当数量的 B 层人才，世界占比在 3%~1%；吉林、重庆、辽宁、天津、福建、湖南、陕西、广西、河南、安徽、海南、江西、贵州、河北、黑龙江、内蒙古、山西、云南有一定数量的 B 层人才，世界占比均超过 0.1%。

C 层人才最多的是北京，世界占比为 4.34%；上海、广东的 C 层人才比较多，世界占比分别为 3.50%、3.42%；江苏、浙江、四川、天津也有相当数量的 C 层人才，世界占比在 3%～1%；湖南、重庆、山东、湖北、吉林、辽宁、陕西、河南、江西、福建、云南、黑龙江、安徽、贵州、河北、甘肃、山西、广西有一定数量的 C 层人才，世界占比均超过 0.1%；海南、新疆、西藏、宁夏、青海、内蒙古 C 层人才的世界占比均低于 0.1%。

表 4-91　细胞和组织工程学 A 层人才的世界占比

单位：%

省　份	2014 年	2015 年	2016 年	2017 年	2018 年	2019 年	2020 年	2021 年	2022 年	2023 年	合计
上　海	0.00	0.00	0.00	16.67	0.00	0.00	20.00	0.00	25.00	0.00	7.02
湖　南	0.00	0.00	0.00	16.67	16.67	0.00	0.00	0.00	0.00	0.00	3.51
江　苏	0.00	16.67	0.00	16.67	0.00	0.00	0.00	0.00	0.00	0.00	3.31
安　徽	16.67	0.00	0.00	0.00	0.00	0.00	0.00	0.00	0.00	0.00	1.75
广　东	0.00	0.00	0.00	16.67	0.00	0.00	0.00	0.00	0.00	0.00	1.75
湖　北	0.00	0.00	0.00	0.00	0.00	0.00	0.00	0.00	0.00	16.67	1.75
山　东	0.00	0.00	0.00	0.00	0.00	0.00	0.00	0.00	12.50	0.00	1.75
四　川	0.00	0.00	0.00	0.00	0.00	0.00	0.00	0.00	12.50	0.00	1.75

表 4-92　细胞和组织工程学 B 层人才的世界占比

单位：%

省　份	2014 年	2015 年	2016 年	2017 年	2018 年	2019 年	2020 年	2021 年	2022 年	2023 年	合计
北　京	1.52	12.33	3.70	3.17	3.39	1.56	1.69	1.59	7.06	7.35	4.59
上　海	6.06	5.48	5.56	4.76	1.69	1.56	6.78	3.17	4.71	5.88	4.59
广　东	0.00	2.74	0.00	1.59	5.08	0.00	5.08	4.76	5.88	10.29	3.67
江　苏	1.52	5.48	0.00	1.59	0.00	3.13	6.78	0.00	2.35	2.94	2.45
四　川	0.00	2.74	0.00	1.59	3.39	0.00	0.00	1.59	4.71	2.94	1.83
湖　北	0.00	0.00	0.00	0.00	0.00	1.56	5.08	0.00	3.53	2.94	1.38
浙　江	0.00	0.00	0.00	3.17	1.69	3.13	1.69	0.00	0.00	4.41	1.38
山　东	0.00	1.37	0.00	0.00	0.00	0.00	1.69	0.00	4.71	1.47	1.07
吉　林	0.00	4.11	0.00	1.59	0.00	1.56	0.00	0.00	1.18	0.00	0.92
重　庆	0.00	0.00	0.00	0.00	0.00	0.00	3.39	0.00	3.53	0.00	0.76
辽　宁	1.52	1.37	0.00	0.00	1.69	0.00	0.00	0.00	1.18	1.47	0.76
天　津	0.00	0.00	1.85	0.00	1.69	0.00	1.69	0.00	2.35	0.00	0.76
福　建	1.52	0.00	1.85	0.00	0.00	0.00	1.69	0.00	0.00	1.47	0.61
湖　南	0.00	2.74	0.00	1.59	0.00	0.00	0.00	0.00	0.00	1.47	0.61

续表

省　份	2014年	2015年	2016年	2017年	2018年	2019年	2020年	2021年	2022年	2023年	合计
陕　西	0.00	1.37	0.00	0.00	0.00	1.56	0.00	0.00	1.18	1.47	0.61
广　西	0.00	1.37	1.85	0.00	0.00	1.56	0.00	0.00	0.00	0.00	0.46
河　南	0.00	0.00	0.00	0.00	0.00	0.00	0.00	0.00	0.00	4.41	0.46
安　徽	0.00	0.00	0.00	0.00	1.69	0.00	1.69	0.00	0.00	0.00	0.31
海　南	0.00	0.00	0.00	0.00	0.00	0.00	0.00	1.59	1.18	0.00	0.31
江　西	0.00	1.37	0.00	1.59	0.00	0.00	0.00	0.00	0.00	0.00	0.31
贵　州	0.00	0.00	0.00	0.00	0.00	0.00	0.00	0.00	0.00	1.47	0.15
河　北	0.00	1.37	0.00	0.00	0.00	0.00	0.00	0.00	0.00	0.00	0.15
黑龙江	0.00	1.37	0.00	0.00	0.00	0.00	0.00	0.00	0.00	0.00	0.15
内蒙古	1.52	0.00	0.00	0.00	0.00	0.00	0.00	0.00	0.00	0.00	0.15
山　西	0.00	0.00	0.00	0.00	0.00	0.00	0.00	0.00	1.18	0.00	0.15
云　南	0.00	0.00	0.00	0.00	0.00	0.00	0.00	1.59	0.00	0.00	0.15

表4-93　细胞和组织工程学C层人才的世界占比

单位：%

省　份	2014年	2015年	2016年	2017年	2018年	2019年	2020年	2021年	2022年	2023年	合计
北　京	3.08	2.24	3.19	4.01	4.46	5.03	5.50	4.32	6.03	5.39	4.34
上　海	2.77	1.68	2.48	1.76	3.43	4.36	4.26	3.82	5.23	5.02	3.50
广　东	1.85	1.96	1.24	2.08	2.74	4.19	5.14	4.82	5.69	3.90	3.42
江　苏	0.62	1.82	1.59	1.44	2.23	2.68	3.55	2.82	3.41	4.09	2.42
浙　江	0.62	0.42	1.06	1.12	1.03	2.35	2.84	1.50	2.16	2.42	1.54
四　川	0.46	0.42	0.88	1.12	0.86	1.51	1.95	1.99	2.39	2.23	1.39
天　津	0.15	0.42	1.06	0.64	0.86	1.34	1.95	1.33	1.37	0.93	1.00
湖　南	0.31	0.00	0.53	0.48	0.69	1.51	0.89	1.16	1.82	1.86	0.93
重　庆	0.46	0.14	1.06	1.12	0.51	1.01	0.71	1.33	1.59	0.93	0.90
山　东	0.62	0.56	0.18	0.48	0.86	1.17	1.77	0.50	1.25	1.49	0.89
湖　北	0.46	0.28	0.18	0.32	0.51	0.17	1.06	0.83	2.05	2.04	0.82
吉　林	0.46	0.28	0.18	0.16	0.51	0.67	2.13	0.50	1.02	1.12	0.70
辽　宁	0.15	0.14	0.00	0.32	0.00	0.84	1.24	1.66	1.02	1.49	0.68
陕　西	0.15	0.00	0.88	0.48	0.51	0.50	0.89	0.66	0.91	0.74	0.57
河　南	0.46	0.28	0.00	0.16	0.17	0.34	1.24	1.00	0.57	1.12	0.52
江　西	0.31	0.42	0.53	0.32	0.34	0.50	0.53	0.66	0.57	0.74	0.49
福　建	0.00	0.14	0.00	0.16	0.00	0.34	0.53	0.33	1.02	0.93	0.36

续表

省　份	2014 年	2015 年	2016 年	2017 年	2018 年	2019 年	2020 年	2021 年	2022 年	2023 年	合计
云　南	0.15	0.28	0.35	0.16	0.00	0.34	0.00	0.33	0.80	0.93	0.35
黑龙江	0.15	0.14	0.53	0.00	0.34	0.50	0.71	0.33	0.23	0.56	0.33
安　徽	0.00	0.28	0.18	0.32	0.34	0.34	0.35	0.33	0.34	0.37	0.28
贵　州	0.00	0.00	0.18	0.48	0.17	0.17	0.53	0.50	0.23	0.37	0.25
河　北	0.00	0.00	0.00	0.32	0.00	0.17	0.35	0.17	0.46	1.12	0.25
甘　肃	0.00	0.00	0.00	0.00	0.00	0.00	0.53	0.33	0.34	0.56	0.17
山　西	0.00	0.00	0.00	0.00	0.00	0.00	0.53	0.17	0.34	0.56	0.17
广　西	0.00	0.00	0.00	0.16	0.00	0.17	0.18	0.17	0.23	0.19	0.11
海　南	0.00	0.14	0.00	0.00	0.00	0.00	0.35	0.00	0.23	0.19	0.09
新　疆	0.00	0.00	0.00	0.16	0.00	0.34	0.00	0.17	0.23	0.19	0.09
西　藏	0.00	0.00	0.00	0.00	0.17	0.00	0.35	0.00	0.00	0.19	0.06
宁　夏	0.00	0.14	0.00	0.00	0.17	0.00	0.17	0.00	0.00	0.00	0.05
青　海	0.00	0.14	0.00	0.00	0.00	0.00	0.18	0.00	0.11	0.00	0.05
内蒙古	0.00	0.00	0.00	0.00	0.00	0.17	0.00	0.00	0.00	0.19	0.03

三十四　生理学

生理学 A 层人才仅分布在北京、广东、吉林、陕西、上海、山西，世界占比均为 0.52%。

B 层人才最多的是北京，世界占比为 1.53%；上海也有相当数量的 B 层人才，世界占比为 1.31%；江苏、广东、湖北、湖南、浙江、辽宁、安徽、黑龙江、贵州、陕西、吉林、山东、四川、天津、云南、重庆、甘肃、广西、河北、江西有一定数量的 B 层人才，世界占比均超过 0.1%；海南、河南、山西、西藏 B 层人才的世界占比均为 0.05%。

江苏、北京、上海、广东、湖北有相当数量的 C 层人才，世界占比在 2%~1%；浙江、山东、湖南、河南、四川、辽宁、黑龙江、重庆、陕西、吉林、安徽、福建、贵州、江西、天津、河北、广西、甘肃、海南、云南有一定数量的 C 层人才，世界占比均超过 0.1%；山西、内蒙古、新疆、宁夏、青海、西藏 C 层人才的世界占比均低于 0.1%。

表 4-94　生理学 A 层人才的世界占比

单位：%

省　份	2014 年	2015 年	2016 年	2017 年	2018 年	2019 年	2020 年	2021 年	2022 年	2023 年	合计
北　京	0.00	0.00	0.00	5.56	0.00	0.00	0.00	0.00	0.00	0.00	0.52
广　东	0.00	0.00	0.00	0.00	0.00	0.00	0.00	4.76	0.00	0.00	0.52
吉　林	0.00	0.00	0.00	0.00	0.00	0.00	0.00	0.00	5.26	0.00	0.52
陕　西	5.56	0.00	0.00	0.00	0.00	0.00	0.00	0.00	0.00	0.00	0.52
上　海	0.00	0.00	0.00	0.00	0.00	0.00	0.00	4.76	0.00	0.00	0.52
山　西	0.00	0.00	0.00	0.00	0.00	0.00	0.00	4.76	0.00	0.00	0.52

表 4-95　生理学 B 层人才的世界占比

单位：%

省　份	2014 年	2015 年	2016 年	2017 年	2018 年	2019 年	2020 年	2021 年	2022 年	2023 年	合计
北　京	2.42	0.57	1.65	2.20	2.42	1.84	0.00	1.57	0.58	2.00	1.53
上　海	0.61	0.57	0.55	2.75	2.90	1.84	0.53	1.05	0.00	2.00	1.31
江　苏	0.61	2.27	0.00	0.55	1.45	0.00	1.60	1.05	0.58	0.00	0.82
广　东	0.00	0.57	0.00	0.00	1.93	0.46	1.60	1.05	0.58	1.33	0.77
湖　北	0.00	0.57	1.10	0.00	0.48	0.46	1.60	1.05	0.00	0.67	0.60
湖　南	0.00	0.00	0.00	0.00	0.97	1.38	0.00	0.00	0.58	1.33	0.44
浙　江	0.00	1.14	0.55	0.55	0.00	0.00	0.00	1.05	0.58	0.67	0.44
辽　宁	0.00	0.57	0.55	1.10	0.48	0.46	0.00	0.52	0.00	0.00	0.38
安　徽	0.00	0.57	0.55	0.00	0.97	0.46	0.00	0.00	0.58	0.67	0.27
黑龙江	0.00	0.00	0.00	0.00	0.48	0.92	0.00	0.00	0.58	0.67	0.27
贵　州	0.00	0.00	0.55	0.00	0.00	0.00	0.00	0.00	0.00	2.00	0.22
陕　西	0.61	1.14	0.00	0.00	0.48	0.00	0.00	0.00	0.00	0.00	0.22
吉　林	0.00	0.00	0.00	0.00	0.00	0.46	0.00	0.00	1.17	0.00	0.16
山　东	0.00	0.00	0.00	0.00	0.00	0.46	0.53	0.00	0.58	0.00	0.16
四　川	0.00	0.00	0.00	0.00	0.00	0.46	0.53	0.00	0.58	0.00	0.16
天　津	0.00	0.00	0.00	0.55	0.48	0.00	0.00	0.52	0.00	0.00	0.16
云　南	0.00	0.00	0.00	0.00	0.48	0.00	0.00	0.52	0.58	0.00	0.16
重　庆	0.00	0.00	0.00	0.00	0.48	0.00	0.00	0.00	0.58	0.00	0.11
甘　肃	0.00	0.00	0.00	0.00	0.48	0.46	0.00	0.00	0.00	0.00	0.11
广　西	0.00	0.00	0.00	0.00	0.00	0.00	0.00	0.00	0.58	0.67	0.11
河　北	0.00	0.00	0.00	0.00	0.00	0.46	0.00	0.52	0.00	0.00	0.11
江　西	0.00	0.00	0.55	0.00	0.00	0.00	0.00	0.52	0.00	0.00	0.11

续表

省　份	2014 年	2015 年	2016 年	2017 年	2018 年	2019 年	2020 年	2021 年	2022 年	2023 年	合计
海　南	0.00	0.57	0.00	0.00	0.00	0.00	0.00	0.00	0.00	0.00	0.05
河　南	0.00	0.00	0.00	0.00	0.00	0.46	0.00	0.00	0.00	0.00	0.05
山　西	0.00	0.00	0.00	0.00	0.48	0.00	0.00	0.00	0.00	0.00	0.05
西　藏	0.00	0.00	0.00	0.00	0.00	0.00	0.00	0.00	0.00	0.67	0.05

表 4-96　生理学 C 层人才的世界占比

单位：%

省　份	2014 年	2015 年	2016 年	2017 年	2018 年	2019 年	2020 年	2021 年	2022 年	2023 年	合计
江　苏	0.85	1.51	1.81	2.17	3.11	2.63	1.98	1.98	1.32	1.32	1.92
北　京	1.16	1.34	1.53	2.33	2.67	2.67	1.64	1.54	1.55	2.37	1.91
上　海	0.91	1.75	1.47	2.33	3.16	2.30	1.87	0.99	0.80	0.77	1.70
广　东	0.43	1.11	0.96	1.61	2.28	2.11	1.98	1.98	1.61	1.74	1.61
湖　北	0.61	1.16	0.74	1.33	1.31	2.21	0.79	0.88	1.03	0.77	1.12
浙　江	0.67	0.64	0.57	1.11	1.36	1.03	0.96	0.94	1.26	1.18	0.98
山　东	0.24	0.35	0.74	0.83	0.92	1.83	1.08	0.99	1.32	0.84	0.94
湖　南	0.00	0.23	0.28	1.11	1.46	1.92	0.96	0.77	0.52	0.97	0.86
河　南	0.18	0.23	0.57	1.39	0.68	1.17	1.02	0.22	0.29	0.35	0.63
四　川	0.24	0.35	0.45	0.56	0.97	0.80	0.34	0.55	0.80	0.70	0.59
辽　宁	0.36	0.29	0.45	0.67	0.58	1.08	0.28	0.50	0.63	0.63	0.56
黑龙江	0.43	0.41	0.28	0.56	0.49	0.94	0.45	0.50	0.69	0.63	0.54
重　庆	0.24	0.58	0.51	0.50	0.73	0.47	0.51	0.33	0.69	0.63	0.52
陕　西	0.24	0.87	0.68	0.56	0.53	0.52	0.45	0.50	0.34	0.42	0.51
吉　林	0.12	0.23	0.17	0.50	0.49	0.61	0.40	0.28	0.29	0.21	0.34
安　徽	0.24	0.17	0.06	0.11	0.29	0.66	0.40	0.22	0.29	0.35	0.29
福　建	0.00	0.12	0.17	0.44	0.24	0.38	0.11	0.33	0.23	0.49	0.25
贵　州	0.00	0.06	0.06	0.11	0.10	0.42	0.34	0.39	0.23	0.84	0.25
江　西	0.00	0.06	0.06	0.39	0.34	0.47	0.28	0.28	0.11	0.42	0.25
天　津	0.12	0.17	0.28	0.22	0.39	0.47	0.06	0.22	0.17	0.28	0.25
河　北	0.18	0.23	0.45	0.06	0.10	0.28	0.28	0.28	0.17	0.28	0.23
广　西	0.06	0.12	0.11	0.33	0.58	0.38	0.28	0.00	0.11	0.07	0.22
甘　肃	0.00	0.06	0.17	0.06	0.19	0.23	0.17	0.17	0.17	0.14	0.14
海　南	0.00	0.29	0.17	0.11	0.10	0.09	0.11	0.06	0.23	0.21	0.13
云　南	0.12	0.06	0.06	0.11	0.15	0.14	0.11	0.11	0.11	0.21	0.12

续表

省　份	2014 年	2015 年	2016 年	2017 年	2018 年	2019 年	2020 年	2021 年	2022 年	2023 年	合计
山　西	0.00	0.12	0.00	0.17	0.05	0.05	0.11	0.22	0.00	0.07	0.08
内蒙古	0.00	0.00	0.06	0.11	0.05	0.28	0.00	0.06	0.06	0.07	0.07
新　疆	0.06	0.06	0.00	0.06	0.00	0.00	0.11	0.11	0.17	0.14	0.07
宁　夏	0.00	0.12	0.00	0.00	0.00	0.00	0.06	0.00	0.00	0.07	0.03
青　海	0.06	0.00	0.00	0.00	0.00	0.05	0.00	0.06	0.06	0.00	0.02
西　藏	0.00	0.00	0.00	0.06	0.00	0.05	0.00	0.00	0.00	0.00	0.01

三十五　解剖学和形态学

各省份均无解剖学和形态学 A 层人才。

B 层人才最多的是北京、广东、四川，世界占比均为 1.38%；上海也有相当数量的 B 层人才，世界占比为 1.10%；湖北、浙江、河南、安徽、广西、湖南、江苏、吉林、辽宁、山东有一定数量的 B 层人才，世界占比均超过 0.2%。

C 层人才最多的是北京，世界占比为 2.21%；四川也有相当数量的 C 层人才，世界占比为 1.02%；浙江、广东、湖北、辽宁、上海、江苏、海南、山东、湖南、云南、陕西、吉林、重庆、江西、安徽、福建、新疆、河北、天津、黑龙江、河南有一定数量的 C 层人才，世界占比均超过 0.1%；广西、山西、甘肃、贵州、内蒙古、宁夏 C 层人才的世界占比均低于 0.1%。

表 4-97　解剖学和形态学 B 层人才的世界占比

单位：%

省　份	2014 年	2015 年	2016 年	2017 年	2018 年	2019 年	2020 年	2021 年	2022 年	2023 年	合计
北　京	0.00	7.14	0.00	0.00	0.00	2.04	2.00	0.00	0.00	3.33	1.38
广　东	0.00	0.00	0.00	6.25	0.00	0.00	0.00	4.44	0.00	3.33	1.38
四　川	0.00	3.57	0.00	0.00	0.00	2.04	0.00	6.67	0.00	0.00	1.38
上　海	0.00	0.00	3.23	0.00	0.00	0.00	0.00	2.22	2.56	3.33	1.10
湖　北	0.00	3.57	0.00	3.13	2.86	0.00	0.00	0.00	0.00	0.00	0.83

续表

省 份	2014 年	2015 年	2016 年	2017 年	2018 年	2019 年	2020 年	2021 年	2022 年	2023 年	合计
浙 江	0.00	0.00	0.00	3.13	0.00	0.00	0.00	0.00	2.56	3.33	0.83
河 南	0.00	0.00	0.00	0.00	0.00	0.00	2.00	2.22	0.00	0.00	0.55
安 徽	0.00	0.00	0.00	0.00	0.00	0.00	0.00	0.00	0.00	3.33	0.28
广 西	0.00	3.57	0.00	0.00	0.00	0.00	0.00	0.00	0.00	0.00	0.28
湖 南	0.00	0.00	0.00	0.00	0.00	0.00	0.00	2.22	0.00	0.00	0.28
江 苏	4.17	0.00	0.00	0.00	0.00	0.00	0.00	0.00	0.00	0.00	0.28
吉 林	0.00	0.00	0.00	0.00	0.00	0.00	0.00	0.00	0.00	3.33	0.28
辽 宁	0.00	0.00	3.23	0.00	0.00	0.00	0.00	0.00	0.00	0.00	0.28
山 东	0.00	0.00	0.00	0.00	0.00	0.00	0.00	0.00	0.00	3.33	0.28

表 4-98　解剖学和形态学 C 层人才的世界占比

单位：%

省 份	2014 年	2015 年	2016 年	2017 年	2018 年	2019 年	2020 年	2021 年	2022 年	2023 年	合计
北 京	1.05	1.94	2.41	2.98	2.56	2.95	2.27	2.37	2.50	0.61	2.21
四 川	0.00	0.32	1.72	0.00	1.28	2.11	1.14	0.79	2.19	0.00	1.02
浙 江	1.05	0.97	0.34	0.33	0.32	0.21	0.23	1.32	1.88	2.45	0.87
广 东	0.35	0.65	1.03	0.33	0.64	0.63	1.36	1.58	0.94	0.61	0.84
湖 北	0.00	0.00	0.00	0.33	0.96	0.63	1.14	0.79	1.25	0.00	0.55
辽 宁	0.35	0.00	0.69	0.00	0.00	0.42	0.45	1.32	0.94	0.92	0.52
上 海	0.00	0.32	0.00	0.66	0.64	1.05	0.23	0.26	0.63	0.61	0.46
江 苏	0.70	0.00	0.00	0.33	0.00	0.63	0.23	1.32	0.63	0.31	0.44
海 南	0.00	0.00	0.00	0.00	0.00	0.21	0.91	1.58	0.31	0.61	0.41
山 东	0.35	0.32	0.00	0.00	0.32	0.00	0.45	0.79	0.94	0.92	0.41
湖 南	0.35	0.32	0.00	0.66	0.32	0.42	0.68	0.26	0.00	0.61	0.38
云 南	0.35	0.00	0.00	0.00	0.32	0.42	0.23	0.79	0.31	0.92	0.35
陕 西	0.35	0.32	0.34	0.00	0.64	0.21	0.23	0.26	0.31	0.31	0.29
吉 林	0.00	0.00	0.00	0.00	0.00	0.00	0.00	0.91	0.79	0.31	0.23
重 庆	0.00	0.32	0.34	0.00	0.32	0.21	0.23	0.26	0.31	0.00	0.20
江 西	0.00	0.00	0.00	0.00	0.32	0.00	0.45	0.00	0.63	0.61	0.20
安 徽	0.00	0.00	0.00	0.00	0.00	0.21	0.23	0.53	0.31	0.31	0.17
福 建	0.00	0.00	0.00	0.00	0.32	0.00	0.45	0.79	0.00	0.00	0.17

续表

省　份	2014 年	2015 年	2016 年	2017 年	2018 年	2019 年	2020 年	2021 年	2022 年	2023 年	合计
新　疆	0.00	0.00	0.34	0.00	0.00	0.00	0.45	0.26	0.63	0.00	0.17
河　北	0.00	0.00	0.00	0.00	0.00	0.00	0.45	0.26	0.63	0.00	0.15
天　津	0.35	0.00	0.34	0.33	0.00	0.00	0.23	0.00	0.31	0.00	0.15
黑龙江	0.00	0.32	0.00	0.00	0.32	0.00	0.00	0.00	0.31	0.31	0.12
河　南	0.00	0.00	0.00	0.00	0.00	0.42	0.23	0.26	0.00	0.00	0.12
广　西	0.00	0.00	0.00	0.00	0.00	0.00	0.00	0.26	0.31	0.31	0.09
山　西	0.00	0.00	0.00	0.33	0.00	0.00	0.00	0.00	0.63	0.00	0.09
甘　肃	0.00	0.00	0.00	0.00	0.00	0.00	0.00	0.26	0.31	0.00	0.06
贵　州	0.00	0.00	0.00	0.00	0.00	0.00	0.00	0.26	0.00	0.00	0.03
内蒙古	0.00	0.00	0.34	0.00	0.00	0.00	0.00	0.00	0.00	0.00	0.03
宁　夏	0.00	0.00	0.00	0.00	0.00	0.21	0.00	0.00	0.00	0.00	0.03

三十六　发育生物学

发育生物学 A 层人才最多的是北京、广东，世界占比均为 2.82%；重庆、海南、湖北、山东、上海也有相当数量的 A 层人才，世界占比均为 1.41%。

B 层人才最多的是北京，世界占比为 3.69%；上海、广东、浙江也有相当数量的 B 层人才，世界占比在 3%～1%；湖南、河南、山东、湖北、吉林、四川、江苏、云南、福建、海南、黑龙江、陕西、天津、安徽、甘肃、广西、贵州、江西、宁夏、青海有一定数量的 B 层人才，世界占比均超过 0.1%。

北京、上海、广东、浙江、江苏有相当数量的 C 层人才，世界占比在 3%～1%；湖北、湖南、四川、山东、河南、辽宁、吉林、重庆、安徽、黑龙江、天津、福建、云南、广西、江西、陕西、山西有一定数量的 C 层人才，世界占比均超过 0.1%；海南、贵州、河北、内蒙古、新疆、甘肃、宁夏、青海 C 层人才的世界占比均低于 0.1%。

表 4-99　发育生物学 A 层人才的世界占比

单位：%

省　份	2014 年	2015 年	2016 年	2017 年	2018 年	2019 年	2020 年	2021 年	2022 年	2023 年	合计
北　京	0.00	0.00	0.00	0.00	0.00	0.00	0.00	10.00	12.50	0.00	2.82
广　东	0.00	0.00	0.00	0.00	0.00	0.00	16.67	10.00	0.00	0.00	2.82
重　庆	0.00	0.00	0.00	0.00	0.00	0.00	0.00	10.00	0.00	0.00	1.41
海　南	0.00	0.00	0.00	0.00	0.00	0.00	0.00	0.00	12.50	0.00	1.41
湖　北	0.00	0.00	0.00	0.00	0.00	0.00	0.00	10.00	0.00	0.00	1.41
山　东	0.00	0.00	0.00	0.00	0.00	0.00	0.00	10.00	0.00	0.00	1.41
上　海	0.00	0.00	0.00	0.00	0.00	0.00	0.00	10.00	0.00	0.00	1.41

表 4-100　发育生物学 B 层人才的世界占比

单位：%

省　份	2014 年	2015 年	2016 年	2017 年	2018 年	2019 年	2020 年	2021 年	2022 年	2023 年	合计
北　京	1.49	1.47	1.52	4.17	0.00	0.00	4.11	7.00	10.00	4.08	3.69
上　海	0.00	2.94	0.00	1.39	1.56	0.00	4.11	4.00	7.50	2.04	2.55
广　东	0.00	0.00	1.52	0.00	1.56	1.52	6.85	1.00	5.00	0.00	1.84
浙　江	0.00	0.00	0.00	1.39	0.00	0.00	1.37	1.00	6.25	0.00	1.13
湖　南	0.00	0.00	1.52	0.00	0.00	0.00	0.00	4.00	2.50	0.00	0.99
河　南	0.00	0.00	0.00	0.00	0.00	0.00	4.11	1.00	1.25	2.04	0.85
山　东	0.00	0.00	0.00	0.00	0.00	0.00	1.37	2.00	3.75	0.00	0.85
湖　北	0.00	0.00	1.52	1.39	0.00	0.00	0.00	0.00	3.75	0.00	0.71
吉　林	0.00	0.00	0.00	0.00	0.00	0.00	0.00	2.00	1.25	4.08	0.71
四　川	0.00	0.00	0.00	0.00	0.00	0.00	0.00	2.00	2.50	2.04	0.71
江　苏	0.00	0.00	0.00	1.39	0.00	0.00	0.00	1.00	1.25	2.04	0.57
云　南	0.00	0.00	0.00	0.00	0.00	0.00	1.37	1.00	1.25	2.04	0.57
福　建	0.00	0.00	0.00	0.00	0.00	0.00	0.00	0.00	1.25	0.00	0.28
海　南	0.00	0.00	0.00	0.00	0.00	0.00	0.00	1.00	1.25	0.00	0.28
黑龙江	0.00	0.00	0.00	0.00	0.00	0.00	0.00	2.00	0.00	0.00	0.28
陕　西	1.49	0.00	0.00	0.00	0.00	0.00	0.00	0.00	0.00	2.04	0.28
天　津	0.00	0.00	0.00	0.00	0.00	0.00	2.74	0.00	0.00	0.00	0.28
安　徽	0.00	0.00	0.00	0.00	0.00	0.00	1.37	0.00	0.00	0.00	0.14
甘　肃	0.00	0.00	0.00	0.00	0.00	0.00	1.37	0.00	0.00	0.00	0.14
广　西	0.00	0.00	0.00	0.00	0.00	1.52	0.00	0.00	0.00	0.00	0.14
贵　州	0.00	0.00	0.00	0.00	0.00	0.00	0.00	1.00	0.00	0.00	0.14

续表

省　份	2014 年	2015 年	2016 年	2017 年	2018 年	2019 年	2020 年	2021 年	2022 年	2023 年	合计
江　西	0.00	0.00	1.52	0.00	0.00	0.00	0.00	0.00	0.00	0.00	0.14
宁　夏	0.00	0.00	0.00	0.00	0.00	0.00	0.00	1.00	0.00	0.00	0.14
青　海	0.00	0.00	0.00	0.00	0.00	0.00	0.00	1.00	0.00	0.00	0.14

表 4-101　发育生物学 C 层人才的世界占比

单位：%

省　份	2014 年	2015 年	2016 年	2017 年	2018 年	2019 年	2020 年	2021 年	2022 年	2023 年	合计
北　京	1.92	1.79	1.68	1.75	2.40	2.00	2.95	3.98	4.02	1.94	2.53
上　海	1.18	1.19	1.68	1.35	1.60	1.08	3.09	4.70	2.41	2.29	2.17
广　东	0.15	0.15	0.15	0.54	1.44	0.92	3.83	5.52	3.75	3.35	2.13
浙　江	0.15	0.00	0.46	0.81	0.48	0.31	2.80	2.86	1.74	1.41	1.19
江　苏	0.44	0.89	0.31	0.40	0.48	0.92	0.88	2.66	1.88	2.12	1.16
湖　北	0.00	0.30	0.00	0.81	0.32	0.77	0.74	2.04	2.28	0.88	0.89
湖　南	0.00	0.15	0.00	0.13	0.48	0.15	2.36	1.74	2.41	0.53	0.86
四　川	0.00	0.15	0.31	0.40	0.16	0.31	1.33	2.25	1.21	1.06	0.79
山　东	0.00	0.00	0.15	0.27	0.32	0.46	1.33	1.74	1.34	1.41	0.74
河　南	0.15	0.15	0.00	0.13	0.32	0.15	0.88	1.33	0.54	0.53	0.46
辽　宁	0.00	0.00	0.00	0.00	0.32	0.15	0.74	1.53	0.67	0.53	0.44
吉　林	0.15	0.15	0.00	0.13	0.16	0.00	0.59	0.82	1.21	0.53	0.40
重　庆	0.00	0.15	0.15	0.00	0.16	0.15	0.44	1.02	0.80	0.71	0.39
安　徽	0.15	0.00	0.00	0.00	0.00	0.00	0.29	1.43	0.40	0.35	0.31
黑龙江	0.00	0.00	0.00	0.13	0.00	0.00	0.44	1.23	0.40	0.35	0.30
天　津	0.15	0.15	0.15	0.00	0.16	0.00	0.44	0.61	0.67	0.18	0.27
福　建	0.00	0.15	0.15	0.00	0.32	0.46	0.29	0.72	0.13	0.18	0.26
云　南	0.00	0.00	0.00	0.27	0.00	0.31	0.44	0.41	0.27	0.35	0.21
广　西	0.15	0.00	0.31	0.13	0.00	0.00	0.15	0.51	0.40	0.00	0.20
江　西	0.00	0.00	0.00	0.00	0.16	0.15	0.59	0.41	0.27	0.35	0.20
陕　西	0.44	0.00	0.00	0.13	0.48	0.15	0.29	0.20	0.13	0.18	0.20
山　西	0.00	0.00	0.00	0.00	0.00	0.00	0.15	0.72	0.13	0.18	0.14
海　南	0.00	0.00	0.00	0.00	0.00	0.00	0.15	0.20	0.27	0.18	0.09
贵　州	0.00	0.00	0.00	0.00	0.00	0.00	0.31	0.13	0.18	0.07	
河　北	0.00	0.00	0.00	0.00	0.16	0.00	0.20	0.13	0.18	0.07	
内蒙古	0.00	0.00	0.00	0.13	0.00	0.00	0.31	0.13	0.00	0.07	
新　疆	0.00	0.00	0.00	0.00	0.00	0.15	0.00	0.13	0.18	0.04	
甘　肃	0.00	0.00	0.00	0.00	0.00	0.00	0.10	0.13	0.00	0.03	
宁　夏	0.15	0.00	0.00	0.00	0.00	0.00	0.00	0.00	0.00	0.01	
青　海	0.00	0.00	0.00	0.13	0.00	0.00	0.00	0.00	0.00	0.01	

三十七 生殖生物学

生殖生物学 A 层人才仅分布在湖北、辽宁，其中，湖北 A 层人才的世界占比为 3.00%，辽宁 A 层人才的世界占比为 1.00%。

B 层人才最多的是上海，世界占比为 1.09%；北京也有相当数量的 B 层人才，世界占比为 1.00%；湖北、湖南、江苏、山东、浙江、广东、福建、四川有一定数量的 B 层人才，世界占比均超过 0.1%；甘肃、广西、黑龙江、河南、吉林 B 层人才的世界占比均为 0.09%。

C 层人才最多的是上海，世界占比为 2.25%；北京、广东、湖北、江苏、山东也有相当数量的 C 层人才，世界占比在 2%~1%；浙江、湖南、四川、安徽、陕西、河南、重庆、辽宁、广西、福建、云南、河北、吉林、黑龙江、江西、天津、甘肃有一定数量的 C 层人才，世界占比均超过 0.1%；贵州、内蒙古、宁夏、山西、新疆、海南、青海、西藏 C 层人才的世界占比均低于 0.1%。

表 4-102　生殖生物学 A 层人才的世界占比

单位：%

省　份	2014 年	2015 年	2016 年	2017 年	2018 年	2019 年	2020 年	2021 年	2022 年	2023 年	合计
湖　北	0.00	0.00	0.00	0.00	0.00	0.00	18.18	9.09	0.00	0.00	3.00
辽　宁	0.00	0.00	0.00	0.00	0.00	0.00	0.00	0.00	0.00	10.00	1.00

表 4-103　生殖生物学 B 层人才的世界占比

单位：%

省　份	2014 年	2015 年	2016 年	2017 年	2018 年	2019 年	2020 年	2021 年	2022 年	2023 年	合计
上　海	2.70	1.98	0.00	0.87	0.00	0.89	2.56	0.87	0.00	0.99	1.09
北　京	0.90	1.98	0.00	0.87	1.83	0.00	0.00	0.87	2.59	0.99	1.00
湖　北	0.00	0.99	0.00	0.00	0.00	1.79	2.56	0.87	0.00	0.99	0.73
湖　南	0.90	0.00	0.95	0.00	0.00	0.89	0.85	0.00	1.72	0.00	0.54
江　苏	0.00	0.00	0.00	0.00	0.00	2.68	0.85	0.00	0.86	0.00	0.45
山　东	0.00	0.99	0.00	0.00	0.00	0.00	0.85	1.74	0.00	0.00	0.36

续表

省　份	2014 年	2015 年	2016 年	2017 年	2018 年	2019 年	2020 年	2021 年	2022 年	2023 年	合计
浙　江	0.00	0.00	0.00	0.00	0.00	0.89	0.85	0.87	0.86	0.00	0.36
广　东	0.90	0.00	0.95	0.87	0.00	0.00	0.00	0.00	0.00	0.00	0.27
福　建	0.00	0.00	0.00	0.00	0.00	0.89	0.00	0.00	0.86	0.00	0.18
四　川	0.00	0.00	0.00	0.00	0.00	0.00	0.85	0.87	0.00	0.00	0.18
甘　肃	0.00	0.00	0.00	0.00	0.00	0.00	0.00	0.00	0.86	0.00	0.09
广　西	0.00	0.00	0.00	0.00	0.00	0.00	0.00	0.00	0.86	0.00	0.09
黑龙江	0.00	0.00	0.00	0.00	0.00	0.00	0.00	0.87	0.00	0.00	0.09
河　南	0.00	0.00	0.00	0.00	0.92	0.00	0.00	0.00	0.00	0.00	0.09
吉　林	0.00	0.00	0.00	0.00	0.00	0.89	0.00	0.00	0.00	0.00	0.09

表 4-104　生殖生物学 C 层人才的世界占比

单位：%

省　份	2014 年	2015 年	2016 年	2017 年	2018 年	2019 年	2020 年	2021 年	2022 年	2023 年	合计
上　海	0.76	1.54	2.40	1.82	1.97	2.45	2.07	2.59	3.29	3.77	2.25
北　京	1.72	1.63	1.15	1.55	1.50	2.17	0.86	1.95	1.87	2.55	1.68
广　东	0.86	1.44	1.25	1.18	1.97	1.89	1.64	1.67	1.87	1.22	1.51
湖　北	0.48	0.77	0.96	0.91	1.41	1.51	1.04	1.48	1.51	1.55	1.16
江　苏	0.76	0.67	0.86	0.91	1.13	1.23	1.12	1.30	1.51	1.99	1.14
山　东	0.38	0.58	0.29	0.91	1.03	1.79	1.21	1.11	1.15	2.10	1.05
浙　江	0.29	0.58	0.38	0.82	0.28	0.28	0.26	1.20	1.15	0.78	0.60
湖　南	0.57	0.38	0.58	0.18	0.47	0.75	0.35	0.46	1.07	0.55	0.54
四　川	0.19	0.10	0.48	0.45	0.19	0.38	0.35	0.74	1.07	1.00	0.49
安　徽	0.19	0.19	0.38	0.64	0.19	0.38	0.43	0.56	1.07	0.33	0.44
陕　西	0.29	0.48	0.29	0.18	0.09	1.04	0.43	0.37	0.53	0.55	0.42
河　南	0.10	0.38	0.29	0.09	0.47	0.28	0.52	0.65	0.44	0.55	0.38
重　庆	0.00	0.10	0.38	0.27	0.09	0.19	0.43	0.83	0.18	1.11	0.36
辽　宁	0.10	0.10	0.19	0.27	0.47	0.57	0.17	0.56	0.44	0.22	0.31
广　西	0.10	0.10	0.00	0.27	0.28	0.28	0.35	0.28	0.80	0.55	0.30
福　建	0.19	0.10	0.00	0.18	0.09	0.19	0.17	0.37	0.44	0.55	0.23
云　南	0.00	0.10	0.10	0.18	0.28	0.19	0.17	0.37	0.27	0.66	0.23
河　北	0.10	0.10	0.19	0.00	0.19	0.28	0.26	0.00	0.53	0.55	0.22
吉　林	0.19	0.10	0.00	0.18	0.00	0.19	0.26	0.37	0.36	0.55	0.22
黑龙江	0.29	0.10	0.10	0.09	0.19	0.28	0.26	0.37	0.27	0.11	0.21

省　份	2014 年	2015 年	2016 年	2017 年	2018 年	2019 年	2020 年	2021 年	2022 年	2023 年	合计
江　西	0.10	0.19	0.00	0.27	0.09	0.57	0.17	0.09	0.18	0.44	0.21
天　津	0.00	0.38	0.00	0.09	0.00	0.09	0.17	0.09	0.36	0.22	0.14
甘　肃	0.00	0.00	0.00	0.09	0.19	0.19	0.00	0.46	0.09	0.33	0.13
贵　州	0.00	0.00	0.00	0.18	0.00	0.09	0.17	0.19	0.18	0.00	0.08
内蒙古	0.00	0.00	0.29	0.00	0.09	0.19	0.00	0.19	0.00	0.11	0.08
宁　夏	0.10	0.00	0.00	0.10	0.00	0.19	0.00	0.00	0.09	0.22	0.08
山　西	0.00	0.10	0.00	0.00	0.00	0.00	0.00	0.09	0.09	0.33	0.07
新　疆	0.00	0.00	0.00	0.00	0.09	0.00	0.00	0.09	0.36	0.11	0.06
海　南	0.00	0.00	0.00	0.00	0.00	0.00	0.00	0.00	0.09	0.00	0.02
青　海	0.00	0.00	0.00	0.00	0.00	0.09	0.09	0.00	0.00	0.00	0.02
西　藏	0.00	0.00	0.00	0.00	0.00	0.09	0.00	0.00	0.00	0.11	0.02

三十八　农学

农学 A、B、C 层人才最多的均为北京，世界占比分别为 5.18%、5.88%、7.89%。

江苏、江西、浙江、广东、陕西、河南、湖南有相当数量的 A 层人才，世界占比在 3%~1%；安徽、重庆、贵州、湖北、内蒙古、上海、四川、天津有一定数量的 A 层人才，世界占比均为 0.52%。

江苏的 B 层人才比较多，世界占比为 3.36%；陕西、湖北、广东、浙江、山东、河南、四川也有相当数量的 B 层人才，世界占比在 3%~1%；甘肃、黑龙江、福建、安徽、江西、天津、云南、广西、上海、湖南、河北、海南、吉林、辽宁、贵州、内蒙古、山西、新疆、重庆有一定数量的 B 层人才，世界占比超过或等于 0.1%；西藏 B 层人才的世界占比为 0.05%。

江苏的 C 层人才比较多，世界占比为 4.48%；陕西、湖北、广东、浙江、山东、甘肃、河南、四川也有相当数量的 C 层人才，世界占比在 3%~1%；辽宁、黑龙江、湖南、河北、天津、新疆、重庆、云南、广西、福建、上海、江西、安徽、海南、贵州、吉林、内蒙古、山西、宁夏、青海有一定数

量的 C 层人才，世界占比均超过 0.1%；西藏 C 层人才的世界占比
为 0.07%。

表 4-105　农学 A 层人才的世界占比

单位：%

省　份	2014 年	2015 年	2016 年	2017 年	2018 年	2019 年	2020 年	2021 年	2022 年	2023 年	合计
北　京	0.00	8.33	0.00	5.88	5.56	9.09	0.00	0.00	12.50	8.70	5.18
江　苏	0.00	0.00	6.67	0.00	0.00	4.55	4.35	4.17	0.00	4.35	2.59
江　西	0.00	0.00	0.00	0.00	5.56	0.00	8.70	0.00	0.00	8.70	2.59
浙　江	0.00	8.33	0.00	0.00	5.56	4.55	0.00	4.17	0.00	0.00	2.07
广　东	0.00	0.00	0.00	0.00	0.00	4.55	0.00	0.00	8.33	0.00	1.55
陕　西	0.00	0.00	0.00	5.88	5.56	0.00	0.00	0.00	0.00	4.35	1.55
河　南	0.00	0.00	6.67	0.00	0.00	4.55	0.00	0.00	0.00	0.00	1.04
湖　南	0.00	0.00	6.67	0.00	0.00	0.00	0.00	0.00	4.17	0.00	1.04
安　徽	0.00	0.00	0.00	0.00	5.56	0.00	0.00	0.00	0.00	0.00	0.52
重　庆	0.00	0.00	0.00	0.00	0.00	0.00	0.00	0.00	0.00	4.35	0.52
贵　州	0.00	0.00	0.00	0.00	0.00	0.00	0.00	0.00	0.00	4.35	0.52
湖　北	0.00	0.00	0.00	0.00	0.00	4.55	0.00	0.00	0.00	0.00	0.52
内蒙古	0.00	0.00	0.00	0.00	0.00	0.00	0.00	0.00	0.00	4.35	0.52
上　海	0.00	0.00	0.00	0.00	0.00	0.00	0.00	0.00	0.00	4.35	0.52
四　川	0.00	0.00	0.00	0.00	0.00	4.55	0.00	0.00	0.00	0.00	0.52
天　津	0.00	0.00	0.00	0.00	0.00	4.55	0.00	0.00	0.00	0.00	0.52

表 4-106　农学 B 层人才的世界占比

单位：%

省　份	2014 年	2015 年	2016 年	2017 年	2018 年	2019 年	2020 年	2021 年	2022 年	2023 年	合计
北　京	4.93	1.79	5.48	6.00	2.78	4.81	6.69	9.52	8.30	5.29	5.88
江　苏	2.11	1.19	2.74	1.33	2.08	2.88	2.93	3.17	6.11	6.61	3.36
陕　西	1.41	0.60	1.37	2.67	2.78	1.92	3.77	4.37	2.62	3.08	2.62
湖　北	0.00	0.00	0.00	2.67	1.39	3.85	1.67	2.38	3.49	3.52	2.10
广　东	0.00	0.00	0.68	1.33	2.08	1.92	1.67	1.98	3.49	1.32	1.57
浙　江	0.70	0.60	0.68	0.00	0.69	1.92	1.67	2.78	1.75	2.64	1.52
山　东	0.70	0.00	0.68	1.33	0.69	0.96	0.00	1.19	3.06	3.52	1.31
河　南	0.00	0.00	0.00	0.00	0.00	0.96	0.84	2.38	1.75	3.08	1.10

续表

省　份	2014 年	2015 年	2016 年	2017 年	2018 年	2019 年	2020 年	2021 年	2022 年	2023 年	合计
四　川	0.70	0.00	0.00	2.00	1.39	0.48	0.84	1.59	1.75	1.76	1.10
甘　肃	1.41	0.60	1.37	1.33	0.69	0.96	1.26	0.40	0.44	0.44	0.84
黑龙江	0.70	0.00	0.00	0.67	0.00	0.48	1.26	0.79	0.87	1.76	0.73
福　建	0.00	0.60	0.68	0.00	0.00	0.48	0.00	1.19	1.31	1.76	0.68
安　徽	0.00	0.00	0.68	0.00	2.08	0.00	0.42	0.40	0.87	1.76	0.63
江　西	0.00	0.60	0.00	0.67	0.69	0.96	0.42	0.79	0.87	0.88	0.63
天　津	0.00	0.00	0.00	0.00	0.00	1.44	0.42	1.98	0.44	0.88	0.63
云　南	0.00	0.60	0.00	0.00	0.00	0.48	0.84	0.40	0.87	1.76	0.58
广　西	0.00	1.19	0.00	0.00	0.00	0.96	0.42	0.40	0.87	0.44	0.47
上　海	0.00	0.00	0.00	0.67	0.00	0.48	0.00	0.40	0.87	1.76	0.47
湖　南	0.70	0.60	0.00	0.00	0.00	0.96	0.42	0.00	0.87	0.44	0.42
河　北	0.00	0.60	0.00	0.00	1.39	0.00	0.84	0.00	0.44	0.44	0.37
海　南	0.00	0.00	0.68	0.00	0.00	0.00	1.26	0.79	0.00	0.00	0.31
吉　林	0.00	0.00	0.00	0.00	0.00	0.00	0.42	0.00	1.75	0.44	0.31
辽　宁	0.00	0.00	0.00	0.00	0.00	0.00	0.84	0.00	0.00	0.88	0.31
贵　州	0.00	0.60	0.00	0.67	0.00	0.00	0.00	0.00	0.44	0.88	0.26
内蒙古	0.70	0.00	0.00	0.00	0.00	0.00	0.84	0.00	0.44	0.00	0.21
山　西	0.00	0.00	0.00	0.00	0.00	0.48	0.84	0.00	0.44	0.00	0.21
新　疆	0.00	0.00	0.00	0.00	0.69	0.00	0.00	0.00	0.44	0.44	0.16
重　庆	0.00	0.00	0.00	0.00	0.00	0.00	0.84	0.00	0.00	0.00	0.10
西　藏	0.00	0.00	0.68	0.00	0.00	0.00	0.00	0.00	0.00	0.00	0.05

表 4-107　农学 C 层人才的世界占比

单位：%

省　份	2014 年	2015 年	2016 年	2017 年	2018 年	2019 年	2020 年	2021 年	2022 年	2023 年	合计
北　京	6.45	5.99	6.18	7.10	6.89	7.73	7.67	9.49	9.91	9.01	7.89
江　苏	2.98	3.33	2.92	3.29	3.75	3.89	4.20	4.97	6.55	6.66	4.48
陕　西	1.46	1.36	1.39	1.68	2.21	2.33	2.21	4.35	4.20	3.66	2.68
湖　北	1.32	1.36	1.46	1.81	1.91	2.33	2.17	2.15	2.48	2.09	1.98
广　东	0.83	0.93	1.18	1.36	1.97	2.33	1.39	2.57	2.56	3.00	1.93
浙　江	1.32	1.17	1.11	1.23	0.92	1.56	1.65	1.53	2.52	2.39	1.62
山　东	0.69	0.62	0.90	0.90	1.05	1.41	1.39	1.57	2.94	3.27	1.61
甘　肃	0.97	0.68	1.32	0.90	1.41	1.75	0.95	1.49	1.85	1.70	1.35

续表

省　份	2014年	2015年	2016年	2017年	2018年	2019年	2020年	2021年	2022年	2023年	合计
河　南	0.83	0.62	1.18	1.29	0.92	0.68	1.17	1.45	1.85	1.92	1.24
四　川	0.35	0.43	0.76	0.58	1.05	1.17	1.00	1.49	1.47	1.26	1.02
辽　宁	0.42	0.62	0.83	0.58	0.68	0.97	0.87	1.37	0.76	0.78	0.82
黑龙江	0.28	0.68	0.69	0.58	0.80	0.88	1.00	0.91	0.63	1.13	0.79
湖　南	0.49	0.37	0.49	0.45	0.37	1.17	0.61	0.79	1.22	0.96	0.74
河　北	0.90	0.62	0.28	0.39	0.37	0.92	0.74	0.91	0.80	1.00	0.73
天　津	0.42	0.31	0.56	0.26	0.80	0.83	0.61	0.79	1.01	1.09	0.71
新　疆	0.49	0.37	0.42	0.39	0.49	0.58	0.65	0.83	0.92	1.26	0.68
重　庆	0.35	0.37	0.35	0.13	0.68	0.88	0.65	0.87	0.88	1.00	0.66
云　南	0.35	0.43	0.28	0.32	0.37	0.49	0.74	0.91	0.50	1.26	0.61
广　西	0.14	0.43	0.42	0.26	0.37	0.68	0.65	0.58	0.88	1.13	0.60
福　建	0.21	0.49	0.35	0.26	0.25	0.63	0.69	0.62	0.92	0.91	0.58
上　海	0.21	0.43	0.63	0.65	0.31	0.63	0.65	0.62	0.67	0.78	0.58
江　西	0.35	0.12	0.49	0.26	0.25	0.88	0.43	0.99	0.80	0.65	0.56
安　徽	0.49	0.25	0.28	0.13	0.86	0.34	0.39	0.62	0.63	1.00	0.52
海　南	0.14	0.19	0.14	0.32	0.62	0.39	0.74	0.41	1.09	0.61	0.51
贵　州	0.14	0.19	0.21	0.13	0.37	0.29	0.30	0.66	0.67	1.04	0.44
吉　林	0.14	0.25	0.21	0.32	0.49	0.34	0.43	0.54	0.67	0.74	0.44
内蒙古	0.14	0.06	0.21	0.26	0.49	0.29	0.30	0.33	0.34	0.74	0.33
山　西	0.00	0.25	0.00	0.19	0.31	0.24	0.13	0.41	0.34	0.57	0.27
宁　夏	0.00	0.06	0.07	0.13	0.18	0.29	0.22	0.37	0.21	0.26	0.20
青　海	0.07	0.19	0.28	0.13	0.31	0.10	0.13	0.12	0.13	0.09	0.15
西　藏	0.00	0.00	0.00	0.00	0.06	0.05	0.17	0.17	0.04	0.13	0.07

三十九　多学科农业

多学科农业 A、B、C 层人才最多的均为北京，世界占比分别为 7.02%、6.60%、8.44%。

江苏、广东的 A 层人才比较多，世界占比分别为 3.51%、2.63%；福建、湖北、陕西、浙江也有相当数量的 A 层人才，世界占比均为 1.75%；重庆、甘肃、广西、贵州、河北、河南、吉林、山东、上海、四川、新疆有一定数量的 A 层人才，世界占比均为 0.88%。

江苏、广东的 B 层人才比较多，世界占比分别为 4.31%、3.55%；浙江、陕西、湖北、山东、安徽、天津、黑龙江、河南、上海、湖南也有相当数量的 B 层人才，世界占比在 3%~1%；江西、四川、辽宁、重庆、贵州、吉林、河北、甘肃、广西、海南、山西、福建、宁夏、新疆、云南有一定数量的 B 层人才，世界占比均超过 0.2%；内蒙古 B 层人才的世界占比为 0.08%。

江苏、广东的 C 层人才比较多，世界占比分别为 6.26%、4.06%；浙江、陕西、湖北、山东、天津、安徽、上海、辽宁、黑龙江、江西、河南、四川、湖南也有相当数量的 C 层人才，世界占比在 3%~1%；吉林、贵州、重庆、福建、云南、河北、甘肃、新疆、广西、海南、山西、内蒙古、青海、宁夏有一定数量的 C 层人才，世界占比均超过 0.1%；西藏 C 层人才的世界占比为 0.03%。

表 4-108　多学科农业 A 层人才的世界占比

单位：%

省　　份	2014 年	2015 年	2016 年	2017 年	2018 年	2019 年	2020 年	2021 年	2022 年	2023 年	合计
北　京	0.00	0.00	0.00	0.00	14.29	27.27	11.76	7.14	0.00	0.00	7.02
江　苏	0.00	0.00	0.00	0.00	0.00	18.18	11.76	0.00	0.00	0.00	3.51
广　东	0.00	0.00	14.29	0.00	0.00	0.00	5.88	0.00	0.00	7.69	2.63
福　建	0.00	0.00	0.00	0.00	0.00	0.00	5.88	0.00	0.00	7.69	1.75
湖　北	0.00	0.00	0.00	0.00	7.14	0.00	5.88	0.00	0.00	0.00	1.75
陕　西	0.00	0.00	0.00	0.00	0.00	0.00	5.88	7.14	0.00	0.00	1.75
浙　江	0.00	0.00	0.00	0.00	0.00	0.00	5.88	0.00	11.11	0.00	1.75
重　庆	0.00	0.00	0.00	0.00	0.00	0.00	0.00	7.14	0.00	0.00	0.88
甘　肃	0.00	0.00	0.00	0.00	0.00	0.00	5.88	0.00	0.00	0.00	0.88
广　西	0.00	0.00	0.00	0.00	0.00	0.00	5.88	0.00	0.00	0.00	0.88
贵　州	0.00	0.00	0.00	0.00	0.00	0.00	0.00	7.14	0.00	0.00	0.88
河　北	0.00	0.00	0.00	0.00	0.00	0.00	0.00	7.14	0.00	0.00	0.88
河　南	0.00	0.00	0.00	0.00	0.00	0.00	0.00	7.14	0.00	0.00	0.88
吉　林	0.00	0.00	0.00	0.00	0.00	0.00	0.00	0.00	11.11	0.00	0.88
山　东	0.00	0.00	0.00	0.00	0.00	0.00	0.00	0.00	11.11	0.00	0.88

续表

省　份	2014 年	2015 年	2016 年	2017 年	2018 年	2019 年	2020 年	2021 年	2022 年	2023 年	合计
上　海	0.00	0.00	0.00	0.00	0.00	0.00	5.88	0.00	0.00	0.00	0.88
四　川	0.00	0.00	0.00	0.00	0.00	9.09	0.00	0.00	0.00	0.00	0.88
新　疆	0.00	0.00	0.00	0.00	0.00	0.00	5.88	0.00	0.00	0.00	0.88

表 4-109　多学科农业 B 层人才的世界占比

单位：%

省　份	2014 年	2015 年	2016 年	2017 年	2018 年	2019 年	2020 年	2021 年	2022 年	2023 年	合计
北　京	0.00	6.25	1.90	5.66	6.40	6.98	6.41	8.33	12.80	8.46	6.60
江　苏	3.33	4.17	1.90	1.89	5.60	1.55	2.56	9.17	5.60	6.92	4.31
广　东	1.11	6.25	2.86	1.89	2.40	3.88	2.56	5.00	4.00	5.38	3.55
浙　江	2.22	1.04	0.95	0.94	1.60	1.55	1.28	3.33	1.60	7.69	2.28
陕　西	0.00	0.00	0.95	0.00	0.80	1.55	3.21	2.50	3.20	6.92	2.12
湖　北	0.00	1.04	0.00	1.89	2.40	1.55	1.28	0.83	0.80	3.85	1.44
山　东	0.00	1.04	0.00	0.94	0.00	0.78	1.28	3.33	1.60	4.62	1.44
安　徽	0.00	0.00	0.00	1.89	1.60	2.33	0.64	0.00	2.40	2.31	1.18
天　津	0.00	0.00	0.95	0.94	1.60	0.78	1.92	1.67	2.40	0.77	1.18
黑龙江	0.00	0.00	0.00	0.94	0.00	1.55	1.92	2.50	0.80	2.31	1.10
河　南	0.00	0.00	0.00	0.94	0.00	0.78	0.64	1.67	3.20	3.08	1.10
上　海	0.00	1.04	0.95	0.00	0.00	1.55	1.28	2.50	1.60	1.54	1.10
湖　南	1.11	1.04	0.00	1.89	0.80	1.55	0.00	1.67	0.00	2.31	1.02
江　西	0.00	2.08	1.90	0.00	2.40	0.78	1.28	0.83	0.00	0.00	0.93
四　川	0.00	1.04	0.00	0.94	2.40	0.00	0.64	1.67	0.00	1.54	0.85
辽　宁	0.00	1.04	0.00	0.94	0.00	0.00	0.00	1.67	1.60	0.77	0.59
重　庆	0.00	0.00	0.00	0.00	0.80	0.00	0.64	0.83	0.00	2.31	0.51
贵　州	1.11	0.00	0.00	0.00	0.80	0.00	1.28	1.67	0.00	0.00	0.51
吉　林	1.11	0.00	0.00	0.94	0.00	0.00	0.00	0.00	2.40	0.00	0.51
河　北	0.00	0.00	0.95	0.00	0.00	0.78	0.00	0.83	1.60	0.00	0.42
甘　肃	0.00	1.04	0.95	0.00	0.00	0.00	0.00	0.00	0.00	1.54	0.34
广　西	0.00	0.00	0.00	0.00	0.00	0.00	0.64	0.83	0.80	0.77	0.34
海　南	0.00	0.00	0.00	0.00	1.60	0.00	0.00	0.83	0.80	0.00	0.34
山　西	1.11	0.00	0.00	0.00	0.00	0.00	1.28	0.00	0.00	0.77	0.34
福　建	0.00	0.00	0.00	0.00	0.00	0.00	1.28	0.00	0.00	0.77	0.25
宁　夏	0.00	0.00	0.00	0.00	0.80	0.78	0.00	0.00	0.00	0.77	0.25

续表

省　份	2014 年	2015 年	2016 年	2017 年	2018 年	2019 年	2020 年	2021 年	2022 年	2023 年	合计
新　疆	0.00	0.00	0.00	0.00	0.00	0.78	0.00	0.00	0.80	0.77	0.25
云　南	0.00	0.00	0.00	0.00	0.00	0.00	0.00	0.00	0.80	1.54	0.25
内蒙古	0.00	0.00	0.00	0.00	0.00	0.00	0.00	0.83	0.00	0.00	0.08

表 4-110　多学科农业 C 层人才的世界占比

单位：%

省　份	2014 年	2015 年	2016 年	2017 年	2018 年	2019 年	2020 年	2021 年	2022 年	2023 年	合计
北　京	4.21	4.69	5.24	7.35	7.53	7.86	9.27	11.60	11.89	11.99	8.44
江　苏	4.10	4.15	3.53	5.61	5.55	6.80	7.35	7.49	7.31	8.99	6.26
广　东	2.39	1.70	3.15	3.68	4.44	5.32	4.54	4.28	4.90	4.88	4.06
浙　江	1.59	0.64	1.81	2.32	3.01	3.85	2.81	3.70	4.18	4.54	2.95
陕　西	1.03	1.28	1.81	1.35	2.46	3.11	3.19	4.12	4.74	4.97	2.94
湖　北	1.25	0.85	1.72	2.42	2.30	2.62	2.49	2.47	3.13	2.65	2.26
山　东	0.68	0.53	0.48	0.77	2.54	2.38	2.36	2.39	2.33	2.57	1.81
天　津	0.91	0.43	1.05	2.42	1.58	1.80	1.85	1.40	1.53	1.80	1.52
安　徽	0.23	0.53	0.57	0.77	1.35	2.21	1.41	1.81	1.85	2.48	1.39
上　海	0.91	1.17	0.67	0.97	0.87	1.97	1.60	1.15	1.85	2.14	1.36
辽　宁	0.23	0.43	0.48	1.64	1.35	1.23	1.85	1.56	1.61	2.31	1.34
黑龙江	0.00	0.43	0.38	0.58	1.03	1.15	1.41	2.30	2.01	3.00	1.30
江　西	0.91	0.96	0.57	0.58	1.11	1.64	1.21	1.81	1.53	1.37	1.20
河　南	0.46	0.32	0.38	0.97	0.63	1.31	1.09	1.48	2.17	2.23	1.15
四　川	0.11	0.32	0.38	0.77	0.87	1.06	0.96	1.73	2.25	1.37	1.04
湖　南	0.34	0.32	0.38	0.97	0.87	1.15	1.41	1.73	1.12	1.37	1.02
吉　林	0.80	0.43	0.29	0.87	0.48	0.74	0.77	0.99	1.61	1.46	0.86
贵　州	0.11	0.00	0.19	0.58	0.40	1.06	1.41	1.32	1.45	1.28	0.85
重　庆	0.34	0.21	0.38	0.58	0.71	0.66	1.21	1.15	1.29	1.28	0.83
福　建	0.68	0.43	0.57	0.87	0.71	0.33	0.70	1.65	0.96	0.94	0.79
云　南	0.57	0.21	0.48	0.29	0.48	1.06	0.77	0.74	0.72	0.77	0.63
河　北	0.23	0.32	0.48	0.39	0.48	0.74	0.51	0.74	0.88	1.11	0.60
甘　肃	0.34	0.32	0.48	0.48	0.48	0.66	0.83	0.74	0.48	0.86	0.59
新　疆	0.00	0.21	0.19	0.48	0.40	0.57	0.38	0.82	1.37	0.94	0.56
广　西	0.23	0.00	0.00	0.19	0.16	0.57	0.83	0.91	1.12	0.60	0.50
海　南	0.00	0.00	0.19	0.19	0.08	0.57	0.32	0.66	0.64	1.20	0.41
山　西	0.23	0.32	0.38	0.19	0.24	0.25	0.13	0.33	0.48	0.51	0.30

续表

省　份	2014 年	2015 年	2016 年	2017 年	2018 年	2019 年	2020 年	2021 年	2022 年	2023 年	合计
内蒙古	0.00	0.21	0.00	0.10	0.24	0.33	0.45	0.49	0.64	0.17	0.29
青　海	0.00	0.00	0.00	0.19	0.32	0.57	0.38	0.16	0.08	0.26	0.22
宁　夏	0.00	0.00	0.00	0.10	0.08	0.08	0.06	0.16	0.48	0.17	0.12
西　藏	0.00	0.00	0.00	0.00	0.00	0.08	0.06	0.08	0.00	0.00	0.03

四十　生物多样性保护

生物多样性保护 A、B、C 层人才最多的均为北京，世界占比分别为 6.00%、5.41%、5.37%。

浙江的 A 层人才比较多，世界占比为 5.00%；贵州、四川、广东、湖北、江苏、陕西、山东、上海也有相当数量的 A 层人才，世界占比在 2%~1%。

江苏、广东、湖北、浙江、四川有相当数量的 B 层人才，世界占比在 3%~1%；湖南、陕西、上海、福建、甘肃、云南、辽宁、山东、新疆、广西、贵州、河南、吉林、安徽、海南、重庆、河北、黑龙江、天津、江西有一定数量的 B 层人才，世界占比均超过 0.1%；内蒙古、宁夏、青海 B 层人才的世界占比均为 0.08%。

江苏、广东、湖北有相当数量的 C 层人才，世界占比在 3%~1%；甘肃、上海、陕西、四川、福建、山东、浙江、云南、河南、重庆、辽宁、吉林、湖南、天津、广西、河北、新疆、江西、青海、贵州、安徽、黑龙江、内蒙古、山西、海南有一定数量的 C 层人才，世界占比均超过 0.1%；宁夏、西藏 C 层人才的世界占比均低于 0.1%。

表 4-111　生物多样性保护 A 层人才的世界占比

单位：%

省　份	2014 年	2015 年	2016 年	2017 年	2018 年	2019 年	2020 年	2021 年	2022 年	2023 年	合计
北　京	0.00	0.00	11.11	0.00	0.00	33.33	0.00	0.00	6.67	17.65	6.00

续表

省份	2014 年	2015 年	2016 年	2017 年	2018 年	2019 年	2020 年	2021 年	2022 年	2023 年	合计
浙 江	0.00	0.00	0.00	0.00	10.00	0.00	0.00	0.00	0.00	23.53	5.00
贵 州	0.00	0.00	0.00	0.00	0.00	0.00	0.00	0.00	0.00	11.76	2.00
四 川	0.00	0.00	0.00	0.00	0.00	0.00	0.00	0.00	0.00	11.76	2.00
广 东	0.00	0.00	0.00	0.00	0.00	0.00	0.00	0.00	0.00	5.88	1.00
湖 北	0.00	0.00	0.00	0.00	0.00	0.00	0.00	0.00	0.00	5.88	1.00
江 苏	0.00	0.00	0.00	0.00	0.00	0.00	0.00	0.00	0.00	5.88	1.00
陕 西	0.00	0.00	0.00	0.00	0.00	0.00	0.00	0.00	0.00	5.88	1.00
山 东	0.00	0.00	0.00	0.00	0.00	0.00	0.00	0.00	0.00	5.88	1.00
上 海	0.00	0.00	0.00	0.00	0.00	0.00	0.00	0.00	0.00	5.88	1.00

表 4-112 生物多样性保护 B 层人才的世界占比

单位：%

省份	2014 年	2015 年	2016 年	2017 年	2018 年	2019 年	2020 年	2021 年	2022 年	2023 年	合计
北 京	2.13	5.56	3.88	3.70	0.79	4.46	4.07	7.47	9.55	9.33	5.41
江 苏	1.06	0.00	2.91	4.63	1.59	1.91	0.00	1.72	3.82	4.00	2.18
广 东	1.06	1.11	0.97	0.93	0.00	0.64	0.58	2.87	3.82	1.33	1.43
湖 北	0.00	1.11	0.00	0.00	0.00	0.00	1.16	1.72	4.46	3.33	1.35
浙 江	0.00	0.00	0.00	0.00	0.00	0.64	2.33	3.45	0.00	4.00	1.28
四 川	0.00	0.00	0.97	0.93	0.79	0.64	1.16	0.57	2.55	2.00	1.05
湖 南	0.00	0.00	0.00	1.85	0.00	0.00	1.74	0.57	3.18	0.67	0.90
陕 西	1.06	0.00	0.97	0.00	0.00	1.27	1.16	0.57	2.55	0.67	0.90
上 海	1.06	1.11	0.97	0.93	0.00	0.64	0.00	1.15	1.27	1.33	0.83
福 建	0.00	0.00	0.00	0.00	2.38	0.64	0.58	0.57	1.27	1.33	0.75
甘 肃	0.00	0.00	0.00	0.00	0.00	0.64	0.58	0.57	3.18	0.67	0.68
云 南	0.00	1.11	0.00	0.00	0.00	1.27	1.74	1.72	0.00	0.00	0.68
辽 宁	0.00	1.11	0.00	0.00	0.00	0.64	0.58	2.30	0.64	0.00	0.60
山 东	0.00	0.00	0.97	0.00	0.00	0.00	1.16	0.57	1.91	0.67	0.60
新 疆	0.00	0.00	0.00	0.00	0.00	0.64	1.16	0.57	1.91	0.67	0.60
广 西	0.00	1.11	0.00	0.00	0.00	0.64	0.58	1.15	0.64	0.67	0.53
贵 州	0.00	0.00	0.00	0.00	0.00	0.64	0.58	0.00	0.00	2.67	0.45
河 南	0.00	0.00	0.00	0.00	0.00	0.00	0.58	1.15	1.27	0.67	0.45
吉 林	0.00	0.00	0.00	0.00	0.00	0.00	0.57	1.91	0.00		0.38
安 徽	0.00	0.00	0.00	0.00	0.00	0.58	1.15	0.00	0.67		0.30

续表

省　份	2014 年	2015 年	2016 年	2017 年	2018 年	2019 年	2020 年	2021 年	2022 年	2023 年	合计
海　南	0.00	0.00	0.00	0.00	0.00	0.00	0.00	0.00	1.91	0.67	0.30
重　庆	0.00	0.00	0.00	0.00	0.00	0.00	0.58	0.00	0.64	0.67	0.23
河　北	0.00	0.00	0.00	0.00	0.00	1.27	0.58	0.00	0.00	0.00	0.23
黑龙江	0.00	0.00	0.00	0.00	0.00	0.00	0.58	0.57	0.64	0.00	0.23
天　津	0.00	0.00	0.97	0.00	0.00	0.00	0.58	0.00	0.64	0.00	0.23
江　西	0.00	0.00	0.00	0.00	0.00	0.00	0.00	0.00	0.64	0.67	0.15
内蒙古	0.00	0.00	0.00	0.00	0.00	0.00	0.58	0.00	0.00	0.00	0.08
宁　夏	0.00	0.00	0.00	0.00	0.00	0.00	0.58	0.00	0.00	0.00	0.08
青　海	0.00	0.00	0.00	0.00	0.00	0.00	0.00	0.00	0.64	0.00	0.08

表 4-113　生物多样性保护 C 层人才的世界占比

单位：%

省　份	2014 年	2015 年	2016 年	2017 年	2018 年	2019 年	2020 年	2021 年	2022 年	2023 年	合计
北　京	3.25	2.73	3.26	2.81	4.41	4.41	5.13	7.48	7.98	8.89	5.37
江　苏	0.24	0.84	1.02	0.94	0.74	1.75	1.86	3.33	4.12	3.77	2.07
广　东	0.00	0.10	0.71	0.56	0.74	0.98	1.22	1.89	2.03	2.11	1.16
湖　北	0.24	0.31	0.10	0.09	0.49	0.70	0.93	1.70	2.49	3.17	1.15
甘　肃	0.00	0.31	0.20	0.09	0.49	0.70	0.82	1.19	1.24	1.58	0.75
上　海	0.24	0.10	0.82	0.56	0.57	1.12	0.76	0.63	1.18	0.98	0.74
陕　西	0.12	0.21	0.10	0.37	0.25	0.84	0.70	1.26	1.44	0.98	0.71
四　川	0.24	0.00	0.00	0.37	0.74	0.28	0.47	0.94	1.18	1.51	0.63
福　建	0.00	0.31	0.41	0.09	0.57	0.56	0.35	0.82	1.05	1.36	0.60
山　东	0.12	0.00	0.51	0.09	0.08	0.49	0.58	0.69	1.24	1.58	0.60
浙　江	0.24	0.10	0.20	0.19	0.41	0.84	0.64	0.63	0.92	1.28	0.60
云　南	0.48	0.10	0.10	0.19	0.25	0.35	0.35	1.07	1.24	1.13	0.58
河　南	0.12	0.00	0.20	0.28	0.16	0.07	0.23	0.57	1.11	1.43	0.46
重　庆	0.12	0.10	0.00	0.37	0.16	0.14	0.52	0.63	0.92	0.53	0.40
辽　宁	0.12	0.10	0.20	0.09	0.49	0.28	0.29	0.44	0.46	1.06	0.38
吉　林	0.00	0.21	0.10	0.09	0.16	0.21	0.23	0.88	0.46	0.98	0.37
湖　南	0.12	0.10	0.10	0.00	0.33	0.21	0.06	0.50	0.59	1.36	0.36
天　津	0.12	0.10	0.20	0.09	0.16	0.28	0.12	0.44	0.92	0.53	0.32
广　西	0.00	0.10	0.10	0.09	0.08	0.21	0.23	0.25	0.52	0.90	0.27
河　北	0.12	0.00	0.00	0.00	0.00	0.14	0.12	0.57	0.52	0.90	0.27

省　份	2014 年	2015 年	2016 年	2017 年	2018 年	2019 年	2020 年	2021 年	2022 年	2023 年	合计
新　疆	0.00	0.21	0.00	0.00	0.00	0.14	0.29	0.44	0.72	0.45	0.26
江　西	0.00	0.10	0.10	0.19	0.16	0.07	0.17	0.31	0.59	0.53	0.25
青　海	0.12	0.00	0.00	0.09	0.16	0.14	0.12	0.44	0.72	0.38	0.25
贵　州	0.00	0.00	0.10	0.09	0.16	0.14	0.29	0.06	0.46	0.83	0.24
安　徽	0.12	0.10	0.20	0.19	0.00	0.14	0.06	0.38	0.33	0.53	0.21
黑龙江	0.12	0.00	0.00	0.00	0.00	0.07	0.23	0.19	0.20	0.75	0.17
内蒙古	0.00	0.00	0.10	0.00	0.08	0.07	0.23	0.13	0.33	0.53	0.17
山　西	0.00	0.10	0.00	0.09	0.00	0.00	0.23	0.25	0.33	0.45	0.17
海　南	0.00	0.00	0.00	0.09	0.00	0.07	0.06	0.19	0.39	0.53	0.15
宁　夏	0.00	0.00	0.00	0.00	0.00	0.00	0.00	0.13	0.13	0.23	0.06
西　藏	0.00	0.00	0.00	0.00	0.08	0.00	0.00	0.19	0.07	0.00	0.04

四十一　园艺学

园艺学 A、B、C 层人才最多的均为北京，世界占比分别为 10.13%、7.26%、6.17%，其中，A 层人才显著多于其他省份。

广东、湖北、江苏、山东、四川的 A 层人才比较多，世界占比均为 3.80%；安徽、重庆、海南、黑龙江、辽宁、陕西、上海、浙江、福建、甘肃、广西、河南、江西、新疆也有相当数量的 A 层人才，世界占比在 3%～1%。

江苏、浙江、广东、山东的 B 层人才比较多，世界占比在 6%～3%；湖北、陕西、海南、安徽、福建、河南、辽宁、重庆、四川也有相当数量的 B 层人才，世界占比在 3%～1%；黑龙江、上海、天津、甘肃、河北、新疆、云南、湖南、吉林、广西、贵州、江西、宁夏、山西、西藏 B 层人才的世界占比均超过 0.1%。

江苏、浙江的 C 层人才比较多，世界占比分别为 5.24%、3.18%；广东、陕西、湖北、山东、河南、辽宁、重庆、四川、上海也有相当数量的 C 层人才，世界占比在 3%～1%；福建、河北、安徽、新疆、海南、甘肃、黑龙江、天津、湖南、江西、云南、广西、贵州、山西、宁夏、吉林有一定数量的 C 层人才，世界占比均超过 0.1%；内蒙古、青海、西藏 C 层人才的世界占比均低于 0.1%。

表 4-114 园艺学 A 层人才的世界占比

单位：%

省　份	2014 年	2015 年	2016 年	2017 年	2018 年	2019 年	2020 年	2021 年	2022 年	2023 年	合 计
北　京	0.00	0.00	25.00	0.00	0.00	0.00	12.50	57.14	0.00	11.11	10.13
广　东	0.00	0.00	0.00	0.00	0.00	0.00	0.00	14.29	0.00	22.22	3.80
湖　北	0.00	0.00	0.00	0.00	0.00	11.11	0.00	0.00	0.00	22.22	3.80
江　苏	0.00	0.00	0.00	12.50	0.00	0.00	0.00	0.00	12.50	11.11	3.80
山　东	0.00	0.00	0.00	0.00	0.00	0.00	0.00	28.57	0.00	11.11	3.80
四　川	0.00	0.00	0.00	0.00	0.00	22.22	0.00	0.00	0.00	11.11	3.80
安　徽	0.00	0.00	0.00	0.00	16.67	0.00	0.00	0.00	0.00	11.11	2.53
重　庆	0.00	0.00	0.00	0.00	0.00	11.11	0.00	0.00	0.00	11.11	2.53
海　南	0.00	0.00	12.50	0.00	0.00	0.00	0.00	0.00	0.00	11.11	2.53
黑龙江	0.00	0.00	0.00	0.00	0.00	0.00	0.00	28.57	0.00	0.00	2.53
辽　宁	0.00	11.11	0.00	0.00	0.00	0.00	0.00	0.00	0.00	11.11	2.53
陕　西	0.00	0.00	12.50	0.00	0.00	0.00	0.00	0.00	0.00	11.11	2.53
上　海	0.00	0.00	0.00	0.00	0.00	11.11	0.00	14.29	0.00	0.00	2.53
浙　江	0.00	0.00	0.00	0.00	0.00	0.00	0.00	28.57	0.00	0.00	2.53
福　建	0.00	0.00	0.00	0.00	0.00	0.00	0.00	14.29	0.00	0.00	1.27
甘　肃	0.00	0.00	12.50	0.00	0.00	0.00	0.00	0.00	0.00	0.00	1.27
广　西	0.00	0.00	0.00	0.00	0.00	0.00	0.00	0.00	0.00	11.11	1.27
河　南	0.00	0.00	0.00	0.00	0.00	0.00	0.00	0.00	0.00	11.11	1.27
江　西	0.00	0.00	0.00	0.00	0.00	0.00	12.50	0.00	0.00	0.00	1.27
新　疆	0.00	0.00	0.00	0.00	0.00	0.00	0.00	0.00	0.00	11.11	1.27

表 4-115 园艺学 B 层人才的世界占比

单位：%

省　份	2014 年	2015 年	2016 年	2017 年	2018 年	2019 年	2020 年	2021 年	2022 年	2023 年	合 计
北　京	6.10	1.20	2.70	10.00	6.94	8.11	8.22	10.53	8.11	11.25	7.26
江　苏	2.44	1.20	2.70	4.29	5.56	10.81	5.48	5.26	8.11	11.25	5.67
浙　江	2.44	4.82	2.70	2.86	5.56	8.11	2.74	9.21	5.41	1.25	4.49

续表

省份	2014年	2015年	2016年	2017年	2018年	2019年	2020年	2021年	2022年	2023年	合计
广东	2.44	1.20	0.00	1.43	1.39	2.70	2.74	10.53	2.70	7.50	3.30
山东	1.22	0.00	1.35	0.00	1.39	5.41	4.11	5.26	4.05	8.75	3.17
湖北	0.00	0.00	4.05	0.00	0.00	1.35	5.48	5.26	2.70	6.25	2.51
陕西	0.00	0.00	1.35	4.29	1.39	0.00	2.74	2.63	8.11	2.50	2.24
海南	1.22	0.00	1.35	2.86	0.00	0.00	2.74	6.58	1.35	5.00	2.11
安徽	0.00	0.00	2.70	0.00	1.39	0.00	2.74	0.00	4.05	2.50	1.32
福建	1.22	0.00	1.35	0.00	0.00	1.35	0.00	7.89	1.35	0.00	1.32
河南	0.00	0.00	0.00	2.86	1.39	0.00	4.11	2.63	0.00	1.25	1.19
辽宁	2.44	0.00	0.00	0.00	1.39	1.35	4.11	1.32	0.00	1.25	1.19
重庆	0.00	0.00	1.35	0.00	2.78	1.35	1.37	2.63	1.35	0.00	1.06
四川	0.00	1.20	0.00	1.43	0.00	1.35	2.74	0.00	0.00	3.75	1.06
黑龙江	0.00	1.20	0.00	1.43	1.39	0.00	2.74	1.32	1.35	0.00	0.92
上海	1.22	0.00	0.00	0.00	0.00	0.00	0.00	1.32	1.35	5.00	0.92
天津	0.00	0.00	0.00	1.43	0.00	2.70	0.00	2.63	1.35	1.25	0.92
甘肃	1.22	0.00	0.00	0.00	0.00	2.70	1.37	1.32	1.35	0.00	0.79
河北	2.44	0.00	0.00	0.00	0.00	0.00	1.37	1.32	1.35	1.25	0.79
新疆	0.00	0.00	0.00	1.43	1.39	2.70	0.00	0.00	0.00	2.50	0.79
云南	0.00	1.20	0.00	0.00	0.00	2.70	0.00	1.32	2.70	0.00	0.79
湖南	1.22	0.00	0.00	0.00	1.39	0.00	0.00	1.32	1.35	0.00	0.53
吉林	0.00	0.00	0.00	0.00	0.00	0.00	0.00	0.00	2.70	1.25	0.40
广西	0.00	0.00	0.00	0.00	0.00	0.00	0.00	2.63	0.00	0.00	0.26
贵州	0.00	0.00	0.00	0.00	0.00	0.00	0.00	0.00	1.35	1.25	0.26
江西	0.00	0.00	0.00	0.00	0.00	0.00	0.00	1.32	1.35	0.00	0.26
宁夏	0.00	0.00	0.00	0.00	0.00	0.00	0.00	1.32	0.00	0.00	0.13
山西	0.00	0.00	0.00	0.00	0.00	0.00	1.37	0.00	0.00	0.00	0.13
西藏	0.00	0.00	0.00	0.00	1.39	0.00	0.00	0.00	0.00	0.00	0.13

表4-116　园艺学C层人才的世界占比

单位：%

省份	2014年	2015年	2016年	2017年	2018年	2019年	2020年	2021年	2022年	2023年	合计
北京	4.60	5.06	5.24	3.20	6.08	6.59	7.28	9.54	7.45	6.84	6.17
江苏	2.94	5.30	3.09	4.07	5.21	4.56	5.03	8.70	6.61	7.26	5.24
浙江	2.56	1.73	1.75	1.45	2.46	2.15	3.70	5.33	5.63	5.31	3.18

续表

省　份	2014 年	2015 年	2016 年	2017 年	2018 年	2019 年	2020 年	2021 年	2022 年	2023 年	合计
广　东	1.66	0.99	1.34	2.03	2.46	2.53	2.65	4.07	6.05	5.59	2.89
陕　西	2.17	1.11	1.75	1.89	2.17	3.30	2.78	2.95	4.08	2.65	2.47
湖　北	1.79	2.47	1.21	2.33	2.17	1.77	3.04	3.37	3.09	2.93	2.41
山　东	1.02	0.74	0.81	0.87	1.74	1.65	1.72	3.79	4.78	3.91	2.07
河　南	0.77	1.11	1.34	2.18	1.01	2.53	2.78	1.96	2.81	1.96	1.84
辽　宁	0.51	0.99	0.81	0.73	1.30	1.90	2.25	2.10	1.27	2.23	1.41
重　庆	0.77	1.23	0.40	1.16	1.01	1.52	1.59	1.96	1.55	1.54	1.27
四　川	0.51	0.99	0.94	0.58	1.16	0.89	1.32	2.10	2.39	1.26	1.20
上　海	0.64	0.62	0.81	0.15	0.87	0.89	1.32	2.38	0.98	1.96	1.05
福　建	0.26	0.37	0.13	0.58	0.29	1.14	1.72	1.40	0.98	2.23	0.91
河　北	0.38	0.86	0.67	0.58	0.72	1.01	1.19	1.40	0.84	1.12	0.88
安　徽	0.38	0.25	0.94	0.29	0.87	0.63	1.59	0.84	0.70	2.23	0.86
新　疆	0.77	0.12	0.54	0.58	0.29	1.39	0.93	1.26	0.98	1.54	0.84
海　南	0.26	0.37	0.00	0.44	0.58	0.76	0.40	1.40	1.97	2.09	0.81
甘　肃	0.00	0.12	0.99	0.13	0.15	0.43	1.14	1.32	1.40	0.70	0.84	0.72
黑龙江	0.26	0.74	0.54	0.73	0.58	1.01	0.53	0.56	0.70	0.98	0.66
天　津	0.00	0.12	0.27	0.44	0.58	0.63	1.06	1.26	1.41	0.84	0.65
湖　南	0.26	0.25	0.40	0.44	0.58	0.63	1.19	0.56	0.84	0.84	0.59
江　西	0.13	0.25	0.40	0.29	0.29	0.76	1.06	0.84	0.84	1.12	0.59
云　南	0.26	0.86	0.00	0.29	0.72	0.38	0.00	0.98	1.13	1.12	0.57
广　西	0.26	0.00	0.27	0.15	0.29	0.76	0.40	0.56	0.70	0.98	0.43
贵　州	0.13	0.25	0.13	0.29	0.14	0.13	0.13	0.56	0.84	0.84	0.34
山　西	0.13	0.12	0.00	0.00	0.29	0.00	0.53	0.28	0.42	0.42	0.22
宁　夏	0.00	0.12	0.13	0.15	0.00	0.25	0.26	0.42	0.28	0.28	0.19
吉　林	0.13	0.12	0.13	0.15	0.00	0.25	0.00	0.00	0.42	0.42	0.16
内蒙古	0.13	0.00	0.13	0.00	0.00	0.25	0.00	0.00	0.14	0.00	0.07
青　海	0.00	0.00	0.00	0.00	0.00	0.13	0.13	0.00	0.00	0.00	0.03
西　藏	0.00	0.12	0.00	0.00	0.00	0.00	0.00	0.00	0.00	0.14	0.03

四十二　真菌学

各省份均无真菌学 A 层人才。

　　B 层人才最多的是北京、云南，世界占比均为 5.02%；贵州、广东的 B 层人才比较多，世界占比分别为 3.34%、3.01%；四川、吉林也有相当数量的 B 层人才，世界占比分别为 2.68%、1.34%；江苏、江西、山东、上海、福建、海南、辽宁、浙江有一定数量的 B 层人才，世界占比均超过 0.3%。

　　C 层人才最多的是北京，世界占比为 4.27%；云南的 C 层人才比较多，世界占比为 3.28%；贵州、广东也有相当数量的 C 层人才，世界占比分别为 1.77%、1.60%；四川、江苏、上海、浙江、湖北、吉林、辽宁、山东、河南、江西、河北、广西、天津、重庆、湖南、陕西、新疆、安徽、福建有一定数量的 C 层人才，世界占比均超过 0.1%；甘肃、海南、黑龙江、内蒙古、西藏、宁夏 C 层人才的世界占比均低于 0.1%。

表 4-117　真菌学 B 层人才的世界占比

单位：%

省　份	2014 年	2015 年	2016 年	2017 年	2018 年	2019 年	2020 年	2021 年	2022 年	2023 年	合计
北　京	3.45	7.14	3.57	11.11	2.78	10.00	2.38	3.03	7.41	6.67	5.02
云　南	6.90	3.57	3.57	0.00	5.56	10.00	2.38	3.03	5.56	10.00	5.02
贵　州	0.00	3.57	3.57	0.00	5.56	0.00	2.38	3.03	3.70	6.67	3.34
广　东	0.00	0.00	0.00	0.00	0.00	10.00	2.38	0.00	7.41	10.00	3.01
四　川	0.00	0.00	0.00	0.00	0.00	10.00	2.38	3.03	5.56	6.67	2.68
吉　林	0.00	0.00	0.00	0.00	0.00	0.00	2.38	0.00	3.70	3.33	1.34
江　苏	0.00	0.00	0.00	0.00	0.00	0.00	2.38	3.03	0.00	0.00	0.67
江　西	0.00	0.00	0.00	0.00	0.00	0.00	2.38	0.00	1.85	0.00	0.67
山　东	0.00	0.00	0.00	0.00	0.00	0.00	0.00	3.03	0.00	3.33	0.67
上　海	0.00	3.57	0.00	11.11	0.00	0.00	0.00	0.00	0.00	0.00	0.67
福　建	0.00	0.00	0.00	0.00	0.00	0.00	0.00	3.03	0.00	0.00	0.33
海　南	0.00	0.00	0.00	0.00	0.00	0.00	0.00	0.00	1.85	0.00	0.33
辽　宁	0.00	0.00	0.00	0.00	0.00	0.00	0.00	0.00	0.00	3.33	0.33
浙　江	0.00	0.00	0.00	0.00	0.00	0.00	0.00	0.00	0.00	3.33	0.33

表 4-118　真菌学 C 层人才的世界占比

单位：%

省　份	2014 年	2015 年	2016 年	2017 年	2018 年	2019 年	2020 年	2021 年	2022 年	2023 年	合计
北　京	5.06	5.41	3.64	4.87	2.62	5.18	4.06	1.43	4.98	6.17	4.27
云　南	3.37	2.20	2.34	3.65	3.23	3.00	4.06	2.04	3.78	5.43	3.28
贵　州	1.12	2.20	1.04	2.43	2.02	2.18	2.28	0.82	1.00	2.72	1.77
广　东	0.84	0.60	0.26	0.49	1.01	1.63	3.05	2.65	2.39	2.96	1.60
四　川	0.00	0.20	0.26	0.00	0.20	1.09	2.54	1.22	1.20	2.72	0.93
江　苏	0.28	0.60	0.52	0.24	0.20	0.00	0.51	0.41	1.20	1.98	0.60
上　海	0.84	2.00	0.26	0.24	0.20	0.00	0.25	0.20	0.60	0.49	0.53
浙　江	0.00	0.20	0.26	0.97	0.00	0.54	0.00	0.82	0.20	2.47	0.53
湖　北	0.28	0.20	0.26	0.24	0.20	0.54	0.25	0.00	1.20	0.74	0.39
吉　林	0.00	0.40	0.00	0.24	0.40	0.27	0.76	0.61	0.20	0.99	0.39
辽　宁	0.28	1.00	0.52	0.00	0.00	0.54	0.76	0.41	0.20	0.25	0.39
山　东	0.28	0.20	0.26	0.49	0.27	0.51	0.00	0.60	0.74	0.33
河　南	0.00	0.40	0.00	0.00	0.00	0.00	0.25	0.00	1.39	0.49	0.28
江　西	0.00	0.00	0.00	0.24	0.60	0.00	0.25	0.20	0.20	0.49	0.21
河　北	0.00	0.00	0.00	0.00	0.00	0.27	0.51	0.41	0.20	0.49	0.19
广　西	0.00	0.20	0.00	0.00	0.20	0.27	0.00	0.20	0.20	0.49	0.16
天　津	0.00	0.20	0.00	0.00	0.40	0.27	0.00	0.00	0.20	0.49	0.16
重　庆	0.28	0.20	0.00	0.00	0.00	0.00	0.00	0.00	0.20	0.74	0.14
湖　南	0.28	0.20	0.00	0.00	0.00	0.00	0.00	0.20	0.00	0.74	0.14
陕　西	0.28	0.00	0.52	0.00	0.00	0.00	0.00	0.00	0.40	0.25	0.14
新　疆	0.28	0.00	0.00	0.00	0.00	0.00	0.00	0.00	0.40	0.74	0.14
安　徽	0.28	0.00	0.00	0.24	0.00	0.00	0.00	0.00	0.20	0.49	0.12
福　建	0.00	0.00	0.26	0.00	0.20	0.00	0.25	0.20	0.00	0.00	0.12
甘　肃	0.00	0.00	0.26	0.00	0.00	0.00	0.00	0.20	0.20	0.25	0.09
海　南	0.00	0.00	0.00	0.00	0.20	0.00	0.00	0.00	0.20	0.25	0.07
黑龙江	0.00	0.00	0.00	0.00	0.00	0.00	0.00	0.00	0.00	0.49	0.07
内蒙古	0.00	0.00	0.00	0.00	0.00	0.00	0.25	0.00	0.00	0.25	0.07
西　藏	0.28	0.00	0.00	0.00	0.00	0.00	0.00	0.00	0.00	0.25	0.05
宁　夏	0.00	0.00	0.00	0.00	0.00	0.00	0.25	0.00	0.00	0.00	0.02

四十三　林学

林学 A、B、C 层人才最多的均为北京，世界占比分别为 8.22%、5.36%、6.60%。

江苏的 A 层人才比较多，世界占比为 5.48%；湖北、四川、福建、广东、河南、江西、陕西、上海、浙江也有相当数量的 A 层人才，世界占比为 3%~1%。

江苏、湖北、陕西、甘肃、广东有相当数量的 B 层人才，世界占比在 3%~1%；福建、四川、浙江、黑龙江、上海、重庆、湖南、吉林、新疆、广西、河南、辽宁、安徽、海南、山东、山西、天津、云南、贵州、河北、江西、青海有一定数量的 B 层人才，世界占比超过或等于 0.1%。

江苏、陕西、广东、浙江有相当数量的 C 层人才，世界占比在 3%~1%；上海、甘肃、湖北、福建、黑龙江、四川、辽宁、湖南、云南、山东、广西、江西、吉林、重庆、河南、贵州、河北、新疆、安徽、海南、天津、内蒙古、青海、山西有一定数量的 C 层人才，世界占比均超过 0.1%；宁夏、西藏 C 层人才的世界占比均为 0.06%。

表 4-119　林学 A 层人才的世界占比

单位：%

省　份	2014 年	2015 年	2016 年	2017 年	2018 年	2019 年	2020 年	2021 年	2022 年	2023 年	合计
北　京	16.67	12.50	0.00	0.00	0.00	8.33	0.00	0.00	27.27	0.00	8.22
江　苏	0.00	0.00	0.00	0.00	0.00	8.33	0.00	10.00	18.18	0.00	5.48
湖　北	0.00	0.00	0.00	0.00	0.00	8.33	0.00	0.00	9.09	0.00	2.74
四　川	0.00	0.00	0.00	0.00	0.00	8.33	0.00	0.00	9.09	0.00	2.74
福　建	0.00	0.00	0.00	0.00	0.00	0.00	11.11	0.00	0.00	0.00	1.37
广　东	0.00	0.00	0.00	0.00	0.00	0.00	0.00	0.00	9.09	0.00	1.37
河　南	0.00	0.00	0.00	0.00	0.00	8.33	0.00	0.00	0.00	0.00	1.37
江　西	0.00	0.00	0.00	0.00	10.00	0.00	0.00	0.00	0.00	0.00	1.37
陕　西	0.00	0.00	0.00	0.00	10.00	0.00	0.00	0.00	0.00	0.00	1.37
上　海	0.00	0.00	0.00	0.00	0.00	0.00	11.11	0.00	0.00	0.00	1.37
浙　江	0.00	0.00	0.00	0.00	10.00	0.00	0.00	0.00	0.00	0.00	1.37

表 4-120　林学 B 层人才的世界占比

单位：%

省　份	2014 年	2015 年	2016 年	2017 年	2018 年	2019 年	2020 年	2021 年	2022 年	2023 年	合计
北　京	2.53	4.11	1.02	3.37	5.81	5.45	4.00	8.40	10.71	5.69	5.36
江　苏	1.27	0.00	0.00	0.00	4.65	1.82	1.60	5.34	6.25	3.25	2.63
湖　北	0.00	0.00	0.00	0.00	2.33	0.91	2.40	1.53	2.68	2.44	1.36
陕　西	0.00	1.37	1.02	2.25	1.16	0.91	1.60	0.76	0.89	2.44	1.27
甘　肃	1.27	1.37	0.00	2.25	3.49	0.00	1.60	0.76	0.00	0.81	1.07
广　东	0.00	0.00	0.00	1.12	4.65	0.91	2.40	0.00	0.00	1.63	1.07
福　建	0.00	1.37	0.00	0.00	0.00	0.91	0.80	1.53	0.89	0.00	0.58
四　川	0.00	0.00	0.00	0.00	1.16	0.00	1.60	0.76	0.00	1.63	0.58
浙　江	0.00	0.00	1.02	0.00	0.00	0.00	0.80	2.29	0.89	0.00	0.58
黑龙江	0.00	0.00	0.00	0.00	0.00	0.00	0.00	0.00	3.57	0.81	0.49
上　海	0.00	0.00	0.00	2.25	0.00	0.00	0.80	0.76	0.00	0.81	0.49
重　庆	0.00	0.00	0.00	0.00	0.00	0.00	0.00	1.53	1.79	0.00	0.39
湖　南	1.27	0.00	0.00	0.00	1.16	0.00	0.00	0.76	0.89	0.00	0.39
吉　林	0.00	0.00	0.00	0.00	0.00	0.00	0.80	0.76	1.79	0.00	0.39
新　疆	0.00	0.00	0.00	0.00	0.00	0.00	0.00	0.00	2.68	0.81	0.39
广　西	0.00	0.00	0.00	0.00	1.16	0.00	0.00	0.00	1.79	0.00	0.29
河　南	0.00	0.00	0.00	0.00	0.00	0.00	0.00	0.76	0.00	1.63	0.29
辽　宁	0.00	0.00	0.00	1.12	0.00	0.00	0.00	0.76	0.00	0.81	0.29
安　徽	0.00	0.00	0.00	0.00	1.16	0.00	0.00	0.00	0.00	0.81	0.19
海　南	0.00	0.00	0.00	0.00	0.00	0.00	0.00	0.76	0.89	0.00	0.19
山　东	0.00	0.00	0.00	0.00	0.00	0.00	0.80	0.76	0.00	0.00	0.19
山　西	0.00	0.00	0.00	0.00	0.00	0.00	1.60	0.00	0.00	0.00	0.19
天　津	0.00	0.00	0.00	0.00	0.00	0.91	0.00	0.00	0.89	0.00	0.19
云　南	0.00	0.00	0.00	0.00	1.16	0.00	0.00	0.76	0.00	0.00	0.19
贵　州	0.00	0.00	0.00	0.00	0.00	0.00	0.00	0.00	0.00	0.81	0.10
河　北	0.00	0.00	0.00	0.00	0.00	0.00	0.80	0.00	0.00	0.00	0.10
江　西	0.00	0.00	0.00	0.00	0.00	0.00	0.00	0.76	0.00	0.00	0.10
青　海	0.00	0.00	0.00	0.00	1.16	0.00	0.00	0.00	0.00	0.00	0.10

表 4-121 林学 C 层人才的世界占比

单位：%

省　份	2014 年	2015 年	2016 年	2017 年	2018 年	2019 年	2020 年	2021 年	2022 年	2023 年	合计
北　京	3.23	5.48	4.15	5.91	6.51	6.75	6.40	8.74	9.16	7.28	6.60
江　苏	0.54	0.64	0.92	1.48	1.65	3.33	3.08	3.45	5.46	4.19	2.69
陕　西	0.40	0.64	0.92	1.02	1.24	1.71	2.00	1.76	1.76	1.46	1.37
广　东	0.40	0.38	0.69	0.57	1.24	1.62	1.66	1.92	2.04	1.36	1.28
浙　江	0.13	0.51	0.58	0.68	1.34	1.08	0.91	1.38	1.02	1.73	1.00
上　海	0.00	0.38	1.04	0.91	0.72	1.17	0.91	1.30	1.02	1.09	0.91
甘　肃	0.54	0.25	1.15	0.91	1.55	1.80	0.42	0.92	0.56	0.64	0.89
湖　北	0.40	0.51	0.23	0.57	0.72	0.90	0.58	1.07	1.94	1.00	0.84
福　建	0.27	0.13	0.46	0.45	0.93	0.72	1.08	0.84	1.76	0.91	0.81
黑龙江	0.27	0.51	0.58	0.23	0.41	0.45	0.91	1.00	1.20	1.46	0.75
四　川	0.27	0.25	0.58	0.34	0.83	0.72	0.83	0.46	1.02	1.46	0.71
辽　宁	0.27	0.51	0.23	0.45	1.34	0.90	0.67	0.92	1.02	0.27	0.69
湖　南	0.40	0.38	0.23	0.23	0.10	0.54	0.58	0.77	0.74	1.73	0.61
云　南	0.27	0.25	0.12	0.45	0.83	0.27	0.33	0.54	0.83	1.09	0.52
山　东	0.00	0.00	0.12	0.00	0.31	0.81	0.42	0.54	0.65	1.00	0.43
广　西	0.54	0.25	0.23	0.23	0.31	0.18	0.75	0.38	0.46	0.73	0.42
江　西	0.00	0.38	0.35	0.57	0.21	0.45	0.17	0.38	0.93	0.64	0.42
吉　林	0.00	0.00	0.12	0.34	0.31	0.27	0.58	0.46	1.11	0.27	0.38
重　庆	0.13	0.00	0.00	0.23	0.31	0.27	0.42	0.46	0.93	0.55	0.36
河　南	0.13	0.00	0.81	0.11	0.21	0.54	0.08	0.31	0.65	0.64	0.36
贵　州	0.00	0.13	0.00	0.00	0.21	0.27	0.17	0.31	0.56	1.27	0.32
河　北	0.00	0.13	0.00	0.11	0.41	0.27	0.33	0.38	0.37	0.55	0.28
新　疆	0.13	0.00	0.58	0.23	0.00	0.27	0.17	0.15	0.65	0.55	0.28
安　徽	0.40	0.00	0.00	0.11	0.00	0.36	0.25	0.23	0.65	0.55	0.27
海　南	0.00	0.00	0.00	0.11	0.41	0.45	0.25	0.00	0.65	0.45	0.25
天　津	0.13	0.00	0.23	0.00	0.21	0.36	0.08	0.15	0.37	0.36	0.20
内蒙古	0.00	0.00	0.00	0.00	0.31	0.27	0.00	0.46	0.19	0.36	0.18
青　海	0.13	0.25	0.35	0.34	0.41	0.09	0.08	0.23	0.00	0.00	0.18
山　西	0.00	0.13	0.00	0.11	0.00	0.09	0.17	0.46	0.09	0.18	0.14
宁　夏	0.00	0.00	0.00	0.00	0.00	0.00	0.08	0.15	0.09	0.18	0.06
西　藏	0.00	0.13	0.12	0.00	0.00	0.00	0.08	0.00	0.09	0.18	0.06

四十四　兽医学

兽医学 A 层人才最多的是黑龙江，世界占比为 3.94%；吉林、广东、北京、湖南也有相当数量的 A 层人才，世界占比在 2%~1%；江苏、浙江、河南、湖北、内蒙古、陕西、山东、上海、新疆、云南有一定数量的 A 层人才，世界占比均超过 0.3%。

广东、北京、黑龙江、浙江有相当数量的 B 层人才，世界占比在 3%~1%；江苏、山东、湖北、上海、四川、福建、陕西、湖南、吉林、辽宁、安徽、重庆、海南、河南、广西、天津、甘肃、内蒙古有一定数量的 B 层人才，世界占比均超过 0.1%；江西、云南、河北、宁夏、新疆 B 层人才的世界占比均低于 0.1%。

广东、北京、山东、江苏、湖北有相当数量的 C 层人才，世界占比在 3%~1%；浙江、上海、四川、黑龙江、河南、陕西、湖南、福建、吉林、辽宁、广西、甘肃、海南、重庆、安徽、河北、内蒙古、江西、天津、贵州、新疆、云南、山西有一定数量的 C 层人才，世界占比超过或等于 0.1%；青海、西藏、宁夏 C 层人才的世界占比均低于 0.1%。

表 4-122　兽医学 A 层人才的世界占比

单位：%

省　份	2014 年	2015 年	2016 年	2017 年	2018 年	2019 年	2020 年	2021 年	2022 年	2023 年	合计
黑龙江	0.00	0.00	0.00	0.00	3.85	0.00	0.00	3.23	6.06	20.69	3.94
吉　林	0.00	6.25	0.00	0.00	3.85	0.00	0.00	0.00	0.00	10.34	1.97
广　东	0.00	0.00	0.00	0.00	0.00	3.57	3.85	6.45	0.00	0.00	1.57
北　京	4.76	0.00	0.00	0.00	0.00	0.00	0.00	0.00	6.06	0.00	1.18
湖　南	0.00	0.00	0.00	0.00	0.00	7.69	0.00	3.03	0.00	0.00	1.18
江　苏	0.00	0.00	4.55	0.00	3.85	0.00	0.00	0.00	0.00	0.00	0.79
浙　江	0.00	6.25	0.00	0.00	0.00	0.00	0.00	0.00	0.00	3.45	0.79
河　南	0.00	0.00	0.00	0.00	3.85	0.00	0.00	0.00	0.00	0.00	0.39
湖　北	0.00	0.00	0.00	0.00	0.00	0.00	0.00	0.00	3.03	0.00	0.39
内蒙古	0.00	0.00	0.00	0.00	3.85	0.00	0.00	0.00	0.00	0.00	0.39
陕　西	0.00	0.00	0.00	0.00	3.85	0.00	0.00	0.00	0.00	0.00	0.39
山　东	0.00	6.25	0.00	0.00	0.00	0.00	0.00	0.00	0.00	0.00	0.39

续表

省　份	2014 年	2015 年	2016 年	2017 年	2018 年	2019 年	2020 年	2021 年	2022 年	2023 年	合计
上　海	0.00	0.00	0.00	0.00	0.00	0.00	0.00	3.23	0.00	0.00	0.39
新　疆	0.00	0.00	0.00	0.00	0.00	0.00	0.00	0.00	0.00	3.45	0.39
云　南	0.00	0.00	0.00	0.00	0.00	0.00	0.00	0.00	3.03	0.00	0.39

表 4-123　兽医学 B 层人才的世界占比

单位：%

省　份	2014 年	2015 年	2016 年	2017 年	2018 年	2019 年	2020 年	2021 年	2022 年	2023 年	合计
广　东	0.00	0.99	0.52	4.23	3.69	1.87	3.06	2.59	2.09	2.90	2.29
北　京	0.00	0.49	1.55	1.41	1.23	1.50	1.70	2.27	2.79	1.81	1.57
黑龙江	1.51	0.00	1.55	0.47	0.00	1.12	1.36	0.00	3.83	2.54	1.29
浙　江	0.00	0.99	0.52	2.35	1.23	0.75	1.02	1.29	1.05	0.72	1.01
江　苏	0.00	0.00	1.03	0.47	0.41	1.12	1.70	0.97	1.74	1.45	0.97
山　东	1.01	0.99	1.55	1.41	0.00	0.37	0.68	0.65	1.05	0.72	0.80
湖　北	1.51	0.00	1.03	1.88	0.41	0.75	0.34	0.97	1.05	0.00	0.76
上　海	0.00	0.99	1.03	1.41	1.23	0.00	0.00	0.65	0.35	0.72	0.60
四　川	1.01	0.00	1.03	0.94	0.00	0.37	0.34	1.29	0.35	0.72	0.60
福　建	0.00	0.00	0.00	0.47	0.41	0.00	0.00	0.32	1.05	1.09	0.36
陕　西	0.00	0.00	0.00	0.47	0.41	0.00	0.68	0.32	0.35	0.72	0.32
湖　南	0.00	0.00	0.00	0.00	0.41	0.75	0.00	0.00	0.70	0.72	0.28
吉　林	0.00	0.00	0.00	0.00	0.00	0.00	0.68	0.97	0.70	0.00	0.28
辽　宁	0.00	0.49	0.52	0.47	0.41	0.37	0.00	0.00	0.35	0.36	0.28
安　徽	0.00	0.00	0.52	0.00	0.41	0.00	0.34	0.32	0.00	0.36	0.20
重　庆	0.00	0.00	0.00	0.00	0.41	0.00	0.68	0.32	0.35	0.00	0.20
海　南	0.00	0.00	0.00	0.47	0.00	0.00	0.00	0.32	0.70	0.36	0.20
河　南	0.50	0.00	0.00	0.00	0.00	0.37	0.68	0.00	0.35	0.00	0.20
广　西	0.50	0.00	0.00	0.00	0.00	0.37	0.00	0.65	0.00	0.00	0.16
天　津	0.00	0.00	0.00	0.00	0.41	0.37	0.34	0.00	0.36	0.00	0.16
甘　肃	0.00	0.00	0.00	0.47	0.00	0.00	0.00	0.32	0.35	0.00	0.12
内蒙古	0.00	0.00	0.00	0.00	0.00	0.00	0.68	0.00	0.00	0.36	0.12
江　西	0.00	0.00	0.49	0.00	0.00	0.00	0.00	0.00	0.00	0.36	0.08
云　南	0.00	0.00	0.00	0.00	0.00	0.00	0.00	0.32	0.00	0.36	0.08
河　北	0.00	0.00	0.00	0.00	0.00	0.00	0.34	0.00	0.00	0.00	0.04
宁　夏	0.00	0.00	0.00	0.00	0.00	0.00	0.00	0.32	0.00	0.00	0.04
新　疆	0.00	0.00	0.00	0.00	0.00	0.00	0.34	0.00	0.00	0.00	0.04

表 4-124 兽医学 C 层人才的世界占比

单位：%

省　份	2014 年	2015 年	2016 年	2017 年	2018 年	2019 年	2020 年	2021 年	2022 年	2023 年	合计
广　东	1.78	1.66	1.50	2.43	2.35	3.11	2.57	1.87	3.36	2.74	2.40
北　京	1.17	1.36	1.70	1.67	1.88	2.27	2.06	2.73	2.87	2.17	2.06
山　东	1.07	1.96	1.60	1.72	2.78	2.27	2.16	1.36	2.12	2.35	1.96
江　苏	1.22	1.16	1.34	1.31	1.96	1.87	2.16	1.72	2.32	2.13	1.78
湖　北	0.46	1.21	1.39	1.57	1.37	1.36	1.03	1.00	1.27	1.43	1.21
浙　江	0.81	0.96	0.98	0.96	0.64	1.12	0.93	0.57	1.24	1.39	0.96
上　海	0.76	0.60	0.67	1.06	0.51	1.12	0.89	0.79	1.14	1.26	0.90
四　川	0.20	0.86	0.77	0.86	0.56	0.64	0.86	0.97	1.24	1.35	0.85
黑龙江	0.15	0.25	0.46	0.66	0.43	0.84	1.34	1.04	1.27	0.78	0.78
河　南	0.25	0.20	0.36	0.51	0.81	0.84	1.30	0.65	1.11	1.13	0.77
陕　西	0.56	0.35	0.36	0.46	0.43	1.00	0.75	0.54	0.98	0.74	0.64
湖　南	0.20	0.35	0.15	0.10	0.38	0.56	0.72	1.08	1.17	0.74	0.60
福　建	0.31	0.40	0.98	0.40	0.43	0.88	0.45	0.25	0.62	0.65	0.53
吉　林	0.10	0.30	0.31	0.20	0.38	0.64	0.62	0.83	0.65	0.65	0.50
辽　宁	0.10	0.50	0.46	0.40	0.38	0.56	0.38	0.22	0.36	0.39	0.37
广　西	0.15	0.20	0.15	0.25	0.21	0.44	0.48	0.29	0.65	0.56	0.36
甘　肃	0.15	0.20	0.15	0.46	0.21	0.28	0.45	0.47	0.39	0.52	0.34
海　南	0.05	0.10	0.31	0.15	0.17	0.52	0.31	0.11	0.42	0.56	0.28
重　庆	0.20	0.05	0.00	0.20	0.30	0.20	0.24	0.50	0.29	0.48	0.26
安　徽	0.10	0.15	0.21	0.05	0.26	0.20	0.21	0.32	0.46	0.48	0.26
河　北	0.00	0.00	0.00	0.20	0.09	0.24	0.17	0.18	0.65	0.65	0.24
内蒙古	0.05	0.00	0.10	0.10	0.17	0.08	0.31	0.29	0.49	0.61	0.24
江　西	0.05	0.15	0.05	0.05	0.13	0.28	0.14	0.25	0.46	0.35	0.21
天　津	0.05	0.15	0.05	0.20	0.09	0.20	0.14	0.14	0.26	0.35	0.17
贵　州	0.00	0.00	0.05	0.05	0.00	0.04	0.10	0.39	0.29	0.35	0.14
新　疆	0.00	0.05	0.05	0.10	0.04	0.12	0.10	0.14	0.33	0.22	0.13
云　南	0.15	0.05	0.10	0.10	0.00	0.12	0.00	0.14	0.26	0.22	0.12
山　西	0.05	0.10	0.10	0.00	0.04	0.04	0.07	0.11	0.16	0.26	0.10
青　海	0.00	0.05	0.05	0.05	0.04	0.08	0.17	0.04	0.10	0.09	0.07
西　藏	0.10	0.05	0.00	0.10	0.04	0.04	0.07	0.00	0.07	0.22	0.07
宁　夏	0.05	0.05	0.00	0.00	0.04	0.04	0.07	0.07	0.13	0.04	0.05

四十五 海洋生物学和淡水生物学

海洋生物学和淡水生物学 A 层人才最多的是上海、浙江，世界占比均为 1.54%；北京、广东、贵州、山东、四川也有相当数量的 A 层人才，世界占比均为 1.03%；黑龙江、湖北有一定数量的 A 层人才，世界占比均为 0.51%。

山东、北京、黑龙江、广东有相当数量的 B 层人才，世界占比在 2%～1%；浙江、上海、江苏、福建、吉林、海南、湖北、四川、广西、河南、辽宁、天津、重庆、湖南、陕西、新疆有一定数量的 B 层人才，世界占比超过或等于 0.1%；甘肃、贵州、内蒙古、江西、云南 B 层人才的世界占比均为 0.05%。

C 层人才最多的是山东，世界占比为 3.01%；广东、北京、浙江、上海、江苏、湖北也有相当数量的 C 层人才，世界占比在 3%～1%；福建、四川、辽宁、海南、天津、陕西、黑龙江、湖南、广西、河南、重庆、吉林、江西、安徽有一定数量的 C 层人才，世界占比均超过 0.1%；甘肃、云南、河北、贵州、山西、内蒙古、新疆、青海、宁夏、西藏 C 层人才的世界占比均低于 0.1%。

表 4-125　海洋生物学和淡水生物学 A 层人才的世界占比

单位：%

省　份	2014 年	2015 年	2016 年	2017 年	2018 年	2019 年	2020 年	2021 年	2022 年	2023 年	合计
上　海	9.09	0.00	0.00	0.00	10.00	0.00	0.00	0.00	0.00	0.00	1.54
浙　江	0.00	0.00	0.00	0.00	0.00	0.00	4.17	0.00	5.00	4.55	1.54
北　京	0.00	0.00	0.00	0.00	0.00	5.88	0.00	0.00	5.00	0.00	1.03
广　东	0.00	0.00	5.26	0.00	0.00	5.88	0.00	0.00	0.00	0.00	1.03
贵　州	0.00	0.00	0.00	0.00	0.00	0.00	0.00	0.00	5.00	4.55	1.03
山　东	0.00	0.00	0.00	5.26	0.00	0.00	0.00	0.00	5.00	4.55	1.03
四　川	0.00	0.00	0.00	0.00	0.00	0.00	0.00	0.00	5.00	4.55	1.03
黑龙江	0.00	0.00	0.00	0.00	0.00	0.00	0.00	0.00	5.00	0.00	0.51
湖　北	0.00	0.00	0.00	0.00	0.00	0.00	0.00	0.00	5.00	0.00	0.51

表 4-126　海洋生物学和淡水生物学 B 层人才的世界占比

单位：%

省　份	2014 年	2015 年	2016 年	2017 年	2018 年	2019 年	2020 年	2021 年	2022 年	2023 年	合计
山　东	1.23	1.20	0.54	0.53	1.63	1.79	1.39	1.26	3.47	1.39	1.46
北　京	1.23	2.41	0.00	1.59	0.54	1.79	0.46	2.52	0.99	1.85	1.36
黑龙江	0.00	0.00	0.00	0.53	0.00	0.00	0.00	1.26	4.46	6.48	1.36
广　东	0.00	1.81	1.08	0.00	1.63	0.45	0.46	0.84	2.48	2.31	1.11
浙　江	0.00	0.60	0.00	0.53	1.63	1.35	1.39	1.26	0.99	0.93	0.91
上　海	0.62	0.60	1.08	0.00	0.54	0.90	0.93	0.84	1.49	1.39	0.86
江　苏	1.23	0.60	1.08	0.00	1.09	0.00	1.39	0.42	1.49	0.00	0.71
福　建	0.00	0.00	0.00	0.53	0.54	1.35	0.00	1.26	1.98	0.00	0.61
吉　林	0.00	0.00	0.54	0.00	0.00	0.00	0.00	0.42	0.50	2.31	0.40
海　南	0.00	0.60	0.00	0.53	0.54	0.45	0.00	0.42	0.99	0.00	0.35
湖　北	0.00	0.60	0.00	0.00	0.54	0.00	0.46	0.42	0.00	0.93	0.30
四　川	0.00	0.00	0.00	0.00	0.00	0.45	0.93	0.42	0.00	0.46	0.25
广　西	0.00	0.00	0.00	0.00	0.00	0.00	0.00	0.42	0.50	0.93	0.20
河　南	0.62	0.00	0.00	0.00	0.00	0.00	0.46	0.00	0.00	0.46	0.15
辽　宁	0.00	0.00	0.54	0.00	0.00	0.00	0.00	0.42	0.00	0.46	0.15
天　津	0.00	0.00	0.00	0.53	0.00	0.00	0.00	0.42	0.00	0.00	0.15
重　庆	0.00	0.00	0.00	0.00	0.54	0.00	0.00	0.42	0.00	0.00	0.10
湖　南	0.00	0.00	0.00	0.00	0.54	0.00	0.46	0.00	0.00	0.00	0.10
陕　西	0.00	0.00	0.00	0.53	0.54	0.00	0.00	0.00	0.00	0.00	0.10
新　疆	0.00	0.00	0.00	0.00	0.00	0.00	0.00	0.00	0.00	0.93	0.10
甘　肃	0.00	0.00	0.00	0.00	0.00	0.00	0.00	0.00	0.50	0.00	0.05
贵　州	0.00	0.00	0.00	0.00	0.00	0.00	0.00	0.00	0.00	0.46	0.05
内蒙古	0.00	0.00	0.00	0.00	0.00	0.00	0.00	0.00	0.00	0.46	0.05
江　西	0.00	0.00	0.00	0.00	0.00	0.00	0.00	0.00	0.00	0.46	0.05
云　南	0.00	0.00	0.00	0.00	0.00	0.00	0.00	0.00	0.00	0.46	0.05

表 4-127　海洋生物学和淡水生物学 C 层人才的世界占比

单位：%

省　份	2014 年	2015 年	2016 年	2017 年	2018 年	2019 年	2020 年	2021 年	2022 年	2023 年	合计
山　东	1.86	2.87	2.50	2.70	2.63	2.61	2.66	3.04	4.83	4.15	3.01
广　东	1.54	2.57	1.63	2.11	2.12	2.14	3.22	3.70	4.39	4.48	2.84
北　京	1.99	1.89	1.79	2.00	1.84	1.58	1.96	1.50	2.68	1.99	1.92

续表

省　份	2014 年	2015 年	2016 年	2017 年	2018 年	2019 年	2020 年	2021 年	2022 年	2023 年	合计
浙　江	0.83	1.28	1.63	1.24	1.34	1.35	1.45	1.45	2.54	2.27	1.56
上　海	0.83	0.98	1.41	1.24	1.34	1.02	1.54	1.98	1.90	2.49	1.50
江　苏	1.99	1.65	1.03	0.97	1.34	1.12	1.40	1.19	2.15	1.71	1.44
湖　北	1.22	1.59	1.20	1.35	2.07	0.84	0.75	0.92	1.90	0.88	1.25
福　建	0.96	0.98	0.71	0.86	0.78	0.84	1.07	1.23	0.88	1.49	0.98
四　川	0.39	0.79	0.65	0.49	0.56	0.47	0.19	0.22	0.59	0.66	0.49
辽　宁	0.19	0.67	0.38	0.70	0.17	0.47	0.51	0.22	0.63	0.83	0.48
海　南	0.06	0.12	0.11	0.27	0.17	0.56	0.61	0.48	0.59	1.27	0.44
天　津	0.19	0.24	0.22	0.16	0.11	0.51	0.19	0.26	0.93	0.39	0.33
陕　西	0.45	0.18	0.11	0.27	0.28	0.19	0.28	0.53	0.44	0.50	0.32
黑龙江	0.06	0.06	0.05	0.16	0.06	0.28	0.51	0.26	0.73	0.88	0.32
湖　南	0.06	0.37	0.05	0.22	0.17	0.19	0.37	0.44	0.44	0.39	0.28
广　西	0.06	0.31	0.11	0.16	0.00	0.19	0.23	0.35	0.49	0.72	0.27
河　南	0.06	0.12	0.11	0.16	0.06	0.23	0.14	0.31	0.49	0.39	0.21
重　庆	0.06	0.18	0.16	0.05	0.11	0.23	0.23	0.04	0.29	0.33	0.17
吉　林	0.00	0.18	0.00	0.05	0.17	0.14	0.14	0.31	0.34	0.22	0.16
江　西	0.06	0.12	0.05	0.00	0.00	0.37	0.23	0.13	0.24	0.11	0.14
安　徽	0.00	0.00	0.22	0.00	0.06	0.09	0.09	0.09	0.24	0.44	0.13
甘　肃	0.06	0.00	0.00	0.05	0.06	0.05	0.05	0.22	0.15	0.22	0.09
云　南	0.00	0.12	0.05	0.16	0.17	0.00	0.09	0.09	0.00	0.22	0.09
河　北	0.00	0.06	0.00	0.05	0.00	0.00	0.00	0.18	0.29	0.11	0.07
贵　州	0.00	0.00	0.00	0.00	0.00	0.06	0.00	0.09	0.00	0.20	0.28	0.06
山　西	0.00	0.12	0.00	0.05	0.00	0.00	0.05	0.04	0.15	0.06	0.05
内蒙古	0.00	0.00	0.00	0.05	0.06	0.05	0.14	0.00	0.00	0.06	0.04
新　疆	0.00	0.00	0.00	0.05	0.00	0.00	0.05	0.00	0.10	0.11	0.03
青　海	0.13	0.06	0.00	0.00	0.00	0.09	0.00	0.00	0.00	0.00	0.03
宁　夏	0.00	0.00	0.00	0.05	0.06	0.00	0.00	0.00	0.00	0.00	0.01
西　藏	0.06	0.00	0.00	0.00	0.00	0.00	0.00	0.00	0.00	0.00	0.01

四十六　渔业学

渔业学 A 层人才最多的是北京、贵州、湖北、四川、浙江，世界占比均为 2.60%；广东、黑龙江、上海也有相当数量的 A 层人才，世界占比均为 1.30%。

黑龙江、浙江、广东、山东、北京、上海有相当数量的 B 层人才，世界占比在 2%～1%；福建、湖北、吉林、海南、江苏、辽宁、陕西、重庆、河南、四川、天津、新疆、云南有一定数量的 B 层人才，世界占比超过或等于 0.1%。

C 层人才最多的是广东，世界占比为 4.38%；山东的 C 层人才比较多，世界占比为 3.79%；湖北、浙江、上海、北京、江苏、福建、四川也有相当数量的 C 层人才，世界占比在 3%～1%；辽宁、黑龙江、海南、陕西、河南、湖南、广西、重庆、江西、吉林、天津、安徽、云南、贵州有一定数量的 C 层人才，世界占比均超过 0.1%；甘肃、内蒙古、河北、青海、山西、西藏、新疆 C 层人才的世界占比均低于 0.1%。

表 4-128　渔业学 A 层人才的世界占比

单位：%

省　份	2014 年	2015 年	2016 年	2017 年	2018 年	2019 年	2020 年	2021 年	2022 年	2023 年	合计
北　京	0.00	0.00	0.00	0.00	20.00	0.00	0.00	0.00	20.00	0.00	2.60
贵　州	0.00	0.00	0.00	0.00	0.00	0.00	0.00	0.00	20.00	9.09	2.60
湖　北	0.00	0.00	0.00	0.00	0.00	0.00	0.00	0.00	20.00	9.09	2.60
四　川	0.00	0.00	0.00	0.00	0.00	0.00	0.00	0.00	20.00	9.09	2.60
浙　江	0.00	0.00	0.00	0.00	0.00	0.00	0.00	0.00	20.00	9.09	2.60
广　东	0.00	0.00	0.00	0.00	0.00	8.33	0.00	0.00	0.00	0.00	1.30
黑龙江	0.00	0.00	0.00	0.00	0.00	0.00	0.00	0.00	20.00	0.00	1.30
上　海	0.00	0.00	0.00	0.00	0.00	0.00	0.00	16.67	0.00	0.00	1.30

表 4-129　渔业学 B 层人才的世界占比

单位：%

省　份	2014 年	2015 年	2016 年	2017 年	2018 年	2019 年	2020 年	2021 年	2022 年	2023 年	合计
黑龙江	0.00	0.00	0.00	0.00	0.00	0.93	0.00	1.89	7.62	8.42	1.99
浙　江	0.00	2.60	2.17	0.00	2.08	2.78	0.88	0.94	0.95	1.05	1.36
广　东	0.00	0.00	3.26	0.00	1.04	2.78	2.63	0.94	0.00	1.05	1.26

续表

省　份	2014 年	2015 年	2016 年	2017 年	2018 年	2019 年	2020 年	2021 年	2022 年	2023 年	合计
山　东	1.39	1.30	2.17	1.10	1.04	0.93	1.75	0.94	0.95	1.05	1.26
北　京	0.00	0.00	1.09	0.00	0.00	3.70	1.75	3.77	0.00	0.00	1.15
上　海	1.39	3.90	1.09	1.10	1.04	0.00	1.75	0.00	0.95	1.05	1.15
福　建	0.00	0.00	2.17	1.10	1.04	0.00	0.88	0.94	1.90	0.00	0.84
湖　北	0.00	0.00	0.00	1.10	2.08	1.85	0.88	0.00	0.00	0.00	0.63
吉　林	0.00	0.00	0.00	0.00	0.00	0.93	0.00	0.94	0.95	3.16	0.63
海　南	0.00	0.00	0.00	1.10	1.04	0.00	0.00	0.00	0.95	0.00	0.31
江　苏	1.39	0.00	0.00	0.00	0.00	0.00	0.00	1.89	0.00	0.00	0.31
辽　宁	0.00	0.00	1.09	1.10	1.04	0.00	0.00	0.00	0.00	0.00	0.31
陕　西	0.00	0.00	1.09	1.10	1.04	0.00	0.00	0.00	0.00	0.00	0.31
重　庆	0.00	0.00	0.00	0.00	0.00	0.00	0.00	0.94	0.95	0.00	0.21
河　南	1.39	0.00	0.00	0.00	0.00	0.00	0.88	0.00	0.00	0.00	0.21
四　川	0.00	0.00	0.00	1.10	0.00	0.00	0.00	0.00	0.00	0.00	0.10
天　津	0.00	0.00	0.00	0.00	0.00	0.00	0.88	0.00	0.00	0.00	0.10
新　疆	0.00	0.00	0.00	0.00	0.00	0.00	0.00	0.00	0.00	1.05	0.10
云　南	0.00	0.00	0.00	0.00	0.00	0.00	0.88	0.00	0.00	0.00	0.10

表 4-130　渔业学 C 层人才的世界占比

单位：%

省　份	2014 年	2015 年	2016 年	2017 年	2018 年	2019 年	2020 年	2021 年	2022 年	2023 年	合计
广　东	3.15	3.69	2.42	2.34	4.26	4.14	6.01	5.16	5.85	5.62	4.38
山　东	4.50	3.96	3.96	3.12	3.61	2.82	3.22	3.35	4.62	5.30	3.79
湖　北	2.10	3.03	2.53	2.34	3.83	1.98	1.39	2.72	3.18	1.95	2.48
浙　江	2.10	1.98	2.31	2.12	1.64	1.98	2.35	2.36	2.97	2.92	2.29
上　海	1.95	1.45	1.98	2.23	1.64	1.79	2.26	2.45	2.67	2.92	2.16
北　京	2.70	1.98	1.87	1.56	1.97	1.79	1.92	2.08	3.49	1.95	2.12
江　苏	1.95	2.77	1.43	1.11	2.30	1.41	2.00	2.17	2.46	1.19	1.87
福　建	1.05	1.19	1.10	0.89	0.77	1.51	1.31	1.00	1.33	1.62	1.19
四　川	1.05	2.11	1.65	0.89	0.98	1.04	0.52	0.63	1.13	1.08	1.07
辽　宁	0.30	1.32	0.88	1.00	0.44	0.38	0.26	0.09	1.54	0.86	0.68
黑龙江	0.15	0.26	0.22	0.22	0.22	0.47	0.78	0.82	1.13	1.73	0.63
海　南	0.00	0.13	0.44	0.11	0.44	1.41	0.61	0.82	0.72	0.97	0.61
陕　西	0.90	0.79	0.22	0.45	0.44	0.47	0.52	0.54	0.51	0.32	0.50

省　份	2014 年	2015 年	2016 年	2017 年	2018 年	2019 年	2020 年	2021 年	2022 年	2023 年	合计
河　南	0.00	0.26	0.11	0.33	0.11	0.47	0.52	0.82	1.03	0.76	0.47
湖　南	0.15	0.26	0.00	0.33	0.22	0.38	0.70	0.63	0.41	0.76	0.41
广　西	0.30	0.40	0.11	0.22	0.00	0.19	0.52	0.36	0.51	0.97	0.36
重　庆	0.15	0.26	0.11	0.11	0.44	0.47	0.52	0.09	0.31	0.32	0.29
江　西	0.00	0.13	0.00	0.00	0.11	0.56	0.44	0.45	0.51	0.32	0.28
吉　林	0.00	0.26	0.00	0.00	0.22	0.28	0.35	0.54	0.51	0.22	0.26
天　津	0.00	0.13	0.11	0.22	0.00	0.38	0.00	0.27	0.62	0.00	0.20
安　徽	0.00	0.13	0.44	0.00	0.22	0.00	0.09	0.00	0.31	0.76	0.19
云　南	0.15	0.13	0.11	0.22	0.11	0.00	0.27	0.10	0.54	0.00	0.17
贵　州	0.00	0.13	0.00	0.00	0.00	0.00	0.09	0.00	0.41	0.43	0.11
甘　肃	0.00	0.00	0.11	0.00	0.11	0.00	0.00	0.00	0.21	0.43	0.09
内蒙古	0.00	0.00	0.00	0.11	0.11	0.00	0.17	0.00	0.10	0.00	0.05
河　北	0.00	0.00	0.00	0.00	0.00	0.00	0.00	0.00	0.31	0.11	0.04
青　海	0.00	0.13	0.00	0.00	0.00	0.19	0.09	0.00	0.00	0.00	0.04
山　西	0.00	0.13	0.00	0.00	0.00	0.00	0.00	0.09	0.10	0.00	0.04
西　藏	0.15	0.13	0.00	0.00	0.00	0.00	0.00	0.00	0.00	0.00	0.02
新　疆	0.00	0.00	0.00	0.00	0.00	0.00	0.00	0.00	0.10	0.00	0.01

四十七　食品科学和技术

食品科学和技术 A、B、C 层人才最多的均为江苏，世界占比分别为 3.05%、4.21%、6.08%。

北京、湖北、广东有相当数量的 A 层人才，世界占比在 3%～1%；四川、河北、上海、黑龙江、辽宁、山东、浙江、重庆、甘肃、海南、河南、湖南、内蒙古、江西、吉林、陕西、山西、天津有一定数量的 A 层人才，世界占比均超过 0.2%。

北京、广东的 B 层人才比较多，世界占比分别为 3.60%、3.09%；浙江、江西、湖北、黑龙江、安徽、山东、四川、上海也有相当数量的 B 层人才，世界占比在 3%～1%；陕西、福建、辽宁、河南、重庆、湖南、海南、河北、吉林、天津、贵州、新疆、云南、广西、山西、宁夏有一定数量的 B 层人才，世界占比均超过 0.1%；甘肃、内蒙古、青海 B 层人才的世界占比均低于 0.1%。

北京、广东的 C 层人才比较多，世界占比分别为 4.37%、3.76%；浙江、湖北、山东、陕西、上海、江西、辽宁、黑龙江、四川、河南、安徽也有相当数量的 C 层人才，世界占比在 3%～1%；福建、天津、湖南、重庆、吉林、海南、云南、河北、贵州、广西、新疆、甘肃、宁夏、山西、内蒙古、青海有一定数量的 C 层人才，世界占比超过或等于 0.1%；西藏 C 层人才的世界占比为 0.05%。

表 4 131 食品科学和技术 A 层人才的世界占比

单位：%

省　份	2014 年	2015 年	2016 年	2017 年	2018 年	2019 年	2020 年	2021 年	2022 年	2023 年	合计
江　苏	0.00	0.00	2.86	2.44	0.00	12.24	0.00	0.00	5.08	5.00	3.05
北　京	3.13	0.00	2.86	0.00	7.69	0.00	2.17	3.17	0.00	5.00	2.40
湖　北	3.13	0.00	2.86	0.00	5.13	0.00	2.17	1.59	1.69	1.67	1.74
广　东	0.00	0.00	2.86	0.00	0.00	4.08	0.00	0.00	0.00	6.67	1.53
四　川	0.00	0.00	0.00	0.00	0.00	2.04	0.00	0.00	3.39	1.67	0.87
河　北	0.00	0.00	0.00	0.00	0.00	0.00	0.00	1.59	0.00	3.33	0.65
上　海	0.00	0.00	2.86	0.00	0.00	4.08	0.00	0.00	0.00	0.00	0.65
黑龙江	0.00	0.00	0.00	0.00	0.00	0.00	0.00	0.00	1.69	1.67	0.44
辽　宁	0.00	0.00	0.00	0.00	0.00	2.04	2.17	0.00	0.00	0.00	0.44
山　东	0.00	0.00	0.00	0.00	0.00	0.00	0.00	1.59	0.00	1.67	0.44
浙　江	0.00	0.00	2.86	0.00	0.00	0.00	0.00	0.00	1.69	0.00	0.44
重　庆	0.00	0.00	0.00	0.00	0.00	0.00	0.00	0.00	0.00	1.67	0.22
甘　肃	0.00	0.00	0.00	0.00	0.00	0.00	0.00	0.00	0.00	1.67	0.22
海　南	0.00	0.00	0.00	0.00	0.00	0.00	0.00	0.00	0.00	1.67	0.22
河　南	0.00	0.00	0.00	0.00	0.00	0.00	0.00	0.00	0.00	1.67	0.22
湖　南	0.00	0.00	0.00	0.00	0.00	0.00	0.00	0.00	0.00	1.67	0.22
内蒙古	0.00	0.00	0.00	0.00	0.00	0.00	0.00	0.00	0.00	1.67	0.22
江　西	0.00	0.00	0.00	0.00	0.00	0.00	0.00	1.59	0.00	0.00	0.22
吉　林	0.00	0.00	0.00	0.00	0.00	0.00	0.00	0.00	1.69	0.00	0.22
陕　西	0.00	0.00	0.00	0.00	0.00	0.00	0.00	0.00	0.00	1.67	0.22
山　西	0.00	0.00	0.00	0.00	0.00	0.00	2.17	0.00	0.00	0.00	0.22
天　津	0.00	2.86	0.00	0.00	0.00	0.00	0.00	0.00	0.00	0.00	0.22

表 4−132　食品科学和技术 B 层人才的世界占比

单位：%

省　份	2014 年	2015 年	2016 年	2017 年	2018 年	2019 年	2020 年	2021 年	2022 年	2023 年	合计
江　苏	1.73	2.53	2.10	2.45	4.05	4.82	4.52	6.00	4.01	6.67	4.21
北　京	1.38	0.95	2.10	2.72	1.62	3.44	3.73	4.12	6.79	5.33	3.60
广　东	1.38	2.22	2.40	2.45	3.78	4.36	3.14	4.46	2.26	3.24	3.09
浙　江	0.69	0.63	0.60	0.82	1.35	3.67	3.54	3.43	3.31	5.52	2.70
江　西	0.69	1.27	3.00	0.27	1.35	2.06	0.39	1.72	0.87	2.10	1.37
湖　北	0.35	0.32	1.80	1.36	1.08	0.92	0.79	1.37	2.26	1.90	1.30
黑龙江	0.69	0.00	0.60	1.36	1.08	1.15	0.39	1.54	1.74	2.29	1.19
安　徽	0.35	0.32	1.50	0.82	1.08	1.61	0.20	1.89	1.39	1.33	1.12
山　东	0.69	0.32	0.60	1.09	0.00	0.69	0.39	2.23	1.57	2.10	1.09
四　川	0.00	0.32	0.00	0.54	0.27	0.46	0.79	1.54	1.92	3.05	1.07
上　海	1.38	0.32	0.00	1.09	0.27	1.15	0.98	1.89	0.70	1.71	1.02
陕　西	1.04	0.00	0.60	0.27	1.08	0.46	1.18	2.23	1.05	0.76	0.95
福　建	0.69	0.32	1.20	0.27	0.81	0.92	1.18	1.03	0.17	1.33	0.81
辽　宁	0.35	0.32	0.00	0.00	0.54	0.69	0.79	1.54	0.35	2.48	0.81
河　南	0.00	0.00	0.00	0.27	0.00	0.69	0.59	1.20	1.05	2.29	0.74
重　庆	0.00	0.00	0.30	0.00	0.00	0.23	0.20	1.54	1.05	1.14	0.56
湖　南	0.00	0.00	0.60	0.00	1.08	0.23	0.59	1.20	0.35	0.95	0.56
海　南	0.00	0.00	0.30	0.00	0.27	0.46	0.79	0.17	0.87	1.71	0.53
河　北	0.35	0.32	0.30	0.27	0.54	0.23	0.79	0.69	0.35	0.95	0.51
吉　林	0.00	0.32	0.30	0.54	0.00	0.46	0.00	0.86	0.70	1.33	0.51
天　津	0.00	0.95	0.30	0.27	0.54	0.23	0.20	0.51	0.35	0.95	0.44
贵　州	0.00	0.00	0.00	0.00	0.00	0.00	0.00	0.69	0.17	0.95	0.23
新　疆	0.00	0.00	0.00	0.00	0.00	0.46	0.00	0.51	0.35	0.38	0.23
云　南	0.35	0.00	0.00	0.27	0.00	0.23	0.00	0.34	0.52	0.38	0.23
广　西	0.00	0.00	0.00	0.00	0.00	0.46	0.39	0.17	0.00	0.76	0.21
山　西	0.35	0.00	0.00	0.00	0.00	0.46	0.00	0.00	0.17	0.95	0.21
宁　夏	0.00	0.00	0.00	0.00	0.00	0.23	0.20	0.51	0.00	0.19	0.14
甘　肃	0.00	0.00	0.60	0.00	0.00	0.00	0.00	0.34	0.00	0.00	0.09
内蒙古	0.00	0.00	0.00	0.00	0.00	0.23	0.00	0.17	0.00	0.19	0.07
青　海	0.00	0.00	0.00	0.00	0.00	0.00	0.20	0.00	0.00	0.00	0.02

表 4-133　食品科学和技术 C 层人才的世界占比

单位：%

省　份	2014 年	2015 年	2016 年	2017 年	2018 年	2019 年	2020 年	2021 年	2022 年	2023 年	合计
江　苏	3.77	3.38	3.66	4.24	5.35	6.45	6.44	7.45	8.06	7.95	6.08
北　京	2.99	2.21	3.02	3.35	3.75	4.61	4.13	5.33	5.67	5.96	4.37
广　东	2.28	2.47	2.62	3.11	3.59	4.61	3.81	4.18	4.43	4.70	3.76
浙　江	1.85	1.49	1.86	2.19	2.34	3.24	2.63	3.36	4.37	4.38	2.98
湖　北	0.92	0.76	1.22	1.49	1.49	1.86	2.01	2.20	2.41	2.64	1.84
山　东	0.64	0.60	0.92	0.86	1.16	1.72	2.03	1.99	2.63	3.10	1.74
陕　西	0.85	0.63	1.04	1.03	1.32	1.35	1.42	2.05	1.84	2.12	1.47
上　海	0.78	0.98	0.82	1.08	1.19	1.37	1.66	1.55	1.73	1.99	1.40
江　西	0.75	0.85	0.79	0.68	0.85	1.30	1.68	1.72	1.71	1.99	1.34
辽　宁	0.50	0.63	0.52	0.73	0.74	1.28	1.66	1.70	2.03	2.18	1.34
黑龙江	0.21	0.38	0.52	0.54	0.97	0.89	1.22	1.93	1.96	2.48	1.27
四　川	0.39	0.38	0.37	0.32	0.52	0.91	1.12	1.60	2.05	2.22	1.14
河　南	0.43	0.51	0.40	0.62	0.80	1.28	1.16	1.31	1.49	1.78	1.08
安　徽	0.32	0.28	0.43	0.51	0.91	1.42	1.10	1.50	1.33	1.45	1.03
福　建	0.43	0.51	0.43	0.70	0.74	1.40	0.92	1.06	1.22	1.61	0.98
天　津	0.57	0.79	0.52	0.86	0.80	0.84	0.64	0.75	1.13	0.96	0.81
湖　南	0.57	0.32	0.43	0.54	0.58	0.84	0.78	0.75	1.12	1.17	0.76
重　庆	0.32	0.35	0.21	0.27	0.50	0.47	0.76	0.84	0.79	1.36	0.65
吉　林	0.36	0.25	0.27	0.38	0.33	0.44	0.40	0.68	0.95	0.80	0.53
海　南	0.21	0.13	0.21	0.38	0.11	0.35	0.28	0.73	0.92	1.19	0.52
云　南	0.21	0.32	0.21	0.19	0.25	0.33	0.24	0.44	0.63	0.99	0.42
河　北	0.00	0.22	0.24	0.16	0.30	0.35	0.36	0.32	0.88	0.80	0.41
贵　州	0.04	0.00	0.00	0.11	0.14	0.19	0.30	0.61	0.56	0.78	0.33
广　西	0.21	0.19	0.09	0.11	0.14	0.19	0.42	0.41	0.38	0.71	0.32
新　疆	0.11	0.25	0.12	0.24	0.22	0.33	0.26	0.29	0.52	0.46	0.30
甘　肃	0.14	0.28	0.09	0.22	0.17	0.12	0.26	0.27	0.23	0.40	0.23
宁　夏	0.00	0.13	0.06	0.11	0.14	0.14	0.20	0.37	0.40	0.29	0.21
山　西	0.21	0.09	0.15	0.14	0.17	0.09	0.14	0.20	0.13	0.44	0.18
内蒙古	0.04	0.06	0.09	0.16	0.08	0.09	0.18	0.17	0.31	0.42	0.18
青　海	0.00	0.09	0.00	0.08	0.11	0.12	0.10	0.10	0.13	0.15	0.10
西　藏	0.00	0.00	0.00	0.03	0.03	0.05	0.00	0.15	0.07	0.10	0.05

四十八　生物医药工程

生物医药工程 A 层人才最多的是广东，世界占比为 4.55%；北京、上海的 A 层人才比较多，世界占比均为 3.94%；四川、江苏、浙江、陕西也有相当数量的 A 层人才，世界占比在 3%~1%；湖北、湖南、吉林、辽宁、福建、内蒙古、山东、山西、天津有一定数量的 A 层人才，世界占比均超过或等于 0.3%。

B 层人才最多的是北京，世界占比为 6.14%；广东、上海、江苏、浙江的 B 层人才比较多，世界占比在 5%~3%；四川、湖北、天津、陕西、辽宁、重庆、山东也有相当数量的 B 层人才，世界占比在 3%~1%；湖南、吉林、福建、河南、黑龙江、安徽、河北、江西、宁夏、山西、云南、广西、海南、内蒙古有一定数量的 B 层人才，世界占比超过或等于 0.1%；贵州、新疆、甘肃、青海、西藏 B 层人才的世界占比均低于 0.1%。

北京、上海、广东、江苏的 C 层人才比较多，世界占比在 5%~3%；浙江、四川、湖北、天津、山东也有相当数量的 C 层人才，世界占比在 3%~1%；辽宁、吉林、安徽、重庆、陕西、湖南、河南、福建、黑龙江、广西、江西、河北、山西、贵州、云南、甘肃、海南有一定数量的 C 层人才，世界占比均超过 0.1%；内蒙古、新疆、宁夏、西藏、青海 C 层人才的世界占比均低于 0.1%。

表 4-134　生物医药工程 A 层人才的世界占比

单位：%

省　份	2014 年	2015 年	2016 年	2017 年	2018 年	2019 年	2020 年	2021 年	2022 年	2023 年	合计
广　东	0.00	0.00	0.00	6.45	3.70	2.78	11.43	2.63	2.56	12.20	4.55
北　京	3.57	3.57	0.00	0.00	0.00	8.33	8.57	5.26	0.00	7.32	3.94
上　海	0.00	0.00	0.00	3.23	0.00	2.78	2.86	13.16	10.26	2.44	3.94
四　川	0.00	0.00	0.00	3.23	3.70	2.78	2.86	2.63	2.56	7.32	2.73
江　苏	0.00	0.00	0.00	3.23	0.00	0.00	2.86	2.63	2.56	2.44	1.52
浙　江	0.00	0.00	0.00	0.00	0.00	5.56	0.00	0.00	2.56	4.88	1.52

续表

省　份	2014 年	2015 年	2016 年	2017 年	2018 年	2019 年	2020 年	2021 年	2022 年	2023 年	合计
陕　西	0.00	0.00	0.00	3.23	0.00	0.00	0.00	0.00	2.56	4.88	1.21
湖　北	0.00	0.00	0.00	0.00	0.00	0.00	5.71	0.00	0.00	0.00	0.61
湖　南	0.00	0.00	0.00	0.00	0.00	2.78	2.86	0.00	0.00	0.00	0.61
吉　林	3.57	0.00	0.00	0.00	0.00	0.00	2.86	0.00	0.00	0.00	0.61
辽　宁	0.00	0.00	0.00	3.23	0.00	0.00	0.00	2.63	0.00	0.00	0.61
福　建	0.00	0.00	3.70	0.00	0.00	0.00	0.00	0.00	0.00	0.00	0.30
内蒙古	0.00	0.00	0.00	0.00	0.00	2.78	0.00	0.00	0.00	0.00	0.30
山　东	0.00	0.00	0.00	0.00	0.00	0.00	0.00	0.00	2.56	0.00	0.30
山　西	0.00	0.00	0.00	0.00	0.00	0.00	0.00	0.00	2.56	0.00	0.30
天　津	0.00	0.00	0.00	0.00	0.00	0.00	0.00	2.63	0.00	0.00	0.30

表 4-135　生物医药工程 B 层人才的世界占比

单位：%

省　份	2014 年	2015 年	2016 年	2017 年	2018 年	2019 年	2020 年	2021 年	2022 年	2023 年	合计
北　京	6.04	4.63	4.56	3.87	3.61	4.95	6.01	9.17	7.06	9.55	6.14
广　东	2.64	1.78	2.66	1.06	4.33	3.10	3.48	9.72	9.04	8.71	4.97
上　海	3.77	2.49	3.42	4.23	3.61	4.02	3.16	7.78	5.65	5.62	4.51
江　苏	3.40	1.78	3.80	0.70	2.53	2.48	2.85	4.17	4.52	6.74	3.41
浙　江	0.75	1.07	1.90	0.70	1.81	1.86	2.22	5.00	6.78	6.18	3.05
四　川	0.38	1.78	0.38	0.35	1.44	0.93	2.22	2.50	5.08	4.49	2.11
湖　北	0.75	0.36	0.76	1.06	2.17	1.24	2.53	2.22	3.67	3.65	1.95
天　津	1.89	0.36	1.90	1.06	0.72	0.62	0.63	1.11	2.26	2.53	1.33
陕　西	1.13	0.00	0.76	0.00	0.00	1.55	0.95	1.94	1.98	3.37	1.27
辽　宁	0.38	1.07	1.90	0.70	0.72	0.93	0.63	1.39	1.98	1.69	1.17
重　庆	0.38	0.36	0.76	0.35	1.44	1.86	0.32	1.39	0.85	2.25	1.04
山　东	0.38	0.00	0.38	0.00	0.72	0.00	0.93	2.50	1.69	2.53	1.01
湖　南	0.00	0.71	0.00	0.00	0.36	0.93	1.27	1.67	1.69	1.97	0.94
吉　林	0.75	0.71	0.00	0.70	0.00	1.24	1.27	1.11	1.41	1.40	0.91
福　建	0.75	0.00	0.00	0.70	0.36	0.31	1.58	0.28	1.41	1.97	0.78
河　南	0.00	0.00	0.00	0.00	0.72	0.62	1.58	0.83	1.98	1.12	0.75
黑龙江	0.38	1.07	0.00	0.35	0.72	0.62	0.32	0.28	1.13	0.56	0.55
安　徽	0.00	0.00	0.38	0.00	0.36	0.31	0.32	1.11	0.85	0.56	0.42
河　北	0.00	0.00	0.00	0.00	0.00	0.31	0.32	0.00	0.56	0.56	0.19

续表

省　份	2014 年	2015 年	2016 年	2017 年	2018 年	2019 年	2020 年	2021 年	2022 年	2023 年	合计
江　西	0.00	0.00	0.00	0.00	0.36	0.00	0.32	0.56	0.28	0.28	0.19
宁　夏	0.00	0.00	0.00	0.00	0.00	0.00	0.32	0.28	0.56	0.56	0.19
山　西	0.38	0.00	0.00	0.00	0.36	0.00	0.00	0.56	0.00	0.28	0.16
云　南	0.00	0.00	0.00	0.00	0.00	0.00	0.00	0.00	0.85	0.56	0.16
广　西	0.00	0.00	0.00	0.00	0.00	0.00	0.32	0.28	0.28	0.28	0.13
海　南	0.00	0.00	0.00	0.00	0.00	0.00	0.32	0.00	0.28	0.28	0.10
内蒙古	0.38	0.00	0.00	0.00	0.00	0.00	0.00	0.00	0.28	0.28	0.10
贵　州	0.00	0.00	0.00	0.00	0.00	0.00	0.00	0.00	0.00	0.56	0.06
新　疆	0.00	0.00	0.00	0.00	0.00	0.00	0.00	0.28	0.00	0.28	0.06
甘　肃	0.00	0.00	0.00	0.00	0.00	0.00	0.00	0.00	0.00	0.28	0.03
青　海	0.00	0.00	0.00	0.00	0.00	0.31	0.00	0.00	0.00	0.00	0.03
西　藏	0.00	0.00	0.00	0.00	0.00	0.00	0.00	0.28	0.00	0.00	0.03

表 4-136　生物医药工程 C 层人才的世界占比

单位：%

省　份	2014 年	2015 年	2016 年	2017 年	2018 年	2019 年	2020 年	2021 年	2022 年	2023 年	合计
北　京	3.64	2.98	3.11	3.33	4.41	3.83	5.23	5.61	6.23	6.65	4.65
上　海	3.79	3.28	2.95	3.22	2.88	3.55	4.44	5.67	6.46	6.93	4.48
广　东	1.63	1.99	1.53	2.83	2.99	4.17	5.42	6.62	7.35	7.38	4.47
江　苏	1.74	2.69	1.85	2.16	1.94	2.67	2.88	3.57	4.94	5.19	3.10
浙　江	1.10	0.92	1.18	1.45	2.13	2.64	2.31	3.38	4.43	4.96	2.61
四　川	1.44	1.10	0.90	1.31	0.90	1.54	1.93	2.57	2.67	2.65	1.78
湖　北	0.53	0.77	0.98	0.85	1.16	1.76	1.71	2.04	2.36	2.09	1.50
天　津	0.49	0.44	0.75	0.85	1.08	1.51	1.68	1.59	1.60	2.09	1.27
山　东	0.46	0.22	0.31	0.57	0.52	1.41	1.43	1.54	2.13	2.54	1.21
辽　宁	0.64	0.63	0.51	0.57	0.56	0.69	0.98	1.34	1.74	1.55	0.97
吉　林	0.57	0.85	0.59	0.99	0.75	0.85	0.82	0.98	1.43	1.16	0.92
安　徽	0.42	0.33	0.51	0.50	0.82	0.91	1.08	0.84	1.54	1.47	0.88
重　庆	0.42	0.55	0.43	0.57	0.71	0.75	0.76	1.06	1.57	1.41	0.87
陕　西	0.64	0.55	0.51	0.35	0.63	0.82	0.89	0.98	1.26	1.18	0.81
湖　南	0.30	0.40	0.16	0.35	0.49	0.75	1.24	1.14	1.32	1.41	0.81
河　南	0.19	0.15	0.16	0.21	0.22	0.69	0.95	1.26	1.26	1.24	0.69
福　建	0.38	0.18	0.39	0.50	0.37	0.35	0.63	0.70	0.87	1.13	0.58

续表

省　份	2014 年	2015 年	2016 年	2017 年	2018 年	2019 年	2020 年	2021 年	2022 年	2023 年	合计
黑龙江	0.34	0.44	0.39	0.32	0.19	0.28	0.51	0.61	0.59	0.99	0.49
广　西	0.08	0.04	0.00	0.04	0.19	0.19	0.35	0.36	0.70	0.39	0.26
江　西	0.15	0.11	0.08	0.11	0.26	0.25	0.16	0.34	0.45	0.39	0.24
河　北	0.04	0.11	0.12	0.14	0.15	0.31	0.29	0.22	0.39	0.37	0.23
山　西	0.08	0.04	0.16	0.14	0.07	0.16	0.16	0.34	0.25	0.45	0.20
贵　州	0.00	0.00	0.04	0.07	0.00	0.13	0.10	0.14	0.31	0.34	0.12
云　南	0.00	0.07	0.00	0.11	0.07	0.16	0.10	0.14	0.14	0.31	0.12
甘　肃	0.00	0.04	0.08	0.00	0.04	0.09	0.06	0.22	0.14	0.37	0.11
海　南	0.00	0.00	0.12	0.00	0.00	0.06	0.10	0.17	0.20	0.31	0.11
内蒙古	0.08	0.00	0.00	0.04	0.15	0.09	0.06	0.11	0.06	0.14	0.08
新　疆	0.00	0.00	0.04	0.04	0.00	0.03	0.10	0.20	0.08	0.23	0.08
宁　夏	0.00	0.00	0.00	0.04	0.00	0.00	0.03	0.03	0.11	0.20	0.05
西　藏	0.00	0.00	0.00	0.00	0.04	0.00	0.00	0.00	0.03	0.03	0.01
青　海	0.00	0.00	0.00	0.00	0.00	0.00	0.00	0.00	0.03	0.03	0.01

四十九　生物技术和应用微生物学

生物技术和应用微生物学 A、B、C 层人才最多的均为北京，世界占比分别为 3.14%、3.32%、4.86%。

广东、江苏、浙江有相当数量的 A 层人才，世界占比在 2%~1%；山东、上海、云南、河北、湖南、四川、安徽、黑龙江、湖北、吉林有一定数量的 A 层人才，世界占比均超过 0.2%。

上海、广东、江苏、浙江、山东、湖北有相当数量的 B 层人才，世界占比在 3%~1%；湖南、四川、天津、陕西、黑龙江、河南、辽宁、重庆、福建、吉林、安徽、江西、云南、海南、广西、贵州有一定数量的 B 层人才，世界占比均超过 0.1%；河北、甘肃、青海、新疆、山西、内蒙古、宁夏 B 层人才的世界占比均低于 0.1%。

江苏的 C 层人才比较多，世界占比为 3.74%；广东、上海、浙江、山东、湖北、湖南、天津、四川、黑龙江也有相当数量的 C 层人才，世界占比在 3%～1%；河南、陕西、重庆、辽宁、福建、安徽、吉林、江西、广西、云南、甘肃、河北、海南、新疆、贵州、山西、内蒙古有一定数量的 C 层人才，世界占比均超过 0.1%；青海、宁夏、西藏 C 层人才的世界占比均低于 0.1%。

表 4-137　生物技术和应用微生物学 A 层人才的世界占比

单位：%

省　份	2014 年	2015 年	2016 年	2017 年	2018 年	2019 年	2020 年	2021 年	2022 年	2023 年	合计
北　京	0.00	6.52	6.67	0.00	4.35	2.04	2.00	0.00	3.77	6.67	3.14
广　东	0.00	4.35	0.00	0.00	6.52	2.04	0.00	1.85	0.00	4.44	1.89
江　苏	0.00	2.17	0.00	0.00	0.00	0.00	2.00	1.85	1.89	2.22	1.05
浙　江	0.00	0.00	0.00	0.00	0.00	0.00	0.00	0.00	3.77	6.67	1.05
山　东	0.00	0.00	0.00	0.00	0.00	0.00	0.00	0.00	1.89	4.44	0.63
上　海	0.00	2.17	0.00	0.00	4.35	0.00	0.00	0.00	0.00	0.00	0.63
云　南	0.00	0.00	0.00	0.00	0.00	0.00	2.00	1.85	0.00	2.22	0.63
河　北	0.00	0.00	0.00	0.00	0.00	0.00	0.00	0.00	1.89	2.22	0.42
湖　南	0.00	0.00	0.00	0.00	0.00	0.00	0.00	0.00	0.00	4.44	0.42
四　川	2.38	0.00	2.22	0.00	0.00	0.00	0.00	0.00	0.00	0.00	0.42
安　徽	0.00	0.00	0.00	0.00	2.17	0.00	0.00	0.00	0.00	0.00	0.21
黑龙江	0.00	0.00	0.00	0.00	0.00	0.00	0.00	1.85	0.00	0.00	0.21
湖　北	0.00	2.17	0.00	0.00	0.00	0.00	0.00	0.00	0.00	0.00	0.21
吉　林	0.00	0.00	0.00	0.00	2.17	0.00	0.00	0.00	0.00	0.00	0.21

表 4-138　生物技术和应用微生物学 B 层人才的世界占比

单位：%

省　份	2014 年	2015 年	2016 年	2017 年	2018 年	2019 年	2020 年	2021 年	2022 年	2023 年	合计
北　京	2.53	2.56	2.39	2.38	4.86	3.58	3.86	2.82	4.91	3.05	3.32
上　海	1.61	1.40	1.43	1.43	2.78	4.00	1.42	2.62	2.56	2.54	2.20
广　东	1.84	1.17	0.72	1.67	2.31	2.53	1.63	2.41	4.06	2.54	2.11
江　苏	0.46	0.93	1.43	1.19	0.69	1.68	2.24	2.62	2.78	2.79	1.70
浙　江	0.92	0.93	1.43	1.67	0.23	1.26	1.42	2.82	2.35	0.76	1.41
山　东	0.23	0.70	0.48	0.48	1.39	1.68	0.41	2.21	1.92	2.54	1.21
湖　北	0.23	1.40	0.48	0.95	0.93	0.63	1.02	1.41	0.85	2.54	1.03
湖　南	0.46	0.70	1.19	1.67	1.39	0.63	0.61	1.41	0.64	1.02	0.96

续表

省　份	2014 年	2015 年	2016 年	2017 年	2018 年	2019 年	2020 年	2021 年	2022 年	2023 年	合计
四　川	0.23	0.47	0.48	0.24	0.69	1.05	0.81	0.20	1.92	1.52	0.76
天　津	0.00	0.23	0.48	0.71	0.46	0.63	1.22	1.21	1.07	0.00	0.63
陕　西	0.00	0.47	0.72	0.00	0.00	0.42	0.61	0.40	1.50	1.27	0.54
黑龙江	0.23	0.00	0.48	0.24	0.69	0.63	0.81	0.80	0.64	0.00	0.47
河　南	0.23	0.70	0.24	0.48	0.46	1.05	0.41	0.60	0.43	0.00	0.47
辽　宁	0.00	0.93	0.48	0.48	0.46	0.63	0.61	0.20	0.21	0.76	0.47
重　庆	0.23	0.23	0.48	0.71	0.23	0.00	0.20	0.43	1.27		0.38
福　建	0.00	0.00	0.00	0.00	0.23	0.63	0.20	0.40	1.28	0.51	0.34
吉　林	0.69	0.23	0.00	0.48	0.23	0.00	0.61	0.40	0.00	0.76	0.34
安　徽	0.46	0.23	0.48	0.00	0.00	0.00	0.00	0.20	0.85	0.51	0.27
江　西	0.00	0.23	0.48	0.00	0.69	0.21	0.41	0.00	0.00	0.25	0.22
云　南	0.23	0.23	0.24	0.00	0.00	0.00	0.81	0.00	0.43	0.00	0.22
海　南	0.00	0.00	0.00	0.00	0.00	0.00	0.20	0.00	0.85	0.51	0.16
广　西	0.00	0.00	0.00	0.24	0.00	0.21	0.00	0.40	0.21	0.25	0.13
贵　州	0.00	0.00	0.00	0.00	0.00	0.23	0.00	0.40	0.00	0.25	0.11
河　北	0.00	0.23	0.00	0.24	0.23	0.00	0.20	0.00	0.00	0.00	0.09
甘　肃	0.00	0.23	0.00	0.00	0.00	0.00	0.20	0.00	0.21	0.00	0.07
青　海	0.00	0.23	0.00	0.00	0.00	0.21	0.00	0.00	0.21	0.00	0.07
新　疆	0.00	0.00	0.00	0.00	0.23	0.21	0.00	0.00	0.00	0.25	0.07
山　西	0.00	0.00	0.00	0.00	0.00	0.00	0.00	0.43	0.00	0.00	0.04
内蒙古	0.00	0.00	0.00	0.00	0.00	0.00	0.00	0.00	0.21	0.00	0.02
宁　夏	0.00	0.00	0.00	0.00	0.00	0.00	0.00	0.00	0.21	0.00	0.02

表 4-139　生物技术和应用微生物学 C 层人才的世界占比

单位：%

省　份	2014 年	2015 年	2016 年	2017 年	2018 年	2019 年	2020 年	2021 年	2022 年	2023 年	合计
北　京	3.85	4.24	4.50	4.54	5.11	4.98	4.64	5.53	5.87	5.18	4.86
江　苏	2.06	2.52	2.68	3.05	3.37	3.89	3.93	5.28	5.61	4.64	3.74
广　东	1.67	1.56	1.73	2.39	2.95	3.09	2.97	3.90	4.61	4.50	2.96
上　海	2.25	1.82	2.63	2.39	2.14	2.66	2.90	3.00	4.16	3.02	2.71
浙　江	1.13	1.65	1.29	1.61	1.88	2.09	2.15	2.84	2.96	2.82	2.06
山　东	1.48	1.44	1.44	1.61	2.25	2.19	2.17	2.22	2.63	2.95	2.05

续表

省　份	2014 年	2015 年	2016 年	2017 年	2018 年	2019 年	2020 年	2021 年	2022 年	2023 年	合计
湖　北	0.82	1.30	1.36	1.94	1.88	2.21	2.13	2.31	2.42	2.46	1.90
湖　南	0.49	0.65	0.73	0.97	1.26	1.53	1.29	1.41	1.40	1.20	1.11
天　津	0.52	0.93	0.83	0.71	1.12	1.23	1.21	1.29	1.54	1.35	1.08
四　川	0.63	0.47	0.49	0.90	1.14	1.02	1.12	1.57	1.69	1.52	1.07
黑龙江	0.56	0.96	1.00	0.83	1.05	0.96	1.10	1.16	1.27	1.38	1.03
河　南	0.33	0.33	0.46	0.80	0.81	1.23	0.94	1.16	1.25	1.35	0.88
陕　西	0.38	0.47	0.56	0.59	0.58	1.02	0.86	1.24	1.47	1.35	0.86
重　庆	0.42	0.68	0.88	0.62	1.00	0.85	0.63	0.86	1.29	1.23	0.84
辽　宁	0.59	0.61	0.71	0.92	0.63	0.94	1.02	0.88	0.87	0.88	0.81
福　建	0.61	0.72	0.75	0.83	0.74	0.57	0.84	0.80	0.87	0.91	0.76
安　徽	0.45	0.37	0.32	0.57	0.53	0.77	0.80	0.53	1.05	0.59	0.60
吉　林	0.42	0.40	0.37	0.45	0.23	0.57	0.65	0.45	0.96	0.76	0.53
江　西	0.35	0.23	0.41	0.40	0.72	0.66	0.45	0.65	0.44	0.47	0.48
广　西	0.21	0.19	0.17	0.17	0.33	0.47	0.57	0.63	0.78	0.71	0.43
云　南	0.19	0.21	0.17	0.28	0.28	0.49	0.39	0.49	0.33	0.81	0.37
甘　肃	0.09	0.21	0.29	0.19	0.28	0.36	0.41	0.29	0.42	0.42	0.30
河　北	0.16	0.16	0.10	0.12	0.19	0.47	0.39	0.33	0.62	0.32	0.29
海　南	0.02	0.07	0.10	0.05	0.12	0.19	0.37	0.37	0.53	0.69	0.25
新　疆	0.19	0.09	0.24	0.17	0.26	0.28	0.27	0.20	0.22	0.39	0.23
贵　州	0.02	0.09	0.10	0.09	0.09	0.15	0.25	0.27	0.33	0.25	0.17
山　西	0.07	0.05	0.19	0.14	0.14	0.30	0.08	0.22	0.29	0.17	0.17
内蒙古	0.07	0.02	0.07	0.05	0.19	0.17	0.12	0.06	0.16	0.15	0.11
青　海	0.00	0.02	0.05	0.02	0.05	0.11	0.04	0.04	0.18	0.10	0.06
宁　夏	0.00	0.02	0.04	0.00	0.00	0.06	0.02	0.04	0.04	0.15	0.03
西　藏	0.00	0.00	0.00	0.02	0.02	0.06	0.02	0.06	0.02	0.07	0.03

第二节　学科组

在生命科学各学科人才分析的基础上，按照 A、B、C 三个人才层次，对各学科人才进行汇总分析，可以从学科组层面揭示人才的分布特点和发展趋势。

一　A层人才

生命科学 A 层人才最多的是北京，世界占比为 2.57%；广东、上海、浙江也有相当数量的 A 层人才，世界占比在 2%~1%；江苏、湖北、四川、湖南、山东、陕西、黑龙江、福建、重庆、河南、安徽、吉林、辽宁、云南、天津、河北、江西、贵州、甘肃有一定数量的 A 层人才，世界占比超过或等于 0.1%；海南、广西、山西、内蒙古、新疆、宁夏 A 层人才的世界占比均低于 0.1%。

在发展趋势上，多数省份生命科学 A 层人才的世界占比呈现相对上升的趋势，其中，广东、浙江的增幅相对较人。

表 4-140　生命科学 A 层人才的世界占比

单位：%

省　份	2014 年	2015 年	2016 年	2017 年	2018 年	2019 年	2020 年	2021 年	2022 年	2023 年	合计
北　京	1.49	2.25	1.97	1.59	1.80	2.68	3.70	3.11	3.94	2.52	2.57
广　东	0.32	1.02	1.28	0.94	1.60	1.26	2.96	1.64	1.51	3.51	1.65
上　海	0.21	0.61	0.89	1.03	1.40	0.84	1.89	1.72	2.18	1.08	1.23
浙　江	0.21	0.82	0.59	0.75	0.60	0.67	0.74	0.82	2.60	2.79	1.09
江　苏	0.21	0.41	1.08	0.94	0.40	0.92	0.91	0.98	1.84	1.71	0.97
湖　北	0.21	0.82	0.39	0.28	0.30	1.01	2.55	0.74	1.42	1.26	0.94
四　川	0.21	0.00	0.49	0.09	0.20	0.67	0.49	0.57	1.68	1.71	0.64
湖　南	0.00	0.10	0.39	0.19	0.20	0.25	0.74	0.57	0.84	0.90	0.44
山　东	0.00	0.10	0.30	0.19	0.00	0.17	0.41	0.49	0.84	0.99	0.37
陕　西	0.21	0.10	0.20	0.28	0.40	0.17	0.08	0.16	0.42	1.26	0.33
黑龙江	0.00	0.00	0.10	0.00	0.10	0.00	0.08	0.41	0.92	1.17	0.30
福　建	0.00	0.00	0.39	0.19	0.10	0.25	0.49	0.49	0.42	0.45	0.29
重　庆	0.00	0.00	0.49	0.00	0.00	0.17	0.49	0.57	0.50	0.45	0.28
河　南	0.00	0.10	0.20	0.00	0.10	0.25	0.58	0.41	0.34	0.63	0.27
安　徽	0.11	0.31	0.20	0.09	0.40	0.00	0.66	0.25	0.25	0.36	0.27
吉　林	0.43	0.10	0.20	0.00	0.30	0.00	0.16	0.33	0.34	0.36	0.22
辽　宁	0.00	0.10	0.20	0.47	0.20	0.17	0.08	0.41	0.00	0.45	0.21

续表

省　份	2014 年	2015 年	2016 年	2017 年	2018 年	2019 年	2020 年	2021 年	2022 年	2023 年	合计
云　南	0.00	0.10	0.00	0.00	0.10	0.34	0.33	0.25	0.50	0.18	0.19
天　津	0.00	0.20	0.20	0.00	0.30	0.08	0.41	0.16	0.17	0.27	0.18
河　北	0.00	0.20	0.00	0.00	0.10	0.00	0.16	0.41	0.17	0.27	0.14
江　西	0.00	0.00	0.10	0.00	0.20	0.00	0.25	0.25	0.08	0.36	0.13
贵　州	0.00	0.00	0.00	0.09	0.00	0.00	0.00	0.08	0.34	0.54	0.11
甘　肃	0.00	0.00	0.20	0.00	0.00	0.00	0.08	0.00	0.42	0.27	0.10
海　南	0.00	0.00	0.20	0.00	0.00	0.00	0.00	0.00	0.08	0.63	0.09
广　西	0.00	0.00	0.10	0.00	0.00	0.00	0.16	0.16	0.17	0.09	0.07
山　西	0.00	0.00	0.00	0.00	0.00	0.00	0.16	0.08	0.17	0.09	0.06
内蒙古	0.00	0.00	0.00	0.00	0.00	0.08	0.00	0.00	0.00	0.18	0.05
新　疆	0.00	0.00	0.10	0.00	0.00	0.00	0.08	0.00	0.00	0.27	0.05
宁　夏	0.00	0.00	0.00	0.00	0.00	0.00	0.00	0.00	0.08	0.09	0.02

二　B 层人才

生命科学 B 层人才最多的是北京，世界占比为 2.88%；广东、上海、江苏、浙江也有相当数量的 B 层人才，世界占比在 2%~1%；湖北、四川、山东、湖南、陕西、河南、福建、辽宁、天津、黑龙江、重庆、安徽、吉林、云南、江西、海南、广西、河北、甘肃、贵州、新疆有一定数量的 B 层人才，世界占比超过或等于 0.1%；山西、内蒙古、宁夏、青海、西藏 B 层人才的世界占比均低于 0.1%。

在发展趋势上，多数省份生命科学 B 层人才的世界占比呈现相对上升的趋势，其中，广东的增幅相对较大。

表 4-141　生命科学 B 层人才的世界占比

单位：%

省　份	2014 年	2015 年	2016 年	2017 年	2018 年	2019 年	2020 年	2021 年	2022 年	2023 年	合计
北　京	1.73	1.97	2.01	2.42	2.36	2.76	3.51	3.57	4.01	3.72	2.88
广　东	0.80	0.80	0.83	1.20	1.70	1.56	2.50	2.37	2.72	2.90	1.81

续表

省　份	2014 年	2015 年	2016 年	2017 年	2018 年	2019 年	2020 年	2021 年	2022 年	2023 年	合计
上　海	0.87	0.98	1.05	1.12	1.46	1.66	1.72	1.85	2.04	2.12	1.53
江　苏	0.63	0.64	0.78	0.81	1.33	1.24	1.46	1.80	2.16	2.43	1.38
浙　江	0.36	0.53	0.60	0.70	0.75	1.10	1.30	1.74	1.97	1.99	1.16
湖　北	0.26	0.40	0.54	0.65	0.62	0.73	1.59	1.09	1.40	1.57	0.93
四　川	0.20	0.35	0.22	0.31	0.42	0.51	0.79	0.94	1.39	1.42	0.69
山　东	0.24	0.29	0.42	0.28	0.44	0.53	0.76	1.06	1.10	1.27	0.67
湖　南	0.21	0.23	0.17	0.33	0.44	0.48	0.55	0.61	0.78	0.85	0.48
陕　西	0.25	0.15	0.16	0.24	0.23	0.32	0.48	0.33	0.61	0.88	0.40
河　南	0.09	0.08	0.07	0.12	0.23	0.50	0.49	0.56	0.60	0.96	0.39
福　建	0.17	0.17	0.22	0.32	0.40	0.39	0.43	0.42	0.59	0.64	0.39
辽　宁	0.12	0.27	0.21	0.31	0.30	0.29	0.23	0.53	0.52	0.73	0.36
天　津	0.21	0.18	0.24	0.23	0.27	0.31	0.47	0.53	0.53	0.46	0.36
黑龙江	0.12	0.09	0.10	0.21	0.27	0.30	0.41	0.40	0.66	0.73	0.35
重　庆	0.12	0.08	0.19	0.18	0.36	0.25	0.41	0.44	0.43	0.65	0.33
安　徽	0.12	0.07	0.24	0.18	0.26	0.30	0.45	0.37	0.44	0.56	0.31
吉　林	0.09	0.16	0.14	0.19	0.11	0.24	0.22	0.28	0.51	0.52	0.25
云　南	0.18	0.09	0.15	0.13	0.16	0.17	0.38	0.32	0.37	0.44	0.25
江　西	0.04	0.14	0.24	0.08	0.24	0.12	0.12	0.23	0.25	0.31	0.18
海　南	0.01	0.03	0.05	0.06	0.09	0.06	0.19	0.20	0.38	0.50	0.17
广　西	0.03	0.08	0.08	0.03	0.08	0.16	0.15	0.26	0.21	0.27	0.14
河　北	0.04	0.07	0.03	0.04	0.11	0.11	0.17	0.15	0.22	0.22	0.12
甘　肃	0.08	0.08	0.06	0.05	0.06	0.09	0.12	0.15	0.25	0.19	0.12
贵　州	0.02	0.02	0.02	0.01	0.06	0.04	0.10	0.17	0.11	0.42	0.10
新　疆	0.01	0.00	0.04	0.05	0.09	0.18	0.05	0.07	0.18	0.29	0.10
山　西	0.04	0.02	0.02	0.05	0.05	0.05	0.18	0.06	0.11	0.15	0.08
内蒙古	0.04	0.02	0.01	0.01	0.02	0.02	0.10	0.06	0.06	0.11	0.05
宁　夏	0.00	0.00	0.00	0.00	0.02	0.03	0.04	0.09	0.04	0.11	0.04
青　海	0.00	0.03	0.02	0.01	0.03	0.05	0.02	0.02	0.05	0.00	0.02
西　藏	0.01	0.00	0.01	0.00	0.01	0.00	0.02	0.02	0.00	0.04	0.01

三　C 层人才

生命科学 C 层人才最多的是北京，世界占比为 3.22%；广东、江苏、上海、浙江、湖北、山东也有相当数量的 C 层人才，世界占比在 3%～1%；

四川、陕西、湖南、河南、辽宁、福建、重庆、天津、安徽、黑龙江、吉林、云南、江西、甘肃、广西、河北、海南、贵州、新疆、山西有一定数量的 C 层人才，世界占比均超过 0.1%；内蒙古、宁夏、青海、西藏 C 层人才的世界占比均低于 0.1%。

在发展趋势上，多数省份生命科学 C 层人才的世界占比呈现相对上升的趋势，其中，广东、北京的增幅相对较大。

表 4-142　生命科学 C 层人才的世界占比

单位：%

省　份	2014 年	2015 年	2016 年	2017 年	2018 年	2019 年	2020 年	2021 年	2022 年	2023 年	合计
北　京	2.20	2.38	2.37	2.70	2.98	3.19	3.45	3.76	4.31	4.30	3.22
广　东	0.87	0.98	1.06	1.46	1.71	2.05	2.40	2.66	3.13	3.23	2.02
江　苏	1.08	1.34	1.29	1.52	1.75	1.97	2.14	2.39	2.96	2.97	1.99
上　海	1.14	1.18	1.32	1.46	1.55	1.66	1.75	1.98	2.28	2.39	1.70
浙　江	0.67	0.68	0.78	0.98	1.07	1.26	1.45	1.64	2.11	2.22	1.32
湖　北	0.54	0.74	0.73	1.01	1.03	1.20	1.33	1.37	1.63	1.64	1.15
山　东	0.54	0.58	0.56	0.70	0.90	1.01	1.13	1.23	1.60	1.74	1.02
四　川	0.33	0.36	0.41	0.52	0.56	0.69	0.82	1.03	1.32	1.30	0.76
陕　西	0.34	0.35	0.36	0.41	0.46	0.58	0.67	0.69	0.83	0.87	0.57
湖　南	0.25	0.26	0.28	0.39	0.48	0.60	0.67	0.70	0.89	0.91	0.56
河　南	0.17	0.20	0.24	0.37	0.43	0.59	0.69	0.69	0.88	0.94	0.54
辽　宁	0.23	0.30	0.31	0.42	0.41	0.48	0.54	0.57	0.72	0.76	0.48
福　建	0.25	0.28	0.30	0.39	0.38	0.45	0.51	0.52	0.68	0.77	0.46
重　庆	0.22	0.31	0.30	0.35	0.43	0.42	0.48	0.51	0.70	0.75	0.46
天　津	0.24	0.28	0.32	0.37	0.41	0.49	0.49	0.52	0.63	0.69	0.45
安　徽	0.20	0.22	0.24	0.30	0.36	0.42	0.48	0.50	0.68	0.77	0.43
黑龙江	0.18	0.26	0.24	0.25	0.33	0.39	0.47	0.54	0.65	0.72	0.41
吉　林	0.20	0.22	0.19	0.27	0.28	0.34	0.39	0.43	0.54	0.55	0.35
云　南	0.18	0.17	0.15	0.22	0.25	0.29	0.31	0.37	0.42	0.56	0.30
江　西	0.11	0.14	0.15	0.20	0.24	0.30	0.29	0.36	0.45	0.48	0.28
甘　肃	0.09	0.11	0.14	0.11	0.18	0.22	0.24	0.28	0.34	0.38	0.22
广　西	0.09	0.11	0.08	0.11	0.14	0.19	0.25	0.27	0.40	0.41	0.21
河　北	0.10	0.11	0.10	0.11	0.15	0.21	0.23	0.25	0.35	0.37	0.20

续表

省　份	2014 年	2015 年	2016 年	2017 年	2018 年	2019 年	2020 年	2021 年	2022 年	2023 年	合计
海　南	0.03	0.05	0.07	0.09	0.08	0.14	0.18	0.25	0.40	0.46	0.18
贵　州	0.02	0.05	0.05	0.06	0.09	0.11	0.17	0.22	0.28	0.38	0.15
新　疆	0.05	0.06	0.08	0.09	0.09	0.13	0.14	0.16	0.24	0.27	0.13
山　西	0.04	0.07	0.05	0.09	0.09	0.11	0.10	0.15	0.17	0.23	0.11
内蒙古	0.03	0.03	0.05	0.05	0.07	0.09	0.10	0.11	0.14	0.18	0.09
宁　夏	0.02	0.03	0.01	0.03	0.02	0.05	0.05	0.08	0.09	0.10	0.05
青　海	0.02	0.02	0.02	0.03	0.04	0.05	0.04	0.04	0.06	0.07	0.04
西　藏	0.01	0.01	0.00	0.01	0.02	0.02	0.02	0.03	0.03	0.05	0.02

第五章　地球科学

地球科学是人类认识地球的一门基础科学。它以地球系统及其组成部分为研究对象，探究发生在其中的各种现象、过程及过程之间的相互作用，以提高对地球的认识水平，并利用获取的知识为解决人类生存与可持续发展中的资源供给、环境保护、减轻灾害等重大问题提供科学依据与技术支撑。

第一节　学科

地球科学学科组包括以下学科：地理学、自然地理学、遥感、地质学、古生物学、矿物学、地质工程、地球化学和地球物理学、气象学和大气科学、海洋学、环境科学、土壤学、水资源、环境研究、多学科地球科学，共计 15 个。

一　地理学

地理学 A、B、C 层人才最多的均为北京，世界占比分别为 7.83%、5.57%、3.33%，其中，A 层人才显著多于其他省份。

广东、江苏、上海、四川有相当数量的 A 层人才，世界占比均为 2.61%；广西、湖北有一定数量的 A 层人才，世界占比均为 0.87%。

广东的 B 层人才比较多，世界占比为 3.22%；湖北、江苏、上海有相当数量的 B 层人才，世界占比在 2%~1%；浙江、河南、山东、四川、重庆、云南、安徽、福建、湖南、江西、陕西有一定数量的 B 层人才，世界占比均超过 0.1%；甘肃、河北、内蒙古、吉林、新疆 B 层人才的世界占比均为 0.09%。

广东、湖北、上海、江苏有相当数量的 C 层人才，世界占比在 2%~

1%；浙江、山东、四川、湖南、福建、辽宁、重庆、甘肃、河南、吉林、天津、云南、江西、陕西有一定数量的 C 层人才，世界占比超过或等于 0.1%；安徽、黑龙江、广西、贵州、河北、内蒙古、宁夏、海南、山西、西藏、新疆 C 层人才的世界占比均低于 0.1%。

表 5-1　地理学 A 层人才的世界占比

单位：%

省　份	2014 年	2015 年	2016 年	2017 年	2018 年	2019 年	2020 年	2021 年	2022 年	2023 年	合计
北　京	0.00	10.00	11.11	0.00	0.00	6.67	7.14	0.00	30.77	9.09	7.83
广　东	0.00	0.00	0.00	0.00	0.00	0.00	0.00	0.00	7.69	18.18	2.61
江　苏	0.00	0.00	0.00	0.00	0.00	0.00	0.00	0.00	7.69	18.18	2.61
上　海	0.00	0.00	11.11	11.11	0.00	0.00	0.00	7.14	0.00	0.00	2.61
四　川	0.00	0.00	0.00	0.00	0.00	0.00	0.00	7.14	7.69	9.09	2.61
广　西	0.00	0.00	0.00	0.00	0.00	0.00	0.00	0.00	7.69	0.00	0.87
湖　北	0.00	0.00	0.00	0.00	0.00	0.00	0.00	7.14	0.00	0.00	0.87

表 5-2　地理学 B 层人才的世界占比

单位：%

省　份	2014 年	2015 年	2016 年	2017 年	2018 年	2019 年	2020 年	2021 年	2022 年	2023 年	合计
北　京	2.25	4.35	9.28	2.52	4.80	5.76	5.22	2.29	12.17	7.34	5.57
广　东	0.00	2.17	2.06	4.20	2.40	2.88	4.48	3.82	6.09	2.75	3.22
湖　北	2.25	0.00	0.00	1.68	2.40	2.16	1.49	3.82	1.74	2.75	1.91
江　苏	2.25	1.09	1.03	1.68	1.60	3.60	0.75	1.53	3.48	1.83	1.91
上　海	1.12	0.00	0.00	3.36	2.40	3.60	0.00	0.76	2.61	0.92	1.57
浙　江	0.00	0.00	1.03	0.00	1.60	0.72	1.49	0.00	0.87	0.92	0.70
河　南	0.00	0.00	0.00	0.00	1.60	0.00	0.00	0.00	2.61	0.00	0.52
山　东	0.00	0.00	0.00	0.00	0.00	0.00	0.75	0.76	0.87	2.75	0.52
四　川	0.00	0.00	0.00	0.00	0.00	0.00	0.75	0.76	0.87	1.83	0.43
重　庆	0.00	0.00	0.00	0.00	0.00	0.00	0.00	0.00	0.87	2.75	0.35
云　南	0.00	1.09	0.00	0.00	0.00	1.44	0.00	0.00	0.00	0.00	0.26
安　徽	0.00	0.00	0.00	0.00	0.00	0.00	0.00	0.76	0.87	0.00	0.17
福　建	0.00	0.00	0.00	0.00	0.00	0.00	0.00	0.00	0.87	0.92	0.17
湖　南	0.00	0.00	0.00	0.00	0.00	0.72	0.00	0.00	0.00	0.92	0.17
江　西	0.00	0.00	0.00	0.00	0.80	0.00	0.75	0.00	0.00	0.00	0.17

续表

省　份	2014年	2015年	2016年	2017年	2018年	2019年	2020年	2021年	2022年	2023年	合计
陕　西	0.00	0.00	0.00	0.00	0.00	0.00	0.00	0.76	0.87	0.00	0.17
甘　肃	0.00	0.00	0.00	0.00	0.00	0.00	0.00	0.76	0.00	0.00	0.09
河　北	0.00	0.00	0.00	0.00	0.00	0.00	0.00	0.00	0.87	0.00	0.09
内蒙古	0.00	0.00	0.00	0.00	0.00	0.00	0.00	0.76	0.00	0.00	0.09
吉　林	0.00	0.00	0.00	0.00	0.00	0.00	0.00	0.00	0.00	0.92	0.09
新　疆	0.00	0.00	1.03	0.00	0.00	0.00	0.00	0.00	0.00	0.00	0.09

表5-3　地理学C层人才的世界占比

单位：%

省　份	2014年	2015年	2016年	2017年	2018年	2019年	2020年	2021年	2022年	2023年	合计
北　京	2.43	1.62	2.88	2.81	3.50	3.26	2.89	3.24	5.23	5.10	3.33
广　东	0.92	0.32	0.99	1.67	1.71	1.06	1.29	2.53	3.72	2.93	1.75
湖　北	0.46	0.65	1.49	1.32	1.39	1.56	1.75	1.58	3.28	2.36	1.62
上　海	0.69	0.76	0.60	1.32	1.30	1.06	1.67	2.05	2.57	2.65	1.50
江　苏	0.12	0.32	0.70	0.35	1.06	0.64	1.37	1.26	2.30	2.55	1.09
浙　江	0.12	0.32	0.70	0.53	0.16	0.43	0.53	0.71	0.97	1.51	0.60
山　东	0.12	0.22	0.00	0.18	0.24	0.35	0.23	0.63	0.62	0.76	0.34
四　川	0.12	0.00	0.30	0.18	0.24	0.43	0.38	0.24	0.71	0.38	0.31
湖　南	0.12	0.00	0.30	0.18	0.08	0.21	0.30	0.32	0.35	0.57	0.25
福　建	0.35	0.11	0.10	0.09	0.16	0.21	0.23	0.47	0.27	0.28	0.23
辽　宁	0.00	0.32	0.30	0.18	0.16	0.07	0.08	0.24	0.09	0.66	0.20
重　庆	0.00	0.00	0.20	0.09	0.00	0.00	0.08	0.16	0.53	0.85	0.19
甘　肃	0.00	0.00	0.00	0.00	0.00	0.28	0.08	0.00	0.18	0.28	0.12
河　南	0.00	0.00	0.00	0.18	0.00	0.00	0.30	0.08	0.18	0.47	0.12
吉　林	0.12	0.00	0.10	0.09	0.16	0.14	0.00	0.16	0.00	0.47	0.12
天　津	0.00	0.00	0.10	0.09	0.00	0.07	0.00	0.00	0.44	0.47	0.12
云　南	0.23	0.00	0.00	0.09	0.00	0.14	0.00	0.32	0.18	0.19	0.11
江　西	0.00	0.00	0.20	0.00	0.08	0.07	0.08	0.00	0.44	0.09	0.10
陕　西	0.00	0.00	0.00	0.26	0.00	0.00	0.08	0.16	0.44	0.00	0.10
安　徽	0.00	0.00	0.20	0.00	0.08	0.00	0.08	0.08	0.27	0.09	0.08
黑龙江	0.00	0.00	0.30	0.09	0.00	0.21	0.08	0.00	0.09	0.00	0.08
广　西	0.00	0.00	0.00	0.00	0.00	0.00	0.00	0.16	0.09	0.19	0.04
贵　州	0.00	0.00	0.00	0.00	0.08	0.00	0.00	0.08	0.09	0.19	0.04

续表

省　份	2014 年	2015 年	2016 年	2017 年	2018 年	2019 年	2020 年	2021 年	2022 年	2023 年	合计
河　北	0.12	0.11	0.00	0.00	0.00	0.00	0.00	0.00	0.09	0.09	0.04
内蒙古	0.12	0.11	0.00	0.18	0.00	0.00	0.00	0.00	0.00	0.00	0.04
宁　夏	0.00	0.00	0.00	0.00	0.00	0.07	0.08	0.00	0.00	0.19	0.04
海　南	0.00	0.00	0.00	0.00	0.00	0.00	0.00	0.00	0.00	0.09	0.01
山　西	0.00	0.00	0.00	0.00	0.00	0.00	0.00	0.08	0.00	0.00	0.01
西　藏	0.00	0.00	0.00	0.00	0.00	0.00	0.00	0.00	0.08	0.00	0.01
新　疆	0.00	0.00	0.00	0.00	0.00	0.00	0.08	0.00	0.00	0.00	0.01

二　自然地理学

自然地理学 A 层人才最多的为北京、湖北，世界占比均为 8.94%；江苏、广东、陕西的 A 层人才比较多，世界占比在 5%～3%；甘肃、黑龙江、上海、湖南、吉林、四川、新疆、浙江也有相当数量的 A 层人才，世界占比在 3%～1%；安徽、福建、河南有一定数量的 A 层人才，世界占比均为 0.81%。

B 层人才最多的是北京，世界占比为 7.80%；湖北的 B 层人才比较多，世界占比为 5.28%；江苏、广东、上海、浙江、四川、甘肃、湖南也有相当数量的 B 层人才，世界占比在 3%～1%；陕西、福建、广西、江西、山东、重庆、吉林、辽宁、安徽、贵州、天津、新疆、云南、海南、河南有一定数量的 B 层人才，世界占比均超过 0.1%；黑龙江、内蒙古 B 层人才的世界占比均为 0.08%。

C 层人才最多的是北京，世界占比为 7.90%；湖北的 C 层人才比较多，世界占比为 3.75%；江苏、广东、上海、甘肃、四川、陕西也有相当数量的 C 层人才，世界占比在 3%～1%；浙江、山东、湖南、福建、吉林、云南、辽宁、河南、新疆、重庆、黑龙江、天津、安徽、江西、河北、广西、青海、内蒙古、海南有一定数量的 C 层人才，世界占比均超过 0.1%；贵州、山西、西藏、宁夏 C 层人才的世界占比均低于 0.1%。

表 5-4　自然地理学 A 层人才的世界占比

单位：%

省　份	2014 年	2015 年	2016 年	2017 年	2018 年	2019 年	2020 年	2021 年	2022 年	2023 年	合计
北　京	8.33	9.09	0.00	8.33	8.33	0.00	7.14	21.43	23.08	0.00	8.94
湖　北	8.33	0.00	0.00	0.00	16.67	7.14	14.29	14.29	7.69	22.22	8.94
江　苏	8.33	0.00	0.00	16.67	0.00	7.14	0.00	0.00	0.00	11.11	4.07
广　东	0.00	0.00	0.00	8.33	0.00	0.00	7.14	7.14	7.69	0.00	3.25
陕　西	0.00	0.00	8.33	0.00	0.00	0.00	14.29	7.14	0.00	0.00	3.25
甘　肃	8.33	0.00	0.00	8.33	8.33	0.00	0.00	0.00	0.00	0.00	2.44
黑龙江	8.33	9.09	0.00	0.00	8.33	0.00	0.00	0.00	0.00	0.00	2.44
上　海	0.00	9.09	0.00	8.33	0.00	0.00	0.00	0.00	7.69	0.00	2.44
湖　南	0.00	0.00	0.00	0.00	0.00	0.00	0.00	14.29	0.00	0.00	1.63
吉　林	8.33	0.00	0.00	0.00	8.33	0.00	0.00	0.00	0.00	0.00	1.63
四　川	8.33	0.00	0.00	0.00	0.00	7.14	0.00	0.00	0.00	0.00	1.63
新　疆	8.33	0.00	0.00	0.00	8.33	0.00	0.00	0.00	0.00	0.00	1.63
浙　江	0.00	0.00	0.00	0.00	8.33	0.00	0.00	0.00	0.00	11.11	1.63
安　徽	0.00	0.00	0.00	0.00	0.00	7.14	0.00	0.00	0.00	0.00	0.81
福　建	0.00	0.00	0.00	0.00	0.00	0.00	0.00	0.00	7.69	0.00	0.81
河　南	0.00	0.00	0.00	0.00	0.00	0.00	7.14	0.00	0.00	0.00	0.81

表 5-5　自然地理学 B 层人才的世界占比

单位：%

省　份	2014 年	2015 年	2016 年	2017 年	2018 年	2019 年	2020 年	2021 年	2022 年	2023 年	合计
北　京	5.61	2.70	4.84	2.68	5.69	8.46	12.77	16.13	5.98	11.54	7.80
湖　北	1.87	0.00	0.00	2.68	3.25	6.15	5.67	12.10	8.55	12.50	5.28
江　苏	2.80	0.90	0.00	2.68	2.44	2.31	4.96	6.45	2.56	3.85	2.93
广　东	0.00	0.00	0.81	3.57	1.63	4.62	2.13	4.84	5.98	3.85	2.77
上　海	0.93	0.00	1.61	1.79	4.07	1.54	0.71	1.61	1.71	1.92	1.59
浙　江	0.00	0.00	1.61	0.89	0.00	0.77	1.42	1.61	4.27	3.85	1.42
四　川	0.00	0.90	0.00	0.89	0.81	0.77	0.71	4.84	2.56	1.92	1.34
甘　肃	0.93	1.80	0.81	0.00	0.81	0.00	2.13	1.61	0.85	2.88	1.17
湖　南	0.00	0.90	0.00	0.00	0.81	2.31	1.42	0.81	0.85	3.85	1.09
陕　西	0.93	0.90	0.00	1.79	0.00	0.00	0.00	2.42	0.85	1.92	0.84
福　建	0.00	0.90	0.00	0.00	0.00	0.77	0.71	3.23	0.00	1.92	0.75
广　西	0.00	0.00	0.00	0.89	0.00	1.54	0.00	2.42	0.00	1.92	0.67

续表

省　份	2014 年	2015 年	2016 年	2017 年	2018 年	2019 年	2020 年	2021 年	2022 年	2023 年	合计
江　西	0.00	0.00	0.81	0.00	0.81	0.00	0.71	0.81	0.85	2.88	0.67
山　东	0.00	0.00	0.00	1.79	0.00	0.00	0.00	0.81	0.00	2.88	0.50
重　庆	0.00	0.00	0.00	0.89	0.00	0.00	0.71	0.81	0.00	1.92	0.42
吉　林	0.00	0.00	0.00	0.00	0.81	0.00	0.71	0.81	0.85	0.96	0.42
辽　宁	0.00	0.00	0.81	0.00	1.63	0.00	0.71	0.81	0.00	0.00	0.42
安　徽	0.00	0.00	0.00	0.00	0.00	0.77	0.00	0.81	0.00	0.96	0.25
贵　州	0.93	0.00	0.00	0.00	0.00	0.00	0.00	0.00	0.00	1.92	0.25
天　津	0.00	0.00	0.00	0.00	0.00	0.00	0.00	0.81	1.71	0.00	0.25
新　疆	0.93	0.00	0.81	0.00	0.00	0.00	0.00	0.81	0.00	0.00	0.25
云　南	0.00	0.00	0.81	0.00	0.00	0.77	0.00	0.00	0.85	0.00	0.25
海　南	0.00	0.00	0.00	0.89	0.00	0.00	0.71	0.00	0.00	0.00	0.17
河　南	0.00	0.00	0.00	0.00	0.00	0.77	0.00	0.00	0.00	0.96	0.17
黑龙江	0.00	0.00	0.00	0.00	0.00	0.00	0.00	0.00	0.00	0.96	0.08
内蒙古	0.00	0.00	0.00	0.00	0.00	0.00	0.00	0.81	0.00	0.00	0.08

表 5-6　自然地理学 C 层人才的世界占比

单位：%

省　份	2014 年	2015 年	2016 年	2017 年	2018 年	2019 年	2020 年	2021 年	2022 年	2023 年	合计
北　京	5.75	6.44	5.00	6.97	6.79	7.14	8.46	9.70	11.49	11.33	7.90
湖　北	1.86	2.36	2.02	2.69	2.78	3.76	3.95	4.50	6.88	6.78	3.75
江　苏	2.04	1.18	1.45	1.93	2.62	2.98	2.61	2.87	3.78	3.87	2.53
广　东	1.11	1.54	1.05	1.43	1.80	1.57	2.33	2.48	4.03	4.07	2.13
上　海	0.46	1.09	0.89	0.92	1.39	1.41	1.48	1.94	2.27	2.52	1.44
甘　肃	1.21	1.18	1.61	1.43	1.06	0.94	1.13	0.93	1.34	1.45	1.22
四　川	0.65	0.36	0.48	0.92	1.14	1.33	1.13	1.40	1.59	1.55	1.06
陕　西	0.37	1.09	0.65	0.92	0.74	0.78	1.13	1.48	1.43	1.33	1.01
浙　江	0.19	0.45	0.48	0.50	0.82	0.86	1.27	1.16	1.43	1.84	0.91
山　东	0.19	0.36	0.32	0.59	1.06	0.71	0.78	0.78	1.93	1.55	0.82
湖　南	0.09	0.18	0.32	0.67	0.49	0.94	0.78	0.78	1.09	1.45	0.68
福　建	0.74	0.27	0.08	0.42	0.57	0.63	0.49	1.40	0.25	0.48	0.54
吉　林	0.46	0.09	0.16	0.25	0.41	0.47	0.70	0.39	0.50	0.58	0.41
云　南	0.28	0.45	0.32	0.34	0.33	0.39	0.07	0.31	0.84	0.58	0.38
辽　宁	0.09	0.09	0.16	0.08	0.49	0.39	0.35	0.47	0.59	0.77	0.35

续表

省　份	2014 年	2015 年	2016 年	2017 年	2018 年	2019 年	2020 年	2021 年	2022 年	2023 年	合计
河　南	0.09	0.00	0.16	0.08	0.16	0.39	0.49	0.47	0.59	0.87	0.33
新　疆	0.09	0.09	0.32	0.50	0.41	0.39	0.21	0.16	0.67	0.29	0.32
重　庆	0.00	0.09	0.00	0.08	0.16	0.31	0.70	0.47	0.42	0.77	0.31
黑龙江	0.19	0.18	0.16	0.08	0.41	0.39	0.21	0.23	0.34	0.87	0.30
天　津	0.09	0.09	0.08	0.08	0.08	0.08	0.28	0.54	0.67	0.87	0.28
安　徽	0.09	0.00	0.00	0.17	0.33	0.24	0.14	0.39	0.42	0.77	0.25
江　西	0.09	0.18	0.08	0.00	0.16	0.24	0.35	0.31	0.42	0.58	0.24
河　北	0.28	0.18	0.16	0.42	0.00	0.16	0.07	0.47	0.25	0.19	0.22
广　西	0.09	0.18	0.08	0.00	0.16	0.16	0.14	0.16	0.42	0.39	0.18
青　海	0.28	0.27	0.16	0.00	0.08	0.16	0.14	0.23	0.08	0.10	0.15
内蒙古	0.00	0.27	0.08	0.00	0.16	0.24	0.07	0.16	0.08	0.29	0.14
海　南	0.00	0.00	0.00	0.17	0.08	0.00	0.14	0.23	0.25	0.39	0.12
贵　州	0.00	0.00	0.08	0.00	0.00	0.08	0.07	0.16	0.17	0.39	0.09
山　西	0.19	0.00	0.00	0.00	0.00	0.16	0.14	0.08	0.17	0.00	0.07
西　藏	0.00	0.00	0.00	0.00	0.00	0.00	0.00	0.00	0.25	0.10	0.04
宁　夏	0.00	0.00	0.00	0.00	0.08	0.08	0.00	0.00	0.00	0.10	0.02

三　遥感

遥感 A、B、C 层人才最多的均为北京，世界占比分别为 13.00%、10.47%、11.81%，其中，C 层人才显著多于其他省份。

湖北、江苏、陕西的 A 层人才比较多，世界占比在 9%~4%；黑龙江、广东、上海、福建、山东、安徽、重庆、河南、湖南、新疆、浙江也有相当数量的 A 层人才，世界占比在 3%~1%；贵州、内蒙古、吉林、四川、天津有一定数量的 A 层人才，世界占比均为 0.50%。

湖北、江苏、广东、陕西的 B 层人才比较多，世界占比在 8%~3%；湖南、四川、上海、浙江、山东也有相当数量的 B 层人才，世界占比在 3%~1%；河南、黑龙江、辽宁、吉林、重庆、福建、天津、安徽、新疆、甘肃、海南、江西、广西、河北、云南有一定数量的 B 层人才，世界占比超过或等于0.1%；贵州、宁夏、青海、西藏B层人才的世界占比均为0.05%。

湖北、江苏的C层人才比较多，世界占比分别为6.34%、4.65%；广东、陕西、上海、四川、湖南、浙江、山东也有相当数量的C层人才，世界占比在3%~1%；河南、福建、安徽、黑龙江、吉林、甘肃、辽宁、重庆、天津、新疆、广西、江西、海南、河北、云南、内蒙古、山西有一定数量的C层人才，世界占比均超过0.1%；贵州、青海、宁夏、西藏C层人才的世界占比均低于0.1%。

表5-7 遥感A层人才的世界占比

单位：%

省份	2014年	2015年	2016年	2017年	2018年	2019年	2020年	2021年	2022年	2023年	合计
北京	0.00	13.33	15.79	0.00	6.67	4.35	13.64	20.83	11.54	30.77	13.00
湖北	0.00	13.33	5.26	14.29	0.00	8.70	18.18	8.33	11.54	7.69	9.00
江苏	0.00	0.00	0.00	0.00	0.00	8.70	0.00	4.17	11.54	15.38	5.00
陕西	0.00	0.00	10.53	7.14	6.67	0.00	9.09	4.17	0.00	3.85	4.00
黑龙江	6.25	6.67	5.26	0.00	6.67	4.35	0.00	0.00	0.00	0.00	2.50
广东	0.00	0.00	0.00	0.00	0.00	0.00	9.09	4.17	3.85	0.00	2.00
上海	0.00	6.67	5.26	7.14	0.00	0.00	0.00	0.00	3.85	0.00	2.00
福建	0.00	0.00	0.00	0.00	6.67	0.00	0.00	4.17	0.00	3.85	1.50
山东	0.00	0.00	0.00	0.00	0.00	0.00	0.00	8.33	3.85	0.00	1.50
安徽	0.00	0.00	0.00	7.14	0.00	4.35	0.00	0.00	0.00	0.00	1.00
重庆	0.00	0.00	0.00	0.00	0.00	0.00	0.00	4.17	0.00	3.85	1.00
河南	0.00	0.00	0.00	5.26	0.00	0.00	4.55	0.00	0.00	0.00	1.00
湖南	0.00	0.00	0.00	0.00	0.00	4.35	0.00	4.17	0.00	0.00	1.00
新疆	0.00	0.00	0.00	0.00	0.00	0.00	0.00	4.17	3.85	0.00	1.00
浙江	0.00	0.00	0.00	0.00	0.00	0.00	0.00	0.00	0.00	7.69	1.00
贵州	0.00	0.00	0.00	0.00	0.00	0.00	0.00	0.00	0.00	3.85	0.50
内蒙古	0.00	0.00	0.00	0.00	0.00	0.00	4.55	0.00	0.00	0.00	0.50
吉林	0.00	0.00	0.00	0.00	0.00	0.00	0.00	0.00	3.85	0.00	0.50
四川	0.00	0.00	0.00	0.00	0.00	4.35	0.00	0.00	0.00	0.00	0.50
天津	0.00	0.00	0.00	0.00	0.00	4.35	0.00	0.00	0.00	0.00	0.50

表 5-8　遥感 B 层人才的世界占比

单位：%

省　份	2014 年	2015 年	2016 年	2017 年	2018 年	2019 年	2020 年	2021 年	2022 年	2023 年	合计
北　京	9.59	9.66	8.24	5.73	9.04	9.71	8.50	12.39	13.58	14.47	10.47
湖　北	6.16	4.14	5.88	1.27	7.98	6.31	9.00	9.63	10.19	8.09	7.25
江　苏	1.37	3.45	0.59	4.46	2.13	1.46	6.00	4.59	1.89	7.23	3.42
广　东	0.68	1.38	1.76	2.55	2.66	2.91	1.00	5.96	4.53	6.38	3.26
陕　西	0.68	1.38	0.59	2.55	2.66	2.43	2.00	2.29	4.15	8.51	3.01
湖　南	3.42	1.38	0.00	2.55	2.66	1.94	1.50	3.67	3.02	2.98	2.38
四　川	0.00	0.00	0.59	0.64	1.60	2.91	0.00	5.50	4.15	3.40	2.18
上　海	2.05	0.69	1.18	2.55	3.72	1.46	1.00	2.29	0.75	2.55	1.81
浙　江	0.00	0.69	0.00	0.00	0.53	0.49	1.00	1.83	3.40	2.13	1.19
山　东	0.00	0.00	0.00	0.64	0.53	0.97	1.50	0.92	1.13	3.83	1.09
河　南	0.68	0.00	0.00	1.27	1.06	0.97	0.50	0.46	1.89	1.70	0.93
黑龙江	0.68	0.00	0.59	1.27	1.60	0.49	0.00	1.38	1.13	0.85	0.83
辽　宁	0.00	0.00	0.00	0.00	0.53	0.00	0.00	2.29	1.13	1.28	0.62
吉　林	0.00	0.00	0.00	0.00	1.06	0.97	0.50	0.92	0.75	0.85	0.57
重　庆	0.00	0.00	0.00	0.00	0.00	0.49	0.00	0.46	0.75	2.13	0.47
福　建	0.68	0.00	0.00	0.00	0.00	0.49	0.50	0.92	0.75	0.00	0.36
天　津	0.00	0.00	0.00	0.00	0.53	0.49	0.50	0.00	0.38	1.28	0.36
安　徽	0.00	0.00	1.18	0.64	0.00	0.00	0.00	0.00	0.38	0.43	0.26
新　疆	0.68	0.00	0.00	0.00	0.00	0.49	0.00	0.46	0.38	0.43	0.26
甘　肃	0.68	0.00	0.00	0.00	0.53	0.00	0.00	0.00	0.00	0.85	0.21
海　南	0.00	0.00	0.00	0.64	0.53	0.00	0.50	0.46	0.00	0.00	0.21
江　西	0.00	0.00	0.00	0.00	0.53	0.49	0.50	0.00	0.00	0.43	0.21
广　西	0.00	0.00	0.00	0.64	0.00	0.00	0.50	0.00	0.00	0.43	0.16
河　北	0.68	0.00	0.00	0.00	0.00	0.49	0.00	0.00	0.00	0.43	0.16
云　南	0.00	0.69	0.00	0.00	0.00	0.00	0.00	0.46	0.00	0.00	0.10
贵　州	0.00	0.00	0.00	0.00	0.00	0.00	0.00	0.46	0.00	0.00	0.05
宁　夏	0.00	0.00	0.00	0.00	0.00	0.00	0.00	0.00	0.38	0.00	0.05
青　海	0.68	0.00	0.00	0.00	0.00	0.00	0.00	0.00	0.00	0.00	0.05
西　藏	0.00	0.00	0.00	0.00	0.00	0.00	0.00	0.46	0.00	0.00	0.05

表 5-9 遥感 C 层人才的世界占比

单位：%

省 份	2014 年	2015 年	2016 年	2017 年	2018 年	2019 年	2020 年	2021 年	2022 年	2023 年	合计
北 京	10.37	8.19	8.62	10.90	9.73	10.94	10.62	12.97	16.29	15.63	11.81
湖 北	5.29	4.69	3.95	6.37	4.59	5.93	4.94	7.97	9.12	8.24	6.34
江 苏	2.92	2.45	3.11	3.12	4.36	3.70	4.54	5.61	6.50	7.77	4.65
广 东	0.68	1.33	1.62	1.78	1.79	2.68	2.29	3.38	4.82	4.88	2.74
陕 西	0.61	1.05	0.78	1.02	1.06	2.33	1.84	3.15	3.72	3.79	2.13
上 海	1.02	1.61	1.44	1.02	1.62	1.99	2.19	2.46	2.35	2.98	1.96
四 川	0.54	0.70	0.72	1.27	1.34	1.41	1.74	1.95	3.76	3.55	1.87
湖 南	0.95	0.84	1.50	2.17	1.17	1.26	1.00	1.81	3.17	3.13	1.80
浙 江	0.41	0.42	0.90	1.21	1.06	1.80	1.00	2.73	2.98	2.84	1.68
山 东	0.68	0.35	0.72	0.76	0.78	1.56	0.95	1.25	2.98	3.46	1.49
河 南	0.14	0.00	0.36	0.38	0.39	0.58	0.75	1.53	2.00	2.13	0.94
福 建	0.41	0.63	0.48	0.89	0.39	0.73	0.45	0.83	1.37	1.04	0.76
安 徽	0.54	0.28	0.24	0.25	0.56	0.68	0.50	1.02	1.53	1.04	0.73
黑龙江	0.34	0.42	0.42	0.64	0.17	0.54	0.40	0.93	1.37	1.47	0.72
吉 林	0.41	0.42	0.36	0.38	0.67	0.68	0.55	0.88	1.14	1.09	0.70
甘 肃	0.41	0.21	0.36	0.70	0.73	0.39	0.80	0.97	0.82	1.14	0.69
辽 宁	0.20	0.14	0.24	0.51	0.34	0.24	0.50	0.79	1.64	1.47	0.68
重 庆	0.14	0.28	0.12	0.25	0.28	0.29	0.60	0.70	1.37	1.47	0.62
天 津	0.27	0.14	0.24	0.45	0.28	0.29	0.35	0.79	0.78	0.99	0.49
新 疆	0.07	0.35	0.36	0.25	0.45	0.44	0.55	0.28	0.86	0.62	0.45
广 西	0.14	0.14	0.06	0.13	0.06	0.24	0.15	0.51	0.90	1.28	0.41
江 西	0.20	0.21	0.18	0.25	0.45	0.39	0.35	0.37	0.59	0.85	0.41
海 南	0.00	0.07	0.12	0.32	0.22	0.15	0.50	0.60	0.39	0.76	0.34
河 北	0.14	0.00	0.06	0.13	0.17	0.29	0.10	0.51	0.47	0.71	0.29
云 南	0.07	0.42	0.18	0.32	0.06	0.10	0.05	0.32	0.31	0.81	0.27
内蒙古	0.34	0.00	0.18	0.06	0.00	0.10	0.10	0.28	0.20	0.24	0.15
山 西	0.00	0.00	0.12	0.19	0.00	0.10	0.15	0.14	0.23	0.33	0.15
贵 州	0.00	0.07	0.00	0.00	0.11	0.05	0.05	0.14	0.08	0.28	0.09
青 海	0.00	0.00	0.12	0.06	0.06	0.05	0.10	0.14	0.12	0.09	0.08
宁 夏	0.00	0.00	0.00	0.06	0.00	0.00	0.10	0.05	0.12	0.19	0.06
西 藏	0.00	0.00	0.12	0.06	0.00	0.00	0.00	0.00	0.12	0.05	0.04

四 地质学

地质学 A、B、C 层人才最多的均为北京，世界占比分别为 19.35%、12.00%、10.90%，均显著高于其他省份。

江苏、甘肃、江西的 A 层人才比较多，世界占比在 5%~3%；安徽、广东、广西、湖北、湖南、陕西、山东、四川、天津、浙江也有相当数量的 A 层人才，世界占比均为 1.61%。

湖北、江苏的 B 层人才比较多，世界占比均为 4.00%；广东、山东、贵州、陕西、安徽、四川、云南也有相当数量的 B 层人才，世界占比在 3%~1%；江西、吉林、甘肃、新疆、浙江、河北、上海、山西、天津、广西、海南、河南、湖南、辽宁、青海、重庆、黑龙江、内蒙古有一定数量的 B 层人才，世界占比均超过 0.1%。

湖北、江苏、广东、山东、贵州、湖南、四川、陕西、安徽有相当数量的 C 层人才，世界占比在 3%~1%；江西、吉林、新疆、河北、浙江、甘肃、云南、广西、辽宁、上海、天津、河南、黑龙江、内蒙古、青海、福建、山西、重庆、西藏有一定数量的 C 层人才，世界占比超过或等于 0.1%；海南 C 层人才的世界占比为 0.07%。

表 5-10　地质学 A 层人才的世界占比

单位：%

省　份	2014 年	2015 年	2016 年	2017 年	2018 年	2019 年	2020 年	2021 年	2022 年	2023 年	合计
北　京	0.00	0.00	0.00	28.57	0.00	25.00	14.29	42.86	20.00	60.00	19.35
江　苏	0.00	0.00	0.00	0.00	14.29	0.00	14.29	0.00	0.00	20.00	4.84
甘　肃	0.00	0.00	0.00	0.00	0.00	0.00	28.57	0.00	0.00	0.00	3.23
江　西	0.00	0.00	0.00	0.00	0.00	12.50	0.00	0.00	20.00	0.00	3.23
安　徽	0.00	0.00	0.00	0.00	0.00	0.00	0.00	0.00	0.00	20.00	1.61
广　东	0.00	0.00	0.00	0.00	0.00	0.00	0.00	14.29	0.00	0.00	1.61
广　西	0.00	0.00	0.00	0.00	0.00	0.00	0.00	0.00	0.00	20.00	1.61
湖　北	0.00	0.00	0.00	0.00	0.00	0.00	0.00	0.00	20.00	0.00	1.61
湖　南	0.00	0.00	0.00	0.00	0.00	0.00	0.00	0.00	20.00	0.00	1.61

续表

省　份	2014 年	2015 年	2016 年	2017 年	2018 年	2019 年	2020 年	2021 年	2022 年	2023 年	合计
陕　西	0.00	0.00	0.00	0.00	0.00	0.00	0.00	0.00	20.00	0.00	1.61
山　东	0.00	0.00	0.00	0.00	0.00	0.00	0.00	0.00	20.00	0.00	1.61
四　川	0.00	0.00	0.00	0.00	0.00	0.00	0.00	0.00	20.00	0.00	1.61
天　津	0.00	0.00	0.00	0.00	0.00	0.00	0.00	0.00	20.00	0.00	1.61
浙　江	0.00	0.00	0.00	0.00	0.00	0.00	0.00	0.00	20.00	0.00	1.61

表 5-11　地质学 B 层人才的世界占比

单位：%

省　份	2014 年	2015 年	2016 年	2017 年	2018 年	2019 年	2020 年	2021 年	2022 年	2023 年	合计
北　京	8.89	16.67	8.33	14.71	6.15	13.41	7.58	14.71	17.46	11.11	12.00
湖　北	2.22	0.00	0.00	0.00	6.15	3.66	3.03	5.88	12.70	5.56	4.00
江　苏	0.00	3.70	0.00	5.88	4.62	6.10	3.03	7.35	3.17	3.70	4.00
广　东	0.00	1.85	0.00	7.35	1.54	0.00	3.03	4.41	1.59	3.70	2.40
山　东	2.22	0.00	0.00	2.94	1.54	1.22	1.52	1.47	7.94	3.70	2.24
贵　州	2.22	0.00	0.00	1.47	1.54	0.00	3.03	2.94	1.59	1.85	1.44
陕　西	0.00	1.85	0.00	0.00	0.00	2.44	4.55	1.47	0.00	3.70	1.44
安　徽	0.00	1.85	0.00	1.47	3.08	0.00	0.00	0.00	3.17	3.70	1.28
四　川	0.00	0.00	0.00	1.47	0.00	0.00	0.00	0.00	6.35	5.56	1.28
云　南	0.00	0.00	0.00	0.00	0.00	1.22	0.00	2.94	4.76	1.85	1.12
江　西	0.00	0.00	0.00	1.47	0.00	0.00	1.52	0.00	3.17	3.70	0.96
吉　林	0.00	0.00	0.00	1.47	1.54	2.44	0.00	1.47	1.59	0.00	0.96
甘　肃	0.00	0.00	0.00	1.47	1.54	2.44	0.00	1.47	0.00	0.00	0.80
新　疆	0.00	0.00	0.00	2.94	0.00	0.00	0.00	0.00	1.59	1.85	0.64
浙　江	0.00	0.00	0.00	0.00	0.00	0.00	0.00	1.47	3.17	1.85	0.64
河　北	0.00	0.00	0.00	0.00	1.54	0.00	0.00	1.47	1.59	0.00	0.48
上　海	0.00	0.00	0.00	0.00	0.00	1.22	0.00	1.47	1.59	0.00	0.48
山　西	0.00	0.00	0.00	0.00	0.00	1.22	0.00	1.47	1.59	0.00	0.48
天　津	0.00	0.00	0.00	0.00	0.00	2.44	0.00	1.47	0.00	0.00	0.48
广　西	0.00	0.00	0.00	0.00	0.00	0.00	0.00	0.00	3.17	0.00	0.32
海　南	0.00	0.00	0.00	0.00	0.00	0.00	1.52	1.47	0.00	0.00	0.32
河　南	0.00	0.00	0.00	0.00	0.00	0.00	0.00	0.00	1.59	1.85	0.32
湖　南	0.00	0.00	0.00	0.00	0.00	0.00	1.52	0.00	1.59	0.00	0.32
辽　宁	2.22	0.00	0.00	0.00	0.00	0.00	0.00	0.00	1.59	0.00	0.32

续表

省 份	2014 年	2015 年	2016 年	2017 年	2018 年	2019 年	2020 年	2021 年	2022 年	2023 年	合计
青 海	0.00	0.00	0.00	0.00	0.00	0.00	1.52	0.00	0.00	1.85	0.32
重 庆	0.00	0.00	0.00	0.00	0.00	0.00	0.00	0.00	1.59	0.00	0.16
黑龙江	0.00	0.00	0.00	0.00	0.00	0.00	0.00	0.00	1.59	0.00	0.16
内蒙古	0.00	0.00	0.00	0.00	0.00	1.22	0.00	0.00	0.00	0.00	0.16

表 5-12　地质学 C 层人才的世界占比

单位：%

省 份	2014 年	2015 年	2016 年	2017 年	2018 年	2019 年	2020 年	2021 年	2022 年	2023 年	合计
北 京	8.28	9.61	9.23	10.03	11.82	10.80	9.28	13.44	12.30	14.87	10.90
湖 北	1.70	1.60	2.39	3.14	2.40	3.60	1.92	4.08	3.87	2.31	2.78
江 苏	0.85	3.20	1.71	2.10	4.31	1.67	1.44	4.08	3.87	2.56	2.59
广 东	1.27	1.42	1.71	2.25	3.04	2.06	2.08	3.63	3.69	3.85	2.48
山 东	0.42	0.71	1.71	1.65	1.76	1.03	1.76	2.27	1.76	3.08	1.58
贵 州	1.27	1.42	1.54	0.60	2.56	0.77	1.28	2.11	2.64	1.79	1.57
湖 南	0.42	0.36	0.34	1.35	1.44	1.54	1.44	1.81	2.46	3.08	1.40
四 川	0.21	0.71	1.03	0.75	1.28	1.41	0.96	1.51	3.16	1.79	1.28
陕 西	0.21	0.53	0.51	0.75	1.76	0.77	1.12	1.66	2.11	2.82	1.18
安 徽	0.64	1.07	0.68	0.30	0.96	1.41	1.28	1.21	1.23	1.54	1.03
江 西	0.42	0.89	0.17	0.30	0.64	0.51	1.28	1.66	0.88	1.54	0.81
吉 林	0.64	0.71	1.37	0.30	0.16	0.51	0.80	0.91	0.88	1.03	0.71
新 疆	0.42	0.53	0.34	0.75	0.64	0.39	0.64	0.76	0.88	1.79	0.67
河 北	0.42	0.18	0.68	0.30	0.64	0.39	0.64	0.60	0.70	1.54	0.57
浙 江	0.00	0.36	0.00	0.45	0.64	0.13	0.64	1.36	1.41	0.77	0.57
甘 肃	0.00	0.18	0.51	0.15	0.96	0.64	1.12	0.45	0.53	1.03	0.56
云 南	0.64	0.18	0.17	0.60	0.32	0.26	0.96	0.45	1.41	0.26	0.52
广 西	0.00	0.00	0.51	0.15	0.48	0.64	0.16	0.30	0.70	0.77	0.37
辽 宁	0.42	0.00	0.17	0.00	0.64	0.64	0.80	0.45	0.00	0.26	0.35
上 海	0.00	0.36	0.68	0.00	0.32	0.13	0.48	0.45	0.70	0.26	0.34
天 津	0.21	0.18	0.00	0.15	0.32	1.03	0.48	0.15	0.53	0.00	0.34
河 南	0.42	0.18	0.17	0.00	0.00	0.13	0.32	0.30	0.70	1.03	0.29
黑龙江	0.00	0.00	0.34	0.00	0.32	0.13	0.16	0.45	0.53	0.51	0.24
内蒙古	0.42	0.18	0.17	0.15	0.48	0.13	0.00	0.45	0.18	0.00	0.22
青 海	0.21	0.00	0.17	0.00	0.16	0.13	0.00	0.15	0.18	1.03	0.17

续表

省　份	2014 年	2015 年	2016 年	2017 年	2018 年	2019 年	2020 年	2021 年	2022 年	2023 年	合计
福　建	0.42	0.18	0.17	0.15	0.00	0.00	0.00	0.30	0.18	0.00	0.13
山　西	0.00	0.00	0.00	0.00	0.16	0.00	0.32	0.00	0.35	0.77	0.13
重　庆	0.00	0.00	0.00	0.00	0.16	0.26	0.16	0.00	0.00	0.77	0.12
西　藏	0.21	0.00	0.17	0.30	0.00	0.00	0.00	0.00	0.18	0.26	0.10
海　南	0.00	0.00	0.00	0.00	0.00	0.00	0.00	0.30	0.00	0.51	0.07

五　古生物学

古生物学 A 层人才仅分布在北京、湖北、江苏、安徽、河南、山东、上海；其中，北京、湖北、江苏 A 层人才的世界占比均为 4.88%，安徽、河南、山东、上海 A 层人才的世界占比均为 2.44%。

B 层人才最多的是北京，世界占比为 3.33%；江苏、湖北、陕西也有相当数量的 B 层人才，世界占比在 3% ~ 1%；云南、广东、四川、安徽、甘肃、贵州、河北、湖南、吉林、山东、上海、重庆、福建、广西、辽宁、宁夏有一定数量的 B 层人才，世界占比均超过 0.1%。

C 层人才最多的是北京，世界占比为 4.99%；江苏的 C 层人才比较多，世界占比为 3.61%；湖北也有相当数量的 C 层人才，世界占比为 1.99%；山东、陕西、云南、广东、四川、甘肃、安徽、上海、浙江、福建、贵州、新疆、吉林、河北、河南、江西、天津、广西、重庆、辽宁、湖南、青海、内蒙古有一定数量的 C 层人才，世界占比超过或等于 0.1%；黑龙江、海南、山西 C 层人才的世界占比均低于 0.1%。

表 5-13　古生物学 A 层人才的世界占比

单位：%

省　份	2014 年	2015 年	2016 年	2017 年	2018 年	2019 年	2020 年	2021 年	2022 年	2023 年	合计
北　京	0.00	0.00	0.00	0.00	0.00	25.00	0.00	0.00	0.00	20.00	4.88
湖　北	0.00	0.00	16.67	0.00	0.00	0.00	0.00	0.00	0.00	20.00	4.88

续表

省　份	2014年	2015年	2016年	2017年	2018年	2019年	2020年	2021年	2022年	2023年	合计
江　苏	0.00	25.00	0.00	0.00	0.00	25.00	0.00	0.00	0.00	0.00	4.88
安　徽	0.00	0.00	0.00	0.00	0.00	25.00	0.00	0.00	0.00	0.00	2.44
河　南	0.00	0.00	0.00	0.00	0.00	0.00	0.00	0.00	0.00	20.00	2.44
山　东	0.00	0.00	0.00	0.00	0.00	0.00	0.00	0.00	0.00	20.00	2.44
上　海	0.00	0.00	0.00	0.00	0.00	25.00	0.00	0.00	0.00	0.00	2.44

表 5-14　古生物学 B 层人才的世界占比

单位：%

省　份	2014年	2015年	2016年	2017年	2018年	2019年	2020年	2021年	2022年	2023年	合计
北　京	4.55	0.00	3.70	0.00	7.14	3.17	0.00	7.58	3.39	2.70	3.33
江　苏	2.27	0.00	5.56	4.17	3.57	3.17	1.59	3.03	0.00	2.70	2.59
湖　北	0.00	2.00	0.00	2.08	1.79	3.17	0.00	3.03	1.69	0.00	1.48
陕　西	2.27	0.00	1.85	0.00	0.00	3.17	1.59	1.52	0.00	0.00	1.11
云　南	2.27	0.00	0.00	0.00	1.79	0.00	0.00	1.52	1.69	0.00	0.74
广　东	0.00	0.00	1.85	0.00	0.00	0.00	0.00	1.52	1.69	0.00	0.56
四　川	2.27	0.00	0.00	2.08	0.00	0.00	0.00	0.00	0.00	2.70	0.56
安　徽	0.00	0.00	0.00	0.00	1.79	0.00	0.00	0.00	1.69	0.00	0.37
甘　肃	0.00	2.00	0.00	2.08	0.00	0.00	0.00	0.00	0.00	0.00	0.37
贵　州	0.00	0.00	0.00	0.00	1.79	1.59	0.00	0.00	0.00	0.00	0.37
河　北	2.27	0.00	0.00	0.00	0.00	0.00	0.00	1.52	0.00	0.00	0.37
湖　南	0.00	0.00	0.00	0.00	0.00	0.00	0.00	0.00	1.69	2.70	0.37
吉　林	2.27	0.00	0.00	0.00	0.00	0.00	0.00	0.00	0.00	2.70	0.37
山　东	0.00	0.00	0.00	0.00	0.00	0.00	0.00	1.52	1.69	0.00	0.37
上　海	0.00	0.00	0.00	0.00	1.79	1.59	0.00	0.00	0.00	0.00	0.37
重　庆	0.00	0.00	0.00	0.00	0.00	0.00	0.00	0.00	1.69	0.00	0.19
福　建	2.27	0.00	0.00	0.00	0.00	0.00	0.00	0.00	0.00	0.00	0.19
广　西	0.00	0.00	0.00	0.00	1.79	0.00	0.00	0.00	0.00	0.00	0.19
辽　宁	0.00	0.00	0.00	0.00	0.00	0.00	0.00	0.00	0.00	2.70	0.19
宁　夏	0.00	0.00	0.00	0.00	1.79	0.00	0.00	0.00	0.00	0.00	0.19

表 5-15　古生物学 C 层人才的世界占比

单位：%

省　份	2014 年	2015 年	2016 年	2017 年	2018 年	2019 年	2020 年	2021 年	2022 年	2023 年	合计
北　京	2.94	2.84	3.53	3.41	5.00	4.43	6.07	7.03	7.31	7.86	4.99
江　苏	4.07	2.23	3.90	2.08	3.15	4.43	3.04	4.39	4.79	4.18	3.61
湖　北	1.36	1.42	2.23	2.27	2.59	3.61	1.43	1.58	1.37	1.47	1.99
山　东	0.68	0.41	0.56	1.14	1.48	0.82	0.54	1.41	1.14	0.98	0.92
陕　西	0.45	0.81	0.56	0.95	0.74	1.15	1.61	1.05	0.46	0.74	0.88
云　南	0.68	0.61	0.56	0.19	0.19	1.15	1.25	1.58	1.83	0.74	0.88
广　东	0.23	0.00	0.74	0.57	1.11	0.66	0.54	1.41	0.91	0.74	0.70
四　川	0.90	0.20	0.19	0.95	0.19	0.33	0.00	1.41	1.37	1.47	0.66
甘　肃	0.68	0.61	0.00	0.00	0.56	0.33	1.07	0.70	0.91	0.74	0.55
安　徽	0.45	0.00	0.19	0.00	0.56	0.98	0.89	0.53	0.23	0.49	0.45
上　海	0.23	0.00	0.19	0.38	0.56	0.00	0.71	0.35	0.68	0.49	0.35
浙　江	0.00	0.00	0.19	0.19	0.56	0.82	0.36	0.70	0.23	0.25	0.35
福　建	0.23	0.41	0.19	0.38	0.00	0.00	0.54	0.35	0.46	0.00	0.25
贵　州	0.45	0.20	0.37	0.00	0.19	0.16	0.36	0.18	0.23	0.49	0.25
新　疆	0.23	0.00	0.19	0.19	0.37	0.00	0.36	0.00	0.68	0.25	0.23
吉　林	0.00	0.20	0.19	0.19	0.00	0.16	0.36	0.35	0.46	0.25	0.21
河　北	0.23	0.00	0.00	0.00	0.56	0.16	0.18	0.35	0.00	0.49	0.20
河　南	0.00	0.20	0.00	0.19	0.19	0.16	0.18	0.53	0.46	0.00	0.20
江　西	0.45	0.00	0.00	0.00	0.19	0.16	0.36	0.35	0.00	0.49	0.20
天　津	0.23	0.00	0.00	0.00	0.37	0.00	0.36	0.70	0.00	0.00	0.18
广　西	0.00	0.20	0.00	0.19	0.19	0.33	0.00	0.53	0.00	0.00	0.16
重　庆	0.00	0.00	0.00	0.00	0.00	0.49	0.18	0.00	0.23	0.49	0.14
辽　宁	0.00	0.00	0.00	0.19	0.19	0.16	0.18	0.35	0.23	0.00	0.14
湖　南	0.00	0.20	0.00	0.00	0.19	0.00	0.18	0.00	0.23	0.49	0.12
青　海	0.45	0.20	0.00	0.00	0.19	0.16	0.18	0.00	0.00	0.00	0.12
内蒙古	0.23	0.00	0.19	0.00	0.19	0.33	0.00	0.00	0.00	0.00	0.10
黑龙江	0.00	0.00	0.19	0.00	0.00	0.00	0.00	0.18	0.00	0.00	0.04
海　南	0.00	0.00	0.00	0.00	0.00	0.16	0.00	0.00	0.00	0.00	0.02
山　西	0.00	0.00	0.00	0.00	0.00	0.00	0.00	0.00	0.23	0.00	0.02

六　矿物学

矿物学 A、B、C 层人才最多的均为北京，世界占比分别为 10.53%、10.28%、12.07%，均显著高于其他省份。

四川、浙江的 A 层人才比较多，世界占比均为 3.51%；安徽、广东、湖北、湖南、江苏、辽宁、云南也有相当数量的 A 层人才，世界占比均为 1.75%。

湖北的 B 层人才比较多，世界占比为 3.48%；广东、湖南、江苏、陕西、江西、四川、辽宁也有相当数量的 B 层人才，世界占比在 3%~1%；山东、天津、云南、安徽、广西、河南、重庆、贵州、浙江、福建、甘肃、黑龙江、内蒙古、青海、山西、新疆、河北、上海有一定数量的 B 层人才，世界占比均超过 0.1%。

湖北、湖南、广东、江苏的 C 层人才比较多，世界占比在 5%~3%；四川、山东、贵州、云南、江西、陕西、辽宁、安徽也有相当数量的 C 层人才，世界占比在 2%~1%；浙江、广西、河南、甘肃、上海、内蒙古、吉林、河北、福建、新疆、山西、重庆、天津、青海、黑龙江有一定数量的 C 层人才，世界占比均超过 0.1%；西藏、海南 C 层人才的世界占比均低于 0.1%。

表 5-16　矿物学 A 层人才的世界占比

单位：%

省　份	2014 年	2015 年	2016 年	2017 年	2018 年	2019 年	2020 年	2021 年	2022 年	2023 年	合计
北　京	0.00	0.00	25.00	0.00	0.00	0.00	14.29	14.29	14.29	28.57	10.53
四　川	0.00	25.00	25.00	0.00	0.00	0.00	0.00	0.00	0.00	0.00	3.51
浙　江	0.00	0.00	0.00	0.00	0.00	16.67	0.00	14.29	0.00	0.00	3.51
安　徽	0.00	0.00	0.00	0.00	0.00	16.67	0.00	0.00	0.00	0.00	1.75
广　东	0.00	25.00	0.00	0.00	0.00	0.00	0.00	0.00	0.00	0.00	1.75
湖　北	0.00	0.00	0.00	0.00	0.00	0.00	0.00	0.00	0.00	14.29	1.75
湖　南	0.00	0.00	0.00	0.00	0.00	16.67	0.00	0.00	0.00	0.00	1.75
江　苏	0.00	0.00	0.00	0.00	0.00	0.00	0.00	0.00	0.00	14.29	1.75
辽　宁	33.33	0.00	0.00	0.00	0.00	0.00	0.00	0.00	0.00	0.00	1.75
云　南	0.00	0.00	0.00	0.00	0.00	0.00	0.00	0.00	0.00	14.29	1.75

表 5-17　矿物学 B 层人才的世界占比

单位：%

省　份	2014 年	2015 年	2016 年	2017 年	2018 年	2019 年	2020 年	2021 年	2022 年	2023 年	合计
北　京	9.52	9.43	8.00	13.33	5.08	9.84	15.94	12.50	12.86	4.48	10.28
湖　北	2.38	0.00	0.00	0.00	1.69	6.56	5.80	4.17	4.29	7.46	3.48
广　东	4.76	1.89	4.00	3.33	1.69	0.00	4.35	0.00	4.29	4.48	2.82
湖　南	0.00	0.00	2.00	1.67	6.78	8.20	1.45	2.78	1.43	1.49	2.65
江　苏	2.38	0.00	2.00	3.33	1.69	3.28	5.80	2.78	1.43	1.49	2.49
陕　西	0.00	5.66	2.00	0.00	1.69	0.00	2.90	4.17	0.00	2.99	1.99
江　西	0.00	0.00	2.00	1.67	0.00	1.64	1.45	1.39	2.86	2.99	1.49
四　川	0.00	1.89	2.00	0.00	0.00	0.00	1.45	1.39	4.29	2.99	1.49
辽　宁	2.38	1.89	0.00	0.00	0.00	0.00	2.90	2.78	0.00	1.49	1.16
山　东	0.00	0.00	2.00	1.67	0.00	0.00	0.00	0.00	4.29	0.00	0.83
天　津	0.00	0.00	0.00	0.00	0.00	1.64	2.90	0.00	1.43	1.49	0.83
云　南	0.00	1.89	0.00	0.00	0.00	1.64	0.00	0.00	1.43	2.99	0.83
安　徽	0.00	0.00	2.00	0.00	0.00	0.00	1.45	1.39	1.43	0.00	0.66
广　西	2.38	0.00	0.00	0.00	0.00	0.00	1.45	1.39	1.43	0.00	0.66
河　南	0.00	0.00	0.00	0.00	0.00	0.00	0.00	1.39	2.86	1.49	0.66
重　庆	0.00	0.00	0.00	0.00	0.00	0.00	1.45	0.00	1.43	1.49	0.50
贵　州	0.00	0.00	0.00	0.00	0.00	0.00	1.45	0.00	1.43	1.49	0.50
浙　江	0.00	0.00	0.00	0.00	1.69	0.00	1.45	0.00	1.43	0.00	0.50
福　建	0.00	0.00	0.00	0.00	0.00	0.00	0.00	0.00	2.86	0.00	0.33
甘　肃	0.00	0.00	0.00	0.00	0.00	0.00	1.45	0.00	1.43	0.00	0.33
黑龙江	0.00	0.00	0.00	0.00	0.00	0.00	0.00	0.00	2.86	0.00	0.33
内蒙古	0.00	0.00	0.00	0.00	0.00	0.00	0.00	0.00	1.43	1.49	0.33
青　海	0.00	0.00	0.00	0.00	0.00	0.00	1.45	0.00	0.00	1.49	0.33
山　西	0.00	0.00	2.00	0.00	0.00	0.00	0.00	0.00	1.43	0.00	0.33
新　疆	0.00	0.00	0.00	1.67	0.00	0.00	0.00	0.00	0.00	1.49	0.33
河　北	0.00	0.00	0.00	0.00	0.00	0.00	0.00	1.39	0.00	0.00	0.17
上　海	0.00	0.00	0.00	0.00	0.00	0.00	0.00	0.00	0.00	1.49	0.17

表 5-18　矿物学 C 层人才的世界占比

单位：%

省　份	2014 年	2015 年	2016 年	2017 年	2018 年	2019 年	2020 年	2021 年	2022 年	2023 年	合计
北　京	14.49	12.09	10.95	11.11	11.60	13.46	10.71	14.60	10.53	11.49	12.07
湖　北	3.74	3.45	3.72	3.65	4.39	4.65	3.57	5.65	5.05	3.88	4.24
湖　南	0.93	1.73	2.48	2.43	5.80	6.48	3.87	6.61	5.77	3.88	4.23
广　东	3.74	1.73	2.48	2.78	5.27	3.82	3.87	4.82	3.03	2.33	3.43
江　苏	1.64	5.18	2.48	1.91	3.51	2.82	2.38	2.62	3.61	3.88	3.03
四　川	1.87	1.34	1.03	1.56	2.28	2.33	1.49	1.52	2.16	3.26	1.91
山　东	1.40	0.96	1.65	1.39	1.76	1.83	1.04	2.20	2.31	2.80	1.78
贵　州	2.10	1.73	0.83	0.87	2.64	1.50	2.23	1.79	1.59	1.24	1.66
云　南	0.47	0.77	0.41	0.69	0.35	1.50	2.23	1.93	3.75	2.33	1.57
江　西	0.00	0.77	0.21	0.69	1.05	1.00	3.13	2.48	1.30	2.17	1.40
陕　西	1.64	1.73	0.62	0.87	1.58	1.00	1.49	1.79	1.88	1.09	1.39
辽　宁	0.23	0.58	0.62	0.52	1.23	1.00	1.93	2.62	2.02	1.55	1.34
安　徽	0.93	1.73	1.45	1.04	1.23	1.50	1.49	1.79	0.58	1.24	1.30
浙　江	0.47	0.38	0.83	0.52	0.70	1.00	0.74	0.83	0.58	1.24	0.74
广　西	0.70	0.19	1.24	0.17	0.53	0.50	0.15	1.10	1.30	1.24	0.73
河　南	0.00	0.38	0.00	0.00	0.18	1.00	0.45	1.52	1.30	1.09	0.66
甘　肃	0.23	0.19	1.45	0.17	0.88	0.33	0.89	0.28	1.01	0.93	0.64
上　海	0.70	0.58	0.62	0.00	0.35	0.33	0.45	0.55	0.87	1.24	0.57
内蒙古	0.23	0.38	0.62	0.35	0.70	0.50	0.30	0.83	0.43	0.93	0.54
吉　林	1.17	1.73	1.24	0.69	0.53	0.33	0.15	0.00	0.00	0.16	0.52
河　北	0.23	0.38	0.41	0.17	0.00	0.33	0.15	0.83	1.44	0.62	0.49
福　建	0.23	0.38	0.21	0.17	0.53	0.33	0.30	0.83	0.72	0.16	0.41
新　疆	0.47	0.58	0.21	1.04	0.18	0.33	0.00	0.41	0.29	0.62	0.41
山　西	0.47	0.38	0.00	0.35	0.18	0.33	0.15	0.28	0.43	0.93	0.36
重　庆	0.23	0.00	0.00	0.17	0.35	0.17	0.30	0.96	0.14	0.47	0.30
天　津	0.47	0.38	0.21	0.00	0.53	0.66	0.15	0.41	0.00	0.16	0.29
青　海	0.00	0.19	0.41	0.00	0.35	0.00	0.15	0.00	0.43	0.62	0.22
黑龙江	0.23	0.00	0.00	0.35	0.35	0.17	0.00	0.14	0.14	0.47	0.19
西　藏	0.23	0.00	0.00	0.35	0.00	0.17	0.00	0.00	0.14	0.00	0.08
海　南	0.00	0.00	0.21	0.00	0.00	0.33	0.00	0.00	0.00	0.16	0.07

七　地质工程

地质工程 A、B、C 层人才最多的均为北京，世界占比分别为 10.09%、9.40%、8.02%。

湖北、江苏、重庆、江西、湖南、四川的 A 层人才比较多，世界占比在 8%~3%；山东、贵州、辽宁、陕西、上海也有相当数量的 A 层人才，世界占比在 3%~1%；安徽、广东、吉林有一定数量的 A 层人才，世界占比均为 0.92%。

江苏、湖北、湖南、四川、上海、重庆、山东的 B 层人才比较多，世界占比在 9%~3%，辽宁、广东、陕西、安徽、浙江也有相当数量的 B 层人才，世界占比在 3%~1%；江西、天津、贵州、河南、山西、福建、广西、甘肃、河北、黑龙江、吉林有一定数量的 B 层人才，世界占比均超过 0.1%；内蒙古、云南 B 层人才的世界占比均为 0.09%。

湖北、江苏、四川、上海、湖南的 C 层人才比较多，世界占比在 8%~3%；重庆、广东、山东、辽宁、浙江、陕西、天津也有相当数量的 C 层人才，世界占比在 3%~1%；安徽、河南、甘肃、广西、江西、山西、福建、河北、黑龙江、云南、贵州、吉林、新疆有一定数量的 C 层人才，世界占比均超过 0.1%；青海、海南、内蒙古、宁夏、西藏 C 层人才的世界占比均低于 0.1%。

表 5-19　地质工程 A 层人才的世界占比

单位：%

省　份	2014 年	2015 年	2016 年	2017 年	2018 年	2019 年	2020 年	2021 年	2022 年	2023 年	合计
北　京	0.00	0.00	0.00	0.00	0.00	15.38	15.38	36.36	7.69	16.67	10.09
湖　北	0.00	10.00	0.00	0.00	0.00	7.69	15.38	9.09	15.38	8.33	7.34
江　苏	0.00	0.00	10.00	11.11	0.00	0.00	15.38	9.09	7.69	8.33	6.42
重　庆	0.00	0.00	0.00	0.00	0.00	0.00	7.69	9.09	23.08	0.00	4.59
江　西	0.00	10.00	0.00	0.00	0.00	0.00	15.38	0.00	7.69	8.33	4.59
湖　南	0.00	0.00	0.00	11.11	0.00	7.69	7.69	9.09	0.00	0.00	3.67

省　份	2014 年	2015 年	2016 年	2017 年	2018 年	2019 年	2020 年	2021 年	2022 年	2023 年	合计
四　川	0.00	0.00	0.00	0.00	0.00	7.69	7.69	9.09	7.69	0.00	3.67
山　东	0.00	0.00	10.00	0.00	0.00	0.00	0.00	0.00	0.00	16.67	2.75
贵　州	0.00	0.00	0.00	0.00	0.00	0.00	7.69	0.00	7.69	0.00	1.83
辽　宁	0.00	0.00	0.00	0.00	0.00	0.00	0.00	9.09	7.69	0.00	1.83
陕　西	0.00	0.00	0.00	0.00	0.00	0.00	0.00	9.09	0.00	8.33	1.83
上　海	0.00	0.00	0.00	0.00	10.00	0.00	0.00	0.00	0.00	8.33	1.83
安　徽	0.00	0.00	0.00	0.00	0.00	0.00	0.00	9.09	0.00	0.00	0.92
广　东	0.00	0.00	0.00	0.00	0.00	0.00	0.00	9.09	0.00	0.00	0.92
吉　林	0.00	0.00	0.00	0.00	0.00	0.00	7.69	0.00	0.00	0.00	0.92

表 5-20　地质工程 B 层人才的世界占比

单位：%

省　份	2014 年	2015 年	2016 年	2017 年	2018 年	2019 年	2020 年	2021 年	2022 年	2023 年	合计
北　京	8.33	7.29	7.69	7.45	11.50	5.79	11.81	10.83	10.92	11.11	9.40
江　苏	5.56	4.17	6.73	8.51	7.96	8.26	7.87	9.17	10.08	10.19	8.01
湖　北	2.78	8.33	7.69	6.38	8.85	7.44	8.66	4.17	5.88	11.11	7.26
湖　南	0.00	3.13	4.81	7.45	2.65	10.74	10.24	5.00	2.52	5.56	5.49
四　川	2.78	4.17	1.92	3.19	7.96	4.96	4.72	7.50	5.04	6.48	5.03
上　海	4.17	2.08	0.96	5.32	3.54	2.48	4.72	8.33	6.72	7.41	4.66
重　庆	2.78	2.08	4.81	3.19	3.54	9.09	3.94	5.00	2.52	5.56	4.38
山　东	1.39	2.08	1.92	2.13	6.19	4.96	4.72	5.83	1.68	1.85	3.45
辽　宁	0.00	4.17	0.96	1.06	3.54	1.65	3.94	4.17	5.04	3.70	2.98
广　东	0.00	0.00	0.00	2.13	0.88	2.48	5.51	3.33	5.88	5.56	2.79
陕　西	1.39	2.08	1.92	3.19	2.65	4.13	0.00	0.83	5.88	0.93	2.33
安　徽	0.00	1.04	0.96	2.13	0.88	0.83	3.15	4.17	0.84	1.85	1.68
浙　江	0.00	0.00	0.96	3.19	0.88	1.65	0.79	2.50	0.84	5.56	1.68
江　西	0.00	1.04	0.96	2.13	0.00	0.00	0.00	1.67	0.00	2.78	0.84
天　津	0.00	0.00	0.00	1.06	0.88	0.00	2.36	0.83	0.84	0.93	0.74
贵　州	0.00	0.00	0.00	0.00	0.00	0.83	0.00	2.50	0.00	2.78	0.65
河　南	0.00	0.00	0.00	0.00	0.00	2.48	2.36	0.00	0.84	0.00	0.65
山　西	1.39	0.00	0.96	1.06	0.00	0.00	0.79	1.67	0.00	0.93	0.65
福　建	0.00	0.00	0.00	0.00	0.00	1.65	1.57	0.00	0.84	0.93	0.56
广　西	0.00	0.00	0.00	1.06	0.88	0.83	1.57	0.00	0.00	0.93	0.56

续表

省　份	2014 年	2015 年	2016 年	2017 年	2018 年	2019 年	2020 年	2021 年	2022 年	2023 年	合 计
甘　肃	0.00	1.04	0.00	0.00	0.88	0.83	0.79	0.00	0.00	0.93	0.47
河　北	0.00	0.00	0.00	0.00	0.00	0.00	0.00	0.00	0.84	0.93	0.19
黑龙江	0.00	0.00	0.00	0.00	0.00	0.00	0.00	0.83	0.00	0.93	0.19
吉　林	0.00	0.00	0.00	0.00	0.00	0.00	0.79	0.00	0.84	0.00	0.19
内蒙古	0.00	0.00	0.00	0.00	0.00	0.00	0.00	0.83	0.00	0.00	0.09
云　南	0.00	0.00	0.00	0.00	0.00	0.00	0.00	0.83	0.00	0.00	0.09

表 5-21　地质工程 C 层人才的世界占比

单位：%

省　份	2014 年	2015 年	2016 年	2017 年	2018 年	2019 年	2020 年	2021 年	2022 年	2023 年	合 计
北　京	4.52	4.40	6.61	6.20	7.69	8.55	10.30	8.52	8.97	11.56	8.02
湖　北	4.10	4.40	5.63	6.20	6.85	7.72	9.20	7.02	8.52	8.82	7.07
江　苏	3.81	5.04	6.02	3.32	5.19	7.48	7.55	7.02	8.34	8.56	6.46
四　川	2.40	2.68	2.67	3.43	4.63	5.23	5.19	4.26	5.29	5.48	4.28
上　海	3.11	4.29	3.46	4.10	4.07	3.82	3.07	4.76	4.84	4.20	3.99
湖　南	0.71	1.50	1.88	1.88	2.69	3.16	5.11	3.34	4.75	3.94	3.08
重　庆	0.99	1.29	1.97	1.11	1.76	2.41	3.30	3.01	3.68	3.25	2.40
广　东	0.71	0.43	0.69	0.33	1.48	2.24	3.14	3.26	5.02	4.71	2.38
山　东	0.42	0.97	1.28	2.55	2.31	2.82	2.99	2.51	3.59	3.08	2.37
辽　宁	0.42	1.29	0.79	1.99	2.87	2.66	3.14	2.67	2.42	3.51	2.30
浙　江	0.56	1.82	1.28	1.88	2.96	2.57	2.99	1.67	2.96	3.25	2.29
陕　西	0.56	0.00	0.59	0.44	1.67	1.66	2.12	2.34	2.60	2.57	1.57
天　津	0.14	0.64	0.69	0.44	1.02	1.50	1.26	0.92	1.35	1.46	1.00
安　徽	0.42	0.21	0.59	0.55	0.74	0.91	0.71	1.34	1.17	1.37	0.84
河　南	0.42	0.11	0.30	0.44	0.56	0.66	1.42	1.00	1.61	0.77	0.77
甘　肃	0.28	0.00	0.39	1.00	0.65	0.83	0.79	0.67	0.72	1.37	0.69
广　西	0.00	0.11	0.10	0.66	0.37	0.75	0.86	0.42	1.08	1.37	0.61
江　西	0.00	0.86	0.89	0.33	0.56	0.58	0.47	0.50	0.81	0.86	0.60
山　西	0.28	0.21	0.49	0.78	0.37	0.66	0.63	0.84	0.63	0.77	0.59
福　建	0.00	0.32	0.20	0.22	0.46	0.42	0.71	0.58	1.08	0.60	0.49
河　北	0.28	0.11	0.20	0.22	0.37	0.42	0.55	0.25	0.72	0.86	0.42
黑龙江	0.14	0.43	0.39	0.55	0.28	0.17	0.39	0.25	0.54	0.86	0.41
云　南	0.14	0.11	0.30	0.33	0.19	0.33	0.47	1.00	0.54	0.43	0.41
贵　州	0.00	0.00	0.00	0.11	0.28	0.33	0.31	0.67	0.54	0.51	0.30

省　份	2014 年	2015 年	2016 年	2017 年	2018 年	2019 年	2020 年	2021 年	2022 年	2023 年	合计
吉　林	0.00	0.11	0.20	0.00	0.19	0.50	0.31	0.25	0.54	0.43	0.27
新　疆	0.00	0.11	0.10	0.11	0.00	0.25	0.08	0.42	0.09	0.43	0.17
青　海	0.00	0.00	0.10	0.11	0.00	0.17	0.16	0.08	0.09	0.09	0.08
海　南	0.00	0.00	0.00	0.00	0.19	0.08	0.00	0.25	0.00	0.17	0.08
内蒙古	0.00	0.00	0.10	0.11	0.00	0.17	0.08	0.00	0.18	0.09	0.08
宁　夏	0.00	0.00	0.00	0.00	0.00	0.08	0.00	0.08	0.09	0.09	0.04
西　藏	0.00	0.11	0.00	0.00	0.00	0.08	0.00	0.00	0.00	0.00	0.02

八　地球化学和地球物理学

地球化学和地球物理学 A、B、C 层人才最多的均为北京，世界占比分别为 9.00%、8.78%、9.23%，其中，C 层人才显著多于其他省份。

湖北的 A 层人才比较多，世界占比为 5.69%；广东、江苏、黑龙江、陕西、上海、湖南也有相当数量的 A 层人才，世界占比在 3%～1%；安徽、福建、贵州、四川、新疆、重庆、河北、吉林、山东、云南有一定数量的 A 层人才，世界占比均超过 0.4%。

湖北、陕西的 B 层人才比较多，世界占比分别为 5.28%、3.50%；广东、江苏、湖南、四川、山东、上海、浙江也有相当数量的 B 层人才，世界占比在 3%～1%；安徽、河南、黑龙江、重庆、福建、辽宁、天津、吉林、甘肃、贵州、江西、广西、河北、云南有一定数量的 B 层人才，世界占比均超过 0.1%；海南、新疆、宁夏 B 层人才的世界占比均低于 0.1%。

湖北的 C 层人才比较多，世界占比为 4.20%；广东、江苏、陕西、山东、四川、湖南、安徽、上海、浙江也有相当数量的 C 层人才，世界占比在 3%～1%；黑龙江、辽宁、贵州、吉林、天津、河南、河北、重庆、福建、甘肃、江西、云南、广西、新疆、海南有一定数量的 C 层人才，世界占比均超过 0.1%；山西、内蒙古、青海、宁夏、西藏 C 层人才的世界占比均低于 0.1%。

表 5-22　地球化学和地球物理学 A 层人才的世界占比

单位：%

省　份	2014 年	2015 年	2016 年	2017 年	2018 年	2019 年	2020 年	2021 年	2022 年	2023 年	合计
北　京	0.00	5.56	11.11	0.00	14.29	7.69	0.00	25.00	11.54	5.88	9.00
湖　北	11.11	5.56	5.56	10.53	0.00	3.85	0.00	10.71	7.69	0.00	5.69
广　东	0.00	0.00	0.00	0.00	4.76	0.00	0.00	10.71	0.00	11.76	2.84
江　苏	0.00	0.00	0.00	0.00	0.00	0.00	5.00	3.57	7.69	5.88	2.37
黑龙江	0.00	0.00	5.56	0.00	4.76	3.85	0.00	3.57	0.00	0.00	1.90
陕　西	0.00	0.00	5.56	5.26	4.76	3.85	0.00	0.00	0.00	0.00	1.90
上　海	0.00	0.00	5.56	5.26	4.76	0.00	0.00	0.00	3.85	0.00	1.90
湖　南	0.00	0.00	0.00	0.00	9.52	3.85	0.00	0.00	0.00	0.00	1.42
安　徽	0.00	0.00	0.00	5.26	0.00	0.00	0.00	0.00	0.00	5.88	0.95
福　建	0.00	0.00	0.00	0.00	4.76	0.00	0.00	3.57	0.00	0.00	0.95
贵　州	0.00	0.00	0.00	0.00	0.00	0.00	0.00	3.57	3.85	0.00	0.95
四　川	0.00	0.00	0.00	0.00	0.00	3.85	0.00	0.00	0.00	5.88	0.95
新　疆	0.00	0.00	0.00	0.00	0.00	0.00	0.00	3.57	3.85	0.00	0.95
重　庆	0.00	0.00	0.00	0.00	0.00	0.00	0.00	3.57	0.00	0.00	0.47
河　北	0.00	0.00	0.00	0.00	0.00	0.00	0.00	0.00	0.00	5.88	0.47
吉　林	0.00	0.00	0.00	0.00	0.00	0.00	0.00	0.00	3.85	0.00	0.47
山　东	0.00	0.00	0.00	0.00	0.00	0.00	0.00	3.57	0.00	0.00	0.47
云　南	0.00	0.00	0.00	0.00	0.00	0.00	0.00	0.00	0.00	5.88	0.47

表 5-23　地球化学和地球物理学 B 层人才的世界占比

单位：%

省　份	2014 年	2015 年	2016 年	2017 年	2018 年	2019 年	2020 年	2021 年	2022 年	2023 年	合计
北　京	5.46	6.94	7.18	6.74	5.58	8.09	9.33	10.67	9.60	16.36	8.78
湖　北	1.64	4.05	8.21	2.59	4.65	2.13	8.00	7.51	7.60	5.00	5.28
陕　西	0.00	2.31	1.03	2.07	1.86	3.83	2.67	4.74	5.20	9.55	3.50
广　东	1.09	0.58	1.54	4.15	1.40	3.40	0.89	3.56	4.00	5.00	2.66
江　苏	1.64	2.89	1.03	1.55	0.47	0.43	3.11	5.14	1.60	5.45	2.38
湖　南	1.09	1.16	0.00	1.55	1.86	2.98	1.33	3.95	4.00	3.64	2.29
四　川	1.09	0.58	1.03	0.52	0.93	1.70	1.33	3.95	4.40	2.27	1.91
山　东	0.55	0.00	0.51	2.07	1.40	1.28	0.89	1.58	0.80	4.55	1.40
上　海	1.09	0.00	1.03	1.04	1.40	2.13	0.44	1.58	1.60	1.82	1.26
浙　江	0.55	0.00	0.00	0.52	0.47	0.85	0.89	1.98	2.00	2.27	1.03

续表

省　份	2014 年	2015 年	2016 年	2017 年	2018 年	2019 年	2020 年	2021 年	2022 年	2023 年	合计
安　徽	0.55	0.00	1.03	1.04	0.00	0.43	0.44	2.77	1.60	1.36	0.98
河　南	0.00	0.00	0.00	0.00	1.40	0.43	0.44	0.79	2.40	1.82	0.79
黑龙江	0.00	0.00	0.00	1.04	1.40	1.28	0.44	0.79	1.20	0.00	0.65
重　庆	0.00	0.00	0.00	0.00	0.00	0.85	0.89	0.00	1.20	2.73	0.61
福　建	0.00	0.00	0.00	0.00	0.93	0.00	1.33	0.00	0.80	0.91	0.42
辽　宁	0.00	0.00	0.51	0.52	0.00	0.00	0.44	1.19	0.80	0.45	0.42
天　津	0.00	0.00	0.00	0.52	0.47	0.43	1.78	0.00	0.00	0.91	0.42
吉　林	0.00	0.00	0.00	0.00	0.47	0.00	0.00	0.00	0.80	1.36	0.28
甘　肃	0.00	0.00	0.51	1.04	0.00	0.00	0.44	0.00	0.00	0.45	0.23
贵　州	0.00	0.00	1.03	0.00	0.00	0.43	0.00	0.79	0.00	0.00	0.23
江　西	0.00	0.00	0.51	0.00	0.93	0.43	0.44	0.00	0.00	0.00	0.23
广　西	0.00	0.00	0.00	0.00	0.00	0.00	0.44	0.40	0.00	0.45	0.14
河　北	0.00	0.00	0.00	0.00	0.00	0.00	0.00	0.79	0.00	0.45	0.14
云　南	0.00	0.00	0.00	0.00	0.00	0.00	0.00	0.79	0.00	0.45	0.14
海　南	0.00	0.00	0.00	0.00	0.47	0.00	0.00	0.40	0.00	0.00	0.09
新　疆	0.00	0.00	0.00	0.52	0.00	0.00	0.00	0.00	0.45	0.00	0.09
宁　夏	0.00	0.00	0.00	0.00	0.00	0.00	0.00	0.00	0.40	0.00	0.05

表 5-24　地球化学和地球物理学 C 层人才的世界占比

单位：%

省　份	2014 年	2015 年	2016 年	2017 年	2018 年	2019 年	2020 年	2021 年	2022 年	2023 年	合计
北　京	6.74	6.70	7.42	7.99	7.69	8.64	7.99	10.49	13.72	13.13	9.23
湖　北	2.21	3.26	2.42	3.16	3.32	3.90	4.77	5.49	6.67	5.54	4.20
广　东	1.22	1.66	2.05	1.83	2.42	2.33	2.71	3.47	4.97	4.38	2.80
江　苏	1.00	1.66	1.47	1.53	1.47	1.69	2.57	2.74	3.74	4.70	2.33
陕　西	0.61	0.89	0.95	0.66	0.90	1.36	1.42	2.62	3.57	3.07	1.69
山　东	0.72	0.89	1.11	1.12	1.23	1.27	1.56	1.57	2.76	3.21	1.59
四　川	0.66	0.59	0.53	0.81	0.81	0.85	1.15	1.65	2.85	3.12	1.36
湖　南	0.33	0.53	0.68	0.76	1.00	1.10	1.10	1.57	2.76	3.03	1.35
安　徽	0.61	1.01	0.74	0.92	0.95	1.36	1.42	1.45	1.61	1.68	1.21
上　海	0.33	0.95	0.63	0.76	0.52	0.97	1.38	1.57	2.00	2.33	1.19
浙　江	0.06	0.30	0.21	0.66	0.85	0.85	1.38	1.74	2.34	2.00	1.11
黑龙江	0.17	0.24	0.42	0.41	0.14	0.25	0.41	0.85	1.44	1.40	0.60

续表

省 份	2014 年	2015 年	2016 年	2017 年	2018 年	2019 年	2020 年	2021 年	2022 年	2023 年	合计
辽 宁	0.06	0.24	0.05	0.20	0.19	0.21	0.64	0.61	1.32	1.21	0.50
贵 州	0.33	0.65	0.58	0.41	0.47	0.64	0.28	0.40	0.68	0.42	0.49
吉 林	0.44	0.71	0.26	0.31	0.33	0.51	0.32	0.40	0.68	0.70	0.47
天 津	0.22	0.30	0.11	0.20	0.14	0.47	0.55	0.85	0.64	0.75	0.44
河 南	0.00	0.00	0.05	0.10	0.09	0.34	0.46	0.52	0.98	1.07	0.39
河 北	0.39	0.12	0.11	0.10	0.28	0.34	0.46	0.28	0.42	0.88	0.35
重 庆	0.06	0.12	0.16	0.15	0.05	0.04	0.37	0.36	1.06	0.84	0.34
福 建	0.11	0.47	0.32	0.25	0.05	0.08	0.28	0.28	0.72	0.70	0.33
甘 肃	0.22	0.24	0.47	0.31	0.19	0.08	0.18	0.44	0.34	0.47	0.30
江 西	0.00	0.06	0.11	0.05	0.14	0.17	0.50	0.40	0.59	0.70	0.29
云 南	0.06	0.24	0.05	0.15	0.05	0.21	0.32	0.44	0.55	0.37	0.26
广 西	0.11	0.06	0.21	0.15	0.19	0.17	0.14	0.36	0.81	0.19	0.25
新 疆	0.11	0.30	0.11	0.05	0.09	0.13	0.32	0.20	0.38	0.28	0.20
海 南	0.00	0.12	0.21	0.10	0.09	0.04	0.23	0.20	0.13	0.28	0.14
山 西	0.00	0.00	0.00	0.00	0.10	0.00	0.05	0.04	0.21	0.14	0.06
内蒙古	0.00	0.12	0.05	0.05	0.05	0.08	0.05	0.00	0.13	0.00	0.05
青 海	0.00	0.00	0.05	0.05	0.14	0.04	0.00	0.00	0.04	0.14	0.05
宁 夏	0.00	0.00	0.00	0.00	0.00	0.00	0.05	0.00	0.04	0.00	0.01
西 藏	0.06	0.00	0.05	0.00	0.00	0.00	0.00	0.04	0.00	0.00	0.01

九 气象学和大气科学

气象学和大气科学 A、B、C 层人才最多的均为北京，世界占比分别为 6.49%、5.42%、7.22%。

江苏、广东、甘肃有相当数量的 A 层人才，世界占比在 3%~1%；湖北、陕西、山东、上海、重庆、福建、河南、湖南、山西有一定数量的 A 层人才，世界占比均超过 0.4%。

江苏、广东有相当数量的 B 层人才，世界占比分别为 1.87%、1.49%；山东、上海、甘肃、湖北、陕西、四川、浙江、福建、河南、湖南、新疆、云南、安徽、黑龙江、辽宁、重庆、江西、青海有一定数量的 B 层人才，世界占比超过 0.1%；贵州、吉林、河北、内蒙古、山西、天津 B 层人才的世界占比均低于 0.1%。

江苏的 C 层人才比较多，世界占比为 3.20%；广东、上海也有相当数量的 C 层人才，世界占比分别为 1.88%、1.07%；甘肃、山东、湖北、浙江、四川、陕西、福建、天津、安徽、新疆、重庆、辽宁、湖南、河南、河北、吉林、云南、黑龙江有一定数量的 C 层人才，世界占比均超过 0.1%；江西、贵州、青海、山西、广西、海南、内蒙古、宁夏、西藏 C 层人才的世界占比均低于 0.1%。

表 5-25　气象学和大气科学 A 层人才的世界占比

单位：%

省　份	2014 年	2015 年	2016 年	2017 年	2018 年	2019 年	2020 年	2021 年	2022 年	2023 年	合计
北　京	0.00	5.88	13.04	4.00	6.25	7.14	3.57	19.05	5.00	3.13	6.49
江　苏	0.00	0.00	0.00	0.00	0.00	3.57	3.57	4.76	5.00	6.25	2.60
广　东	0.00	0.00	4.35	0.00	0.00	0.00	3.57	0.00	5.00	6.25	2.16
甘　肃	0.00	0.00	8.70	0.00	0.00	3.57	0.00	0.00	0.00	0.00	1.30
湖　北	0.00	0.00	4.35	0.00	0.00	0.00	0.00	4.76	0.00	0.00	0.87
陕　西	0.00	0.00	4.35	0.00	0.00	0.00	0.00	4.76	0.00	0.00	0.87
山　东	4.76	0.00	4.35	0.00	0.00	0.00	0.00	0.00	0.00	0.00	0.87
上　海	0.00	0.00	4.35	0.00	0.00	0.00	0.00	4.76	0.00	0.00	0.87
重　庆	0.00	0.00	0.00	0.00	0.00	0.00	0.00	0.00	0.00	3.13	0.43
福　建	0.00	0.00	4.35	0.00	0.00	0.00	0.00	0.00	0.00	0.00	0.43
河　南	0.00	0.00	4.35	0.00	0.00	0.00	0.00	0.00	0.00	0.00	0.43
湖　南	0.00	0.00	0.00	0.00	0.00	0.00	0.00	4.76	0.00	0.00	0.43
山　西	0.00	5.88	0.00	0.00	0.00	0.00	0.00	0.00	0.00	0.00	0.43

表 5-26　气象学和大气科学 B 层人才的世界占比

单位：%

省　份	2014 年	2015 年	2016 年	2017 年	2018 年	2019 年	2020 年	2021 年	2022 年	2023 年	合计
北　京	5.15	3.70	4.22	5.19	3.52	4.62	4.65	5.12	8.20	8.65	5.42
江　苏	1.55	0.93	0.42	1.30	1.56	2.31	1.99	2.11	3.28	2.42	1.87
广　东	0.52	0.00	1.69	1.30	0.00	1.54	0.66	1.81	2.62	3.81	1.49

续表

省 份	2014 年	2015 年	2016 年	2017 年	2018 年	2019 年	2020 年	2021 年	2022 年	2023 年	合计
山 东	0.52	0.93	0.84	0.87	0.78	0.77	1.00	0.60	1.31	1.73	0.95
上 海	0.52	0.00	0.00	0.00	0.39	0.38	0.33	2.71	1.31	0.35	0.69
甘 肃	1.03	0.00	0.84	0.43	0.00	0.77	0.33	0.30	0.33	0.69	0.46
湖 北	0.52	0.00	0.00	0.43	0.39	0.38	0.33	0.30	0.66	1.38	0.46
陕 西	0.00	0.46	0.42	0.00	0.39	0.77	0.00	0.00	0.66	1.04	0.38
四 川	0.00	0.00	0.00	0.00	0.00	1.15	0.66	0.30	0.33	1.04	0.38
浙 江	0.00	0.00	0.42	0.00	0.39	0.00	0.33	0.30	0.66	0.35	0.27
福 建	0.00	0.00	0.42	0.43	0.00	0.00	0.66	0.30	0.33	0.00	0.23
河 南	0.52	0.00	0.00	0.00	0.00	0.38	0.33	0.00	0.00	0.69	0.19
湖 南	0.00	0.00	0.00	0.00	0.00	0.38	0.00	0.00	0.66	0.69	0.19
新 疆	0.00	0.00	0.00	0.00	0.39	0.00	0.00	0.60	0.00	0.69	0.19
云 南	0.52	0.46	0.00	0.00	0.00	0.00	0.33	0.00	0.33	0.35	0.19
安 徽	0.00	0.00	0.00	0.00	0.00	0.00	0.33	0.60	0.33	0.00	0.15
黑龙江	0.00	0.00	0.00	0.00	0.00	0.00	0.00	0.30	0.66	0.35	0.15
辽 宁	0.00	0.00	0.00	0.00	0.00	0.00	0.66	0.00	0.66	0.00	0.15
重 庆	0.00	0.00	0.00	0.00	0.00	0.00	0.00	0.30	0.00	0.69	0.11
江 西	0.00	0.00	0.00	0.00	0.39	0.00	0.00	0.00	0.66	0.00	0.11
青 海	0.00	0.00	0.00	0.00	0.00	0.00	0.33	0.00	0.00	0.69	0.11
贵 州	0.00	0.00	0.00	0.00	0.00	0.00	0.00	0.00	0.00	0.69	0.08
吉 林	0.00	0.00	0.00	0.00	0.00	0.00	0.00	0.33	0.33	0.00	0.08
河 北	0.00	0.00	0.00	0.00	0.00	0.00	0.00	0.00	0.00	0.35	0.04
内蒙古	0.00	0.00	0.00	0.00	0.00	0.00	0.00	0.00	0.33	0.00	0.04
山 西	0.00	0.00	0.00	0.00	0.00	0.00	0.00	0.33	0.00	0.00	0.04
天 津	0.00	0.00	0.00	0.00	0.00	0.00	0.33	0.00	0.00	0.00	0.04

表 5-27 气象学和大气科学 C 层人才的世界占比

单位：%

省 份	2014 年	2015 年	2016 年	2017 年	2018 年	2019 年	2020 年	2021 年	2022 年	2023 年	合计
北 京	5.38	7.33	6.64	7.24	6.97	7.45	7.37	6.97	8.51	7.68	7.22
江 苏	1.73	2.38	3.57	2.77	2.63	3.57	3.18	3.45	4.22	3.72	3.20
广 东	0.56	0.61	0.71	1.30	1.70	2.04	1.56	1.98	4.06	3.22	1.88
上 海	0.36	0.65	0.55	0.61	1.05	0.81	1.07	1.31	2.03	1.71	1.07
甘 肃	0.61	1.12	0.59	1.21	1.05	1.04	0.55	0.86	1.20	1.28	0.95

省　份	2014年	2015年	2016年	2017年	2018年	2019年	2020年	2021年	2022年	2023年	合计
山　东	0.56	0.42	0.88	0.91	0.69	0.54	0.90	0.99	1.73	1.28	0.92
湖　北	0.10	0.23	0.21	0.82	0.89	0.96	1.04	0.96	1.36	1.67	0.87
浙　江	0.10	0.33	0.21	0.39	0.41	0.65	0.66	0.58	1.36	0.78	0.58
四　川	0.25	0.33	0.00	0.30	0.65	0.69	0.73	0.74	0.90	0.58	0.55
陕　西	0.15	0.47	0.38	0.56	0.36	0.61	0.38	0.58	0.73	0.35	0.47
福　建	0.15	0.05	0.55	0.48	0.36	0.65	0.28	0.54	0.73	0.39	0.44
天　津	0.15	0.19	0.17	0.00	0.16	0.61	0.45	0.29	0.50	0.35	0.30
安　徽	0.10	0.05	0.21	0.35	0.32	0.54	0.45	0.35	0.13	0.31	0.29
新　疆	0.15	0.09	0.21	0.26	0.20	0.27	0.24	0.22	0.27	0.35	0.23
重　庆	0.05	0.09	0.17	0.22	0.16	0.27	0.17	0.26	0.30	0.47	0.22
辽　宁	0.15	0.14	0.04	0.13	0.08	0.31	0.17	0.26	0.40	0.47	0.22
湖　南	0.15	0.28	0.08	0.04	0.28	0.19	0.28	0.16	0.33	0.27	0.21
河　南	0.00	0.19	0.04	0.09	0.12	0.23	0.14	0.22	0.33	0.35	0.18
河　北	0.10	0.14	0.08	0.26	0.16	0.38	0.10	0.10	0.17	0.16	0.16
吉　林	0.15	0.09	0.08	0.13	0.16	0.04	0.10	0.16	0.23	0.19	0.14
云　南	0.00	0.19	0.04	0.09	0.08	0.08	0.17	0.00	0.30	0.23	0.12
黑龙江	0.05	0.00	0.04	0.00	0.12	0.00	0.14	0.16	0.33	0.23	0.12
江　西	0.05	0.00	0.00	0.09	0.08	0.08	0.07	0.16	0.10	0.23	0.09
贵　州	0.05	0.09	0.13	0.04	0.04	0.04	0.03	0.10	0.10	0.16	0.08
青　海	0.00	0.14	0.08	0.04	0.20	0.04	0.07	0.13	0.03	0.04	0.08
山　西	0.10	0.19	0.04	0.13	0.04	0.04	0.07	0.00	0.03	0.08	0.07
广　西	0.05	0.00	0.13	0.04	0.00	0.04	0.03	0.06	0.10	0.16	0.06
海　南	0.00	0.00	0.00	0.00	0.12	0.04	0.03	0.06	0.23	0.04	0.06
内蒙古	0.00	0.05	0.04	0.04	0.08	0.04	0.07	0.03	0.00	0.16	0.05
宁　夏	0.00	0.00	0.00	0.00	0.00	0.04	0.00	0.06	0.07	0.08	0.03
西　藏	0.00	0.00	0.08	0.04	0.08	0.00	0.03	0.00	0.00	0.00	0.02

十　海洋学

海洋学A层人才最多的是浙江，世界占比为4.10%；广东、山东、四川的A层人才比较多，世界占比均为3.28%；湖北、贵州、辽宁、天津也有相当数量的A层人才，世界占比在3%~1%；重庆、福建、广西、河南、江苏、上海有一定数量的 A 层人才，世界占比均为 0.82%。

湖北、上海的 B 层人才比较多，世界占比均为 3.08%；广东、山东、辽宁、北京、黑龙江、浙江、江苏也有相当数量的 B 层人才，世界占比在 3%～1%；陕西、四川、福建、河南、天津、重庆、广西、海南、河北、湖南有一定数量的 B 层人才，世界占比均超过 0.1%；内蒙古、江西、吉林 B 层人才的世界占比均为 0.08%。

上海、山东的 C 层人才比较多，世界占比分别为 3.70%、3.64%；北京、辽宁、广东、江苏、浙江、湖北、黑龙江、福建也有相当数量的 C 层人才，世界占比在 3%～1%；天津、四川、陕西、海南、湖南、重庆、广西、河南、安徽、吉林、河北有一定数量的 C 层人才，世界占比超过或等于 0.1%；内蒙古、江西、云南、甘肃、山西、新疆、青海、贵州、宁夏 C 层人才的世界占比均低于 0.1%。

表 5-28　海洋学 A 层人才的世界占比

单位：%

省　份	2014 年	2015 年	2016 年	2017 年	2018 年	2019 年	2020 年	2021 年	2022 年	2023 年	合计
浙　江	0.00	0.00	0.00	0.00	0.00	0.00	0.00	5.88	7.69	25.00	4.10
广　东	0.00	0.00	0.00	0.00	0.00	0.00	10.00	0.00	7.69	16.67	3.28
山　东	0.00	9.09	0.00	7.69	0.00	7.14	0.00	5.88	0.00	0.00	3.28
四　川	0.00	0.00	0.00	0.00	0.00	0.00	0.00	5.88	15.38	8.33	3.28
湖　北	0.00	0.00	0.00	0.00	0.00	0.00	0.00	5.88	15.38	0.00	2.46
贵　州	0.00	0.00	0.00	0.00	0.00	0.00	0.00	0.00	7.69	8.33	1.64
辽　宁	0.00	0.00	0.00	0.00	0.00	0.00	0.00	0.00	7.69	8.33	1.64
天　津	0.00	0.00	0.00	0.00	0.00	0.00	0.00	5.88	7.69	0.00	1.64
重　庆	0.00	0.00	0.00	0.00	0.00	0.00	0.00	0.00	7.69	0.00	0.82
福　建	0.00	0.00	0.00	0.00	0.00	0.00	0.00	5.88	0.00	0.00	0.82
广　西	0.00	0.00	0.00	0.00	0.00	0.00	0.00	0.00	7.69	0.00	0.82
河　南	0.00	0.00	0.00	0.00	0.00	0.00	0.00	0.00	7.69	0.00	0.82
江　苏	0.00	0.00	0.00	0.00	0.00	0.00	10.00	0.00	0.00	0.00	0.82
上　海	0.00	0.00	0.00	0.00	0.00	0.00	0.00	5.88	0.00	0.00	0.82

表 5-29　海洋学 B 层人才的世界占比

单位：%

省　份	2014 年	2015 年	2016 年	2017 年	2018 年	2019 年	2020 年	2021 年	2022 年	2023 年	合计
湖　北	0.00	0.00	0.00	0.85	0.00	1.42	1.42	7.19	9.49	6.85	3.08
上　海	0.87	0.00	0.89	0.85	1.54	2.84	2.84	2.61	6.96	8.90	3.08
广　东	0.00	0.84	0.89	0.85	0.00	2.84	0.00	4.58	7.59	8.22	2.85
山　东	1.74	1.68	0.89	0.85	0.77	1.42	2.84	4.58	5.70	5.48	2.78
辽　宁	0.00	0.00	0.00	0.85	0.00	4.26	3.55	3.92	4.43	6.16	2.55
北　京	0.87	1.68	0.00	0.00	0.00	1.42	2.13	4.58	3.80	4.11	2.03
黑龙江	0.00	0.84	0.00	0.00	1.54	2.84	0.00	3.92	3.16	2.05	1.58
浙　江	1.74	0.00	0.00	0.85	0.77	0.00	0.00	0.65	3.16	7.53	1.58
江　苏	0.87	0.00	0.00	0.85	0.77	0.00	1.42	1.96	3.80	3.42	1.43
陕　西	0.00	0.00	0.89	0.00	0.00	0.71	0.00	2.53	1.37	0.60
四　川	0.00	0.00	0.00	0.85	0.00	0.00	1.42	0.65	1.27	0.68	0.53
福　建	0.00	0.00	0.00	0.85	0.77	0.00	0.00	0.65	0.63	1.37	0.45
河　南	0.00	0.00	0.00	0.00	0.00	0.00	0.71	0.65	0.63	1.37	0.38
天　津	0.00	0.00	0.00	0.85	0.00	0.71	0.00	0.65	1.27	0.00	0.38
重　庆	0.00	0.00	0.00	0.00	0.00	0.00	0.00	0.63	1.37	0.23
广　西	0.00	0.00	0.00	0.00	0.00	0.00	0.65	0.63	0.68	0.23
海　南	0.00	0.00	0.00	0.00	0.00	0.00	0.71	0.00	0.00	1.37	0.23
河　北	0.00	0.00	0.00	0.00	0.00	0.00	0.00	0.65	0.63	0.00	0.15
湖　南	0.00	0.00	0.00	0.85	0.00	0.00	0.00	0.65	0.00	0.00	0.15
内蒙古	0.00	0.00	0.00	0.00	0.00	0.71	0.00	0.00	0.00	0.00	0.08
江　西	0.00	0.00	0.00	0.00	0.00	0.00	0.00	0.00	0.00	0.68	0.08
吉　林	0.00	0.00	0.00	0.00	0.77	0.00	0.00	0.00	0.00	0.00	0.08

表 5-30　海洋学 C 层人才的世界占比

单位：%

省　份	2014 年	2015 年	2016 年	2017 年	2018 年	2019 年	2020 年	2021 年	2022 年	2023 年	合计
上　海	1.09	1.66	1.54	2.93	3.47	2.21	3.40	5.27	6.78	7.04	3.70
山　东	2.17	1.57	2.45	1.98	2.70	3.98	3.55	6.05	4.98	5.50	3.64
北　京	1.27	1.40	0.82	1.47	2.55	1.77	2.14	3.90	5.77	4.62	2.70
辽　宁	0.27	0.52	0.82	0.95	1.78	2.36	3.33	3.84	5.05	6.38	2.70
广　东	1.09	1.48	0.64	1.38	1.39	1.55	2.22	3.90	4.83	5.28	2.50
江　苏	0.81	0.61	0.54	2.24	1.70	2.21	2.07	2.93	4.33	4.04	2.25

续表

省　份	2014 年	2015 年	2016 年	2017 年	2018 年	2019 年	2020 年	2021 年	2022 年	2023 年	合计
浙　江	1.00	0.96	0.64	1.55	1.62	1.33	1.92	3.19	3.68	4.48	2.13
湖　北	0.18	0.70	0.36	1.29	1.47	1.18	2.14	2.93	4.47	4.92	2.09
黑龙江	0.09	0.70	0.27	0.52	1.47	1.47	2.66	2.86	2.74	3.96	1.79
福　建	0.90	0.79	0.54	0.95	1.08	0.59	0.96	1.43	1.66	1.25	1.04
天　津	0.54	0.26	0.09	0.43	0.69	0.88	0.96	1.56	1.73	1.54	0.92
四　川	0.00	0.35	0.18	0.17	0.31	0.37	0.59	0.85	2.16	1.54	0.70
陕　西	0.00	0.09	0.00	0.17	0.08	0.37	0.52	1.04	1.15	1.69	0.55
海　南	0.09	0.00	0.09	0.09	0.08	0.15	0.37	0.72	1.37	1.39	0.47
湖　南	0.18	0.00	0.00	0.00	0.39	0.15	0.37	0.98	0.43	1.17	0.40
重　庆	0.00	0.00	0.09	0.00	0.00	0.37	0.37	0.39	0.58	1.39	0.34
广　西	0.09	0.00	0.09	0.34	0.31	0.15	0.15	0.39	0.36	0.51	0.25
河　南	0.00	0.00	0.00	0.09	0.00	0.22	0.22	0.20	0.36	0.51	0.17
安　徽	0.09	0.00	0.00	0.09	0.15	0.07	0.15	0.20	0.22	0.29	0.13
吉　林	0.00	0.00	0.00	0.09	0.00	0.15	0.22	0.26	0.22	0.15	0.12
河　北	0.00	0.00	0.00	0.00	0.08	0.00	0.07	0.39	0.22	0.15	0.10
内蒙古	0.00	0.00	0.00	0.00	0.08	0.00	0.22	0.00	0.14	0.15	0.06
江　西	0.00	0.00	0.00	0.00	0.00	0.07	0.00	0.00	0.29	0.15	0.05
云　南	0.00	0.00	0.00	0.00	0.08	0.07	0.00	0.00	0.07	0.15	0.05
甘　肃	0.00	0.00	0.00	0.00	0.00	0.07	0.00	0.13	0.00	0.00	0.03
山　西	0.00	0.00	0.00	0.00	0.00	0.00	0.00	0.07	0.07	0.15	0.03
新　疆	0.00	0.00	0.00	0.00	0.00	0.00	0.07	0.00	0.14	0.07	0.03
青　海	0.00	0.00	0.00	0.00	0.00	0.00	0.15	0.00	0.00	0.00	0.02
贵　州	0.00	0.00	0.00	0.00	0.00	0.08	0.00	0.00	0.00	0.00	0.01
宁　夏	0.00	0.00	0.00	0.00	0.00	0.00	0.00	0.00	0.00	0.07	0.01

十一　环境科学

环境科学 A、B、C 层人才最多的均为北京，世界占比分别为 6.49%、6.29%、7.62%。

江苏、广东、上海、浙江、山东、湖北有相当数量的 A 层人才，世界占比在 3%～1%；四川、湖南、安徽、天津、重庆、福建、黑龙江、甘肃、河北、江西、辽宁、陕西、贵州、河南、内蒙古、山西、新疆、云南有一定数量的 A 层人才，世界占比均超过 0.1%；海南、青海 A 层人才的世界占比均为 0.07%。

江苏的 B 层人才比较多，世界占比为 3.11%；广东、上海、浙江、湖北、山东、湖南也有相当数量的 B 层人才，世界占比在 3%~1%；天津、辽宁、四川、福建、陕西、安徽、黑龙江、河南、重庆、甘肃、广西、江西、吉林、河北、云南、新疆、贵州、山西有一定数量的 B 层人才，世界占比均超过 0.1%；海南、青海、内蒙古、宁夏、西藏 B 层人才的世界占比均低于 0.1%。

江苏、广东的 C 层人才比较多，世界占比分别为 3.85%、3.37%；上海、湖北、浙江、山东、湖南、陕西、福建、天津、四川也有相当数量的 C 层人才，世界占比在 3%~1%；黑龙江、辽宁、安徽、河南、重庆、甘肃、江西、吉林、河北、广西、云南、贵州、新疆、海南、山西、内蒙古、青海有一定数量的 C 层人才，世界占比超过或等于 0.1%；宁夏、西藏 C 层人才的世界占比均为 0.04%。

表 5-31　环境科学 A 层人才的世界占比

单位：%

省　份	2014 年	2015 年	2016 年	2017 年	2018 年	2019 年	2020 年	2021 年	2022 年	2023 年	合计
北　京	0.00	6.12	7.61	1.00	4.69	6.32	7.85	10.91	5.94	6.84	6.49
江　苏	1.41	2.04	1.09	2.00	1.56	1.05	2.09	2.27	3.20	5.26	2.51
广　东	0.00	2.04	1.09	0.00	1.56	1.05	3.66	2.27	1.83	2.11	1.85
上　海	1.41	0.00	1.09	3.00	1.56	2.11	0.52	2.27	2.28	1.05	1.62
浙　江	1.41	0.00	0.00	0.00	0.00	1.57	1.36	3.20	3.16	1.48
山　东	1.41	0.00	0.00	0.00	0.78	1.05	1.57	3.18	2.28	0.53	1.40
湖　北	0.00	0.00	1.09	0.00	0.78	1.05	0.52	2.73	2.28	1.05	1.25
四　川	0.00	0.00	0.00	0.00	0.78	1.05	0.00	1.36	1.83	1.58	0.89
湖　南	0.00	0.00	0.00	0.00	0.00	2.11	0.52	1.82	0.00	2.11	0.81
安　徽	0.00	0.00	0.00	0.00	0.78	2.11	1.05	1.36	0.00	0.00	0.59
天　津	1.41	0.00	1.09	0.00	0.00	1.05	0.52	0.00	0.46	1.05	0.59
重　庆	0.00	0.00	0.00	0.00	0.78	0.00	0.00	0.91	0.91	1.05	0.52

续表

省　份	2014 年	2015 年	2016 年	2017 年	2018 年	2019 年	2020 年	2021 年	2022 年	2023 年	合计
福　建	0.00	2.04	0.00	0.00	0.78	0.00	0.00	0.91	0.46	0.53	0.44
黑龙江	1.41	0.00	1.09	0.00	0.78	0.00	0.00	0.45	0.46	0.53	0.44
甘　肃	0.00	0.00	1.09	0.00	0.00	0.00	0.00	0.91	0.00	1.05	0.37
河　北	0.00	0.00	0.00	0.00	0.00	0.00	0.00	0.91	0.91	0.53	0.37
江　西	0.00	0.00	1.09	0.00	0.00	0.00	0.52	0.91	0.00	0.53	0.37
辽　宁	0.00	0.00	0.00	0.00	0.00	0.00	0.52	1.36	0.00	0.00	0.30
陕　西	0.00	0.00	0.00	0.00	0.78	1.05	0.00	0.45	0.46	0.00	0.30
贵　州	0.00	0.00	0.00	0.00	0.00	0.00	0.00	0.45	0.00	1.05	0.22
河　南	0.00	0.00	1.09	0.00	0.00	0.00	0.00	0.00	0.00	0.53	0.15
内蒙古	0.00	0.00	0.00	0.00	0.78	0.00	0.00	0.45	0.00	0.00	0.15
山　西	0.00	2.04	0.00	0.00	0.00	0.00	0.00	0.45	0.00	0.00	0.15
新　疆	0.00	0.00	0.00	0.00	0.00	0.00	0.00	0.00	0.91	0.00	0.15
云　南	0.00	0.00	0.00	0.00	0.00	0.00	0.00	0.45	0.46	0.00	0.15
海　南	0.00	0.00	0.00	0.00	0.00	0.00	0.00	0.00	0.00	0.53	0.07
青　海	0.00	0.00	0.00	0.00	0.00	0.00	0.00	0.45	0.00	0.00	0.07

表 5-32　环境科学 B 层人才的世界占比

单位：%

省　份	2014 年	2015 年	2016 年	2017 年	2018 年	2019 年	2020 年	2021 年	2022 年	2023 年	合计
北　京	5.26	4.87	4.95	4.27	5.20	6.80	5.48	6.80	7.50	8.19	6.29
江　苏	1.39	0.79	1.69	1.69	2.08	3.05	3.32	3.02	4.52	5.24	3.11
广　东	1.39	0.66	1.57	2.13	2.52	2.71	2.16	3.22	4.27	4.16	2.83
上　海	1.24	1.18	1.81	2.36	2.78	2.08	2.62	2.67	2.88	2.59	2.40
浙　江	0.31	1.05	1.21	0.79	1.91	1.80	1.40	2.42	1.84	3.80	1.89
湖　北	0.93	1.32	0.85	1.24	1.39	2.08	1.81	1.96	2.53	1.99	1.79
山　东	1.08	0.53	0.12	0.56	0.78	0.83	1.52	1.91	2.29	2.35	1.43
湖　南	1.08	0.79	0.36	0.79	1.47	1.04	0.87	1.41	2.04	1.20	1.21
天　津	0.00	0.53	0.60	0.79	0.52	0.76	1.22	1.06	1.19	1.33	0.92
辽　宁	0.62	0.39	1.21	1.01	0.43	0.69	0.47	1.21	1.04	1.02	0.85
四　川	0.00	0.00	0.00	0.45	0.43	1.18	0.82	1.11	1.29	1.39	0.85
福　建	0.31	0.39	0.24	0.22	0.52	1.04	0.64	1.06	1.19	1.08	0.79
陕　西	0.31	0.13	0.36	0.45	0.78	0.62	0.58	0.81	1.49	1.02	0.77
安　徽	1.08	0.66	0.60	0.56	0.61	0.62	0.58	0.71	0.79	0.66	0.68

续表

省　份	2014 年	2015 年	2016 年	2017 年	2018 年	2019 年	2020 年	2021 年	2022 年	2023 年	合计
黑龙江	0.31	0.53	0.36	0.22	0.26	0.62	0.23	0.60	1.24	1.33	0.66
河　南	0.62	0.00	0.12	0.11	0.09	0.28	0.52	0.81	0.94	1.08	0.56
重　庆	0.31	0.13	0.12	0.11	0.52	0.14	0.41	0.55	0.60	1.45	0.51
甘　肃	0.15	0.00	0.00	0.22	0.52	0.35	0.29	0.40	0.70	0.30	0.35
广　西	0.00	0.13	0.12	0.00	0.17	0.35	0.29	0.20	0.55	0.96	0.34
江　西	0.15	0.00	0.00	0.00	0.00	0.21	0.35	0.25	0.40	1.27	0.34
吉　林	0.31	0.00	0.00	0.22	0.17	0.21	0.12	0.30	0.60	0.72	0.31
河　北	0.15	0.00	0.00	0.00	0.09	0.35	0.17	0.30	0.75	0.36	0.28
云　南	0.15	0.26	0.12	0.00	0.17	0.21	0.41	0.25	0.25	0.54	0.27
新　疆	0.00	0.00	0.00	0.11	0.09	0.35	0.06	0.20	0.35	0.36	0.19
贵　州	0.00	0.00	0.12	0.00	0.00	0.07	0.00	0.15	0.15	0.96	0.18
山　西	0.15	0.00	0.12	0.00	0.00	0.07	0.12	0.15	0.15	0.30	0.12
海　南	0.00	0.00	0.12	0.00	0.00	0.00	0.12	0.10	0.20	0.18	0.09
青　海	0.00	0.00	0.00	0.11	0.17	0.00	0.00	0.00	0.20	0.12	0.07
内蒙古	0.00	0.00	0.00	0.11	0.09	0.00	0.00	0.06	0.10	0.12	0.05
宁　夏	0.00	0.00	0.00	0.00	0.00	0.00	0.00	0.06	0.05	0.05	0.18	0.05
西　藏	0.00	0.00	0.00	0.00	0.00	0.00	0.00	0.05	0.05	0.00	0.02

表 5-33　环境科学 C 层人才的世界占比

单位：%

省　份	2014 年	2015 年	2016 年	2017 年	2018 年	2019 年	2020 年	2021 年	2022 年	2023 年	合计
北　京	6.01	6.20	6.72	7.02	7.73	8.15	7.75	7.53	8.36	8.26	7.62
江　苏	1.52	2.30	2.72	3.01	3.12	3.89	4.05	4.35	5.10	4.66	3.85
广　东	1.29	1.32	1.97	2.41	2.73	3.38	3.76	4.20	4.22	4.34	3.37
上　海	1.37	1.57	1.61	2.39	2.22	2.41	2.87	2.45	2.91	2.68	2.42
湖　北	0.71	0.92	1.19	1.61	1.64	2.09	2.46	2.26	2.67	2.67	2.06
浙　江	0.64	1.00	1.19	1.27	1.66	1.98	2.14	2.31	2.64	2.82	2.01
山　东	0.57	0.54	0.77	0.91	1.04	1.43	1.88	1.99	2.46	2.43	1.65
湖　南	0.41	0.51	0.77	0.96	1.36	1.24	1.18	1.44	1.62	1.51	1.23
陕　西	0.35	0.47	0.40	0.66	0.85	0.95	1.15	1.39	1.41	1.35	1.04
福　建	0.60	0.49	0.72	0.83	0.96	1.14	1.06	1.18	1.26	1.25	1.04
天　津	0.52	0.58	0.49	0.60	0.93	1.07	1.23	1.17	1.20	1.31	1.02
四　川	0.22	0.29	0.41	0.50	0.74	0.87	1.13	1.10	1.56	1.55	1.00

省　份	2014 年	2015 年	2016 年	2017 年	2018 年	2019 年	2020 年	2021 年	2022 年	2023 年	合计
黑龙江	0.36	0.29	0.29	0.49	0.77	0.70	0.96	0.97	1.20	1.19	0.84
辽　宁	0.31	0.51	0.48	0.50	0.63	0.70	0.82	0.92	0.98	1.04	0.77
安　徽	0.41	0.39	0.63	0.60	0.68	0.78	0.76	0.77	0.78	1.01	0.74
河　南	0.14	0.35	0.16	0.28	0.28	0.58	0.93	1.00	1.10	1.15	0.73
重　庆	0.20	0.22	0.35	0.57	0.46	0.74	0.73	0.69	0.90	0.97	0.67
甘　肃	0.17	0.33	0.35	0.32	0.32	0.52	0.43	0.57	0.73	0.79	0.51
江　西	0.14	0.12	0.25	0.25	0.32	0.37	0.41	0.51	0.56	0.66	0.42
吉　林	0.20	0.24	0.17	0.13	0.33	0.34	0.38	0.45	0.64	0.66	0.41
河　北	0.19	0.11	0.19	0.24	0.30	0.42	0.43	0.38	0.53	0.49	0.37
广　西	0.03	0.15	0.07	0.16	0.22	0.29	0.35	0.47	0.64	0.59	0.36
云　南	0.19	0.14	0.08	0.21	0.20	0.23	0.29	0.33	0.48	0.58	0.32
贵　州	0.11	0.11	0.20	0.16	0.24	0.19	0.32	0.34	0.34	0.54	0.29
新　疆	0.11	0.14	0.14	0.13	0.23	0.23	0.24	0.32	0.44	0.46	0.28
海　南	0.03	0.01	0.02	0.03	0.07	0.09	0.15	0.30	0.45	0.36	0.20
山　西	0.05	0.11	0.13	0.16	0.11	0.15	0.25	0.18	0.29	0.30	0.20
内蒙古	0.05	0.06	0.04	0.04	0.10	0.12	0.14	0.09	0.12	0.18	0.11
青　海	0.03	0.01	0.07	0.09	0.10	0.08	0.10	0.08	0.15	0.17	0.10
宁　夏	0.00	0.00	0.01	0.01	0.01	0.01	0.05	0.04	0.08	0.11	0.04
西　藏	0.00	0.00	0.00	0.02	0.04	0.05	0.06	0.04	0.04	0.05	0.04

十二　土壤学

　　土壤学 A、B、C 层人才最多的均为北京，世界占比分别为 11.43%、8.69%、11.47%，其中，A、C 层人才显著多于其他省份。

　　浙江 A 层人才的世界占比为 5.71%；广东、江苏的 A 层人才比较多，世界占比均为 4.29%；陕西、河北、内蒙古、辽宁、山东、西藏也有相当数量的 A 层人才，世界占比在 3%~1%。

　　江苏、陕西的 B 层人才比较多，世界占比分别为 5.36%、4.05%；浙江、广东、山东、辽宁、吉林也有相当数量的 B 层人才，世界占比在 3%~1%；黑龙江、湖南、安徽、甘肃、湖北、四川、上海、福建、河南、江西、新疆、重庆、河北、云南、广西、海南、内蒙古、山西、天津、青海有一定数量的 B 层人才，世界占比均超过 0.1%。

江苏、陕西的 C 层人才比较多，世界占比分别为 5.56%、4.38%；浙江、广东、湖北、湖南、辽宁、甘肃、四川、福建、吉林、山东也有相当数量的 C 层人才，世界占比在 3%~1%；江西、黑龙江、重庆、河南、云南、新疆、广西、贵州、河北、上海、海南、安徽、天津、山西、青海、内蒙古、宁夏、西藏有一定数量的 C 层人才，世界占比均超过 0.1%。

表 5-34 土壤学 A 层人才的世界占比

单位：%

省　份	2014 年	2015 年	2016 年	2017 年	2018 年	2019 年	2020 年	2021 年	2022 年	2023 年	合计
北　京	0.00	0.00	12.50	0.00	0.00	0.00	0.00	11.11	44.44	25.00	11.43
浙　江	0.00	0.00	0.00	0.00	0.00	0.00	0.00	11.11	33.33	0.00	5.71
广　东	0.00	0.00	12.50	14.29	0.00	0.00	0.00	0.00	11.11	0.00	4.29
江　苏	0.00	0.00	0.00	0.00	0.00	0.00	33.33	0.00	11.11	0.00	4.29
陕　西	0.00	0.00	0.00	0.00	0.00	0.00	0.00	11.11	11.11	0.00	2.86
河　北	0.00	0.00	0.00	0.00	0.00	0.00	0.00	0.00	11.11	0.00	1.43
内蒙古	0.00	0.00	0.00	0.00	0.00	0.00	0.00	0.00	11.11	0.00	1.43
辽　宁	0.00	0.00	0.00	0.00	0.00	0.00	0.00	11.11	0.00	0.00	1.43
山　东	0.00	0.00	0.00	0.00	0.00	0.00	0.00	0.00	0.00	12.50	1.43
西　藏	0.00	0.00	0.00	0.00	0.00	0.00	0.00	0.00	11.11	0.00	1.43

表 5-35 土壤学 B 层人才的世界占比

单位：%

省　份	2014 年	2015 年	2016 年	2017 年	2018 年	2019 年	2020 年	2021 年	2022 年	2023 年	合计
北　京	2.78	7.94	5.71	5.26	12.50	7.69	13.83	8.65	7.14	13.04	8.69
江　苏	4.17	3.17	5.71	5.26	7.50	2.20	5.32	3.85	4.08	11.96	5.36
陕　西	1.39	0.00	4.29	6.58	5.00	1.10	5.32	4.81	5.10	5.43	4.05
浙　江	1.39	0.00	0.00	1.32	3.75	3.30	4.26	3.85	3.06	6.52	2.98
广　东	0.00	0.00	0.00	1.32	3.75	3.30	3.19	2.88	2.04	5.43	2.38
山　东	0.00	0.00	0.00	0.00	1.25	1.10	3.19	3.85	1.02	5.43	1.67
辽　宁	0.00	0.00	0.00	1.32	2.50	1.10	1.06	1.92	3.06	2.17	1.43
吉　林	0.00	0.00	1.43	1.32	2.50	0.00	0.00	0.00	3.06	2.17	1.07

续表

省　份	2014 年	2015 年	2016 年	2017 年	2018 年	2019 年	2020 年	2021 年	2022 年	2023 年	合计
黑龙江	1.39	1.59	1.43	2.63	0.00	1.10	0.00	0.96	1.02	0.00	0.95
湖　南	0.00	0.00	0.00	1.32	0.00	1.10	3.19	0.00	1.02	2.17	0.95
安　徽	0.00	1.59	1.43	0.00	1.25	0.00	0.00	1.92	2.04	0.00	0.83
甘　肃	0.00	0.00	0.00	1.32	1.25	0.00	2.13	0.00	1.02	2.17	0.83
湖　北	0.00	0.00	0.00	0.00	1.25	1.10	1.06	1.92	1.02	1.09	0.83
四　川	1.39	0.00	0.00	0.00	0.00	0.00	2.13	2.88	1.02	0.00	0.83
上　海	0.00	0.00	0.00	1.32	3.75	0.00	0.00	0.00	0.00	2.17	0.71
福　建	0.00	0.00	0.00	0.00	2.50	0.00	1.06	0.00	2.04	0.00	0.60
河　南	0.00	0.00	0.00	0.00	1.25	2.20	1.06	0.00	1.02	0.00	0.60
江　西	0.00	1.59	0.00	1.32	0.00	0.00	1.06	0.96	1.02	0.00	0.60
新　疆	0.00	0.00	0.00	0.00	1.25	2.20	1.06	0.00	1.02	0.00	0.60
重　庆	0.00	0.00	0.00	0.00	1.25	0.00	1.06	0.00	1.02	1.09	0.48
河　北	0.00	0.00	0.00	0.00	0.00	0.00	1.06	0.00	1.02	2.17	0.48
云　南	0.00	0.00	1.43	0.00	0.00	0.00	1.06	0.96	0.00	1.09	0.48
广　西	0.00	0.00	0.00	0.00	0.00	1.10	0.00	0.00	0.00	1.09	0.24
海　南	0.00	0.00	0.00	2.63	0.00	0.00	0.00	0.00	0.00	0.00	0.24
内蒙古	0.00	0.00	0.00	1.32	0.00	0.00	0.00	0.00	0.00	1.09	0.24
山　西	0.00	0.00	0.00	0.00	1.25	0.00	0.00	0.00	0.00	1.09	0.24
天　津	0.00	0.00	0.00	1.32	0.00	0.00	0.00	0.00	1.02	0.00	0.24
青　海	0.00	0.00	0.00	0.00	0.00	0.00	0.00	0.96	0.00	1.09	0.12

表 5-36　土壤学 C 层人才的世界占比

单位：%

省　份	2014 年	2015 年	2016 年	2017 年	2018 年	2019 年	2020 年	2021 年	2022 年	2023 年	合计
北　京	8.71	8.55	8.86	10.47	10.70	12.03	13.74	12.73	13.30	13.03	11.47
江　苏	5.02	6.77	4.09	6.18	5.17	5.33	5.64	6.17	5.24	5.88	5.56
陕　西	1.77	2.74	3.13	4.04	4.67	5.68	4.26	5.51	5.13	5.31	4.38
浙　江	1.48	2.42	1.09	1.39	1.60	2.61	2.13	3.61	3.77	4.96	2.60
广　东	1.33	0.81	1.36	1.77	1.72	2.27	2.88	3.23	3.14	3.46	2.32
湖　北	0.89	0.65	1.36	1.64	2.21	2.84	3.41	3.23	2.30	3.11	2.29
湖　南	1.18	1.61	0.82	2.02	2.34	2.72	1.70	2.56	1.68	1.15	1.82
辽　宁	1.48	1.45	0.68	1.89	0.86	1.93	1.81	2.18	2.30	2.08	1.72
甘　肃	0.44	0.97	0.68	1.89	0.98	1.48	1.49	2.18	2.20	2.65	1.57

续表

省 份	2014 年	2015 年	2016 年	2017 年	2018 年	2019 年	2020 年	2021 年	2022 年	2023 年	合计
四 川	0.89	0.48	0.95	0.88	0.98	0.68	1.06	1.99	1.68	2.77	1.30
福 建	0.89	0.65	0.14	0.76	1.60	1.14	1.92	1.61	1.78	1.61	1.27
吉 林	0.59	0.81	0.54	0.50	1.11	0.91	1.28	2.18	1.36	1.73	1.16
山 东	0.89	0.65	0.68	1.01	0.62	1.14	1.60	1.33	1.57	1.73	1.16
江 西	0.89	0.65	0.41	0.25	0.62	0.91	0.96	1.14	1.78	1.50	0.95
黑龙江	0.30	0.32	0.68	1.13	0.86	0.91	0.96	1.33	1.15	1.27	0.94
重 庆	0.15	0.81	0.14	0.38	0.98	0.91	0.53	1.23	0.94	1.85	0.83
河 南	0.44	0.32	0.54	0.25	1.23	0.57	1.17	0.95	0.84	1.61	0.83
云 南	0.15	0.16	0.27	0.38	0.49	1.25	0.96	0.57	1.57	1.96	0.83
新 疆	0.44	0.81	0.14	0.50	0.37	0.68	1.06	0.85	1.36	1.15	0.77
广 西	0.30	0.16	0.14	0.63	0.62	0.57	0.64	0.66	0.63	1.61	0.62
贵 州	0.15	0.00	0.14	0.25	0.74	0.91	0.53	0.95	1.05	1.04	0.62
河 北	0.15	0.00	0.14	0.63	0.86	0.57	0.85	0.66	0.73	0.69	0.56
上 海	0.44	0.32	0.00	0.63	0.62	0.34	0.75	1.04	0.73	0.23	0.54
海 南	0.44	0.97	0.14	0.13	0.12	0.11	0.53	0.57	0.94	1.27	0.52
安 徽	0.15	0.32	0.00	0.50	0.49	0.45	1.06	0.47	0.31	0.81	0.48
天 津	0.59	0.32	0.14	0.25	0.12	0.23	0.32	0.66	0.31	0.81	0.38
山 西	0.30	0.16	0.14	0.25	0.49	0.11	0.43	0.19	0.84	0.46	0.34
青 海	0.15	0.16	0.27	0.25	0.00	0.11	0.64	0.57	0.63	0.23	0.32
内蒙古	0.00	0.32	0.14	0.00	0.37	0.00	0.53	0.66	0.52	0.35	0.31
宁 夏	0.15	0.00	0.00	0.00	0.37	0.34	0.21	0.28	0.10	0.81	0.24
西 藏	0.15	0.00	0.00	0.13	0.00	0.23	0.21	0.19	0.21	0.00	0.12

十三　水资源

水资源 A 层人才最多的是广东，世界占比为 4.78%；北京、湖南的 A
层人才比较多，世界占比分别为 4.10%、3.07%；上海、湖北、江苏、陕
西、江西、四川、天津、浙江也有相当数量的 A 层人才，世界占比在 3%～
1%；广西、黑龙江、辽宁、山东、安徽、重庆、福建、甘肃、河南、青海、
山西有一定数量的 A 层人才，世界占比均超过 0.3%。

B 层人才最多的是北京，世界占比为 6.23%；广东、江苏的 B 层人才比

较多，世界占比分别为3.64%、3.44%；上海、陕西、湖北、山东、湖南、黑龙江、浙江也有相当数量的B层人才，世界占比在3%～1%；四川、天津、重庆、安徽、福建、河南、吉林、辽宁、甘肃、河北、江西、云南、新疆、贵州、广西、山西有一定数量的B层人才，世界占比超过或等于0.1%；青海、海南、内蒙古B层人才的世界占比均低于0.1%。

C层人才最多的是北京，世界占比为7.17%；江苏的C层人才比较多，世界占比为3.67%；广东、湖北、陕西、上海、山东、浙江、天津也有相当数量的C层人才，世界占比在3%～1%；四川、黑龙江、湖南、辽宁、甘肃、河南、福建、重庆、安徽、河北、吉林、江西、新疆、云南、广西、贵州、内蒙古、青海、山西有一定数量的C层人才，世界占比均超过0.1%；海南、宁夏、西藏C层人才的世界占比均低于0.1%。

表5-37　水资源A层人才的世界占比

单位：%

省 份	2014年	2015年	2016年	2017年	2018年	2019年	2020年	2021年	2022年	2023年	合计
广 东	0.00	0.00	0.00	3.70	10.00	0.00	5.71	5.26	2.56	15.15	4.78
北 京	0.00	4.00	0.00	0.00	3.33	0.00	2.86	7.89	7.69	9.09	4.10
湖 南	0.00	4.00	0.00	0.00	3.33	0.00	2.86	5.26	5.13	6.06	3.07
上 海	0.00	0.00	0.00	0.00	3.33	5.88	5.71	2.63	2.56	0.00	2.05
湖 北	0.00	0.00	0.00	0.00	0.00	0.00	5.71	2.63	2.56	3.03	1.71
江 苏	0.00	0.00	3.57	0.00	3.33	5.88	0.00	2.63	2.56	0.00	1.71
陕 西	0.00	0.00	0.00	3.70	0.00	0.00	2.86	0.00	2.56	3.03	1.37
江 西	0.00	0.00	0.00	3.70	0.00	0.00	2.86	0.00	0.00	3.03	1.02
四 川	0.00	0.00	0.00	3.70	0.00	0.00	0.00	0.00	2.56	3.03	1.02
天 津	0.00	0.00	0.00	0.00	0.00	0.00	2.86	2.63	0.00	3.03	1.02
浙 江	0.00	0.00	0.00	0.00	0.00	0.00	0.00	2.63	0.00	3.03	1.02
广 西	0.00	0.00	0.00	0.00	0.00	0.00	2.86	0.00	3.03	0.00	0.68
黑龙江	0.00	0.00	0.00	0.00	0.00	0.00	0.00	0.00	0.00	6.06	0.68
辽 宁	0.00	0.00	0.00	0.00	0.00	0.00	0.00	0.00	0.00	6.06	0.68
山 东	0.00	0.00	0.00	0.00	0.00	0.00	0.00	0.00	2.56	3.03	0.68
安 徽	0.00	0.00	0.00	0.00	0.00	0.00	0.00	2.63	0.00	0.00	0.34
重 庆	0.00	0.00	0.00	0.00	0.00	0.00	0.00	2.63	0.00	0.00	0.34

续表

省份	2014 年	2015 年	2016 年	2017 年	2018 年	2019 年	2020 年	2021 年	2022 年	2023 年	合计
福建	0.00	0.00	0.00	0.00	0.00	0.00	2.86	0.00	0.00	0.00	0.34
甘肃	0.00	0.00	0.00	0.00	0.00	0.00	0.00	2.63	0.00	0.00	0.34
河南	0.00	0.00	0.00	0.00	0.00	0.00	0.00	0.00	2.56	0.00	0.34
青海	0.00	0.00	0.00	0.00	0.00	0.00	2.86	0.00	0.00	0.00	0.34
山西	0.00	0.00	0.00	0.00	0.00	0.00	0.00	0.00	0.00	3.03	0.34

表 5-38　水资源 B 层人才的世界占比

单位：%

省份	2014 年	2015 年	2016 年	2017 年	2018 年	2019 年	2020 年	2021 年	2022 年	2023 年	合计
北京	4.81	6.94	3.53	6.64	4.44	5.28	6.76	8.06	8.52	5.92	6.23
广东	2.88	2.04	2.12	1.95	1.85	2.64	3.53	5.83	5.68	5.92	3.64
江苏	1.44	2.04	1.06	1.56	3.70	1.98	5.29	5.00	7.10	2.80	3.44
上海	0.00	1.63	1.41	2.34	2.96	1.98	2.65	3.06	5.68	4.67	2.83
陕西	1.44	1.22	1.41	2.73	2.22	2.64	4.12	2.50	3.13	1.56	2.38
湖北	0.00	0.82	1.41	0.00	2.96	1.98	2.65	1.67	2.56	2.49	1.77
山东	0.48	0.82	0.00	0.39	1.11	0.99	0.29	1.39	4.83	4.05	1.57
湖南	0.96	0.41	1.41	0.00	1.48	0.66	2.06	1.67	1.70	2.80	1.40
黑龙江	0.00	0.82	1.06	1.17	1.11	1.32	1.18	1.94	1.70	1.56	1.26
浙江	0.48	0.82	0.71	0.00	0.74	0.66	1.47	1.39	1.42	2.80	1.12
四川	0.00	0.00	0.35	0.78	0.74	0.99	0.59	1.11	3.41	0.62	0.95
天津	0.00	0.82	0.71	0.00	1.11	0.66	1.18	1.39	1.42	1.56	0.95
重庆	0.48	0.00	0.00	0.39	0.74	0.99	0.29	0.56	1.70	0.93	0.65
安徽	0.48	0.00	0.35	0.78	0.37	0.33	0.29	0.56	1.70	0.62	0.58
福建	0.00	0.00	0.00	0.39	1.11	0.33	0.88	0.83	0.85	0.31	0.51
河南	0.00	0.41	0.00	0.00	0.37	0.33	0.29	0.56	1.14	1.25	0.48
吉林	0.00	0.00	0.00	0.00	0.37	0.00	0.88	0.28	1.42	1.25	0.48
辽宁	0.48	0.00	0.35	0.39	0.37	0.00	0.59	0.56	1.42	0.31	0.48
甘肃	0.96	0.00	0.00	0.00	0.37	0.00	0.29	0.28	1.14	0.62	0.37
河北	0.00	0.00	0.00	0.00	0.37	0.33	0.88	0.56	0.85	0.31	0.37
江西	0.00	0.82	0.35	0.00	0.00	0.33	0.29	0.28	0.57	0.31	0.31
云南	0.00	0.00	0.00	0.00	0.00	0.00	0.88	0.28	0.85	0.62	0.31
新疆	0.00	0.00	0.00	0.39	0.00	0.00	0.29	0.28	0.57	0.62	0.24
贵州	0.00	0.00	0.00	0.00	0.00	0.33	0.00	0.00	0.57	0.62	0.17

续表

省　份	2014年	2015年	2016年	2017年	2018年	2019年	2020年	2021年	2022年	2023年	合计
广　西	0.00	0.00	0.00	0.39	0.00	0.00	0.29	0.00	0.28	0.31	0.14
山　西	0.00	0.00	0.35	0.00	0.37	0.00	0.29	0.00	0.00	0.00	0.10
青　海	0.00	0.00	0.00	0.39	0.00	0.00	0.00	0.00	0.28	0.00	0.07
海　南	0.00	0.00	0.00	0.00	0.37	0.00	0.00	0.00	0.00	0.00	0.03
内蒙古	0.00	0.00	0.00	0.00	0.37	0.00	0.00	0.00	0.00	0.00	0.03

表 5-39　水资源 C 层人才的世界占比

单位：%

省　份	2014年	2015年	2016年	2017年	2018年	2019年	2020年	2021年	2022年	2023年	合计
北　京	4.53	5.15	6.17	6.01	6.01	7.79	6.78	8.07	9.73	9.43	7.17
江　苏	1.75	2.31	2.75	2.55	3.24	3.62	3.81	4.91	4.68	5.47	3.67
广　东	0.88	0.95	1.25	1.77	2.02	2.79	3.00	3.90	4.65	4.05	2.70
湖　北	1.36	1.20	1.46	1.37	1.67	1.96	2.41	3.39	3.28	3.11	2.23
陕　西	0.88	1.15	1.61	1.34	1.94	2.03	2.20	3.08	3.52	2.33	2.12
上　海	1.46	1.24	1.25	1.69	1.37	1.76	2.05	2.43	3.07	2.85	1.99
山　东	0.34	0.37	0.64	0.59	1.18	1.14	1.07	1.52	2.06	2.75	1.24
浙　江	0.54	0.45	0.89	0.55	0.80	0.76	1.37	1.41	1.94	2.62	1.21
天　津	0.49	0.66	0.46	0.67	0.65	1.03	1.13	0.99	2.18	1.65	1.05
四　川	0.39	0.37	0.39	0.47	0.61	0.79	1.04	1.41	1.40	1.72	0.92
黑龙江	0.63	0.41	0.39	0.71	0.91	0.96	1.07	1.10	1.28	1.30	0.91
湖　南	0.19	0.41	0.36	0.47	0.76	0.93	0.98	0.76	1.31	1.49	0.81
辽　宁	0.49	0.41	0.39	0.27	0.84	0.83	0.51	0.96	1.01	1.52	0.75
甘　肃	0.39	0.54	0.54	0.39	0.23	0.59	0.51	0.79	1.34	0.97	0.66
河　南	0.19	0.25	0.29	0.24	0.23	0.52	0.80	0.96	1.01	1.59	0.66
福　建	0.39	0.21	0.29	0.27	0.42	0.52	0.48	0.85	1.34	1.00	0.61
重　庆	0.24	0.08	0.21	0.35	0.34	0.62	0.51	0.76	1.01	1.17	0.57
安　徽	0.19	0.45	0.64	0.47	0.34	0.76	0.59	0.34	0.63	0.91	0.55
河　北	0.19	0.33	0.32	0.24	0.53	0.65	0.59	0.42	0.51	0.52	0.45
吉　林	0.29	0.16	0.14	0.20	0.30	0.55	0.39	0.73	0.69	0.68	0.44
江　西	0.19	0.25	0.25	0.20	0.27	0.41	0.21	0.71	0.75	0.55	0.40
新　疆	0.10	0.29	0.11	0.31	0.30	0.31	0.36	0.51	0.60	0.58	0.37
云　南	0.05	0.12	0.07	0.08	0.11	0.41	0.33	0.17	0.42	0.65	0.26
广　西	0.05	0.12	0.21	0.12	0.23	0.17	0.30	0.17	0.39	0.36	0.22

续表

省　份	2014 年	2015 年	2016 年	2017 年	2018 年	2019 年	2020 年	2021 年	2022 年	2023年	合计
贵　州	0.05	0.16	0.04	0.08	0.19	0.21	0.21	0.28	0.33	0.39	0.21
内蒙古	0.05	0.08	0.11	0.08	0.08	0.14	0.18	0.17	0.30	0.42	0.17
青　海	0.10	0.00	0.18	0.12	0.15	0.17	0.21	0.23	0.30	0.13	0.17
山　西	0.10	0.04	0.14	0.12	0.23	0.03	0.12	0.11	0.24	0.19	0.14
海　南	0.00	0.00	0.04	0.00	0.00	0.00	0.00	0.14	0.24	0.32	0.08
宁　夏	0.00	0.00	0.07	0.00	0.04	0.07	0.06	0.08	0.12	0.19	0.07
西　藏	0.00	0.00	0.00	0.04	0.00	0.00	0.03	0.00	0.03	0.13	0.02

十四　环境研究

环境研究 A、B、C 层人才最多的均为北京，世界占比分别为 3.59%、4.87%、4.03%。

上海、浙江、广东、湖北、山东、安徽、湖南、江苏有相当数量的 A 层人才，世界占比在 3%~1%；海南、辽宁、福建、甘肃、河南、陕西、山西、四川、天津、云南有一定数量的 A 层人才，世界占比超过或等于 0.3%。

江苏、上海、广东、山东、浙江有相当数量的 B 层人才，世界占比在 2%~1%；湖北、四川、福建、湖南、辽宁、安徽、江西、陕西、天津、新疆、重庆、贵州、河南、海南、吉林、甘肃、广西、黑龙江有一定数量的 B 层人才，世界占比均超过 0.1%；山西、河北、宁夏、青海、云南、内蒙古、西藏 B 层人才的世界占比均低于 0.1%。

江苏、广东、上海、湖北、浙江有相当数量的 C 层人才，世界占比在 3%~1%；山东、四川、福建、湖南、天津、辽宁、重庆、安徽、河南、陕西、江西、黑龙江、云南、河北、甘肃、广西、吉林、新疆、海南、贵州、山西有一定数量的 C 层人才，世界占比超过或等于 0.1%；内蒙古、宁夏、青海、西藏 C 层人才的世界占比均低于 0.1%。

表 5-40　环境研究 A 层人才的世界占比

单位：%

省　份	2014 年	2015 年	2016 年	2017 年	2018 年	2019 年	2020 年	2021 年	2022 年	2023 年	合计
北　京	0.00	8.33	12.50	0.00	0.00	2.63	2.50	3.92	8.77	0.00	3.59
上　海	0.00	0.00	0.00	4.17	0.00	0.00	0.00	3.92	7.02	1.85	2.40
浙　江	0.00	0.00	0.00	0.00	0.00	0.00	0.00	0.00	12.28	0.00	2.10
广　东	0.00	0.00	0.00	0.00	0.00	2.63	0.00	1.96	5.26	1.85	1.80
湖　北	0.00	0.00	0.00	0.00	0.00	2.63	0.00	1.96	7.02	0.00	1.80
山　东	0.00	0.00	0.00	0.00	0.00	0.00	2.50	1.96	3.51	1.85	1.50
安　徽	0.00	0.00	0.00	0.00	0.00	0.00	0.00	1.96	3.51	1.85	1.20
湖　南	0.00	0.00	0.00	0.00	0.00	0.00	0.00	1.96	5.26	0.00	1.20
江　苏	0.00	0.00	0.00	0.00	0.00	0.00	2.50	3.92	1.75	0.00	1.20
海　南	0.00	0.00	0.00	0.00	0.00	0.00	0.00	0.00	3.51	0.00	0.60
辽　宁	0.00	0.00	0.00	0.00	0.00	0.00	0.00	0.00	3.51	0.00	0.60
福　建	0.00	0.00	0.00	0.00	0.00	0.00	0.00	0.00	1.75	0.00	0.30
甘　肃	0.00	0.00	6.25	0.00	0.00	0.00	0.00	0.00	0.00	0.00	0.30
河　南	0.00	0.00	6.25	0.00	0.00	0.00	0.00	0.00	0.00	0.00	0.30
陕　西	0.00	0.00	0.00	0.00	0.00	0.00	0.00	0.00	0.00	1.85	0.30
山　西	0.00	8.33	0.00	0.00	0.00	0.00	0.00	0.00	0.00	0.00	0.30
四　川	0.00	0.00	0.00	0.00	0.00	0.00	0.00	1.96	0.00	0.00	0.30
天　津	0.00	0.00	0.00	0.00	0.00	0.00	0.00	0.00	1.75	0.00	0.30
云　南	0.00	0.00	0.00	0.00	0.00	0.00	2.50	0.00	0.00	0.00	0.30

表 5-41　环境研究 B 层人才的世界占比

单位：%

省　份	2014 年	2015 年	2016 年	2017 年	2018 年	2019 年	2020 年	2021 年	2022 年	2023 年	合计
北　京	3.43	3.91	2.58	2.98	4.45	3.71	4.29	7.31	7.02	4.55	4.87
江　苏	0.00	1.12	0.52	1.28	0.00	2.00	0.51	1.72	3.90	4.34	1.95
上　海	0.00	0.00	0.52	1.28	2.05	0.57	1.52	2.15	0.97	2.89	1.43
广　东	0.57	0.00	0.00	1.28	1.03	2.00	0.76	1.94	1.56	2.48	1.40
山　东	0.57	1.12	0.00	0.43	0.68	0.86	1.01	2.37	2.14	2.07	1.37
浙　江	0.00	0.00	0.52	0.00	0.68	0.86	0.25	0.65	1.95	3.10	1.07
湖　北	0.00	0.00	0.00	0.43	1.03	1.14	0.51	0.86	0.78	2.48	0.91
四　川	0.00	0.56	0.00	0.00	0.68	0.57	0.76	0.43	1.75	2.27	0.91
福　建	0.00	0.00	0.00	0.00	0.00	1.14	0.51	1.08	2.14	0.83	0.79

续表

省　份	2014 年	2015 年	2016 年	2017 年	2018 年	2019 年	2020 年	2021 年	2022 年	2023 年	合计
湖　南	0.00	0.00	0.00	0.85	0.68	1.14	0.25	0.65	0.58	1.24	0.64
辽　宁	0.00	0.00	0.00	0.43	0.00	0.57	0.00	1.29	1.17	1.03	0.61
安　徽	0.57	0.00	0.00	0.00	0.00	0.57	0.00	0.65	0.97	1.24	0.52
江　西	0.00	0.00	0.00	0.00	0.34	0.00	0.25	0.00	1.56	1.45	0.52
陕　西	0.00	0.00	0.00	0.00	0.34	0.00	0.51	0.22	1.17	1.45	0.52
天　津	0.00	0.00	0.00	0.00	0.00	0.00	0.25	1.29	0.78	1.24	0.52
新　疆	0.00	0.00	0.00	0.00	0.00	0.57	0.51	0.43	0.39	1.03	0.40
重　庆	0.00	0.00	0.00	0.00	0.00	0.29	0.00	0.43	0.39	1.45	0.37
贵　州	0.00	0.00	0.00	0.00	0.00	0.00	0.00	0.00	0.39	1.24	0.24
河　南	0.00	0.00	0.00	0.00	0.00	0.00	0.25	0.43	0.58	0.41	0.24
海　南	0.00	0.00	0.00	0.00	0.00	0.00	0.00	0.43	0.19	0.83	0.21
吉　林	0.00	0.56	0.00	0.00	0.00	0.00	0.25	0.00	0.78	0.21	0.21
甘　肃	0.00	0.00	0.00	0.43	0.34	0.29	0.00	0.22	0.00	0.41	0.18
广　西	0.00	0.00	0.00	0.00	0.00	0.29	0.00	0.22	0.78	0.00	0.18
黑龙江	0.00	0.56	0.52	0.00	0.00	0.00	0.00	0.22	0.19	0.00	0.12
山　西	0.00	0.00	0.00	0.00	0.00	0.00	0.00	0.00	0.19	0.41	0.09
河　北	0.00	0.00	0.00	0.00	0.00	0.00	0.25	0.00	0.19	0.00	0.06
宁　夏	0.00	0.00	0.00	0.00	0.00	0.00	0.00	0.22	0.00	0.21	0.06
青　海	0.00	0.00	0.00	0.00	0.00	0.00	0.00	0.00	0.19	0.21	0.06
云　南	0.00	0.56	0.00	0.00	0.00	0.00	0.00	0.00	0.19	0.00	0.06
内蒙古	0.00	0.00	0.00	0.00	0.00	0.00	0.00	0.00	0.00	0.21	0.03
西　藏	0.00	0.00	0.00	0.00	0.00	0.00	0.00	0.00	0.00	0.21	0.03

表 5-42　环境研究 C 层人才的世界占比

单位：%

省　份	2014 年	2015 年	2016 年	2017 年	2018 年	2019 年	2020 年	2021 年	2022 年	2023 年	合计
北　京	3.63	3.18	3.00	3.61	4.24	3.68	3.93	4.31	4.56	4.49	4.03
江　苏	0.61	1.00	1.05	1.20	1.22	1.94	1.70	2.46	3.29	2.91	2.05
广　东	0.36	0.88	1.10	1.03	1.35	1.62	1.75	1.73	2.22	2.12	1.62
上　海	0.61	0.71	1.05	1.24	1.08	1.45	1.24	1.42	1.68	2.04	1.39
湖　北	0.30	0.41	0.53	0.60	0.90	1.07	1.65	1.79	2.16	1.87	1.38
浙　江	0.61	0.77	0.47	0.94	0.56	0.90	0.91	0.95	1.59	2.20	1.13
山　东	0.24	0.18	0.05	0.69	0.66	0.55	0.84	1.14	1.47	1.93	0.97

续表

省　份	2014 年	2015 年	2016 年	2017 年	2018 年	2019 年	2020 年	2021 年	2022 年	2023 年	合计
四　川	0.06	0.12	0.32	0.39	0.42	1.10	0.81	0.56	1.17	1.21	0.75
福　建	0.61	0.12	0.63	0.39	0.56	0.75	0.61	0.71	0.81	1.27	0.72
湖　南	0.12	0.12	0.26	0.17	0.31	0.38	0.35	0.58	0.87	0.73	0.48
天　津	0.12	0.24	0.05	0.17	0.35	0.26	0.41	0.41	0.67	0.91	0.44
辽　宁	0.12	0.35	0.16	0.21	0.31	0.38	0.41	0.45	0.65	0.66	0.43
重　庆	0.12	0.06	0.32	0.30	0.14	0.29	0.33	0.45	0.75	0.77	0.43
安　徽	0.06	0.18	0.32	0.13	0.17	0.29	0.41	0.41	0.57	0.85	0.41
河　南	0.00	0.00	0.11	0.09	0.17	0.15	0.25	0.45	0.67	0.89	0.38
陕　西	0.24	0.12	0.21	0.26	0.17	0.32	0.20	0.45	0.65	0.50	0.36
江　西	0.18	0.00	0.11	0.17	0.21	0.20	0.15	0.24	0.42	0.44	0.25
黑龙江	0.06	0.00	0.11	0.09	0.21	0.09	0.33	0.17	0.18	0.42	0.20
云　南	0.06	0.18	0.11	0.09	0.10	0.29	0.13	0.24	0.24	0.27	0.19
河　北	0.00	0.06	0.05	0.04	0.10	0.12	0.20	0.24	0.26	0.39	0.19
甘　肃	0.12	0.00	0.11	0.09	0.14	0.12	0.13	0.24	0.34	0.27	0.19
广　西	0.00	0.00	0.11	0.00	0.03	0.09	0.18	0.15	0.36	0.42	0.18
吉　林	0.06	0.06	0.11	0.00	0.07	0.20	0.10	0.24	0.34	0.25	0.18
新　疆	0.06	0.00	0.05	0.09	0.00	0.03	0.05	0.09	0.18	0.48	0.13
海　南	0.00	0.00	0.00	0.04	0.03	0.06	0.15	0.04	0.14	0.39	0.12
贵　州	0.00	0.00	0.05	0.00	0.03	0.03	0.03	0.13	0.26	0.23	0.11
山　西	0.00	0.00	0.11	0.04	0.03	0.03	0.20	0.04	0.16	0.19	0.10
内蒙古	0.06	0.00	0.05	0.00	0.10	0.09	0.03	0.06	0.02	0.10	0.06
宁　夏	0.00	0.00	0.00	0.00	0.00	0.00	0.00	0.02	0.00	0.10	0.02
青　海	0.06	0.00	0.00	0.00	0.00	0.03	0.00	0.00	0.04	0.02	0.02
西　藏	0.00	0.00	0.00	0.00	0.00	0.00	0.00	0.02	0.00	0.02	0.01

十五　多学科地球科学

多学科地球科学 A、B、C 层人才最多的均为北京，世界占比分别为
7.02%、6.66%、8.97%，均显著高于其他省份。

广东、江苏、陕西、上海有相当数量的 A 层人才，世界占比在 3% ~
1%；湖北、重庆、山东、浙江、福建、河北、江西、四川、安徽、甘肃、

贵州、河南、内蒙古、青海、天津有一定数量的 A 层人才，世界占比均超过 0.1%。

湖北、江苏、广东、陕西、上海有相当数量的 B 层人才，世界占比在 3%~1%；山东、四川、甘肃、重庆、湖南、浙江、江西、吉林、福建、河北、河南、辽宁、安徽、黑龙江、天津、新疆、广西、云南、贵州有一定数量的 B 层人才，世界占比均超过 0.1%；海南、青海、山西、西藏、内蒙古 B 层人才的世界占比均低于 0.1%。

湖北、江苏的 C 层人才比较多，世界占比分别为 3.47%、3.43%；广东、陕西、四川、山东、上海、甘肃也有相当数量的 C 层人才，世界占比在 3%~1%；浙江、湖南、辽宁、重庆、河南、安徽、新疆、吉林、天津、福建、河北、云南、江西、黑龙江、广西、贵州、山西、海南、青海、内蒙古有一定数量的 C 层人才，世界占比均超过 0.1%；西藏、宁夏 C 层人才的世界占比均低于 0.1%。

表 5-43　多学科地球科学 A 层人才的世界占比

单位：%

省　份	2014 年	2015 年	2016 年	2017 年	2018 年	2019 年	2020 年	2021 年	2022 年	2023 年	合计
北　京	2.33	9.09	6.00	4.65	8.51	3.33	8.96	10.53	9.84	6.06	7.02
广　东	0.00	3.03	0.00	2.33	4.26	0.00	1.49	1.75	4.92	4.55	2.28
江　苏	0.00	0.00	2.00	2.33	0.00	5.00	2.99	0.00	3.28	1.52	1.90
陕　西	0.00	0.00	6.00	4.65	2.13	1.67	1.49	1.75	1.64	0.00	1.90
上　海	0.00	6.06	2.00	0.00	0.00	0.00	1.49	1.75	1.64	0.00	1.14
湖　北	0.00	0.00	0.00	2.33	0.00	1.67	0.00	1.75	1.64	0.00	0.76
重　庆	0.00	0.00	0.00	0.00	0.00	0.00	0.00	1.75	0.00	3.03	0.57
山　东	0.00	0.00	0.00	0.00	4.26	0.00	0.00	0.00	1.52	0.57
浙　江	0.00	0.00	6.06	0.00	0.00	0.00	0.00	0.00	0.00	1.52	0.57
福　建	0.00	0.00	0.00	0.00	0.00	0.00	0.00	1.75	0.00	1.52	0.38
河　北	0.00	0.00	0.00	0.00	2.13	1.67	0.00	0.00	0.00	0.00	0.38
江　西	0.00	0.00	0.00	2.33	0.00	0.00	0.00	0.00	0.00	1.52	0.38
四　川	0.00	0.00	0.00	0.00	0.00	1.67	0.00	1.75	0.00	0.00	0.38
安　徽	0.00	0.00	0.00	0.00	0.00	1.67	0.00	0.00	0.00	0.00	0.19
甘　肃	0.00	0.00	0.00	0.00	0.00	0.00	1.49	0.00	0.00	0.00	0.19

续表

省　份	2014 年	2015 年	2016 年	2017 年	2018 年	2019 年	2020 年	2021 年	2022 年	2023 年	合计
贵　州	0.00	0.00	0.00	0.00	0.00	1.67	0.00	0.00	0.00	0.00	0.19
河　南	0.00	0.00	0.00	0.00	0.00	0.00	1.49	0.00	0.00	0.00	0.19
内蒙古	0.00	0.00	0.00	0.00	0.00	0.00	0.00	1.75	0.00	0.00	0.19
青　海	0.00	0.00	0.00	0.00	0.00	0.00	0.00	1.75	0.00	0.00	0.19
天　津	0.00	0.00	0.00	0.00	0.00	1.67	0.00	0.00	0.00	0.00	0.19

表 5-11　多学科地球科学 B 层人才的世界占比

单位：%

省　份	2014 年	2015 年	2016 年	2017 年	2018 年	2019 年	2020 年	2021 年	2022 年	2023 年	合计
北　京	6.96	4.36	3.77	5.34	5.23	6.06	6.01	7.28	10.27	9.42	6.66
湖　北	0.77	1.09	0.89	1.62	2.71	3.12	3.64	2.88	4.11	5.14	2.79
江　苏	0.52	1.31	1.11	2.78	1.74	2.39	3.48	2.12	3.79	3.77	2.43
广　东	0.52	0.44	0.22	0.23	1.36	0.92	0.79	2.73	2.05	3.77	1.43
陕　西	0.77	0.87	0.22	0.93	1.74	0.92	0.63	1.21	1.58	1.37	1.06
上　海	0.52	0.22	0.89	0.46	1.74	0.92	0.32	1.52	1.58	1.37	1.00
山　东	0.52	0.00	0.00	0.23	0.58	0.73	0.63	1.06	1.74	3.08	0.94
四　川	0.26	0.22	0.00	0.46	0.97	1.65	0.47	1.21	2.53	0.86	0.94
甘　肃	0.26	1.53	0.22	0.46	0.97	0.92	0.47	1.37	0.95	1.20	0.87
重　庆	0.26	0.22	0.00	0.00	0.39	0.55	0.47	0.61	0.79	2.74	0.66
湖　南	0.52	0.44	0.22	0.46	0.19	0.92	0.32	0.30	0.63	1.54	0.57
浙　江	0.00	0.65	0.44	0.00	0.19	0.00	0.16	1.37	1.11	1.03	0.55
江　西	0.00	0.65	0.22	0.00	0.00	0.18	0.63	0.15	0.79	0.86	0.38
吉　林	0.00	0.00	0.00	0.23	0.58	0.18	0.47	0.30	0.95	0.34	0.34
福　建	0.26	0.44	0.22	0.23	0.00	0.18	0.47	0.30	0.63	0.34	0.32
河　北	0.00	0.44	0.22	0.00	0.00	0.18	0.16	0.46	0.79	0.68	0.32
河　南	0.26	0.00	0.22	0.46	0.00	0.55	0.00	0.15	0.79	0.51	0.30
辽　宁	0.00	0.22	0.22	0.00	0.00	0.00	0.00	0.46	1.11	0.68	0.30
安　徽	0.26	0.00	0.22	0.23	0.19	0.18	0.00	0.46	0.63	0.51	0.28
黑龙江	0.00	0.00	0.00	0.00	0.00	0.55	0.00	0.46	0.47	0.51	0.23
天　津	0.00	0.00	0.00	0.23	0.19	0.00	0.00	0.61	0.47	0.51	0.23
新　疆	0.52	0.00	0.00	0.00	0.39	0.18	0.00	0.00	0.63	0.34	0.21
广　西	0.26	0.00	0.00	0.46	0.00	0.18	0.16	0.15	0.47	0.17	0.19
云　南	0.26	0.00	0.22	0.00	0.00	0.55	0.16	0.15	0.16	0.34	0.19

省　份	2014 年	2015 年	2016 年	2017 年	2018 年	2019 年	2020 年	2021 年	2022 年	2023 年	合计
贵　州	0.00	0.00	0.00	0.23	0.00	0.18	0.16	0.30	0.47	0.17	0.17
海　南	0.00	0.00	0.00	0.23	0.00	0.00	0.00	0.00	0.16	0.51	0.09
青　海	0.00	0.22	0.00	0.00	0.00	0.00	0.16	0.15	0.16	0.17	0.09
山　西	0.00	0.00	0.00	0.23	0.19	0.00	0.16	0.15	0.00	0.00	0.08
西　藏	0.00	0.00	0.00	0.23	0.00	0.00	0.00	0.15	0.00	0.00	0.04
内蒙古	0.00	0.00	0.00	0.00	0.00	0.00	0.00	0.00	0.16	0.00	0.02

表 5-45　多学科地球科学 C 层人才的世界占比

单位：%

省　份	2014 年	2015 年	2016 年	2017 年	2018 年	2019 年	2020 年	2021 年	2022 年	2023 年	合计
北　京	6.69	7.21	6.97	7.46	7.71	9.24	8.56	9.39	12.17	11.74	8.97
湖　北	1.83	2.15	2.45	2.74	3.02	3.72	3.72	3.72	4.90	4.96	3.47
江　苏	2.35	2.15	2.45	2.39	2.67	3.85	3.54	4.04	4.53	4.93	3.43
广　东	0.81	1.04	1.02	0.98	1.54	2.05	1.88	2.43	3.51	3.54	2.02
陕　西	0.94	1.25	1.43	1.22	1.64	2.00	1.77	1.90	2.72	2.31	1.79
四　川	0.99	0.98	0.71	1.24	1.30	1.69	1.77	1.85	2.67	2.71	1.68
山　东	0.60	1.02	0.76	1.08	1.52	2.03	1.36	1.67	2.32	2.34	1.55
上　海	0.81	0.88	1.11	1.01	0.91	1.30	1.43	1.82	1.67	1.75	1.32
甘　肃	0.52	0.63	0.69	0.87	0.76	0.86	0.89	1.35	1.68	1.46	1.02
浙　江	0.39	0.18	0.53	0.61	0.78	1.03	0.94	1.05	1.56	1.51	0.92
湖　南	0.18	0.32	0.60	0.56	0.68	0.82	1.22	0.80	1.58	1.39	0.88
辽　宁	0.34	0.34	0.31	0.35	0.58	0.53	0.39	0.74	1.07	1.04	0.60
重　庆	0.26	0.14	0.42	0.26	0.37	0.59	0.71	0.84	0.99	0.99	0.60
河　南	0.16	0.23	0.18	0.21	0.23	0.46	0.58	0.71	1.28	1.23	0.58
安　徽	0.26	0.27	0.24	0.30	0.47	0.62	0.54	0.64	1.00	0.88	0.56
新　疆	0.16	0.29	0.24	0.44	0.55	0.55	0.32	0.58	0.80	0.80	0.50
吉　林	0.37	0.41	0.22	0.00	0.37	0.46	0.44	0.60	0.76	0.66	0.48
天　津	0.08	0.20	0.22	0.09	0.31	0.57	0.41	0.63	0.83	0.87	0.46
福　建	0.37	0.18	0.22	0.28	0.33	0.46	0.28	0.51	0.83	0.75	0.44
河　北	0.31	0.32	0.24	0.23	0.29	0.37	0.42	0.27	0.62	0.55	0.38
云　南	0.31	0.29	0.00	0.16	0.16	0.31	0.28	0.56	0.74	0.62	0.37
江　西	0.08	0.27	0.33	0.23	0.25	0.29	0.32	0.35	0.63	0.61	0.36
黑龙江	0.05	0.11	0.16	0.16	0.25	0.31	0.19	0.29	0.77	0.76	0.34

续表

省　份	2014 年	2015 年	2016 年	2017 年	2018 年	2019 年	2020 年	2021 年	2022 年	2023 年	合计
广　西	0.10	0.18	0.16	0.23	0.23	0.22	0.29	0.24	0.56	0.42	0.28
贵　州	0.18	0.16	0.13	0.14	0.23	0.27	0.24	0.32	0.39	0.35	0.25
山　西	0.16	0.07	0.11	0.14	0.12	0.18	0.11	0.21	0.32	0.33	0.18
海　南	0.00	0.05	0.04	0.07	0.10	0.05	0.11	0.24	0.25	0.42	0.15
青　海	0.13	0.09	0.09	0.14	0.04	0.11	0.11	0.18	0.22	0.17	0.13
内蒙古	0.05	0.11	0.07	0.07	0.08	0.11	0.08	0.14	0.20	0.23	0.12
西　藏	0.00	0.00	0.04	0.02	0.02	0.04	0.02	0.02	0.12	0.14	0.05
宁　夏	0.00	0.00	0.00	0.00	0.02	0.02	0.03	0.02	0.11	0.16	0.04

第二节　学科组

在地球科学各学科人才分析的基础上，按照 A、B、C 三个人才层次，对各学科人才进行汇总分析，可以从学科组层面揭示人才的分布特点和发展趋势。

一　A 层人才

地球科学 A 层人才最多的是北京，世界占比为 6.96%；江苏、湖北、广东、上海、浙江、山东、陕西也有相当数量的 A 层人才，世界占比在 3%~1%；湖南、四川、安徽、重庆、黑龙江、福建、江西、天津、甘肃、辽宁、贵州、河南、河北、新疆、吉林、云南、内蒙古、山西、广西有一定数量的 A 层人才，世界占比均超过 0.1%；青海、海南、西藏 A 层人才的世界占比均低于 0.1%。

在发展趋势上，各省份地球科学 A 层人才的世界占比总体上呈现相对上升的趋势，其中，北京、广东、江苏的增幅相对较大。

表 5-46　地球科学 A 层人才的世界占比

单位：%

省　份	2014 年	2015 年	2016 年	2017 年	2018 年	2019 年	2020 年	2021 年	2022 年	2023 年	合计
北　京	0.79	6.06	7.44	2.18	4.67	5.48	6.93	12.02	9.21	8.42	6.96
江　苏	0.79	0.87	1.29	1.87	1.10	2.74	3.15	2.29	3.84	4.93	2.57
湖　北	1.19	1.73	1.62	1.56	0.82	2.19	2.31	3.82	4.03	2.26	2.36
广　东	0.00	1.30	0.97	1.25	2.20	0.55	3.15	3.05	3.26	4.31	2.31
上　海	0.40	1.73	1.94	2.49	1.37	1.10	0.84	2.29	2.69	0.82	1.61
浙　江	0.40	0.87	0.00	0.00	0.27	0.27	0.63	1.34	3.84	2.87	1.27
山　东	0.79	0.43	0.65	0.31	0.82	0.55	0.84	2.29	1.92	1.64	1.17
陕　西	0.00	0.00	2.59	1.56	1.10	0.82	1.26	1.34	0.96	0.82	1.09
湖　南	0.00	0.43	0.00	0.31	0.82	1.64	0.63	2.29	1.15	1.23	0.99
四　川	0.40	0.43	0.32	0.31	0.27	1.64	0.21	1.53	1.92	1.44	0.96
安　徽	0.00	0.00	0.00	0.62	0.27	1.92	0.42	1.15	0.38	0.62	0.60
重　庆	0.00	0.00	0.00	0.00	0.27	0.00	0.21	1.34	1.15	1.23	0.55
黑龙江	1.19	0.87	0.97	0.00	1.10	0.55	0.00	0.38	0.19	0.62	0.52
福　建	0.00	0.43	0.32	0.00	0.82	0.00	0.21	1.15	0.58	0.62	0.47
江　西	0.00	0.43	0.32	0.62	0.00	0.27	0.84	0.38	0.38	0.82	0.44
天　津	0.40	0.00	0.32	0.00	0.27	0.82	0.42	0.38	0.77	0.62	0.44
甘　肃	0.40	0.00	1.29	0.31	0.27	0.27	0.63	0.57	0.00	0.41	0.42
辽　宁	0.40	0.00	0.00	0.00	0.00	0.00	0.21	0.95	0.77	0.62	0.36
贵　州	0.00	0.00	0.00	0.00	0.00	0.27	0.21	0.38	0.58	0.82	0.29
河　南	0.00	0.00	1.29	0.00	0.00	0.00	0.63	0.00	0.38	0.41	0.29
河　北	0.00	0.00	0.00	0.00	0.27	0.27	0.00	0.38	0.58	0.41	0.23
新　疆	0.40	0.00	0.00	0.00	0.27	0.00	0.00	0.38	0.77	0.00	0.21
吉　林	0.40	0.00	0.00	0.00	0.27	0.00	0.21	0.00	0.38	0.00	0.13
云　南	0.00	0.00	0.00	0.00	0.00	0.00	0.21	0.19	0.19	0.41	0.13
内蒙古	0.00	0.00	0.00	0.00	0.27	0.00	0.21	0.38	0.19	0.00	0.13
山　西	0.00	1.30	0.00	0.00	0.00	0.00	0.00	0.19	0.00	0.21	0.13
广　西	0.00	0.00	0.00	0.00	0.00	0.00	0.21	0.00	0.38	0.41	0.13
青　海	0.00	0.00	0.00	0.00	0.00	0.00	0.21	0.38	0.00	0.00	0.08
海　南	0.00	0.00	0.00	0.00	0.00	0.00	0.00	0.00	0.38	0.21	0.08
西　藏	0.00	0.00	0.00	0.00	0.00	0.00	0.00	0.00	0.19	0.00	0.03

二　B 层人才

地球科学 B 层人才最多的是北京，世界占比为 6.63%；江苏、湖北、广东、上海、山东、陕西、浙江、湖南、四川也有相当数量的 B 层人才，世界占比在 3%~1%；辽宁、重庆、天津、福建、安徽、黑龙江、河南、甘肃、江西、吉林、广西、云南、河北、新疆、贵州、山西、海南有一定数量的 B 层人才，世界占比超过或等于 0.1%；青海、内蒙古、宁夏、西藏 B 层人才的世界占比均低于 0.1%。

在发展趋势上，多数省份地球科学 B 层人才的世界占比总体上呈现相对上升的趋势，其中，广东、江苏、北京的增幅相对较大。

表 5-47　地球科学 B 层人才的世界占比

单位：%

省　份	2014 年	2015 年	2016 年	2017 年	2018 年	2019 年	2020 年	2021 年	2022 年	2023 年	合计
北　京	5.46	5.33	4.92	4.99	5.41	6.36	6.37	7.69	8.50	8.58	6.63
江　苏	1.46	1.46	1.42	2.36	2.17	2.62	3.36	3.27	4.11	4.70	2.92
湖　北	1.19	1.39	1.62	1.30	2.50	2.59	2.84	3.05	3.61	3.64	2.57
广　东	0.95	0.71	1.22	2.04	1.73	2.33	1.87	3.31	3.84	4.30	2.46
上　海	0.87	0.60	1.06	1.65	2.31	1.63	1.66	2.35	2.50	2.62	1.85
山　东	0.67	0.50	0.26	0.74	0.91	0.91	1.25	1.78	2.26	2.82	1.36
陕　西	0.51	0.78	0.66	1.07	1.18	1.18	1.10	1.29	1.97	2.11	1.28
浙　江	0.28	0.50	0.66	0.45	1.04	0.98	0.99	1.68	1.81	2.95	1.27
湖　南	0.71	0.60	0.46	0.91	1.13	1.46	1.10	1.31	1.60	1.69	1.18
四　川	0.28	0.32	0.23	0.55	0.80	1.22	0.86	1.57	2.07	1.66	1.09
辽　宁	0.28	0.32	0.50	0.49	0.41	0.50	0.58	1.15	1.23	1.06	0.72
重　庆	0.24	0.14	0.20	0.19	0.41	0.55	0.45	0.55	0.76	1.73	0.58
天　津	0.00	0.21	0.23	0.39	0.36	0.46	0.80	0.78	0.86	0.95	0.57
福　建	0.20	0.21	0.13	0.19	0.38	0.60	0.62	0.76	1.05	0.73	0.56
安　徽	0.44	0.28	0.46	0.45	0.38	0.38	0.39	0.80	0.88	0.69	0.55
黑龙江	0.16	0.32	0.30	0.36	0.38	0.60	0.19	0.72	1.01	0.84	0.54
河　南	0.28	0.04	0.07	0.16	0.27	0.43	0.41	0.51	0.99	0.95	0.47

续表

省　份	2014 年	2015 年	2016 年	2017 年	2018 年	2019 年	2020 年	2021 年	2022 年	2023 年	合计
甘　肃	0.32	0.39	0.17	0.36	0.49	0.38	0.39	0.47	0.55	0.60	0.43
江　西	0.04	0.25	0.20	0.16	0.19	0.19	0.41	0.23	0.60	1.02	0.37
吉　林	0.12	0.04	0.03	0.16	0.38	0.19	0.28	0.25	0.74	0.64	0.32
广　西	0.08	0.04	0.03	0.19	0.11	0.26	0.26	0.23	0.45	0.55	0.25
云　南	0.16	0.25	0.13	0.00	0.08	0.26	0.28	0.29	0.33	0.42	0.24
河　北	0.12	0.07	0.03	0.00	0.08	0.19	0.19	0.33	0.57	0.38	0.23
新　疆	0.16	0.00	0.07	0.19	0.14	0.26	0.11	0.22	0.35	0.47	0.21
贵　州	0.08	0.00	0.10	0.06	0.05	0.14	0.09	0.25	0.23	0.75	0.20
山　西	0.08	0.00	0.13	0.06	0.00	0.05	0.13	0.14	0.12	0.20	0.11
海　南	0.00	0.00	0.03	0.16	0.08	0.00	0.13	0.14	0.12	0.27	0.10
青　海	0.04	0.04	0.00	0.00	0.05	0.00	0.09	0.02	0.14	0.20	0.07
内蒙古	0.00	0.00	0.00	0.06	0.05	0.05	0.02	0.06	0.10	0.11	0.05
宁　夏	0.00	0.00	0.00	0.00	0.00	0.03	0.02	0.04	0.06	0.09	0.03
西　藏	0.00	0.00	0.00	0.03	0.00	0.00	0.00	0.06	0.02	0.02	0.02

三　C 层人才

地球科学 C 层人才最多的是北京，世界占比为 7.63%；江苏的 C 层人才比较多，世界占比为 3.43%；湖北、广东、上海、山东、浙江、陕西、四川、湖南也有相当数量的 C 层人才，世界占比在 3%~1%；辽宁、福建、天津、甘肃、安徽、黑龙江、重庆、河南、吉林、江西、河北、云南、新疆、广西、贵州、海南、山西、内蒙古、青海有一定数量的 C 层人才，世界占比超过或等于 0.1%；宁夏、西藏 C 层人才的世界占比均低于 0.1%。

在发展趋势上，各省份地球科学 C 层人才的世界占比总体上呈现相对上升的趋势。

表 5-48　地球科学 C 层人才的世界占比

单位：%

省　份	2014 年	2015 年	2016 年	2017 年	2018 年	2019 年	2020 年	2021 年	2022 年	2023 年	合计
北　京	5.92	6.07	6.31	6.79	7.16	7.77	7.53	7.99	9.34	9.10	7.63
江　苏	1.80	2.26	2.53	2.51	2.84	3.43	3.53	4.01	4.69	4.66	3.43
湖　北	1.44	1.62	1.76	2.19	2.24	2.72	2.90	3.06	3.72	3.59	2.69
广　东	1.00	1.11	1.40	1.69	2.11	2.51	2.77	3.35	3.96	3.85	2.60
上　海	0.95	1.22	1.21	1.54	1.58	1.73	2.07	2.17	2.52	2.50	1.86
山　东	0.61	0.63	0.80	0.97	1.15	1.40	1.50	1.78	2.31	2.44	1.49
浙　江	0.47	0.65	0.75	0.91	1.12	1.37	1.52	1.76	2.19	2.40	1.45
陕　西	0.53	0.75	0.77	0.84	1.04	1.25	1.27	1.65	1.91	1.69	1.27
四　川	0.52	0.55	0.54	0.76	0.94	1.14	1.25	1.29	1.90	1.92	1.18
湖　南	0.34	0.47	0.64	0.78	1.04	1.09	1.12	1.25	1.63	1.55	1.08
辽　宁	0.29	0.41	0.35	0.45	0.63	0.69	0.77	0.93	1.12	1.26	0.75
福　建	0.45	0.34	0.43	0.52	0.60	0.72	0.69	0.90	1.05	0.99	0.72
天　津	0.30	0.36	0.29	0.34	0.53	0.73	0.79	0.85	1.01	1.07	0.69
甘　肃	0.34	0.44	0.48	0.54	0.48	0.55	0.54	0.70	0.88	0.90	0.62
安　徽	0.31	0.35	0.43	0.43	0.53	0.68	0.66	0.69	0.78	0.92	0.62
黑龙江	0.22	0.23	0.27	0.37	0.50	0.49	0.66	0.74	0.96	1.04	0.60
重　庆	0.17	0.19	0.31	0.34	0.35	0.56	0.63	0.67	0.91	1.02	0.57
河　南	0.12	0.19	0.16	0.20	0.24	0.44	0.68	0.79	1.01	1.10	0.57
吉　林	0.28	0.30	0.22	0.19	0.31	0.37	0.36	0.48	0.60	0.60	0.40
江　西	0.14	0.20	0.22	0.19	0.28	0.32	0.38	0.47	0.57	0.63	0.37
河　北	0.20	0.16	0.18	0.20	0.27	0.35	0.36	0.34	0.47	0.50	0.33
云　南	0.17	0.21	0.10	0.20	0.16	0.30	0.31	0.37	0.55	0.56	0.32
新　疆	0.12	0.20	0.17	0.24	0.26	0.27	0.27	0.33	0.48	0.50	0.31
广　西	0.08	0.11	0.14	0.17	0.20	0.24	0.27	0.35	0.56	0.55	0.30
贵　州	0.16	0.19	0.19	0.14	0.28	0.23	0.26	0.37	0.37	0.43	0.28
海　南	0.02	0.04	0.04	0.06	0.08	0.07	0.14	0.25	0.34	0.40	0.17
山　西	0.08	0.08	0.10	0.14	0.11	0.12	0.18	0.15	0.26	0.27	0.16
内蒙古	0.07	0.08	0.08	0.06	0.11	0.11	0.12	0.12	0.14	0.19	0.11
青　海	0.07	0.05	0.09	0.07	0.09	0.08	0.11	0.10	0.14	0.14	0.10
宁　夏	0.00	0.00	0.01	0.01	0.02	0.03	0.04	0.04	0.07	0.13	0.04
西　藏	0.02	0.00	0.03	0.04	0.03	0.03	0.03	0.03	0.05	0.05	0.03

第六章　工程与材料科学

工程与材料科学包括工程和材料两个学科领域，是保障国家安全、促进社会进步与经济可持续发展、提高人民生活质量的重要科学基础和技术支撑。

第一节　学科

工程与材料科学学科组包括以下学科：冶金和冶金工程、陶瓷材料、造纸和木材、涂料和薄膜、纺织材料、复合材料、材料检测和鉴定、多学科材料、石油工程、采矿和矿物处理、机械工程、制造工程、能源和燃料、电气和电子工程、建筑和建筑技术、土木工程、农业工程、环境工程、海洋工程、船舶工程、交通、交通科学和技术、航空和航天工程、工业工程、设备和仪器、显微镜学、绿色和可持续科学与技术、人体工程学、多学科工程，共计29个。

一　冶金和冶金工程

冶金和冶金工程 A、B、C 层人才最多的均为北京，世界占比分别为 7.83%、6.78%、7.54%。

广东、上海、重庆、陕西、江苏、辽宁、浙江的 A 层人才比较多，世界占比在7%~3%；山东、湖北、山西、黑龙江、湖南、吉林、四川、河南也有相当数量的 A 层人才，世界占比在 3%~1%；安徽、贵州、宁夏、天津、广西、河北、内蒙古、江西有一定数量的 A 层人才，世界占比超过或等于0.3%。

　　江苏、辽宁、上海、广东、陕西的 B 层人才比较多，世界占比在 5%～3%；山东、湖北、浙江、四川、湖南、重庆、河南、黑龙江、山西也有相当数量的 B 层人才，世界占比在 3%～1%；安徽、天津、江西、吉林、福建、云南、甘肃、广西、河北、贵州、宁夏、青海有一定数量的 B 层人才，世界占比超过或等于 0.1%；内蒙古、新疆、海南 B 层人才的世界占比均低于 0.1%。

　　辽宁、江苏、上海、广东、湖南、陕西的 C 层人才比较多，世界占比在 5%～3%；山东、浙江、湖北、黑龙江、四川、重庆、河南、天津、安徽、山西、吉林也有相当数量的 C 层人才，世界占比在 3%～1%；江西、河北、福建、云南、甘肃、广西、贵州、内蒙古、新疆、青海有一定数量的 C 层人才，世界占比均超过 0.1%；海南、宁夏、西藏 C 层人才的世界占比均低于 0.1%。

表 6-1　冶金和冶金工程 A 层人才的世界占比

单位：%

省　份	2014 年	2015 年	2016 年	2017 年	2018 年	2019 年	2020 年	2021 年	2022 年	2023 年	合计
北　京	4.35	4.17	8.33	7.14	3.70	11.11	5.00	10.87	9.09	10.00	7.83
广　东	4.35	0.00	0.00	3.57	7.41	13.89	5.00	6.52	11.36	2.50	6.02
上　海	0.00	0.00	0.00	3.57	7.41	5.56	2.50	6.52	6.82	7.50	4.52
重　庆	0.00	0.00	0.00	3.57	11.11	2.78	2.50	6.52	4.55	7.50	4.22
陕　西	0.00	0.00	4.17	0.00	3.70	2.78	2.50	4.35	9.09	5.00	3.61
江　苏	4.35	0.00	0.00	10.71	0.00	0.00	2.50	6.52	4.55	2.50	3.31
辽　宁	0.00	0.00	0.00	10.71	7.41	0.00	5.00	2.17	0.00	7.50	3.31
浙　江	0.00	0.00	0.00	0.00	0.00	2.78	2.50	4.35	11.36	5.00	3.31
山　东	0.00	0.00	0.00	0.00	0.00	0.00	5.00	2.17	6.82	7.50	2.71
湖　北	0.00	0.00	4.17	3.57	0.00	5.56	2.50	0.00	6.82	0.00	2.41
山　西	0.00	0.00	0.00	0.00	3.70	0.00	2.50	0.00	4.55	5.00	1.81
黑龙江	0.00	0.00	0.00	0.00	11.11	0.00	0.00	2.17	0.00	2.50	1.51
湖　南	0.00	0.00	4.17	0.00	7.41	0.00	2.50	0.00	0.00	2.50	1.51
吉　林	0.00	4.17	0.00	0.00	3.70	0.00	0.00	0.00	2.27	5.00	1.51
四　川	0.00	0.00	0.00	3.57	0.00	0.00	2.50	2.17	0.00	2.50	1.51
河　南	0.00	0.00	0.00	0.00	0.00	0.00	5.00	0.00	4.55	0.00	1.20

省　份	2014 年	2015 年	2016 年	2017 年	2018 年	2019 年	2020 年	2021 年	2022 年	2023 年	合计
安　徽	0.00	0.00	0.00	0.00	0.00	0.00	0.00	0.00	0.00	5.00	0.60
贵　州	0.00	0.00	0.00	3.57	0.00	0.00	0.00	0.00	2.27	0.00	0.60
宁　夏	0.00	0.00	0.00	0.00	0.00	0.00	0.00	0.00	0.00	5.00	0.60
天　津	0.00	0.00	0.00	0.00	3.70	0.00	0.00	0.00	2.27	0.00	0.60
广　西	0.00	0.00	0.00	0.00	0.00	0.00	0.00	2.17	0.00	0.00	0.30
河　北	0.00	0.00	0.00	0.00	3.70	0.00	0.00	0.00	0.00	0.00	0.30
内蒙古	0.00	0.00	0.00	0.00	0.00	2.78	0.00	0.00	0.00	0.00	0.30
江　西	0.00	0.00	0.00	0.00	3.70	0.00	0.00	0.00	0.00	0.00	0.30

表 6-2　冶金和冶金工程 B 层人才的世界占比

单位：%

省　份	2014 年	2015 年	2016 年	2017 年	2018 年	2019 年	2020 年	2021 年	2022 年	2023 年	合计
北　京	5.45	5.91	5.19	4.62	8.19	6.65	6.63	6.24	8.84	7.98	6.78
江　苏	1.82	3.18	2.16	1.92	1.42	3.32	4.70	4.08	7.44	9.04	4.35
辽　宁	2.27	2.73	2.60	3.08	4.27	4.23	4.14	3.84	4.42	5.05	3.84
上　海	1.36	1.36	2.16	0.77	3.56	3.02	4.70	4.08	5.35	4.79	3.45
广　东	0.45	0.45	1.73	1.92	3.20	2.72	4.70	3.84	5.35	4.52	3.26
陕　西	0.91	2.27	0.43	2.31	1.42	4.53	2.76	4.80	3.26	4.79	3.04
山　东	1.82	0.00	1.73	1.15	1.07	3.02	2.49	4.32	4.65	3.99	2.75
湖　北	1.36	1.82	0.43	1.15	0.36	2.72	3.04	1.92	3.26	5.59	2.40
浙　江	0.91	0.00	1.30	0.38	2.49	1.21	1.93	2.88	3.26	6.12	2.33
四　川	0.91	1.82	1.30	0.77	1.78	1.21	2.76	1.44	2.33	4.26	1.98
湖　南	0.45	0.45	0.00	1.15	1.78	2.11	3.04	1.20	2.79	3.72	1.89
重　庆	2.27	1.82	0.43	1.54	1.78	1.21	1.38	2.16	1.63	3.19	1.79
河　南	0.91	0.00	0.00	0.00	1.42	0.30	2.49	2.40	3.26	4.26	1.79
黑龙江	1.36	0.45	0.87	1.15	2.14	0.91	0.83	1.68	2.09	4.52	1.73
山　西	0.00	0.00	0.87	1.15	1.42	1.51	1.10	1.20	1.86	0.53	1.05
安　徽	1.36	0.45	0.43	0.00	0.71	0.91	0.83	0.96	2.09	1.33	0.99
天　津	0.00	0.45	0.00	0.00	0.71	0.91	1.38	1.68	1.40	1.60	0.96
江　西	0.45	0.00	0.00	0.00	0.00	0.91	1.38	0.96	0.93	2.39	0.83
吉　林	0.00	0.00	0.00	0.77	0.00	0.00	0.28	1.20	1.40	2.13	0.70
福　建	0.45	0.00	0.87	0.00	1.42	0.60	0.28	1.44	0.70	0.53	0.67
云　南	0.45	0.00	0.00	0.00	0.36	0.00	0.55	0.24	0.93	2.39	0.58

续表

省　份	2014 年	2015 年	2016 年	2017 年	2018 年	2019 年	2020 年	2021 年	2022 年	2023 年	合计
甘　肃	0.00	0.00	0.00	0.00	0.00	1.21	0.55	0.48	0.93	0.80	0.48
广　西	0.00	0.00	0.00	0.00	0.36	0.00	0.83	0.48	0.93	1.06	0.45
河　北	0.45	0.00	0.00	0.38	0.36	0.30	0.83	0.00	0.23	0.53	0.32
贵　州	0.00	0.00	0.00	0.00	0.00	0.00	0.28	0.00	1.40	0.53	0.29
宁　夏	0.00	0.00	0.00	0.00	0.00	0.00	0.28	0.00	0.23	0.53	0.13
青　海	0.00	0.00	0.00	0.00	0.00	0.00	0.28	0.00	0.23	0.27	0.10
内蒙古	0.00	0.00	0.00	0.00	0.00	0.00	0.00	0.00	0.23	0.27	0.06
新　疆	0.00	0.00	0.00	0.00	0.00	0.30	0.00	0.00	0.23	0.00	0.06
海　南	0.00	0.00	0.00	0.00	0.00	0.00	0.00	0.00	0.23	0.00	0.03

表 6-3　冶金和冶金工程 C 层人才的世界占比

单位：%

省　份	2014 年	2015 年	2016 年	2017 年	2018 年	2019 年	2020 年	2021 年	2022 年	2023 年	合计
北　京	5.79	6.94	7.50	6.08	6.63	7.90	7.38	7.41	9.10	8.92	7.54
辽　宁	4.71	4.63	4.31	3.98	4.08	5.63	4.55	5.28	4.94	4.91	4.77
江　苏	2.12	2.22	2.76	3.17	3.33	4.36	4.27	4.71	5.99	6.01	4.18
上　海	2.49	3.05	3.28	3.75	3.26	3.48	3.39	3.90	3.91	4.04	3.54
广　东	1.22	1.34	1.59	2.07	2.74	3.30	3.31	4.32	5.33	5.53	3.40
湖　南	2.26	2.82	2.89	3.10	2.93	3.15	3.90	3.14	4.01	4.06	3.33
陕　西	1.69	2.31	2.37	3.29	3.45	2.69	2.69	3.17	4.60	3.90	3.15
山　东	1.04	1.39	1.64	1.38	1.93	2.91	2.91	3.41	3.99	4.63	2.77
浙　江	1.08	1.67	2.07	1.80	2.19	2.09	1.87	2.58	3.28	3.10	2.29
湖　北	1.41	1.16	1.85	1.80	2.37	2.42	2.12	2.28	2.69	3.02	2.21
黑龙江	1.74	1.34	1.47	1.84	1.78	2.06	1.53	2.04	2.05	2.43	1.87
四　川	0.94	0.97	1.51	1.26	1.33	1.73	1.67	2.68	2.57	2.31	1.83
重　庆	1.32	1.39	1.51	1.19	1.59	1.39	1.72	1.62	2.81	2.77	1.82
河　南	0.28	0.42	0.73	0.57	0.93	1.45	1.92	1.91	2.05	2.06	1.39
天　津	0.66	0.60	1.29	1.19	0.89	1.45	1.61	1.60	1.74	1.50	1.33
安　徽	0.52	0.60	1.16	0.96	1.37	1.18	1.07	1.33	1.05	1.30	1.09
山　西	0.42	0.60	0.56	0.76	0.78	1.36	1.02	1.08	1.30	1.89	1.05
吉　林	0.56	0.79	0.56	1.15	0.70	0.91	0.93	1.25	1.35	1.24	1.00
江　西	0.14	0.37	0.43	0.69	0.52	1.06	0.96	1.08	1.17	1.13	0.83
河　北	0.42	0.28	0.56	0.88	0.67	0.70	0.68	0.86	1.15	0.90	0.75

续表

省　份	2014 年	2015 年	2016 年	2017 年	2018 年	2019 年	2020 年	2021 年	2022 年	2023 年	合计
福　建	0.28	0.46	0.47	0.54	1.04	0.61	0.54	0.83	1.03	1.19	0.74
云　南	0.66	0.79	0.22	0.65	0.56	0.30	0.48	0.59	0.98	0.82	0.62
甘　肃	0.47	0.32	0.30	0.38	0.44	0.70	0.48	0.74	0.71	0.93	0.58
广　西	0.24	0.19	0.13	0.23	0.30	0.30	0.57	0.93	0.93	1.21	0.57
贵　州	0.00	0.05	0.13	0.19	0.30	0.30	0.11	0.22	0.32	0.48	0.23
内蒙古	0.05	0.23	0.22	0.00	0.19	0.09	0.25	0.32	0.39	0.34	0.23
新　疆	0.00	0.05	0.09	0.00	0.04	0.21	0.20	0.12	0.27	0.37	0.15
青　海	0.00	0.00	0.09	0.15	0.15	0.12	0.03	0.15	0.20	0.11	0.11
海　南	0.00	0.00	0.04	0.08	0.07	0.03	0.08	0.07	0.17	0.23	0.09
宁　夏	0.00	0.00	0.04	0.00	0.04	0.00	0.11	0.05	0.24	0.23	0.09
西　藏	0.00	0.00	0.00	0.00	0.00	0.00	0.00	0.05	0.02	0.03	0.01

二　陶瓷材料

陶瓷材料 A、B、C 层人才最多的均为北京，世界占比分别为 12.94%、6.53%、6.09%，其中，A 层人才显著多于其他省份。

山东、陕西、广东、河南、湖北、江苏、上海、重庆、黑龙江、辽宁的 A 层人才比较多，世界占比是 8%~3%；福建、甘肃、湖南、广西、内蒙古、江西、四川、天津、云南、浙江也有相当数量的 A 层人才，世界占比在 3%~1%。

湖北、江苏、广东、陕西、上海的 B 层人才比较多，世界占比在 4%~3%；河南、四川、山东、安徽、黑龙江、湖南、浙江、江西、辽宁也有相当数量的 B 层人才，世界占比在 3%~1%；重庆、广西、吉林、天津、河北、云南、福建、甘肃、贵州、山西、新疆有一定数量的 B 层人才，世界占比均超过 0.1%。

陕西、江苏、上海、湖北、广东的 C 层人才比较多，世界占比在 4%~3%；浙江、山东、湖南、四川、辽宁、黑龙江、河南、广西、天津、安徽、重庆、江西也有相当数量的 C 层人才，世界占比在 3%~1%；福建、云南、河北、甘肃、吉林、山西、内蒙古、贵州、新疆有一定数量的 C 层人才，世界占比均超过 0.1%；海南、宁夏、青海 C 层人才的世界占比均低于 0.1%。

表 6-4　陶瓷材料 A 层人才的世界占比

单位：%

省　份	2014 年	2015 年	2016 年	2017 年	2018 年	2019 年	2020 年	2021 年	2022 年	2023 年	合计
北　京	0.00	0.00	12.50	0.00	11.11	0.00	0.00	30.00	45.45	10.00	12.94
山　东	0.00	0.00	0.00	0.00	0.00	11.11	0.00	10.00	27.27	10.00	7.06
陕　西	0.00	0.00	12.50	0.00	0.00	0.00	11.11	0.00	27.27	0.00	5.88
广　东	0.00	0.00	0.00	0.00	0.00	11.11	11.11	10.00	9.09	0.00	4.71
河　南	0.00	0.00	0.00	0.00	0.00	0.00	0.00	10.00	27.27	0.00	4.71
湖　北	0.00	0.00	0.00	0.00	11.11	0.00	0.00	10.00	9.09	10.00	4.71
江　苏	0.00	0.00	0.00	0.00	11.11	0.00	11.11	10.00	9.09	0.00	4.71
上　海	0.00	0.00	0.00	0.00	0.00	11.11	0.00	10.00	18.18	0.00	4.71
重　庆	0.00	0.00	0.00	0.00	0.00	11.11	11.11	0.00	9.09	0.00	3.53
黑龙江	0.00	0.00	12.50	0.00	0.00	0.00	0.00	0.00	18.18	0.00	3.53
辽　宁	0.00	0.00	0.00	0.00	0.00	0.00	11.11	0.00	18.18	0.00	3.53
福　建	0.00	0.00	12.50	0.00	0.00	0.00	11.11	0.00	0.00	0.00	2.35
甘　肃	0.00	0.00	12.50	0.00	0.00	0.00	0.00	0.00	9.09	0.00	2.35
湖　南	0.00	0.00	0.00	0.00	0.00	0.00	11.11	0.00	9.09	0.00	2.35
广　西	0.00	0.00	0.00	0.00	0.00	0.00	0.00	10.00	0.00	0.00	1.18
内蒙古	0.00	0.00	0.00	0.00	0.00	11.11	0.00	0.00	0.00	0.00	1.18
江　西	0.00	0.00	0.00	0.00	0.00	0.00	0.00	10.00	0.00	0.00	1.18
四　川	0.00	0.00	0.00	0.00	0.00	0.00	0.00	10.00	0.00	0.00	1.18
天　津	0.00	0.00	0.00	0.00	0.00	0.00	0.00	0.00	9.09	0.00	1.18
云　南	0.00	0.00	0.00	0.00	0.00	0.00	0.00	0.00	9.09	0.00	1.18
浙　江	0.00	0.00	0.00	0.00	0.00	0.00	0.00	0.00	9.09	0.00	1.18

表 6-5　陶瓷材料 B 层人才的世界占比

单位：%

省　份	2014 年	2015 年	2016 年	2017 年	2018 年	2019 年	2020 年	2021 年	2022 年	2023 年	合计
北　京	4.17	2.86	6.67	6.67	7.50	7.53	7.95	8.57	8.08	4.00	6.53
湖　北	4.17	5.71	5.33	2.67	2.50	6.45	3.41	0.95	4.04	2.00	3.62

续表

省　份	2014 年	2015 年	2016 年	2017 年	2018 年	2019 年	2020 年	2021 年	2022 年	2023 年	合计
江　苏	1.39	1.43	2.67	1.33	1.25	8.60	1.14	4.76	4.04	7.00	3.62
广　东	1.39	1.43	4.00	1.33	6.25	5.38	3.41	3.81	5.05	2.00	3.50
陕　西	4.17	0.00	4.00	1.33	3.75	4.30	6.82	3.81	3.03	2.00	3.38
上　海	1.39	0.00	1.33	4.00	1.25	6.45	7.95	3.81	4.04	0.00	3.15
河　南	0.00	0.00	0.00	0.00	2.50	1.08	3.41	3.81	4.04	9.00	2.68
四　川	1.39	0.00	1.33	0.00	0.00	0.00	2.27	5.71	5.05	7.00	2.57
山　东	0.00	0.00	1.33	1.33	0.00	2.15	1.14	0.00	4.04	7.00	1.87
安　徽	0.00	1.43	2.67	1.33	0.00	3.23	1.14	1.90	2.02	3.00	1.75
黑龙江	1.39	0.00	2.67	4.00	0.00	1.08	2.27	0.95	2.02	1.75	1.75
湖　南	1.39	0.00	1.33	1.33	0.00	1.08	1.14	0.95	3.03	5.00	1.63
浙　江	0.00	2.86	1.33	0.00	0.00	1.08	2.27	1.90	2.02	4.00	1.63
江　西	0.00	0.00	0.00	0.00	2.50	3.23	0.00	1.90	2.02	4.00	1.52
辽　宁	0.00	0.00	1.33	1.33	0.00	1.08	1.14	0.95	5.05	2.00	1.40
重　庆	0.00	0.00	0.00	1.33	2.50	2.15	2.27	0.00	0.00	1.00	0.93
广　西	0.00	0.00	0.00	0.00	1.25	0.00	0.00	1.90	3.03	1.00	0.82
吉　林	0.00	1.43	0.00	1.33	1.25	0.00	0.00	0.00	1.01	1.00	0.58
天　津	0.00	0.00	1.33	0.00	0.00	1.08	0.00	1.90	1.01	1.00	0.58
河　北	0.00	1.43	0.00	0.00	0.00	0.00	1.14	0.95	0.00	1.00	0.47
云　南	0.00	0.00	0.00	0.00	0.00	0.00	0.00	0.95	1.01	2.00	0.47
福　建	0.00	0.00	0.00	0.00	0.00	0.00	0.00	0.00	2.02	0.00	0.23
甘　肃	0.00	0.00	0.00	0.00	0.00	0.00	0.00	0.00	1.01	1.00	0.23
贵　州	0.00	0.00	0.00	0.00	0.00	0.00	0.00	0.00	1.01	0.00	0.12
山　西	0.00	0.00	0.00	0.00	0.00	0.00	0.00	0.00	1.01	0.00	0.12
新　疆	0.00	0.00	0.00	0.00	0.00	0.00	0.00	0.00	0.00	1.00	0.12

表 6-6　陶瓷材料 C 层人才的世界占比

单位：%

省　份	2014 年	2015 年	2016 年	2017 年	2018 年	2019 年	2020 年	2021 年	2022 年	2023 年	合计
北　京	4.67	6.50	3.54	4.33	6.39	8.37	5.35	6.03	8.36	6.44	6.09
陕　西	3.73	2.31	3.54	3.79	4.05	2.93	4.01	4.47	4.12	3.86	3.72
江　苏	2.13	3.32	4.09	2.30	3.32	3.70	3.12	4.47	4.01	5.36	3.65
上　海	3.33	2.02	2.59	4.47	4.05	4.67	2.67	3.60	4.12	3.65	3.56
湖　北	2.93	3.61	3.13	3.52	5.04	3.70	2.56	3.21	2.29	3.86	3.38

续表

省　份	2014 年	2015 年	2016 年	2017 年	2018 年	2019 年	2020 年	2021 年	2022 年	2023 年	合计
广　东	0.80	0.87	1.36	2.17	2.21	3.37	3.12	5.15	6.41	4.08	3.13
浙　江	2.00	2.17	1.77	1.89	1.97	1.85	2.34	3.98	4.35	5.04	2.83
山　东	1.20	1.30	1.23	1.89	2.33	2.61	2.67	2.82	4.70	3.54	2.52
湖　南	0.80	2.17	1.23	1.89	2.70	2.39	1.67	3.11	3.32	3.97	2.40
四　川	0.93	1.01	1.91	2.44	2.46	3.48	2.67	2.04	3.32	2.47	2.33
辽　宁	0.67	1.16	1.23	0.95	2.58	1.63	1.56	2.82	1.95	1.82	1.69
黑龙江	0.53	1.45	1.63	1.89	2.21	1.41	1.34	1.46	1.83	2.04	1.59
河　南	0.67	1.01	0.68	1.08	1.72	1.63	2.00	2.04	1.95	1.29	1.46
广　西	0.13	1.16	1.23	0.81	0.98	1.41	1.45	1.94	1.15	2.47	1.32
天　津	0.80	0.72	0.95	1.49	1.11	1.09	1.34	1.17	1.26	1.29	1.13
安　徽	0.67	1.45	1.09	1.22	1.11	0.54	0.67	0.97	1.95	0.75	1.03
重　庆	0.67	0.58	1.77	0.81	0.86	1.41	0.45	1.17	1.37	1.07	1.03
江　西	0.40	0.87	0.68	0.41	0.74	1.30	1.45	1.65	0.80	1.29	1.00
福　建	0.27	0.43	0.27	0.95	0.61	1.20	0.78	1.26	1.15	1.18	0.85
云　南	0.67	0.43	0.27	1.08	1.11	1.20	0.56	0.68	0.69	0.97	0.78
河　北	0.93	0.14	0.54	0.54	0.74	1.09	0.78	0.58	0.80	0.75	0.70
甘　肃	0.40	0.14	0.14	1.08	0.37	0.43	0.56	0.68	0.80	0.75	0.55
吉　林	0.53	0.58	0.54	0.14	0.25	0.76	0.67	0.29	0.69	0.75	0.52
山　西	0.13	0.43	0.68	0.68	0.61	1.09	0.00	0.49	0.57	0.21	0.49
内蒙古	0.40	0.00	0.14	0.41	0.61	0.22	0.11	0.58	0.80	0.32	0.37
贵　州	0.00	0.00	0.14	0.00	0.00	0.33	0.11	0.19	0.23	0.54	0.17
新　疆	0.00	0.29	0.00	0.00	0.12	0.00	0.22	0.19	0.11	0.11	0.11
海　南	0.27	0.00	0.00	0.00	0.12	0.00	0.00	0.00	0.00	0.21	0.06
宁　夏	0.00	0.00	0.00	0.00	0.00	0.00	0.11	0.19	0.00	0.11	0.05
青　海	0.00	0.00	0.00	0.00	0.00	0.11	0.00	0.00	0.00	0.21	0.04

三　造纸和木材

造纸和木材 A、B、C 层人才最多的均为江苏，世界占比分别为 12.50%、8.05%、7.06%，其中，A 层人才显著多于其他省份。

北京、江西、陕西的 A 层人才比较多，世界占比均为 6.25%。

北京的 B 层人才比较多，世界占比为 4.03%；湖北、山东、浙江、广东、上海、天津、广西、陕西、福建、黑龙江也有相当数量的 B 层人才，世界占比在 3%~1%；重庆、河南、安徽、湖南、内蒙古、吉林、辽宁、四川有一定数量的 B 层人才，世界占比均超过 0.3%。

北京、广东的 C 层人才比较多，世界占比分别为 4.23%、3.25%；湖北、山东、浙江、上海、福建、天津、广西、四川、陕西、重庆也有相当数量的 C 层人才，世界占比在 3%~1%；黑龙江、湖南、安徽、河南、辽宁、云南、河北、江西、山西、吉林、海南、新疆有一定数量的 C 层人才，世界占比均超过 0.1%；贵州、内蒙古、甘肃、宁夏、青海 C 层人才的世界占比均低于 0.1%。

表 6-7　造纸和木材 A 层人才的世界占比

单位：%

省　份	2014 年	2015 年	2016 年	2017 年	2018 年	2019 年	2020 年	2021 年	2022 年	2023 年	合计
江　苏	50.00	0.00	0.00	0.00	0.00	0.00	0.00	0.00	50.00	0.00	12.50
北　京	0.00	0.00	0.00	0.00	0.00	0.00	33.33	0.00	0.00	0.00	6.25
江　西	0.00	0.00	0.00	0.00	0.00	0.00	0.00	0.00	50.00	0.00	6.25
陕　西	0.00	0.00	0.00	0.00	0.00	0.00	0.00	0.00	0.00	33.33	6.25

表 6-8　造纸和木材 B 层人才的世界占比

单位：%

省　份	2014 年	2015 年	2016 年	2017 年	2018 年	2019 年	2020 年	2021 年	2022 年	2023 年	合计
江　苏	0.00	6.67	0.00	10.71	11.43	6.67	8.82	12.12	3.70	19.23	8.05
北　京	0.00	6.67	0.00	3.57	2.86	13.33	0.00	6.06	0.00	7.69	4.03
湖　北	3.85	0.00	0.00	0.00	2.86	0.00	5.88	9.09	3.70	0.00	2.68
山　东	0.00	3.33	3.45	0.00	2.86	6.67	2.94	0.00	0.00	3.85	2.35
浙　江	3.85	3.33	0.00	10.71	2.86	0.00	0.00	0.00	0.00	3.85	2.35
广　东	3.85	3.33	0.00	3.57	5.71	0.00	0.00	0.00	3.70	0.00	2.01
上　海	7.69	0.00	3.45	0.00	5.71	0.00	0.00	0.00	3.85	0.00	2.01
天　津	0.00	3.33	3.45	0.00	2.86	3.33	0.00	0.00	3.85	0.00	1.68
广　西	0.00	3.33	0.00	0.00	2.86	0.00	2.94	0.00	3.85	0.00	1.34
陕　西	0.00	0.00	0.00	0.00	5.71	0.00	2.94	3.03	0.00	0.00	1.34
福　建	0.00	3.33	0.00	0.00	0.00	0.00	2.94	3.03	0.00	0.00	1.01

续表

省　份	2014 年	2015 年	2016 年	2017 年	2018 年	2019 年	2020 年	2021 年	2022 年	2023 年	合计
黑龙江	0.00	0.00	0.00	0.00	2.86	0.00	0.00	3.03	0.00	3.85	1.01
重　庆	0.00	0.00	0.00	0.00	2.86	3.33	0.00	0.00	0.00	0.00	0.67
河　南	0.00	0.00	0.00	0.00	2.86	0.00	2.94	0.00	0.00	0.00	0.67
安　徽	0.00	0.00	0.00	0.00	0.00	0.00	0.00	0.00	3.70	0.00	0.34
湖　南	0.00	0.00	0.00	0.00	0.00	3.33	0.00	0.00	0.00	0.00	0.34
内蒙古	0.00	0.00	0.00	0.00	0.00	0.00	0.00	0.00	3.70	0.00	0.34
吉　林	0.00	0.00	0.00	0.00	0.00	3.33	0.00	0.00	0.00	0.00	0.34
辽　宁	0.00	0.00	0.00	0.00	0.00	0.00	0.00	0.00	0.00	3.85	0.34
四　川	0.00	0.00	0.00	0.00	0.00	0.00	2.94	0.00	0.00	0.00	0.34

表 6-9　造纸和木材 C 层人才的世界占比

单位：%

省　份	2014 年	2015 年	2016 年	2017 年	2018 年	2019 年	2020 年	2021 年	2022 年	2023 年	合计
江　苏	3.57	3.68	1.79	5.00	7.23	4.52	6.99	8.39	14.75	15.44	7.06
北　京	4.76	5.15	6.45	2.69	1.89	4.84	3.34	3.69	5.33	4.78	4.23
广　东	3.17	1.10	2.51	3.85	3.77	4.52	3.34	2.68	4.92	2.57	3.25
湖　北	0.79	1.47	2.15	2.69	2.83	5.48	3.04	4.03	2.46	3.68	2.93
山　东	0.79	1.10	0.36	1.15	2.52	4.19	6.08	4.03	6.15	2.21	2.93
浙　江	0.79	1.10	2.15	3.85	2.52	1.61	3.04	3.36	4.10	3.31	2.58
上　海	0.79	1.10	1.79	2.31	3.46	0.97	3.65	2.35	2.05	2.21	2.12
福　建	1.59	2.21	1.08	1.54	1.57	1.29	1.22	2.01	3.28	0.74	1.62
天　津	0.79	1.47	2.15	0.38	2.52	0.97	3.04	2.35	1.23	0.74	1.62
广　西	0.40	0.00	0.00	1.15	2.20	2.58	2.13	1.34	2.87	2.21	1.52
四　川	1.19	0.37	0.36	0.77	1.57	2.90	1.52	1.68	2.05	2.21	1.48
陕　西	0.00	0.37	0.72	1.15	1.26	1.29	3.04	3.02	1.23	1.84	1.45
重　庆	0.00	0.74	0.36	0.77	1.26	2.90	1.22	2.35	1.64	1.10	1.27
黑龙江	2.38	0.74	0.72	1.15	0.00	0.65	1.82	0.34	0.82	1.47	0.99
湖　南	0.79	0.74	0.36	0.00	0.31	1.29	0.91	0.34	2.05	2.94	0.95
安　徽	1.19	0.74	0.36	0.00	0.63	1.61	1.82	0.67	0.41	1.10	0.88
河　南	0.40	0.74	0.00	0.77	0.00	0.32	0.91	0.00	0.00	0.74	0.39
辽　宁	0.00	0.00	0.36	0.38	0.00	1.29	0.30	0.34	0.41	0.37	0.35
云　南	0.00	0.00	0.36	0.00	0.31	0.97	0.30	0.34	0.82	0.37	0.35
河　北	0.00	0.00	0.72	0.00	0.31	0.00	0.61	0.34	1.23	0.00	0.32

续表

省　份	2014 年	2015 年	2016 年	2017 年	2018 年	2019 年	2020 年	2021 年	2022 年	2023 年	合计
江　西	0.00	0.00	0.00	0.00	0.00	0.00	0.91	0.67	1.23	0.37	0.32
山　西	0.00	0.00	0.00	0.38	0.63	0.65	0.00	0.34	0.00	0.37	0.25
吉　林	0.00	0.00	0.00	0.00	0.00	0.32	0.00	0.34	1.23	0.00	0.18
海　南	0.00	0.00	0.36	0.00	0.00	0.00	0.00	0.34	0.41	0.00	0.11
新　疆	0.00	0.00	0.00	0.00	0.31	0.00	0.00	0.00	0.41	0.37	0.11
贵　州	0.00	0.00	0.00	0.00	0.00	0.00	0.32	0.00	0.00	0.37	0.07
内蒙古	0.00	0.00	0.00	0.00	0.00	0.31	0.32	0.00	0.00	0.00	0.07
甘　肃	0.00	0.00	0.00	0.00	0.00	0.00	0.00	0.34	0.00	0.00	0.04
宁　夏	0.00	0.00	0.00	0.00	0.00	0.00	0.00	0.34	0.00	0.00	0.04
青　海	0.00	0.00	0.00	0.00	0.00	0.00	0.00	0.34	0.00	0.00	0.04

四　涂料和薄膜

涂料和薄膜 A 层人才最多的是湖北，世界占比为 5.13%；重庆的 A 层人才比较多，世界占比为 3.42%；江苏、北京、广东、河南、四川、浙江也有相当数量的 A 层人才，世界占比在 3%～1%；安徽、福建、湖南、山东、上海有一定数量的 A 层人才，世界占比均为 0.85%。

B 层人才最多的是江苏，世界占比为 5.76%；湖北、北京 B 层人才的世界占比分别为 5.23%、5.14%；山东、广东、浙江的 B 层人才比较多，世界占比在 4%～3%；四川、重庆、上海、河南、辽宁、湖南、黑龙江、安徽、甘肃、江西、陕西、天津、福建也有相当数量的 B 层人才，世界占比在 3%～1%；吉林、云南、广西、宁夏、河北、山西、青海、新疆、贵州有一定数量的 B 层人才，世界占比均超过 0.1%。

C 层人才最多的是北京，世界占比为 5.93%；江苏 C 层人才的世界占比为 5.76%；广东、山东、湖北、上海的 C 层人才比较多，世界占比在 4%～3%；四川、浙江、湖南、陕西、辽宁、河南、天津、重庆、黑龙江、安徽、福建、吉林、江西、山西也有相当数量的 C 层人才，世界占比在 3%～1%；甘肃、河北、广西、云南、新疆、宁夏、内蒙古、贵州、海南有一定数量的

C 层人才，世界占比均超过 0.1%；青海、西藏 C 层人才的世界占比均低于 0.1%。

表 6-10　涂料和薄膜 A 层人才的世界占比

单位：%

省　份	2014 年	2015 年	2016 年	2017 年	2018 年	2019 年	2020 年	2021 年	2022 年	2023 年	合计
湖　北	0.00	11.11	0.00	18.18	0.00	7.14	0.00	0.00	0.00	14.29	5.13
重　庆	0.00	0.00	0.00	0.00	0.00	7.14	15.38	0.00	0.00	7.14	3.42
江　苏	0.00	0.00	0.00	0.00	0.00	7.14	0.00	13.33	0.00	0.00	2.56
北　京	0.00	0.00	0.00	0.00	0.00	0.00	0.00	0.00	0.00	14.29	1.71
广　东	0.00	0.00	0.00	9.09	10.00	0.00	0.00	0.00	0.00	0.00	1.71
河　南	0.00	0.00	0.00	0.00	0.00	7.14	7.69	0.00	0.00	0.00	1.71
四　川	0.00	0.00	0.00	0.00	0.00	7.14	7.69	0.00	0.00	0.00	1.71
浙　江	0.00	0.00	0.00	0.00	0.00	0.00	0.00	0.00	6.67	7.14	1.71
安　徽	0.00	11.11	0.00	0.00	0.00	0.00	0.00	0.00	0.00	0.00	0.85
福　建	0.00	0.00	0.00	0.00	0.00	0.00	0.00	0.00	0.00	7.14	0.85
湖　南	0.00	0.00	0.00	0.00	0.00	0.00	0.00	0.00	0.00	7.14	0.85
山　东	0.00	0.00	0.00	0.00	0.00	0.00	0.00	0.00	6.67	0.00	0.85
上　海	0.00	0.00	0.00	0.00	0.00	0.00	0.00	0.00	0.00	7.14	0.85

表 6-11　涂料和薄膜 B 层人才的世界占比

单位：%

省　份	2014 年	2015 年	2016 年	2017 年	2018 年	2019 年	2020 年	2021 年	2022 年	2023 年	合计
江　苏	5.81	2.27	2.27	5.10	3.54	9.84	3.15	6.38	8.09	8.53	5.76
湖　北	1.16	3.41	4.55	5.10	9.73	5.74	7.87	2.13	5.88	5.43	5.23
北　京	5.81	3.41	3.41	6.12	6.19	5.74	4.72	4.96	6.62	3.88	5.14
山　东	2.33	0.00	2.27	2.04	1.77	4.10	2.36	4.96	5.15	6.98	3.46
广　东	1.16	2.27	1.14	7.14	1.77	2.46	3.15	2.84	4.41	5.43	3.28
浙　江	2.33	1.14	3.41	6.12	4.42	5.74	0.79	2.13	2.94	2.33	3.10
四　川	3.49	2.27	0.00	1.02	1.77	2.46	0.79	2.84	6.62	4.65	2.75
重　庆	1.16	1.14	1.14	0.00	2.65	2.46	2.36	2.84	5.15	5.43	2.66
上　海	2.33	0.00	0.00	8.16	0.88	1.64	1.57	1.42	4.41	4.65	2.57
河　南	0.00	1.14	2.27	3.06	0.88	3.28	3.15	2.84	1.47	2.33	2.13
辽　宁	3.49	0.00	0.00	1.02	4.42	2.46	2.36	1.42	1.47	3.88	2.13

续表

省 份	2014 年	2015 年	2016 年	2017 年	2018 年	2019 年	2020 年	2021 年	2022 年	2023 年	合计
湖 南	0.00	0.00	1.14	1.02	0.88	2.46	1.57	2.84	2.94	3.88	1.86
黑龙江	1.16	0.00	0.00	0.00	3.54	0.00	2.36	1.42	2.21	3.88	1.60
安 徽	1.16	3.41	1.14	2.04	0.88	1.64	1.57	0.71	0.74	2.33	1.51
甘 肃	0.00	0.00	0.00	2.04	0.88	0.82	0.79	0.71	5.15	2.33	1.42
江 西	1.16	1.14	1.14	2.04	1.77	0.00	0.79	2.13	2.21	1.55	1.42
陕 西	1.16	1.14	2.27	0.00	0.88	2.46	0.79	0.00	1.47	3.88	1.42
天 津	0.00	0.00	0.00	0.00	1.77	2.46	1.57	2.84	0.00	2.33	1.24
福 建	1.16	1.14	0.00	0.00	0.00	0.82	0.00	1.42	3.68	2.33	1.15
吉 林	0.00	0.00	0.00	0.00	0.88	1.64	0.00	2.13	1.47	0.78	0.80
云 南	0.00	0.00	1.14	2.04	1.77	0.00	0.00	0.00	0.74	1.55	0.71
广 西	0.00	0.00	0.00	0.00	0.00	0.00	0.79	2.13	0.00	2.33	0.62
宁 夏	0.00	1.14	0.00	0.00	0.00	0.00	1.57	0.71	0.74	1.55	0.62
河 北	2.33	0.00	0.00	0.00	0.00	0.82	0.00	1.42	0.74	0.00	0.53
山 西	0.00	0.00	0.00	0.00	0.00	0.00	0.79	1.42	1.47	0.78	0.53
青 海	0.00	0.00	0.00	0.00	0.00	0.00	0.00	0.00	0.74	1.55	0.27
新 疆	0.00	0.00	0.00	0.00	0.00	0.00	0.00	0.71	0.00	1.55	0.27
贵 州	0.00	0.00	0.00	1.02	0.00	0.00	0.79	0.00	0.00	0.00	0.18

表 6-12　涂料和薄膜 C 层人才的世界占比

单位：%

省 份	2014 年	2015 年	2016 年	2017 年	2018 年	2019 年	2020 年	2021 年	2022 年	2023 年	合计
北 京	5.76	5.94	5.28	6.11	8.00	7.35	5.48	4.42	5.11	6.06	5.93
江 苏	4.71	4.89	3.87	4.48	6.73	6.46	6.05	5.96	6.16	6.83	5.76
广 东	3.88	2.91	2.23	2.24	2.45	4.68	3.27	3.90	5.48	5.90	3.84
山 东	1.06	1.75	1.99	3.05	3.82	3.47	4.01	5.01	5.03	5.28	3.68
湖 北	1.29	2.56	1.76	3.46	5.09	3.96	3.27	3.09	3.00	2.87	3.12
上 海	3.18	2.10	4.45	2.34	3.18	3.39	2.04	3.98	3.08	2.33	3.00
四 川	0.94	1.05	2.23	2.24	3.82	3.31	3.19	3.17	4.05	4.19	2.99
浙 江	1.65	1.86	2.34	1.73	3.45	2.67	3.11	4.05	4.28	2.87	2.93
湖 南	2.00	2.91	1.76	1.93	2.09	3.31	2.37	2.43	3.60	2.02	2.49
陕 西	1.65	1.63	2.46	1.63	1.82	2.67	2.86	2.80	3.60	2.72	2.47
辽 宁	1.53	1.63	1.88	2.24	2.27	2.42	2.04	2.50	2.55	3.11	2.28
河 南	1.29	1.28	0.70	2.44	2.09	1.62	1.88	2.72	2.40	2.48	1.98

省　份	2014 年	2015 年	2016 年	2017 年	2018 年	2019 年	2020 年	2021 年	2022 年	2023 年	合计
天　津	1.65	1.05	1.88	1.83	2.09	1.53	2.29	1.99	1.88	1.94	1.84
重　庆	0.71	0.93	1.17	1.12	2.09	2.42	1.72	1.62	2.18	2.41	1.72
黑龙江	1.06	1.40	0.82	2.04	1.64	1.29	1.06	1.77	2.03	2.48	1.61
安　徽	1.18	1.28	1.64	1.93	1.27	2.02	0.90	1.40	1.58	1.71	1.50
福　建	1.06	1.05	1.29	1.43	1.27	1.29	1.31	1.47	1.73	1.94	1.42
吉　林	0.94	1.28	0.47	1.02	1.09	1.78	0.90	1.25	1.50	2.64	1.34
江　西	0.59	1.40	0.23	1.02	0.82	1.13	0.98	1.62	1.65	1.40	1.14
山　西	0.94	1.05	0.70	0.81	0.91	1.45	1.06	0.88	1.43	1.63	1.12
甘　肃	0.94	0.70	0.59	1.83	0.91	0.40	0.49	0.74	1.58	0.78	0.89
河　北	0.71	0.47	0.23	0.51	0.73	0.81	1.31	0.81	0.90	1.09	0.79
广　西	0.00	0.35	0.70	0.51	0.73	0.73	0.41	0.74	1.28	1.09	0.69
云　南	0.24	0.58	0.59	0.31	0.36	0.40	0.41	0.81	1.20	1.01	0.62
新　疆	0.24	0.35	0.12	0.20	0.27	0.24	0.41	0.66	0.23	0.39	0.32
宁　夏	0.24	0.00	0.00	0.41	0.18	0.16	0.25	0.29	0.38	0.39	0.24
内蒙古	0.24	0.23	0.00	0.10	0.18	0.16	0.33	0.22	0.08	0.54	0.22
贵　州	0.12	0.23	0.00	0.00	0.36	0.08	0.00	0.15	0.23	0.70	0.20
海　南	0.00	0.00	0.12	0.10	0.09	0.00	0.16	0.07	0.38	0.08	0.11
青　海	0.00	0.00	0.12	0.00	0.09	0.00	0.00	0.08	0.15	0.23	0.07
西　藏	0.00	0.00	0.12	0.00	0.00	0.00	0.00	0.00	0.08	0.00	0.02

五　纺织材料

纺织材料 A 层人才最多的是江苏、上海、浙江，世界占比均为 6.45%；北京、广东、陕西、山东、山西的 A 层人才比较多，世界占比均为 3.23%。

B 层人才最多的是上海，世界占比为 7.08%；江苏、浙江、北京、广东、湖北的 B 层人才比较多，世界占比在 6%~3%；山东、天津、山西、陕西、福建、辽宁、黑龙江、江西、四川也有相当数量的 B 层人才，世界占比在 3%~1%；安徽、重庆、广西、河南、吉林、云南、湖南、内蒙古有一定数量的 B 层人才，世界占比均超过 0.2%。

C 层人才最多的是江苏，世界占比为 5.80%；上海 C 层人才的世界占比为5.19%；北京、广东、湖北、山东、浙江的C层人才比较多，世界占比在5%~3%；天津、陕西、福建、河南、吉林、广西、四川、辽宁、湖南、江西、安徽、重庆、山西也有相当数量的C层人才，世界占比在3%~1%；黑龙江、河北、甘肃、云南、新疆、青海、贵州、海南、内蒙古有一定数量的C层人才，世界占比均超过0.1%；宁夏C层人才的世界占比为0.05%。

表6-13　纺织材料A层人才的世界占比

单位：%

省　份	2014年	2015年	2016年	2017年	2018年	2019年	2020年	2021年	2022年	2023年	合计
江　苏	33.33	0.00	0.00	0.00	0.00	0.00	0.00	0.00	0.00	25.00	6.45
上　海	0.00	0.00	0.00	0.00	0.00	0.00	0.00	0.00	40.00	0.00	6.45
浙　江	0.00	0.00	0.00	25.00	0.00	0.00	0.00	0.00	0.00	25.00	6.45
北　京	0.00	0.00	0.00	0.00	0.00	33.33	0.00	0.00	0.00	0.00	3.23
广　东	0.00	0.00	0.00	0.00	0.00	0.00	0.00	0.00	20.00	0.00	3.23
陕　西	0.00	0.00	0.00	0.00	0.00	0.00	0.00	0.00	20.00	0.00	3.23
山　东	0.00	0.00	0.00	0.00	0.00	0.00	0.00	0.00	20.00	0.00	3.23
山　西	0.00	0.00	0.00	25.00	0.00	0.00	0.00	0.00	0.00	0.00	3.23

表6-14　纺织材料B层人才的世界占比

单位：%

省　份	2014年	2015年	2016年	2017年	2018年	2019年	2020年	2021年	2022年	2023年	合计
上　海	7.14	0.00	2.94	0.00	2.27	1.92	14.29	5.56	22.92	9.30	7.08
江　苏	0.00	6.45	0.00	4.88	4.55	3.85	6.12	7.41	14.58	4.65	5.66
浙　江	3.57	3.23	2.94	9.76	0.00	1.92	2.04	5.56	6.25	6.98	4.25
北　京	0.00	3.23	0.00	2.44	0.00	5.77	6.12	7.41	4.17	2.33	3.54
广　东	3.57	3.23	2.94	2.44	4.55	1.92	0.00	5.56	4.17	2.33	3.07
湖　北	3.57	0.00	0.00	2.44	2.27	3.85	6.12	0.00	6.25	4.65	3.07
山　东	0.00	3.23	2.94	0.00	0.00	1.92	0.00	5.56	4.17	9.30	2.83
天　津	0.00	3.23	2.94	0.00	2.27	3.85	0.00	3.70	0.00	4.65	2.12
山　西	0.00	0.00	2.94	0.00	9.09	0.00	2.04	1.85	0.00	2.33	1.89
陕　西	0.00	0.00	2.94	0.00	4.55	0.00	2.04	3.70	2.08	0.00	1.65
福　建	0.00	3.23	0.00	0.00	0.00	0.00	2.04	5.56	0.00	2.33	1.42

续表

省　份	2014 年	2015 年	2016 年	2017 年	2018 年	2019 年	2020 年	2021 年	2022 年	2023 年	合计
辽　宁	0.00	0.00	0.00	4.88	0.00	0.00	4.08	1.85	0.00	2.33	1.42
黑龙江	0.00	0.00	0.00	0.00	2.27	0.00	0.00	3.70	2.08	2.33	1.18
江　西	0.00	0.00	0.00	4.88	0.00	3.85	0.00	0.00	2.08	0.00	1.18
四　川	0.00	0.00	0.00	0.00	0.00	0.00	2.04	3.70	2.08	2.33	1.18
安　徽	0.00	0.00	2.94	0.00	0.00	0.00	4.08	0.00	0.00	2.33	0.94
重　庆	0.00	0.00	0.00	0.00	2.27	3.85	0.00	0.00	0.00	0.00	0.71
广　西	0.00	3.23	0.00	0.00	2.27	0.00	0.00	1.85	0.00	0.00	0.71
河　南	0.00	0.00	2.94	0.00	0.00	0.00	2.04	0.00	0.00	0.00	0.47
吉　林	0.00	0.00	0.00	0.00	0.00	1.92	0.00	1.85	0.00	0.00	0.47
云　南	0.00	0.00	0.00	0.00	0.00	3.85	0.00	0.00	0.00	0.00	0.47
湖　南	0.00	0.00	0.00	0.00	0.00	1.92	0.00	0.00	0.00	0.00	0.24
内蒙古	0.00	0.00	0.00	0.00	0.00	0.00	0.00	0.00	2.08	0.00	0.24

表 6-15　纺织材料 C 层人才的世界占比

单位：%

省　份	2014 年	2015 年	2016 年	2017 年	2018 年	2019 年	2020 年	2021 年	2022 年	2023 年	合计
江　苏	3.46	4.98	3.12	4.97	6.54	5.41	5.13	6.75	6.24	9.80	5.80
上　海	2.08	4.27	3.12	5.87	6.02	4.41	3.70	5.47	9.25	5.88	5.19
北　京	3.11	3.20	2.80	4.29	2.88	4.81	3.08	3.47	7.53	4.66	4.10
广　东	3.11	1.78	2.80	4.74	4.97	5.21	3.08	4.20	3.23	3.92	3.83
湖　北	2.08	3.20	2.49	3.16	3.66	5.61	3.70	2.74	3.66	3.92	3.52
山　东	1.04	0.71	1.25	1.13	2.62	4.01	6.16	4.56	6.88	3.43	3.52
浙　江	1.04	2.49	4.05	2.48	1.31	1.60	3.70	3.10	5.81	4.90	3.13
天　津	0.69	2.14	2.49	3.39	2.62	1.60	2.26	2.01	2.58	1.72	2.18
陕　西	0.00	1.07	0.62	1.35	0.79	1.60	2.87	2.55	1.72	2.45	1.65
福　建	1.38	1.78	0.62	1.58	1.31	1.20	1.85	1.64	2.58	1.47	1.58
河　南	0.69	0.36	1.56	0.45	1.31	1.40	1.85	1.46	1.51	3.68	1.48
吉　林	1.73	1.42	1.87	1.81	1.57	0.80	0.62	1.46	2.58	0.98	1.46
广　西	0.35	0.00	0.00	0.90	2.62	2.20	1.85	1.09	2.58	0.74	1.36
四　川	1.38	0.36	0.00	0.68	1.31	2.00	1.03	2.19	1.94	1.47	1.33
辽　宁	0.69	0.36	0.93	0.90	0.79	1.40	1.23	0.91	1.94	1.72	1.14
湖　南	0.69	0.71	1.25	0.90	1.05	1.40	1.64	0.55	1.08	1.72	1.12
江　西	0.69	0.36	0.93	0.68	2.36	0.80	2.05	0.55	1.29	1.23	1.12

续表

省　份	2014年	2015年	2016年	2017年	2018年	2019年	2020年	2021年	2022年	2023年	合计
安　徽	0.35	1.42	1.25	0.23	0.79	1.00	0.41	0.91	1.72	2.94	1.09
重　庆	0.35	0.71	0.31	0.68	1.05	2.20	0.41	1.28	1.08	1.72	1.04
山　西	0.00	0.36	1.25	2.03	2.36	0.40	0.21	1.09	1.08	1.47	1.04
黑龙江	1.04	2.14	0.00	1.81	0.79	1.00	0.41	0.55	0.86	1.23	0.95
河　北	0.00	0.36	0.00	0.68	0.52	0.40	0.82	0.36	0.65	0.49	0.46
甘　肃	0.35	0.00	0.62	0.45	0.00	0.20	0.41	1.09	0.22	0.49	0.41
云　南	0.00	0.00	0.31	0.23	0.00	0.20	0.62	0.73	0.65	0.74	0.39
新　疆	0.00	0.36	0.00	0.00	1.05	0.00	0.00	0.18	1.29	0.49	0.34
青　海	0.00	0.00	0.00	0.45	1.05	0.00	0.00	0.73	0.22	0.00	0.29
贵　州	0.00	0.00	0.31	0.68	0.00	0.00	0.21	0.18	0.43	0.25	0.24
海　南	0.00	0.36	0.00	0.00	0.00	0.20	0.21	0.18	0.22	0.25	0.15
内蒙古	0.00	0.00	0.00	0.00	0.26	0.20	0.00	0.00	0.43	0.25	0.12
宁　夏	0.00	0.00	0.00	0.00	0.00	0.00	0.00	0.18	0.00	0.25	0.05

六　复合材料

复合材料A层人才最多的是河南、山东，世界占比均为7.32%；陕西A层人才的世界占比为6.10%；北京、广东、山西的A层人才比较多，世界占比均为3.66%；江苏、四川、甘肃、黑龙江、吉林、辽宁、上海、天津、浙江也有相当数量的A层人才，世界占比在3%~1%。

B层人才最多的是江苏，世界占比为6.12%；陕西、山东、河南、上海、北京、浙江、广东、山西的B层人才比较多，世界占比在6%~3%；湖南、黑龙江、四川、湖北、辽宁、重庆、天津也有相当数量的B层人才，世界占比在3%~1%；安徽、福建、贵州、河北、吉林、甘肃、江西、云南、海南、新疆有一定数量的B层人才，世界占比均超过0.1%。

C层人才最多的是北京，世界占比为5.77%；上海、江苏、广东的C层人才比较多，世界占比在5%~3%；黑龙江、浙江、湖南、四川、湖北、陕西、山东、河南、安徽、辽宁、山西、天津、重庆也有相当数量的C层人才，世界占比在3%~1%；福建、广西、吉林、河北、江西、云南、甘肃、贵州、海南有一定数量的 C 层人才，世界占比均超过 0.1%；内蒙古、青海、新疆、宁夏 C 层人才的世界占比均低于 0.1%。

表 6-16 复合材料 A 层人才的世界占比

单位：%

省　份	2014 年	2015 年	2016 年	2017 年	2018 年	2019 年	2020 年	2021 年	2022 年	2023 年	合计
河　南	0.00	0.00	0.00	0.00	0.00	0.00	22.22	27.27	0.00	11.11	7.32
山　东	0.00	0.00	0.00	0.00	0.00	0.00	0.00	18.18	28.57	22.22	7.32
陕　西	0.00	0.00	0.00	0.00	0.00	18.18	22.22	9.09	0.00	0.00	6.10
北　京	0.00	0.00	0.00	0.00	0.00	0.00	0.00	18.18	14.29	0.00	3.66
广　东	0.00	0.00	0.00	0.00	0.00	9.09	0.00	0.00	14.29	11.11	3.66
山　西	0.00	0.00	0.00	0.00	0.00	0.00	0.00	0.00	14.29	22.22	3.66
江　苏	0.00	0.00	0.00	0.00	0.00	9.09	11.11	0.00	0.00	0.00	2.44
四　川	0.00	0.00	0.00	16.67	0.00	0.00	0.00	0.00	0.00	11.11	2.44
甘　肃	0.00	0.00	0.00	0.00	0.00	9.09	0.00	0.00	0.00	0.00	1.22
黑龙江	0.00	0.00	0.00	0.00	0.00	0.00	0.00	0.00	14.29	0.00	1.22
吉　林	0.00	0.00	0.00	0.00	12.50	0.00	0.00	0.00	0.00	0.00	1.22
辽　宁	0.00	0.00	0.00	0.00	0.00	0.00	0.00	9.09	0.00	0.00	1.22
上　海	0.00	0.00	0.00	0.00	0.00	0.00	0.00	9.09	0.00	0.00	1.22
天　津	0.00	0.00	0.00	0.00	0.00	0.00	0.00	0.00	0.00	11.11	1.22
浙　江	0.00	0.00	0.00	0.00	0.00	0.00	0.00	9.09	0.00	0.00	1.22

表 6-17 复合材料 B 层人才的世界占比

单位：%

省　份	2014 年	2015 年	2016 年	2017 年	2018 年	2019 年	2020 年	2021 年	2022 年	2023 年	合计
江　苏	0.00	5.41	0.00	5.56	7.78	3.00	11.63	7.07	9.38	7.69	6.12
陕　西	0.00	0.00	0.00	6.94	5.56	10.00	13.95	4.04	4.17	5.49	5.40
山　东	0.00	0.00	1.41	1.39	3.33	5.00	3.49	8.08	12.50	8.79	4.92
河　南	0.00	0.00	0.00	1.39	4.44	5.00	5.81	10.10	8.33	3.30	4.32
上　海	1.82	4.05	2.82	4.17	1.11	1.00	4.65	7.07	6.25	6.59	4.08
北　京	0.00	1.35	2.82	2.78	2.22	6.00	6.98	4.04	2.08	5.49	3.60
浙　江	1.82	0.00	0.00	0.00	2.22	2.00	10.47	5.05	6.25	5.49	3.60
广　东	3.64	2.70	1.41	2.78	3.33	3.00	2.33	3.03	4.17	5.49	3.24
山　西	0.00	0.00	1.41	0.00	0.00	3.00	1.16	0.00	14.58	6.59	3.00

续表

省　份	2014年	2015年	2016年	2017年	2018年	2019年	2020年	2021年	2022年	2023年	合计
湖　南	0.00	0.00	5.63	2.78	2.22	5.00	5.81	2.02	3.13	0.00	2.76
黑龙江	0.00	2.70	0.00	1.39	4.44	4.00	0.00	1.01	2.08	5.49	2.28
四　川	0.00	0.00	0.00	0.00	5.56	2.00	2.33	4.04	3.13	2.20	2.16
湖　北	0.00	1.35	2.82	5.56	1.11	1.00	1.16	4.04	1.04	2.20	2.04
辽　宁	0.00	2.70	1.41	2.78	1.11	1.00	2.33	2.02	2.08	3.30	1.92
重　庆	0.00	0.00	0.00	0.00	0.00	2.00	1.16	1.01	2.08	4.40	1.20
天　津	0.00	0.00	1.41	1.39	0.00	1.00	1.16	1.01	3.13	2.20	1.20
安　徽	1.82	0.00	0.00	2.78	0.00	0.00	2.33	0.00	0.00	1.10	0.72
福　建	0.00	0.00	1.41	1.39	1.11	0.00	0.00	1.01	0.00	1.10	0.60
贵　州	0.00	0.00	0.00	0.00	0.00	0.00	1.16	2.02	0.00	1.10	0.48
河　北	0.00	0.00	0.00	0.00	1.11	0.00	1.16	0.00	1.04	1.10	0.48
吉　林	0.00	0.00	0.00	0.00	0.00	0.00	1.16	2.02	0.00	1.10	0.48
甘　肃	0.00	0.00	0.00	0.00	2.22	0.00	0.00	0.00	0.00	1.10	0.36
江　西	0.00	0.00	1.41	0.00	0.00	0.00	1.16	1.01	0.00	0.00	0.36
云　南	0.00	0.00	0.00	0.00	0.00	0.00	1.16	1.01	1.04	0.00	0.36
海　南	0.00	0.00	0.00	0.00	1.11	0.00	0.00	0.00	0.00	0.00	0.12
新　疆	0.00	0.00	0.00	0.00	0.00	0.00	0.00	1.01	0.00	0.00	0.12

表6-18　复合材料C层人才的世界占比

单位：%

省　份	2014年	2015年	2016年	2017年	2018年	2019年	2020年	2021年	2022年	2023年	合计
北　京	3.27	2.54	6.05	3.87	6.12	5.06	9.27	6.61	7.92	5.19	5.77
上　海	3.81	3.21	3.89	3.72	5.12	2.88	5.05	5.35	7.39	5.64	4.71
江　苏	2.18	2.68	3.46	2.87	2.90	4.17	3.97	6.71	8.66	6.32	4.63
广　东	1.09	2.14	3.75	2.87	4.34	4.37	4.57	4.47	5.70	4.29	3.95
黑龙江	3.09	3.35	2.31	2.87	2.67	2.48	2.29	3.31	4.22	2.48	2.92
浙　江	1.09	1.20	1.59	1.58	1.56	3.08	3.13	3.31	4.86	5.87	2.90
湖　南	1.09	1.07	1.87	2.01	3.12	3.67	3.13	2.82	3.48	3.16	2.68
四　川	1.09	0.94	2.02	1.58	2.90	2.68	3.85	3.60	3.48	3.16	2.67
湖　北	0.73	1.74	1.44	2.01	2.78	1.79	2.77	3.11	5.28	3.50	2.65
陕　西	0.91	1.74	1.59	2.01	1.89	2.98	4.09	3.60	3.91	2.26	2.63
山　东	0.36	0.80	0.86	0.72	1.56	1.59	5.42	4.09	4.65	3.61	2.56
河　南	0.00	0.27	0.14	0.86	1.11	1.69	2.77	3.99	3.91	2.26	1.89

续表

省　份	2014 年	2015 年	2016 年	2017 年	2018 年	2019 年	2020 年	2021 年	2022 年	2023 年	合计
安　徽	0.91	0.40	1.15	1.00	1.45	1.79	1.81	2.04	3.06	1.47	1.59
辽　宁	0.73	1.07	1.01	1.58	1.00	1.39	1.81	1.56	1.80	1.92	1.42
山　西	0.36	0.13	0.43	0.57	0.33	0.60	0.36	0.58	4.44	4.18	1.29
天　津	0.18	0.27	0.72	0.57	1.11	0.89	1.68	1.56	2.32	2.48	1.27
重　庆	0.73	0.94	0.43	0.29	0.45	1.19	1.81	1.26	2.11	1.92	1.17
福　建	0.00	0.27	0.29	0.00	0.45	0.60	1.56	1.26	1.80	1.81	0.88
广　西	0.00	0.27	0.00	0.14	0.11	0.20	0.48	0.68	1.06	2.60	0.60
吉　林	0.00	0.40	0.14	0.14	0.45	0.20	0.72	0.49	1.06	0.45	0.43
河　北	0.54	0.40	0.00	0.43	0.45	0.40	0.36	0.29	0.63	0.45	0.40
江　西	0.00	0.13	0.14	0.14	0.11	0.89	0.72	0.39	0.74	0.23	0.39
云　南	0.00	0.00	0.14	0.00	0.11	0.00	0.12	0.19	0.95	0.68	0.24
甘　肃	0.18	0.13	0.14	0.00	0.67	0.20	0.00	0.29	0.32	0.23	0.23
贵　州	0.18	0.00	0.00	0.00	0.11	0.20	0.00	0.19	0.11	0.56	0.14
海　南	0.00	0.00	0.00	0.14	0.33	0.30	0.00	0.00	0.32	0.23	0.14
内蒙古	0.00	0.00	0.14	0.00	0.11	0.00	0.12	0.00	0.32	0.00	0.07
青　海	0.00	0.00	0.00	0.00	0.22	0.00	0.12	0.00	0.11	0.00	0.05
新　疆	0.00	0.00	0.14	0.00	0.11	0.10	0.00	0.00	0.11	0.00	0.05
宁　夏	0.00	0.00	0.00	0.00	0.00	0.00	0.00	0.00	0.00	0.23	0.02

七　材料检测和鉴定

材料检测和鉴定 A 层人才最多的是山东，世界占比为 5.88%；北京、重庆、广西、贵州、河南、湖北、江苏、辽宁、上海、天津、浙江也有相当数量的 A 层人才，世界占比均为 1.96%。

B 层人才最多的是北京，世界占比为 4.43%；江苏、湖南、重庆、陕西、四川、辽宁、上海、黑龙江、山东也有相当数量的 B 层人才，世界占比 3%~1%；河南、湖北、广东、广西、河北、江西、天津、浙江、贵州、山西有一定数量的 B 层人才，世界占比均超过 0.1%。

C 层人才最多的是北京，世界占比为 6.37%；江苏、湖南的 C 层人才比较多，世界占比分别为 3.21%、3.18%；上海、辽宁、四川、广东、陕西、

山东、黑龙江、重庆、湖北、浙江也有相当数量的 C 层人才，世界占比在
3%～1%；河南、河北、天津、山西、江西、广西、吉林、安徽、福建、云
南、甘肃、贵州、新疆有一定数量的 C 层人才，世界占比均超过 0.1%；内
蒙古、海南、宁夏、青海 C 层人才的世界占比均低于 0.1%。

表 6-19　材料检测和鉴定 A 层人才的世界占比

单位：%

省　份	2014 年	2015 年	2016 年	2017 年	2018 年	2019 年	2020 年	2021 年	2022 年	2023 年	合计
山　东	0.00	0.00	0.00	0.00	0.00	20.00	0.00	25.00	16.67	0.00	5.88
北　京	0.00	0.00	0.00	16.67	0.00	0.00	0.00	0.00	0.00	0.00	1.96
重　庆	0.00	0.00	0.00	0.00	0.00	0.00	0.00	25.00	0.00	0.00	1.96
广　西	0.00	0.00	0.00	0.00	0.00	0.00	0.00	0.00	16.67	0.00	1.96
贵　州	0.00	0.00	0.00	0.00	0.00	0.00	0.00	0.00	16.67	0.00	1.96
河　南	0.00	0.00	0.00	0.00	0.00	0.00	0.00	0.00	16.67	0.00	1.96
湖　北	0.00	0.00	0.00	0.00	0.00	0.00	0.00	0.00	16.67	0.00	1.96
江　苏	0.00	0.00	0.00	0.00	0.00	0.00	0.00	25.00	0.00	0.00	1.96
辽　宁	20.00	0.00	0.00	0.00	0.00	0.00	0.00	0.00	0.00	0.00	1.96
上　海	0.00	0.00	0.00	0.00	0.00	14.29	0.00	0.00	0.00	0.00	1.96
天　津	0.00	0.00	0.00	0.00	0.00	0.00	0.00	25.00	0.00	0.00	1.96
浙　江	0.00	0.00	0.00	0.00	0.00	0.00	14.29	0.00	0.00	0.00	1.96

表 6-20　材料检测和鉴定 B 层人才的世界占比

单位：%

省　份	2014 年	2015 年	2016 年	2017 年	2018 年	2019 年	2020 年	2021 年	2022 年	2023 年	合计
北　京	2.38	5.13	6.38	3.64	6.00	3.17	3.13	4.62	6.78	3.45	4.43
江　苏	0.00	2.56	0.00	0.00	6.00	0.00	1.56	1.54	8.47	1.72	2.21
湖　南	0.00	0.00	0.00	1.82	2.00	0.00	1.56	4.62	5.08	1.72	1.85
重　庆	0.00	0.00	0.00	0.00	0.00	0.00	0.00	4.62	0.00	10.34	1.66
陕　西	2.38	0.00	0.00	0.00	2.00	0.00	1.56	3.08	5.08	1.72	1.66
四　川	0.00	0.00	2.13	1.82	2.00	1.59	1.56	0.00	3.39	3.45	1.66
辽　宁	2.38	7.69	2.13	0.00	2.00	0.00	0.00	3.08	0.00	0.00	1.48
上　海	0.00	0.00	0.00	3.64	6.00	0.00	0.00	1.54	1.69	0.00	1.29
黑龙江	0.00	0.00	2.13	0.00	0.00	0.00	0.00	3.08	1.69	3.45	1.11
山　东	0.00	0.00	2.13	1.82	2.00	0.00	1.56	0.00	1.69	1.72	1.11

续表

省　份	2014 年	2015 年	2016 年	2017 年	2018 年	2019 年	2020 年	2021 年	2022 年	2023 年	合计
河　南	0.00	0.00	0.00	0.00	0.00	0.00	0.00	1.54	3.39	3.45	0.92
湖　北	0.00	2.56	0.00	1.82	0.00	1.59	1.56	0.00	1.69	0.00	0.92
广　东	0.00	0.00	0.00	0.00	2.00	1.59	0.00	0.00	1.69	0.00	0.55
广　西	0.00	0.00	0.00	0.00	2.00	0.00	0.00	1.54	0.00	1.72	0.55
河　北	0.00	2.56	0.00	0.00	0.00	0.00	0.00	0.00	1.69	1.72	0.55
江　西	0.00	0.00	0.00	0.00	0.00	0.00	1.56	0.00	1.69	0.00	0.37
天　津	0.00	0.00	0.00	0.00	0.00	0.00	0.00	0.00	3.39	0.00	0.37
浙　江	0.00	0.00	0.00	0.00	0.00	0.00	0.00	1.54	1.69	0.00	0.37
贵　州	0.00	0.00	0.00	0.00	0.00	0.00	0.00	0.00	1.69	0.00	0.18
山　西	0.00	0.00	0.00	0.00	0.00	0.00	1.56	0.00	0.00	0.00	0.18

表 6-21　材料检测和鉴定 C 层人才的世界占比

单位：%

省　份	2014 年	2015 年	2016 年	2017 年	2018 年	2019 年	2020 年	2021 年	2022 年	2023 年	合计
北　京	5.19	5.08	4.03	6.45	5.27	5.87	3.53	9.41	9.17	8.86	6.37
江　苏	1.08	1.78	1.70	2.76	2.03	3.59	3.38	4.46	5.11	4.88	3.21
湖　南	1.08	2.54	2.97	2.21	2.84	3.75	3.38	3.96	4.23	3.98	3.18
上　海	2.38	1.78	2.97	4.05	2.64	2.77	2.61	4.29	2.29	3.44	2.97
辽　宁	0.87	3.55	1.06	3.31	3.45	2.45	1.69	3.63	4.76	3.62	2.86
四　川	1.52	0.76	1.70	2.95	2.43	2.94	2.61	2.64	5.82	3.44	2.78
广　东	1.30	1.52	1.49	2.95	2.03	1.63	2.00	2.48	3.53	2.71	2.20
陕　西	0.87	1.52	0.42	2.03	3.25	1.14	1.69	2.64	2.82	3.44	2.02
山　东	0.43	1.27	0.85	1.10	1.01	2.28	1.84	2.15	3.35	4.70	1.98
黑龙江	1.30	2.03	1.06	1.66	1.62	2.45	2.30	1.82	2.65	1.99	1.92
重　庆	0.65	1.27	1.06	1.29	2.64	0.98	0.92	1.98	3.17	2.35	1.64
湖　北	0.22	1.02	0.21	0.74	1.22	1.96	1.08	1.49	2.29	3.62	1.44
浙　江	0.65	1.52	0.42	0.18	0.61	0.98	0.92	1.16	3.00	3.07	1.27
河　南	0.65	0.25	0.64	0.92	0.81	0.65	0.77	0.99	1.59	2.17	0.97
河　北	0.87	0.25	0.64	0.55	0.81	0.82	0.61	1.82	0.88	1.63	0.92
天　津	1.30	0.76	0.42	0.74	0.41	0.65	0.61	0.99	1.76	0.72	0.84
山　西	0.22	1.27	0.00	0.37	0.20	0.98	0.61	0.66	0.88	1.27	0.65
江　西	0.22	0.76	0.00	0.18	0.41	0.16	1.23	1.32	1.23	0.36	0.62
广　西	0.43	0.00	0.00	0.18	0.00	0.16	0.15	0.66	0.88	2.89	0.56

续表

省　份	2014年	2015年	2016年	2017年	2018年	2019年	2020年	2021年	2022年	2023年	合计
吉　林	0.43	0.76	0.21	0.74	0.41	0.00	0.31	0.50	0.53	0.90	0.47
安　徽	0.43	0.51	0.21	0.55	0.41	0.16	0.46	0.17	0.71	0.36	0.39
福　建	0.43	0.00	0.21	0.18	0.20	0.16	0.31	0.33	0.53	0.72	0.32
云　南	0.22	0.00	0.21	0.55	0.41	0.16	0.46	0.00	0.35	0.72	0.32
甘　肃	0.00	0.25	0.64	0.00	0.20	0.16	0.15	0.17	0.53	0.90	0.30
贵　州	0.00	0.25	0.00	0.37	0.20	0.33	0.00	0.17	0.35	0.90	0.26
新　疆	0.00	0.00	0.00	0.18	0.00	0.16	0.15	0.33	0.53	0.18	0.17
内蒙古	0.00	0.00	0.00	0.18	0.00	0.00	0.00	0.00	0.18	0.54	0.09
海　南	0.22	0.00	0.00	0.00	0.00	0.00	0.00	0.00	0.00	0.36	0.06
宁　夏	0.00	0.00	0.00	0.00	0.00	0.00	0.00	0.17	0.18	0.00	0.04
青　海	0.00	0.00	0.00	0.00	0.20	0.00	0.15	0.00	0.00	0.00	0.04

八　多学科材料

多学科材料A、B、C层人才最多的均为北京，世界占比分别为8.32%、10.91%、9.20%。

上海、广东、江苏、湖北的A层人才较多，世界占比在5%~3%；浙江、湖南、山东、辽宁、陕西、安徽、河南、天津、四川也有相当数量的A层人才，世界占比在3%~1%；吉林、福建、重庆、黑龙江、山西、江西、甘肃、广西、河北、贵州、内蒙古、云南有一定数量的A层人才，世界占比超过或等于0.1%；宁夏、青海A层人才的世界占比均为0.05%。

江苏、广东、上海、湖北、浙江的B层人才比较多，世界占比在7%~3%；山东、天津、湖南、安徽、河南、陕西、辽宁、四川、吉林、福建、黑龙江也有相当数量的B层人才，世界占比在3%~1%；重庆、山西、广西、江西、河北、甘肃、云南、贵州、海南、内蒙古有一定数量的B层人才，世界占比均超过0.1%；新疆、宁夏、青海、西藏B层人才的世界占比均低于0.1%。

江苏、广东、上海、湖北、浙江的C层人才比较多，世界占比在6%~

3%；山东、天津、四川、湖南、辽宁、安徽、陕西、河南、福建、吉林、黑龙江、重庆也有相当数量的 C 层人才，世界占比在 3%～1%；甘肃、山西、广西、江西、河北、云南、新疆、海南、内蒙古、贵州有一定数量的 C 层人才，世界占比均超过 0.1%；宁夏、青海、西藏 C 层人才的世界占比均低于 0.1%。

表 6-22　多学科材料 A 层人才的世界占比

单位：%

省　份	2014 年	2015 年	2016 年	2017 年	2018 年	2019 年	2020 年	2021 年	2022 年	2023 年	合计
北　京	6.96	5.44	6.83	10.06	8.59	9.38	7.79	8.99	7.41	10.16	8.32
上　海	2.53	1.36	1.86	2.79	5.56	2.68	2.60	5.62	6.67	8.59	4.40
广　东	1.90	1.36	1.86	1.12	0.00	4.91	2.60	3.75	7.41	8.59	3.78
江　苏	2.53	3.40	0.62	0.56	3.03	4.02	2.16	3.37	4.44	7.03	3.35
湖　北	1.90	3.40	0.62	5.03	4.04	3.57	3.03	3.37	2.59	2.34	3.01
浙　江	0.00	0.00	1.86	1.68	1.01	1.34	1.30	1.87	8.52	7.03	2.87
湖　南	0.00	0.68	0.62	2.79	1.52	1.79	1.73	3.00	1.85	1.17	1.63
山　东	0.00	0.00	1.24	0.00	1.01	0.00	1.73	2.62	1.85	5.08	1.58
辽　宁	0.63	0.68	0.62	1.12	2.53	0.45	2.16	0.75	2.22	3.13	1.53
陕　西	0.00	0.00	0.00	0.00	0.51	1.34	0.43	1.87	4.07	3.13	1.39
安　徽	0.63	0.68	0.00	0.00	1.01	1.79	0.87	0.37	1.11	5.47	1.34
河　南	0.00	0.00	0.00	0.56	0.00	0.00	1.73	3.00	2.96	2.34	1.29
天　津	0.00	1.36	0.62	1.12	2.02	0.89	0.87	1.12	2.22	1.95	1.29
四　川	0.63	0.00	0.62	0.00	0.51	0.45	1.30	1.50	1.85	1.95	1.00
吉　林	0.00	0.68	1.24	1.12	1.01	1.34	0.87	0.00	1.11	1.56	0.91
福　建	0.00	0.00	1.24	0.56	0.00	0.00	0.87	1.50	0.74	2.34	0.81
重　庆	0.00	1.36	0.00	0.56	1.52	0.00	0.43	0.37	0.37	1.56	0.62
黑龙江	0.63	0.00	0.62	0.00	0.00	0.45	1.30	0.75	0.37	1.17	0.62
山　西	0.00	0.00	0.62	0.00	1.01	0.45	0.43	0.00	0.37	1.56	0.48
江　西	0.00	0.00	0.00	0.00	0.00	0.45	0.87	0.75	0.37	1.17	0.43
甘　肃	0.00	0.00	0.00	0.00	0.00	0.00	0.00	0.75	0.00	1.56	0.29
广　西	0.00	0.00	0.00	0.00	0.00	0.00	0.00	0.75	0.00	1.17	0.24
河　北	0.00	0.00	0.00	0.00	0.00	0.00	0.00	0.75	0.00	0.78	0.19
贵　州	0.00	0.00	0.00	0.00	0.00	0.00	0.00	0.00	0.37	0.78	0.14
内蒙古	0.00	0.00	0.00	0.00	0.00	0.00	0.00	0.43	0.00	0.39	0.10
云　南	0.00	0.00	0.00	0.00	0.00	0.00	0.00	0.00	0.37	0.39	0.10
宁　夏	0.00	0.00	0.00	0.00	0.00	0.00	0.00	0.00	0.00	0.39	0.05
青　海	0.00	0.00	0.00	0.00	0.00	0.00	0.00	0.00	0.00	0.39	0.05

表 6-23　多学科材料 B 层人才的世界占比

单位：%

省　份	2014 年	2015 年	2016 年	2017 年	2018 年	2019 年	2020 年	2021 年	2022 年	2023 年	合计
北　京	9.05	8.38	9.17	10.48	12.11	12.94	9.57	12.76	11.22	11.27	10.91
江　苏	2.56	4.12	4.31	6.64	6.00	5.65	5.49	6.67	7.35	9.87	6.16
广　东	2.00	1.57	2.99	3.90	5.16	6.05	7.21	7.58	9.70	9.04	6.08
上　海	2.56	2.84	2.92	4.02	5.38	5.80	5.90	5.80	5.79	6.40	5.02
湖　北	1.80	1.87	2.78	3.78	3.70	2.88	3.76	3.40	4.81	5.04	3.55
浙　江	1.73	2.02	1.67	2.56	2.36	2.28	2.95	4.14	5.09	6.23	3.35
山　东	0.48	0.82	0.69	1.83	2.08	2.48	2.04	2.98	4.35	4.61	2.49
天　津	1.10	2.17	1.39	2.50	2.24	2.93	2.86	2.49	2.71	2.59	2.38
湖　南	0.41	1.05	0.42	1.52	1.85	1.83	2.86	2.78	2.75	3.38	2.08
安　徽	1.45	0.60	1.88	1.52	2.08	2.63	1.86	2.07	2.22	3.42	2.07
河　南	0.28	0.45	0.42	0.43	1.51	2.08	2.90	3.60	2.71	2.76	1.96
陕　西	0.69	0.75	0.63	0.61	1.74	1.98	1.68	2.49	3.20	3.51	1.92
辽　宁	0.55	1.05	1.39	1.46	1.96	2.18	2.31	1.91	2.14	2.19	1.81
四　川	0.69	0.37	0.90	0.91	1.57	0.94	2.00	2.24	2.92	3.42	1.77
吉　林	1.45	0.97	1.04	1.83	1.40	1.54	1.59	1.70	1.64	1.75	1.53
福　建	1.17	0.45	0.90	0.79	0.95	1.49	1.95	1.66	2.47	2.02	1.50
黑龙江	0.76	0.82	0.63	0.79	0.84	0.64	1.27	1.12	1.73	1.93	1.12
重　庆	0.35	0.52	0.49	0.67	0.84	0.74	0.86	1.20	1.19	1.36	0.88
山　西	0.07	0.07	0.56	0.18	0.50	0.40	0.36	0.62	0.82	1.58	0.57
广　西	0.00	0.07	0.07	0.18	0.11	0.35	0.63	0.70	1.03	1.49	0.55
江　西	0.21	0.22	0.21	0.18	0.34	0.45	0.50	0.62	0.86	1.32	0.55
河　北	0.21	0.07	0.07	0.18	0.45	0.45	0.63	0.41	0.78	0.79	0.45
甘　肃	0.28	0.45	0.21	0.30	0.22	0.35	0.41	0.29	0.66	0.92	0.43
云　南	0.14	0.07	0.07	0.12	0.22	0.05	0.14	0.46	0.29	0.92	0.28
贵　州	0.07	0.07	0.14	0.06	0.11	0.00	0.14	0.08	0.25	0.35	0.14
海　南	0.00	0.00	0.00	0.12	0.28	0.00	0.09	0.21	0.12	0.35	0.13
内蒙古	0.07	0.07	0.07	0.00	0.20	0.05	0.00	0.04	0.29	0.31	0.12
新　疆	0.00	0.07	0.07	0.12	0.06	0.20	0.00	0.04	0.16	0.09	0.08
宁　夏	0.00	0.00	0.00	0.00	0.06	0.00	0.00	0.00	0.08	0.13	0.03
青　海	0.00	0.00	0.00	0.00	0.00	0.00	0.00	0.00	0.04	0.04	0.01
西　藏	0.00	0.00	0.00	0.00	0.00	0.00	0.00	0.00	0.08	0.00	0.01

表 6-24 多学科材料 C 层人才的世界占比

单位：%

省　份	2014 年	2015 年	2016 年	2017 年	2018 年	2019 年	2020 年	2021 年	2022 年	2023 年	合计
北　京	7.28	8.30	8.60	9.11	9.84	9.84	9.26	8.96	10.10	9.59	9.20
江　苏	3.15	3.87	4.46	5.26	5.29	6.10	5.47	6.04	6.82	6.85	5.54
广　东	2.10	2.32	2.86	3.67	4.84	6.07	6.59	7.19	7.66	7.76	5.53
上　海	3.33	3.84	3.88	4.32	4.23	5.09	4.79	5.40	5.70	5.57	4.76
湖　北	1.60	2.18	2.40	2.78	3.18	3.39	3.39	3.36	3.63	3.67	3.08
浙　江	1.51	1.47	1.89	2.21	2.56	2.83	2.79	3.83	4.25	4.91	3.03
山　东	1.05	1.26	1.14	1.62	2.12	2.77	2.67	3.18	3.76	3.82	2.54
天　津	1.10	1.30	1.37	1.62	2.07	2.42	2.36	2.57	2.36	2.39	2.06
四　川	0.99	1.08	1.35	1.43	2.02	2.35	2.13	2.16	2.53	2.91	2.01
湖　南	1.13	1.10	1.24	1.50	1.75	2.10	2.31	2.15	2.67	2.67	1.98
辽　宁	1.33	1.29	1.25	1.51	1.81	2.08	1.96	2.28	2.26	2.18	1.87
安　徽	1.39	1.35	1.47	1.54	1.76	2.01	1.81	1.93	2.30	2.30	1.85
陕　西	0.44	0.73	0.87	1.07	1.51	1.97	1.73	1.97	2.57	2.44	1.66
河　南	0.43	0.54	0.69	0.73	1.09	1.68	2.18	2.66	2.49	2.09	1.62
福　建	1.01	0.94	0.94	1.05	1.27	1.52	1.57	1.77	2.05	2.08	1.50
吉　林	1.37	1.53	1.18	1.45	1.70	1.65	1.71	1.35	1.45	1.41	1.49
黑龙江	1.14	1.12	1.07	1.12	1.37	1.17	1.41	1.38	1.37	1.55	1.30
重　庆	0.53	0.82	0.73	0.70	0.88	0.91	1.04	1.14	1.62	1.56	1.05
甘　肃	0.63	0.54	0.53	0.42	0.49	0.61	0.61	0.67	0.77	0.69	0.61
山　西	0.34	0.29	0.34	0.45	0.64	0.62	0.69	0.61	0.67	0.79	0.57
广　西	0.14	0.11	0.19	0.27	0.30	0.44	0.56	0.84	1.10	1.00	0.56
江　西	0.21	0.30	0.25	0.29	0.44	0.61	0.62	0.67	0.79	0.92	0.56
河　北	0.22	0.30	0.36	0.34	0.35	0.50	0.54	0.54	0.63	0.67	0.47
云　南	0.16	0.12	0.08	0.16	0.21	0.18	0.28	0.34	0.41	0.68	0.29
新　疆	0.06	0.08	0.12	0.15	0.11	0.17	0.16	0.15	0.23	0.28	0.16
海　南	0.04	0.06	0.06	0.09	0.13	0.12	0.12	0.11	0.31	0.40	0.16
内蒙古	0.08	0.07	0.07	0.10	0.11	0.11	0.10	0.14	0.27	0.31	0.15
贵　州	0.04	0.05	0.04	0.08	0.11	0.11	0.10	0.17	0.23	0.36	0.14
宁　夏	0.01	0.02	0.03	0.04	0.04	0.04	0.06	0.07	0.13	0.12	0.06
青　海	0.01	0.02	0.01	0.04	0.07	0.06	0.06	0.05	0.06	0.08	0.05
西　藏	0.00	0.00	0.00	0.01	0.00	0.02	0.02	0.01	0.02	0.03	0.01

九 石油工程

石油工程 A、B、C 层人才最多的均为北京，世界占比分别为 28.13%、21.14%、21.20%，均远高于其他省份。

黑龙江 A 层人才的世界占比为 9.38%；山东、河北、湖南、吉林、四川、云南的 A 层人才比较多，世界占比在 7%~3%。

山东 B 层人才的世界占比为 9.49%；四川、湖北、黑龙江的 B 层人才比较多，世界占比在 5%~3%；陕西、江苏、新疆、广东、辽宁、河北、河南、上海、天津也有相当数量的 B 层人才，世界占比在 3%~1%；重庆、海南、甘肃、湖南、吉林、云南、浙江有一定数量的 B 层人才，世界占比均超过 0.2%。

山东、四川、湖北、陕西的 C 层人才比较多，世界占比在 8%~3%；江苏、新疆、黑龙江、河北、广东、天津、辽宁、河南也有相当数量的 C 层人才，世界占比在 3%~1%；安徽、重庆、吉林、浙江、甘肃、上海、山西、湖南、贵州、海南、云南、江西有一定数量的 C 层人才，世界占比均超过 0.1%；内蒙古、青海、福建、广西、宁夏 C 层人才的世界占比均低于 0.1%。

表 6-25 石油工程 A 层人才的世界占比

单位：%

省　份	2014 年	2015 年	2016 年	2017 年	2018 年	2019 年	2020 年	2021 年	2022 年	2023 年	合计
北　京	0.00	0.00	33.33	33.33	50.00	25.00	50.00	25.00	33.33	25.00	28.13
黑龙江	0.00	0.00	0.00	0.00	0.00	25.00	0.00	25.00	33.33	0.00	9.38
山　东	0.00	0.00	0.00	33.33	0.00	0.00	25.00	0.00	0.00	0.00	6.25
河　北	0.00	0.00	33.33	0.00	0.00	0.00	0.00	0.00	0.00	0.00	3.13
湖　南	0.00	0.00	0.00	0.00	0.00	0.00	0.00	0.00	0.00	25.00	3.13
吉　林	0.00	0.00	0.00	0.00	0.00	0.00	25.00	0.00	0.00	0.00	3.13
四　川	50.00	0.00	0.00	0.00	0.00	0.00	0.00	0.00	0.00	0.00	3.13
云　南	0.00	0.00	0.00	0.00	0.00	0.00	0.00	0.00	33.33	0.00	3.13

表 6-26 石油工程 B 层人才的世界占比

单位：%

省　份	2014 年	2015 年	2016 年	2017 年	2018 年	2019 年	2020 年	2021 年	2022 年	2023 年	合　计
北　京	11.54	7.14	17.24	14.29	21.62	14.89	26.19	20.83	35.00	35.14	21.14
山　东	0.00	7.14	0.00	14.29	5.41	10.64	16.67	10.42	17.50	5.41	9.49
四　川	3.85	0.00	3.45	8.57	10.81	4.26	9.52	0.00	2.50	5.41	4.88
湖　北	0.00	0.00	0.00	8.57	5.41	4.26	4.76	4.17	7.50	2.70	4.07
黑龙江	3.85	0.00	0.00	2.86	0.00	2.13	7.14	8.33	2.50	8.11	3.79
陕　西	0.00	3.57	3.45	0.00	0.00	4.26	2.38	6.25	5.00	2.70	2.98
江　苏	0.00	0.00	3.45	2.86	0.00	2.13	2.38	2.08	2.50	2.70	1.90
新　疆	0.00	0.00	0.00	2.86	0.00	2.13	0.00	4.17	2.50	5.41	1.90
广　东	0.00	0.00	0.00	2.86	2.70	0.00	0.00	0.00	7.50	0.00	1.36
辽　宁	3.85	0.00	0.00	0.00	0.00	2.13	0.00	2.08	0.00	5.41	1.36
河　北	3.85	3.57	0.00	0.00	0.00	0.00	0.00	2.08	2.50	0.00	1.08
河　南	0.00	0.00	0.00	0.00	0.00	2.13	0.00	2.08	2.50	2.70	1.08
上　海	0.00	0.00	0.00	2.86	0.00	0.00	0.00	2.08	0.00	5.41	1.08
天　津	0.00	0.00	0.00	2.86	0.00	2.13	0.00	4.17	0.00	0.00	1.08
重　庆	0.00	0.00	0.00	0.00	2.70	2.13	0.00	0.00	0.00	0.00	0.54
海　南	0.00	0.00	3.45	0.00	0.00	0.00	0.00	0.00	2.50	0.00	0.54
甘　肃	0.00	3.57	0.00	0.00	0.00	0.00	0.00	0.00	0.00	0.00	0.27
湖　南	0.00	0.00	0.00	0.00	2.70	0.00	0.00	0.00	0.00	0.00	0.27
吉　林	0.00	0.00	0.00	0.00	0.00	0.00	0.00	0.00	0.00	2.70	0.27
云　南	0.00	0.00	0.00	0.00	0.00	0.00	0.00	0.00	0.00	2.70	0.27
浙　江	0.00	0.00	0.00	0.00	0.00	0.00	0.00	2.08	0.00	0.00	0.27

表 6-27 石油工程 C 层人才的世界占比

单位：%

省　份	2014 年	2015 年	2016 年	2017 年	2018 年	2019 年	2020 年	2021 年	2022 年	2023 年	合　计
北　京	10.85	20.82	15.22	18.57	21.28	25.00	21.93	19.05	27.15	27.61	21.20
山　东	2.71	4.46	4.71	5.43	6.12	7.33	10.12	6.83	10.22	13.50	7.40
四　川	3.10	4.09	4.35	5.43	6.71	4.53	7.95	7.66	8.33	10.74	6.47
湖　北	0.78	1.86	1.81	1.71	2.33	4.09	4.34	3.93	6.72	6.44	3.60
陕　西	1.55	2.60	0.72	1.71	2.92	2.37	4.10	4.35	3.76	4.60	3.01
江　苏	0.39	1.49	1.81	1.43	2.62	3.88	2.89	3.93	2.96	3.07	2.64
新　疆	1.55	1.12	1.81	1.14	1.17	3.02	2.89	2.48	5.65	3.37	2.53

省　份	2014年	2015年	2016年	2017年	2018年	2019年	2020年	2021年	2022年	2023年	合计
黑龙江	1.16	0.74	1.09	1.71	2.92	2.37	1.20	2.28	4.30	3.99	2.25
河　北	0.78	1.49	1.09	1.71	1.75	1.08	1.20	1.86	1.08	2.15	1.43
广　东	0.39	1.49	0.36	0.57	0.58	1.72	1.45	1.45	1.61	3.37	1.35
天　津	0.39	1.49	1.09	1.43	0.29	1.08	1.45	1.45	2.15	1.84	1.29
辽　宁	0.39	0.74	2.54	0.86	1.75	1.08	0.96	1.66	1.34	0.31	1.18
河　南	0.78	0.74	0.72	1.14	0.58	0.65	0.96	1.66	2.15	0.31	1.01
安　徽	1.16	1.12	1.09	0.29	0.00	0.43	0.72	1.45	1.34	0.92	0.84
重　庆	0.00	0.00	0.36	0.00	0.29	1.08	0.72	2.07	0.81	1.23	0.76
吉　林	0.78	0.74	0.36	0.29	0.58	0.65	0.96	1.04	1.08	0.92	0.76
浙　江	1.16	0.74	0.36	0.29	0.87	0.86	1.20	0.41	0.27	1.53	0.76
甘　肃	0.00	0.37	1.09	0.86	0.29	0.65	0.72	0.21	1.61	0.61	0.65
上　海	0.39	0.00	0.36	0.29	0.29	0.65	0.96	0.21	2.15	0.31	0.59
山　西	1.16	0.00	0.36	0.29	0.87	0.22	0.96	0.83	0.54	0.00	0.53
湖　南	0.00	1.12	0.00	0.29	0.00	0.22	1.20	0.21	0.54	0.31	0.39
贵　州	0.00	0.00	0.72	0.00	0.58	0.43	0.48	0.41	0.54	0.00	0.34
海　南	0.00	0.00	0.00	0.00	0.00	0.00	0.24	0.00	0.81	0.92	0.20
云　南	0.00	0.00	0.00	0.00	0.00	0.00	0.24	0.41	0.27	0.92	0.20
江　西	0.00	0.00	0.00	0.00	0.00	0.00	0.00	0.41	0.54	0.00	0.11
内蒙古	0.00	0.00	0.72	0.00	0.00	0.00	0.00	0.00	0.00	0.31	0.08
青　海	0.00	0.00	0.00	0.29	0.00	0.00	0.00	0.21	0.00	0.31	0.08
福　建	0.00	0.00	0.00	0.00	0.00	0.00	0.00	0.21	0.00	0.00	0.03
广　西	0.00	0.37	0.00	0.00	0.00	0.00	0.00	0.00	0.00	0.00	0.03
宁　夏	0.00	0.00	0.00	0.00	0.00	0.00	0.24	0.00	0.00	0.00	0.03

十　采矿和矿物处理

采矿和矿物处理 A、B、C 层人才最多的均为北京，世界占比分别为 10.91%、13.92%、14.19%。

湖南 A 层人才的世界占比为 9.09%；广东、河南、江苏、辽宁、山东、四川、云南的 A 层人才比较多，世界占比在 6%～3%；安徽、重庆、湖北、陕西、上海、浙江也有相当数量的 A 层人才，世界占比均为 1.82%。

　　湖南 B 层人才的世界占比为 9.34%；江苏、山东、湖北、四川、辽宁、陕西的 B 层人才比较多，世界占比在 9%~3%；广东、安徽、重庆、江西、浙江、河南、贵州、上海、山西也有相当数量的 B 层人才，世界占比在 3%~1%；福建、云南、河北、黑龙江、新疆、甘肃、内蒙古、吉林、青海、天津、广西有一定数量的 B 层人才，世界占比均超过 0.1%。

　　江苏、湖南、湖北、辽宁的 C 层人才比较多，世界占比在 8%~3%；山东、四川、广东、河南、云南、江西、陕西、重庆、安徽、山西、贵州也有相当数量的 C 层人才，世界占比在 3%~1%；上海、天津、浙江、新疆、广西、河北、内蒙古、福建、甘肃、吉林、青海、黑龙江、西藏有一定数量的 C 层人才，世界占比均超过 0.1%；海南、宁夏 C 层人才的世界占比均为 0.04%。

表 6-28　采矿和矿物处理 A 层人才的世界占比

单位：%

省　份	2014 年	2015 年	2016 年	2017 年	2018 年	2019 年	2020 年	2021 年	2022 年	2023 年	合计
北　京	0.00	25.00	0.00	20.00	0.00	0.00	0.00	16.67	0.00	42.86	10.91
湖　南	0.00	0.00	0.00	0.00	0.00	37.50	12.50	16.67	0.00	0.00	9.09
广　东	0.00	25.00	0.00	0.00	0.00	0.00	0.00	16.67	14.29	0.00	5.45
河　南	0.00	0.00	0.00	0.00	20.00	0.00	0.00	0.00	0.00	14.29	3.64
江　苏	0.00	0.00	0.00	0.00	0.00	0.00	0.00	16.67	14.29	0.00	3.64
辽　宁	33.33	0.00	0.00	0.00	0.00	0.00	12.50	0.00	0.00	0.00	3.64
山　东	0.00	0.00	0.00	0.00	0.00	0.00	0.00	0.00	0.00	28.57	3.64
四　川	0.00	0.00	0.00	0.00	0.00	0.00	0.00	16.67	0.00	14.29	3.64
云　南	0.00	0.00	0.00	0.00	0.00	0.00	0.00	0.00	14.29	14.29	3.64
安　徽	0.00	0.00	0.00	0.00	0.00	0.00	0.00	16.67	0.00	0.00	1.82
重　庆	0.00	0.00	0.00	0.00	0.00	0.00	0.00	0.00	14.29	0.00	1.82
湖　北	0.00	0.00	0.00	0.00	0.00	0.00	0.00	0.00	14.29	0.00	1.82
陕　西	0.00	0.00	0.00	0.00	0.00	0.00	0.00	0.00	14.29	0.00	1.82
上　海	0.00	0.00	0.00	0.00	0.00	0.00	0.00	14.29	0.00	0.00	1.82
浙　江	0.00	0.00	0.00	0.00	0.00	0.00	0.00	16.67	0.00	0.00	1.82

表 6-29　采矿和矿物处理 B 层人才的世界占比

单位：%

省　份	2014 年	2015 年	2016 年	2017 年	2018 年	2019 年	2020 年	2021 年	2022 年	2023 年	合计
北　京	12.50	11.63	2.13	16.00	7.27	10.96	13.33	20.00	22.86	16.67	13.92
湖　南	0.00	0.00	0.00	10.00	9.09	17.81	13.33	14.29	10.00	7.58	9.34
江　苏	0.00	2.33	6.38	14.00	5.45	6.85	8.00	10.00	11.43	12.12	8.15
山　东	0.00	2.33	2.13	6.00	5.45	5.48	8.00	8.57	8.57	4.55	5.60
湖　北	2.50	4.65	0.00	2.00	3.64	4.11	5.33	5.71	7.14	4.55	4.24
四　川	0.00	0.00	0.00	4.00	3.64	1.37	5.33	8.57	7.14	4.55	3.90
辽　宁	2.50	2.33	0.00	6.00	1.82	2.74	5.33	5.71	2.86	4.55	3.57
陕　西	0.00	4.65	0.00	2.00	0.00	1.37	2.67	4.29	4.29	9.09	3.06
广　东	0.00	0.00	0.00	6.00	0.00	0.00	1.33	2.86	7.14	7.58	2.72
安　徽	0.00	4.65	0.00	2.00	0.00	0.00	1.33	4.29	1.43	4.55	1.87
重　庆	2.50	0.00	2.13	0.00	0.00	2.74	0.00	1.43	2.86	6.06	1.87
江　西	0.00	4.65	0.00	2.00	0.00	1.37	2.67	1.43	0.00	4.55	1.70
浙　江	0.00	0.00	0.00	0.00	1.82	1.37	4.00	0.00	1.43	6.06	1.70
河　南	0.00	0.00	0.00	0.00	0.00	1.37	2.67	1.43	2.86	4.55	1.53
贵　州	2.50	0.00	0.00	0.00	0.00	1.37	1.33	0.00	1.43	6.06	1.36
上　海	0.00	0.00	0.00	0.00	1.82	1.37	0.00	1.43	4.29	1.52	1.19
山　西	2.50	0.00	2.13	0.00	0.00	1.37	0.00	4.29	0.00	1.52	1.02
福　建	0.00	0.00	0.00	0.00	0.00	0.00	1.33	0.00	4.29	1.52	0.85
云　南	0.00	2.33	0.00	0.00	0.00	2.74	0.00	0.00	0.00	3.03	0.85
河　北	0.00	0.00	0.00	0.00	0.00	0.00	0.00	4.29	1.43	0.00	0.68
黑龙江	0.00	0.00	0.00	0.00	0.00	0.00	1.33	0.00	1.43	3.03	0.68
新　疆	0.00	0.00	0.00	4.00	0.00	0.00	1.33	0.00	0.00	0.00	0.51
甘　肃	0.00	0.00	0.00	0.00	0.00	0.00	0.00	0.00	1.43	1.52	0.34
内蒙古	0.00	0.00	2.13	0.00	0.00	1.37	0.00	0.00	0.00	0.00	0.34
吉　林	0.00	0.00	0.00	2.00	0.00	0.00	0.00	0.00	1.43	0.00	0.34
青　海	0.00	2.33	0.00	0.00	0.00	1.33	0.00	0.00	0.00	0.00	0.34
天　津	0.00	0.00	2.13	0.00	1.82	1.37	0.00	20.00	0.00	0.00	0.34
广　西	0.00	0.00	0.00	0.00	0.00	0.00	0.00	1.43	0.00	0.00	0.17

表 6-30 采矿和矿物处理 C 层人才的世界占比

单位：%

省　份	2014 年	2015 年	2016 年	2017 年	2018 年	2019 年	2020 年	2021 年	2022 年	2023 年	合　计
北　京	13.18	13.22	13.39	13.18	15.19	12.87	12.71	16.59	13.83	16.77	14.19
江　苏	3.10	8.89	7.37	5.27	6.69	6.51	6.64	8.66	6.92	10.03	7.15
湖　南	2.33	3.61	5.13	4.87	5.97	6.51	5.79	7.05	6.62	5.80	5.62
湖　北	5.17	3.37	4.02	5.07	5.61	5.80	3.67	4.26	4.96	7.21	4.97
辽　宁	0.52	1.92	2.01	2.23	4.34	3.68	5.37	5.14	4.51	5.17	3.79
山　东	0.78	1.44	2.23	3.45	3.25	1.98	2.54	4.11	4.66	3.92	2.98
四　川	2.07	2.64	2.46	2.43	3.25	1.84	1.69	2.79	3.31	3.76	2.63
广　东	1.55	1.92	1.34	2.23	2.71	2.12	3.11	3.08	3.01	2.98	2.51
河　南	0.52	1.44	0.67	0.61	1.81	1.27	2.68	2.20	2.56	2.98	1.81
云　南	0.78	0.72	0.67	1.22	0.72	1.41	2.26	2.20	3.61	2.51	1.76
江　西	0.00	0.72	0.45	0.61	0.90	0.85	2.26	2.79	1.50	2.82	1.44
陕　西	1.03	0.72	0.22	0.81	1.45	1.56	1.41	1.76	1.95	2.35	1.42
重　庆	0.52	0.96	0.22	1.01	1.99	1.41	1.41	1.76	1.80	1.57	1.35
安　徽	1.03	1.20	0.00	0.41	0.72	0.57	1.84	1.91	1.20	3.29	1.30
山　西	1.03	1.20	0.00	0.81	0.90	1.27	1.27	2.06	1.35	2.19	1.28
贵　州	1.81	2.16	1.34	0.61	3.07	0.71	0.99	0.88	0.90	0.94	1.26
上　海	0.52	1.20	0.67	0.81	0.18	0.42	0.99	1.62	1.05	1.25	0.90
天　津	0.26	0.72	0.22	1.01	0.54	1.70	0.99	0.88	1.05	0.47	0.84
浙　江	0.00	0.00	0.45	0.20	0.54	0.85	1.27	0.88	0.90	1.41	0.74
新　疆	1.55	0.48	0.67	0.81	0.72	0.28	0.56	0.73	0.60	1.10	0.72
广　西	0.00	0.00	0.45	0.41	0.18	0.57	0.28	0.73	1.65	1.72	0.67
河　北	0.78	0.72	0.45	0.41	0.54	0.42	0.56	0.15	1.20	1.25	0.65
内蒙古	0.52	0.24	0.00	0.20	0.54	0.85	0.14	0.44	0.30	1.10	0.46
福　建	0.26	0.48	0.45	0.61	0.72	0.28	0.56	0.59	0.00	0.31	0.42
甘　肃	0.00	0.00	0.00	0.41	0.54	0.28	0.42	0.29	0.45	0.47	0.32
吉　林	0.26	0.24	1.56	0.81	0.00	0.00	0.14	0.29	0.15	0.00	0.30
青　海	0.00	0.00	0.45	0.00	0.00	0.00	0.00	0.00	0.30	0.63	0.18
黑龙江	0.00	0.00	0.00	0.20	0.36	0.00	0.14	0.15	0.15	0.00	0.11
西　藏	0.26	0.24	0.22	0.20	0.00	0.14	0.00	0.00	0.15	0.00	0.11
海　南	0.00	0.00	0.00	0.00	0.00	0.28	0.00	0.00	0.00	0.00	0.04
宁　夏	0.00	0.00	0.00	0.00	0.00	0.00	0.14	0.00	0.00	0.16	0.04

十一 机械工程

机械工程 A、B、C 层人才最多的均为北京，世界占比分别为 4.44%、6.12%、6.90%。

山东的 A 层人才比较多，世界占比为 3.33%；辽宁、湖南、上海、浙江、广东、江苏、四川、湖北、重庆也有相当数量的 A 层人才，世界占比在 3%~1%；黑龙江、福建、安徽、甘肃、河北、陕西、广西、河南、天津、贵州、内蒙古、江西、吉林、云南有一定数量的 A 层人才，世界占比均超过 0.1%。

江苏、上海的 B 层人才比较多，世界占比分别为 4.07%、3.60%；广东、湖南、湖北、浙江、四川、辽宁、陕西、山东、重庆、黑龙江也有相当数量的 B 层人才，世界占比在 3%~1%；天津、安徽、河南、福建、山西、吉林、甘肃、河北、广西、江西、云南、贵州有一定数量的 B 层人才，世界占比均超过 0.1%；内蒙古、新疆、海南、青海、宁夏、西藏 B 层人才的世界占比均低于 0.1%。

江苏、上海的 C 层人才比较多，世界占比分别为 3.80%、3.74%；广东、湖北、湖南、四川、辽宁、浙江、陕西、黑龙江、山东、天津、重庆、安徽也有相当数量的 C 层人才，世界占比在 3%~1%；河南、甘肃、吉林、河北、福建、山西、江西、广西、云南、内蒙古、贵州有一定数量的 C 层人才，世界占比均超过 0.1%；新疆、宁夏、青海、海南 C 层人才的世界占比均低于 0.1%。

表 6-31 机械工程 A 层人才的世界占比

单位：%

省　份	2014 年	2015 年	2016 年	2017 年	2018 年	2019 年	2020 年	2021 年	2022 年	2023 年	合计
北　京	3.23	4.35	5.45	5.56	5.36	1.69	8.93	1.92	1.85	6.38	4.44
山　东	0.00	2.17	0.00	1.85	0.00	5.08	1.79	1.92	12.96	8.51	3.33
辽　宁	0.00	0.00	0.00	5.56	0.00	1.69	1.79	0.00	16.67	2.13	2.77
湖　南	0.00	2.17	1.82	0.00	0.00	1.69	1.79	1.92	5.56	12.77	2.59

续表

省份	2014年	2015年	2016年	2017年	2018年	2019年	2020年	2021年	2022年	2023年	合计
上海	4.84	0.00	1.82	0.00	0.00	1.69	1.79	1.92	7.41	4.26	2.40
浙江	0.00	2.17	1.82	1.85	0.00	1.69	3.57	3.85	3.70	6.38	2.40
广东	0.00	2.17	1.82	0.00	0.00	1.69	7.14	1.92	5.56	0.00	2.03
江苏	1.61	0.00	1.82	0.00	0.00	1.69	1.79	3.85	5.56	4.26	2.03
四川	1.61	0.00	0.00	0.00	1.79	0.00	3.57	1.92	3.70	4.26	1.66
湖北	0.00	0.00	3.64	1.85	0.00	0.00	0.00	0.00	0.00	10.64	1.48
重庆	0.00	0.00	1.82	0.00	1.79	0.00	1.79	1.92	3.70	2.13	1.29
黑龙江	1.61	0.00	0.00	0.00	1.79	0.00	0.00	1.92	1.85	2.13	0.92
福建	0.00	0.00	1.82	0.00	0.00	0.00	1.79	0.00	1.85	2.13	0.74
安徽	1.61	0.00	1.82	0.00	0.00	1.69	0.00	0.00	0.00	0.00	0.55
甘肃	0.00	0.00	1.82	0.00	0.00	0.00	0.00	0.00	1.85	2.13	0.55
河北	0.00	0.00	0.00	0.00	0.00	0.00	0.00	0.00	1.85	4.26	0.55
陕西	1.61	0.00	0.00	1.85	1.79	0.00	0.00	0.00	0.00	0.00	0.55
广西	0.00	2.17	1.82	0.00	0.00	0.00	0.00	0.00	0.00	0.00	0.37
河南	0.00	0.00	0.00	0.00	0.00	0.00	0.00	3.85	0.00	0.00	0.37
天津	0.00	0.00	0.00	0.00	0.00	0.00	1.79	1.92	0.00	0.00	0.37
贵州	0.00	0.00	1.82	0.00	0.00	0.00	0.00	0.00	0.00	0.00	0.18
内蒙古	0.00	0.00	0.00	0.00	0.00	1.69	0.00	0.00	0.00	0.00	0.18
江西	0.00	0.00	0.00	0.00	0.00	0.00	0.00	0.00	1.85	0.00	0.18
吉林	0.00	0.00	0.00	0.00	0.00	0.00	1.79	0.00	0.00	0.00	0.18
云南	1.61	0.00	0.00	0.00	0.00	0.00	0.00	0.00	0.00	0.00	0.18

表6-32　机械工程B层人才的世界占比

单位：%

省份	2014年	2015年	2016年	2017年	2018年	2019年	2020年	2021年	2022年	2023年	合计
北京	5.16	6.31	5.25	5.39	5.19	6.69	5.20	5.43	10.02	6.92	6.12
江苏	1.96	4.13	4.85	3.79	2.40	4.09	3.00	3.91	7.68	5.58	4.07
上海	3.02	2.43	3.43	3.39	2.00	4.09	3.80	3.70	5.33	4.91	3.60
广东	1.42	1.94	1.62	0.80	3.39	2.97	3.60	4.57	4.69	4.24	2.89
湖南	1.07	1.94	1.01	1.20	2.59	2.97	4.20	2.39	3.41	3.13	2.37
湖北	1.60	1.94	2.22	1.80	2.20	2.97	2.20	1.09	3.20	3.13	2.23
浙江	1.07	0.97	1.01	1.20	0.80	1.49	4.20	3.91	3.62	3.35	2.13
四川	0.53	0.97	0.81	1.00	1.80	2.42	2.20	1.74	2.77	4.24	1.82

续表

省　份	2014 年	2015 年	2016 年	2017 年	2018 年	2019 年	2020 年	2021 年	2022 年	2023 年	合计
辽　宁	0.71	1.46	1.62	0.60	0.80	1.86	1.60	2.17	3.41	3.13	1.70
陕　西	0.53	1.21	1.21	1.00	1.20	0.93	1.40	2.39	3.20	3.13	1.58
山　东	0.18	0.00	0.81	1.00	1.40	1.12	0.80	3.48	2.77	4.24	1.53
重　庆	0.18	0.97	0.40	1.20	1.00	1.12	2.60	2.83	2.35	2.46	1.47
黑龙江	0.71	1.46	0.61	1.00	0.80	1.49	1.20	1.30	3.20	1.56	1.31
天　津	1.25	1.21	0.40	0.40	1.60	0.93	1.00	0.65	1.49	0.45	0.94
安　徽	0.36	0.73	0.20	0.20	1.20	1.30	0.80	0.65	1.28	1.12	0.74
河　南	0.00	0.49	0.00	0.20	0.20	0.37	0.80	1.52	1.07	2.01	0.63
福　建	0.18	0.49	0.00	0.20	0.40	0.74	0.80	0.43	1.49	0.67	0.53
山　西	0.00	0.24	0.40	0.00	0.40	0.19	1.00	1.09	0.21	0.67	0.41
吉　林	0.18	0.49	0.40	0.60	0.00	0.19	0.00	0.65	0.64	0.67	0.37
甘　肃	0.53	0.49	0.20	0.00	0.00	0.19	0.20	0.43	0.64	0.67	0.35
河　北	0.00	0.00	0.00	0.00	0.40	0.19	0.60	0.22	1.07	0.67	0.31
广　西	0.00	0.00	0.40	0.00	0.20	0.19	0.40	1.09	0.21	0.22	0.27
江　西	0.18	0.73	0.00	0.00	0.20	0.19	0.00	0.22	0.21	0.45	0.25
云　南	0.18	0.00	0.40	0.00	0.00	0.19	0.20	0.00	0.43	0.00	0.16
贵　州	0.18	0.00	0.20	0.00	0.00	0.00	0.20	0.43	0.43	0.00	0.14
内蒙古	0.00	0.00	0.00	0.00	0.00	0.19	0.00	0.22	0.00	0.22	0.06
新　疆	0.00	0.00	0.00	0.00	0.20	0.00	0.00	0.22	0.00	0.22	0.06
海　南	0.00	0.00	0.00	0.00	0.00	0.00	0.00	0.00	0.00	0.45	0.04
青　海	0.00	0.00	0.00	0.00	0.00	0.19	0.00	0.22	0.00	0.00	0.04
宁　夏	0.00	0.00	0.00	0.00	0.00	0.00	0.00	0.00	0.22	0.00	0.02
西　藏	0.00	0.00	0.00	0.00	0.00	0.00	0.20	0.00	0.00	0.00	0.02

表 6-33　机械工程 C 层人才的世界占比

单位：%

省　份	2014 年	2015 年	2016 年	2017 年	2018 年	2019 年	2020 年	2021 年	2022 年	2023 年	合计
北　京	5.03	5.50	6.46	6.71	7.13	7.15	7.40	7.15	8.70	8.11	6.90
江　苏	2.11	2.72	2.81	3.21	3.26	3.81	4.45	4.19	5.69	6.42	3.80
上　海	2.82	2.90	3.19	3.01	3.79	3.98	3.92	4.57	4.80	4.66	3.74
广　东	0.99	0.97	1.51	1.60	2.16	2.67	3.03	3.83	4.23	4.19	2.47
湖　北	1.30	1.96	1.81	2.02	2.14	2.05	2.35	2.81	3.20	3.22	2.25
湖　南	0.99	1.24	1.57	1.96	2.12	2.12	2.68	3.19	3.36	3.00	2.19

续表

省　份	2014 年	2015 年	2016 年	2017 年	2018 年	2019 年	2020 年	2021 年	2022 年	2023 年	合计
四　川	0.90	1.34	1.59	1.76	2.08	2.03	2.58	2.56	3.51	3.22	2.12
辽　宁	1.50	1.29	1.57	1.62	2.00	1.99	2.18	2.43	3.18	3.00	2.05
浙　江	1.12	1.21	1.18	1.23	2.02	1.78	2.02	2.27	2.75	3.08	1.83
陕　西	0.60	1.04	0.74	1.03	1.43	1.82	2.04	2.45	2.73	2.63	1.62
黑龙江	0.92	1.21	1.34	1.48	1.83	1.82	1.38	2.07	1.98	2.28	1.61
山　东	0.64	0.89	1.04	1.03	1.10	1.50	2.04	1.96	2.70	2.73	1.53
天　津	0.82	0.97	1.20	0.85	1.55	1.59	1.26	1.87	2.14	2.26	1.43
重　庆	0.64	0.67	0.76	0.75	1.26	1.52	1.69	1.94	2.44	2.11	1.35
安　徽	0.66	1.04	1.14	1.07	1.06	1.12	1.34	1.45	1.53	1.46	1.17
河　南	0.29	0.30	0.48	0.53	0.67	0.70	0.82	0.98	1.26	1.19	0.71
甘　肃	0.48	0.54	0.56	0.67	0.65	0.47	0.60	0.82	1.05	1.04	0.68
吉　林	0.24	0.32	0.46	0.40	0.37	0.32	0.60	0.51	0.92	0.69	0.47
河　北	0.27	0.37	0.44	0.26	0.24	0.42	0.45	0.49	0.85	0.60	0.43
福　建	0.22	0.27	0.50	0.32	0.37	0.47	0.52	0.53	0.52	0.42	0.41
山　西	0.15	0.20	0.20	0.40	0.39	0.47	0.33	0.33	0.33	0.47	0.34
江　西	0.07	0.12	0.22	0.22	0.26	0.23	0.49	0.40	0.44	0.79	0.32
广　西	0.09	0.05	0.16	0.16	0.18	0.30	0.19	0.38	0.50	0.97	0.29
云　南	0.05	0.02	0.14	0.04	0.16	0.19	0.14	0.25	0.28	0.10	0.14
内蒙古	0.00	0.07	0.06	0.08	0.14	0.15	0.12	0.20	0.13	0.40	0.13
贵　州	0.13	0.02	0.02	0.04	0.04	0.04	0.04	0.11	0.22	0.64	0.12
新　疆	0.02	0.07	0.04	0.04	0.04	0.09	0.16	0.07	0.15	0.20	0.09
宁　夏	0.00	0.00	0.00	0.04	0.00	0.00	0.06	0.07	0.13	0.17	0.04
青　海	0.00	0.00	0.06	0.14	0.02	0.00	0.10	0.02	0.04	0.05	0.04
海　南	0.00	0.00	0.00	0.02	0.04	0.00	0.06	0.04	0.13	0.10	0.04

十二　制造工程

制造工程 A 层人才最多的是北京，世界占比为 7.10%；广东、山东、上海、浙江、湖南、江苏也有相当数量的 A 层人才，世界占比在 3%～1%；安徽、黑龙江、河南、湖北、辽宁、陕西、四川有一定数量的 A 层人才，世界占比均为 0.59%。

广东、北京、山东、上海、江苏、浙江、湖北、陕西、辽宁、四川、湖南、天津、黑龙江有相当数量的 B 层人才，世界占比在 3%～1%；重庆、安徽、江西、福建、河南、吉林、甘肃、贵州、河北、内蒙古、山西有一定数量的 B 层人才，世界占比均超过 0.1%；新疆、云南 B 层人才的世界占比均为 0.06%。

C 层人才最多的是北京，世界占比为 4.51%；上海的 C 层人才比较多，世界占比为 3.61%；广东、江苏、湖北、山东、辽宁、浙江、黑龙江、陕西、四川、天津、安徽也有相当数量的 C 层人才，世界占比在 3%～1%；湖南、重庆、河南、福建、吉林、江西、山西、河北、甘肃、云南、广西有一定数量的 C 层人才，世界占比均超过 0.1%；内蒙古、贵州、海南、新疆、宁夏、青海 C 层人才的世界占比均低于 0.1%。

表 6-34 制造工程 A 层人才的世界占比

单位：%

省　份	2014 年	2015 年	2016 年	2017 年	2018 年	2019 年	2020 年	2021 年	2022 年	2023 年	合计
北　京	6.25	0.00	0.00	0.00	21.05	4.76	0.00	11.11	16.67	6.67	7.10
广　东	0.00	7.14	0.00	0.00	5.26	0.00	0.00	0.00	11.11	6.67	2.96
山　东	0.00	0.00	0.00	0.00	0.00	0.00	4.55	11.11	5.56	6.67	2.96
上　海	0.00	0.00	0.00	0.00	0.00	0.00	0.00	5.56	11.11	13.33	2.96
浙　江	6.25	0.00	0.00	0.00	0.00	0.00	4.55	5.56	11.11	0.00	2.96
湖　南	0.00	0.00	0.00	0.00	0.00	0.00	0.00	0.00	0.00	13.33	1.18
江　苏	6.25	0.00	0.00	0.00	0.00	0.00	0.00	0.00	0.00	6.67	1.18
安　徽	0.00	0.00	0.00	0.00	0.00	0.00	0.00	0.00	0.00	6.67	0.59
黑龙江	0.00	0.00	0.00	0.00	0.00	0.00	0.00	0.00	0.00	6.67	0.59
河　南	0.00	0.00	0.00	0.00	0.00	0.00	4.55	0.00	0.00	0.00	0.59
湖　北	0.00	0.00	0.00	0.00	0.00	0.00	0.00	0.00	0.00	6.67	0.59
辽　宁	0.00	0.00	0.00	0.00	0.00	0.00	4.55	0.00	0.00	0.00	0.59
陕　西	0.00	0.00	0.00	0.00	0.00	0.00	4.55	0.00	0.00	0.00	0.59
四　川	0.00	0.00	0.00	0.00	0.00	0.00	4.55	0.00	0.00	0.00	0.59

表 6-35 制造工程 B 层人才的世界占比

单位：%

省 份	2014 年	2015 年	2016 年	2017 年	2018 年	2019 年	2020 年	2021 年	2022 年	2023 年	合计
广 东	0.00	2.33	1.48	3.55	3.43	0.99	3.50	2.40	4.55	4.40	2.70
北 京	1.36	2.33	1.48	5.67	3.43	0.49	1.50	2.99	2.27	4.40	2.51
山 东	0.00	0.78	1.48	4.26	0.57	0.49	2.00	7.78	3.41	3.14	2.39
上 海	0.68	0.00	2.22	3.55	2.86	1.48	3.50	4.79	2.27	1.89	2.39
江 苏	0.00	0.00	0.74	1.42	2.29	1.97	3.50	3.59	2.84	2.52	2.02
浙 江	0.68	0.78	0.74	0.71	1.71	1.48	1.50	4.19	2.27	4.40	1.90
湖 北	1.36	0.78	1.48	1.42	2.29	0.00	1.00	1.80	2.84	5.03	1.78
陕 西	0.00	1.55	0.00	2.84	0.57	1.48	3.00	1.20	1.70	2.52	1.53
辽 宁	0.00	3.10	1.48	0.71	0.57	1.48	2.00	1.80	2.27	1.26	1.47
四 川	0.68	0.00	0.00	0.71	0.00	1.48	2.00	2.40	2.27	1.89	1.23
湖 南	0.00	0.00	0.74	0.00	0.57	1.48	1.00	2.40	2.27	1.89	1.10
天 津	0.00	0.78	0.74	0.71	0.00	0.49	2.50	2.40	2.27	0.63	1.10
黑龙江	1.36	2.33	0.00	0.71	1.14	0.49	1.00	0.60	1.14	1.89	1.04
重 庆	0.68	0.78	0.00	0.71	0.00	0.00	1.00	2.40	1.70	0.00	0.92
安 徽	0.00	0.00	0.74	1.42	0.57	0.49	0.00	0.00	1.14	2.52	0.67
江 西	0.00	0.78	0.00	0.00	0.00	0.49	0.50	0.60	0.57	1.89	0.49
福 建	0.00	0.78	0.00	0.71	0.57	0.99	0.00	0.60	0.57	0.00	0.43
河 南	0.00	0.00	0.00	0.00	1.14	0.49	0.50	0.00	1.14	0.00	0.37
吉 林	0.00	0.00	0.00	0.00	0.00	0.49	0.50	0.00	0.00	0.63	0.18
甘 肃	0.00	0.00	0.00	0.00	1.14	0.00	0.00	0.00	0.00	0.00	0.12
贵 州	0.00	0.00	0.00	0.00	0.00	0.00	0.00	0.60	0.63	0.00	0.12
河 北	0.00	0.00	0.00	0.00	0.57	0.00	0.00	0.00	0.63	0.00	0.12
内蒙古	0.00	0.00	0.00	0.00	0.00	0.00	0.00	1.20	0.00	0.00	0.12
山 西	0.00	0.00	0.00	0.00	0.00	0.00	1.00	0.00	0.00	0.00	0.12
新 疆	0.00	0.00	0.00	0.00	0.00	0.00	0.00	0.00	0.57	0.00	0.06
云 南	0.00	0.00	0.00	0.00	0.00	0.00	0.00	0.00	0.57	0.00	0.06

表 6-36 制造工程 C 层人才的世界占比

单位：%

省 份	2014 年	2015 年	2016 年	2017 年	2018 年	2019 年	2020 年	2021 年	2022 年	2023 年	合计
北 京	2.26	3.40	4.45	4.33	3.35	4.33	5.30	6.16	5.91	5.03	4.51
上 海	2.54	2.86	2.79	2.45	3.11	3.74	3.65	4.01	5.30	5.17	3.61

续表

省 份	2014 年	2015 年	2016 年	2017 年	2018 年	2019 年	2020 年	2021 年	2022 年	2023 年	合计
广 东	1.51	1.93	1.73	1.87	2.35	2.85	2.85	4.42	5.18	4.14	2.95
江 苏	2.06	1.78	2.03	2.02	2.52	2.31	2.95	3.26	5.48	4.20	2.90
湖 北	1.51	1.78	1.96	2.09	2.46	2.61	2.35	3.49	4.26	2.48	2.55
山 东	1.30	1.39	1.81	1.66	1.41	1.67	2.65	1.92	2.98	2.89	1.99
辽 宁	1.10	0.93	1.66	1.80	1.58	1.87	2.35	2.27	2.68	2.34	1.90
浙 江	0.96	1.93	1.81	1.15	1.29	1.52	2.15	2.03	2.31	3.31	1.85
黑龙江	0.62	1.24	1.81	2.09	2.17	1.82	1.15	1.63	2.31	2.07	1.69
陕 西	0.96	1.08	0.83	1.37	1.17	0.98	1.55	1.16	2.62	1.86	1.37
四 川	0.69	1.08	0.98	1.01	1.35	1.52	1.50	1.28	1.89	2.07	1.36
天 津	1.37	1.08	1.96	0.72	0.94	0.93	1.70	1.40	1.64	1.93	1.36
安 徽	0.34	0.93	1.66	0.65	1.12	1.08	1.00	1.16	1.46	1.65	1.11
湖 南	0.55	0.31	0.98	0.29	1.00	0.84	0.90	1.22	1.34	1.86	0.94
重 庆	0.96	0.62	0.60	0.87	0.47	0.88	0.75	1.05	1.10	1.59	0.89
河 南	0.34	0.15	0.15	0.14	0.29	0.29	0.80	0.41	1.10	1.10	0.49
福 建	0.41	0.15	0.30	0.22	0.29	0.15	0.55	0.70	0.79	1.31	0.49
吉 林	0.34	0.00	0.15	0.22	0.29	0.54	0.25	0.23	0.67	0.76	0.36
江 西	0.34	0.23	0.23	0.22	0.18	0.25	0.25	0.58	0.55	0.41	0.32
山 西	0.14	0.08	0.23	0.07	0.23	0.10	0.20	0.17	0.49	0.55	0.22
河 北	0.14	0.15	0.08	0.36	0.12	0.05	0.25	0.23	0.43	0.41	0.22
甘 肃	0.21	0.00	0.08	0.29	0.41	0.25	0.05	0.06	0.12	0.21	0.17
云 南	0.07	0.31	0.08	0.00	0.00	0.05	0.35	0.23	0.18	0.07	0.14
广 西	0.14	0.08	0.00	0.00	0.00	0.10	0.30	0.17	0.24	0.00	0.11
内蒙古	0.00	0.00	0.08	0.14	0.12	0.15	0.15	0.00	0.06	0.07	0.08
贵 州	0.00	0.00	0.00	0.00	0.06	0.10	0.00	0.17	0.06	0.21	0.06
海 南	0.00	0.00	0.00	0.00	0.00	0.05	0.00	0.06	0.12	0.07	0.03
新 疆	0.00	0.00	0.00	0.00	0.06	0.10	0.00	0.00	0.00	0.14	0.03
宁 夏	0.00	0.00	0.00	0.00	0.00	0.00	0.00	0.06	0.06	0.07	0.02
青 海	0.00	0.00	0.00	0.00	0.12	0.00	0.00	0.00	0.06	0.00	0.02

十三 能源和燃料

能源和燃料 A、B、C 层人才最多的均为北京，世界占比分别为 6.53%、8.38%、8.31%。

　　广东、湖北的 A 层人才比较多，世界占比分别为 3.72%、3.27%；上海、江苏、湖南、天津、浙江、四川、安徽、山东、福建也有相当数量的 A 层人才，世界占比在 3%～1%；辽宁、黑龙江、重庆、吉林、山西、海南、河南、江西、陕西、甘肃、河北有一定数量的 A 层人才，世界占比均超过 0.1%。

　　江苏、广东、上海的 B 层人才比较多，世界占比在 4%～3%；湖北、浙江、山东、湖南、天津、辽宁、安徽、四川、河南、福建也有相当数量的 B 层人才，世界占比在 3%～1%；重庆、陕西、吉林、黑龙江、广西、甘肃、山西、江西、河北、贵州、云南、新疆有一定数量的 B 层人才，世界占比均超过 0.1%；海南、内蒙古、宁夏 B 层人才的世界占比均低于 0.1%。

　　江苏、广东、上海的 C 层人才比较多，世界占比在 5%～3%；湖北、山东、浙江、天津、湖南、四川、辽宁、安徽、福建、黑龙江、河南、陕西、重庆也有相当数量的 C 层人才，世界占比在 3%～1%；吉林、河北、山西、江西、甘肃、广西、云南、新疆、贵州、海南、内蒙古、宁夏有一定数量的 C 层人才，世界占比超过或等于 0.1%；青海、西藏 C 层人才的世界占比均低于 0.1%。

表 6-37　能源和燃料 A 层人才的世界占比

单位：%

省　份	2014 年	2015 年	2016 年	2017 年	2018 年	2019 年	2020 年	2021 年	2022 年	2023 年	合计
北　京	1.64	8.20	1.39	4.71	5.88	8.42	5.05	6.19	9.82	10.48	6.53
广　东	1.64	1.64	8.33	2.35	0.00	5.26	4.04	4.42	2.68	5.71	3.72
湖　北	1.64	3.28	1.39	4.71	2.35	0.00	3.03	3.54	8.04	2.86	3.27
上　海	1.64	0.00	2.78	1.18	2.35	3.16	0.00	3.54	2.68	7.62	2.70
江　苏	0.00	3.28	1.39	2.35	2.35	1.05	0.00	1.77	2.68	8.57	2.48
湖　南	1.64	0.00	0.00	2.35	2.35	5.26	2.02	2.65	0.00	4.76	2.25
天　津	1.64	1.64	1.39	1.18	2.35	2.11	1.01	1.77	1.79	5.71	2.14
浙　江	0.00	1.64	0.00	2.35	1.18	1.05	1.01	0.00	3.57	6.67	1.91
四　川	0.00	0.00	0.00	1.18	1.18	0.00	0.00	1.77	0.89	6.67	1.35
安　徽	1.64	0.00	0.00	0.00	2.35	5.26	1.01	0.00	0.89	0.95	1.24
山　东	0.00	0.00	0.00	0.00	1.18	1.05	1.01	0.88	2.68	3.81	1.24

省　份	2014 年	2015 年	2016 年	2017 年	2018 年	2019 年	2020 年	2021 年	2022 年	2023 年	合计
福　建	0.00	1.64	0.00	1.18	1.18	1.05	1.01	0.88	0.00	3.81	1.13
辽　宁	1.64	1.64	0.00	1.18	1.18	0.00	1.01	0.88	0.00	1.90	0.90
黑龙江	3.28	0.00	2.78	0.00	0.00	0.00	1.01	0.88	0.00	0.95	0.79
重　庆	0.00	0.00	0.00	0.00	1.18	0.00	1.01	0.00	0.89	0.95	0.45
吉　林	0.00	0.00	0.00	1.18	0.00	0.00	0.00	0.00	0.89	0.95	0.34
山　西	0.00	0.00	0.00	0.00	1.18	1.05	0.00	0.88	0.00	0.00	0.34
海　南	0.00	0.00	0.00	0.00	0.00	0.00	0.00	0.00	0.89	0.95	0.23
河　南	0.00	0.00	0.00	0.00	0.00	0.00	0.00	0.88	0.89	0.00	0.23
江　西	0.00	0.00	0.00	0.00	0.00	1.05	1.01	0.00	0.00	0.00	0.23
陕　西	0.00	1.64	0.00	0.00	0.00	0.00	0.00	0.00	0.00	0.95	0.23
甘　肃	0.00	0.00	0.00	0.00	0.00	0.00	0.00	0.00	0.00	0.95	0.11
河　北	0.00	0.00	0.00	0.00	0.00	0.00	0.00	0.88	0.00	0.00	0.11

表 6-38　能源和燃料 B 层人才的世界占比

单位：%

省　份	2014 年	2015 年	2016 年	2017 年	2018 年	2019 年	2020 年	2021 年	2022 年	2023 年	合计
北　京	10.20	8.26	8.28	5.12	9.64	9.98	6.84	8.05	8.74	9.02	8.38
江　苏	2.73	2.24	2.45	5.38	4.69	4.64	2.80	2.85	5.30	4.15	3.83
广　东	1.28	2.41	2.30	3.41	3.78	4.64	4.15	2.85	5.21	5.70	3.78
上　海	3.28	1.55	2.76	3.28	4.04	3.94	4.15	3.93	2.85	4.25	3.50
湖　北	1.64	2.07	1.38	2.49	2.86	2.90	3.59	2.16	3.63	4.04	2.80
浙　江	0.55	1.72	1.38	1.97	1.69	1.86	1.91	2.26	2.75	4.25	2.17
山　东	0.55	1.03	0.31	1.57	1.56	2.09	1.57	1.57	3.54	4.35	2.00
湖　南	0.73	0.86	0.92	1.31	2.08	1.39	2.58	1.67	2.46	2.28	1.74
天　津	0.55	1.55	1.23	1.97	2.21	1.86	1.91	1.37	1.77	2.07	1.70
辽　宁	0.55	1.72	1.38	0.52	1.43	1.39	1.23	1.77	1.96	1.55	1.40
安　徽	1.46	1.20	1.07	0.52	1.82	1.62	1.01	1.28	1.38	2.07	1.36
四　川	0.36	0.34	0.31	0.79	1.30	1.28	1.46	0.88	2.75	1.76	1.24
河　南	0.73	0.34	0.46	0.26	0.78	1.28	2.91	1.96	0.98	1.55	1.23
福　建	1.09	0.34	1.07	0.66	1.04	1.39	1.01	1.18	1.67	1.45	1.14
重　庆	0.36	0.86	0.46	0.66	0.52	0.93	1.57	1.28	1.08	1.04	0.93
陕　西	0.36	1.20	0.31	0.52	0.78	0.81	0.56	0.88	1.57	1.55	0.90
吉　林	0.55	0.52	0.15	0.52	0.65	0.35	0.34	0.88	1.67	1.24	0.74

续表

省　份	2014 年	2015 年	2016 年	2017 年	2018 年	2019 年	2020 年	2021 年	2022 年	2023 年	合计
黑龙江	0.00	1.03	0.31	0.39	0.13	0.46	0.67	0.49	0.79	0.93	0.55
广　西	0.00	0.17	0.15	0.00	0.26	0.23	0.56	0.69	0.98	0.83	0.45
甘　肃	0.36	0.69	0.31	0.26	0.26	0.35	0.34	0.39	0.59	0.62	0.42
山　西	0.00	0.00	0.77	0.00	0.39	0.58	0.56	0.29	0.49	0.52	0.38
江　西	0.18	0.34	0.15	0.13	0.26	0.46	0.34	0.10	0.49	1.04	0.37
河　北	0.00	0.00	0.15	0.00	0.26	0.35	0.34	0.29	0.59	0.52	0.29
贵　州	0.00	0.00	0.00	0.00	0.13	0.00	0.22	0.20	0.49	0.21	0.15
云　南	0.00	0.00	0.00	0.13	0.00	0.12	0.22	0.00	0.29	0.31	0.12
新　疆	0.18	0.17	0.00	0.00	0.13	0.12	0.00	0.10	0.00	0.41	0.11
海　南	0.00	0.00	0.00	0.00	0.13	0.00	0.00	0.20	0.20	0.21	0.09
内蒙古	0.00	0.17	0.00	0.00	0.00	0.23	0.00	0.00	0.10	0.00	0.05
宁　夏	0.00	0.00	0.00	0.00	0.00	0.00	0.00	0.20	0.00	0.21	0.05

表 6-39　能源和燃料 C 层人才的世界占比

单位：%

省　份	2014 年	2015 年	2016 年	2017 年	2018 年	2019 年	2020 年	2021 年	2022 年	2023 年	合计
北　京	8.15	8.22	8.01	7.85	9.41	9.03	7.38	8.17	8.45	8.34	8.31
江　苏	2.95	3.21	3.02	3.94	4.08	4.73	4.51	4.56	5.06	5.41	4.30
广　东	2.45	2.48	2.22	3.34	4.20	4.36	4.20	4.35	4.11	5.00	3.84
上　海	2.97	2.86	3.02	2.93	2.91	3.46	3.32	3.22	3.40	3.17	3.16
湖　北	1.72	2.19	2.15	2.68	2.90	3.27	2.99	2.76	2.96	3.37	2.78
山　东	1.22	1.80	1.49	1.79	2.22	3.22	2.71	2.87	3.18	3.38	2.53
浙　江	1.48	1.46	1.30	1.59	2.00	2.13	2.03	2.46	2.61	3.04	2.11
天　津	1.46	1.56	1.24	1.54	1.87	2.06	1.87	2.17	1.84	2.06	1.81
湖　南	1.20	1.32	1.16	1.16	1.66	2.06	1.93	1.71	1.88	1.86	1.65
四　川	1.09	1.11	1.08	1.20	1.48	1.79	1.75	1.96	1.85	2.34	1.64
辽　宁	1.11	1.20	0.93	1.10	1.48	1.82	1.74	1.65	1.79	1.75	1.51
安　徽	1.15	1.21	1.21	1.06	1.23	1.48	1.32	1.37	1.50	1.65	1.35
福　建	1.04	0.80	0.87	0.89	1.12	1.28	1.33	1.40	1.43	1.52	1.21
黑龙江	1.09	1.37	1.07	1.24	1.22	1.05	1.16	1.12	1.19	1.37	1.19
河　南	0.50	0.64	0.48	0.64	0.86	1.36	1.70	1.96	1.39	1.23	1.16
陕　西	0.35	0.49	0.60	0.64	1.21	1.39	1.06	1.56	1.56	1.71	1.15
重　庆	0.54	0.64	0.59	0.64	0.81	1.14	1.35	1.34	1.34	1.43	1.05

续表

省　份	2014 年	2015 年	2016 年	2017 年	2018 年	2019 年	2020 年	2021 年	2022 年	2023 年	合计
吉　林	0.82	1.09	0.65	0.79	1.04	0.88	1.09	0.72	0.97	0.77	0.88
河　北	0.19	0.36	0.25	0.28	0.36	0.59	0.49	0.74	0.78	0.81	0.52
山　西	0.33	0.40	0.34	0.42	0.55	0.49	0.53	0.54	0.53	0.56	0.48
江　西	0.35	0.43	0.31	0.29	0.58	0.55	0.36	0.56	0.62	0.57	0.48
甘　肃	0.46	0.62	0.56	0.46	0.42	0.46	0.47	0.42	0.35	0.45	0.46
广　西	0.15	0.23	0.23	0.28	0.30	0.46	0.36	0.51	0.76	0.64	0.42
云　南	0.15	0.19	0.12	0.18	0.25	0.20	0.34	0.58	0.59	0.56	0.35
新　疆	0.13	0.12	0.12	0.14	0.13	0.22	0.23	0.29	0.33	0.42	0.23
贵　州	0.04	0.05	0.05	0.13	0.05	0.11	0.10	0.19	0.28	0.41	0.16
海　南	0.04	0.17	0.00	0.08	0.12	0.14	0.11	0.08	0.31	0.23	0.14
内蒙古	0.06	0.09	0.08	0.09	0.16	0.09	0.08	0.11	0.15	0.15	0.11
宁　夏	0.04	0.00	0.02	0.00	0.01	0.11	0.09	0.16	0.22	0.20	0.10
青　海	0.04	0.00	0.00	0.04	0.12	0.08	0.06	0.09	0.07	0.01	0.05
西　藏	0.00	0.02	0.03	0.04	0.00	0.02	0.06	0.04	0.02	0.03	0.03

十四　电气和电子工程

电气和电子工程 A、B、C 层人才最多的均为北京，世界占比分别为 8.58%、8.54%、6.94%。

江苏、广东的 A 层人才比较多，世界占比分别为 3.71%、3.39%；上海、湖北、四川、浙江、安徽、天津也有相当数量的 A 层人才，世界占比在 2%~1%；山东、黑龙江、陕西、辽宁、湖南、重庆、福建、广西、河北、河南、江西、贵州、云南有一定数量的 A 层人才，世界占比均超过 0.1%；吉林、新疆、山西 A 层人才的世界占比均低于 0.1%。

江苏、广东的 B 层人才比较多，世界占比分别为 4.18%、4.06%；上海、湖北、浙江、四川、山东、辽宁、湖南、陕西、黑龙江、重庆、安徽、天津也有相当数量的 B 层人才，世界占比在 3%~1%；福建、河南、江西、吉林、河北、广西、山西、云南、甘肃有一定数量的 B 层人才，世界占比均超过 0.1%；贵州、新疆、海南、内蒙古、宁夏、青海 B 层人才的世界占比均低于 0.1%。

　　江苏、广东的 C 层人才比较多，世界占比分别为 4.10%、3.43%；上海、湖北、浙江、四川、山东、湖南、辽宁、陕西、黑龙江也有相当数量的 C 层人才，世界占比在 3%～1%；安徽、重庆、天津、福建、河南、河北、吉林、广西、江西、山西、甘肃、云南有一定数量的 C 层人才，世界占比均超过 0.1%；贵州、新疆、海南、内蒙古、青海、宁夏 C 层人才的世界占比均低于 0.1%。

表 6-40　电气和电子工程 A 层人才的世界占比

单位：%

省　份	2014 年	2015 年	2016 年	2017 年	2018 年	2019 年	2020 年	2021 年	2022 年	2023 年	合计
北　京	4.85	7.92	6.79	9.06	7.14	10.07	6.32	8.40	8.37	18.18	8.58
江　苏	3.52	5.42	3.02	2.90	2.50	3.36	1.19	4.40	4.60	7.18	3.71
广　东	1.76	2.08	1.51	1.09	2.50	6.34	5.14	4.00	4.60	5.26	3.39
上　海	1.32	1.25	1.13	2.17	2.14	2.99	0.79	1.20	2.51	4.31	1.95
湖　北	1.76	1.25	1.89	1.45	1.07	2.99	1.58	2.40	2.09	2.39	1.87
四　川	0.44	0.42	1.89	1.45	1.43	1.87	2.77	2.00	1.26	1.44	1.52
浙　江	0.44	0.00	0.38	0.72	1.07	1.49	1.58	2.80	1.67	5.74	1.52
安　徽	0.88	1.25	0.38	1.09	0.71	1.12	0.00	1.60	0.84	2.39	1.00
天　津	0.00	0.42	0.75	0.36	0.36	1.49	0.79	1.60	2.51	1.91	1.00
山　东	0.44	0.00	0.00	0.72	0.71	0.37	0.40	1.60	1.67	4.31	0.96
黑龙江	1.76	1.67	0.75	1.45	0.71	0.37	0.40	0.40	1.26	0.48	0.92
陕　西	0.44	1.67	1.13	1.09	1.07	0.00	0.40	0.00	0.00	1.91	0.76
辽　宁	0.88	0.00	0.38	0.72	1.07	0.00	1.19	0.80	0.84	1.44	0.72
湖　南	0.44	0.42	0.75	0.00	0.00	0.37	0.40	0.80	0.00	2.87	0.56
重　庆	0.00	0.00	0.00	1.09	0.71	0.00	0.79	0.00	0.42	1.44	0.44
福　建	0.00	0.42	0.00	1.09	0.36	0.37	0.40	0.80	0.42	0.48	0.44
广　西	0.00	0.42	0.00	0.00	0.36	0.00	0.00	0.00	0.00	0.96	0.16
河　北	0.00	0.00	0.00	0.00	0.00	0.00	0.00	0.00	0.84	0.00	0.16
河　南	0.00	0.00	0.00	0.36	0.00	0.00	0.00	0.40	0.42	0.48	0.16
江　西	0.00	0.00	0.00	0.00	0.71	0.37	0.00	0.00	0.42	0.00	0.16
贵　州	0.00	0.00	0.38	0.00	0.36	0.00	0.40	0.00	0.00	0.00	0.12
云　南	0.00	0.83	0.00	0.00	0.00	0.00	0.00	0.00	0.48	0.00	0.12
吉　林	0.00	0.00	0.00	0.00	0.00	0.00	0.40	0.00	0.42	0.00	0.08
新　疆	0.00	0.00	0.00	0.00	0.00	0.00	0.00	0.40	0.42	0.00	0.08
山　西	0.00	0.00	0.00	0.00	0.00	0.00	0.00	0.40	0.00	0.00	0.04

表 6-41　电气和电子工程 B 层人才的世界占比

单位：%

省　份	2014 年	2015 年	2016 年	2017 年	2018 年	2019 年	2020 年	2021 年	2022 年	2023 年	合计
北　京	6.22	6.25	7.35	9.17	8.85	10.79	7.61	8.18	10.58	10.55	8.54
江　苏	2.99	2.93	3.23	2.96	3.16	3.43	6.07	4.81	6.26	6.78	4.18
广　东	1.78	2.14	2.77	2.88	3.36	5.60	4.27	5.78	6.59	5.97	4.06
上　海	1.78	1.92	2.23	2.64	3.08	2.72	2.46	2.71	3.08	4.95	2.72
湖　北	1.69	2.19	1.93	1.44	2.25	2.09	3.08	2.93	4.32	3.82	2.53
浙　江	1.40	1.57	1.05	1.32	2.33	2.13	2.59	1.84	3.75	4.63	2.20
四　川	1.25	0.96	1.18	1.24	2.13	2.05	2.46	3.28	3.65	3.01	2.09
山　东	0.82	0.70	0.88	0.84	1.07	1.88	2.37	2.89	3.32	4.52	1.86
辽　宁	1.01	1.53	1.39	1.52	1.58	2.17	1.72	2.49	2.32	2.58	1.82
湖　南	0.87	0.79	1.05	1.16	1.74	1.71	1.67	1.93	2.42	3.34	1.63
陕　西	1.01	0.70	1.13	0.88	1.15	1.34	1.19	1.40	2.13	2.37	1.30
黑龙江	0.82	1.66	1.97	1.36	1.11	1.17	0.92	1.01	1.57	1.08	1.27
重　庆	0.19	0.61	0.92	0.72	1.11	1.30	0.84	1.31	2.23	2.53	1.15
安　徽	0.92	1.01	0.67	1.00	0.95	1.00	1.14	1.14	1.61	1.72	1.10
天　津	0.29	0.57	0.59	0.88	0.79	1.09	1.14	1.36	1.94	1.61	1.01
福　建	0.48	0.48	0.29	0.52	0.59	0.79	0.79	0.70	0.95	0.86	0.64
河　南	0.05	0.17	0.13	0.12	0.51	0.42	0.62	0.57	1.00	1.29	0.47
江　西	0.05	0.13	0.29	0.24	0.28	0.29	0.40	0.39	0.47	0.43	0.30
吉　林	0.05	0.04	0.08	0.16	0.12	0.29	0.26	0.48	0.62	1.02	0.30
河　北	0.05	0.17	0.17	0.16	0.43	0.13	0.18	0.35	0.38	0.97	0.29
广　西	0.05	0.13	0.29	0.16	0.24	0.25	0.13	0.31	0.62	0.48	0.26
山　西	0.05	0.00	0.17	0.12	0.32	0.21	0.09	0.31	0.28	0.22	0.18
云　南	0.10	0.13	0.17	0.00	0.12	0.17	0.13	0.18	0.24	0.16	0.14
甘　肃	0.00	0.04	0.00	0.12	0.16	0.04	0.09	0.26	0.14	0.38	0.12
贵　州	0.00	0.00	0.00	0.00	0.04	0.29	0.00	0.04	0.19	0.22	0.07
新　疆	0.05	0.04	0.00	0.04	0.00	0.00	0.13	0.22	0.00	0.16	0.07
海　南	0.00	0.00	0.00	0.00	0.00	0.04	0.00	0.04	0.19	0.32	0.05
内蒙古	0.00	0.13	0.00	0.04	0.04	0.08	0.00	0.00	0.05	0.05	0.04
宁　夏	0.00	0.00	0.00	0.00	0.04	0.04	0.04	0.04	0.05	0.05	0.03
青　海	0.00	0.00	0.00	0.00	0.00	0.00	0.00	0.00	0.05	0.05	0.01

表6-42 电气和电子工程C层人才的世界占比

单位：%

省 份	2014年	2015年	2016年	2017年	2018年	2019年	2020年	2021年	2022年	2023年	合计
北 京	5.09	5.51	5.79	6.75	7.14	8.00	6.96	7.13	8.53	8.69	6.94
江 苏	2.79	2.84	3.29	3.70	4.14	4.39	4.52	4.83	5.31	5.47	4.10
广 东	1.40	1.59	2.09	2.73	3.49	3.74	3.97	4.67	5.66	5.42	3.43
上 海	1.56	1.59	1.85	2.12	2.18	2.72	2.57	2.79	3.42	3.58	2.41
湖 北	1.42	1.55	1.69	1.79	2.02	2.22	2.23	2.23	2.71	2.91	2.06
浙 江	1.36	1.32	1.51	1.46	1.88	1.99	2.07	2.43	2.95	3.35	2.00
四 川	1.22	1.19	1.62	1.66	1.93	2.16	1.93	2.22	2.65	2.45	1.89
山 东	0.50	0.53	0.70	1.05	1.23	1.63	1.70	1.91	2.17	2.63	1.38
湖 南	0.72	0.77	0.91	1.01	1.43	1.54	1.44	1.54	1.90	2.17	1.33
辽 宁	0.58	0.71	0.77	1.08	1.26	1.25	1.45	1.55	1.81	1.77	1.21
陕 西	0.47	0.62	0.82	0.88	1.01	1.41	1.32	1.32	1.66	1.79	1.12
黑龙江	0.74	0.78	0.91	0.95	1.03	1.07	0.99	1.03	1.22	1.33	1.00
安 徽	0.57	0.53	0.70	0.82	0.93	1.19	1.16	1.17	1.38	1.58	0.99
重 庆	0.46	0.43	0.69	0.67	0.68	0.98	0.87	1.17	1.48	1.59	0.89
天 津	0.48	0.63	0.73	0.70	0.77	1.03	0.93	1.08	1.09	0.96	0.84
福 建	0.24	0.39	0.43	0.46	0.74	0.78	0.82	0.77	0.81	0.87	0.63
河 南	0.21	0.22	0.24	0.27	0.52	0.58	0.60	0.75	0.90	1.04	0.52
河 北	0.15	0.21	0.25	0.27	0.32	0.40	0.30	0.37	0.55	0.67	0.34
吉 林	0.17	0.18	0.22	0.24	0.31	0.40	0.45	0.37	0.52	0.49	0.33
广 西	0.08	0.09	0.18	0.18	0.23	0.23	0.33	0.41	0.49	0.51	0.27
江 西	0.16	0.13	0.14	0.18	0.25	0.30	0.25	0.30	0.34	0.39	0.24
山 西	0.08	0.11	0.11	0.16	0.15	0.22	0.20	0.21	0.22	0.29	0.17
甘 肃	0.06	0.08	0.04	0.06	0.12	0.17	0.14	0.21	0.27	0.26	0.14
云 南	0.02	0.08	0.08	0.06	0.16	0.14	0.16	0.14	0.23	0.33	0.14
贵 州	0.01	0.04	0.02	0.03	0.08	0.12	0.07	0.09	0.16	0.21	0.08
新 疆	0.03	0.03		0.04	0.05	0.06	0.08	0.09	0.16	0.16	0.07
海 南	0.01	0.01	0.02	0.04	0.04	0.07	0.06	0.08	0.12	0.24	0.07
内蒙古	0.03	0.06	0.04	0.04	0.06	0.09	0.08	0.07	0.06	0.05	0.06
青 海	0.00	0.00	0.02	0.02	0.02	0.02	0.01	0.04	0.04	0.03	0.02
宁 夏	0.01	0.00	0.00	0.02	0.01	0.03	0.01	0.03	0.02	0.04	0.02

十五 建筑和建筑技术

建筑和建筑技术 A 层人才最多的是北京、江苏，世界占比均为 4.60%；上海、广东、浙江、湖南、重庆、陕西也有相当数量的 A 层人才，世界占比在 3%~1%；河南、湖北、江西、山东、安徽、福建、广西、黑龙江、青海、四川、天津、云南有一定数量的 A 层人才，世界占比均高于 0.4%。

北京、江苏、上海的 B 层人才比较多，世界占比为在 4%~3%；湖南、广东、湖北、辽宁、浙江、重庆、山东也有相当数量的 B 层人才，世界占比在 3%~1%；河南、黑龙江、四川、天津、陕西、福建、江西、河北、山西、安徽、甘肃、吉林有一定数量的 B 层人才，世界占比均超过 0.1%；新疆、广西、贵州、海南、内蒙古、青海、云南 B 层人才的世界占比均小于 0.1%。

江苏、北京、上海、广东的 C 层人才比较多，世界占比在 5%~3%；湖北、湖南、山东、重庆、浙江、辽宁、天津、四川、黑龙江也有相当数量的 C 层人才，世界占比在 3%~1%；河南、陕西、广西、福建、安徽、河北、江西、甘肃、山西、吉林、云南、内蒙古、贵州、新疆有一定数量的 C 层人才，世界占比超过或等于 0.1%；青海、海南、宁夏、西藏 C 层人才的世界占比均低于 0.1%。

表 6-43 建筑和建筑技术 A 层人才的世界占比

单位：%

省　份	2014 年	2015 年	2016 年	2017 年	2018 年	2019 年	2020 年	2021 年	2022 年	2023 年	合计
北　京	5.88	0.00	5.56	5.00	0.00	4.00	3.57	15.15	3.57	0.00	4.60
江　苏	0.00	0.00	0.00	5.00	0.00	0.00	3.57	6.06	7.14	14.71	4.60
上　海	0.00	0.00	0.00	10.00	0.00	4.00	7.14	0.00	7.14	0.00	2.93
广　东	0.00	0.00	0.00	5.00	4.55	4.00	7.14	3.03	0.00	0.00	2.51
浙　江	0.00	0.00	0.00	0.00	0.00	0.00	0.00	3.03	3.57	5.88	2.09
湖　南	0.00	14.29	5.56	0.00	0.00	4.00	0.00	0.00	0.00	0.00	1.67
重　庆	0.00	0.00	0.00	0.00	0.00	0.00	3.57	0.00	0.00	5.88	1.26
陕　西	0.00	0.00	0.00	0.00	0.00	4.00	0.00	0.00	3.57	2.94	1.26

续表

省　份	2014 年	2015 年	2016 年	2017 年	2018 年	2019 年	2020 年	2021 年	2022 年	2023 年	合计
河　南	0.00	0.00	0.00	0.00	0.00	0.00	0.00	0.00	0.00	5.88	0.84
湖　北	0.00	0.00	0.00	0.00	0.00	4.00	0.00	0.00	0.00	2.94	0.84
江　西	0.00	0.00	0.00	0.00	0.00	0.00	0.00	0.00	0.00	5.88	0.84
山　东	0.00	0.00	0.00	0.00	0.00	0.00	0.00	3.03	3.57	0.00	0.84
安　徽	0.00	0.00	0.00	0.00	0.00	0.00	0.00	3.03	0.00	0.00	0.42
福　建	0.00	0.00	0.00	0.00	0.00	0.00	0.00	0.00	0.00	2.94	0.42
广　西	0.00	0.00	0.00	0.00	0.00	0.00	0.00	3.03	0.00	0.00	0.42
黑龙江	0.00	0.00	0.00	5.00	0.00	0.00	0.00	0.00	0.00	0.00	0.42
青　海	0.00	0.00	0.00	5.00	0.00	0.00	0.00	0.00	0.00	0.00	0.42
四　川	0.00	0.00	0.00	5.00	0.00	0.00	0.00	0.00	0.00	0.00	0.42
天　津	0.00	0.00	5.56	0.00	0.00	0.00	0.00	0.00	0.00	0.00	0.42
云　南	0.00	0.00	0.00	0.00	0.00	0.00	0.00	0.00	3.57	0.00	0.42

表 6-44　建筑和建筑技术 B 层人才的世界占比

单位：%

省　份	2014 年	2015 年	2016 年	2017 年	2018 年	2019 年	2020 年	2021 年	2022 年	2023 年	合计
北　京	1.31	5.59	3.03	3.63	3.98	4.02	3.08	2.63	3.86	5.02	3.63
江　苏	2.61	2.80	1.52	2.59	1.00	2.68	3.08	3.95	6.11	5.02	3.41
上　海	1.31	1.40	1.52	2.07	3.98	3.57	5.38	4.61	2.25	4.35	3.28
湖　南	0.65	2.80	3.03	3.63	4.98	2.23	3.08	2.63	2.25	3.34	2.89
广　东	1.31	1.40	1.52	2.59	2.49	4.02	2.69	1.97	2.89	5.02	2.76
湖　北	1.96	0.70	2.02	1.04	2.99	2.68	1.15	2.96	2.57	3.34	2.27
辽　宁	0.00	0.70	0.51	0.00	0.00	3.57	1.15	1.32	2.57	3.68	1.57
浙　江	0.00	1.40	1.01	1.55	0.50	1.34	1.15	1.64	1.93	3.01	1.49
重　庆	0.00	0.70	0.00	0.00	0.50	0.89	1.15	0.99	1.93	3.68	1.18
山　东	1.31	0.70	0.00	1.04	0.50	2.68	0.38	0.99	1.29	2.34	1.18
河　南	0.65	0.00	0.00	0.00	1.00	1.34	0.00	1.32	1.93	1.34	0.87
黑龙江	0.00	0.70	1.01	0.52	1.00	0.89	0.38	1.64	0.64	1.00	0.83
四　川	0.00	0.00	0.51	0.00	0.00	0.89	2.31	0.00	1.29	1.67	0.79
天　津	1.31	0.00	0.00	0.00	0.50	1.79	0.77	0.66	1.29	1.00	0.79
陕　西	0.00	0.00	0.00	0.00	0.00	0.45	0.77	1.32	0.64	1.34	0.57
福　建	0.00	0.00	0.00	0.00	0.50	0.00	1.92	0.33	0.00	0.67	0.39
江　西	0.00	0.00	0.00	0.00	0.50	0.00	0.00	0.00	0.32	2.01	0.35

续表

省　份	2014 年	2015 年	2016 年	2017 年	2018 年	2019 年	2020 年	2021 年	2022 年	2023 年	合计
河　北	0.00	0.00	0.00	0.00	0.00	0.45	0.00	0.33	0.32	1.00	0.26
山　西	0.00	0.00	0.00	1.04	0.00	0.00	0.00	0.00	0.64	0.67	0.26
安　徽	0.00	0.00	0.00	0.52	0.00	0.00	0.00	0.33	0.32	0.67	0.22
甘　肃	0.00	0.00	0.00	0.00	0.00	0.00	0.38	0.00	0.64	0.33	0.17
吉　林	0.00	0.00	0.00	0.00	0.00	0.89	0.38	0.00	0.00	0.33	0.17
新　疆	0.00	0.00	0.00	0.00	0.00	0.45	0.00	0.00	0.32	0.00	0.09
广　西	0.00	0.00	0.00	0.00	0.00	0.00	0.00	0.00	0.32	0.00	0.04
贵　州	0.00	0.00	0.00	0.00	0.00	0.00	0.00	0.33	0.00	0.00	0.04
海　南	0.00	0.00	0.00	0.00	0.00	0.00	0.00	0.00	0.33	0.00	0.04
内蒙古	0.65	0.00	0.00	0.00	0.00	0.00	0.00	0.00	0.00	0.00	0.04
青　海	0.00	0.00	0.00	0.00	0.00	0.00	0.00	0.00	0.00	0.33	0.04
云　南	0.00	0.70	0.00	0.00	0.00	0.00	0.00	0.00	0.00	0.00	0.04

表 6-45　建筑和建筑技术 C 层人才的世界占比

单位：%

省　份	2014 年	2015 年	2016 年	2017 年	2018 年	2019 年	2020 年	2021 年	2022 年	2023 年	合计
江　苏	2.70	2.62	3.45	3.55	4.12	5.41	4.41	5.22	5.85	6.78	4.73
北　京	3.03	2.76	3.91	3.71	4.37	4.75	4.88	5.03	6.15	5.44	4.65
上　海	2.24	2.84	2.68	3.34	3.33	3.74	4.05	3.89	4.25	4.91	3.70
广　东	1.25	1.60	1.49	2.28	2.88	2.86	3.19	4.64	4.18	5.08	3.26
湖　北	1.25	0.87	1.96	2.12	2.93	3.57	2.95	2.68	3.01	4.07	2.74
湖　南	0.72	1.09	1.44	2.33	2.48	3.21	3.07	3.30	2.55	3.57	2.58
山　东	0.46	1.24	0.93	1.17	1.49	1.94	2.32	2.55	2.55	2.77	1.92
重　庆	0.79	0.65	0.72	1.01	1.69	1.54	1.42	1.67	2.55	1.84	1.51
浙　江	0.46	0.73	1.03	0.95	1.14	1.67	1.42	1.60	1.90	2.51	1.47
辽　宁	0.92	0.44	0.67	0.85	1.24	1.36	1.61	1.47	1.31	2.10	1.30
天　津	0.92	0.58	0.98	1.06	1.14	0.84	1.14	1.18	1.67	1.64	1.18
四　川	0.53	0.58	0.72	0.64	0.89	0.66	1.10	1.31	1.50	1.37	1.01
黑龙江	1.05	0.22	0.93	1.01	0.94	0.84	1.14	1.08	1.24	1.14	1.01
河　南	0.53	0.36	0.26	0.58	0.45	0.79	0.67	1.60	1.18	2.20	0.99
陕　西	0.13	0.44	0.57	0.32	0.60	1.10	1.14	0.85	1.77	1.10	0.90
广　西	0.13	0.15	0.26	0.37	0.25	0.44	0.39	0.56	0.78	0.87	0.48
福　建	0.20	0.36	0.15	0.26	0.40	0.44	0.47	0.52	0.69	0.73	0.46

省　份	2014 年	2015 年	2016 年	2017 年	2018 年	2019 年	2020 年	2021 年	2022 年	2023 年	合计
安　徽	0.40	0.22	0.26	0.21	0.45	0.53	0.28	0.59	0.52	0.70	0.45
河　北	0.00	0.07	0.36	0.11	0.25	0.35	0.20	0.49	0.62	0.60	0.35
江　西	0.07	0.07	0.21	0.32	0.25	0.40	0.39	0.56	0.36	0.40	0.34
甘　肃	0.00	0.00	0.05	0.00	0.25	0.18	0.20	0.36	0.49	0.70	0.27
山　西	0.00	0.00	0.05	0.16	0.30	0.18	0.24	0.29	0.20	0.77	0.26
吉　林	0.00	0.00	0.15	0.05	0.10	0.09	0.16	0.39	0.20	0.33	0.18
云　南	0.00	0.15	0.15	0.16	0.20	0.13	0.16	0.00	0.16	0.30	0.15
内蒙古	0.00	0.00	0.15	0.16	0.20	0.04	0.08	0.13	0.26	0.10	0.12
贵　州	0.00	0.00	0.00	0.00	0.10	0.04	0.08	0.20	0.23	0.20	0.11
新　疆	0.00	0.00	0.00	0.11	0.00	0.13	0.04	0.20	0.13	0.20	0.10
青　海	0.07	0.15	0.10	0.05	0.10	0.13	0.12	0.07	0.03	0.07	0.08
海　南	0.00	0.00	0.05	0.00	0.00	0.00	0.08	0.03	0.16	0.10	0.05
宁　夏	0.00	0.00	0.05	0.05	0.05	0.00	0.08	0.03	0.07	0.13	0.05
西　藏	0.00	0.00	0.00	0.05	0.00	0.04	0.00	0.00	0.00	0.07	0.02

十六　土木工程

土木工程 A、B、C 层人才最多的均为北京，世界占比分别为 6.14%、4.89%、5.70%。

广东的 A 层人才比较多，世界占比为 3.51%；江苏、上海、湖南、浙江、辽宁、重庆、湖北、陕西、天津也有相当数量的 A 层人才，世界占比在 3%~1%；福建、山东、河南、江西、四川、甘肃、黑龙江、青海、云南、安徽、广西、河北、吉林有一定数量的 A 层人才，世界占比均超过 0.2%。

上海、江苏、广东的 B 层人才比较多，世界占比为在 5%~3%；湖北、湖南、辽宁、浙江、山东、重庆、四川、陕西也有相当数量的 B 层人才，世界占比在 3%~1%；河南、黑龙江、天津、福建、安徽、甘肃、广西、江西、吉林、河北、山西、新疆、海南有一定数量的 B 层人才，世界占比超过或等于 0.1%；贵州、内蒙古、青海、西藏、云南 B 层人才的世界占比均低于 0.1%。

江苏、上海、广东的 C 层人才比较多，世界占比在 5%~3%；湖北、湖南、山东、辽宁、浙江、四川、重庆、黑龙江、天津、陕西也有相当数量的 C 层人才，世界占比在 3%~1%；河南、安徽、福建、广西、甘肃、河北、江西、山西、吉林、云南、内蒙古、新疆、贵州有一定数量的 C 层人才，世界占比超过或等于 0.1%；海南、青海、宁夏、西藏 C 层人才的世界占比均低于 0.1%。

表 6-46　土木工程 A 层人才的世界占比

单位：%

省　份	2014 年	2015 年	2016 年	2017 年	2018 年	2019 年	2020 年	2021 年	2022 年	2023 年	合计
北　京	6.90	6.67	15.15	7.69	11.63	4.26	5.77	6.67	3.23	0.00	6.14
广　东	0.00	3.33	0.00	2.56	6.98	0.00	1.92	6.67	4.84	4.92	3.51
江　苏	0.00	0.00	0.00	2.56	0.00	2.13	3.85	3.33	1.61	8.20	2.63
上　海	0.00	0.00	0.00	5.13	2.33	0.00	7.69	1.67	1.61	4.92	2.63
湖　南	0.00	6.67	3.03	0.00	2.33	0.00	5.77	0.00	1.61	4.92	2.41
浙　江	0.00	0.00	0.00	2.56	0.00	0.00	3.85	3.33	0.00	6.56	1.97
辽　宁	0.00	0.00	0.00	0.00	2.13	1.92	1.67	1.61	3.28		1.32
重　庆	0.00	0.00	0.00	0.00	0.00	0.00	1.92	1.67	1.61	3.28	1.10
湖　北	0.00	0.00	0.00	0.00	2.33	2.13	1.92	1.67	0.00	1.64	1.10
陕　西	0.00	0.00	0.00	5.13	0.00	0.00	0.00	0.00	1.61	3.28	1.10
天　津	0.00	0.00	3.03	0.00	2.33	2.13	1.92	0.00	1.61	0.00	1.10
福　建	0.00	0.00	0.00	0.00	0.00	0.00	3.85	1.67	0.00	1.64	0.88
山　东	0.00	0.00	0.00	0.00	0.00	0.00	0.00	1.67	4.84	0.00	0.88
河　南	0.00	0.00	0.00	0.00	0.00	0.00	0.00	0.00	1.61	3.28	0.66
江　西	0.00	0.00	0.00	0.00	0.00	0.00	0.00	0.00	0.00	4.92	0.66
四　川	0.00	0.00	0.00	2.56	0.00	0.00	1.92	0.00	1.61	0.00	0.66
甘　肃	0.00	0.00	0.00	0.00	0.00	0.00	0.00	3.33	0.00	0.00	0.44
黑龙江	0.00	0.00	0.00	2.56	2.33	0.00	0.00	0.00	0.00	0.00	0.44
青　海	0.00	0.00	0.00	2.56	0.00	0.00	1.92	0.00	0.00	0.00	0.44
云　南	0.00	3.33	0.00	0.00	0.00	0.00	0.00	0.00	1.61	0.00	0.44
安　徽	0.00	0.00	3.03	0.00	0.00	0.00	0.00	0.00	0.00	0.00	0.22
广　西	0.00	0.00	0.00	0.00	0.00	0.00	0.00	0.00	1.61	0.00	0.22
河　北	0.00	0.00	0.00	0.00	0.00	0.00	0.00	1.67	0.00	0.00	0.22
吉　林	0.00	0.00	0.00	0.00	0.00	2.13	0.00	0.00	0.00	0.00	0.22

表 6-47　土木工程 B 层人才的世界占比

单位：%

省　份	2014 年	2015 年	2016 年	2017 年	2018 年	2019 年	2020 年	2021 年	2022 年	2023 年	合计
北　京	3.86	6.25	4.39	4.84	3.95	5.42	4.12	6.16	3.69	6.00	4.89
上　海	1.40	2.34	1.75	2.85	3.95	3.30	4.99	4.29	4.24	8.44	4.11
江　苏	2.11	1.56	2.05	2.56	2.37	4.25	3.25	4.85	4.98	5.63	3.67
广　东	0.35	1.56	0.88	2.28	1.84	3.30	2.82	4.48	4.06	6.19	3.14
湖　北	1.75	0.78	1.75	0.85	2.89	1.65	1.52	4.10	3.51	4.88	2.63
湖　南	0.70	2.34	2.05	2.85	3.42	2.12	2.82	2.43	3.14	2.81	2.55
辽　宁	0.00	0.39	1.17	0.57	0.79	2.12	1.08	2.61	2.77	3.75	1.78
浙　江	0.00	1.56	0.58	1.42	1.05	2.36	0.87	2.99	2.03	3.00	1.75
山　东	0.70	0.78	0.29	1.14	1.05	1.42	1.74	2.24	2.03	2.63	1.56
重　庆	0.35	0.78	0.29	0.57	1.32	0.94	0.22	1.31	3.14	3.94	1.48
四　川	0.00	0.00	0.58	1.14	0.79	0.94	1.74	2.43	1.48	1.31	1.19
陕　西	1.05	0.00	0.29	0.00	0.79	1.65	0.65	2.24	1.48	1.50	1.09
河　南	0.35	0.78	0.00	0.28	0.53	0.94	0.43	1.12	2.03	1.88	0.95
黑龙江	0.00	0.39	0.58	0.57	1.05	0.94	0.43	1.87	0.37	1.50	0.85
天　津	0.70	0.00	0.29	0.57	0.26	0.94	0.87	1.87	0.74	0.56	0.75
福　建	0.00	0.00	0.29	0.28	0.79	0.24	1.08	1.31	1.29	0.56	0.68
安　徽	0.00	0.00	0.29	0.57	0.26	0.24	0.22	0.75	0.00	0.75	0.34
甘　肃	0.35	0.39	0.29	0.00	0.26	0.00	0.00	0.75	0.74	0.38	0.34
广　西	0.00	0.00	0.29	0.28	0.00	0.00	0.00	0.56	0.74	0.94	0.34
江　西	0.00	0.39	0.00	0.28	0.53	0.47	0.00	0.37	0.37	0.75	0.34
吉　林	0.00	0.00	0.29	0.00	0.00	0.00	0.22	0.56	0.37	1.31	0.34
河　北	0.00	0.00	0.00	0.00	0.00	0.24	0.00	0.00	0.74	0.38	0.17
山　西	0.00	0.00	0.00	0.00	0.57	0.00	0.00	0.00	0.18	0.38	0.12
新　疆	0.00	0.00	0.00	0.28	0.00	0.00	0.00	0.56	0.00	0.19	0.12
海　南	0.00	0.00	0.00	0.00	0.00	0.00	0.22	0.00	0.56	0.00	0.10
贵　州	0.00	0.00	0.00	0.00	0.00	0.00	0.00	0.19	0.00	0.38	0.07
内蒙古	0.35	0.00	0.00	0.28	0.00	0.00	0.00	0.00	0.19	0.00	0.07
青　海	0.00	0.00	0.00	0.00	0.00	0.24	0.00	0.00	0.19	0.00	0.05
西　藏	0.00	0.00	0.00	0.28	0.00	0.00	0.00	0.00	0.00	0.00	0.02
云　南	0.00	0.00	0.00	0.00	0.00	0.00	0.00	0.00	0.18	0.00	0.02

表 6-48　土木工程 C 层人才的世界占比

单位：%

省　份	2014 年	2015 年	2016 年	2017 年	2018 年	2019 年	2020 年	2021 年	2022 年	2023 年	合计
北　京	4.18	3.67	4.85	5.11	4.66	6.10	5.90	6.45	7.21	6.46	5.70
江　苏	2.30	2.82	3.18	3.89	3.85	5.20	4.70	5.89	6.06	6.84	4.81
上　海	2.09	2.60	2.97	3.89	4.01	3.70	4.65	4.38	4.72	4.80	3.97
广　东	1.13	1.48	1.49	2.07	2.75	2.90	2.99	4.88	4.77	5.67	3.36
湖　北	1.66	1.45	1.70	2.13	3.04	3.44	2.84	3.16	3.53	3.70	2.84
湖　南	1.17	1.19	1.46	2.27	2.49	3.13	2.93	3.25	2.53	3.41	2.55
山　东	0.42	0.78	0.76	1.05	1.60	2.12	2.27	2.58	2.43	2.73	1.86
辽　宁	1.06	0.78	0.97	0.99	1.55	1.69	2.16	1.66	1.78	2.58	1.64
浙　江	0.64	0.89	1.12	1.02	1.15	1.60	1.38	1.93	2.22	2.69	1.60
四　川	0.53	0.74	0.88	1.08	1.57	1.58	1.60	1.59	2.11	1.90	1.46
重　庆	0.50	0.45	0.67	0.85	1.44	1.08	1.29	1.57	2.45	2.20	1.39
黑龙江	0.96	0.85	1.12	1.19	1.05	1.13	1.68	1.28	1.42	1.82	1.31
天　津	0.85	0.63	1.03	1.25	1.28	1.11	1.22	1.28	1.61	1.72	1.26
陕　西	0.42	0.74	0.67	0.82	0.55	1.39	1.44	1.32	2.01	1.55	1.19
河　南	0.32	0.33	0.27	0.43	0.47	0.87	0.76	1.40	1.38	2.09	0.96
安　徽	0.25	0.22	0.33	0.54	0.50	0.82	0.52	0.71	0.69	0.83	0.59
福　建	0.25	0.37	0.24	0.28	0.39	0.68	0.57	0.88	0.75	0.81	0.57
广　西	0.14	0.11	0.27	0.28	0.31	0.35	0.46	0.63	0.67	0.74	0.45
甘　肃	0.21	0.26	0.09	0.17	0.45	0.49	0.33	0.46	0.50	0.61	0.39
河　北	0.04	0.15	0.33	0.14	0.31	0.26	0.46	0.46	0.65	0.56	0.38
江　西	0.07	0.19	0.21	0.28	0.37	0.26	0.37	0.46	0.35	0.51	0.33
山　西	0.04	0.07	0.12	0.11	0.29	0.33	0.28	0.34	0.21	0.65	0.28
吉　林	0.04	0.04	0.18	0.09	0.18	0.28	0.26	0.38	0.36	0.36	0.25
云　南	0.00	0.07	0.12	0.09	0.08	0.16	0.22	0.08	0.21	0.33	0.15
内蒙古	0.00	0.04	0.15	0.14	0.16	0.09	0.17	0.15	0.21	0.23	0.15
新　疆	0.00	0.07	0.03	0.14	0.05	0.16	0.22	0.23	0.23	0.16	0.15
贵　州	0.04	0.04	0.03	0.00	0.08	0.07	0.11	0.15	0.19	0.18	0.10
海　南	0.00	0.00	0.03	0.03	0.03	0.00	0.04	0.06	0.25	0.31	0.09
青　海	0.04	0.11	0.06	0.09	0.08	0.16	0.09	0.06	0.12	0.09	0.09
宁　夏	0.00	0.00	0.03	0.03	0.03	0.02	0.07	0.04	0.12	0.11	0.05
西　藏	0.00	0.00	0.00	0.03	0.00	0.07	0.04	0.00	0.00	0.05	0.02

十七 农业工程

农业工程 A、B、C 层人才最多的均为北京，世界占比分别为 9.09%、4.66%、8.29%，其中，A 层人才显著多于其他省份。

江苏、陕西、山东、浙江的 A 层人才比较多，世界占比均为 3.64%；重庆、贵州、海南、湖南、江西也有相当数量的 A 层人才，世界占比均为 1.82%。

江苏的 B 层人才比较多，世界占比为 4.02%；湖南、陕西、广东、黑龙江、上海、浙江、江西、安徽、湖北、山东也有相当数量的 B 层人才，世界占比在 3%~1%；辽宁、广西、河南、四川、天津、甘肃、贵州、重庆、福建、海南、河北、山西、云南有一定数量的 B 层人才，世界占比均超过 0.1%。

江苏、广东、黑龙江、山东、浙江的 C 层人才比较多，世界占比在 6%~3%；上海、陕西、湖北、湖南、天津、重庆、四川、河南、辽宁也有相当数量的 C 层人才，世界占比在 3%~1%；江西、福建、广西、安徽、云南、海南、吉林、甘肃、河北、山西、新疆、贵州、内蒙古、西藏有一定数量的 C 层人才，世界占比均超过 0.1%；宁夏、青海 C 层人才的世界占比均为 0.08%。

表 6-49　农业工程 A 层人才的世界占比

单位：%

省　份	2014 年	2015 年	2016 年	2017 年	2018 年	2019 年	2020 年	2021 年	2022 年	2023 年	合计
北　京	0.00	0.00	0.00	0.00	33.33	16.67	0.00	0.00	28.57	0.00	9.09
江　苏	0.00	0.00	0.00	0.00	0.00	16.67	0.00	0.00	14.29	0.00	3.64
陕　西	0.00	20.00	0.00	0.00	0.00	0.00	0.00	0.00	0.00	25.00	3.64
山　东	0.00	20.00	0.00	0.00	16.67	0.00	0.00	0.00	0.00	0.00	3.64
浙　江	0.00	0.00	0.00	0.00	0.00	16.67	12.50	0.00	0.00	0.00	3.64
重　庆	0.00	0.00	0.00	0.00	0.00	0.00	0.00	0.00	0.00	25.00	1.82
贵　州	0.00	0.00	0.00	0.00	0.00	0.00	0.00	0.00	0.00	25.00	1.82
海　南	0.00	0.00	0.00	0.00	0.00	0.00	0.00	0.00	14.29	0.00	1.82
湖　南	0.00	0.00	0.00	25.00	0.00	0.00	0.00	0.00	0.00	0.00	1.82
江　西	0.00	0.00	0.00	0.00	0.00	16.67	0.00	0.00	0.00	0.00	1.82

表 6-50　农业工程 B 层人才的世界占比

单位：%

省　份	2014 年	2015 年	2016 年	2017 年	2018 年	2019 年	2020 年	2021 年	2022 年	2023 年	合计
北　京	7.84	6.00	9.26	1.82	5.00	7.25	5.06	1.30	3.08	1.61	4.66
江　苏	1.96	4.00	3.70	1.82	1.67	8.70	5.06	1.30	6.15	4.84	4.02
湖　南	1.96	0.00	5.56	5.45	3.33	4.35	0.00	1.30	1.54	4.84	2.73
陕　西	0.00	2.00	3.70	0.00	1.67	0.00	1.27	3.90	4.62	3.23	2.09
广　东	0.00	0.00	3.70	3.64	0.00	2.90	1.27	1.30	6.15	0.00	1.93
黑龙江	0.00	0.00	3.70	0.00	3.33	2.90	2.53	1.30	3.08	1.61	1.93
上　海	3.92	0.00	1.85	1.82	3.33	4.35	1.27	0.00	0.00	1.61	1.77
浙　江	3.92	2.00	0.00	3.64	0.00	0.00	1.27	1.30	1.54	1.61	1.45
江　西	0.00	2.00	1.85	0.00	3.33	1.45	1.27	0.00	0.00	3.23	1.29
安　徽	3.92	2.00	0.00	0.00	1.67	0.00	0.00	1.30	3.08	0.00	1.13
湖　北	0.00	4.00	0.00	0.00	0.00	0.00	1.27	1.30	1.54	3.23	1.13
山　东	1.96	2.00	0.00	0.00	0.00	2.90	1.27	0.00	1.54	1.61	1.13
辽　宁	0.00	6.00	1.85	0.00	0.00	0.00	1.27	0.00	0.00	0.00	0.80
广　西	0.00	0.00	0.00	1.82	0.00	2.90	0.00	1.30	0.00	0.00	0.64
河　南	1.96	0.00	0.00	1.82	0.00	0.00	0.00	2.60	0.00	0.00	0.64
四　川	0.00	0.00	0.00	1.82	1.67	1.45	0.00	0.00	1.54	0.00	0.64
天　津	0.00	0.00	1.85	0.00	0.00	1.45	1.27	1.30	0.00	0.00	0.64
甘　肃	0.00	2.00	0.00	0.00	0.00	2.90	0.00	0.00	0.00	0.00	0.48
贵　州	0.00	0.00	0.00	0.00	0.00	0.00	1.27	1.30	0.00	0.00	0.32
重　庆	0.00	0.00	0.00	0.00	0.00	0.00	0.00	0.00	1.54	0.00	0.16
福　建	0.00	0.00	0.00	0.00	0.00	0.00	0.00	1.30	0.00	0.00	0.16
海　南	0.00	2.00	0.00	0.00	0.00	0.00	0.00	0.00	0.00	0.00	0.16
河　北	0.00	0.00	0.00	1.82	0.00	0.00	0.00	0.00	0.00	0.00	0.16
山　西	0.00	0.00	0.00	0.00	0.00	0.00	0.00	0.00	1.54	0.00	0.16
云　南	0.00	0.00	0.00	0.00	0.00	1.45	0.00	0.00	0.00	0.00	0.16

表 6-51　农业工程 C 层人才的世界占比

单位：%

省　份	2014 年	2015 年	2016 年	2017 年	2018 年	2019 年	2020 年	2021 年	2022 年	2023 年	合计
北　京	7.60	8.37	9.75	7.29	11.90	9.28	7.76	7.86	6.94	6.36	8.29
江　苏	2.80	3.59	2.66	3.36	4.76	5.30	6.62	6.95	6.94	11.00	5.58
广　东	2.20	2.99	2.84	5.79	7.48	4.42	4.20	3.01	2.56	4.30	3.98

续表

省　份	2014 年	2015 年	2016 年	2017 年	2018 年	2019 年	2020 年	2021 年	2022 年	2023 年	合计
黑龙江	1.60	3.98	3.19	2.99	3.40	3.09	3.05	3.01	2.26	3.78	3.03
山　东	3.00	2.99	2.48	2.43	2.38	3.53	3.31	2.36	2.87	4.81	3.02
浙　江	2.20	1.79	3.37	3.55	2.38	3.24	3.05	3.54	3.47	2.92	3.00
上　海	3.40	2.99	3.55	2.99	2.04	2.36	3.31	1.57	2.26	2.75	2.68
陕　西	0.20	0.80	1.42	1.87	1.53	2.95	2.42	2.75	3.02	3.78	2.17
湖　北	1.20	1.20	1.60	1.68	2.04	2.06	2.80	1.31	2.26	3.61	2.01
湖　南	1.00	0.80	1.60	1.31	3.23	2.50	1.91	2.36	1.66	1.37	1.83
天　津	1.20	1.59	1.24	1.50	1.53	2.36	2.54	0.92	1.66	2.92	1.77
重　庆	0.40	0.40	0.53	0.75	2.04	2.06	1.53	0.79	1.66	2.06	1.27
四　川	0.80	0.60	0.71	1.31	1.70	1.18	0.89	1.70	0.90	1.72	1.17
河　南	0.20	0.40	0.71	0.56	1.02	1.18	1.40	1.18	1.81	2.58	1.15
辽　宁	1.00	1.39	1.60	1.50	0.68	1.91	0.89	1.18	0.30	0.69	1.10
江　西	1.00	0.40	1.24	0.93	2.04	1.03	0.76	0.52	0.75	0.86	0.94
福　建	0.80	0.80	0.71	0.93	0.34	1.03	0.51	1.31	0.75	0.86	0.81
广　西	0.40	0.60	0.18	0.19	0.85	0.44	0.76	1.18	1.36	1.37	0.76
安　徽	1.00	0.80	0.71	0.93	0.34	0.88	1.15	0.26	0.60	0.69	0.73
云　南	0.00	0.40	0.00	0.19	0.17	0.74	0.76	0.52	0.90	2.06	0.60
海　南	0.00	0.00	0.00	0.00	0.68	0.74	1.15	0.26	0.75	0.69	0.47
吉　林	0.00	0.60	0.00	0.19	0.68	0.00	0.64	0.39	1.21	0.52	0.44
甘　肃	0.00	0.40	0.18	0.19	0.68	0.44	1.02	0.13	0.45	0.17	0.39
河　北	0.40	0.20	0.00	0.19	0.00	0.15	1.15	0.00	0.30	0.86	0.34
山　西	0.20	0.20	0.18	0.19	0.51	0.44	0.00	0.52	0.15	0.52	0.29
新　疆	0.00	0.20	0.00	0.00	0.17	0.29	0.38	0.26	0.30	0.69	0.24
贵　州	0.00	0.20	0.18	0.19	0.00	0.15	0.38	0.39	0.15	0.52	0.23
内蒙古	0.00	0.00	0.18	0.00	1.02	0.15	0.13	0.13	0.15	0.52	0.23
西　藏	0.00	0.00	0.00	0.19	0.00	0.00	0.25	0.39	0.00	0.17	0.11
宁　夏	0.00	0.00	0.00	0.00	0.00	0.29	0.13	0.13	0.00	0.17	0.08
青　海	0.00	0.00	0.18	0.00	0.17	0.00	0.00	0.13	0.30	0.00	0.08

十八　环境工程

环境工程 A、B、C 层人才最多的均为北京，世界占比分别为 6.49%、7.71%、9.28%。

广东、江苏、上海的 A 层人才比较多，世界占比在 6%~3%；湖北、浙江、湖南、四川、河南、山东、黑龙江、天津、江西也有相当数量的 A 层人才，世界占比在 3%~1%；重庆、安徽、福建、广西、吉林、陕西、山西有一定数量的 A 层人才，世界占比均超过 0.2%。

江苏、广东、上海、湖北、湖南的 B 层人才比较多，世界占比在 6%~3%；山东、浙江、黑龙江、天津、四川、安徽、河南、福建、辽宁、陕西也有相当数量的 B 层人才，世界占比在 3%~1%；江西、重庆、吉林、河北、甘肃、广西、云南、山西、贵州、新疆、宁夏、海南、内蒙古有一定数量的 B 层人才，世界占比均超过 0.1%；青海 B 层人才的世界占比为 0.03%。

江苏、广东、上海、山东、浙江、湖北的 C 层人才比较多，世界占比在 7%~3%；湖南、黑龙江、天津、四川、福建、陕西、辽宁、安徽、河南、重庆也有相当数量的 C 层人才，世界占比在 3%~1%；江西、吉林、广西、河北、甘肃、山西、云南、贵州、新疆、海南、内蒙古、宁夏有一定数量的 C 层人才，世界占比均超过 0.1%；青海、西藏 C 层人才的世界占比均低于 0.1%。

表 6-52　环境工程 A 层人才的世界占比

单位：%

省　份	2014 年	2015 年	2016 年	2017 年	2018 年	2019 年	2020 年	2021 年	2022 年	2023 年	合计
北　京	0.00	8.70	8.00	0.00	2.78	7.89	4.26	9.26	12.24	6.52	6.49
广　东	5.00	4.35	4.00	0.00	5.56	5.26	10.64	7.41	6.12	4.35	5.68
江　苏	0.00	4.35	4.00	3.13	5.56	2.63	4.26	5.56	14.29	6.52	5.68
上　海	0.00	0.00	4.00	3.13	2.78	2.63	4.26	3.70	6.12	4.35	3.51
湖　北	0.00	4.35	0.00	0.00	0.00	2.63	6.38	3.70	2.04	0.00	2.16
浙　江	0.00	0.00	0.00	0.00	0.00	2.63	0.00	3.70	8.16	2.17	2.16
湖　南	0.00	4.35	0.00	3.13	0.00	0.00	4.26	0.00	0.00	6.52	1.89
四　川	0.00	0.00	0.00	0.00	0.00	0.00	4.26	1.85	6.12	2.17	1.89
河　南	0.00	4.35	0.00	0.00	0.00	0.00	2.13	3.70	4.08	0.00	1.62
山　东	0.00	0.00	0.00	0.00	0.00	0.00	0.00	1.85	8.16	2.17	1.62
黑龙江	0.00	8.70	0.00	0.00	2.78	2.63	0.00	1.85	0.00	0.00	1.35

续表

省　份	2014 年	2015 年	2016 年	2017 年	2018 年	2019 年	2020 年	2021 年	2022 年	2023 年	合计
天　津	0.00	0.00	0.00	0.00	0.00	2.63	0.00	3.70	0.00	4.35	1.35
江　西	0.00	0.00	4.00	0.00	0.00	0.00	2.13	1.85	2.04	0.00	1.08
重　庆	5.00	0.00	0.00	0.00	0.00	0.00	0.00	0.00	2.04	2.17	0.81
安　徽	0.00	0.00	0.00	0.00	0.00	0.00	0.00	1.85	2.04	0.00	0.54
福　建	0.00	4.35	0.00	0.00	0.00	0.00	0.00	1.85	0.00	0.00	0.54
广　西	0.00	0.00	0.00	0.00	0.00	2.63	2.13	0.00	0.00	0.00	0.54
吉　林	0.00	0.00	0.00	0.00	0.00	2.63	0.00	0.00	0.00	0.00	0.27
陕　西	0.00	0.00	0.00	0.00	0.00	0.00	0.00	0.00	0.00	2.17	0.27
山　西	0.00	0.00	0.00	0.00	0.00	0.00	0.00	0.00	0.00	2.17	0.27

表 6-53　环境工程 B 层人才的世界占比

单位：%

省　份	2014 年	2015 年	2016 年	2017 年	2018 年	2019 年	2020 年	2021 年	2022 年	2023 年	合计
北　京	7.58	6.25	4.30	7.51	7.67	9.25	8.16	7.78	8.58	7.99	7.71
江　苏	4.55	4.81	3.13	2.73	5.21	7.23	7.46	5.19	7.94	7.31	5.89
广　东	2.02	3.37	2.73	3.07	4.29	4.91	3.03	7.78	5.36	7.08	4.80
上　海	2.53	2.88	3.91	3.41	2.45	3.76	5.13	4.99	4.29	3.88	3.93
湖　北	1.52	3.37	5.08	3.07	1.84	3.76	3.26	3.39	5.15	3.88	3.55
湖　南	0.51	4.33	1.95	2.73	5.21	3.47	2.80	3.79	2.58	2.51	3.06
山　东	2.02	1.44	1.17	0.34	1.53	2.89	1.86	4.19	4.72	5.71	2.95
浙　江	1.52	2.88	0.78	0.34	2.15	2.31	2.56	3.79	4.08	5.48	2.89
黑龙江	0.51	1.92	0.78	1.37	1.84	1.16	1.17	2.40	2.58	3.88	1.94
天　津	0.00	1.44	0.78	1.71	0.61	2.31	2.10	2.20	2.58	1.83	1.73
四　川	0.51	0.00	0.00	1.02	0.31	2.89	2.10	1.60	2.36	3.20	1.65
安　徽	3.03	1.92	0.78	1.02	0.31	2.60	1.86	1.00	1.93	1.60	1.56
河　南	0.51	0.48	0.00	1.02	0.61	1.16	2.10	2.79	1.72	2.74	1.56
福　建	0.51	2.40	0.39	0.68	1.53	0.87	1.86	1.00	1.93	0.68	1.21
辽　宁	1.01	0.96	0.78	1.02	0.61	0.58	0.70	1.00	2.15	2.05	1.16
陕　西	0.00	0.00	0.39	0.68	0.61	1.16	2.56	1.00	1.07	1.60	1.07
江　西	0.00	0.48	0.00	0.00	0.00	0.29	1.86	0.60	0.64	2.28	0.75
重　庆	0.51	0.48	0.39	0.68	0.61	0.58	1.17	0.80	0.43	1.14	0.72
吉　林	0.00	0.00	0.00	0.34	0.31	0.29	0.70	0.40	1.93	0.46	0.55
河　北	0.00	0.00	0.00	0.34	0.31	0.58	0.47	0.60	0.86	0.91	0.49

省　份	2014 年	2015 年	2016 年	2017 年	2018 年	2019 年	2020 年	2021 年	2022 年	2023 年	合计
甘　肃	0.51	0.48	0.78	0.00	0.31	0.29	0.00	0.20	0.21	1.14	0.38
广　西	0.00	0.00	0.00	0.00	0.31	0.00	0.47	0.60	0.43	1.14	0.38
云　南	0.00	0.00	0.00	0.34	0.00	0.87	0.23	0.20	0.21	1.37	0.38
山　西	0.00	0.48	0.39	0.00	0.31	0.00	0.23	0.60	0.21	0.68	0.32
贵　州	0.00	0.00	0.00	0.00	0.00	0.00	0.00	0.40	0.21	0.91	0.20
新　疆	0.00	0.00	0.39	0.00	0.00	0.29	0.00	0.20	0.21	0.68	0.20
宁　夏	0.51	0.00	0.00	0.00	0.00	0.00	0.00	0.00	0.21	0.68	0.14
海　南	0.00	0.00	0.39	0.00	0.00	0.00	0.00	0.00	0.43	0.23	0.12
内蒙古	0.00	0.00	0.00	0.34	0.61	0.00	0.00	0.00	0.00	0.23	0.12
青　海	0.00	0.00	0.00	0.34	0.00	0.00	0.00	0.00	0.00	0.00	0.03

表 6-54　环境工程 C 层人才的世界占比

单位：%

省　份	2014 年	2015 年	2016 年	2017 年	2018 年	2019 年	2020 年	2021 年	2022 年	2023 年	合计
北　京	7.36	6.84	8.63	9.00	10.34	9.61	9.07	8.95	10.66	10.01	9.28
江　苏	2.44	3.61	4.13	5.23	5.51	6.04	7.32	7.64	8.48	7.84	6.37
广　东	2.23	2.17	3.17	4.00	5.02	5.78	6.97	7.30	7.96	6.93	5.74
上　海	3.30	3.47	3.21	4.62	4.27	4.88	5.29	4.63	5.56	4.04	4.50
山　东	1.42	0.92	1.65	1.81	2.60	3.28	3.64	3.76	5.23	5.27	3.34
浙　江	1.32	1.88	1.57	2.12	2.73	3.08	3.15	3.96	4.62	5.51	3.32
湖　北	1.98	1.88	2.93	2.67	2.91	3.28	3.85	3.50	3.30	3.66	3.16
湖　南	0.56	0.87	1.00	2.02	3.28	3.31	3.15	3.20	3.14	3.64	2.70
黑龙江	1.02	1.11	1.20	1.92	2.11	2.06	3.01	2.29	2.71	2.50	2.16
天　津	1.57	1.45	1.04	1.57	1.89	2.35	2.40	2.17	3.07	2.52	2.14
四　川	0.41	0.48	1.04	1.27	1.98	1.68	2.45	2.72	2.69	3.15	2.04
福　建	1.27	1.54	1.16	1.71	1.77	2.06	2.07	2.19	1.82	1.70	1.80
陕　西	0.36	0.34	0.68	0.79	1.42	1.39	2.17	2.29	2.24	2.17	1.61
辽　宁	0.91	1.16	1.08	1.37	1.39	1.57	1.47	1.67	2.11	2.19	1.59
安　徽	1.37	0.87	1.44	1.51	1.33	1.51	1.56	1.49	1.88	1.73	1.52
河　南	0.66	0.48	0.60	0.72	0.59	1.28	1.89	2.15	2.49	2.24	1.51
重　庆	0.36	0.34	0.68	0.96	1.46	1.45	1.72	1.07	1.62	1.49	1.23
江　西	0.30	0.29	0.72	0.48	0.99	1.04	0.86	0.80	1.50	1.28	0.91
吉　林	0.36	0.58	0.20	0.34	0.71	1.04	1.03	0.89	1.50	1.12	0.87

续表

省　份	2014 年	2015 年	2016 年	2017 年	2018 年	2019 年	2020 年	2021 年	2022 年	2023 年	合计
广　西	0.10	0.34	0.08	0.21	0.22	0.49	0.65	1.09	1.26	1.28	0.69
河　北	0.30	0.19	0.40	0.27	0.65	0.84	0.84	0.60	0.74	1.12	0.66
甘　肃	0.30	0.24	0.56	0.65	0.34	0.70	0.79	0.74	0.96	0.70	0.65
山　西	0.30	0.29	0.36	0.51	0.37	0.44	0.54	0.56	0.70	0.86	0.53
云　南	0.10	0.10	0.16	0.48	0.25	0.17	0.37	0.46	0.45	0.70	0.37
贵　州	0.25	0.05	0.20	0.24	0.22	0.20	0.33	0.36	0.47	0.51	0.31
新　疆	0.20	0.10	0.20	0.17	0.22	0.20	0.05	0.32	0.40	0.44	0.25
海　南	0.05	0.00	0.12	0.07	0.09	0.15	0.23	0.24	0.34	0.44	0.21
内蒙古	0.00	0.10	0.08	0.14	0.09	0.09	0.14	0.16	0.25	0.19	0.14
宁　夏	0.00	0.00	0.00	0.10	0.15	0.06	0.16	0.10	0.25	0.07	0.11
青　海	0.00	0.05	0.04	0.00	0.09	0.12	0.09	0.06	0.16	0.21	0.09
西　藏	0.00	0.00	0.00	0.00	0.03	0.06	0.07	0.06	0.07	0.07	0.04

十九　海洋工程

海洋工程 A 层人才最多的是辽宁，世界占比为 11.76%，显著高于其他省份；江苏、上海 A 层人才的世界占比均为 5.88%；广东、湖北、陕西、山东、四川、天津、浙江的 A 层人才比较多，世界占比均为 3.92%；重庆、福建、广西、海南、河南、吉林也有相当数量的 A 层人才，世界占比均为 1.96%。

B 层人才最多的是湖北，世界占比为 7.01%；辽宁、上海、黑龙江、山东、北京、广东的 B 层人才比较多，世界占比在 7%～3%；江苏、浙江、天津、四川也有相当数量的 B 层人才，世界占比在 3%～1%；河南、陕西、河北、重庆、广西、海南、湖南、福建、内蒙古、吉林、云南有一定数量的 B 层人才，世界占比均超过 0.1%。

C 层人才最多的是上海，世界占比为 6.65%；辽宁、黑龙江、江苏、湖北、山东、北京、浙江的 C 层人才比较多，世界占比在 6%～3%；广东、天津、四川、陕西也有相当数量的 C 层人才，世界占比在 3%～1%；福建、湖南、海南、重庆、河南、广西、安徽、河北、吉林、江西、内蒙古、云南有一定数量的 C 层人才，世界占比超过或等于 0.1%；青海、山西、甘肃、新疆、宁夏 C 层人才的世界占比均低于 0.1%。

表 6-55　海洋工程 A 层人才的世界占比

单位：%

省　份	2014 年	2015 年	2016 年	2017 年	2018 年	2019 年	2020 年	2021 年	2022 年	2023 年	合计
辽　宁	0.00	0.00	0.00	33.33	0.00	0.00	16.67	14.29	10.00	28.57	11.76
江　苏	0.00	0.00	0.00	0.00	0.00	0.00	33.33	14.29	0.00	0.00	5.88
上　海	50.00	0.00	0.00	0.00	0.00	20.00	16.67	0.00	0.00	0.00	5.88
广　东	0.00	0.00	0.00	0.00	0.00	0.00	0.00	0.00	10.00	14.29	3.92
湖　北	0.00	0.00	0.00	0.00	0.00	0.00	0.00	0.00	20.00	0.00	3.92
陕　西	0.00	0.00	33.33	0.00	0.00	0.00	0.00	0.00	0.00	14.29	3.92
山　东	0.00	0.00	0.00	0.00	0.00	0.00	0.00	14.29	0.00	14.29	3.92
四　川	0.00	0.00	0.00	0.00	0.00	0.00	0.00	14.29	10.00	0.00	3.92
天　津	0.00	0.00	0.00	0.00	0.00	0.00	0.00	14.29	10.00	0.00	3.92
浙　江	0.00	0.00	0.00	0.00	0.00	0.00	0.00	14.29	0.00	14.29	3.92
重　庆	0.00	0.00	0.00	0.00	0.00	0.00	0.00	0.00	10.00	0.00	1.96
福　建	0.00	0.00	0.00	0.00	0.00	0.00	0.00	14.29	0.00	0.00	1.96
广　西	0.00	0.00	0.00	0.00	0.00	0.00	0.00	0.00	10.00	0.00	1.96
海　南	0.00	0.00	0.00	0.00	0.00	0.00	16.67	0.00	0.00	0.00	1.96
河　南	0.00	0.00	0.00	0.00	0.00	0.00	0.00	0.00	10.00	0.00	1.96
吉　林	0.00	0.00	0.00	0.00	0.00	0.00	0.00	14.29	0.00	0.00	1.96

表 6-56　海洋工程 B 层人才的世界占比

单位：%

省　份	2014 年	2015 年	2016 年	2017 年	2018 年	2019 年	2020 年	2021 年	2022 年	2023 年	合计
湖　北	0.00	5.71	0.00	6.45	4.26	4.08	7.02	11.94	10.23	8.99	7.01
辽　宁	0.00	2.86	3.23	3.23	4.26	12.24	10.53	7.46	6.82	7.87	6.63
上　海	2.94	5.71	0.00	3.23	2.13	8.16	3.51	2.99	3.41	8.99	4.55
黑龙江	0.00	5.71	3.23	0.00	6.38	8.16	0.00	8.96	3.41	2.25	3.98
山　东	0.00	0.00	0.00	0.00	4.26	0.00	3.51	5.97	9.09	4.49	3.79
北　京	2.94	5.71	0.00	0.00	0.00	4.08	0.00	8.96	4.55	4.49	3.60
广　东	0.00	0.00	0.00	0.00	0.00	6.12	0.00	4.48	5.68	7.87	3.41

续表

省　份	2014 年	2015 年	2016 年	2017 年	2018 年	2019 年	2020 年	2021 年	2022 年	2023 年	合计
江　苏	0.00	2.86	0.00	3.23	2.13	0.00	1.75	1.49	6.82	3.37	2.65
浙　江	0.00	2.86	0.00	0.00	2.13	0.00	0.00	1.49	3.41	6.74	2.27
天　津	0.00	0.00	0.00	0.00	2.13	2.04	1.75	1.49	2.27	1.12	1.33
四　川	0.00	0.00	0.00	3.23	0.00	0.00	3.51	1.49	2.27	0.00	1.14
河　南	0.00	0.00	0.00	0.00	0.00	0.00	1.75	1.49	1.14	2.25	0.95
陕　西	0.00	2.86	0.00	0.00	0.00	2.04	0.00	0.00	1.14	1.12	0.76
河　北	0.00	0.00	0.00	0.00	0.00	0.00	0.00	1.49	2.27	0.00	0.57
重　庆	0.00	0.00	0.00	0.00	0.00	0.00	0.00	0.00	1.14	1.12	0.38
广　西	0.00	0.00	0.00	0.00	0.00	0.00	0.00	1.49	0.00	1.12	0.38
海　南	0.00	0.00	0.00	0.00	0.00	0.00	0.00	0.00	0.00	2.25	0.38
湖　南	0.00	0.00	0.00	3.23	0.00	0.00	0.00	1.49	0.00	0.00	0.38
福　建	0.00	0.00	0.00	0.00	0.00	0.00	0.00	0.00	0.00	1.12	0.19
内蒙古	0.00	0.00	0.00	0.00	0.00	2.04	0.00	0.00	0.00	0.00	0.19
吉　林	0.00	0.00	0.00	0.00	2.13	0.00	0.00	0.00	0.00	0.00	0.19
云　南	0.00	0.00	0.00	0.00	0.00	0.00	0.00	0.00	0.00	1.14	0.19

表 6-57　海洋工程 C 层人才的世界占比

单位：%

省　份	2014 年	2015 年	2016 年	2017 年	2018 年	2019 年	2020 年	2021 年	2022 年	2023 年	合计
上　海	2.80	4.80	2.95	7.21	6.18	5.20	6.81	6.54	8.44	9.43	6.65
辽　宁	1.86	2.70	2.62	3.61	5.52	6.36	7.68	5.58	6.28	8.63	5.75
黑龙江	0.93	2.70	1.97	2.62	4.86	4.05	6.46	6.38	4.44	5.98	4.54
江　苏	2.80	1.20	1.97	6.89	3.53	5.01	4.36	4.15	5.63	5.84	4.48
湖　北	0.93	1.80	1.64	4.26	3.97	3.47	4.54	4.47	5.63	7.30	4.38
山　东	0.93	0.30	3.28	1.97	1.77	5.39	4.36	7.02	5.19	6.77	4.38
北　京	2.80	1.80	2.95	3.28	5.08	3.08	3.14	4.31	6.39	5.84	4.32
浙　江	1.86	0.60	0.98	2.95	2.87	2.50	3.84	4.63	4.87	5.71	3.62
广　东	0.00	0.00	0.66	0.33	1.55	1.35	2.44	4.94	4.87	5.31	2.87
天　津	2.48	1.20	1.64	1.31	1.55	2.31	1.92	2.87	2.38	2.39	2.13
四　川	0.31	1.50	0.66	0.66	1.10	1.16	1.57	1.75	3.25	2.52	1.76
陕　西	0.00	0.30	0.00	0.66	0.44	0.96	0.87	1.12	1.62	2.92	1.15
福　建	0.00	0.30	0.33	0.66	0.00	0.77	0.52	1.44	1.73	1.46	0.92
湖　南	0.31	0.00	0.33	0.00	1.32	0.96	0.87	1.59	0.54	1.86	0.92

续表

省　份	2014 年	2015 年	2016 年	2017 年	2018 年	2019 年	2020 年	2021 年	2022 年	2023 年	合计
海　南	0.00	0.00	0.00	0.33	0.00	0.19	0.70	0.80	1.84	1.73	0.80
重　庆	0.31	0.00	0.00	0.00	0.22	0.96	0.87	0.64	0.76	2.12	0.76
河　南	0.00	0.00	0.00	0.33	0.00	0.77	0.35	0.32	0.54	1.33	0.47
广　西	0.00	0.00	0.00	0.66	0.22	0.39	0.35	0.80	0.54	0.66	0.43
安　徽	0.31	0.00	0.00	0.00	0.44	0.39	0.35	0.16	0.32	0.40	0.27
河　北	0.00	0.00	0.33	0.00	0.00	0.19	0.17	0.64	0.32	0.27	0.23
吉　林	0.00	0.00	0.00	0.00	0.00	0.19	0.52	0.48	0.11	0.00	0.16
江　西	0.00	0.00	0.00	0.00	0.00	0.19	0.00	0.00	0.32	0.27	0.12
内蒙古	0.00	0.00	0.00	0.00	0.22	0.00	0.35	0.00	0.22	0.00	0.10
云　南	0.00	0.00	0.00	0.00	0.22	0.19	0.00	0.00	0.11	0.27	0.10
青　海	0.00	0.30	0.00	0.66	0.00	0.00	0.00	0.00	0.00	0.00	0.06
山　西	0.00	0.00	0.00	0.00	0.00	0.00	0.00	0.16	0.11	0.13	0.06
甘　肃	0.00	0.00	0.00	0.33	0.00	0.19	0.00	0.00	0.00	0.00	0.04
新　疆	0.00	0.00	0.00	0.00	0.00	0.00	0.17	0.00	0.00	0.13	0.04
宁　夏	0.00	0.00	0.00	0.00	0.00	0.00	0.00	0.00	0.00	0.13	0.02

二十　船舶工程

船舶工程 A 层人才最多的是山东，世界占比为 8.70%；广东、辽宁 A 层人才的世界占比均为 6.52%；湖北、陕西、上海的 A 层人才比较多，世界占比均为 4.35%；北京、重庆、广西、海南、江苏、四川、天津、浙江也有相当数量的 A 层人才，世界占比均为 2.17%。

B 层人才最多的是湖北，世界占比为 7.69%；辽宁、上海、北京、黑龙江、山东、广东的 B 层人才比较多，世界占比在 7%～3%；江苏、浙江、天津也有相当数量的 B 层人才，世界占比在 3%～1%；四川、河南、湖南、陕西、福建、广西、河北、安徽、重庆、海南、内蒙古、吉林有一定数量的 B 层人才，世界占比均超过 0.1%。

C 层人才最多的是上海，世界占比为 7.44%；辽宁、湖北、江苏、黑龙江、北京、山东、浙江的 C 层人才比较多，世界占比在 6%～3%；广东、天津、四川、陕西也有相当数量的 C 层人才，世界占比在 3%～1%；湖南、福建、重庆、海南、河南、广西、安徽、山西、河北、吉林、江西、云南有一定数量的 C 层人才，世界占比均超过 0.1%；内蒙古、甘肃、宁夏、青海、新疆 C 层人才的世界占比均低于 0.1%。

表 6-58　船舶工程 A 层人才的世界占比

单位：%

省　份	2014 年	2015 年	2016 年	2017 年	2018 年	2019 年	2020 年	2021 年	2022 年	2023 年	合计
山　东	0.00	0.00	0.00	0.00	0.00	0.00	16.67	33.33	0.00	11.11	8.70
广　东	0.00	0.00	0.00	0.00	0.00	0.00	0.00	0.00	16.67	22.22	6.52
辽　宁	0.00	0.00	0.00	0.00	0.00	20.00	0.00	0.00	0.00	22.22	6.52
湖　北	0.00	0.00	0.00	0.00	0.00	0.00	0.00	16.67	16.67	0.00	4.35
陕　西	0.00	0.00	100.00	0.00	0.00	0.00	0.00	0.00	0.00	11.11	4.35
上　海	0.00	0.00	0.00	0.00	0.00	0.00	16.67	16.67	0.00	0.00	4.35
北　京	50.00	0.00	0.00	0.00	0.00	0.00	0.00	0.00	0.00	0.00	2.17
重　庆	0.00	0.00	0.00	0.00	0.00	0.00	0.00	0.00	0.00	11.11	2.17
广　西	0.00	0.00	0.00	0.00	0.00	0.00	0.00	0.00	16.67	0.00	2.17
海　南	0.00	0.00	0.00	0.00	0.00	0.00	16.67	0.00	0.00	0.00	2.17
江　苏	0.00	0.00	0.00	0.00	0.00	0.00	0.00	0.00	0.00	11.11	2.17
四　川	0.00	0.00	0.00	0.00	0.00	0.00	0.00	0.00	16.67	0.00	2.17
天　津	0.00	0.00	0.00	0.00	0.00	0.00	0.00	16.67	0.00	0.00	2.17
浙　江	0.00	0.00	0.00	0.00	0.00	0.00	0.00	0.00	0.00	11.11	2.17

表 6-59　船舶工程 B 层人才的世界占比

单位：%

省　份	2014 年	2015 年	2016 年	2017 年	2018 年	2019 年	2020 年	2021 年	2022 年	2023 年	合计
湖　北	0.00	4.76	0.00	8.33	5.88	4.17	7.27	10.61	10.98	11.90	7.69
辽　宁	0.00	2.38	3.57	5.56	7.84	12.50	9.09	7.58	7.32	7.14	6.92
上　海	7.14	7.14	0.00	8.33	5.88	8.33	3.64	1.52	3.66	11.90	5.96
北　京	0.00	4.76	7.14	5.56	1.96	4.17	1.82	9.09	4.88	3.57	4.42
黑龙江	0.00	7.14	7.14	2.78	1.96	8.33	0.00	9.09	3.66	2.38	4.23
山　东	0.00	0.00	0.00	0.00	3.92	2.08	5.45	6.06	8.54	4.76	4.04
广　东	0.00	0.00	0.00	2.78	1.96	4.17	0.00	4.55	6.10	8.33	3.65
江　苏	3.57	0.00	0.00	5.56	3.92	2.08	1.82	1.52	3.66	2.38	2.50

续表

省　份	2014 年	2015 年	2016 年	2017 年	2018 年	2019 年	2020 年	2021 年	2022 年	2023 年	合计
浙　江	0.00	2.38	0.00	0.00	0.00	0.00	0.00	1.52	3.66	7.14	2.12
天　津	0.00	0.00	0.00	2.78	1.96	2.08	1.82	1.52	1.22	0.00	1.15
四　川	0.00	0.00	0.00	2.78	0.00	0.00	1.82	1.52	2.44	0.00	0.96
河　南	0.00	0.00	0.00	0.00	0.00	0.00	0.00	1.52	1.22	2.38	0.77
湖　南	3.57	0.00	0.00	2.78	0.00	0.00	0.00	1.52	0.00	0.00	0.58
陕　西	0.00	0.00	0.00	0.00	0.00	2.08	0.00	0.00	1.22	1.19	0.58
福　建	0.00	0.00	0.00	2.78	0.00	0.00	0.00	0.00	0.00	1.19	0.38
广　西	0.00	0.00	0.00	0.00	0.00	0.00	0.00	1.52	0.00	1.19	0.38
河　北	0.00	0.00	0.00	0.00	0.00	0.00	0.00	1.52	1.22	0.00	0.38
安　徽	0.00	0.00	0.00	0.00	0.00	2.08	0.00	0.00	0.00	0.00	0.19
重　庆	0.00	0.00	0.00	0.00	0.00	0.00	0.00	0.00	1.22	0.00	0.19
海　南	0.00	0.00	0.00	0.00	0.00	0.00	0.00	0.00	0.00	1.19	0.19
内蒙古	0.00	0.00	0.00	0.00	0.00	2.08	0.00	0.00	0.00	0.00	0.19
吉　林	0.00	0.00	0.00	0.00	1.96	0.00	0.00	0.00	0.00	0.00	0.19

表 6-60　船舶工程 C 层人才的世界占比

单位：%

省　份	2014 年	2015 年	2016 年	2017 年	2018 年	2019 年	2020 年	2021 年	2022 年	2023 年	合计
上　海	5.24	6.20	3.46	8.78	8.77	6.12	6.45	7.21	8.33	9.77	7.44
辽　宁	1.12	3.23	3.08	3.40	4.68	6.73	6.28	6.23	5.56	8.39	5.45
湖　北	2.62	2.23	3.46	6.23	4.48	4.69	5.77	4.75	5.42	7.29	5.03
江　苏	3.00	2.23	3.46	5.10	3.70	5.10	4.24	4.59	6.67	5.78	4.68
黑龙江	1.12	2.98	2.31	3.68	4.87	5.10	5.77	6.23	3.89	5.91	4.60
北　京	2.62	3.23	2.69	3.40	4.09	3.06	2.55	5.25	6.67	5.50	4.26
山　东	1.50	0.99	2.31	3.12	1.75	5.10	4.07	4.43	3.89	5.78	3.65
浙　江	3.00	1.99	0.77	2.55	3.70	1.63	2.55	4.26	5.28	5.91	3.57
广　东	0.00	0.74	0.77	0.85	0.78	1.63	2.21	3.93	5.14	5.09	2.66
天　津	2.62	1.99	1.15	1.42	1.56	2.04	2.04	2.30	2.22	2.20	2.01
四　川	0.75	0.99	0.38	1.13	1.75	1.22	1.70	1.64	3.47	2.06	1.74
陕　西	0.00	0.50	1.15	1.13	0.58	1.43	1.36	1.15	1.67	3.03	1.38
湖　南	0.37	0.25	0.38	0.85	1.36	0.00	0.68	1.97	0.42	2.20	0.97
福　建	0.00	0.50	0.77	0.28	0.19	1.02	0.17	0.82	2.22	1.24	0.85
重　庆	0.00	0.00	0.00	0.00	0.19	0.61	0.85	0.66	0.69	2.06	0.67

省　份	2014 年	2015 年	2016 年	2017 年	2018 年	2019 年	2020 年	2021 年	2022 年	2023 年	合计
海　南	0.00	0.00	0.00	0.28	0.00	0.00	0.51	0.49	1.94	1.65	0.67
河　南	0.00	0.00	0.00	0.28	0.19	1.02	0.85	0.33	0.42	1.38	0.55
广　西	0.00	0.00	0.00	0.28	0.19	0.20	0.17	0.49	0.56	0.55	0.30
安　徽	0.37	0.00	0.00	0.57	0.19	0.20	0.34	0.16	0.28	0.55	0.28
山　西	0.00	0.00	0.00	0.85	0.19	0.00	0.17	0.33	0.14	0.14	0.18
河　北	0.00	0.00	0.00	0.00	0.00	0.20	0.00	0.49	0.28	0.14	0.16
吉　林	0.00	0.00	0.00	0.00	0.19	0.20	0.51	0.33	0.00	0.14	0.16
江　西	0.00	0.00	0.00	0.00	0.00	0.20	0.17	0.00	0.28	0.28	0.12
云　南	0.37	0.00	0.00	0.00	0.19	0.00	0.00	0.00	0.14	0.28	0.12
内蒙古	0.00	0.00	0.00	0.00	0.19	0.00	0.17	0.00	0.28	0.00	0.08
甘　肃	0.37	0.00	0.00	0.28	0.00	0.00	0.00	0.00	0.00	0.00	0.04
宁　夏	0.00	0.00	0.00	0.00	0.00	0.00	0.00	0.00	0.00	0.14	0.02
青　海	0.00	0.00	0.00	0.28	0.00	0.00	0.00	0.00	0.00	0.00	0.02
新　疆	0.00	0.00	0.00	0.00	0.00	0.00	0.17	0.00	0.00	0.00	0.02

二十一　交通

交通 A 层人才仅分布在上海、四川、北京、广东、湖北，其中，A 层人才最多的是上海、四川，世界占比均为 2.99%；北京、广东、湖北 A 层人才的世界占比均为 1.49%。

B 层人才最多的是北京，世界占比为 5.92%；上海的 B 层人才比较多，世界占比为 4.04%；江苏、广东、湖北、浙江、湖南、四川也有相当数量的 B 层人才，世界占比在 3%~1%；安徽、重庆、辽宁、山东、天津、黑龙江、河南、河北、福建、甘肃、江西、吉林、宁夏、陕西有一定数量的 B 层人才，世界占比均超过 0.1%。

C 层人才最多的是北京，世界占比为 5.08%；上海的 C 层人才比较多，世界占比为 3.31%；江苏、广东、辽宁、湖北、四川也有相当数量的 C 层人才，世界占比在 3%~1%；湖南、浙江、天津、安徽、黑龙江、山东、重庆、福建、陕西、江西、甘肃、河南、吉林有一定数量的 C 层人才，世界占比均超过 0.1%；河北、云南、内蒙古、广西、贵州、山西、海南、宁夏、西藏 C 层人才的世界占比均低于 0.1%。

表 6-61　交通 A 层人才的世界占比

单位：%

省　份	2014 年	2015 年	2016 年	2017 年	2018 年	2019 年	2020 年	2021 年	2022 年	2023 年	合计
上　海	0.00	0.00	0.00	0.00	0.00	11.11	0.00	16.67	0.00	0.00	2.99
四　川	0.00	0.00	0.00	0.00	0.00	0.00	0.00	16.67	0.00	12.50	2.99
北　京	0.00	0.00	0.00	0.00	0.00	0.00	0.00	0.00	12.50	0.00	1.49
广　东	0.00	0.00	0.00	0.00	0.00	0.00	0.00	0.00	12.50	0.00	1.49
湖　北	0.00	0.00	0.00	0.00	0.00	0.00	0.00	0.00	12.50	0.00	1.49

表 6-62　交通 B 层人才的世界占比

单位：%

省　份	2014 年	2015 年	2016 年	2017 年	2018 年	2019 年	2020 年	2021 年	2022 年	2023 年	合计
北　京	3.92	4.08	10.81	4.11	2.38	6.41	4.40	1.16	10.00	11.69	5.92
上　海	3.92	0.00	1.35	4.11	5.95	3.85	4.40	1.16	3.75	10.39	4.04
江　苏	0.00	0.00	1.35	1.37	0.00	6.41	3.30	4.65	1.25	5.19	2.56
广　东	0.00	2.04	1.35	1.37	2.38	2.56	0.00	3.49	3.75	5.19	2.29
湖　北	1.96	2.04	0.00	0.00	3.57	2.56	1.10	1.16	2.50	2.60	1.75
浙　江	0.00	0.00	0.00	1.37	2.38	1.28	1.10	0.00	1.25	5.19	1.35
湖　南	0.00	2.04	0.00	0.00	0.00	1.28	0.00	3.49	3.75	1.30	1.21
四　川	0.00	0.00	1.35	2.74	0.00	0.00	1.10	1.16	2.50	1.30	1.08
安　徽	0.00	0.00	1.35	2.74	1.19	0.00	1.10	1.16	0.00	1.30	0.94
重　庆	0.00	0.00	0.00	0.00	1.19	1.28	2.20	0.00	0.00	0.00	0.54
辽　宁	0.00	0.00	1.35	0.00	0.00	1.28	0.00	0.00	1.25	1.30	0.54
山　东	1.96	0.00	0.00	0.00	0.00	0.00	0.00	0.00	0.00	3.90	0.54
天　津	0.00	0.00	0.00	1.37	0.00	0.00	2.33	1.25	0.00	0.00	0.54
黑龙江	0.00	0.00	0.00	0.00	0.00	0.00	1.10	1.16	1.25	0.00	0.40
河　南	0.00	0.00	0.00	0.00	0.00	1.19	0.00	0.00	1.25	1.30	0.40
河　北	0.00	0.00	0.00	0.00	0.00	0.00	0.00	0.00	0.00	2.60	0.27
福　建	0.00	0.00	0.00	0.00	0.00	0.00	1.16	0.00	0.00	0.00	0.13
甘　肃	0.00	2.04	0.00	0.00	0.00	0.00	0.00	0.00	0.00	0.00	0.13
江　西	0.00	0.00	0.00	0.00	1.19	0.00	0.00	0.00	0.00	0.00	0.13

省　份	2014 年	2015 年	2016 年	2017 年	2018 年	2019 年	2020 年	2021 年	2022 年	2023 年	合计
吉　林	0.00	0.00	0.00	0.00	0.00	0.00	0.00	0.00	1.25	0.00	0.13
宁　夏	0.00	0.00	0.00	0.00	0.00	0.00	0.00	0.00	0.00	1.30	0.13
陕　西	0.00	0.00	0.00	0.00	0.00	0.00	0.00	0.00	1.25	0.00	0.13

表 6-63　交通 C 层人才的世界占比

单位：%

省　份	2014 年	2015 年	2016 年	2017 年	2018 年	2019 年	2020 年	2021 年	2022 年	2023 年	合计
北　京	3.46	4.63	3.26	4.53	5.00	4.38	5.55	6.14	6.56	6.26	5.08
上　海	1.46	1.07	2.58	3.25	4.23	2.50	3.28	3.90	3.93	5.51	3.31
江　苏	0.73	1.25	1.36	1.84	3.08	4.26	3.51	3.90	3.81	3.50	2.88
广　东	1.28	0.36	1.63	2.26	2.05	2.63	2.83	3.19	3.81	4.51	2.59
辽　宁	0.55	0.71	0.54	0.71	0.38	1.25	1.81	1.06	2.03	1.75	1.13
湖　北	0.73	0.89	1.09	1.27	1.41	1.25	0.57	0.71	1.07	1.75	1.08
四　川	0.00	0.53	1.09	0.71	0.64	0.88	1.36	1.42	1.43	1.38	1.00
湖　南	0.55	0.53	0.95	0.85	0.26	1.00	1.13	1.30	1.19	1.00	0.91
浙　江	0.18	0.71	0.14	0.42	0.51	1.38	1.47	0.71	1.19	1.13	0.83
天　津	0.00	0.36	0.41	0.85	0.64	0.75	1.59	1.06	1.07	0.38	0.76
安　徽	0.36	0.18	0.54	0.57	0.77	0.63	0.91	1.18	0.83	0.38	0.67
黑龙江	0.73	0.36	0.41	0.14	0.90	0.63	0.68	0.59	0.83	0.50	0.59
山　东	0.18	0.36	0.14	0.28	0.77	0.25	0.57	0.47	0.48	1.25	0.49
重　庆	0.18	0.18	0.14	0.28	0.13	0.25	0.57	0.35	0.60	0.50	0.33
福　建	0.00	0.00	0.14	0.00	0.64	0.63	0.23	0.59	0.48	0.13	0.31
陕　西	0.00	0.00	0.14	0.42	0.26	0.38	0.00	0.12	0.24	0.13	0.17
江　西	0.00	0.00	0.00	0.27	0.14	0.26	0.13	0.00	0.36	0.38	0.16
甘　肃	0.18	0.00	0.00	0.14	0.26	0.38	0.23	0.12	0.00	0.00	0.13
河　南	0.00	0.00	0.00	0.00	0.00	0.38	0.11	0.24	0.12	0.13	0.11
吉　林	0.00	0.18	0.14	0.00	0.00	0.00	0.11	0.24	0.00	0.25	0.11
河　北	0.00	0.00	0.00	0.00	0.00	0.25	0.11	0.12	0.12	0.13	0.08
云　南	0.18	0.00	0.14	0.00	0.00	0.13	0.00	0.12	0.12	0.13	0.08
内蒙古	0.00	0.36	0.27	0.14	0.00	0.00	0.00	0.00	0.00	0.00	0.07
广　西	0.00	0.00	0.00	0.00	0.13	0.13	0.00	0.24	0.00	0.00	0.05
贵　州	0.00	0.00	0.00	0.00	0.13	0.13	0.00	0.00	0.00	0.13	0.04
山　西	0.00	0.00	0.00	0.00	0.00	0.00	0.00	0.24	0.00	0.00	0.03
海　南	0.00	0.00	0.00	0.00	0.00	0.00	0.00	0.12	0.00	0.00	0.01
宁　夏	0.00	0.00	0.00	0.00	0.00	0.00	0.00	0.00	0.13	0.00	0.01
西　藏	0.00	0.00	0.00	0.00	0.00	0.00	0.00	0.12	0.00	0.00	0.01

二十二 交通科学和技术

交通科学和技术 A、B、C 层人才最多的均为北京，世界占比分别为 12.58%、11.05%、9.18%，均显著高于其他省份。

广东、上海、四川、江苏、湖南、山东的 A 层人才比较多，世界占比在 6%~3%；重庆、湖北、甘肃、河南、浙江也有相当数量的 A 层人才，世界占比在 2%~1%；安徽、福建、黑龙江、江西、吉林、辽宁、陕西、天津、云南有一定数量的 A 层人才，世界占比均为 0.63%。

广东、江苏、上海的 B 层人才比较多，世界占比在 5%~3%；湖北、山东、重庆、四川、湖南、浙江、辽宁、安徽、陕西也有相当数量的 B 层人才，世界占比在 2%~1%；天津、吉林、河南、河北、福建、黑龙江、江西、甘肃、广西、云南有一定数量的 B 层人才，世界占比均超过 0.1%；海南、内蒙古、青海、新疆 B 层人才的世界占比均为 0.07%。

江苏、上海、广东的 C 层人才比较多，世界占比在 5%~3%；四川、浙江、辽宁、湖南、湖北、山东、重庆也有相当数量的 C 层人才，世界占比在 3%~1%；安徽、陕西、天津、福建、黑龙江、河南、吉林、河北、江西、广西、甘肃、云南有一定数量的 C 层人才，世界占比超过或等于 0.1%；山西、海南、内蒙古、贵州、宁夏、新疆、青海 C 层人才的世界占比均低于 0.1%。

表 6-64　交通科学和技术 A 层人才的世界占比

单位：%

省　份	2014 年	2015 年	2016 年	2017 年	2018 年	2019 年	2020 年	2021 年	2022 年	2023 年	合计
北　京	8.33	18.18	12.50	6.25	11.11	22.22	11.76	11.11	6.67	16.67	12.58
广　东	0.00	0.00	6.25	6.25	0.00	5.56	0.00	11.11	13.33	11.11	5.66
上　海	0.00	0.00	0.00	0.00	0.00	11.11	5.88	5.56	13.33	5.56	4.40
四　川	0.00	0.00	6.25	12.50	0.00	11.11	5.88	0.00	6.67	0.00	4.40
江　苏	0.00	9.09	0.00	0.00	5.56	5.56	0.00	5.56	6.67	5.56	3.77
湖　南	0.00	0.00	0.00	0.00	0.00	0.00	5.88	0.00	0.00	22.22	3.14

续表

省　　份	2014 年	2015 年	2016 年	2017 年	2018 年	2019 年	2020 年	2021 年	2022 年	2023 年	合计
山　东	0.00	0.00	0.00	0.00	0.00	0.00	0.00	5.56	13.33	11.11	3.14
重　庆	0.00	0.00	0.00	6.25	0.00	0.00	0.00	5.56	6.67	0.00	1.89
湖　北	0.00	0.00	6.25	0.00	0.00	0.00	0.00	5.56	0.00	5.56	1.89
甘　肃	0.00	0.00	0.00	0.00	0.00	0.00	0.00	5.56	0.00	5.56	1.26
河　南	0.00	0.00	0.00	0.00	0.00	0.00	0.00	0.00	0.00	11.11	1.26
浙　江	0.00	0.00	0.00	0.00	0.00	0.00	5.88	0.00	0.00	5.56	1.26
安　徽	0.00	9.09	0.00	0.00	0.00	0.00	0.00	0.00	0.00	0.00	0.63
福　建	0.00	0.00	0.00	0.00	0.00	0.00	0.00	5.56	0.00	0.00	0.63
黑龙江	0.00	0.00	0.00	5.56	0.00	0.00	0.00	0.00	0.00	0.00	0.63
江　西	0.00	0.00	0.00	0.00	0.00	5.56	0.00	0.00	0.00	0.00	0.63
吉　林	0.00	0.00	0.00	0.00	0.00	0.00	0.00	0.00	0.00	5.56	0.63
辽　宁	0.00	0.00	0.00	0.00	0.00	0.00	0.00	5.56	0.00	0.00	0.63
陕　西	0.00	9.09	0.00	0.00	0.00	0.00	0.00	0.00	0.00	0.00	0.63
天　津	0.00	0.00	0.00	0.00	0.00	0.00	0.00	0.00	0.00	6.67	0.63
云　南	0.00	9.09	0.00	0.00	0.00	0.00	0.00	0.00	0.00	0.00	0.63

表 6-65　交通科学和技术 B 层人才的世界占比

单位：%

省　　份	2014 年	2015 年	2016 年	2017 年	2018 年	2019 年	2020 年	2021 年	2022 年	2023 年	合计
北　京	7.21	12.07	12.75	9.52	7.60	14.47	11.38	7.78	14.37	12.50	11.05
广　东	1.80	0.86	2.01	1.36	3.51	6.92	2.99	7.78	7.47	10.71	4.84
江　苏	1.80	1.72	1.34	1.36	2.34	5.03	10.18	4.79	4.02	5.36	3.99
上　海	2.70	1.72	2.01	2.72	4.09	1.26	2.40	2.99	4.60	9.52	3.53
湖　北	0.90	0.86	0.67	0.00	0.00	1.26	0.60	5.39	4.02	4.76	1.96
山　东	1.80	0.86	1.34	1.36	0.58	0.00	1.20	2.40	3.45	5.95	1.96
重　庆	0.00	0.00	0.67	3.40	1.75	0.63	0.60	2.99	3.45	4.17	1.90
四　川	0.00	0.86	0.67	1.36	0.58	1.26	4.19	2.99	2.30	3.57	1.90
湖　南	1.80	0.00	0.67	0.68	0.00	0.63	2.99	2.99	1.72	5.95	1.83
浙　江	0.00	1.72	0.67	1.36	2.34	1.26	0.60	2.40	4.02	2.98	1.83
辽　宁	0.00	0.00	1.34	1.36	1.17	1.26	0.60	3.59	1.72	4.17	1.64
安　徽	0.00	0.00	2.01	1.36	1.17	1.26	1.20	1.20	0.57	1.79	1.11
陕　西	1.80	0.00	0.67	0.68	0.58	1.89	1.20	1.20	1.72	1.19	1.11
天　津	0.00	0.00	0.00	0.00	0.58	1.26	0.00	2.99	0.57	1.19	0.72

续表

省　份	2014 年	2015 年	2016 年	2017 年	2018 年	2019 年	2020 年	2021 年	2022 年	2023 年	合计
吉　林	0.00	0.00	0.00	0.00	0.00	0.63	0.00	0.00	1.15	4.17	0.65
河　南	0.00	0.86	0.00	0.00	0.00	0.00	1.20	0.60	0.57	1.79	0.52
河　北	0.00	0.86	0.00	0.00	0.00	0.00	0.00	0.00	0.57	2.38	0.39
福　建	0.00	0.00	0.67	0.00	0.58	1.26	0.00	0.60	0.00	0.00	0.33
黑龙江	0.00	0.00	0.00	0.68	0.00	0.00	0.00	0.00	1.15	0.60	0.26
江　西	0.00	0.00	0.00	0.00	0.58	0.00	0.00	0.60	0.57	0.60	0.26
甘　肃	0.00	0.86	0.00	0.00	0.00	0.00	0.00	1.20	0.00	0.00	0.20
广　西	0.00	0.00	0.00	0.00	0.00	0.00	0.00	0.00	1.15	0.60	0.20
云　南	0.00	0.00	0.67	0.00	0.00	0.00	0.00	0.00	0.57	0.00	0.13
海　南	0.00	0.00	0.00	0.00	0.00	0.00	0.00	0.00	0.00	0.60	0.07
内蒙古	0.00	0.00	0.00	0.68	0.00	0.00	0.00	0.00	0.00	0.00	0.07
青　海	0.00	0.00	0.00	0.68	0.00	0.00	0.00	0.00	0.00	0.00	0.07
新　疆	0.00	0.00	0.00	0.00	0.00	0.00	0.00	0.60	0.00	0.00	0.07

表 6-66　交通科学和技术 C 层人才的世界占比

单位：%

省　份	2014 年	2015 年	2016 年	2017 年	2018 年	2019 年	2020 年	2021 年	2022 年	2023 年	合计
北　京	5.59	6.94	7.67	7.90	7.89	8.37	10.27	9.16	11.51	14.57	9.18
江　苏	2.11	2.99	3.43	3.88	4.40	5.22	5.16	5.38	5.40	6.96	4.64
上　海	2.01	2.46	2.83	3.26	3.92	3.46	4.69	4.31	6.24	5.35	3.98
广　东	1.10	0.97	2.02	2.22	2.29	4.31	4.87	5.02	6.29	6.83	3.80
四　川	0.55	1.05	1.41	1.46	2.59	2.49	3.11	1.59	2.46	2.51	2.02
浙　江	1.01	0.97	1.62	1.11	1.08	1.40	2.70	2.30	2.70	3.09	1.86
辽　宁	0.73	0.79	0.94	1.04	1.39	1.64	2.11	1.59	2.04	2.58	1.54
湖　南	0.37	0.44	1.01	1.11	1.33	1.64	1.53	2.01	1.86	2.71	1.47
湖　北	1.19	0.53	1.14	1.32	1.08	1.58	1.35	1.83	1.98	2.19	1.46
山　东	0.37	0.44	0.81	0.42	0.90	0.97	0.94	2.13	1.80	3.03	1.24
重　庆	0.37	0.35	0.81	0.62	0.90	0.97	1.29	1.71	1.44	2.64	1.17
安　徽	0.27	0.26	0.61	0.90	0.90	0.91	1.12	1.36	1.14	1.48	0.94
陕　西	0.27	0.61	0.20	0.55	0.60	0.73	0.65	1.54	1.20	1.10	0.78
天　津	0.18	0.35	0.54	0.55	0.78	0.85	0.94	1.00	1.08	0.71	0.74
福　建	0.00	0.61	0.47	0.55	1.02	1.03	0.41	1.18	0.48	0.52	0.66
黑龙江	0.37	0.79	0.47	0.21	0.54	0.49	0.76	0.65	0.84	0.90	0.61

省　份	2014 年	2015 年	2016 年	2017 年	2018 年	2019 年	2020 年	2021 年	2022 年	2023 年	合计
河　南	0.00	0.18	0.27	0.21	0.12	0.55	0.59	0.59	0.90	0.97	0.46
吉　林	0.09	0.26	0.40	0.14	0.42	0.49	0.76	0.35	0.90	0.52	0.46
河　北	0.00	0.00	0.13	0.00	0.12	0.49	0.23	0.41	0.78	0.64	0.30
江　西	0.09	0.09	0.13	0.07	0.42	0.24	0.18	0.35	0.42	0.26	0.24
广　西	0.00	0.09	0.27	0.00	0.00	0.00	0.12	0.47	0.36	0.39	0.18
甘　肃	0.00	0.09	0.00	0.07	0.24	0.42	0.00	0.18	0.12	0.13	0.13
云　南	0.09	0.00	0.00	0.00	0.12	0.18	0.06	0.24	0.06	0.19	0.10
山　西	0.00	0.00	0.00	0.00	0.06	0.00	0.06	0.18	0.30	0.26	0.09
海　南	0.00	0.00	0.00	0.00	0.00	0.06	0.06	0.18	0.32	0.09
内蒙古	0.18	0.35	0.27	0.00	0.00	0.00	0.00	0.00	0.00	0.06	0.07
贵　州	0.00	0.00	0.07	0.00	0.00	0.12	0.00	0.06	0.00	0.03
宁　夏	0.00	0.00	0.00	0.00	0.00	0.00	0.00	0.00	0.06	0.13	0.02
新　疆	0.00	0.00	0.00	0.00	0.00	0.00	0.00	0.00	0.00	0.06	0.01
青　海	0.00	0.00	0.00	0.00	0.00	0.00	0.00	0.06	0.00	0.00	0.01

二十三　航空和航天工程

航空和航天工程 A 层人才最多的是北京、四川，世界占比均为 5.56%；辽宁、山东 A 层人才的世界占比均为 4.44%；江苏、陕西的 A 层人才比较多，世界占比均为 3.33%；安徽、湖北、湖南、上海、广东、河南、浙江也有相当数量的 A 层人才，世界占比在 3%～1%。

B 层人才最多的是北京，世界占比为 10.49%，显著高于其他省份；陕西、江苏、湖南的 B 层人才比较多，世界占比在 5%～3%；黑龙江、上海、广东、湖北、辽宁、浙江、四川、山东也有相当数量的 B 层人才，世界占比在 3%～1%；安徽、重庆、河北、河南、福建、山西、吉林、天津、甘肃、广西、贵州、海南、内蒙古、江西、云南有一定数量的 B 层人才，世界占比超过或等于 0.1%。

C 层人才最多的是北京，世界占比为 13.74%，显著高于其他省份；陕西、江苏、湖南、黑龙江的 C 层人才比较多，世界占比在 5%～3%；上海、广东、四川、湖北、浙江、辽宁也有相当数量的 C 层人才，世界占比在 3%~1%；山东、安徽、天津、河南、重庆、福建、河北、江西、山西、甘肃、贵州、吉林、广西有一定数量的 C 层人才，世界占比超过或等于 0.1%；内蒙古、云南、海南、新疆、西藏 C 层人才的世界占比均低于 0.1%。

表 6-67　航空和航天工程 A 层人才的世界占比

单位：%

省　份	2014 年	2015 年	2016 年	2017 年	2018 年	2019 年	2020 年	2021 年	2022 年	2023 年	合计
北　京	0.00	0.00	11.11	0.00	11.11	18.18	0.00	0.00	0.00	7.69	5.56
四　川	0.00	0.00	0.00	0.00	0.00	0.00	10.00	0.00	12.50	23.08	5.56
辽　宁	0.00	0.00	0.00	0.00	11.11	9.09	0.00	16.67	0.00	7.69	4.44
山　东	0.00	0.00	11.11	0.00	0.00	0.00	0.00	16.67	12.50	7.69	4.44
江　苏	0.00	0.00	0.00	0.00	0.00	0.00	0.00	16.67	25.00	0.00	3.33
陕　西	0.00	0.00	0.00	0.00	0.00	0.00	10.00	16.67	0.00	7.69	3.33
安　徽	0.00	0.00	0.00	0.00	0.00	0.00	0.00	0.00	12.50	7.69	2.22
湖　北	0.00	0.00	0.00	11.11	11.11	0.00	0.00	0.00	0.00	0.00	2.22
湖　南	0.00	0.00	11.11	0.00	0.00	0.00	0.00	0.00	12.50	0.00	2.22
上　海	0.00	0.00	0.00	0.00	0.00	0.00	0.00	16.67	12.50	0.00	2.22
广　东	0.00	0.00	0.00	0.00	0.00	0.00	0.00	0.00	0.00	7.69	1.11
河　南	0.00	0.00	0.00	0.00	0.00	9.09	0.00	0.00	0.00	0.00	1.11
浙　江	0.00	0.00	0.00	0.00	0.00	0.00	0.00	0.00	12.50	0.00	1.11

表 6-68　航空和航天工程 B 层人才的世界占比

单位：%

省　份	2014 年	2015 年	2016 年	2017 年	2018 年	2019 年	2020 年	2021 年	2022 年	2023 年	合计
北　京	4.62	5.13	14.29	9.28	7.69	12.24	7.22	13.21	13.45	14.29	10.49
陕　西	1.54	1.28	4.76	3.09	0.96	3.06	5.15	7.55	9.24	7.62	4.72
江　苏	0.00	0.00	2.38	1.03	2.88	4.08	9.28	3.77	10.08	5.71	4.30
湖　南	7.69	2.56	4.76	3.09	0.96	6.12	3.09	0.94	4.20	6.67	3.88
黑龙江	4.62	1.28	3.57	4.12	4.81	2.04	2.06	0.94	4.20	1.90	2.94
上　海	0.00	0.00	0.00	2.06	0.00	5.10	2.06	2.83	4.20	3.81	2.20
广　东	0.00	0.00	2.38	0.00	0.00	0.00	2.06	2.83	5.88	2.86	1.78

省 份	2014 年	2015 年	2016 年	2017 年	2018 年	2019 年	2020 年	2021 年	2022 年	2023 年	合计
湖 北	0.00	0.00	1.19	0.00	0.96	3.06	0.00	1.89	2.52	6.67	1.78
辽 宁	3.08	0.00	1.19	2.06	0.00	0.00	0.00	2.83	5.88	1.90	1.78
浙 江	0.00	0.00	0.00	0.00	1.92	0.00	2.06	2.83	2.52	4.76	1.57
四 川	1.54	0.00	0.00	0.00	1.92	1.02	2.06	1.89	1.68	2.86	1.36
山 东	1.54	0.00	0.00	1.03	0.00	1.02	0.00	4.72	0.00	1.90	1.05
安 徽	0.00	0.00	0.00	0.00	0.00	1.02	0.00	2.83	0.00	4.76	0.94
重 庆	0.00	0.00	0.00	0.00	0.00	0.00	1.03	0.94	0.84	1.90	0.52
河 北	0.00	0.00	0.00	0.00	0.00	0.00	1.03	0.94	1.68	0.95	0.52
河 南	0.00	0.00	0.00	0.00	0.96	0.00	0.00	0.94	1.68	0.95	0.52
福 建	0.00	0.00	0.00	0.00	0.00	1.02	2.06	0.00	0.84	0.00	0.42
山 西	0.00	0.00	1.19	0.00	0.00	1.02	0.00	0.94	0.84	0.00	0.42
吉 林	0.00	0.00	1.19	0.00	0.00	0.00	0.00	0.94	0.00	0.00	0.21
天 津	0.00	0.00	0.00	0.00	0.96	0.00	0.00	0.94	0.00	0.00	0.21
甘 肃	0.00	0.00	0.00	0.00	0.00	0.00	0.00	0.94	0.00	0.00	0.10
广 西	0.00	0.00	0.00	0.00	0.00	0.00	1.02	0.00	0.00	0.00	0.10
贵 州	0.00	0.00	0.00	0.00	0.00	0.00	0.00	0.00	0.95		0.10
海 南	0.00	0.00	0.00	0.00	0.00	0.00	0.00	0.00	0.95		0.10
内蒙古	0.00	0.00	0.00	0.00	0.00	0.00	0.00	0.94	0.00	0.00	0.10
江 西	0.00	0.00	0.00	0.00	0.00	0.00	0.00	0.94	0.00	0.00	0.10
云 南	0.00	0.00	0.00	0.00	0.00	0.00	0.00	0.00	0.84	0.00	0.10

表 6-69　航空和航天工程 C 层人才的世界占比

单位：%

省 份	2014 年	2015 年	2016 年	2017 年	2018 年	2019 年	2020 年	2021 年	2022 年	2023 年	合计
北 京	11.49	9.35	8.80	12.90	13.36	14.59	14.03	15.80	17.98	15.91	13.74
陕 西	2.02	2.34	3.91	3.39	4.59	6.58	5.19	5.00	5.84	6.36	4.72
江 苏	2.80	2.21	3.91	3.39	3.99	5.62	4.64	4.51	5.38	6.82	4.48
湖 南	3.26	2.83	2.81	4.37	3.59	4.29	3.76	4.32	3.71	3.45	3.68
黑龙江	2.48	1.97	2.32	5.03	3.39	5.24	2.87	3.53	4.36	3.73	3.60
上 海	0.78	1.35	1.10	1.31	2.79	2.48	2.54	3.34	2.97	3.36	2.32
广 东	0.16	0.49	0.49	1.42	1.30	1.33	1.88	2.45	3.71	3.09	1.77
四 川	0.62	1.11	0.61	1.42	1.20	1.24	1.66	2.16	2.69	3.00	1.66
湖 北	0.62	1.48	0.73	1.20	1.30	1.53	2.21	2.36	1.95	2.09	1.61

续表

省　份	2014 年	2015 年	2016 年	2017 年	2018 年	2019 年	2020 年	2021 年	2022 年	2023 年	合计
浙　江	1.24	1.11	0.37	0.87	0.60	1.05	1.33	1.47	2.22	3.09	1.39
辽　宁	0.62	0.86	1.47	1.09	1.10	1.53	1.10	1.47	1.85	1.18	1.26
山　东	0.31	1.11	0.37	0.44	0.60	0.86	0.55	1.28	1.48	1.27	0.87
安　徽	0.16	0.37	0.12	0.11	0.20	0.48	0.88	0.59	0.74	1.27	0.52
天　津	0.16	0.25	0.12	0.55	0.10	1.05	0.66	0.79	0.83	0.45	0.52
河　南	0.31	0.12	0.12	0.44	0.20	0.29	0.22	0.29	0.19	0.82	0.31
重　庆	0.00	0.12	0.00	0.33	0.20	0.29	0.11	0.39	0.46	0.82	0.30
福　建	0.16	0.12	0.00	0.22	0.10	0.38	0.44	0.39	0.46	0.18	0.26
河　北	0.16	0.12	0.12	0.11	0.00	0.19	0.55	0.49	0.37	0.36	0.26
江　西	0.00	0.25	0.00	0.22	0.10	0.10	0.22	0.20	0.09	0.64	0.20
山　西	0.00	0.12	0.00	0.00	0.10	0.00	0.22	0.39	0.46	0.36	0.18
甘　肃	0.00	0.00	0.12	0.22	0.10	0.10	0.11	0.20	0.28	0.09	0.13
贵　州	0.16	0.00	0.00	0.11	0.10	0.00	0.00	0.29	0.19	0.18	0.11
吉　林	0.16	0.00	0.00	0.00	0.10	0.00	0.00	0.10	0.37	0.18	0.11
广　西	0.00	0.12	0.00	0.00	0.00	0.00	0.11	0.10	0.37	0.18	0.10
内蒙古	0.16	0.12	0.00	0.00	0.00	0.00	0.11	0.00	0.00	0.09	0.05
云　南	0.00	0.00	0.00	0.00	0.00	0.00	0.00	0.10	0.19	0.18	0.05
海　南	0.00	0.00	0.00	0.00	0.00	0.00	0.00	0.00	0.00	0.36	0.04
新　疆	0.00	0.00	0.00	0.00	0.11	0.00	0.00	0.00	0.10	0.09	0.03
西　藏	0.00	0.00	0.00	0.00	0.00	0.00	0.00	0.10	0.00	0.00	0.01

二十四　工业工程

工业工程 A、B、C 层人才最多的均为北京，世界占比分别为 6.51%、4.82%、4.93%。

浙江的 A 层人才比较多，世界占比为 3.55%；广东、江苏、湖北、辽宁、山东、四川、安徽、湖南、上海、天津也有相当数量的 A 层人才，世界占比在 3%~1%；重庆有一定数量的 A 层人才，世界占比为 0.59%。

广东、上海、江苏、山东、湖南、辽宁、湖北、四川、浙江、天津有相当数量的 B 层人才，世界占比在 3%~1%；安徽、重庆、陕西、黑龙江、福建、河南、甘肃、新疆、河北、江西有一定数量的 B 层人才，世界占比均超过 0.1%；广西、贵州、内蒙古、吉林、宁夏、山西、云南 B 层人才的世界占比均为 0.06%。

上海的 C 层人才比较多，世界占比为 3.31%；江苏、广东、湖北、浙江、辽宁、四川、山东、湖南、重庆、天津也有相当数量的 C 层人才，世界占比在 3%~1%；陕西、安徽、黑龙江、福建、河南、河北、江西、甘肃、广西、吉林、山西、云南有一定数量的 C 层人才，世界占比均超过 0.1%；贵州、内蒙古、新疆、海南、青海、宁夏、西藏 C 层人才的世界占比均低于 0.1%。

表 6 70　工业工程 A 层人才的世界占比

单位：%

省　份	2014 年	2015 年	2016 年	2017 年	2018 年	2019 年	2020 年	2021 年	2022 年	2023 年	合计
北　京	7.69	0.00	0.00	0.00	18.75	10.00	5.56	5.00	12.50	6.67	6.51
浙　江	0.00	6.25	0.00	11.11	0.00	0.00	0.00	5.00	6.25	6.67	3.55
广　东	0.00	6.25	0.00	5.56	0.00	0.00	0.00	0.00	12.50	6.67	2.96
江　苏	0.00	0.00	0.00	0.00	0.00	5.00	0.00	0.00	0.00	20.00	2.37
湖　北	7.69	0.00	0.00	0.00	0.00	0.00	0.00	5.00	0.00	6.67	1.78
辽　宁	0.00	0.00	0.00	0.00	6.25	0.00	0.00	0.00	0.00	13.33	1.78
山　东	0.00	0.00	0.00	0.00	0.00	0.00	5.56	5.00	0.00	6.67	1.78
四　川	0.00	0.00	0.00	0.00	0.00	0.00	11.11	0.00	0.00	6.67	1.78
安　徽	7.69	0.00	0.00	0.00	6.25	0.00	0.00	0.00	0.00	0.00	1.18
湖　南	0.00	0.00	0.00	0.00	0.00	0.00	0.00	0.00	0.00	13.33	1.18
上　海	7.69	0.00	0.00	0.00	6.25	0.00	0.00	0.00	0.00	0.00	1.18
天　津	0.00	0.00	0.00	0.00	6.25	0.00	0.00	0.00	0.00	6.67	1.18
重　庆	0.00	0.00	0.00	0.00	0.00	5.56	0.00	0.00	0.00	0.00	0.59

表 6-71　工业工程 B 层人才的世界占比

单位：%

省　份	2014 年	2015 年	2016 年	2017 年	2018 年	2019 年	2020 年	2021 年	2022 年	2023 年	合计
北　京	7.35	1.91	2.53	4.47	8.67	2.26	3.55	6.56	4.88	6.94	4.82
广　东	0.00	1.27	0.00	3.35	3.33	2.82	2.96	2.73	5.49	5.56	2.78

续表

省　份	2014 年	2015 年	2016 年	2017 年	2018 年	2019 年	2020 年	2021 年	2022 年	2023 年	合计
上　海	7.35	0.64	1.90	2.79	1.33	1.13	4.14	2.19	5.49	1.39	2.78
江　苏	0.74	1.91	1.27	0.56	1.33	0.56	1.78	4.37	5.49	4.86	2.29
山　东	0.00	0.64	0.63	2.79	1.33	1.13	1.78	3.28	4.27	4.86	2.10
湖　南	0.00	0.64	0.00	0.56	3.33	1.69	1.78	3.83	4.27	3.47	1.98
辽　宁	0.74	1.27	1.27	1.12	1.33	2.26	3.55	3.28	1.83	2.08	1.92
湖　北	2.21	2.55	1.27	1.12	0.67	1.13	0.00	1.64	3.05	4.17	1.73
四　川	0.00	0.64	0.63	1.12	1.33	0.00	2.96	3.28	3.05	3.47	1.67
浙　江	0.74	1.91	1.27	1.12	0.00	1.13	1.78	2.19	3.05	2.78	1.61
天　津	1.47	0.64	0.63	0.56	0.00	1.13	2.37	0.55	0.61	2.78	1.05
安　徽	7.35	0.00	1.27	0.56	0.00	0.00	0.00	0.55	0.61	0.69	0.99
重　庆	1.47	1.27	0.00	0.00	0.00	0.00	1.18	1.64	1.22	1.39	0.80
陕　西	0.00	1.27	0.00	0.56	0.00	0.00	0.59	0.55	1.22	2.08	0.62
黑龙江	0.74	0.00	0.00	1.12	0.00	0.56	0.00	0.55	0.61	2.08	0.56
福　建	0.00	1.27	0.00	0.00	1.33	0.56	0.00	0.55	0.00	0.00	0.37
河　南	0.00	0.00	0.00	0.00	0.67	0.56	0.00	0.55	0.61	0.00	0.25
甘　肃	0.00	0.00	0.00	0.00	0.67	0.00	0.00	0.00	0.61	0.69	0.19
新　疆	0.74	0.00	0.00	0.00	0.00	0.00	0.00	0.00	1.22	0.00	0.19
河　北	0.74	0.00	0.63	0.00	0.00	0.00	0.00	0.00	0.00	0.00	0.12
江　西	0.00	0.00	0.00	0.00	0.00	0.00	0.59	0.00	0.61	0.00	0.12
广　西	0.00	0.00	0.63	0.00	0.00	0.00	0.00	0.00	0.00	0.00	0.06
贵　州	0.00	0.00	0.00	0.00	0.00	0.00	0.00	0.00	0.00	0.69	0.06
内蒙古	0.00	0.00	0.00	0.00	0.00	0.00	0.00	0.55	0.00	0.00	0.06
吉　林	0.00	0.00	0.00	0.00	0.00	0.00	0.00	0.00	0.61	0.00	0.06
宁　夏	0.00	0.00	0.00	0.00	0.00	0.00	0.00	0.00	0.61	0.00	0.06
山　西	0.00	0.00	0.00	0.00	0.67	0.00	0.00	0.00	0.00	0.00	0.06
云　南	0.00	0.00	0.00	0.00	0.00	0.00	0.00	0.00	0.61	0.00	0.06

表 6-72　工业工程 C 层人才的世界占比

单位：%

省　份	2014 年	2015 年	2016 年	2017 年	2018 年	2019 年	2020 年	2021 年	2022 年	2023 年	合计
北　京	3.33	2.66	2.83	3.37	5.19	5.73	5.84	6.86	5.39	7.81	4.93
上　海	2.81	2.21	2.51	2.44	3.55	3.14	3.45	3.46	4.85	4.70	3.31
江　苏	1.93	1.14	2.07	1.63	2.80	2.75	2.98	4.19	3.82	5.46	2.88

省　份	2014 年	2015 年	2016 年	2017 年	2018 年	2019 年	2020 年	2021 年	2022 年	2023 年	合计
广　东	0.74	1.58	2.01	2.21	2.46	2.64	3.51	3.46	3.57	3.67	2.62
湖　北	1.41	1.20	1.19	1.92	3.14	2.87	2.74	2.85	2.85	2.77	2.31
浙　江	1.26	1.58	1.38	1.16	1.37	2.09	2.26	2.34	2.67	3.80	1.99
辽　宁	0.96	0.63	1.13	1.45	1.30	2.04	2.20	2.40	2.54	2.35	1.73
四　川	0.81	0.63	1.01	1.10	1.78	1.98	2.03	2.34	1.64	2.84	1.63
山　东	0.44	0.70	0.57	0.70	0.89	1.60	2.32	2.01	2.24	2.70	1.44
湖　南	0.44	0.57	1.19	0.64	1.71	1.27	1.55	1.23	2.18	2.14	1.29
重　庆	0.30	0.82	0.38	1.57	1.09	1.27	1.49	1.62	1.82	2.07	1.26
天　津	0.59	0.51	1.51	0.52	0.82	0.83	1.55	1.34	1.27	1.66	1.06
陕　西	0.44	0.19	0.50	0.70	0.75	0.94	1.07	1.45	1.64	2.01	0.98
安　徽	0.89	0.51	0.94	0.58	0.89	1.32	0.89	0.84	0.85	1.94	0.96
黑龙江	0.30	0.63	0.69	0.81	0.75	0.83	1.01	0.39	0.85	0.90	0.72
福　建	0.44	0.13	0.25	0.29	0.61	0.72	1.19	0.45	0.97	0.97	0.60
河　南	0.15	0.06	0.06	0.23	0.20	0.44	0.48	0.45	0.91	1.04	0.40
河　北	0.37	0.06	0.25	0.23	0.14	0.28	0.42	0.50	0.48	0.35	0.31
江　西	0.44	0.06	0.06	0.35	0.27	0.11	0.18	0.39	0.42	0.41	0.27
甘　肃	0.15	0.00	0.06	0.17	0.27	0.28	0.24	0.17	0.18	0.35	0.19
广　西	0.07	0.00	0.06	0.06	0.00	0.28	0.30	0.39	0.42	0.21	0.19
吉　林	0.07	0.00	0.06	0.17	0.07	0.17	0.12	0.28	0.24	0.28	0.15
山　西	0.00	0.06	0.06	0.00	0.27	0.06	0.12	0.28	0.24	0.28	0.14
云　南	0.00	0.13	0.13	0.00	0.00	0.06	0.24	0.17	0.36	0.21	0.13
贵　州	0.00	0.00	0.00	0.00	0.07	0.11	0.12	0.06	0.12	0.07	0.06
内蒙古	0.07	0.00	0.06	0.06	0.07	0.06	0.00	0.00	0.06	0.00	0.04
新　疆	0.07	0.00	0.00	0.00	0.00	0.11	0.00	0.00	0.00	0.07	0.03
海　南	0.00	0.00	0.00	0.00	0.00	0.06	0.00	0.06	0.00	0.14	0.02
青　海	0.00	0.00	0.00	0.00	0.00	0.06	0.00	0.06	0.00	0.00	0.02
宁　夏	0.00	0.00	0.00	0.00	0.00	0.06	0.00	0.00	0.00	0.07	0.01
西　藏	0.00	0.00	0.00	0.06	0.00	0.00	0.00	0.06	0.00	0.00	0.01

二十五　设备和仪器

设备和仪器 A、B、C 层人才最多的均为北京，世界占比分别为 6.47%、

5.83%、5.63%。

江苏、黑龙江的 A 层人才比较多，世界占比分别为 4.04%、3.50%；四川、重庆、湖北、湖南、山东、上海、广东、浙江、安徽、福建也有相当数量的 A 层人才，世界占比在 3%～1%；辽宁、陕西、天津、甘肃、广西、贵州、江西、吉林、山西、河南、云南有一定数量的 A 层人才，世界占比均超过 0.2%。

江苏的 B 层人才比较多，世界占比为 4.31%；广东、山东、上海、辽宁、湖北、浙江、四川、重庆、湖南、黑龙江、吉林、天津、安徽、陕西也有相当数量的 B 层人才，世界占比在 3%～1%；福建、河北、河南、广西、山西、江西、云南、海南、新疆、甘肃、贵州有一定数量的 B 层人才，世界占比均超过 0.1%；宁夏、青海 B 层人才的世界占比均为 0.03%。

江苏的 C 层人才比较多，世界占比为 4.39%；广东、上海、山东、浙江、湖北、辽宁、四川、黑龙江、吉林、湖南、陕西、天津、重庆、安徽、河南也有相当数量的 C 层人才，世界占比在 3%～1%；福建、河北、山西、江西、广西、甘肃、云南、新疆、贵州、海南有一定数量的 C 层人才，世界占比均超过 0.1%；内蒙古、青海、宁夏、西藏 C 层人才的世界占比均低于 0.1%。

表 6-73　设备和仪器 A 层人才的世界占比

单位：%

省　份	2014 年	2015 年	2016 年	2017 年	2018 年	2019 年	2020 年	2021 年	2022 年	2023 年	合计
北　京	0.00	3.45	3.03	17.65	8.57	5.13	2.38	10.00	1.92	14.00	6.47
江　苏	0.00	0.00	3.03	0.00	5.71	2.56	4.76	2.00	1.92	14.00	4.04
黑龙江	8.33	10.34	0.00	11.76	0.00	2.56	2.38	2.00	0.00	6.00	3.50
四　川	0.00	3.45	0.00	0.00	0.00	0.00	7.14	2.00	5.77	4.00	2.70
重　庆	0.00	0.00	0.00	11.76	2.86	0.00	2.38	2.00	5.77	0.00	2.16
湖　北	0.00	0.00	0.00	0.00	5.71	0.00	2.38	4.00	1.92	2.00	1.89
湖　南	0.00	0.00	0.00	0.00	0.00	0.00	4.76	2.00	3.85	4.00	1.89
山　东	0.00	0.00	0.00	0.00	0.00	2.56	2.38	2.00	0.00	8.00	1.89
上　海	0.00	0.00	0.00	0.00	2.86	2.56	2.38	2.00	1.92	2.00	1.62

续表

省份	2014 年	2015 年	2016 年	2017 年	2018 年	2019 年	2020 年	2021 年	2022 年	2023 年	合计
广 东	0.00	0.00	0.00	5.88	2.86	2.56	0.00	0.00	1.92	2.00	1.35
浙 江	0.00	0.00	0.00	5.88	0.00	0.00	0.00	0.00	0.00	8.00	1.35
安 徽	0.00	0.00	0.00	5.88	2.86	2.56	2.38	0.00	0.00	0.00	1.08
福 建	0.00	0.00	0.00	0.00	0.00	2.56	0.00	0.00	3.85	2.00	1.08
辽 宁	0.00	0.00	0.00	0.00	0.00	0.00	7.14	0.00	0.00	0.00	0.81
陕 西	0.00	0.00	0.00	5.88	2.86	0.00	0.00	2.00	0.00	0.00	0.81
天 津	0.00	0.00	0.00	0.00	0.00	2.56	2.38	0.00	1.92	0.00	0.81
甘 肃	0.00	0.00	0.00	0.00	0.00	0.00	0.00	0.00	1.92	2.00	0.54
广 西	0.00	0.00	0.00	0.00	0.00	0.00	0.00	2.00	0.00	2.00	0.54
贵 州	0.00	0.00	0.00	0.00	0.00	2.56	0.00	2.00	0.00	0.00	0.54
江 西	0.00	0.00	0.00	0.00	2.86	0.00	0.00	0.00	0.00	2.00	0.54
吉 林	0.00	0.00	0.00	0.00	0.00	2.56	0.00	2.00	0.00	0.00	0.54
山 西	0.00	0.00	0.00	0.00	0.00	2.56	0.00	0.00	1.92	0.00	0.54
河 南	0.00	0.00	0.00	0.00	0.00	0.00	0.00	0.00	0.00	2.00	0.27
云 南	0.00	0.00	0.00	0.00	0.00	0.00	0.00	0.00	0.00	0.00	0.27

表 6-74 设备和仪器 B 层人才的世界占比

单位：%

省份	2014 年	2015 年	2016 年	2017 年	2018 年	2019 年	2020 年	2021 年	2022 年	2023 年	合计
北 京	3.85	2.59	4.30	4.18	5.14	6.97	5.35	7.08	6.57	8.75	5.83
江 苏	2.99	2.22	2.65	2.57	2.25	3.94	4.55	5.09	6.98	6.25	4.31
广 东	0.85	1.48	2.32	2.57	2.57	3.33	2.41	3.32	4.31	4.17	2.96
山 东	1.28	0.37	1.32	2.25	1.61	2.73	4.01	4.65	5.13	2.92	2.93
上 海	2.14	0.37	2.32	2.57	2.25	3.03	1.60	3.54	3.70	4.17	2.76
辽 宁	1.28	1.48	1.32	1.29	1.29	4.24	2.94	3.32	1.64	3.33	2.34
湖 北	0.43	0.74	1.66	0.32	1.61	2.73	1.87	1.99	3.29	5.00	2.22
浙 江	1.28	1.85	0.99	1.61	0.96	1.21	1.60	2.65	3.29	3.96	2.14
四 川	0.85	0.74	0.33	0.64	1.61	1.52	1.60	2.65	3.49	2.92	1.86
重 庆	0.43	0.74	0.33	1.61	1.29	2.12	1.60	1.77	1.85	3.75	1.72
湖 南	0.00	0.00	0.99	0.64	1.61	2.42	0.53	1.77	2.46	3.13	1.55
黑龙江	0.85	2.22	2.65	1.29	0.00	2.12	0.80	0.22	2.67	1.88	1.49
吉 林	1.28	0.37	0.33	0.64	0.96	1.21	0.53	1.99	2.05	1.46	1.18
天 津	0.43	1.48	0.66	0.64	0.64	1.21	1.34	1.55	1.44	1.25	1.13

省　份	2014 年	2015 年	2016 年	2017 年	2018 年	2019 年	2020 年	2021 年	2022 年	2023 年	合计
安　徽	0.00	0.74	0.99	0.96	1.61	1.21	0.80	0.88	1.03	1.46	1.01
陕　西	0.00	1.11	0.99	1.61	0.64	0.00	1.07	1.11	1.23	1.67	1.01
福　建	0.43	1.11	0.33	0.32	0.64	1.21	0.80	1.77	0.62	1.25	0.90
河　北	0.00	0.37	0.00	0.00	0.96	0.00	1.07	1.55	0.62	1.25	0.68
河　南	0.00	0.37	0.00	0.00	0.32	0.61	0.80	0.22	0.62	1.67	0.54
广　西	0.00	0.37	0.33	0.00	0.32	0.30	0.00	0.44	1.44	1.04	0.51
山　西	0.00	0.00	0.00	0.32	0.32	0.61	0.27	0.88	1.03	0.63	0.48
江　西	0.00	0.00	0.00	0.00	0.00	0.30	0.53	0.66	0.41	1.46	0.42
云　南	0.43	0.37	0.00	0.32	0.32	0.00	0.27	0.22	0.21	0.42	0.25
海　南	0.00	0.00	0.00	0.00	0.00	0.00	0.27	0.00	0.00	1.04	0.17
新　疆	0.00	0.00	0.00	0.00	0.00	0.61	0.00	0.22	0.21	0.42	0.17
甘　肃	0.00	0.00	0.33	0.00	0.00	0.00	0.00	0.22	0.00	0.63	0.14
贵　州	0.00	0.00	0.00	0.00	0.00	0.30	0.00	0.22	0.00	0.42	0.11
宁　夏	0.00	0.00	0.00	0.00	0.00	0.00	0.00	0.00	0.00	0.21	0.03
青　海	0.00	0.00	0.00	0.00	0.00	0.00	0.00	0.22	0.00	0.00	0.03

表 6-75　设备和仪器 C 层人才的世界占比

单位：%

省　份	2014 年	2015 年	2016 年	2017 年	2018 年	2019 年	2020 年	2021 年	2022 年	2023 年	合计
北　京	4.91	4.14	5.06	6.02	5.74	6.07	5.42	5.55	6.35	6.03	5.63
江　苏	2.82	2.60	3.50	3.83	4.12	4.42	4.68	4.81	5.61	5.44	4.39
广　东	1.20	1.36	1.96	1.78	2.76	2.65	3.47	4.10	3.91	4.31	2.99
上　海	1.71	1.51	2.23	2.19	2.73	2.36	3.08	3.64	3.50	3.39	2.79
山　东	0.90	0.98	1.50	2.56	2.62	2.98	3.32	2.83	3.03	3.07	2.53
浙　江	1.97	1.70	1.67	1.64	2.08	2.62	2.19	2.92	3.56	3.46	2.52
湖　北	1.20	1.96	1.86	2.49	2.36	2.21	2.24	2.05	3.05	3.43	2.39
辽　宁	1.15	1.62	1.50	2.15	1.76	1.77	1.98	2.16	2.48	2.60	2.00
四　川	1.20	1.06	1.33	1.64	1.14	1.36	1.47	1.59	2.40	2.15	1.61
黑龙江	1.32	1.62	1.43	1.67	1.19	1.38	1.49	1.73	1.91	1.90	1.60
吉　林	1.11	0.94	1.30	1.74	1.90	1.59	1.31	1.59	1.70	1.20	1.46
湖　南	0.77	0.53	1.03	1.20	1.59	1.89	1.29	1.73	1.80	1.85	1.45
陕　西	0.64	0.87	0.97	1.16	1.59	1.50	1.31	1.43	1.76	2.17	1.42
天　津	0.98	1.17	0.97	0.92	1.34	1.59	1.00	1.45	1.74	1.47	1.31

续表

省　份	2014 年	2015 年	2016 年	2017 年	2018 年	2019 年	2020 年	2021 年	2022 年	2023 年	合计
重　庆	0.90	0.57	0.93	1.37	0.99	1.33	1.03	1.66	1.88	1.54	1.29
安　徽	0.94	0.75	1.13	0.89	1.11	1.30	1.52	1.43	1.37	1.54	1.25
河　南	0.77	0.79	0.77	0.89	1.02	1.09	1.03	1.31	1.43	1.33	1.09
福　建	0.34	0.45	0.80	0.38	0.57	0.80	0.80	0.81	0.90	1.11	0.74
河　北	0.17	0.26	0.40	0.44	0.54	0.50	0.57	0.76	0.94	1.40	0.66
山　西	0.26	0.41	0.47	0.68	0.63	0.91	0.44	0.76	0.55	0.88	0.62
江　西	0.21	0.38	0.17	0.58	0.48	0.62	0.64	0.46	0.53	0.72	0.50
广　西	0.09	0.19	0.43	0.31	0.31	0.35	0.31	0.64	0.80	0.97	0.49
甘　肃	0.43	0.49	0.20	0.27	0.37	0.29	0.33	0.48	0.51	0.34	0.38
云　南	0.26	0.30	0.37	0.14	0.28	0.15	0.28	0.21	0.37	0.54	0.30
新　疆	0.04	0.08	0.16	0.07	0.14	0.15	0.13	0.21	0.25	0.32	0.17
贵　州	0.04	0.04	0.03	0.14	0.11	0.15	0.05	0.21	0.23	0.29	0.14
海　南	0.00	0.15	0.00	0.03	0.11	0.21	0.05	0.16	0.29	0.20	0.14
内蒙古	0.21	0.11	0.03	0.07	0.09	0.12	0.05	0.14	0.04	0.02	0.08
青　海	0.00	0.00	0.03	0.03	0.11	0.18	0.13	0.07	0.08	0.09	0.08
宁　夏	0.04	0.00	0.00	0.03	0.00	0.00	0.03	0.07	0.06	0.09	0.04
西　藏	0.00	0.00	0.00	0.03	0.00	0.00	0.03	0.00	0.00	0.00	0.01

二十六　显微镜学

各省份均无显微镜学 A 层人才。

B 层人才最多的是北京，世界占比为 3.93%；广东、浙江、四川、河南也有相当数量的 B 层人才，世界占比在 3%～1%；安徽、河北、湖北、江苏、陕西、上海、天津有一定数量的 B 层人才，世界占比均为 0.56%。

C 层人才最多的是北京，世界占比为 3.06%；广东、四川也有相当数量的 C 层人才，世界占比分别为 1.92%、1.20%；上海、江苏、海南、湖北、安徽、河南、山东、湖南、辽宁、云南、浙江、陕西、福建、吉林、重庆、甘肃、黑龙江、贵州、江西有一定数量的 C 层人才，世界占比均超过 0.1%；广西、河北、宁夏、山西 C 层人才的世界占比均为 0.06%。

表 6-76　显微镜学 B 层人才的世界占比

单位：%

省　份	2014 年	2015 年	2016 年	2017 年	2018 年	2019 年	2020 年	2021 年	2022 年	2023 年	合计
北　京	0.00	0.00	0.00	0.00	0.00	15.79	5.88	5.26	14.29	0.00	3.93
广　东	0.00	0.00	0.00	0.00	5.88	15.79	0.00	5.26	0.00	0.00	2.81
浙　江	0.00	0.00	0.00	0.00	5.88	15.79	0.00	0.00	0.00	7.69	2.81
四　川	0.00	0.00	0.00	0.00	0.00	5.26	0.00	10.53	0.00	0.00	1.69
河　南	0.00	0.00	0.00	0.00	0.00	0.00	5.88	5.26	0.00	0.00	1.12
安　徽	0.00	0.00	0.00	0.00	0.00	0.00	0.00	0.00	0.00	7.69	0.56
河　北	0.00	5.26	0.00	0.00	0.00	0.00	0.00	0.00	0.00	0.00	0.56
湖　北	0.00	0.00	0.00	0.00	0.00	5.26	0.00	0.00	0.00	0.00	0.56
江　苏	0.00	0.00	0.00	0.00	0.00	0.00	5.88	0.00	0.00	0.00	0.56
陕　西	0.00	0.00	0.00	0.00	0.00	5.26	0.00	0.00	0.00	0.00	0.56
上　海	0.00	0.00	0.00	0.00	0.00	0.00	0.00	0.00	7.14	0.00	0.56
天　津	0.00	0.00	0.00	0.00	0.00	5.26	0.00	0.00	0.00	0.00	0.56

表 6-77　显微镜学 C 层人才的世界占比

单位：%

省　份	2014 年	2015 年	2016 年	2017 年	2018 年	2019 年	2020 年	2021 年	2022 年	2023 年	合计
北　京	2.30	1.05	0.54	0.91	4.52	7.81	4.11	5.59	0.83	2.35	3.06
广　东	1.72	0.53	1.62	2.28	0.56	4.17	1.37	5.03	0.00	0.00	1.92
四　川	0.00	0.53	0.00	0.46	2.26	5.21	1.37	0.56	0.83	0.00	1.20
上　海	1.15	0.53	1.08	0.46	0.00	2.08	0.68	1.12	0.83	0.00	0.84
江　苏	0.00	0.00	0.54	0.91	0.00	1.56	2.05	0.56	0.83	1.18	0.72
海　南	0.00	0.00	0.00	0.00	0.00	0.52	2.05	2.79	0.83	0.00	0.60
湖　北	0.00	0.53	0.54	0.46	0.56	0.52	2.05	0.00	0.83	0.00	0.54
安　徽	0.57	0.00	0.54	0.00	0.56	1.04	0.68	1.12	0.00	0.00	0.48
河　南	0.00	0.00	0.00	0.00	0.00	1.04	0.68	1.68	1.67	0.00	0.48
山　东	0.57	0.00	0.54	0.00	1.69	0.52	0.00	1.12	0.00	0.00	0.48
湖　南	0.00	0.00	0.00	0.46	0.56	0.52	0.00	1.68	0.83	0.00	0.42
辽　宁	0.00	0.00	1.08	0.00	0.00	0.00	1.37	1.12	0.00	1.18	0.42
云　南	0.00	0.00	0.00	0.00	0.56	1.04	0.68	1.68	0.00	0.00	0.42
浙　江	0.00	1.05	0.00	0.46	0.56	1.56	0.00	0.00	0.00	0.00	0.42
陕　西	0.00	0.53	0.00	0.00	0.00	0.52	0.68	1.68	0.00	0.00	0.36
福　建	0.00	0.00	0.54	0.00	0.00	0.52	0.00	1.68	0.00	0.00	0.30

省　份	2014 年	2015 年	2016 年	2017 年	2018 年	2019 年	2020 年	2021 年	2022 年	2023 年	合计
吉　林	0.00	0.00	1.08	0.00	0.00	0.00	0.68	1.12	0.00	0.00	0.30
重　庆	0.00	0.00	0.54	0.46	0.00	0.00	0.00	0.56	0.00	0.00	0.18
甘　肃	0.00	0.00	0.00	0.00	0.00	0.00	0.00	1.12	0.83	0.00	0.18
黑龙江	0.00	0.00	0.54	0.00	0.00	0.00	0.00	1.12	0.00	0.00	0.18
贵　州	0.00	0.00	0.00	0.00	0.00	0.00	0.00	0.56	0.00	1.18	0.12
江　西	0.00	0.00	0.00	0.46	0.00	0.52	0.00	0.00	0.00	0.00	0.12
广　西	0.00	0.00	0.00	0.00	0.00	0.00	0.00	0.56	0.00	0.00	0.06
河　北	0.00	0.00	0.00	0.00	0.00	0.00	0.00	0.56	0.00	0.00	0.06
宁　夏	0.00	0.00	0.00	0.00	0.00	0.00	0.68	0.00	0.00	0.00	0.06
山　西	0.00	0.00	0.00	0.00	0.56	0.00	0.00	0.00	0.00	0.00	0.06

二十七　绿色和可持续科学与技术

绿色和可持续科学与技术 A、B、C 层人才最多的均为北京，世界占比分别为 4.13%、5.22%、5.95%。

山东、广东、江苏、浙江、湖北、上海、黑龙江有相当数量的 A 层人才，世界占比在 3%～1%；安徽、湖南、辽宁、福建、四川、天津、新疆、重庆、贵州、海南、河北、河南、江西、吉林、云南有一定数量的 A 层人才，世界占比均超过 0.2%。

江苏、上海、广东、山东、湖北、浙江、湖南、天津有相当数量的 B 层人才，世界占比在 3%～1%；辽宁、河南、陕西、福建、四川、黑龙江、重庆、安徽、河北、江西、广西、吉林、新疆、云南、贵州、海南、甘肃、山西有一定数量的 B 层人才，世界占比均超过 0.1%；宁夏、内蒙古、青海 B 层人才的世界占比均低于 0.1%。

江苏的 C 层人才比较多，世界占比为 3.57%；广东、上海、湖北、山东、浙江、湖南、天津、四川、辽宁、福建也有相当数量的 C 层人才，世界占比在 3%～1%；河南、重庆、陕西、安徽、黑龙江、河北、吉林、江西、广西、甘肃、山西、云南、贵州、新疆、海南、内蒙古有一定数量的 C

层人才，世界占比超过或等于 0.1%；宁夏、青海、西藏 C 层人才的世界占比均低于 0.1%。

表 6-78 绿色和可持续科学与技术 A 层人才的世界占比

单位：%

省 份	2014 年	2015 年	2016 年	2017 年	2018 年	2019 年	2020 年	2021 年	2022 年	2023 年	合计
北 京	0.00	0.00	4.00	2.86	2.33	8.33	0.00	0.00	10.45	4.84	4.13
山 东	0.00	0.00	0.00	0.00	0.00	0.00	1.72	4.76	7.46	3.23	2.67
广 东	0.00	0.00	4.00	0.00	0.00	2.08	5.17	3.17	1.49	3.23	2.43
江 苏	0.00	0.00	0.00	0.00	0.00	0.00	3.45	3.17	4.48	3.23	2.18
浙 江	0.00	0.00	0.00	0.00	0.00	2.08	0.00	4.76	1.49	6.45	2.18
湖 北	0.00	0.00	0.00	0.00	0.00	2.08	0.00	0.00	5.97	1.61	1.46
上 海	0.00	0.00	0.00	0.00	0.00	2.08	0.00	0.00	4.48	3.23	1.46
黑龙江	0.00	0.00	0.00	0.00	0.00	0.00	0.00	3.17	4.48	0.00	1.21
安 徽	0.00	0.00	0.00	0.00	0.00	0.00	1.72	1.59	1.49	1.61	0.97
湖 南	0.00	0.00	4.00	0.00	2.33	0.00	0.00	1.59	0.00	1.61	0.97
辽 宁	0.00	0.00	0.00	0.00	0.00	0.00	0.00	1.59	2.99	1.61	0.97
福 建	0.00	0.00	0.00	0.00	0.00	0.00	0.00	1.59	1.49	1.61	0.73
四 川	0.00	0.00	0.00	0.00	0.00	0.00	0.00	1.59	0.00	3.23	0.73
天 津	0.00	0.00	0.00	0.00	0.00	0.00	0.00	3.17	0.00	1.61	0.73
新 疆	0.00	0.00	0.00	0.00	0.00	0.00	0.00	0.00	0.00	3.23	0.49
重 庆	0.00	0.00	0.00	0.00	0.00	2.08	0.00	0.00	0.00	0.00	0.24
贵 州	0.00	0.00	0.00	0.00	0.00	0.00	0.00	0.00	0.00	1.61	0.24
海 南	0.00	0.00	0.00	0.00	0.00	0.00	0.00	0.00	0.00	1.61	0.24
河 北	0.00	0.00	0.00	0.00	0.00	0.00	0.00	0.00	1.49	0.00	0.24
河 南	0.00	0.00	0.00	0.00	0.00	0.00	0.00	1.59	0.00	0.00	0.24
江 西	0.00	0.00	0.00	0.00	0.00	0.00	1.72	0.00	0.00	0.00	0.24
吉 林	0.00	0.00	0.00	0.00	0.00	0.00	0.00	1.59	0.00	0.00	0.24
云 南	0.00	0.00	0.00	0.00	0.00	0.00	1.72	0.00	0.00	0.00	0.24

表 6-79 绿色和可持续科学与技术 B 层人才的世界占比

单位：%

省 份	2014 年	2015 年	2016 年	2017 年	2018 年	2019 年	2020 年	2021 年	2022 年	2023 年	合计
北 京	3.85	1.19	2.61	1.59	5.87	5.58	5.93	7.46	6.07	5.26	5.22
江 苏	0.96	0.60	1.30	1.91	1.02	3.02	2.49	2.84	3.37	3.95	2.55

续表

省　份	2014 年	2015 年	2016 年	2017 年	2018 年	2019 年	2020 年	2021 年	2022 年	2023 年	合计
上　海	0.00	1.19	0.87	1.59	2.04	2.56	3.06	3.02	1.35	2.07	2.08
广　东	0.96	0.60	1.30	0.64	0.77	1.86	1.72	1.95	2.53	2.07	1.66
山　东	0.00	0.60	0.87	0.64	2.04	0.93	1.53	1.95	2.36	2.44	1.64
湖　北	0.00	0.00	0.87	2.23	1.79	1.16	0.96	1.78	1.85	2.07	1.51
浙　江	0.00	0.60	1.74	1.27	0.26	1.86	1.15	1.24	1.52	1.88	1.30
湖　南	0.00	1.19	0.87	1.59	1.79	0.23	0.96	0.53	2.02	0.94	1.09
天　津	0.00	0.00	1.30	0.32	0.51	0.23	1.91	1.42	2.02	0.56	1.04
辽　宁	0.00	0.00	0.00	0.64	0.77	0.70	0.96	0.89	1.52	1.88	0.96
河　南	0.00	0.00	0.00	0.32	0.00	0.00	1.34	1.60	0.84	1.13	0.73
陕　西	0.96	0.60	0.00	0.32	0.26	0.93	0.76	0.53	1.35	0.75	0.70
福　建	0.00	0.60	0.43	0.32	0.26	0.47	0.38	0.89	1.35	0.94	0.68
四　川	0.96	0.00	0.00	0.64	1.53	0.23	0.38	0.18	0.84	1.13	0.62
黑龙江	0.00	0.00	0.43	0.64	0.77	0.00	0.19	0.00	1.18	1.69	0.60
重　庆	0.00	0.00	0.00	0.00	1.28	0.47	0.96	0.53	0.51	0.56	0.55
安　徽	0.00	0.00	0.43	0.00	0.00	0.23	0.57	0.71	0.84	0.19	0.39
河　北	0.00	0.00	0.00	0.00	0.51	1.16	0.38	0.53	0.34	0.19	0.39
江　西	0.00	0.00	0.00	0.32	0.00	0.23	0.57	0.00	0.67	1.13	0.39
广　西	0.00	0.00	0.00	0.00	0.51	0.00	0.00	0.53	1.01	0.56	0.36
吉　林	0.96	0.00	0.43	0.00	0.00	0.23	0.38	0.36	0.84	0.38	0.36
新　疆	0.96	0.00	0.00	0.00	0.00	0.23	0.00	0.00	0.67	0.56	0.23
云　南	0.00	0.00	0.00	0.00	0.00	0.23	0.19	0.18	0.34	0.75	0.23
贵　州	0.00	0.00	0.00	0.00	0.00	0.00	0.19	0.36	0.17	0.75	0.21
海　南	0.00	0.00	0.00	0.00	0.26	0.00	0.00	0.53	0.17	0.38	0.18
甘　肃	0.00	0.00	0.87	0.00	0.00	0.00	0.38	0.00	0.00	0.19	0.16
山　西	0.00	0.00	0.43	0.32	0.00	0.00	0.19	0.00	0.34	0.00	0.13
宁　夏	0.00	0.00	0.00	0.00	0.00	0.00	0.00	0.18	0.00	0.38	0.08
内蒙古	0.00	0.00	0.00	0.00	0.00	0.23	0.00	0.00	0.00	0.00	0.03
青　海	0.00	0.00	0.00	0.00	0.00	0.00	0.00	0.17	0.00	0.03

表 6-80　绿色和可持续科学与技术 C 层人才的世界占比

单位：%

省　份	2014 年	2015 年	2016 年	2017 年	2018 年	2019 年	2020 年	2021 年	2022 年	2023 年	合计
北　京	4.10	4.05	5.62	5.64	6.78	6.94	5.81	5.88	5.59	6.36	5.95
江　苏	0.95	1.93	1.67	2.87	3.03	3.38	4.16	3.51	4.35	4.91	3.57

续表

省　份	2014 年	2015 年	2016 年	2017 年	2018 年	2019 年	2020 年	2021 年	2022 年	2023 年	合计
广　东	1.81	1.22	1.58	2.20	2.88	3.26	3.18	2.98	2.86	3.01	2.76
上　海	1.81	1.99	1.54	2.33	1.98	2.70	2.36	2.23	2.57	2.74	2.35
湖　北	0.86	1.03	1.27	1.50	1.75	1.95	2.30	2.25	2.17	2.30	1.96
山　东	0.67	0.77	0.97	0.83	1.72	2.32	1.71	2.13	2.20	2.99	1.92
浙　江	0.57	1.03	1.27	1.21	1.03	1.95	1.65	1.42	2.03	2.17	1.61
湖　南	0.57	0.58	0.66	1.18	1.64	1.76	1.30	1.31	1.68	1.59	1.39
天　津	0.76	0.71	1.01	0.73	1.08	1.43	1.30	1.10	1.14	1.78	1.20
四　川	0.29	0.19	0.44	0.77	1.03	1.38	1.05	1.42	1.64	1.49	1.18
辽　宁	0.48	0.77	1.10	1.18	0.85	1.13	1.30	1.17	1.12	1.67	1.18
福　建	0.86	0.77	1.05	0.99	0.85	1.06	1.07	0.97	1.15	1.00	1.01
河　南	0.38	0.13	0.18	0.41	0.46	1.03	1.15	1.38	1.19	1.47	0.97
重　庆	0.10	0.45	0.48	0.64	0.82	0.96	0.88	0.80	0.80	1.20	0.82
陕　西	0.19	0.13	0.22	0.51	0.75	0.89	1.00	1.03	0.86	1.07	0.81
安　徽	0.95	0.64	0.83	0.92	0.90	0.54	0.79	0.67	0.68	0.96	0.77
黑龙江	0.29	0.26	0.53	0.57	0.82	0.82	0.75	0.64	0.90	0.94	0.74
河　北	0.00	0.32	0.31	0.38	0.41	0.47	0.61	0.46	0.56	0.62	0.48
吉　林	0.38	0.32	0.35	0.22	0.41	0.59	0.38	0.43	0.63	0.42	0.44
江　西	0.29	0.19	0.22	0.26	0.46	0.52	0.38	0.39	0.63	0.54	0.44
广　西	0.00	0.26	0.04	0.10	0.33	0.35	0.42	0.37	0.63	0.47	0.37
甘　肃	0.29	0.32	0.35	0.13	0.23	0.63	0.33	0.32	0.39	0.49	0.37
山　西	0.38	0.19	0.40	0.35	0.33	0.47	0.31	0.27	0.19	0.34	0.31
云　南	0.00	0.00	0.13	0.19	0.18	0.26	0.19	0.35	0.32	0.51	0.27
贵　州	0.00	0.13	0.13	0.06	0.05	0.12	0.27	0.21	0.36	0.25	0.20
新　疆	0.00	0.19	0.09	0.16	0.10	0.19	0.15	0.21	0.17	0.40	0.19
海　南	0.00	0.06	0.09	0.00	0.08	0.07	0.08	0.11	0.30	0.25	0.13
内蒙古	0.00	0.00	0.00	0.03	0.18	0.05	0.19	0.11	0.12	0.11	0.10
宁　夏	0.00	0.06	0.04	0.00	0.00	0.05	0.06	0.11	0.08	0.16	0.07
青　海	0.00	0.00	0.00	0.10	0.10	0.09	0.04	0.02	0.05	0.09	0.06
西　藏	0.00	0.06	0.00	0.06	0.00	0.05	0.10	0.05	0.03	0.04	0.04

二十八　人体工程学

人体工程学 A 层人才仅分布在北京、湖南、江苏、浙江，世界占比均为 3.85%。

　　B 层人才最多的是北京，世界占比为 3.29%；广东、上海、江苏也有相当数量的 B 层人才，世界占比在 2%～1%；重庆、湖南、黑龙江、辽宁、河南、吉林、陕西、山东有一定数量的 B 层人才，世界占比超过或等于 0.3%。

　　C 层人才最多的是北京，世界占比为 3.57%；江苏、上海、湖南、广东也有相当数量的 C 层人才，世界占比在 3%～1%；湖北、黑龙江、浙江、辽宁、天津、四川、安徽、山东、重庆、福建、陕西、甘肃、河南、江西有一定数量的 C 层人才，世界占比均超过 0.1%；广西、云南、吉林、宁夏、西藏 C 层人才的世界占比均低于 0.1%。

表 6-81　人体工程学 A 层人才的世界占比

单位：%

省　份	2014 年	2015 年	2016 年	2017 年	2018 年	2019 年	2020 年	2021 年	2022 年	2023 年	合计
北　京	0.00	0.00	0.00	0.00	0.00	0.00	0.00	0.00	25.00	0.00	3.85
湖　南	0.00	0.00	0.00	0.00	0.00	0.00	0.00	25.00	0.00	0.00	3.85
江　苏	0.00	0.00	0.00	0.00	0.00	0.00	0.00	25.00	0.00	0.00	3.85
浙　江	0.00	0.00	0.00	0.00	0.00	0.00	0.00	0.00	25.00	0.00	3.85

表 6-82　人体工程学 B 层人才的世界占比

单位：%

省　份	2014 年	2015 年	2016 年	2017 年	2018 年	2019 年	2020 年	2021 年	2022 年	2023 年	合计
北　京	0.00	0.00	3.03	0.00	0.00	2.78	2.50	4.88	8.33	7.32	3.29
广　东	0.00	0.00	3.03	0.00	0.00	2.78	2.50	2.44	0.00	4.88	1.80
上　海	3.70	0.00	0.00	0.00	3.45	2.78	0.00	2.44	2.78	2.44	1.80
江　苏	0.00	0.00	0.00	8.00	0.00	8.33	0.00	0.00	0.00	0.00	1.50
重　庆	0.00	0.00	0.00	0.00	0.00	2.78	0.00	2.44	2.78	0.00	0.90
湖　南	0.00	3.85	0.00	0.00	0.00	2.78	0.00	0.00	2.78	0.00	0.90
黑龙江	3.70	0.00	0.00	0.00	0.00	0.00	0.00	0.00	0.00	2.44	0.60
辽　宁	0.00	0.00	0.00	0.00	0.00	0.00	0.00	2.78	2.44	0.00	0.60
河　南	0.00	0.00	0.00	0.00	0.00	0.00	0.00	0.00	2.44	0.00	0.30
吉　林	0.00	0.00	0.00	0.00	0.00	0.00	0.00	0.00	2.44	0.00	0.30
陕　西	0.00	0.00	0.00	0.00	0.00	0.00	0.00	2.78	0.00	0.00	0.30
山　东	0.00	0.00	0.00	0.00	0.00	0.00	0.00	0.00	2.44	0.00	0.30

表 6-83 人体工程学 C 层人才的世界占比

单位：%

省　份	2014 年	2015 年	2016 年	2017 年	2018 年	2019 年	2020 年	2021 年	2022 年	2023 年	合计
北　京	2.37	3.67	4.01	2.42	3.48	2.83	1.30	4.49	4.29	6.60	3.57
江　苏	1.19	0.41	2.47	0.40	2.44	2.57	4.16	2.99	1.88	3.14	2.33
上　海	1.58	1.63	3.09	0.81	2.44	1.80	1.56	2.24	1.34	3.77	2.05
湖　南	1.19	0.82	1.85	2.82	0.70	1.54	2.34	2.00	1.88	3.14	1.86
广　东	0.79	0.00	1.23	1.61	1.05	1.03	0.78	1.50	0.54	2.83	1.15
湖　北	0.40	0.41	0.62	1.21	0.70	1.29	0.26	0.75	0.80	1.57	0.81
黑龙江	0.79	0.41	0.93	0.00	1.74	0.77	1.30	0.75	0.54	0.31	0.78
浙　江	0.00	0.00	0.93	0.40	1.05	0.00	0.26	1.75	0.80	1.57	0.71
辽　宁	0.00	0.00	0.93	0.00	0.35	0.51	0.52	1.00	0.80	0.94	0.56
天　津	0.00	0.00	0.31	0.81	0.70	0.51	1.30	0.50	0.54	0.63	0.56
四　川	0.00	0.00	0.62	0.40	0.70	0.00	0.78	1.25	0.00	0.31	0.43
安　徽	0.00	0.00	0.62	0.00	1.05	0.00	0.52	1.00	0.54	0.00	0.40
山　东	0.00	0.00	0.31	0.40	0.35	0.00	1.04	0.50	0.00	1.26	0.40
重　庆	0.40	0.82	0.00	0.40	0.35	0.00	0.52	0.50	0.54	0.31	0.37
福　建	0.00	0.00	0.00	0.00	0.35	0.26	0.26	0.50	0.27	0.00	0.19
陕　西	0.00	0.00	0.00	0.81	0.00	0.77	0.00	0.00	0.00	0.31	0.19
甘　肃	0.00	0.00	0.00	0.00	0.35	0.00	0.26	0.00	0.00	0.63	0.12
河　南	0.00	0.00	0.00	0.00	0.35	0.26	0.00	0.25	0.27	0.00	0.12
江　西	0.00	0.00	0.00	0.00	0.00	0.26	0.00	0.25	0.27	0.31	0.12
广　西	0.00	0.00	0.00	0.00	0.35	0.00	0.26	0.25	0.00	0.00	0.09
云　南	0.00	0.00	0.00	0.40	0.00	0.00	0.00	0.00	0.54	0.00	0.09
吉　林	0.00	0.00	0.00	0.00	0.00	0.00	0.00	0.00	0.27	0.00	0.03
宁　夏	0.00	0.00	0.00	0.00	0.00	0.00	0.00	0.00	0.00	0.31	0.03
西　藏	0.00	0.00	0.00	0.00	0.00	0.00	0.00	0.00	0.27	0.00	0.03

二十九　多学科工程

多学科工程 A、B、C 层人才最多的均为北京，世界占比分别为 3.93%、4.88%、4.54%；江苏的 A、B、C 层人才比较多，世界占比分别为 3.06%、3.62%、3.57%。

浙江、广东、湖北、湖南、陕西、上海、四川、辽宁也有相当数量的 A 层人才，世界占比在 3%～1%；山东、河北、黑龙江、河南、天津、福建、广西、吉林、重庆、甘肃、贵州、江西、青海、云南有一定数量的 A 层人才，世界占比均超过 0.2%。

上海、湖北、浙江、四川、广东、山东、陕西、湖南、辽宁也有相当数量的 B 层人才，世界占比在 3%～1%；重庆、河南、黑龙江、安徽、河北、天津、福建、山西、江西、吉林、广西、贵州、甘肃、云南、新疆有一定数量的 B 层人才，世界占比超过或等于 0.1%；海南、内蒙古、西藏 B 层人才的世界占比均低于 0.1%。

上海、湖北、广东、辽宁、浙江、四川、山东、湖南、陕西、黑龙江也有相当数量的 C 层人才，世界占比在 3%～1%；安徽、天津、重庆、河南、河北、福建、吉林、江西、山西、广西、甘肃、贵州、云南、新疆有一定数量的 C 层人才，世界占比均超过 0.1%；内蒙古、海南、宁夏、青海 C 层人才的世界占比均低于 0.1%。

表 6-84　多学科工程 A 层人才的世界占比

单位：%

省　份	2014 年	2015 年	2016 年	2017 年	2018 年	2019 年	2020 年	2021 年	2022 年	2023 年	合计
北　京	3.33	2.50	0.00	0.00	8.33	6.25	5.88	3.45	6.67	1.79	3.93
江　苏	0.00	5.00	4.76	0.00	2.78	2.08	1.96	0.00	3.33	8.93	3.06
浙　江	0.00	0.00	0.00	2.70	0.00	4.17	1.96	3.45	3.33	3.57	2.18
广　东	0.00	0.00	0.00	0.00	2.78	4.17	3.92	0.00	3.33	3.57	1.97
湖　北	0.00	5.00	2.38	0.00	5.56	0.00	1.96	3.45	0.00	1.79	1.97
湖　南	0.00	0.00	2.38	0.00	2.78	4.17	1.96	0.00	1.67	5.36	1.97
陕　西	0.00	2.50	2.38	0.00	0.00	6.25	0.00	0.00	0.00	7.14	1.97
上　海	0.00	0.00	4.76	5.41	2.78	2.08	1.96	1.72	0.00	1.79	1.97
四　川	3.33	0.00	0.00	2.70	2.78	0.00	1.96	1.72	0.00	3.57	1.53
辽　宁	0.00	2.50	2.38	0.00	2.78	0.00	0.00	1.72	1.67	1.79	1.31
山　东	0.00	0.00	0.00	0.00	0.00	2.08	0.00	0.00	3.33	1.79	0.87
河　北	0.00	0.00	0.00	0.00	0.00	0.00	1.96	1.72	1.67	0.00	0.66
黑龙江	0.00	0.00	0.00	0.00	0.00	4.17	0.00	0.00	1.67	0.00	0.66

续表

省　份	2014 年	2015 年	2016 年	2017 年	2018 年	2019 年	2020 年	2021 年	2022 年	2023 年	合计
河　南	0.00	2.50	0.00	0.00	0.00	0.00	0.00	1.72	1.67	0.00	0.66
天　津	0.00	0.00	0.00	2.70	0.00	0.00	1.96	0.00	0.00	1.79	0.66
福　建	0.00	0.00	0.00	0.00	2.78	0.00	0.00	0.00	1.67	0.00	0.44
广　西	0.00	0.00	0.00	0.00	0.00	0.00	0.00	1.72	1.67	0.00	0.44
吉　林	0.00	0.00	0.00	0.00	2.78	0.00	0.00	0.00	0.00	1.79	0.44
重　庆	0.00	0.00	0.00	0.00	0.00	0.00	0.00	0.00	1.67	0.00	0.22
甘　肃	0.00	0.00	0.00	0.00	0.00	2.08	0.00	0.00	0.00	0.00	0.22
贵　州	0.00	0.00	0.00	0.00	0.00	0.00	0.00	0.00	0.00	1.79	0.22
江　西	0.00	0.00	0.00	0.00	0.00	0.00	1.96	0.00	0.00	0.00	0.22
青　海	0.00	0.00	0.00	0.00	0.00	0.00	0.00	0.00	0.00	1.79	0.22
云　南	0.00	0.00	0.00	0.00	0.00	0.00	0.00	1.72	0.00	0.00	0.22

表 6-85　多学科工程 B 层人才的世界占比

单位：%

省　份	2014 年	2015 年	2016 年	2017 年	2018 年	2019 年	2020 年	2021 年	2022 年	2023 年	合计
北　京	4.40	4.64	5.56	2.87	3.37	4.90	6.16	5.90	5.01	4.80	4.88
江　苏	2.56	1.64	1.59	1.72	3.09	3.96	4.03	5.54	5.38	4.20	3.62
上　海	3.30	2.46	2.38	2.87	1.97	1.40	2.55	4.61	3.53	1.40	2.69
湖　北	0.73	1.91	2.65	2.59	3.65	2.80	2.55	2.40	3.71	2.80	2.67
浙　江	1.83	0.55	0.79	0.86	1.12	1.63	4.03	3.69	3.53	4.40	2.48
四　川	0.73	0.55	0.26	0.57	1.40	1.63	2.34	2.77	5.38	3.20	2.14
广　东	0.37	0.55	1.85	1.44	2.81	2.10	1.27	2.95	3.53	2.60	2.09
山　东	0.73	0.00	0.53	0.86	1.69	2.56	3.82	2.58	2.41	3.00	2.00
陕　西	0.73	1.09	1.06	1.15	1.97	3.26	2.34	1.66	2.04	2.40	1.86
湖　南	0.37	0.00	0.26	0.86	2.25	3.26	1.91	3.14	1.86	1.20	1.64
辽　宁	1.10	1.09	1.59	1.44	1.69	1.17	2.12	1.29	1.86	2.60	1.64
重　庆	0.37	0.55	0.53	0.00	0.56	0.93	1.06	0.74	2.41	1.60	0.98
河　南	0.00	0.27	0.00	0.00	0.28	2.10	1.70	1.48	1.11	1.60	0.98
黑龙江	0.73	1.37	0.26	0.86	0.28	2.10	0.64	0.55	1.11	1.00	0.90
安　徽	0.73	0.55	0.26	0.57	0.28	0.70	1.27	0.92	1.30	1.60	0.88
河　北	0.37	0.27	0.53	0.00	2.25	0.23	1.70	0.74	0.56	0.80	0.76
天　津	0.00	0.27	0.53	0.86	0.84	0.70	0.42	1.29	0.93	1.20	0.76
福　建	0.73	0.00	0.26	0.00	0.56	0.00	1.27	0.74	0.00	1.40	0.52

续表

省 份	2014 年	2015 年	2016 年	2017 年	2018 年	2019 年	2020 年	2021 年	2022 年	2023 年	合计
山 西	0.00	0.27	0.53	0.29	0.28	1.17	0.00	0.37	0.56	1.20	0.50
江 西	0.00	0.27	0.00	0.29	0.56	0.70	0.21	0.55	0.74	0.60	0.43
吉 林	0.37	0.00	0.00	0.86	0.00	0.23	0.00	0.37	1.11	0.60	0.38
广 西	0.00	0.00	0.26	0.00	0.00	0.56	0.00	0.37	1.11	0.60	0.33
贵 州	0.00	0.00	0.00	0.00	0.56	0.00	0.21	0.37	0.37	1.00	0.29
甘 肃	0.00	1.09	0.00	0.00	0.28	0.23	0.00	0.00	0.19	0.60	0.24
云 南	0.00	0.55	0.00	0.00	0.00	0.00	0.85	0.18	0.00	0.20	0.19
新 疆	0.00	0.00	0.00	0.00	0.00	0.23	0.00	0.18	0.37	0.00	0.10
海 南	0.00	0.00	0.00	0.00	0.00	0.23	0.00	0.00	0.00	0.40	0.07
内蒙古	0.00	0.00	0.00	0.00	0.00	0.00	0.21	0.00	0.00	0.00	0.02
西 藏	0.00	0.00	0.00	0.00	0.00	0.23	0.00	0.00	0.00	0.00	0.02

表 6-86　多学科工程 C 层人才的世界占比

单位：%

省 份	2014 年	2015 年	2016 年	2017 年	2018 年	2019 年	2020 年	2021 年	2022 年	2023 年	合计
北 京	3.78	3.67	4.18	5.13	4.32	5.08	4.71	5.01	4.77	4.22	4.54
江 苏	2.32	2.81	2.29	3.13	3.31	3.89	3.62	4.21	4.38	4.37	3.57
上 海	1.80	2.10	2.46	2.71	2.13	2.65	3.00	3.11	3.60	3.13	2.77
湖 北	1.57	1.93	2.16	2.56	1.79	2.60	2.70	2.51	2.67	2.63	2.38
广 东	0.82	1.05	1.20	1.40	1.84	2.58	2.55	2.70	2.88	2.65	2.11
辽 宁	1.08	1.30	1.04	1.64	1.99	2.20	1.90	1.90	2.02	1.93	1.75
浙 江	1.01	1.43	0.90	1.19	1.07	1.55	1.60	2.10	2.49	2.59	1.69
四 川	0.82	0.88	0.93	1.31	1.27	1.73	1.78	1.90	2.34	2.28	1.62
山 东	0.45	0.77	0.96	1.46	1.41	1.71	2.08	2.05	1.84	1.98	1.56
湖 南	1.27	0.85	1.31	1.46	1.73	1.59	1.90	1.73	1.82	1.41	1.55
陕 西	0.64	0.69	0.93	0.84	1.47	1.59	1.88	1.60	1.87	2.06	1.44
黑龙江	1.23	1.38	1.34	0.86	1.12	1.29	1.28	1.45	1.09	1.02	1.21
安 徽	0.60	0.77	0.71	0.95	0.92	1.10	1.05	1.17	1.32	0.96	0.99
天 津	0.79	0.72	0.63	0.86	0.69	0.96	1.01	1.27	1.13	1.06	0.95
重 庆	0.37	0.63	0.68	0.54	0.92	0.87	1.11	1.01	0.98	1.11	0.86
河 南	0.34	0.33	0.27	0.51	0.29	0.91	0.88	0.86	1.08	0.61	0.66
河 北	0.49	0.36	0.35	0.30	0.43	0.52	0.56	0.65	0.72	0.70	0.53
福 建	0.19	0.22	0.46	0.45	0.55	0.54	0.53	0.74	0.61	0.67	0.53

续表

省 份	2014 年	2015 年	2016 年	2017 年	2018 年	2019 年	2020 年	2021 年	2022 年	2023 年	合计
吉 林	0.22	0.52	0.19	0.27	0.37	0.35	0.32	0.54	0.74	0.37	0.41
江 西	0.15	0.17	0.14	0.33	0.14	0.49	0.43	0.35	0.35	0.63	0.34
山 西	0.22	0.11	0.27	0.21	0.20	0.37	0.28	0.43	0.39	0.41	0.31
广 西	0.04	0.14	0.16	0.27	0.12	0.21	0.32	0.43	0.37	0.52	0.28
甘 肃	0.19	0.22	0.22	0.21	0.20	0.16	0.21	0.43	0.33	0.35	0.27
贵 州	0.04	0.03	0.00	0.03	0.29	0.28	0.19	0.09	0.30	0.37	0.18
云 南	0.07	0.06	0.08	0.00	0.09	0.07	0.15	0.24	0.28	0.33	0.15
新 疆	0.07	0.00	0.16	0.15	0.12	0.16	0.09	0.22	0.02	0.22	0.12
内蒙古	0.04	0.00	0.11	0.00	0.00	0.09	0.06	0.17	0.11	0.15	0.09
海 南	0.00	0.00	0.00	0.03	0.03	0.12	0.00	0.02	0.06	0.20	0.05
宁 夏	0.00	0.03	0.05	0.03	0.00	0.00	0.02	0.07	0.04	0.15	0.04
青 海	0.00	0.00	0.00	0.00	0.03	0.00	0.02	0.00	0.02	0.00	0.01

第二节　学科组

在工程与材料科学各学科人才分析的基础上，按照 A、B、C 三个人才层次，对各学科人才进行汇总分析，可以从学科组层面揭示人才的分布特点和发展趋势。

一　A 层人才

工程与材料科学 A 层人才最多的是北京，世界占比为 7.11%；广东、江苏的 A 层人才比较多，世界占比分别为 3.35%、3.28%；上海、湖北、浙江、山东、湖南、四川、辽宁、陕西、天津也有相当数量的 A 层人才，世界占比在 3% ~ 1%；黑龙江、安徽、重庆、河南、福建、吉林、江西、山西、广西、甘肃、河北、云南、贵州有一定数量的 A 层人才，世界占比均超过 0.1%；海南、青海、内蒙古、新疆、宁夏 A 层人才的世界占比均低于 0.1%。

在发展趋势上，大多数省份 A 层人才的世界占比总体呈现相对上升的趋势，其中，浙江、北京、江苏、山东、广东、湖南、上海的增幅相对较大。

表 6-87 工程与材料科学 A 层人才的世界占比

单位：%

省 份	2014 年	2015 年	2016 年	2017 年	2018 年	2019 年	2020 年	2021 年	2022 年	2023 年	合 计
北 京	4.47	5.80	5.78	6.92	7.42	8.11	5.58	7.63	7.93	9.81	7.11
广 东	1.31	1.84	1.97	1.51	1.93	4.52	3.87	3.69	5.49	5.31	3.35
江 苏	2.23	3.16	1.73	1.84	2.24	2.67	2.16	3.86	4.56	7.11	3.28
上 海	1.71	0.66	1.39	2.16	2.64	2.76	2.16	3.19	4.56	5.13	2.80
湖 北	1.18	1.84	1.39	2.38	2.03	2.12	1.89	2.52	2.95	2.88	2.18
浙 江	0.26	0.40	0.58	1.62	0.61	1.38	1.62	2.60	4.47	5.85	2.13
山 东	0.13	0.26	0.35	0.43	0.61	0.83	1.35	2.85	4.05	4.77	1.75
湖 南	0.26	1.05	1.16	0.97	1.02	1.57	1.80	1.51	1.18	3.87	1.51
四 川	0.66	0.26	0.81	1.30	0.81	0.83	2.34	1.76	1.86	2.97	1.45
辽 宁	0.79	0.40	0.35	1.30	1.42	0.46	1.80	1.09	2.03	2.52	1.28
陕 西	0.26	1.05	0.92	0.76	0.71	0.92	0.72	0.84	1.77	2.61	1.10
天 津	0.13	0.53	0.69	0.54	1.02	1.01	0.81	1.43	1.69	1.89	1.04
黑龙江	1.31	1.19	0.69	0.97	0.91	0.65	0.54	0.92	1.10	0.99	0.91
安 徽	0.79	0.79	0.35	0.43	0.81	1.29	0.45	0.76	0.76	2.25	0.89
重 庆	0.13	0.26	0.12	0.86	1.12	0.37	1.17	0.76	1.43	1.80	0.86
河 南	0.00	0.26	0.00	0.32	0.00	0.18	0.99	1.68	1.77	1.44	0.75
福 建	0.00	0.40	0.46	0.54	0.30	0.28	0.72	1.01	0.68	1.53	0.63
吉 林	0.00	0.26	0.23	0.32	0.51	0.55	0.36	0.34	0.51	0.81	0.41
江 西	0.00	0.00	0.12	0.00	0.41	0.46	0.54	0.34	0.42	0.81	0.34
山 西	0.00	0.00	0.12	0.11	0.41	0.28	0.18	0.17	0.42	0.81	0.27
广 西	0.00	0.26	0.12	0.00	0.10	0.09	0.09	0.59	0.42	0.54	0.24
甘 肃	0.00	0.00	0.23	0.00	0.00	0.00	0.00	0.25	0.72	0.72	0.20
河 北	0.00	0.00	0.12	0.00	0.10	0.00	0.18	0.42	0.42	0.45	0.19
云 南	0.13	0.53	0.00	0.00	0.00	0.00	0.09	0.17	0.51	0.27	0.17
贵 州	0.00	0.00	0.23	0.11	0.00	0.00	0.08	0.25	0.45	0.45	0.15
海 南	0.00	0.00	0.00	0.00	0.00	0.00	0.00	0.17	0.18	0.45	0.06
青 海	0.00	0.00	0.00	0.22	0.00	0.00	0.09	0.00	0.00	0.18	0.05
内蒙古	0.00	0.00	0.00	0.00	0.00	0.28	0.09	0.00	0.00	0.09	0.05
新 疆	0.00	0.00	0.00	0.00	0.00	0.00	0.00	0.08	0.08	0.18	0.04
宁 夏	0.00	0.00	0.00	0.00	0.00	0.00	0.00	0.00	0.00	0.27	0.03

二 B层人才

工程与材料科学 B 层人才最多的是北京，世界占比为 7.79%；江苏、广东、上海的 B 层人才比较多，世界占比在 5%~3%；湖北、浙江、山东、湖南、辽宁、四川、陕西、天津、安徽、黑龙江、重庆、河南也有相当数量的 B 层人才，世界占比在 3%~1%；福建、吉林、江西、山西、河北、广西、甘肃、云南、贵州、新疆有一定数量的 B 层人才，世界占比均超过 0.1%；海南、内蒙古、宁夏、青海、西藏 B 层人才的世界占比均低于 0.1%。

在发展趋势上，多数省份 B 层人才的世界占比总体呈现相对上升的趋势，其中，广东、江苏、山东、浙江的增幅相对较大。

表 6-88　工程与材料科学 B 层人才的世界占比

单位：%

省　份	2014 年	2015 年	2016 年	2017 年	2018 年	2019 年	2020 年	2021 年	2022 年	2023 年	合计
北　京	6.40	6.20	6.71	7.19	8.01	9.12	7.08	8.37	8.82	8.75	7.79
江　苏	2.44	2.87	2.93	3.73	3.58	4.33	4.81	4.86	6.31	6.66	4.42
广　东	1.41	1.73	2.26	2.76	3.43	4.40	4.04	4.92	6.06	5.95	3.91
上　海	2.34	1.92	2.32	3.02	3.41	3.54	3.90	3.97	4.07	4.95	3.46
湖　北	1.54	1.93	2.01	2.13	2.59	2.50	2.86	2.84	4.00	4.22	2.76
浙　江	1.19	1.51	1.12	1.59	1.81	1.91	2.38	2.80	3.52	4.57	2.35
山　东	0.73	0.68	0.82	1.34	1.46	2.09	2.15	3.02	3.72	4.17	2.17
湖　南	0.70	0.98	1.00	1.47	2.06	2.07	2.30	2.30	2.60	2.90	1.93
辽　宁	0.81	1.36	1.32	1.28	1.51	2.06	1.91	2.15	2.35	2.66	1.81
四　川	0.78	0.61	0.75	1.02	1.58	1.44	2.08	2.21	2.93	2.83	1.73
陕　西	0.73	0.84	0.84	0.86	1.18	1.64	1.56	1.85	2.30	2.50	1.51
天　津	0.55	0.94	0.75	1.13	1.16	1.54	1.58	1.69	1.80	1.59	1.33
安　徽	1.05	0.78	0.88	0.90	1.03	1.31	1.12	1.20	1.41	1.91	1.19
黑龙江	0.70	1.22	1.11	1.01	1.01	1.04	0.92	1.16	1.63	1.81	1.18
重　庆	0.36	0.63	0.53	0.69	0.95	1.03	1.06	1.32	1.66	2.10	1.09

续表

省　份	2014 年	2015 年	2016 年	2017 年	2018 年	2019 年	2020 年	2021 年	2022 年	2023 年	合计
河　南	0.21	0.29	0.19	0.26	0.78	1.04	1.62	1.88	1.67	2.02	1.09
福　建	0.56	0.49	0.44	0.46	0.70	0.85	1.06	1.06	1.33	1.13	0.85
吉　林	0.43	0.29	0.30	0.58	0.44	0.58	0.54	0.85	1.08	1.15	0.66
江　西	0.11	0.26	0.20	0.22	0.30	0.41	0.49	0.46	0.61	1.08	0.44
山　西	0.04	0.05	0.35	0.18	0.37	0.37	0.32	0.46	0.67	0.74	0.38
河　北	0.14	0.16	0.11	0.11	0.43	0.28	0.45	0.45	0.61	0.75	0.38
广　西	0.01	0.11	0.19	0.10	0.24	0.20	0.30	0.56	0.77	0.84	0.36
甘　肃	0.15	0.31	0.15	0.15	0.21	0.21	0.20	0.29	0.46	0.61	0.28
云　南	0.10	0.12	0.11	0.08	0.13	0.16	0.18	0.20	0.31	0.55	0.21
贵　州	0.04	0.01	0.04	0.02	0.07	0.09	0.13	0.18	0.27	0.40	0.14
新　疆	0.06	0.04	0.02	0.08	0.03	0.14	0.04	0.17	0.16	0.24	0.11
海　南	0.00	0.01	0.02	0.02	0.09	0.02	0.02	0.10	0.13	0.36	0.09
内蒙古	0.04	0.07	0.04	0.05	0.03	0.13	0.02	0.05	0.11	0.12	0.07
宁　夏	0.01	0.01	0.00	0.00	0.02	0.01	0.04	0.05	0.06	0.18	0.04
青　海	0.00	0.01	0.00	0.02	0.00	0.02	0.02	0.02	0.05	0.07	0.02
西　藏	0.00	0.00	0.00	0.01	0.00	0.01	0.01	0.01	0.02	0.00	0.01

三　C 层人才

工程与材料科学 C 层人才最多的是北京，世界占比为 7.33%；江苏、广东、上海的 C 层人才比较多，世界占比分别在 5%～3%；湖北、浙江、山东、湖南、四川、辽宁、陕西、天津、黑龙江、安徽、重庆、河南也有相当数量的 C 层人才，世界占比在 3%～1%；福建、吉林、河北、江西、广西、山西、甘肃、云南、新疆、贵州、海南、内蒙古有一定数量的 C 层人才，世界占比均超过 0.1%；宁夏、青海、西藏 C 层人才的世界占比均低于 0.1%。

在发展趋势上，多数省份 C 层人才的世界占比总体呈现相对上升的趋势，其中，广东、江苏的增幅相对较大。

表 6-89　工程与材料科学 C 层人才的世界占比

单位：%

省　份	2014 年	2015 年	2016 年	2017 年	2018 年	2019 年	2020 年	2021 年	2022 年	2023 年	合计
北　京	5.69	6.03	6.45	7.00	7.61	7.98	7.32	7.49	8.41	8.25	7.33
江　苏	2.65	2.99	3.32	3.89	4.20	4.77	4.75	5.15	5.79	6.09	4.51
广　东	1.57	1.70	2.08	2.72	3.47	4.00	4.30	4.93	5.34	5.49	3.75
上　海	2.38	2.49	2.70	3.05	3.15	3.55	3.60	3.87	4.33	4.25	3.43
湖　北	1.48	1.76	1.92	2.23	2.54	2.77	2.73	2.75	3.09	3.32	2.53
浙　江	1.29	1.38	1.49	1.58	1.91	2.14	2.20	2.72	3.19	3.62	2.24
山　东	0.79	0.97	1.06	1.37	1.73	2.30	2.43	2.67	3.06	3.34	2.09
湖　南	0.98	1.04	1.23	1.44	1.83	2.07	2.08	2.13	2.35	2.50	1.84
四　川	0.98	1.05	1.33	1.45	1.80	1.98	1.94	2.10	2.46	2.51	1.83
辽　宁	1.08	1.15	1.17	1.41	1.63	1.88	1.92	2.04	2.20	2.29	1.74
陕　西	0.56	0.76	0.87	1.04	1.32	1.64	1.61	1.77	2.14	2.13	1.46
天　津	0.85	0.92	1.02	1.08	1.30	1.54	1.56	1.68	1.73	1.73	1.39
黑龙江	0.98	1.08	1.09	1.22	1.34	1.32	1.38	1.41	1.53	1.65	1.33
安　徽	0.82	0.80	0.96	0.99	1.11	1.29	1.24	1.31	1.48	1.57	1.19
重　庆	0.53	0.60	0.70	0.75	0.93	1.09	1.13	1.26	1.62	1.64	1.07
河　南	0.36	0.38	0.41	0.52	0.70	1.04	1.28	1.56	1.56	1.56	1.00
福　建	0.51	0.56	0.60	0.66	0.84	0.97	1.02	1.13	1.22	1.25	0.91
吉　林	0.53	0.60	0.51	0.61	0.73	0.77	0.83	0.75	0.94	0.82	0.72
河　北	0.22	0.25	0.31	0.31	0.36	0.47	0.49	0.53	0.67	0.72	0.45
江　西	0.19	0.24	0.23	0.29	0.40	0.49	0.49	0.54	0.62	0.69	0.44
广　西	0.11	0.14	0.20	0.23	0.27	0.35	0.42	0.61	0.77	0.80	0.42
山　西	0.20	0.22	0.24	0.33	0.39	0.46	0.42	0.47	0.51	0.66	0.41
甘　肃	0.30	0.28	0.27	0.29	0.33	0.39	0.38	0.45	0.52	0.51	0.38
云　南	0.11	0.14	0.12	0.15	0.20	0.19	0.26	0.31	0.40	0.51	0.25
新　疆	0.06	0.07	0.08	0.10	0.09	0.15	0.15	0.18	0.22	0.27	0.14
贵　州	0.05	0.06	0.05	0.07	0.12	0.13	0.11	0.16	0.23	0.33	0.14
海　南	0.02	0.04	0.03	0.05	0.07	0.09	0.10	0.10	0.25	0.29	0.11
内蒙古	0.06	0.07	0.08	0.08	0.11	0.10	0.11	0.12	0.17	0.19	0.11
宁　夏	0.01	0.01	0.02	0.03	0.02	0.03	0.05	0.07	0.10	0.12	0.05
青　海	0.01	0.02	0.03	0.05	0.06	0.06	0.05	0.05	0.07	0.06	0.05
西　藏	0.00	0.00	0.01	0.01	0.00	0.01	0.02	0.02	0.02	0.02	0.01

第七章　信息科学

信息科学是研究信息的获取、存储、传输和处理的科学。随着学科发展和经济社会的进步，信息科学的研究拓展到高速网络及信息安全、高性能计算（网络计算与并行计算）、软件技术与高性能算法、虚拟现实与网络多媒体技术、控制技术、电子与光子学器件技术等领域。

第一节　学科

信息科学学科组包括以下学科：电信、影像科学和照相技术、计算机理论和方法、软件工程、计算机硬件和体系架构、信息系统、控制论、计算机跨学科应用、自动化和控制系统、机器人学、量子科学和技术、人工智能，共计 12 个。

一　电信

电信 A、B、C 层人才最多的均为北京，世界占比分别为 6.19%、7.96%、7.16%。

广东、江苏的 A 层人才比较多，世界占比分别为 4.55%、3.66%；四川、上海、湖北、安徽、浙江也有相当数量的 A 层人才，世界占比在 3%~1%；重庆、湖南、陕西、山东、江西、辽宁、天津、河南、福建、广西、黑龙江、吉林、云南有一定数量的 A 层人才，世界占比均超过 0.1%。

广东、江苏的 B 层人才比较多，世界占比分别为 4.34%、4.09%；四川、上海、浙江、湖北、湖南、山东也有相当数量的 B 层人才，世界占比在 3%~1%；辽宁、陕西、安徽、重庆、黑龙江、河南、福建、天津、江西、广西、河北、吉林、山西、甘肃、云南有一定数量的 B 层人才，世界占比超过或等于 0.1%；海南、贵州、内蒙古、新疆、宁夏 B 层人才的世界占比均低于 0.1%。

江苏、广东的 C 层人才比较多，世界占比分为 4.67%、4.07%；上海、四川、浙江、湖北、湖南、陕西、辽宁、山东、安徽也有相当数量的 C 层人才，世界占比在 3%~1%；重庆、福建、黑龙江、天津、河南、河北、吉林、广西、江西、山西、甘肃、云南有一定数量的 C 层人才，世界占比超过或等于 0.1%；海南、内蒙古、贵州、新疆、宁夏、青海 C 层人才的世界占比均低于 0.1%。

表 7-1　电信 A 层人才的世界占比

单位：%

省　份	2014 年	2015 年	2016 年	2017 年	2018 年	2019 年	2020 年	2021 年	2022 年	2023 年	合计
北　京	5.26	9.52	2.90	7.50	5.95	7.29	3.06	5.49	8.05	7.46	6.19
广　东	1.75	3.17	4.35	1.25	3.57	8.33	6.12	5.49	5.75	2.99	4.55
江　苏	1.75	6.35	1.45	3.75	5.95	3.13	2.04	6.59	3.45	1.49	3.66
四　川	0.00	0.00	2.90	2.50	0.00	5.21	5.10	2.20	0.00	2.99	2.27
上　海	3.51	0.00	1.45	2.50	4.76	1.04	2.04	0.00	3.45	2.99	2.15
湖　北	3.51	0.00	2.90	0.00	2.38	1.04	0.00	0.00	1.15	1.49	1.14
安　徽	0.00	3.17	0.00	0.00	0.00	0.00	0.00	1.10	1.15	5.97	1.01
浙　江	0.00	0.00	0.00	0.00	1.19	1.04	2.04	2.20	1.15	1.49	1.01
重　庆	0.00	0.00	0.00	3.75	1.19	0.00	1.02	1.10	0.00	1.49	0.88
湖　南	0.00	0.00	0.00	0.00	1.19	0.00	0.00	0.00	0.00	4.48	0.51
陕　西	0.00	3.17	1.45	0.00	0.00	0.00	0.00	1.10	0.00	0.00	0.51
山　东	1.75	0.00	0.00	1.25	0.00	0.00	0.00	0.00	0.00	2.99	0.51
江　西	0.00	0.00	0.00	0.00	2.38	1.04	0.00	0.00	0.00	0.00	0.38
辽　宁	0.00	0.00	0.00	0.00	1.19	0.00	0.00	0.00	0.00	2.99	0.38
天　津	0.00	0.00	0.00	0.00	0.00	1.04	1.02	0.00	1.15	0.00	0.38
河　南	0.00	0.00	0.00	1.25	1.19	0.00	0.00	0.00	0.00	0.00	0.25
福　建	0.00	0.00	0.00	0.00	0.00	0.00	1.02	0.00	0.00	0.00	0.13
广　西	0.00	1.59	0.00	0.00	0.00	0.00	0.00	0.00	0.00	0.00	0.13
黑龙江	0.00	0.00	0.00	1.25	0.00	0.00	0.00	0.00	0.00	0.00	0.13
吉　林	0.00	0.00	0.00	0.00	0.00	0.00	0.00	0.00	0.00	1.49	0.13
云　南	0.00	1.59	0.00	0.00	0.00	0.00	0.00	0.00	0.00	0.00	0.13

表 7-2　电信 B 层人才的世界占比

单位：%

省　份	2014 年	2015 年	2016 年	2017 年	2018 年	2019 年	2020 年	2021 年	2022 年	2023 年	合计
北　京	5.87	8.11	8.05	7.42	9.54	8.72	7.22	6.37	8.50	9.53	7.96
广　东	2.15	2.82	2.42	3.02	3.53	4.42	4.40	5.51	7.19	6.79	4.34
江　苏	2.35	3.35	3.70	2.88	4.71	3.28	4.85	4.17	5.10	5.98	4.09
四　川	1.76	1.06	1.93	2.34	2.09	3.06	2.60	2.82	2.48	2.75	2.36
上　海	1.57	1.59	2.90	2.06	2.35	2.04	1.69	1.96	1.96	5.33	2.30
浙　江	1.17	1.59	1.13	0.82	2.22	2.27	1.47	1.35	3.92	3.39	1.96
湖　北	1.57	1.41	0.81	1.65	1.70	1.02	1.35	2.21	1.18	3.39	1.61
湖　南	0.00	0.18	0.81	0.96	1.57	0.91	1.58	1.96	1.05	2.91	1.24
山　东	0.59	0.35	0.64	0.82	1.05	1.25	0.90	1.84	1.83	1.94	1.16
辽　宁	0.00	0.18	0.16	0.82	1.44	1.70	0.68	0.86	1.44	1.94	0.98
陕　西	0.59	0.53	0.97	0.27	0.78	0.68	0.79	0.37	1.70	2.10	0.87
安　徽	0.39	0.71	0.48	0.41	0.39	0.45	0.68	1.35	0.92	2.75	0.84
重　庆	0.20	0.00	0.32	0.55	0.65	1.25	0.23	0.61	1.44	1.62	0.71
黑龙江	0.20	0.00	0.97	0.41	1.18	0.57	0.56	0.98	1.31	0.65	0.71
河　南	0.00	0.18	0.16	0.00	0.39	0.34	0.68	1.10	1.44	1.45	0.60
福　建	0.78	0.00	0.32	0.27	0.78	0.68	0.68	0.49	0.39	0.81	0.53
天　津	0.00	0.18	0.48	0.14	0.39	0.34	0.68	0.98	0.39	1.13	0.49
江　西	0.00	0.00	0.32	0.41	0.26	0.45	0.23	0.25	0.39	0.48	0.29
广　西	0.00	0.00	0.16	0.41	0.52	0.45	0.00	0.25	0.00	0.16	0.25
河　北	0.00	0.18	0.16	0.00	0.39	0.23	0.34	0.25	0.39	0.48	0.25
吉　林	0.00	0.00	0.16	0.00	0.00	0.00	0.45	0.25	0.26	0.16	0.14
山　西	0.00	0.00	0.00	0.00	0.26	0.00	0.11	0.61	0.00	0.32	0.14
甘　肃	0.00	0.00	0.16	0.00	0.26	0.00	0.00	0.12	0.26	0.16	0.10
云　南	0.00	0.00	0.16	0.00	0.00	0.23	0.00	0.25	0.00	0.32	0.10
海　南	0.00	0.00	0.00	0.00	0.00	0.11	0.00	0.00	0.26	0.32	0.07
贵　州	0.00	0.18	0.00	0.00	0.13	0.23	0.00	0.00	0.00	0.00	0.06
内蒙古	0.00	0.35	0.00	0.00	0.00	0.11	0.00	0.00	0.00	0.16	0.06
新　疆	0.00	0.00	0.16	0.00	0.00	0.00	0.11	0.12	0.00	0.00	0.04
宁　夏	0.00	0.00	0.00	0.00	0.00	0.00	0.11	0.00	0.00	0.16	0.03

表 7-3　电信 C 层人才的世界占比

单位：%

省　份	2014 年	2015 年	2016 年	2017 年	2018 年	2019 年	2020 年	2021 年	2022 年	2023 年	合计
北　京	6.36	6.17	6.62	6.04	7.90	8.14	7.23	6.70	7.82	8.02	7.16
江　苏	3.38	3.32	3.67	4.67	5.44	5.30	4.73	4.58	5.32	5.41	4.67
广　东	1.67	1.76	2.67	3.23	3.84	4.46	4.26	4.63	6.00	6.96	4.07
上　海	1.73	1.76	2.10	2.34	2.36	2.65	2.26	2.16	2.87	3.28	2.38
四　川	1.57	1.35	2.19	2.09	2.39	2.99	1.96	2.00	2.11	2.07	2.12
浙　江	1.02	1.30	1.29	1.33	1.82	1.82	1.76	1.81	2.36	2.60	1.74
湖　北	1.10	1.10	1.58	1.49	1.82	2.10	1.91	1.33	1.70	1.90	1.64
湖　南	0.63	0.76	1.08	1.05	1.57	1.80	1.38	1.06	1.40	1.31	1.25
陕　西	0.47	0.48	0.77	0.86	1.05	1.53	1.19	1.15	1.28	1.31	1.05
辽　宁	0.43	0.44	0.70	0.95	1.49	1.24	1.16	1.18	0.99	1.47	1.05
山　东	0.16	0.32	0.54	0.86	1.17	1.55	1.33	1.15	1.28	1.45	1.04
安　徽	0.57	0.68	1.09	0.77	0.83	1.12	1.00	1.02	1.15	1.62	1.00
重　庆	0.29	0.36	0.78	0.59	0.73	1.03	1.06	0.92	0.85	1.50	0.84
福　建	0.20	0.32	0.46	0.66	1.11	1.07	1.06	0.69	0.61	0.82	0.74
黑龙江	0.35	0.34	0.47	0.75	1.02	1.07	0.80	0.44	0.69	0.70	0.69
天　津	0.35	0.39	0.29	0.51	0.73	1.07	0.80	0.64	0.58	0.57	0.63
河　南	0.22	0.12	0.23	0.35	0.61	0.84	0.71	0.84	0.95	0.93	0.61
河　北	0.08	0.09	0.15	0.19	0.36	0.56	0.23	0.28	0.48	0.42	0.30
吉　林	0.08	0.14	0.10	0.11	0.30	0.49	0.44	0.30	0.29	0.38	0.28
广　西	0.02	0.05	0.29	0.18	0.32	0.29	0.38	0.29	0.33	0.44	0.27
江　西	0.12	0.18	0.20	0.30	0.34	0.34	0.28	0.33	0.25	0.28	0.27
山　西	0.02	0.04	0.07	0.11	0.08	0.22	0.13	0.13	0.07	0.18	0.11
甘　肃	0.00	0.04	0.07	0.04	0.12	0.23	0.13	0.14	0.13	0.08	0.11
云　南	0.00	0.02	0.03	0.03	0.09	0.18	0.17	0.11	0.12	0.15	0.10
海　南	0.00	0.00	0.02	0.01	0.01	0.11	0.13	0.11	0.17	0.16	0.08
内蒙古	0.00	0.04	0.05	0.02	0.07	0.19	0.14	0.08	0.03	0.07	0.07
贵　州	0.04	0.04	0.02	0.03	0.05	0.14	0.12	0.04	0.11	0.08	0.07
新　疆	0.04	0.02	0.02	0.01	0.04	0.09	0.08	0.05	0.15	0.07	0.06
宁　夏	0.00	0.00	0.00	0.01	0.00	0.00	0.05	0.04	0.01	0.02	0.01
青　海	0.00	0.00	0.00	0.00	0.01	0.01	0.00	0.01	0.01	0.00	0.01

二 影像科学和照相技术

影像科学和照相技术 A、B、C 层人才最多的均为北京，世界占比分别为 15.49%、10.73%、11.96%，均显著高于其他省份。

湖北、广东、安徽、江苏的 A 层人才比较多，世界占比在 7%~3%；上海、黑龙江、陕西、四川也有相当数量的 A 层人才，世界占比在 3%~1%；福建、浙江、重庆、河南、湖南、内蒙古、辽宁有一定数量的 A 层人才，世界占比均超过 0.4%。

广东、湖北、江苏的 B 层人才比较多，世界占比在 5%~3%；上海、陕西、浙江、四川、湖南、山东也有相当数量的 B 层人才，世界占比在 3%~1%；辽宁、安徽、天津、河南、黑龙江、重庆、福建、江西、吉林、新疆有一定数量的 B 层人才，世界占比均超过 0.2%；甘肃、广西、贵州、河北、海南、云南 B 层人才的世界占比均低于 0.1%。

湖北、广东、江苏的 C 层人才比较多，世界占比在 5%~3%；上海、浙江、陕西、四川、湖南、山东、安徽也有相当数量的 C 层人才，世界占比在 3%~1%；黑龙江、辽宁、福建、河南、天津、吉林、甘肃、重庆、江西、新疆、广西、海南、河北、云南、山西有一定数量的 C 层人才，世界占比均超过 0.1%；内蒙古、贵州、青海、宁夏、西藏 C 层人才的世界占比均低于 0.1%。

表 7-4 影像科学和照相技术 A 层人才的世界占比

单位：%

省 份	2014 年	2015 年	2016 年	2017 年	2018 年	2019 年	2020 年	2021 年	2022 年	2023 年	合计
北 京	15.38	0.00	6.25	0.00	28.57	13.64	12.00	16.22	25.71	20.00	15.49
湖 北	0.00	0.00	0.00	11.11	4.76	4.55	16.00	0.00	14.29	4.00	6.19
广 东	0.00	0.00	6.25	0.00	4.76	9.09	4.00	5.41	5.71	0.00	3.98
安 徽	7.69	0.00	0.00	5.56	0.00	4.55	0.00	0.00	11.43	0.00	3.10
江 苏	0.00	0.00	0.00	5.56	0.00	4.55	0.00	0.00	2.86	16.00	3.10
上 海	0.00	0.00	0.00	5.56	0.00	4.55	0.00	5.41	2.86	0.00	2.21

续表

省　份	2014 年	2015 年	2016 年	2017 年	2018 年	2019 年	2020 年	2021 年	2022 年	2023 年	合计
黑龙江	7.69	0.00	6.25	0.00	0.00	4.55	0.00	0.00	0.00	0.00	1.33
陕　西	0.00	0.00	0.00	5.56	0.00	0.00	4.00	0.00	0.00	4.00	1.33
四　川	0.00	0.00	0.00	5.56	4.76	4.55	0.00	0.00	0.00	0.00	1.33
福　建	0.00	0.00	0.00	0.00	4.76	0.00	0.00	0.00	0.00	4.00	0.88
浙　江	0.00	0.00	0.00	0.00	0.00	4.55	0.00	0.00	0.00	4.00	0.88
重　庆	0.00	0.00	0.00	0.00	0.00	0.00	0.00	0.00	0.00	4.00	0.44
河　南	0.00	0.00	0.00	0.00	0.00	0.00	4.00	0.00	0.00	0.00	0.44
湖　南	0.00	0.00	0.00	0.00	0.00	4.55	0.00	0.00	0.00	0.00	0.44
内蒙古	0.00	0.00	0.00	0.00	0.00	0.00	4.00	0.00	0.00	0.00	0.44
辽　宁	0.00	0.00	0.00	0.00	0.00	0.00	0.00	2.70	0.00	0.00	0.44

表 7-5　影像科学和照相技术 B 层人才的世界占比

单位：%

省　份	2014 年	2015 年	2016 年	2017 年	2018 年	2019 年	2020 年	2021 年	2022 年	2023 年	合计
北　京	8.87	12.14	8.11	3.49	15.54	6.55	6.61	14.41	13.27	13.22	10.73
广　东	1.61	1.43	4.05	2.33	6.74	2.62	2.20	5.59	8.33	6.61	4.66
湖　北	4.03	5.00	2.03	1.16	2.07	3.93	8.37	4.41	4.63	7.49	4.52
江　苏	1.61	2.86	1.35	2.91	1.04	3.06	5.73	3.82	3.40	7.93	3.63
上　海	0.81	0.71	1.35	2.33	4.15	2.18	1.32	4.71	3.40	3.96	2.82
陕　西	0.81	1.43	1.35	2.33	1.55	2.18	1.76	1.18	1.54	5.73	2.02
浙　江	0.00	0.71	0.00	0.00	1.04	1.75	1.76	2.35	3.09	2.64	1.65
四　川	0.00	0.00	0.00	0.58	0.52	2.62	1.32	2.94	1.54	3.08	1.55
湖　南	1.61	1.43	0.00	1.74	1.55	0.44	1.32	1.47	1.54	1.76	1.32
山　东	0.00	0.00	0.00	0.58	0.52	1.31	1.32	1.18	0.62	3.52	1.04
辽　宁	0.00	0.00	0.68	0.00	0.00	0.87	0.00	1.76	2.78	0.44	0.89
安　徽	0.00	1.43	0.68	0.58	0.00	0.87	0.44	2.06	0.93	0.44	0.85
天　津	0.00	0.00	0.68	0.00	0.00	1.31	0.44	0.59	0.62	2.64	0.71
河　南	0.00	0.00	0.68	0.00	0.52	0.44	0.44	0.29	1.23	1.76	0.61
黑龙江	0.00	0.71	0.00	1.16	1.04	0.87	0.00	0.29	0.31	0.44	0.47
重　庆	0.00	0.00	0.00	0.00	0.52	0.44	0.00	0.29	0.31	2.20	0.42
福　建	1.61	0.00	0.00	0.00	0.52	0.44	0.88	0.59	0.31	0.00	0.42
江　西	0.00	0.00	0.00	0.00	1.04	0.44	0.88	0.29	0.00	0.44	0.33
吉　林	0.00	0.00	0.00	0.00	0.00	0.44	0.88	0.29	0.62	0.44	0.33

续表

省　份	2014 年	2015 年	2016 年	2017 年	2018 年	2019 年	2020 年	2021 年	2022 年	2023 年	合计
新　疆	0.81	0.00	0.00	0.00	0.00	0.44	0.00	0.29	0.62	0.44	0.28
甘　肃	0.00	0.00	0.00	0.00	0.52	0.00	0.00	0.00	0.31	0.00	0.09
广　西	0.00	0.00	0.00	0.58	0.00	0.00	0.00	0.00	0.00	0.44	0.09
贵　州	0.00	0.00	0.00	0.00	0.00	0.00	0.00	0.29	0.00	0.44	0.09
河　北	0.81	0.00	0.00	0.00	0.00	0.44	0.00	0.00	0.00	0.00	0.09
海　南	0.00	0.00	0.00	0.58	0.00	0.00	0.00	0.00	0.00	0.00	0.05
云　南	0.00	0.00	0.00	0.00	0.00	0.00	0.00	0.00	0.00	0.44	0.05

表 7-6　影像科学和照相技术 C 层人才的世界占比

单位：%

省　份	2014 年	2015 年	2016 年	2017 年	2018 年	2019 年	2020 年	2021 年	2022 年	2023 年	合计
北　京	9.40	8.16	8.80	10.64	9.66	10.42	11.30	13.84	15.79	14.81	11.96
湖　北	4.82	4.23	3.42	5.08	3.79	4.79	4.67	5.01	5.99	6.70	4.99
广　东	0.90	1.60	2.37	1.87	2.75	3.69	3.78	6.09	6.93	5.06	4.09
江　苏	2.37	2.84	2.79	2.92	2.65	3.65	4.14	4.07	4.17	6.80	3.83
上　海	1.14	1.68	0.98	1.17	2.70	2.29	2.31	3.26	4.07	3.47	2.59
浙　江	0.33	0.36	0.84	1.11	1.19	1.85	1.74	3.23	4.36	3.38	2.22
陕　西	0.57	0.95	0.77	0.94	0.99	2.20	2.00	1.93	2.54	3.61	1.84
四　川	0.82	0.73	0.77	1.05	1.19	1.45	1.78	1.81	3.07	3.28	1.79
湖　南	1.14	0.87	1.40	1.99	1.35	1.50	1.11	1.45	2.35	3.09	1.70
山　东	0.65	0.29	0.77	0.99	0.42	1.36	0.85	0.84	1.97	3.05	1.22
安　徽	0.65	0.29	0.35	0.47	1.04	0.92	0.93	1.63	2.10	0.94	1.09
黑龙江	0.49	0.29	0.42	0.53	0.52	0.57	0.45	0.93	1.28	1.50	0.78
辽　宁	0.25	0.29	0.42	0.58	0.47	0.26	0.76	1.12	1.19	1.41	0.77
福　建	0.57	0.66	0.49	0.82	0.36	0.75	0.53	0.93	1.07	0.80	0.74
河　南	0.16	0.00	0.28	0.41	0.31	0.66	0.71	0.81	0.97	1.83	0.71
天　津	0.25	0.15	0.21	0.58	0.36	0.44	0.53	0.84	0.94	0.98	0.61
吉　林	0.25	0.36	0.28	0.29	0.31	0.44	0.45	0.63	0.78	1.22	0.55
甘　肃	0.49	0.22	0.35	0.70	0.68	0.35	0.49	0.48	0.53	1.03	0.54
重　庆	0.08	0.22	0.14	0.23	0.10	0.40	0.58	0.45	0.85	1.50	0.52
江　西	0.16	0.29	0.21	0.23	0.36	0.48	0.40	0.21	0.34	0.56	0.34
新　疆	0.00	0.22	0.35	0.29	0.21	0.35	0.31	0.18	0.38	0.56	0.30
广　西	0.16	0.15	0.07	0.06	0.05	0.13	0.13	0.27	0.60	0.75	0.27

续表

省 份	2014 年	2015 年	2016 年	2017 年	2018 年	2019 年	2020 年	2021 年	2022 年	2023 年	合计
海 南	0.00	0.07	0.07	0.29	0.21	0.13	0.36	0.36	0.16	0.75	0.26
河 北	0.08	0.00	0.07	0.12	0.10	0.31	0.18	0.30	0.34	0.66	0.25
云 南	0.08	0.51	0.07	0.23	0.05	0.09	0.13	0.15	0.16	0.61	0.20
山 西	0.00	0.00	0.00	0.12	0.10	0.09	0.09	0.09	0.13	0.38	0.11
内蒙古	0.16	0.00	0.00	0.12	0.00	0.04	0.04	0.15	0.13	0.19	0.09
贵 州	0.00	0.07	0.00	0.00	0.05	0.09	0.04	0.09	0.09	0.23	0.08
青 海	0.08	0.00	0.07	0.06	0.05	0.04	0.13	0.06	0.09	0.09	0.07
宁 夏	0.00	0.00	0.07	0.06	0.00	0.13	0.04	0.03	0.09	0.14	0.05
西 藏	0.00	0.00	0.14	0.06	0.00	0.00	0.00	0.03	0.09	0.05	0.04

三 计算机理论和方法

计算机理论和方法 A、B、C 层人才最多的均为北京，世界占比分别为 10.01%、8.34%、6.41%；广东的 A、B、C 层人才比较多，世界占比分别为 3.34%、4.38%、3.11%。

浙江、江苏、上海、安徽、湖北、四川也有相当数量的 A 层人才，世界占比在 3%~1%；山东、黑龙江、辽宁、天津、陕西、河南、重庆、福建、贵州、湖南、江西、广西有一定数量的 A 层人才，世界占比均超过 0.1%。

江苏、上海、浙江、湖北、四川、安徽、辽宁、湖南、山东也有相当数量的 B 层人才，世界占比在 3%~1%；福建、天津、黑龙江、陕西、重庆、河南、山西、广西、江西、吉林有一定数量的 B 层人才，世界占比均超过 0.1%；云南、甘肃、河北、贵州、新疆、海南、内蒙古、宁夏、青海 B 层人才的世界占比均低于 0.1%。

江苏、上海、浙江、湖北、湖南、安徽、四川也有相当数量的 C 层人才，世界占比在 3%~1%；山东、辽宁、福建、天津、黑龙江、陕西、重庆、河南、广西、江西、河北、吉林、山西、云南有一定数量的 C 层人才，世界占比均超过 0.1%；甘肃、贵州、内蒙古、海南、新疆、宁夏、青海 C 层人才的世界占比均低于 0.1%。

表 7-7　计算机理论和方法 A 层人才的世界占比

单位：%

省　份	2014 年	2015 年	2016 年	2017 年	2018 年	2019 年	2020 年	2021 年	2022 年	2023 年	合计
北　京	8.97	8.79	7.45	10.31	10.91	18.49	8.05	10.11	7.59	5.88	10.01
广　东	5.13	1.10	2.13	2.06	1.82	4.20	6.90	3.37	3.80	3.53	3.34
浙　江	1.28	2.20	0.00	1.03	1.82	3.36	2.30	5.62	2.53	3.53	2.37
江　苏	0.00	5.49	2.13	1.03	0.00	3.36	1.15	3.37	2.53	2.35	2.15
上　海	0.00	2.20	1.06	1.03	3.64	2.52	0.00	1.12	7.59	1.18	2.05
安　徽	1.28	3.30	0.00	1.03	1.82	4.20	1.15	1.12	2.53	0.00	1.72
湖　北	0.00	1.10	2.13	0.00	0.00	3.36	1.15	0.00	3.80	1.18	1.29
四　川	0.00	0.00	1.06	0.00	2.73	0.84	3.45	0.00	1.27	1.18	1.08
山　东	0.00	0.00	0.00	3.09	0.00	1.68	0.00	0.00	3.80	1.18	0.97
黑龙江	1.28	1.10	0.00	2.06	0.00	0.84	1.15	0.00	0.00	0.00	0.65
辽　宁	0.00	0.00	0.00	0.00	2.73	0.00	0.00	3.37	0.00	0.00	0.65
天　津	0.00	0.00	1.06	0.00	0.91	1.68	0.00	0.00	1.27	0.00	0.54
陕　西	0.00	2.20	0.00	0.00	0.91	0.00	1.15	0.00	0.00	0.00	0.43
河　南	0.00	0.00	0.00	0.00	0.00	0.00	0.00	1.12	0.00	2.35	0.32
重　庆	0.00	0.00	0.00	0.00	0.00	0.00	0.00	0.00	1.27	1.18	0.22
福　建	0.00	1.10	0.00	0.00	0.00	0.84	0.00	0.00	0.00	0.00	0.22
贵　州	0.00	0.00	0.00	0.00	0.00	0.00	1.15	0.00	0.00	1.18	0.22
湖　南	0.00	0.00	0.00	1.03	0.00	0.84	0.00	0.00	0.00	0.00	0.22
江　西	0.00	1.10	0.00	0.00	0.00	0.00	0.00	0.00	1.27	0.00	0.22
广　西	0.00	0.00	0.00	0.00	0.91	0.00	0.00	0.00	0.00	0.00	0.11

表 7-8　计算机理论和方法 B 层人才的世界占比

单位：%

省　份	2014 年	2015 年	2016 年	2017 年	2018 年	2019 年	2020 年	2021 年	2022 年	2023 年	合计
北　京	6.96	4.04	8.32	8.84	9.18	11.60	6.15	10.43	10.11	6.48	8.34
广　东	2.37	2.14	2.70	2.49	3.53	6.17	5.00	7.08	7.28	5.16	4.38
江　苏	2.09	1.78	2.46	2.49	2.02	2.25	3.33	4.10	4.31	5.29	2.94
上　海	1.25	2.02	1.06	2.49	2.52	3.18	2.18	3.60	3.91	4.89	2.70
浙　江	0.56	0.59	0.59	1.47	2.12	2.81	1.79	2.86	3.23	3.57	1.97
湖　北	0.70	1.43	1.41	0.91	1.11	1.22	2.44	3.60	3.23	2.78	1.83
四　川	0.84	0.95	0.59	1.02	1.41	1.40	2.05	3.11	3.50	1.72	1.62
安　徽	0.42	0.71	0.82	1.13	1.11	2.15	1.54	2.86	1.62	1.06	1.36

省份	2014年	2015年	2016年	2017年	2018年	2019年	2020年	2021年	2022年	2023年	合计
辽宁	1.11	1.54	1.41	1.02	0.91	1.12	1.15	1.74	1.89	1.98	1.36
湖南	1.39	1.31	1.17	0.91	0.91	0.84	1.41	1.74	2.02	1.98	1.33
山东	0.42	0.48	0.23	0.34	1.01	0.56	1.28	1.86	2.96	2.38	1.10
福建	0.56	0.71	0.59	0.91	0.71	1.03	0.90	0.75	1.75	1.19	0.90
天津	0.70	0.36	0.35	1.13	0.40	1.12	1.28	1.24	0.94	1.32	0.88
黑龙江	0.56	0.36	0.70	0.57	0.50	0.84	1.54	1.24	1.08	0.66	0.79
陕西	0.84	0.59	0.70	0.45	0.50	0.28	0.77	0.99	1.08	0.66	0.66
重庆	0.00	0.48	0.82	0.11	0.20	0.47	0.51	1.37	1.75	0.93	0.64
河南	0.00	0.00	0.23	0.00	0.61	0.37	0.64	0.62	0.94	1.19	0.45
山西	0.00	0.48	0.12	0.23	0.10	0.37	0.00	0.00	0.27	0.26	0.19
广西	0.00	0.12	0.23	0.23	0.20	0.00	0.13	0.25	0.13	0.00	0.13
江西	0.00	0.00	0.23	0.11	0.00	0.00	0.37	0.27	0.26	0.12	
吉林	0.00	0.00	0.12	0.00	0.20	0.00	0.13	0.12	0.40	0.13	0.11
云南	0.00	0.00	0.00	0.11	0.00	0.00	0.00	0.12	0.54	0.13	0.08
甘肃	0.00	0.00	0.00	0.00	0.00	0.00	0.13	0.25	0.13	0.26	0.07
河北	0.14	0.00	0.00	0.00	0.00	0.20	0.00	0.13	0.00	0.13	0.07
贵州	0.00	0.00	0.00	0.00	0.00	0.19	0.00	0.00	0.13	0.13	0.05
新疆	0.00	0.00	0.12	0.00	0.00	0.00	0.00	0.12	0.13	0.13	0.05
海南	0.00	0.00	0.00	0.00	0.00	0.00	0.00	0.00	0.27	0.13	0.04
内蒙古	0.00	0.00	0.12	0.00	0.00	0.00	0.13	0.00	0.00	0.00	0.02
宁夏	0.00	0.00	0.12	0.00	0.00	0.00	0.00	0.00	0.13	0.00	0.02
青海	0.00	0.00	0.00	0.00	0.00	0.00	0.00	0.00	0.13	0.00	0.01

表7-9　计算机理论和方法 C 层人才的世界占比

单位：%

省份	2014年	2015年	2016年	2017年	2018年	2019年	2020年	2021年	2022年	2023年	合计
北京	4.20	4.15	4.01	6.27	6.77	7.94	5.87	8.35	7.66	8.32	6.41
广东	1.12	0.93	1.37	2.13	3.07	3.53	3.41	5.49	4.46	5.71	3.11
江苏	1.35	1.23	1.68	2.53	2.45	1.92	2.50	3.37	2.87	3.35	2.31
上海	1.38	1.38	1.32	1.77	1.89	2.40	1.97	2.94	2.72	3.52	2.12
浙江	0.70	0.48	0.77	0.82	1.55	2.13	1.86	2.99	2.81	3.49	1.75
湖北	0.78	1.00	0.89	1.16	1.28	1.64	1.72	1.92	1.75	2.32	1.44
湖南	0.71	0.54	0.80	0.83	1.12	1.07	1.24	1.44	1.61	1.65	1.09

省 份	2014 年	2015 年	2016 年	2017 年	2018 年	2019 年	2020 年	2021 年	2022 年	2023 年	合计
安 徽	0.57	0.30	0.63	0.81	1.08	1.39	0.96	1.54	1.46	1.89	1.07
四 川	0.53	0.42	0.48	1.06	1.04	1.06	1.03	1.63	1.25	1.77	1.03
山 东	0.48	0.38	0.49	0.82	0.78	1.03	1.07	1.83	1.61	1.54	0.99
辽 宁	0.47	0.52	0.62	0.76	0.66	0.79	0.94	1.44	1.24	0.95	0.83
福 建	0.18	0.24	0.43	0.40	0.57	0.54	0.79	0.93	0.82	0.86	0.57
天 津	0.26	0.17	0.30	0.37	0.54	0.62	0.59	0.78	0.81	0.87	0.53
黑龙江	0.48	0.25	0.47	0.48	0.52	0.43	0.56	0.59	0.36	0.70	0.48
陕 西	0.17	0.18	0.34	0.44	0.48	0.40	0.47	0.54	0.84	0.95	0.47
重 庆	0.21	0.13	0.20	0.35	0.34	0.30	0.48	0.83	0.96	0.90	0.46
河 南	0.18	0.15	0.25	0.16	0.17	0.31	0.44	0.54	0.49	0.61	0.36
广 西	0.14	0.07	0.08	0.14	0.21	0.14	0.21	0.31	0.47	0.40	0.21
江 西	0.11	0.13	0.11	0.12	0.19	0.16	0.09	0.21	0.15	0.33	0.16
河 北	0.10	0.11	0.10	0.13	0.04	0.09	0.13	0.20	0.35	0.29	0.15
吉 林	0.06	0.11	0.11	0.10	0.13	0.13	0.17	0.16	0.26	0.25	0.15
山 西	0.01	0.06	0.10	0.05	0.06	0.10	0.12	0.23	0.13	0.25	0.11
云 南	0.01	0.05	0.04	0.06	0.07	0.08	0.17	0.11	0.32	0.24	0.11
甘 肃	0.04	0.04	0.02	0.02	0.07	0.07	0.11	0.12	0.19	0.16	0.08
贵 州	0.00	0.04	0.02	0.00	0.06	0.04	0.07	0.10	0.13	0.12	0.06
内蒙古	0.01	0.05	0.06	0.06	0.05	0.01	0.05	0.06	0.12	0.01	0.05
海 南	0.01	0.04	0.04	0.05	0.03	0.02	0.05	0.05	0.07	0.11	0.04
新 疆	0.00	0.01	0.00	0.02	0.02	0.03	0.01	0.06	0.11	0.11	0.04
宁 夏	0.03	0.01	0.00	0.00	0.01	0.00	0.01	0.00	0.01	0.04	0.01
青 海	0.03	0.01	0.00	0.00	0.00	0.00	0.00	0.00	0.03	0.01	0.01

四 软件工程

软件工程 A、B、C 层人才最多的均为北京，世界占比分别为 9.28%、7.28%、6.02%；广东的 A、B、C 层人才比较多，世界占比分别为 3.48%、3.24%、3.04%。

上海、湖北、湖南、江苏、浙江、天津、安徽也有相当数量的 A 层人才，世界占比在 3%～1%；四川、福建、河南、陕西、山西、重庆、广西、河北、黑龙江、江西、山东有一定数量的 A 层人才，世界占比均超过 0.2%。

上海、江苏、浙江、湖北、湖南、安徽、四川、山东也有相当数量的 B 层人才，世界占比在 3%~1%；福建、天津、辽宁、河南、陕西、重庆、黑龙江、江西、广西、吉林、甘肃、海南、新疆有一定数量的 B 层人才，世界占比均超过 0.1%；河北、山西、云南、西藏、贵州、内蒙古 B 层人才的世界占比均低于 0.1%。

江苏、上海、浙江、湖北、安徽、湖南、山东也有相当数量的 C 层人才，世界占比在 3%~1%；四川、天津、辽宁、福建、重庆、陕西、河南、黑龙江、广西、江西、吉林、云南、甘肃有一定数量的 C 层人才，世界占比超过或等于 0.1%；河北、贵州、山西、新疆、海南、内蒙古、青海、宁夏 C 层人才的世界占比均低于 0.1%。

表 7-10　软件工程 A 层人才的世界占比

单位：%

省　份	2014 年	2015 年	2016 年	2017 年	2018 年	2019 年	2020 年	2021 年	2022 年	2023 年	合计
北　京	3.85	0.00	0.00	2.94	10.81	8.33	17.50	10.71	13.33	18.42	9.28
广　东	0.00	0.00	0.00	2.94	2.70	0.00	10.00	7.14	0.00	10.53	3.48
上　海	0.00	3.03	3.57	0.00	5.41	0.00	0.00	3.57	4.44	7.89	2.90
湖　北	0.00	3.03	3.57	0.00	0.00	5.56	2.50	0.00	4.44	5.26	2.61
湖　南	0.00	0.00	0.00	2.94	2.70	0.00	0.00	0.00	4.44	10.53	2.32
江　苏	0.00	0.00	0.00	0.00	0.00	2.78	0.00	7.14	2.22	5.26	1.74
浙　江	3.85	0.00	0.00	0.00	2.70	0.00	7.50	0.00	2.22	0.00	1.74
天　津	0.00	0.00	0.00	0.00	0.00	0.00	0.00	0.00	6.67	5.26	1.45
安　徽	0.00	0.00	0.00	0.00	0.00	0.00	2.50	0.00	2.22	5.26	1.16
四　川	0.00	0.00	0.00	2.94	0.00	2.78	0.00	0.00	2.22	0.00	0.87
福　建	0.00	0.00	0.00	0.00	0.00	0.00	0.00	0.00	2.22	2.63	0.58
河　南	0.00	0.00	0.00	0.00	0.00	0.00	2.50	3.57	0.00	0.00	0.58
陕　西	3.85	0.00	0.00	0.00	0.00	0.00	0.00	3.57	0.00	0.00	0.58
山　西	0.00	0.00	0.00	0.00	0.00	0.00	5.00	0.00	0.00	0.00	0.58
重　庆	0.00	0.00	0.00	0.00	0.00	0.00	0.00	0.00	0.00	2.63	0.29
广　西	0.00	0.00	0.00	0.00	0.00	0.00	0.00	0.00	0.00	2.63	0.29

续表

省 份	2014 年	2015 年	2016 年	2017 年	2018 年	2019 年	2020 年	2021 年	2022 年	2023 年	合计
河 北	0.00	0.00	0.00	0.00	0.00	0.00	0.00	0.00	2.22	0.00	0.29
黑龙江	0.00	0.00	0.00	0.00	2.70	0.00	0.00	0.00	0.00	0.00	0.29
江 西	0.00	0.00	0.00	0.00	0.00	0.00	0.00	0.00	2.22	0.00	0.29
山 东	0.00	0.00	0.00	0.00	0.00	0.00	0.00	0.00	2.22	0.00	0.29

表 7-11 软件工程 B 层人才的世界占比

单位：%

省 份	2014 年	2015 年	2016 年	2017 年	2018 年	2019 年	2020 年	2021 年	2022 年	2023 年	合计
北 京	4.44	4.44	4.44	6.23	9.12	7.01	6.82	8.88	8.98	9.83	7.28
广 东	0.81	0.68	1.71	2.62	2.56	3.23	2.36	4.23	3.99	8.38	3.24
上 海	0.81	1.37	1.02	1.97	1.14	1.89	2.10	2.54	3.24	4.91	2.20
江 苏	1.61	2.05	2.05	0.98	1.14	2.16	1.57	2.33	2.99	4.05	2.14
浙 江	0.81	0.68	0.34	0.66	2.56	2.70	2.10	2.33	3.49	4.34	2.14
湖 北	1.21	1.37	0.68	0.66	1.71	2.70	2.36	1.06	2.24	4.91	1.94
湖 南	1.61	0.68	1.02	1.31	0.85	0.81	1.57	2.75	2.49	2.02	1.59
安 徽	0.00	0.34	0.34	0.00	1.14	1.35	2.10	1.69	0.75	3.76	1.24
四 川	0.81	0.00	0.68	1.97	0.85	1.62	0.52	1.48	2.74	1.16	1.24
山 东	0.40	0.00	0.34	0.98	0.00	0.54	1.57	1.27	3.24	2.31	1.16
福 建	0.81	0.68	0.00	0.98	0.85	0.27	0.26	1.69	2.24	0.87	0.92
天 津	0.81	0.00	0.00	0.66	0.57	1.08	0.79	0.85	1.50	1.45	0.81
辽 宁	0.00	0.68	0.00	0.33	0.28	1.08	0.52	0.85	1.00	1.16	0.64
河 南	0.00	0.00	0.34	0.00	0.28	0.27	0.52	0.85	1.75	0.87	0.55
陕 西	0.40	0.00	0.34	0.33	0.28	0.00	1.31	1.06	0.75	0.58	0.55
重 庆	0.00	0.00	0.00	0.00	0.00	0.00	0.26	0.42	2.00	0.58	0.38
黑龙江	0.00	0.00	0.00	0.33	0.85	0.00	0.00	0.85	0.25	0.58	0.32
江 西	0.00	0.00	0.34	0.33	0.00	0.27	0.26	0.21	0.75	0.00	0.23
广 西	0.00	0.00	0.34	0.33	0.00	0.00	0.52	0.21	0.25	0.29	0.20
吉 林	0.00	0.00	0.00	0.00	0.00	0.27	0.00	0.21	0.50	0.29	0.14
甘 肃	0.00	0.00	0.00	0.00	0.00	0.00	0.26	0.00	0.50	0.29	0.12
海 南	0.00	0.00	0.00	0.00	0.00	0.00	0.00	0.42	0.50	0.00	0.12
新 疆	0.00	0.00	0.00	0.00	0.00	0.00	0.00	0.21	0.00	0.87	0.12
河 北	0.40	0.00	0.00	0.00	0.00	0.00	0.00	0.00	0.25	0.29	0.09
山 西	0.00	0.00	0.00	0.00	0.00	0.54	0.00	0.21	0.00	0.00	0.09

续表

省 份	2014 年	2015 年	2016 年	2017 年	2018 年	2019 年	2020 年	2021 年	2022 年	2023 年	合计
云 南	0.00	0.00	0.00	0.00	0.00	0.27	0.00	0.00	0.25	0.29	0.09
西 藏	0.00	0.00	0.00	0.00	0.00	0.27	0.00	0.21	0.00	0.00	0.06
贵 州	0.00	0.00	0.00	0.00	0.00	0.00	0.00	0.21	0.00	0.00	0.03
内蒙古	0.00	0.00	0.00	0.00	0.00	0.00	0.00	0.21	0.00	0.00	0.03

表 7-12　软件工程 C 层人才的世界占比

单位：%

省 份	2014 年	2015 年	2016 年	2017 年	2018 年	2019 年	2020 年	2021 年	2022 年	2023 年	合计
北 京	3.56	4.32	4.00	4.76	5.38	6.44	7.30	6.29	7.11	9.19	6.02
广 东	0.49	1.09	1.48	1.49	1.77	2.81	3.77	4.02	4.88	6.41	3.04
江 苏	1.27	1.19	1.65	2.21	2.65	2.36	2.71	2.75	3.49	3.46	2.47
上 海	1.06	1.19	1.41	1.29	1.66	2.33	2.08	2.41	2.59	4.29	2.12
浙 江	1.43	0.85	1.72	1.29	1.51	2.02	2.45	1.99	2.79	3.23	1.99
湖 北	0.53	0.71	0.93	1.19	1.40	1.35	1.61	1.65	1.88	2.38	1.43
安 徽	0.61	0.82	0.83	0.63	0.81	1.07	1.16	1.12	1.58	2.66	1.17
湖 南	0.70	0.44	0.62	0.73	1.05	1.29	1.26	1.34	1.61	1.66	1.12
山 东	0.25	0.51	0.59	0.63	0.96	0.93	1.19	1.43	1.43	1.77	1.03
四 川	0.33	0.51	0.38	0.93	0.70	0.84	1.16	1.21	1.28	2.00	0.98
天 津	0.37	0.41	0.38	0.33	0.76	0.67	0.92	0.87	0.98	1.17	0.72
辽 宁	0.49	0.44	0.76	0.46	0.61	0.73	0.74	0.71	0.83	0.86	0.68
福 建	0.29	0.20	0.31	0.43	0.67	0.67	0.68	0.71	0.80	1.23	0.63
重 庆	0.25	0.24	0.24	0.40	0.29	0.39	0.61	0.47	0.78	1.12	0.50
陕 西	0.16	0.17	0.28	0.13	0.49	0.65	0.26	0.67	0.73	0.83	0.47
河 南	0.04	0.20	0.14	0.26	0.64	0.45	0.45	0.47	0.40	0.60	0.39
黑龙江	0.25	0.31	0.24	0.17	0.29	0.53	0.37	0.54	0.50	0.49	0.38
广 西	0.00	0.07	0.03	0.00	0.26	0.20	0.32	0.31	0.68	0.63	0.29
江 西	0.12	0.17	0.21	0.13	0.20	0.22	0.21	0.33	0.20	0.34	0.22
吉 林	0.00	0.00	0.10	0.07	0.15	0.22	0.16	0.16	0.23	0.26	0.14
云 南	0.00	0.03	0.07	0.07	0.06	0.00	0.21	0.11	0.20	0.26	0.11
甘 肃	0.04	0.07	0.03	0.07	0.09	0.06	0.05	0.13	0.20	0.17	0.10
河 北	0.04	0.00	0.00	0.03	0.06	0.06	0.13	0.11	0.13	0.26	0.09
贵 州	0.00	0.00	0.07	0.00	0.12	0.14	0.13	0.07	0.08	0.11	0.08
山 西	0.00	0.03	0.07	0.03	0.03	0.11	0.11	0.04	0.08	0.20	0.07

续表

省　份	2014 年	2015 年	2016 年	2017 年	2018 年	2019 年	2020 年	2021 年	2022 年	2023 年	合计
新　疆	0.04	0.00	0.00	0.03	0.03	0.06	0.05	0.07	0.20	0.09	0.06
海　南	0.00	0.03	0.07	0.07	0.00	0.03	0.03	0.04	0.08	0.20	0.06
内蒙古	0.00	0.00	0.03	0.07	0.06	0.00	0.05	0.02	0.05	0.03	0.03
青　海	0.00	0.03	0.00	0.00	0.00	0.00	0.03	0.00	0.00	0.00	0.01
宁　夏	0.00	0.00	0.00	0.00	0.00	0.00	0.00	0.00	0.05	0.03	0.01

五　计算机硬件和体系架构

计算机硬件和体系架构 A、B、C 层人才最多的均为北京，世界占比分别为 8.95%、8.22%、6.77%。

江苏、广东、湖北、辽宁的 A 层人才比较多，世界占比在 6%～3%；天津、湖南、上海、四川、黑龙江、陕西、山东、浙江也有相当数量的 A 层人才，世界占比在 3%～1%；安徽、重庆、广西、福建、河北、内蒙古、江西有一定数量的 A 层人才，世界占比均超过 0.3%。

广东、江苏的 B 层人才比较多，世界占比分别为 4.60%、4.18%；上海、辽宁、湖北、浙江、四川、湖南、山东、陕西、重庆、福建、安徽也有相当数量的 B 层人才，世界占比在 3%～1%；天津、黑龙江、河南、广西、山西、甘肃、江西、河北、吉林、云南有一定数量的 B 层人才，世界占比均超过 0.1%；贵州、青海、西藏、新疆 B 层人才的世界占比均为 0.04%。

广东、江苏的 C 层人才比较多，世界占比分别为 3.69%、3.17%；上海、湖北、浙江、辽宁、湖南、四川、山东、安徽也有相当数量的 C 层人才，世界占比在 3%～1%；陕西、福建、重庆、黑龙江、天津、河南、广西、吉林、河北、江西、云南有一定数量的 C 层人才，世界占比超过或等于 0.1%；山西、甘肃、贵州、海南、内蒙古、新疆、青海、西藏 C 层人才的世界占比均低于 0.1%。

表 7-13　计算机硬件和体系架构 A 层人才的世界占比

单位：%

省　份	2014 年	2015 年	2016 年	2017 年	2018 年	2019 年	2020 年	2021 年	2022 年	2023 年	合计
北　京	19.23	6.90	12.00	3.57	12.00	3.85	0.00	7.41	8.33	19.05	8.95
江　苏	0.00	17.24	4.00	3.57	4.00	3.85	3.85	3.70	4.17	4.76	5.06
广　东	0.00	0.00	4.00	0.00	0.00	11.54	3.85	7.41	8.33	4.76	3.89
湖　北	3.85	3.45	4.00	0.00	4.00	11.54	0.00	0.00	8.33	4.76	3.89
辽　宁	7.69	3.45	0.00	0.00	8.00	3.85	0.00	7.41	0.00	0.00	3.11
天　津	0.00	0.00	0.00	0.00	0.00	3.85	0.00	3.70	8.33	9.52	2.33
湖　南	0.00	0.00	0.00	0.00	0.00	0.00	0.00	0.00	4.17	14.29	1.56
上　海	0.00	0.00	0.00	0.00	4.00	3.85	0.00	0.00	4.17	0.00	1.56
四　川	0.00	0.00	0.00	0.00	4.00	7.69	0.00	0.00	4.17	0.00	1.56
黑龙江	0.00	0.00	0.00	0.00	4.00	0.00	0.00	0.00	4.17	4.76	1.17
陕　西	3.85	3.45	0.00	0.00	4.00	0.00	0.00	0.00	0.00	0.00	1.17
山　东	0.00	0.00	0.00	0.00	0.00	3.85	0.00	0.00	4.17	4.76	1.17
浙　江	0.00	0.00	0.00	0.00	0.00	3.85	0.00	3.70	4.17	0.00	1.17
安　徽	0.00	0.00	0.00	0.00	0.00	3.85	0.00	0.00	4.17	0.00	0.78
重　庆	0.00	0.00	0.00	0.00	0.00	0.00	0.00	0.00	0.00	9.52	0.78
广　西	0.00	0.00	0.00	0.00	4.00	0.00	0.00	0.00	0.00	4.76	0.78
福　建	0.00	0.00	0.00	0.00	0.00	0.00	0.00	0.00	0.00	4.76	0.39
河　北	0.00	0.00	0.00	0.00	0.00	0.00	0.00	0.00	4.17	0.00	0.39
内蒙古	3.85	0.00	0.00	0.00	0.00	0.00	0.00	0.00	0.00	0.00	0.39
江　西	0.00	0.00	0.00	0.00	0.00	0.00	0.00	0.00	4.17	0.00	0.39

表 7-14　计算机硬件和体系架构 B 层人才的世界占比

单位：%

省　份	2014 年	2015 年	2016 年	2017 年	2018 年	2019 年	2020 年	2021 年	2022 年	2023 年	合计
北　京	7.59	4.51	8.30	8.27	10.83	9.21	5.96	8.47	12.28	7.18	8.22
广　东	3.38	2.26	2.62	3.54	3.33	2.93	4.68	6.85	9.65	7.69	4.60
江　苏	2.95	1.88	1.75	3.15	2.50	4.60	9.36	3.63	5.70	7.18	4.18
上　海	1.69	2.26	1.31	1.57	2.08	0.84	3.83	2.82	3.51	6.15	2.53
辽　宁	0.84	3.01	2.18	1.97	2.50	2.93	2.13	3.63	2.63	2.05	2.40
湖　北	1.27	2.26	2.18	1.97	2.92	2.93	2.55	1.21	1.75	3.59	2.24
浙　江	2.11	0.38	0.44	1.97	1.67	1.26	3.83	1.21	2.63	4.62	1.94
四　川	0.42	0.75	0.44	0.39	1.67	2.93	1.70	3.23	4.82	3.08	1.90

续表

省　　份	2014 年	2015 年	2016 年	2017 年	2018 年	2019 年	2020 年	2021 年	2022 年	2023 年	合计
湖　南	1.27	1.50	0.00	1.97	1.25	0.84	0.85	2.42	4.39	3.59	1.77
山　东	0.42	0.38	1.31	0.39	2.08	2.09	0.85	2.82	2.63	3.08	1.56
陕　西	2.11	1.50	0.87	0.39	0.83	0.84	1.70	1.21	0.88	2.05	1.22
重　庆	0.00	0.38	1.75	0.39	0.83	2.93	0.00	1.21	3.51	0.51	1.14
福　建	0.00	0.75	0.44	0.39	1.25	1.26	1.28	1.61	2.19	2.05	1.10
安　徽	0.42	0.75	0.00	1.18	0.00	0.84	2.55	2.42	1.32	1.03	1.05
天　津	0.00	0.75	0.44	1.18	0.42	0.84	1.28	2.02	1.75	1.03	0.97
黑龙江	0.00	0.38	1.31	1.18	0.83	1.26	0.43	1.21	1.75	1.03	0.93
河　南	0.00	0.00	1.31	0.00	0.83	0.42	0.43	0.81	0.44	1.54	0.55
广　西	0.00	0.38	0.44	0.39	0.00	0.84	0.43	0.00	0.00	0.00	0.25
山　西	0.00	0.00	0.00	0.00	0.42	0.00	0.00	0.40	0.88	0.51	0.21
甘　肃	0.00	0.00	0.00	0.44	0.00	0.00	0.00	0.40	0.88	0.00	0.17
江　西	0.00	0.00	0.44	0.00	0.00	0.00	0.43	0.00	0.88	0.00	0.17
河　北	0.00	0.00	0.00	0.00	0.42	0.00	0.00	0.00	0.44	0.51	0.13
吉　林	0.00	0.00	0.00	0.00	0.00	0.00	0.43	0.00	0.88	0.00	0.13
云　南	0.00	0.00	0.00	0.00	0.00	0.00	0.00	0.40	0.44	0.51	0.13
贵　州	0.00	0.00	0.00	0.00	0.00	0.00	0.00	0.00	0.00	0.51	0.04
青　海	0.00	0.00	0.00	0.00	0.00	0.00	0.00	0.00	0.44	0.00	0.04
西　藏	0.00	0.00	0.00	0.00	0.00	0.00	0.00	0.40	0.00	0.00	0.04
新　疆	0.00	0.00	0.00	0.00	0.00	0.00	0.00	0.00	0.00	0.51	0.04

表 7-15　计算机硬件和体系架构 C 层人才的世界占比

单位：%

省　　份	2014 年	2015 年	2016 年	2017 年	2018 年	2019 年	2020 年	2021 年	2022 年	2023 年	合计
北　京	5.45	5.23	5.48	6.24	6.43	6.95	7.23	8.52	8.47	8.29	6.77
广　东	1.12	1.64	2.24	1.90	4.16	2.80	4.23	6.80	6.34	6.86	3.69
江　苏	1.90	2.02	1.93	3.00	3.86	3.37	3.43	4.76	3.79	3.88	3.17
上　海	1.90	1.56	2.10	2.35	2.23	2.59	2.41	3.16	3.15	3.58	2.46
湖　北	0.86	1.26	1.80	1.82	2.40	2.39	2.12	2.60	2.50	2.62	2.01
浙　江	0.99	0.69	1.01	0.61	1.54	1.40	1.82	2.76	3.24	3.10	1.65
辽　宁	0.78	0.84	1.18	1.17	1.54	1.23	1.44	2.80	2.45	1.61	1.49
湖　南	0.82	1.03	1.14	1.38	1.54	1.19	1.06	2.12	2.04	2.50	1.45
四　川	0.61	0.80	0.83	1.05	1.11	1.19	1.61	3.12	2.27	1.73	1.42

续表

省　份	2014年	2015年	2016年	2017年	2018年	2019年	2020年	2021年	2022年	2023年	合计
山　东	0.22	0.27	0.53	0.85	1.20	1.23	1.69	2.68	2.27	1.73	1.24
安　徽	0.65	0.38	0.66	0.77	1.24	1.23	1.31	1.56	1.48	1.85	1.08
陕　西	0.56	0.42	0.48	0.36	0.81	0.99	0.85	1.24	1.76	1.31	0.86
福　建	0.17	0.53	0.70	0.65	0.64	1.03	1.10	1.16	0.88	1.37	0.81
重　庆	0.22	0.31	0.44	0.65	0.69	0.86	0.85	1.56	1.25	1.31	0.79
黑龙江	0.26	0.46	0.79	0.65	1.16	0.37	0.72	0.68	0.65	0.83	0.65
天　津	0.13	0.04	0.61	0.41	0.73	0.49	0.89	1.20	0.88	0.83	0.61
河　南	0.04	0.15	0.26	0.24	0.43	0.49	0.55	0.88	0.65	1.07	0.46
广　西	0.00	0.00	0.00	0.12	0.17	0.08	0.21	0.56	0.60	0.72	0.23
吉　林	0.09	0.11	0.09	0.08	0.17	0.16	0.17	0.12	0.42	0.42	0.17
河　北	0.13	0.15	0.26	0.04	0.09	0.21	0.08	0.20	0.23	0.18	0.16
江　西	0.13	0.04	0.00	0.04	0.17	0.16	0.00	0.16	0.19	0.18	0.10
云　南	0.04	0.08	0.09	0.00	0.04	0.08	0.13	0.08	0.28	0.18	0.10
山　西	0.04	0.04	0.04	0.00	0.04	0.08	0.08	0.16	0.09	0.24	0.08
甘　肃	0.00	0.00	0.00	0.00	0.00	0.08	0.08	0.16	0.05	0.30	0.07
贵　州	0.00	0.00	0.04	0.00	0.13	0.04	0.00	0.16	0.14	0.12	0.06
海　南	0.00	0.04	0.00	0.04	0.00	0.00	0.04	0.04	0.09	0.36	0.05
内蒙古	0.00	0.08	0.04	0.04	0.04	0.12	0.08	0.00	0.05	0.06	0.05
新　疆	0.00	0.00	0.00	0.04	0.00	0.00	0.04	0.00	0.00	0.24	0.03
青　海	0.00	0.00	0.00	0.00	0.00	0.00	0.00	0.00	0.09	0.00	0.01
西　藏	0.00	0.00	0.00	0.00	0.00	0.00	0.00	0.08	0.00	0.00	0.01

六　信息系统

信息系统A、B、C层人才最多的均为北京，世界占比分别为6.94%、7.15%、6.16%。

广东的A层人才比较多，世界占比为4.38%；四川、江苏、浙江、安徽、山东、上海、湖北也有相当数量的A层人才，世界占比在3%～1%；湖南、天津、重庆、云南、河南、辽宁、陕西、福建、广西、黑龙江、江西、贵州、河北、吉林有一定数量的A层人才，世界占比均超过0.1%。

广东、江苏的B层人才比较多，世界占比分别为3.78%、3.04%；四川、上海、湖北、浙江、山东、湖南、安徽、辽宁也有相当数量的 B 层人才，世界占比在 3%~1%；重庆、天津、黑龙江、福建、陕西、河南、广西、山西、江西、河北、吉林、甘肃、云南有一定数量的 B 层人才，世界占比超过或等于 0.1%；海南、贵州、新疆、内蒙古、宁夏 B 层人才的世界占比均低于 0.1%。

广东、江苏的 C 层人才比较多，世界占比分别为 3.23%、3.05%；上海、湖北、浙江、四川、湖南、山东、安徽、辽宁也有相当数量的 C 层人才，世界占比在 3%~1%；福建、陕西、重庆、天津、黑龙江、河南、广西、江西、吉林、河北、山西、云南、甘肃、贵州有一定数量的 C 层人才，世界占比超过或等于 0.1%；新疆、海南、内蒙古、宁夏、青海 C 层人才的世界占比均低于 0.1%。

表 7-16 信息系统 A 层人才的世界占比

单位：%

省　份	2014 年	2015 年	2016 年	2017 年	2018 年	2019 年	2020 年	2021 年	2022 年	2023 年	合计
北　京	4.48	4.17	2.82	9.46	6.98	9.17	4.35	6.56	7.76	11.54	6.94
广　东	1.49	1.39	2.82	2.70	2.33	5.50	6.09	8.20	3.45	5.77	4.38
四　川	1.49	0.00	2.82	0.00	1.16	3.67	5.22	2.46	1.72	1.92	2.24
江　苏	1.49	1.39	1.41	0.00	3.49	1.83	0.87	4.10	1.72	2.88	2.03
浙　江	0.00	1.39	0.00	0.00	2.33	0.00	2.61	2.46	4.31	4.81	2.03
安　徽	1.49	0.00	0.00	0.00	1.16	1.83	1.74	1.64	0.86	4.81	1.50
山　东	0.00	0.00	0.00	4.05	0.00	1.83	0.00	0.82	1.72	3.85	1.28
上　海	1.49	0.00	1.41	0.00	2.33	0.00	0.87	1.64	1.72	2.88	1.28
湖　北	1.49	0.00	1.41	0.00	1.16	1.83	0.87	0.00	2.59	1.92	1.18
湖　南	0.00	0.00	0.00	1.35	1.16	0.00	0.00	0.82	0.86	2.88	0.75
天　津	0.00	0.00	0.00	0.00	0.00	0.92	0.87	0.00	2.59	0.96	0.64
重　庆	0.00	0.00	0.00	1.35	0.00	0.00	0.87	0.82	0.00	0.96	0.43
云　南	0.00	0.00	0.00	0.00	0.00	0.92	0.00	0.82	0.00	1.92	0.43
河　南	0.00	0.00	0.00	1.35	1.16	0.00	0.00	0.00	0.00	0.00	0.32
辽　宁	1.49	0.00	0.00	0.00	0.00	0.00	0.87	0.82	0.00	0.00	0.32
陕　西	1.49	1.39	0.00	0.00	0.00	0.00	0.00	0.82	0.00	0.00	0.32
福　建	0.00	0.00	0.00	0.00	0.00	0.00	0.87	0.00	0.86	0.00	0.21

续表

省 份	2014 年	2015 年	2016 年	2017 年	2018 年	2019 年	2020 年	2021 年	2022 年	2023 年	合计
广 西	0.00	0.00	0.00	0.00	0.00	0.00	0.00	0.00	0.86	0.96	0.21
黑龙江	0.00	0.00	0.00	1.35	0.00	0.00	0.00	0.00	0.00	0.96	0.21
江 西	0.00	0.00	0.00	0.00	1.16	0.00	0.00	0.00	0.00	0.96	0.21
贵 州	0.00	0.00	0.00	0.00	0.00	0.00	0.00	0.00	0.00	0.96	0.11
河 北	0.00	0.00	0.00	0.00	0.00	0.00	0.00	0.00	0.86	0.00	0.11
吉 林	0.00	0.00	0.00	0.00	0.00	0.00	0.00	0.00	0.00	0.96	0.11

表 7-17　信息系统 B 层人才的世界占比

单位：%

省 份	2014 年	2015 年	2016 年	2017 年	2018 年	2019 年	2020 年	2021 年	2022 年	2023 年	合计
北 京	6.12	7.04	6.26	4.98	8.46	7.55	6.80	7.38	8.34	7.29	7.15
广 东	1.65	1.87	1.49	3.22	3.23	3.88	4.08	5.29	5.17	5.25	3.78
江 苏	1.82	1.44	2.24	2.05	2.86	2.58	3.69	3.92	3.63	4.50	3.04
四 川	0.99	0.86	2.68	2.20	2.49	2.19	1.84	2.64	3.45	2.36	2.26
上 海	2.15	2.30	1.79	2.34	2.24	1.99	1.65	2.28	1.99	3.22	2.19
湖 北	1.98	1.58	1.49	1.32	1.62	1.49	1.84	1.91	2.27	3.43	1.94
浙 江	0.83	0.57	0.15	1.76	1.74	2.58	1.75	1.82	3.17	3.43	1.94
山 东	0.33	0.00	0.75	0.88	1.00	1.69	1.46	2.46	2.99	2.79	1.61
湖 南	0.83	0.43	0.75	0.59	1.99	1.09	1.55	1.64	1.90	2.89	1.46
安 徽	0.99	0.57	0.89	0.59	0.75	0.80	1.17	2.46	1.09	2.47	1.25
辽 宁	0.17	0.29	0.30	0.15	1.37	1.69	1.17	1.37	1.54	2.04	1.12
重 庆	0.33	0.14	0.45	0.15	0.75	0.99	0.39	0.64	2.27	1.82	0.88
天 津	0.33	0.29	0.15	0.44	0.62	0.70	0.78	1.00	1.09	1.29	0.73
黑龙江	0.50	0.29	0.60	0.44	1.00	0.70	0.58	0.82	0.54	0.86	0.65
福 建	0.33	0.29	0.15	0.15	0.25	0.80	0.87	0.82	1.00	1.07	0.64
陕 西	0.33	0.43	0.45	0.29	0.87	0.40	0.39	0.27	1.18	1.39	0.63
河 南	0.00	0.00	0.15	0.00	0.25	0.40	0.39	1.00	0.82	1.39	0.51
广 西	0.17	0.00	0.00	0.59	0.37	0.50	0.10	0.27	0.36	0.54	0.30
山 西	0.17	0.29	0.15	0.29	0.12	0.30	0.49	0.46	0.09	0.43	0.29
江 西	0.17	0.00	0.45	0.29	0.12	0.40	0.39	0.18	0.27	0.32	0.27
河 北	0.00	0.00	0.00	0.00	0.37	0.10	0.29	0.36	0.54	0.54	0.25
吉 林	0.17	0.00	0.00	0.00	0.00	0.10	0.58	0.46	0.45	0.32	0.24
甘 肃	0.00	0.00	0.15	0.00	0.25	0.00	0.00	0.09	0.63	0.11	0.14

省　份	2014 年	2015 年	2016 年	2017 年	2018 年	2019 年	2020 年	2021 年	2022 年	2023 年	合计
云　南	0.00	0.14	0.00	0.15	0.12	0.20	0.00	0.00	0.09	0.32	0.10
海　南	0.00	0.00	0.00	0.00	0.00	0.10	0.00	0.09	0.27	0.21	0.08
贵　州	0.00	0.14	0.00	0.00	0.12	0.20	0.00	0.00	0.00	0.21	0.07
新　疆	0.00	0.00	0.15	0.00	0.00	0.00	0.10	0.18	0.00	0.21	0.07
内蒙古	0.00	0.00	0.15	0.00	0.00	0.10	0.00	0.00	0.00	0.11	0.03
宁　夏	0.00	0.00	0.00	0.00	0.00	0.00	0.10	0.09	0.00	0.11	0.03

表 7-18　信息系统 C 层人才的世界占比

单位：%

省　份	2014 年	2015 年	2016 年	2017 年	2018 年	2019 年	2020 年	2021 年	2022 年	2023 年	合计
北　京	5.05	4.78	5.29	5.64	7.00	7.36	6.23	6.07	6.34	6.69	6.16
广　东	1.16	1.40	1.96	2.49	2.97	3.52	3.64	3.62	4.32	5.13	3.23
江　苏	1.22	1.44	2.36	3.04	3.69	4.01	3.25	2.97	3.33	3.87	3.05
上　海	1.56	1.50	2.00	2.31	2.14	2.49	2.14	2.12	2.22	2.62	2.15
湖　北	1.10	1.06	1.55	1.47	2.11	2.21	2.16	1.55	1.92	2.04	1.78
浙　江	0.94	0.88	1.31	1.21	1.87	1.88	2.10	1.83	2.06	2.60	1.76
四　川	0.77	0.72	0.90	1.41	1.60	2.30	1.65	1.78	1.99	2.17	1.62
湖　南	0.63	0.50	1.16	1.05	1.64	1.87	1.52	1.31	1.43	1.48	1.32
山　东	0.34	0.50	0.65	0.87	1.37	1.73	1.42	1.62	1.54	2.10	1.31
安　徽	0.63	0.85	0.78	0.90	1.02	1.07	1.19	1.03	1.05	1.83	1.07
辽　宁	0.50	0.59	1.01	0.91	1.40	1.14	1.13	1.10	1.06	0.97	1.01
福　建	0.38	0.38	0.65	0.63	0.80	1.13	1.11	0.83	0.85	0.87	0.81
陕　西	0.22	0.32	0.48	0.59	0.89	1.09	0.94	0.69	1.16	1.03	0.80
重　庆	0.26	0.21	0.56	0.47	0.65	0.89	0.85	0.76	0.80	1.15	0.70
天　津	0.36	0.28	0.45	0.62	0.66	0.88	0.77	0.75	0.73	0.80	0.66
黑龙江	0.31	0.35	0.54	0.53	0.76	0.90	0.78	0.43	0.66	0.61	0.61
河　南	0.12	0.16	0.27	0.32	0.65	0.70	0.65	0.57	0.73	0.74	0.53
广　西	0.09	0.09	0.12	0.15	0.34	0.26	0.37	0.36	0.50	0.54	0.31
江　西	0.26	0.19	0.29	0.29	0.38	0.26	0.31	0.39	0.26	0.32	0.30
吉　林	0.05	0.06	0.21	0.13	0.25	0.39	0.35	0.27	0.37	0.34	0.26
河　北	0.12	0.07	0.21	0.13	0.28	0.44	0.25	0.28	0.29	0.28	0.25
山　西	0.10	0.04	0.12	0.13	0.11	0.17	0.20	0.22	0.18	0.30	0.17
云　南	0.00	0.03	0.09	0.10	0.10	0.17	0.19	0.17	0.23	0.23	0.15

续表

省　份	2014 年	2015 年	2016 年	2017 年	2018 年	2019 年	2020 年	2021 年	2022 年	2023 年	合计
甘　肃	0.05	0.09	0.05	0.09	0.14	0.21	0.11	0.13	0.18	0.13	0.13
贵　州	0.03	0.01	0.06	0.01	0.09	0.16	0.12	0.13	0.10	0.15	0.10
新　疆	0.02	0.03	0.00	0.03	0.05	0.10	0.10	0.10	0.17	0.15	0.08
海　南	0.02	0.04	0.05	0.03	0.04	0.07	0.07	0.10	0.15	0.15	0.08
内蒙古	0.00	0.01	0.08	0.07	0.09	0.17	0.13	0.08	0.04	0.05	0.08
宁　夏	0.00	0.00	0.00	0.01	0.00	0.02	0.03	0.01	0.04	0.02	0.02
青　海	0.02	0.01	0.00	0.00	0.03	0.02	0.00	0.01	0.01	0.02	0.01

七　控制论

控制论 A 层人才最多的是北京、辽宁，世界占比均为 8.25%；广东、湖南、山东、四川、江苏、上海、天津的 A 层人才比较多，世界占比在 8%~3%；安徽、重庆、福建、黑龙江、湖北也有相当数量的 A 层人才，世界占比均为 1.03%。

北京的 B 层人才最多，世界占比为 10.04%；辽宁、江苏、广东、山东、上海、四川、浙江的 B 层人才比较多，世界占比在 9%~3%；安徽、湖北、重庆、黑龙江、湖南、陕西、天津有相当数量的 B 层人才，世界占比在 3%~1%；河南、福建、甘肃、广西、河北、江西、云南、海南、吉林、山西、新疆有一定数量的 B 层人才，世界占比超过或等于 0.1%。

北京的 C 层人才最多，世界占比为 7.21%；广东、江苏、辽宁、上海、山东的 C 层人才比较多，世界占比在 6%~3%；浙江、湖北、黑龙江、陕西、湖南、安徽、重庆、四川、天津也有相当数量的 C 层人才，世界占比在 3%~1%；福建、河北、河南、广西、甘肃、江西、吉林、山西、云南、海南、新疆有一定数量的 C 层人才，世界占比均超过 0.1%；贵州、内蒙古、宁夏、青海 C 层人才的世界占比均低于 0.1%。

表 7-19 控制论 A 层人才的世界占比

单位：%

省　份	2014 年	2015 年	2016 年	2017 年	2018 年	2019 年	2020 年	2021 年	2022 年	2023 年	合计
北　京	16.67	0.00	100.00	11.11	0.00	7.14	9.09	7.14	15.38	0.00	8.25
辽　宁	0.00	0.00	0.00	11.11	0.00	7.14	18.18	21.43	7.69	0.00	8.25
广　东	0.00	0.00	0.00	0.00	8.33	0.00	9.09	21.43	7.69	8.33	7.22
湖　南	0.00	0.00	0.00	0.00	0.00	7.14	0.00	7.14	7.69	8.33	4.12
山　东	0.00	0.00	0.00	0.00	8.33	7.14	9.09	0.00	7.69	0.00	4.12
四　川	0.00	0.00	100.00	0.00	0.00	0.00	9.09	0.00	15.38	0.00	4.12
江　苏	0.00	0.00	0.00	0.00	0.00	0.00	9.09	7.14	7.69	0.00	3.09
上　海	0.00	0.00	0.00	11.11	0.00	14.29	0.00	0.00	0.00	0.00	3.09
天　津	0.00	0.00	0.00	0.00	0.00	0.00	0.00	14.29	7.69	0.00	3.09
安　徽	0.00	0.00	0.00	0.00	0.00	0.00	0.00	0.00	0.00	8.33	1.03
重　庆	0.00	0.00	0.00	0.00	0.00	0.00	0.00	0.00	7.69	0.00	1.03
福　建	0.00	0.00	0.00	0.00	0.00	0.00	0.00	0.00	0.00	8.33	1.03
黑龙江	0.00	0.00	0.00	0.00	0.00	0.00	0.00	7.14	0.00	0.00	1.03
湖　北	0.00	0.00	0.00	0.00	0.00	7.14	0.00	0.00	0.00	0.00	1.03

表 7-20 控制论 B 层人才的世界占比

单位：%

省　份	2014 年	2015 年	2016 年	2017 年	2018 年	2019 年	2020 年	2021 年	2022 年	2023 年	合计
北　京	10.71	5.45	6.02	8.89	7.26	11.28	11.81	8.09	17.97	8.77	10.04
辽　宁	5.36	12.73	7.23	12.22	7.26	6.77	13.39	8.09	3.91	7.02	8.22
江　苏	3.57	3.64	12.05	8.89	1.61	9.77	5.51	12.50	6.25	9.65	7.65
广　东	0.00	1.82	4.82	7.78	7.26	5.26	11.02	11.76	6.25	9.65	7.36
山　东	0.00	1.82	2.41	2.22	5.65	10.53	5.51	6.62	12.50	3.51	5.93
上　海	1.79	0.00	3.61	6.67	4.03	6.77	3.94	1.47	3.91	4.39	3.92
四　川	1.79	1.82	4.82	2.22	0.81	1.50	3.15	3.68	3.91	6.14	3.06
浙　江	1.79	3.64	3.61	1.11	4.03	0.75	0.79	3.68	7.81	2.63	3.06
安　徽	1.79	5.45	0.00	4.44	0.81	2.26	0.79	7.35	3.91	2.63	2.96
湖　北	0.00	0.00	1.20	4.44	3.23	3.01	2.36	1.47	4.39	2.58	
重　庆	1.79	0.00	2.41	1.11	2.42	2.26	1.57	2.21	3.13	6.14	2.49
黑龙江	1.79	5.45	2.41	4.44	0.81	0.75	3.15	1.47	1.56	2.63	2.20
湖　南	1.79	1.82	0.00	0.00	1.61	0.00	2.36	2.94	3.91	2.63	1.82
陕　西	5.36	0.00	2.41	2.22	1.61	2.26	0.00	0.74	2.34	1.75	1.72

续表

省　份	2014 年	2015 年	2016 年	2017 年	2018 年	2019 年	2020 年	2021 年	2022 年	2023 年	合计
天　津	0.00	0.00	2.41	0.00	0.81	1.50	2.36	0.74	0.78	2.63	1.24
河　南	0.00	0.00	1.20	0.00	0.00	1.50	0.79	1.47	1.56	0.88	0.86
福　建	0.00	1.82	0.00	1.11	0.81	0.00	0.00	0.74	0.78	0.00	0.48
甘　肃	0.00	0.00	0.00	0.00	1.61	0.00	0.00	0.74	1.56	0.00	0.48
广　西	0.00	0.00	1.20	0.00	0.00	0.75	0.79	0.74	0.78	0.00	0.48
河　北	0.00	0.00	0.00	0.00	0.00	0.75	0.00	0.00	0.78	0.00	0.19
江　西	0.00	0.00	0.00	0.00	0.00	0.75	0.00	0.00	0.00	0.88	0.19
云　南	0.00	0.00	0.00	0.00	0.00	0.00	0.79	0.00	0.78	0.00	0.19
海　南	0.00	0.00	0.00	0.00	0.00	0.00	0.79	0.00	0.00	0.00	0.10
吉　林	0.00	0.00	0.00	0.00	0.00	0.00	0.00	0.00	0.00	0.88	0.10
山　西	0.00	0.00	0.00	0.00	0.00	0.00	0.79	0.00	0.00	0.00	0.10
新　疆	0.00	0.00	0.00	0.00	0.00	0.00	0.00	0.74	0.00	0.00	0.10

表 7-21　控制论 C 层人才的世界占比

单位：%

省　份	2014 年	2015 年	2016 年	2017 年	2018 年	2019 年	2020 年	2021 年	2022 年	2023 年	合计
北　京	3.95	2.85	5.75	5.33	6.21	6.30	6.55	8.69	10.12	11.07	7.21
广　东	1.97	4.36	2.75	3.09	3.31	3.76	5.18	9.69	8.18	7.56	5.44
江　苏	2.69	1.90	2.75	3.73	2.15	3.99	5.26	8.76	8.33	6.85	5.13
辽　宁	0.54	1.52	3.66	4.90	2.32	3.38	4.85	7.11	4.98	4.83	4.20
上　海	1.80	1.71	1.96	2.56	2.15	3.38	4.37	4.24	5.76	3.34	3.41
山　东	0.54	1.33	0.65	2.03	1.57	2.46	3.80	6.89	4.91	5.36	3.40
浙　江	1.08	1.14	1.57	2.99	1.74	1.84	2.91	3.59	3.58	4.13	2.67
湖　北	1.08	2.09	1.83	2.13	1.41	2.30	3.56	3.80	4.13	1.76	2.59
黑龙江	0.36	1.71	2.48	2.88	1.49	0.84	1.54	2.66	2.02	1.76	1.82
陕　西	2.33	1.71	2.35	0.85	0.91	1.08	1.38	2.23	1.79	1.67	1.58
湖　南	0.36	1.14	0.65	0.32	0.99	1.92	1.70	2.80	1.71	2.11	1.54
安　徽	0.90	1.33	1.05	0.85	0.17	0.92	1.29	2.58	2.73	2.20	1.49
重　庆	0.90	0.19	1.05	0.96	0.91	0.77	0.81	2.23	2.41	2.90	1.44
四　川	0.72	0.57	0.39	1.28	0.83	0.92	0.97	2.94	1.64	2.64	1.43
天　津	0.36	0.95	0.65	0.96	0.66	1.69	1.13	1.79	1.64	1.76	1.27
福　建	0.90	0.38	0.13	0.53	0.58	0.92	0.97	0.93	0.70	1.05	0.75
河　北	0.00	0.19	0.26	0.64	0.17	0.69	0.16	0.93	1.25	0.53	0.55

续表

省　份	2014 年	2015 年	2016 年	2017 年	2018 年	2019 年	2020 年	2021 年	2022 年	2023 年	合计
河　南	0.18	0.19	0.26	0.21	0.17	0.31	0.32	1.15	1.01	0.44	0.48
广　西	0.00	0.00	0.00	0.32	0.41	0.15	0.65	0.93	0.23	0.44	0.38
甘　肃	0.00	0.00	0.00	0.11	0.08	0.15	0.16	0.72	0.47	0.79	0.30
江　西	0.00	0.19	0.26	0.32	0.08	0.31	0.49	0.36	0.39	0.26	0.29
吉　林	0.00	0.00	0.26	0.00	0.33	0.46	0.00	0.29	0.23	0.35	0.22
山　西	0.00	0.19	0.13	0.00	0.08	0.23	0.08	0.22	0.55	0.18	0.18
云　南	0.00	0.00	0.13	0.11	0.00	0.15	0.16	0.57	0.16	0.09	0.17
海　南	0.00	0.19	0.13	0.00	0.08	0.00	0.00	0.22	0.00	0.44	0.12
新　疆	0.00	0.00	0.00	0.21	0.08	0.00	0.24	0.36	0.08	0.00	0.12
贵　州	0.00	0.00	0.13	0.11	0.08	0.00	0.00	0.00	0.00	0.00	0.04
内蒙古	0.00	0.00	0.00	0.00	0.08	0.00	0.00	0.00	0.00	0.00	0.02
宁　夏	0.00	0.00	0.00	0.00	0.00	0.08	0.00	0.00	0.00	0.09	0.02
青　海	0.18	0.00	0.00	0.00	0.00	0.00	0.00	0.00	0.00	0.00	0.01

八　计算机跨学科应用

计算机跨学科应用 A、B、C 层人才最多的均为北京，世界占比分别为 6.08%、5.98%、5.64%；广东的 A、B、C 层人才比较多，世界占比分别为 3.61%、3.30%、3.13%。

上海、浙江、江苏、四川、湖北也有相当数量的 A 层人才，世界占比在 3%～1%；安徽、湖南、福建、辽宁、山东、天津、重庆、黑龙江、陕西、贵州、河南、宁夏有一定数量的 A 层人才，世界占比均超过 0.1%。

江苏、上海、浙江、湖北、四川、湖南、辽宁、山东也有相当数量的 B 层人才，世界占比在 3%～1%；天津、安徽、陕西、重庆、福建、黑龙江、河南、吉林、广西、河北、江西、甘肃、贵州、新疆有一定数量的 B 层人才，世界占比均超过 0.1%；山西、海南、云南、内蒙古、青海、宁夏 B 层人才的世界占比均低于 0.1%。

上海、江苏、浙江、湖北、湖南、四川、辽宁、山东也有相当数量的 C 层人才，世界占比在 3%～1%；安徽、陕西、天津、重庆、福建、黑龙江、河南、江西、广西、吉林、河北、甘肃、云南、山西、新疆、贵州有一定数量的 C 层人才，世界占比均超过 0.1%；海南、内蒙古、宁夏、青海、西藏 C 层人才的世界占比均低于 0.1%。

表 7-22　计算机跨学科应用 A 层人才的世界占比

单位：%

省　份	2014 年	2015 年	2016 年	2017 年	2018 年	2019 年	2020 年	2021 年	2022 年	2023 年	合计
北　京	2.50	3.77	3.77	0.00	3.70	4.62	13.24	13.33	2.74	8.22	6.08
广　东	0.00	1.89	0.00	5.45	3.70	3.08	2.94	4.00	6.85	5.48	3.61
上　海	2.50	0.00	0.00	0.00	0.00	4.62	1.47	4.00	2.74	4.11	2.13
浙　江	0.00	0.00	1.89	1.82	0.00	1.54	2.94	2.67	1.37	5.48	1.97
江　苏	0.00	0.00	0.00	1.82	0.00	1.54	0.00	0.00	4.11	8.22	1.81
四　川	0.00	0.00	0.00	1.82	1.85	0.00	1.47	2.67	2.74	2.74	1.48
湖　北	0.00	1.89	0.00	0.00	0.00	0.00	2.94	4.00	0.00	1.37	1.15
安　徽	2.50	0.00	0.00	0.00	0.00	0.00	0.00	2.67	0.00	4.11	0.99
湖　南	0.00	0.00	0.00	1.82	0.00	1.54	0.00	0.00	0.00	4.11	0.82
福　建	0.00	0.00	0.00	0.00	0.00	0.00	2.94	0.00	0.00	1.37	0.49
辽　宁	2.50	0.00	0.00	0.00	0.00	0.00	0.00	1.33	0.00	1.37	0.49
山　东	0.00	0.00	0.00	0.00	0.00	0.00	1.47	0.00	1.37	1.37	0.49
天　津	0.00	0.00	0.00	0.00	0.00	1.54	1.47	0.00	0.00	1.37	0.49
重　庆	0.00	0.00	0.00	0.00	0.00	0.00	1.47	1.33	0.00	0.00	0.33
黑龙江	0.00	0.00	0.00	1.82	0.00	0.00	0.00	1.33	0.00	0.00	0.33
陕　西	2.50	0.00	0.00	0.00	0.00	0.00	0.00	1.33	0.00	0.00	0.33
贵　州	0.00	0.00	0.00	0.00	0.00	0.00	0.00	0.00	1.37	0.00	0.16
河　南	0.00	0.00	0.00	0.00	1.85	0.00	0.00	0.00	0.00	0.00	0.16
宁　夏	0.00	0.00	0.00	0.00	0.00	0.00	0.00	0.00	1.37	0.00	0.16

表 7-23　计算机跨学科应用 B 层人才的世界占比

单位：%

省　份	2014 年	2015 年	2016 年	2017 年	2018 年	2019 年	2020 年	2021 年	2022 年	2023 年	合计
北　京	5.08	2.52	2.32	6.79	6.80	7.13	6.89	7.29	7.74	5.43	5.98
广　东	1.60	1.05	0.84	2.00	4.20	3.06	4.26	4.02	5.31	4.63	3.30
江　苏	2.14	0.42	1.69	2.99	1.60	1.87	2.62	2.83	3.03	4.79	2.50
上　海	4.01	1.26	1.05	2.00	2.80	1.53	2.62	2.23	4.40	2.72	2.48

续表

省 份	2014 年	2015 年	2016 年	2017 年	2018 年	2019 年	2020 年	2021 年	2022 年	2023 年	合计
浙 江	0.53	0.63	0.42	1.00	1.00	1.70	2.79	2.98	3.19	3.83	1.99
湖 北	0.53	0.84	0.63	0.40	1.00	1.87	2.62	1.04	2.58	2.72	1.53
四 川	0.80	0.63	0.63	1.60	1.40	1.53	1.80	2.08	1.97	1.60	1.48
湖 南	1.07	0.63	0.84	0.60	2.40	1.02	1.31	1.49	2.58	1.76	1.42
辽 宁	0.80	0.63	0.63	1.60	1.40	1.36	0.82	1.34	2.88	1.44	1.35
山 东	0.27	0.42	0.00	0.40	0.80	1.02	1.64	2.53	2.43	2.40	1.33
天 津	0.80	0.00	0.00	1.00	1.20	0.68	1.31	1.49	1.06	1.44	0.95
安 徽	2.94	0.00	0.00	0.60	0.20	0.51	1.31	0.74	0.76	1.60	0.84
陕 西	0.53	0.21	0.42	0.60	0.00	0.68	1.15	0.74	1.06	1.76	0.77
重 庆	0.27	0.00	0.00	0.20	0.00	0.34	0.98	0.89	0.76	1.92	0.60
福 建	0.53	0.21	0.21	0.40	1.60	0.68	0.49	0.45	0.76	0.64	0.60
黑龙江	0.80	0.42	0.21	0.20	0.80	1.02	0.49	0.89	0.76	0.32	0.60
河 南	0.00	0.21	0.42	0.00	0.60	0.34	0.16	0.45	1.06	0.32	0.38
吉 林	0.27	0.00	0.21	0.40	0.00	0.00	0.33	0.30	1.06	0.16	0.29
广 西	0.27	0.00	0.42	0.40	0.00	0.17	0.00	0.45	0.15	0.48	0.24
河 北	0.27	0.00	0.21	0.40	0.00	0.17	0.00	0.15	0.46	0.00	0.16
江 西	0.00	0.00	0.21	0.40	0.00	0.00	0.49	0.00	0.46	0.00	0.16
甘 肃	0.27	0.00	0.00	0.00	0.00	0.00	0.00	0.15	0.15	0.48	0.13
贵 州	0.00	0.00	0.00	0.00	0.00	0.00	0.00	0.15	0.15	0.80	0.13
新 疆	0.27	0.00	0.00	0.20	0.20	0.00	0.00	0.00	0.15	0.48	0.13
山 西	0.00	0.00	0.00	0.00	0.20	0.17	0.00	0.15	0.15	0.00	0.07
海 南	0.00	0.00	0.00	0.00	0.00	0.00	0.00	0.00	0.00	0.48	0.05
云 南	0.00	0.00	0.21	0.00	0.00	0.00	0.16	0.00	0.15	0.00	0.05
内蒙古	0.27	0.00	0.21	0.00	0.00	0.00	0.00	0.00	0.00	0.00	0.04
青 海	0.00	0.00	0.00	0.20	0.00	0.00	0.00	0.15	0.00	0.00	0.04
宁 夏	0.00	0.00	0.00	0.00	0.00	0.00	0.00	0.15	0.00	0.00	0.02

表 7-24 计算机跨学科应用 C 层人才的世界占比

单位：%

省 份	2014 年	2015 年	2016 年	2017 年	2018 年	2019 年	2020 年	2021 年	2022 年	2023 年	合计
北 京	3.39	3.04	3.20	4.75	5.52	6.47	7.03	6.00	6.36	8.24	5.64
广 东	0.70	1.41	1.37	2.03	2.88	3.15	4.14	3.99	4.84	4.59	3.13
上 海	1.83	1.89	1.61	2.03	2.01	2.67	2.97	3.18	3.43	3.91	2.67

续表

省　份	2014年	2015年	2016年	2017年	2018年	2019年	2020年	2021年	2022年	2023年	合计
江　苏	1.21	1.45	1.78	2.29	2.33	2.52	2.76	2.85	3.60	3.94	2.60
浙　江	0.89	0.96	0.76	0.85	1.38	2.09	2.65	2.49	3.27	3.94	2.09
湖　北	1.05	1.11	1.33	2.01	2.07	2.06	2.43	1.99	2.17	2.58	1.95
湖　南	0.73	1.05	0.93	1.24	1.26	1.52	1.66	1.55	2.07	1.91	1.45
四　川	0.46	0.67	0.63	0.97	1.12	1.33	1.44	1.42	1.62	1.76	1.21
辽　宁	0.57	0.67	0.70	1.22	1.32	1.12	1.25	1.19	1.59	1.59	1.17
山　东	0.32	0.59	0.46	0.61	0.87	1.06	1.30	1.36	2.07	1.90	1.14
安　徽	0.48	0.57	0.46	0.65	0.83	1.14	1.35	0.93	1.02	1.48	0.94
陕　西	0.46	0.40	0.46	0.47	0.67	0.82	0.91	0.81	1.13	1.43	0.80
天　津	0.38	0.42	0.70	0.43	0.59	0.89	0.99	0.93	0.99	1.06	0.78
重　庆	0.19	0.23	0.09	0.53	0.63	0.61	0.86	0.92	1.10	1.15	0.68
福　建	0.19	0.25	0.37	0.41	0.49	0.51	0.83	0.86	0.84	0.89	0.60
黑龙江	0.24	0.55	0.24	0.45	0.49	0.37	0.57	0.62	0.70	0.89	0.54
河　南	0.05	0.06	0.02	0.26	0.43	0.36	0.42	0.53	0.80	1.18	0.46
江　西	0.11	0.21	0.35	0.37	0.30	0.29	0.21	0.26	0.30	0.42	0.29
广　西	0.13	0.08	0.07	0.14	0.16	0.19	0.18	0.44	0.59	0.56	0.28
吉　林	0.05	0.13	0.26	0.12	0.20	0.24	0.32	0.41	0.40	0.26	0.26
河　北	0.13	0.19	0.15	0.16	0.08	0.20	0.24	0.38	0.38	0.36	0.24
甘　肃	0.08	0.06	0.20	0.18	0.18	0.17	0.16	0.20	0.22	0.34	0.19
云　南	0.03	0.10	0.13	0.12	0.12	0.10	0.24	0.12	0.27	0.34	0.17
山　西	0.03	0.13	0.09	0.10	0.04	0.02	0.15	0.12	0.22	0.28	0.13
新　疆	0.11	0.02	0.04	0.08	0.10	0.05	0.10	0.09	0.21	0.33	0.12
贵　州	0.00	0.02	0.02	0.02	0.12	0.12	0.10	0.17	0.27	0.19	0.11
海　南	0.03	0.00	0.00	0.02	0.00	0.02	0.08	0.17	0.11	0.33	0.09
内蒙古	0.03	0.02	0.02	0.04	0.02	0.07	0.05	0.08	0.11	0.08	0.06
宁　夏	0.00	0.00	0.02	0.00	0.00	0.05	0.00	0.03	0.10	0.00	0.03
青　海	0.03	0.02	0.00	0.00	0.00	0.00	0.03	0.02	0.02	0.02	0.01
西　藏	0.00	0.00	0.00	0.04	0.00	0.02	0.02	0.02	0.00	0.00	0.01

九　自动化和控制系统

自动化和控制系统A、B、C层人才最多的均为北京，世界占比分别为

9.29%、8.82%、7.69%。

江苏、辽宁、广东、湖南、山东的 A 层人才比较多，世界占比在 6%~3%；黑龙江、四川、浙江、上海、天津、湖北、重庆也有相当数量的 A 层人才，世界占比在 3%~1%；安徽、河北、陕西、广西、贵州、海南、青海、山西有一定数量的 A 层人才，世界占比均超过 0.2%。

江苏、辽宁、山东、广东、上海、黑龙江、湖北的 B 层人才比较多，世界占比在 7%~3%；浙江、四川、重庆、湖南、安徽、天津、陕西也有相当数量的 B 层人才，世界占比在 3%~1%；福建、广西、河南、甘肃、河北、江西、山西、云南、吉林、贵州有一定数量的 B 层人才，世界占比均超过 0.1%；新疆、海南、内蒙古 B 层人才的世界占比均低于 0.1%。

江苏、广东、上海、山东、辽宁的 C 层人才比较多，世界占比在 6%~3%；浙江、湖北、黑龙江、湖南、四川、陕西、重庆、天津、安徽也有相当数量的 C 层人才，世界占比在 3%~1%；福建、河北、河南、吉林、广西、江西、山西、云南、甘肃、贵州有一定数量的 C 层人才，世界占比超过或等于 0.1%；新疆、海南、内蒙古、青海、宁夏、西藏 C 层人才的世界占比均低于 0.1%。

表 7-25　自动化和控制系统 A 层人才的世界占比

单位：%

省　份	2014 年	2015 年	2016 年	2017 年	2018 年	2019 年	2020 年	2021 年	2022 年	2023 年	合计
北　京	8.11	6.67	10.87	11.54	12.00	10.42	8.16	10.64	2.17	11.63	9.29
江　苏	0.00	2.22	6.52	3.85	2.00	2.08	6.12	8.51	6.52	18.60	5.62
辽　宁	2.70	0.00	8.70	5.77	2.00	4.17	6.12	8.51	2.17	11.63	5.18
广　东	0.00	0.00	2.17	5.77	2.00	2.08	2.04	8.51	8.70	11.63	4.32
湖　南	0.00	2.22	0.00	1.92	2.00	4.17	2.04	10.64	6.52	4.65	3.46
山　东	0.00	0.00	2.17	3.85	4.00	2.08	2.04	2.13	8.70	9.30	3.46
黑龙江	2.70	6.67	2.17	7.69	2.00	0.00	0.00	2.13	0.00	0.00	2.38
四　川	0.00	0.00	6.52	1.92	0.00	0.00	4.08	4.26	4.35	2.33	2.38
浙　江	0.00	2.22	0.00	7.69	0.00	0.00	0.00	2.13	0.00	6.98	2.16
上　海	2.70	0.00	2.17	0.00	0.00	2.08	8.16	2.13	0.00	2.33	1.94
天　津	0.00	0.00	0.00	0.00	2.00	2.08	2.04	4.26	2.17	6.98	1.94

续表

省　份	2014 年	2015 年	2016 年	2017 年	2018 年	2019 年	2020 年	2021 年	2022 年	2023 年	合计
湖　北	0.00	2.22	0.00	0.00	2.00	4.17	0.00	2.13	2.17	4.65	1.73
重　庆	0.00	0.00	0.00	1.92	0.00	0.00	2.04	0.00	6.52	0.00	1.08
安　徽	2.70	0.00	0.00	1.92	0.00	0.00	0.00	0.00	0.00	2.33	0.65
河　北	0.00	0.00	0.00	0.00	0.00	0.00	2.04	0.00	2.17	0.00	0.43
陕　西	0.00	0.00	0.00	1.92	0.00	0.00	0.00	0.00	0.00	2.33	0.43
广　西	0.00	0.00	0.00	0.00	0.00	0.00	0.00	2.13	0.00	0.00	0.22
贵　州	0.00	0.00	0.00	0.00	0.00	0.00	0.00	2.13	0.00	0.00	0.22
海　南	0.00	0.00	0.00	0.00	0.00	0.00	2.04	0.00	0.00	0.00	0.22
青　海	0.00	0.00	0.00	0.00	0.00	0.00	0.00	0.00	0.00	2.33	0.22
山　西	0.00	0.00	0.00	0.00	2.00	0.00	0.00	0.00	0.00	0.00	0.22

表 7-26　自动化和控制系统 B 层人才的世界占比

单位：%

省　份	2014 年	2015 年	2016 年	2017 年	2018 年	2019 年	2020 年	2021 年	2022 年	2023 年	合计
北　京	9.46	5.90	9.18	8.76	9.46	10.53	8.91	10.05	8.39	7.32	8.82
江　苏	3.44	4.67	5.88	6.20	3.87	8.70	5.79	11.68	8.87	8.59	6.79
辽　宁	4.01	5.41	5.18	6.20	3.44	5.95	7.57	6.78	4.56	7.32	5.66
山　东	1.15	1.47	2.12	2.78	2.37	8.47	7.13	6.78	6.47	7.07	4.62
广　东	0.29	1.47	1.65	4.06	5.16	5.49	7.35	9.11	5.76	3.79	4.53
上　海	4.58	1.72	2.35	4.06	3.87	4.81	3.79	4.21	5.52	3.79	3.87
黑龙江	3.72	6.14	5.41	3.21	1.51	2.06	3.34	3.04	3.12	1.01	3.23
湖　北	0.86	1.72	2.12	2.99	3.23	4.12	3.12	1.64	5.52	5.05	3.07
浙　江	2.58	2.46	2.35	1.92	2.58	1.60	1.78	4.67	4.32	2.53	2.66
四　川	1.72	1.23	0.94	2.14	1.29	1.83	2.90	3.74	4.80	3.54	2.41
重　庆	1.43	1.47	1.88	1.07	2.58	2.06	1.78	2.34	1.92	4.55	2.10
湖　南	0.29	1.47	1.41	1.28	3.01	1.83	1.78	2.34	4.32	2.27	2.03
安　徽	2.87	1.23	0.71	0.85	2.37	1.14	1.56	4.21	1.68	2.02	1.84
天　津	0.86	1.47	0.47	0.64	0.86	1.14	2.23	0.70	1.68	3.28	1.32
陕　西	1.43	0.25	0.94	2.14	1.08	0.92	1.11	0.93	0.96	1.26	1.11
福　建	0.29	0.74	0.00	1.07	1.08	1.14	1.78	1.17	0.72	0.25	0.85
广　西	0.00	0.00	0.47	0.00	0.00	0.46	0.67	0.47	1.68	0.25	0.40
河　南	0.29	0.00	0.24	0.00	0.00	0.46	0.45	0.47	1.20	0.51	0.35
甘　肃	0.00	0.00	0.00	0.00	0.86	0.00	0.00	0.47	0.48	1.26	0.31

续表

省　　份	2014 年	2015 年	2016 年	2017 年	2018 年	2019 年	2020 年	2021 年	2022 年	2023 年	合计
河　北	0.29	0.00	0.24	0.43	0.43	0.23	0.45	0.00	0.72	0.25	0.31
江　西	0.00	0.00	0.00	0.43	0.00	0.69	0.67	0.23	0.72	0.25	0.31
山　西	0.00	0.00	0.24	0.21	0.22	0.00	0.45	0.23	0.48	0.25	0.21
云　南	0.29	0.49	0.24	0.00	0.22	0.00	0.45	0.23	0.24	0.00	0.21
吉　林	0.00	0.00	0.00	0.21	0.43	0.23	0.22	0.00	0.48	0.25	0.19
贵　州	0.00	0.00	0.00	0.00	0.22	0.00	0.22	0.00	0.24	0.51	0.12
新　疆	0.29	0.00	0.00	0.00	0.00	0.00	0.00	0.23	0.24	0.00	0.07
海　南	0.00	0.00	0.00	0.00	0.00	0.00	0.00	0.00	0.24	0.25	0.05
内蒙古	0.00	0.00	0.00	0.00	0.00	0.23	0.00	0.00	0.00	0.00	0.02

表 7-27　自动化和控制系统 C 层人才的世界占比

单位：%

省　　份	2014 年	2015 年	2016 年	2017 年	2018 年	2019 年	2020 年	2021 年	2022 年	2023 年	合计
北　京	6.09	6.65	7.25	7.47	6.87	7.63	8.16	8.17	8.75	9.78	7.69
江　苏	3.55	3.60	3.79	4.81	4.54	5.84	6.11	7.10	8.21	7.33	5.51
广　东	1.33	1.54	2.40	2.74	3.48	3.39	4.49	6.54	6.05	5.62	3.79
上　海	2.57	2.63	2.38	2.78	2.80	4.03	4.56	4.07	4.76	4.55	3.52
山　东	1.44	1.76	1.75	3.12	3.11	3.80	4.04	4.78	4.69	5.07	3.39
辽　宁	1.73	1.76	2.18	3.61	2.74	3.25	3.57	4.40	4.37	4.26	3.21
浙　江	2.22	2.16	2.09	2.52	2.50	3.21	3.59	3.24	3.90	3.99	2.95
湖　北	1.36	1.34	1.99	2.27	2.15	2.11	2.90	2.72	3.57	3.44	2.40
黑龙江	1.85	2.01	2.42	2.65	1.87	2.18	1.86	2.51	2.72	2.79	2.29
湖　南	0.84	0.69	1.20	1.31	1.98	1.69	2.00	2.20	2.82	2.71	1.76
四　川	0.78	0.97	0.89	1.21	1.30	1.24	1.69	2.72	2.70	2.58	1.61
陕　西	1.07	1.17	1.27	0.93	1.41	1.74	1.57	1.73	1.78	1.79	1.45
重　庆	0.55	0.32	0.89	1.25	1.39	1.42	1.30	1.82	2.44	2.50	1.42
天　津	0.64	1.04	0.94	1.00	1.28	1.58	1.48	1.78	1.76	1.63	1.32
安　徽	1.13	0.57	0.89	0.89	0.91	1.21	1.62	1.73	1.83	2.08	1.28
福　建	0.40	0.42	0.41	0.34	0.67	0.57	0.74	0.83	1.03	0.97	0.64
河　北	0.20	0.40	0.55	0.62	0.41	0.62	0.58	0.90	0.96	0.84	0.61
河　南	0.43	0.27	0.38	0.42	0.48	0.46	0.58	0.76	0.99	0.84	0.56
吉　林	0.20	0.27	0.34	0.47	0.50	0.44	0.25	0.50	0.49	0.50	0.40
广　西	0.06	0.22	0.07	0.23	0.28	0.41	0.38	0.69	0.45	0.50	0.33

续表

省　份	2014 年	2015 年	2016 年	2017 年	2018 年	2019 年	2020 年	2021 年	2022 年	2023 年	合计
江　西	0.14	0.32	0.26	0.23	0.15	0.18	0.20	0.31	0.35	0.34	0.25
山　西	0.06	0.22	0.24	0.15	0.22	0.30	0.18	0.26	0.28	0.24	0.22
云　南	0.14	0.22	0.12	0.17	0.22	0.21	0.22	0.24	0.19	0.24	0.20
甘　肃	0.09	0.00	0.10	0.08	0.13	0.23	0.18	0.33	0.33	0.34	0.18
贵　州	0.03	0.02	0.07	0.08	0.07	0.07	0.09	0.07	0.12	0.42	0.10
新　疆	0.06	0.02	0.05	0.11	0.07	0.02	0.11	0.24	0.07	0.03	0.08
海　南	0.00	0.02	0.02	0.04	0.04	0.00	0.02	0.09	0.12	0.32	0.07
内蒙古	0.03	0.00	0.02	0.02	0.00	0.11	0.07	0.07	0.07	0.03	0.04
青　海	0.00	0.00	0.00	0.00	0.00	0.02	0.04	0.05	0.07	0.05	0.02
宁　夏	0.00	0.00	0.00	0.00	0.02	0.07	0.02	0.02	0.00	0.08	0.02
西　藏	0.00	0.00	0.00	0.02	0.00	0.00	0.00	0.02	0.00	0.03	0.01

十　机器人学

机器人学 A 层人才最多的是浙江，世界占比为 4.32%；上海、北京、黑龙江也有相当数量的 A 层人才，世界占比在 3%~1%；广东、广西、海南、湖北、湖南、江苏、辽宁、四川有一定数量的 A 层人才，世界占比均为 0.62%。

B 层人才最多的是北京，世界占比为 4.27%；广东、上海、浙江、江苏也有相当数量的 B 层人才，世界占比在 2%~1%；黑龙江、湖北、安徽、福建、湖南、辽宁、陕西、山东、四川、重庆、河南、吉林、天津、江西有一定数量的 B 层人才，世界占比均超过 0.1%；甘肃、海南、河北 B 层人才的世界占比均为 0.07%。

C 层人才最多的是北京，世界占比为 3.80%；广东、上海、浙江、江苏也有相当数量的 C 层人才，世界占比在 3%~1%；湖北、黑龙江、天津、辽宁、湖南、山东、安徽、吉林、陕西、四川、重庆、河北、河南、福建有一定数量的 C 层人才，世界占比均超过 0.1%；广西、甘肃、江西、山西、云南、贵州、海南、内蒙古、青海、新疆 C 层人才的世界占比均低于 0.1%。

表 7-28 机器人学 A 层人才的世界占比

单位：%

省 份	2014 年	2015 年	2016 年	2017 年	2018 年	2019 年	2020 年	2021 年	2022 年	2023 年	合计
浙 江	0.00	5.26	0.00	5.88	0.00	5.88	0.00	14.29	5.26	6.25	4.32
上 海	0.00	5.26	0.00	0.00	0.00	5.88	0.00	7.14	5.26	0.00	2.47
北 京	0.00	0.00	0.00	0.00	0.00	11.76	0.00	0.00	0.00	0.00	1.23
黑龙江	0.00	0.00	0.00	0.00	0.00	5.88	0.00	7.14	0.00	0.00	1.23
广 东	0.00	0.00	0.00	0.00	0.00	0.00	0.00	7.14	0.00	0.00	0.62
广 西	0.00	0.00	0.00	0.00	0.00	0.00	0.00	0.00	0.00	6.25	0.62
海 南	0.00	0.00	0.00	0.00	0.00	0.00	0.00	7.14	0.00	0.00	0.62
湖 北	0.00	0.00	0.00	0.00	0.00	0.00	0.00	0.00	5.26	0.00	0.62
湖 南	0.00	0.00	0.00	0.00	0.00	0.00	0.00	7.14	0.00	0.00	0.62
江 苏	0.00	0.00	0.00	0.00	0.00	0.00	0.00	0.00	5.26	0.00	0.62
辽 宁	0.00	0.00	0.00	0.00	0.00	0.00	0.00	7.14	0.00	0.00	0.62
四 川	0.00	0.00	0.00	0.00	0.00	0.00	0.00	0.00	5.26	0.00	0.62

表 7-29 机器人学 B 层人才的世界占比

单位：%

省 份	2014 年	2015 年	2016 年	2017 年	2018 年	2019 年	2020 年	2021 年	2022 年	2023 年	合计
北 京	0.00	3.26	0.68	3.29	2.05	3.92	4.73	2.53	13.02	7.58	4.27
广 东	0.00	1.09	0.00	0.66	2.05	3.92	2.37	3.16	2.96	2.27	1.91
上 海	0.00	1.09	0.00	0.66	0.68	0.65	2.37	3.16	2.96	2.27	1.45
浙 江	0.00	1.09	0.00	0.00	0.68	0.00	1.18	3.80	2.37	3.79	1.31
江 苏	0.00	0.00	0.00	0.66	1.37	0.65	1.78	1.27	2.37	2.27	1.05
黑龙江	0.90	1.09	0.00	0.00	0.00	0.00	0.00	1.27	1.18	2.27	0.66
湖 北	0.00	1.09	0.00	0.00	0.00	0.00	1.18	0.00	2.37	0.00	0.53
安 徽	0.00	0.00	0.00	0.00	0.00	0.00	0.59	0.63	1.18	0.76	0.33
福 建	0.00	0.00	0.00	0.00	0.68	0.00	1.18	0.63	0.59	0.00	0.33
湖 南	0.00	0.00	0.00	0.00	0.68	0.00	0.59	0.00	1.18	0.76	0.33
辽 宁	0.00	0.00	0.00	0.66	0.00	0.00	0.00	0.00	0.59	2.27	0.33
陕 西	0.00	0.00	0.68	0.00	0.00	0.00	0.59	0.63	1.18	0.00	0.33
山 东	0.00	0.00	0.00	0.00	0.00	0.65	0.59	0.63	0.00	1.52	0.33
四 川	0.00	0.54	0.00	0.00	0.00	0.00	0.59	0.63	1.18	0.00	0.33
重 庆	0.00	0.00	0.00	0.00	0.68	0.65	0.00	0.63	0.59	0.00	0.26
河 南	0.00	0.00	0.00	0.00	0.00	0.00	0.59	0.00	1.18	0.76	0.26

续表

省 份	2014年	2015年	2016年	2017年	2018年	2019年	2020年	2021年	2022年	2023年	合计
吉 林	0.00	0.00	0.68	0.00	0.68	0.65	0.00	0.00	0.00	0.00	0.20
天 津	0.00	0.00	0.00	0.00	0.00	0.00	0.59	0.63	0.59	0.00	0.20
江 西	0.00	0.00	0.00	0.00	0.68	0.00	0.00	0.00	0.00	0.76	0.13
甘 肃	0.00	0.00	0.00	0.00	0.00	0.65	0.00	0.00	0.00	0.00	0.07
海 南	0.00	0.00	0.00	0.00	0.00	0.00	0.00	0.00	0.00	0.76	0.07
河 北	0.00	0.00	0.00	0.00	0.00	0.00	0.00	0.63	0.00	0.00	0.07

表 7-30　机器人学 C 层人才的世界占比

单位：%

省 份	2014年	2015年	2016年	2017年	2018年	2019年	2020年	2021年	2022年	2023年	合计
北 京	1.93	2.69	1.22	2.64	2.24	3.05	4.66	5.28	6.99	6.73	3.80
广 东	0.55	0.57	0.54	1.01	0.98	1.83	2.27	4.56	4.64	4.86	2.21
上 海	0.64	1.03	0.48	0.95	1.33	2.31	2.15	3.13	3.03	3.29	1.86
浙 江	0.46	0.46	0.20	0.61	1.19	0.81	1.37	3.19	2.97	2.54	1.40
江 苏	0.46	0.69	0.68	0.68	0.77	1.36	1.02	1.37	2.04	1.94	1.11
湖 北	0.18	0.51	0.48	0.47	0.70	0.75	1.14	2.02	1.86	1.35	0.97
黑龙江	0.83	0.57	0.54	0.14	0.42	0.48	0.90	1.24	1.05	1.72	0.78
天 津	0.74	0.40	0.41	0.74	0.28	0.75	0.60	0.78	1.18	1.05	0.69
辽 宁	0.37	0.06	0.34	0.41	0.35	0.34	0.30	1.17	1.49	1.12	0.59
湖 南	0.37	0.34	0.27	0.34	0.49	0.20	0.30	0.46	0.80	1.27	0.48
山 东	0.18	0.17	0.14	0.14	0.56	0.34	0.48	0.52	1.11	0.97	0.46
安 徽	0.28	0.23	0.20	0.34	0.14	0.14	0.42	0.78	0.68	0.97	0.42
吉 林	0.00	0.40	0.20	0.27	0.35	0.27	0.24	0.33	0.93	0.37	0.35
陕 西	0.18	0.06	0.34	0.27	0.14	0.27	0.24	0.52	0.80	0.67	0.35
四 川	0.18	0.17	0.34	0.27	0.14	0.34	0.30	0.33	0.80	0.52	0.34
重 庆	0.00	0.06	0.07	0.20	0.21	0.27	0.36	0.39	0.43	0.45	0.25
河 北	0.09	0.11	0.27	0.07	0.00	0.14	0.30	0.13	0.56	0.37	0.21
河 南	0.09	0.06	0.14	0.00	0.07	0.14	0.06	0.20	0.50	0.52	0.18
福 建	0.00	0.06	0.00	0.07	0.07	0.07	0.12	0.33	0.43	0.37	0.15
广 西	0.00	0.00	0.00	0.00	0.07	0.07	0.18	0.07	0.19	0.37	0.09
甘 肃	0.09	0.11	0.07	0.07	0.00	0.20	0.00	0.07	0.06	0.22	0.09
江 西	0.00	0.17	0.14	0.00	0.07	0.14	0.12	0.00	0.12	0.00	0.08
山 西	0.00	0.00	0.00	0.00	0.00	0.00	0.00	0.07	0.06	0.07	0.02

省　份	2014 年	2015 年	2016 年	2017 年	2018 年	2019 年	2020 年	2021 年	2022 年	2023 年	合计
云　南	0.09	0.00	0.00	0.07	0.00	0.00	0.06	0.00	0.00	0.00	0.02
贵　州	0.00	0.00	0.00	0.00	0.07	0.00	0.00	0.00	0.06	0.00	0.01
海　南	0.00	0.00	0.00	0.00	0.00	0.00	0.00	0.00	0.00	0.15	0.01
内蒙古	0.00	0.00	0.00	0.00	0.00	0.07	0.00	0.00	0.06	0.00	0.01
青　海	0.00	0.00	0.00	0.00	0.00	0.00	0.00	0.00	0.00	0.07	0.01
新　疆	0.00	0.00	0.00	0.00	0.07	0.00	0.00	0.00	0.00	0.00	0.01

十一　量子科学和技术

量子科学和技术 A 层人才分布在北京、广东、湖北、江苏、上海，世界占比均为 5.88%。

B 层人才最多的是北京，世界占比为 3.23%；江苏也有相当数量的 B 层人才，世界占比为 1.29%；安徽、广东、吉林、陕西、上海、四川、浙江、甘肃、湖北、辽宁、天津有一定数量的 B 层人才，世界占比均超过 0.2%。

C 层人才最多的是北京，世界占比为 3.06%；上海、江苏、广东、安徽也有相当数量的 C 层人才，世界占比在 2%~1%；浙江、湖北、江西、四川、湖南、河南、山东、山西、福建、广西、陕西、天津、重庆、黑龙江、吉林、云南有一定数量的 C 层人才，世界占比均超过 0.1%；贵州、甘肃、河北、辽宁 C 层人才的世界占比均低于 0.1%。

表 7-31　量子科学和技术 A 层人才的世界占比

单位：%

省　份	2014 年	2015 年	2016 年	2017 年	2018 年	2019 年	2020 年	2021 年	2022 年	2023 年	合计
北　京	0.00	0.00	0.00	0.00	0.00	0.00	0.00	0.00	16.67	0.00	5.88
广　东	0.00	0.00	50.00	0.00	0.00	0.00	0.00	0.00	0.00	0.00	5.88
湖　北	0.00	0.00	50.00	0.00	0.00	0.00	0.00	0.00	0.00	0.00	5.88
江　苏	0.00	0.00	50.00	0.00	0.00	0.00	0.00	0.00	0.00	0.00	5.88
上　海	0.00	0.00	50.00	0.00	0.00	0.00	0.00	0.00	0.00	0.00	5.88

表 7-32　量子科学和技术 B 层人才的世界占比

单位：%

省　份	2014 年	2015 年	2016 年	2017 年	2018 年	2019 年	2020 年	2021 年	2022 年	2023 年	合计
北　京	0.00	4.55	5.00	6.06	4.88	5.19	1.85	0.00	3.77	3.03	3.23
江　苏	0.00	0.00	0.00	3.03	0.00	2.60	0.00	0.00	3.77	1.52	1.29
安　徽	0.00	0.00	0.00	0.00	0.00	0.00	0.00	0.00	0.00	3.03	0.43
广　东	0.00	0.00	0.00	0.00	0.00	0.00	0.00	0.00	1.89	1.52	0.43
吉　林	4.00	0.00	0.00	0.00	0.00	0.00	0.00	0.00	1.89	0.00	0.43
陕　西	0.00	0.00	0.00	0.00	4.88	0.00	0.00	0.00	0.00	0.00	0.43
上　海	0.00	0.00	0.00	0.00	0.00	0.00	1.85	0.00	0.00	1.52	0.43
四　川	0.00	0.00	0.00	0.00	2.44	0.00	1.85	0.00	0.00	0.00	0.43
浙　江	0.00	0.00	0.00	0.00	4.88	0.00	0.00	0.00	0.00	0.00	0.43
甘　肃	4.00	0.00	0.00	0.00	0.00	0.00	0.00	0.00	0.00	0.00	0.22
湖　北	0.00	0.00	0.00	0.00	0.00	0.00	1.85	0.00	0.00	0.00	0.22
辽　宁	0.00	0.00	0.00	0.00	0.00	0.00	0.00	1.37	0.00	0.00	0.22
天　津	0.00	0.00	0.00	0.00	0.00	0.00	0.00	0.00	0.00	1.52	0.22

表 7-33　量子科学和技术 C 层人才的世界占比

单位：%

省　份	2014 年	2015 年	2016 年	2017 年	2018 年	2019 年	2020 年	2021 年	2022 年	2023 年	合计
北　京	4.18	3.17	3.36	3.63	4.16	2.97	2.46	2.59	3.45	2.16	3.06
上　海	0.42	0.70	1.68	2.31	1.96	1.84	1.13	1.44	2.00	1.16	1.52
江　苏	0.84	1.06	1.34	4.95	1.96	1.27	0.38	2.16	1.27	0.66	1.50
广　东	0.42	0.35	1.34	2.64	1.71	1.98	1.32	1.15	1.27	1.00	1.37
安　徽	0.42	0.70	0.67	1.32	1.47	1.56	0.95	1.59	1.09	0.66	1.13
浙　江	0.00	0.00	0.34	0.99	0.24	0.71	0.95	0.86	1.09	1.00	0.72
湖　北	0.42	0.00	0.34	0.00	1.22	1.13	0.19	0.58	0.55	0.33	0.54
江　西	0.42	0.70	0.34	0.99	0.73	0.71	0.19	0.43	0.18	0.17	0.46
四　川	0.84	1.06	0.34	0.99	0.24	0.42	0.00	0.58	0.00	0.50	0.43
湖　南	0.42	0.00	0.00	0.33	0.98	0.14	0.38	0.86	0.00	0.17	0.39
河　南	0.84	0.00	0.00	0.33	0.24	0.14	0.00	0.29	0.18	1.00	0.30
山　东	0.42	0.00	0.34	0.66	0.49	0.00	0.00	0.14	0.18	0.83	0.28
山　西	0.42	0.70	0.00	0.33	0.24	0.00	0.00	0.29	0.36	0.50	0.26
福　建	0.42	0.70	0.34	0.66	0.24	0.28	0.00	0.00	0.00	0.17	0.22
广　西	0.00	0.00	0.34	0.00	0.00	0.42	0.00	0.43	0.36	0.17	0.22

省　　份	2014 年	2015 年	2016 年	2017 年	2018 年	2019 年	2020 年	2021 年	2022 年	2023 年	合计
陕　西	0.00	0.70	0.67	0.66	0.00	0.28	0.00	0.14	0.00	0.17	0.22
天　津	0.00	0.00	0.34	0.33	0.24	0.14	0.00	0.14	0.55	0.33	0.22
重　庆	0.00	0.35	0.34	0.66	0.00	0.00	0.00	0.43	0.18	0.00	0.17
黑龙江	0.42	0.00	0.67	0.66	0.49	0.14	0.00	0.00	0.00	0.00	0.17
吉　林	0.00	0.00	0.34	0.66	0.24	0.00	0.19	0.14	0.18	0.17	0.17
云　南	0.00	0.00	0.00	0.00	0.24	0.00	0.38	0.14	0.00	0.33	0.13
贵　州	0.00	0.00	0.00	0.33	0.24	0.14	0.00	0.14	0.00	0.00	0.09
甘　肃	0.00	0.00	0.00	0.33	0.24	0.00	0.19	0.00	0.00	0.00	0.07
河　北	0.00	0.00	0.34	0.00	0.24	0.14	0.00	0.00	0.00	0.00	0.07
辽　宁	0.00	0.00	0.00	0.00	0.24	0.00	0.19	0.14	0.00	0.00	0.07

十二　人工智能

人工智能 A、B、C 层人才最多的均为北京，世界占比分别为 10.78%、10.18%、8.29%，其中，A、B 层人才显著多于其他省份。

广东、安徽、湖北、浙江、江苏也有相当数量的 A 层人才，世界占比在 3%~1%；天津、黑龙江、上海、湖南、辽宁、山东、福建、四川、陕西、贵州、重庆、河南、吉林有一定数量的 A 层人才，世界占比均超过 0.1%。

广东、上海、江苏的 B 层人才比较多，世界占比在 5%~3%；浙江、辽宁、四川、湖北、安徽、天津、山东、湖南也有相当数量的 B 层人才，世界占比在 3%~1%；黑龙江、陕西、福建、重庆、河南、河北、吉林、江西、广西、贵州、山西、甘肃、云南有一定数量的 B 层人才，世界占比均超过 0.1%；海南、新疆、内蒙古、宁夏、青海 B 层人才的世界占比均低于 0.1%。

广东、江苏、上海的 C 层人才比较多，世界占比在 5%~3%；浙江、湖北、四川、辽宁、山东、安徽、湖南、重庆、陕西也有相当数量的 C 层人才，世界占比在 3%~1%；天津、黑龙江、福建、河南、江西、广西、河北、吉林、山西、云南、甘肃、贵州、新疆有一定数量的 C 层人才，世界占比超过或等于 0.1%；海南、内蒙古、宁夏、青海、西藏 C 层人才的世界占比均低于 0.1%。

表 7-34　人工智能 A 层人才的世界占比

单位：%

省 份	2014 年	2015 年	2016 年	2017 年	2018 年	2019 年	2020 年	2021 年	2022 年	2023 年	合计
北 京	6.78	8.70	6.94	6.67	13.79	13.00	11.76	8.94	12.71	14.29	10.78
广 东	1.69	1.45	4.17	0.00	1.15	3.00	2.94	4.88	3.39	4.76	2.96
安 徽	3.39	1.45	0.00	1.11	0.00	5.00	1.96	1.63	4.24	2.38	2.22
湖 北	0.00	0.00	0.00	0.00	2.30	4.00	0.00	1.63	5.93	1.59	1.80
浙 江	0.00	0.00	0.00	0.00	0.00	3.00	1.96	1.63	3.39	3.97	1.69
江 苏	1.69	2.90	1.39	2.22	0.00	1.00	0.98	3.25	0.85	1.59	1.59
天 津	0.00	0.00	0.00	0.00	0.00	0.00	3.92	0.81	1.69	1.59	0.95
黑龙江	1.69	0.00	0.00	1.11	1.15	0.00	0.98	0.00	1.69	0.79	0.85
上 海	0.00	0.00	0.00	0.00	0.00	0.00	0.00	1.63	0.00	3.97	0.74
湖 南	0.00	0.00	0.00	0.00	0.00	0.00	0.98	0.81	0.00	2.38	0.53
辽 宁	0.00	0.00	0.00	0.00	0.00	0.00	1.96	0.81	1.69	0.00	0.53
山 东	0.00	0.00	0.00	0.00	0.00	0.00	0.98	0.81	0.85	1.59	0.53
福 建	0.00	0.00	0.00	1.11	0.00	0.00	1.96	0.00	0.00	0.79	0.42
四 川	0.00	0.00	0.00	0.00	0.00	0.00	0.00	0.00	0.00	3.17	0.42
陕 西	0.00	0.00	0.00	0.00	0.00	1.00	0.98	0.00	0.79	0.32
贵 州	0.00	0.00	0.00	0.00	0.00	0.00	0.00	0.00	0.00	1.59	0.21
重 庆	0.00	0.00	0.00	0.00	0.00	0.00	0.00	0.00	0.00	0.79	0.11
河 南	0.00	0.00	0.00	0.00	0.00	0.00	0.00	0.81	0.00	0.00	0.11
吉 林	0.00	0.00	0.00	0.00	0.00	0.00	0.00	0.00	0.00	0.79	0.11

表 7-35　人工智能 B 层人才的世界占比

单位：%

省 份	2014 年	2015 年	2016 年	2017 年	2018 年	2019 年	2020 年	2021 年	2022 年	2023 年	合计
北 京	8.30	8.01	9.10	8.41	12.12	11.14	11.01	11.62	11.60	8.59	10.18
广 东	1.48	1.44	2.28	2.35	2.55	5.29	8.18	6.43	7.20	6.38	4.85
上 海	2.21	2.56	1.82	2.22	2.30	4.41	2.51	3.75	4.30	4.78	3.28
江 苏	3.14	2.08	1.82	2.22	1.40	1.87	2.62	3.84	4.12	5.31	3.03

续表

省　份	2014年	2015年	2016年	2017年	2018年	2019年	2020年	2021年	2022年	2023年	合计
浙　江	1.11	0.96	0.76	1.61	1.79	1.65	2.29	3.13	3.18	4.43	2.33
辽　宁	2.03	1.92	1.21	1.48	1.15	1.65	2.40	2.68	2.71	2.66	2.08
四　川	0.92	0.96	0.91	1.24	1.91	0.99	1.85	2.59	3.46	2.75	1.93
湖　北	0.37	0.64	0.46	1.24	0.77	1.87	2.84	2.23	3.65	2.83	1.92
安　徽	1.48	1.28	0.46	1.48	0.89	1.43	1.42	2.14	1.96	1.51	1.47
天　津	0.18	0.64	0.61	0.74	0.38	1.32	2.18	1.52	1.96	1.86	1.27
山　东	0.92	0.32	0.30	0.37	0.89	0.33	0.44	1.88	2.71	2.83	1.26
湖　南	0.74	0.32	0.61	0.99	0.38	0.55	0.65	0.98	1.59	2.66	1.05
黑龙江	0.55	0.96	1.06	0.99	0.64	1.21	1.96	0.71	0.65	0.62	0.93
陕　西	0.92	0.80	0.76	0.49	0.26	0.33	0.44	0.98	1.40	1.51	0.83
福　建	0.37	0.32	0.30	0.99	0.51	0.88	0.65	0.63	0.47	1.06	0.65
重　庆	0.37	0.16	0.15	0.12	0.13	0.22	0.11	0.54	0.94	2.13	0.57
河　南	0.00	0.00	0.15	0.00	0.26	0.11	0.33	0.18	0.65	1.51	0.39
河　北	0.00	0.00	0.00	0.12	0.00	0.22	0.44	0.18	0.37	0.80	0.26
吉　林	0.00	0.00	0.15	0.37	0.26	0.11	0.22	0.45	0.19	0.44	0.25
江　西	0.00	0.00	0.15	0.00	0.13	0.11	0.22	0.63	0.28	0.27	0.21
广　西	0.00	0.00	0.30	0.37	0.13	0.00	0.00	0.18	0.19	0.35	0.16
贵　州	0.00	0.00	0.00	0.00	0.00	0.11	0.00	0.09	0.37	0.71	0.16
山　西	0.18	0.00	0.00	0.00	0.00	0.33	0.00	0.27	0.28	0.27	0.15
甘　肃	0.18	0.16	0.15	0.00	0.13	0.11	0.11	0.09	0.19	0.09	0.12
云　南	0.00	0.00	0.15	0.12	0.13	0.11	0.00	0.09	0.00	0.35	0.11
海　南	0.00	0.00	0.00	0.00	0.00	0.00	0.00	0.09	0.00	0.18	0.04
新　疆	0.00	0.00	0.00	0.12	0.00	0.00	0.00	0.00	0.00	0.09	0.04
内蒙古	0.00	0.00	0.15	0.00	0.00	0.00	0.00	0.00	0.00	0.00	0.01
宁　夏	0.00	0.00	0.00	0.00	0.00	0.00	0.00	0.09	0.00	0.00	0.01
青　海	0.00	0.00	0.00	0.00	0.00	0.00	0.00	0.00	0.09	0.00	0.01

表7-36　人工智能C层人才的世界占比

单位：%

省　份	2014年	2015年	2016年	2017年	2018年	2019年	2020年	2021年	2022年	2023年	合计
北　京	5.91	6.07	6.50	6.60	8.57	9.62	8.82	9.13	9.25	9.47	8.29
广　东	1.85	2.02	2.76	3.15	3.98	5.56	5.37	6.67	6.92	5.91	4.82
江　苏	3.02	2.92	3.24	3.34	3.16	3.03	3.35	3.75	4.15	4.58	3.55

续表

省　份	2014 年	2015 年	2016 年	2017 年	2018 年	2019 年	2020 年	2021 年	2022 年	2023 年	合计
上　海	1.79	2.18	1.81	2.14	2.65	2.94	3.06	3.64	4.39	4.51	3.11
浙　江	1.55	1.32	1.04	1.59	1.96	2.14	2.85	3.16	3.46	3.82	2.49
湖　北	1.19	1.39	1.62	1.63	1.91	2.01	2.43	2.37	2.72	3.03	2.15
四　川	1.04	1.18	1.17	1.66	1.84	1.96	2.24	2.66	2.66	2.47	2.02
辽　宁	1.21	1.43	1.59	1.61	1.60	1.50	1.71	2.13	2.01	1.66	1.69
山　东	0.85	0.77	0.92	1.10	1.37	1.49	1.85	2.20	2.23	2.41	1.65
安　徽	0.98	1.13	1.20	1.05	1.18	1.42	1.65	1.68	1.75	2.05	1.48
湖　南	0.87	0.92	0.90	0.92	1.50	1.35	1.57	1.50	1.74	2.33	1.45
重　庆	0.85	0.61	1.18	0.95	0.89	0.66	0.99	1.24	1.55	1.45	1.08
陕　西	0.96	0.73	1.09	0.92	0.86	1.02	1.15	0.94	1.40	1.43	1.08
天　津	0.36	0.65	0.61	0.65	0.88	1.08	1.28	1.38	1.17	1.14	0.99
黑龙江	0.75	0.94	1.18	0.95	0.95	0.73	0.78	0.95	0.96	0.92	0.91
福　建	0.60	0.61	0.48	0.73	0.69	0.71	0.95	1.08	0.92	0.94	0.81
河　南	0.25	0.29	0.44	0.29	0.42	0.53	0.47	0.73	0.75	0.83	0.54
江　西	0.32	0.43	0.36	0.27	0.24	0.24	0.28	0.33	0.28	0.46	0.32
广　西	0.17	0.14	0.19	0.26	0.23	0.29	0.32	0.32	0.44	0.54	0.31
河　北	0.26	0.26	0.30	0.29	0.20	0.19	0.20	0.23	0.47	0.50	0.30
吉　林	0.23	0.16	0.25	0.11	0.24	0.20	0.17	0.23	0.43	0.40	0.25
山　西	0.15	0.27	0.20	0.19	0.15	0.27	0.21	0.18	0.28	0.38	0.24
云　南	0.06	0.11	0.20	0.21	0.28	0.18	0.20	0.12	0.29	0.32	0.21
甘　肃	0.09	0.14	0.22	0.17	0.11	0.17	0.16	0.16	0.34	0.35	0.21
贵　州	0.08	0.10	0.11	0.07	0.11	0.14	0.11	0.20	0.16	0.25	0.14
新　疆	0.11	0.11	0.06	0.07	0.08	0.01	0.12	0.10	0.14	0.16	0.10
海　南	0.00	0.03	0.02	0.01	0.00	0.01	0.04	0.07	0.04	0.26	0.06
内蒙古	0.04	0.03	0.02	0.02	0.05	0.01	0.03	0.03	0.04	0.04	0.03
宁　夏	0.02	0.03	0.03	0.00	0.00	0.02	0.02	0.02	0.03	0.04	0.02
青　海	0.00	0.00	0.00	0.00	0.00	0.00	0.02	0.00	0.04	0.00	0.01
西　藏	0.00	0.00	0.00	0.01	0.00	0.00	0.00	0.01	0.01	0.02	0.01

第二节　学科组

在信息科学各学科人才分析的基础上，按照 A、B、C 三个人才层次，对各学科人才进行汇总分析，可以从学科组层面揭示人才的分布特点和发展趋势。

一 A层人才

信息科学 A 层人才最多的是北京，世界占比为 8.48%；广东的 A 层人才比较多，世界占比为 3.77%；江苏、浙江、上海、湖北、四川、安徽、辽宁也有相当数量的 A 层人才，世界占比在 3%~1%；湖南、山东、天津、黑龙江、重庆、陕西、福建、河南、广西、江西、贵州有一定数量的 A 层人才，世界占比均超过 0.1%；河北、云南、山西、吉林、海南、内蒙古、青海、宁夏 A 层人才的世界占比均低于 0.1%。

在发展趋势上，多数省份信息科学 A 层人才的世界占比呈现相对上升的趋势，其中，江苏、北京、湖南、广东、浙江的增幅较大。

表 7-37 信息科学 A 层人才的世界占比

单位：%

省　份	2014 年	2015 年	2016 年	2017 年	2018 年	2019 年	2020 年	2021 年	2022 年	2023 年	合计
北　京	7.14	6.09	5.68	6.86	9.59	10.74	7.91	9.00	9.08	10.98	8.48
广　东	1.67	1.22	2.84	2.17	2.40	4.60	4.96	6.15	4.54	5.25	3.77
江　苏	0.71	3.65	2.03	1.99	1.71	2.30	1.55	3.90	2.87	4.75	2.61
浙　江	0.48	1.01	0.20	1.26	1.03	1.99	2.17	2.70	2.42	3.77	1.82
上　海	1.19	0.81	1.42	0.90	2.23	1.99	1.24	1.95	2.72	2.95	1.80
湖　北	0.95	1.01	1.62	0.36	1.37	3.07	1.40	0.90	3.78	2.13	1.73
四　川	0.24	0.00	1.83	1.08	1.20	2.15	2.79	1.35	1.82	1.97	1.52
安　徽	1.67	1.22	0.00	0.72	0.51	2.15	0.93	1.20	2.27	3.11	1.42
辽　宁	1.19	0.20	0.81	0.72	1.20	0.61	1.24	2.55	0.61	1.31	1.07
湖　南	0.00	0.20	0.00	0.90	0.68	0.92	0.31	1.35	1.21	3.61	0.99
山　东	0.24	0.00	0.20	1.62	0.51	1.07	0.62	0.45	2.12	2.46	0.99
天　津	0.00	0.00	0.20	0.00	0.34	1.07	1.24	0.90	2.12	1.80	0.85
黑龙江	0.95	0.81	0.41	1.81	0.68	0.61	0.31	0.60	0.45	0.49	0.69

续表

省　份	2014年	2015年	2016年	2017年	2018年	2019年	2020年	2021年	2022年	2023年	合计
重　庆	0.00	0.00	0.00	0.90	0.17	0.00	0.62	0.45	0.76	1.31	0.45
陕　西	0.95	1.22	0.20	0.36	0.34	0.15	0.47	0.60	0.00	0.49	0.45
福　建	0.00	0.20	0.00	0.18	0.17	0.15	0.93	0.00	0.30	0.98	0.31
河　南	0.00	0.00	0.00	0.36	0.51	0.00	0.31	0.60	0.00	0.33	0.22
广　西	0.00	0.20	0.00	0.00	0.34	0.00	0.15	0.15	0.66	0.16	0.16
江　西	0.00	0.20	0.00	0.00	0.51	0.15	0.00	0.00	0.45	0.16	0.16
贵　州	0.00	0.00	0.00	0.00	0.00	0.00	0.16	0.15	0.00	0.82	0.12
河　北	0.00	0.00	0.00	0.00	0.00	0.00	0.16	0.00	0.61	0.00	0.09
云　南	0.00	0.20	0.00	0.00	0.00	0.15	0.00	0.15	0.00	0.33	0.09
山　西	0.00	0.00	0.00	0.00	0.17	0.00	0.31	0.00	0.00	0.00	0.05
吉　林	0.00	0.00	0.00	0.00	0.00	0.00	0.00	0.00	0.00	0.49	0.05
海　南	0.00	0.00	0.00	0.00	0.00	0.00	0.16	0.15	0.00	0.00	0.03
内蒙古	0.24	0.00	0.00	0.00	0.00	0.00	0.16	0.00	0.00	0.00	0.03
青　海	0.00	0.00	0.00	0.00	0.00	0.00	0.00	0.00	0.00	0.16	0.02
宁　夏	0.00	0.00	0.00	0.00	0.00	0.00	0.00	0.00	0.15	0.00	0.02

二　B层人才

信息科学B层人才最多的是北京，世界占比为8.08%；广东、江苏的B层人才比较多，世界占比分别为4.16%、3.44%；上海、浙江、湖北、四川、辽宁、山东、湖南、安徽也有相当数量的B层人才，世界占比在3%～1%；黑龙江、天津、陕西、重庆、福建、河南、广西、江西、吉林、河北、山西、甘肃、云南有一定数量的B层人才，世界占比超过或等于0.1%；贵州、新疆、海南、内蒙古、宁夏、青海、西藏B层人才的世界占比均低于0.1%。

在发展趋势上，多数省份信息科学B层人才的世界占比呈现相对上升的趋势，其中，广东、江苏的增幅较大。

表7-38 信息科学B层人才的世界占比

单位：%

省　份	2014年	2015年	2016年	2017年	2018年	2019年	2020年	2021年	2022年	2023年	合计
北　京	6.67	5.84	7.01	7.29	9.38	9.09	7.57	8.89	9.84	7.87	8.08
广　东	1.67	1.75	2.05	2.82	3.61	4.46	5.06	5.89	6.29	5.78	4.16
江　苏	2.31	2.08	2.72	2.86	2.44	3.07	3.82	4.30	4.32	5.49	3.44
上　海	2.08	1.84	1.67	2.38	2.48	2.72	2.30	2.94	3.40	4.21	2.66
浙　江	1.03	0.98	0.76	1.30	1.96	2.07	1.96	2.55	3.40	3.65	2.06
湖　北	1.10	1.42	1.15	1.34	1.55	1.85	2.49	2.07	2.86	3.41	1.99
四　川	1.00	0.83	1.19	1.56	1.63	1.82	1.94	2.62	3.09	2.37	1.89
辽　宁	1.08	1.53	1.30	1.63	1.46	1.89	1.91	2.12	2.21	2.42	1.80
山　东	0.51	0.39	0.61	0.79	1.13	1.72	1.67	2.37	2.94	2.87	1.60
湖　南	0.87	0.77	0.80	0.95	1.44	0.87	1.33	1.68	2.11	2.38	1.36
安　徽	1.08	0.77	0.52	0.87	0.81	1.12	1.28	2.20	1.32	1.90	1.23
黑龙江	0.74	0.98	1.12	0.89	0.85	0.87	1.09	1.04	0.97	0.74	0.93
天　津	0.41	0.39	0.37	0.65	0.54	0.89	1.24	1.13	1.17	1.61	0.88
陕　西	0.85	0.52	0.74	0.65	0.65	0.56	0.80	0.75	1.24	1.53	0.84
重　庆	0.31	0.28	0.58	0.30	0.61	0.84	0.48	0.86	1.55	1.86	0.81
福　建	0.49	0.42	0.26	0.61	0.76	0.77	0.80	0.79	0.94	0.87	0.69
河　南	0.03	0.04	0.30	0.00	0.37	0.34	0.46	0.64	1.02	1.16	0.47
广　西	0.05	0.04	0.26	0.33	0.19	0.25	0.15	0.25	0.33	0.29	0.22
江　西	0.03	0.00	0.24	0.22	0.13	0.25	0.31	0.27	0.36	0.27	0.22
吉　林	0.08	0.00	0.11	0.12	0.13	0.10	0.32	0.27	0.46	0.27	0.20
河　北	0.13	0.02	0.06	0.10	0.20	0.15	0.22	0.16	0.38	0.38	0.19
山　西	0.05	0.13	0.06	0.10	0.13	0.21	0.15	0.27	0.18	0.23	0.16
甘　肃	0.08	0.02	0.09	0.02	0.22	0.03	0.05	0.16	0.36	0.25	0.13
云　南	0.03	0.07	0.09	0.06	0.06	0.10	0.07	0.09	0.17	0.20	0.10
贵　州	0.00	0.04	0.00	0.00	0.06	0.11	0.02	0.06	0.12	0.36	0.08
新　疆	0.08	0.00	0.06	0.04	0.02	0.02	0.03	0.14	0.08	0.22	0.07
海　南	0.00	0.00	0.00	0.02	0.00	0.03	0.02	0.06	0.17	0.22	0.06
内蒙古	0.03	0.04	0.09	0.00	0.00	0.05	0.02	0.02	0.00	0.04	0.03
宁　夏	0.00	0.00	0.02	0.00	0.00	0.00	0.00	0.05	0.02	0.04	0.02
青　海	0.00	0.00	0.00	0.02	0.00	0.00	0.00	0.02	0.03	0.02	0.01
西　藏	0.00	0.00	0.00	0.00	0.00	0.02	0.00	0.03	0.00	0.00	0.01

三 C层人才

信息科学 C 层人才最多的是北京，世界占比为 6.92%；广东、江苏的 C 层人才比较多，世界占比分别为 3.65%、3.35%；上海、浙江、湖北、四川、山东、湖南、辽宁、安徽也有相当数量的 C 层人才，世界占比在 3%～1%；陕西、黑龙江、重庆、天津、福建、河南、广西、河北、吉林、江西、甘肃、山西、云南有一定数量的 C 层人才，世界占比均超过 0.1%；贵州、新疆、海南、内蒙古、宁夏、青海、西藏 C 层人才的世界占比均低于 0.1%。

在发展趋势上，多数省份信息科学 C 层人才的世界占比呈现相对上升的趋势，其中，广东、北京的增幅较大。

表 7-39　信息科学 C 层人才的世界占比

单位：%

省　份	2014 年	2015 年	2016 年	2017 年	2018 年	2019 年	2020 年	2021 年	2022 年	2023 年	合计
北　京	5.08	4.99	5.27	6.08	6.97	7.71	7.21	7.65	8.10	8.60	6.92
广　东	1.22	1.45	2.00	2.48	3.21	3.79	4.11	5.19	5.51	5.68	3.65
江　苏	2.07	2.07	2.50	3.23	3.36	3.43	3.52	3.83	4.18	4.43	3.35
上　海	1.64	1.71	1.74	2.08	2.22	2.69	2.61	2.93	3.32	3.67	2.53
浙　江	1.10	1.00	1.14	1.29	1.73	2.02	2.29	2.56	2.97	3.33	2.03
湖　北	1.11	1.20	1.45	1.67	1.85	2.05	2.24	2.13	2.43	2.61	1.93
四　川	0.79	0.80	0.93	1.33	1.41	1.69	1.59	1.96	2.01	2.12	1.52
山　东	0.51	0.59	0.70	1.07	1.25	1.51	1.60	1.94	2.01	2.23	1.41
湖　南	0.73	0.72	0.95	1.02	1.41	1.46	1.43	1.46	1.73	1.89	1.32
辽　宁	0.70	0.77	1.04	1.31	1.32	1.26	1.42	1.74	1.67	1.57	1.32
安　徽	0.68	0.65	0.80	0.81	0.96	1.18	1.23	1.34	1.42	1.83	1.13
陕　西	0.50	0.48	0.67	0.64	0.81	1.02	0.97	0.97	1.28	1.32	0.90
黑龙江	0.56	0.61	0.77	0.83	0.83	0.78	0.78	0.81	0.89	0.96	0.79
重　庆	0.35	0.30	0.55	0.62	0.65	0.71	0.84	0.98	1.15	1.33	0.78
天　津	0.36	0.41	0.49	0.56	0.71	0.90	0.91	0.99	0.96	1.00	0.76
福　建	0.32	0.36	0.45	0.54	0.68	0.77	0.88	0.86	0.83	0.91	0.69

省　份	2014 年	2015 年	2016 年	2017 年	2018 年	2019 年	2020 年	2021 年	2022 年	2023 年	合计
河　南	0.18	0.16	0.26	0.28	0.49	0.52	0.53	0.66	0.74	0.85	0.49
广　西	0.09	0.09	0.12	0.17	0.24	0.23	0.30	0.37	0.47	0.52	0.28
河　北	0.13	0.15	0.21	0.21	0.19	0.31	0.23	0.30	0.43	0.41	0.27
吉　林	0.10	0.14	0.19	0.16	0.25	0.30	0.27	0.29	0.39	0.38	0.26
江　西	0.17	0.22	0.23	0.23	0.26	0.25	0.24	0.30	0.26	0.35	0.25
甘　肃	0.07	0.07	0.10	0.11	0.13	0.17	0.14	0.19	0.24	0.27	0.15
山　西	0.05	0.10	0.11	0.11	0.10	0.16	0.15	0.17	0.18	0.28	0.15
云　南	0.03	0.08	0.09	0.11	0.12	0.13	0.19	0.14	0.23	0.26	0.14
贵　州	0.02	0.03	0.05	0.03	0.09	0.10	0.09	0.12	0.13	0.17	0.09
新　疆	0.04	0.04	0.03	0.06	0.06	0.06	0.09	0.10	0.15	0.16	0.08
海　南	0.01	0.03	0.03	0.04	0.03	0.04	0.07	0.10	0.10	0.24	0.07
内蒙古	0.02	0.03	0.04	0.04	0.05	0.08	0.07	0.06	0.06	0.05	0.05
宁　夏	0.01	0.01	0.01	0.01	0.00	0.02	0.02	0.02	0.03	0.05	0.02
青　海	0.02	0.01	0.00	0.00	0.01	0.01	0.02	0.01	0.03	0.02	0.01
西　藏	0.00	0.00	0.00	0.01	0.00	0.00	0.01	0.02	0.01	0.01	0.01

第八章 管理科学

管理科学是研究人类管理活动规律及其应用的综合性交叉科学。管理科学的基础是数学、经济学和行为科学。

第一节 学科

管理科学学科组包括以下学科：运筹学和管理科学、管理学、商学、经济学、金融学、人口统计学、农业经济和政策、公共行政、卫生保健科学和服务、医学伦理学、区域和城市规划、信息学和图书馆学，共计 12 个。

一 运筹学和管理科学

运筹学和管理科学 A、B、C 层人才最多的均为北京，世界占比分别为 3.86%、3.34%、4.39%。

湖北、浙江、广东、湖南、江苏、山东有相当数量的 A 层人才，世界占比在 3%~1%；吉林、辽宁、上海、安徽、甘肃、河北、陕西、四川、天津有一定数量的 A 层人才，世界占比均超过 0.4%。

上海、四川、湖北、广东、江苏、浙江、辽宁、山东、安徽有相当数量的 B 层人才，世界占比在 3%~1%；天津、黑龙江、湖南、福建、重庆、陕西、江西、河北、河南、吉林、云南、甘肃有一定数量的 B 层人才，世界占比均超过 0.1%；海南、宁夏、广西、贵州、山西、新疆 B 层人才的世界占比均低于 0.1%。

上海、江苏、广东、四川、湖北、浙江、辽宁、安徽、天津、山东、湖南有相当数量的 C 层人才，世界占比在 3%~1%；重庆、陕西、福建、黑龙江、河南、江西、广西、甘肃、河北、吉林、云南、山西、贵州有一定数量的 C 层人才，世界占比均超过 0.1%；海南、内蒙古、宁夏、新疆 C 层人才的世界占比均低于 0.1%。

表 8-1 运筹学和管理科学 A 层人才的世界占比

单位：%

省 份	2014 年	2015 年	2016 年	2017 年	2018 年	2019 年	2020 年	2021 年	2022 年	2023 年	合 计
北 京	0.00	0.00	0.00	0.00	9.52	4.00	0.00	3.57	11.54	8.33	3.86
湖 北	5.88	0.00	0.00	9.52	0.00	0.00	0.00	3.57	0.00	4.17	2.15
浙 江	0.00	0.00	0.00	0.00	0.00	0.00	0.00	10.71	7.69	0.00	2.15
广 东	0.00	4.76	0.00	4.76	0.00	0.00	0.00	0.00	3.85	4.17	1.72
湖 南	0.00	0.00	0.00	4.76	0.00	0.00	0.00	0.00	0.00	12.50	1.72
江 苏	0.00	0.00	0.00	9.52	4.76	0.00	0.00	0.00	0.00	4.17	1.72
山 东	0.00	0.00	0.00	0.00	0.00	0.00	0.00	3.57	3.85	8.33	1.72
吉 林	0.00	0.00	0.00	0.00	4.76	0.00	3.57	0.00	0.00	0.00	0.86
辽 宁	0.00	0.00	0.00	0.00	4.76	0.00	0.00	0.00	0.00	4.17	0.86
上 海	0.00	0.00	0.00	0.00	0.00	0.00	0.00	0.00	3.85	4.17	0.86
安 徽	0.00	0.00	0.00	0.00	0.00	4.00	0.00	0.00	0.00	0.00	0.43
甘 肃	0.00	0.00	0.00	0.00	0.00	4.00	0.00	0.00	0.00	0.00	0.43
河 北	0.00	0.00	0.00	0.00	0.00	0.00	0.00	0.00	0.00	4.17	0.43
陕 西	0.00	0.00	0.00	0.00	0.00	0.00	0.00	0.00	0.00	4.17	0.43
四 川	0.00	0.00	0.00	0.00	0.00	0.00	3.57	0.00	0.00	0.00	0.43
天 津	0.00	0.00	0.00	0.00	4.76	0.00	0.00	0.00	0.00	0.00	0.43

表 8-2 运筹学和管理科学 B 层人才的世界占比

单位：%

省 份	2014 年	2015 年	2016 年	2017 年	2018 年	2019 年	2020 年	2021 年	2022 年	2023 年	合 计
北 京	1.24	2.62	5.37	2.67	2.59	2.95	0.80	5.70	4.45	4.05	3.34
上 海	0.62	1.57	1.46	1.60	4.66	1.69	3.60	3.04	4.45	3.15	2.69
四 川	1.24	0.52	2.44	0.53	2.07	3.38	1.20	2.28	4.86	3.60	2.32
湖 北	0.00	3.66	1.95	3.21	3.11	1.69	0.80	1.52	3.64	2.25	2.18
广 东	0.62	1.57	0.98	3.21	2.59	2.53	1.20	1.90	2.43	2.70	1.99
江 苏	0.62	0.52	0.49	0.53	1.55	1.27	1.60	2.66	3.64	3.60	1.76
浙 江	0.62	1.05	1.46	0.53	0.00	2.11	2.00	1.14	3.64	3.15	1.67

续表

省　份	2014 年	2015 年	2016 年	2017 年	2018 年	2019 年	2020 年	2021 年	2022 年	2023 年	合计
辽　宁	0.00	0.52	0.98	0.53	0.52	2.11	1.20	1.14	1.62	3.15	1.25
山　东	0.00	0.52	0.00	0.53	0.52	0.42	1.20	1.90	2.02	3.60	1.16
安　徽	1.86	0.52	1.46	1.07	0.00	0.42	0.40	1.90	1.62	1.35	1.07
天　津	0.00	0.52	0.00	1.60	1.04	0.84	1.20	1.52	1.21	1.35	0.97
黑龙江	0.62	0.00	0.00	0.00	0.00	0.00	1.60	1.52	1.62	1.80	0.79
湖　南	0.00	0.52	0.98	0.00	1.04	1.27	0.00	1.14	0.40	1.35	0.70
福　建	0.00	1.05	0.49	0.53	1.04	0.42	0.00	0.38	1.21	0.90	0.60
重　庆	1.86	0.00	0.00	0.00	0.00	0.84	0.80	0.00	1.62	0.45	0.56
陕　西	0.00	0.52	0.00	0.00	0.52	0.42	0.00	0.38	1.62	1.35	0.51
江　西	0.00	0.00	0.00	0.00	0.00	0.00	0.00	0.00	1.21	1.80	0.32
河　北	0.00	0.52	0.00	0.00	0.00	0.42	0.00	0.38	0.00	1.35	0.28
河　南	0.00	0.00	0.00	0.53	0.52	1.27	0.40	0.00	0.00	0.00	0.28
吉　林	0.00	0.00	0.00	0.00	0.00	0.00	0.00	0.76	0.00	0.90	0.19
云　南	0.00	0.00	0.49	0.53	0.00	0.00	0.00	0.00	0.40	0.45	0.19
甘　肃	0.00	0.00	0.00	0.00	0.00	0.52	0.00	0.00	0.40	0.00	0.14
海　南	0.00	0.00	0.00	0.00	0.00	0.00	0.00	0.00	0.40	0.45	0.09
宁　夏	0.00	0.00	0.00	0.00	0.00	0.42	0.00	0.00	0.00	0.45	0.09
广　西	0.00	0.00	0.00	0.53	0.00	0.00	0.00	0.00	0.00	0.00	0.05
贵　州	0.00	0.00	0.00	0.00	0.00	0.42	0.00	0.00	0.00	0.00	0.05
山　西	0.00	0.00	0.00	0.00	0.00	0.00	0.00	0.38	0.00	0.00	0.05
新　疆	0.00	0.00	0.00	0.00	0.00	0.00	0.00	0.00	0.40	0.00	0.05

表 8-3　运筹学和管理科学 C 层人才的世界占比

单位：%

省　份	2014 年	2015 年	2016 年	2017 年	2018 年	2019 年	2020 年	2021 年	2022 年	2023 年	合计
北　京	3.03	3.48	3.27	3.10	3.69	4.62	4.88	5.38	5.90	5.23	4.39
上　海	2.65	2.27	2.23	2.14	2.74	3.05	3.29	3.08	4.19	3.65	2.99
江　苏	1.39	1.85	1.73	1.50	2.37	2.67	3.06	3.70	3.97	4.27	2.77
广　东	0.88	1.21	1.49	2.41	1.74	2.16	2.98	2.69	2.44	2.68	2.15
四　川	0.95	0.79	0.99	1.50	1.95	2.29	2.18	2.42	2.26	3.56	1.97
湖　北	0.82	1.16	1.44	2.03	2.06	1.86	1.75	2.30	2.35	2.95	1.92
浙　江	0.95	1.27	0.94	0.91	1.11	1.74	1.67	1.83	1.88	2.77	1.56
辽　宁	1.26	0.63	1.09	0.86	1.00	1.19	1.39	1.33	2.01	2.11	1.32

省　份	2014 年	2015 年	2016 年	2017 年	2018 年	2019 年	2020 年	2021 年	2022 年	2023 年	合计
安　徽	0.70	0.84	1.24	0.96	1.21	1.40	1.15	1.29	1.54	1.50	1.21
天　津	0.51	1.11	1.24	0.64	0.69	0.97	1.39	1.17	1.37	1.10	1.05
山　东	0.32	0.37	0.25	0.37	1.05	0.85	0.99	1.40	1.32	2.86	1.04
湖　南	0.51	0.53	0.84	0.59	1.37	1.06	1.07	0.86	1.62	1.54	1.03
重　庆	0.25	0.42	0.30	0.80	0.42	0.59	0.63	1.09	1.54	1.28	0.77
陕　西	0.19	0.11	0.10	0.21	0.53	0.51	0.56	0.86	1.37	1.63	0.65
福　建	0.38	0.42	0.20	0.37	0.32	0.51	0.67	0.74	0.77	0.97	0.56
黑龙江	0.38	0.26	0.45	0.21	0.42	0.38	0.32	0.55	0.56	0.92	0.45
河　南	0.06	0.16	0.10	0.05	0.11	0.25	0.67	0.62	0.94	0.70	0.40
江　西	0.32	0.11	0.15	0.11	0.47	0.21	0.16	0.19	0.34	0.70	0.28
广　西	0.19	0.05	0.05	0.00	0.21	0.08	0.24	0.27	0.43	0.53	0.22
甘　肃	0.06	0.05	0.10	0.16	0.37	0.21	0.16	0.04	0.26	0.40	0.18
河　北	0.06	0.05	0.10	0.16	0.21	0.21	0.12	0.04	0.38	0.40	0.18
吉　林	0.13	0.05	0.05	0.11	0.26	0.08	0.08	0.16	0.43	0.26	0.16
云　南	0.06	0.11	0.20	0.05	0.05	0.08	0.08	0.16	0.30	0.26	0.14
山　西	0.06	0.11	0.05	0.11	0.16	0.04	0.08	0.19	0.21	0.26	0.13
贵　州	0.06	0.05	0.00	0.05	0.16	0.25	0.04	0.08	0.34	0.09	0.12
海　南	0.00	0.00	0.00	0.00	0.00	0.04	0.04	0.23	0.09	0.26	0.08
内蒙古	0.00	0.11	0.10	0.00	0.05	0.00	0.04	0.00	0.00	0.09	0.04
宁　夏	0.00	0.00	0.00	0.00	0.00	0.04	0.16	0.00	0.04	0.04	0.03
新　疆	0.00	0.05	0.00	0.00	0.00	0.00	0.00	0.04	0.00	0.09	0.03

二　管理学

管理学 A 层人才最多的是浙江，世界占比为 0.85%；北京、广东、上海、安徽、甘肃、广西、江苏、江西、山东、四川有一定数量的 A 层人才，世界占比均超过 0.2%。

B 层人才最多的是北京，世界占比为 2.00%；上海、江苏也有相当数量的 B 层人才，世界占比分别为 1.46%、1.14%；广东、浙江、四川、湖北、辽宁、山东、天津、安徽、福建、湖南、黑龙江、陕西、江西有一定数量的 B 层人才，世界占比均超过 0.1%；重庆、甘肃、贵州、河北、河南、山西、广西、海南、宁夏 B 层人才的世界占比均低于 0.1%。

C 层人才最多的是北京，世界占比为 1.78%；上海、广东也有相当数量的 C 层人才，世界占比分别为 1.44%、1.09%；江苏、浙江、四川、湖北、安徽、湖南、福建、天津、山东、辽宁、重庆、黑龙江、河南、陕西有一定数量的 C 层人才，世界占比均超过 0.1%；吉林、江西、云南、河北、山西、甘肃、广西、海南、新疆、贵州、内蒙古、宁夏 C 层人才的世界占比均低于 0.1%。

表 8-4　管理学 A 层人才的世界占比

单位：%

省　份	2014 年	2015 年	2016 年	2017 年	2018 年	2019 年	2020 年	2021 年	2022 年	2023 年	合计
浙　江	0.00	0.00	0.00	0.00	0.00	2.50	2.38	0.00	4.00	0.00	0.85
北　京	0.00	0.00	0.00	0.00	0.00	0.00	0.00	2.70	4.00	0.00	0.56
广　东	0.00	0.00	0.00	2.94	0.00	0.00	0.00	2.70	0.00	0.00	0.56
上　海	0.00	0.00	0.00	0.00	0.00	0.00	0.00	2.70	0.00	2.50	0.56
安　徽	0.00	0.00	0.00	0.00	0.00	2.50	0.00	0.00	0.00	0.00	0.28
甘　肃	0.00	0.00	0.00	0.00	0.00	2.50	0.00	0.00	0.00	0.00	0.28
广　西	0.00	0.00	0.00	0.00	0.00	0.00	2.38	0.00	0.00	0.00	0.28
江　苏	0.00	0.00	0.00	2.94	0.00	0.00	0.00	0.00	0.00	0.00	0.28
江　西	0.00	0.00	0.00	0.00	0.00	0.00	0.00	0.00	4.00	0.00	0.28
山　东	0.00	0.00	0.00	0.00	0.00	0.00	0.00	0.00	0.00	2.50	0.28
四　川	0.00	0.00	0.00	0.00	0.00	0.00	0.00	0.00	0.00	2.50	0.28

表 8-5　管理学 B 层人才的世界占比

单位：%

省　份	2014 年	2015 年	2016 年	2017 年	2018 年	2019 年	2020 年	2021 年	2022 年	2023 年	合计
北　京	0.69	2.05	1.55	1.99	1.46	1.57	1.80	3.30	1.78	3.52	2.00
上　海	0.00	1.71	1.86	0.28	2.34	0.26	2.06	0.51	2.04	3.52	1.46
江　苏	0.00	0.00	0.00	0.85	0.88	0.26	0.77	1.52	3.31	3.23	1.14
广　东	0.69	0.68	0.62	0.00	0.88	1.04	1.54	0.76	1.53	1.47	0.94
浙　江	0.35	0.68	0.31	0.85	0.29	0.52	1.03	0.00	1.78	2.93	0.89
四　川	0.69	0.00	0.31	0.00	0.88	1.57	0.77	1.02	1.02	0.88	0.74
湖　北	0.35	0.00	0.31	0.28	0.88	1.57	0.51	0.76	0.51	1.17	0.66

续表

省　份	2014 年	2015 年	2016 年	2017 年	2018 年	2019 年	2020 年	2021 年	2022 年	2023 年	合计
辽　宁	0.00	0.00	0.00	0.00	0.58	0.52	0.51	1.02	1.27	1.47	0.57
山　东	0.00	0.34	0.00	0.00	0.88	0.00	0.51	0.51	0.51	1.76	0.46
天　津	0.00	0.00	0.00	0.57	0.29	0.52	0.51	0.51	0.76	0.59	0.40
安　徽	0.35	0.00	0.62	0.28	0.29	0.26	0.00	0.00	0.00	1.17	0.29
福　建	0.35	0.00	0.31	0.00	0.29	0.00	0.00	0.00	0.51	1.17	0.26
湖　南	0.00	0.00	0.00	0.28	0.00	0.78	0.00	0.25	0.88	0.23
黑龙江	0.00	0.34	0.31	0.57	0.29	0.00	0.26	0.00	0.00	0.29	0.20
陕　西	0.00	0.00	0.00	0.00	0.58	0.00	0.51	0.00	0.76	0.00	0.20
江　西	0.00	0.00	0.00	0.57	0.29	0.00	0.00	0.25	0.00	0.00	0.11
重　庆	0.00	0.00	0.00	0.00	0.00	0.52	0.00	0.25	0.00	0.00	0.09
甘　肃	0.00	0.00	0.00	0.00	0.29	0.00	0.00	0.00	0.51	0.00	0.09
贵　州	0.00	0.00	0.00	0.00	0.00	0.00	0.00	0.25	0.25	0.29	0.09
河　北	0.00	0.00	0.00	0.00	0.29	0.00	0.00	0.25	0.00	0.06
河　南	0.00	0.00	0.00	0.00	0.00	0.00	0.26	0.00	0.00	0.29	0.06
山　西	0.00	0.00	0.00	0.00	0.00	0.00	0.00	0.00	0.00	0.59	0.06
广　西	0.00	0.00	0.00	0.00	0.00	0.00	0.00	0.25	0.00	0.00	0.03
海　南	0.00	0.00	0.00	0.00	0.00	0.00	0.00	0.00	0.00	0.29	0.03
宁　夏	0.00	0.00	0.00	0.00	0.00	0.00	0.00	0.00	0.00	0.29	0.03

表 8-6　管理学 C 层人才的世界占比

单位：%

省　份	2014 年	2015 年	2016 年	2017 年	2018 年	2019 年	2020 年	2021 年	2022 年	2023 年	合计
北　京	1.07	1.63	1.37	1.31	1.42	2.25	1.55	2.31	2.46	2.17	1.78
上　海	0.89	1.80	1.01	1.11	1.22	1.85	1.45	1.44	1.64	1.83	1.44
广　东	0.58	0.85	1.04	0.83	0.83	1.15	0.97	1.23	1.61	1.65	1.09
江　苏	0.41	0.34	0.70	0.63	0.71	0.81	1.09	1.23	1.85	1.74	0.98
浙　江	0.62	0.48	0.64	0.34	0.89	0.94	0.99	1.18	1.43	1.56	0.92
四　川	0.31	0.31	0.27	0.37	0.50	0.81	0.89	1.15	1.03	1.22	0.71
湖　北	0.34	0.34	0.37	0.60	0.50	0.65	0.84	0.81	0.74	1.07	0.64
安　徽	0.21	0.31	0.27	0.26	0.59	0.76	0.64	0.34	0.61	0.95	0.50
湖　南	0.10	0.20	0.09	0.31	0.50	0.47	0.51	0.45	0.71	0.82	0.43
福　建	0.03	0.14	0.27	0.37	0.24	0.39	0.59	0.58	0.50	0.85	0.41
天　津	0.17	0.41	0.09	0.31	0.24	0.42	0.48	0.45	0.63	0.70	0.40

续表

省　份	2014 年	2015 年	2016 年	2017 年	2018 年	2019 年	2020 年	2021 年	2022 年	2023 年	合计
山　东	0.21	0.07	0.09	0.20	0.33	0.21	0.43	0.47	0.53	1.19	0.38
辽　宁	0.41	0.10	0.18	0.17	0.24	0.37	0.53	0.39	0.63	0.61	0.37
重　庆	0.17	0.10	0.12	0.14	0.12	0.31	0.18	0.18	0.40	0.40	0.22
黑龙江	0.00	0.20	0.09	0.09	0.09	0.13	0.25	0.08	0.32	0.52	0.18
河　南	0.00	0.00	0.00	0.00	0.06	0.05	0.10	0.21	0.42	0.43	0.13
陕　西	0.07	0.03	0.03	0.06	0.15	0.29	0.15	0.16	0.24	0.09	0.13
吉　林	0.00	0.03	0.00	0.14	0.03	0.10	0.00	0.21	0.18	0.18	0.09
江　西	0.03	0.10	0.06	0.11	0.06	0.05	0.05	0.03	0.18	0.18	0.09
云　南	0.00	0.03	0.03	0.00	0.03	0.05	0.08	0.08	0.08	0.12	0.06
河　北	0.00	0.00	0.06	0.03	0.03	0.03	0.08	0.05	0.13	0.12	0.05
山　西	0.00	0.00	0.03	0.09	0.06	0.05	0.10	0.03	0.05	0.12	0.05
甘　肃	0.07	0.03	0.09	0.00	0.09	0.00	0.05	0.08	0.00	0.03	0.04
广　西	0.03	0.00	0.00	0.00	0.00	0.05	0.10	0.05	0.11	0.06	0.04
海　南	0.00	0.00	0.00	0.00	0.03	0.00	0.03	0.00	0.16	0.21	0.04
新　疆	0.00	0.00	0.00	0.00	0.00	0.00	0.05	0.05	0.05	0.03	0.02
贵　州	0.00	0.00	0.00	0.00	0.00	0.03	0.00	0.03	0.03	0.06	0.01
内蒙古	0.00	0.00	0.00	0.03	0.09	0.00	0.00	0.00	0.00	0.00	0.01
宁　夏	0.00	0.00	0.00	0.00	0.00	0.00	0.00	0.00	0.00	0.06	0.01

三　商学

商学 A 层人才最多的是北京、上海、浙江，世界占比均为 1.00%；江西、福建、海南、内蒙古、江苏、辽宁、四川、新疆有一定数量的 A 层人才，世界占比均超过 0.3%。

北京、上海、广东、江苏有相当数量的 B 层人才，世界占比在 2%～1%；浙江、湖北、山东、四川、辽宁、安徽、湖南、福建、陕西、重庆、江西、天津、河南、广西、吉林有一定数量的 B 层人才，世界占比均超过 0.1%；贵州、海南、宁夏、新疆、甘肃、黑龙江、内蒙古、山西、云南 B 层人才的世界占比均低于 0.1%。

C 层人才最多的是北京，世界占比为 1.51%；上海、广东也有相当数量的 C 层人才，世界占比分别为 1.30%、1.00%；浙江、江苏、湖北、四川、安徽、湖南、山东、福建、辽宁、天津、黑龙江、重庆、河南、陕西、江西、吉林有一定数量的 C 层人才，世界占比超过或等于 0.1%；广西、贵州、海南、云南、甘肃、河北、山西、内蒙古 C 层人才的世界占比均低于 0.1%。

表 8-7　商学 A 层人才的世界占比

单位：%

省　份	2014 年	2015 年	2016 年	2017 年	2018 年	2019 年	2020 年	2021 年	2022 年	2023 年	合计
北　京	0.00	0.00	0.00	0.00	0.00	0.00	0.00	0.00	6.67	3.70	1.00
上　海	0.00	0.00	0.00	0.00	3.33	3.03	0.00	0.00	0.00	3.70	1.00
浙　江	0.00	0.00	0.00	0.00	0.00	0.00	0.00	0.00	3.33	7.41	1.00
江　西	0.00	0.00	0.00	0.00	0.00	0.00	0.00	2.94	3.33	0.00	0.67
福　建	0.00	0.00	0.00	0.00	0.00	0.00	0.00	0.00	3.33	0.00	0.33
海　南	0.00	0.00	0.00	0.00	0.00	0.00	0.00	0.00	3.70	0.00	0.33
内蒙古	0.00	0.00	0.00	0.00	0.00	0.00	0.00	0.00	3.70	0.00	0.33
江　苏	0.00	0.00	0.00	0.00	0.00	0.00	0.00	2.94	0.00	0.00	0.33
辽　宁	0.00	0.00	0.00	0.00	0.00	0.00	0.00	0.00	3.33	0.00	0.33
四　川	0.00	0.00	0.00	0.00	0.00	0.00	0.00	0.00	3.33	0.00	0.33
新　疆	0.00	0.00	0.00	0.00	0.00	0.00	0.00	0.00	3.33	0.00	0.33

表 8-8　商学 B 层人才的世界占比

单位：%

省　份	2014 年	2015 年	2016 年	2017 年	2018 年	2019 年	2020 年	2021 年	2022 年	2023 年	合计
北　京	0.97	1.28	1.85	1.40	1.04	0.67	1.76	1.30	4.50	4.23	1.94
上　海	0.00	2.13	1.11	0.00	0.69	0.34	1.18	0.97	2.57	3.17	1.24
广　东	0.00	0.85	0.37	0.00	1.04	2.35	0.29	1.95	1.93	2.46	1.17
江　苏	0.00	0.00	0.00	0.00	0.35	0.00	1.18	1.30	3.54	3.17	1.03
浙　江	0.48	0.43	0.37	0.00	0.00	0.67	0.59	0.32	2.57	3.17	0.88
湖　北	0.00	0.00	0.74	0.00	0.35	1.01	0.29	0.65	0.96	2.82	0.71
山　东	0.00	0.00	0.00	0.00	0.00	0.34	0.29	0.97	1.93	2.11	0.60
四　川	0.48	0.00	0.74	0.00	1.04	0.34	0.59	0.97	0.64	0.70	0.57
辽　宁	0.00	0.00	0.00	0.00	0.35	0.34	0.29	0.32	1.93	0.70	0.42

续表

省　份	2014年	2015年	2016年	2017年	2018年	2019年	2020年	2021年	2022年	2023年	合计
安　徽	0.00	0.00	0.00	0.00	0.00	0.34	0.00	0.97	1.61	0.70	0.39
湖　南	0.48	0.00	0.00	0.00	0.35	0.67	0.00	0.00	0.96	1.06	0.35
福　建	0.00	0.43	0.00	0.00	0.00	0.34	0.00	0.32	0.32	1.06	0.25
陕　西	0.00	0.43	0.00	0.00	0.00	0.34	0.88	0.00	0.32	0.35	0.25
重　庆	0.00	0.00	0.00	0.00	0.00	0.34	0.29	0.65	0.00	0.70	0.21
江　西	0.00	0.00	0.00	0.35	0.00	0.00	0.00	0.00	1.61	0.00	0.21
天　津	0.48	0.00	0.00	0.00	0.35	0.00	0.00	0.00	0.96	0.35	0.21
河　南	0.00	0.00	0.00	0.00	0.00	0.00	0.29	0.00	0.32	0.70	0.14
广　西	0.00	0.00	0.00	0.00	0.00	0.00	0.29	0.32	0.32	0.00	0.11
吉　林	0.00	0.00	0.00	0.00	0.00	0.34	0.00	0.00	0.32	0.35	0.11
贵　州	0.00	0.00	0.00	0.00	0.00	0.00	0.00	0.00	0.32	0.35	0.07
海　南	0.00	0.00	0.00	0.00	0.00	0.00	0.00	0.00	0.64	0.00	0.07
宁　夏	0.00	0.00	0.00	0.00	0.00	0.00	0.00	0.00	0.00	0.70	0.07
新　疆	0.00	0.00	0.00	0.00	0.00	0.00	0.00	0.00	0.32	0.35	0.07
甘　肃	0.00	0.00	0.00	0.00	0.35	0.00	0.00	0.00	0.00	0.00	0.04
黑龙江	0.00	0.00	0.00	0.00	0.00	0.00	0.00	0.00	0.32	0.00	0.04
内蒙古	0.00	0.00	0.00	0.00	0.00	0.00	0.00	0.00	0.32	0.00	0.04
山　西	0.00	0.00	0.00	0.00	0.00	0.00	0.00	0.00	0.00	0.35	0.04
云　南	0.00	0.00	0.00	0.00	0.00	0.00	0.00	0.00	0.00	0.35	0.04

表8-9　商学C层人才的世界占比

单位：%

省　份	2014年	2015年	2016年	2017年	2018年	2019年	2020年	2021年	2022年	2023年	合计
北　京	1.32	1.00	1.08	0.95	1.50	2.05	1.63	1.33	2.12	1.88	1.51
上　海	0.98	1.47	1.04	1.09	1.11	1.58	1.16	0.93	1.68	1.96	1.30
广　东	0.34	0.61	0.45	0.95	0.89	0.97	1.01	1.50	1.57	1.46	1.00
浙　江	0.69	0.39	0.67	0.35	1.03	0.81	0.98	0.93	1.98	1.73	0.97
江　苏	0.25	0.30	0.37	0.32	0.50	0.60	0.89	1.00	2.19	2.19	0.89
湖　北	0.05	0.52	0.45	0.53	0.53	0.71	0.77	0.66	0.75	1.34	0.65
四　川	0.34	0.22	0.26	0.32	0.36	0.37	0.53	0.86	0.82	1.15	0.53
安　徽	0.00	0.13	0.15	0.07	0.57	0.34	0.41	0.33	0.75	1.19	0.41
湖　南	0.05	0.26	0.15	0.21	0.39	0.30	0.50	0.27	0.75	0.81	0.38
山　东	0.15	0.04	0.15	0.07	0.29	0.24	0.36	0.43	0.72	1.23	0.37

续表

省　份	2014年	2015年	2016年	2017年	2018年	2019年	2020年	2021年	2022年	2023年	合计
福　建	0.15	0.30	0.19	0.18	0.18	0.37	0.36	0.33	0.31	0.73	0.31
辽　宁	0.15	0.13	0.04	0.14	0.14	0.34	0.36	0.50	0.48	0.65	0.30
天　津	0.10	0.13	0.15	0.18	0.25	0.27	0.36	0.37	0.41	0.50	0.28
黑龙江	0.00	0.13	0.22	0.00	0.11	0.07	0.21	0.10	0.21	0.46	0.15
重　庆	0.10	0.00	0.04	0.04	0.07	0.10	0.12	0.20	0.27	0.54	0.15
河　南	0.00	0.00	0.04	0.07	0.11	0.07	0.09	0.17	0.51	0.38	0.15
陕　西	0.00	0.09	0.11	0.14	0.11	0.24	0.06	0.17	0.24	0.12	0.13
江　西	0.00	0.09	0.04	0.04	0.11	0.03	0.15	0.17	0.27	0.31	0.12
吉　林	0.00	0.00	0.00	0.04	0.14	0.03	0.00	0.20	0.24	0.35	0.10
广　西	0.00	0.00	0.00	0.00	0.00	0.00	0.03	0.10	0.21	0.27	0.06
贵　州	0.00	0.00	0.00	0.00	0.04	0.00	0.03	0.07	0.17	0.15	0.05
海　南	0.00	0.00	0.00	0.00	0.00	0.00	0.12	0.00	0.17	0.15	0.05
云　南	0.00	0.00	0.00	0.00	0.00	0.00	0.09	0.03	0.14	0.19	0.05
甘　肃	0.00	0.00	0.00	0.04	0.00	0.03	0.12	0.07	0.03	0.04	0.04
河　北	0.00	0.00	0.00	0.00	0.00	0.00	0.03	0.09	0.14	0.08	0.04
山　西	0.00	0.00	0.00	0.04	0.04	0.00	0.09	0.00	0.07	0.12	0.04
内蒙古	0.00	0.00	0.04	0.00	0.11	0.00	0.00	0.00	0.00	0.00	0.01

四　经济学

经济学A、B、C层人才最多的均为北京，世界占比分别为3.47%、5.39%、3.90%。

上海、福建、江苏、山东有相当数量的A层人才，世界占比在2%～1%；四川、安徽、江西、天津、浙江、广东、湖北、湖南、辽宁、广西、贵州、海南、河南、新疆有一定数量的A层人才，世界占比均超过0.1%。

上海、江苏、湖北、四川、福建、湖南、广东、浙江有相当数量的B层人才，世界占比在3%～1%；江西、山东、安徽、天津、重庆、辽宁、陕西、新疆、甘肃、云南、贵州有一定数量的B层人才，世界占比均超过0.1%；河南、吉林、河北、广西、海南、山西、黑龙江B层人才的世界占比均低于0.1%。

上海、江苏、广东有相当数量的 C 层人才，世界占比在 2%～1%；湖北、四川、浙江、湖南、福建、山东、辽宁、天津、安徽、江西、重庆、河南、陕西、黑龙江、吉林有一定数量的 C 层人才，世界占比超过或等于 0.1%；云南、甘肃、贵州、山西、广西、河北、内蒙古、新疆、海南 C 层人才的世界占比均低于 0.1%。

表 8-10　经济学 A 层人才的世界占比

单位：%

省份	2014年	2015年	2016年	2017年	2018年	2019年	2020年	2021年	2022年	2023年	合计
北京	3.92	1.85	1.75	1.61	4.76	1.49	6.25	6.35	4.76	1.61	3.47
上海	0.00	1.85	0.00	0.00	1.59	2.99	0.00	1.59	3.17	3.23	1.49
福建	0.00	0.00	3.51	0.00	0.00	2.99	0.00	3.17	0.00	1.61	1.16
江苏	0.00	1.85	0.00	0.00	0.00	1.49	1.56	1.59	1.59	3.23	1.16
山东	0.00	1.85	0.00	0.00	0.00	1.49	0.00	3.17	1.59	3.23	1.16
四川	0.00	0.00	0.00	0.00	0.00	1.49	1.56	1.59	1.59	3.23	0.99
安徽	0.00	0.00	0.00	0.00	0.00	0.00	1.56	0.00	0.00	6.45	0.83
江西	0.00	0.00	0.00	0.00	0.00	0.00	1.56	3.17	1.59	1.61	0.83
天津	0.00	0.00	0.00	0.00	0.00	0.00	3.13	4.76	0.00	0.00	0.83
浙江	0.00	0.00	1.75	0.00	0.00	0.00	0.00	0.00	1.59	4.84	0.83
广东	0.00	0.00	1.75	0.00	0.00	0.00	0.00	1.59	0.00	3.23	0.66
湖北	0.00	0.00	0.00	0.00	0.00	0.00	0.00	0.00	4.76	0.00	0.50
湖南	0.00	0.00	1.75	1.61	0.00	0.00	0.00	0.00	0.00	1.61	0.50
辽宁	0.00	0.00	0.00	1.61	0.00	1.49	0.00	0.00	0.00	1.61	0.50
广西	0.00	0.00	0.00	0.00	0.00	0.00	1.56	0.00	0.00	0.00	0.17
贵州	0.00	0.00	0.00	0.00	0.00	0.00	0.00	0.00	0.00	1.61	0.17
海南	0.00	0.00	0.00	0.00	0.00	0.00	0.00	0.00	0.00	1.61	0.17
河南	0.00	0.00	0.00	0.00	0.00	0.00	0.00	0.00	0.00	1.61	0.17
新疆	0.00	0.00	0.00	0.00	0.00	0.00	0.00	0.00	1.59	0.00	0.17

表 8-11　经济学 B 层人才的世界占比

单位：%

省份	2014年	2015年	2016年	2017年	2018年	2019年	2020年	2021年	2022年	2023年	合计
北京	1.89	3.41	3.11	4.28	4.43	5.76	4.95	7.10	9.12	8.81	5.39
上海	0.84	0.80	1.36	1.96	1.42	2.63	2.97	3.02	2.07	2.70	2.03

省　份	2014 年	2015 年	2016 年	2017 年	2018 年	2019 年	2020 年	2021 年	2022 年	2023 年	合计
江　苏	0.21	0.00	0.78	0.71	1.06	3.62	1.98	1.78	3.96	3.60	1.84
湖　北	0.21	0.00	0.00	0.18	1.24	1.15	1.49	1.60	2.75	4.86	1.39
四　川	0.00	0.20	1.17	0.71	0.53	2.47	0.99	1.42	2.75	3.24	1.39
福　建	0.42	0.60	0.19	0.89	1.24	0.99	1.82	1.95	2.58	2.34	1.34
湖　南	0.21	0.20	0.58	0.36	1.06	0.66	0.99	1.95	3.27	2.16	1.18
广　东	0.21	0.20	0.00	0.53	1.24	0.99	1.32	2.49	2.07	1.98	1.14
浙　江	0.00	0.20	0.19	0.18	0.53	0.66	0.50	1.42	3.96	2.88	1.09
江　西	0.00	0.20	0.19	0.18	0.35	0.16	0.33	0.89	3.61	2.52	0.87
山　东	0.00	0.20	0.19	0.18	0.18	0.82	0.50	1.07	2.24	2.88	0.85
安　徽	0.21	0.00	0.19	0.36	0.18	0.82	0.17	0.53	1.20	1.62	0.54
天　津	0.00	0.00	0.00	0.18	0.35	0.16	0.50	2.49	0.69	0.36	0.49
重　庆	0.00	0.00	0.00	0.00	0.18	0.33	0.83	1.07	0.69	1.26	0.45
辽　宁	0.00	0.00	0.19	0.00	0.00	0.33	0.50	0.53	0.69	0.72	0.31
陕　西	0.00	0.00	0.00	0.00	0.00	0.16	0.00	0.36	1.20	0.00	0.18
新　疆	0.00	0.00	0.00	0.00	0.00	0.33	0.33	0.36	0.00	0.72	0.18
甘　肃	0.00	0.20	0.00	0.00	0.00	0.16	0.17	0.00	0.17	0.54	0.13
云　南	0.00	0.00	0.00	0.18	0.18	0.16	0.17	0.18	0.00	0.36	0.13
贵　州	0.21	0.00	0.19	0.00	0.00	0.00	0.17	0.00	0.17	0.36	0.11
河　南	0.00	0.00	0.00	0.00	0.18	0.16	0.00	0.00	0.17	0.36	0.09
吉　林	0.00	0.00	0.00	0.00	0.00	0.00	0.17	0.18	0.17	0.18	0.07
河　北	0.00	0.00	0.00	0.00	0.00	0.00	0.17	0.00	0.00	0.36	0.05
广　西	0.00	0.00	0.00	0.00	0.00	0.33	0.00	0.00	0.00	0.00	0.04
海　南	0.00	0.00	0.00	0.00	0.00	0.00	0.00	0.00	0.17	0.18	0.04
山　西	0.00	0.00	0.00	0.00	0.00	0.00	0.00	0.18	0.17	0.00	0.04
黑龙江	0.00	0.00	0.00	0.00	0.00	0.00	0.00	0.00	0.00	0.18	0.02

表 8-12　经济学 C 层人才的世界占比

单位：%

省　份	2014 年	2015 年	2016 年	2017 年	2018 年	2019 年	2020 年	2021 年	2022 年	2023 年	合计
北　京	2.34	2.21	2.76	2.91	3.38	3.68	4.71	5.15	4.84	6.33	3.90
上　海	0.70	0.74	1.13	1.28	1.15	1.34	1.79	1.86	2.26	2.51	1.51
江　苏	0.34	0.61	0.66	0.80	1.04	1.19	1.91	1.89	2.32	2.72	1.39
广　东	0.23	0.45	0.66	0.80	0.92	1.09	1.46	1.95	2.16	2.43	1.25

续表

省　份	2014 年	2015 年	2016 年	2017 年	2018 年	2019 年	2020 年	2021 年	2022 年	2023 年	合计
湖　北	0.15	0.18	0.29	0.55	0.52	0.76	0.91	1.68	1.84	2.22	0.94
四　川	0.17	0.29	0.51	0.55	0.65	1.08	1.26	1.38	1.44	1.66	0.93
浙　江	0.26	0.41	0.29	0.38	0.50	0.80	1.05	1.11	1.70	2.08	0.88
湖　南	0.13	0.14	0.25	0.35	0.50	0.50	0.70	1.24	1.33	1.27	0.66
福　建	0.34	0.33	0.29	0.42	0.59	0.66	0.45	0.78	0.96	1.15	0.61
山　东	0.09	0.06	0.04	0.22	0.36	0.60	0.48	0.88	1.14	1.55	0.56
辽　宁	0.11	0.14	0.17	0.13	0.22	0.31	0.53	0.44	0.86	0.94	0.40
天　津	0.06	0.16	0.23	0.24	0.31	0.40	0.43	0.64	0.70	0.67	0.40
安　徽	0.09	0.06	0.10	0.16	0.25	0.33	0.32	0.55	0.49	0.85	0.33
江　西	0.02	0.10	0.08	0.13	0.20	0.15	0.38	0.34	0.68	0.76	0.29
重　庆	0.06	0.02	0.06	0.13	0.14	0.18	0.30	0.35	0.49	0.46	0.23
河　南	0.00	0.04	0.12	0.09	0.07	0.12	0.20	0.30	0.54	0.37	0.19
陕　西	0.06	0.04	0.06	0.07	0.18	0.20	0.12	0.21	0.37	0.37	0.17
黑龙江	0.06	0.06	0.08	0.04	0.05	0.07	0.08	0.12	0.18	0.28	0.10
吉　林	0.00	0.02	0.10	0.02	0.02	0.08	0.15	0.18	0.19	0.19	0.10
云　南	0.02	0.02	0.02	0.02	0.05	0.12	0.13	0.14	0.11	0.25	0.09
甘　肃	0.00	0.00	0.02	0.00	0.07	0.10	0.07	0.02	0.11	0.23	0.07
贵　州	0.00	0.02	0.00	0.00	0.05	0.03	0.07	0.09	0.14	0.14	0.06
山　西	0.00	0.02	0.08	0.04	0.04	0.10	0.08	0.04	0.05	0.11	0.06
广　西	0.00	0.00	0.00	0.00	0.04	0.07	0.03	0.07	0.05	0.16	0.04
河　北	0.00	0.00	0.00	0.02	0.00	0.03	0.02	0.04	0.21	0.11	0.04
内蒙古	0.02	0.02	0.02	0.05	0.00	0.10	0.00	0.04	0.04	0.07	0.04
新　疆	0.02	0.00	0.00	0.02	0.00	0.02	0.02	0.04	0.07	0.16	0.03
海　南	0.00	0.00	0.00	0.00	0.00	0.00	0.03	0.07	0.04	0.11	0.03

五　金融学

金融学 A、B、C 层人才最多的均为北京，世界占比分别为 4.79%、4.81%、3.35%。

广东、江西、湖南、上海、四川有相当数量的 A 层人才，世界占比在 2%～1%；安徽、湖北、江苏、山东、天津有一定数量的 A 层人才，世界占比均为 0.60%。

上海、四川、江苏、广东有相当数量的 B 层人才，世界占比在 2%~1%；湖南、江西、浙江、湖北、天津、福建、山东、安徽、重庆、河南、云南、河北、辽宁、陕西、海南、黑龙江有一定数量的 B 层人才，世界占比均超过 0.1%；广西、吉林、山西、新疆 B 层人才的世界占比均为 0.06%。

上海、广东、江苏、四川有相当数量的 C 层人才，世界占比在 2%~1%；湖北、浙江、湖南、福建、天津、山东、江西、辽宁、重庆、河南、安徽、云南、陕西、吉林有一定数量的 C 层人才，世界占比均超过 0.1%；广西、河北、黑龙江、贵州、海南、山西、内蒙古、甘肃、新疆、宁夏 C 层人才的世界占比均低于 0.1%。

表 8-13 金融学 A 层人才的世界占比

单位：%

省　份	2014 年	2015 年	2016 年	2017 年	2018 年	2019 年	2020 年	2021 年	2022 年	2023 年	合计
北　京	7.14	11.76	0.00	0.00	0.00	0.00	6.25	0.00	0.00	19.05	4.79
广　东	0.00	0.00	0.00	0.00	0.00	0.00	0.00	0.00	5.56	9.52	1.80
江　西	0.00	0.00	0.00	0.00	0.00	0.00	6.25	0.00	5.56	4.76	1.80
湖　南	0.00	0.00	0.00	0.00	0.00	0.00	0.00	0.00	0.00	9.52	1.20
上　海	0.00	0.00	0.00	0.00	0.00	0.00	0.00	0.00	0.00	9.52	1.20
四　川	0.00	5.88	0.00	0.00	0.00	0.00	6.25	0.00	0.00	0.00	1.20
安　徽	0.00	0.00	0.00	0.00	0.00	0.00	0.00	0.00	0.00	4.76	0.60
湖　北	0.00	0.00	0.00	0.00	0.00	0.00	0.00	0.00	5.56	0.00	0.60
江　苏	0.00	5.88	0.00	0.00	0.00	0.00	0.00	0.00	0.00	0.00	0.60
山　东	0.00	5.88	0.00	0.00	0.00	0.00	0.00	0.00	0.00	0.00	0.60
天　津	0.00	0.00	0.00	0.00	0.00	0.00	0.00	0.00	0.00	4.76	0.60

表 8-14 金融学 B 层人才的世界占比

单位：%

省　份	2014 年	2015 年	2016 年	2017 年	2018 年	2019 年	2020 年	2021 年	2022 年	2023 年	合计
北　京	2.17	4.58	2.27	3.60	4.49	4.14	5.03	4.59	5.24	10.11	4.81
上　海	0.72	0.65	2.27	2.16	1.28	1.18	3.35	1.53	1.57	3.19	1.83

续表

省　份	2014 年	2015 年	2016 年	2017 年	2018 年	2019 年	2020 年	2021 年	2022 年	2023 年	合计
四　川	0.00	0.00	0.76	0.72	0.64	5.33	1.68	3.57	0.52	2.66	1.71
江　苏	0.00	0.65	2.27	0.72	0.64	2.37	0.56	2.55	2.09	3.72	1.65
广　东	0.00	0.65	0.76	0.72	1.28	0.00	0.56	2.04	2.09	6.38	1.58
湖　南	0.00	0.00	0.00	0.00	1.28	1.18	0.00	1.02	1.57	2.13	0.79
江　西	0.00	0.00	0.00	0.00	0.00	0.59	0.56	1.53	3.14	1.06	0.79
浙　江	0.72	0.00	0.00	0.00	0.00	0.00	0.56	0.00	1.57	4.26	0.79
湖　北	0.00	0.00	0.00	0.00	0.00	0.64	0.00	0.56	1.53	1.57	1.60	0.67
天　津	0.00	0.00	0.00	0.00	0.00	0.00	0.56	0.51	3.14	1.06	0.61
福　建	0.00	0.00	0.76	0.72	0.64	0.59	0.00	1.53	0.00	0.53	0.49
山　东	0.00	0.65	0.00	0.00	0.00	0.00	0.56	1.53	0.00	1.60	0.49
安　徽	0.00	0.00	0.76	0.00	0.00	0.00	0.00	0.51	1.57	1.06	0.43
重　庆	0.00	0.00	0.00	0.00	0.00	0.59	0.00	0.51	1.05	0.53	0.30
河　南	0.00	0.00	0.00	0.00	0.00	0.00	0.56	0.00	0.00	1.60	0.24
云　南	0.00	0.00	0.00	0.00	0.64	0.59	0.00	0.51	0.52	0.00	0.24
河　北	0.00	0.00	0.00	0.00	0.00	0.00	0.00	0.00	0.00	1.60	0.18
辽　宁	0.00	0.00	0.00	0.00	0.00	0.00	0.00	0.51	0.00	1.06	0.18
陕　西	0.00	0.00	0.00	0.00	0.00	0.59	0.00	0.00	0.00	1.06	0.18
海　南	0.00	0.00	0.00	0.00	0.00	0.00	0.00	0.51	0.00	0.53	0.12
黑龙江	0.00	0.00	0.00	0.00	0.00	0.00	0.00	0.00	0.00	1.06	0.12
广　西	0.00	0.00	0.00	0.00	0.00	0.00	0.00	0.00	0.00	0.53	0.06
吉　林	0.00	0.00	0.00	0.00	0.00	0.00	0.56	0.00	0.00	0.00	0.06
山　西	0.00	0.00	0.00	0.00	0.00	0.00	0.00	0.00	0.00	0.53	0.06
新　疆	0.00	0.00	0.00	0.00	0.00	0.00	0.00	0.00	0.00	0.53	0.06

表 8-15　金融学 C 层人才的世界占比

单位：%

省　份	2014 年	2015 年	2016 年	2017 年	2018 年	2019 年	2020 年	2021 年	2022 年	2023 年	合计
北　京	1.09	2.05	1.97	2.03	2.28	2.80	4.16	5.03	4.08	6.35	3.35
上　海	0.94	1.46	1.65	1.47	1.69	1.64	1.46	1.81	1.82	2.38	1.66
广　东	0.14	0.53	0.39	0.77	0.91	1.16	1.69	1.55	2.41	4.20	1.48
江　苏	0.14	0.20	0.08	0.63	0.72	0.73	1.07	1.66	1.93	3.57	1.17
四　川	0.22	0.40	0.55	0.42	0.78	1.16	1.18	1.35	1.61	2.04	1.03
湖　北	0.14	0.20	0.24	0.77	0.59	0.55	1.35	1.19	1.23	2.89	0.98

续表

省　份	2014 年	2015 年	2016 年	2017 年	2018 年	2019 年	2020 年	2021 年	2022 年	2023 年	合计
浙　江	0.07	0.07	0.39	0.56	0.33	0.43	0.56	1.09	1.98	3.29	0.95
湖　南	0.07	0.13	0.24	0.77	0.46	0.55	1.01	1.97	1.07	2.21	0.92
福　建	0.29	0.40	0.08	0.70	0.52	0.30	0.84	1.04	1.13	1.19	0.69
天　津	0.14	0.13	0.00	0.21	0.20	0.49	1.01	1.30	0.86	1.08	0.60
山　东	0.14	0.13	0.00	0.14	0.20	0.43	0.34	0.78	0.80	2.10	0.55
江　西	0.00	0.07	0.39	0.21	0.46	0.18	0.56	0.62	0.70	1.25	0.47
辽　宁	0.07	0.07	0.08	0.07	0.07	0.18	0.56	0.52	0.75	1.30	0.40
重　庆	0.00	0.07	0.00	0.14	0.13	0.24	0.39	0.47	0.43	0.51	0.26
河　南	0.00	0.00	0.08	0.00	0.13	0.12	0.06	0.31	0.54	1.13	0.26
安　徽	0.00	0.00	0.00	0.07	0.13	0.00	0.34	0.21	0.32	0.85	0.21
云　南	0.00	0.00	0.00	0.00	0.00	0.24	0.28	0.16	0.27	0.45	0.16
陕　西	0.14	0.07	0.00	0.00	0.07	0.00	0.00	0.10	0.32	0.68	0.15
吉　林	0.00	0.00	0.00	0.00	0.00	0.00	0.11	0.31	0.11	0.45	0.11
广　西	0.00	0.00	0.08	0.00	0.00	0.06	0.06	0.16	0.16	0.34	0.09
河　北	0.00	0.00	0.00	0.00	0.00	0.00	0.17	0.10	0.21	0.28	0.09
黑龙江	0.00	0.07	0.00	0.00	0.00	0.00	0.00	0.05	0.11	0.45	0.07
贵　州	0.00	0.07	0.00	0.00	0.00	0.06	0.11	0.05	0.00	0.17	0.05
海　南	0.00	0.00	0.00	0.00	0.00	0.06	0.11	0.10	0.11	0.06	0.05
山　西	0.00	0.00	0.00	0.00	0.00	0.00	0.06	0.00	0.05	0.28	0.04
内蒙古	0.00	0.00	0.00	0.07	0.00	0.06	0.00	0.05	0.05	0.11	0.04
甘　肃	0.00	0.00	0.00	0.00	0.00	0.00	0.00	0.00	0.00	0.17	0.02
新　疆	0.00	0.00	0.00	0.00	0.00	0.00	0.00	0.00	0.05	0.11	0.02
宁　夏	0.00	0.00	0.00	0.00	0.00	0.00	0.00	0.00	0.05	0.00	0.01

六　人口统计学

人口统计学 A 层人才仅分布在广东，世界占比为 4.55%。

B 层人才仅分布在北京、广东，世界占比分别为 1.61%、0.32%。

C 层人才最多的是北京，世界占比为 1.31%；上海、广东、江苏、四川、湖北有一定数量的 C 层人才，世界占比均超过 0.1%；湖南、天津、安徽、福建、河南、浙江、陕西、山东 C 层人才的世界占比均低于 0.1%。

表 8-16　人口统计学 A 层人才的世界占比

单位：%

省　份	2014 年	2015 年	2016 年	2017 年	2018 年	2019 年	2020 年	2021 年	2022 年	2023 年	合计
广　东	0.00	0.00	0.00	0.00	0.00	0.00	25.00	0.00	0.00	0.00	4.55

表 8-17　人口统计学 B 层人才的世界占比

单位：%

省　份	2014 年	2015 年	2016 年	2017 年	2018 年	2019 年	2020 年	2021 年	2022 年	2023 年	合计
北　京	3.70	0.00	3.03	0.00	0.00	2.17	0.00	2.63	2.86	0.00	1.61
广　东	0.00	0.00	0.00	0.00	0.00	0.00	0.00	0.00	2.86	0.00	0.32

表 8-18　人口统计学 C 层人才的世界占比

单位：%

省　份	2014 年	2015 年	2016 年	2017 年	2018 年	2019 年	2020 年	2021 年	2022 年	2023 年	合计
北　京	2.04	0.71	0.96	1.59	1.02	1.16	2.65	0.50	1.05	1.50	1.31
上　海	0.41	0.35	0.32	0.64	1.02	0.70	1.06	0.75	0.70	0.90	0.71
广　东	0.00	0.00	0.00	0.64	0.51	1.16	1.59	0.50	0.35	0.90	0.62
江　苏	0.00	0.00	0.32	0.00	0.77	0.46	0.26	0.00	0.00	0.00	0.21
四　川	0.00	0.00	0.00	0.00	0.26	0.00	0.53	0.00	0.00	0.90	0.18
湖　北	0.00	0.00	0.32	0.00	0.26	0.23	0.26	0.25	0.00	0.00	0.15
湖　南	0.00	0.00	0.00	0.00	0.26	0.00	0.00	0.25	0.35	0.00	0.09
天　津	0.00	0.00	0.00	0.32	0.26	0.00	0.00	0.00	0.35	0.00	0.09
安　徽	0.00	0.00	0.00	0.00	0.26	0.00	0.00	0.00	0.35	0.00	0.06
福　建	0.00	0.35	0.00	0.00	0.00	0.23	0.00	0.00	0.00	0.00	0.06
河　南	0.00	0.00	0.00	0.00	0.00	0.23	0.00	0.00	0.30	0.00	0.06
浙　江	0.00	0.00	0.00	0.00	0.00	0.23	0.26	0.00	0.00	0.00	0.06
陕　西	0.00	0.00	0.00	0.00	0.00	0.00	0.26	0.00	0.00	0.00	0.03
山　东	0.00	0.35	0.00	0.00	0.00	0.00	0.00	0.00	0.00	0.00	0.03

七　农业经济和政策

各省份均无农业经济和政策 A 层人才。

B 层人才最多的是北京，世界占比为 2.88%；湖北、广东、江苏、浙江、安徽、贵州、海南、河南、湖南、陕西、四川有一定数量的 B 层人才，世界占比均超过 0.3%。

C 层人才最多的是北京，世界占比为 2.46%；江苏也有相当数量的 C 层人才，世界占比为 1.08%；浙江、湖北、广东、山东、上海、四川、湖南、陕西、天津、福建、甘肃、吉林有一定数量的 C 层人才，世界占比超过或等于 0.1%；安徽、黑龙江、河南、内蒙古、辽宁、贵州、河北、江西 C 层人才的世界占比均低丁 0.1%。

表 8-19 农业经济和政策 B 层人才的世界占比

单位：%

省　　份	2014 年	2015 年	2016 年	2017 年	2018 年	2019 年	2020 年	2021 年	2022 年	2023 年	合计
北　京	0.00	2.94	0.00	0.00	6.45	7.50	2.63	2.70	0.00	3.57	2.88
湖　北	0.00	2.94	0.00	0.00	3.23	0.00	0.00	2.70	0.00	0.00	0.96
广　东	0.00	0.00	0.00	0.00	0.00	0.00	0.00	0.00	5.00	3.57	0.64
江　苏	0.00	2.94	0.00	0.00	0.00	0.00	0.00	0.00	0.00	3.57	0.64
浙　江	0.00	0.00	0.00	0.00	0.00	2.50	0.00	2.70	0.00	0.00	0.64
安　徽	0.00	0.00	0.00	0.00	0.00	2.50	0.00	0.00	0.00	0.00	0.32
贵　州	0.00	0.00	0.00	0.00	0.00	0.00	0.00	0.00	0.00	3.57	0.32
海　南	0.00	0.00	0.00	0.00	0.00	0.00	0.00	2.70	0.00	0.00	0.32
河　南	0.00	0.00	0.00	0.00	0.00	0.00	0.00	0.00	0.00	0.00	0.32
湖　南	0.00	2.94	0.00	0.00	0.00	0.00	0.00	0.00	0.00	0.00	0.32
陕　西	0.00	0.00	0.00	0.00	0.00	2.50	0.00	0.00	0.00	0.00	0.32
四　川	0.00	0.00	0.00	0.00	0.00	0.00	0.00	2.70	0.00	0.00	0.32

表 8-20 农业经济和政策 C 层人才的世界占比

单位：%

省　　份	2014 年	2015 年	2016 年	2017 年	2018 年	2019 年	2020 年	2021 年	2022 年	2023 年	合计
北　京	1.29	1.94	1.68	0.98	1.87	3.01	4.66	2.89	3.68	1.44	2.46
江　苏	0.43	0.97	1.01	0.33	1.25	0.82	1.55	1.16	1.84	1.44	1.08
浙　江	0.43	0.97	0.00	1.30	0.62	0.27	2.07	0.87	1.47	0.00	0.85
湖　北	0.00	0.00	0.67	0.00	0.31	1.37	1.30	1.73	0.74	0.48	0.72

续表

省　份	2014 年	2015 年	2016 年	2017 年	2018 年	2019 年	2020 年	2021 年	2022 年	2023 年	合计
广　东	0.00	0.32	0.34	0.33	1.56	0.27	0.00	0.58	1.10	2.88	0.66
山　东	0.43	0.32	0.34	0.33	0.31	0.55	0.00	0.29	0.37	0.48	0.33
上　海	0.00	0.00	0.67	0.33	0.00	0.55	0.00	0.87	0.00	0.48	0.30
四　川	0.00	0.32	0.00	0.00	0.31	0.55	1.04	0.29	0.00	0.00	0.30
湖　南	0.00	0.00	0.00	0.33	0.62	0.00	0.00	1.16	0.00	0.00	0.23
陕　西	0.00	0.32	0.34	0.00	0.00	0.00	0.00	0.29	0.00	0.48	0.13
天　津	0.00	0.00	0.00	0.00	0.00	0.27	0.00	0.29	0.37	0.48	0.13
福　建	0.00	0.00	0.34	0.33	0.00	0.00	0.00	0.29	0.00	0.00	0.10
甘　肃	0.00	0.00	0.00	0.33	0.00	0.27	0.26	0.00	0.00	0.00	0.10
吉　林	0.00	0.00	0.34	0.00	0.00	0.00	0.52	0.00	0.00	0.00	0.10
安　徽	0.00	0.00	0.00	0.00	0.31	0.27	0.00	0.00	0.00	0.00	0.07
黑龙江	0.00	0.00	0.00	0.00	0.00	0.00	0.26	0.29	0.00	0.00	0.07
河　南	0.00	0.00	0.00	0.00	0.00	0.27	0.26	0.00	0.00	0.00	0.07
内蒙古	0.00	0.00	0.00	0.00	0.00	0.55	0.00	0.00	0.00	0.00	0.07
辽　宁	0.00	0.00	0.00	0.00	0.00	0.27	0.00	0.00	0.37	0.00	0.07
贵　州	0.00	0.00	0.00	0.00	0.00	0.00	0.26	0.00	0.00	0.00	0.03
河　北	0.00	0.00	0.00	0.00	0.00	0.27	0.00	0.00	0.00	0.00	0.03
江　西	0.00	0.00	0.00	0.00	0.00	0.00	0.00	0.29	0.00	0.00	0.03

八　公共行政

公共行政 A 层人才仅分布在江西、辽宁、上海，世界占比均为 1.67%。

B 层人才最多的是北京，世界占比为 1.10%；浙江、湖北、重庆、海南、江苏、上海、天津有一定数量的 B 层人才，世界占比均超过 0.1%。

C 层人才最多的是北京，世界占比为 1.49%；上海、广东、浙江、安徽、湖北、四川、辽宁、江苏、山东有一定数量的 C 层人才，世界占比超过或等于 0.1%；福建、湖南、江西、天津、重庆、河南、陕西、甘肃、广西、黑龙江、山西、云南 C 层人才的世界占比均低于 0.1%。

表 8-21 公共行政 A 层人才的世界占比

单位：%

省　份	2014 年	2015 年	2016 年	2017 年	2018 年	2019 年	2020 年	2021 年	2022 年	2023 年	合计
江　西	0.00	0.00	0.00	0.00	16.67	0.00	0.00	0.00	0.00	0.00	1.67
辽　宁	0.00	0.00	0.00	0.00	16.67	0.00	0.00	0.00	0.00	0.00	1.67
上　海	0.00	0.00	0.00	0.00	16.67	0.00	0.00	0.00	0.00	0.00	1.67

表 8-22 公共行政 B 层人才的世界占比

单位：%

省　份	2014 年	2015 年	2016 年	2017 年	2018 年	2019 年	2020 年	2021 年	2022 年	2023 年	合计
北　京	0.00	0.00	0.00	0.00	0.00	0.00	3.61	4.29	0.00	1.69	1.10
浙　江	0.00	0.00	0.00	0.00	1.56	0.00	2.41	0.00	1.79	1.69	0.79
湖　北	0.00	0.00	0.00	0.00	0.00	0.00	0.00	2.86	0.00	0.00	0.32
重　庆	0.00	0.00	0.00	0.00	0.00	0.00	1.20	0.00	0.00	0.00	0.16
海　南	0.00	0.00	0.00	0.00	0.00	0.00	0.00	1.43	0.00	0.00	0.16
江　苏	0.00	0.00	0.00	0.00	0.00	1.33	0.00	0.00	0.00	0.00	0.16
上　海	0.00	0.00	0.00	0.00	0.00	1.33	0.00	0.00	0.00	0.00	0.16
天　津	0.00	0.00	0.00	0.00	0.00	0.00	1.20	0.00	0.00	0.00	0.16

表 8-23 公共行政 C 层人才的世界占比

单位：%

省　份	2014 年	2015 年	2016 年	2017 年	2018 年	2019 年	2020 年	2021 年	2022 年	2023 年	合计
北　京	0.81	1.41	1.22	0.60	2.10	1.99	1.45	1.15	2.60	1.52	1.49
上　海	0.61	1.00	0.17	0.30	0.81	0.66	0.60	1.59	0.87	1.71	0.82
广　东	0.20	0.40	0.00	0.30	0.49	0.27	0.36	0.43	1.22	0.95	0.45
浙　江	0.41	0.20	0.17	0.00	0.16	0.53	0.48	0.29	0.00	0.76	0.31
安　徽	0.00	0.00	0.00	0.00	0.00	0.40	0.72	0.00	0.00	0.38	0.18
湖　北	0.00	0.20	0.00	0.00	0.16	0.13	0.48	0.29	0.17	0.19	0.18
四　川	0.20	0.00	0.00	0.15	0.32	0.00	0.12	0.43	0.52	0.00	0.18
辽　宁	0.00	0.00	0.00	0.00	0.16	0.40	0.12	0.29	0.17	0.38	0.16
江　苏	0.00	0.00	0.00	0.15	0.00	0.00	0.48	0.14	0.52	0.00	0.14
山　东	0.00	0.00	0.00	0.15	0.00	0.13	0.00	0.14	0.52	0.00	0.10
福　建	0.00	0.00	0.00	0.00	0.16	0.13	0.24	0.00	0.17	0.00	0.08
湖　南	0.00	0.00	0.00	0.15	0.00	0.00	0.12	0.14	0.17	0.19	0.08

续表

省　份	2014 年	2015 年	2016 年	2017 年	2018 年	2019 年	2020 年	2021 年	2022 年	2023 年	合计
江　西	0.00	0.00	0.00	0.00	0.16	0.00	0.36	0.00	0.00	0.00	0.06
天　津	0.00	0.40	0.00	0.00	0.00	0.00	0.00	0.14	0.00	0.19	0.06
重　庆	0.00	0.00	0.00	0.00	0.00	0.00	0.00	0.12	0.00	0.38	0.05
河　南	0.00	0.00	0.00	0.00	0.00	0.00	0.00	0.14	0.00	0.19	0.03
陕　西	0.20	0.00	0.00	0.00	0.00	0.00	0.12	0.00	0.00	0.00	0.03
甘　肃	0.00	0.00	0.00	0.00	0.00	0.00	0.12	0.00	0.00	0.00	0.02
广　西	0.00	0.00	0.00	0.00	0.00	0.00	0.00	0.00	0.00	0.00	0.02
黑龙江	0.00	0.00	0.00	0.00	0.00	0.00	0.00	0.00	0.00	0.19	0.02
山　西	0.00	0.00	0.00	0.00	0.00	0.00	0.00	0.14	0.00	0.00	0.02
云　南	0.00	0.00	0.00	0.00	0.00	0.00	0.12	0.00	0.00	0.00	0.02

九　卫生保健科学和服务

卫生保健科学和服务 A、B、C 层人才最多的均为北京，世界占比分别为 1.03%、0.85%、1.08%。

广东、四川、山东、上海、天津有一定数量的 A 层人才，世界占比均超过 0.2%。

广东、上海、四川、江苏、浙江、湖北、天津、安徽、福建、辽宁、贵州、黑龙江、河南、湖南、吉林、山东有一定数量的 B 层人才，世界占比均超过 0.1%；甘肃、重庆、内蒙古、陕西、广西、海南、河北、江西、山西、新疆、云南 B 层人才的世界占比均低于 0.1%。

广东、上海、江苏、浙江、湖北、四川、山东、湖南、辽宁、天津、河南、黑龙江、福建、重庆、安徽有一定数量的 C 层人才，世界占比超过或等于 0.1%；甘肃、吉林、河北、江西、陕西、广西、贵州、云南、山西、内蒙古、新疆、海南、宁夏、西藏 C 层人才的世界占比均低于 0.1%。

表 8-24　卫生保健科学和服务 A 层人才的世界占比

单位：%

省　份	2014 年	2015 年	2016 年	2017 年	2018 年	2019 年	2020 年	2021 年	2022 年	2023 年	合计
北　京	0.00	0.00	0.00	5.88	0.00	2.70	0.00	0.00	1.82	0.00	1.03
广　东	0.00	0.00	0.00	2.94	0.00	2.70	2.50	0.00	0.00	0.00	0.77
四　川	0.00	0.00	0.00	0.00	0.00	2.70	0.00	0.00	0.00	3.85	0.77
山　东	0.00	0.00	0.00	0.00	0.00	2.70	0.00	0.00	0.00	0.00	0.26
上　海	0.00	0.00	0.00	0.00	0.00	2.70	0.00	0.00	0.00	0.00	0.26
天　津	0.00	0.00	0.00	0.00	0.00	0.00	2.50	0.00	0.00	0.00	0.26

表 8-25　卫生保健科学和服务 B 层人才的世界占比

单位：%

省　份	2014 年	2015 年	2016 年	2017 年	2018 年	2019 年	2020 年	2021 年	2022 年	2023 年	合计
北　京	0.81	0.00	0.34	0.95	1.22	0.29	0.72	0.43	1.43	1.67	0.85
广　东	0.00	0.00	0.00	0.32	0.61	0.00	0.72	1.09	1.02	1.04	0.58
上　海	0.00	0.00	0.00	0.32	0.00	0.29	0.48	0.87	1.02	0.84	0.47
四　川	0.00	0.00	0.34	0.63	0.61	0.00	0.48	0.22	1.02	0.84	0.47
江　苏	0.00	0.00	0.00	0.00	0.31	0.00	0.72	0.43	0.61	0.84	0.36
浙　江	0.00	0.00	0.00	0.00	0.31	0.29	0.48	0.43	0.61	0.84	0.36
湖　北	0.40	0.00	0.69	0.32	0.00	0.00	0.48	0.43	0.61	0.00	0.30
天　津	0.00	0.00	0.00	0.32	0.61	0.00	0.00	0.00	0.41	0.42	0.19
安　徽	0.00	0.00	0.00	0.00	0.31	0.29	0.24	0.22	0.20	0.00	0.14
福　建	0.00	0.00	0.34	0.00	0.00	0.00	0.24	0.00	0.41	0.21	0.14
辽　宁	0.00	0.00	0.00	0.00	0.00	0.00	0.24	0.00	0.41	0.21	0.14
贵　州	0.40	0.00	0.00	0.00	0.00	0.00	0.00	0.00	0.61	0.00	0.11
黑龙江	0.00	0.00	0.00	0.00	0.00	0.59	0.00	0.00	0.20	0.21	0.11
河　南	0.00	0.00	0.00	0.00	0.00	0.00	0.00	0.00	0.41	0.42	0.11
湖　南	0.00	0.00	0.34	0.00	0.00	0.00	0.24	0.22	0.00	0.00	0.11
吉　林	0.00	0.00	0.00	0.00	0.31	0.00	0.00	0.20	0.00	0.42	0.11
山　东	0.00	0.00	0.00	0.32	0.31	0.00	0.00	0.22	0.00	0.00	0.11
甘　肃	0.00	0.00	0.00	0.32	0.31	0.00	0.00	0.00	0.00	0.00	0.08
重　庆	0.00	0.00	0.00	0.00	0.00	0.24	0.00	0.00	0.00	0.00	0.05
内蒙古	0.00	0.00	0.00	0.00	0.31	0.00	0.00	0.00	0.00	0.00	0.05
陕　西	0.00	0.00	0.00	0.00	0.00	0.00	0.00	0.00	0.00	0.21	0.05
广　西	0.00	0.00	0.00	0.00	0.00	0.00	0.00	0.20	0.00	0.00	0.03

续表

省　份	2014年	2015年	2016年	2017年	2018年	2019年	2020年	2021年	2022年	2023年	合计
海　南	0.00	0.00	0.00	0.00	0.00	0.00	0.00	0.00	0.20	0.00	0.03
河　北	0.00	0.00	0.00	0.00	0.00	0.00	0.00	0.00	0.20	0.00	0.03
江　西	0.00	0.00	0.00	0.00	0.00	0.00	0.00	0.00	0.20	0.00	0.03
山　西	0.00	0.00	0.00	0.00	0.00	0.00	0.00	0.00	0.20	0.00	0.03
新　疆	0.00	0.00	0.00	0.00	0.00	0.00	0.00	0.00	0.20	0.00	0.03
云　南	0.00	0.00	0.00	0.00	0.00	0.00	0.00	0.00	0.20	0.00	0.03

表8-26　卫生保健科学和服务C层人才的世界占比

单位：%

省　份	2014年	2015年	2016年	2017年	2018年	2019年	2020年	2021年	2022年	2023年	合计
北　京	0.54	0.67	0.65	0.54	0.83	0.77	1.09	1.44	1.44	2.09	1.08
广　东	0.17	0.07	0.27	0.29	0.52	0.68	0.84	1.02	0.67	0.76	0.58
上　海	0.21	0.26	0.21	0.38	0.28	0.38	0.43	0.86	0.82	0.84	0.51
江　苏	0.04	0.07	0.31	0.19	0.34	0.41	0.33	0.88	0.60	0.56	0.42
浙　江	0.21	0.19	0.21	0.06	0.25	0.35	0.56	0.67	0.58	0.56	0.40
湖　北	0.08	0.11	0.14	0.32	0.37	0.30	0.58	0.70	0.43	0.46	0.38
四　川	0.12	0.00	0.31	0.13	0.18	0.21	0.46	0.72	0.45	0.38	0.33
山　东	0.17	0.15	0.07	0.10	0.18	0.30	0.20	0.33	0.34	0.43	0.24
湖　南	0.00	0.07	0.07	0.03	0.15	0.21	0.23	0.30	0.39	0.31	0.20
辽　宁	0.00	0.04	0.21	0.13	0.06	0.27	0.30	0.28	0.17	0.31	0.19
天　津	0.04	0.04	0.03	0.00	0.06	0.27	0.18	0.21	0.26	0.41	0.17
河　南	0.04	0.00	0.00	0.06	0.06	0.21	0.18	0.26	0.28	0.28	0.16
黑龙江	0.08	0.11	0.10	0.13	0.09	0.18	0.05	0.16	0.21	0.20	0.14
福　建	0.04	0.04	0.03	0.13	0.09	0.06	0.25	0.26	0.21	0.05	0.13
重　庆	0.00	0.04	0.00	0.06	0.12	0.06	0.20	0.21	0.13	0.23	0.12
安　徽	0.00	0.00	0.07	0.00	0.03	0.09	0.10	0.21	0.15	0.13	0.10
甘　肃	0.08	0.07	0.14	0.00	0.06	0.06	0.13	0.16	0.15	0.09	0.09
吉　林	0.00	0.00	0.00	0.03	0.03	0.15	0.15	0.16	0.11	0.18	0.09
河　北	0.00	0.00	0.00	0.00	0.09	0.06	0.08	0.07	0.17	0.13	0.07
江　西	0.04	0.00	0.00	0.10	0.03	0.03	0.05	0.14	0.06	0.13	0.06
陕　西	0.04	0.04	0.00	0.03	0.03	0.06	0.05	0.09	0.09	0.10	0.06
广　西	0.00	0.04	0.03	0.03	0.03	0.06	0.05	0.09	0.02	0.15	0.05
贵　州	0.00	0.00	0.00	0.03	0.03	0.00	0.05	0.12	0.11	0.08	0.05

省　份	2014 年	2015 年	2016 年	2017 年	2018 年	2019 年	2020 年	2021 年	2022 年	2023 年	合计
云　南	0.00	0.00	0.00	0.00	0.00	0.03	0.05	0.07	0.11	0.10	0.04
山　西	0.00	0.04	0.00	0.00	0.00	0.06	0.03	0.05	0.09	0.10	0.04
内蒙古	0.04	0.04	0.00	0.03	0.00	0.03	0.03	0.05	0.04	0.05	0.03
新　疆	0.00	0.00	0.00	0.00	0.00	0.03	0.08	0.05	0.04	0.00	0.02
海　南	0.00	0.00	0.00	0.00	0.00	0.00	0.03	0.00	0.02	0.10	0.02
宁　夏	0.04	0.00	0.00	0.03	0.00	0.00	0.03	0.02	0.02	0.03	0.02
西　藏	0.00	0.00	0.00	0.00	0.00	0.00	0.00	0.02	0.00	0.03	0.01

十　医学伦理学

各省份均无医学伦理学 A 层人才。

B 层人才仅分布在安徽、广东，世界占比均为 0.50%。

C 层人才最多的是北京、广东，世界占比均为 0.16%；福建、江苏、四川有一定数量的 C 层人才，世界占比均为 0.1%；河南、湖南、山东、上海 C 层人才的世界占比均为 0.05%。

表 8-27　医学伦理学 B 层人才的世界占比

单位：%

省　　份	2014 年	2015 年	2016 年	2017 年	2018 年	2019 年	2020 年	2021 年	2022 年	2023 年	合计
安　徽	0.00	0.00	0.00	0.00	0.00	0.00	0.00	4.55	0.00	0.00	0.50
广　东	0.00	0.00	0.00	0.00	0.00	0.00	0.00	4.55	0.00	0.00	0.50

表 8-28　医学伦理学 C 层人才的世界占比

单位：%

省　　份	2014 年	2015 年	2016 年	2017 年	2018 年	2019 年	2020 年	2021 年	2022 年	2023 年	合计
北　京	0.00	0.00	0.00	0.00	1.12	0.46	0.00	0.00	0.00	0.00	0.16
广　东	0.00	0.52	0.00	0.00	1.12	0.00	0.00	0.00	0.00	0.00	0.16
福　建	0.00	0.00	0.00	1.03	0.00	0.00	0.00	0.00	0.00	0.00	0.10
江　苏	0.00	0.00	0.00	1.03	0.00	0.00	0.00	0.00	0.00	0.00	0.10

省　份	2014 年	2015 年	2016 年	2017 年	2018 年	2019 年	2020 年	2021 年	2022 年	2023 年	合计
四　川	0.00	0.00	0.00	0.00	0.00	0.00	0.00	0.00	0.00	1.18	0.10
河　南	0.00	0.00	0.00	0.00	0.00	0.00	0.00	0.45	0.00	0.00	0.05
湖　南	0.00	0.00	0.00	0.00	0.00	0.56	0.00	0.00	0.00	0.00	0.05
山　东	0.00	0.00	0.00	0.00	0.00	0.00	0.00	0.00	0.57	0.00	0.05
上　海	0.57	0.00	0.00	0.00	0.00	0.00	0.00	0.00	0.00	0.00	0.05

十一　区域和城市规划

区域和城市规划 A、B、C 层人才最多的均为北京，世界占比分别为 9.33%、6.27%、4.68%。

山东、新疆的 A 层人才比较多，世界占比均为 4.00%；福建、浙江、广东、湖北、江苏、辽宁、陕西、上海也有相当数量的 A 层人才，世界占比在 3%~1%。

广东、江苏、上海、浙江、山东、安徽、湖北、辽宁有相当数量的 B 层人才，世界占比在 3%~1%；四川、江西、重庆、湖南、天津、福建、广西、新疆、黑龙江、吉林、河南、宁夏、陕西有一定数量的 B 层人才，世界占比均超过 0.1%。

广东、江苏、上海、湖北、浙江有相当数量的 C 层人才，世界占比在 3%~1%；山东、四川、湖南、安徽、辽宁、重庆、福建、江西、天津、吉林、河南、陕西、广西、甘肃、黑龙江、山西有一定数量的 C 层人才，世界占比超过或等于 0.1%；河北、新疆、海南、内蒙古、云南、贵州 C 层人才的世界占比均低于 0.1%。

表 8-29　区域和城市规划 A 层人才的世界占比

单位：%

省　份	2014 年	2015 年	2016 年	2017 年	2018 年	2019 年	2020 年	2021 年	2022 年	2023 年	合计
北　京	14.29	0.00	0.00	9.09	12.50	10.00	0.00	0.00	25.00	33.33	9.33

续表

省　份	2014 年	2015 年	2016 年	2017 年	2018 年	2019 年	2020 年	2021 年	2022 年	2023 年	合计
山　东	0.00	0.00	0.00	0.00	0.00	10.00	0.00	0.00	0.00	33.33	4.00
新　疆	0.00	0.00	0.00	0.00	0.00	0.00	0.00	0.00	25.00	33.33	4.00
福　建	0.00	0.00	0.00	0.00	0.00	10.00	0.00	0.00	25.00	0.00	2.67
浙　江	0.00	0.00	0.00	0.00	0.00	0.00	0.00	0.00	0.00	33.33	2.67
广　东	0.00	0.00	0.00	9.09	0.00	0.00	0.00	0.00	0.00	0.00	1.33
湖　北	0.00	0.00	0.00	0.00	0.00	0.00	0.00	16.67	0.00	0.00	1.33
江　苏	0.00	0.00	0.00	9.09	0.00	0.00	0.00	0.00	0.00	0.00	1.33
辽　宁	0.00	0.00	0.00	0.00	0.00	0.00	0.00	0.00	25.00	0.00	1.33
陕　西	0.00	0.00	0.00	0.00	0.00	10.00	0.00	0.00	0.00	0.00	1.33
上　海	0.00	0.00	0.00	9.09	0.00	0.00	0.00	0.00	0.00	0.00	1.33

表 8-30　区域和城市规划 B 层人才的世界占比

单位：%

省　份	2014 年	2015 年	2016 年	2017 年	2018 年	2019 年	2020 年	2021 年	2022 年	2023 年	合计
北　京	5.80	6.94	10.96	2.00	7.50	3.23	8.86	4.88	10.53	4.05	6.27
广　东	0.00	2.78	2.74	1.00	2.50	5.38	5.06	1.22	2.63	4.05	2.76
江　苏	1.45	1.39	1.37	3.00	1.25	0.00	1.27	3.66	6.58	5.41	2.51
上　海	1.45	1.39	1.37	2.00	2.50	2.15	2.53	1.22	3.95	1.35	2.01
浙　江	1.45	1.39	1.37	6.00	0.00	0.00	1.27	1.22	2.63	2.70	1.88
山　东	0.00	0.00	0.00	1.00	1.25	0.00	5.06	3.66	2.63	4.05	1.75
安　徽	0.00	1.39	0.00	0.00	1.25	1.08	2.53	2.44	5.26	1.35	1.50
湖　北	0.00	1.39	0.00	1.00	1.25	1.08	2.53	1.22	0.00	1.35	1.00
辽　宁	0.00	0.00	0.00	0.00	0.00	1.08	2.53	1.22	3.95	1.35	1.00
四　川	0.00	0.00	0.00	0.00	0.00	0.00	2.53	1.22	3.95	0.00	0.75
江　西	0.00	0.00	0.00	0.00	1.25	0.00	0.00	0.00	5.26	0.00	0.63
重　庆	0.00	0.00	0.00	0.00	0.00	0.00	1.27	2.44	0.00	1.35	0.50
湖　南	0.00	0.00	0.00	0.00	0.00	2.15	0.00	0.00	1.32	1.35	0.50
天　津	1.45	0.00	0.00	0.00	0.00	0.00	1.27	0.00	1.32	1.35	0.50
福　建	1.45	0.00	0.00	0.00	0.00	0.00	0.00	1.22	1.32	0.00	0.38
广　西	0.00	0.00	0.00	0.00	1.25	0.00	0.00	1.22	1.32	0.00	0.38
新　疆	0.00	0.00	1.37	0.00	0.00	0.00	0.00	0.00	0.00	2.70	0.38
黑龙江	1.45	0.00	0.00	0.00	0.00	0.00	0.00	0.00	1.32	0.00	0.25
吉　林	0.00	0.00	0.00	0.00	0.00	0.00	0.00	0.00	1.32	1.35	0.25

省　份	2014 年	2015 年	2016 年	2017 年	2018 年	2019 年	2020 年	2021 年	2022 年	2023 年	合计
河　南	0.00	0.00	0.00	0.00	0.00	0.00	0.00	0.00	1.32	0.00	0.13
宁　夏	0.00	0.00	0.00	0.00	0.00	0.00	0.00	0.00	0.00	1.35	0.13
陕　西	0.00	0.00	0.00	0.00	0.00	0.00	0.00	0.00	0.00	1.35	0.13

表 8-31　区域和城市规划 C 层人才的世界占比

单位：%

省　份	2014 年	2015 年	2016 年	2017 年	2018 年	2019 年	2020 年	2021 年	2022 年	2023 年	合计
北　京	3.43	3.52	4.64	3.81	4.99	5.16	6.10	4.00	6.71	4.50	4.68
广　东	0.57	0.99	1.50	1.20	1.87	2.04	2.72	2.87	3.36	3.38	2.03
江　苏	1.43	0.99	2.46	1.10	1.00	1.61	2.33	2.12	3.78	3.23	1.96
上　海	0.86	1.55	1.77	1.00	1.00	1.72	2.20	1.87	2.80	2.67	1.72
湖　北	0.72	0.85	1.77	1.10	1.62	1.40	1.82	2.50	1.68	3.38	1.66
浙　江	1.14	1.41	1.50	1.00	0.62	0.86	1.30	1.75	3.78	2.67	1.55
山　东	0.72	0.42	0.27	0.20	0.25	0.64	1.17	1.00	2.24	1.83	0.84
四　川	0.00	0.00	0.95	0.30	0.12	0.97	0.78	0.87	1.12	1.69	0.67
湖　南	0.29	0.14	0.27	0.20	0.50	0.64	0.39	0.62	1.26	2.11	0.62
安　徽	0.00	0.42	0.41	0.10	0.00	0.32	0.52	0.50	1.54	1.55	0.51
辽　宁	0.00	0.42	0.14	0.10	0.25	0.75	0.39	1.25	0.70	1.13	0.51
重　庆	0.72	0.42	0.95	0.10	0.12	0.21	0.52	0.50	0.42	0.84	0.46
福　建	0.29	0.00	0.27	0.20	0.50	0.54	0.91	0.62	0.28	0.98	0.46
江　西	0.00	0.14	0.55	0.10	0.12	0.32	0.39	0.37	1.12	0.42	0.34
天　津	0.14	0.14	0.00	0.00	0.37	0.21	0.13	0.37	1.40	0.98	0.34
吉　林	0.14	0.14	0.27	0.10	0.50	0.32	0.13	0.62	0.42	0.70	0.33
河　南	0.00	0.14	0.27	0.00	0.25	0.11	0.52	0.75	0.56	0.28	0.30
陕　西	0.14	0.28	0.14	0.30	0.12	0.00	0.26	0.25	0.56	0.00	0.20
广　西	0.00	0.00	0.27	0.00	0.00	0.00	0.00	0.50	0.70	0.28	0.17
甘　肃	0.00	0.00	0.14	0.00	0.00	0.21	0.13	0.25	0.14	0.14	0.11
黑龙江	0.00	0.14	0.27	0.00	0.12	0.21	0.00	0.12	0.00	0.14	0.10
山　西	0.00	0.00	0.00	0.00	0.12	0.11	0.39	0.25	0.14	0.00	0.10
河　北	0.00	0.14	0.00	0.00	0.00	0.00	0.13	0.25	0.28	0.14	0.09
新　疆	0.00	0.00	0.00	0.00	0.00	0.00	0.00	0.12	0.42	0.42	0.09
海　南	0.00	0.00	0.00	0.00	0.00	0.00	0.00	0.00	0.42	0.28	0.06
内蒙古	0.00	0.00	0.00	0.00	0.00	0.00	0.13	0.12	0.14	0.14	0.05
云　南	0.00	0.00	0.00	0.00	0.00	0.11	0.13	0.12	0.14	0.00	0.05
贵　州	0.00	0.00	0.00	0.00	0.12	0.00	0.00	0.00	0.00	0.28	0.04

十二　信息学和图书馆学

信息学和图书馆学 A 层人才仅分布在安徽、湖北、上海、浙江，世界占比均为 0.99%。

北京、广东、湖北、浙江有相当数量的 B 层人才，世界占比在 2%～1%；上海、四川、江苏、安徽、辽宁、天津、黑龙江、江西、重庆、福建、河南、湖南、陕西、山东有一定数量的 B 层人才，世界占比均超过 0.1%；河北、山西、云南 B 层人才的世界占比均为 0.08%。

北京、湖北、上海、广东、江苏、浙江有相当数量的 C 层人才，世界占比在 3%～1%；安徽、四川、天津、山东、黑龙江、辽宁、湖南、福建、重庆、河南、吉林、陕西、广西有一定数量的 C 层人才，世界占比超过或等于 0.1%；江西、甘肃、贵州、河北、新疆、山西、云南、海南、内蒙古 C 层人才的世界占比均低于 0.1%。

表 8-32　信息学和图书馆学 A 层人才的世界占比

单位：%

省　份	2014 年	2015 年	2016 年	2017 年	2018 年	2019 年	2020 年	2021 年	2022 年	2023 年	合计
安　徽	0.00	0.00	0.00	0.00	0.00	8.33	0.00	0.00	0.00	0.00	0.99
湖　北	7.14	0.00	0.00	0.00	0.00	0.00	0.00	0.00	0.00	0.00	0.99
上　海	0.00	0.00	0.00	0.00	0.00	0.00	7.14	0.00	0.00	0.00	0.99
浙　江	0.00	0.00	0.00	0.00	0.00	0.00	7.14	0.00	0.00	0.00	0.99

表 8-33　信息学和图书馆学 B 层人才的世界占比

单位：%

省　份	2014 年	2015 年	2016 年	2017 年	2018 年	2019 年	2020 年	2021 年	2022 年	2023 年	合计
北　京	0.76	0.80	1.55	1.33	3.73	2.88	1.48	2.08	0.81	1.74	1.73
广　东	2.29	0.80	0.78	3.33	2.24	0.72	2.22	1.39	0.00	0.00	1.43
湖　北	1.53	0.00	2.33	2.67	1.49	2.16	1.48	0.69	0.00	0.00	1.28
浙　江	0.76	0.00	0.78	2.67	0.00	0.72	0.00	1.39	2.42	1.74	1.06
上　海	1.53	0.00	2.33	0.00	0.00	0.00	0.74	0.69	1.61	2.61	0.90

续表

省　份	2014 年	2015 年	2016 年	2017 年	2018 年	2019 年	2020 年	2021 年	2022 年	2023 年	合计
四　川	1.53	1.60	0.00	0.67	0.00	0.00	1.48	2.08	0.00	0.87	0.83
江　苏	0.00	0.00	1.55	0.67	0.75	0.72	0.74	1.39	0.00	0.87	0.68
安　徽	0.00	0.80	0.78	0.00	2.24	1.44	0.00	0.00	0.00	0.87	0.60
辽　宁	0.00	0.00	0.78	0.00	0.75	0.72	3.70	0.00	0.00	0.00	0.60
天　津	0.00	0.00	0.00	0.67	0.00	0.00	0.74	2.08	0.00	0.00	0.38
黑龙江	0.00	0.00	0.00	0.67	0.75	0.00	0.00	1.39	0.00	0.00	0.30
江　西	0.00	0.00	0.78	0.00	0.00	0.00	0.00	0.00	1.61	0.87	0.30
重　庆	0.00	0.00	0.00	0.00	0.00	0.00	0.00	0.00	0.81	0.87	0.15
福　建	0.00	0.80	0.00	0.00	0.00	0.00	0.69	0.00	0.00	0.00	0.15
河　南	0.00	0.00	0.00	0.00	0.00	0.75	0.00	0.69	0.00	0.00	0.15
湖　南	0.00	0.00	0.00	0.00	0.00	0.72	0.00	0.69	0.00	0.00	0.15
陕　西	0.00	0.00	0.00	0.00	0.00	0.75	0.00	0.00	0.81	0.00	0.15
山　东	0.00	0.00	0.00	0.00	0.00	1.44	0.00	0.00	0.00	0.00	0.15
河　北	0.00	0.00	0.00	0.00	0.00	0.00	0.00	0.69	0.00	0.00	0.08
山　西	0.00	0.00	0.78	0.00	0.00	0.00	0.00	0.00	0.00	0.00	0.08
云　南	0.00	0.00	0.00	0.00	0.00	0.00	0.00	0.00	0.00	0.87	0.08

表 8-34　信息学和图书馆学 C 层人才的世界占比

单位：%

省　份	2014 年	2015 年	2016 年	2017 年	2018 年	2019 年	2020 年	2021 年	2022 年	2023 年	合计
北　京	2.42	2.37	1.71	1.93	2.91	3.43	2.49	3.31	4.02	3.82	2.79
湖　北	0.78	1.06	1.09	1.66	1.76	2.09	2.11	2.45	3.14	2.91	1.86
上　海	0.86	1.47	0.78	1.59	1.07	2.16	2.04	1.59	1.96	1.51	1.50
广　东	0.63	0.82	0.62	1.17	1.15	1.04	1.36	1.73	2.45	2.31	1.28
江　苏	0.70	0.41	0.23	0.69	1.07	1.86	1.66	2.31	1.27	2.51	1.25
浙　江	0.70	0.49	0.31	0.62	0.99	1.49	1.96	1.44	2.45	1.41	1.16
安　徽	0.08	0.74	0.16	0.76	1.07	1.56	1.13	0.58	0.88	0.80	0.78
四　川	0.47	0.41	0.47	0.07	0.31	0.37	0.23	1.08	0.88	1.31	0.53
天　津	0.08	0.33	0.31	0.28	0.77	0.37	0.68	0.94	0.39	0.60	0.48
山　东	0.08	0.08	0.08	0.07	0.08	0.75	0.60	0.79	0.78	1.41	0.44
黑龙江	0.16	0.57	0.16	0.21	0.54	0.60	0.53	0.36	0.69	0.40	0.41
辽　宁	0.31	0.49	0.54	0.35	0.08	0.30	0.60	0.29	0.69	0.60	0.41
湖　南	0.08	0.08	0.16	0.14	0.31	0.30	0.30	0.43	0.98	0.70	0.33

续表

省　份	2014 年	2015 年	2016 年	2017 年	2018 年	2019 年	2020 年	2021 年	2022 年	2023 年	合　计
福　建	0.16	0.08	0.08	0.07	0.08	0.15	0.45	0.43	0.78	0.40	0.25
重　庆	0.00	0.00	0.16	0.07	0.31	0.22	0.30	0.43	0.29	0.70	0.24
河　南	0.00	0.00	0.08	0.14	0.15	0.00	0.38	0.43	0.49	0.70	0.22
吉　林	0.00	0.00	0.08	0.21	0.00	0.22	0.15	0.36	0.29	0.40	0.17
陕　西	0.00	0.00	0.00	0.00	0.00	0.07	0.38	0.07	0.29	0.30	0.11
广　西	0.00	0.00	0.00	0.00	0.00	0.00	0.23	0.07	0.49	0.40	0.10
江　西	0.00	0.08	0.16	0.00	0.08	0.00	0.00	0.14	0.20	0.20	0.08
甘　肃	0.00	0.16	0.00	0.00	0.00	0.00	0.08	0.00	0.20	0.00	0.05
贵　州	0.00	0.00	0.00	0.00	0.08	0.07	0.08	0.07	0.00	0.10	0.04
河　北	0.00	0.00	0.00	0.07	0.00	0.00	0.08	0.00	0.20	0.10	0.04
新　疆	0.00	0.08	0.00	0.00	0.00	0.15	0.00	0.07	0.00	0.10	0.04
山　西	0.00	0.00	0.00	0.00	0.00	0.00	0.00	0.07	0.00	0.10	0.03
云　南	0.08	0.00	0.00	0.00	0.08	0.00	0.08	0.00	0.00	0.10	0.03
海　南	0.00	0.00	0.08	0.07	0.00	0.00	0.00	0.00	0.00	0.10	0.02
内蒙古	0.08	0.00	0.00	0.00	0.07	0.00	0.00	0.00	0.00	0.00	0.02

第二节　学科组

在管理科学各学科人才分析的基础上，按照 A、B、C 三个人才层次，对各学科人才进行汇总分析，可以从学科组层面揭示人才的分布特点和发展趋势。

一　A 层人才

管理科学 A 层人才最多的是北京，世界占比为 2.30%；上海、浙江、广东、山东、江苏、四川、江西、湖北、福建、安徽、湖南、天津、辽宁、新疆有一定数量的 A 层人才，世界占比均超过 0.2%；陕西、吉林、甘肃、海南、广西、河北、内蒙古、贵州、河南 A 层人才的世界占比均低于 0.1%。

在发展趋势上，部分省份呈现相对上升的趋势，其中，上海、浙江、山东、湖南、广东、四川、安徽的增幅较大。

表 8-35　管理科学 A 层人才的世界占比

单位：%

省　份	2014 年	2015 年	2016 年	2017 年	2018 年	2019 年	2020 年	2021 年	2022 年	2023 年	合计
北　京	2.14	1.44	0.45	1.70	2.56	1.57	1.87	2.26	4.82	4.10	2.30
上　海	0.00	0.48	0.00	0.43	1.28	1.57	0.37	0.75	1.32	2.87	0.94
浙　江	0.00	0.00	0.45	0.00	0.00	0.39	0.75	1.13	2.19	2.87	0.81
广　东	0.00	0.48	0.45	1.70	0.00	0.39	0.75	0.75	0.88	2.05	0.77
山　东	0.00	0.96	0.00	0.00	0.00	1.18	0.00	1.13	0.88	2.87	0.72
江　苏	0.00	0.96	0.00	1.70	0.43	0.39	0.37	0.75	0.44	1.23	0.64
四　川	0.00	0.48	0.00	0.00	0.00	0.78	1.12	0.38	0.88	2.05	0.60
江　西	0.00	0.00	0.00	0.00	0.43	0.00	0.75	1.13	1.75	0.82	0.51
湖　北	1.07	0.00	0.00	0.85	0.00	0.00	0.00	0.75	1.75	0.41	0.47
福　建	0.00	0.00	0.90	0.00	0.00	1.18	0.00	0.75	0.88	0.41	0.43
安　徽	0.00	0.00	0.00	0.00	0.00	1.18	0.37	0.00	0.00	2.05	0.38
湖　南	0.00	0.00	0.45	0.85	0.00	0.00	0.00	0.00	0.00	2.46	0.38
天　津	0.00	0.00	0.00	0.00	0.43	0.00	1.12	1.13	0.00	0.41	0.34
辽　宁	0.00	0.00	0.00	0.43	0.85	0.39	0.00	0.00	0.88	0.82	0.34
新　疆	0.00	0.00	0.00	0.00	0.00	0.00	0.00	0.38	0.88	0.82	0.21
陕　西	0.00	0.00	0.00	0.00	0.00	0.39	0.00	0.00	0.00	0.41	0.09
吉　林	0.00	0.00	0.00	0.00	0.43	0.00	0.37	0.00	0.00	0.00	0.09
甘　肃	0.00	0.00	0.00	0.00	0.00	0.78	0.00	0.00	0.00	0.00	0.09
海　南	0.00	0.00	0.00	0.00	0.00	0.00	0.00	0.00	0.00	0.82	0.09
广　西	0.00	0.00	0.00	0.00	0.00	0.00	0.75	0.00	0.00	0.00	0.09
河　北	0.00	0.00	0.00	0.00	0.00	0.00	0.00	0.00	0.00	0.41	0.04
内蒙古	0.00	0.00	0.00	0.00	0.00	0.00	0.00	0.00	0.00	0.41	0.04
贵　州	0.00	0.00	0.00	0.00	0.00	0.00	0.00	0.00	0.00	0.41	0.04
河　南	0.00	0.00	0.00	0.00	0.00	0.00	0.00	0.00	0.00	0.41	0.04

二　B 层人才

管理科学 B 层人才最多的是北京，世界占比为 3.06%；上海、江苏、广东、四川也有相当数量的 B 层人才，世界占比在 2%～1%；湖北、浙江、山东、湖南、福建、安徽、辽宁、天津、江西、重庆、陕西、黑龙江、河南有一定数量的 B 层人才，世界占比均超过 0.1%；吉林、新疆、云南、贵州、甘肃、河北、广西、海南、山西、宁夏、内蒙古 B 层人才的世界占比均低于 0.1%。

在发展趋势上，多数省份呈现相对上升的趋势，其中，北京、江苏、浙江的增幅较大。

表 8-36　管理科学 B 层人才的世界占比

单位：%

省　份	2014 年	2015 年	2016 年	2017 年	2018 年	2019 年	2020 年	2021 年	2022 年	2023 年	合计
北　京	1.41	2.28	2.50	2.32	2.82	2.82	2.72	3.69	4.40	4.83	3.06
上　海	0.49	0.96	1.25	0.94	1.41	1.14	1.94	1.51	2.04	2.37	1.45
江　苏	0.16	0.20	0.53	0.58	0.77	1.31	1.13	1.51	2.67	2.71	1.23
广　东	0.38	0.61	0.43	0.76	1.23	1.19	1.13	1.59	1.69	2.08	1.15
四　川	0.38	0.20	0.77	0.40	0.73	1.59	0.89	1.32	1.69	1.71	1.01
湖　北	0.27	0.46	0.58	0.62	1.00	0.98	0.82	1.09	1.42	2.00	0.96
浙　江	0.33	0.35	0.38	0.67	0.27	0.65	0.78	0.70	2.32	2.46	0.94
山　东	0.00	0.20	0.05	0.18	0.32	0.37	0.54	0.89	1.14	1.75	0.58
湖　南	0.11	0.15	0.29	0.13	0.50	0.69	0.27	0.70	1.14	1.08	0.53
福　建	0.22	0.35	0.24	0.31	0.50	0.37	0.47	0.70	0.94	1.00	0.53
安　徽	0.27	0.15	0.38	0.22	0.32	0.53	0.19	0.62	0.94	0.92	0.47
辽　宁	0.00	0.05	0.19	0.04	0.23	0.53	0.66	0.50	0.94	0.92	0.44
天　津	0.11	0.05	0.00	0.36	0.36	0.20	0.47	0.93	0.86	0.54	0.42
江　西	0.00	0.05	0.10	0.18	0.18	0.08	0.12	0.35	1.65	0.87	0.38
重　庆	0.16	0.00	0.00	0.00	0.05	0.33	0.43	0.47	0.47	0.54	0.26
陕　西	0.00	0.10	0.00	0.00	0.18	0.20	0.19	0.12	0.67	0.33	0.19
黑龙江	0.11	0.05	0.05	0.13	0.09	0.08	0.19	0.23	0.28	0.37	0.17
河　南	0.00	0.00	0.00	0.04	0.14	0.20	0.16	0.04	0.20	0.42	0.13
吉　林	0.00	0.00	0.00	0.00	0.05	0.00	0.04	0.12	0.16	0.29	0.08
新　疆	0.00	0.00	0.05	0.00	0.00	0.08	0.08	0.08	0.12	0.33	0.08
云　南	0.00	0.00	0.05	0.09	0.09	0.08	0.04	0.08	0.12	0.21	0.08

续表

省　份	2014年	2015年	2016年	2017年	2018年	2019年	2020年	2021年	2022年	2023年	合计
贵　州	0.11	0.00	0.05	0.00	0.00	0.04	0.04	0.04	0.24	0.21	0.07
甘　肃	0.00	0.10	0.00	0.04	0.18	0.04	0.04	0.00	0.20	0.12	0.07
河　北	0.00	0.05	0.00	0.00	0.05	0.04	0.04	0.08	0.08	0.33	0.07
广　西	0.00	0.00	0.00	0.04	0.05	0.08	0.04	0.12	0.12	0.04	0.05
海　南	0.00	0.00	0.00	0.00	0.00	0.00	0.00	0.12	0.20	0.17	0.05
山　西	0.00	0.00	0.05	0.00	0.00	0.00	0.00	0.08	0.08	0.17	0.04
宁　夏	0.00	0.00	0.00	0.00	0.00	0.04	0.00	0.00	0.00	0.21	0.03
内蒙古	0.00	0.00	0.00	0.00	0.05	0.00	0.00	0.00	0.08	0.00	0.01

三　C层人才

管理科学C层人才最多的是北京，世界占比为2.66%；上海、广东、江苏也有相当数量的C层人才，世界占比在2%～1%；湖北、浙江、四川、湖南、山东、辽宁、安徽、福建、天津、重庆、河南、江西、陕西、黑龙江、吉林有一定数量的C层人才，世界占比均超过0.1%；广西、云南、甘肃、河北、山西、贵州、海南、内蒙古、新疆、宁夏C层人才的世界占比均低于0.1%。

在发展趋势上，多数省份呈现相对上升的趋势，其中，北京的增幅较大。

表8-37　管理科学C层人才的世界占比

单位：%

省　份	2014年	2015年	2016年	2017年	2018年	2019年	2020年	2021年	2022年	2023年	合计
北　京	1.71	1.87	1.92	1.87	2.33	2.78	2.98	3.24	3.41	3.91	2.66
上　海	0.89	1.18	1.05	1.13	1.15	1.51	1.50	1.56	1.88	2.04	1.41
广　东	0.37	0.59	0.69	0.90	0.95	1.12	1.36	1.59	1.74	2.03	1.17
江　苏	0.43	0.52	0.66	0.64	0.87	1.05	1.37	1.60	1.94	2.23	1.17
湖　北	0.28	0.41	0.51	0.72	0.73	0.84	1.01	1.28	1.23	1.72	0.90
浙　江	0.47	0.48	0.48	0.42	0.64	0.83	1.01	1.08	1.53	1.75	0.90

续表

省份	2014 年	2015 年	2016 年	2017 年	2018 年	2019 年	2020 年	2021 年	2022 年	2023 年	合计
四　川	0.29	0.28	0.44	0.43	0.58	0.84	0.94	1.17	1.11	1.45	0.78
湖　南	0.12	0.18	0.22	0.29	0.48	0.44	0.55	0.74	0.91	1.02	0.52
山　东	0.17	0.13	0.10	0.17	0.33	0.44	0.45	0.66	0.81	1.36	0.48
辽　宁	0.25	0.19	0.26	0.20	0.23	0.40	0.53	0.51	0.70	0.84	0.42
安　徽	0.12	0.22	0.24	0.24	0.42	0.51	0.48	0.45	0.59	0.82	0.42
福　建	0.19	0.23	0.19	0.31	0.31	0.39	0.47	0.55	0.59	0.75	0.41
天　津	0.13	0.27	0.24	0.22	0.29	0.40	0.50	0.58	0.63	0.66	0.41
重　庆	0.10	0.09	0.11	0.15	0.15	0.21	0.27	0.35	0.44	0.51	0.25
河　南	0.01	0.03	0.06	0.06	0.09	0.12	0.21	0.31	0.48	0.46	0.19
江　西	0.04	0.08	0.10	0.09	0.16	0.10	0.20	0.22	0.36	0.47	0.19
陕　西	0.07	0.06	0.06	0.08	0.14	0.19	0.16	0.22	0.35	0.37	0.18
黑龙江	0.07	0.15	0.14	0.07	0.13	0.15	0.16	0.17	0.25	0.39	0.17
吉　林	0.02	0.02	0.05	0.06	0.07	0.09	0.09	0.20	0.20	0.25	0.11
广　西	0.02	0.01	0.02	0.00	0.03	0.05	0.07	0.11	0.15	0.22	0.07
云　南	0.02	0.02	0.03	0.02	0.03	0.07	0.10	0.09	0.13	0.19	0.07
甘　肃	0.03	0.03	0.05	0.03	0.07	0.07	0.09	0.06	0.09	0.13	0.07
河　北	0.01	0.01	0.02	0.03	0.04	0.05	0.07	0.05	0.19	0.15	0.06
山　西	0.01	0.02	0.03	0.04	0.04	0.05	0.07	0.06	0.08	0.13	0.05
贵　州	0.01	0.02	0.00	0.01	0.05	0.05	0.05	0.07	0.11	0.11	0.05
海　南	0.00	0.00	0.00	0.00	0.00	0.01	0.04	0.05	0.09	0.14	0.04
内蒙古	0.02	0.02	0.02	0.03	0.03	0.04	0.01	0.02	0.02	0.05	0.03
新　疆	0.01	0.01	0.00	0.00	0.00	0.02	0.02	0.04	0.06	0.08	0.02
宁　夏	0.01	0.00	0.00	0.00	0.00	0.00	0.02	0.00	0.01	0.02	0.01

第九章　医学

医学是研究机体细胞、组织、器官和系统的形态、结构、功能及发育异常，以及疾病发生、发展、转归、诊断、治疗和预防的科学。

第一节　学科

医学学科组包括以下学科：呼吸系统，心脏和心血管系统，周围血管疾病学，胃肠病学和肝脏病学，产科医学和妇科医学，男科学，儿科学，泌尿学和肾脏学，运动科学，内分泌学和新陈代谢，营养学和饮食学，血液学，临床神经学，药物滥用医学，精神病学，敏感症学，风湿病学，皮肤医学，眼科学，耳鼻喉学，听觉学和言语病理学，牙科医学、口腔外科和口腔医学，急救医学，危机护理医学，整形外科学，麻醉学，肿瘤学，康复医学，医学信息学，神经影像学，传染病学，寄生物学，医学化验技术，放射医学、核医学和影像医学，法医学，老年病学和老年医学，初级卫生保健，公共卫生、环境卫生和职业卫生，热带医学，药理学和药剂学，医用化学，毒理学，病理学，外科学，移植医学，护理学，全科医学和内科医学，综合医学和补充医学，研究和实验医学，共计49个。

一　呼吸系统

呼吸系统A层人才最多的是北京、湖北，世界占比均为2.18%；广东、四川、黑龙江、江苏、上海、浙江、贵州、海南、湖南、辽宁、山西有一定数量的A层人才，世界占比均超过0.2%。

B层人才最多的是北京，世界占比为1.55%；上海、广东也有相当数量的 B 层人才，世界占比分别为 1.03%、1.01%；湖北、江苏、四川、浙江、安徽、吉林、湖南、辽宁、河南、山东、福建、黑龙江、天津、重庆、河北有一定数量的 B 层人才，世界占比超过或等于 0.1%；广西、海南、江西、云南、贵州、山西、宁夏、陕西、新疆 B 层人才的世界占比均低于 0.1%。

C 层人才最多的是上海，世界占比为 1.37%；北京、广东也有相当数量的 C 层人才，世界占比分别为 1.29%、1.10%；江苏、浙江、湖北、四川、山东、湖南、河南、天津、辽宁、福建、重庆、吉林、安徽、黑龙江、陕西、河北有一定数量的 C 层人才，世界占比超过或等于 0.1%；广西、云南、山西、江西、贵州、甘肃、内蒙古、新疆、海南、宁夏、青海 C 层人才的世界占比均低于 0.1%。

表 9-1　呼吸系统 A 层人才的世界占比

单位：%

省　份	2014 年	2015 年	2016 年	2017 年	2018 年	2019 年	2020 年	2021 年	2022 年	2023 年	合计
北　京	0.00	0.00	3.13	2.86	2.04	0.00	16.67	6.82	2.50	0.00	2.18
湖　北	0.00	0.00	0.00	2.86	2.04	0.00	33.33	6.82	2.50	0.00	2.18
广　东	0.00	0.00	3.13	0.00	2.04	0.00	16.67	0.00	0.00	0.00	0.82
四　川	0.00	0.00	0.00	0.00	2.04	0.00	16.67	2.27	0.00	0.00	0.82
黑龙江	0.00	0.00	0.00	0.00	0.00	0.00	0.00	2.27	2.50	0.00	0.54
江　苏	0.00	0.00	6.25	0.00	0.00	0.00	0.00	0.00	0.00	0.00	0.54
上　海	0.00	0.00	3.13	0.00	2.04	0.00	0.00	0.00	0.00	0.00	0.54
浙　江	0.00	0.00	0.00	0.00	2.04	0.00	0.00	0.00	2.50	0.00	0.54
贵　州	0.00	0.00	0.00	0.00	2.04	0.00	0.00	0.00	0.00	0.00	0.27
海　南	0.00	0.00	0.00	0.00	0.00	0.00	16.67	0.00	0.00	0.00	0.27
湖　南	0.00	0.00	0.00	0.00	0.00	0.00	16.67	0.00	0.00	0.00	0.27
辽　宁	0.00	0.00	0.00	0.00	2.04	0.00	0.00	0.00	0.00	0.00	0.27
山　西	0.00	0.00	0.00	0.00	2.04	0.00	0.00	0.00	0.00	0.00	0.27

表 9-2 呼吸系统 B 层人才的世界占比

单位：%

省　份	2014 年	2015 年	2016 年	2017 年	2018 年	2019 年	2020 年	2021 年	2022 年	2023 年	合计
北　京	0.67	0.00	1.13	0.75	1.61	2.19	2.47	2.00	2.72	1.23	1.55
上　海	0.67	0.27	0.57	0.50	0.92	1.31	2.06	1.11	1.73	0.74	1.03
广　东	0.00	0.80	0.57	0.75	1.15	1.75	2.27	0.89	0.50	0.74	1.01
湖　北	0.00	0.27	0.00	0.00	0.23	0.66	3.09	1.11	0.74	0.74	0.76
江　苏	0.00	0.00	0.28	0.00	0.69	0.22	0.62	0.89	1.24	0.74	0.49
四　川	0.00	0.00	0.57	0.25	0.46	0.66	1.03	0.67	0.25	0.49	0.47
浙　江	0.33	0.00	0.00	0.00	0.23	0.66	0.62	0.67	0.74	0.49	0.39
安　徽	0.00	0.00	0.28	0.00	0.23	0.00	0.62	0.45	0.74	0.49	0.30
吉　林	0.00	0.00	0.00	0.00	0.23	0.44	0.41	0.67	0.50	0.49	0.30
湖　南	0.00	0.00	0.00	0.00	0.00	0.22	0.82	0.45	0.74	0.25	0.27
辽　宁	0.33	0.00	0.00	0.00	0.46	0.22	0.41	0.45	0.74	0.00	0.27
河　南	0.00	0.00	0.00	0.00	0.00	0.22	0.41	0.67	0.50	0.25	0.22
山　东	0.00	0.00	0.00	0.00	0.23	0.00	0.62	0.67	0.25	0.25	0.22
福　建	0.00	0.00	0.00	0.00	0.23	0.00	0.00	0.62	0.45	0.25	0.25	0.20
黑龙江	0.00	0.00	0.00	0.00	0.23	0.00	0.21	0.67	0.50	0.00	0.17
天　津	0.00	0.00	0.00	0.00	0.23	0.22	0.21	0.67	0.00	0.00	0.17
重　庆	0.00	0.00	0.00	0.00	0.00	0.00	0.00	0.45	0.50	0.49	0.15
河　北	0.00	0.00	0.00	0.00	0.23	0.00	0.21	0.00	0.25	0.25	0.10
广　西	0.00	0.00	0.00	0.00	0.00	0.00	0.21	0.00	0.50	0.00	0.07
海　南	0.00	0.00	0.00	0.00	0.23	0.00	0.41	0.00	0.00	0.00	0.07
江　西	0.00	0.00	0.00	0.00	0.00	0.00	0.00	0.22	0.25	0.25	0.07
云　南	0.00	0.00	0.00	0.00	0.00	0.00	0.21	0.22	0.25	0.00	0.07
贵　州	0.00	0.00	0.00	0.00	0.23	0.22	0.00	0.00	0.00	0.00	0.05
山　西	0.00	0.00	0.00	0.00	0.00	0.22	0.00	0.00	0.25	0.00	0.05
宁　夏	0.00	0.00	0.00	0.00	0.00	0.00	0.21	0.00	0.00	0.00	0.02
陕　西	0.00	0.00	0.00	0.00	0.00	0.00	0.00	0.00	0.25	0.00	0.02
新　疆	0.00	0.00	0.00	0.00	0.00	0.00	0.00	0.00	0.25	0.00	0.02

表 9-3 呼吸系统 C 层人才的世界占比

单位：%

省　份	2014 年	2015 年	2016 年	2017 年	2018 年	2019 年	2020 年	2021 年	2022 年	2023 年	合计
上　海	0.92	0.92	1.21	0.95	1.38	1.75	1.67	1.60	1.35	1.68	1.37
北　京	0.71	1.08	0.75	0.97	1.43	1.66	1.81	1.55	1.35	1.27	1.29
广　东	0.48	0.76	0.81	0.87	1.24	1.34	1.65	1.11	1.07	1.40	1.10
江　苏	0.10	0.54	0.35	0.41	0.54	1.16	0.63	0.65	0.72	0.85	0.62
浙　江	0.17	0.24	0.37	0.36	0.56	0.61	0.70	0.69	0.41	0.80	0.51
湖　北	0.27	0.05	0.14	0.26	0.30	0.36	0.97	0.67	0.56	0.59	0.44
四　川	0.20	0.24	0.17	0.41	0.51	0.61	0.36	0.49	0.38	0.67	0.42
山　东	0.17	0.19	0.17	0.15	0.49	0.57	0.43	0.56	0.38	0.41	0.37
湖　南	0.00	0.05	0.12	0.23	0.21	0.45	0.56	0.53	0.38	0.62	0.33
河　南	0.07	0.16	0.26	0.05	0.23	0.36	0.29	0.42	0.36	0.49	0.28
天　津	0.00	0.11	0.14	0.08	0.23	0.52	0.34	0.23	0.26	0.31	0.23
辽　宁	0.10	0.08	0.09	0.08	0.21	0.30	0.20	0.25	0.41	0.31	0.21
福　建	0.00	0.08	0.12	0.13	0.12	0.16	0.43	0.23	0.26	0.36	0.20
重　庆	0.20	0.08	0.12	0.20	0.26	0.25	0.18	0.25	0.10	0.23	0.19
吉　林	0.03	0.16	0.00	0.05	0.14	0.23	0.23	0.30	0.23	0.28	0.17
安　徽	0.07	0.08	0.00	0.08	0.07	0.16	0.16	0.35	0.23	0.23	0.15
黑龙江	0.03	0.05	0.03	0.05	0.07	0.20	0.09	0.21	0.23	0.21	0.12
陕　西	0.03	0.05	0.12	0.10	0.14	0.18	0.09	0.12	0.10	0.05	0.10
河　北	0.00	0.00	0.06	0.00	0.12	0.16	0.11	0.09	0.13	0.26	0.10
广　西	0.07	0.11	0.03	0.03	0.02	0.11	0.09	0.16	0.08	0.13	0.08
云　南	0.00	0.05	0.03	0.05	0.09	0.14	0.09	0.12	0.05	0.18	0.08
山　西	0.00	0.00	0.00	0.03	0.05	0.18	0.09	0.12	0.13	0.10	0.07
江　西	0.00	0.03	0.00	0.00	0.05	0.09	0.02	0.07	0.20	0.23	0.07
贵　州	0.03	0.03	0.00	0.05	0.05	0.11	0.07	0.07	0.13	0.07	0.07
甘　肃	0.00	0.03	0.06	0.00	0.09	0.14	0.02	0.02	0.10	0.16	0.06
内蒙古	0.00	0.00	0.03	0.08	0.02	0.16	0.00	0.07	0.05	0.13	0.06
新　疆	0.03	0.00	0.00	0.00	0.02	0.05	0.05	0.00	0.08	0.13	0.05
海　南	0.00	0.00	0.00	0.00	0.00	0.07	0.00	0.00	0.00	0.10	0.02
宁　夏	0.00	0.00	0.00	0.00	0.00	0.02	0.00	0.00	0.00	0.05	0.01
青　海	0.00	0.00	0.00	0.00	0.00	0.02	0.00	0.02	0.00	0.03	0.01

二 心脏和心血管系统

心脏和心血管系统 A 层人才最多的是北京、湖北，世界占比均为 0.67%；上海、浙江、湖南、江苏、辽宁、重庆、福建、甘肃、广东、贵州、河南、内蒙古、江西、吉林、山东、天津、新疆有一定数量的 A 层人才，世界占比均超过 0.1%。

B 层人才最多的是北京，世界占比为 0.75%；上海、江苏、广东、湖北、浙江、山东、湖南、辽宁、重庆、黑龙江、四川、天津有一定数量的 B 层人才，世界占比超过或等于 0.1%；河南、福建、江西、甘肃、吉林、河北、贵州、陕西、山西、云南、安徽、广西、内蒙古、宁夏 B 层人才的世界占比均低于 0.1%。

C 层人才最多的是北京，世界占比为 1.26%；上海、广东、江苏、湖北、浙江、四川、山东、湖南、辽宁、天津、河南、重庆、黑龙江、江西、福建有一定数量的 C 层人才，世界占比均超过 0.1%；陕西、吉林、河北、安徽、广西、新疆、甘肃、山西、贵州、海南、云南、宁夏、内蒙古、青海 C 层人才的世界占比均低于 0.1%。

表 9-4 心脏和心血管系统 A 层人才的世界占比

单位：%

省 份	2014 年	2015 年	2016 年	2017 年	2018 年	2019 年	2020 年	2021 年	2022 年	2023 年	合计
北 京	0.00	0.00	0.00	1.47	1.28	0.00	2.27	1.23	0.00	0.00	0.67
湖 北	0.00	0.00	0.00	1.47	1.28	0.00	3.41	0.00	0.00	0.00	0.67
上 海	0.00	0.00	0.00	0.00	1.28	1.27	1.14	0.00	0.00	0.00	0.40
浙 江	0.00	2.38	0.00	0.00	1.28	0.00	0.00	0.00	1.11	0.00	0.40
湖 南	0.00	0.00	0.00	0.00	1.28	0.00	0.00	0.00	1.11	0.00	0.27
江 苏	0.00	0.00	0.00	1.47	1.28	0.00	0.00	0.00	0.00	0.00	0.27
辽 宁	0.00	0.00	0.00	0.00	1.28	0.00	0.00	0.00	1.11	0.00	0.27
重 庆	0.00	0.00	0.00	0.00	1.28	0.00	0.00	0.00	0.00	0.00	0.13
福 建	0.00	0.00	0.00	0.00	1.28	0.00	0.00	0.00	0.00	0.00	0.13
甘 肃	0.00	0.00	0.00	0.00	1.28	0.00	0.00	0.00	0.00	0.00	0.13
广 东	0.00	0.00	0.00	0.00	1.28	0.00	0.00	0.00	0.00	0.00	0.13

省　　份	2014 年	2015 年	2016 年	2017 年	2018 年	2019 年	2020 年	2021 年	2022 年	2023 年	合计
贵　　州	0.00	0.00	0.00	0.00	1.28	0.00	0.00	0.00	0.00	0.00	0.13
河　　南	0.00	0.00	0.00	0.00	0.00	0.00	1.14	0.00	0.00	0.00	0.13
内　蒙古	0.00	0.00	0.00	0.00	1.28	0.00	0.00	0.00	0.00	0.00	0.13
江　　西	0.00	0.00	0.00	0.00	1.28	0.00	0.00	0.00	0.00	0.00	0.13
吉　　林	0.00	0.00	0.00	0.00	1.28	0.00	0.00	0.00	0.00	0.00	0.13
山　　东	0.00	0.00	0.00	0.00	1.28	0.00	0.00	0.00	0.00	0.00	0.13
天　　津	0.00	0.00	0.00	0.00	1.28	0.00	0.00	0.00	0.00	0.00	0.13
新　　疆	0.00	0.00	0.00	0.00	0.00	0.00	1.14	0.00	0.00	0.00	0.13

表 9-5　心脏和心血管系统 B 层人才的世界占比

单位：%

省　　份	2014 年	2015 年	2016 年	2017 年	2018 年	2019 年	2020 年	2021 年	2022 年	2023 年	合计
北　　京	1.03	0.50	0.78	0.30	0.55	1.09	0.98	0.59	1.13	0.53	0.75
上　　海	0.17	0.66	0.47	0.76	0.14	0.41	1.22	0.59	0.50	0.94	0.60
江　　苏	0.34	0.50	0.31	0.30	0.14	0.27	0.24	0.35	0.25	0.53	0.32
广　　东	0.17	0.33	0.47	0.46	0.00	0.41	0.24	0.24	0.38	0.27	0.29
湖　　北	0.17	0.17	0.00	0.15	0.14	0.14	1.83	0.00	0.13	0.00	0.29
浙　　江	0.00	0.33	0.00	0.15	0.28	0.27	0.37	0.35	0.13	0.67	0.27
山　　东	0.17	0.00	0.47	0.15	0.14	0.00	0.24	0.12	0.00	0.13	0.14
湖　　南	0.00	0.17	0.00	0.00	0.14	0.00	0.24	0.24	0.25	0.13	0.13
辽　　宁	0.34	0.17	0.00	0.00	0.00	0.41	0.24	0.00	0.13	0.00	0.13
重　　庆	0.17	0.17	0.00	0.15	0.00	0.14	0.24	0.00	0.13	0.13	0.11
黑龙江	0.00	0.00	0.00	0.00	0.14	0.14	0.00	0.12	0.38	0.13	0.10
四　　川	0.00	0.00	0.16	0.00	0.00	0.00	0.00	0.35	0.00	0.40	0.10
天　　津	0.00	0.00	0.00	0.15	0.00	0.27	0.24	0.00	0.13	0.00	0.10
河　　南	0.00	0.17	0.00	0.00	0.14	0.14	0.12	0.12	0.13	0.00	0.08
福　　建	0.00	0.00	0.16	0.00	0.00	0.00	0.12	0.12	0.13	0.13	0.07
江　　西	0.00	0.00	0.00	0.00	0.00	0.00	0.12	0.00	0.25	0.27	0.07
甘　　肃	0.00	0.17	0.00	0.00	0.00	0.00	0.24	0.00	0.13	0.00	0.06
吉　　林	0.00	0.00	0.00	0.00	0.14	0.00	0.24	0.12	0.00	0.00	0.06
河　　北	0.00	0.00	0.00	0.00	0.14	0.14	0.12	0.00	0.00	0.00	0.04
贵　　州	0.00	0.00	0.00	0.00	0.00	0.14	0.12	0.00	0.00	0.00	0.03
陕　　西	0.00	0.00	0.00	0.00	0.00	0.00	0.12	0.12	0.00	0.00	0.03

续表

省份	2014年	2015年	2016年	2017年	2018年	2019年	2020年	2021年	2022年	2023年	合计
山　西	0.00	0.17	0.00	0.00	0.00	0.14	0.00	0.00	0.00	0.00	0.03
云　南	0.00	0.00	0.00	0.00	0.00	0.14	0.12	0.00	0.00	0.00	0.03
安　徽	0.00	0.00	0.00	0.00	0.00	0.00	0.00	0.00	0.00	0.13	0.01
广　西	0.00	0.00	0.16	0.00	0.00	0.00	0.00	0.00	0.00	0.00	0.01
内蒙古	0.00	0.00	0.00	0.00	0.00	0.00	0.12	0.00	0.00	0.00	0.01
宁　夏	0.00	0.00	0.00	0.00	0.00	0.00	0.12	0.00	0.00	0.00	0.01

表 9-6　心脏和心血管系统 C 层人才的世界占比

单位：%

省份	2014年	2015年	2016年	2017年	2018年	2019年	2020年	2021年	2022年	2023年	合计
北　京	0.95	1.02	1.08	1.15	1.00	1.14	1.32	1.62	1.66	1.44	1.26
上　海	0.69	0.45	0.52	0.63	0.64	0.70	0.83	0.88	0.95	1.07	0.75
广　东	0.31	0.29	0.27	0.32	0.33	0.39	0.70	0.84	0.86	1.19	0.58
江　苏	0.29	0.43	0.42	0.35	0.39	0.37	0.59	0.46	0.55	0.60	0.45
湖　北	0.24	0.28	0.25	0.34	0.31	0.45	0.69	0.41	0.52	0.38	0.40
浙　江	0.14	0.22	0.20	0.23	0.24	0.35	0.26	0.41	0.56	0.59	0.33
四　川	0.14	0.17	0.14	0.17	0.26	0.22	0.21	0.22	0.43	0.42	0.25
山　东	0.26	0.21	0.19	0.15	0.17	0.20	0.21	0.24	0.40	0.27	0.23
湖　南	0.16	0.10	0.09	0.11	0.18	0.19	0.33	0.34	0.23	0.42	0.23
辽　宁	0.16	0.14	0.16	0.17	0.21	0.20	0.23	0.18	0.29	0.31	0.21
天　津	0.14	0.10	0.09	0.20	0.15	0.16	0.24	0.17	0.39	0.22	0.19
河　南	0.10	0.03	0.13	0.17	0.12	0.11	0.26	0.21	0.21	0.27	0.17
重　庆	0.10	0.09	0.13	0.14	0.10	0.12	0.13	0.12	0.23	0.16	0.13
黑龙江	0.14	0.10	0.13	0.17	0.14	0.07	0.10	0.10	0.16	0.17	0.13
江　西	0.12	0.14	0.06	0.05	0.03	0.12	0.10	0.10	0.25	0.20	0.12
福　建	0.03	0.03	0.09	0.06	0.06	0.11	0.16	0.09	0.22	0.20	0.11
陕　西	0.12	0.05	0.14	0.08	0.11	0.05	0.09	0.05	0.14	0.12	0.09
吉　林	0.09	0.05	0.08	0.11	0.06	0.09	0.08	0.07	0.13	0.05	0.08
河　北	0.03	0.03	0.06	0.08	0.06	0.03	0.06	0.07	0.20	0.10	0.08
安　徽	0.07	0.03	0.02	0.00	0.04	0.00	0.08	0.02	0.14	0.12	0.06
广　西	0.03	0.03	0.02	0.08	0.01	0.07	0.08	0.05	0.10	0.13	0.06
新　疆	0.03	0.03	0.00	0.05	0.01	0.01	0.05	0.04	0.17	0.07	0.05
甘　肃	0.05	0.02	0.02	0.05	0.03	0.07	0.05	0.02	0.01	0.07	0.04

续表

省　份	2014 年	2015 年	2016 年	2017 年	2018 年	2019 年	2020 年	2021 年	2022 年	2023 年	合计
山　西	0.02	0.03	0.09	0.03	0.00	0.04	0.01	0.01	0.07	0.05	0.04
贵　州	0.03	0.00	0.00	0.00	0.03	0.08	0.03	0.00	0.05	0.05	0.03
海　南	0.02	0.02	0.02	0.05	0.01	0.00	0.03	0.05	0.05	0.03	0.03
云　南	0.00	0.00	0.00	0.00	0.00	0.04	0.10	0.02	0.04	0.03	0.03
宁　夏	0.02	0.00	0.00	0.02	0.00	0.03	0.00	0.00	0.07	0.03	0.02
内蒙古	0.00	0.00	0.00	0.05	0.00	0.05	0.00	0.00	0.03	0.01	0.01
青　海	0.00	0.00	0.00	0.00	0.03	0.01	0.00	0.01	0.03	0.01	0.01

二　周围血管疾病学

周围血管疾病学 A、B、C 层人才最多的均为北京，世界占比分别为 1.72%、0.97%、1.85%。

A 层人才除北京外仅分布在湖北，世界占比为 1.29%。

上海、广东、湖北、江苏、浙江、天津、四川、黑龙江、河南有一定数量的 B 层人才，世界占比均超过 0.1%；重庆、福建、河北、湖南、内蒙古、辽宁、山东、新疆、安徽、广西、贵州、陕西、山西、云南 B 层人才的世界占比均低于 0.1%。

上海有相当数量的 C 层人才，世界占比为 1.17%；广东、湖北、江苏、浙江、山东、湖南、四川、天津、重庆、河南、辽宁、安徽、黑龙江、福建、河北、吉林、陕西、江西有一定数量的 C 层人才，世界占比超过或等于 0.1%；广西、新疆、内蒙古、云南、贵州、山西、甘肃、海南、宁夏、西藏、青海 C 层人才的世界占比均低于 0.1%。

表 9-7　周围血管疾病学 A 层人才的世界占比

单位：%

省　份	2014 年	2015 年	2016 年	2017 年	2018 年	2019 年	2020 年	2021 年	2022 年	2023 年	合计
北　京	0.00	0.00	0.00	11.11	3.85	0.00	6.25	0.00	0.00	0.00	1.72
湖　北	0.00	0.00	0.00	0.00	0.00	0.00	9.38	0.00	0.00	0.00	1.29

表 9-8　周围血管疾病学 B 层人才的世界占比

单位：%

省　份	2014 年	2015 年	2016 年	2017 年	2018 年	2019 年	2020 年	2021 年	2022 年	2023 年	合计
北　京	1.23	0.00	1.11	0.78	0.31	0.38	1.11	1.44	1.96	1.60	0.97
上　海	0.82	0.35	1.48	1.56	0.00	0.38	0.37	1.08	2.35	0.40	0.85
广　东	0.41	0.00	1.11	0.39	0.00	0.76	0.37	0.36	1.18	1.20	0.56
湖　北	0.00	0.00	0.00	0.00	0.63	0.00	2.95	0.36	0.78	0.00	0.48
江　苏	0.00	0.70	0.37	0.39	0.31	0.00	0.00	0.36	0.00	1.20	0.33
浙　江	0.41	0.00	0.00	0.00	0.31	0.00	0.37	0.00	0.39	1.20	0.26
天　津	0.00	0.00	0.00	0.39	0.00	0.00	0.37	0.72	0.39	0.40	0.22
四　川	0.00	0.00	0.37	0.00	0.00	0.00	0.00	0.72	0.00	0.40	0.15
黑龙江	0.00	0.00	0.00	0.00	0.00	0.00	0.00	0.36	0.78	0.00	0.11
河　南	0.00	0.00	0.00	0.00	0.00	0.00	0.37	0.72	0.00	0.00	0.11
重　庆	0.41	0.35	0.00	0.00	0.00	0.00	0.00	0.00	0.00	0.00	0.07
福　建	0.00	0.00	0.37	0.00	0.00	0.00	0.00	0.00	0.39	0.00	0.07
河　北	0.00	0.00	0.00	0.00	0.31	0.00	0.00	0.36	0.00	0.00	0.07
湖　南	0.00	0.00	0.00	0.00	0.00	0.00	0.37	0.36	0.00	0.00	0.07
内蒙古	0.00	0.00	0.00	0.39	0.00	0.00	0.00	0.36	0.00	0.00	0.07
辽　宁	0.00	0.00	0.00	0.00	0.00	0.00	0.00	0.36	0.00	0.40	0.07
山　东	0.00	0.00	0.37	0.00	0.00	0.00	0.00	0.36	0.00	0.00	0.07
新　疆	0.00	0.00	0.00	0.39	0.00	0.00	0.00	0.36	0.00	0.00	0.07
安　徽	0.00	0.00	0.00	0.00	0.00	0.00	0.00	0.00	0.00	0.40	0.04
广　西	0.00	0.00	0.37	0.00	0.00	0.00	0.00	0.00	0.00	0.00	0.04
贵　州	0.00	0.00	0.00	0.00	0.00	0.38	0.00	0.00	0.00	0.00	0.04
陕　西	0.00	0.00	0.00	0.00	0.00	0.00	0.00	0.36	0.00	0.00	0.04
山　西	0.00	0.00	0.00	0.00	0.00	0.00	0.00	0.36	0.00	0.00	0.04
云　南	0.00	0.00	0.00	0.00	0.00	0.00	0.00	0.36	0.00	0.00	0.04

表 9-9　周围血管疾病学 C 层人才的世界占比

单位：%

省　份	2014 年	2015 年	2016 年	2017 年	2018 年	2019 年	2020 年	2021 年	2022 年	2023 年	合计
北　京	1.60	1.05	1.59	2.06	2.22	2.01	1.38	1.66	2.54	2.52	1.85
上　海	0.84	0.91	0.98	0.97	1.33	1.15	1.21	1.18	1.62	1.56	1.17
广　东	0.29	0.56	0.68	1.05	0.51	1.18	0.96	1.18	1.37	1.28	0.90
湖　北	0.38	0.28	0.42	0.46	0.35	0.61	1.48	0.74	0.54	0.44	0.58

续表

省　份	2014 年	2015 年	2016 年	2017 年	2018 年	2019 年	2020 年	2021 年	2022 年	2023 年	合计
江　苏	0.21	0.42	0.57	0.42	0.48	0.29	0.55	0.44	0.62	0.88	0.49
浙　江	0.08	0.32	0.34	0.51	0.38	0.43	0.34	0.55	0.67	1.08	0.46
山　东	0.25	0.25	0.34	0.34	0.32	0.43	0.38	0.40	0.33	0.56	0.36
湖　南	0.25	0.21	0.38	0.38	0.29	0.29	0.38	0.40	0.33	0.36	0.33
四　川	0.17	0.32	0.15	0.25	0.41	0.25	0.21	0.29	0.62	0.28	0.30
天　津	0.25	0.35	0.26	0.29	0.25	0.07	0.14	0.29	0.37	0.36	0.26
重　庆	0.13	0.46	0.38	0.38	0.16	0.14	0.07	0.33	0.21	0.36	0.26
河　南	0.04	0.04	0.19	0.34	0.16	0.18	0.28	0.22	0.21	0.40	0.20
辽　宁	0.25	0.35	0.30	0.08	0.16	0.21	0.07	0.15	0.17	0.28	0.20
安　徽	0.08	0.11	0.11	0.25	0.16	0.04	0.21	0.18	0.29	0.20	0.16
黑龙江	0.08	0.11	0.15	0.08	0.13	0.11	0.17	0.11	0.21	0.44	0.16
福　建	0.00	0.04	0.08	0.17	0.10	0.21	0.10	0.22	0.25	0.36	0.15
河　北	0.00	0.04	0.11	0.13	0.25	0.11	0.07	0.15	0.33	0.16	0.13
吉　林	0.13	0.04	0.19	0.21	0.10	0.11	0.10	0.11	0.00	0.12	0.11
陕　西	0.13	0.07	0.15	0.08	0.13	0.04	0.21	0.00	0.21	0.16	0.11
江　西	0.04	0.04	0.08	0.13	0.00	0.11	0.14	0.11	0.21	0.16	0.10
广　西	0.00	0.00	0.08	0.08	0.06	0.07	0.07	0.11	0.29	0.12	0.09
新　疆	0.04	0.04	0.00	0.04	0.00	0.07	0.00	0.04	0.08	0.16	0.05
内蒙古	0.00	0.11	0.04	0.04	0.00	0.00	0.00	0.07	0.08	0.16	0.05
云　南	0.00	0.00	0.00	0.04	0.10	0.00	0.10	0.04	0.12	0.04	0.04
贵　州	0.00	0.00	0.00	0.04	0.00	0.00	0.10	0.07	0.08	0.12	0.04
山　西	0.00	0.00	0.04	0.04	0.00	0.00	0.03	0.04	0.12	0.16	0.04
甘　肃	0.04	0.04	0.00	0.00	0.00	0.04	0.03	0.00	0.04	0.12	0.04
海　南	0.00	0.00	0.04	0.04	0.00	0.00	0.03	0.07	0.04	0.04	0.03
宁　夏	0.00	0.00	0.00	0.00	0.00	0.07	0.00	0.00	0.04	0.00	0.01
西　藏	0.00	0.04	0.00	0.00	0.00	0.00	0.00	0.04	0.00	0.00	0.01
青　海	0.00	0.00	0.00	0.00	0.00	0.00	0.03	0.00	0.04	0.00	0.01

四　胃肠病学和肝脏病学

胃肠病学和肝脏病学 A 层人才仅分布在上海、北京、广东、浙江、江苏，其中，A 层人才最多的是上海，世界占比为 1.18%；北京、广东、浙江、江苏有一定数量的 A 层人才，世界占比均超过 0.2%。

上海、北京、广东有相当数量的 B 层人才，世界占比在 2%～1%；湖北、浙江、江苏、安徽、福建、河南、湖南、吉林、辽宁、山东、四川、重庆、天津、黑龙江、江西有一定数量的 B 层人才，世界占比均超过 0.1%；甘肃、河北、陕西、云南、广西、新疆、内蒙古、山西 B 层人才的世界占比均低于 0.1%。

上海、北京、广东、浙江有相当数量的 C 层人才，世界占比在 2%～1%；江苏、湖北、四川、山东、湖南、辽宁、重庆、河南、天津、福建、陕西、安徽、吉林、江西、黑龙江、河北、云南、广西、甘肃有一定数量的 C 层人才，世界占比均超过 0.1%；山西、贵州、新疆、内蒙古、海南、宁夏、青海、西藏 C 层人才的世界占比均低于 0.1%。

表 9-10　胃肠病学和肝脏病学 A 层人才的世界占比

单位：%

省　份	2014 年	2015 年	2016 年	2017 年	2018 年	2019 年	2020 年	2021 年	2022 年	2023 年	合计
上　海	0.00	0.00	0.00	0.00	0.00	1.96	2.94	0.00	2.17	3.64	1.18
北　京	0.00	0.00	2.56	2.56	4.35	0.00	0.00	1.85	0.00	0.00	0.95
广　东	0.00	0.00	5.13	0.00	0.00	0.00	0.00	0.00	0.00	0.00	0.47
浙　江	0.00	0.00	2.56	0.00	0.00	0.00	2.94	0.00	0.00	0.00	0.47
江　苏	0.00	0.00	0.00	0.00	0.00	0.00	0.00	0.00	2.17	0.00	0.24

表 9-11　胃肠病学和肝脏病学 B 层人才的世界占比

单位：%

省　份	2014 年	2015 年	2016 年	2017 年	2018 年	2019 年	2020 年	2021 年	2022 年	2023 年	合计
上　海	1.63	0.00	1.00	1.90	1.84	1.80	2.06	0.82	1.55	1.60	1.44
北　京	0.81	0.53	1.00	0.95	0.92	1.80	2.26	1.85	1.11	1.40	1.30
广　东	0.00	0.27	0.75	1.19	0.92	1.80	2.47	1.85	0.89	1.80	1.26
湖　北	0.27	0.27	0.50	0.24	0.46	0.90	3.09	0.62	0.67	0.40	0.78
浙　江	0.27	0.00	0.00	0.48	0.46	0.90	1.23	0.21	0.22	1.00	0.50
江　苏	0.00	0.00	0.25	0.00	0.23	0.90	0.62	0.41	0.22	0.80	0.37
安　徽	0.00	0.00	0.25	0.00	0.23	0.68	0.62	0.41	0.22	0.20	0.27

续表

省　份	2014 年	2015 年	2016 年	2017 年	2018 年	2019 年	2020 年	2021 年	2022 年	2023 年	合计
福　建	0.00	0.00	0.25	0.24	0.23	0.45	0.41	0.41	0.00	0.40	0.25
河　南	0.00	0.00	0.25	0.24	0.23	0.45	0.21	0.21	0.22	0.20	0.21
湖　南	0.27	0.00	0.25	0.00	0.23	0.45	0.62	0.00	0.00	0.20	0.21
吉　林	0.00	0.00	0.25	0.00	0.46	0.23	0.21	0.21	0.22	0.40	0.21
辽　宁	0.00	0.00	0.50	0.00	0.23	0.45	0.41	0.21	0.22	0.00	0.21
山　东	0.27	0.00	0.00	0.00	0.00	0.68	0.62	0.00	0.44	0.00	0.21
四　川	0.00	0.27	0.00	0.24	0.23	0.68	0.21	0.21	0.00	0.20	0.21
重　庆	0.00	0.00	0.50	0.24	0.23	0.00	0.21	0.41	0.22	0.00	0.18
天　津	0.00	0.00	0.25	0.24	0.23	0.00	0.41	0.00	0.67	0.00	0.18
黑龙江	0.00	0.00	0.00	0.00	0.23	0.90	0.21	0.00	0.00	0.00	0.14
江　西	0.00	0.00	0.00	0.00	0.23	0.23	0.21	0.00	0.22	0.40	0.14
甘　肃	0.27	0.00	0.00	0.00	0.00	0.45	0.00	0.21	0.00	0.00	0.09
河　北	0.27	0.00	0.25	0.00	0.00	0.00	0.00	0.00	0.00	0.40	0.09
陕　西	0.00	0.00	0.25	0.00	0.23	0.00	0.00	0.00	0.22	0.20	0.09
云　南	0.00	0.00	0.00	0.00	0.00	0.45	0.00	0.00	0.00	0.40	0.09
广　西	0.00	0.00	0.00	0.00	0.23	0.00	0.21	0.00	0.00	0.20	0.07
新　疆	0.00	0.00	0.00	0.00	0.23	0.23	0.21	0.00	0.00	0.00	0.07
内蒙古	0.00	0.00	0.00	0.00	0.23	0.00	0.00	0.00	0.00	0.20	0.05
山　西	0.00	0.00	0.00	0.00	0.00	0.23	0.00	0.00	0.00	0.00	0.02

表 9-12　胃肠病学和肝脏病学 C 层人才的世界占比

单位：%

省　份	2014 年	2015 年	2016 年	2017 年	2018 年	2019 年	2020 年	2021 年	2022 年	2023 年	合计
上　海	1.65	1.65	1.86	1.63	1.65	1.97	2.17	1.93	2.04	2.09	1.88
北　京	0.99	1.22	1.33	1.26	1.08	1.55	1.65	1.84	1.67	1.91	1.47
广　东	1.19	0.91	0.89	0.86	1.27	1.37	1.75	2.25	1.80	2.00	1.46
浙　江	0.80	0.71	0.82	0.69	1.10	0.77	1.12	0.91	1.41	1.68	1.01
江　苏	0.83	0.36	0.54	0.49	0.55	0.97	0.93	1.03	1.16	1.41	0.84
湖　北	0.41	0.41	0.66	0.67	0.46	0.91	1.03	1.09	0.69	0.82	0.73
四　川	0.39	0.20	0.41	0.42	0.29	0.53	0.78	0.59	0.67	0.70	0.51
山　东	0.41	0.28	0.36	0.27	0.29	0.51	0.57	0.63	0.81	0.84	0.51
湖　南	0.41	0.23	0.31	0.12	0.34	0.46	0.40	0.51	0.44	0.59	0.39
辽　宁	0.17	0.36	0.26	0.22	0.41	0.42	0.34	0.41	0.32	0.41	0.34

续表

省　份	2014年	2015年	2016年	2017年	2018年	2019年	2020年	2021年	2022年	2023年	合计
重　庆	0.28	0.36	0.18	0.20	0.22	0.31	0.36	0.36	0.42	0.59	0.33
河　南	0.19	0.18	0.20	0.07	0.22	0.38	0.27	0.36	0.28	0.52	0.27
天　津	0.25	0.13	0.33	0.20	0.14	0.15	0.23	0.32	0.42	0.39	0.26
福　建	0.14	0.08	0.20	0.10	0.19	0.33	0.30	0.28	0.44	0.41	0.25
陕　西	0.47	0.41	0.28	0.22	0.19	0.20	0.11	0.12	0.25	0.14	0.23
安　徽	0.11	0.13	0.10	0.17	0.14	0.38	0.36	0.30	0.14	0.32	0.22
吉　林	0.14	0.10	0.10	0.07	0.19	0.27	0.19	0.24	0.23	0.36	0.19
江　西	0.14	0.05	0.05	0.12	0.05	0.27	0.27	0.24	0.30	0.30	0.19
黑龙江	0.25	0.00	0.10	0.12	0.17	0.18	0.19	0.22	0.19	0.14	0.16
河　北	0.08	0.03	0.15	0.07	0.10	0.09	0.06	0.22	0.21	0.27	0.13
云　南	0.06	0.00	0.03	0.07	0.10	0.18	0.15	0.28	0.23	0.11	0.13
广　西	0.14	0.23	0.03	0.05	0.07	0.20	0.13	0.08	0.09	0.18	0.12
甘　肃	0.08	0.03	0.03	0.10	0.10	0.18	0.15	0.16	0.19	0.23	0.12
山　西	0.06	0.03	0.05	0.10	0.00	0.09	0.08	0.10	0.12	0.14	0.08
贵　州	0.00	0.00	0.05	0.10	0.00	0.13	0.08	0.04	0.14	0.16	0.07
新　疆	0.03	0.00	0.03	0.02	0.10	0.13	0.06	0.06	0.05	0.14	0.06
内蒙古	0.03	0.00	0.00	0.00	0.00	0.04	0.06	0.08	0.09	0.11	0.04
海　南	0.06	0.05	0.00	0.00	0.00	0.04	0.04	0.06	0.05	0.09	0.04
宁　夏	0.03	0.00	0.03	0.00	0.02	0.00	0.04	0.02	0.02	0.07	0.02
青　海	0.00	0.00	0.00	0.02	0.00	0.00	0.00	0.04	0.07	0.07	0.02
西　藏	0.00	0.00	0.00	0.00	0.00	0.00	0.00	0.02	0.07	0.00	0.01

五　产科医学和妇科医学

产科医学和妇科医学 A 层人才最多的是北京，世界占比为 1.48%；湖北、广东、安徽、福建、海南、河南、湖南、江苏、辽宁、上海、四川、天津、浙江有一定数量的 A 层人才，世界占比超过或等于 0.3%。

B 层人才最多的是上海，世界占比为 0.89%；北京、湖北、山东、广东、四川、浙江、安徽、重庆、江苏、辽宁、天津有一定数量的 B 层人才，世界占比均超过 0.1%；福建、河北、黑龙江、河南、湖南、江西、内蒙古、陕西 B 层人才的世界占比均低于 0.1%。

北京、上海有相当数量的 C 层人才，世界占比分别为 1.01%、1.00%；广东、湖北、山东、四川、浙江、江苏、湖南、辽宁、安徽、河南、重庆、福建、天津、广西、陕西有一定数量的 C 层人才，世界占比均超过 0.1%；甘肃、河北、黑龙江、江西、云南、山西、吉林、宁夏、贵州、海南、新疆、内蒙古 C 层人才的世界占比均低于 0.1%。

表 9-13　产科医学和妇科医学 A 层人才的世界占比

单位：%

省　份	2014 年	2015 年	2016 年	2017 年	2018 年	2019 年	2020 年	2021 年	2022 年	2023 年	合计
北　京	7.41	0.00	0.00	0.00	0.00	0.00	7.14	0.00	0.00	0.00	1.48
湖　北	0.00	0.00	0.00	0.00	0.00	0.00	7.14	0.00	0.00	0.00	0.89
广　东	0.00	0.00	0.00	0.00	0.00	0.00	4.76	0.00	0.00	0.00	0.59
安　徽	0.00	0.00	0.00	0.00	0.00	0.00	2.38	0.00	0.00	0.00	0.30
福　建	0.00	0.00	0.00	0.00	0.00	0.00	2.38	0.00	0.00	0.00	0.30
海　南	0.00	0.00	0.00	0.00	0.00	0.00	2.38	0.00	0.00	0.00	0.30
河　南	0.00	0.00	0.00	0.00	0.00	0.00	2.38	0.00	0.00	0.00	0.30
湖　南	0.00	0.00	0.00	0.00	0.00	0.00	2.38	0.00	0.00	0.00	0.30
江　苏	0.00	0.00	0.00	0.00	2.94	0.00	0.00	0.00	0.00	0.00	0.30
辽　宁	0.00	0.00	0.00	0.00	0.00	0.00	2.38	0.00	0.00	0.00	0.30
上　海	0.00	0.00	0.00	0.00	0.00	0.00	2.38	0.00	0.00	0.00	0.30
四　川	0.00	0.00	0.00	0.00	2.94	0.00	0.00	0.00	0.00	0.00	0.30
天　津	0.00	0.00	0.00	2.78	0.00	0.00	0.00	0.00	0.00	0.00	0.30
浙　江	0.00	0.00	0.00	0.00	0.00	0.00	2.38	0.00	0.00	0.00	0.30

表 9-14　产科医学和妇科医学 B 层人才的世界占比

单位：%

省　份	2014 年	2015 年	2016 年	2017 年	2018 年	2019 年	2020 年	2021 年	2022 年	2023 年	合计
上　海	1.82	0.66	1.65	0.62	0.63	0.26	1.84	1.03	0.28	0.28	0.89
北　京	1.09	0.33	0.00	1.24	1.58	0.53	1.05	0.77	0.56	0.28	0.74
湖　北	0.00	0.33	0.33	0.00	0.32	0.00	1.31	1.03	0.00	0.28	0.36
山　东	0.00	0.33	0.33	0.00	0.95	0.26	0.52	0.52	0.00	0.28	0.33
广　东	0.36	0.33	0.66	0.00	0.32	0.26	0.52	0.26	0.00	0.00	0.27
四　川	0.36	0.00	0.00	0.62	0.00	0.53	0.52	0.26	0.00	0.00	0.24

续表

省　份	2014 年	2015 年	2016 年	2017 年	2018 年	2019 年	2020 年	2021 年	2022 年	2023 年	合计
浙　江	0.00	0.00	0.33	0.00	0.63	0.26	0.52	0.52	0.00	0.00	0.24
安　徽	0.00	0.00	0.33	0.00	0.32	0.26	0.00	0.52	0.00	0.00	0.15
重　庆	0.00	0.00	0.00	0.00	0.00	0.26	1.05	0.00	0.00	0.00	0.15
江　苏	0.00	0.00	0.33	0.00	0.32	0.26	0.26	0.26	0.00	0.00	0.15
辽　宁	0.00	0.00	0.33	0.00	0.32	0.26	0.26	0.26	0.00	0.00	0.15
天　津	0.00	0.33	0.00	0.00	0.63	0.00	0.26	0.00	0.00	0.00	0.15
福　建	0.00	0.00	0.00	0.00	0.32	0.26	0.26	0.00	0.00	0.00	0.09
河　北	0.00	0.00	0.00	0.00	0.32	0.26	0.26	0.00	0.00	0.00	0.09
黑龙江	0.00	0.00	0.00	0.00	0.32	0.00	0.26	0.26	0.00	0.00	0.09
河　南	0.00	0.00	0.00	0.00	0.32	0.00	0.00	0.52	0.00	0.00	0.09
湖　南	0.36	0.00	0.33	0.00	0.00	0.00	0.26	0.00	0.00	0.00	0.09
江　西	0.00	0.00	0.33	0.00	0.32	0.00	0.26	0.00	0.00	0.00	0.09
内蒙古	0.00	0.00	0.00	0.00	0.32	0.00	0.00	0.00	0.00	0.00	0.03
陕　西	0.00	0.00	0.00	0.00	0.00	0.00	0.00	0.26	0.00	0.00	0.03

表 9-15　产科医学和妇科医学 C 层人才的世界占比

单位：%

省　份	2014 年	2015 年	2016 年	2017 年	2018 年	2019 年	2020 年	2021 年	2022 年	2023 年	合计
北　京	1.08	0.95	0.69	0.83	0.90	0.90	1.06	1.52	1.10	0.99	1.01
上　海	0.63	0.91	0.96	1.02	0.87	1.23	0.81	1.25	1.13	1.09	1.00
广　东	0.52	0.54	0.96	0.80	0.58	0.76	0.98	1.28	1.02	0.76	0.84
湖　北	0.19	0.27	0.34	0.29	0.35	0.50	0.81	0.67	0.48	0.56	0.46
山　东	0.33	0.34	0.24	0.32	0.42	0.64	0.50	0.51	0.48	0.66	0.45
四　川	0.22	0.10	0.27	0.45	0.42	0.39	0.47	0.64	0.62	0.53	0.42
浙　江	0.30	0.27	0.38	0.51	0.42	0.36	0.45	0.48	0.40	0.59	0.42
江　苏	0.26	0.27	0.27	0.45	0.32	0.34	0.53	0.51	0.42	0.66	0.41
湖　南	0.22	0.27	0.24	0.38	0.32	0.48	0.31	0.24	0.48	0.10	0.31
辽　宁	0.11	0.03	0.27	0.13	0.19	0.28	0.11	0.24	0.34	0.26	0.20
安　徽	0.11	0.17	0.17	0.35	0.19	0.11	0.20	0.19	0.23	0.17	0.19
河　南	0.07	0.10	0.24	0.13	0.13	0.14	0.22	0.21	0.23	0.30	0.18
重　庆	0.15	0.10	0.10	0.10	0.10	0.17	0.20	0.27	0.17	0.30	0.17
福　建	0.19	0.07	0.00	0.10	0.06	0.08	0.08	0.13	0.28	0.40	0.14
天　津	0.07	0.20	0.17	0.19	0.06	0.06	0.11	0.03	0.20	0.23	0.13
广　西	0.15	0.07	0.10	0.13	0.06	0.08	0.08	0.13	0.14	0.13	0.11

省　份	2014 年	2015 年	2016 年	2017 年	2018 年	2019 年	2020 年	2021 年	2022 年	2023 年	合计
陕　西	0.07	0.14	0.03	0.16	0.06	0.03	0.14	0.13	0.08	0.23	0.11
甘　肃	0.00	0.03	0.07	0.06	0.03	0.11	0.08	0.19	0.14	0.13	0.09
河　北	0.00	0.03	0.00	0.13	0.03	0.06	0.08	0.05	0.14	0.23	0.08
黑龙江	0.19	0.03	0.00	0.06	0.06	0.06	0.06	0.13	0.11	0.07	0.08
江　西	0.15	0.00	0.03	0.10	0.06	0.08	0.06	0.05	0.08	0.13	0.07
云　南	0.04	0.07	0.07	0.03	0.00	0.08	0.06	0.13	0.03	0.20	0.07
山　西	0.04	0.00	0.00	0.03	0.00	0.08	0.13	0.08	0.00	0.00	0.05
吉　林	0.00	0.00	0.00	0.00	0.13	0.03	0.08	0.08	0.00	0.00	0.03
宁　夏	0.04	0.00	0.03	0.00	0.03	0.06	0.00	0.00	0.03	0.10	0.03
贵　州	0.00	0.00	0.00	0.00	0.00	0.00	0.03	0.11	0.00	0.07	0.02
海　南	0.04	0.03	0.00	0.00	0.03	0.00	0.00	0.00	0.03	0.10	0.02
新　疆	0.00	0.00	0.00	0.00	0.00	0.03	0.00	0.08	0.03	0.07	0.02
内蒙古	0.04	0.03	0.03	0.00	0.00	0.00	0.00	0.03	0.03	0.00	0.02

六　男科学

男科学 A 层人才仅分布在江苏、浙江，世界占比均为 20.00%。

B 层人才仅分布在安徽、广东、湖北、上海、浙江，世界占比均为 1.43%。

C 层人才最多的是上海，世界占比为 1.48%；北京、广东、湖北、四川、江苏、浙江、湖南、山东、重庆、安徽、福建、甘肃、河北有一定数量的 C 层人才，世界占比均超过 0.1%；广西、河南、吉林、天津、辽宁、陕西、山西 C 层人才的世界占比均低于 0.1%。

表 9-16　男科学 A 层人才的世界占比

单位：%

省　份	2014 年	2015 年	2016 年	2017 年	2018 年	2019 年	2020 年	2021 年	2022 年	2023 年	合计
江　苏	0.00	0.00	0.00	0.00	0.00	0.00	0.00	0.00	100.00	0.00	20.00
浙　江	0.00	0.00	0.00	0.00	0.00	0.00	0.00	100.00	0.00		20.00

表 9-17　男科学 B 层人才的世界占比

单位：%

省　份	2014 年	2015 年	2016 年	2017 年	2018 年	2019 年	2020 年	2021 年	2022 年	2023 年	合计
安　徽	0.00	0.00	0.00	0.00	0.00	0.00	0.00	10.00	0.00	0.00	1.43
广　东	0.00	0.00	0.00	7.69	0.00	0.00	0.00	0.00	0.00	0.00	1.43
湖　北	0.00	0.00	0.00	0.00	0.00	0.00	0.00	0.00	7.69	0.00	1.43
上　海	0.00	14.29	0.00	0.00	0.00	0.00	0.00	0.00	0.00	0.00	1.43
浙　江	0.00	14.29	0.00	0.00	0.00	0.00	0.00	0.00	0.00	0.00	1.43

表 9-18　男科学 C 层人才的世界占比

单位：%

省　份	2014 年	2015 年	2016 年	2017 年	2018 年	2019 年	2020 年	2021 年	2022 年	2023 年	合计
上　海	1.33	5.13	1.03	2.50	0.00	0.75	0.65	1.16	2.94	0.86	1.48
北　京	0.00	0.00	1.03	0.83	2.91	0.75	0.65	0.58	0.98	1.72	0.96
广　东	1.33	0.00	0.00	1.67	0.97	2.26	0.65	1.74	0.00	0.00	0.96
湖　北	0.00	1.28	0.00	0.00	2.91	0.75	1.29	0.58	0.00	0.00	0.70
四　川	1.33	0.00	0.00	0.00	0.00	0.00	0.00	1.16	0.98	2.59	0.61
江　苏	1.33	0.00	0.00	0.00	2.91	0.75	0.00	0.58	0.00	0.00	0.52
浙　江	0.00	0.00	0.00	0.83	0.00	1.50	0.00	1.16	0.98	0.00	0.52
湖　南	0.00	1.28	0.00	0.00	0.00	0.00	0.65	1.16	0.98	0.00	0.43
山　东	0.00	0.00	0.00	0.83	0.00	0.00	1.94	0.58	0.00	0.00	0.43
重　庆	0.00	0.00	0.00	0.00	0.00	0.00	0.00	1.16	0.00	0.86	0.26
安　徽	1.33	0.00	0.00	0.00	0.00	0.00	0.00	0.58	0.00	0.00	0.17
福　建	0.00	0.00	0.00	0.00	0.00	0.97	0.00	0.58	0.00	0.00	0.17
甘　肃	0.00	0.00	0.00	0.00	0.00	0.97	0.00	0.58	0.00	0.00	0.17
河　北	0.00	0.00	0.00	0.00	0.97	0.75	0.00	0.00	0.00	0.00	0.17
广　西	0.00	0.00	0.00	0.83	0.00	0.00	0.00	0.00	0.00	0.00	0.09
河　南	0.00	0.00	0.00	0.00	0.00	0.75	0.00	0.00	0.00	0.00	0.09
吉　林	0.00	0.00	0.00	0.00	0.00	0.00	0.00	0.58	0.00	0.00	0.09
天　津	0.00	0.00	0.00	0.00	0.00	0.75	0.00	0.00	0.00	0.00	0.09

七　儿科学

儿科学 A、B、C 层人才最多的均为北京，世界占比分别为 0.98%、0.59%、0.53%。

江苏、上海 A 层人才的世界占比分别为 0.74%、0.49%；安徽、河北、河南、山东、天津、浙江有一定数量的 A 层人才，世界占比均为 0.25%。

上海、广东、湖北、浙江、山东、福建、辽宁、四川、安徽、河南有一定数量的 B 层人才，世界占比超过或等于 0.1%；湖南、吉林、甘肃、贵州、河北、天津、重庆、海南、黑龙江、江苏、江西、山西、新疆、云南 B 层人才的世界占比均低于 0.1%。

上海、广东、四川、浙江、重庆、湖北、江苏、湖南、山东有一定数量的 C 层人才，世界占比均超过 0.1%；安徽、福建、河南、天津、吉林、陕西、甘肃、辽宁、云南、贵州、河北、江西、海南、山西、广西、新疆、内蒙古、黑龙江、宁夏 C 层人才的世界占比均低于 0.1%。

表 9-19　儿科学 A 层人才的世界占比

单位：%

省　份	2014 年	2015 年	2016 年	2017 年	2018 年	2019 年	2020 年	2021 年	2022 年	2023 年	合计
北　京	0.00	0.00	0.00	0.00	2.38	2.50	2.33	0.00	2.13	0.00	0.98
江　苏	0.00	0.00	0.00	0.00	0.00	5.00	2.33	0.00	0.00	0.00	0.74
上　海	0.00	0.00	0.00	0.00	0.00	2.50	2.33	0.00	0.00	0.00	0.49
安　徽	0.00	0.00	0.00	0.00	0.00	0.00	2.33	0.00	0.00	0.00	0.25
河　北	0.00	0.00	0.00	0.00	0.00	0.00	2.33	0.00	0.00	0.00	0.25
河　南	0.00	0.00	0.00	0.00	0.00	0.00	2.33	0.00	0.00	0.00	0.25
山　东	0.00	0.00	0.00	0.00	0.00	0.00	2.33	0.00	0.00	0.00	0.25
天　津	0.00	0.00	0.00	0.00	0.00	0.00	2.33	0.00	0.00	0.00	0.25
浙　江	0.00	0.00	2.78	0.00	0.00	0.00	0.00	0.00	0.00	0.00	0.25

表 9-20　儿科学 B 层人才的世界占比

单位：%

省　份	2014 年	2015 年	2016 年	2017 年	2018 年	2019 年	2020 年	2021 年	2022 年	2023 年	合计
北　京	0.00	0.00	0.00	0.28	0.00	1.20	1.58	0.63	0.43	1.16	0.59
上　海	0.69	0.33	0.00	0.28	0.00	0.48	1.13	0.21	0.85	1.16	0.54
广　东	0.00	0.00	0.00	0.00	0.00	0.24	1.13	0.42	0.64	1.39	0.43
湖　北	0.00	0.00	0.28	0.28	0.00	0.24	2.26	0.00	0.21	0.23	0.38
浙　江	0.00	0.00	0.00	0.00	0.27	0.24	0.45	0.21	0.64	0.69	0.28
山　东	0.00	0.00	0.00	0.00	0.00	0.00	0.45	0.42	0.00	0.69	0.18
福　建	0.00	0.00	0.00	0.00	0.00	0.24	0.45	0.00	0.43	0.23	0.15
辽　宁	0.00	0.00	0.00	0.00	0.00	0.00	0.45	0.00	0.43	0.46	0.15
四　川	0.00	0.00	0.00	0.28	0.00	0.24	0.00	0.00	0.21	0.69	0.15
安　徽	0.00	0.00	0.00	0.00	0.27	0.24	0.23	0.00	0.43	0.00	0.13
河　南	0.00	0.00	0.00	0.00	0.00	0.24	0.00	0.42	0.21	0.00	0.10
湖　南	0.00	0.00	0.28	0.28	0.00	0.24	0.00	0.00	0.00	0.00	0.08
吉　林	0.00	0.00	0.00	0.00	0.00	0.00	0.23	0.21	0.21	0.00	0.08
甘　肃	0.00	0.00	0.00	0.00	0.00	0.00	0.00	0.21	0.00	0.23	0.05
贵　州	0.00	0.00	0.00	0.00	0.00	0.00	0.23	0.21	0.00	0.00	0.05
河　北	0.00	0.00	0.00	0.00	0.00	0.00	0.45	0.00	0.00	0.00	0.05
天　津	0.00	0.00	0.00	0.28	0.00	0.00	0.00	0.00	0.00	0.23	0.05
重　庆	0.00	0.00	0.00	0.00	0.00	0.00	0.00	0.21	0.00	0.00	0.03
海　南	0.00	0.00	0.00	0.00	0.00	0.00	0.00	0.00	0.00	0.23	0.03
黑龙江	0.00	0.00	0.00	0.00	0.00	0.24	0.00	0.00	0.00	0.00	0.03
江　苏	0.00	0.00	0.00	0.00	0.00	0.00	0.00	0.00	0.00	0.23	0.03
江　西	0.00	0.00	0.00	0.00	0.00	0.00	0.00	0.00	0.00	0.23	0.03
山　西	0.00	0.00	0.00	0.00	0.00	0.00	0.00	0.00	0.21	0.00	0.03
新　疆	0.00	0.00	0.00	0.00	0.00	0.00	0.00	0.00	0.00	0.23	0.03
云　南	0.00	0.00	0.00	0.00	0.00	0.00	0.00	0.21	0.00	0.00	0.03

表 9-21　儿科学 C 层人才的世界占比

单位：%

省　份	2014 年	2015 年	2016 年	2017 年	2018 年	2019 年	2020 年	2021 年	2022 年	2023 年	合计
北　京	0.31	0.26	0.32	0.33	0.21	0.61	0.58	0.62	0.93	0.94	0.53
上　海	0.38	0.33	0.49	0.39	0.19	0.58	0.42	0.51	0.49	0.50	0.43
广　东	0.07	0.10	0.20	0.31	0.21	0.34	0.40	0.51	0.72	0.76	0.38

续表

省　份	2014 年	2015 年	2016 年	2017 年	2018 年	2019 年	2020 年	2021 年	2022 年	2023 年	合计
四　川	0.00	0.20	0.06	0.11	0.24	0.32	0.33	0.36	0.26	0.38	0.23
浙　江	0.07	0.16	0.06	0.11	0.13	0.32	0.16	0.38	0.40	0.47	0.23
重　庆	0.10	0.03	0.09	0.17	0.16	0.24	0.23	0.31	0.33	0.31	0.21
湖　北	0.03	0.00	0.09	0.17	0.08	0.22	0.47	0.18	0.21	0.25	0.18
江　苏	0.00	0.03	0.09	0.06	0.11	0.24	0.16	0.27	0.28	0.28	0.16
湖　南	0.03	0.03	0.11	0.06	0.13	0.27	0.30	0.11	0.16	0.19	0.15
山　东	0.14	0.03	0.06	0.17	0.08	0.17	0.12	0.18	0.21	0.28	0.15
安　徽	0.10	0.16	0.00	0.14	0.08	0.12	0.02	0.04	0.05	0.19	0.09
福　建	0.00	0.03	0.00	0.08	0.03	0.12	0.02	0.09	0.21	0.25	0.09
河　南	0.00	0.00	0.00	0.03	0.05	0.10	0.07	0.13	0.12	0.19	0.07
天　津	0.00	0.00	0.00	0.17	0.16	0.15	0.07	0.00	0.09	0.06	0.07
吉　林	0.07	0.07	0.06	0.00	0.00	0.02	0.02	0.16	0.05	0.16	0.06
陕　西	0.03	0.07	0.06	0.06	0.00	0.05	0.05	0.02	0.12	0.13	0.06
甘　肃	0.00	0.00	0.00	0.03	0.03	0.07	0.02	0.13	0.14	0.06	0.05
辽　宁	0.00	0.03	0.00	0.03	0.05	0.02	0.02	0.00	0.12	0.16	0.05
云　南	0.00	0.00	0.00	0.00	0.05	0.12	0.09	0.04	0.05	0.03	0.04
贵　州	0.00	0.00	0.06	0.03	0.03	0.07	0.02	0.04	0.07	0.03	0.04
河　北	0.00	0.00	0.00	0.03	0.00	0.00	0.00	0.04	0.07	0.16	0.03
江　西	0.00	0.00	0.00	0.03	0.03	0.10	0.05	0.02	0.07	0.00	0.03
海　南	0.00	0.00	0.00	0.00	0.00	0.02	0.07	0.02	0.09	0.00	0.03
山　西	0.03	0.00	0.00	0.00	0.06	0.00	0.07	0.00	0.04	0.00	0.09
广　西	0.03	0.00	0.00	0.00	0.03	0.00	0.07	0.05	0.00	0.00	0.03
新　疆	0.00	0.00	0.00	0.00	0.00	0.00	0.05	0.02	0.05	0.03	0.02
内蒙古	0.00	0.00	0.00	0.00	0.00	0.00	0.02	0.02	0.00	0.02	0.03
黑龙江	0.03	0.00	0.00	0.00	0.00	0.00	0.02	0.00	0.00	0.00	0.01
宁　夏	0.00	0.00	0.00	0.03	0.00	0.00	0.00	0.00	0.00	0.03	0.01

八　泌尿学和肾脏学

泌尿学和肾脏学 A、B、C 层人才最多的均为北京，世界占比分别为 1.07%、0.96%、0.97%。

江苏 A 层人才的世界占比为 0.71%；安徽、上海有一定数量的 A 层人才，世界占比均为 0.36%。

广东、江苏、上海、湖北、浙江、四川、湖南、山东、安徽、重庆、河南、辽宁、山西、甘肃、河北、内蒙古、江西有一定数量的 B 层人才，世界占比超过或等于 0.1%；福建、广西、黑龙江、吉林、贵州、宁夏、陕西、天津、新疆、云南 B 层人才的世界占比均低于 0.1%。

上海、广东、江苏、湖北、湖南、四川、浙江、山东、重庆、河南、安徽、天津、福建、广西、贵州、江西有一定数量的 C 层人才，世界占比超过或等于 0.1%；辽宁、陕西、吉林、河北、黑龙江、甘肃、山西、海南、云南、内蒙古、宁夏、新疆、青海、西藏 C 层人才的世界占比均低于 0.1%。

表 9-22　泌尿学和肾脏学 A 层人才的世界占比

单位：%

省　份	2014 年	2015 年	2016 年	2017 年	2018 年	2019 年	2020 年	2021 年	2022 年	2023 年	合计
北　京	0.00	3.45	0.00	0.00	0.00	0.00	0.00	0.00	5.26	0.00	1.07
江　苏	0.00	0.00	0.00	0.00	0.00	0.00	0.00	2.27	2.63	0.00	0.71
安　徽	0.00	0.00	3.57	0.00	0.00	0.00	0.00	0.00	0.00	0.00	0.36
上　海	0.00	0.00	0.00	0.00	4.17	0.00	0.00	0.00	0.00	0.00	0.36

表 9-23　泌尿学和肾脏学 B 层人才的世界占比

单位：%

省　份	2014 年	2015 年	2016 年	2017 年	2018 年	2019 年	2020 年	2021 年	2022 年	2023 年	合计
北　京	0.00	0.77	0.79	1.39	0.34	1.66	1.08	0.51	0.77	2.13	0.96
广　东	0.00	1.15	0.79	0.70	1.03	1.32	0.27	1.53	1.53	0.61	0.92
江　苏	0.38	0.77	0.00	1.05	1.03	0.99	0.54	0.26	1.28	0.61	0.70
上　海	0.00	1.15	0.39	1.39	0.00	0.99	0.54	0.26	1.02	0.91	0.67
湖　北	0.00	1.15	0.39	0.70	0.00	0.00	2.15	0.26	0.26	0.00	0.51
浙　江	0.00	0.77	0.00	0.35	0.00	0.99	0.54	0.00	0.51	0.30	0.35
四　川	0.38	0.77	0.39	0.35	0.34	0.33	0.00	0.26	0.61	0.00	0.32
湖　南	0.38	0.38	0.00	1.39	0.00	0.00	0.54	0.00	0.26	0.00	0.29
山　东	0.00	0.38	0.39	0.00	0.00	0.00	0.27	0.00	0.51	0.61	0.22
安　徽	0.38	0.38	0.00	0.00	0.00	0.66	0.00	0.00	0.00	0.00	0.13

续表

省　份	2014 年	2015 年	2016 年	2017 年	2018 年	2019 年	2020 年	2021 年	2022 年	2023 年	合计
重　庆	0.00	0.38	0.00	0.35	0.00	0.00	0.00	0.26	0.26	0.00	0.13
河　南	0.00	1.15	0.00	0.00	0.00	0.00	0.00	0.26	0.00	0.00	0.13
辽　宁	0.00	0.38	0.00	0.00	0.00	0.66	0.00	0.00	0.00	0.30	0.13
山　西	0.00	0.38	0.00	0.70	0.00	0.00	0.00	0.00	0.00	0.30	0.13
甘　肃	0.00	0.38	0.00	0.35	0.00	0.33	0.00	0.00	0.00	0.00	0.10
河　北	0.00	0.77	0.00	0.00	0.00	0.00	0.00	0.00	0.00	0.30	0.10
内蒙古	0.00	0.38	0.00	0.00	0.00	0.33	0.00	0.00	0.00	0.30	0.10
江　西	0.00	0.38	0.00	0.00	0.00	0.66	0.00	0.00	0.00	0.00	0.10
福　建	0.00	0.77	0.00	0.00	0.00	0.00	0.00	0.00	0.00	0.00	0.06
广　西	0.00	0.38	0.00	0.00	0.00	0.33	0.00	0.00	0.00	0.00	0.06
黑龙江	0.00	0.77	0.00	0.00	0.00	0.00	0.00	0.00	0.00	0.00	0.06
吉　林	0.00	0.38	0.00	0.00	0.00	0.00	0.00	0.00	0.00	0.30	0.06
贵　州	0.00	0.38	0.00	0.00	0.00	0.00	0.00	0.00	0.00	0.00	0.03
宁　夏	0.00	0.38	0.00	0.00	0.00	0.00	0.00	0.00	0.00	0.00	0.03
陕　西	0.00	0.00	0.00	0.00	0.00	0.33	0.00	0.00	0.00	0.00	0.03
天　津	0.00	0.00	0.00	0.35	0.00	0.00	0.00	0.00	0.00	0.00	0.03
新　疆	0.00	0.38	0.00	0.00	0.00	0.00	0.00	0.00	0.00	0.00	0.03
云　南	0.00	0.38	0.00	0.00	0.00	0.00	0.00	0.00	0.00	0.00	0.03

表 9-24　泌尿学和肾脏学 C 层人才的世界占比

单位：%

省　份	2014 年	2015 年	2016 年	2017 年	2018 年	2019 年	2020 年	2021 年	2022 年	2023 年	合计
北　京	0.65	0.63	0.70	0.95	1.14	1.06	1.06	0.85	1.03	1.48	0.97
上　海	0.69	1.17	0.90	0.88	0.93	0.58	0.62	0.57	1.14	0.99	0.84
广　东	0.62	0.94	0.78	1.09	0.86	0.58	1.00	0.72	0.70	0.89	0.82
江　苏	0.35	0.66	0.55	0.77	0.75	0.58	0.65	0.54	0.59	0.63	0.61
湖　北	0.35	0.39	0.27	0.42	0.36	0.27	0.56	0.28	0.53	0.43	0.39
湖　南	0.19	0.23	0.23	0.42	0.32	0.41	0.41	0.39	0.33	0.43	0.34
四　川	0.35	0.31	0.12	0.21	0.43	0.14	0.12	0.36	0.36	0.56	0.30
浙　江	0.23	0.08	0.16	0.46	0.43	0.14	0.29	0.23	0.25	0.46	0.28
山　东	0.23	0.20	0.08	0.07	0.43	0.14	0.12	0.28	0.28	0.23	0.21
重　庆	0.23	0.20	0.12	0.11	0.39	0.10	0.21	0.18	0.06	0.23	0.18
河　南	0.08	0.16	0.08	0.18	0.29	0.24	0.24	0.15	0.17	0.16	0.18

续表

省　份	2014年	2015年	2016年	2017年	2018年	2019年	2020年	2021年	2022年	2023年	合计
安　徽	0.12	0.16	0.00	0.04	0.18	0.21	0.18	0.13	0.33	0.23	0.16
天　津	0.08	0.04	0.12	0.21	0.07	0.17	0.06	0.05	0.25	0.10	0.12
福　建	0.04	0.00	0.08	0.04	0.14	0.14	0.12	0.15	0.14	0.16	0.11
广　西	0.08	0.00	0.04	0.11	0.14	0.07	0.21	0.13	0.06	0.13	0.10
贵　州	0.00	0.16	0.16	0.07	0.14	0.03	0.06	0.05	0.08	0.26	0.10
江　西	0.04	0.08	0.12	0.04	0.04	0.03	0.15	0.10	0.14	0.23	0.10
辽　宁	0.04	0.12	0.00	0.11	0.11	0.07	0.15	0.08	0.06	0.03	0.08
陕　西	0.04	0.04	0.04	0.04	0.21	0.03	0.03	0.00	0.14	0.10	0.08
吉　林	0.12	0.08	0.04	0.11	0.07	0.07	0.03	0.10	0.11	0.00	0.07
河　北	0.04	0.04	0.04	0.07	0.25	0.03	0.00	0.03	0.03	0.16	0.07
黑龙江	0.12	0.00	0.20	0.00	0.04	0.03	0.06	0.08	0.06	0.00	0.06
甘　肃	0.04	0.00	0.00	0.04	0.11	0.03	0.03	0.03	0.08	0.00	0.04
山　西	0.04	0.00	0.04	0.07	0.11	0.00	0.06	0.03	0.00	0.07	0.04
海　南	0.00	0.00	0.04	0.00	0.04	0.00	0.06	0.03	0.14	0.00	0.03
云　南	0.00	0.00	0.00	0.00	0.04	0.00	0.00	0.05	0.08	0.10	0.03
内蒙古	0.04	0.00	0.00	0.00	0.00	0.00	0.00	0.00	0.14	0.00	0.02
宁　夏	0.00	0.00	0.00	0.00	0.00	0.00	0.06	0.00	0.08	0.03	0.02
新　疆	0.00	0.00	0.00	0.00	0.00	0.03	0.03	0.03	0.06	0.00	0.02
青　海	0.00	0.00	0.00	0.00	0.00	0.00	0.00	0.03	0.06	0.00	0.01
西　藏	0.00	0.00	0.00	0.00	0.00	0.00	0.03	0.00	0.06	0.00	0.01

九　运动科学

运动科学 A 层人才仅分布在北京、上海，世界占比均为 0.49%。

B 层人才最多的是上海，世界占比为 0.50%；浙江 B 层人才的世界占比为 0.18%；广东、湖南 B 层人才的世界占比均为 0.14%；河南、江苏、四川、安徽、北京、重庆、山东、天津 B 层人才的世界占比均低于 0.1%。

C 层人才最多的是上海，世界占比为 0.59%；北京、广东、浙江、四川、江苏有一定数量的 C 层人才，世界占比均超过 0.1%；湖南、重庆、湖北、山东、福建、天津、辽宁、江西、吉林、陕西、甘肃、河南、云南、贵州、河北、黑龙江、广西 C 层人才的世界占比均低于 0.1%。

表 9-25 运动科学 A 层人才的世界占比

单位：%

省　份	2014 年	2015 年	2016 年	2017 年	2018 年	2019 年	2020 年	2021 年	2022 年	2023 年	合计
北　京	0.00	0.00	0.00	0.00	0.00	0.00	0.00	0.00	4.00	0.00	0.49
上　海	0.00	0.00	0.00	0.00	0.00	0.00	4.00	0.00	0.00	0.00	0.49

表 9-26 运动科学 B 层人才的世界占比

单位：%

省　份	2014 年	2015 年	2016 年	2017 年	2018 年	2019 年	2020 年	2021 年	2022 年	2023 年	合计
上　海	0.58	0.00	0.52	0.00	0.00	1.24	0.00	0.00	1.33	1.30	0.50
浙　江	0.00	0.00	0.00	0.00	0.00	0.41	0.00	0.00	0.88	0.43	0.18
广　东	0.00	0.54	0.00	0.00	0.00	0.00	0.00	0.00	0.44	0.43	0.14
湖　南	0.00	0.54	0.52	0.00	0.00	0.00	0.00	0.00	0.00	0.43	0.14
河　南	0.00	0.00	0.00	0.00	0.00	0.41	0.00	0.00	0.44	0.00	0.09
江　苏	0.00	0.00	0.00	0.00	0.00	0.00	0.00	0.00	0.00	0.87	0.09
四　川	0.00	0.00	0.00	0.00	0.00	0.00	0.40	0.00	0.44	0.00	0.09
安　徽	0.00	0.00	0.00	0.00	0.00	0.41	0.00	0.00	0.00	0.00	0.05
北　京	0.00	0.00	0.00	0.00	0.46	0.00	0.00	0.00	0.00	0.00	0.05
重　庆	0.00	0.00	0.00	0.49	0.00	0.00	0.00	0.00	0.00	0.00	0.05
山　东	0.00	0.54	0.00	0.00	0.00	0.00	0.00	0.00	0.00	0.00	0.05
天　津	0.00	0.00	0.00	0.00	0.00	0.00	0.00	0.00	0.44	0.00	0.05

表 9-27 运动科学 C 层人才的世界占比

单位：%

省　份	2014 年	2015 年	2016 年	2017 年	2018 年	2019 年	2020 年	2021 年	2022 年	2023 年	合计
上　海	0.18	0.29	0.27	0.58	0.38	0.68	0.83	0.91	0.99	0.44	0.59
北　京	0.24	0.12	0.27	0.39	0.00	0.51	0.40	0.58	0.99	0.92	0.46
广　东	0.12	0.12	0.16	0.10	0.38	0.34	0.32	0.54	0.32	0.52	0.31
浙　江	0.06	0.12	0.11	0.15	0.05	0.13	0.24	0.29	0.23	0.17	0.16
四　川	0.12	0.06	0.05	0.15	0.14	0.09	0.16	0.21	0.18	0.35	0.16
江　苏	0.06	0.12	0.05	0.10	0.00	0.04	0.20	0.17	0.41	0.22	0.14
湖　南	0.00	0.12	0.11	0.10	0.10	0.09	0.08	0.04	0.00	0.17	0.08
重　庆	0.00	0.00	0.00	0.00	0.00	0.13	0.12	0.17	0.05	0.22	0.08
湖　北	0.06	0.06	0.21	0.05	0.10	0.13	0.00	0.04	0.05	0.09	0.08

续表

省　份	2014 年	2015 年	2016 年	2017 年	2018 年	2019 年	2020 年	2021 年	2022 年	2023 年	合计
山　东	0.06	0.00	0.11	0.05	0.10	0.13	0.04	0.04	0.14	0.09	0.08
福　建	0.00	0.06	0.05	0.05	0.00	0.09	0.00	0.04	0.18	0.13	0.06
天　津	0.00	0.12	0.05	0.00	0.00	0.00	0.04	0.12	0.00	0.14	0.04	0.05
辽　宁	0.00	0.00	0.11	0.05	0.00	0.00	0.08	0.00	0.09	0.04	0.04
江　西	0.00	0.00	0.00	0.00	0.00	0.04	0.00	0.04	0.05	0.17	0.03
吉　林	0.00	0.00	0.00	0.10	0.05	0.00	0.04	0.00	0.05	0.00	0.03
陕　西	0.00	0.00	0.05	0.05	0.00	0.00	0.00	0.08	0.09	0.00	0.03
甘　肃	0.00	0.00	0.00	0.00	0.00	0.00	0.00	0.04	0.09	0.09	0.02
河　南	0.00	0.00	0.00	0.00	0.00	0.05	0.00	0.08	0.04	0.05	0.02
云　南	0.00	0.00	0.00	0.00	0.00	0.00	0.04	0.00	0.05	0.09	0.02
贵　州	0.00	0.00	0.00	0.00	0.00	0.05	0.04	0.00	0.00	0.00	0.01
河　北	0.00	0.00	0.00	0.00	0.00	0.00	0.04	0.00	0.00	0.04	0.01
黑龙江	0.00	0.00	0.00	0.05	0.00	0.00	0.00	0.04	0.00	0.04	0.01
广　西	0.00	0.00	0.00	0.00	0.00	0.00	0.00	0.08	0.00	0.00	0.01

十　内分泌学和新陈代谢

内分泌学和新陈代谢 A、B、C 层人才最多的均为北京，世界占比分别为 1.68%、1.44%、1.84%。

湖北、上海 A 层人才的世界占比均为 1.34%；浙江也有相当数量的 A 层人才，世界占比为 1.01%；福建、广东、湖南、青海、安徽、重庆、甘肃、广西、贵州、海南、河北、黑龙江、河南、内蒙古、江苏、江西、吉林、辽宁、宁夏、陕西、山东、山西、四川、天津、西藏、新疆、云南有一定数量的 A 层人才，世界占比均超过 0.3%。

上海有相当数量的 B 层人才，世界占比为 1.03%；广东、湖北、浙江、江苏、山东、湖南、四川、天津、安徽、河南、福建、重庆、江西、辽宁、吉林有一定数量的 B 层人才，世界占比均超过 0.1%；甘肃、河北、陕西、云南、黑龙江、广西、海南、宁夏、山西、新疆、贵州、内蒙古、青海 B 层人才的世界占比均低于 0.1%。

上海、广东有相当数量的 C 层人才，世界占比分别为 1.49%、1.32%；江苏、湖北、浙江、四川、山东、湖南、辽宁、重庆、天津、河南、吉林、陕西、安徽、福建、黑龙江、江西、甘肃、河北、广西、贵州、云南有一定数量的 C 层人才，世界占比超过或等于 0.1%；海南、新疆、山西、宁夏、内蒙古、青海、西藏 C 层人才的世界占比均低于 0.1%。

表 9-28　内分泌学和新陈代谢 A 层人才的世界占比

单位：%

省　份	2014 年	2015 年	2016 年	2017 年	2018 年	2019 年	2020 年	2021 年	2022 年	2023 年	合计
北　京	0.00	0.00	0.00	0.00	0.00	2.56	1.92	4.00	2.00	0.00	1.68
湖　北	0.00	0.00	0.00	0.00	0.00	0.00	5.77	2.00	0.00	0.00	1.34
上　海	0.00	0.00	0.00	0.00	2.17	2.56	1.92	0.00	2.00	0.00	1.34
浙　江	0.00	0.00	0.00	0.00	0.00	0.00	3.85	2.00	0.00	0.00	1.01
福　建	0.00	0.00	0.00	0.00	2.17	0.00	1.92	0.00	0.00	0.00	0.67
广　东	0.00	0.00	0.00	0.00	0.00	0.00	3.85	0.00	0.00	0.00	0.67
湖　南	0.00	0.00	0.00	0.00	0.00	0.00	3.85	0.00	0.00	0.00	0.67
青　海	0.00	0.00	0.00	0.00	0.00	0.00	1.92	2.00	0.00	0.00	0.67
安　徽	0.00	0.00	0.00	0.00	0.00	0.00	1.92	0.00	0.00	0.00	0.34
重　庆	0.00	0.00	0.00	0.00	0.00	0.00	1.92	0.00	0.00	0.00	0.34
甘　肃	0.00	0.00	0.00	0.00	0.00	0.00	1.92	0.00	0.00	0.00	0.34
广　西	0.00	0.00	0.00	0.00	0.00	0.00	1.92	0.00	0.00	0.00	0.34
贵　州	0.00	0.00	0.00	0.00	0.00	0.00	1.92	0.00	0.00	0.00	0.34
海　南	0.00	0.00	0.00	0.00	0.00	0.00	1.92	0.00	0.00	0.00	0.34
河　北	0.00	0.00	0.00	0.00	0.00	0.00	1.92	0.00	0.00	0.00	0.34
黑龙江	0.00	0.00	0.00	0.00	0.00	0.00	1.92	0.00	0.00	0.00	0.34
河　南	0.00	0.00	0.00	0.00	0.00	0.00	1.92	0.00	0.00	0.00	0.34
内蒙古	0.00	0.00	0.00	0.00	0.00	0.00	1.92	0.00	0.00	0.00	0.34
江　苏	0.00	0.00	0.00	0.00	0.00	0.00	1.92	0.00	0.00	0.00	0.34
江　西	0.00	0.00	0.00	0.00	0.00	0.00	1.92	0.00	0.00	0.00	0.34
吉　林	0.00	0.00	0.00	0.00	0.00	0.00	1.92	0.00	0.00	0.00	0.34
辽　宁	0.00	0.00	0.00	0.00	0.00	0.00	1.92	0.00	0.00	0.00	0.34
宁　夏	0.00	0.00	0.00	0.00	0.00	0.00	1.92	0.00	0.00	0.00	0.34
陕　西	0.00	0.00	0.00	0.00	0.00	0.00	0.00	2.00	0.00	0.00	0.34
山　东	0.00	0.00	0.00	0.00	0.00	0.00	1.92	0.00	0.00	0.00	0.34
山　西	0.00	0.00	0.00	0.00	0.00	0.00	1.92	0.00	0.00	0.00	0.34

续表

省　份	2014 年	2015 年	2016 年	2017 年	2018 年	2019 年	2020 年	2021 年	2022 年	2023 年	合计
四　川	0.00	0.00	0.00	0.00	0.00	0.00	1.92	0.00	0.00	0.00	0.34
天　津	0.00	0.00	0.00	0.00	0.00	0.00	1.92	0.00	0.00	0.00	0.34
西　藏	0.00	0.00	0.00	0.00	0.00	0.00	1.92	0.00	0.00	0.00	0.34
新　疆	0.00	0.00	0.00	0.00	0.00	0.00	1.92	0.00	0.00	0.00	0.34
云　南	0.00	0.00	0.00	0.00	0.00	0.00	1.92	0.00	0.00	0.00	0.34

表 9-29　内分泌学和新陈代谢 B 层人才的世界占比

单位：%

省　份	2014 年	2015 年	2016 年	2017 年	2018 年	2019 年	2020 年	2021 年	2022 年	2023 年	合计
北　京	1.67	0.49	0.68	0.61	1.19	1.41	1.06	2.35	2.80	1.97	1.44
上　海	0.71	0.24	0.45	0.82	1.43	0.80	1.06	2.35	1.72	0.72	1.03
广　东	0.48	0.24	0.68	0.20	0.24	0.60	1.69	1.71	1.08	1.08	0.82
湖　北	0.48	0.49	0.00	0.00	0.24	0.60	2.33	0.43	0.43	1.61	0.69
浙　江	0.48	0.00	0.45	0.00	0.00	0.60	0.85	1.28	0.86	1.08	0.58
江　苏	0.00	0.00	0.23	0.20	0.48	0.40	0.42	1.49	0.43	0.90	0.47
山　东	0.48	0.00	0.23	0.41	0.24	0.60	0.42	0.64	0.65	0.36	0.41
湖　南	0.00	0.00	0.23	0.20	0.48	0.20	0.85	0.64	0.22	0.54	0.34
四　川	0.24	0.00	0.00	0.00	0.00	0.20	0.85	0.22	1.08	0.28
天　津	0.00	0.00	0.23	0.20	0.00	0.40	0.00	0.21	0.65	0.18	0.19
安　徽	0.00	0.00	0.00	0.00	0.00	0.00	0.42	0.43	0.22	0.36	0.17
河　南	0.00	0.00	0.00	0.20	0.00	0.40	0.21	0.00	0.86	0.00	0.17
福　建	0.24	0.00	0.00	0.00	0.00	0.00	0.21	0.00	0.43	0.36	0.15
重　庆	0.00	0.24	0.00	0.00	0.00	0.00	0.21	0.22	0.36	0.13
江　西	0.00	0.00	0.00	0.00	0.00	0.00	0.43	0.43	0.36	0.13
辽　宁	0.00	0.00	0.00	0.00	0.24	0.40	0.21	0.00	0.22	0.18	0.13
吉　林	0.00	0.00	0.00	0.00	0.00	0.00	0.00	0.85	0.00	0.18	0.11
甘　肃	0.00	0.00	0.00	0.00	0.00	0.20	0.00	0.00	0.43	0.18	0.09
河　北	0.00	0.00	0.00	0.20	0.00	0.20	0.00	0.21	0.22	0.00	0.09
陕　西	0.48	0.00	0.00	0.00	0.00	0.00	0.00	0.43	0.00	0.00	0.09
云　南	0.00	0.00	0.00	0.00	0.24	0.20	0.00	0.00	0.36	0.09
黑龙江	0.00	0.00	0.00	0.00	0.24	0.20	0.00	0.00	0.00	0.18	0.06
广　西	0.00	0.00	0.00	0.00	0.00	0.20	0.21	0.00	0.00	0.00	0.04
海　南	0.00	0.00	0.00	0.00	0.00	0.00	0.00	0.00	0.00	0.36	0.04

续表

省　份	2014 年	2015 年	2016 年	2017 年	2018 年	2019 年	2020 年	2021 年	2022 年	2023 年	合计
宁　夏	0.00	0.00	0.00	0.00	0.00	0.40	0.00	0.00	0.00	0.00	0.04
山　西	0.00	0.00	0.00	0.00	0.00	0.00	0.00	0.43	0.00	0.00	0.04
新　疆	0.00	0.00	0.23	0.20	0.00	0.00	0.00	0.00	0.00	0.00	0.04
贵　州	0.00	0.00	0.00	0.00	0.00	0.20	0.00	0.00	0.00	0.00	0.02
内蒙古	0.00	0.00	0.00	0.20	0.00	0.00	0.00	0.00	0.00	0.00	0.02
青　海	0.00	0.00	0.00	0.00	0.00	0.00	0.00	0.00	0.00	0.18	0.02

表 9-30　内分泌学和新陈代谢 C 层人才的世界占比

单位：%

省　份	2014 年	2015 年	2016 年	2017 年	2018 年	2019 年	2020 年	2021 年	2022 年	2023 年	合计
北　京	1.03	1.13	1.33	1.41	1.74	1.75	1.64	2.02	2.71	3.32	1.84
上　海	0.89	0.94	1.42	1.07	1.42	1.56	1.14	1.81	2.15	2.34	1.49
广　东	0.50	0.70	0.58	0.91	1.11	0.95	1.52	1.72	1.93	2.91	1.32
江　苏	0.55	0.54	0.82	0.59	1.00	0.99	0.80	0.91	1.59	1.74	0.97
湖　北	0.24	0.46	0.43	0.39	0.49	0.67	1.05	0.93	1.32	1.60	0.78
浙　江	0.36	0.43	0.41	0.43	0.53	0.51	0.67	1.02	1.43	1.64	0.76
四　川	0.26	0.13	0.39	0.39	0.33	0.48	0.70	0.83	0.96	1.28	0.59
山　东	0.22	0.22	0.46	0.27	0.42	0.61	0.61	0.42	1.19	0.98	0.55
湖　南	0.19	0.22	0.24	0.16	0.37	0.51	0.57	0.62	1.10	1.11	0.52
辽　宁	0.19	0.24	0.41	0.34	0.26	0.32	0.36	0.55	0.60	0.55	0.39
重　庆	0.14	0.16	0.34	0.18	0.26	0.27	0.27	0.40	0.63	0.51	0.32
天　津	0.14	0.24	0.17	0.23	0.12	0.32	0.42	0.38	0.47	0.62	0.32
河　南	0.07	0.13	0.19	0.11	0.16	0.30	0.53	0.38	0.56	0.60	0.31
吉　林	0.14	0.13	0.17	0.20	0.19	0.23	0.40	0.25	0.49	0.60	0.29
陕　西	0.22	0.43	0.31	0.30	0.19	0.15	0.17	0.21	0.31	0.40	0.27
安　徽	0.12	0.13	0.14	0.05	0.16	0.19	0.19	0.28	0.45	0.70	0.25
福　建	0.17	0.08	0.27	0.11	0.09	0.17	0.29	0.28	0.45	0.36	0.23
黑龙江	0.12	0.08	0.12	0.11	0.12	0.17	0.21	0.17	0.49	0.49	0.21
江　西	0.05	0.03	0.02	0.09	0.09	0.11	0.27	0.23	0.43	0.53	0.19
甘　肃	0.14	0.05	0.10	0.05	0.09	0.23	0.21	0.06	0.27	0.38	0.16
河　北	0.05	0.00	0.12	0.07	0.09	0.06	0.04	0.30	0.31	0.34	0.14
广　西	0.05	0.05	0.12	0.07	0.05	0.15	0.13	0.19	0.25	0.26	0.13

省　份	2014 年	2015 年	2016 年	2017 年	2018 年	2019 年	2020 年	2021 年	2022 年	2023 年	合计
贵　州	0.05	0.00	0.12	0.00	0.02	0.13	0.13	0.17	0.22	0.21	0.11
云　南	0.05	0.00	0.05	0.00	0.07	0.13	0.13	0.23	0.07	0.23	0.10
海　南	0.00	0.13	0.02	0.07	0.05	0.02	0.04	0.02	0.22	0.19	0.08
新　疆	0.05	0.08	0.00	0.02	0.02	0.04	0.06	0.08	0.22	0.13	0.07
山　西	0.02	0.00	0.00	0.05	0.02	0.06	0.08	0.04	0.16	0.23	0.07
宁　夏	0.02	0.08	0.02	0.05	0.00	0.02	0.11	0.00	0.11	0.15	0.06
内蒙古	0.00	0.00	0.00	0.02	0.02	0.11	0.04	0.13	0.11	0.06	0.05
青　海	0.00	0.00	0.02	0.00	0.05	0.02	0.00	0.04	0.07	0.04	0.03
西　藏	0.00	0.00	0.00	0.00	0.00	0.00	0.02	0.04	0.00	0.00	0.01

十一　营养学和饮食学

营养学和饮食学 A 层人才最多的是北京，世界占比为 1.54%；湖北、江苏 A 层人才的世界占比均为 0.77%；重庆、福建、广东、黑龙江、湖南、山东、上海有一定数量的 A 层人才，世界占比均为 0.39%。

北京、江苏、广东、浙江有相当数量的 B 层人才，世界占比在 2% ~ 1%；四川、上海、湖北、山东、湖南、重庆、黑龙江、江西、陕西、安徽、河南、辽宁、福建、海南、河北、天津、山西、贵州、吉林、广西、云南、甘肃有一定数量的 B 层人才，世界占比均超过 0.1%；宁夏、内蒙古、新疆 B 层人才的世界占比均低于 0.1%。

C 层人才最多的是江苏，世界占比为 3.63%；北京的 C 层人才比较多，世界占比为 3.48%；广东、浙江、山东、湖北、上海也有相当数量的 C 层人才，世界占比在 3% ~ 1%；辽宁、四川、陕西、河南、安徽、江西、福建、湖南、天津、黑龙江、重庆、海南、吉林、河北、云南、广西、新疆、贵州、甘肃、宁夏、内蒙古、山西有一定数量的 C 层人才，世界占比均超过 0.1%；青海、西藏 C 层人才的世界占比均低于 0.1%。

表 9-31　营养学和饮食学 A 层人才的世界占比

单位：%

省　份	2014 年	2015 年	2016 年	2017 年	2018 年	2019 年	2020 年	2021 年	2022 年	2023 年	合计
北　京	10.00	0.00	0.00	0.00	4.00	4.00	0.00	0.00	2.70	0.00	1.54
湖　北	20.00	0.00	0.00	0.00	0.00	0.00	0.00	0.00	0.00	0.00	0.77
江　苏	0.00	0.00	0.00	0.00	4.00	0.00	0.00	0.00	2.70	0.00	0.77
重　庆	0.00	0.00	0.00	0.00	4.00	0.00	0.00	0.00	0.00	0.00	0.39
福　建	10.00	0.00	0.00	0.00	0.00	0.00	0.00	0.00	0.00	0.00	0.39
广　东	0.00	0.00	0.00	0.00	0.00	0.00	0.00	0.00	2.70	0.00	0.39
黑龙江	0.00	0.00	8.33	0.00	0.00	0.00	0.00	0.00	0.00	0.00	0.39
湖　南	0.00	0.00	8.33	0.00	0.00	0.00	0.00	0.00	0.00	0.00	0.39
山　东	10.00	0.00	0.00	0.00	0.00	0.00	0.00	0.00	0.00	0.00	0.39
上　海	0.00	0.00	0.00	0.00	4.00	0.00	0.00	0.00	0.00	0.00	0.39

表 9-32　营养学和饮食学 B 层人才的世界占比

单位：%

省　份	2014 年	2015 年	2016 年	2017 年	2018 年	2019 年	2020 年	2021 年	2022 年	2023 年	合计
北　京	0.00	0.49	1.90	1.63	0.88	0.70	2.32	2.59	4.28	3.06	2.00
江　苏	0.00	0.49	0.00	0.41	1.77	0.70	0.99	2.87	3.67	4.89	1.85
广　东	0.57	0.97	0.95	0.00	1.33	0.35	0.99	3.16	2.45	3.36	1.58
浙　江	0.00	0.49	0.00	0.41	0.00	0.00	0.66	2.30	2.75	2.75	1.13
四　川	0.00	0.00	0.00	0.41	0.44	0.35	0.33	1.44	1.53	2.45	0.83
上　海	0.00	0.00	0.00	0.00	0.44	0.70	0.66	1.72	0.61	1.53	0.68
湖　北	0.00	0.00	0.95	0.41	0.00	0.35	0.66	0.57	1.22	1.53	0.64
山　东	0.00	0.49	0.00	0.00	0.00	0.70	0.00	0.86	1.53	1.22	0.57
湖　南	0.00	0.00	0.48	0.00	0.44	0.00	0.33	1.15	0.31	1.83	0.53
重　庆	0.00	0.49	0.48	0.00	0.00	0.00	0.00	0.86	0.92	1.53	0.49
黑龙江	0.00	0.00	0.48	0.00	0.44	0.00	0.00	0.57	1.22	0.92	0.41
江　西	0.00	0.49	0.48	0.00	0.00	0.00	0.29	0.92	1.53		0.41
陕　西	0.00	0.00	0.00	0.00	0.00	0.00	1.44	0.92	0.92		0.41
安　徽	0.00	0.00	0.48	0.00	0.00	0.00	0.33	1.44	0.61	0.31	0.38
河　南	0.00	0.00	0.00	0.00	0.00	0.00	0.57	0.31	2.14		0.38
辽　宁	0.00	0.00	0.00	0.00	0.00	0.00	0.29	0.00	2.75		0.38
福　建	0.00	0.00	0.00	0.95	0.44	0.00	0.57	0.31	0.92		0.34
海　南	0.00	0.00	0.00	0.00	0.00	0.00	0.29	0.00	1.83		0.26

续表

省 份	2014 年	2015 年	2016 年	2017 年	2018 年	2019 年	2020 年	2021 年	2022 年	2023 年	合计
河 北	0.00	0.00	0.00	0.00	0.44	0.00	0.00	0.86	0.00	0.92	0.26
天 津	0.00	0.97	0.00	0.00	0.00	0.00	0.00	0.29	0.00	1.22	0.26
山 西	0.00	0.00	0.00	0.00	0.00	0.00	0.33	0.29	0.31	0.92	0.23
贵 州	0.00	0.00	0.00	0.00	0.00	0.00	0.00	1.15	0.31	0.00	0.19
吉 林	0.00	0.00	0.00	0.00	0.00	0.00	0.00	0.57	0.31	0.61	0.19
广 西	0.00	0.00	0.00	0.00	0.00	0.00	0.33	0.29	0.00	0.61	0.15
云 南	0.57	0.00	0.00	0.00	0.00	0.00	0.00	0.57	0.31	0.00	0.15
甘 肃	0.00	0.00	0.00	0.00	0.00	0.00	0.33	0.57	0.00	0.00	0.11
宁 夏	0.00	0.00	0.00	0.00	0.00	0.00	0.33	0.29	0.00	0.00	0.08
内蒙古	0.00	0.00	0.00	0.00	0.00	0.35	0.00	0.00	0.00	0.00	0.04
新 疆	0.00	0.00	0.00	0.00	0.00	0.35	0.00	0.00	0.00	0.00	0.04

表 9-33　营养学和饮食学 C 层人才的世界占比

单位：%

省 份	2014 年	2015 年	2016 年	2017 年	2018 年	2019 年	2020 年	2021 年	2022 年	2023 年	合计
江 苏	1.43	1.70	1.93	2.09	2.94	3.36	3.24	4.86	6.22	5.49	3.63
北 京	1.96	1.66	1.42	1.92	1.96	3.29	3.31	5.06	5.67	5.49	3.48
广 东	1.25	1.46	1.78	2.05	1.83	2.58	2.53	3.67	3.94	4.05	2.71
浙 江	1.31	0.97	1.47	0.92	1.20	1.65	1.55	3.18	3.76	3.72	2.15
山 东	0.59	0.49	0.51	0.79	0.58	0.68	1.52	1.50	2.09	2.68	1.26
湖 北	0.53	0.44	0.61	0.71	0.58	0.89	1.08	2.00	1.94	1.94	1.19
上 海	0.42	0.63	0.66	0.71	1.07	0.79	1.05	1.53	1.85	1.88	1.15
辽 宁	0.12	0.15	0.25	0.33	0.36	0.89	1.01	1.42	1.73	1.98	0.95
四 川	0.42	0.29	0.36	0.33	0.22	0.32	1.08	1.47	1.73	1.77	0.91
陕 西	0.18	0.34	0.41	0.54	0.71	0.72	0.71	1.53	1.29	1.24	0.85
河 南	0.12	0.15	0.36	0.33	0.53	0.75	0.84	1.36	1.23	1.81	0.85
安 徽	0.30	0.19	0.30	0.25	0.58	0.54	0.78	1.33	1.26	1.37	0.78
江 西	0.36	0.44	0.36	0.42	0.31	0.47	0.61	1.47	1.17	1.17	0.75
福 建	0.30	0.24	0.15	0.46	0.53	0.79	0.47	0.90	0.86	0.94	0.62
湖 南	0.59	0.29	0.30	0.33	0.40	0.61	0.27	0.69	0.96	1.34	0.62
天 津	0.18	0.63	0.15	0.50	0.13	0.39	0.44	0.75	1.20	0.67	0.55
黑龙江	0.12	0.15	0.15	0.38	0.40	0.18	0.37	0.58	1.17	1.31	0.54
重 庆	0.42	0.10	0.41	0.21	0.27	0.21	0.61	0.61	0.71	1.07	0.50

省　份	2014 年	2015 年	2016 年	2017 年	2018 年	2019 年	2020 年	2021 年	2022 年	2023 年	合计
海　南	0.12	0.10	0.05	0.17	0.00	0.14	0.10	0.49	0.89	0.87	0.34
吉　林	0.12	0.15	0.15	0.29	0.27	0.21	0.34	0.43	0.49	0.64	0.34
河　北	0.06	0.10	0.05	0.17	0.22	0.21	0.30	0.32	0.59	0.70	0.31
云　南	0.06	0.05	0.10	0.04	0.04	0.18	0.20	0.40	0.52	0.60	0.26
广　西	0.18	0.05	0.00	0.00	0.04	0.29	0.20	0.49	0.31	0.33	0.22
新　疆	0.06	0.10	0.05	0.17	0.13	0.18	0.27	0.17	0.34	0.47	0.21
贵　州	0.00	0.00	0.10	0.04	0.04	0.00	0.07	0.49	0.25	0.70	0.20
甘　肃	0.06	0.10	0.00	0.17	0.22	0.11	0.10	0.20	0.31	0.33	0.17
宁　夏	0.06	0.10	0.05	0.08	0.13	0.11	0.10	0.23	0.31	0.20	0.15
内蒙古	0.06	0.00	0.00	0.13	0.04	0.11	0.07	0.17	0.31	0.30	0.14
山　西	0.06	0.05	0.05	0.04	0.09	0.14	0.07	0.17	0.15	0.33	0.13
青　海	0.00	0.00	0.00	0.04	0.09	0.04	0.10	0.12	0.25	0.10	0.09
西　藏	0.00	0.00	0.00	0.00	0.00	0.00	0.00	0.12	0.09	0.03	0.03

十二　血液学

血液学 A 层人才最多的是上海，世界占比为 0.74%；北京、湖北、湖南、江苏、广东、四川、天津、浙江有一定数量的 A 层人才，世界占比均超过 0.2%。

B 层人才最多的是北京，世界占比为 1.16%；上海、湖北、广东、江苏、河南、四川、浙江、山东、天津、湖南、安徽、重庆、陕西、辽宁有一定数量的 B 层人才，世界占比超过或等于 0.1%；黑龙江、吉林、福建、河北、甘肃、广西、贵州、海南、江西、青海、山西、新疆、云南 B 层人才的世界占比均低于 0.1%。

C 层人才最多的是北京，世界占比为 1.24%；上海也有相当数量的 C 层人才，世界占比为 1.08%；广东、浙江、湖北、江苏、天津、山东、河南、四川、湖南、重庆、福建、安徽、吉林、辽宁、黑龙江有一定数量的 C 层人才，世界占比均超过 0.1%；江西、河北、陕西、甘肃、广西、山西、贵州、云南、新疆、海南、青海、内蒙古 C 层人才的世界占比均低于 0.1%。

表 9-34　血液学 A 层人才的世界占比

单位：%

省　份	2014 年	2015 年	2016 年	2017 年	2018 年	2019 年	2020 年	2021 年	2022 年	2023 年	合计
上　海	0.00	0.00	0.00	0.00	0.00	0.00	0.00	0.00	4.55	4.17	0.74
北　京	0.00	0.00	0.00	0.00	0.00	0.00	5.00	0.00	0.00	0.00	0.49
湖　北	0.00	0.00	0.00	0.00	0.00	0.00	5.00	0.00	0.00	0.00	0.49
湖　南	0.00	0.00	0.00	0.00	0.00	2.17	0.00	2.22	0.00	0.00	0.49
江　苏	0.00	2.38	0.00	0.00	0.00	0.00	0.00	2.22	0.00	0.00	0.49
广　东	0.00	0.00	0.00	0.00	0.00	0.00	0.00	0.00	0.00	4.17	0.25
四　川	0.00	0.00	0.00	0.00	0.00	0.00	0.00	0.00	2.27	0.00	0.25
天　津	0.00	0.00	0.00	0.00	0.00	0.00	0.00	0.00	2.27	0.00	0.25
浙　江	0.00	0.00	0.00	0.00	0.00	2.17	0.00	0.00	0.00	0.00	0.25

表 9-35　血液学 B 层人才的世界占比

单位：%

省　份	2014 年	2015 年	2016 年	2017 年	2018 年	2019 年	2020 年	2021 年	2022 年	2023 年	合计
北　京	0.77	0.91	0.48	0.29	0.76	1.38	1.70	2.17	1.96	1.07	1.16
上　海	0.51	0.68	0.72	0.00	0.50	1.61	1.98	1.69	1.72	0.43	0.98
湖　北	0.51	0.00	0.24	0.00	0.76	1.15	3.40	0.72	0.74	0.85	0.81
广　东	0.26	0.23	0.00	0.00	0.76	1.15	1.98	0.97	1.23	0.64	0.71
江　苏	0.26	1.14	0.24	0.29	1.01	1.84	0.28	0.48	0.98	0.43	0.71
河　南	0.51	0.23	0.00	0.29	0.25	1.38	1.13	1.21	1.23	0.00	0.62
四　川	0.00	0.23	0.00	0.00	0.00	0.69	0.28	1.45	2.21	0.85	0.59
浙　江	0.00	0.23	0.00	0.58	0.00	0.92	0.85	0.48	0.98	0.85	0.49
山　东	0.26	0.46	0.00	0.00	0.50	0.69	0.85	0.24	0.49	0.00	0.34
天　津	0.26	0.00	0.00	0.29	0.25	0.46	0.00	0.72	0.25	0.43	0.27
湖　南	0.26	0.00	0.00	0.00	0.25	0.46	0.28	0.48	0.49	0.00	0.22
安　徽	0.00	0.23	0.00	0.29	0.00	0.23	0.85	0.24	0.00	0.00	0.17
重　庆	0.26	0.00	0.00	0.00	0.00	0.00	0.28	0.24	0.74	0.21	0.17
陕　西	0.00	0.00	0.00	0.00	0.25	0.46	0.00	0.24	0.49	0.21	0.17
辽　宁	0.00	0.00	0.24	0.00	0.00	0.46	0.00	0.00	0.25	0.00	0.10
黑龙江	0.00	0.00	0.24	0.00	0.00	0.23	0.00	0.49	0.00	0.00	0.07
吉　林	0.00	0.00	0.00	0.00	0.00	0.23	0.28	0.00	0.21	0.00	0.07
福　建	0.00	0.00	0.00	0.00	0.00	0.23	0.00	0.00	0.00	0.21	0.05
河　北	0.00	0.00	0.00	0.00	0.00	0.23	0.00	0.00	0.25	0.00	0.05

续表

省　份	2014 年	2015 年	2016 年	2017 年	2018 年	2019 年	2020 年	2021 年	2022 年	2023 年	合计
甘　肃	0.00	0.00	0.00	0.00	0.00	0.00	0.28	0.00	0.00	0.00	0.02
广　西	0.00	0.00	0.00	0.00	0.00	0.00	0.00	0.24	0.00	0.00	0.02
贵　州	0.00	0.00	0.00	0.00	0.00	0.00	0.00	0.00	0.00	0.21	0.02
海　南	0.00	0.00	0.00	0.00	0.00	0.00	0.00	0.00	0.00	0.21	0.02
江　西	0.00	0.00	0.00	0.00	0.00	0.23	0.00	0.00	0.00	0.00	0.02
青　海	0.00	0.00	0.00	0.00	0.25	0.00	0.00	0.00	0.00	0.00	0.02
山　西	0.00	0.00	0.00	0.00	0.00	0.00	0.00	0.00	0.00	0.21	0.02
新　疆	0.00	0.00	0.00	0.00	0.00	0.00	0.00	0.24	0.00	0.00	0.02
云　南	0.00	0.00	0.00	0.00	0.00	0.00	0.00	0.00	0.25	0.00	0.02

表 9-36　血液学 C 层人才的世界占比

单位：%

省　份	2014 年	2015 年	2016 年	2017 年	2018 年	2019 年	2020 年	2021 年	2022 年	2023 年	合计
北　京	0.72	1.11	0.88	1.21	1.08	1.40	1.54	1.15	1.53	1.84	1.24
上　海	0.79	0.71	0.74	0.95	0.82	0.86	1.14	1.25	1.90	1.70	1.08
广　东	0.62	0.62	0.62	0.70	1.03	0.88	1.23	0.97	1.05	1.22	0.89
浙　江	0.23	0.44	0.19	0.70	0.41	0.50	0.84	0.75	0.75	0.95	0.57
湖　北	0.26	0.25	0.21	0.56	0.41	0.54	1.26	0.97	0.68	0.54	0.56
江　苏	0.26	0.35	0.36	0.34	0.72	0.50	0.81	0.87	0.68	0.70	0.55
天　津	0.28	0.53	0.38	0.50	0.67	0.20	0.56	0.45	0.83	0.73	0.51
山　东	0.21	0.37	0.26	0.42	0.28	0.43	0.33	0.40	0.48	0.51	0.37
河　南	0.10	0.12	0.19	0.45	0.26	0.43	0.56	0.50	0.50	0.57	0.36
四　川	0.10	0.16	0.10	0.22	0.31	0.34	0.39	0.32	0.83	0.49	0.32
湖　南	0.10	0.14	0.12	0.20	0.28	0.29	0.39	0.37	0.30	0.32	0.25
重　庆	0.08	0.07	0.17	0.17	0.10	0.18	0.28	0.35	0.23	0.30	0.19
福　建	0.03	0.07	0.07	0.08	0.15	0.23	0.33	0.20	0.20	0.30	0.16
安　徽	0.03	0.09	0.05	0.17	0.18	0.05	0.28	0.15	0.20	0.35	0.15
吉　林	0.13	0.12	0.07	0.20	0.15	0.09	0.06	0.10	0.25	0.30	0.14
辽　宁	0.13	0.14	0.16	0.11	0.21	0.07	0.03	0.17	0.15	0.27	0.14
黑龙江	0.05	0.02	0.14	0.17	0.10	0.20	0.14	0.02	0.08	0.22	0.11
江　西	0.05	0.09	0.07	0.11	0.03	0.09	0.14	0.15	0.08	0.14	0.09
河　北	0.00	0.02	0.00	0.11	0.10	0.07	0.11	0.10	0.15	0.24	0.09
陕　西	0.03	0.05	0.05	0.08	0.08	0.05	0.25	0.12	0.10	0.08	0.09

续表

省　份	2014 年	2015 年	2016 年	2017 年	2018 年	2019 年	2020 年	2021 年	2022 年	2023 年	合计
甘　肃	0.03	0.02	0.07	0.06	0.08	0.02	0.03	0.05	0.10	0.11	0.06
广　西	0.05	0.02	0.05	0.06	0.05	0.00	0.00	0.20	0.05	0.08	0.06
山　西	0.00	0.07	0.00	0.06	0.03	0.05	0.08	0.05	0.05	0.19	0.06
贵　州	0.00	0.07	0.05	0.06	0.03	0.05	0.11	0.02	0.05	0.11	0.05
云　南	0.05	0.02	0.02	0.00	0.08	0.07	0.03	0.05	0.10	0.05	0.05
新　疆	0.03	0.00	0.05	0.08	0.05	0.00	0.00	0.00	0.08	0.08	0.04
海　南	0.05	0.02	0.00	0.03	0.00	0.00	0.03	0.07	0.00	0.00	0.03
青　海	0.00	0.00	0.00	0.03	0.03	0.00	0.00	0.00	0.05	0.05	0.02
内蒙古	0.00	0.02	0.00	0.00	0.00	0.02	0.00	0.00	0.00	0.08	0.01

十三　临床神经学

临床神经学 A、B、C 层人才最多的均为北京，世界占比分别为 1.62%、1.04%、1.30%。

广东、河南、湖北、山东、上海、福建、江苏、重庆、贵州、湖南、辽宁、四川、天津、安徽、河北、内蒙古、江西、山西、浙江、广西、黑龙江、吉林、新疆有一定数量的 A 层人才，世界占比均超过 0.1%。

上海、广东、湖北、江苏、山东、重庆、河南、四川、浙江、辽宁、天津、湖南、吉林、安徽、福建、河北、黑龙江、内蒙古有一定数量的 B 层人才，世界占比超过或等于 0.1%；广西、山西、云南、贵州、江西、陕西、甘肃、西藏、海南、新疆 B 层人才的世界占比均低于 0.1%。

广东、上海、江苏、浙江、四川、湖北、山东、重庆、湖南、天津、河南、辽宁、安徽、福建有一定数量的 C 层人才，世界占比均超过 0.1%；河北、吉林、陕西、江西、山西、黑龙江、云南、广西、甘肃、贵州、海南、内蒙古、新疆、宁夏、青海 C 层人才的世界占比均低于 0.1%。

表 9-37　临床神经学 A 层人才的世界占比

单位：%

省　份	2014 年	2015 年	2016 年	2017 年	2018 年	2019 年	2020 年	2021 年	2022 年	2023 年	合计
北　京	1.45	1.43	0.00	5.71	0.00	0.00	0.94	2.11	1.04	4.00	1.62
广　东	0.00	0.00	0.00	0.00	0.00	0.00	0.94	1.05	2.08	2.00	0.81
河　南	0.00	0.00	0.00	0.00	0.00	0.00	0.00	1.05	2.08	2.00	0.68
湖　北	0.00	0.00	0.00	0.00	0.00	0.00	1.89	1.05	1.04	1.00	0.68
山　东	0.00	0.00	0.00	0.00	0.00	0.00	0.00	1.05	2.08	2.00	0.68
上　海	0.00	0.00	0.00	2.86	0.00	0.00	0.00	0.00	2.08	2.00	0.68
福　建	0.00	0.00	0.00	0.00	0.00	0.00	0.00	0.00	2.08	2.00	0.54
江　苏	0.00	0.00	0.00	0.00	0.00	0.00	0.00	0.00	2.08	2.00	0.54
重　庆	0.00	0.00	0.00	0.00	0.00	0.00	0.00	0.00	1.04	2.00	0.41
贵　州	0.00	0.00	0.00	0.00	0.00	0.00	0.00	0.00	1.04	2.00	0.41
湖　南	0.00	0.00	0.00	0.00	0.00	0.00	0.00	0.00	1.04	2.00	0.41
辽　宁	0.00	0.00	0.00	0.00	0.00	0.00	0.94	0.00	1.04	1.00	0.41
四　川	0.00	0.00	0.00	0.00	0.00	0.00	0.00	0.00	1.04	2.00	0.41
天　津	0.00	0.00	0.00	0.00	0.00	0.00	0.00	0.00	1.04	2.00	0.41
安　徽	0.00	0.00	0.00	0.00	0.00	0.00	0.00	0.00	1.04	1.00	0.27
河　北	0.00	0.00	0.00	0.00	0.00	0.00	0.94	0.00	0.00	1.00	0.27
内蒙古	0.00	0.00	0.00	0.00	0.00	0.00	0.00	0.00	1.04	1.00	0.27
江　西	0.00	0.00	0.00	0.00	0.00	0.00	0.00	0.00	1.04	1.00	0.27
山　西	0.00	0.00	0.00	0.00	0.00	0.00	0.00	0.00	2.08	0.00	0.27
浙　江	0.00	0.00	0.00	0.00	0.00	0.00	0.00	0.00	0.00	2.00	0.27
广　西	0.00	0.00	0.00	0.00	0.00	0.00	0.00	0.00	1.04	0.00	0.14
黑龙江	0.00	0.00	0.00	0.00	0.00	0.00	0.00	0.00	0.00	1.00	0.14
吉　林	0.00	0.00	0.00	0.00	0.00	0.00	0.00	0.00	0.00	1.00	0.14
新　疆	0.00	0.00	0.00	0.00	0.00	0.00	0.00	0.00	0.00	1.00	0.14

表 9-38　临床神经学 B 层人才的世界占比

单位：%

省　份	2014 年	2015 年	2016 年	2017 年	2018 年	2019 年	2020 年	2021 年	2022 年	2023 年	合计
北　京	0.48	0.48	0.82	0.48	0.78	1.16	2.01	1.15	1.49	1.03	1.04
上　海	0.16	0.16	0.27	0.61	0.26	0.77	1.06	0.94	0.57	0.80	0.60
广　东	0.32	0.00	0.00	0.12	0.13	0.39	1.06	1.15	0.34	0.69	0.46
湖　北	0.00	0.16	0.14	0.24	0.13	0.39	1.38	0.52	0.46	0.46	0.42

续表

省　份	2014 年	2015 年	2016 年	2017 年	2018 年	2019 年	2020 年	2021 年	2022 年	2023 年	合计
江　苏	0.16	0.00	0.14	0.24	0.00	0.48	0.53	0.73	0.34	0.57	0.35
山　东	0.16	0.32	0.27	0.12	0.13	0.29	0.85	0.31	0.34	0.57	0.35
重　庆	0.00	0.00	0.00	0.24	0.26	0.19	0.74	0.42	0.46	0.57	0.31
河　南	0.16	0.00	0.00	0.00	0.13	0.29	0.85	0.31	0.34	0.46	0.28
四　川	0.00	0.16	0.14	0.00	0.13	0.19	0.53	0.31	0.34	0.80	0.28
浙　江	0.16	0.00	0.00	0.00	0.26	0.10	0.53	0.31	0.34	0.92	0.28
辽　宁	0.32	0.00	0.00	0.00	0.13	0.10	0.21	0.21	0.34	0.57	0.19
天　津	0.00	0.16	0.00	0.00	0.13	0.19	0.53	0.21	0.11	0.34	0.18
湖　南	0.00	0.00	0.00	0.12	0.00	0.39	0.21	0.21	0.23	0.23	0.17
吉　林	0.32	0.00	0.00	0.00	0.13	0.19	0.42	0.00	0.23	0.34	0.17
安　徽	0.16	0.00	0.00	0.00	0.00	0.10	0.32	0.31	0.23	0.34	0.16
福　建	0.16	0.00	0.00	0.12	0.13	0.00	0.32	0.10	0.23	0.11	0.12
河　北	0.16	0.00	0.00	0.00	0.26	0.10	0.32	0.10	0.00	0.23	0.12
黑龙江	0.00	0.00	0.00	0.00	0.13	0.00	0.21	0.10	0.23	0.23	0.10
内蒙古	0.16	0.00	0.00	0.00	0.13	0.19	0.21	0.10	0.00	0.11	0.10
广　西	0.00	0.00	0.00	0.00	0.00	0.10	0.32	0.00	0.23	0.11	0.08
山　西	0.00	0.00	0.00	0.00	0.00	0.10	0.32	0.00	0.11	0.23	0.08
云　南	0.00	0.00	0.00	0.00	0.13	0.00	0.11	0.10	0.11	0.23	0.08
贵　州	0.16	0.00	0.00	0.00	0.13	0.10	0.11	0.10	0.00	0.11	0.07
江　西	0.00	0.00	0.00	0.00	0.13	0.00	0.21	0.00	0.11	0.23	0.07
陕　西	0.00	0.00	0.00	0.00	0.00	0.00	0.00	0.10	0.11	0.34	0.06
甘　肃	0.00	0.00	0.00	0.00	0.00	0.00	0.11	0.00	0.00	0.23	0.04
西　藏	0.00	0.00	0.00	0.00	0.00	0.10	0.00	0.00	0.11	0.11	0.04
海　南	0.00	0.00	0.14	0.00	0.00	0.00	0.00	0.00	0.10	0.00	0.02
新　疆	0.00	0.00	0.00	0.00	0.00	0.00	0.11	0.00	0.00	0.00	0.01

表 9-39　临床神经学 C 层人才的世界占比

单位：%

省　份	2014 年	2015 年	2016 年	2017 年	2018 年	2019 年	2020 年	2021 年	2022 年	2023 年	合计
北　京	0.59	0.82	0.90	1.02	1.29	1.27	1.83	1.40	1.49	2.01	1.30
广　东	0.23	0.39	0.40	0.52	0.59	0.72	0.88	0.80	1.17	1.12	0.71
上　海	0.46	0.55	0.31	0.61	0.50	0.70	0.82	0.78	0.80	0.98	0.67
江　苏	0.28	0.35	0.38	0.30	0.22	0.49	0.54	0.47	0.52	0.77	0.44

省　份	2014 年	2015 年	2016 年	2017 年	2018 年	2019 年	2020 年	2021 年	2022 年	2023 年	合计
浙　江	0.10	0.18	0.25	0.16	0.34	0.34	0.66	0.55	0.58	0.79	0.42
四　川	0.20	0.22	0.18	0.32	0.28	0.33	0.52	0.55	0.67	0.56	0.40
湖　北	0.08	0.08	0.16	0.21	0.14	0.28	0.60	0.49	0.44	0.47	0.32
山　东	0.20	0.18	0.14	0.26	0.22	0.34	0.36	0.34	0.56	0.45	0.31
重　庆	0.16	0.37	0.25	0.31	0.29	0.16	0.25	0.28	0.26	0.41	0.27
湖　南	0.08	0.05	0.15	0.19	0.17	0.20	0.26	0.22	0.28	0.43	0.21
天　津	0.16	0.11	0.18	0.18	0.24	0.15	0.27	0.25	0.20	0.32	0.21
河　南	0.08	0.03	0.11	0.06	0.13	0.24	0.26	0.33	0.27	0.38	0.20
辽　宁	0.13	0.10	0.14	0.08	0.14	0.10	0.20	0.29	0.33	0.25	0.18
安　徽	0.03	0.06	0.10	0.10	0.11	0.07	0.17	0.24	0.26	0.28	0.15
福　建	0.03	0.06	0.05	0.10	0.05	0.08	0.09	0.23	0.24	0.23	0.12
河　北	0.05	0.05	0.08	0.09	0.13	0.05	0.05	0.08	0.15	0.20	0.09
吉　林	0.03	0.00	0.08	0.12	0.05	0.15	0.10	0.12	0.13	0.06	0.09
陕　西	0.11	0.05	0.01	0.06	0.05	0.05	0.10	0.14	0.18	0.09	0.09
江　西	0.03	0.06	0.07	0.06	0.07	0.00	0.12	0.13	0.11	0.18	0.09
山　西	0.02	0.02	0.05	0.03	0.11	0.04	0.10	0.13	0.14	0.07	0.07
黑龙江	0.07	0.05	0.07	0.07	0.07	0.03	0.09	0.07	0.12	0.11	0.07
云　南	0.03	0.02	0.01	0.03	0.05	0.07	0.05	0.10	0.08	0.09	0.06
广　西	0.07	0.03	0.04	0.04	0.03	0.02	0.03	0.07	0.08	0.14	0.05
甘　肃	0.00	0.02	0.04	0.00	0.01	0.09	0.04	0.04	0.15	0.01	0.04
贵　州	0.07	0.03	0.01	0.01	0.01	0.01	0.10	0.05	0.05	0.06	0.04
海　南	0.00	0.00	0.03	0.01	0.01	0.00	0.03	0.04	0.07	0.10	0.03
内蒙古	0.00	0.05	0.03	0.01	0.01	0.01	0.03	0.07	0.04	0.01	0.03
新　疆	0.00	0.02	0.00	0.01	0.05	0.00	0.02	0.03	0.02	0.04	0.02
宁　夏	0.00	0.02	0.00	0.01	0.01	0.03	0.02	0.01	0.02	0.01	0.02
青　海	0.00	0.00	0.01	0.00	0.00	0.00	0.00	0.02	0.01	0.02	0.01

十四　药物滥用医学

各省份均没有药物滥用医学 A 层人才。

B 层人才最多的是北京，世界占比为 0.79%；广东、上海、湖南、江苏、四川、天津、安徽、重庆、河北、湖北有一定数量的 B 层人才，世界占比均超过 0.1%。

C 层人才最多的是北京，世界占比为 0.46%；广东、上海、四川、湖北、浙江、湖南有一定数量的 C 层人才，世界占比均超过 0.1%；安徽、重庆、河南、天津、江苏、吉林、陕西、内蒙古、山西、福建、江西、辽宁、山东、云南、贵州、宁夏、青海 C 层人才的世界占比均低于 0.1%。

表 9-40　药物滥用医学 B 层人才的世界占比

单位：%

省份	2014 年	2015 年	2016 年	2017 年	2018 年	2019 年	2020 年	2021 年	2022 年	2023 年	合计
北京	1.30	0.00	0.00	0.00	0.89	0.00	1.11	2.83	1.04	0.00	0.79
广东	0.00	0.00	0.00	0.00	0.89	0.00	0.00	0.94	1.04	1.23	0.45
上海	0.00	0.00	0.00	0.00	0.89	0.00	0.00	1.89	1.04	0.00	0.45
湖南	0.00	0.00	0.00	0.00	0.89	0.00	0.00	0.00	1.04	0.00	0.23
江苏	0.00	0.00	0.00	0.00	0.89	0.00	0.00	0.00	1.04	0.00	0.23
四川	0.00	0.00	0.00	0.00	0.00	0.00	0.00	1.89	0.00	0.00	0.23
天津	0.00	0.00	0.00	0.00	0.00	0.00	1.11	0.00	1.04	0.00	0.23
安徽	0.00	0.00	0.00	0.00	0.00	0.00	0.00	0.00	1.04	0.00	0.11
重庆	0.00	0.00	0.00	0.00	0.00	0.00	0.00	0.94	0.00	0.00	0.11
河北	0.00	0.00	0.00	0.00	0.00	0.00	0.00	0.00	0.00	1.23	0.11
湖北	0.00	0.00	0.00	0.00	0.00	0.00	0.00	0.00	1.04	0.00	0.11

表 9-41　药物滥用医学 C 层人才的世界占比

单位：%

省份	2014 年	2015 年	2016 年	2017 年	2018 年	2019 年	2020 年	2021 年	2022 年	2023 年	合计
北京	0.14	0.81	0.27	0.47	0.10	0.78	0.34	0.61	0.36	0.75	0.46
广东	0.14	0.13	0.14	0.12	0.10	0.33	0.80	0.20	0.61	0.25	0.28
上海	0.27	0.40	0.14	0.35	0.00	0.22	0.23	0.41	0.24	0.37	0.26
四川	0.00	0.27	0.14	0.47	0.10	0.55	0.11	0.31	0.12	0.50	0.26
湖北	0.27	0.27	0.00	0.47	0.10	0.22	0.46	0.00	0.12	0.37	0.22
浙江	0.14	0.13	0.27	0.12	0.00	0.11	0.23	0.00	0.36	0.50	0.18
湖南	0.14	0.13	0.14	0.12	0.10	0.00	0.23	0.00	0.48	0.25	0.15
安徽	0.27	0.00	0.00	0.00	0.10	0.22	0.11	0.00	0.00	0.25	0.09
重庆	0.00	0.13	0.00	0.23	0.00	0.22	0.11	0.20	0.00	0.00	0.09

续表

省　份	2014 年	2015 年	2016 年	2017 年	2018 年	2019 年	2020 年	2021 年	2022 年	2023 年	合计
河　南	0.00	0.00	0.14	0.12	0.00	0.22	0.11	0.20	0.00	0.00	0.08
天　津	0.00	0.13	0.14	0.00	0.00	0.11	0.23	0.00	0.12	0.12	0.08
江　苏	0.00	0.13	0.00	0.23	0.00	0.00	0.00	0.10	0.00	0.12	0.06
吉　林	0.00	0.00	0.14	0.12	0.00	0.00	0.00	0.00	0.24	0.12	0.06
陕　西	0.00	0.27	0.00	0.12	0.00	0.00	0.00	0.00	0.12	0.12	0.06
内蒙古	0.00	0.27	0.14	0.12	0.00	0.00	0.00	0.00	0.00	0.00	0.05
山　西	0.00	0.00	0.00	0.00	0.00	0.11	0.11	0.00	0.00	0.25	0.05
福　建	0.00	0.00	0.00	0.00	0.00	0.00	0.00	0.20	0.12	0.00	0.04
江　西	0.00	0.00	0.00	0.00	0.00	0.11	0.00	0.00	0.24	0.00	0.04
辽　宁	0.14	0.00	0.00	0.00	0.00	0.00	0.00	0.10	0.12	0.00	0.04
山　东	0.00	0.00	0.00	0.00	0.00	0.00	0.11	0.00	0.24	0.00	0.04
云　南	0.00	0.13	0.00	0.00	0.00	0.00	0.00	0.00	0.12	0.00	0.02
贵　州	0.14	0.00	0.00	0.00	0.00	0.00	0.00	0.00	0.00	0.00	0.01
宁　夏	0.00	0.00	0.00	0.00	0.00	0.11	0.00	0.00	0.00	0.00	0.01
青　海	0.00	0.00	0.00	0.00	0.00	0.00	0.00	0.10	0.00	0.00	0.01

十五　精神病学

精神病学 A、B、C 层人才最多的均为北京，世界占比分别为 1.72%、1.20%、1.21%。

上海、广东、湖北有相当数量的 A 层人才，世界占比分别为 1.50%、1.29%、1.07%；江苏、浙江、重庆、湖南、安徽、吉林、青海、四川、河南、内蒙古、辽宁、宁夏、山东、山西、天津、新疆、云南有一定数量的 A 层人才，世界占比均超过 0.2%。

广东、上海、四川、浙江、山东、重庆、湖北、江苏、湖南、安徽、河南、天津、陕西有一定数量的 B 层人才，世界占比均超过 0.1%；福建、云南、河北、江西、吉林、辽宁、海南、黑龙江、山西、甘肃、贵州、内蒙古、宁夏、青海、新疆 B 层人才的世界占比均低于 0.1%。

广东、上海、浙江、湖北、江苏、四川、湖南、山东、重庆、安徽、河南、天津、辽宁、福建、吉林、云南有一定数量的 C 层人才，世界占比超过或等于 0.1%；江西、山西、陕西、河北、黑龙江、广西、甘肃、贵州、海南、新疆、宁夏、内蒙古、青海 C 层人才的世界占比均低于 0.1%。

表 9-42 精神病学 A 层人才的世界占比

单位：%

省　份	2014 年	2015 年	2016 年	2017 年	2018 年	2019 年	2020 年	2021 年	2022 年	2023 年	合计
北　京	0.00	0.00	0.00	1.85	3.57	1.56	4.76	4.00	0.00	0.00	1.72
上　海	2.70	0.00	0.00	0.00	0.00	1.56	6.35	0.00	1.54	0.00	1.50
广　东	0.00	0.00	0.00	0.00	0.00	1.56	4.76	2.00	1.54	0.00	1.29
湖　北	0.00	0.00	0.00	0.00	0.00	0.00	7.94	0.00	0.00	0.00	1.07
江　苏	0.00	0.00	0.00	0.00	0.00	1.56	1.59	0.00	0.00	3.51	0.86
浙　江	0.00	0.00	0.00	0.00	0.00	1.56	4.76	0.00	0.00	0.00	0.86
重　庆	0.00	0.00	2.08	0.00	0.00	0.00	1.59	0.00	1.54	0.00	0.64
湖　南	0.00	0.00	0.00	0.00	0.00	1.56	1.59	0.00	1.54	0.00	0.64
安　徽	0.00	0.00	0.00	0.00	0.00	0.00	1.59	0.00	0.00	1.75	0.43
吉　林	0.00	0.00	0.00	0.00	0.00	1.56	1.59	0.00	0.00	0.00	0.43
青　海	0.00	0.00	0.00	0.00	0.00	1.56	1.59	0.00	0.00	0.00	0.43
四　川	0.00	0.00	0.00	0.00	0.00	1.56	1.59	0.00	0.00	0.00	0.43
河　南	0.00	0.00	0.00	0.00	0.00	0.00	0.00	0.00	0.00	1.75	0.21
内蒙古	0.00	0.00	0.00	0.00	0.00	1.56	0.00	0.00	0.00	0.00	0.21
辽　宁	0.00	0.00	0.00	0.00	0.00	0.00	1.59	0.00	0.00	0.00	0.21
宁　夏	0.00	0.00	0.00	0.00	0.00	1.56	0.00	0.00	0.00	0.00	0.21
山　东	0.00	0.00	0.00	0.00	0.00	0.00	1.59	0.00	0.00	0.00	0.21
山　西	0.00	0.00	0.00	0.00	0.00	0.00	1.59	0.00	0.00	0.00	0.21
天　津	0.00	0.00	0.00	0.00	0.00	1.56	0.00	0.00	0.00	0.00	0.21
新　疆	0.00	0.00	0.00	0.00	0.00	1.56	0.00	0.00	0.00	0.00	0.21
云　南	0.00	0.00	0.00	0.00	0.00	1.56	0.00	0.00	0.00	0.00	0.21

表 9-43 精神病学 B 层人才的世界占比

单位：%

省　份	2014 年	2015 年	2016 年	2017 年	2018 年	2019 年	2020 年	2021 年	2022 年	2023 年	合计
北　京	0.91	1.01	0.21	0.83	0.97	0.33	2.23	1.48	1.85	1.85	1.20
广　东	0.46	0.60	0.41	0.83	0.39	0.49	1.03	1.48	1.52	0.74	0.83

续表

省　份	2014 年	2015 年	2016 年	2017 年	2018 年	2019 年	2020 年	2021 年	2022 年	2023 年	合计
上　海	0.23	0.60	0.00	1.03	0.78	0.49	1.20	1.04	1.35	0.92	0.79
四　川	0.00	0.40	0.00	0.21	0.19	0.00	0.34	0.89	1.18	0.92	0.44
浙　江	0.23	0.20	0.41	0.00	0.39	0.49	0.34	0.44	0.84	0.92	0.44
山　东	0.23	0.60	0.41	0.21	0.00	0.16	0.52	0.59	0.34	0.74	0.39
重　庆	0.00	0.20	0.41	0.00	0.39	0.33	0.69	0.74	0.51	0.18	0.37
湖　北	0.23	0.20	0.21	0.41	0.00	0.00	1.20	0.30	0.51	0.55	0.37
江　苏	0.46	0.40	0.00	0.00	0.19	0.00	0.69	0.74	0.51	0.55	0.37
湖　南	0.00	0.20	0.21	0.21	0.00	0.33	0.17	0.59	0.34	0.18	0.24
安　徽	0.23	0.00	0.00	0.21	0.00	0.16	0.52	0.44	0.00	0.18	0.18
河　南	0.00	0.00	0.00	0.00	0.39	0.00	0.17	0.30	0.51	0.18	0.17
天　津	0.00	0.20	0.00	0.00	0.00	0.16	0.17	0.30	0.17	0.55	0.17
陕　西	0.00	0.00	0.00	0.00	0.00	0.00	0.34	0.30	0.00	0.55	0.13
福　建	0.00	0.00	0.00	0.21	0.00	0.00	0.34	0.00	0.34	0.00	0.09
云　南	0.00	0.00	0.00	0.21	0.19	0.00	0.00	0.30	0.17	0.00	0.09
河　北	0.00	0.20	0.00	0.00	0.00	0.00	0.34	0.15	0.00	0.00	0.07
江　西	0.23	0.00	0.21	0.00	0.00	0.00	0.00	0.15	0.00	0.18	0.07
吉　林	0.00	0.00	0.00	0.00	0.00	0.19	0.00	0.17	0.15	0.17	0.07
辽　宁	0.00	0.00	0.00	0.00	0.00	0.00	0.17	0.00	0.51	0.00	0.07
海　南	0.00	0.00	0.00	0.00	0.00	0.00	0.17	0.15	0.00	0.18	0.06
黑龙江	0.00	0.00	0.00	0.21	0.00	0.00	0.00	0.15	0.17	0.00	0.06
山　西	0.00	0.00	0.00	0.00	0.00	0.00	0.34	0.00	0.17	0.00	0.06
甘　肃	0.00	0.00	0.00	0.00	0.00	0.00	0.17	0.00	0.00	0.18	0.04
贵　州	0.00	0.00	0.00	0.00	0.00	0.00	0.17	0.15	0.00	0.00	0.04
内蒙古	0.00	0.00	0.00	0.00	0.00	0.00	0.17	0.15	0.00	0.00	0.04
宁　夏	0.00	0.00	0.00	0.00	0.00	0.00	0.00	0.15	0.00	0.00	0.02
青　海	0.00	0.00	0.00	0.00	0.00	0.00	0.00	0.15	0.00	0.00	0.02
新　疆	0.00	0.00	0.00	0.00	0.00	0.00	0.00	0.15	0.00	0.00	0.02

表 9-44　精神病学 C 层人才的世界占比

单位：%

省　份	2014 年	2015 年	2016 年	2017 年	2018 年	2019 年	2020 年	2021 年	2022 年	2023 年	合计
北　京	0.59	0.82	0.55	0.78	1.02	1.30	1.38	1.44	1.74	2.06	1.21
广　东	0.14	0.34	0.23	0.66	0.75	0.86	1.17	1.41	1.75	1.66	0.95

续表

省　份	2014 年	2015 年	2016 年	2017 年	2018 年	2019 年	2020 年	2021 年	2022 年	2023 年	合计
上　海	0.29	0.55	0.47	0.58	0.64	0.57	0.91	1.17	1.19	1.36	0.80
浙　江	0.19	0.23	0.21	0.33	0.37	0.50	0.64	0.66	1.01	1.16	0.56
湖　北	0.10	0.07	0.11	0.29	0.42	0.46	0.91	0.63	0.81	0.78	0.49
江　苏	0.17	0.32	0.23	0.29	0.19	0.43	0.48	0.55	0.86	1.06	0.48
四　川	0.26	0.30	0.17	0.48	0.37	0.43	0.43	0.51	0.89	0.76	0.48
湖　南	0.24	0.30	0.21	0.35	0.23	0.36	0.43	0.52	0.66	0.70	0.41
山　东	0.14	0.21	0.15	0.21	0.17	0.43	0.31	0.44	0.63	0.76	0.36
重　庆	0.10	0.16	0.19	0.29	0.35	0.27	0.29	0.44	0.48	0.54	0.32
安　徽	0.07	0.09	0.11	0.08	0.15	0.12	0.24	0.28	0.43	0.58	0.23
河　南	0.05	0.09	0.04	0.06	0.15	0.21	0.24	0.28	0.30	0.54	0.21
天　津	0.00	0.09	0.02	0.10	0.12	0.22	0.24	0.19	0.33	0.40	0.18
辽　宁	0.17	0.05	0.04	0.10	0.10	0.17	0.17	0.22	0.28	0.34	0.17
福　建	0.07	0.00	0.04	0.04	0.08	0.10	0.14	0.19	0.25	0.22	0.12
吉　林	0.00	0.00	0.04	0.10	0.10	0.19	0.10	0.16	0.25	0.18	0.12
云　南	0.05	0.07	0.04	0.06	0.06	0.09	0.09	0.13	0.25	0.16	0.10
江　西	0.05	0.09	0.00	0.06	0.00	0.03	0.14	0.14	0.22	0.16	0.09
山　西	0.00	0.07	0.06	0.04	0.04	0.19	0.07	0.13	0.17	0.12	0.09
陕　西	0.05	0.05	0.08	0.02	0.04	0.07	0.12	0.14	0.10	0.10	0.08
河　北	0.02	0.05	0.04	0.04	0.04	0.05	0.05	0.08	0.12	0.20	0.07
黑龙江	0.02	0.05	0.02	0.04	0.06	0.02	0.10	0.06	0.13	0.12	0.07
广　西	0.07	0.05	0.02	0.06	0.00	0.03	0.05	0.02	0.12	0.06	0.05
甘　肃	0.00	0.00	0.02	0.00	0.02	0.05	0.07	0.08	0.13	0.04	0.05
贵　州	0.10	0.00	0.00	0.00	0.00	0.00	0.09	0.00	0.07	0.12	0.04
海　南	0.00	0.00	0.00	0.02	0.02	0.02	0.09	0.09	0.07	0.10	0.04
新　疆	0.00	0.05	0.00	0.00	0.04	0.03	0.03	0.08	0.02	0.04	0.03
宁　夏	0.00	0.02	0.00	0.02	0.00	0.07	0.02	0.02	0.03	0.04	0.02
内蒙古	0.00	0.02	0.00	0.00	0.00	0.00	0.03	0.02	0.05	0.03	0.04	0.02
青　海	0.00	0.00	0.00	0.00	0.00	0.00	0.00	0.06	0.05	0.04	0.02

十六　敏感症学

敏感症学 A 层人才仅分布在湖北、河北，世界占比分别为 15.00%、5.00%。

B 层人才最多的是北京，世界占比为 1.48%；广东、湖北、湖南、天津、山东有一定数量的 B 层人才，世界占比均超过 0.1%。

C 层人才最多的是北京，世界占比为 0.92%；广东、湖北、上海、江苏、湖南、四川、浙江、重庆有一定数量的 C 层人才，世界占比超过或等于 0.1%；天津、安徽、河北、辽宁、福建、吉林、陕西、山东、河南、山西、甘肃、江西、广西、贵州、海南、黑龙江、内蒙古、新疆、云南 C 层人才的世界占比均低于 0.1%。

表 9-45　敏感症学 A 层人才的世界占比

单位：%

省　份	2014 年	2015 年	2016 年	2017 年	2018 年	2019 年	2020 年	2021 年	2022 年	2023 年	合计
湖　北	0.00	0.00	0.00	0.00	0.00	0.00	42.86	0.00	0.00	0.00	15.00
河　北	0.00	0.00	0.00	0.00	0.00	0.00	14.29	0.00	0.00	0.00	5.00

表 9-46　敏感症学 B 层人才的世界占比

单位：%

省　份	2014 年	2015 年	2016 年	2017 年	2018 年	2019 年	2020 年	2021 年	2022 年	2023 年	合计
北　京	1.23	1.22	3.30	1.14	2.00	0.89	2.02	0.93	1.30	0.91	1.48
广　东	0.00	0.00	1.10	0.00	0.00	0.00	4.04	0.93	0.00	0.00	0.63
湖　北	0.00	0.00	0.00	0.00	0.00	0.00	2.02	0.00	0.00	0.00	0.21
湖　南	0.00	0.00	1.10	0.00	0.00	0.00	1.01	0.00	0.00	0.00	0.21
天　津	0.00	0.00	2.20	0.00	0.00	0.00	0.00	0.00	0.00	0.00	0.21
山　东	0.00	0.00	0.00	0.00	0.00	0.00	0.00	0.00	0.00	0.91	0.11

表 9-47　敏感症学 C 层人才的世界占比

单位·%

省　份	2014 年	2015 年	2016 年	2017 年	2018 年	2019 年	2020 年	2021 年	2022 年	2023 年	合计
北　京	0.62	0.74	0.98	0.47	1.18	0.95	1.22	1.18	0.82	0.86	0.92
广　东	0.12	0.74	0.24	0.12	0.64	0.47	1.13	0.98	1.05	0.97	0.67
湖　北	0.25	0.25	0.12	0.12	0.54	0.38	1.88	0.20	0.35	0.11	0.45
上　海	0.12	0.37	0.12	0.23	0.43	0.28	0.28	0.49	0.82	0.22	0.34
江　苏	0.00	0.12	0.24	0.12	0.32	0.19	0.28	0.20	0.23	0.11	0.19
湖　南	0.25	0.00	0.37	0.23	0.11	0.00	0.28	0.10	0.12	0.22	0.16

续表

省　份	2014 年	2015 年	2016 年	2017 年	2018 年	2019 年	2020 年	2021 年	2022 年	2023 年	合计
四　川	0.12	0.12	0.00	0.00	0.21	0.00	0.38	0.10	0.23	0.32	0.15
浙　江	0.00	0.12	0.12	0.00	0.11	0.00	0.19	0.20	0.35	0.00	0.11
重　庆	0.00	0.12	0.12	0.00	0.21	0.00	0.19	0.00	0.23	0.11	0.10
天　津	0.12	0.12	0.12	0.00	0.00	0.00	0.09	0.00	0.23	0.00	0.07
安　徽	0.00	0.00	0.00	0.00	0.00	0.00	0.19	0.20	0.00	0.11	0.05
河　北	0.00	0.00	0.12	0.00	0.00	0.00	0.09	0.00	0.12	0.22	0.05
辽　宁	0.00	0.00	0.00	0.00	0.11	0.00	0.19	0.10	0.12	0.00	0.05
福　建	0.00	0.00	0.00	0.00	0.00	0.00	0.00	0.10	0.23	0.11	0.04
吉　林	0.12	0.12	0.00	0.00	0.11	0.00	0.00	0.10	0.00	0.00	0.04
陕　西	0.00	0.00	0.00	0.12	0.00	0.09	0.09	0.10	0.00	0.00	0.04
山　东	0.25	0.00	0.00	0.00	0.00	0.00	0.00	0.00	0.23	0.00	0.04
河　南	0.00	0.00	0.00	0.00	0.21	0.00	0.00	0.10	0.00	0.00	0.03
山　西	0.00	0.00	0.12	0.00	0.00	0.00	0.00	0.00	0.23	0.00	0.03
甘　肃	0.00	0.00	0.00	0.00	0.00	0.00	0.00	0.00	0.22	0.00	0.02
江　西	0.00	0.00	0.00	0.00	0.00	0.00	0.00	0.00	0.12	0.11	0.02
广　西	0.00	0.00	0.00	0.00	0.00	0.00	0.00	0.00	0.12	0.00	0.01
贵　州	0.00	0.00	0.00	0.00	0.00	0.00	0.00	0.00	0.12	0.00	0.01
海　南	0.00	0.00	0.00	0.00	0.00	0.00	0.00	0.00	0.12	0.00	0.01
黑龙江	0.00	0.00	0.00	0.00	0.00	0.00	0.00	0.00	0.12	0.00	0.01
内蒙古	0.00	0.00	0.00	0.00	0.11	0.00	0.00	0.00	0.00	0.00	0.01
新　疆	0.00	0.12	0.00	0.00	0.00	0.00	0.00	0.00	0.00	0.00	0.01
云　南	0.00	0.00	0.00	0.00	0.00	0.00	0.00	0.00	0.12	0.00	0.01

十七　风湿病学

风湿病学 A、B、C 层人才最多的均为北京，世界占比分别为 2.43%、0.67%、1.26%。

风湿病学 A 层人才除北京外，仅分布在上海，世界占比为 0.49%。

上海、广东、江苏、浙江、四川有一定数量的 B 层人才，世界占比均超过 0.1%；湖南、安徽、重庆、海南、湖北 B 层人才的世界占比均低于 0.1%。

广东、上海、江苏、浙江、四川、湖南、安徽、山东、湖北、天津、河南、山西、陕西、重庆、福建、河北有一定数量的 C 层人才，世界占比超过或等于 0.1%；广西、吉林、辽宁、内蒙古、新疆、甘肃、黑龙江、云南、江西、宁夏、海南、贵州、青海 C 层人才的世界占比均低于 0.1%。

表 9-48　风湿病学 A 层人才的世界占比

单位：%

省　份	2014 年	2015 年	2016 年	2017 年	2018 年	2019 年	2020 年	2021 年	2022 年	2023 年	合计
北　京	0.00	0.00	0.00	4.35	0.00	0.00	7.41	0.00	7.14	0.00	2.43
上　海	0.00	0.00	0.00	0.00	0.00	0.00	0.00	0.00	3.57	0.00	0.49

表 9-49　风湿病学 B 层人才的世界占比

单位：%

省　份	2014 年	2015 年	2016 年	2017 年	2018 年	2019 年	2020 年	2021 年	2022 年	2023 年	合计
北　京	0.00	0.47	0.45	0.43	0.87	1.13	1.24	0.79	0.76	0.42	0.67
上　海	0.00	0.93	0.89	0.43	0.87	0.75	0.41	0.39	0.38	0.00	0.51
广　东	0.00	0.00	0.45	0.00	0.43	0.38	1.66	0.00	0.76	0.00	0.38
江　苏	0.00	0.00	0.45	0.00	0.43	0.00	0.00	0.79	0.38	0.00	0.21
浙　江	0.00	0.47	0.00	0.00	0.00	0.38	0.00	0.00	0.76	0.42	0.21
四　川	0.00	0.00	0.00	0.00	0.00	0.00	0.41	0.79	0.00	0.00	0.13
湖　南	0.00	0.00	0.00	0.00	0.00	0.00	0.00	0.79	0.00	0.00	0.08
安　徽	0.00	0.00	0.00	0.00	0.00	0.38	0.00	0.00	0.00	0.00	0.04
重　庆	0.00	0.00	0.00	0.00	0.00	0.00	0.00	0.39	0.00	0.00	0.04
海　南	0.00	0.00	0.00	0.00	0.43	0.00	0.00	0.00	0.00	0.00	0.04
湖　北	0.00	0.00	0.00	0.00	0.00	0.00	0.41	0.00	0.00	0.00	0.04

表 9-50　风湿病学 C 层人才的世界占比

单位：%

省　份	2014 年	2015 年	2016 年	2017 年	2018 年	2019 年	2020 年	2021 年	2022 年	2023 年	合计
北　京	1.27	0.96	0.91	0.93	1.30	1.26	1.81	1.20	1.53	1.31	1.26
广　东	0.66	0.19	0.57	0.58	0.84	0.71	1.03	0.89	1.57	1.35	0.86
上　海	0.80	0.67	0.74	0.45	0.59	0.83	0.91	0.62	1.21	1.15	0.80

续表

省　份	2014 年	2015 年	2016 年	2017 年	2018 年	2019 年	2020 年	2021 年	2022 年	2023 年	合计
江　苏	0.47	0.48	0.30	0.31	0.55	0.35	0.45	0.35	0.81	0.57	0.47
浙　江	0.09	0.24	0.13	0.31	0.17	0.51	0.58	0.42	0.93	0.70	0.42
四　川	0.23	0.14	0.30	0.27	0.50	0.28	0.37	0.19	0.36	0.74	0.34
湖　南	0.19	0.14	0.17	0.04	0.25	0.35	0.25	0.31	0.52	0.62	0.29
安　徽	0.28	0.19	0.17	0.13	0.25	0.28	0.16	0.19	0.64	0.45	0.28
山　东	0.19	0.19	0.17	0.09	0.42	0.28	0.21	0.31	0.28	0.21	0.24
湖　北	0.09	0.05	0.13	0.09	0.17	0.24	0.78	0.35	0.16	0.16	0.23
天　津	0.00	0.00	0.17	0.09	0.08	0.04	0.29	0.12	0.16	0.33	0.14
河　南	0.00	0.00	0.04	0.04	0.13	0.08	0.16	0.19	0.40	0.25	0.14
山　西	0.23	0.10	0.00	0.00	0.13	0.08	0.08	0.08	0.28	0.25	0.12
陕　西	0.33	0.05	0.22	0.04	0.13	0.00	0.04	0.12	0.00	0.29	0.12
重　庆	0.09	0.00	0.13	0.04	0.17	0.16	0.29	0.00	0.16	0.04	0.11
福　建	0.09	0.05	0.04	0.04	0.17	0.04	0.25	0.04	0.16	0.16	0.11
河　北	0.05	0.05	0.09	0.09	0.25	0.08	0.29	0.00	0.08	0.04	0.10
广　西	0.09	0.00	0.17	0.04	0.00	0.16	0.04	0.12	0.12	0.16	0.09
吉　林	0.09	0.00	0.09	0.09	0.04	0.04	0.16	0.08	0.16	0.12	0.09
辽　宁	0.09	0.10	0.09	0.13	0.04	0.04	0.12	0.08	0.08	0.08	0.08
内蒙古	0.05	0.00	0.04	0.09	0.13	0.04	0.12	0.00	0.00	0.12	0.06
新　疆	0.00	0.00	0.09	0.04	0.13	0.08	0.12	0.08	0.04	0.04	0.06
甘　肃	0.05	0.00	0.04	0.00	0.04	0.08	0.16	0.08	0.08	0.04	0.06
黑龙江	0.09	0.10	0.00	0.04	0.13	0.00	0.12	0.00	0.04	0.04	0.06
云　南	0.00	0.00	0.00	0.09	0.13	0.08	0.00	0.00	0.08	0.08	0.05
江　西	0.00	0.00	0.00	0.04	0.08	0.04	0.04	0.00	0.00	0.16	0.04
宁　夏	0.00	0.00	0.00	0.00	0.04	0.00	0.00	0.00	0.04	0.16	0.03
海　南	0.00	0.00	0.00	0.04	0.00	0.00	0.00	0.00	0.04	0.08	0.02
贵　州	0.00	0.00	0.00	0.00	0.00	0.08	0.00	0.00	0.00	0.00	0.01
青　海	0.00	0.00	0.00	0.00	0.00	0.00	0.00	0.04	0.00	0.04	0.01

十八　皮肤医学

皮肤医学 A 层人才仅分布在北京、重庆、广东、湖北、湖南、上海，世界占比均为 0.41%。

B 层人才最多的是上海，世界占比为 0.88%；北京、四川、浙江、广东、湖南、江苏、辽宁有一定数量的 B 层人才，世界占比均超过 0.1%；重庆、贵州、海南、陕西、山东、安徽、福建、河北、湖北、云南 B 层人才的世界占比均低于 0.1%。

C 层人才最多的是上海，世界占比为 1.10%；北京、广东、江苏、四川、浙江、湖南、重庆、陕西、湖北、辽宁、山东、福建、天津、安徽、河南有一定数量的 C 层人才，世界占比超过或等于 0.1%；山西、云南、贵州、黑龙江、吉林、海南、江西、广西、内蒙古、新疆、甘肃、河北、宁夏、青海 C 层人才的世界占比均低于 0.1%。

表 9-51 皮肤医学 A 层人才的世界占比

单位：%

省　份	2014 年	2015 年	2016 年	2017 年	2018 年	2019 年	2020 年	2021 年	2022 年	2023 年	合计
北　京	0.00	0.00	0.00	0.00	0.00	0.00	3.45	0.00	0.00	0.00	0.41
重　庆	0.00	0.00	0.00	0.00	0.00	0.00	3.45	0.00	0.00	0.00	0.41
广　东	0.00	0.00	0.00	0.00	0.00	0.00	0.00	0.00	0.00	3.33	0.41
湖　北	0.00	0.00	0.00	0.00	0.00	0.00	3.45	0.00	0.00	0.00	0.41
湖　南	0.00	0.00	0.00	0.00	0.00	0.00	3.45	0.00	0.00	0.00	0.41
上　海	0.00	0.00	0.00	0.00	0.00	0.00	0.00	0.00	0.00	3.33	0.41

表 9-52 皮肤医学 B 层人才的世界占比

单位：%

省　份	2014 年	2015 年	2016 年	2017 年	2018 年	2019 年	2020 年	2021 年	2022 年	2023 年	合计
上　海	0.48	0.97	0.94	0.44	0.93	0.79	1.17	1.43	0.38	1.12	0.88
北　京	1.44	0.00	0.00	0.44	0.00	0.00	0.39	0.71	0.00	0.00	0.29
四　川	0.48	0.00	0.00	0.00	0.46	0.39	0.39	0.36	0.38	0.37	0.29
浙　江	0.00	0.00	0.00	0.00	0.00	0.00	0.00	0.36	0.38	1.12	0.21
广　东	0.00	0.00	0.00	0.00	0.00	0.00	0.78	0.00	0.76	0.00	0.17
湖　南	0.00	0.00	0.00	0.00	0.44	0.46	0.00	0.39	0.00	0.38	0.17
江　苏	0.00	0.00	0.00	0.00	0.00	0.39	0.39	0.36	0.38	0.00	0.17
辽　宁	0.00	0.00	0.00	0.47	0.00	0.00	0.39	0.00	0.38	0.00	0.13
重　庆	0.00	0.00	0.00	0.00	0.00	0.00	0.00	0.00	0.00	0.75	0.08

续表

省　份	2014 年	2015 年	2016 年	2017 年	2018 年	2019 年	2020 年	2021 年	2022 年	2023 年	合计
贵　州	0.00	0.00	0.00	0.00	0.00	0.39	0.00	0.00	0.38	0.00	0.08
海　南	0.00	0.00	0.00	0.00	0.00	0.00	0.78	0.00	0.00	0.00	0.08
陕　西	0.00	0.00	0.47	0.00	0.00	0.00	0.00	0.00	0.00	0.37	0.08
山　东	0.00	0.00	0.00	0.00	0.00	0.00	0.39	0.00	0.38	0.00	0.08
安　徽	0.00	0.00	0.00	0.00	0.46	0.00	0.00	0.00	0.00	0.00	0.04
福　建	0.00	0.00	0.00	0.00	0.00	0.00	0.39	0.00	0.00	0.00	0.04
河　北	0.00	0.00	0.00	0.44	0.00	0.00	0.00	0.00	0.00	0.00	0.04
湖　北	0.00	0.00	0.00	0.00	0.00	0.00	0.39	0.00	0.00	0.00	0.04
云　南	0.00	0.00	0.00	0.00	0.00	0.00	0.39	0.00	0.00	0.00	0.04

表 9-53　皮肤医学 C 层人才的世界占比

单位：%

省　份	2014 年	2015 年	2016 年	2017 年	2018 年	2019 年	2020 年	2021 年	2022 年	2023 年	合计
上　海	0.51	0.85	1.43	0.68	0.79	0.82	1.06	1.31	1.68	1.63	1.10
北　京	0.77	0.65	0.57	0.68	0.74	0.90	0.98	1.01	1.16	1.63	0.92
广　东	0.41	0.45	0.52	0.41	0.47	0.55	0.70	1.01	1.20	1.14	0.71
江　苏	0.10	0.20	0.33	0.23	0.33	0.47	0.59	0.43	0.82	0.92	0.46
四　川	0.10	0.20	0.14	0.23	0.42	0.55	0.43	0.39	0.90	0.53	0.41
浙　江	0.15	0.20	0.19	0.18	0.23	0.27	0.43	0.50	0.86	0.88	0.41
湖　南	0.26	0.05	0.24	0.27	0.09	0.39	0.47	0.39	0.86	0.44	0.36
重　庆	0.20	0.35	0.14	0.14	0.19	0.35	0.43	0.39	0.45	0.53	0.32
陕　西	0.26	0.25	0.38	0.27	0.28	0.35	0.12	0.23	0.30	0.35	0.28
湖　北	0.26	0.15	0.14	0.14	0.28	0.27	0.20	0.27	0.30	0.48	0.25
辽　宁	0.26	0.15	0.14	0.23	0.14	0.43	0.31	0.31	0.30	0.13	0.25
山　东	0.20	0.05	0.19	0.36	0.09	0.23	0.12	0.31	0.30	0.44	0.23
福　建	0.05	0.05	0.05	0.09	0.09	0.20	0.23	0.15	0.30	0.22	0.15
天　津	0.05	0.10	0.19	0.14	0.09	0.08	0.08	0.31	0.11	0.13	0.13
安　徽	0.10	0.05	0.33	0.00	0.05	0.20	0.08	0.04	0.11	0.18	0.11
河　南	0.00	0.00	0.00	0.05	0.05	0.12	0.12	0.23	0.19	0.18	0.10
山　西	0.15	0.00	0.05	0.09	0.05	0.16	0.08	0.08	0.15	0.09	0.09
云　南	0.05	0.00	0.05	0.09	0.00	0.04	0.04	0.08	0.26	0.26	0.09
贵　州	0.00	0.00	0.00	0.14	0.00	0.12	0.12	0.15	0.15	0.09	0.08
黑龙江	0.05	0.20	0.05	0.05	0.00	0.04	0.16	0.08	0.07	0.04	0.07

省　份	2014 年	2015 年	2016 年	2017 年	2018 年	2019 年	2020 年	2021 年	2022 年	2023 年	合计
吉　林	0.00	0.00	0.10	0.09	0.05	0.04	0.12	0.08	0.15	0.04	0.07
海　南	0.05	0.10	0.10	0.05	0.00	0.08	0.00	0.04	0.22	0.00	0.06
江　西	0.10	0.00	0.00	0.00	0.05	0.08	0.04	0.12	0.07	0.09	0.06
广　西	0.00	0.00	0.05	0.00	0.00	0.16	0.00	0.15	0.07	0.04	0.05
内蒙古	0.10	0.10	0.05	0.00	0.00	0.04	0.00	0.08	0.07	0.04	0.05
新　疆	0.00	0.00	0.00	0.00	0.00	0.12	0.04	0.08	0.07	0.13	0.05
甘　肃	0.00	0.00	0.00	0.00	0.00	0.08	0.00	0.00	0.11	0.13	0.04
河　北	0.00	0.05	0.00	0.05	0.00	0.04	0.00	0.00	0.04	0.00	0.02
宁　夏	0.00	0.00	0.00	0.00	0.00	0.04	0.00	0.04	0.00	0.04	0.01
青　海	0.10	0.00	0.00	0.00	0.00	0.04	0.00	0.00	0.00	0.00	0.01

十九　眼科学

眼科学 A、B、C 层人才最多的均为广东，世界占比分别为 1.89%、1.75%、1.69%。

北京有相当数量的 A 层人才，世界占比为 1.13%；福建、上海、安徽、湖北、天津有一定数量的 A 层人才，世界占比均超过 0.3%。

浙江、上海、北京有相当数量的 B 层人才，世界占比分别为 1.25%、1.14%、1.10%；福建、湖北、湖南、山东、天津、四川、江苏、重庆、安徽有一定数量的 B 层人才，世界占比均超过 0.1%；江西、河北、黑龙江、河南、内蒙古、辽宁、宁夏、陕西、山西 B 层人才的世界占比均低于 0.1%。

北京、上海、浙江有相当数量的 C 层人才，世界占比分别为 1.55%、1.49%、1.27%；山东、天津、江苏、湖南、湖北、四川、重庆、河南、福建、辽宁、吉林、云南、黑龙江、安徽、河北有一定数量的 C 层人才，世界占比超过或等于 0.1%；陕西、江西、山西、广西、贵州、海南、甘肃、内蒙古、宁夏、新疆、青海、西藏 C 层人才的世界占比均低于 0.1%。

表 9-54 眼科学 A 层人才的世界占比

单位：%

省　份	2014 年	2015 年	2016 年	2017 年	2018 年	2019 年	2020 年	2021 年	2022 年	2023 年	合计
广　东	0.00	4.00	0.00	3.85	9.52	0.00	0.00	3.70	0.00	0.00	1.89
北　京	0.00	0.00	0.00	0.00	0.00	0.00	3.57	7.41	0.00	0.00	1.13
福　建	0.00	0.00	0.00	3.85	0.00	0.00	0.00	0.00	3.70	0.00	0.75
上　海	0.00	0.00	0.00	0.00	0.00	0.00	3.57	3.70	0.00	0.00	0.75
安　徽	4.00	0.00	0.00	0.00	0.00	0.00	0.00	0.00	0.00	0.00	0.38
湖　北	0.00	0.00	0.00	0.00	0.00	0.00	3.57	0.00	0.00	0.00	0.38
天　津	0.00	0.00	0.00	0.00	0.00	0.00	0.00	3.70	0.00	0.00	0.38

表 9-55 眼科学 B 层人才的世界占比

单位：%

省　份	2014 年	2015 年	2016 年	2017 年	2018 年	2019 年	2020 年	2021 年	2022 年	2023 年	合计
广　东	1.67	0.00	0.40	0.82	0.40	1.82	2.89	2.63	3.45	2.58	1.75
浙　江	0.84	0.00	0.40	1.63	1.20	1.46	0.72	1.32	2.41	2.21	1.25
上　海	1.26	0.87	0.00	1.63	0.80	1.46	0.00	2.30	1.03	1.85	1.14
北　京	0.84	1.31	0.40	0.41	0.80	1.46	1.81	0.99	1.38	1.48	1.10
福　建	0.00	0.00	0.40	0.82	0.00	0.00	0.72	0.33	0.34	0.00	0.27
湖　北	0.00	0.00	0.00	0.00	0.00	0.36	1.81	0.33	0.00	0.00	0.27
湖　南	0.42	0.00	0.00	0.00	0.00	0.36	0.36	0.66	0.34	0.37	0.27
山　东	0.00	0.00	0.00	0.82	0.40	0.36	0.00	0.33	0.34	0.37	0.27
天　津	0.84	0.00	0.40	0.00	0.00	0.73	0.00	0.00	0.00	0.37	0.27
四　川	0.42	0.44	0.00	0.41	0.00	0.36	0.00	0.00	0.00	0.74	0.23
江　苏	0.42	0.00	0.00	0.00	0.00	0.36	0.00	0.00	0.34	0.74	0.19
重　庆	0.00	0.00	0.40	0.00	0.40	0.36	0.00	0.33	0.00	0.00	0.15
安　徽	0.00	0.44	0.40	0.00	0.00	0.00	0.00	0.00	0.34	0.00	0.11
江　西	0.00	0.00	0.00	0.00	0.00	0.00	0.00	0.00	0.34	0.37	0.08
河　北	0.00	0.00	0.00	0.00	0.00	0.00	0.00	0.00	0.34	0.00	0.04
黑龙江	0.00	0.00	0.00	0.00	0.00	0.00	0.36	0.00	0.00	0.00	0.04
河　南	0.00	0.00	0.00	0.00	0.00	0.00	0.00	0.00	0.34	0.00	0.04
内蒙古	0.00	0.00	0.00	0.00	0.00	0.00	0.00	0.00	0.00	0.37	0.04
辽　宁	0.00	0.44	0.00	0.00	0.00	0.00	0.00	0.00	0.00	0.00	0.04
宁　夏	0.00	0.00	0.00	0.00	0.00	0.00	0.00	0.00	0.00	0.37	0.04
陕　西	0.42	0.00	0.00	0.00	0.00	0.00	0.00	0.00	0.00	0.00	0.04
山　西	0.00	0.00	0.00	0.00	0.00	0.00	0.00	0.00	0.34	0.00	0.04

表 9-56 眼科学 C 层人才的世界占比

单位：%

省　份	2014年	2015年	2016年	2017年	2018年	2019年	2020年	2021年	2022年	2023年	合计
广　东	1.35	1.29	1.42	1.23	1.50	1.66	1.67	1.61	2.49	2.59	1.69
北　京	1.22	1.69	1.34	1.28	1.30	1.39	1.67	1.54	2.03	1.98	1.55
上　海	1.40	1.20	1.63	0.98	1.15	1.76	1.63	1.47	2.10	1.41	1.49
浙　江	1.05	1.24	0.84	1.11	0.83	1.06	1.49	1.34	1.92	1.79	1.27
山　东	0.26	0.49	0.25	0.38	0.51	0.23	0.58	0.54	0.71	0.38	0.44
天　津	0.13	0.44	0.42	0.26	0.47	0.40	0.33	0.37	0.68	0.90	0.44
江　苏	0.31	0.44	0.38	0.21	0.32	0.20	0.51	0.47	0.53	0.33	0.37
湖　南	0.17	0.18	0.08	0.26	0.32	0.70	0.36	0.37	0.57	0.57	0.37
湖　北	0.17	0.27	0.17	0.17	0.32	0.36	0.58	0.40	0.53	0.24	0.33
四　川	0.17	0.35	0.21	0.04	0.20	0.20	0.18	0.33	0.57	0.75	0.30
重　庆	0.04	0.27	0.04	0.17	0.36	0.13	0.15	0.27	0.32	0.66	0.24
河　南	0.13	0.27	0.13	0.38	0.24	0.13	0.36	0.27	0.25	0.09	0.23
福　建	0.22	0.13	0.17	0.09	0.16	0.27	0.22	0.23	0.28	0.24	0.20
辽　宁	0.09	0.13	0.13	0.04	0.28	0.10	0.18	0.17	0.39	0.38	0.19
吉　林	0.04	0.00	0.08	0.13	0.20	0.07	0.18	0.00	0.18	0.19	0.13
云　南	0.13	0.00	0.08	0.13	0.08	0.07	0.15	0.20	0.18	0.24	0.13
黑龙江	0.22	0.22	0.00	0.00	0.12	0.07	0.07	0.13	0.25	0.09	0.12
安　徽	0.04	0.04	0.04	0.13	0.20	0.10	0.04	0.03	0.25	0.14	0.10
河　北	0.04	0.04	0.08	0.09	0.08	0.03	0.07	0.03	0.28	0.24	0.10
陕　西	0.00	0.13	0.04	0.04	0.20	0.13	0.04	0.13	0.11	0.09	0.09
江　西	0.00	0.00	0.00	0.09	0.20	0.03	0.11	0.13	0.18	0.14	0.09
山　西	0.00	0.04	0.00	0.00	0.08	0.07	0.15	0.07	0.25	0.05	0.08
广　西	0.00	0.09	0.00	0.00	0.00	0.07	0.04	0.20	0.14	0.09	0.07
贵　州	0.00	0.00	0.00	0.00	0.04	0.00	0.15	0.03	0.21	0.14	0.06
海　南	0.04	0.04	0.04	0.09	0.00	0.03	0.07	0.00	0.07	0.09	0.05
甘　肃	0.00	0.04	0.00	0.00	0.04	0.03	0.07	0.03	0.07	0.09	0.04
内蒙古	0.00	0.00	0.00	0.00	0.00	0.00	0.04	0.00	0.07	0.11	0.04
宁　夏	0.04	0.00	0.00	0.00	0.08	0.03	0.07	0.00	0.07	0.00	0.03
新　疆	0.00	0.04	0.00	0.00	0.00	0.00	0.04	0.00	0.11	0.00	0.02
青　海	0.04	0.00	0.00	0.00	0.00	0.00	0.00	0.03	0.07	0.00	0.02
西　藏	0.00	0.00	0.00	0.00	0.04	0.03	0.04	0.00	0.04	0.00	0.02

二十 耳鼻喉学

各省份均没有耳鼻喉学 A 层人才。

B 层人才最多的是北京，世界占比为 0.68%；广东、上海、浙江、湖北、江苏、山东、云南有一定数量的 B 层人才，世界占比超过或等于 0.1%。

C 层人才最多的是北京，世界占比为 0.87%；广东、上海、江苏、浙江、湖北、四川、山东、辽宁、重庆、湖南、安徽、福建、江西有一定数量的 C 层人才，世界占比超过或等于 0.1%；吉林、云南、广西、河南、陕西、山西、天津、贵州、黑龙江、新疆、甘肃、海南、河北、青海、西藏 C 层人才的世界占比均低于 0.1%。

表 9-57 耳鼻喉学 B 层人才的世界占比

单位：%

省　份	2014 年	2015 年	2016 年	2017 年	2018 年	2019 年	2020 年	2021 年	2022 年	2023 年	合计
北　京	0.00	1.19	1.09	0.00	1.15	0.00	0.75	1.55	0.00	0.93	0.68
广　东	1.28	0.00	1.09	0.00	0.00	0.00	0.75	0.00	0.00	0.00	0.29
上　海	0.00	0.00	0.00	0.00	0.00	0.00	0.75	0.00	0.97	0.93	0.29
浙　江	0.00	1.19	0.00	1.04	0.00	0.00	0.00	0.00	0.00	0.00	0.19
湖　北	0.00	0.00	0.00	0.00	0.00	0.00	0.00	0.78	0.00	0.00	0.10
江　苏	0.00	0.00	0.00	0.00	0.00	0.00	0.75	0.00	0.00	0.00	0.10
山　东	0.00	0.00	0.00	0.00	0.00	0.00	0.00	0.00	0.97	0.00	0.10
云　南	0.00	0.00	0.00	0.00	0.00	0.00	0.75	0.00	0.00	0.00	0.10

表 9-58 耳鼻喉学 C 层人才的世界占比

单位：%

省　份	2014 年	2015 年	2016 年	2017 年	2018 年	2019 年	2020 年	2021 年	2022 年	2023 年	合计
北　京	0.39	0.60	0.76	0.82	0.57	1.17	0.69	0.90	1.26	1.50	0.87
广　东	0.53	0.72	0.44	0.35	0.45	0.68	0.78	0.63	0.58	1.25	0.64
上　海	0.53	0.48	0.22	0.35	0.57	1.56	0.87	0.36	0.68	0.50	0.63
江　苏	0.13	0.00	0.11	0.47	0.11	0.68	0.26	0.45	0.19	0.62	0.31

续表

省 份	2014 年	2015 年	2016 年	2017 年	2018 年	2019 年	2020 年	2021 年	2022 年	2023 年	合计
浙 江	0.00	0.24	0.11	0.12	0.11	0.10	0.35	0.54	0.48	0.75	0.29
湖 北	0.13	0.12	0.33	0.12	0.11	0.29	0.61	0.18	0.19	0.62	0.28
四 川	0.00	0.00	0.00	0.12	0.45	0.29	0.43	0.27	0.39	0.37	0.25
山 东	0.13	0.00	0.11	0.12	0.23	0.00	0.09	0.45	0.39	0.87	0.23
辽 宁	0.13	0.24	0.00	0.23	0.00	0.29	0.26	0.09	0.19	0.12	0.16
重 庆	0.00	0.12	0.00	0.23	0.11	0.20	0.09	0.18	0.10	0.25	0.13
湖 南	0.00	0.12	0.11	0.00	0.23	0.20	0.09	0.09	0.00	0.25	0.11
安 徽	0.00	0.00	0.00	0.00	0.00	0.29	0.00	0.09	0.10	0.50	0.10
福 建	0.00	0.00	0.00	0.00	0.00	0.29	0.17	0.18	0.10	0.12	0.10
江 西	0.00	0.00	0.11	0.12	0.00	0.10	0.26	0.00	0.10	0.25	0.10
吉 林	0.00	0.24	0.11	0.12	0.11	0.00	0.00	0.09	0.00	0.12	0.07
云 南	0.13	0.00	0.11	0.00	0.11	0.00	0.17	0.00	0.00	0.00	0.05
广 西	0.00	0.00	0.00	0.12	0.00	0.00	0.00	0.00	0.00	0.12	0.03
河 南	0.00	0.00	0.11	0.00	0.00	0.00	0.20	0.00	0.00	0.00	0.03
陕 西	0.13	0.00	0.00	0.00	0.00	0.00	0.00	0.00	0.00	0.00	0.03
山 西	0.00	0.00	0.00	0.00	0.00	0.00	0.00	0.00	0.00	0.25	0.03
天 津	0.00	0.00	0.00	0.00	0.11	0.10	0.00	0.09	0.00	0.00	0.03
贵 州	0.00	0.00	0.00	0.00	0.00	0.00	0.00	0.00	0.00	0.12	0.02
黑龙江	0.00	0.00	0.00	0.00	0.00	0.00	0.00	0.09	0.00	0.00	0.02
新 疆	0.00	0.00	0.00	0.00	0.00	0.00	0.09	0.00	0.00	0.12	0.02
甘 肃	0.00	0.00	0.00	0.00	0.00	0.00	0.00	0.00	0.10	0.00	0.01
海 南	0.00	0.00	0.00	0.00	0.00	0.00	0.09	0.00	0.00	0.00	0.01
河 北	0.00	0.00	0.00	0.00	0.00	0.00	0.00	0.00	0.00	0.00	0.01
青 海	0.00	0.00	0.00	0.00	0.00	0.00	0.09	0.00	0.00	0.00	0.01
西 藏	0.00	0.00	0.00	0.00	0.00	0.00	0.00	0.00	0.10	0.00	0.01

二十一 听觉学和言语病理学

听觉学和言语病理学 A 层人才仅分布在北京、上海，世界占比均为 2.56%。

B 层人才最多的是北京，世界占比为 2.73%；广东、江苏、陕西、上海、重庆、黑龙江有一定数量的 B 层人才，世界占比均超过 0.2%。

C 层人才最多的是北京，世界占比为 1.87%；上海、广东、江苏、浙江、黑龙江、安徽、陕西、湖南、山东、四川、天津、重庆、湖北有一定数量的 C 层人才，世界占比均超过 0.1%；福建、吉林、辽宁、新疆、海南、河北、河南、江西、云南 C 层人才的世界占比均低于 0.1%。

表 9-59　听觉学和言语病理学 A 层人才的世界占比

单位：%

省　　份	2014 年	2015 年	2016 年	2017 年	2018 年	2019 年	2020 年	2021 年	2022 年	2023 年	合计
北　京	0.00	0.00	0.00	0.00	0.00	0.00	16.67	0.00	0.00	0.00	2.56
上　海	0.00	0.00	0.00	0.00	0.00	0.00	0.00	0.00	0.00	16.67	2.56

表 9-60　听觉学和言语病理学 B 层人才的世界占比

单位：%

省　　份	2014 年	2015 年	2016 年	2017 年	2018 年	2019 年	2020 年	2021 年	2022 年	2023 年	合计
北　京	0.00	0.00	0.00	5.13	0.00	1.85	3.85	7.27	1.72	4.00	2.73
广　东	0.00	0.00	0.00	0.00	0.00	0.00	0.00	1.82	1.72	0.00	0.46
江　苏	0.00	0.00	0.00	0.00	2.86	0.00	1.92	0.00	0.00	0.00	0.46
陕　西	0.00	0.00	0.00	0.00	0.00	1.85	1.92	0.00	0.00	0.00	0.46
上　海	0.00	0.00	0.00	0.00	0.00	1.85	0.00	0.00	0.00	2.00	0.46
重　庆	0.00	0.00	0.00	0.00	0.00	0.00	0.00	0.00	1.72	0.00	0.23
黑龙江	0.00	0.00	0.00	0.00	0.00	0.00	0.00	0.00	1.72	0.00	0.23

表 9-61　听觉学和言语病理学 C 层人才的世界占比

单位：%

省　　份	2014 年	2015 年	2016 年	2017 年	2018 年	2019 年	2020 年	2021 年	2022 年	2023 年	合计
北　京	1.62	1.81	1.14	0.74	1.04	1.37	2.23	3.23	2.24	2.66	1.87
上　海	0.00	1.20	0.28	0.25	0.26	1.76	0.74	0.76	1.63	1.86	0.92
广　东	0.00	0.60	0.28	0.00	0.78	0.78	0.74	0.76	1.02	0.80	0.62
江　苏	0.65	0.00	0.28	0.49	0.00	0.59	0.37	0.76	0.61	1.86	0.57
浙　江	0.00	0.30	0.28	0.00	0.00	0.20	0.56	0.76	0.82	1.06	0.43
黑龙江	0.00	0.00	0.57	0.25	0.00	0.20	0.00	0.38	0.41	1.33	0.31
安　徽	0.00	0.00	0.00	0.25	0.00	0.78	0.00	0.57	0.20	0.80	0.28

省　份	2014 年	2015 年	2016 年	2017 年	2018 年	2019 年	2020 年	2021 年	2022 年	2023 年	合计
陕　西	0.65	0.00	0.57	0.49	0.26	0.20	0.19	0.19	0.41	0.00	0.28
湖　南	0.00	0.30	0.00	0.00	0.26	0.39	0.00	0.00	0.20	0.53	0.17
山　东	0.00	0.00	0.00	0.25	0.26	0.20	0.19	0.00	0.20	0.53	0.17
四　川	0.32	0.00	0.00	0.00	0.00	0.00	0.19	0.19	0.20	0.80	0.17
天　津	0.00	0.00	0.00	0.00	0.00	0.20	0.56	0.19	0.20	0.27	0.17
重　庆	0.00	0.30	0.00	0.25	0.00	0.00	0.37	0.19	0.00	0.00	0.12
湖　北	0.00	0.30	0.00	0.00	0.00	0.00	0.00	0.57	0.00	0.27	0.12
福　建	0.00	0.00	0.00	0.00	0.00	0.39	0.19	0.00	0.00	0.00	0.07
吉　林	0.00	0.00	0.00	0.00	0.00	0.00	0.00	0.19	0.00	0.27	0.05
辽　宁	0.00	0.00	0.00	0.25	0.00	0.00	0.19	0.00	0.00	0.00	0.05
新　疆	0.00	0.00	0.00	0.00	0.00	0.20	0.19	0.00	0.00	0.00	0.05
海　南	0.00	0.00	0.00	0.00	0.00	0.00	0.00	0.00	0.00	0.27	0.02
河　北	0.00	0.00	0.00	0.00	0.00	0.00	0.00	0.00	0.20	0.00	0.02
河　南	0.00	0.00	0.00	0.00	0.00	0.26	0.00	0.00	0.00	0.00	0.02
江　西	0.00	0.00	0.00	0.00	0.00	0.00	0.00	0.19	0.00	0.00	0.02
云　南	0.00	0.00	0.28	0.00	0.00	0.00	0.00	0.00	0.00	0.00	0.02

二十二　牙科医学、口腔外科和口腔医学

牙科医学、口腔外科和口腔医学 A 层人才最多的是四川，世界占比为 2.51%；上海 A 层人才的世界占比为 2.01%；北京、湖北也有相当数量的 A 层人才，世界占比均为 1.01%；重庆、广东、贵州、黑龙江、新疆、云南有一定数量的 A 层人才，世界占比均为 0.50%。

B 层人才最多的是四川，世界占比为 1.35%；湖北、上海、北京、浙江、广东、山东、江苏、陕西、辽宁、安徽、广西、河南有一定数量的 B 层人才，世界占比超过或等于 0.1%；福建、海南、湖南、山西 B 层人才的世界占比均为 0.05%。

C 层人才最多的是北京，世界占比为 1.48%；四川也有相当数量的 C 层人才，世界占比为 1.44%；上海、广东、湖北、浙江、山东、陕西、江苏、

辽宁、重庆、湖南、福建、天津、吉林有一定数量的C层人才，世界占比均超过0.1%；甘肃、河南、安徽、广西、黑龙江、山西、云南、贵州、河北、新疆、内蒙古、江西、宁夏、海南C层人才的世界占比均低于0.1%。

表9-62　牙科医学、口腔外科和口腔医学A层人才的世界占比

单位：%

省　份	2014年	2015年	2016年	2017年	2018年	2019年	2020年	2021年	2022年	2023年	合计
四　川	0.00	0.00	0.00	0.00	0.00	0.00	9.09	0.00	8.00	5.26	2.51
上　海	0.00	0.00	0.00	0.00	0.00	0.00	4.55	0.00	8.00	5.26	2.01
北　京	0.00	0.00	0.00	0.00	6.67	0.00	0.00	0.00	4.00	0.00	1.01
湖　北	0.00	0.00	0.00	0.00	0.00	0.00	4.55	0.00	4.00	0.00	1.01
重　庆	0.00	0.00	0.00	0.00	0.00	0.00	0.00	0.00	4.00	0.00	0.50
广　东	0.00	0.00	0.00	0.00	0.00	0.00	0.00	0.00	4.00	0.00	0.50
贵　州	0.00	0.00	0.00	0.00	0.00	0.00	0.00	0.00	4.00	0.00	0.50
黑龙江	0.00	0.00	0.00	0.00	0.00	0.00	0.00	0.00	4.00	0.00	0.50
新　疆	0.00	0.00	0.00	0.00	0.00	0.00	0.00	0.00	4.00	0.00	0.50
云　南	0.00	0.00	0.00	0.00	0.00	0.00	0.00	0.00	4.00	0.00	0.50

表9-63　牙科医学、口腔外科和口腔医学B层人才的世界占比

单位：%

省　份	2014年	2015年	2016年	2017年	2018年	2019年	2020年	2021年	2022年	2023年	合计
四　川	1.30	1.27	1.25	0.00	0.00	0.50	2.25	2.55	2.37	1.27	1.35
湖　北	1.95	0.63	0.63	1.74	0.00	0.00	0.45	0.43	2.37	0.85	0.88
上　海	0.00	0.63	0.00	0.00	0.00	0.99	0.00	1.28	1.42	1.27	0.62
北　京	0.00	1.27	0.00	0.00	0.55	0.99	0.90	0.00	1.42	0.00	0.52
浙　江	0.00	0.63	0.63	0.00	0.00	0.99	0.00	1.28	0.47	0.85	0.52
广　东	0.00	0.00	0.63	0.00	0.00	0.00	0.00	0.85	0.47	0.85	0.31
山　东	0.00	0.00	0.00	0.00	0.00	0.00	0.90	0.00	0.47	0.85	0.26
江　苏	0.00	0.63	0.00	0.00	0.00	0.00	0.00	0.00	0.47	0.85	0.21
陕　西	0.65	0.63	0.00	0.00	0.00	0.50	0.00	0.00	0.47	0.00	0.21
辽　宁	0.00	0.00	0.00	0.00	0.00	0.00	0.45	0.00	0.47	0.42	0.16
安　徽	0.00	0.00	0.00	0.00	0.00	0.00	0.00	0.00	0.00	0.85	0.10
广　西	0.00	0.00	0.00	0.00	0.00	0.00	0.00	0.43	0.47	0.00	0.10
河　南	0.00	0.00	0.00	0.00	0.00	0.00	0.45	0.00	0.47	0.00	0.10

续表

省　份	2014 年	2015 年	2016 年	2017 年	2018 年	2019 年	2020 年	2021 年	2022 年	2023 年	合计
福　建	0.00	0.00	0.00	0.00	0.00	0.00	0.00	0.00	0.47	0.00	0.05
海　南	0.00	0.00	0.00	0.00	0.00	0.00	0.00	0.00	0.47	0.00	0.05
湖　南	0.00	0.00	0.63	0.00	0.00	0.00	0.00	0.00	0.00	0.00	0.05
山　西	0.00	0.00	0.00	0.00	0.00	0.00	0.00	0.43	0.00	0.00	0.05

表 9-64　牙科医学、口腔外科和口腔医学 C 层人才的世界占比

单位：%

省　份	2014 年	2015 年	2016 年	2017 年	2018 年	2019 年	2020 年	2021 年	2022 年	2023 年	合计
北　京	1.28	1.22	1.80	1.42	1.20	1.41	1.41	1.68	1.69	1.53	1.48
四　川	0.83	1.28	1.05	1.42	1.43	1.86	1.13	1.68	1.69	1.76	1.44
上　海	0.70	0.96	0.87	0.65	0.86	0.86	0.59	0.91	1.29	1.71	0.96
广　东	0.45	0.32	0.80	0.65	0.80	1.06	1.04	0.99	1.24	1.17	0.89
湖　北	0.64	0.51	0.56	0.24	0.57	0.71	0.77	0.60	0.74	1.40	0.70
浙　江	0.26	0.19	0.25	0.36	0.23	0.05	0.23	0.39	0.74	1.04	0.39
山　东	0.19	0.19	0.43	0.24	0.52	0.45	0.36	0.22	0.45	0.72	0.39
陕　西	0.64	0.38	0.37	0.06	0.23	0.40	0.23	0.00	0.50	0.50	0.32
江　苏	0.26	0.26	0.37	0.18	0.40	0.10	0.23	0.39	0.45	0.45	0.31
辽　宁	0.19	0.26	0.06	0.06	0.06	0.10	0.32	0.47	0.40	0.27	0.23
重　庆	0.06	0.06	0.06	0.18	0.17	0.35	0.23	0.17	0.25	0.45	0.21
湖　南	0.00	0.06	0.06	0.06	0.11	0.35	0.18	0.30	0.20	0.36	0.19
福　建	0.00	0.13	0.06	0.00	0.00	0.15	0.18	0.09	0.40	0.59	0.17
天　津	0.13	0.13	0.00	0.18	0.00	0.10	0.18	0.17	0.05	0.36	0.14
吉　林	0.06	0.06	0.31	0.12	0.06	0.10	0.09	0.17	0.20	0.14	0.13
甘　肃	0.06	0.06	0.06	0.00	0.29	0.00	0.09	0.13	0.10	0.14	0.09
河　南	0.00	0.13	0.12	0.06	0.06	0.15	0.00	0.09	0.10	0.14	0.08
安　徽	0.19	0.00	0.06	0.00	0.11	0.10	0.14	0.13	0.00	0.00	0.07
广　西	0.06	0.06	0.06	0.00	0.06	0.15	0.09	0.04	0.10	0.05	0.07
黑龙江	0.06	0.19	0.00	0.00	0.11	0.00	0.05	0.00	0.15	0.05	0.06
山　西	0.00	0.00	0.06	0.00	0.00	0.00	0.00	0.04	0.20	0.14	0.06
云　南	0.00	0.00	0.00	0.06	0.00	0.10	0.05	0.04	0.25	0.05	0.06
贵　州	0.00	0.00	0.00	0.12	0.06	0.05	0.00	0.04	0.10	0.14	0.05
河　北	0.00	0.06	0.06	0.00	0.00	0.00	0.05	0.00	0.05	0.18	0.05
新　疆	0.13	0.00	0.00	0.00	0.00	0.00	0.00	0.04	0.20	0.09	0.05

续表

省　份	2014 年	2015 年	2016 年	2017 年	2018 年	2019 年	2020 年	2021 年	2022 年	2023 年	合计
内蒙古	0.00	0.00	0.00	0.06	0.00	0.05	0.00	0.04	0.05	0.00	0.02
江　西	0.00	0.00	0.00	0.06	0.00	0.00	0.05	0.00	0.00	0.00	0.01
宁　夏	0.00	0.00	0.00	0.00	0.00	0.00	0.00	0.00	0.05	0.05	0.01
海　南	0.00	0.00	0.00	0.00	0.00	0.00	0.00	0.00	0.00	0.05	0.01

二十三　急救医学

各省份均没有急救医学 A 层人才。

B 层人才最多的是重庆，世界占比为 0.39%；广东、贵州、上海、天津、浙江、安徽、广西、湖北、江苏、辽宁、四川有一定数量的 B 层人才，世界占比均超过 0.1%。

C 层人才最多的是北京，世界占比为 0.62%；广东、重庆、上海、天津、浙江、四川、江苏、湖北、山东、河北有一定数量的 C 层人才，世界占比超过或等于 0.1%；湖南、陕西、安徽、福建、新疆、云南、江西、广西、贵州、河南、甘肃、内蒙古、辽宁、山西、海南、黑龙江 C 层人才的世界占比均低于 0.1%。

表 9-65　急救医学 B 层人才的世界占比

单位：%

省　份	2014 年	2015 年	2016 年	2017 年	2018 年	2019 年	2020 年	2021 年	2022 年	2023 年	合计
重　庆	0.00	0.00	0.00	0.00	1.75	0.00	0.00	0.00	0.00	2.33	0.39
广　东	0.00	0.00	0.00	0.00	0.00	0.00	0.00	0.00	0.00	2.33	0.26
贵　州	0.00	0.00	0.00	0.00	0.00	1.25	0.00	0.00	1.18	0.00	0.26
上　海	0.00	0.00	0.00	0.00	0.00	0.00	0.00	0.00	0.00	2.33	0.26
天　津	0.00	0.00	0.00	0.00	0.00	0.00	0.00	0.00	1.18	1.16	0.26
浙　江	0.00	0.00	0.00	0.00	0.00	0.00	0.00	0.00	1.18	1.16	0.26
安　徽	0.00	0.00	0.00	0.00	0.00	0.00	0.00	0.00	0.00	1.16	0.13
广　西	0.00	0.00	0.00	0.00	0.00	0.00	0.00	1.00	0.00	0.00	0.13
湖　北	0.00	0.00	0.00	0.00	0.00	1.25	0.00	0.00	0.00	0.00	0.13

省 份	2014 年	2015 年	2016 年	2017 年	2018 年	2019 年	2020 年	2021 年	2022 年	2023 年	合计
江 苏	0.00	0.00	0.00	0.00	0.00	0.00	0.00	0.00	1.18	0.00	0.13
辽 宁	0.00	0.00	0.00	0.00	0.00	0.00	0.00	0.00	1.18	0.00	0.13
四 川	0.00	0.00	0.00	0.00	0.00	0.00	0.00	0.00	0.00	1.16	0.13

表 9-66　急救医学 C 层人才的世界占比

单位：%

省 份	2014 年	2015 年	2016 年	2017 年	2018 年	2019 年	2020 年	2021 年	2022 年	2023 年	合计
北 京	1.13	0.15	0.29	0.27	0.13	0.75	0.73	0.97	0.90	0.64	0.62
广 东	0.00	0.00	0.43	0.54	0.26	0.13	0.31	0.97	1.10	1.03	0.52
重 庆	0.00	0.15	0.14	0.27	0.39	0.38	0.31	0.68	0.60	0.64	0.38
上 海	0.32	0.00	0.29	0.41	0.39	0.63	0.31	0.29	0.50	0.64	0.38
天 津	0.32	0.58	0.29	0.41	0.26	0.38	0.21	0.29	0.40	0.77	0.38
浙 江	0.49	0.00	0.29	0.41	0.39	0.13	0.31	0.10	0.90	0.51	0.36
四 川	0.00	0.00	0.00	0.00	0.26	0.25	0.52	0.77	0.80	0.39	0.35
江 苏	0.00	0.00	0.14	0.41	0.39	0.00	0.31	0.68	0.40	0.64	0.32
湖 北	0.16	0.00	0.00	0.27	0.13	0.38	0.62	0.39	0.40	0.39	0.30
山 东	0.32	0.00	0.14	0.00	0.13	0.13	0.10	0.29	0.30	0.39	0.19
河 北	0.16	0.00	0.00	0.14	0.13	0.00	0.10	0.10	0.20	0.13	0.10
湖 南	0.00	0.00	0.00	0.00	0.13	0.00	0.00	0.10	0.30	0.26	0.09
陕 西	0.00	0.00	0.00	0.00	0.13	0.25	0.00	0.10	0.20	0.00	0.07
安 徽	0.00	0.00	0.00	0.00	0.26	0.13	0.00	0.00	0.20	0.00	0.06
福 建	0.00	0.15	0.00	0.00	0.13	0.00	0.10	0.10	0.10	0.00	0.06
新 疆	0.00	0.00	0.00	0.14	0.00	0.13	0.00	0.10	0.10	0.00	0.06
云 南	0.00	0.00	0.00	0.00	0.00	0.00	0.00	0.00	0.20	0.39	0.06
江 西	0.00	0.00	0.00	0.00	0.13	0.00	0.00	0.10	0.20	0.00	0.05
广 西	0.00	0.00	0.00	0.00	0.00	0.00	0.00	0.00	0.00	0.00	0.04
贵 州	0.00	0.00	0.00	0.00	0.00	0.00	0.00	0.19	0.00	0.13	0.04
河 南	0.00	0.00	0.00	0.00	0.00	0.00	0.00	0.19	0.00	0.13	0.04
甘 肃	0.00	0.00	0.00	0.14	0.00	0.00	0.00	0.00	0.10	0.00	0.02
内蒙古	0.00	0.00	0.00	0.00	0.00	0.00	0.10	0.10	0.00	0.00	0.02
辽 宁	0.00	0.00	0.00	0.00	0.13	0.00	0.00	0.10	0.00	0.00	0.02
山 西	0.00	0.00	0.00	0.14	0.00	0.00	0.00	0.00	0.00	0.00	0.02
海 南	0.00	0.00	0.00	0.00	0.00	0.00	0.00	0.00	0.00	0.13	0.01
黑龙江	0.00	0.00	0.00	0.00	0.00	0.00	0.00	0.10	0.00	0.00	0.01

二十四 危机护理医学

危机护理医学 A 层人才最多的是北京、湖北，世界占比均为 1.43%；广东、黑龙江、江苏、浙江有一定数量的 A 层人才，世界占比均为 0.48%。

B 层人才最多的是北京，世界占比为 1.46%；湖北、上海、广东、江苏、湖南、辽宁、四川、浙江、安徽、福建、黑龙江、河南、吉林、山东有一定数量的 B 层人才，世界占比均超过 0.1%；重庆、广西、海南、河北、天津、甘肃、贵州、江西、宁夏、新疆、云南 B 层人才的世界占比均低于 0.1%。

C 层人才最多的是北京，世界占比为 1.00%；广东、上海、湖北、江苏、浙江、四川、湖南、山东、福建、重庆、天津、安徽、河南、辽宁、黑龙江、吉林有一定数量的 C 层人才，世界占比均超过 0.1%；河北、贵州、广西、新疆、陕西、云南、江西、山西、甘肃、海南、内蒙古、宁夏、青海 C 层人才的世界占比均低于 0.1%。

表 9-67 危机护理医学 A 层人才的世界占比

单位：%

省　份	2014 年	2015 年	2016 年	2017 年	2018 年	2019 年	2020 年	2021 年	2022 年	2023 年	合计
北　京	0.00	0.00	0.00	0.00	0.00	0.00	6.25	4.35	5.26	0.00	1.43
湖　北	0.00	0.00	0.00	0.00	0.00	0.00	12.50	0.00	5.26	0.00	1.43
广　东	0.00	0.00	0.00	0.00	0.00	0.00	6.25	0.00	0.00	0.00	0.48
黑龙江	0.00	0.00	0.00	0.00	0.00	0.00	0.00	0.00	5.26	0.00	0.48
江　苏	0.00	0.00	0.00	0.00	0.00	0.00	0.00	0.00	0.00	4.17	0.48
浙　江	0.00	0.00	0.00	0.00	0.00	0.00	0.00	0.00	5.26	0.00	0.48

表 9-68 危机护理医学 B 层人才的世界占比

单位：%

省　份	2014 年	2015 年	2016 年	2017 年	2018 年	2019 年	2020 年	2021 年	2022 年	2023 年	合计
北　京	0.50	0.00	0.93	0.94	2.20	0.83	3.30	1.90	2.64	0.47	1.46
湖　北	0.00	0.57	0.00	0.47	0.00	0.42	2.56	0.95	0.44	0.00	0.59

省　份	2014 年	2015 年	2016 年	2017 年	2018 年	2019 年	2020 年	2021 年	2022 年	2023 年	合计
上　海	0.50	0.00	0.00	0.47	0.44	0.42	0.73	0.95	1.76	0.00	0.55
广　东	0.00	0.00	0.47	0.94	0.44	0.00	0.73	0.48	0.00	0.47	0.36
江　苏	0.00	0.00	0.00	0.00	0.00	0.42	0.00	0.95	1.76	0.47	0.36
湖　南	0.00	0.00	0.00	0.00	0.00	0.00	1.10	0.48	1.32	0.00	0.32
辽　宁	0.50	0.00	0.00	0.00	0.44	0.00	0.37	0.48	1.32	0.00	0.32
四　川	0.00	0.00	0.00	0.00	0.44	0.42	0.73	0.48	0.00	0.00	0.23
浙　江	0.00	0.00	0.00	0.00	0.44	0.00	0.00	0.48	1.32	0.00	0.23
安　徽	0.00	0.00	0.00	0.00	0.00	0.00	0.37	0.48	0.88	0.00	0.18
福　建	0.00	0.00	0.00	0.00	0.44	0.00	0.00	0.48	0.44	0.00	0.14
黑龙江	0.00	0.00	0.00	0.00	0.44	0.00	0.00	0.48	0.44	0.00	0.14
河　南	0.00	0.00	0.00	0.00	0.00	0.00	0.37	0.48	0.44	0.00	0.14
吉　林	0.00	0.00	0.00	0.00	0.44	0.00	0.00	0.48	0.44	0.00	0.14
山　东	0.00	0.00	0.00	0.00	0.44	0.00	0.37	0.48	0.00	0.00	0.14
重　庆	0.00	0.00	0.00	0.00	0.44	0.00	0.00	0.00	0.44	0.00	0.09
广　西	0.00	0.00	0.00	0.00	0.00	0.00	0.00	0.00	0.88	0.00	0.09
海　南	0.00	0.00	0.00	0.00	0.00	0.00	0.73	0.00	0.00	0.00	0.09
河　北	0.00	0.00	0.00	0.00	0.44	0.00	0.00	0.00	0.44	0.00	0.09
天　津	0.00	0.00	0.00	0.00	0.44	0.00	0.00	0.48	0.00	0.00	0.09
甘　肃	0.00	0.00	0.00	0.00	0.00	0.00	0.37	0.00	0.00	0.00	0.05
贵　州	0.00	0.00	0.00	0.00	0.00	0.00	0.00	0.00	0.44	0.00	0.05
江　西	0.00	0.00	0.00	0.00	0.00	0.00	0.00	0.48	0.00	0.00	0.05
宁　夏	0.00	0.00	0.00	0.00	0.00	0.00	0.37	0.00	0.00	0.00	0.05
新　疆	0.00	0.00	0.00	0.00	0.00	0.00	0.00	0.00	0.44	0.00	0.05
云　南	0.00	0.00	0.00	0.00	0.00	0.00	0.00	0.48	0.00	0.00	0.05

表 9-69　危机护理医学 C 层人才的世界占比

单位：%

省　份	2014 年	2015 年	2016 年	2017 年	2018 年	2019 年	2020 年	2021 年	2022 年	2023 年	合计
北　京	1.02	0.60	0.75	0.91	0.84	0.86	1.66	1.31	0.61	1.25	1.00
广　东	0.31	0.49	0.42	0.29	0.27	0.90	0.93	0.61	0.28	1.06	0.57
上　海	0.25	0.44	0.51	0.43	0.35	0.51	0.97	0.47	0.57	0.96	0.56
湖　北	0.36	0.11	0.09	0.14	0.13	0.38	1.59	0.56	0.33	0.67	0.46
江　苏	0.20	0.33	0.37	0.33	0.13	0.64	0.70	0.47	0.33	0.96	0.45

续表

省　份	2014 年	2015 年	2016 年	2017 年	2018 年	2019 年	2020 年	2021 年	2022 年	2023 年	合计
浙　江	0.20	0.27	0.14	0.29	0.35	0.51	0.70	0.28	0.28	0.77	0.39
四　川	0.15	0.22	0.33	0.33	0.22	0.64	0.35	0.14	0.47	0.58	0.35
湖　南	0.05	0.11	0.14	0.14	0.04	0.43	0.27	0.23	0.28	0.53	0.23
山　东	0.15	0.11	0.23	0.05	0.09	0.21	0.39	1.09	0.19	0.38	0.19
福　建	0.15	0.16	0.05	0.19	0.13	0.17	0.23	0.33	0.19	0.29	0.19
重　庆	0.10	0.11	0.37	0.10	0.04	0.30	0.19	0.09	0.33	0.19	0.19
天　津	0.05	0.11	0.05	0.05	0.18	0.34	0.19	0.09	0.14	0.24	0.15
安　徽	0.15	0.05	0.00	0.00	0.04	0.26	0.19	0.14	0.19	0.38	0.14
河　南	0.15	0.11	0.05	0.00	0.04	0.21	0.12	0.23	0.14	0.38	0.14
辽　宁	0.20	0.05	0.09	0.00	0.09	0.26	0.12	0.05	0.19	0.29	0.13
黑龙江	0.10	0.05	0.09	0.05	0.04	0.13	0.19	0.09	0.14	0.14	0.11
吉　林	0.10	0.05	0.00	0.05	0.13	0.17	0.19	0.19	0.00	0.14	0.11
河　北	0.05	0.00	0.09	0.00	0.13	0.13	0.08	0.05	0.09	0.24	0.09
贵　州	0.00	0.00	0.05	0.05	0.04	0.17	0.12	0.00	0.14	0.19	0.08
广　西	0.10	0.00	0.00	0.00	0.04	0.13	0.00	0.09	0.14	0.14	0.07
新　疆	0.10	0.00	0.00	0.00	0.04	0.13	0.00	0.14	0.14	0.10	0.06
陕　西	0.00	0.05	0.05	0.00	0.09	0.13	0.15	0.00	0.05	0.05	0.06
云　南	0.05	0.00	0.00	0.00	0.00	0.09	0.08	0.19	0.09	0.09	0.06
江　西	0.00	0.00	0.00	0.05	0.04	0.09	0.00	0.09	0.14	0.10	0.05
山　西	0.00	0.00	0.00	0.05	0.00	0.09	0.12	0.00	0.14	0.10	0.05
甘　肃	0.00	0.00	0.05	0.00	0.04	0.04	0.12	0.00	0.05	0.05	0.04
海　南	0.05	0.00	0.00	0.05	0.04	0.04	0.04	0.00	0.00	0.14	0.04
内蒙古	0.05	0.00	0.00	0.00	0.00	0.13	0.00	0.00	0.09	0.05	0.03
宁　夏	0.05	0.00	0.05	0.00	0.00	0.04	0.04	0.00	0.00	0.05	0.02
青　海	0.00	0.00	0.00	0.00	0.00	0.04	0.00	0.00	0.05	0.05	0.01

二十五　整形外科学

整形外科学 A 层人才最多的是湖北，世界占比为 1.57%；北京也有相当数量的 A 层人才，世界占比为 1.18%；广东、江苏、辽宁、重庆、吉林、山东、上海有一定数量的 A 层人才，世界占比均超过 0.3%。

B 层人才最多的是北京，世界占比为 0.99%；上海、广东、浙江、江苏、湖南、四川、湖北、天津、山东、辽宁、重庆、河北、安徽、福建、甘肃、河南、陕西有一定数量的 B 层人才,世界占比均超过 0.1%;江西、山西、广西、贵州、海南、黑龙江、内蒙古、吉林、宁夏、新疆、云南 B 层人才的世界占比均低于 0.1%。

C 层人才最多的是北京,世界占比为 1.44%;上海、广东也有相当数量的 C 层人才,世界占比均为 1.06%;四川、江苏、浙江、湖北、天津、山东、湖南、重庆、河北、辽宁、福建、河南、陕西、安徽、吉林、山西、广西、新疆有一定数量的 C 层人才,世界占比超过或等于 0.1%;江西、甘肃、贵州、云南、海南、黑龙江、内蒙古、青海、宁夏 C 层人才的世界占比均低于 0.1%。

表 9-70 整形外科学 A 层人才的世界占比

单位:%

省　　份	2014 年	2015 年	2016 年	2017 年	2018 年	2019 年	2020 年	2021 年	2022 年	2023 年	合计
湖　北	0.00	0.00	0.00	0.00	0.00	0.00	3.23	6.06	3.85	0.00	1.57
北　京	0.00	0.00	0.00	0.00	0.00	4.00	0.00	0.00	3.85	3.33	1.18
广　东	0.00	0.00	0.00	0.00	0.00	0.00	3.23	3.03	0.00	0.00	0.78
江　苏	0.00	0.00	4.35	0.00	4.17	0.00	0.00	0.00	0.00	0.00	0.78
辽　宁	0.00	0.00	0.00	0.00	0.00	0.00	3.23	0.00	3.85	0.00	0.78
重　庆	0.00	0.00	0.00	0.00	4.17	0.00	0.00	0.00	0.00	0.00	0.39
吉　林	0.00	0.00	0.00	0.00	0.00	0.00	0.00	0.00	3.85	0.00	0.39
山　东	0.00	0.00	0.00	0.00	0.00	0.00	0.00	0.00	3.85	0.00	0.39
上　海	0.00	0.00	0.00	0.00	4.17	0.00	0.00	0.00	0.00	0.00	0.39

表 9-71 整形外科学 B 层人才的世界占比

单位:%

省　　份	2014 年	2015 年	2016 年	2017 年	2018 年	2019 年	2020 年	2021 年	2022 年	2023 年	合计
北　京	0.54	0.00	0.49	0.95	0.93	1.64	0.72	1.76	1.12	1.26	0.99
上　海	0.54	0.52	0.00	0.95	0.46	1.23	1.09	1.06	1.49	1.68	0.95
广　东	0.00	1.05	0.00	0.00	0.00	0.00	1.45	1.76	1.87	0.42	0.73
浙　江	0.00	0.52	0.00	0.00	0.00	1.64	0.36	1.41	0.37	1.68	0.65
江　苏	0.00	0.00	0.00	0.48	0.93	0.82	0.00	0.70	1.12	0.42	0.47

续表

省　份	2014年	2015年	2016年	2017年	2018年	2019年	2020年	2021年	2022年	2023年	合计
湖　南	0.00	0.52	0.00	0.00	0.00	0.82	0.36	0.00	1.12	1.26	0.43
四　川	0.54	0.52	0.49	0.00	0.00	0.00	0.00	0.70	1.12	0.84	0.43
湖　北	0.00	0.00	0.00	0.00	0.00	0.41	0.72	0.35	0.75	0.84	0.35
天　津	0.00	0.00	0.00	0.00	0.00	0.00	1.09	0.35	1.12	0.42	0.35
山　东	0.00	0.00	0.00	0.48	0.00	0.82	0.00	0.70	0.37	0.42	0.30
辽　宁	0.00	0.52	0.00	0.00	0.00	0.00	0.72	0.35	0.37	0.42	0.26
重　庆	0.00	0.52	0.00	0.95	0.00	0.41	0.00	0.35	0.00	0.00	0.22
河　北	0.00	0.00	0.00	0.00	0.46	0.00	0.36	0.35	0.37	0.42	0.22
安　徽	0.00	0.52	0.00	0.00	0.00	0.00	0.36	0.35	0.37	0.00	0.17
福　建	0.00	0.00	0.00	0.00	0.00	0.00	0.00	0.00	0.75	0.42	0.13
甘　肃	0.00	0.00	0.00	0.00	0.00	0.00	0.00	0.70	0.00	0.42	0.13
河　南	0.00	0.00	0.00	0.00	0.00	0.00	0.00	0.35	0.75	1.26	0.13
陕　西	0.00	0.52	0.00	0.00	0.00	0.00	0.36	0.00	0.37	0.00	0.13
江　西	0.00	0.00	0.00	0.00	0.00	0.41	0.00	0.00	0.00	0.42	0.09
山　西	0.00	0.00	0.00	0.00	0.00	0.00	0.00	0.00	0.00	0.84	0.09
广　西	0.00	0.00	0.00	0.00	0.46	0.00	0.00	0.00	0.00	0.00	0.04
贵　州	0.00	0.00	0.00	0.00	0.00	0.00	0.00	0.35	0.00	0.00	0.04
海　南	0.00	0.52	0.00	0.00	0.00	0.00	0.00	0.00	0.00	0.00	0.04
黑龙江	0.00	0.52	0.00	0.00	0.00	0.00	0.00	0.00	0.00	0.00	0.04
内蒙古	0.00	0.52	0.00	0.00	0.00	0.00	0.00	0.00	0.00	0.00	0.04
吉　林	0.00	0.00	0.00	0.00	0.00	0.00	0.00	0.35	0.00	0.00	0.04
宁　夏	0.00	0.00	0.00	0.00	0.00	0.00	0.00	0.00	0.37	0.00	0.04
新　疆	0.00	0.52	0.00	0.00	0.00	0.00	0.00	0.00	0.00	0.00	0.04
云　南	0.00	0.52	0.00	0.00	0.00	0.00	0.00	0.00	0.00	0.00	0.04

表9-72　整形外科学C层人才的世界占比

单位：%

省　份	2014年	2015年	2016年	2017年	2018年	2019年	2020年	2021年	2022年	2023年	合计
北　京	0.90	0.96	0.68	1.09	0.92	1.40	1.76	1.95	2.14	1.85	1.44
上　海	0.45	0.86	0.78	1.13	1.15	0.85	1.07	1.39	1.39	1.18	1.06
广　东	0.45	0.53	0.73	0.90	0.92	0.76	0.99	1.22	1.60	1.93	1.06
四　川	0.50	0.32	0.48	0.47	0.60	0.38	0.59	1.08	0.93	1.30	0.70
江　苏	0.50	0.53	0.73	0.43	0.32	0.64	0.84	0.97	0.61	1.02	0.68

省　份	2014 年	2015 年	2016 年	2017 年	2018 年	2019 年	2020 年	2021 年	2022 年	2023 年	合计
浙　江	0.11	0.32	0.48	0.38	0.46	0.42	0.59	0.56	0.78	0.75	0.51
湖　北	0.11	0.21	0.24	0.14	0.32	0.38	0.51	0.35	0.43	0.87	0.38
天　津	0.11	0.37	0.24	0.52	0.18	0.25	0.51	0.42	0.57	0.39	0.37
山　东	0.22	0.11	0.19	0.00	0.05	0.30	0.62	0.56	0.46	0.71	0.35
湖　南	0.11	0.05	0.29	0.19	0.23	0.34	0.18	0.42	0.64	0.67	0.33
重　庆	0.22	0.11	0.39	0.28	0.05	0.17	0.33	0.38	0.36	0.59	0.30
河　北	0.17	0.21	0.05	0.24	0.32	0.17	0.40	0.38	0.53	0.32	0.30
辽　宁	0.06	0.21	0.24	0.43	0.14	0.13	0.15	0.49	0.21	0.39	0.25
福　建	0.06	0.05	0.15	0.05	0.14	0.08	0.26	0.45	0.25	0.59	0.23
河　南	0.06	0.05	0.05	0.09	0.28	0.21	0.18	0.21	0.36	0.28	0.19
陕　西	0.17	0.11	0.10	0.05	0.09	0.08	0.11	0.24	0.18	0.24	0.14
安　徽	0.00	0.00	0.05	0.00	0.18	0.08	0.18	0.31	0.25	0.16	0.14
吉　林	0.00	0.05	0.15	0.14	0.05	0.17	0.11	0.14	0.21	0.16	0.12
山　西	0.00	0.00	0.05	0.09	0.05	0.13	0.11	0.03	0.28	0.24	0.11
广　西	0.00	0.05	0.05	0.00	0.05	0.00	0.07	0.28	0.14	0.24	0.10
新　疆	0.00	0.00	0.10	0.09	0.05	0.00	0.11	0.14	0.18	0.24	0.10
江　西	0.06	0.11	0.10	0.00	0.18	0.08	0.00	0.10	0.07	0.20	0.09
甘　肃	0.06	0.00	0.00	0.05	0.09	0.00	0.07	0.21	0.18	0.12	0.09
贵　州	0.06	0.05	0.05	0.05	0.05	0.08	0.15	0.03	0.04	0.12	0.07
云　南	0.06	0.05	0.00	0.00	0.00	0.00	0.04	0.10	0.07	0.20	0.06
海　南	0.00	0.00	0.00	0.09	0.00	0.00	0.04	0.00	0.07	0.20	0.04
黑龙江	0.00	0.00	0.00	0.05	0.09	0.04	0.00	0.07	0.07	0.04	0.04
内蒙古	0.00	0.00	0.00	0.05	0.00	0.00	0.00	0.03	0.04	0.08	0.03
青　海	0.00	0.00	0.00	0.00	0.00	0.00	0.00	0.03	0.07	0.08	0.02
宁　夏	0.00	0.00	0.00	0.00	0.00	0.00	0.00	0.03	0.07	0.04	0.02

二十六　麻醉学

麻醉学 A 层人才仅分布在广东，世界占比为 0.86%。

B 层人才最多的是北京，世界占比为 0.72%；上海、浙江、广东、江苏、贵州、河南、湖北、福建、广西、湖南、四川、天津有一定数量的 B 层人才，世界占比均超过 0.1%；河北、黑龙江、江西、吉林、宁夏、青海、陕西、山西 B 层人才的世界占比均为 0.08%。

C 层人才最多的是北京，世界占比为 1.05%；广东、上海、江苏、浙江、湖北、四川、安徽、河南、山东、天津、重庆、福建、湖南、吉林、河北、辽宁、陕西、江西有一定数量的 C 层人才，世界占比超过或等于 0.1%；广西、贵州、山西、云南、甘肃、黑龙江、青海、海南、宁夏、新疆、内蒙古、西藏 C 层人才的世界占比均低于 0.1%。

表 9-73　麻醉学 A 层人才的世界占比

单位：%

省　份	2014 年	2015 年	2016 年	2017 年	2018 年	2019 年	2020 年	2021 年	2022 年	2023 年	合计
广　东	0.00	0.00	0.00	0.00	0.00	0.00	6.25	0.00	0.00	0.00	0.86

表 9-74　麻醉学 B 层人才的世界占比

单位：%

省　份	2014 年	2015 年	2016 年	2017 年	2018 年	2019 年	2020 年	2021 年	2022 年	2023 年	合计
北　京	0.00	0.89	0.00	0.00	0.00	0.77	0.76	1.26	0.80	2.42	0.72
上　海	0.00	0.00	1.72	0.00	0.00	0.00	1.52	0.00	0.80	0.81	0.48
浙　江	0.00	0.00	0.00	0.00	0.00	0.77	0.00	0.63	0.80	2.42	0.48
广　东	0.00	0.89	0.00	0.00	0.00	0.00	0.76	0.00	0.00	1.61	0.32
江　苏	0.00	0.00	0.00	0.00	0.00	0.00	0.76	0.63	0.00	1.61	0.32
贵　州	0.00	0.00	0.00	0.00	0.00	0.00	0.00	0.00	0.00	2.42	0.24
河　南	0.00	0.00	0.00	0.00	0.00	0.00	0.76	0.00	0.80	0.81	0.24
湖　北	0.00	0.00	0.00	0.00	0.00	0.00	2.27	0.00	0.00	0.00	0.24
福　建	0.00	0.00	0.00	0.00	0.00	0.00	0.00	0.00	0.00	1.61	0.16
广　西	0.00	0.00	0.00	0.00	0.00	0.00	0.00	0.63	0.00	0.81	0.16
湖　南	0.00	0.00	0.00	0.00	0.00	0.00	0.76	0.00	0.00	0.81	0.16
四　川	0.00	0.00	0.00	0.00	0.00	0.00	0.00	0.00	0.80	0.81	0.16
天　津	0.00	0.00	0.00	0.00	0.00	0.00	0.00	0.00	0.00	1.61	0.16
河　北	0.00	0.00	0.00	0.00	0.00	0.00	0.00	0.00	0.00	0.81	0.08
黑龙江	0.00	0.00	0.00	0.00	0.00	0.77	0.00	0.00	0.00	0.00	0.08
江　西	0.00	0.00	0.00	0.00	0.00	0.00	0.00	0.00	0.00	0.81	0.08
吉　林	0.00	0.00	0.00	0.00	0.00	0.00	0.00	0.00	0.80	0.00	0.08
宁　夏	0.00	0.00	0.00	0.00	0.00	0.00	0.00	0.00	0.00	0.81	0.08

续表

省　份	2014 年	2015 年	2016 年	2017 年	2018 年	2019 年	2020 年	2021 年	2022 年	2023 年	合计
青　海	0.00	0.00	0.00	0.00	0.00	0.00	0.00	0.00	0.00	0.81	0.08
陕　西	0.00	0.89	0.00	0.00	0.00	0.00	0.00	0.00	0.00	0.00	0.08
山　西	0.00	0.00	0.00	0.00	0.00	0.00	0.00	0.00	0.00	0.81	0.08

表 9-75　麻醉学 C 层人才的世界占比

单位：%

省　份	2014 年	2015 年	2016 年	2017 年	2018 年	2019 年	2020 年	2021 年	2022 年	2023 年	合计
北　京	0.81	1.27	0.77	0.86	1.12	0.53	1.74	1.35	0.44	1.47	1.05
广　东	0.54	0.98	0.85	0.60	0.34	0.45	0.80	0.90	0.98	0.98	0.74
上　海	0.90	0.78	0.68	0.86	0.17	0.38	0.72	1.02	0.80	0.98	0.73
江　苏	0.45	0.49	1.11	0.60	0.26	0.30	0.29	0.90	0.53	0.79	0.57
浙　江	0.27	0.20	0.34	0.60	0.34	0.30	0.72	0.32	0.44	1.47	0.49
湖　北	0.18	0.29	0.68	0.52	0.17	0.15	0.94	0.06	0.44	0.10	0.36
四　川	0.00	0.00	0.17	0.17	0.17	0.23	0.51	0.26	0.62	0.88	0.30
安　徽	0.00	0.00	0.17	0.77	0.34	0.15	0.22	0.32	0.18	0.29	0.25
河　南	0.00	0.10	0.43	0.09	0.09	0.08	0.22	0.19	0.53	0.49	0.22
山　东	0.09	0.20	0.09	0.34	0.52	0.23	0.14	0.13	0.09	0.20	0.20
天　津	0.09	0.20	0.26	0.43	0.17	0.00	0.07	0.19	0.27	0.29	0.19
重　庆	0.09	0.10	0.26	0.34	0.17	0.08	0.07	0.26	0.09	0.39	0.18
福　建	0.09	0.20	0.00	0.17	0.00	0.15	0.36	0.26	0.09	0.39	0.17
湖　南	0.09	0.10	0.09	0.09	0.09	0.30	0.14	0.19	0.27	0.39	0.17
吉　林	0.00	0.10	0.00	0.17	0.09	0.23	0.22	0.32	0.18	0.10	0.15
河　北	0.18	0.10	0.09	0.26	0.00	0.08	0.00	0.13	0.00	0.39	0.12
辽　宁	0.00	0.10	0.09	0.26	0.00	0.15	0.00	0.19	0.18	0.10	0.11
陕　西	0.45	0.10	0.00	0.17	0.00	0.00	0.00	0.00	0.18	0.00	0.11
江　西	0.00	0.00	0.09	0.26	0.00	0.00	0.22	0.19	0.00	0.20	0.10
广　西	0.00	0.00	0.00	0.00	0.00	0.00	0.07	0.13	0.00	0.29	0.05
贵　州	0.00	0.00	0.17	0.09	0.00	0.00	0.00	0.06	0.09	0.10	0.05
山　西	0.00	0.00	0.00	0.00	0.00	0.08	0.07	0.00	0.00	0.10	0.03
云　南	0.00	0.00	0.00	0.17	0.00	0.00	0.07	0.06	0.00	0.00	0.03
甘　肃	0.00	0.00	0.00	0.09	0.00	0.00	0.00	0.00	0.09	0.10	0.02
黑龙江	0.00	0.00	0.00	0.17	0.00	0.00	0.07	0.00	0.00	0.00	0.02
青　海	0.00	0.00	0.00	0.00	0.00	0.00	0.00	0.00	0.18	0.10	0.02
海　南	0.00	0.00	0.00	0.09	0.00	0.00	0.00	0.06	0.00	0.00	0.02

续表

省　份	2014 年	2015 年	2016 年	2017 年	2018 年	2019 年	2020 年	2021 年	2022 年	2023 年	合计
宁　夏	0.00	0.00	0.00	0.00	0.00	0.00	0.00	0.00	0.09	0.10	0.02
新　疆	0.00	0.00	0.00	0.00	0.00	0.00	0.00	0.06	0.09	0.00	0.02
内蒙古	0.00	0.00	0.00	0.09	0.00	0.00	0.00	0.00	0.00	0.00	0.01
西　藏	0.00	0.00	0.00	0.00	0.00	0.00	0.00	0.00	0.00	0.10	0.01

二十七　肿瘤学

肿瘤学 A 层人才最多的是北京，世界占比为 1.77%；上海也有相当数量的 A 层人才，世界占比为 1.26%；广东、吉林、湖北、江苏、四川、天津、浙江、辽宁有一定数量的 A 层人才，世界占比均超过 0.1%；重庆、福建、海南、河南、山东 A 层人才的世界占比均为 0.07%。

B 层人才最多的是上海，世界占比为 1.70%；广东、北京也有相当数量的 B 层人才，世界占比分别为 1.45%、1.29%；江苏、浙江、湖南、四川、湖北、河南、黑龙江、山东、天津、重庆、吉林、安徽、辽宁、福建、江西、陕西、广西、云南、河北有一定数量的 B 层人才，世界占比超过或等于 0.1%；贵州、新疆、山西、甘肃、海南、青海、内蒙古 B 层人才的世界占比均低于 0.1%。

上海、广东、北京、江苏、浙江、湖北有相当数量的 C 层人才，世界占比在 3%～1%；山东、湖南、河南、四川、天津、辽宁、重庆、黑龙江、福建、安徽、吉林、陕西、广西、江西、河北、云南、贵州、山西、甘肃有一定数量的 C 层人才，世界占比均超过 0.1%；新疆、海南、内蒙古、宁夏、青海 C 层人才的世界占比均低于 0.1%。

表 9-76　肿瘤学 A 层人才的世界占比

单位：%

省　份	2014 年	2015 年	2016 年	2017 年	2018 年	2019 年	2020 年	2021 年	2022 年	2023 年	合计
北　京	0.00	0.00	1.64	1.47	1.42	0.66	1.31	1.77	3.57	4.70	1.77

续表

省 份	2014 年	2015 年	2016 年	2017 年	2018 年	2019 年	2020 年	2021 年	2022 年	2023 年	合计
上 海	0.00	0.00	0.82	1.47	1.42	0.66	1.96	1.77	2.38	1.34	1.26
广 东	0.87	0.00	0.00	0.74	0.00	1.32	1.31	0.88	1.19	2.68	0.96
吉 林	0.00	0.00	0.00	0.74	1.42	0.00	0.65	0.00	0.60	0.67	0.44
湖 北	0.00	0.00	0.00	0.74	0.71	0.00	1.31	0.00	0.60	0.00	0.37
江 苏	0.00	0.00	0.00	0.74	0.71	0.00	0.65	0.00	0.60	0.00	0.30
四 川	0.00	0.00	0.00	0.74	0.71	0.00	0.00	0.00	1.19	0.67	0.30
天 津	0.00	0.00	0.00	0.74	0.00	0.00	0.65	0.00	0.60	0.00	0.22
浙 江	0.00	0.00	0.00	0.00	0.00	0.00	0.00	0.00	0.60	1.34	0.22
辽 宁	0.00	0.00	0.00	0.00	0.00	0.00	0.65	0.00	0.60	0.00	0.15
重 庆	0.00	0.00	0.00	0.00	0.00	0.00	0.65	0.00	0.00	0.00	0.07
福 建	0.00	0.00	0.00	0.00	0.00	0.00	0.65	0.00	0.00	0.00	0.07
海 南	0.00	0.00	0.00	0.00	0.00	0.00	0.00	0.00	0.00	0.67	0.07
河 南	0.00	0.00	0.00	0.00	0.00	0.00	0.00	0.00	0.60	0.00	0.07
山 东	0.00	0.00	0.00	0.00	0.71	0.00	0.00	0.00	0.00	0.00	0.07

表 9-77 肿瘤学 B 层人才的世界占比

单位：%

省 份	2014 年	2015 年	2016 年	2017 年	2018 年	2019 年	2020 年	2021 年	2022 年	2023 年	合计
上 海	1.87	1.13	1.37	0.81	0.98	1.45	2.55	2.34	2.26	1.79	1.70
广 东	0.89	1.47	1.20	1.05	1.28	1.52	1.75	1.14	1.86	2.09	1.45
北 京	0.99	0.95	1.03	0.89	1.13	1.37	1.48	1.71	1.93	1.04	1.29
江 苏	0.79	1.21	0.60	0.40	0.90	1.23	1.07	1.20	1.46	0.75	0.99
浙 江	0.10	0.61	0.60	0.16	0.53	0.72	0.81	0.82	1.13	0.97	0.67
湖 南	0.10	0.17	0.26	0.32	0.60	0.65	0.60	0.89	1.46	0.75	0.62
四 川	0.20	0.26	0.51	0.08	0.38	0.51	0.74	0.70	1.66	0.67	0.61
湖 北	0.20	0.17	0.51	0.16	0.23	0.65	1.07	0.82	0.93	0.45	0.55
河 南	0.00	0.09	0.17	0.08	0.38	0.94	0.40	0.70	1.07	0.60	0.48
黑龙江	0.00	0.17	0.34	0.16	0.23	0.22	0.34	0.70	0.87	0.67	0.39
山 东	0.20	0.26	0.17	0.08	0.38	0.29	0.74	0.44	0.93	0.22	0.39
天 津	0.39	0.17	0.26	0.24	0.30	0.22	0.60	0.57	0.47	0.22	0.36
重 庆	0.20	0.17	0.17	0.24	0.23	0.29	0.34	0.38	0.73	0.52	0.34
吉 林	0.10	0.26	0.17	0.16	0.30	0.29	0.34	0.44	0.67	0.37	0.33
安 徽	0.10	0.00	0.17	0.08	0.08	0.22	0.47	0.44	1.00	0.37	0.32

续表

省　份	2014 年	2015 年	2016 年	2017 年	2018 年	2019 年	2020 年	2021 年	2022 年	2023 年	合计
辽　宁	0.10	0.00	0.26	0.08	0.30	0.22	0.20	0.32	0.73	0.60	0.30
福　建	0.00	0.09	0.26	0.00	0.15	0.14	0.27	0.44	0.67	0.22	0.24
江　西	0.00	0.00	0.26	0.00	0.08	0.07	0.20	0.32	0.60	0.22	0.19
陕　西	0.30	0.09	0.17	0.00	0.15	0.07	0.20	0.13	0.13	0.00	0.12
广　西	0.10	0.00	0.26	0.00	0.00	0.07	0.13	0.19	0.13	0.22	0.11
云　南	0.10	0.17	0.00	0.00	0.08	0.14	0.00	0.13	0.33	0.07	0.11
河　北	0.00	0.09	0.17	0.00	0.00	0.00	0.13	0.25	0.27	0.00	0.10
贵　州	0.10	0.00	0.00	0.00	0.00	0.14	0.00	0.00	0.20	0.22	0.07
新　疆	0.00	0.00	0.00	0.00	0.08	0.14	0.07	0.06	0.07	0.15	0.06
山　西	0.00	0.00	0.00	0.00	0.00	0.07	0.00	0.00	0.20	0.22	0.05
甘　肃	0.10	0.00	0.09	0.00	0.08	0.07	0.00	0.06	0.07	0.00	0.05
海　南	0.00	0.00	0.00	0.00	0.00	0.07	0.07	0.00	0.07	0.07	0.03
青　海	0.00	0.00	0.00	0.00	0.08	0.07	0.00	0.00	0.07	0.00	0.02
内蒙古	0.00	0.00	0.00	0.00	0.00	0.00	0.00	0.00	0.07	0.00	0.01

表 9-78　肿瘤学 C 层人才的世界占比

单位：%

省　份	2014 年	2015 年	2016 年	2017 年	2018 年	2019 年	2020 年	2021 年	2022 年	2023 年	合计
上　海	2.25	2.50	2.49	2.35	2.46	3.06	2.78	3.21	3.43	2.79	2.77
广　东	1.63	1.75	1.82	2.39	2.33	2.92	2.76	2.72	3.27	3.17	2.53
北　京	1.40	1.72	1.68	1.96	2.03	2.25	2.48	2.25	2.76	2.28	2.12
江　苏	1.31	1.49	1.96	1.78	1.96	2.00	1.85	2.13	2.21	1.81	1.87
浙　江	0.69	0.94	1.30	1.33	1.16	1.40	1.58	1.70	1.75	1.52	1.37
湖　北	0.49	0.66	0.80	0.95	0.99	1.07	1.32	1.18	1.47	1.19	1.04
山　东	0.59	0.61	0.74	0.89	0.99	0.96	1.00	1.05	1.26	1.11	0.94
湖　南	0.27	0.38	0.50	0.63	0.87	0.89	0.97	1.02	1.02	1.07	0.79
河　南	0.26	0.48	0.48	0.63	0.66	1.03	1.01	1.04	0.95	0.89	0.77
四　川	0.37	0.44	0.53	0.61	0.54	0.79	0.79	0.96	1.24	1.18	0.77
天　津	0.48	0.59	0.59	0.64	0.82	0.58	0.62	0.71	0.79	0.67	0.66
辽　宁	0.36	0.50	0.44	0.64	0.63	0.78	0.64	0.61	0.75	0.60	0.61
重　庆	0.35	0.50	0.49	0.51	0.46	0.55	0.55	0.46	0.60	0.59	0.51
黑龙江	0.32	0.42	0.37	0.44	0.45	0.59	0.39	0.46	0.46	0.38	0.43
福　建	0.23	0.28	0.28	0.23	0.37	0.47	0.42	0.57	0.62	0.52	0.41

省　份	2014 年	2015 年	2016 年	2017 年	2018 年	2019 年	2020 年	2021 年	2022 年	2023年	合计
安　徽	0.23	0.36	0.21	0.30	0.36	0.32	0.31	0.59	0.63	0.51	0.39
吉　林	0.21	0.24	0.25	0.34	0.45	0.46	0.42	0.38	0.51	0.37	0.37
陕　西	0.40	0.38	0.35	0.40	0.48	0.41	0.32	0.24	0.36	0.25	0.36
广　西	0.21	0.18	0.11	0.18	0.25	0.23	0.24	0.41	0.36	0.38	0.26
江　西	0.14	0.11	0.17	0.15	0.25	0.32	0.25	0.30	0.32	0.41	0.25
河　北	0.08	0.17	0.16	0.24	0.16	0.23	0.21	0.30	0.31	0.29	0.22
云　南	0.06	0.12	0.10	0.20	0.15	0.16	0.14	0.23	0.24	0.14	0.16
贵　州	0.02	0.08	0.11	0.14	0.08	0.18	0.16	0.17	0.16	0.13	0.13
山　西	0.04	0.09	0.05	0.12	0.09	0.11	0.10	0.16	0.26	0.20	0.13
甘　肃	0.05	0.08	0.08	0.07	0.08	0.18	0.18	0.14	0.20	0.13	0.12
新　疆	0.04	0.04	0.10	0.11	0.10	0.09	0.09	0.13	0.11	0.09	0.09
海　南	0.03	0.02	0.04	0.03	0.08	0.04	0.08	0.11	0.09	0.09	0.06
内蒙古	0.04	0.03	0.02	0.07	0.02	0.04	0.05	0.08	0.10	0.13	0.06
宁　夏	0.03	0.00	0.01	0.02	0.03	0.03	0.01	0.04	0.04	0.06	0.03
青　海	0.00	0.00	0.00	0.01	0.02	0.01	0.03	0.05	0.04	0.03	0.02

二十八　康复医学

康复医学 A 层人才仅分布在北京、广东、江苏、天津；其中，北京的 A 层人才最多，世界占比为 1.97%；广东 A 层人才的世界占比为 1.32%；江苏、天津 A 层人才的世界占比均为 0.66%。

B 层人才最多的是上海，世界占比为 1.38%；北京也有相当数量的 B 层人才，世界占比为 1.32%；广东、江苏、浙江、湖北、安徽、天津、山东、甘肃、吉林、四川、重庆、福建、河北、陕西、湖南有一定数量的 B 层人才，世界占比均超过 0.1%；广西、贵州、黑龙江、河南、宁夏、新疆、云南 B 层人才的世界占比均为 0.06%。

C 层人才最多的是广东、上海，世界占比均为 0.76%；北京、四川、江苏、浙江、天津、湖北、福建、辽宁、安徽、重庆、湖南、山东有一定数量的 C 层人才，世界占比均超过 0.1%；河北、陕西、甘肃、吉林、广西、黑

龙江、江西、河南、山西、贵州、海南、内蒙古、云南、宁夏、青海、西藏
C 层人才的世界占比均低于 0.1%。

表 9-79　康复医学 A 层人才的世界占比

单位：%

省　份	2014 年	2015 年	2016 年	2017 年	2018 年	2019 年	2020 年	2021 年	2022 年	2023 年	合计
北　京	0.00	0.00	0.00	5.88	0.00	0.00	0.00	0.00	5.26	6.25	1.97
广　东	0.00	0.00	0.00	0.00	0.00	0.00	0.00	0.00	5.26	6.25	1.32
江　苏	0.00	0.00	0.00	0.00	0.00	0.00	0.00	5.00	0.00	0.00	0.66
天　津	0.00	0.00	0.00	5.88	0.00	0.00	0.00	0.00	0.00	0.00	0.66

表 9-80　康复医学 B 层人才的世界占比

单位：%

省　份	2014 年	2015 年	2016 年	2017 年	2018 年	2019 年	2020 年	2021 年	2022 年	2023 年	合计
上　海	0.00	1.43	0.00	0.65	0.00	1.02	2.29	2.29	3.75	1.76	1.38
北　京	0.00	0.00	0.00	0.00	0.00	2.55	1.14	3.43	3.13	1.76	1.32
广　东	0.00	0.00	1.32	0.65	0.82	1.02	0.57	1.71	1.25	1.76	0.94
江　苏	0.00	0.00	0.00	0.65	0.82	2.04	0.57	0.00	1.25	1.76	0.75
浙　江	0.00	0.00	0.00	0.00	0.82	0.00	0.57	0.00	0.63	3.53	0.57
湖　北	0.68	0.00	0.00	0.00	0.00	2.04	1.14	0.00	0.00	0.00	0.44
安　徽	0.00	0.00	0.66	0.00	0.00	0.51	0.57	0.00	0.63	1.18	0.38
天　津	0.00	0.00	0.00	0.00	0.00	0.00	0.57	1.14	0.63	1.18	0.38
山　东	0.00	0.00	0.00	0.00	0.00	0.51	0.00	1.14	0.63	0.59	0.31
甘　肃	0.00	0.00	0.00	0.00	0.00	1.02	0.00	0.57	0.00	0.59	0.25
吉　林	0.00	0.00	0.00	0.65	0.00	0.00	0.57	0.00	0.00	1.18	0.25
四　川	0.00	0.00	0.00	0.00	0.00	0.51	0.57	0.00	0.63	0.59	0.25
重　庆	0.00	0.00	0.00	0.00	0.00	0.00	0.57	0.00	0.63	0.59	0.19
福　建	0.68	0.00	0.00	0.00	0.00	0.00	0.57	0.00	0.63	0.00	0.19
河　北	0.00	0.00	0.00	0.00	0.00	0.00	0.57	0.57	0.63	0.00	0.19
陕　西	0.00	0.00	0.00	0.00	0.00	0.00	0.57	0.57	0.63	0.00	0.19
湖　南	0.00	0.00	0.00	0.00	0.00	0.82	0.00	0.00	0.00	0.00	0.13
广　西	0.00	0.00	0.00	0.00	0.00	0.00	0.57	0.00	0.00	0.00	0.06
贵　州	0.00	0.00	0.00	0.00	0.00	0.00	0.57	0.00	0.00	0.00	0.06
黑龙江	0.00	0.00	0.00	0.00	0.00	0.00	0.57	0.00	0.00	0.00	0.06

续表

省　份	2014 年	2015 年	2016 年	2017 年	2018 年	2019 年	2020 年	2021 年	2022 年	2023 年	合计
河　南	0.00	0.00	0.00	0.00	0.00	0.00	0.57	0.00	0.00	0.00	0.06
宁　夏	0.00	0.00	0.00	0.00	0.00	0.00	0.00	0.00	0.00	0.59	0.06
新　疆	0.00	0.00	0.00	0.00	0.00	0.00	0.57	0.00	0.00	0.00	0.06
云　南	0.00	0.00	0.00	0.00	0.00	0.00	0.57	0.00	0.00	0.00	0.06

表 9-81　康复医学 C 层人才的世界占比

单位：%

省　份	2014 年	2015 年	2016 年	2017 年	2018 年	2019 年	2020 年	2021 年	2022 年	2023 年	合计
广　东	0.14	0.44	0.00	0.58	0.82	0.52	1.18	0.93	1.10	2.07	0.76
上　海	0.14	0.36	0.42	0.90	0.55	0.83	0.71	0.64	1.33	1.82	0.76
北　京	0.20	0.00	0.21	0.90	0.61	0.52	0.77	0.76	1.45	1.90	0.72
四　川	0.27	0.00	0.49	0.32	0.20	0.15	0.53	0.58	0.41	1.04	0.39
江　苏	0.00	0.07	0.14	0.26	0.20	0.31	0.65	0.47	0.64	1.12	0.38
浙　江	0.14	0.00	0.28	0.39	0.14	0.31	0.41	0.29	0.58	1.04	0.35
天　津	0.00	0.00	0.21	0.06	0.27	0.36	0.24	0.41	0.41	0.78	0.27
湖　北	0.07	0.15	0.07	0.06	0.00	0.31	0.35	0.23	0.17	0.78	0.21
福　建	0.14	0.00	0.07	0.00	0.07	0.15	0.35	0.29	0.46	0.26	0.19
辽　宁	0.00	0.15	0.07	0.19	0.14	0.31	0.12	0.06	0.29	0.35	0.17
安　徽	0.00	0.00	0.00	0.13	0.14	0.05	0.12	0.29	0.17	0.52	0.14
重　庆	0.07	0.00	0.07	0.06	0.07	0.10	0.12	0.29	0.12	0.52	0.14
湖　南	0.00	0.07	0.00	0.06	0.14	0.15	0.00	0.17	0.35	0.43	0.14
山　东	0.00	0.00	0.00	0.06	0.07	0.21	0.24	0.23	0.06	0.26	0.12
河　北	0.00	0.00	0.00	0.00	0.00	0.10	0.06	0.12	0.29	0.09	0.07
陕　西	0.00	0.00	0.00	0.06	0.07	0.15	0.12	0.06	0.12	0.09	0.07
甘　肃	0.00	0.00	0.00	0.06	0.00	0.00	0.00	0.17	0.12	0.26	0.06
吉　林	0.00	0.00	0.00	0.06	0.07	0.15	0.06	0.06	0.12	0.00	0.06
广　西	0.00	0.00	0.00	0.00	0.00	0.00	0.12	0.00	0.06	0.26	0.05
黑龙江	0.07	0.00	0.00	0.06	0.07	0.00	0.06	0.00	0.06	0.17	0.05
江　西	0.00	0.00	0.00	0.06	0.00	0.00	0.06	0.00	0.06	0.26	0.04
河　南	0.00	0.00	0.00	0.00	0.00	0.00	0.06	0.06	0.17	0.03
山　西	0.00	0.00	0.00	0.00	0.00	0.00	0.06	0.00	0.09	0.03
贵　州	0.00	0.00	0.00	0.00	0.07	0.00	0.06	0.00	0.00	0.01
海　南	0.00	0.00	0.00	0.00	0.07	0.00	0.06	0.00	0.00	0.01
内蒙古	0.00	0.00	0.00	0.00	0.00	0.00	0.00	0.06	0.09	0.01

续表

省　份	2014 年	2015 年	2016 年	2017 年	2018 年	2019 年	2020 年	2021 年	2022 年	2023 年	合计
云　南	0.00	0.00	0.00	0.00	0.07	0.00	0.00	0.06	0.00	0.00	0.01
宁　夏	0.00	0.00	0.00	0.00	0.00	0.00	0.00	0.00	0.06	0.00	0.01
青　海	0.00	0.00	0.00	0.00	0.00	0.00	0.00	0.00	0.06	0.00	0.01
西　藏	0.00	0.00	0.00	0.00	0.00	0.00	0.00	0.00	0.00	0.09	0.01

二十九　医学信息学

医学信息学 A 层人才仅分布在福建、湖北、四川，世界占比均为 1.02%。

B 层人才最多的是北京，世界占比为 1.58%；广东、江苏也有相当数量的 B 层人才，世界占比分别为 1.48%、1.16%；湖北、上海、四川、浙江、安徽、福建、广西、陕西、重庆、天津、河南、吉林、辽宁、山东、云南有一定数量的 B 层人才，世界占比均超过 0.1%。

C 层人才最多的是北京，世界占比为 2.63%；广东、上海、浙江也有相当数量的 C 层人才，世界占比在 2%~1%；江苏、湖北、湖南、山东、四川、辽宁、安徽、福建、河南、天津、陕西、黑龙江、吉林、重庆、江西、甘肃、河北、云南、广西、新疆有一定数量的 C 层人才，世界占比超过或等于 0.1%；贵州、山西、内蒙古、海南、宁夏 C 层人才的世界占比均低于 0.1%。

表 9-82　医学信息学 A 层人才的世界占比

单位：%

省　份	2014 年	2015 年	2016 年	2017 年	2018 年	2019 年	2020 年	2021 年	2022 年	2023 年	合计
福　建	0.00	0.00	14.29	0.00	0.00	0.00	0.00	0.00	0.00	0.00	1.02
湖　北	0.00	0.00	14.29	0.00	0.00	0.00	0.00	0.00	0.00	0.00	1.02
四　川	0.00	0.00	0.00	0.00	0.00	0.00	0.00	0.00	0.00	10.00	1.02

表 9-83　医学信息学 B 层人才的世界占比

单位：%

省　份	2014 年	2015 年	2016 年	2017 年	2018 年	2019 年	2020 年	2021 年	2022 年	2023 年	合计
北　京	0.00	0.00	1.35	3.70	1.35	1.83	0.77	1.67	1.74	2.78	1.58
广　东	0.00	1.47	0.00	2.47	4.05	0.00	0.77	3.33	0.87	1.85	1.48
江　苏	0.00	0.00	0.00	0.00	0.00	0.00	0.77	0.83	2.61	5.56	1.16
湖　北	1.47	0.00	1.35	0.00	0.00	1.83	0.77	0.00	1.74	0.93	0.84
上　海	0.00	0.00	0.00	3.70	2.70	0.92	0.00	0.83	0.00	0.93	0.84
四　川	0.00	0.00	1.35	2.47	0.00	0.00	0.77	0.00	1.74	1.85	0.84
浙　江	0.00	0.00	0.00	2.47	0.00	0.92	0.00	0.00	0.00	2.78	0.63
安　徽	0.00	0.00	0.00	0.00	1.35	0.92	0.00	0.83	0.00	0.93	0.42
福　建	0.00	0.00	0.00	2.47	0.00	0.00	0.77	0.00	0.00	0.00	0.32
广　西	1.47	0.00	0.00	0.00	0.00	0.00	0.00	0.83	0.00	0.93	0.32
陕　西	0.00	0.00	0.00	0.00	0.00	0.92	0.00	0.83	0.00	0.93	0.32
重　庆	0.00	0.00	0.00	0.00	0.00	0.00	0.00	0.87	0.93		0.21
天　津	0.00	0.00	0.00	2.47	0.00	0.00	0.00	0.00	0.00		0.21
河　南	0.00	0.00	0.00	0.00	0.00	0.00	0.00	0.00	0.93		0.11
吉　林	0.00	0.00	0.00	0.00	0.00	0.00	0.00	0.00	0.93		0.11
辽　宁	0.00	0.00	0.00	0.00	0.00	0.00	0.00	0.00	0.93		0.11
山　东	1.47	0.00	0.00	0.00	0.00	0.00	0.00	0.00	0.00		0.11
云　南	0.00	0.00	0.00	0.00	0.00	0.00	0.00	0.87	0.00		0.11

表 9-84　医学信息学 C 层人才的世界占比

单位：%

省　份	2014 年	2015 年	2016 年	2017 年	2018 年	2019 年	2020 年	2021 年	2022 年	2023 年	合计
北　京	1.82	1.52	1.10	1.78	1.98	2.71	3.71	3.08	2.94	3.70	2.63
广　东	0.61	0.30	1.10	1.40	1.98	1.84	2.78	2.37	2.68	2.40	1.93
上　海	0.61	0.61	0.96	1.02	0.93	1.26	1.16	1.74	1.99	2.31	1.36
浙　江	0.45	0.45	0.55	0.38	1.19	0.87	0.93	1.26	1.47	1.85	1.02
江　苏	0.00	0.15	0.68	0.89	1.06	0.87	0.77	0.71	1.38	1.48	0.86
湖　北	0.15	0.30	0.68	0.76	1.06	0.58	1.39	0.87	0.86	0.92	0.82
湖　南	0.15	0.15	0.14	0.51	0.53	0.97	1.01	0.71	1.30	0.65	0.69
山　东	0.45	0.15	0.27	0.25	0.40	0.29	0.15	1.03	1.30	1.29	0.62
四　川	0.15	0.00	0.27	0.51	0.40	0.00	0.62	0.79	1.30	0.92	0.56
辽　宁	0.00	0.30	0.27	0.25	0.40	0.29	0.77	0.71	0.78	1.02	0.54

续表

省　份	2014 年	2015 年	2016 年	2017 年	2018 年	2019 年	2020 年	2021 年	2022 年	2023 年	合计
安　徽	0.00	0.00	0.00	0.64	0.40	0.39	0.85	0.63	0.52	0.37	0.44
福　建	0.00	0.15	0.14	0.51	0.13	0.19	0.46	0.71	0.52	0.46	0.37
河　南	0.15	0.00	0.14	0.25	0.13	0.19	0.77	0.63	0.35	0.37	0.35
天　津	0.15	0.00	0.27	0.13	0.13	0.48	0.08	0.24	0.61	0.46	0.28
陕　西	0.15	0.00	0.27	0.13	0.26	0.00	0.15	0.24	0.69	0.46	0.25
黑龙江	0.00	0.15	0.41	0.25	0.00	0.39	0.15	0.16	0.43	0.09	0.21
吉　林	0.00	0.00	0.00	0.38	0.26	0.19	0.15	0.32	0.35	0.28	0.21
重　庆	0.00	0.15	0.14	0.00	0.13	0.00	0.39	0.16	0.43	0.28	0.19
江　西	0.15	0.00	0.00	0.64	0.00	0.19	0.08	0.08	0.09	0.28	0.16
甘　肃	0.00	0.00	0.55	0.00	0.13	0.19	0.08	0.16	0.00	0.28	0.14
河　北	0.00	0.00	0.00	0.00	0.26	0.10	0.08	0.40	0.17	0.00	0.12
云　南	0.00	0.00	0.00	0.00	0.13	0.19	0.00	0.08	0.52	0.09	0.12
广　西	0.00	0.15	0.14	0.00	0.13	0.10	0.00	0.16	0.17	0.18	0.11
新　疆	0.00	0.00	0.00	0.00	0.00	0.00	0.23	0.08	0.26	0.18	0.10
贵　州	0.00	0.00	0.00	0.00	0.00	0.19	0.00	0.08	0.26	0.09	0.07
山　西	0.00	0.15	0.00	0.00	0.00	0.00	0.08	0.08	0.09	0.28	0.07
内蒙古	0.00	0.00	0.00	0.13	0.13	0.00	0.00	0.16	0.00	0.00	0.04
海　南	0.00	0.00	0.00	0.00	0.00	0.00	0.08	0.00	0.17	0.00	0.03
宁　夏	0.00	0.00	0.00	0.13	0.00	0.00	0.00	0.00	0.00	0.09	0.02

三十　神经影像学

神经影像学 A 层人才仅分布在北京、上海、浙江，世界占比均为 2.94%。

B 层人才最多的是北京，世界占比为 1.68%；广东、天津、四川、江苏、辽宁、陕西、山东、上海、山西、云南有一定数量的 B 层人才，世界占比均超过 0.2%。

C 层人才最多的是北京，世界占比为 2.29%；广东、上海也有相当数量的 C 层人才，世界占比分别为 1.20%、1.16%；四川、浙江、重庆、江苏、辽宁、湖南、山西、天津、安徽、福建、陕西、河南、山东、湖北、云南有一定数量的 C 层人才，世界占比均超过 0.1%；黑龙江、内蒙古、甘肃、海南、江西、广西、贵州、河北、西藏 C 层人才的世界占比均低于 0.1%。

表 9-85　神经影像学 A 层人才的世界占比

单位：%

省　份	2014 年	2015 年	2016 年	2017 年	2018 年	2019 年	2020 年	2021 年	2022 年	2023 年	合 计
北　京	0.00	0.00	0.00	0.00	0.00	0.00	16.67	0.00	0.00	0.00	2.94
上　海	0.00	0.00	0.00	0.00	0.00	0.00	16.67	0.00	0.00	0.00	2.94
浙　江	0.00	0.00	0.00	0.00	0.00	0.00	0.00	33.33	0.00	0.00	2.94

表 9-86　神经影像学 B 层人才的世界占比

单位：%

省　份	2014 年	2015 年	2016 年	2017 年	2018 年	2019 年	2020 年	2021 年	2022 年	2023 年	合 计
北　京	3.57	0.00	0.00	2.27	4.00	0.00	1.92	1.59	3.85	0.00	1.68
广　东	0.00	0.00	0.00	0.00	2.00	0.00	0.00	0.00	3.85	0.00	0.63
天　津	0.00	0.00	0.00	0.00	0.00	1.64	1.92	0.00	0.00	2.78	0.63
四　川	0.00	0.00	0.00	0.00	0.00	0.00	1.92	0.00	0.00	0.00	0.42
江　苏	0.00	0.00	0.00	0.00	2.00	0.00	0.00	0.00	0.00	0.00	0.21
辽　宁	0.00	0.00	0.00	0.00	0.00	0.00	0.00	1.59	0.00	0.00	0.21
陕　西	0.00	0.00	0.00	0.00	0.00	0.00	0.00	0.00	1.92	0.00	0.21
山　东	0.00	0.00	0.00	0.00	0.00	0.00	1.92	0.00	0.00	0.00	0.21
上　海	0.00	0.00	0.00	0.00	0.00	0.00	1.92	0.00	0.00	0.00	0.21
山　西	0.00	0.00	0.00	0.00	0.00	0.00	1.92	0.00	0.00	0.00	0.21
云　南	0.00	0.00	0.00	0.00	2.00	0.00	0.00	0.00	0.00	0.00	0.21

表 9-87　神经影像学 C 层人才的世界占比

单位：%

省　份	2014 年	2015 年	2016 年	2017 年	2018 年	2019 年	2020 年	2021 年	2022 年	2023 年	合 计
北　京	1.47	2.49	2.05	1.11	2.60	2.87	2.08	1.58	2.83	4.09	2.29
广　东	0.24	0.50	0.23	0.44	1.00	3.21	1.21	1.40	1.89	1.02	1.20
上　海	0.24	0.50	0.91	0.67	1.00	1.52	1.04	1.93	2.12	1.28	1.16
四　川	0.49	0.50	0.23	0.67	0.80	1.69	0.87	1.05	1.42	1.02	0.90
浙　江	0.49	0.00	0.46	0.44	0.40	0.84	0.52	0.70	2.12	1.53	0.74

续表

省　份	2014 年	2015 年	2016 年	2017 年	2018 年	2019 年	2020 年	2021 年	2022 年	2023 年	合计
重　庆	0.00	0.25	0.46	0.00	0.20	0.68	0.69	0.35	0.71	0.51	0.40
江　苏	0.00	0.50	0.46	0.67	0.00	0.17	0.69	0.70	0.00	0.77	0.40
辽　宁	0.49	0.50	0.00	0.00	0.40	0.34	0.35	0.00	0.71	0.51	0.32
湖　南	0.73	0.25	0.23	0.22	0.00	0.17	0.52	0.18	0.00	0.51	0.27
山　西	0.00	0.50	0.23	0.44	0.20	0.51	0.52	0.00	0.00	0.00	0.25
天　津	0.24	0.25	0.00	0.22	0.00	0.17	0.52	0.70	0.24	0.00	0.25
安　徽	0.00	0.25	0.23	0.00	0.20	0.17	0.52	0.18	0.00	0.51	0.21
福　建	0.00	0.00	0.00	0.22	0.00	0.51	0.17	0.18	0.71	0.00	0.19
陕　西	0.24	0.00	0.23	0.22	0.00	0.34	0.35	0.18	0.00	0.26	0.19
河　南	0.00	0.25	0.00	0.00	0.20	0.34	0.17	0.00	0.47	0.26	0.17
山　东	0.00	0.25	0.23	0.22	0.00	0.17	0.17	0.00	0.47	0.00	0.15
湖　北	0.00	0.25	0.00	0.00	0.00	0.34	0.00	0.35	0.26	0.00	0.13
云　南	0.00	0.00	0.46	0.22	0.00	0.00	0.35	0.00	0.24	0.00	0.13
黑龙江	0.00	0.00	0.00	0.00	0.40	0.00	0.00	0.00	0.47	0.00	0.08
内蒙古	0.00	0.00	0.46	0.00	0.00	0.00	0.00	0.18	0.00	0.26	0.08
甘　肃	0.00	0.00	0.23	0.00	0.00	0.00	0.17	0.00	0.00	0.26	0.06
海　南	0.00	0.00	0.00	0.00	0.00	0.17	0.00	0.00	0.00	0.51	0.06
江　西	0.00	0.00	0.00	0.00	0.00	0.17	0.17	0.00	0.00	0.26	0.06
广　西	0.00	0.00	0.23	0.00	0.00	0.00	0.00	0.18	0.00	0.00	0.04
贵　州	0.00	0.00	0.00	0.00	0.00	0.17	0.00	0.00	0.24	0.00	0.04
河　北	0.00	0.00	0.00	0.00	0.00	0.00	0.17	0.00	0.00	0.26	0.04
西　藏	0.00	0.00	0.00	0.00	0.20	0.00	0.00	0.00	0.00	0.00	0.02

三十一　传染病学

传染病学 A、B、C 层人才最多的均为北京，世界占比分别为 3.16%、1.72%、1.48%。

广东、湖北有相当数量的 A 层人才，世界占比均为 1.32%；浙江、甘肃、河南、内蒙古、江苏、吉林、山东、上海、四川、天津有一定数量的 A 层人才，世界占比均超过 0.2%。

广东、上海有相当数量的 B 层人才，世界占比分别为 1.44%、1.08%；

湖北、浙江、江苏、河南、福建、湖南、四川、天津、山东、安徽、重庆、河北、黑龙江、吉林、海南有一定数量的 B 层人才，世界占比超过或等于 0.1%；甘肃、陕西、新疆、江西、辽宁、山西、云南、贵州、内蒙古 B 层人才的世界占比均低于 0.1%。

广东有相当数量的 C 层人才，世界占比为 1.10%；上海、浙江、湖北、江苏、山东、河南、四川、湖南、黑龙江、福建、安徽、重庆、天津、辽宁、吉林、云南、广西、陕西有一定数量的 C 层人才，世界占比超过或等于 0.1%；江西、甘肃、河北、新疆、山西、贵州、海南、宁夏、内蒙古、青海、西藏 C 层人才的世界占比均低于 0.1%。

表 9-88　传染病学 A 层人才的世界占比

单位：%

省　份	2014 年	2015 年	2016 年	2017 年	2018 年	2019 年	2020 年	2021 年	2022 年	2023 年	合计
北　京	0.00	0.00	2.56	3.13	0.00	0.00	10.64	7.41	0.00	2.33	3.16
广　东	0.00	0.00	2.56	0.00	0.00	0.00	6.38	1.85	0.00	0.00	1.32
湖　北	0.00	0.00	0.00	0.00	0.00	0.00	8.51	1.85	0.00	0.00	1.32
浙　江	0.00	0.00	2.56	0.00	0.00	0.00	2.13	1.85	0.00	0.00	0.79
甘　肃	0.00	0.00	0.00	0.00	0.00	0.00	2.13	0.00	0.00	0.00	0.26
河　南	0.00	0.00	0.00	0.00	0.00	0.00	0.00	1.85	0.00	0.00	0.26
内蒙古	0.00	0.00	0.00	0.00	0.00	0.00	0.00	0.00	0.00	2.33	0.26
江　苏	0.00	0.00	0.00	0.00	0.00	0.00	0.00	1.85	0.00	0.00	0.26
吉　林	0.00	0.00	0.00	0.00	0.00	0.00	0.00	1.85	0.00	0.00	0.26
山　东	0.00	0.00	0.00	0.00	0.00	0.00	2.13	0.00	0.00	0.00	0.26
上　海	0.00	0.00	0.00	0.00	0.00	0.00	0.00	1.85	0.00	0.00	0.26
四　川	0.00	0.00	0.00	0.00	0.00	0.00	0.00	1.85	0.00	0.00	0.26
天　津	0.00	0.00	0.00	0.00	0.00	0.00	0.00	0.00	0.00	2.33	0.26

表 9-89　传染病学 B 层人才的世界占比

单位：%

省　份	2014 年	2015 年	2016 年	2017 年	2018 年	2019 年	2020 年	2021 年	2022 年	2023 年	合计
北　京	0.96	0.98	0.56	0.87	1.25	0.51	4.73	2.45	1.61	2.04	1.72
广　东	0.32	0.33	0.56	0.58	1.00	0.00	7.53	1.02	0.23	1.28	1.44

省　份	2014 年	2015 年	2016 年	2017 年	2018 年	2019 年	2020 年	2021 年	2022 年	2023 年	合计
上　海	1.29	0.00	0.56	0.29	1.25	0.00	3.87	0.61	0.92	1.28	1.08
湖　北	0.00	0.00	0.28	0.29	0.00	0.25	5.59	1.64	0.00	0.00	0.95
浙　江	0.32	0.33	0.28	0.29	0.25	0.00	2.58	0.41	0.69	0.26	0.59
江　苏	0.32	0.00	0.28	0.29	0.25	0.00	0.65	0.20	0.69	0.77	0.36
河　南	0.32	0.00	0.00	0.00	0.75	0.00	0.43	0.41	0.46	0.26	0.28
福　建	0.32	0.00	0.00	0.00	0.25	0.00	1.29	0.20	0.23	0.00	0.26
湖　南	0.32	0.33	0.28	0.00	0.25	0.00	0.86	0.20	0.23	0.00	0.26
四　川	0.00	0.00	0.00	0.00	0.25	0.00	1.08	0.00	0.46	0.26	0.23
天　津	0.00	0.33	0.28	0.00	0.00	0.00	0.65	0.41	0.00	0.26	0.21
山　东	0.32	0.00	0.00	0.00	0.75	0.25	0.22	0.20	0.00	0.00	0.18
安　徽	0.32	0.00	0.00	0.00	0.00	0.00	0.43	0.61	0.00	0.00	0.15
重　庆	0.00	0.00	0.28	0.00	0.00	0.00	0.22	0.61	0.00	0.26	0.15
河　北	0.32	0.00	0.00	0.00	0.25	0.00	0.22	0.41	0.23	0.00	0.15
黑龙江	0.00	0.00	0.00	0.00	0.25	0.25	0.22	0.20	0.00	0.26	0.13
吉　林	0.32	0.65	0.00	0.00	0.25	0.00	0.22	0.00	0.00	0.00	0.13
海　南	0.00	0.00	0.00	0.00	0.00	0.00	0.86	0.00	0.00	0.00	0.10
甘　肃	0.32	0.00	0.00	0.00	0.25	0.00	0.22	0.00	0.00	0.00	0.08
陕　西	0.00	0.00	0.00	0.00	0.00	0.25	0.43	0.00	0.00	0.00	0.08
新　疆	0.00	0.00	0.00	0.00	0.25	0.00	0.22	0.20	0.00	0.00	0.08
江　西	0.32	0.00	0.00	0.00	0.00	0.00	0.22	0.00	0.00	0.00	0.05
辽　宁	0.00	0.00	0.00	0.00	0.00	0.00	0.22	0.00	0.00	0.26	0.05
山　西	0.00	0.00	0.00	0.00	0.00	0.00	0.22	0.00	0.00	0.26	0.05
云　南	0.00	0.00	0.00	0.00	0.00	0.00	0.22	0.00	0.00	0.26	0.05
贵　州	0.00	0.00	0.00	0.00	0.00	0.00	0.22	0.00	0.00	0.00	0.03
内蒙古	0.00	0.00	0.00	0.00	0.00	0.00	0.00	0.20	0.00	0.00	0.03

表 9-90　传染病学 C 层人才的世界占比

单位：%

省　份	2014 年	2015 年	2016 年	2017 年	2018 年	2019 年	2020 年	2021 年	2022 年	2023 年	合计
北　京	0.97	1.25	1.44	0.92	1.18	1.51	2.11	1.44	1.73	1.94	1.48
广　东	0.42	0.59	0.68	0.83	0.81	0.86	2.53	0.95	1.63	1.16	1.10
上　海	0.55	0.36	0.73	0.39	0.84	0.78	1.49	0.74	1.07	1.11	0.84
浙　江	0.39	0.30	0.45	0.42	0.50	0.55	1.21	0.59	0.95	0.49	0.61

续表

省　份	2014 年	2015 年	2016 年	2017 年	2018 年	2019 年	2020 年	2021 年	2022 年	2023 年	合计
湖　北	0.06	0.16	0.03	0.21	0.31	0.31	2.48	0.78	0.49	0.49	0.60
江　苏	0.13	0.16	0.20	0.39	0.34	0.44	0.95	0.59	0.66	0.57	0.47
山　东	0.13	0.20	0.03	0.21	0.18	0.29	0.62	0.44	0.39	0.41	0.31
河　南	0.16	0.23	0.08	0.09	0.24	0.18	0.48	0.28	0.49	0.23	0.26
四　川	0.06	0.16	0.11	0.15	0.24	0.16	0.46	0.21	0.32	0.36	0.23
湖　南	0.16	0.10	0.03	0.12	0.16	0.16	0.59	0.15	0.20	0.13	0.19
黑龙江	0.06	0.13	0.14	0.12	0.16	0.23	0.18	0.21	0.15	0.21	0.16
福　建	0.10	0.10	0.08	0.09	0.13	0.08	0.33	0.17	0.22	0.23	0.16
安　徽	0.06	0.20	0.08	0.06	0.05	0.10	0.26	0.19	0.20	0.28	0.16
重　庆	0.06	0.03	0.08	0.03	0.10	0.21	0.40	0.19	0.22	0.05	0.15
天　津	0.03	0.10	0.08	0.06	0.16	0.10	0.15	0.17	0.17	0.23	0.13
辽　宁	0.06	0.07	0.06	0.06	0.08	0.10	0.31	0.13	0.20	0.16	0.13
吉　林	0.06	0.10	0.08	0.09	0.16	0.23	0.15	0.08	0.10	0.18	0.13
云　南	0.03	0.13	0.06	0.06	0.10	0.03	0.18	0.23	0.12	0.16	0.12
广　西	0.03	0.07	0.06	0.15	0.05	0.18	0.18	0.08	0.17	0.08	0.11
陕　西	0.06	0.03	0.03	0.03	0.05	0.08	0.24	0.06	0.24	0.13	0.10
江　西	0.03	0.03	0.00	0.12	0.10	0.10	0.15	0.11	0.05	0.16	0.09
甘　肃	0.00	0.16	0.00	0.18	0.08	0.10	0.15	0.06	0.00	0.05	0.09
河　北	0.00	0.03	0.00	0.06	0.03	0.05	0.24	0.04	0.17	0.16	0.08
新　疆	0.00	0.03	0.03	0.03	0.05	0.08	0.18	0.08	0.10	0.10	0.07
山　西	0.06	0.03	0.03	0.00	0.03	0.03	0.11	0.06	0.07	0.08	0.05
贵　州	0.00	0.00	0.00	0.00	0.00	0.03	0.07	0.04	0.15	0.08	0.04
海　南	0.00	0.00	0.03	0.00	0.05	0.03	0.04	0.02	0.12	0.08	0.04
宁　夏	0.00	0.00	0.03	0.00	0.00	0.03	0.11	0.00	0.00	0.10	0.03
内蒙古	0.00	0.00	0.03	0.00	0.00	0.00	0.04	0.02	0.02	0.13	0.03
青　海	0.03	0.00	0.00	0.06	0.05	0.08	0.00	0.00	0.00	0.03	0.02
西　藏	0.00	0.00	0.00	0.00	0.00	0.00	0.00	0.02	0.00	0.03	0.01

三十二　寄生物学

寄生物学 A 层人才最多的是广东，世界占比为 4.67%；北京的 A 层人才比较多，世界占比为 3.74%；黑龙江、江苏、四川也有相当数量的 A 层人才，世界占比均为1.87%；福建、湖南、陕西、上海、云南有一定数量的A层人才，世界占比均为0.93%。

B层人才最多的是广东，世界占比为2.86%；北京B层人才的世界占比为2.49%；上海、湖北也有相当数量的B层人才，世界占比分别为1.66%、1.01%；江苏、四川、重庆、福建、甘肃、黑龙江、湖南、云南、河南、辽宁、山东、天津、广西、吉林、陕西、新疆、浙江有一定数量的B层人才，世界占比均超过0.1%；安徽、贵州、河北、江西B层人才的世界占比均为0.09%。

C层人才最多的是北京，世界占比为1.71%；广东、上海也有相当数量的C层人才，世界占比分别为1.10%、1.09%；江苏、湖北、浙江、河南、山东、黑龙江、四川、甘肃、吉林、安徽、福建、广西、湖南、云南、重庆有一定数量的C层人才，世界占比均超过0.1%；河北、陕西、海南、天津、辽宁、新疆、内蒙古、宁夏、山西、贵州、江西、青海、西藏C层人才的世界占比均低于0.1%。

表9-91 寄生物学A层人才的世界占比

单位：%

省　份	2014年	2015年	2016年	2017年	2018年	2019年	2020年	2021年	2022年	2023年	合计
广　东	0.00	9.09	10.00	0.00	0.00	0.00	14.29	7.14	0.00	0.00	4.67
北　京	0.00	0.00	0.00	0.00	0.00	0.00	14.29	7.14	0.00	10.00	3.74
黑龙江	0.00	0.00	0.00	0.00	0.00	0.00	14.29	0.00	0.00	0.00	1.87
江　苏	0.00	0.00	0.00	0.00	0.00	0.00	14.29	0.00	0.00	0.00	1.87
四　川	0.00	0.00	0.00	0.00	0.00	0.00	7.14	0.00	0.00	10.00	1.87
福　建	0.00	0.00	0.00	0.00	0.00	0.00	7.14	0.00	0.00	0.00	0.93
湖　南	0.00	0.00	0.00	0.00	0.00	0.00	7.14	0.00	0.00	0.00	0.93
陕　西	0.00	0.00	0.00	0.00	0.00	0.00	7.14	0.00	0.00	0.00	0.93
上　海	0.00	0.00	0.00	0.00	0.00	0.00	0.00	0.00	0.00	10.00	0.93
云　南	0.00	0.00	0.00	0.00	0.00	0.00	7.14	0.00	0.00	0.00	0.93

表 9-92　寄生物学 B 层人才的世界占比

单位：%

省　份	2014 年	2015 年	2016 年	2017 年	2018 年	2019 年	2020 年	2021 年	2022 年	2023 年	合计
广　东	1.03	0.98	1.94	0.00	1.72	2.70	7.03	4.07	1.74	7.69	2.86
北　京	2.06	0.98	1.94	1.80	1.72	1.80	3.13	4.07	2.61	5.13	2.49
上　海	0.00	0.00	0.97	0.00	0.86	0.00	3.13	0.81	3.48	8.97	1.66
湖　北	0.00	0.00	0.97	0.90	1.72	0.00	2.34	2.44	0.87	0.00	1.01
江　苏	0.00	0.98	0.00	0.90	0.86	0.90	2.34	0.81	0.00	1.28	0.83
四　川	0.00	0.00	0.00	0.90	1.72	0.00	0.78	1.63	0.00	0.00	0.55
重　庆	0.00	0.00	0.00	0.00	0.86	0.00	1.56	0.81	0.00	1.28	0.46
福　建	1.03	0.00	0.97	0.00	0.00	0.00	1.56	0.81	0.00	0.00	0.46
甘　肃	1.03	0.98	0.00	0.00	0.00	0.00	0.00	0.81	0.00	1.28	0.37
黑龙江	0.00	0.00	0.00	0.00	0.86	0.90	0.00	1.63	0.00	0.00	0.37
湖　南	0.00	0.00	0.00	0.00	1.72	0.00	0.78	0.81	0.00	0.00	0.37
云　南	0.00	0.00	0.97	0.00	0.00	0.90	0.78	0.00	0.00	1.28	0.37
河　南	0.00	0.00	0.97	0.00	0.00	0.00	0.78	0.00	0.00	1.28	0.28
辽　宁	0.00	0.00	0.00	0.00	0.00	0.00	0.78	0.00	0.00	2.56	0.28
山　东	0.00	0.00	0.00	0.00	0.86	0.00	0.78	0.00	0.87	0.00	0.28
天　津	0.00	0.00	0.00	0.00	0.00	0.00	0.00	0.81	0.00	1.28	0.28
广　西	0.00	0.00	0.97	0.00	0.86	0.00	0.00	0.00	0.00	0.00	0.18
吉　林	0.00	0.98	0.97	0.00	0.00	0.00	0.00	0.00	0.00	0.00	0.18
陕　西	0.00	0.00	0.00	0.00	0.86	0.00	0.00	0.00	0.00	1.28	0.18
新　疆	0.00	0.00	0.00	0.00	0.00	0.00	1.56	0.00	0.00	0.00	0.18
浙　江	0.00	0.00	0.97	0.00	0.00	0.00	0.00	0.00	0.00	1.28	0.18
安　徽	1.03	0.00	0.00	0.00	0.00	0.00	0.00	0.00	0.00	0.00	0.09
贵　州	0.00	0.00	0.00	0.00	0.86	0.00	0.00	0.00	0.00	0.00	0.09
河　北	0.00	0.00	0.00	0.00	0.00	0.00	0.00	0.81	0.00	0.00	0.09
江　西	0.00	0.00	0.00	0.00	0.00	0.00	0.00	0.00	0.00	1.28	0.09

表 9-93　寄生物学 C 层人才的世界占比

单位：%

省　份	2014 年	2015 年	2016 年	2017 年	2018 年	2019 年	2020 年	2021 年	2022 年	2023 年	合计
北　京	1.39	1.30	2.48	1.37	1.51	1.38	1.98	1.93	1.59	2.12	1.71
广　东	0.40	0.65	0.80	0.55	0.62	1.29	1.98	1.68	1.29	1.67	1.10
上　海	0.99	0.75	1.06	0.91	0.89	1.20	1.35	1.17	1.69	0.89	1.09

续表

省 份	2014年	2015年	2016年	2017年	2018年	2019年	2020年	2021年	2022年	2023年	合计
江 苏	0.30	0.56	0.62	0.64	0.45	0.74	0.79	1.17	0.79	0.56	0.67
湖 北	0.50	0.19	0.09	0.91	0.53	1.01	0.71	0.59	0.70	1.11	0.63
浙 江	0.60	0.09	0.88	0.27	0.62	0.55	0.32	0.50	0.79	0.78	0.53
河 南	0.20	0.47	0.35	0.18	0.62	0.55	0.87	1.34	0.60	0.22	0.45
山 东	0.20	0.28	0.09	0.09	0.53	0.37	0.32	0.50	0.89	0.78	0.40
黑龙江	0.10	0.09	0.18	0.18	0.45	0.37	0.32	0.42	0.50	0.67	0.32
四 川	0.10	0.00	0.18	0.18	0.00	0.46	0.63	0.25	0.20	0.45	0.25
甘 肃	0.20	0.19	0.18	0.00	0.27	0.37	0.08	0.25	0.20	0.33	0.20
吉 林	0.30	0.09	0.18	0.00	0.27	0.09	0.48	0.25	0.10	0.22	0.20
安 徽	0.20	0.19	0.09	0.00	0.27	0.37	0.32	0.08	0.10	0.22	0.18
福 建	0.30	0.19	0.27	0.09	0.09	0.18	0.24	0.17	0.10	0.11	0.17
广 西	0.10	0.00	0.00	0.27	0.09	0.09	0.24	0.25	0.50	0.22	0.17
湖 南	0.00	0.19	0.27	0.00	0.09	0.09	0.48	0.08	0.40	0.11	0.17
云 南	0.20	0.00	0.18	0.00	0.09	0.28	0.40	0.08	0.20	0.22	0.17
重 庆	0.00	0.00	0.00	0.27	0.00	0.28	0.16	0.17	0.20	0.22	0.13
河 北	0.00	0.00	0.00	0.09	0.09	0.18	0.00	0.08	0.30	0.00	0.08
陕 西	0.00	0.00	0.09	0.09	0.09	0.00	0.16	0.00	0.20	0.11	0.07
海 南	0.00	0.09	0.00	0.00	0.09	0.00	0.08	0.00	0.00	0.33	0.06
天 津	0.00	0.00	0.00	0.00	0.00	0.00	0.00	0.34	0.00	0.00	0.06
辽 宁	0.00	0.00	0.00	0.00	0.00	0.09	0.24	0.00	0.00	0.11	0.05
新 疆	0.00	0.09	0.00	0.00	0.00	0.09	0.08	0.00	0.10	0.11	0.05
内蒙古	0.10	0.00	0.00	0.00	0.00	0.00	0.00	0.00	0.00	0.33	0.04
宁 夏	0.00	0.00	0.09	0.00	0.00	0.00	0.00	0.08	0.00	0.22	0.04
山 西	0.00	0.09	0.00	0.00	0.00	0.09	0.00	0.17	0.00	0.00	0.04
贵 州	0.00	0.00	0.00	0.00	0.00	0.00	0.00	0.00	0.10	0.11	0.03
江 西	0.00	0.00	0.00	0.00	0.00	0.00	0.16	0.08	0.00	0.00	0.03
青 海	0.00	0.00	0.00	0.00	0.00	0.09	0.00	0.00	0.10	0.11	0.03
西 藏	0.00	0.00	0.00	0.00	0.00	0.09	0.00	0.08	0.00	0.11	0.03

三十三　医学化验技术

医学化验技术 A 层人才仅分布在浙江，世界占比为 3.57%。

B 层人才最多的是北京，世界占比为 2.04%；上海、广东也有相当数量的 B 层人才，世界占比分别为 1.67%、1.11%；湖南、浙江、山东、湖北、吉林、黑龙江、江苏、江西、山西、安徽、重庆、福建、甘肃、河南、辽宁、四川、新疆、云南有一定数量的 B 层人才，世界占比均超过 0.1%。

北京、湖南、浙江、上海、广东、江苏有相当数量的 C 层人才，世界占比在 2%~1%；湖北、山东、四川、辽宁、重庆、福建、河南、吉林、黑龙江、安徽、江西、天津、甘肃、河北、广西、陕西、海南、贵州、内蒙古、山西、新疆、云南有一定数量的 C 层人才，世界占比超过或等于 0.1%；宁夏、青海 C 层人才的世界占比均低于 0.1%。

表 9-94　医学化验技术 A 层人才的世界占比

单位：%

省　份	2014 年	2015 年	2016 年	2017 年	2018 年	2019 年	2020 年	2021 年	2022 年	2023 年	合计
浙　江	0.00	25.00	0.00	0.00	0.00	0.00	0.00	0.00	0.00	0.00	3.57

表 9-95　医学化验技术 B 层人才的世界占比

单位：%

省　份	2014 年	2015 年	2016 年	2017 年	2018 年	2019 年	2020 年	2021 年	2022 年	2023 年	合计
北　京	2.17	0.00	0.00	4.26	1.82	0.00	7.69	3.57	1.69	0.00	2.04
上　海	4.35	0.00	0.00	0.00	0.00	1.27	3.85	0.00	3.39	4.76	1.67
广　东	2.17	2.22	1.69	0.00	3.64	0.00	0.00	0.00	0.00	2.38	1.11
湖　南	0.00	2.22	0.00	0.00	0.00	1.27	1.92	1.79	1.69	0.00	0.93
浙　江	0.00	0.00	0.00	2.13	0.00	0.00	1.92	1.79	3.39	0.00	0.93
山　东	0.00	0.00	0.00	2.13	0.00	0.00	0.00	3.57	0.00	2.38	0.74
湖　北	0.00	0.00	0.00	0.00	0.00	5.77	0.00	0.00	0.00	0.00	0.56
吉　林	0.00	0.00	1.69	0.00	0.00	1.27	1.92	0.00	0.00	0.00	0.56
黑龙江	0.00	0.00	0.00	0.00	1.82	0.00	0.00	0.00	1.69	0.00	0.37
江　苏	0.00	0.00	0.00	0.00	0.00	1.27	1.92	0.00	0.00	0.00	0.37
江　西	0.00	0.00	1.69	0.00	0.00	0.00	1.92	0.00	0.00	0.00	0.37
山　西	0.00	0.00	0.00	2.13	0.00	0.00	1.92	0.00	0.00	0.00	0.37
安　徽	0.00	0.00	0.00	0.00	0.00	0.00	0.00	0.00	1.69	0.00	0.19
重　庆	0.00	0.00	0.00	2.13	0.00	0.00	0.00	0.00	0.00	0.00	0.19
福　建	2.00	0.00	0.00	0.00	0.00	0.00	0.00	0.00	1.69	0.00	0.19

续表

省　份	2014 年	2015 年	2016 年	2017 年	2018 年	2019 年	2020 年	2021 年	2022 年	2023 年	合计
甘　肃	0.00	0.00	0.00	0.00	0.00	0.00	1.92	0.00	0.00	0.00	0.19
河　南	0.00	0.00	0.00	0.00	0.00	0.00	1.92	0.00	0.00	0.00	0.19
辽　宁	0.00	0.00	0.00	0.00	0.00	0.00	1.92	0.00	0.00	0.00	0.19
四　川	0.00	0.00	0.00	0.00	0.00	1.27	0.00	0.00	0.00	0.00	0.19
新　疆	0.00	0.00	0.00	0.00	0.00	0.00	0.00	0.00	1.69	0.00	0.19
云　南	0.00	0.00	1.69	0.00	0.00	0.00	0.00	0.00	0.00	0.00	0.19

表 9-96　医学化验技术 C 层人才的世界占比

单位：%

省　份	2014 年	2015 年	2016 年	2017 年	2018 年	2019 年	2020 年	2021 年	2022 年	2023 年	合计
北　京	1.65	1.85	0.57	1.42	1.20	1.65	3.77	1.30	2.22	1.54	1.73
湖　南	1.18	2.08	0.76	0.61	1.00	2.06	3.96	2.42	1.19	1.03	1.67
浙　江	0.24	0.23	0.38	0.41	1.00	1.24	2.08	1.49	5.12	1.29	1.44
上　海	0.94	1.16	0.57	1.42	1.39	1.65	0.75	1.86	1.71	2.57	1.40
广　东	0.71	0.46	0.76	0.20	0.80	1.92	1.32	1.12	2.73	3.08	1.34
江　苏	0.47	0.23	1.33	1.02	0.20	1.79	2.08	0.93	2.05	1.80	1.24
湖　北	0.24	0.23	0.19	0.41	0.40	2.06	2.64	1.12	1.02	0.77	0.99
山　东	0.47	0.69	0.38	0.41	0.40	1.37	1.13	1.12	1.02	0.77	0.82
四　川	0.71	0.23	0.38	0.41	0.40	0.96	0.94	0.93	0.17	1.03	0.62
辽　宁	0.94	0.00	0.38	0.20	0.40	0.55	0.19	0.93	0.85	0.51	0.51
重　庆	0.00	0.23	0.38	0.81	0.60	0.41	0.38	0.56	0.34	0.26	0.41
福　建	0.24	0.00	0.38	0.00	0.40	0.55	0.38	0.37	0.85	0.77	0.41
河　南	0.00	0.00	0.38	0.00	0.80	0.14	0.19	0.37	0.85	1.54	0.41
吉　林	0.00	0.23	0.00	0.00	0.20	0.41	1.13	0.56	0.34	0.77	0.37
黑龙江	0.24	0.00	0.19	0.61	0.40	0.27	0.38	0.19	0.68	0.51	0.35
安　徽	0.00	0.00	0.19	0.00	0.40	0.55	0.00	0.19	1.02	0.51	0.33
江　西	0.00	0.00	0.00	0.61	0.40	0.55	0.38	0.37	0.17	0.51	0.31
天　津	0.24	0.00	0.57	0.20	0.40	0.41	0.19	0.37	0.17	0.51	0.31
甘　肃	0.00	0.23	0.00	0.00	0.60	0.41	0.38	0.19	0.68	0.26	0.29
河　北	0.00	0.23	0.00	0.00	0.40	0.27	0.00	0.37	1.19	0.26	0.29
广　西	0.00	0.00	0.00	0.00	0.20	0.27	0.00	0.19	0.68	0.77	0.21
陕　西	0.71	0.00	0.00	0.00	0.40	0.27	0.19	0.19	0.34	0.00	0.21
海　南	0.00	0.00	0.00	0.00	0.00	0.14	0.19	0.19	0.17	0.77	0.14

省　份	2014 年	2015 年	2016 年	2017 年	2018 年	2019 年	2020 年	2021 年	2022 年	2023 年	合计
贵　州	0.00	0.00	0.19	0.00	0.00	0.14	0.19	0.00	0.34	0.26	0.12
内蒙古	0.00	0.00	0.00	0.00	0.20	0.00	0.19	0.19	0.34	0.00	0.10
山　西	0.00	0.00	0.00	0.00	0.20	0.41	0.00	0.19	0.00	0.00	0.10
新　疆	0.00	0.00	0.38	0.41	0.00	0.00	0.19	0.00	0.00	0.00	0.10
云　南	0.00	0.00	0.00	0.20	0.40	0.14	0.00	0.00	0.00	0.26	0.10
宁　夏	0.00	0.23	0.19	0.00	0.00	0.00	0.00	0.19	0.17	0.00	0.08
青　海	0.00	0.00	0.00	0.00	0.00	0.14	0.00	0.19	0.00	0.26	0.06

三十四　放射医学、核医学和影像医学

放射医学、核医学和影像医学 A 层人才最多的是上海，世界占比为 2.32%；广东 A 层人才的世界占比为 2.14%；北京、湖北、江苏、四川也有相当数量的 A 层人才，世界占比在 2%~1%；湖南、天津、重庆、福建、江西、陕西、山东、浙江、黑龙江有一定数量的 A 层人才，世界占比均超过 0.1%。

B 层人才最多的是北京，世界占比为 2.17%；广东、上海、湖北也有相当数量的 B 层人才，世界占比在 2%~1%；江苏、浙江、四川、陕西、山东、天津、福建、辽宁、湖南、安徽、黑龙江、河南、江西、重庆、吉林有一定数量的 B 层人才，世界占比超过或等于 0.1%；山西、贵州、甘肃、新疆、云南、广西、河北、内蒙古、宁夏 B 层人才的世界占比均低于 0.1%。

C 层人才最多的是北京，世界占比为 2.30%；广东、上海也有相当数量的 C 层人才，世界占比分别为 2.00%、1.89%；江苏、浙江、四川、湖北、山东、福建、辽宁、天津、湖南、重庆、陕西、河南、安徽、黑龙江、山西、广西有一定数量的 C 层人才，世界占比均超过 0.1%；河北、吉林、贵州、江西、甘肃、云南、内蒙古、海南、新疆、宁夏、青海 C 层人才的世界占比均低于 0.1%。

表 9-97 放射医学、核医学和影像医学 A 层人才的世界占比

单位：%

省 份	2014 年	2015 年	2016 年	2017 年	2018 年	2019 年	2020 年	2021 年	2022 年	2023 年	合计
上 海	0.00	0.00	0.00	1.85	0.00	3.23	4.55	6.25	5.08	0.00	2.32
广 东	0.00	0.00	5.88	0.00	1.79	1.61	4.55	3.13	3.39	0.00	2.14
北 京	1.96	0.00	1.96	1.85	0.00	0.00	3.03	3.13	1.69	3.92	1.79
湖 北	0.00	0.00	0.00	0.00	0.00	0.00	12.12	1.56	0.00	0.00	1.61
江 苏	0.00	0.00	1.96	1.85	0.00	0.00	1.52	3.13	1.69	1.96	1.25
四 川	0.00	0.00	0.00	1.85	1.79	0.00	3.03	1.56	1.69	0.00	1.07
湖 南	0.00	0.00	0.00	0.00	0.00	0.00	4.55	0.00	0.00	0.00	0.54
天 津	0.00	0.00	1.96	0.00	0.00	0.00	0.00	1.56	0.00	1.96	0.54
重 庆	0.00	0.00	0.00	0.00	0.00	0.00	1.52	1.56	0.00	0.00	0.36
福 建	0.00	0.00	0.00	0.00	0.00	0.00	0.00	1.56	1.69	0.00	0.36
江 西	0.00	0.00	0.00	0.00	0.00	0.00	1.52	1.56	0.00	0.00	0.36
陕 西	0.00	0.00	0.00	0.00	0.00	1.61	0.00	1.56	0.00	0.00	0.36
山 东	0.00	0.00	0.00	0.00	0.00	0.00	3.03	0.00	0.00	0.00	0.36
浙 江	0.00	0.00	0.00	0.00	0.00	1.61	1.52	0.00	0.00	0.00	0.36
黑龙江	0.00	0.00	0.00	0.00	0.00	0.00	0.00	0.00	0.00	1.96	0.18

表 9-98 放射医学、核医学和影像医学 B 层人才的世界占比

单位：%

省 份	2014 年	2015 年	2016 年	2017 年	2018 年	2019 年	2020 年	2021 年	2022 年	2023 年	合计
北 京	1.30	0.63	0.86	0.82	1.37	2.16	3.19	4.10	3.97	2.31	2.17
广 东	1.09	0.21	0.64	0.21	1.17	1.26	3.69	2.56	3.07	2.50	1.73
上 海	0.43	0.84	0.21	1.03	1.17	1.26	2.35	2.74	1.81	1.54	1.40
湖 北	0.43	0.63	0.00	0.21	0.20	0.72	4.53	1.20	1.26	0.39	1.04
江 苏	0.22	0.00	0.43	0.62	0.39	1.26	0.84	1.20	1.08	1.54	0.79
浙 江	0.22	0.00	0.00	0.82	0.78	0.90	1.85	1.20	0.54	0.96	0.77
四 川	0.87	0.00	0.43	0.41	0.78	0.18	1.17	0.68	1.08	0.77	0.65
陕 西	0.22	0.00	0.21	0.00	0.00	0.36	0.34	0.34	0.54	0.77	0.29
山 东	0.22	0.21	0.21	0.00	0.20	0.18	0.50	0.34	0.18	0.58	0.27
天 津	0.22	0.21	0.21	0.21	0.00	0.18	0.50	0.51	0.18	0.39	0.27
福 建	0.22	0.00	0.00	0.00	0.20	0.18	0.67	0.34	0.18	0.19	0.23
辽 宁	0.00	0.00	0.21	0.62	0.00	0.00	0.34	0.34	0.36	0.39	0.23
湖 南	0.00	0.00	0.00	0.21	0.00	0.00	0.50	0.34	0.36	0.58	0.21

续表

省 份	2014 年	2015 年	2016 年	2017 年	2018 年	2019 年	2020 年	2021 年	2022 年	2023 年	合计
安 徽	0.00	0.00	0.00	0.00	0.00	0.18	0.50	0.17	0.54	0.39	0.19
黑龙江	0.00	0.00	0.00	0.21	0.00	0.00	0.00	0.17	0.90	0.00	0.13
河 南	0.00	0.00	0.21	0.41	0.39	0.00	0.00	0.00	0.00	0.39	0.13
江 西	0.22	0.00	0.00	0.00	0.00	0.18	0.67	0.00	0.18	0.00	0.13
重 庆	0.22	0.00	0.00	0.00	0.00	0.00	0.50	0.17	0.00	0.19	0.12
吉 林	0.00	0.00	0.00	0.00	0.00	0.18	0.34	0.00	0.18	0.00	0.10
山 西	0.00	0.00	0.00	0.00	0.00	0.20	0.36	0.00	0.00	0.19	0.08
贵 州	0.22	0.00	0.00	0.00	0.00	0.00	0.17	0.00	0.18	0.00	0.06
甘 肃	0.00	0.21	0.00	0.00	0.00	0.00	0.17	0.00	0.00	0.00	0.04
新 疆	0.00	0.00	0.00	0.00	0.00	0.00	0.00	0.17	0.00	0.19	0.04
云 南	0.00	0.00	0.00	0.00	0.00	0.20	0.00	0.00	0.00	0.19	0.04
广 西	0.00	0.00	0.00	0.00	0.00	0.00	0.00	0.00	0.00	0.19	0.02
河 北	0.00	0.00	0.00	0.00	0.00	0.00	0.00	0.00	0.18	0.00	0.02
内蒙古	0.22	0.00	0.00	0.00	0.00	0.00	0.00	0.00	0.00	0.00	0.02
宁 夏	0.00	0.00	0.00	0.00	0.00	0.18	0.00	0.00	0.00	0.00	0.02

表 9-99　放射医学、核医学和影像医学 C 层人才的世界占比

单位：%

省 份	2014 年	2015 年	2016 年	2017 年	2018 年	2019 年	2020 年	2021 年	2022 年	2023 年	合计
北 京	1.13	1.28	1.47	1.48	2.06	2.87	2.94	2.78	3.06	3.25	2.30
广 东	0.95	0.97	1.15	1.11	1.72	2.46	2.28	2.90	3.32	2.45	2.00
上 海	0.93	0.91	1.09	0.82	1.28	1.93	2.37	2.73	2.89	3.32	1.89
江 苏	0.64	0.29	0.64	0.51	0.40	0.71	1.16	1.22	1.29	1.21	0.83
浙 江	0.35	0.27	0.36	0.47	0.56	0.87	0.81	1.14	1.53	1.30	0.79
四 川	0.29	0.31	0.43	0.55	0.44	0.87	0.81	1.05	1.25	1.46	0.77
湖 北	0.13	0.13	0.23	0.27	0.32	0.46	0.74	0.65	0.76	0.90	0.48
山 东	0.22	0.22	0.30	0.21	0.22	0.37	0.69	0.54	0.80	0.69	0.44
福 建	0.13	0.11	0.13	0.16	0.16	0.21	0.49	0.63	0.71	0.66	0.36
辽 宁	0.13	0.22	0.06	0.23	0.28	0.48	0.40	0.37	0.52	0.37	0.32
天 津	0.09	0.13	0.17	0.21	0.22	0.34	0.45	0.42	0.48	0.49	0.31
湖 南	0.15	0.15	0.17	0.18	0.10	0.18	0.37	0.54	0.54	0.47	0.30
重 庆	0.20	0.09	0.26	0.12	0.18	0.32	0.40	0.38	0.37	0.44	0.29
陕 西	0.18	0.20	0.13	0.23	0.24	0.39	0.39	0.23	0.32	0.29	0.26

省 份	2014 年	2015 年	2016 年	2017 年	2018 年	2019 年	2020 年	2021 年	2022 年	2023 年	合计
河　南	0.02	0.18	0.26	0.21	0.14	0.32	0.39	0.24	0.54	0.26	0.26
安　徽	0.04	0.04	0.09	0.06	0.22	0.32	0.34	0.31	0.43	0.40	0.24
黑龙江	0.04	0.09	0.09	0.08	0.24	0.12	0.17	0.17	0.34	0.35	0.17
山　西	0.00	0.07	0.06	0.04	0.06	0.14	0.10	0.23	0.28	0.35	0.14
广　西	0.07	0.00	0.04	0.04	0.06	0.09	0.13	0.10	0.26	0.24	0.11
河　北	0.04	0.00	0.00	0.00	0.04	0.09	0.17	0.10	0.20	0.18	0.09
吉　林	0.02	0.02	0.04	0.04	0.02	0.05	0.18	0.14	0.19	0.11	0.09
贵　州	0.02	0.00	0.02	0.02	0.02	0.09	0.12	0.07	0.13	0.11	0.06
江　西	0.02	0.00	0.02	0.02	0.06	0.05	0.07	0.12	0.06	0.15	0.06
甘　肃	0.02	0.04	0.02	0.00	0.04	0.04	0.08	0.00	0.20	0.09	0.06
云　南	0.00	0.00	0.04	0.00	0.06	0.04	0.08	0.02	0.09	0.11	0.05
内蒙古	0.00	0.00	0.02	0.00	0.00	0.05	0.08	0.07	0.04	0.11	0.05
海　南	0.00	0.00	0.00	0.00	0.02	0.02	0.03	0.03	0.07	0.15	0.03
新　疆	0.00	0.00	0.00	0.00	0.02	0.02	0.00	0.03	0.04	0.02	0.02
宁　夏	0.00	0.00	0.00	0.00	0.00	0.00	0.00	0.00	0.04	0.00	0.01
青　海	0.00	0.00	0.00	0.00	0.00	0.00	0.00	0.02	0.00	0.04	0.01

三十五　法医学

各省份均没有法医学 A 层人才。

B 层人才仅分布在北京、辽宁、陕西、山东、河南、天津；其中，B 层人才最多的是北京，世界占比为 1.31%；辽宁、陕西、山东、河南、天津有一定数量的 B 层人才，世界占比均超过 0.3%。

C 层人才最多的是四川，世界占比为 1.18%；北京也有相当数量的 C 层人才，世界占比为 1.06%；上海、广东、江苏、辽宁、山西、重庆、陕西、湖北、湖南、贵州、海南、福建、河南、浙江、广西、内蒙古、山东有一定数量的 C 层人才，世界占比均超过 0.1%；甘肃、吉林、天津、新疆、云南、河北、江西、青海 C 层人才的世界占比均低于 0.1%。

表 9-100　法医学 B 层人才的世界占比

单位：%

省　份	2014 年	2015 年	2016 年	2017 年	2018 年	2019 年	2020 年	2021 年	2022 年	2023 年	合计
北　京	0.00	3.03	0.00	0.00	5.56	0.00	2.50	0.00	0.00	0.00	1.31
辽　宁	0.00	0.00	0.00	2.38	5.56	0.00	0.00	0.00	0.00	0.00	0.98
陕　西	0.00	0.00	0.00	0.00	2.78	2.78	0.00	0.00	0.00	0.00	0.65
山　东	0.00	0.00	0.00	0.00	2.78	0.00	2.50	0.00	0.00	0.00	0.65
河　南	0.00	0.00	0.00	0.00	2.78	0.00	0.00	0.00	0.00	0.00	0.33
天　津	0.00	0.00	0.00	0.00	2.78	0.00	0.00	0.00	0.00	0.00	0.33

表 9-101　法医学 C 层人才的世界占比

单位：%

省　份	2014 年	2015 年	2016 年	2017 年	2018 年	2019 年	2020 年	2021 年	2022 年	2023 年	合计
四　川	0.30	0.35	0.62	1.90	1.19	2.56	0.54	1.27	1.24	1.67	1.18
北　京	0.61	0.35	2.18	0.48	2.08	0.85	0.81	0.95	1.24	1.25	1.06
上　海	0.91	0.69	0.31	1.19	1.78	1.99	0.54	0.63	0.83	0.42	0.96
广　东	0.61	0.00	0.31	1.19	0.89	1.42	0.81	1.90	1.24	0.00	0.87
江　苏	0.00	0.00	0.31	0.95	0.89	1.70	1.36	0.63	0.41	0.83	0.75
辽　宁	0.00	0.35	0.93	0.48	0.59	0.85	0.27	0.63	0.00	0.83	0.50
山　西	0.00	0.00	0.31	0.00	0.30	0.00	0.27	1.27	1.24	1.25	0.40
重　庆	0.30	0.00	0.00	0.48	0.30	0.00	0.27	1.59	0.41	0.00	0.34
陕　西	0.00	0.35	0.31	0.24	0.00	0.85	0.27	0.63	0.41	0.00	0.31
湖　北	0.30	0.69	0.62	0.00	0.30	0.28	0.27	0.32	0.00	0.00	0.28
湖　南	0.00	0.00	0.31	0.24	0.30	0.57	0.54	0.32	0.41	0.00	0.28
贵　州	0.00	0.00	0.00	0.48	0.59	0.28	0.00	0.32	0.83	0.00	0.25
海　南	0.00	0.00	0.00	0.24	0.59	0.28	0.27	0.32	0.41	0.00	0.22
福　建	0.00	0.00	0.00	0.00	0.30	0.00	0.00	0.95	0.41	0.00	0.16
河　南	0.00	0.00	0.31	0.00	0.00	0.85	0.00	0.32	0.00	0.00	0.16
浙　江	0.00	0.35	0.00	0.24	0.30	0.57	0.00	0.00	0.00	0.00	0.16
广　西	0.00	0.00	0.31	0.24	0.00	0.57	0.00	0.32	0.00	0.00	0.12
内蒙古	0.00	0.00	0.00	0.00	0.30	0.28	0.27	0.32	0.00	0.00	0.12
山　东	0.00	0.35	0.00	0.00	0.00	0.28	0.27	0.00	0.00	0.42	0.12
甘　肃	0.00	0.00	0.00	0.00	0.59	0.28	0.00	0.00	0.00	0.00	0.09
吉　林	0.00	0.00	0.31	0.00	0.00	0.00	0.00	0.32	0.00	0.42	0.09
天　津	0.30	0.00	0.62	0.00	0.00	0.00	0.00	0.00	0.00	0.00	0.09

续表

省　份	2014 年	2015 年	2016 年	2017 年	2018 年	2019 年	2020 年	2021 年	2022 年	2023 年	合计
新　疆	0.00	0.00	0.31	0.00	0.00	0.28	0.00	0.00	0.00	0.42	0.09
云　南	0.30	0.00	0.31	0.00	0.00	0.28	0.00	0.00	0.00	0.00	0.09
河　北	0.00	0.00	0.00	0.00	0.00	0.00	0.00	0.32	0.00	0.42	0.06
江　西	0.00	0.00	0.00	0.00	0.00	0.28	0.00	0.00	0.41	0.00	0.06
青　海	0.00	0.00	0.00	0.00	0.00	0.28	0.00	0.00	0.00	0.00	0.03

三十六　老年病学和老年医学

老年病学和老年医学 A、B、C 层人才最多的均为北京，世界占比分别为 4.48%、2.09%、2.35%。

山东、上海、天津有相当数量的 A 层人才，世界占比在 3%～1%；安徽、广东、河南、浙江有一定数量的 A 层人才，世界占比均为 0.75%。

上海、广东有相当数量的 B 层人才，世界占比分别为 1.23%、1.11%；浙江、四川、湖南、湖北、江苏、山东、辽宁、重庆、河北、河南、安徽、福建、甘肃、广西、江西、陕西、天津、云南有一定数量的 B 层人才，世界占比均超过 0.1%；海南、黑龙江、吉林 B 层人才的世界占比均为 0.06%。

上海、广东、江苏、浙江有相当数量的 C 层人才，世界占比在 2%～1%；四川、山东、湖北、湖南、辽宁、河南、重庆、天津、吉林、福建、河北、安徽、黑龙江、江西、云南、陕西、广西、贵州、甘肃、山西有一定数量的 C 层人才，世界占比超过或等于 0.1%；新疆、海南、内蒙古、青海、宁夏、西藏 C 层人才的世界占比均低于 0.1%。

表 9-102　老年病学和老年医学 A 层人才的世界占比

单位：%

省　份	2014 年	2015 年	2016 年	2017 年	2018 年	2019 年	2020 年	2021 年	2022 年	2023 年	合计
北　京	9.09	0.00	0.00	0.00	0.00	0.00	10.00	7.14	8.70	0.00	4.48
山　东	0.00	0.00	0.00	0.00	0.00	0.00	10.00	0.00	4.35	0.00	2.24

续表

省　份	2014 年	2015 年	2016 年	2017 年	2018 年	2019 年	2020 年	2021 年	2022 年	2023 年	合计
上　海	0.00	0.00	0.00	0.00	0.00	0.00	5.00	0.00	4.35	5.88	2.24
天　津	0.00	0.00	0.00	0.00	0.00	0.00	0.00	7.14	4.35	0.00	1.49
安　徽	0.00	0.00	7.69	0.00	0.00	0.00	0.00	0.00	0.00	0.00	0.75
广　东	0.00	0.00	0.00	0.00	0.00	0.00	0.00	7.14	0.00	0.00	0.75
河　南	0.00	0.00	0.00	0.00	0.00	0.00	5.00	0.00	0.00	0.00	0.75
浙　江	0.00	0.00	0.00	0.00	0.00	0.00	0.00	0.00	4.35	0.00	0.75

表 9-103　老年病学和老年医学 B 层人才的世界占比

单位：%

省　份	2014 年	2015 年	2016 年	2017 年	2018 年	2019 年	2020 年	2021 年	2022 年	2023 年	合计
北　京	0.00	0.95	0.84	3.05	1.36	2.55	2.21	2.45	2.35	3.15	2.09
上　海	0.00	0.95	0.00	0.76	0.68	2.55	3.87	0.00	1.41	1.35	1.23
广　东	0.00	0.95	0.00	0.76	0.00	0.64	2.21	2.45	1.41	0.90	1.11
浙　江	0.97	0.95	0.00	0.76	0.00	0.00	1.66	2.04	0.94	0.90	0.92
四　川	0.00	0.95	1.68	0.76	1.36	0.64	0.55	0.41	1.41	0.90	0.86
湖　南	0.00	0.00	0.00	0.00	0.68	0.64	1.10	0.82	0.47	1.80	0.68
湖　北	0.00	0.00	0.00	0.00	0.68	0.00	1.66	0.82	1.41	0.45	0.62
江　苏	0.00	0.00	0.00	0.00	0.68	0.64	0.00	0.41	1.88	0.90	0.55
山　东	0.00	0.00	0.00	0.00	0.00	1.27	5.00	0.00	0.94	1.80	0.49
辽　宁	0.97	0.00	0.00	0.00	0.00	0.64	0.55	0.41	0.00	0.45	0.31
重　庆	0.00	0.00	0.00	0.00	0.00	0.00	1.10	0.00	0.00	0.45	0.18
河　北	0.00	0.00	0.00	0.00	0.00	0.00	1.10	0.00	0.00	0.45	0.18
河　南	0.00	0.00	0.00	0.00	0.00	0.00	0.55	0.82	0.00	0.00	0.18
安　徽	0.00	0.00	0.00	0.76	0.00	0.00	0.00	0.00	0.45	0.00	0.12
福　建	0.00	0.00	0.00	0.00	0.68	0.00	0.55	0.00	0.00	0.00	0.12
甘　肃	0.00	0.00	0.00	0.00	0.00	0.00	0.55	0.00	0.00	0.00	0.12
广　西	0.00	0.00	0.00	0.00	0.00	0.00	0.00	0.00	0.90	0.00	0.12
江　西	0.00	0.00	0.00	0.00	0.00	0.00	1.10	0.00	0.00	0.00	0.12
陕　西	0.00	0.00	0.00	0.00	0.00	0.00	0.00	0.47	0.45	0.00	0.12
天　津	0.00	0.00	0.00	0.00	0.00	0.64	0.00	0.41	0.00	0.00	0.12
云　南	0.00	0.00	0.00	0.00	0.00	0.00	0.55	0.00	0.45	0.00	0.12
海　南	0.00	0.00	0.00	0.00	0.00	0.00	0.00	0.00	0.45	0.00	0.06
黑龙江	0.00	0.00	0.00	0.00	0.68	0.00	0.00	0.00	0.00	0.00	0.06
吉　林	0.00	0.00	0.00	0.00	0.00	0.00	0.00	0.00	0.47	0.00	0.06

表 9-104　老年病学和老年医学 C 层人才的世界占比

单位：%

省　份	2014 年	2015 年	2016 年	2017 年	2018 年	2019 年	2020 年	2021 年	2022 年	2023 年	合计
北　京	0.60	0.84	1.44	2.23	2.28	2.30	2.03	3.20	3.19	3.29	2.35
上　海	0.30	0.93	0.68	0.88	0.73	1.90	2.38	2.39	2.90	2.69	1.80
广　东	0.20	0.37	0.59	0.48	0.96	2.23	1.86	2.25	2.06	2.96	1.61
江　苏	0.20	0.37	0.51	0.40	1.03	1.70	1.80	1.89	2.20	2.03	1.40
浙　江	0.30	0.28	0.25	0.24	0.44	1.05	2.15	2.25	1.87	2.03	1.29
四　川	0.50	0.19	0.42	0.72	0.44	0.79	0.93	1.17	1.50	2.14	0.99
山　东	0.40	0.47	0.25	0.48	0.51	0.33	1.04	1.71	0.98	1.48	0.88
湖　北	0.00	0.09	0.59	0.56	0.73	0.85	1.28	1.17	1.03	1.37	0.87
湖　南	0.10	0.19	0.08	0.16	0.37	0.46	0.99	1.76	0.75	1.26	0.74
辽　宁	0.10	0.28	0.34	0.72	0.29	0.46	0.46	0.41	0.80	1.15	0.54
河　南	0.00	0.00	0.08	0.08	0.15	0.92	0.35	0.81	0.66	0.71	0.45
重　庆	0.10	0.09	0.08	0.16	0.15	0.33	0.93	0.59	0.61	0.44	0.41
天　津	0.10	0.09	0.25	0.32	0.66	0.66	0.29	0.23	0.28	0.77	0.38
吉　林	0.00	0.00	0.17	0.24	0.37	0.26	0.46	0.41	0.14	0.93	0.33
福　建	0.00	0.00	0.42	0.16	0.37	0.33	0.58	0.45	0.33	0.33	0.33
河　北	0.10	0.00	0.08	0.32	0.29	0.13	0.35	0.54	0.33	0.44	0.29
安　徽	0.00	0.00	0.00	0.00	0.22	0.20	0.17	0.45	0.28	0.71	0.25
黑龙江	0.20	0.19	0.00	0.16	0.22	0.52	0.52	0.23	0.19	0.16	0.25
江　西	0.00	0.00	0.08	0.08	0.00	0.20	0.17	0.45	0.33	0.55	0.23
云　南	0.00	0.00	0.00	0.16	0.00	0.46	0.17	0.23	0.33	0.60	0.23
陕　西	0.00	0.00	0.00	0.24	0.44	0.39	0.29	0.18	0.28	0.16	0.22
广　西	0.00	0.00	0.00	0.08	0.15	0.26	0.35	0.32	0.14	0.44	0.20
贵　州	0.00	0.00	0.08	0.08	0.00	0.07	0.23	0.14	0.19	0.27	0.12
甘　肃	0.00	0.00	0.08	0.00	0.00	0.13	0.06	0.23	0.05	0.38	0.11
山　西	0.00	0.00	0.00	0.08	0.07	0.20	0.06	0.18	0.14	0.16	0.10
新　疆	0.00	0.00	0.17	0.00	0.00	0.07	0.06	0.14	0.09	0.11	0.07
海　南	0.00	0.00	0.00	0.00	0.07	0.00	0.00	0.05	0.00	0.16	0.04
内蒙古	0.00	0.09	0.00	0.00	0.00	0.13	0.00	0.09	0.00	0.05	0.04
青　海	0.00	0.00	0.00	0.00	0.00	0.00	0.06	0.05	0.05	0.05	0.03
宁　夏	0.00	0.00	0.00	0.00	0.00	0.07	0.00	0.05	0.05	0.00	0.02
西　藏	0.00	0.00	0.00	0.00	0.00	0.00	0.00	0.00	0.05	0.00	0.01

三十七　初级卫生保健

初级卫生保健 A 层人才仅分布在湖北，世界占比为 3.13%。

B 层人才最多的是北京，世界占比为 0.53%；安徽、广东、广西、黑龙江、陕西、山东、四川有一定数量的 B 层人才，世界占比均为 0.26%。

C 层人才最多的是广东，世界占比为 0.34%；湖北、北京、上海、浙江、山东有一定数量的 C 层人才，世界占比均超过 0.1%；江苏、江西、安徽、海南、河南、辽宁、重庆、广西、河北、黑龙江、湖南、内蒙古、吉林、宁夏、山西、四川、天津、新疆、云南 C 层人才的世界占比均低于 0.1%。

表 9-105　初级卫生保健 A 层人才的世界占比

单位：%

省　份	2014 年	2015 年	2016 年	2017 年	2018 年	2019 年	2020 年	2021 年	2022 年	2023 年	合计
湖　北	0.00	0.00	0.00	0.00	0.00	0.00	25.00	0.00	0.00	0.00	3.13

表 9-106　初级卫生保健 B 层人才的世界占比

单位：%

省　份	2014 年	2015 年	2016 年	2017 年	2018 年	2019 年	2020 年	2021 年	2022 年	2023 年	合计
北　京	0.00	0.00	0.00	0.00	0.00	0.00	1.92	0.00	2.86	0.00	0.53
安　徽	0.00	0.00	0.00	0.00	0.00	0.00	0.00	0.00	2.86	0.00	0.26
广　东	0.00	0.00	0.00	0.00	0.00	0.00	1.92	0.00	0.00	0.00	0.26
广　西	0.00	0.00	0.00	0.00	0.00	0.00	1.92	0.00	0.00	0.00	0.26
黑龙江	0.00	0.00	0.00	0.00	0.00	0.00	0.00	0.00	2.86	0.00	0.26
陕　西	0.00	0.00	0.00	0.00	0.00	0.00	0.00	0.00	2.86	0.00	0.26
山　东	0.00	0.00	0.00	0.00	0.00	0.00	1.92	0.00	0.00	0.00	0.26
四　川	0.00	0.00	0.00	0.00	0.00	0.00	0.00	2.22	0.00	0.00	0.26

表 9-107　初级卫生保健 C 层人才的世界占比

单位：%

省　份	2014 年	2015 年	2016 年	2017 年	2018 年	2019 年	2020 年	2021 年	2022 年	2023 年	合计
广　东	0.66	1.11	0.00	0.00	0.00	0.00	0.21	0.66	0.40	0.32	0.34
湖　北	0.00	0.00	0.33	0.63	0.63	0.00	0.43	0.44	0.40	0.00	0.29
北　京	0.33	0.28	0.00	0.00	0.00	0.22	0.85	0.22	0.20	0.32	0.26
上　海	0.00	0.00	0.00	0.32	0.31	0.22	0.21	0.66	0.00	0.00	0.18
浙　江	0.00	0.28	0.00	0.32	0.00	0.00	0.43	0.44	0.20	0.00	0.18
山　东	0.33	0.00	0.33	0.00	0.00	0.00	0.21	0.22	0.20	0.32	0.16
江　苏	0.00	0.28	0.33	0.00	0.00	0.00	0.21	0.00	0.00	0.00	0.08
江　西	0.00	0.00	0.00	0.00	0.00	0.31	0.00	0.21	0.00	0.00	0.08
安　徽	0.00	0.28	0.00	0.00	0.00	0.00	0.00	0.22	0.00	0.00	0.05
海　南	0.00	0.00	0.00	0.00	0.00	0.22	0.21	0.00	0.00	0.00	0.05
河　南	0.00	0.28	0.00	0.00	0.00	0.00	0.21	0.00	0.00	0.00	0.05
辽　宁	0.00	0.00	0.00	0.00	0.00	0.00	0.21	0.00	0.20	0.00	0.05
重　庆	0.00	0.00	0.00	0.00	0.00	0.00	0.00	0.00	0.20	0.00	0.03
广　西	0.00	0.00	0.00	0.00	0.00	0.00	0.00	0.00	0.20	0.00	0.03
河　北	0.00	0.00	0.00	0.00	0.00	0.00	0.00	0.00	0.20	0.00	0.03
黑龙江	0.00	0.00	0.00	0.00	0.00	0.00	0.00	0.00	0.20	0.00	0.03
湖　南	0.00	0.00	0.00	0.00	0.00	0.00	0.00	0.22	0.00	0.00	0.03
内蒙古	0.00	0.00	0.00	0.00	0.00	0.00	0.00	0.00	0.20	0.00	0.03
吉　林	0.00	0.00	0.00	0.00	0.00	0.00	0.00	0.22	0.00	0.00	0.03
宁　夏	0.00	0.00	0.00	0.00	0.00	0.00	0.00	0.22	0.00	0.00	0.03
山　西	0.00	0.00	0.00	0.32	0.00	0.00	0.00	0.00	0.00	0.00	0.03
四　川	0.00	0.00	0.00	0.00	0.00	0.00	0.00	0.00	0.20	0.00	0.03
天　津	0.00	0.00	0.00	0.00	0.00	0.00	0.00	0.22	0.00	0.00	0.03
新　疆	0.00	0.00	0.00	0.00	0.00	0.00	0.21	0.00	0.00	0.00	0.03
云　南	0.00	0.00	0.00	0.00	0.00	0.00	0.00	0.22	0.00	0.00	0.03

三十八　公共卫生、环境卫生和职业卫生

公共卫生、环境卫生和职业卫生 A、B、C 层人才最多的均为北京，世界占比分别为 1.65%、1.52%、1.95%。

湖北、上海、广东、山东、浙江、安徽、福建、江苏、重庆、河北、河

南、湖南、辽宁、四川、天津有一定数量的 A 层人才，世界占比均超过 0.1%。

江苏、上海、广东、湖北、四川、浙江、山东、天津、湖南、重庆、河南、安徽、福建、黑龙江、甘肃、陕西有一定数量的 B 层人才，世界占比超过或等于 0.1%；吉林、辽宁、云南、河北、贵州、江西、山西、新疆、广西、海南、西藏、内蒙古、宁夏 B 层人才的世界占比均低于 0.1%。

广东有相当数量的 C 层人才，世界占比为 1.04%；江苏、上海、湖北、浙江、山东、四川、湖南、河南、安徽、重庆、天津、陕西、黑龙江、辽宁、福建、甘肃、吉林、江西、广西、河北有一定数量的 C 层人才，世界占比超过或等于 0.1%；贵州、云南、海南、山西、新疆、内蒙古、宁夏、青海、西藏 C 层人才的世界占比均低于 0.1%。

表 9-108　公共卫生、环境卫生和职业卫生 A 层人才的世界占比

单位：%

省份	2014 年	2015 年	2016 年	2017 年	2018 年	2019 年	2020 年	2021 年	2022 年	2023 年	合计
北　京	3.45	0.00	0.00	0.00	3.49	2.20	0.90	2.31	1.22	0.00	1.65
湖　北	0.00	0.00	0.00	0.00	0.00	2.20	0.90	0.77	1.22	1.01	0.83
上　海	0.00	0.00	0.00	0.00	0.00	2.20	0.90	0.00	2.44	1.01	0.83
广　东	0.00	0.00	0.00	0.00	1.16	0.00	0.90	1.54	1.22	0.00	0.69
山　东	1.72	0.00	0.00	0.00	1.16	1.10	0.00	0.00	0.00	0.00	0.55
浙　江	1.72	0.00	0.00	0.00	1.16	0.00	0.90	0.00	0.00	1.01	0.55
安　徽	0.00	0.00	0.00	0.00	0.00	1.10	0.90	0.00	0.00	0.00	0.28
福　建	0.00	0.00	0.00	0.00	1.16	0.00	0.00	0.00	0.00	1.01	0.28
江　苏	0.00	0.00	0.00	0.00	1.16	0.00	0.00	0.00	0.00	0.00	0.28
重　庆	1.72	0.00	0.00	0.00	0.00	0.00	0.00	0.00	0.00	0.00	0.14
河　北	0.00	0.00	0.00	0.00	1.16	0.00	0.00	0.00	0.00	0.00	0.14
河　南	0.00	0.00	0.00	0.00	1.16	0.00	0.00	0.00	0.00	0.00	0.14
湖　南	0.00	0.00	0.00	0.00	1.16	0.00	0.00	0.00	0.00	0.00	0.14
辽　宁	0.00	0.00	0.00	0.00	1.16	0.00	0.00	0.00	0.00	0.00	0.14
四　川	0.00	0.00	0.00	0.00	0.00	0.00	0.00	0.00	0.00	1.01	0.14
天　津	0.00	0.00	0.00	0.00	0.00	0.00	0.00	0.00	0.00	1.01	0.14

表 9-109 公共卫生、环境卫生和职业卫生 B 层人才的世界占比

单位：%

省 份	2014 年	2015 年	2016 年	2017 年	2018 年	2019 年	2020 年	2021 年	2022 年	2023 年	合计
北 京	0.95	0.73	1.61	0.84	1.03	1.63	2.08	0.99	1.76	2.86	1.52
江 苏	0.38	0.44	0.88	0.28	0.26	0.88	0.89	0.91	0.96	1.33	0.78
上 海	0.76	0.88	0.73	0.84	0.90	0.38	0.50	0.74	1.04	0.72	0.75
广 东	0.38	0.44	0.59	0.28	0.52	0.63	0.89	1.49	0.72	0.82	0.74
湖 北	0.76	0.73	0.73	0.28	0.26	0.63	0.99	0.33	0.64	0.31	0.56
四 川	0.57	0.59	0.59	0.00	0.13	0.25	0.40	0.41	0.88	0.61	0.46
浙 江	0.19	0.29	0.00	0.14	0.26	0.38	0.20	0.66	0.48	1.53	0.46
山 东	0.38	0.29	0.00	0.00	0.13	0.25	0.40	0.66	0.64	1.12	0.44
天 津	0.76	0.44	0.73	0.14	0.26	0.38	0.20	0.25	0.56	0.31	0.38
湖 南	0.00	0.44	0.73	0.28	0.39	0.25	0.20	0.17	0.40	0.61	0.35
重 庆	0.38	0.44	0.29	0.00	0.26	0.38	0.10	0.25	0.16	0.20	0.23
河 南	0.00	0.00	0.00	0.00	0.00	0.38	0.30	0.17	0.16	0.72	0.20
安 徽	0.00	0.00	0.00	0.14	0.13	0.38	0.10	0.41	0.16	0.31	0.19
福 建	0.19	0.00	0.00	0.00	0.00	0.13	0.10	0.17	0.48	0.20	0.15
黑龙江	0.00	0.00	0.00	0.00	0.00	0.00	0.20	0.17	0.16	0.51	0.13
甘 肃	0.00	0.00	0.00	0.00	0.13	0.13	0.20	0.17	0.00	0.31	0.10
陕 西	0.00	0.00	0.00	0.00	0.00	0.00	0.00	0.17	0.32	0.31	0.10
吉 林	0.00	0.00	0.00	0.00	0.00	0.13	0.10	0.00	0.16	0.31	0.08
辽 宁	0.00	0.00	0.00	0.00	0.13	0.00	0.10	0.00	0.24	0.20	0.08
云 南	0.00	0.00	0.29	0.00	0.00	0.00	0.10	0.17	0.00	0.20	0.08
河 北	0.00	0.00	0.00	0.00	0.00	0.00	0.30	0.00	0.08	0.20	0.07
贵 州	0.00	0.00	0.00	0.00	0.00	0.00	0.10	0.17	0.08	0.10	0.06
江 西	0.00	0.15	0.00	0.00	0.00	0.13	0.00	0.00	0.16	0.00	0.05
山 西	0.00	0.00	0.00	0.00	0.00	0.00	0.10	0.00	0.08	0.20	0.05
新 疆	0.00	0.00	0.00	0.00	0.00	0.00	0.00	0.08	0.16	0.10	0.05
广 西	0.00	0.00	0.00	0.00	0.00	0.00	0.00	0.00	0.08	0.10	0.03
海 南	0.00	0.00	0.00	0.00	0.00	0.00	0.10	0.00	0.16	0.00	0.03
西 藏	0.00	0.00	0.15	0.00	0.00	0.00	0.00	0.08	0.00	0.00	0.02
内蒙古	0.00	0.00	0.00	0.00	0.00	0.00	0.00	0.00	0.00	0.10	0.01
宁 夏	0.00	0.00	0.00	0.00	0.00	0.00	0.00	0.00	0.00	0.10	0.01

表 9-110 公共卫生、环境卫生和职业卫生 C 层人才的世界占比

单位：%

省　份	2014 年	2015 年	2016 年	2017 年	2018 年	2019 年	2020 年	2021 年	2022 年	2023 年	合计
北　京	0.92	1.15	1.14	1.37	1.48	2.11	2.04	1.87	2.90	3.14	1.95
广　东	0.29	0.34	0.58	0.52	0.79	1.20	1.03	1.19	1.48	2.00	1.04
江　苏	0.19	0.28	0.42	0.46	0.50	0.93	1.01	1.08	1.74	1.52	0.93
上　海	0.56	0.59	0.49	0.61	0.63	0.85	0.82	0.83	1.26	1.46	0.86
湖　北	0.10	0.31	0.44	0.42	0.49	0.92	1.04	0.87	1.12	0.94	0.74
浙　江	0.19	0.10	0.26	0.18	0.30	0.49	0.60	0.55	1.37	0.88	0.57
山　东	0.17	0.10	0.21	0.25	0.20	0.42	0.43	0.52	0.88	0.96	0.47
四　川	0.06	0.07	0.23	0.15	0.40	0.45	0.48	0.42	0.77	0.73	0.42
湖　南	0.12	0.23	0.29	0.32	0.25	0.29	0.51	0.42	0.72	0.71	0.42
河　南	0.02	0.03	0.05	0.13	0.09	0.17	0.34	0.40	0.55	0.67	0.29
安　徽	0.10	0.05	0.03	0.11	0.18	0.35	0.29	0.23	0.39	0.47	0.25
重　庆	0.06	0.10	0.03	0.06	0.16	0.23	0.26	0.19	0.49	0.52	0.24
天　津	0.06	0.08	0.02	0.11	0.12	0.21	0.22	0.29	0.49	0.37	0.23
陕　西	0.04	0.03	0.03	0.07	0.11	0.29	0.38	0.22	0.43	0.36	0.23
黑龙江	0.12	0.03	0.08	0.11	0.17	0.24	0.26	0.21	0.39	0.33	0.22
辽　宁	0.08	0.16	0.10	0.11	0.12	0.15	0.21	0.28	0.35	0.27	0.20
福　建	0.06	0.03	0.03	0.07	0.11	0.12	0.27	0.25	0.43	0.35	0.20
甘　肃	0.04	0.07	0.03	0.03	0.09	0.09	0.11	0.13	0.20	0.29	0.12
吉　林	0.02	0.05	0.05	0.08	0.07	0.03	0.10	0.16	0.28	0.20	0.12
江　西	0.04	0.03	0.05	0.06	0.07	0.10	0.08	0.12	0.22	0.25	0.11
广　西	0.02	0.02	0.05	0.08	0.04	0.06	0.09	0.11	0.23	0.21	0.10
河　北	0.02	0.05	0.02	0.07	0.04	0.14	0.14	0.03	0.11	0.29	0.10
贵　州	0.00	0.02	0.02	0.04	0.08	0.06	0.09	0.10	0.15	0.15	0.08
云　南	0.00	0.07	0.00	0.04	0.09	0.07	0.08	0.08	0.14	0.19	0.08
海　南	0.00	0.00	0.03	0.01	0.04	0.00	0.06	0.04	0.06	0.17	0.16	0.07
山　西	0.02	0.02	0.02	0.04	0.01	0.06	0.06	0.03	0.17	0.16	0.07
新　疆	0.00	0.07	0.02	0.01	0.04	0.03	0.08	0.07	0.13	0.12	0.07
内蒙古	0.00	0.00	0.03	0.06	0.03	0.00	0.01	0.03	0.09	0.12	0.04
宁　夏	0.04	0.00	0.00	0.03	0.03	0.00	0.05	0.06	0.03	0.02	0.03
青　海	0.00	0.02	0.00	0.01	0.00	0.01	0.01	0.01	0.03	0.03	0.01
西　藏	0.00	0.00	0.00	0.00	0.00	0.00	0.02	0.03	0.03	0.02	0.01

三十九 热带医学

热带医学 A 层人才最多的是北京、广东、上海，世界占比均为 2.15%；重庆、黑龙江、河南、江苏、辽宁、四川也有相当数量的 A 层人才，世界占比均为 1.08%。

B 层人才最多的是北京、广东，世界占比均为 0.97%；上海、福建、黑龙江、甘肃、河南、江苏、吉林、山东、广西、辽宁、四川、新疆有一定数量的 B 层人才，世界占比均超过 0.1%；安徽、贵州、海南、河北、湖北、湖南、陕西、云南、浙江 B 层人才的世界占比均为 0.09%。

C 层人才最多的是北京，世界占比为 0.98%；上海、广东、江苏、河南、湖北、山东、浙江、甘肃、云南、湖南、吉林、广西、黑龙江、四川、安徽、海南有一定数量的 C 层人才，世界占比均超过 0.1%；新疆、重庆、陕西、辽宁、青海、福建、内蒙古、西藏、宁夏、天津、贵州、河北、江西、山西 C 层人才的世界占比均低于 0.1%。

表 9-111 热带医学 A 层人才的世界占比

单位：%

省 份	2014 年	2015 年	2016 年	2017 年	2018 年	2019 年	2020 年	2021 年	2022 年	2023 年	合计
北 京	0.00	0.00	0.00	0.00	0.00	0.00	0.00	7.69	0.00	20.00	2.15
广 东	0.00	0.00	0.00	0.00	0.00	0.00	10.00	7.69	0.00	0.00	2.15
上 海	0.00	0.00	0.00	0.00	0.00	0.00	0.00	0.00	0.00	40.00	2.15
重 庆	0.00	0.00	0.00	0.00	0.00	0.00	0.00	0.00	0.00	20.00	1.08
黑龙江	0.00	0.00	0.00	0.00	0.00	0.00	10.00	0.00	0.00	0.00	1.08
河 南	0.00	0.00	0.00	0.00	0.00	0.00	0.00	0.00	0.00	20.00	1.08
江 苏	0.00	0.00	0.00	0.00	0.00	0.00	10.00	0.00	0.00	0.00	1.08
辽 宁	0.00	0.00	0.00	0.00	0.00	0.00	0.00	0.00	0.00	20.00	1.08
四 川	0.00	0.00	0.00	0.00	0.00	0.00	10.00	0.00	0.00	0.00	1.08

表9-112　热带医学 B 层人才的世界占比

单位：%

省　份	2014 年	2015 年	2016 年	2017 年	2018 年	2019 年	2020 年	2021 年	2022 年	2023 年	合计
北　京	1.49	0.00	1.06	0.00	0.81	1.50	4.08	0.76	0.00	1.22	0.97
广　东	1.49	0.00	0.00	1.12	0.81	0.75	4.08	0.76	0.00	1.22	0.97
上　海	0.00	0.71	0.00	0.00	0.81	0.00	2.04	0.00	1.12	1.22	0.53
福　建	0.00	0.00	0.00	0.00	0.00	0.00	2.04	0.76	1.12	0.00	0.35
黑龙江	0.00	0.00	0.00	0.00	1.61	0.00	0.00	0.76	0.00	1.22	0.35
甘　肃	0.00	0.71	0.00	0.00	1.61	0.00	0.00	0.00	0.00	0.00	0.26
河　南	0.00	0.00	0.00	0.00	0.00	0.00	1.02	0.76	0.00	1.22	0.26
江　苏	0.00	0.71	0.00	0.00	0.00	0.00	1.02	0.00	0.00	1.22	0.26
吉　林	0.00	0.71	0.00	0.00	1.61	0.00	0.00	0.00	0.00	0.00	0.26
山　东	0.00	0.00	0.00	0.00	0.00	0.75	1.02	0.00	1.12	0.00	0.26
广　西	0.00	0.00	0.00	0.56	0.00	0.00	0.00	0.76	0.00	0.00	0.18
辽　宁	0.00	0.00	0.00	0.00	0.00	0.00	2.04	0.00	0.00	0.00	0.18
四　川	0.00	0.00	0.00	0.00	0.00	0.00	1.02	0.00	0.00	1.22	0.18
新　疆	0.00	0.71	0.00	0.00	0.00	0.00	1.02	0.00	0.00	0.00	0.18
安　徽	0.00	0.00	0.00	0.00	0.00	0.00	0.00	0.00	0.00	1.22	0.09
贵　州	0.00	0.00	0.00	0.00	0.00	0.00	0.00	0.00	0.00	1.22	0.09
海　南	0.00	0.00	0.00	0.00	0.00	0.00	1.02	0.00	0.00	0.00	0.09
河　北	0.00	0.71	0.00	0.00	0.00	0.00	0.00	0.00	0.00	0.00	0.09
湖　北	0.00	0.00	0.00	0.00	0.00	0.00	1.02	0.00	0.00	0.00	0.09
湖　南	0.00	0.00	0.00	0.00	0.81	0.00	0.00	0.00	0.00	0.00	0.09
陕　西	0.00	0.00	0.00	0.00	0.00	0.00	1.02	0.00	0.00	0.00	0.09
云　南	0.00	0.00	0.00	0.00	0.00	0.00	1.02	0.00	0.00	0.00	0.09
浙　江	0.00	0.00	0.00	0.00	0.81	0.00	0.00	0.00	0.00	0.00	0.09

表9-113　热带医学 C 层人才的世界占比

单位：%

省　份	2014 年	2015 年	2016 年	2017 年	2018 年	2019 年	2020 年	2021 年	2022 年	2023 年	合计
北　京	0.27	0.86	1.12	0.41	0.63	0.98	1.25	1.15	1.67	2.23	0.98
上　海	1.34	0.54	0.67	0.35	0.87	0.90	0.73	0.69	1.53	1.18	0.80
广　东	0.40	0.23	0.67	0.29	0.63	1.28	1.78	1.15	0.97	0.59	0.78
江　苏	0.54	0.39	0.56	0.29	0.16	0.38	0.63	0.77	0.56	0.35	0.44
河　南	0.27	0.70	0.22	0.12	0.48	0.38	0.52	0.38	0.97	0.35	0.42

续表

省　份	2014 年	2015 年	2016 年	2017 年	2018 年	2019 年	2020 年	2021 年	2022 年	2023 年	合计
湖　北	0.00	0.00	0.11	0.23	0.32	0.68	0.63	0.23	0.56	0.35	0.31
山　东	0.00	0.31	0.00	0.17	0.16	0.08	0.42	0.23	0.70	1.06	0.28
浙　江	0.00	0.16	0.45	0.00	0.08	0.23	0.63	0.38	0.28	0.82	0.27
甘　肃	0.27	0.08	0.34	0.06	0.00	0.23	0.42	0.23	0.28	0.35	0.20
云　南	0.00	0.16	0.11	0.06	0.16	0.30	0.42	0.23	0.28	0.35	0.20
湖　南	0.13	0.16	0.11	0.06	0.08	0.08	0.73	0.00	0.84	0.12	0.19
吉　林	0.27	0.00	0.22	0.06	0.08	0.08	0.63	0.31	0.28	0.12	0.18
广　西	0.00	0.00	0.11	0.06	0.08	0.15	0.42	0.15	0.70	0.24	0.16
黑龙江	0.00	0.00	0.11	0.00	0.16	0.23	0.42	0.15	0.42	0.24	0.15
四　川	0.13	0.00	0.11	0.12	0.08	0.15	0.52	0.08	0.14	0.24	0.14
安　徽	0.13	0.08	0.11	0.06	0.08	0.23	0.21	0.23	0.00	0.24	0.14
海　南	0.00	0.08	0.22	0.06	0.08	0.15	0.31	0.08	0.00	0.47	0.14
新　疆	0.00	0.16	0.00	0.06	0.08	0.08	0.00	0.08	0.42	0.12	0.09
重　庆	0.00	0.00	0.00	0.06	0.08	0.15	0.21	0.15	0.00	0.12	0.08
陕　西	0.00	0.00	0.00	0.17	0.16	0.08	0.10	0.00	0.28	0.00	0.07
辽　宁	0.00	0.00	0.11	0.00	0.08	0.15	0.21	0.00	0.00	0.24	0.07
青　海	0.00	0.08	0.11	0.00	0.00	0.15	0.00	0.15	0.14	0.12	0.07
福　建	0.00	0.08	0.00	0.12	0.00	0.00	0.21	0.00	0.14	0.00	0.06
内蒙古	0.00	0.08	0.00	0.00	0.00	0.08	0.00	0.00	0.00	0.59	0.06
西　藏	0.00	0.00	0.00	0.00	0.08	0.08	0.00	0.15	0.00	0.12	0.05
宁　夏	0.00	0.00	0.11	0.00	0.00	0.00	0.00	0.08	0.00	0.35	0.05
天　津	0.00	0.08	0.00	0.06	0.00	0.00	0.00	0.08	0.14	0.12	0.05
贵　州	0.00	0.08	0.00	0.00	0.08	0.00	0.10	0.00	0.14	0.00	0.04
河　北	0.00	0.00	0.00	0.00	0.00	0.15	0.00	0.00	0.14	0.12	0.04
江　西	0.00	0.00	0.00	0.00	0.00	0.00	0.21	0.08	0.00	0.00	0.03
山　西	0.00	0.16	0.11	0.00	0.00	0.00	0.00	0.00	0.00	0.00	0.03

四十　药理学和药剂学

药理学和药剂学 A、B、C 层人才最多的均为北京，世界占比分别为
1.77%、2.26%、2.53%。

江苏、广东、上海有相当数量的 A 层人才，世界占比在分别为 1.66%、

1.55%、1.22%；浙江、湖北、辽宁、四川、安徽、重庆、吉林、陕西、天津、海南、河北、黑龙江、湖南、江西、山东、福建、广西、贵州、河南、内蒙古有一定数量的 A 层人才，世界占比均超过 0.1%。

上海、广东、江苏、四川、浙江、山东有相当数量的 B 层人才，世界占比在 2%~1%；湖北、辽宁、湖南、天津、吉林、安徽、重庆、河南、黑龙江、福建、河北、陕西、广西、甘肃、江西、云南、贵州、内蒙古有一定数量的 B 层人才，世界占比超过或等于 0.1%；海南、宁夏、山西、新疆、青海、西藏 B 层人才的世界占比均低于 0.1%。

江苏、广东、上海 C 层人才的世界占比分别为 2.52%、2.48%、2.21%；浙江、四川、山东、湖北也有相当数量的 C 层人才，世界占比在 2%~1%；辽宁、河南、安徽、湖南、吉林、天津、陕西、重庆、黑龙江、福建、江西、河北、云南、贵州、广西、山西、甘肃、新疆、海南有一定数量的 C 层人才，世界占比均超过 0.1%；宁夏、内蒙古、青海、西藏 C 层人才的世界占比均低于 0.1%。

表 9-114　药理学和药剂学 A 层人才的世界占比

单位：%

省　份	2014 年	2015 年	2016 年	2017 年	2018 年	2019 年	2020 年	2021 年	2022 年	2023 年	合计
北　京	1.52	0.00	1.33	0.00	2.35	2.04	3.81	3.54	0.97	0.97	1.77
江　苏	3.03	0.00	2.67	0.00	4.71	1.02	2.86	0.00	2.91	0.00	1.66
广　东	0.00	0.00	0.00	1.23	2.35	2.04	2.86	1.77	1.94	1.94	1.55
上　海	0.00	0.00	1.33	2.47	0.00	2.04	0.95	1.77	0.97	1.94	1.22
浙　江	0.00	0.00	0.00	0.00	1.18	1.02	2.86	0.88	0.97	0.97	0.89
湖　北	0.00	0.00	0.00	0.00	0.00	2.04	2.86	0.88	0.00	0.00	0.78
辽　宁	0.00	1.35	0.00	0.00	1.18	1.02	1.90	0.00	0.00	0.97	0.66
四　川	0.00	0.00	0.00	0.00	0.00	1.02	0.95	1.77	1.94	0.00	0.66
安　徽	0.00	0.00	0.00	0.00	0.00	0.00	1.90	1.77	0.97	0.00	0.55
重　庆	0.00	0.00	0.00	0.00	0.00	1.02	0.00	0.88	0.00	1.94	0.44
吉　林	1.52	0.00	0.00	0.00	1.18	0.00	0.00	0.88	0.97	0.00	0.44
陕　西	0.00	0.00	0.00	0.00	1.18	0.00	0.95	0.00	0.00	0.97	0.33
天　津	0.00	0.00	0.00	0.00	0.00	0.00	0.00	1.77	0.00	0.97	0.33

续表

省　份	2014 年	2015 年	2016 年	2017 年	2018 年	2019 年	2020 年	2021 年	2022 年	2023 年	合计
海　南	0.00	0.00	0.00	1.23	0.00	0.00	0.95	0.00	0.00	0.00	0.22
河　北	0.00	0.00	0.00	0.00	0.00	0.00	0.95	0.88	0.00	0.00	0.22
黑龙江	0.00	0.00	0.00	0.00	0.00	0.00	1.90	0.00	0.00	0.00	0.22
湖　南	0.00	0.00	0.00	0.00	0.00	0.00	0.95	0.00	0.00	0.97	0.22
江　西	0.00	0.00	0.00	0.00	0.00	0.00	0.95	0.88	0.00	0.00	0.22
山　东	0.00	0.00	0.00	0.00	0.00	0.00	0.95	0.00	0.00	0.97	0.22
福　建	0.00	0.00	0.00	0.00	0.00	0.00	0.00	0.00	0.00	0.97	0.11
广　西	0.00	0.00	0.00	0.00	0.00	0.00	0.95	0.00	0.00	0.00	0.11
贵　州	0.00	0.00	0.00	0.00	0.00	0.00	0.00	0.00	0.00	0.97	0.11
河　南	0.00	0.00	0.00	0.00	0.00	1.02	0.00	0.00	0.00	0.00	0.11
内蒙古	0.00	0.00	1.33	0.00	0.00	0.00	0.00	0.00	0.00	0.00	0.11

表 9-115　药理学和药剂学 B 层人才的世界占比

单位：%

省　份	2014 年	2015 年	2016 年	2017 年	2018 年	2019 年	2020 年	2021 年	2022 年	2023 年	合计
北　京	1.24	1.92	2.11	2.03	1.57	2.16	3.14	2.78	2.87	2.11	2.26
上　海	1.24	0.89	1.13	1.36	1.83	2.27	1.41	1.98	2.77	4.11	1.98
广　东	0.47	0.44	0.99	0.68	1.18	1.36	2.59	1.39	2.05	3.44	1.56
江　苏	0.47	0.59	0.56	0.81	0.92	2.61	2.38	1.59	2.46	2.11	1.56
四　川	0.31	0.59	0.56	0.41	1.18	1.25	1.73	1.88	2.46	2.78	1.42
浙　江	0.31	0.44	0.42	1.08	0.92	1.48	1.51	1.68	2.56	2.67	1.41
山　东	0.31	0.30	0.42	0.27	1.70	1.14	0.76	1.19	1.64	2.56	1.09
湖　北	0.00	0.00	0.14	0.14	0.52	0.57	1.19	0.69	1.64	0.78	0.63
辽　宁	0.47	0.00	0.28	0.41	0.52	1.14	0.86	0.59	0.82	0.78	0.62
湖　南	0.16	0.44	0.00	0.00	0.39	0.45	0.97	0.59	0.41	1.00	0.47
天　津	0.16	0.15	0.00	0.41	0.39	0.11	0.76	0.89	0.92	0.56	0.47
吉　林	0.16	0.30	0.28	0.27	0.26	0.23	0.54	0.30	0.51	1.11	0.41
安　徽	0.16	0.15	0.14	0.27	0.13	0.23	0.54	0.59	0.72	0.78	0.40
重　庆	0.47	0.15	0.00	0.41	0.39	0.11	0.32	0.40	1.03	0.44	0.39
河　南	0.00	0.15	0.00	0.14	0.39	0.57	0.54	0.40	0.51	0.44	0.34
黑龙江	0.00	0.00	0.00	0.27	0.39	0.34	0.43	0.20	0.62	0.22	0.27
福　建	0.31	0.00	0.00	0.27	0.13	0.34	0.32	0.20	0.00	0.89	0.26
河　北	0.00	0.00	0.00	0.14	0.52	0.23	0.43	0.20	0.10	0.56	0.23

续表

省 份	2014 年	2015 年	2016 年	2017 年	2018 年	2019 年	2020 年	2021 年	2022 年	2023 年	合计
陕 西	0.16	0.30	0.28	0.14	0.26	0.34	0.22	0.20	0.10	0.33	0.23
广 西	0.00	0.15	0.14	0.14	0.00	0.23	0.32	0.69	0.21	0.11	0.22
甘 肃	0.16	0.15	0.00	0.14	0.26	0.00	0.54	0.20	0.00	0.11	0.16
江 西	0.00	0.15	0.42	0.14	0.00	0.11	0.00	0.50	0.21	0.00	0.16
云 南	0.00	0.00	0.14	0.00	0.13	0.11	0.11	0.30	0.31	0.11	0.13
贵 州	0.00	0.00	0.14	0.00	0.00	0.23	0.22	0.00	0.31	0.22	0.12
内蒙古	0.00	0.15	0.00	0.00	0.26	0.00	0.11	0.00	0.10	0.33	0.10
海 南	0.16	0.00	0.00	0.00	0.00	0.23	0.00	0.10	0.00	0.33	0.09
宁 夏	0.00	0.00	0.14	0.00	0.00	0.11	0.22	0.10	0.00	0.11	0.07
山 西	0.00	0.30	0.00	0.00	0.00	0.00	0.32	0.00	0.10	0.00	0.07
新 疆	0.00	0.00	0.00	0.00	0.00	0.11	0.32	0.00	0.00	0.11	0.06
青 海	0.00	0.00	0.00	0.00	0.13	0.00	0.00	0.10	0.00	0.00	0.02
西 藏	0.00	0.00	0.00	0.00	0.00	0.00	0.11	0.00	0.00	0.00	0.01

表 9-116 药理学和药剂学 C 层人才的世界占比

单位：%

省 份	2014 年	2015 年	2016 年	2017 年	2018 年	2019 年	2020 年	2021 年	2022 年	2023 年	合计
北 京	1.76	1.82	1.94	2.09	2.28	2.42	2.90	3.06	3.23	3.13	2.53
江 苏	1.65	1.94	1.92	2.43	2.74	3.00	2.48	2.72	2.86	2.97	2.52
广 东	1.22	1.06	1.14	1.91	2.10	2.87	3.24	3.09	3.54	3.46	2.48
上 海	1.78	1.65	1.72	1.77	2.02	2.39	2.36	2.44	2.65	2.87	2.21
浙 江	0.86	1.18	0.91	1.34	1.44	1.87	1.78	1.99	2.61	2.85	1.75
四 川	0.50	0.62	0.77	0.66	0.84	1.24	1.76	1.93	2.75	2.40	1.43
山 东	0.86	0.85	1.13	1.15	1.27	1.67	1.48	1.50	1.59	1.91	1.38
湖 北	0.45	0.62	0.69	0.94	1.11	1.30	1.37	1.34	1.58	1.65	1.15
辽 宁	0.73	0.63	0.79	0.96	1.06	1.11	1.12	0.85	1.12	1.18	0.97
河 南	0.23	0.34	0.41	0.63	0.65	1.03	0.88	0.96	0.94	0.87	0.73
安 徽	0.33	0.53	0.30	0.36	0.53	0.44	0.79	0.79	1.10	1.12	0.66
湖 南	0.22	0.26	0.34	0.43	0.65	0.84	0.80	0.69	0.94	0.94	0.64
吉 林	0.39	0.35	0.36	0.54	0.60	0.71	0.80	0.75	0.66	0.84	0.62
天 津	0.39	0.41	0.50	0.43	0.44	0.54	0.72	0.82	0.79	0.81	0.61
陕 西	0.48	0.38	0.50	0.42	0.73	0.71	0.65	0.43	0.46	0.74	0.56
重 庆	0.37	0.38	0.34	0.38	0.51	0.45	0.57	0.42	0.61	0.63	0.47

续表

省　份	2014 年	2015 年	2016 年	2017 年	2018 年	2019 年	2020 年	2021 年	2022 年	2023 年	合计
黑龙江	0.37	0.26	0.33	0.34	0.37	0.37	0.61	0.42	0.64	0.49	0.43
福　建	0.23	0.28	0.24	0.39	0.35	0.31	0.38	0.44	0.54	0.55	0.38
江　西	0.09	0.21	0.14	0.21	0.20	0.34	0.39	0.45	0.69	0.60	0.35
河　北	0.11	0.09	0.20	0.22	0.28	0.31	0.38	0.33	0.44	0.39	0.29
云　南	0.17	0.15	0.17	0.32	0.28	0.22	0.23	0.30	0.28	0.41	0.26
贵　州	0.08	0.21	0.13	0.08	0.23	0.29	0.29	0.19	0.40	0.53	0.25
广　西	0.11	0.09	0.19	0.17	0.13	0.34	0.31	0.26	0.33	0.42	0.25
山　西	0.11	0.18	0.07	0.15	0.11	0.18	0.17	0.25	0.21	0.26	0.18
甘　肃	0.06	0.15	0.06	0.07	0.09	0.17	0.24	0.18	0.33	0.29	0.17
新　疆	0.08	0.04	0.10	0.22	0.07	0.18	0.15	0.17	0.15	0.26	0.15
海　南	0.03	0.06	0.09	0.07	0.15	0.06	0.09	0.09	0.18	0.22	0.11
宁　夏	0.03	0.12	0.04	0.04	0.04	0.13	0.12	0.12	0.08	0.11	0.09
内蒙古	0.03	0.06	0.06	0.06	0.08	0.06	0.08	0.11	0.13	0.16	0.09
青　海	0.00	0.04	0.01	0.01	0.08	0.03	0.08	0.02	0.09	0.06	0.05
西　藏	0.00	0.01	0.00	0.00	0.00	0.02	0.02	0.00	0.06	0.04	0.02

四十一　医用化学

医用化学 A 层人才最多的是上海，世界占比为 3.69%；北京、湖北、江苏、天津也有相当数量的 A 层人才，世界占比在 3%～1%；广东、安徽、海南、河北、河南、内蒙古、江西、吉林、山西、新疆、浙江有一定数量的 A 层人才，世界占比均超过 0.4%。

B 层人才最多的是北京，世界占比为 3.18%；江苏、上海、浙江、广东、山东、四川、湖北也有相当数量的 B 层人才，世界占比在 3%～1%；湖南、辽宁、河南、陕西、天津、重庆、甘肃、贵州、吉林、福建、广西、云南、海南、安徽、江西、山西、内蒙古有一定数量的 B 层人才，世界占比均超过 0.1%；黑龙江、河北、宁夏、青海、西藏 B 层人才的世界占比均低于 0.1%。

C 层人才最多的是北京，世界占比为 3.08%；江苏的 C 层人才比较多，

世界占比为 3.03%；广东、上海、山东、浙江、四川、湖北也有相当数量
的 C 层人才，世界占比在 3%～1%；辽宁、河南、天津、湖南、重庆、陕
西、吉林、安徽、云南、广西、贵州、江西、黑龙江、福建、甘肃、河北、
海南、新疆、山西、宁夏有一定数量的 C 层人才，世界占比超过或等于
0.1%；内蒙古、青海、西藏 C 层人才的世界占比均低于 0.1%。

表 9-117　医用化学 A 层人才的世界占比

单位：%

省　份	2014 年	2015 年	2016 年	2017 年	2018 年	2019 年	2020 年	2021 年	2022 年	2023 年	合计
上　海	0.00	0.00	4.76	0.00	0.00	3.70	11.11	11.11	0.00	3.70	3.69
北　京	0.00	0.00	4.76	0.00	0.00	0.00	3.70	11.11	3.70	3.70	2.87
湖　北	0.00	4.55	0.00	4.55	0.00	0.00	3.70	3.70	0.00	0.00	1.64
江　苏	0.00	0.00	4.76	0.00	0.00	3.70	0.00	3.70	0.00	0.00	1.23
天　津	0.00	4.55	4.76	0.00	0.00	0.00	0.00	3.70	0.00	0.00	1.23
广　东	0.00	0.00	0.00	0.00	0.00	0.00	0.00	3.70	0.00	3.70	0.82
安　徽	0.00	0.00	0.00	0.00	0.00	0.00	0.00	3.70	0.00	0.00	0.41
海　南	0.00	0.00	0.00	0.00	0.00	0.00	0.00	0.00	3.70	0.00	0.41
河　北	0.00	0.00	0.00	0.00	0.00	0.00	0.00	3.70	0.00	0.00	0.41
河　南	0.00	4.55	0.00	0.00	0.00	0.00	0.00	0.00	0.00	0.00	0.41
内蒙古	0.00	0.00	4.76	0.00	0.00	0.00	0.00	0.00	0.00	0.00	0.41
江　西	0.00	0.00	0.00	0.00	0.00	0.00	0.00	3.70	0.00	0.00	0.41
吉　林	0.00	0.00	0.00	0.00	0.00	0.00	0.00	3.70	0.00	0.00	0.41
山　西	0.00	4.55	0.00	0.00	0.00	0.00	0.00	0.00	0.00	0.00	0.41
新　疆	0.00	0.00	0.00	0.00	0.00	3.70	0.00	0.00	0.00	0.00	0.41
浙　江	0.00	0.00	0.00	0.00	0.00	0.00	0.00	3.70	0.00	0.00	0.41

表 9-118　医用化学 B 层人才的世界占比

单位：%

省　份	2014 年	2015 年	2016 年	2017 年	2018 年	2019 年	2020 年	2021 年	2022 年	2023 年	合计
北　京	2.56	4.39	3.48	2.48	3.26	4.67	1.63	3.89	2.81	2.50	3.18
江　苏	2.05	0.49	0.00	1.98	1.86	3.50	2.44	1.95	4.42	1.67	2.12
上　海	2.56	0.98	1.99	1.49	2.33	2.72	0.81	2.72	2.41	2.50	2.07
浙　江	0.00	1.95	0.50	0.00	1.86	2.72	0.41	3.11	4.02	4.58	2.03

省　份	2014 年	2015 年	2016 年	2017 年	2018 年	2019 年	2020 年	2021 年	2022 年	2023 年	合计
广　东	2.05	1.95	1.49	1.49	0.93	1.56	1.63	2.33	1.61	3.75	1.90
山　东	1.03	0.98	0.50	1.49	1.86	3.50	1.22	1.95	1.20	2.08	1.63
四　川	0.51	0.98	0.50	0.50	0.93	1.17	0.81	1.95	4.42	3.33	1.59
湖　北	0.00	0.00	1.00	2.48	1.40	1.95	1.22	2.33	1.61	1.67	1.41
湖　南	0.51	1.46	0.00	0.99	0.00	0.78	0.81	1.17	0.00	1.25	0.71
辽　宁	0.51	0.00	1.00	0.00	0.00	1.17	0.00	1.17	1.61	0.83	0.66
河　南	0.00	0.00	0.00	0.00	0.00	0.78	1.22	1.56	1.61	0.42	0.62
陕　西	0.51	0.98	0.00	0.50	0.47	0.00	1.22	1.17	0.00	0.42	0.53
天　津	0.51	0.00	0.00	0.00	0.47	0.39	0.81	0.78	1.20	0.00	0.44
重　庆	1.03	0.49	0.00	0.00	0.93	0.00	0.00	0.00	1.61	0.00	0.40
甘　肃	0.51	0.49	0.00	0.00	0.93	0.39	0.41	0.00	0.00	0.83	0.35
贵　州	0.51	0.49	0.00	0.00	0.00	0.78	0.41	0.39	0.80	0.00	0.35
吉　林	0.51	0.00	0.00	0.00	0.00	0.00	0.41	1.17	0.40	0.83	0.35
福　建	0.00	0.00	0.00	0.00	0.00	0.78	0.81	0.00	0.00	1.25	0.31
广　西	0.00	0.49	0.00	0.00	0.00	0.00	1.17	0.00	0.39	0.40	0.26
云　南	0.00	0.98	0.50	0.99	0.00	0.39	0.00	0.00	0.00	0.00	0.26
海　南	0.51	0.00	0.00	0.00	0.00	0.00	0.00	0.39	0.40	0.83	0.22
安　徽	0.00	0.00	0.00	0.50	0.00	0.00	0.00	0.39	0.40	0.42	0.18
江　西	0.00	0.49	0.00	0.00	0.00	0.00	0.00	0.39	0.80	0.00	0.18
山　西	0.00	0.49	0.00	0.00	0.00	0.39	0.41	0.39	0.00	0.00	0.18
内蒙古	0.00	0.49	0.00	0.00	0.47	0.00	0.41	0.00	0.00	0.00	0.13
黑龙江	0.00	0.00	0.00	0.00	0.47	0.39	0.00	0.00	0.00	0.00	0.09
河　北	0.00	0.00	0.00	0.00	0.00	0.00	0.00	0.00	0.40	0.00	0.04
宁　夏	0.00	0.00	0.00	0.00	0.00	0.00	0.00	0.39	0.00	0.00	0.04
青　海	0.00	0.00	0.00	0.00	0.00	0.00	0.00	0.39	0.00	0.00	0.04
西　藏	0.00	0.00	0.00	0.00	0.00	0.39	0.00	0.00	0.00	0.00	0.04

表 9-119　医用化学 C 层人才的世界占比

单位：%

省　份	2014 年	2015 年	2016 年	2017 年	2018 年	2019 年	2020 年	2021 年	2022 年	2023 年	合计
北　京	2.31	2.55	2.19	3.41	3.55	2.99	3.23	3.31	3.36	3.66	3.08
江　苏	1.84	2.46	2.80	1.88	2.93	3.46	3.11	3.73	3.56	3.88	3.03
广　东	1.94	1.96	1.68	2.54	2.78	3.19	2.69	3.39	4.02	3.92	2.88

续表

省　份	2014 年	2015 年	2016 年	2017 年	2018 年	2019 年	2020 年	2021 年	2022 年	2023 年	合计
上　海	2.26	2.21	2.08	3.10	3.02	2.96	2.39	2.46	3.31	3.31	2.73
山　东	1.31	1.13	1.07	1.53	1.92	2.26	2.02	1.77	2.40	2.05	1.78
浙　江	1.10	0.98	1.12	1.02	1.49	2.29	1.39	2.04	2.49	3.14	1.76
四　川	0.47	0.54	0.51	1.12	1.06	1.28	1.89	2.42	3.19	2.61	1.58
湖　北	0.58	0.54	0.56	1.42	1.06	1.21	0.97	1.42	1.28	1.44	1.07
辽　宁	0.94	0.69	0.97	1.02	1.10	0.82	0.71	0.81	0.75	1.26	0.90
河　南	0.10	0.44	0.51	0.81	0.67	1.09	0.55	1.15	1.33	1.66	0.86
天　津	0.79	0.74	0.76	0.81	0.86	0.70	0.59	0.85	0.91	0.65	0.77
湖　南	0.52	0.29	0.51	0.56	0.91	0.62	0.67	0.50	0.83	0.92	0.64
重　庆	0.26	0.98	0.92	0.31	0.48	0.51	0.59	0.58	0.79	0.61	0.60
陕　西	0.47	0.49	0.71	0.20	1.01	0.54	0.59	0.65	0.37	0.74	0.58
吉　林	0.42	0.34	0.46	0.36	0.53	0.47	0.46	0.77	0.54	0.96	0.54
安　徽	0.31	0.29	0.05	0.10	0.29	0.54	0.29	0.89	1.08	1.05	0.52
云　南	0.68	0.34	0.46	0.41	0.58	0.62	0.46	0.50	0.41	0.65	0.51
广　西	0.21	0.44	0.31	0.25	0.58	0.35	0.34	0.31	0.62	0.92	0.44
贵　州	0.42	0.49	0.20	0.25	0.43	0.35	0.59	0.23	0.54	0.74	0.43
江　西	0.26	0.44	0.10	0.31	0.24	0.27	0.08	0.46	0.62	0.61	0.35
黑龙江	0.16	0.29	0.05	0.25	0.24	0.54	0.55	0.19	0.46	0.31	0.32
福　建	0.37	0.29	0.31	0.25	0.43	0.23	0.13	0.19	0.50	0.44	0.31
甘　肃	0.26	0.34	0.05	0.10	0.19	0.12	0.38	0.35	0.33	0.39	0.26
河　北	0.16	0.10	0.05	0.15	0.05	0.23	0.21	0.19	0.37	0.57	0.22
海　南	0.05	0.10	0.25	0.15	0.19	0.19	0.13	0.08	0.33	0.22	0.17
新　疆	0.16	0.15	0.05	0.36	0.05	0.19	0.17	0.19	0.17	0.17	0.17
山　西	0.21	0.10	0.00	0.10	0.14	0.12	0.17	0.19	0.17	0.09	0.13
宁　夏	0.05	0.39	0.00	0.00	0.10	0.16	0.08	0.08	0.00	0.13	0.10
内蒙古	0.05	0.10	0.10	0.00	0.10	0.00	0.08	0.04	0.00	0.17	0.08
青　海	0.00	0.00	0.00	0.00	0.19	0.00	0.17	0.00	0.00	0.00	0.04
西　藏	0.00	0.05	0.00	0.00	0.00	0.04	0.00	0.04	0.17	0.09	0.04

四十二　毒理学

毒理学 A 层人才最多的是北京、广东、江苏，世界占比均为 2.26%；湖北、陕西、浙江也有相当数量的 A 层人才，世界占比在 2%～1%；上海、甘肃、黑龙江、湖南、江西、辽宁、四川、天津、西藏有一定数量的 A 层人才，世界占比均超过 0.4%。

B 层人才最多的是北京，世界占比为 2.88%；江苏、湖北、浙江、广东、山东也有相当数量的 B 层人才，世界占比在 2%~1%；上海、陕西、黑龙江、河南、四川、安徽、湖南、辽宁、福建、天津、江西、新疆、甘肃、贵州、吉林、重庆、海南、广西、河北、云南有一定数量的 B 层人才，世界占比超过或等于 0.1%；内蒙古、宁夏、山西 B 层人才的世界占比均为 0.05%。

C 层人才最多的是北京，世界占比为 3.37%；江苏的 C 层人才比较多，世界占比为 3.00%；广东、浙江、湖北、上海、山东也有相当数量的 B 层人才，世界占比在 3%~1%；辽宁、湖南、四川、黑龙江、陕西、安徽、河南、天津、重庆、吉林、福建、江西、贵州、广西、甘肃、山西、河北、云南、新疆、海南、内蒙古、宁夏有一定数量的 C 层人才，世界占比均超过 0.1%；青海、西藏 C 层人才的世界占比均为 0.04%。

表 9-120　毒理学 A 层人才的世界占比

单位：%

省　份	2014 年	2015 年	2016 年	2017 年	2018 年	2019 年	2020 年	2021 年	2022 年	2023 年	合计
北　京	0.00	0.00	9.09	0.00	0.00	3.85	0.00	8.70	0.00	0.00	2.26
广　东	0.00	0.00	13.64	0.00	0.00	0.00	0.00	8.70	0.00	0.00	2.26
江　苏	0.00	0.00	4.55	0.00	0.00	0.00	3.85	4.35	5.00	4.35	2.26
湖　北	0.00	0.00	0.00	0.00	0.00	3.85	3.85	4.35	0.00	4.35	1.81
陕　西	0.00	0.00	4.55	0.00	4.35	0.00	0.00	4.35	0.00	0.00	1.36
浙　江	0.00	0.00	0.00	0.00	4.35	0.00	0.00	4.35	5.00	0.00	1.36
上　海	5.26	0.00	0.00	0.00	4.35	0.00	0.00	0.00	0.00	0.00	0.90
甘　肃	0.00	0.00	0.00	0.00	0.00	0.00	0.00	4.35	0.00	0.00	0.45
黑龙江	0.00	0.00	0.00	0.00	0.00	0.00	0.00	0.00	5.00	0.00	0.45
湖　南	0.00	0.00	4.55	0.00	0.00	0.00	0.00	0.00	0.00	0.00	0.45
江　西	0.00	0.00	0.00	0.00	0.00	0.00	0.00	0.00	0.00	4.35	0.45
辽　宁	0.00	0.00	0.00	0.00	0.00	3.85	0.00	0.00	0.00	0.00	0.45
四　川	0.00	0.00	0.00	0.00	0.00	0.00	0.00	0.00	5.00	0.00	0.45
天　津	0.00	0.00	0.00	0.00	0.00	0.00	0.00	4.35	0.00	0.00	0.45
西　藏	0.00	0.00	0.00	0.00	0.00	0.00	0.00	4.35	0.00	0.00	0.45

表 9-121　毒理学 B 层人才的世界占比

单位：%

省　份	2014 年	2015 年	2016 年	2017 年	2018 年	2019 年	2020 年	2021 年	2022 年	2023 年	合计
北　京	0.57	2.16	0.51	3.13	2.86	4.13	2.11	3.14	5.09	4.46	2.88
江　苏	0.00	0.54	1.01	0.00	1.43	2.89	2.53	3.59	4.63	1.98	1.97
湖　北	0.57	0.54	0.51	1.04	2.38	2.07	2.11	1.79	3.24	1.98	1.68
浙　江	0.57	1.08	1.01	1.04	0.95	2.07	1.27	0.90	3.70	2.48	1.54
广　东	0.00	1.08	1.01	0.00	0.00	3.31	1.27	1.35	2.78	2.97	1.44
山　东	0.00	0.54	0.00	0.00	0.95	1.65	1.69	2.24	0.93	1.98	1.06
上　海	0.00	0.00	0.51	1.04	0.48	0.83	2.11	1.35	0.93	0.99	0.87
陕　西	0.00	0.00	0.00	1.56	1.43	1.24	1.69	0.45	0.46	0.99	0.82
黑龙江	0.00	0.00	0.00	0.00	0.48	0.41	1.27	0.00	2.31	2.97	0.77
河　南	1.14	0.00	0.00	0.00	0.48	0.83	1.69	0.45	0.93	1.49	0.72
四　川	0.00	0.00	0.00	0.00	0.48	0.41	0.42	0.90	2.78	0.99	0.63
安　徽	0.57	0.00	0.51	0.00	0.95	0.00	0.42	0.90	0.46	1.98	0.58
湖　南	0.00	0.00	0.51	0.52	0.95	0.41	0.42	1.35	0.46	0.50	0.53
辽　宁	0.57	0.00	0.00	1.04	0.00	0.41	1.27	0.45	0.93	0.00	0.48
福　建	0.00	0.00	0.00	0.00	0.48	0.41	1.27	0.45	0.93	0.00	0.38
天　津	0.57	0.00	0.00	0.52	1.43	0.00	0.00	0.90	0.00	0.50	0.38
江　西	0.00	0.00	0.00	0.00	0.00	0.41	0.84	0.90	0.46	0.50	0.34
新　疆	0.00	0.00	0.51	0.00	0.00	0.00	0.00	0.90	0.00	1.49	0.29
甘　肃	0.00	0.00	0.00	0.00	0.00	0.00	0.42	0.45	0.93	0.50	0.24
贵　州	0.00	0.00	0.00	0.00	0.00	0.00	0.42	0.45	1.39	0.00	0.24
吉　林	0.00	0.00	0.51	0.00	0.00	0.41	0.42	0.00	0.46	0.50	0.24
重　庆	0.57	0.54	0.00	0.00	0.00	0.00	0.00	0.00	0.00	0.50	0.14
海　南	0.00	0.00	0.00	0.00	0.00	0.41	0.00	0.00	0.46	0.50	0.14
广　西	0.00	0.00	0.00	0.00	0.00	0.00	0.00	0.00	0.46	0.50	0.10
河　北	0.00	0.00	0.00	0.00	0.00	0.00	0.84	0.00	0.00	0.00	0.10
云　南	0.00	1.08	0.00	0.00	0.00	0.00	0.00	0.00	0.00	0.00	0.10
内蒙古	0.00	0.00	0.00	0.00	0.00	0.00	0.00	0.46	0.00	0.00	0.05
宁　夏	0.00	0.00	0.00	0.00	0.00	0.00	0.00	0.46	0.00	0.00	0.05
山　西	0.00	0.00	0.00	0.00	0.48	0.00	0.00	0.00	0.00	0.00	0.05

表 9-122　毒理学 C 层人才的世界占比

单位：%

省　份	2014 年	2015 年	2016 年	2017 年	2018 年	2019 年	2020 年	2021 年	2022 年	2023 年	合计
北　京	2.52	2.83	2.08	2.21	3.26	4.37	3.57	4.22	4.14	4.04	3.37
江　苏	1.74	1.30	1.98	1.74	2.60	3.52	3.78	4.13	4.44	4.09	3.00
广　东	1.07	0.98	1.09	1.11	2.08	2.76	2.82	4.17	3.47	3.67	2.38
浙　江	1.18	1.20	1.66	1.05	1.28	2.16	1.47	2.02	2.20	2.78	1.71
湖　北	1.51	0.98	1.09	1.26	1.70	1.78	1.55	1.79	2.30	2.73	1.68
上　海	1.23	1.36	1.04	1.21	1.47	1.27	1.30	1.66	1.12	2.41	1.41
山　东	0.39	0.49	0.52	0.84	1.04	1.74	1.22	1.75	1.79	2.10	1.22
辽　宁	0.78	0.76	0.57	0.58	0.90	0.81	0.67	1.17	1.02	1.31	0.86
湖　南	0.22	0.16	0.31	0.42	0.95	1.23	1.43	0.94	1.28	0.89	0.82
四　川	0.39	0.38	0.31	0.16	0.80	0.93	1.18	1.35	1.07	1.31	0.81
黑龙江	0.22	0.27	0.21	0.37	0.71	0.81	0.71	1.75	1.79	1.05	0.81
陕　西	0.62	0.43	0.62	0.53	0.47	1.19	1.01	1.03	1.28	0.68	0.80
安　徽	0.34	0.38	0.36	0.47	0.66	0.72	0.80	1.30	1.17	1.21	0.76
河　南	0.17	0.33	0.31	0.37	0.38	0.98	0.88	0.94	1.43	1.36	0.73
天　津	0.34	0.27	0.31	0.21	0.52	0.76	0.84	0.90	0.72	1.00	0.60
重　庆	0.39	0.27	0.42	0.16	0.61	0.47	0.80	0.76	0.61	1.05	0.56
吉　林	0.28	0.11	0.05	0.37	0.43	0.59	0.38	0.76	1.07	1.00	0.51
福　建	0.22	0.11	0.16	0.32	0.38	0.76	0.76	0.81	0.56	0.79	0.51
江　西	0.17	0.22	0.05	0.26	0.43	0.51	0.63	0.76	0.72	1.15	0.50
贵　州	0.22	0.22	0.05	0.00	0.28	0.38	0.80	0.54	0.51	1.15	0.43
广　西	0.17	0.00	0.00	0.05	0.28	0.42	0.29	0.67	0.31	0.73	0.30
甘　肃	0.22	0.16	0.26	0.05	0.05	0.17	0.17	0.90	0.46	0.37	0.28
山　西	0.22	0.22	0.10	0.21	0.24	0.30	0.21	0.40	0.20	0.37	0.25
河　北	0.11	0.05	0.00	0.00	0.09	0.25	0.29	0.40	0.61	0.47	0.24
云　南	0.00	0.00	0.05	0.16	0.05	0.38	0.38	0.22	0.46	0.58	0.24
新　疆	0.11	0.00	0.00	0.11	0.09	0.13	0.08	0.18	0.51	0.73	0.19
海　南	0.06	0.05	0.00	0.16	0.09	0.00	0.17	0.18	0.15	0.47	0.15
内蒙古	0.00	0.05	0.05	0.00	0.05	0.08	0.08	0.27	0.10	0.37	0.11
宁　夏	0.00	0.05	0.00	0.00	0.05	0.08	0.04	0.31	0.05	0.47	0.11
青　海	0.00	0.00	0.00	0.05	0.05	0.08	0.00	0.04	0.10	0.10	0.04
西　藏	0.00	0.00	0.00	0.00	0.00	0.04	0.04	0.09	0.05	0.16	0.04

四十三 病理学

病理学 A 层人才仅分布在广东、湖北，世界占比均为 0.51%。

B 层人才最多的是江苏、上海，世界占比均为 0.48%；北京、广东、重庆、湖北、湖南、浙江、安徽、福建、河南、山东、四川、广西、黑龙江、辽宁、天津有一定数量的 B 层人才，世界占比均超过 0.1%；河北、陕西、西藏 B 层人才的世界占比均为 0.05%。

C 层人才最多的是上海，世界占比为 1.58%；广东、北京、江苏也有相当数量的 C 层人才，世界占比分别为 1.22%、1.14%、1.11%；浙江、山东、湖北、湖南、河南、四川、辽宁、重庆、福建、安徽、陕西、天津、黑龙江、河北、吉林、江西、广西有一定数量的 C 层人才，世界占比均超过 0.1%；贵州、山西、内蒙古、新疆、云南、甘肃、海南、宁夏、西藏 C 层人才的世界占比均低于 0.1%。

表 9-123 病理学 A 层人才的世界占比

单位：%

省 份	2014 年	2015 年	2016 年	2017 年	2018 年	2019 年	2020 年	2021 年	2022 年	2023 年	合计
广 东	0.00	0.00	0.00	0.00	0.00	0.00	0.00	0.00	5.88	0.00	0.51
湖 北	0.00	0.00	0.00	0.00	0.00	0.00	5.00	0.00	0.00	0.00	0.51

表 9-124 病理学 B 层人才的世界占比

单位：%

省 份	2014 年	2015 年	2016 年	2017 年	2018 年	2019 年	2020 年	2021 年	2022 年	2023 年	合计
江 苏	0.00	1.03	0.00	0.00	0.00	0.94	0.93	1.79	0.00	0.00	0.48
上 海	0.49	1.03	0.00	0.00	0.50	0.47	1.40	0.00	0.00	0.70	0.48
北 京	0.49	1.03	0.54	0.00	0.00	0.47	0.00	1.19	0.00	0.70	0.42
广 东	0.49	0.00	0.54	0.00	1.00	0.47	0.00	0.00	0.61	0.70	0.37
重 庆	0.00	1.03	0.54	0.00	0.50	0.00	0.00	0.00	0.00	0.70	0.32
湖 北	0.00	0.00	0.00	0.50	0.00	0.47	0.47	1.19	0.00	0.00	0.27
湖 南	0.00	0.51	0.54	0.00	0.00	0.00	0.00	1.23	0.70		0.27

续表

省　份	2014 年	2015 年	2016 年	2017 年	2018 年	2019 年	2020 年	2021 年	2022 年	2023 年	合计
浙　江	0.00	0.51	0.00	0.00	0.00	0.00	0.47	0.00	0.61	0.70	0.21
安　徽	0.00	0.00	0.00	0.00	1.00	0.00	0.00	0.60	0.00	0.00	0.16
福　建	0.49	0.51	0.00	0.00	0.00	0.00	0.47	0.00	0.00	0.00	0.16
河　南	0.49	0.00	0.00	0.00	0.00	0.00	0.00	0.00	0.61	0.70	0.16
山　东	0.49	0.00	0.00	0.00	0.00	0.00	0.00	0.60	0.00	0.70	0.16
四　川	0.00	0.00	0.54	0.00	0.00	0.00	0.47	0.00	0.00	0.70	0.16
广　西	0.00	0.51	0.00	0.00	0.00	0.00	0.00	0.00	0.61	0.00	0.11
黑龙江	0.49	0.00	0.00	0.00	0.00	0.00	0.00	0.00	0.00	0.00	0.11
辽　宁	0.49	0.00	0.00	0.00	0.50	0.00	0.00	0.00	0.00	0.00	0.11
天　津	0.00	0.51	0.00	0.00	0.00	0.00	0.00	0.00	0.61	0.00	0.11
河　北	0.00	0.00	0.00	0.00	0.00	0.00	0.00	0.00	0.00	0.70	0.05
陕　西	0.00	0.00	0.00	0.50	0.00	0.00	0.00	0.00	0.00	0.00	0.05
西　藏	0.00	0.00	0.00	0.00	0.00	0.00	0.00	0.00	0.00	0.70	0.05

表 9-125　病理学 C 层人才的世界占比

单位：%

省　份	2014 年	2015 年	2016 年	2017 年	2018 年	2019 年	2020 年	2021 年	2022 年	2023 年	合计
上　海	1.87	2.78	0.90	1.08	1.47	1.67	1.10	1.27	1.90	1.81	1.58
广　东	1.04	1.32	1.11	0.67	1.37	1.33	1.35	1.14	1.55	1.32	1.22
北　京	1.09	0.91	0.47	0.92	1.26	1.76	1.15	1.08	1.67	0.99	1.14
江　苏	1.46	1.52	0.69	0.67	1.26	1.48	1.05	1.02	0.98	0.82	1.11
浙　江	0.42	1.16	0.26	0.87	0.95	1.00	1.10	0.45	0.92	0.82	0.80
山　东	0.94	1.77	0.47	0.36	0.74	0.95	0.75	0.38	0.75	0.16	0.76
湖　北	0.88	0.76	0.42	0.10	0.37	0.86	0.65	0.57	0.63	0.33	0.57
湖　南	0.57	0.66	0.21	0.15	0.26	0.81	0.50	0.57	0.69	0.49	0.49
河　南	0.47	1.32	0.26	0.31	0.37	0.43	0.30	0.38	0.58	0.33	0.48
四　川	0.31	0.35	0.16	0.36	0.47	0.43	0.35	0.32	0.63	0.58	0.39
辽　宁	0.52	0.81	0.11	0.10	0.21	0.48	0.45	0.13	0.46	0.25	0.36
重　庆	0.57	0.41	0.05	0.36	0.37	0.14	0.35	0.25	0.35	0.25	0.31
福　建	0.36	0.46	0.16	0.05	0.16	0.38	0.40	0.25	0.46	0.16	0.29
安　徽	0.26	0.41	0.16	0.15	0.21	0.52	0.20	0.13	0.35	0.33	0.27
陕　西	0.57	0.41	0.16	0.10	0.26	0.38	0.10	0.25	0.17	0.16	0.26
天　津	0.26	0.71	0.11	0.10	0.21	0.24	0.15	0.19	0.35	0.33	0.26

省　份	2014 年	2015 年	2016 年	2017 年	2018 年	2019 年	2020 年	2021 年	2022 年	2023 年	合计
黑龙江	0.21	0.46	0.11	0.15	0.42	0.43	0.05	0.06	0.29	0.00	0.23
河　北	0.21	0.51	0.00	0.05	0.21	0.24	0.10	0.38	0.35	0.25	0.22
吉　林	0.16	0.15	0.11	0.31	0.21	0.29	0.15	0.19	0.23	0.16	0.20
江　西	0.21	0.10	0.16	0.10	0.05	0.33	0.35	0.25	0.17	0.08	0.19
广　西	0.26	0.30	0.05	0.05	0.21	0.10	0.15	0.06	0.17	0.16	0.15
贵　州	0.05	0.15	0.05	0.00	0.11	0.14	0.10	0.06	0.12	0.16	0.09
山　西	0.21	0.25	0.05	0.00	0.05	0.14	0.00	0.12	0.08	0.08	0.09
内蒙古	0.16	0.05	0.00	0.05	0.00	0.19	0.05	0.00	0.23	0.00	0.08
新　疆	0.00	0.15	0.00	0.00	0.05	0.14	0.00	0.25	0.17	0.00	0.08
云　南	0.05	0.00	0.00	0.05	0.05	0.29	0.00	0.06	0.23	0.00	0.08
甘　肃	0.00	0.10	0.00	0.00	0.05	0.10	0.00	0.17	0.16	0.00	0.05
海　南	0.05	0.10	0.00	0.00	0.05	0.00	0.05	0.06	0.06	0.08	0.05
宁　夏	0.05	0.05	0.05	0.00	0.00	0.05	0.00	0.06	0.06	0.00	0.03
西　藏	0.00	0.00	0.00	0.00	0.00	0.00	0.00	0.00	0.00	0.08	0.01

四十四　外科学

外科学 A 层人才仅分布在上海、广东、北京、湖北、浙江，其中，A 层人才最多的是上海，世界占比为 0.60%；广东 A 层人才的世界占比为 0.24%；北京、湖北、浙江有一定数量的 A 层人才，世界占比均为 0.12%。

B 层人才最多的是上海，世界占比为 0.78%；北京、湖北、广东、浙江、四川、江苏、山东、天津、重庆、福建、湖南、辽宁、吉林有一定数量的 B 层人才，世界占比超过或等于 0.1%；广西、河北、安徽、贵州、黑龙江、河南、陕西、内蒙古、江西、新疆、云南、山西、甘肃 B 层人才的世界占比均低于 0.1%。

C 层人才最多的是北京、上海，世界占比均为 1.10%；广东、四川、浙江、江苏、湖北、山东、重庆、福建、辽宁、天津、湖南、河南、安徽、河北、陕西、江西、甘肃有一定数量的 C 层人才，世界占比超过或等于

0.1%；黑龙江、广西、吉林、云南、贵州、山西、新疆、海南、内蒙古、宁夏 C 层人才的世界占比均低于 0.1%。

表 9-126　外科学 A 层人才的世界占比

单位：%

省　份	2014 年	2015 年	2016 年	2017 年	2018 年	2019 年	2020 年	2021 年	2022 年	2023 年	合计
上　海	0.00	0.00	1.37	0.00	0.00	1.20	2.04	0.00	1.03	0.00	0.60
广　东	0.00	0.00	0.00	0.00	0.00	1.20	0.00	0.00	1.03	0.00	0.24
北　京	0.00	0.00	0.00	0.00	0.00	1.20	0.00	0.00	0.00	0.00	0.12
湖　北	0.00	1.49	0.00	0.00	0.00	0.00	0.00	0.00	0.00	0.00	0.12
浙　江	0.00	1.49	0.00	0.00	0.00	0.00	0.00	0.00	0.00	0.00	0.12

表 9-127　外科学 B 层人才的世界占比

单位：%

省　份	2014 年	2015 年	2016 年	2017 年	2018 年	2019 年	2020 年	2021 年	2022 年	2023 年	合计
上　海	0.48	0.46	0.45	0.28	0.42	0.99	1.20	1.27	0.80	1.02	0.78
北　京	0.64	0.15	0.30	0.28	0.14	0.62	0.44	0.96	0.57	1.40	0.57
湖　北	0.00	0.00	0.15	0.00	0.56	0.12	1.09	0.74	0.23	0.76	0.40
广　东	0.16	0.15	0.00	0.28	0.28	0.12	0.22	0.96	0.34	1.02	0.38
浙　江	0.32	0.15	0.60	0.28	0.14	0.25	0.11	0.64	0.46	0.76	0.38
四　川	0.00	0.00	0.00	0.14	0.00	0.12	0.11	0.64	0.80	0.89	0.31
江　苏	0.00	0.15	0.15	0.14	0.00	0.37	0.33	0.42	0.69	0.38	0.29
山　东	0.00	0.46	0.15	0.14	0.00	0.37	0.33	0.11	0.23	0.25	0.21
天　津	0.00	0.00	0.00	0.00	0.00	0.12	0.33	0.42	0.23	0.63	0.21
重　庆	0.00	0.00	0.00	0.14	0.14	0.12	0.11	0.21	0.11	0.76	0.17
福　建	0.00	0.00	0.00	0.28	0.00	0.12	0.11	0.53	0.11	0.13	0.14
湖　南	0.00	0.00	0.00	0.00	0.00	0.00	0.22	0.42	0.11	0.38	0.13
辽　宁	0.00	0.00	0.30	0.00	0.00	0.12	0.00	0.21	0.11	0.38	0.12
吉　林	0.00	0.00	0.00	0.00	0.00	0.12	0.11	0.42	0.11	0.13	0.10
广　西	0.16	0.00	0.15	0.00	0.00	0.00	0.00	0.11	0.11	0.13	0.07
河　北	0.00	0.00	0.00	0.14	0.00	0.00	0.00	0.21	0.11	0.13	0.07
安　徽	0.00	0.00	0.15	0.00	0.00	0.12	0.00	0.11	0.11	0.00	0.05
贵　州	0.00	0.00	0.00	0.14	0.00	0.00	0.00	0.00	0.11	0.13	0.05
黑龙江	0.00	0.00	0.00	0.00	0.00	0.12	0.00	0.21	0.11	0.00	0.05

续表

省 份	2014 年	2015 年	2016 年	2017 年	2018 年	2019 年	2020 年	2021 年	2022 年	2023 年	合计
河 南	0.00	0.00	0.00	0.00	0.00	0.00	0.00	0.11	0.00	0.38	0.05
陕 西	0.00	0.00	0.00	0.14	0.00	0.00	0.11	0.11	0.11	0.00	0.05
内蒙古	0.00	0.00	0.00	0.14	0.00	0.00	0.11	0.00	0.00	0.13	0.04
江 西	0.00	0.00	0.00	0.00	0.00	0.00	0.00	0.00	0.11	0.25	0.04
新 疆	0.00	0.00	0.15	0.00	0.00	0.00	0.00	0.00	0.00	0.25	0.04
云 南	0.00	0.00	0.00	0.00	0.00	0.00	0.00	0.11	0.11	0.13	0.04
山 西	0.00	0.00	0.00	0.00	0.00	0.00	0.00	0.11	0.00	0.13	0.03
甘 肃	0.00	0.00	0.00	0.00	0.00	0.00	0.00	0.00	0.00	0.13	0.01

表 9-128 外科学 C 层人才的世界占比

单位：%

省 份	2014 年	2015 年	2016 年	2017 年	2018 年	2019 年	2020 年	2021 年	2022 年	2023 年	合计
北 京	0.65	0.73	0.81	0.73	0.76	1.08	1.15	1.33	1.38	2.05	1.10
上 海	1.07	1.00	0.93	0.81	1.14	1.14	1.17	0.98	1.22	1.42	1.10
广 东	0.33	0.53	0.44	0.45	0.51	0.73	0.71	0.77	0.84	1.32	0.68
四 川	0.22	0.37	0.28	0.45	0.41	0.50	0.51	0.62	0.81	0.99	0.54
浙 江	0.36	0.25	0.32	0.29	0.46	0.49	0.56	0.49	0.63	0.82	0.48
江 苏	0.34	0.31	0.28	0.29	0.45	0.37	0.48	0.47	0.53	0.85	0.45
湖 北	0.19	0.28	0.21	0.23	0.14	0.32	0.46	0.29	0.39	0.61	0.32
山 东	0.15	0.22	0.21	0.17	0.17	0.20	0.27	0.40	0.34	0.59	0.28
重 庆	0.15	0.16	0.15	0.25	0.21	0.18	0.21	0.37	0.36	0.46	0.26
福 建	0.06	0.16	0.11	0.16	0.14	0.23	0.29	0.25	0.36	0.35	0.22
辽 宁	0.12	0.19	0.11	0.09	0.17	0.23	0.19	0.21	0.24	0.30	0.19
天 津	0.19	0.19	0.14	0.16	0.17	0.21	0.10	0.24	0.16	0.31	0.19
湖 南	0.08	0.08	0.09	0.09	0.15	0.20	0.20	0.20	0.33	0.35	0.18
河 南	0.05	0.06	0.05	0.07	0.15	0.12	0.21	0.26	0.24	0.34	0.17
安 徽	0.03	0.09	0.05	0.06	0.07	0.21	0.14	0.17	0.17	0.20	0.13
河 北	0.08	0.05	0.00	0.07	0.15	0.05	0.08	0.15	0.22	0.31	0.12
陕 西	0.20	0.11	0.02	0.07	0.04	0.07	0.10	0.08	0.14	0.16	0.10
江 西	0.00	0.02	0.08	0.04	0.07	0.06	0.15	0.14	0.19	0.14	0.10
甘 肃	0.03	0.06	0.02	0.06	0.07	0.16	0.09	0.12	0.14	0.16	0.10
黑龙江	0.03	0.08	0.06	0.04	0.04	0.11	0.12	0.10	0.13	0.13	0.09
广 西	0.03	0.05	0.05	0.03	0.07	0.07	0.05	0.14	0.12	0.12	0.08

省　份	2014年	2015年	2016年	2017年	2018年	2019年	2020年	2021年	2022年	2023年	合计
吉　林	0.06	0.00	0.03	0.04	0.06	0.07	0.08	0.08	0.09	0.14	0.07
云　南	0.02	0.02	0.02	0.04	0.03	0.06	0.11	0.07	0.14	0.13	0.07
贵　州	0.00	0.05	0.02	0.03	0.04	0.04	0.05	0.08	0.07	0.09	0.05
山　西	0.02	0.00	0.03	0.01	0.01	0.05	0.02	0.10	0.09	0.10	0.05
新　疆	0.02	0.00	0.02	0.01	0.01	0.02	0.02	0.04	0.10	0.17	0.04
海　南	0.00	0.03	0.02	0.04	0.01	0.02	0.02	0.02	0.09	0.08	0.04
内蒙古	0.02	0.05	0.00	0.01	0.00	0.07	0.01	0.05	0.04	0.04	0.03
宁　夏	0.00	0.00	0.00	0.01	0.01	0.00	0.00	0.01	0.02	0.03	0.01

四十五　移植医学

移植医学 A 层人才仅分布在安徽、北京、福建，世界占比均为 0.61%。

B 层人才最多的是北京，世界占比为 0.70%；上海、广东、湖北、湖南、江苏、四川、天津、山西、浙江有一定数量的 B 层人才，世界占比均超过 0.1%；重庆、吉林、辽宁 B 层人才的世界占比均为 0.06%。

C 层人才最多的是北京，世界占比为 0.91%；广东、上海、江苏、湖北、浙江、重庆、湖南、四川、天津、山东、河南、陕西有一定数量的 C 层人才，世界占比超过或等于 0.1%；辽宁、安徽、福建、吉林、山西、云南、黑龙江、河北、甘肃、贵州、新疆、广西、江西、内蒙古、宁夏、海南 C 层人才的世界占比均低于 0.1%。

表 9-129　移植医学 A 层人才的世界占比

单位：%

省　份	2014年	2015年	2016年	2017年	2018年	2019年	2020年	2021年	2022年	2023年	合计
安　徽	0.00	0.00	0.00	0.00	5.26	0.00	0.00	0.00	0.00	0.00	0.61
北　京	0.00	0.00	0.00	0.00	5.26	0.00	0.00	0.00	0.00	0.00	0.61
福　建	4.76	0.00	0.00	0.00	0.00	0.00	0.00	0.00	0.00	0.00	0.61

表 9-130 移植医学 B 层人才的世界占比

单位：%

省 份	2014 年	2015 年	2016 年	2017 年	2018 年	2019 年	2020 年	2021 年	2022 年	2023 年	合 计
北 京	0.53	0.56	0.00	1.64	2.45	0.00	0.00	0.63	0.60	0.68	0.70
上 海	1.07	0.00	0.00	1.09	0.61	0.00	0.57	0.00	0.00	0.00	0.35
广 东	0.00	0.00	0.00	0.55	0.61	0.00	0.57	0.00	0.60	0.68	0.29
湖 北	0.00	0.00	0.00	0.55	0.00	0.00	1.15	0.00	0.00	0.68	0.23
湖 南	0.00	0.56	0.00	0.55	0.00	0.53	0.00	0.00	0.00	0.68	0.23
江 苏	0.53	0.56	0.00	0.00	0.00	0.00	0.00	0.63	0.60	0.00	0.23
四 川	0.00	0.00	0.00	0.55	0.61	0.00	0.00	0.63	0.00	0.00	0.17
天 津	0.00	0.00	0.00	0.55	1.23	0.00	0.00	0.00	0.00	0.00	0.17
山 西	0.00	0.56	0.00	0.55	0.00	0.00	0.00	0.00	0.00	0.00	0.12
浙 江	0.00	0.00	0.00	0.55	0.00	0.00	0.57	0.00	0.00	0.00	0.12
重 庆	0.00	0.00	0.00	0.00	0.61	0.00	0.00	0.00	0.00	0.00	0.06
吉 林	0.00	0.00	0.00	0.00	0.00	0.00	0.57	0.00	0.00	0.00	0.06
辽 宁	0.00	0.00	0.00	0.55	0.00	0.00	0.00	0.00	0.00	0.00	0.06

表 9-131 移植医学 C 层人才的世界占比

单位：%

省 份	2014 年	2015 年	2016 年	2017 年	2018 年	2019 年	2020 年	2021 年	2022 年	2023 年	合 计
北 京	1.28	0.77	0.65	0.92	0.89	1.43	1.15	0.47	0.57	0.74	0.91
广 东	0.56	0.55	0.59	0.65	0.83	0.79	0.52	0.61	0.38	0.52	0.61
上 海	0.41	0.82	0.30	0.27	0.61	0.90	0.57	0.54	0.25	0.59	0.53
江 苏	0.41	0.38	0.36	0.22	0.17	0.53	0.40	0.61	0.38	0.37	0.38
湖 北	0.41	0.27	0.06	0.38	0.22	0.26	0.80	0.54	0.32	0.45	0.37
浙 江	0.31	0.16	0.12	0.22	0.44	0.69	0.57	0.41	0.25	0.52	0.37
重 庆	0.20	0.22	0.06	0.05	0.17	0.26	0.40	0.34	0.19	0.30	0.22
湖 南	0.31	0.22	0.06	0.43	0.17	0.32	0.23	0.00	0.13	0.22	0.22
四 川	0.05	0.16	0.00	0.27	0.28	0.37	0.23	0.20	0.25	0.07	0.20
天 津	0.10	0.27	0.36	0.11	0.11	0.00	0.40	0.14	0.19	0.30	0.20
山 东	0.31	0.22	0.06	0.00	0.22	0.21	0.29	0.14	0.13	0.15	0.17
河 南	0.05	0.05	0.00	0.05	0.17	0.32	0.40	0.14	0.25	0.30	0.17
陕 西	0.00	0.16	0.00	0.22	0.11	0.11	0.23	0.20	0.00	0.00	0.10
辽 宁	0.10	0.05	0.00	0.11	0.22	0.16	0.17	0.00	0.06	0.00	0.09
安 徽	0.00	0.00	0.00	0.16	0.06	0.00	0.17	0.20	0.00	0.30	0.08

续表

省　份	2014 年	2015 年	2016 年	2017 年	2018 年	2019 年	2020 年	2021 年	2022 年	2023 年	合计
福　建	0.05	0.05	0.00	0.05	0.00	0.00	0.17	0.14	0.13	0.22	0.08
吉　林	0.05	0.00	0.00	0.11	0.06	0.11	0.06	0.20	0.06	0.07	0.07
山　西	0.00	0.05	0.00	0.16	0.11	0.11	0.17	0.00	0.00	0.00	0.06
云　南	0.05	0.00	0.06	0.05	0.11	0.05	0.00	0.00	0.13	0.22	0.06
黑龙江	0.05	0.00	0.00	0.11	0.11	0.16	0.06	0.00	0.00	0.07	0.06
河　北	0.00	0.00	0.00	0.00	0.00	0.17	0.11	0.06	0.07	0.07	0.05
甘　肃	0.00	0.00	0.00	0.00	0.06	0.05	0.11	0.07	0.06	0.00	0.03
贵　州	0.00	0.00	0.00	0.00	0.00	0.16	0.00	0.00	0.00	0.07	0.03
新　疆	0.10	0.00	0.00	0.00	0.06	0.00	0.00	0.00	0.00	0.00	0.02
广　西	0.00	0.00	0.00	0.00	0.05	0.00	0.00	0.07	0.00	0.07	0.02
江　西	0.00	0.00	0.00	0.00	0.00	0.00	0.06	0.07	0.06	0.00	0.02
内蒙古	0.00	0.00	0.00	0.00	0.00	0.06	0.00	0.00	0.00	0.07	0.01
宁　夏	0.00	0.00	0.00	0.00	0.00	0.00	0.05	0.00	0.07	0.00	0.01
海　南	0.00	0.00	0.00	0.00	0.00	0.05	0.00	0.00	0.00	0.00	0.01

四十六　护理学

护理学 A 层人才仅分布在北京、福建、广东、广西、湖北、四川；其中，A 层人才最多的是北京，世界占比为 1.55%；福建、广东、广西、湖北、四川 A 层人才的世界占比均为 0.52%。

B 层人才最多的是四川，世界占比为 1.01%；湖北、山东、广东、湖南、北京、江苏、吉林、上海、安徽、浙江、辽宁、黑龙江、重庆、河北、河南、山西有一定数量的 B 层人才，世界占比均超过 0.1%；福建、甘肃、贵州、陕西、天津、西藏 B 层人才的世界占比均为 0.06%。

C 层人才最多的是广东，世界占比为 0.91%；北京、四川、上海、山东、江苏、湖北、湖南、浙江、福建、辽宁、天津、重庆、安徽、河南、吉林、黑龙江、河北、贵州、甘肃、山西有一定数量的 C 层人才，世界占比超过或等于 0.1%；陕西、广西、江西、云南、海南、内蒙古、新疆、宁夏、青海 C 层人才的世界占比均低于 0.1%。

表 9-132 护理学 A 层人才的世界占比

单位：%

省 份	2014 年	2015 年	2016 年	2017 年	2018 年	2019 年	2020 年	2021 年	2022 年	2023 年	合计
北 京	0.00	0.00	0.00	0.00	0.00	5.00	8.70	0.00	0.00	0.00	1.55
福 建	0.00	0.00	0.00	0.00	0.00	0.00	4.35	0.00	0.00	0.00	0.52
广 东	0.00	0.00	0.00	0.00	0.00	0.00	0.00	4.76	0.00	0.00	0.52
广 西	0.00	0.00	0.00	0.00	0.00	0.00	4.35	0.00	0.00	0.00	0.52
湖 北	0.00	0.00	0.00	0.00	0.00	0.00	4.35	0.00	0.00	0.00	0.52
四 川	0.00	0.00	0.00	0.00	0.00	0.00	4.35	0.00	0.00	0.00	0.52

表 9-133 护理学 B 层人才的世界占比

单位：%

省 份	2014 年	2015 年	2016 年	2017 年	2018 年	2019 年	2020 年	2021 年	2022 年	2023 年	合计
四 川	0.71	0.69	0.00	0.64	0.00	0.00	1.52	1.36	0.51	3.85	1.01
湖 北	0.00	0.69	0.00	0.00	0.60	0.00	3.55	0.90	0.51	0.00	0.67
山 东	0.00	0.00	0.00	0.00	1.81	1.05	1.52	1.36	0.51	0.00	0.67
广 东	0.71	0.00	0.00	0.64	0.60	0.52	1.02	0.45	1.03	0.96	0.62
湖 南	0.71	0.00	0.00	0.64	0.60	0.52	0.51	0.45	1.54	0.96	0.62
北 京	0.71	0.00	0.00	0.00	1.81	0.52	0.00	0.45	2.05	0.00	0.56
江 苏	0.71	0.69	0.63	0.00	0.00	0.00	1.52	0.45	0.00	0.96	0.51
吉 林	0.00	0.00	0.00	0.64	1.20	0.00	0.00	0.45	2.05	0.48	0.51
上 海	1.42	0.00	0.63	0.64	0.00	1.57	1.02	0.00	0.00	0.00	0.51
安 徽	0.00	0.00	0.00	0.64	0.00	0.00	0.51	1.36	0.00	0.00	0.28
浙 江	0.00	0.69	0.00	1.27	0.00	0.52	0.00	0.00	0.48	0.00	0.28
辽 宁	0.71	0.00	0.00	0.00	0.00	0.52	0.00	0.00	1.03	0.00	0.22
黑龙江	0.00	0.69	0.00	0.00	1.20	0.00	0.00	0.00	0.00	0.00	0.17
重 庆	0.71	0.00	0.00	0.00	0.00	0.00	0.00	0.45	0.00	0.00	0.11
河 北	0.00	0.00	0.00	0.00	0.60	0.00	0.00	0.00	0.51	0.00	0.11
河 南	0.00	0.00	0.00	0.00	0.00	0.00	0.00	0.45	0.00	0.48	0.11
山 西	0.00	0.00	0.63	0.00	0.00	0.00	0.00	0.00	0.00	0.48	0.11
福 建	0.00	0.00	0.00	0.00	0.00	0.00	0.00	0.00	0.00	0.48	0.06
甘 肃	0.00	0.00	0.00	0.00	0.00	0.00	0.51	0.00	0.00	0.00	0.06
贵 州	0.00	0.00	0.00	0.00	0.00	0.00	0.00	0.00	0.48	0.00	0.06
陕 西	0.00	0.00	0.00	0.00	0.00	0.00	0.00	0.00	0.48	0.00	0.06
天 津	0.00	0.00	0.00	0.64	0.00	0.00	0.00	0.00	0.00	0.00	0.06
西 藏	0.00	0.00	0.00	0.64	0.00	0.00	0.00	0.00	0.00	0.00	0.06

表 9-134　护理学 C 层人才的世界占比

单位：%

省　份	2014 年	2015 年	2016 年	2017 年	2018 年	2019 年	2020 年	2021 年	2022 年	2023 年	合计
广　东	0.51	0.40	0.19	0.51	0.65	0.64	1.23	1.30	1.66	1.54	0.91
北　京	0.37	0.40	0.25	0.32	0.48	1.13	1.28	1.39	1.19	1.64	0.90
四　川	0.15	0.07	0.25	0.19	0.36	0.70	0.92	1.25	1.19	1.33	0.69
上　海	0.29	0.40	0.38	0.32	0.53	0.43	0.51	1.10	1.35	0.95	0.66
山　东	0.07	0.40	0.13	0.69	0.53	0.48	0.67	1.15	0.83	1.06	0.64
江　苏	0.07	0.26	0.31	0.25	0.53	0.27	0.87	1.20	0.62	1.11	0.59
湖　北	0.51	0.46	0.13	0.13	0.42	0.59	0.72	0.86	0.73	0.90	0.57
湖　南	0.29	0.20	0.25	0.32	0.12	0.38	0.56	0.53	1.25	1.27	0.54
浙　江	0.00	0.07	0.25	0.38	0.18	0.59	0.56	0.82	0.62	1.11	0.49
福　建	0.15	0.13	0.00	0.19	0.12	0.16	0.15	0.72	0.36	0.69	0.29
辽　宁	0.22	0.00	0.06	0.06	0.24	0.11	0.26	0.34	0.62	0.64	0.27
天　津	0.15	0.40	0.44	0.06	0.24	0.43	0.21	0.14	0.31	0.21	0.26
重　庆	0.15	0.00	0.00	0.06	0.06	0.21	0.15	0.53	0.52	0.42	0.23
安　徽	0.00	0.07	0.00	0.13	0.18	0.21	0.41	0.38	0.31	0.37	0.22
河　南	0.00	0.33	0.13	0.00	0.06	0.05	0.21	0.38	0.47	0.48	0.22
吉　林	0.07	0.00	0.13	0.06	0.00	0.38	0.26	0.38	0.31	0.32	0.21
黑龙江	0.00	0.20	0.00	0.13	0.30	0.21	0.15	0.24	0.16	0.16	0.16
河　北	0.00	0.00	0.00	0.13	0.12	0.16	0.10	0.34	0.16	0.42	0.15
贵　州	0.00	0.00	0.00	0.00	0.12	0.05	0.15	0.14	0.21	0.32	0.11
甘　肃	0.00	0.00	0.00	0.00	0.00	0.00	0.26	0.10	0.36	0.16	0.10
山　西	0.00	0.00	0.00	0.00	0.00	0.05	0.26	0.14	0.26	0.16	0.10
陕　西	0.07	0.07	0.06	0.06	0.00	0.00	0.05	0.29	0.16	0.05	0.09
广　西	0.00	0.00	0.00	0.00	0.06	0.05	0.10	0.05	0.16	0.21	0.07
江　西	0.00	0.20	0.00	0.06	0.00	0.00	0.05	0.00	0.05	0.16	0.05
云　南	0.07	0.00	0.00	0.00	0.00	0.00	0.05	0.10	0.21	0.00	0.05
海　南	0.00	0.00	0.00	0.06	0.00	0.05	0.00	0.05	0.05	0.00	0.03
内蒙古	0.00	0.00	0.00	0.00	0.00	0.00	0.00	0.00	0.10	0.16	0.03
新　疆	0.00	0.07	0.06	0.00	0.00	0.00	0.00	0.05	0.10	0.00	0.03
宁　夏	0.00	0.00	0.00	0.06	0.00	0.00	0.00	0.00	0.00	0.05	0.01
青　海	0.00	0.00	0.00	0.00	0.00	0.00	0.00	0.00	0.00	0.05	0.01

四十七　全科医学和内科医学

全科医学和内科医学 A 层人才最多的是湖北，世界占比为 4.03%；北京的 A 层人才比较多，世界占比为 3.36%；四川也有相当数量的 A 层人才，世界占比为 1.34%；广东、海南、黑龙江、湖南、山东、浙江有一定数量的 A 层人才，世界占比均为 0.67%。

B 层人才最多的是北京，世界占比为 1.80%；上海也有相当数量的 B 层人才，世界占比为 1.01%；湖北、广东、江苏、浙江、湖南、天津、河南、山东、四川、安徽、甘肃、贵州、黑龙江、内蒙古、江西、山西有一定数量的 B 层人才，世界占比均超过 0.1%；福建、辽宁、陕西、新疆 B 层人才的世界占比均为 0.06%。

C 层人才最多的是北京，世界占比为 1.42%；广东、湖北、上海、江苏、四川、湖南、浙江、山东、河南、甘肃、重庆、天津、安徽、辽宁有一定数量的 C 层人才，世界占比超过或等于 0.1%；福建、陕西、黑龙江、广西、云南、河北、江西、海南、山西、内蒙古、吉林、贵州、新疆、宁夏、西藏 C 层人才的世界占比均低于 0.1%。

表 9-135　全科医学和内科医学 A 层人才的世界占比

单位：%

省　份	2014 年	2015 年	2016 年	2017 年	2018 年	2019 年	2020 年	2021 年	2022 年	2023 年	合计
湖　北	0.00	0.00	0.00	0.00	0.00	0.00	38.46	0.00	0.00	4.35	4.03
北　京	0.00	0.00	0.00	0.00	0.00	0.00	30.77	0.00	0.00	4.35	3.36
四　川	0.00	0.00	0.00	0.00	0.00	0.00	7.69	0.00	0.00	4.35	1.34
广　东	0.00	0.00	0.00	0.00	0.00	0.00	7.69	0.00	0.00	0.00	0.67
海　南	0.00	0.00	0.00	0.00	0.00	0.00	7.69	0.00	0.00	0.00	0.67
黑龙江	0.00	0.00	0.00	0.00	0.00	0.00	0.00	0.00	0.00	4.35	0.67
湖　南	0.00	0.00	0.00	0.00	0.00	0.00	7.69	0.00	0.00	0.00	0.67
山　东	0.00	0.00	0.00	0.00	0.00	0.00	7.69	0.00	0.00	0.00	0.67
浙　江	0.00	0.00	0.00	0.00	0.00	0.00	7.69	0.00	0.00	0.00	0.67

表 9-136　全科医学和内科医学 B 层人才的世界占比

单位：%

省　份	2014 年	2015 年	2016 年	2017 年	2018 年	2019 年	2020 年	2021 年	2022 年	2023 年	合计
北　京	1.91	1.86	1.12	1.54	1.04	2.08	4.89	0.41	1.77	0.91	1.80
上　海	0.00	1.24	1.12	0.77	1.04	0.00	4.00	0.41	0.88	0.00	1.01
湖　北	0.00	0.00	0.56	0.00	1.04	0.69	5.33	0.00	0.00	0.45	0.90
广　东	0.00	0.62	1.12	0.77	1.04	0.00	0.44	0.41	0.00	1.36	0.56
江　苏	0.00	0.62	0.56	0.77	1.04	0.69	1.33	0.41	0.44	0.00	0.56
浙　江	0.00	0.62	0.00	0.00	0.00	0.69	1.78	0.00	0.88	0.91	0.56
湖　南	0.00	0.62	0.56	0.00	1.04	0.69	0.89	0.00	0.44	0.00	0.39
天　津	0.00	0.00	0.00	0.00	0.00	0.00	1.33	0.00	0.88	0.00	0.28
河　南	0.00	0.00	0.00	0.00	0.00	0.69	1.33	0.00	0.00	0.00	0.22
山　东	0.64	0.00	0.56	0.00	0.00	0.00	0.44	0.00	0.45	0.22
四　川	0.00	0.00	0.56	0.00	0.00	0.69	0.44	0.00	0.45	0.22
安　徽	0.00	0.62	0.00	0.00	0.00	0.00	0.00	0.00	0.44	0.00	0.11
甘　肃	0.00	0.00	0.00	0.00	0.00	0.69	0.00	0.00	0.45	0.11
贵　州	0.00	0.00	0.00	0.00	0.00	0.00	0.44	0.00	0.44	0.00	0.11
黑龙江	0.00	0.00	0.00	0.00	0.00	0.69	0.44	0.00	0.00	0.00	0.11
内蒙古	0.00	0.00	0.00	0.00	0.00	0.00	0.00	0.41	0.00	0.00	0.11
江　西	0.00	0.62	0.00	0.00	0.00	0.00	0.44	0.00	0.00	0.00	0.11
山　西	0.64	0.62	0.00	0.00	0.00	0.00	0.00	0.00	0.00	0.00	0.11
福　建	0.00	0.00	0.00	0.00	0.00	0.00	0.00	0.00	0.00	0.45	0.06
辽　宁	0.00	0.00	0.00	0.00	0.00	0.00	0.44	0.00	0.00	0.00	0.06
陕　西	0.00	0.62	0.00	0.00	0.00	0.00	0.00	0.00	0.00	0.00	0.06
新　疆	0.00	0.00	0.00	0.00	0.00	0.00	0.00	0.41	0.00	0.00	0.06

表 9-137　全科医学和内科医学 C 层人才的世界占比

单位：%

省　份	2014 年	2015 年	2016 年	2017 年	2018 年	2019 年	2020 年	2021 年	2022 年	2023 年	合计
北　京	1.32	0.80	1.38	1.21	1.10	1.60	2.14	1.25	1.98	1.13	1.42
广　东	0.66	0.37	0.12	0.35	0.50	0.66	1.21	0.71	0.55	0.92	0.63
湖　北	0.26	0.06	0.12	0.29	0.39	0.39	1.79	0.71	0.74	0.62	0.59
上　海	0.59	0.49	0.36	0.35	0.50	0.44	0.89	0.42	0.64	0.72	0.55
江　苏	0.20	0.49	0.24	0.64	0.55	0.44	0.31	0.29	0.60	0.46	0.42
四　川	0.33	0.31	0.30	0.29	0.39	0.28	0.45	0.38	0.46	0.36	0.36

省　份	2014 年	2015 年	2016 年	2017 年	2018 年	2019 年	2020 年	2021 年	2022 年	2023 年	合计
湖　南	0.13	0.06	0.18	0.23	0.33	0.17	0.54	0.13	0.14	0.51	0.25
浙　江	0.26	0.25	0.06	0.00	0.06	0.33	0.58	0.21	0.28	0.31	0.24
山　东	0.00	0.06	0.18	0.06	0.06	0.28	0.40	0.13	0.28	0.31	0.18
河　南	0.13	0.00	0.18	0.06	0.06	0.39	0.49	0.08	0.23	0.10	0.18
甘　肃	0.13	0.06	0.18	0.06	0.11	0.00	0.18	0.33	0.28	0.10	0.15
重　庆	0.20	0.18	0.00	0.00	0.00	0.06	0.27	0.04	0.23	0.10	0.11
天　津	0.07	0.00	0.06	0.17	0.00	0.17	0.00	0.13	0.18	0.26	0.11
安　徽	0.13	0.06	0.00	0.06	0.00	0.06	0.22	0.04	0.00	0.15	0.10
辽　宁	0.20	0.00	0.00	0.00	0.11	0.00	0.09	0.08	0.18	0.26	0.10
福　建	0.07	0.00	0.00	0.06	0.00	0.17	0.09	0.04	0.18	0.21	0.09
陕　西	0.00	0.00	0.06	0.00	0.00	0.28	0.00	0.08	0.14	0.05	0.07
黑龙江	0.07	0.12	0.18	0.06	0.06	0.17	0.00	0.04	0.00	0.05	0.07
广　西	0.13	0.06	0.06	0.00	0.00	0.28	0.04	0.04	0.05	0.00	0.06
云　南	0.07	0.06	0.00	0.00	0.00	0.06	0.09	0.08	0.00	0.15	0.06
河　北	0.07	0.00	0.00	0.12	0.00	0.00	0.00	0.04	0.00	0.00	0.06
江　西	0.07	0.06	0.00	0.00	0.00	0.00	0.09	0.00	0.05	0.10	0.04
海　南	0.07	0.00	0.00	0.00	0.00	0.06	0.04	0.04	0.05	0.10	0.04
山　西	0.00	0.06	0.00	0.00	0.00	0.06	0.00	0.00	0.05	0.05	0.04
内蒙古	0.00	0.00	0.00	0.00	0.00	0.11	0.00	0.00	0.00	0.10	0.03
吉　林	0.00	0.00	0.00	0.00	0.00	0.17	0.04	0.00	0.05	0.00	0.03
贵　州	0.00	0.00	0.00	0.06	0.00	0.00	0.04	0.04	0.00	0.00	0.02
新　疆	0.00	0.00	0.00	0.00	0.00	0.11	0.00	0.00	0.00	0.00	0.01
宁　夏	0.00	0.00	0.00	0.00	0.00	0.00	0.00	0.04	0.00	0.00	0.01
西　藏	0.00	0.00	0.06	0.00	0.00	0.00	0.00	0.00	0.00	0.00	0.01

四十八　综合医学和补充医学

综合医学和补充医学 A、B、C 层人才最多的均为北京，世界占比分别为 16.92%、6.87%、6.73%，其中，A 层人才显著多于其他省份。

广东 A 层人才的世界占比为 10.77%；湖北、浙江、河北、山东、上海、江西、陕西、天津的 A 层人才比较多，世界占比在 7%~3%；安徽、重庆、甘肃、广西、海南、江苏、宁夏、山西、四川也有相当数量的 A 层人才，世界占比均为 1.54%。

上海、广东、四川、江苏、浙江的 B 层人才比较多，世界占比在 5% ~ 3%；山东、安徽、湖南、陕西、湖北、吉林、河南也有相当数量的 B 层人才，世界占比在 2% ~ 1%；云南、甘肃、黑龙江、辽宁、天津、广西、贵州、福建、海南、内蒙古、宁夏、山西、重庆、河北、江西有一定数量的 B 层人才，世界占比均超过 0.1%。

广东、江苏、上海、四川的 C 层人才比较多，世界占比在 6% ~ 3%；浙江、山东、天津、吉林、湖北、辽宁、安徽、陕西、湖南、河南、江西也有相当数量的 C 层人才，世界占比在 3% ~ 1%；云南、重庆、黑龙江、广西、福建、甘肃、贵州、河北、新疆、山西、内蒙古、宁夏、海南、青海、西藏有一定数量的 C 层人才，世界占比均超过 0.1%。

表 9-138　综合医学和补充医学 A 层人才的世界占比

单位：%

省　份	2014 年	2015 年	2016 年	2017 年	2018 年	2019 年	2020 年	2021 年	2022 年	2023 年	合计
北　京	0.00	0.00	28.57	0.00	0.00	0.00	25.00	33.33	55.56	0.00	16.92
广　东	0.00	0.00	0.00	0.00	16.67	14.29	50.00	22.22	11.11	0.00	10.77
湖　北	0.00	0.00	0.00	0.00	0.00	0.00	25.00	11.11	11.11	25.00	6.15
浙　江	0.00	14.29	0.00	0.00	0.00	0.00	0.00	22.22	0.00	25.00	6.15
河　北	0.00	0.00	0.00	0.00	0.00	0.00	0.00	11.11	22.22	0.00	4.62
山　东	0.00	0.00	14.29	0.00	0.00	14.29	0.00	0.00	11.11	0.00	4.62
上　海	0.00	0.00	0.00	0.00	0.00	0.00	25.00	11.11	0.00	25.00	4.62
江　西	0.00	14.29	0.00	0.00	0.00	0.00	0.00	11.11	0.00	0.00	3.08
陕　西	14.29	0.00	0.00	20.00	0.00	0.00	0.00	0.00	0.00	0.00	3.08
天　津	0.00	0.00	0.00	0.00	0.00	0.00	0.00	11.11	11.11	0.00	3.08
安　徽	0.00	0.00	0.00	0.00	0.00	0.00	0.00	11.11	0.00	0.00	1.54
重　庆	0.00	0.00	0.00	0.00	0.00	0.00	0.00	0.00	11.11	0.00	1.54
甘　肃	14.29	0.00	0.00	0.00	0.00	0.00	0.00	0.00	0.00	0.00	1.54
广　西	0.00	0.00	14.29	0.00	0.00	0.00	0.00	0.00	0.00	0.00	1.54
海　南	0.00	0.00	0.00	0.00	0.00	0.00	25.00	0.00	0.00	0.00	1.54
江　苏	14.29	0.00	0.00	0.00	0.00	0.00	0.00	0.00	0.00	0.00	1.54
宁　夏	0.00	0.00	0.00	0.00	0.00	0.00	0.00	11.11	0.00	0.00	1.54

续表

省　份	2014 年	2015 年	2016 年	2017 年	2018 年	2019 年	2020 年	2021 年	2022 年	2023 年	合计
山　西	0.00	14.29	0.00	0.00	0.00	0.00	0.00	0.00	0.00	0.00	1.54
四　川	0.00	0.00	0.00	0.00	0.00	14.29	0.00	0.00	0.00	0.00	1.54

表 9-139　综合医学和补充医学 B 层人才的世界占比

单位：%

省　份	2014 年	2015 年	2016 年	2017 年	2018 年	2019 年	2020 年	2021 年	2022 年	2023 年	合计
北　京	8.96	10.29	4.48	2.04	9.09	10.45	2.70	8.33	6.98	4.48	6.87
上　海	5.97	4.41	1.49	4.08	5.45	2.99	6.76	4.76	2.33	11.94	4.97
广　东	1.49	0.00	2.99	6.12	0.00	7.46	2.70	4.76	3.49	14.93	4.39
四　川	1.49	4.41	2.99	0.00	0.00	4.48	6.76	4.76	5.81	10.45	4.39
江　苏	1.49	4.41	0.00	2.04	1.82	5.97	5.41	3.57	2.33	7.46	3.51
浙　江	0.00	0.00	0.00	4.08	3.64	2.99	2.70	3.57	6.98	8.96	3.36
山　东	1.49	1.47	0.00	0.00	3.64	0.00	1.35	2.38	1.16	7.46	1.90
安　徽	0.00	0.00	0.00	0.00	0.00	1.49	1.35	2.38	3.49	4.48	1.46
湖　南	0.00	0.00	0.00	2.04	0.00	4.48	1.35	0.00	1.16	5.97	1.46
陕　西	0.00	2.94	1.49	4.08	0.00	1.49	0.00	0.00	0.00	5.97	1.46
湖　北	0.00	0.00	1.49	0.00	0.00	1.49	4.05	2.38	1.16	1.49	1.32
吉　林	0.00	0.00	0.00	2.04	0.00	0.00	0.00	2.38	0.00	7.46	1.17
河　南	0.00	0.00	0.00	2.04	0.00	1.49	0.00	1.19	0.00	5.97	1.02
云　南	0.00	0.00	0.00	2.04	0.00	4.48	0.00	1.19	0.00	1.49	0.88
甘　肃	0.00	2.94	0.00	0.00	0.00	0.00	1.35	1.19	0.00	1.49	0.73
黑龙江	1.49	0.00	0.00	0.00	3.64	1.49	0.00	0.00	0.00	1.49	0.73
辽　宁	0.00	0.00	1.49	0.00	0.00	1.49	2.70	0.00	0.00	1.49	0.73
天　津	1.49	1.47	0.00	0.00	1.82	0.00	1.35	1.19	0.00	0.00	0.73
广　西	0.00	1.47	0.00	0.00	0.00	1.49	0.00	0.00	0.00	2.99	0.58
贵　州	0.00	0.00	0.00	0.00	0.00	0.00	0.00	0.00	1.16	2.99	0.44
福　建	1.49	0.00	0.00	0.00	1.82	0.00	2.70	0.00	0.00	0.00	0.29
海　南	0.00	0.00	1.49	0.00	0.00	0.00	1.35	0.00	0.00	0.00	0.29
内蒙古	0.00	1.47	0.00	0.00	1.82	0.00	0.00	0.00	0.00	0.00	0.29
宁　夏	0.00	0.00	0.00	0.00	1.82	0.00	0.00	1.19	0.00	0.00	0.29
山　西	0.00	0.00	0.00	2.04	0.00	0.00	0.00	0.00	0.00	1.49	0.29
重　庆	0.00	1.47	0.00	0.00	0.00	0.00	0.00	0.00	0.00	0.00	0.15
河　北	0.00	1.47	0.00	0.00	0.00	0.00	0.00	0.00	0.00	0.00	0.15
江　西	0.00	0.00	0.00	0.00	0.00	0.00	0.00	0.00	1.16	0.00	0.15

表 9-140　综合医学和补充医学 C 层人才的世界占比

单位：%

省　份	2014 年	2015 年	2016 年	2017 年	2018 年	2019 年	2020 年	2021 年	2022 年	2023 年	合计
北　京	4.94	5.22	5.43	4.30	6.87	6.47	6.25	8.95	7.38	10.70	6.73
广　东	2.10	2.30	2.64	4.10	3.80	5.86	6.83	6.77	7.87	10.87	5.42
江　苏	2.54	4.76	4.19	4.10	2.71	4.21	5.38	7.26	6.78	6.79	5.01
上　海	3.89	3.53	3.26	2.73	2.53	4.51	4.51	5.32	4.36	6.62	4.20
四　川	0.60	0.77	0.47	0.59	2.35	3.01	3.49	6.77	6.66	5.77	3.28
浙　江	1.80	0.77	1.40	2.15	1.81	1.35	2.47	4.47	4.00	8.32	2.90
山　东	1.20	0.61	0.93	1.17	1.63	2.11	2.76	3.26	3.15	5.09	2.25
天　津	0.75	1.38	1.55	2.15	1.99	1.65	1.60	2.06	1.94	3.40	1.83
吉　林	0.75	0.92	1.55	0.98	0.90	0.75	2.03	2.06	2.78	3.40	1.66
湖　北	0.45	1.54	1.55	1.56	0.54	1.20	1.45	2.90	1.82	2.72	1.62
辽　宁	1.05	0.61	1.24	1.37	1.08	1.05	1.31	2.30	2.18	2.55	1.51
安　徽	0.30	1.08	0.31	0.78	0.90	0.30	1.02	1.93	2.78	2.89	1.28
陕　西	1.95	0.61	1.55	1.17	0.90	1.05	1.16	1.21	1.33	1.53	1.25
湖　南	0.90	1.23	1.09	0.78	0.72	1.20	1.45	1.45	0.85	1.87	1.16
河　南	0.15	0.61	0.47	0.59	0.90	0.60	0.87	1.21	1.94	2.55	1.01
江　西	0.00	0.15	0.47	0.78	0.72	1.20	0.87	1.45	2.18	1.70	1.00
云　南	0.60	0.77	1.55	1.17	1.27	0.75	1.02	0.85	0.48	1.36	0.95
重　庆	0.75	0.61	1.09	0.78	0.36	0.75	1.16	0.73	0.97	1.70	0.89
黑龙江	0.75	0.46	0.16	0.59	0.54	1.20	0.73	0.73	2.06	0.68	0.83
广　西	0.15	0.31	0.62	0.20	0.54	0.45	1.45	0.73	1.21	1.70	0.75
福　建	0.45	0.61	0.78	0.39	0.36	0.60	0.44	0.85	0.97	1.02	0.66
甘　肃	0.30	1.08	0.62	0.00	0.00	0.60	0.87	0.60	0.48	0.85	0.56
贵　州	0.15	0.00	0.31	0.00	0.54	0.75	0.58	0.73	0.61	1.87	0.56
河　北	0.60	0.31	0.62	0.20	0.36	0.45	0.29	0.48	0.61	1.36	0.53
新　疆	0.60	0.61	0.31	0.78	0.18	0.60	0.29	0.73	0.48	0.51	0.51
山　西	0.30	0.46	0.31	0.20	0.00	0.60	1.16	0.48	0.36	0.68	0.47
内蒙古	0.15	0.15	0.31	0.00	0.36	0.00	0.58	0.36	0.73	0.51	0.33
宁　夏	0.15	0.00	0.16	0.00	0.18	0.30	0.29	0.60	0.12	0.17	0.21
海　南	0.00	0.15	0.16	0.20	0.18	0.00	0.15	0.12	0.48	0.51	0.20
青　海	0.00	0.00	0.00	0.00	0.54	0.15	0.44	0.12	0.12	0.00	0.14
西　藏	0.00	0.00	0.00	0.00	0.00	0.00	0.29	0.12	0.48	0.17	0.12

四十九 研究和实验医学

研究和实验医学 A 层人才最多的是广东，世界占比为 1.88%；上海、北京也有相当数量的 A 层人才，世界占比分别为 1.71%、1.54%；江苏、浙江、山东、重庆、湖北、湖南、黑龙江、河南、辽宁、陕西、四川、天津有一定数量的 A 层人才，世界占比均超过 0.1%。

B 层人才最多的是上海，世界占比为 2.03%；北京、广东、江苏、浙江也有相当数量的 B 层人才，世界占比在 2% ~ 1%；四川、山东、湖北、湖南、安徽、河南、辽宁、陕西、重庆、福建、天津、吉林、河北、黑龙江、甘肃、广西、江西、贵州有一定数量的 B 层人才，世界占比均超过 0.1%，云南、海南、宁夏、青海、山西 B 层人才的世界占比均低于 0.1%。

C 层人才最多的是广东，世界占比为 3.20%；上海的 C 层人才比较多，世界占比为 3.09%；北京、江苏、浙江、湖北、山东、四川、湖南也有相当数量的 C 层人才，世界占比在 3% ~ 1%；河南、辽宁、天津、重庆、陕西、安徽、吉林、福建、黑龙江、江西、河北、广西、云南、贵州、山西、新疆、甘肃、海南有一定数量的 C 层人才，世界占比均超过 0.1%；内蒙古、宁夏、青海、西藏 C 层人才的世界占比均低于 0.1%。

表 9-141 研究和实验医学 A 层人才的世界占比

单位：%

省　份	2014 年	2015 年	2016 年	2017 年	2018 年	2019 年	2020 年	2021 年	2022 年	2023 年	合计
广　东	0.00	1.96	0.00	1.89	1.75	3.28	4.55	1.41	1.47	1.61	1.88
上　海	0.00	1.96	0.00	1.89	1.75	3.28	6.06	0.00	1.47	0.00	1.71
北　京	0.00	1.96	0.00	0.00	3.51	1.64	1.52	0.00	4.41	1.61	1.54
江　苏	0.00	1.96	0.00	0.00	3.51	0.00	1.52	0.00	1.47	0.00	0.85
浙　江	0.00	0.00	1.92	1.89	1.75	0.00	3.03	0.00	0.00	0.00	0.85
山　东	0.00	3.92	0.00	0.00	0.00	0.00	0.00	0.00	2.94	0.00	0.68
重　庆	0.00	0.00	0.00	0.00	0.00	0.00	3.03	0.00	0.00	1.61	0.51
湖　北	0.00	0.00	0.00	0.00	0.00	0.00	4.55	0.00	0.00	0.00	0.51
湖　南	0.00	0.00	0.00	0.00	0.00	1.64	0.00	0.00	1.47	0.00	0.34

续表

省　份	2014 年	2015 年	2016 年	2017 年	2018 年	2019 年	2020 年	2021 年	2022 年	2023 年	合计
黑龙江	0.00	0.00	0.00	0.00	0.00	0.00	1.52	0.00	0.00	0.00	0.17
河　南	0.00	0.00	0.00	0.00	0.00	0.00	0.00	0.00	1.47	0.00	0.17
辽　宁	0.00	0.00	0.00	1.89	0.00	0.00	0.00	0.00	0.00	0.00	0.17
陕　西	0.00	0.00	0.00	0.00	0.00	1.64	0.00	0.00	0.00	0.00	0.17
四　川	0.00	0.00	0.00	0.00	0.00	0.00	0.00	0.00	0.00	1.61	0.17
天　津	0.00	0.00	1.92	0.00	0.00	0.00	0.00	0.00	0.00	0.00	0.17

表 9-142　研究和实验医学 B 层人才的世界占比

单位：%

省　份	2014 年	2015 年	2016 年	2017 年	2018 年	2019 年	2020 年	2021 年	2022 年	2023 年	合计
上　海	0.51	1.57	1.69	1.96	1.73	2.67	2.87	1.88	1.63	3.11	2.03
北　京	0.76	2.01	1.48	1.77	2.12	2.85	3.35	1.73	1.14	1.46	1.91
广　东	1.01	0.89	0.63	1.77	1.93	1.96	2.39	1.88	1.95	3.84	1.89
江　苏	0.76	0.67	1.27	1.18	1.73	1.25	1.44	1.57	1.30	1.46	1.29
浙　江	0.51	0.00	1.90	0.98	0.39	2.14	1.91	1.26	0.98	1.46	1.20
四　川	0.25	0.22	0.21	0.20	0.00	0.53	2.23	1.57	0.33	2.19	0.84
山　东	0.25	0.67	0.21	0.00	0.58	1.07	0.32	1.10	1.63	1.28	0.75
湖　北	0.25	0.89	0.21	0.00	0.77	0.53	2.07	0.78	0.49	0.91	0.73
湖　南	0.76	0.67	0.21	0.39	0.96	0.71	1.12	0.63	0.16	1.10	0.68
安　徽	0.25	0.22	0.00	0.39	0.58	0.36	0.80	0.16	0.65	0.55	0.41
河　南	0.00	0.22	0.21	0.20	0.19	1.25	0.48	0.63	0.33	0.37	0.41
辽　宁	0.25	0.45	0.42	0.00	0.00	0.18	0.48	0.47	0.33	0.91	0.36
陕　西	0.00	0.45	0.21	0.20	0.58	1.07	0.48	0.16	0.16	0.18	0.36
重　庆	0.25	0.22	0.21	0.59	0.00	0.18	0.48	0.31	0.49	0.55	0.34
福　建	0.25	0.00	0.42	0.59	0.19	0.00	0.16	0.47	0.16	0.73	0.30
天　津	0.00	0.00	0.21	0.20	0.39	0.53	0.16	0.47	0.49	0.00	0.26
吉　林	0.51	0.45	0.00	0.00	0.39	0.18	0.48	0.00	0.00	0.55	0.24
河　北	0.00	0.22	0.00	0.39	0.58	0.18	0.32	0.16	0.00	0.18	0.21
黑龙江	0.00	0.22	0.21	0.00	0.00	0.53	0.48	0.16	0.00	0.00	0.17
甘　肃	0.00	0.00	0.00	0.00	0.19	0.18	0.00	0.31	0.16	0.55	0.15
广　西	0.00	0.00	0.00	0.00	0.19	0.71	0.32	0.16	0.00	0.00	0.15
江　西	0.00	0.45	0.21	0.00	0.19	0.00	0.00	0.16	0.33	0.00	0.13
贵　州	0.00	0.00	0.00	0.00	0.19	0.00	0.00	0.16	0.16	0.55	0.11

续表

省　份	2014 年	2015 年	2016 年	2017 年	2018 年	2019 年	2020 年	2021 年	2022 年	2023 年	合计
云　南	0.00	0.22	0.00	0.00	0.00	0.00	0.00	0.31	0.16	0.18	0.09
海　南	0.00	0.22	0.00	0.20	0.00	0.18	0.00	0.16	0.00	0.00	0.08
宁　夏	0.00	0.00	0.00	0.00	0.00	0.00	0.16	0.00	0.00	0.18	0.04
青　海	0.00	0.00	0.00	0.00	0.00	0.18	0.00	0.16	0.00	0.00	0.04
山　西	0.00	0.00	0.00	0.00	0.00	0.00	0.32	0.00	0.00	0.00	0.04

表 9-143　研究和实验医学 C 层人才的世界占比

单位：%

省　份	2014 年	2015 年	2016 年	2017 年	2018 年	2019 年	2020 年	2021 年	2022 年	2023 年	合计
广　东	1.40	1.46	1.64	2.47	2.82	4.46	4.90	4.12	3.52	3.67	3.20
上　海	2.18	1.74	2.55	2.71	3.19	4.07	3.58	3.46	3.36	3.28	3.09
北　京	1.47	2.04	1.86	2.67	2.66	3.60	3.21	2.85	3.27	2.98	2.74
江　苏	1.02	1.69	1.88	2.27	3.15	3.60	3.03	2.80	2.38	2.02	2.46
浙　江	0.74	1.00	1.15	1.79	2.08	2.43	2.53	2.03	1.96	2.00	1.84
湖　北	0.58	0.78	0.76	1.05	1.39	1.71	2.17	1.72	1.72	1.43	1.39
山　东	0.74	0.76	1.02	1.15	1.39	2.21	1.83	1.26	1.37	1.59	1.37
四　川	0.56	0.59	0.61	0.84	1.01	1.30	1.41	1.09	1.80	1.85	1.15
湖　南	0.36	0.50	0.65	0.74	1.15	1.44	1.35	1.07	1.30	1.24	1.02
河　南	0.25	0.46	0.67	0.72	1.11	1.34	1.22	1.07	0.91	0.57	0.87
辽　宁	0.28	0.50	0.56	0.62	0.85	1.07	1.30	0.85	0.88	0.91	0.81
天　津	0.18	0.52	0.67	0.62	0.91	1.39	0.89	0.79	0.82	0.81	0.79
重　庆	0.36	0.30	0.52	0.64	0.69	0.82	0.89	0.65	1.03	0.85	0.70
陕　西	0.33	0.56	0.43	0.54	0.71	1.12	1.04	0.57	0.44	0.65	0.66
安　徽	0.18	0.33	0.26	0.24	0.44	0.80	0.92	0.72	0.70	0.74	0.56
吉　林	0.18	0.35	0.37	0.64	0.67	0.71	0.70	0.44	0.63	0.46	0.53
福　建	0.36	0.24	0.32	0.48	0.44	0.62	0.57	0.52	0.58	0.76	0.50
黑龙江	0.18	0.43	0.35	0.42	0.60	0.73	0.67	0.54	0.44	0.41	0.49
江　西	0.10	0.20	0.19	0.38	0.28	0.43	0.34	0.35	0.46	0.56	0.34
河　北	0.10	0.15	0.22	0.32	0.38	0.29	0.29	0.33	0.26	0.20	0.26
广　西	0.10	0.11	0.22	0.24	0.14	0.34	0.32	0.46	0.18	0.22	0.24
云　南	0.05	0.13	0.17	0.30	0.16	0.20	0.29	0.33	0.25	0.46	0.24
贵　州	0.03	0.04	0.11	0.12	0.18	0.34	0.26	0.14	0.21	0.26	0.18
山　西	0.00	0.11	0.13	0.14	0.12	0.25	0.19	0.16	0.18	0.31	0.17
新　疆	0.10	0.11	0.06	0.14	0.20	0.29	0.21	0.17	0.09	0.20	0.16

续表

省　份	2014 年	2015 年	2016 年	2017 年	2018 年	2019 年	2020 年	2021 年	2022 年	2023 年	合计
甘　肃	0.15	0.07	0.02	0.08	0.08	0.23	0.26	0.16	0.18	0.20	0.15
海　南	0.03	0.09	0.11	0.14	0.22	0.05	0.08	0.08	0.21	0.20	0.12
内蒙古	0.08	0.04	0.06	0.12	0.10	0.12	0.06	0.13	0.04	0.07	0.08
宁　夏	0.00	0.04	0.02	0.10	0.10	0.09	0.06	0.08	0.12	0.06	0.07
青　海	0.00	0.04	0.02	0.04	0.04	0.04	0.03	0.00	0.11	0.04	0.04
西　藏	0.00	0.00	0.02	0.00	0.04	0.00	0.08	0.00	0.00	0.00	0.02

第二节　学科组

在医学各学科人才分析的基础上，按照 A、B、C 三个人才层次，对各学科人才进行汇总分析，可以从学科组层面揭示人才的分布特点和发展趋势。

一　A 层人才

医学 A 层人才最多的是北京，世界占比为 1.52%；上海、广东、湖北、江苏、浙江、四川、山东、天津、湖南、重庆、辽宁、福建、安徽、河南、吉林、黑龙江有一定数量的 A 层人才，世界占比均超过 0.1%；陕西、河北、江西、海南、贵州、内蒙古、山西、新疆、甘肃、广西、云南、青海、宁夏、西藏 A 层人才的世界占比均低于 0.1%。

在发展趋势上，部分省份 A 层人才的世界占比呈现相对上升趋势；其中，上海、北京的增幅相对较大。

表 9-144　医学 A 层人才的世界占比

单位：%

省　份	2014 年	2015 年	2016 年	2017 年	2018 年	2019 年	2020 年	2021 年	2022 年	2023 年	合计
北　京	0.74	0.27	0.99	1.02	1.30	0.96	3.09	2.34	2.07	1.44	1.52
上　海	0.17	0.09	0.41	0.55	0.72	1.10	1.98	0.82	1.40	1.24	0.91
广　东	0.08	0.27	0.91	0.31	0.72	0.69	2.04	1.29	1.03	0.85	0.88

续表

省份	2014 年	2015 年	2016 年	2017 年	2018 年	2019 年	2020 年	2021 年	2022 年	2023 年	合计
湖　北	0.17	0.18	0.08	0.31	0.22	0.34	3.95	0.82	0.55	0.33	0.77
江　苏	0.25	0.18	0.66	0.24	0.86	0.34	0.86	0.47	0.79	0.46	0.53
浙　江	0.08	0.37	0.33	0.08	0.43	0.27	0.99	0.47	0.49	0.46	0.42
四　川	0.00	0.00	0.00	0.16	0.22	0.21	0.74	0.29	0.61	0.59	0.31
山　东	0.17	0.18	0.08	0.00	0.22	0.14	0.68	0.06	0.43	0.20	0.23
天　津	0.00	0.09	0.25	0.24	0.07	0.07	0.19	0.47	0.30	0.39	0.22
湖　南	0.00	0.00	0.16	0.00	0.07	0.21	0.80	0.06	0.24	0.20	0.19
重　庆	0.08	0.00	0.08	0.00	0.22	0.07	0.43	0.12	0.24	0.39	0.18
辽　宁	0.00	0.09	0.00	0.08	0.29	0.14	0.49	0.00	0.24	0.20	0.16
福　建	0.17	0.00	0.08	0.08	0.22	0.00	0.31	0.06	0.24	0.26	0.15
安　徽	0.08	0.00	0.16	0.00	0.07	0.07	0.43	0.23	0.12	0.13	0.14
河　南	0.00	0.09	0.00	0.00	0.07	0.07	0.31	0.12	0.24	0.26	0.13
吉　林	0.08	0.00	0.00	0.08	0.29	0.07	0.19	0.12	0.24	0.13	0.13
黑龙江	0.00	0.00	0.08	0.00	0.00	0.00	0.43	0.06	0.24	0.20	0.11
陕　西	0.08	0.00	0.08	0.08	0.14	0.14	0.12	0.18	0.00	0.07	0.09
河　北	0.00	0.00	0.00	0.00	0.07	0.00	0.31	0.18	0.12	0.07	0.08
江　西	0.00	0.09	0.00	0.00	0.07	0.00	0.19	0.23	0.06	0.13	0.08
海　南	0.00	0.00	0.00	0.08	0.00	0.00	0.37	0.00	0.06	0.07	0.06
贵　州	0.00	0.00	0.00	0.00	0.14	0.00	0.06	0.00	0.12	0.20	0.06
内蒙古	0.00	0.00	0.16	0.00	0.07	0.07	0.06	0.00	0.06	0.13	0.06
山　西	0.00	0.18	0.00	0.00	0.07	0.00	0.12	0.00	0.12	0.00	0.05
新　疆	0.00	0.00	0.00	0.00	0.00	0.14	0.12	0.00	0.00	0.07	0.04
甘　肃	0.08	0.00	0.00	0.00	0.07	0.00	0.12	0.06	0.00	0.00	0.04
广　西	0.00	0.00	0.08	0.00	0.00	0.00	0.19	0.00	0.06	0.00	0.04
云　南	0.00	0.00	0.00	0.00	0.00	0.07	0.12	0.00	0.06	0.00	0.03
青　海	0.00	0.00	0.00	0.00	0.00	0.07	0.12	0.06	0.00	0.00	0.03
宁　夏	0.00	0.00	0.00	0.00	0.00	0.07	0.06	0.06	0.00	0.00	0.02
西　藏	0.00	0.00	0.00	0.00	0.00	0.00	0.06	0.06	0.00	0.00	0.01

二　B 层人才

B 层人才最多的是北京，世界占比为 1.32%；上海也有相当数量的 B 层人才，世界占比为 1.04%；广东、江苏、浙江、湖北、四川、山东、湖南、

河南、天津、重庆、辽宁、安徽、福建、吉林、黑龙江、陕西有一定数量的
B层人才，世界占比均超过0.1%；河北、江西、广西、甘肃、云南、贵州、
山西、海南、新疆、内蒙古、宁夏、青海、西藏B层人才的世界占比均低
于0.1%。

在发展趋势上，多数省份B层人才的世界占比呈现相对上升趋势，其
中，广东、浙江的增幅相对较大。

表9-145 医学B层人才的世界占比

单位：%

省　份	2014年	2015年	2016年	2017年	2018年	2019年	2020年	2021年	2022年	2023年	合计
北　京	0.88	0.83	0.87	0.91	1.10	1.40	1.86	1.65	1.76	1.51	1.32
上　海	0.76	0.63	0.65	0.79	0.80	1.03	1.52	1.23	1.32	1.38	1.04
广　东	0.43	0.49	0.58	0.54	0.68	0.84	1.56	1.22	1.16	1.50	0.94
江　苏	0.28	0.42	0.31	0.32	0.51	0.81	0.77	0.82	1.00	0.97	0.65
浙　江	0.18	0.28	0.27	0.33	0.36	0.63	0.72	0.72	0.92	1.17	0.59
湖　北	0.19	0.23	0.25	0.23	0.30	0.46	1.82	0.61	0.64	0.50	0.56
四　川	0.19	0.24	0.26	0.17	0.28	0.36	0.63	0.70	0.88	0.96	0.49
山　东	0.19	0.23	0.16	0.12	0.35	0.41	0.49	0.49	0.53	0.64	0.38
湖　南	0.11	0.19	0.17	0.17	0.27	0.29	0.46	0.40	0.42	0.48	0.31
河　南	0.06	0.06	0.05	0.07	0.16	0.32	0.34	0.34	0.38	0.35	0.23
天　津	0.13	0.12	0.13	0.15	0.20	0.18	0.32	0.33	0.33	0.29	0.23
重　庆	0.13	0.15	0.10	0.14	0.16	0.13	0.25	0.27	0.33	0.33	0.20
辽　宁	0.13	0.05	0.14	0.08	0.13	0.23	0.28	0.19	0.35	0.36	0.20
安　徽	0.08	0.05	0.08	0.08	0.11	0.18	0.29	0.33	0.35	0.31	0.20
福　建	0.10	0.03	0.10	0.10	0.11	0.11	0.31	0.20	0.26	0.25	0.16
吉　林	0.07	0.09	0.06	0.05	0.13	0.12	0.21	0.21	0.22	0.30	0.15
黑龙江	0.02	0.05	0.05	0.04	0.18	0.16	0.15	0.19	0.32	0.21	0.15
陕　西	0.08	0.10	0.07	0.07	0.11	0.15	0.16	0.17	0.16	0.22	0.13
河　北	0.03	0.05	0.02	0.04	0.13	0.05	0.17	0.12	0.11	0.15	0.09
江　西	0.03	0.06	0.08	0.01	0.04	0.07	0.11	0.11	0.19	0.17	0.09
广　西	0.03	0.04	0.06	0.01	0.03	0.09	0.11	0.11	0.10	0.12	0.07
甘　肃	0.05	0.07	0.01	0.01	0.07	0.07	0.13	0.10	0.04	0.14	0.07
云　南	0.02	0.07	0.05	0.03	0.05	0.08	0.07	0.11	0.10	0.11	0.07
贵　州	0.03	0.02	0.01	0.01	0.03	0.09	0.08	0.07	0.13	0.12	0.06

续表

省　份	2014 年	2015 年	2016 年	2017 年	2018 年	2019 年	2020 年	2021 年	2022 年	2023 年	合计
山　西	0.01	0.05	0.01	0.04	0.01	0.05	0.10	0.04	0.07	0.13	0.05
海　南	0.02	0.02	0.02	0.01	0.01	0.03	0.09	0.03	0.04	0.12	0.04
新　疆	0.00	0.02	0.02	0.01	0.02	0.03	0.07	0.06	0.04	0.07	0.04
内蒙古	0.02	0.04	0.00	0.02	0.05	0.03	0.05	0.03	0.02	0.06	0.03
宁　夏	0.00	0.01	0.01	0.00	0.01	0.03	0.04	0.03	0.01	0.04	0.02
青　海	0.00	0.00	0.00	0.00	0.02	0.01	0.00	0.02	0.01	0.01	0.01
西　藏	0.00	0.00	0.01	0.01	0.00	0.01	0.01	0.01	0.01	0.01	0.01

三　C层人才

C层人才最多的是北京，世界占比为 1.65%；广东、上海 C层人才的世界占比均为 1.35%；江苏也有相当数量的 C层人才，世界占比为 1.01%；浙江、湖北、四川、山东、湖南、河南、辽宁、天津、重庆、安徽、福建、陕西、吉林、黑龙江、江西、河北、广西、云南、甘肃有一定数量的 C层人才，世界占比超过或等于 0.1%；贵州、山西、新疆、海南、内蒙古、宁夏、青海、西藏 C层人才的世界占比均低于 0.1%。

在发展趋势上，多数省份 C层人才的世界占比呈现相对上升趋势，其中，广东、北京的增幅相对较大。

表 9-146　医学 C 层人才的世界占比

单位：%

省　份	2014 年	2015 年	2016 年	2017 年	2018 年	2019 年	2020 年	2021 年	2022 年	2023 年	合计
北　京	1.07	1.18	1.17	1.31	1.45	1.74	1.89	1.89	2.15	2.26	1.65
广　东	0.70	0.77	0.81	1.00	1.15	1.48	1.66	1.68	1.88	1.99	1.35
上　海	1.00	1.07	1.08	1.07	1.20	1.43	1.43	1.52	1.74	1.77	1.35
江　苏	0.57	0.69	0.78	0.77	0.91	1.10	1.11	1.21	1.34	1.35	1.01
浙　江	0.40	0.46	0.51	0.58	0.64	0.79	0.90	0.95	1.20	1.27	0.80
湖　北	0.30	0.34	0.37	0.46	0.50	0.66	1.01	0.78	0.84	0.86	0.64
四　川	0.26	0.29	0.31	0.40	0.45	0.57	0.67	0.75	0.99	1.01	0.59

续表

省份	2014 年	2015 年	2016 年	2017 年	2018 年	2019 年	2020 年	2021 年	2022 年	2023 年	合计
山 东	0.33	0.35	0.35	0.40	0.47	0.61	0.62	0.64	0.78	0.84	0.55
湖 南	0.20	0.21	0.24	0.28	0.36	0.47	0.52	0.49	0.60	0.63	0.41
河 南	0.11	0.19	0.20	0.23	0.29	0.41	0.44	0.46	0.50	0.52	0.35
辽 宁	0.22	0.24	0.23	0.27	0.31	0.37	0.38	0.38	0.46	0.47	0.34
天 津	0.18	0.26	0.25	0.27	0.30	0.33	0.34	0.36	0.45	0.45	0.33
重 庆	0.19	0.22	0.23	0.23	0.26	0.28	0.35	0.34	0.41	0.45	0.30
安 徽	0.12	0.16	0.11	0.15	0.20	0.24	0.29	0.34	0.41	0.44	0.26
福 建	0.12	0.12	0.13	0.15	0.17	0.23	0.28	0.31	0.38	0.38	0.24
陕 西	0.21	0.18	0.18	0.18	0.23	0.26	0.26	0.22	0.28	0.27	0.23
吉 林	0.11	0.11	0.13	0.18	0.19	0.23	0.24	0.24	0.28	0.29	0.21
黑龙江	0.13	0.14	0.13	0.15	0.19	0.22	0.22	0.21	0.30	0.26	0.20
江 西	0.07	0.08	0.07	0.11	0.10	0.15	0.17	0.21	0.25	0.29	0.15
河 北	0.05	0.06	0.07	0.10	0.13	0.12	0.14	0.16	0.22	0.25	0.13
广 西	0.08	0.07	0.07	0.08	0.08	0.13	0.13	0.18	0.19	0.21	0.13
云 南	0.05	0.05	0.06	0.09	0.09	0.12	0.12	0.15	0.17	0.18	0.11
甘 肃	0.05	0.06	0.05	0.04	0.07	0.11	0.12	0.12	0.16	0.16	0.10
贵 州	0.03	0.05	0.05	0.05	0.07	0.10	0.12	0.10	0.14	0.18	0.09
山 西	0.04	0.06	0.04	0.06	0.05	0.10	0.09	0.11	0.15	0.16	0.09
新 疆	0.03	0.04	0.03	0.05	0.05	0.07	0.07	0.08	0.11	0.12	0.07
海 南	0.02	0.03	0.03	0.04	0.04	0.04	0.05	0.06	0.11	0.13	0.06
内蒙古	0.02	0.03	0.02	0.03	0.03	0.05	0.03	0.06	0.07	0.09	0.04
宁 夏	0.01	0.02	0.01	0.02	0.02	0.03	0.03	0.04	0.04	0.06	0.03
青 海	0.00	0.01	0.00	0.01	0.02	0.02	0.02	0.02	0.04	0.03	0.02
西 藏	0.00	0.00	0.00	0.00	0.01	0.01	0.01	0.01	0.02	0.01	0.01

第十章　交叉学科

交叉学科是指跨学科组的多学科交叉的学科。在同一学科组内部的多学科交叉学科，归入各学科组，并已在前文相关学科组中进行了分析。

第一节　A 层人才

交叉学科 A 层人才最多的是北京，世界占比为 7.14%；广东、湖北、上海、安徽也有相当数量的 A 层人才，世界占比在 3%～1%；海南、湖南、江西、吉林、陕西、天津有一定数量的 A 层人才，世界占比均为 0.89%。

表 10-1　交叉学科 A 层人才的世界占比

单位：%

省　份	2014 年	2015 年	2016 年	2017 年	2018 年	2019 年	2020 年	2021 年	2022 年	2023 年	合计
北　京	0.00	10.00	0.00	9.09	10.00	0.00	8.33	7.14	12.50	15.38	7.14
广　东	0.00	0.00	0.00	0.00	10.00	7.69	0.00	0.00	0.00	7.69	2.68
湖　北	10.00	0.00	0.00	0.00	0.00	7.69	0.00	0.00	0.00	7.69	2.68
上　海	0.00	0.00	0.00	0.00	0.00	0.00	8.33	0.00	0.00	15.38	2.68
安　徽	0.00	0.00	0.00	0.00	0.00	7.69	0.00	0.00	0.00	7.69	1.79
海　南	0.00	0.00	0.00	0.00	0.00	7.69	0.00	0.00	0.00	0.00	0.89
湖　南	0.00	0.00	0.00	0.00	0.00	0.00	0.00	0.00	12.50	0.00	0.89
江　西	0.00	0.00	0.00	0.00	0.00	7.69	0.00	0.00	0.00	0.00	0.89
吉　林	0.00	0.00	0.00	0.00	0.00	0.00	0.00	0.00	0.00	7.69	0.89
陕　西	10.00	0.00	0.00	0.00	0.00	0.00	0.00	0.00	0.00	0.00	0.89
天　津	0.00	0.00	0.00	0.00	10.00	0.00	0.00	0.00	0.00	0.00	0.89

第二节　B层人才

交叉学科B层人才最多的是北京，世界占比为5.21%；广东、上海、江苏、浙江、四川、湖北也有相当数量的B层人才，世界占比在3%~1%；湖南、山东、天津、安徽、吉林、辽宁、河南、福建、陕西、云南、重庆、海南、河北、黑龙江、山西、甘肃、江西、新疆有一定数量的B层人才，世界占比均超过0.1%；广西、贵州、青海B层人才的世界占比均为0.08%。

表10-2　交叉学科B层人才的世界占比

单位：%

省　份	2014年	2015年	2016年	2017年	2018年	2019年	2020年	2021年	2022年	2023年	合计
北　京	6.59	3.85	2.59	4.72	8.40	4.10	5.38	3.97	3.42	8.73	5.21
广　东	2.20	2.88	1.72	2.36	3.82	0.82	1.54	1.59	4.27	4.76	2.61
上　海	0.00	1.92	0.86	1.57	0.76	2.46	4.62	0.79	5.13	6.35	2.52
江　苏	1.10	1.92	0.00	1.57	5.34	1.64	0.00	0.79	3.42	4.76	2.10
浙　江	1.10	1.92	2.59	0.79	0.76	0.82	0.77	0.00	2.56	2.38	1.34
四　川	1.10	1.92	0.00	0.79	2.29	0.00	2.31	0.79	0.85	1.59	1.18
湖　北	3.30	1.92	1.72	0.00	1.53	0.00	0.77	0.79	0.85	0.79	1.09
湖　南	1.10	0.96	0.00	0.79	2.29	0.00	2.31	0.00	0.00	0.79	0.84
山　东	0.00	0.96	0.00	0.79	1.53	1.64	0.00	0.00	0.00	3.17	0.84
天　津	0.00	0.96	0.00	0.00	0.00	0.82	0.00	0.00	0.85	5.56	0.84
安　徽	1.10	0.96	0.00	0.79	0.76	0.00	0.00	0.79	1.71	0.79	0.67
吉　林	0.00	0.96	1.72	0.00	0.76	0.00	0.77	0.79	0.85	0.00	0.59
辽　宁	0.00	1.92	0.00	0.79	1.53	0.82	0.00	0.79	0.00	0.00	0.59
河　南	1.10	0.96	0.00	0.00	1.53	0.00	0.77	0.79	0.00	0.00	0.50
福　建	0.00	0.96	0.00	0.00	1.53	0.82	0.00	0.79	0.00	0.00	0.42
陕　西	0.00	0.00	0.00	0.00	2.29	0.00	0.00	0.00	0.00	0.79	0.42
云　南	0.00	0.00	0.00	0.00	1.53	0.00	0.77	0.79	0.85	0.00	0.42
重　庆	1.10	0.96	0.00	0.00	0.76	0.00	0.00	0.00	0.00	0.79	0.34
海　南	0.00	0.96	0.00	0.00	0.00	0.00	0.00	0.00	0.85	0.79	0.25
河　北	0.00	0.96	0.00	0.00	1.53	0.00	0.00	0.00	0.00	0.00	0.25

省　份	2014 年	2015 年	2016 年	2017 年	2018 年	2019 年	2020 年	2021 年	2022 年	2023 年	合计
黑龙江	0.00	0.96	0.00	0.00	0.76	0.00	0.00	0.00	0.00	0.79	0.25
山　西	0.00	1.92	0.00	0.00	0.76	0.00	0.00	0.00	0.00	0.00	0.25
甘　肃	0.00	0.96	0.00	0.00	0.76	0.00	0.00	0.00	0.85	0.00	0.17
江　西	0.00	0.96	0.00	0.00	0.76	0.00	0.00	0.00	0.00	0.00	0.17
新　疆	0.00	0.00	0.00	0.00	0.76	0.00	0.00	0.00	0.00	0.79	0.17
广　西	0.00	0.00	0.86	0.00	0.00	0.00	0.00	0.00	0.00	0.00	0.08
贵　州	0.00	0.00	0.86	0.00	0.00	0.00	0.00	0.00	0.00	0.00	0.08
青　海	1.10	0.00	0.00	0.00	0.00	0.00	0.00	0.00	0.00	0.00	0.08

第三节　C 层人才

交叉学科 C 层人才最多的是北京，世界占比为 4.01%；上海、广东、江苏、浙江有相当数量的 C 层人才，世界占比在 3%～1%；湖北、四川、安徽、山东、陕西、天津、河南、辽宁、湖南、福建、吉林、黑龙江、重庆、云南、甘肃、广西、河北、山西、新疆有一定数量的 A 层人才，世界占比均超过 0.1%；江西、内蒙古、海南、贵州、青海、西藏 C 层人才的世界占比均低于 0.1%。

表 10-3　交叉学科 C 层人才的世界占比

单位：%

省　份	2014 年	2015 年	2016 年	2017 年	2018 年	2019 年	2020 年	2021 年	2022 年	2023 年	合计
北　京	4.19	4.36	3.09	5.23	2.97	4.45	3.56	3.56	4.26	4.68	4.01
上　海	1.10	1.19	2.39	2.07	1.10	2.56	2.34	2.32	2.41	2.60	2.04
广　东	1.21	0.69	1.06	2.16	1.25	1.48	2.12	1.47	2.81	3.81	1.84
江　苏	1.43	1.88	1.41	1.74	1.33	1.24	1.89	1.47	1.85	2.69	1.69
浙　江	0.77	0.89	0.71	1.16	0.55	0.66	1.74	1.39	1.04	3.38	1.24
湖　北	0.66	0.79	0.35	0.66	0.94	0.91	0.83	0.77	1.12	0.87	0.80
四　川	0.22	0.69	0.80	0.33	0.70	0.33	0.91	0.85	0.56	0.87	0.64
安　徽	0.22	0.40	0.44	0.91	0.78	0.33	0.38	0.70	0.40	1.04	0.57

续表

省　份	2014 年	2015 年	2016 年	2017 年	2018 年	2019 年	2020 年	2021 年	2022 年	2023 年	合计
山　东	0.11	0.59	0.53	0.50	0.31	0.66	0.30	0.46	0.48	1.21	0.52
陕　西	0.55	0.30	0.44	0.66	0.70	0.41	0.53	0.23	0.56	0.43	0.48
天　津	0.22	0.50	0.18	0.58	0.31	0.66	0.38	0.31	0.64	0.43	0.43
河　南	0.22	0.10	0.18	0.41	0.39	0.25	0.38	0.46	0.80	0.69	0.40
辽　宁	0.22	0.20	0.53	0.58	0.16	0.41	0.45	0.23	0.16	0.78	0.37
湖　南	0.22	0.30	0.00	0.41	0.55	0.58	0.53	0.23	0.24	0.52	0.37
福　建	0.11	0.10	0.09	0.33	0.23	0.25	0.45	0.39	0.64	0.69	0.34
吉　林	0.33	0.10	0.27	0.58	0.16	0.16	0.30	0.08	0.32	0.69	0.30
黑龙江	0.11	0.30	0.53	0.25	0.16	0.16	0.38	0.31	0.32	0.35	0.29
重　庆	0.22	0.10	0.27	0.50	0.39	0.33	0.38	0.08	0.48	0.00	0.28
云　南	0.11	0.20	0.09	0.08	0.70	0.16	0.15	0.15	0.32	0.52	0.26
甘　肃	0.11	0.20	0.09	0.17	0.08	0.33	0.30	0.08	0.32	0.43	0.21
广　西	0.00	0.10	0.27	0.25	0.08	0.16	0.08	0.00	0.32	0.09	0.14
河　北	0.22	0.00	0.35	0.41	0.16	0.08	0.00	0.08	0.00	0.09	0.14
山　西	0.00	0.00	0.09	0.17	0.00	0.08	0.15	0.15	0.08	0.35	0.11
新　疆	0.33	0.00	0.09	0.08	0.00	0.08	0.23	0.15	0.16	0.00	0.11
江　西	0.00	0.10	0.00	0.33	0.08	0.00	0.15	0.08	0.00	0.09	0.09
内蒙古	0.00	0.00	0.00	0.17	0.08	0.00	0.00	0.08	0.32	0.09	0.08
海　南	0.00	0.10	0.00	0.25	0.08	0.00	0.00	0.00	0.08	0.17	0.07
贵　州	0.00	0.10	0.00	0.08	0.00	0.00	0.08	0.00	0.16	0.00	0.04
青　海	0.00	0.00	0.09	0.00	0.00	0.00	0.00	0.00	0.08	0.00	0.02
西　藏	0.00	0.10	0.00	0.00	0.00	0.00	0.00	0.00	0.00	0.00	0.01

第十一章 自然科学

在各学科人才分析的基础上,按照 A、B、C 三个人才层次,对所有学科人才进行汇总分析,可以从总体层面揭示自然科学基础研究人才在各省份的分布特点和发展趋势。

第一节 A 层人才

自然科学 A 层人才最多的是北京,世界占比为 4.65%;广东、江苏、上海、湖北、浙江也有相当数量的 A 层人才,世界占比在 3%~1%;山东、湖南、四川、安徽、辽宁、天津、陕西、河南、黑龙江、福建、重庆、吉林、江西、甘肃、山西、河北、广西、贵州、云南有一定数量的 A 层人才,世界占比均超过 0.1%;海南、新疆、内蒙古、青海、宁夏、西藏 A 层人才的世界占比均低于 0.1%。

在发展趋势上,各省份自然科学 A 层人才总体呈现相对上升趋势,其中,北京、浙江、广东、江苏、山东、上海的增幅相对较大。

表 11-1 自然科学 A 层人才的世界占比

单位:%

省　份	2014 年	2015 年	2016 年	2017 年	2018 年	2019 年	2020 年	2021 年	2022 年	2023 年	合计
北　京	2.59	3.22	3.69	3.95	4.50	4.90	4.77	5.83	5.57	6.13	4.65
广　东	0.68	1.04	1.32	1.24	1.54	2.66	3.06	3.08	3.34	3.59	2.28
江　苏	0.89	1.62	1.32	1.36	1.56	1.77	1.55	1.97	2.82	3.70	1.92
上　海	0.81	0.79	1.22	1.38	1.82	1.61	1.85	2.01	2.95	2.97	1.82
湖　北	0.79	1.08	0.78	1.42	1.06	1.50	2.44	1.63	2.35	1.73	1.54

省　份	2014年	2015年	2016年	2017年	2018年	2019年	2020年	2021年	2022年	2023年	合计
浙　江	0.21	0.62	0.54	0.90	0.74	0.91	1.43	1.69	3.10	3.25	1.43
山　东	0.12	0.19	0.46	0.32	0.61	0.80	0.91	1.26	1.91	2.47	0.98
湖　南	0.10	0.33	0.52	0.63	0.48	0.87	1.27	1.07	1.19	1.93	0.89
四　川	0.23	0.12	0.50	0.52	0.50	0.76	1.18	1.06	1.53	1.85	0.88
安　徽	0.41	0.42	0.27	0.38	0.55	0.93	0.60	0.60	0.76	1.70	0.69
辽　宁	0.39	0.25	0.25	0.61	0.76	0.39	0.81	0.79	1.04	1.18	0.68
天　津	0.10	0.42	0.50	0.29	0.69	0.69	0.70	0.70	0.98	1.29	0.67
陕　西	0.23	0.33	0.46	0.34	0.47	0.61	0.34	0.57	1.01	1.23	0.58
河　南	0.00	0.10	0.11	0.20	0.14	0.19	0.90	0.79	1.07	1.04	0.50
黑龙江	0.48	0.35	0.36	0.47	0.33	0.33	0.40	0.51	0.54	0.86	0.47
福　建	0.10	0.19	0.33	0.23	0.28	0.30	0.57	0.64	0.71	1.04	0.47
重　庆	0.06	0.12	0.17	0.34	0.33	0.14	0.49	0.44	0.73	0.81	0.39
吉　林	0.21	0.19	0.31	0.22	0.38	0.30	0.31	0.17	0.53	0.45	0.31
江　西	0.00	0.06	0.08	0.07	0.31	0.14	0.28	0.34	0.44	0.58	0.25
甘　肃	0.04	0.04	0.17	0.07	0.05	0.13	0.09	0.26	0.19	0.58	0.17
山　西	0.00	0.10	0.13	0.04	0.16	0.09	0.15	0.09	0.22	0.50	0.15
河　北	0.00	0.04	0.02	0.02	0.10	0.05	0.19	0.29	0.28	0.39	0.15
广　西	0.00	0.06	0.06	0.04	0.07	0.09	0.16	0.19	0.16	0.36	0.13
贵　州	0.00	0.00	0.06	0.04	0.07	0.05	0.06	0.07	0.19	0.59	0.12
云　南	0.02	0.17	0.02	0.02	0.02	0.11	0.13	0.13	0.25	0.20	0.11
海　南	0.00	0.00	0.04	0.04	0.00	0.05	0.15	0.01	0.10	0.26	0.07
新　疆	0.02	0.02	0.02	0.04	0.02	0.05	0.04	0.07	0.12	0.20	0.06
内蒙古	0.02	0.00	0.04	0.00	0.07	0.08	0.06	0.07	0.06	0.17	0.06
青　海	0.00	0.00	0.00	0.04	0.00	0.02	0.06	0.04	0.00	0.14	0.03
宁　夏	0.00	0.00	0.00	0.00	0.00	0.02	0.01	0.01	0.13	0.09	0.03
西　藏	0.00	0.00	0.00	0.00	0.00	0.00	0.01	0.01	0.03	0.00	0.01

第二节　B层人才

自然科学 B 层人才最多的是北京，世界占比为 4.85%；江苏、广东、上海、湖北、浙江、山东、四川、湖南也有相当数量的 B 层人才，世界占比在 3%~1%；辽宁、天津、安徽、陕西、河南、福建、黑龙江、重庆、吉林、江西、广西、河北、甘肃、山西、云南、贵州、新疆有一定数量的 B 层人才，世界占比超过或等于 0.1%；海南、内蒙古、宁夏、青海、西藏 B 层人才的世界占比均低于 0.1%。

在发展趋势上，各省份自然科学 B 层人才总体呈现相对上升趋势，其中，广东、江苏、浙江的增幅相对较大。

表 11-2　自然科学 B 层人才的世界占比

单位：%

省　份	2014 年	2015 年	2016 年	2017 年	2018 年	2019 年	2020 年	2021 年	2022 年	2023 年	合计
北　京	3.59	3.57	3.96	4.42	4.97	5.29	4.75	5.65	5.84	5.57	4.85
江　苏	1.35	1.49	1.70	2.05	2.32	2.57	2.64	3.13	3.66	4.09	2.59
广　东	0.97	1.07	1.37	1.77	2.24	2.64	2.99	3.50	4.02	3.96	2.58
上　海	1.44	1.36	1.49	1.89	2.22	2.31	2.45	2.66	2.88	3.10	2.25
湖　北	0.82	0.96	1.08	1.27	1.51	1.52	2.19	1.89	2.39	2.44	1.67
浙　江	0.68	0.82	0.78	1.03	1.21	1.40	1.58	2.05	2.51	3.03	1.58
山　东	0.43	0.46	0.50	0.66	1.00	1.18	1.27	1.78	2.16	2.36	1.25
四　川	0.44	0.44	0.52	0.69	0.89	1.01	1.19	1.46	1.95	1.90	1.11
湖　南	0.42	0.53	0.46	0.74	1.10	1.08	1.18	1.32	1.47	1.65	1.04
辽　宁	0.40	0.64	0.67	0.71	0.80	0.93	0.90	1.11	1.25	1.36	0.91
天　津	0.33	0.58	0.50	0.69	0.72	0.88	0.98	0.99	1.08	1.06	0.81
安　徽	0.59	0.42	0.55	0.57	0.73	0.91	0.80	0.92	0.98	1.25	0.80
陕　西	0.36	0.39	0.38	0.40	0.62	0.69	0.77	0.94	1.23	1.37	0.75
河　南	0.16	0.17	0.14	0.19	0.46	0.71	0.81	1.01	1.03	1.19	0.63
福　建	0.39	0.32	0.35	0.38	0.53	0.60	0.70	0.75	0.95	0.84	0.61
黑龙江	0.28	0.44	0.44	0.46	0.55	0.52	0.57	0.69	0.94	0.90	0.60
重　庆	0.22	0.25	0.29	0.33	0.46	0.49	0.55	0.68	0.84	1.14	0.55
吉　林	0.33	0.27	0.27	0.39	0.37	0.39	0.46	0.55	0.71	0.71	0.46
江　西	0.08	0.13	0.20	0.13	0.19	0.21	0.30	0.30	0.46	0.59	0.27
广　西	0.04	0.07	0.13	0.10	0.13	0.18	0.23	0.34	0.40	0.48	0.22
河　北	0.07	0.08	0.07	0.07	0.22	0.17	0.26	0.27	0.34	0.42	0.21
甘　肃	0.13	0.16	0.11	0.14	0.17	0.16	0.17	0.22	0.32	0.40	0.20
山　西	0.07	0.08	0.14	0.13	0.18	0.15	0.22	0.25	0.29	0.43	0.20

省 份	2014 年	2015 年	2016 年	2017 年	2018 年	2019 年	2020 年	2021 年	2022 年	2023 年	合计
云 南	0.10	0.08	0.10	0.09	0.10	0.15	0.21	0.23	0.25	0.32	0.17
贵 州	0.04	0.02	0.05	0.02	0.06	0.08	0.09	0.13	0.20	0.32	0.11
新 疆	0.03	0.02	0.05	0.07	0.06	0.11	0.06	0.13	0.15	0.22	0.10
海 南	0.01	0.01	0.02	0.05	0.06	0.03	0.09	0.11	0.17	0.28	0.09
内蒙古	0.03	0.04	0.02	0.02	0.03	0.05	0.05	0.04	0.07	0.11	0.05
宁 夏	0.00	0.01	0.01	0.01	0.02	0.03	0.05	0.06	0.06	0.09	0.04
青 海	0.00	0.01	0.01	0.01	0.02	0.03	0.02	0.02	0.04	0.04	0.02
西 藏	0.00	0.00	0.00	0.01	0.00	0.01	0.01	0.02	0.01	0.01	0.01

第三节　C层人才

自然科学C层人才最多的是北京，世界占比为4.78%；江苏、广东、上海、湖北、浙江、山东、四川、湖南也有相当数量的C层人才，世界占比在3%~1%；辽宁、天津、安徽、陕西、河南、福建、黑龙江、重庆、吉林、江西、甘肃、广西、河北、山西、云南、贵州、新疆、海南有一定数量的C层人才，世界占比均超过0.1%；内蒙古、宁夏、青海、西藏C层人才的世界占比均低于0.1%。

在发展趋势上，各省份自然科学C层人才均呈现相对上升趋势，其中，广东、北京、江苏的增幅相对较大。

表 11-3　自然科学C层人才的世界占比

单位：%

省 份	2014 年	2015 年	2016 年	2017 年	2018 年	2019 年	2020 年	2021 年	2022 年	2023 年	合计
北 京	3.46	3.71	3.89	4.30	4.80	5.11	4.89	5.17	5.81	5.88	4.78
江 苏	1.55	1.80	2.03	2.36	2.63	2.92	2.94	3.25	3.73	3.92	2.79
广 东	1.06	1.20	1.43	1.86	2.32	2.79	3.05	3.47	3.91	4.05	2.63

续表

省　份	2014 年	2015 年	2016 年	2017 年	2018 年	2019 年	2020 年	2021 年	2022 年	2023 年	合计
上　海	1.61	1.71	1.79	1.97	2.10	2.38	2.39	2.66	2.98	3.07	2.32
湖　北	0.85	1.02	1.14	1.40	1.58	1.73	1.87	1.86	2.12	2.25	1.63
浙　江	0.81	0.85	0.96	1.10	1.31	1.51	1.67	2.00	2.40	2.72	1.59
山　东	0.58	0.65	0.71	0.92	1.17	1.43	1.47	1.67	1.99	2.18	1.33
四　川	0.53	0.58	0.69	0.86	1.03	1.19	1.22	1.39	1.67	1.76	1.14
湖　南	0.49	0.53	0.62	0.75	0.97	1.13	1.15	1.18	1.39	1.49	1.01
辽　宁	0.52	0.56	0.60	0.74	0.83	0.94	0.98	1.08	1.20	1.26	0.90
天　津	0.45	0.53	0.58	0.66	0.81	0.93	0.94	1.02	1.10	1.14	0.84
安　徽	0.49	0.52	0.57	0.62	0.73	0.85	0.84	0.92	1.06	1.22	0.80
陕　西	0.37	0.41	0.48	0.54	0.72	0.88	0.88	0.97	1.18	1.21	0.80
河　南	0.23	0.28	0.31	0.38	0.50	0.70	0.84	0.99	1.09	1.09	0.68
福　建	0.37	0.38	0.41	0.49	0.58	0.67	0.73	0.82	0.91	0.98	0.66
黑龙江	0.40	0.47	0.47	0.54	0.63	0.62	0.69	0.71	0.83	0.90	0.64
重　庆	0.30	0.36	0.40	0.45	0.54	0.60	0.66	0.72	0.93	0.99	0.62
吉　林	0.35	0.38	0.34	0.41	0.49	0.53	0.55	0.54	0.66	0.66	0.50
江　西	0.14	0.19	0.18	0.22	0.27	0.32	0.35	0.40	0.47	0.53	0.32
甘　肃	0.19	0.21	0.21	0.22	0.25	0.28	0.29	0.33	0.41	0.42	0.29
广　西	0.09	0.10	0.12	0.14	0.19	0.25	0.29	0.38	0.50	0.54	0.27
河　北	0.13	0.14	0.15	0.17	0.22	0.27	0.28	0.32	0.43	0.46	0.27
山　西	0.11	0.13	0.14	0.18	0.21	0.25	0.24	0.27	0.31	0.38	0.23
云　南	0.11	0.11	0.11	0.14	0.17	0.19	0.22	0.26	0.32	0.41	0.21
贵　州	0.05	0.06	0.06	0.07	0.11	0.12	0.14	0.17	0.21	0.29	0.13
新　疆	0.05	0.06	0.07	0.09	0.09	0.12	0.12	0.15	0.20	0.24	0.13
海　南	0.02	0.04	0.04	0.05	0.06	0.08	0.10	0.14	0.24	0.28	0.11
内蒙古	0.04	0.04	0.05	0.05	0.07	0.08	0.08	0.10	0.12	0.16	0.08
宁　夏	0.01	0.02	0.01	0.02	0.02	0.04	0.04	0.06	0.08	0.10	0.04
青　海	0.01	0.01	0.02	0.03	0.04	0.04	0.04	0.04	0.06	0.05	0.04
西　藏	0.00	0.00	0.00	0.01	0.01	0.01	0.02	0.02	0.02	0.03	0.01

图书在版编目（CIP）数据

中国基础研究人才指数报告. 2024 / 柳学智等著.
北京：社会科学文献出版社，2025.6. -- ISBN 978-7
-5228-5300-0

Ⅰ. C964.2

中国国家版本馆 CIP 数据核字第 2025FN9430 号

中国基础研究人才指数报告（2024）

著　　者／柳学智　苗月霞　刘　晔　等

出 版 人／冀祥德
责任编辑／吴云苓
责任印制／岳　阳

出　　版／社会科学文献出版社·皮书分社（010）59367127
　　　　　　地址：北京市北三环中路甲 29 号院华龙大厦　邮编：100029
　　　　　　网址：www.ssap.com.cn
发　　行／社会科学文献出版社（010）59367028
印　　装／天津千鹤文化传播有限公司

规　　格／开　本：787mm×1092mm　1/16
　　　　　　印　张：40.5　字　数：619 千字
版　　次／2025 年 6 月第 1 版　2025 年 6 月第 1 次印刷
书　　号／ISBN 978-7-5228-5300-0
定　　价／298.00 元

读者服务电话：4008918866